Veröffentlichungen der Kommission für geschichtliche Landeskunde in Baden-Württemberg

Reihe B

Forschungen

204. Band

VERÖFFENTLICHUNGEN DER
KOMMISSION FÜR GESCHICHTLICHE LANDESKUNDE
IN BADEN-WÜRTTEMBERG

REIHE B

Forschungen

204. Band

Redaktion:
Boris Bigott

Ellen Widder

Kanzler und Kanzleien im Spätmittelalter

Eine *Histoire croisée* fürstlicher Administration im Südwesten des Reiches

2016

W. KOHLHAMMER VERLAG STUTTGART

Einbandillustrationen:
Vorderseite: Eingangsminiatur im Lehenbuch Pfalzgraf Friedrichs des Siegreichen, 1471 (Karlsruhe, Generallandesarchiv 67/1057, fol. 40v);
Rückseite: Devise *amor amantem agitat* in einem kurpfälzischen Formelbuch um 1460 (Heidelberg, Universitätsbibliothek, Cod. Pal. Germ. 158, fol. 1r, http://digi.ub.uni-heidelberg.de/digilit/cpg158, CC-BY-SA 3.0 DE, http://creativecommons.org/licenses/by-sa/3.0/de/).

Diese Publikation ist auf alterungsbeständigem, säurefreiem Papier gedruckt.

Kommissionsverlag: W. Kohlhammer, Stuttgart
Produktion: Verlagsbüro Wais & Partner, Stuttgart
Druck und Binden: AZ Druck und Datentechnik GmbH, Kempten
Printed in Germany.
ISBN 978-3-17-028868-3

Vorwort

Manche Bücher brauchen lange, bis sie fertig werden. Dies gilt auch für das vorliegende. Maßgebliche Teile dieser Studie wurden Ende 1995 an der Westfälischen Wilhelms-Universität Münster als Habilitationsschrift unter dem Titel „Kanzler und Kanzleien. Ein Beitrag zur Strukturgeschichte der spätmittelalterlichen Landesherrschaft" eingereicht. Im Laufe der nachfolgenden Jahre sind vielfältige Modifikationen, Aktualisierungen und Erweiterungen erfolgt, die eine Änderung des Titels notwendig und sinnvoll machten.

Mein Dank geht an viele: Den ehemaligen und jetzigen Mitarbeiterinnen, Mitarbeitern und Hilfskräften in Münster und Tübingen, in chronologischer Folge: Bettina Schmidt-Czaia, Andrea Stühn, Anne Tüllmann, Bettina Koch, Dagmar Setzer, Andrea Strauß, Stefanie Palm, Lena Moser, Björn Gustav Manzke, Christian Heinemeyer, Jennifer Engelhardt, Rebecca Oelke, Walter Gaube, Wilko Kugler, Richard Winkler und Johannes Ladwig; weiterhin Frau Liane Butler, Münster, und Frau Gisela Jäger, Tübingen, für umfassende Unterstützung im Sekretariat.

Meinem Ehemann und Kollegen, Mark Mersiowsky, Innsbruck, inzwischen Stuttgart, sei gedankt für viele inspirierende wie kritische Gespräche und für ein gemeinsames Leben im Spannungsfeld von Wissenschaft und Familie, unserer Tochter Melissa für ihre oft strapazierte Geduld während langer Jahre der Kindheit, verbunden mit der Bitte um Nachsicht für nicht immer eingelöste Versprechen und eine bisweilen besorgniserregend gestresste Mutter. Beiden sei dieses Buch auch gewidmet.

Peter Johanek, Münster, gilt mein großer Dank für lehrreiche und manchmal turbulente Mitarbeiterinnen- und Assistentinnenjahre, für die stets kritische und konstruktive Unterstützung und die trotz einer Massenuniversität sehr guten Bedingungen für die wissenschaftliche Arbeit.

Der Deutschen Forschungsgemeinschaft und dem Sonderforschungsbereich 231 „Träger, Felder, Formen pragmatischer Schriftlichkeit im Mittelalter" in Münster danke ich für die für ein solches Unterfangen nötige und nicht nur auf das rein Finanzielle beschränkte Fundierung, dem Historischen Seminar der Westfälischen Wilhelms-Universität für ein mittelalterbegeistertes und mittelalterbegeisterndes Umfeld.

Mein Dank für die Begutachtung der Habilitationsschrift geht neben Peter Johanek an Hagen Keller und Bernhard Sicken, Münster, sowie an Franz Fuchs, Würzburg.

Peter Moraw (†), Gießen, Ernst Schubert (†), Göttingen, Karl-Friedrich Krieger, Mannheim, und Werner Paravicini, Paris/Kiel, möchte ich für einen jahrelangen konstruktiven wissenschaftlichen Austausch und guten Rat sehr herzlich danken, ebenso Christiane Schuchard, Berlin.

Den von mir konsultierten Archiven und Bibliotheken gilt mein herzlicher Dank für die guten Arbeitsbedingungen, für Rat und Hilfe besonders Volker Rödel und

Kurt Andermann, Karlsruhe. Namentlich Herrn Kollegen Rödel, bis zu seiner Pensionierung Leiter des Generallandesarchivs Karlsruhe, sei ausdrücklich für die gründliche Lektüre des Manuskriptes gedankt.

Wilfried Hartmann, Tübingen/München, und Steffen Patzold danke ich für ein gutes kollegiales Miteinander am Seminar für Mittelalterliche Geschichte in Tübingen, dem Fachbereich Geschichtswissenschaft der Eberhard Karls-Universität Tübingen für die idealen Arbeitsbedingungen mit einer wunderbaren Bibliothek und einem wissenschaftlich bereichernden Umfeld.

Der Kommission für Geschichtliche Landeskunde in Baden-Württemberg und ihrem ehemaligen Vorsitzenden, meinem Kollegen Anton Schindling, sowie der Geschäftsstelle, namentlich Herrn Boris Bigott, danke ich sehr herzlich nicht nur für die kritische Begutachtung, das sorgfältige Lektorat und die wertvollen Hinweise, sondern ebenso für die Aufnahme in ihre Veröffentlichungsreihe.

Inhalt

Siglenverzeichnis

ADB	Allgemeine Deutsche Biographie
AfD	Archiv für Diplomatik
AfMRhKG	Archiv für mittelrheinische Kirchengeschichte
AZ	Archivalische Zeitschrift
BHRR	Die Bischöfe des Heiligen Römischen Reiches
BllDtLG	Blätter für deutsche Landesgeschichte
DA	Deutsches Archiv für Erforschung des Mittelalters
DRW	Deutsches Rechtswörterbuch
EDG	Enzyklopädie deutscher Geschichte
FDA	Freiburger Diözesanarchiv
GLAK	Generallandesarchiv Karlsruhe
GWU	Geschichte in Wissenschaft und Unterricht
HHStAW	Haus-, Hof- und Staatsarchiv Wien
HHistSt	Handbuch der historischen Stätten
HJb	Historisches Jahrbuch
HRG	Handwörterbuch zur deutschen Rechtsgeschichte
HStAM	Bayerisches Hauptstaatsarchiv München
HuR	Höfe und Residenzen im spätmittelalterlichen Reich. Ein dynastisch-topographisches Handbuch Bde 1, 1–2
HZ	Historische Zeitschrift
LexMA	Lexikon des Mittelalters
MBMRF	Münchener Beiträge zur Mediävistik und Renaissance-Forschung
MGH	Monumenta Germaniae Historica
MGSSrG	Monumenta Germaniae Historica, Scriptores rerum Germanicarum
MHVP	Mitteilungen des Historischen Vereins der Pfalz
MIÖG	Mitteilungen des Institutes für österreichische Geschichtsforschung
NA	Neues Archiv der Gesellschaft für ältere deutsche Geschichtskunde
NDB	Neue Deutsche Biographie
OSt	Oberrheinische Studien
PGesRhGkde	Publikationen der Gesellschaft für Rheinische Geschichtskunde
QAMRhKG	Quellen und Abhandlungen zur mittelrheinischen Kirchengeschichte
QFHG	Quellen und Forschungen zur hessischen Geschichte
QFIAB	Quellen und Forschungen aus italienischen Archiven und Bibliotheken
RAG	Repertorium Academicum Germanicum
REM	Regesten der Erzbischöfe von Mainz

RFdS	Regesten zur Geschichte Friedrichs des Siegreichen
RhVjBll	Rheinische Vierteljahresblätter
RPR	Regesten der Pfalzgrafen am Rhein
RepGerm	Repertorium Germanicum
RI	Regesta Imperii
RMB	Regesten der Markgrafen von Baden
StAWü	Staatsarchiv Würzburg
Toepke, Matrikel Heidelberg	Die Matrikel der Universität Heidelberg
VKgL	Veröffentlichungen der Kommission für geschichtliche Landeskunde in Baden-Württemberg
VStABW	Veröffentlichungen der Staatlichen Archivverwaltung Baden-Württemberg
VMPIG	Veröffentlichungen des Max-Planck-Instituts für Geschichte
VSWG	Vierteljahresschrift für Sozial- und Wirtschaftsgeschichte
VuF	Vorträge und Forschungen
WStABW	Werkhefte der Staatlichen Archivverwaltung Baden-Württemberg
ZBLG	Zeitschrift für bayerische Landesgeschichte
ZGO	Zeitschrift für die Geschichte des Oberrheins
ZHF	Zeitschrift für Historische Forschung
ZRGG	Zeitschrift der Savigny-Stiftung für Rechtsgeschichte. Germanistische Abteilung
ZRGK	Zeitschrift der Savigny-Stiftung für Rechtsgeschichte. Kanonistische Abteilung
ZWLG	Zeitschrift für württembergische Landesgeschichte

Quellen und Literatur

Ungedruckte Quellen

Brüssel (B), Algemeen Rijksarchief/Archives générales du Royaume
Collection de moulages de sceaux des Archives générales du Royaume (I 347), Nr. 8563, 8586, 8696, 10677, 10699, 11271, online unter:

http://search.arch.be/fr/rechercher-des-archives/resultats/ead/zoekresultaat/eadid/BE-A0510_005990_005868_FRE/zoekterm/novo%20lapide/lang/fr (11.01.2014);

http://search.arch.be/fr/rechercher-des-archives/resultats/ead/rabscans/eadid/BE-A0510_005990_005868_FRE/node/c%3A17.c%3A85./scans-pagina/429 (11.01.2014);

http://search.arch.be/fr/rechercher-des-archives/resultats/ead/rabscans/eadid/BE-A0510_005990_005868_FRE/node/c%3A17.c%3A85./scans-pagina/430 (11.01.2014);

http://search.arch.be/fr/rechercher-des-archives/resultats/ead/rabscans/eadid/BE-A0510_005990_005868_FRE/node/c%3A17.c%3A85./scans-pagina/436 (11.01.2014);

http://search.arch.be/fr/rechercher-des-archives/resultats/ead/rabscans/eadid/BE-A0510_005990_005868_FRE/node/c%3A17.c%3A85./scans-pagina/535 (11.01.2014);

http://search.arch.be/fr/rechercher-des-archives/resultats/ead/rabscans/eadid/BE-A0510_005990_005868_FRE/node/c%3A17.c%3A85./scans-pagina/536 (11.01.2014);

http://search.arch.be/fr/rechercher-des-archives/resultats/ead/rabscans/eadid/BE-A0510_005990_005868_FRE/node/c%3A17.c%3A85./scans-pagina/564 (11.01.2014).

Città del Vaticano, Biblioteca Apostolica Vaticana
Cod. Pal. lat. 608
Cod. Pal. lat. 701
Cod. Pal. lat. 1368, online unter: http://digi.ub.uni-heidelberg.de/diglit/bav_pal_lat_1368 (21.01.2014).

Città del Vaticano, Archivio segreto Vaticano
Reg. Suppl. 455, 469, 483 f.

Darmstadt, Universitäts- und Landesbibliothek
Hs-2297, online unter: http://tudigit.ulb.tu-darmstadt.de/show/Hs-2297 (07.07.2015).

Düsseldorf, Hauptstaatsarchiv
Handschriften, A III 2.

Heidelberg, Universitätsbibliothek
Cod. Heid. N.F. 9, online unter: http://digi.ub.uni-heidelberg.de/diglit/codheidnf9 (20.1.2014)

Cod. Pal. germ. 158, online unter: http://digi.ub.uni-heidelberg.de/diglit/cpg158/0409 (15.03.2014)

Cod. Pal. germ. 168, online unter: http://digi.ub.uni-heidelberg.de/diglit/cpg168 (20.01.2014)

Heid. Hs. 47, online unter: http://digi.ub.uni-heidelberg.de/diglit/heidhs47 (20.1.2014)

Urk. Barth 20, online unter: http://digi.ub.uni-heidelberg.de/diglit/barth (03.09.2015)

Urk. Barth 109, online unter: http://digi.ub.uni-heidelberg.de/diglit/barth109 (21.10.2015)
Urk. Barth 110, online unter: http://digi.ub.uni-heidelberg.de/diglit/barth110 (21.10.2015)
Urk. Lehmann 45, online unter: http://digi.ub.uni-heidelberg.de/diglit/lehm45 (21.10.2015)
Urk. Lehmann 47, online unter: http://digi.ub.uni-heidelberg.de/diglit/lehm47 (21.10.2015)
Urk. Lehmann 69, online unter: http://digi.ub.uni-heidelberg.de/diglit/lehm66 (20.1.2014)
Urk. Lehmann 307, online unter: http://digi.ub.uni-heidelberg.de/diglit/lehm307 (21.10.2015)
Urk. Lehmann 320, online unter: http://digi.ub.uni-heidelberg.de/diglit/lehm320 (21.10.2015)
Urk. Lehmann 388, online unter: http://digi.ub.uni-heidelberg.de/diglit/lehm388 (16.03.2014).

Karlsruhe, Generallandesarchiv
Abt. 43/90
Abt. 43/145 (alte Sign.: Pfalz-Generalia 43/6)
Abt. 62/7909 (1453), 7909 (1458, 1468)
Abt. 66/3480, 12049
Abt. 67/277, 285–290, 292–296, 300–302, 364, 537, 799f., 804–808, 810, 812–814, 849, 864–867, 872, 881, 883, 893, 895, 906, 915, 982, 1057, 1340, 1663f., 1903, 1910f., 1914
Abt. 69/von Oberndorff, U 2, U 17
Abt. 71/W 182
Abt. 77/8073.

Köln, Historisches Archiv
Mariengraden U 219.

Koblenz, Landeshauptarchiv
Bestand 1 C, Nr. 1, 2, 3, 4a.

Ludwigsburg, Staatsarchiv
B 238 a: Deutscher Orden: Privilegien und Urkunden weltlicher und geistlicher Fürsten, U 15–18, online unter:
http://www.landesarchiv-bw.de/plink/?f=2–1089491 (11.01.2014);
http://www.landesarchiv-bw.de/plink/?f=2–1089492 (11.01.2014);
http://www.landesarchiv-bw.de/plink/?f=2–1089493 (11.01.2014);
http://www.landesarchiv-bw.de/plink/?f=2–1089494 (11.01.2014)
B 503 I: Schöntal, Zisterzienserkloster: Urkunden, U 218, online unter:
http://www.landesarchiv-bw.de/plink/?f=2–530238 (11.01.2014)

Mainz, Wissenschaftliche Stadtbibliothek
Hs. I 457.

München, Bayerische Staatsbibliothek
clm 338.

München, Bayerisches Hauptstaatsarchiv
Regensburg, Hochstift, Literalien, Nr. 2
Kloster Aldersbach, Urkunden (Zisterzienser 1139–1791), Nr. 00886, online unter:
http://www.mom-ca.uni-koeln.de/mom/DE-BayHStA/KUAldersbach/00886/charter (16.07.2014)
Kurbayern, Äußeres Archiv, 1178
Oberster Lehenhof, Literalien, Nr. 1a, 1b

Kloster Raitenhaslach, Urkunden, Nr. 1451 06 20, online unter:
http://www.mom-ca.uni-koeln.de/mom/DE-BayHStA/KURaitenhaslach/1451_06_20/charter?
(11.01.2014)
Rheinpfälzer U 5906.

München, Bayerisches Hauptstaatsarchiv, Geheimes Hausarchiv
Korrespondenzakt 959
Hausurkunden (HU), Nr. 2697, 2737, 2744.

Münster, Landesarchiv NRW Abteilung Westfalen
Kloster Benninghausen, Urkunden, Nr. 253, online unter:
http://www.archive.nrw.de/LAV_NRW/jsp/findbuch.jsp?archivNr=1&tektId=56&id=0326&klassId=1&seite=2 (12.2.2014).

Speyer, Landesarchiv
F 1/36, 63.

Stuttgart, Hauptstaatsarchiv
Bestand A 602, Württembergische Regesten (WR), Nr. 11319f., online unter:
http://www.landesarchiv-bw.de/plink/?f=1–3750;
http://www.landesarchiv-bw.de/plink/?f=1–37504 (21.01.2014)
H 162, Bd. 1
Hofsachen, 2. B., I.

Tübingen, Universitätsbibliothek
Handschrift Mc 71.

Wien, Archiv der Universität
Sammlungen, 13193 Nachlass Paul Uiblein, Bakkalarenkartei, Nr. 687, online unter:
http://scopeq.cc.univie.ac.at/Query/detail.aspx?ID=192370 (11.01.2014).

Wien, Österreichisches Staatsarchiv, Haus-, Hof- und Staatsarchiv
Reichsregister (Ruprecht), Bd. A, B und C.

Wien, Deutschordenszentralarchiv
Urkunden, Nr. 426, 893, 2260, 2659, online unter:
http://www.mom-ca.uni-koeln.de/mom/AT-DOZA/Urkunden/426/charter (11.1.2014);
http://www.mom-ca.uni-koeln.de/mom/AT-DOZA/Urkunden/893/charter (11.1.2014);
http://www.mom-ca.uni-koeln.de/mom/AT-DOZA/Urkunden/2660/charter (11.1.2014);
http://www.mom-ca.uni-koeln.de/mom/AT-DOZA/Urkunden/2659/charter?lang=deu
(11.1.2014).

Wiesbaden, Hessisches Hauptstaatsarchiv
Abt. 14, U 75
Abt. 137, U 81
Abt. 150, U 114.

Würzburg, Staatsarchiv
Mainzer Ingrossaturbücher, Nr. 1–47
Mainzer Bücher verschiedenen Inhalts, Nr. 16–23, 29–38, 41–43, 82, 94, 127.

Gedruckte Quellen und Archivinventare

A Catalogue of the Manuscripts Preserved in the Library of the University of Cambridge, Bd. 3, Cambridge 1856, Nachdruck: Hildesheim/New York 1980.
Acta Graduum Academicorum Gymnasii Patavini ab anno 1406 ad annum 1450, hg. v. Caspare ZONTA und Johanne BROTTO, 3 Bde., 2. Aufl. Padova 1970 (Fonti per la storia dell'Università di Padova 4–6).
Acten der Erfurter Universitaet, bearb. v. J. C. Hermann WEISSENBORN, Bd. 1, Halle 1881 (Geschichtsquellen der Provinz Sachsen 8,1), Nachdruck: Nendeln/Liechtenstein 1976.
Aeneas Silvius Piccolomini (Pius I.) und Niklas von Wyle, The Tale of two Lovers, Eurialus and Lucretia, hg. v. Eric John MORRALL, Amsterdam 1988 (Amsterdamer Publikationen zur Sprache und Literatur 77).
Akten zur Geschichte der Verfassung und Verwaltung der Stadt Köln im 14. und 15. Jahrhundert, 2 Bde., bearb. v. Walther STEIN, Bonn 1893/1895 (PGesRhGkde10).
Altbayern von 1180 bis 1550, bearb. v. Karl Ludwig AY, München 1977 (Dokumente zur Geschichte und Gesellschaft in Bayern I,2).
ANDERMANN, Kurt: Die Urkunden des Freiherrlich von Adelsheim'schen Archivs zu Adelsheim (Regesten) 1291–1875, Buchen 1995 (Zwischen Neckar und Mainz 27).
ARNOLD, Udo/TUMLER, Marian: Die Urkunden des Deutschordenszentralarchivs in Wien. Regesten, 3 Bde., Marburg 2006/2007/2009 (Quellen und Studien zur Geschichte des Deutschen Ordens 60/1–3).
Ausgewählte Urkunden zur Territorialgeschichte der Kurpfalz 1156–1505, hg. v. Meinrad SCHAAB, bearb. v. Rüdiger LENZ, Stuttgart 1998 (VKgL Reihe A, 41).
BARON, Frank (Hg.): Stephan Hoest – Reden und Briefe. Quellen zur Geschichte der Scholastik und des Humanismus im 15. Jahrhundert, München 1971 (Humanistische Bibliothek II,3).
Basler Chroniken,
Bd. 1, hg. v. Wilhelm VISCHER und Alfred STERN, Leipzig 1872;
Bd. 2, hg. v. Wilhelm VISCHER und Heinrich BOOS, Leipzig 1880;
Bd. 3, hg. v. Wilhelm VISCHER, Leipzig 1887;
Bd. 5, hg. v. August BERNOULLI, Leipzig 1895.
BAUMGARTEN, Paul Maria: *Laudes Palacii et Palatini.* Deutsche Lobrede auf Kurfürst Friedrich I. von der Pfalz, in: Römische Quartalschrift für christliche Alterthumskunde 1 (1887), S. 231–258.
BAUTIER, Robert-Henri/SORNAY, Janine: Les sources de l'histoire économique et sociale du Moyen Age, Bd. I/1, Paris 1968, Bd. I/1/2, Paris 1971.
BOLLATI, Frédéric-Emmanuel: Chroniques de Savoye, Bd. 1 und 2, Torino 1893.
BRUCHET, Max (Bearb.): Inventaire partiel du Trésor des Chartes de Chambéry à l'époque d'Amédée VIII, in: Mémoires et documents publiés par la Société savoisienne d'histoire et d'archéologique, Chambéry, 39 (1900), S. 185–457.
BURAGGI, Gian Carlo: Gli Statuti di Amedeo VIII duca di Savoia del 26 luglio 1423, in: Memorie della Reale Accademia delle Scienze di Torino, Serie 2, 57,2 (1907), S. 41–73.
– Gli Statuti di Amedeo VIII di Savoia del 31 luglio 1403, in: Memorie della Reale Accademia delle Scienze di Torino, Serie 2, 70,2 (1940), S. 1–38.
BUSCH, Konrad von/GLASSCHRÖDER, Franz Xaver: Chorregel und jüngeres Seelbuch des alten Speierer Domkapitels, 2 Bde., Speyer 1923/1926 (Historischer Verein der Pfalz, Veröffentlichungen 1).
Cantzley-Ordnung des Herzogs Wolfgang von Zweibrücken vom Jahr 1559, hg. v. Rudolf BUTTMAN und Philipp KEIPER, in: MHVP 23 (1899), S. 101–244.
CARO, J.: Aus der Kanzlei Kaiser Sigismunds. Urkundliche Beiträge zur Geschichte des Constanzer Concils, in: Archiv für österreichische Geschichte 59 (1880), S. 1–175.
CHAUBET, Daniel: Une enquête historique en Savoie au XVe siècle, in: Journal des Savants (1984), S. 93–125.
CHEVAILLER, Laurent: Une source inédite du droit savoyard: les *Antiqua Sabaudiae Statuta* d'Amédée VIII de 1402–1404, in: Bulletin philologique et historique 1 (1960), S. 361–391.

CHEVALLEY, Denis André: Der Dom zu Augsburg, München 1995 (Die Kunstdenkmäler in Bayern NF 1).

CHMEL, Joseph: Aktenstücke und Briefe zur Geschichte des Hauses Habsburg im Zeitalter Maximilians I., Bd. 1, Wien 1854, fotomech. Nachdruck: Hildesheim 1968.

– Materialien zur österreichischen Geschichte aus Archiven und Bibliotheken, 2 Bde., Wien 1837/8, fotomech. Nachdruck: Graz 1971.

– Regesta chronologico-diplomatica Ruperti regis Romanorum. Auszug aus den im k.k. Archive zu Wien sich befindenden Reichsregistraturbüchern vom Jahre 1400 bis 1410. Mit Benutzung der geddruckten Quellen, Frankfurt a. M. 1834.

Chronicon Moguntinum, hg. v. Karl HEGEL, Hannover 1885 (MGSSrG in usum scholarum).

Codex Diplomaticus Nassoicus. Nassauisches Urkundenbuch, Bd.1, Abt. 3, bearb. v. Wilhelm SAUER, Wiesbaden 1887, Nachdruck Aalen 1969.

Concilium Basiliense, hg. v. Johannes HALLER, 8 Bde., Basel 1900.

Copialbuch des Apost. Nuntius Bertrand de Macello 1366–1368, hg. v. Adalbert NOVÁCEK, Prag 1896 (Sitzungsberichte der Königl. Böhmischen Gesellschaft der Wissenschaften, Classe für Philosophie, Geschichte und Philologie Jg. 1895).

Cronica civitatis Wormatiensis per monachum quendam Kirsgartensem descripta, in: Monumenta Wormatiensia. Annalen und Chroniken, hg. v. Heinrich BOOS, Berlin 1893 (Quellen zur Geschichte der Stadt Worms 3), S. 1–95.

CUGNONI, Josephus: Aeneae Silvii Piccolomini Senensis [...] opera inedita descripsit ex codicibus Chisianis [...], Roma 1883.

Das funfft Merkisch Buech des Churfuersten Albrecht Achilles, hg. v. C. A. H. BURKHARDT, Jena 1857 (Quellensammlung zur Geschichte des Hauses Hohenzollern 1).

Das Handbuch der Kanzlei des Bischofs Nikolaus von Regensburg (1313–1340), bearb. v. Marianne POPP, München 1972 (Quellen und Erörterungen zur bayerischen Geschichte NF 25).

Das Hauptstaatsarchiv Düsseldorf und seine Bestände,
Bd. 2: Kurköln, bearb. v. Friedrich Wilhelm OEDIGER, Siegburg 1970.
Bd. 5: Archive des nichtstaatlichen Bereichs (Städte und Gemeinden, Korporationen, Familien- und Hofesarchive, Sammlungen, Nachlässe), Handschriften, bearb. v. Friedrich Wilhelm OEDIGER, Siegburg 1972.

Das kaiserliche Buch des Markgrafen Albrecht Achilles,
Vorkurfürstliche Periode 1440–1470, hg. v. Constantin HÖFLER, Bayreuth 1850.
Kurfürstliche Periode 1470–1486, hg. v. Julius von MINUTOLI, Berlin 1850.

Das Kopialbuch des Engelhard von Neipperg († 1495). Urkundenregesten (um 1235) 1331–1493, bearb. v. Kurt ANDERMANN, Sinsheim 1994 (Heimatverein Kraichgau, Sonderveröff. 11).

Decreta Sabaudiae ducalia, Turin 1477, hg. v. Gerhard IMMEL, Glashütten/Taunus 1973 (Mittelalterliche Gesetzbücher Europäischer Länder in Faksimiledrucken 7).

Der Briefwechsel des Eneas Silvius Piccolomini, hg. v. Rudolf WOLKAN, Abt. 1–3, 4 Bde., Wien 1909–18 (Fontes Rerum Austriacarum II, 61, 62, 63, 64).

Der Liber Cancellariae Apostolicae vom Jahre 1380 und der Stilus Palatii abbreviatus Dietrichs von Nieheim, hg. v. Georg ERLER, Leipzig 1888, Nachdruck Aalen 1971.

Der Liber quondam notarii (Wilhelm Ysbrandi de Clivis) (1362)–1446. Inhaltsangaben und Auszüge, hg. v. Friedrich Wilhelm OEDIGER, Köln 1978 (Schriftenreihe des Kreises Kleve 1).

DERTSCH, Richard: Die Urkunden des Stadtarchivs Mainz, 4 Bde., Mainz 1962/1963/1965/1967 (Beiträge zur Geschichte der Stadt Mainz 20,1–4).

Deutsche Hofordnungen des 16. und 17. Jahrhunderts, hg. v. Arthur KERN, 2 Bde., Berlin 1905/07 (Denkmäler der deutschen Kulturgeschichte, Abt. 2, 1 und 2).

Deutsche Privatbriefe des Mittelalters, Bd. 1, hg. v. Georg STEINHAUSEN, Berlin 1899 (Denkmäler der deutschen Kulturgeschichte 1,1).

Deutsche Reichstagsakten unter

König Wenzel, Bd. 1, hg. v. Julius WEIZSÄCKER, München 1867 (Deutsche Reichstagsakten. Ältere Reihe 1).

König Wenzel, Bd. 2, hg. v. Julius WEIZSÄCKER, München 1874 (Deutsche Reichstagsakten. Ältere Reihe 2).
König Wenzel, Bd. 3, hg. v. Julius WEIZSÄCKER, München 1877 (Deutsche Reichstagsakten. Ältere Reihe 3).
König Ruprecht, Bd. 1, hg. v. Julius WEIZSÄCKER, Gotha 1882 (Deutsche Reichstagsakten. Ältere Reihe 4).
König Ruprecht, Bd. 2, hg. v. Julius WEIZSÄCKER, Gotha 1885 (Deutsche Reichstagsakten. Ältere Reihe 5).
König Ruprecht, Bd. 3, hg. v. Julius WEIZSÄCKER, Gotha 1888 (Deutsche Reichstagsakten. Ältere Reihe 6).
Kaiser Sigmund, Bd. 1, hg. v. Dietrich KERLER, München 1878 (Deutsche Reichstagsakten. Ältere Reihe 7).
Kaiser Sigmund, Bd. 2, hg. v. Dietrich KERLER, Gotha 1883 (Deutsche Reichstagsakten. Ältere Reihe 8).
Kaiser Sigmund, Bd. 3, hg. v. Dietrich KERLER, Gotha 1887 (Deutsche Reichstagsakten. Ältere Reihe 9).
Kaiser Sigmund, Bd. 4, hg. v. Hermann HERRE, Gotha 1906 (Deutsche Reichstagsakten. Ältere Reihe 10).
Kaiser Sigmund, Bd. 5, hg. v. Gustav BECKMANN, Gotha 1898 (Deutsche Reichstagsakten. Ältere Reihe 11).
Kaiser Sigmund, Bd. 6, hg. v. Gustav BECKMANN, Gotha 1901 (Deutsche Reichstagsakten. Ältere Reihe 12).
König Albrecht II., Bd. 1, hg. v. Gustav BECKMANN, Stuttgart/Gotha 1925 (Deutsche Reichstagsakten. Ältere Reihe 13).
König Albrecht II., Bd. 2, hg. v. Helmut WEIGEL, Stuttgart 1935 (Deutsche Reichstagsakten. Ältere Reihe 14).
Kaiser Friedrich III., Bd. 1 (1440–1441), hg. v. Hermann HERRE, Stuttgart/Gotha 1914 (Deutsche Reichstagsakten. Ältere Reihe 15).
Kaiser Friedrich III., Bd. 2 (1441–1442), 1. Teilbd. hg. v. Hermann HERRE; 2. Teilbd. hg. v. Ludwig QUIDDE, Stuttgart/Gotha 1928 (Deutsche Reichstagsakten. Ältere Reihe 16).
Kaiser Friedrich III., Bd. 3,1 (1442–1444), hg. v. Walter KAEMMERER, Stuttgart 1939 (Deutsche Reichstagsakten. Ältere Reihe 17,1).
Kaiser Friedrich III., Bd. 3,2,1 (1444), hg. v. Walter KAEMMERER, Göttingen 1956 (Deutsche Reichstagsakten. Ältere Reihe 17,2,1).
Kaiser Friedrich III., Bd. 3,2,2 (1445), hg. v. Walter KAEMMERER, Göttingen 1963 (Deutsche Reichstagsakten. Ältere Reihe 17,2,2).
Kaiser Friedrich III., Bd. 5,1 (1453–1454), hg. v. Helmut WEIGEL und Henny GRÜNEISEN, Göttingen 1969 (Deutsche Reichstagsakten. Ältere Reihe 19,1).
Kaiser Friedrich III., Bd. 8,1 (1468–1470), hg. v. Ingeborg MOST-KOLBE, Göttingen 1973 (Deutsche Reichstagsakten. Ältere Reihe 22,1).
Die Berner Chronik des Diebold Schilling von 1468–1484, bearb. v. Hans BLOESCH und Paul HILBER, Bern 1943–45.
Die Chronik der Grafen von Zimmern, hg. v. Hansmartin DECKER-HAUFF, Bd. 2, 2. Aufl. Sigmaringen 1981.
Die Chronik Henman Offenburgs, in: Basler Chroniken, Bd. 5, hg. v. August BERNOULLI, Leipzig 1895, S. 201–325.
Die Chroniken der schwäbischen Städte, Bd. 1: Augsburg, hg. v. Karl HEGEL, Göttingen 1865 (Die Chroniken der deutschen Städte 4), Nachdruck Göttingen 1965.
Die Chroniken der schwäbischen Städte, Bd. 2: Augsburg, hg. v. Karl HEGEL, Göttingen 1866 (Die Chroniken der deutschen Städte 5), Nachdruck Göttingen 1966.
Die Chroniken Heinrichs von Beinheim, in: Basler Chroniken, Bd. 5, hg. v. August BERNOULLI, Leipzig 1895, S. 327–469.

Die Goldene Bulle Kaiser Karls IV. vom Jahre 1356, bearb. v. Wolfgang D. FRITZ, Weimar 1972 (Fontes iuris Germanici antiqui in usum scholarum ex Monumentis Germaniae Historicis separatim editi 11).
Die Inschriften der Stadt und des Landkreises Heidelberg, bearb. v. Renate NEUMÜLLERS-KLAUSER, München 1970 (Die deutschen Inschriften 12).
Die Inschriften des Rhein-Neckar Kreises, Bd. 2: Ehemaliger Landkreis Mannheim, Ehemaliger Landkreis Sinsheim (nördlicher Teil), bearb. v. Renate NEUMÜLLERS-KLAUSER unter Mitarbeit von Anneliese SEELIGER-ZEISS, München 1977 (Die deutschen Inschriften 16).
Die kurpfälzischen Dienerbücher 1476–1685, bearb. v. Manfred KREBS, in: ZGO 94 (1942), S. m7–m168.
Die Limburger Chronik des Tilemann Elhen von Wolfhagen, hg. v. Arthur WYSS, Hannover 1883 (MGH Deutsche Chroniken 4,1).
Die Mainzer Dompropstei im 14. Jahrhundert. Aufzeichnungen über ihre Besitzungen, Rechte und Pflichten in den Jahren 1364–1367, bearb. v. Fritz VIGENER, Darmstadt 1913 (QFHG 1).
Die Mainzer Ingrossaturbücher im Staatsarchiv Würzburg, online unter: http://www.ingrossaturbuecher.de/index.php?id=230#c158 (15.07.2015).
Die Matrikel der Universität Heidelberg, bearb. v. Gustav TOEPKE, Bd. 1 und 2, Heidelberg 1884/1886, Nachdruck: Nendeln/Liechtenstein 1976.
Die Matrikel der Universität Köln, bearb. v. Hermann KEUSSEN,
Bd. 1, 2. Aufl. Bonn 1928 (PGesRhGkde8).
Bd. 3, Bonn 1931 (Publikationen der Gesellschaft für Rheinische Geschichtskunde 8).
Die Matrikel der Universität Wien, Bd. 1: 1377–1450, [bearb. v. Franz GALL,] Graz/Köln 1956 (Quellen zur Geschichte der Universität Wien, Abt. 1,1).
Die Nürnberger Ratsverlässe, Bd. 1: 1449–1450, hg. v. Irene STAHL, Neustadt an der Aisch 1983 (Schriften des Zentralinstituts für fränkische Landeskunde und allgemeine Regionalforschung an der Universität Erlangen-Nürnberg 23).
Die Ordinanden des Bistums Bamberg von 1436 bis 1470, hg. v. Johannes KIST, in: Archiv für Sippenforschung 13 (1936), S. 101–111, 136–142, 177–178, 208–209, 243–249, 277–280, 313–317, 341–345, 368–370.
Die Rechnungen der mainzischen Verwaltung in Oberlahnstein im Spätmittelalter, hg. v. Otto VOLK, Wiesbaden 1990 (Veröffentlichungen der Historischen Kommission für Nassau 47).
Die Regesten der Erzbischöfe von Köln im Mittelalter,
Bd. 8: 1370–1380, bearb. v. Norbert ANDERNACH, Düsseldorf 1981 (PGesRhGkde 21).
Bd. 10: 1391–1400, bearb. v. Norbert ANDERNACH, Düsseldorf 1987 (PGesRhGkde 21).
Bd. 11: 1401–1410 Friedrich von Saarwerden, bearb. v. Norbert ANDERNACH, Düsseldorf 1992 (PGesRhGkde 21).
Die Rektorbücher der Universität Heidelberg,
Bd. 1: 1386–1410 (zugleich das erste Amtsbuch der Juristischen Fakultät), hg. v. Jürgen MIETHKE, bearb. v. Heiner LUTZMANN u. a., Heidelberg 1986–1999 (Die Amtsbücher der Universität Heidelberg A 1).
Bd. 2,1: 1421–1451, hg. v. Jürgen MIETHKE, bearb. v. Heiner LUTZMANN unter Mitarbeit von Andreas DAFFERNER, Heidelberg 2001 (Die Amtsbücher der Universität Heidelberg A 2,1).
Bd. 2,2: 1421–1451, hg. v. Jürgen MIETHKE, bearb. v. Heiner LUTZMANN unter Mitarbeit von Andreas DAFFERNER, Heidelberg 2003 (Die Amtsbücher der Universität Heidelberg A 2,2).
Die Taten der Trierer. Gesta Treverorum, hg. v. Emil ZENZ, Bd. 5, Trier 1961.
Die Universität Tübingen von 1477 bis 1977 in Bildern und Dokumenten, hg. v. Hansmartin DECKER-HAUFF und Wilfried SETZLER, Tübingen 1977.
Die Weistümer der Zent Schriesheim. Badische Weistümer und Dorfordnungen, Bd. 2, bearb. v. Karl KOLLNIG, Stuttgart 1968 (VKgL Reihe A, 16).
DRÖS, Harald: Heidelberger Wappenbuch, Heidelberg 1991 (Buchreihe der Stadt Heidelberg 2).
EDMUNDS, Sheila: Catalogue des manuscrits savoyards, in: Les manuscrits enluminés des comtes et ducs de Savoie, hg. v. Agostino PARAVICINI BAGLIANI, Torino 1990, S. 193–230.

Einbanddatenbank EBDB s002521 (*Alberthus*), online unter: http://www.hist-einband.de/recherche/ebwerkz.php?rwz=m&id=101357s (11.01.2014).

Einwohnerverzeichnis des Vierten Quartiers der Stadt Heidelberg vom Jahr 1600, hg. v. Albert Mays und Karl Christ, Heidelberg 1893 (Neues Archiv für die Geschichte der Stadt Heidelberg und der rheinischen Pfalz 2).

Embach, Michael/Nolden, Reiner: Handschriften und Urkunden aus der Zeit des Trierer Erzbischofs Balduin von Luxemburg (1307–1354). Eine Ausstellung der Stadtbibliothek und des Stadtarchivs Trier, Trier [2007] (Ausstellungskataloge Trierer Bibliotheken 39).

Emminghaus, Gustav: Die Hofraths-Ordnung des Kurfürsten Friedrichs des Weisen und Herzogs Johann von Sachsen, von 1499, in: Zeitschrift des Vereins für Thüringische Geschichte 2 (1855), S. 97–106.

Erler, Adalbert (Hg.): Die älteren Urteile des Ingelheimer Oberhofes, Bd. 1 und 4, Frankfurt a. M. 1952/1963.

Fester, Richard: Das älteste Urbar der Markgrafschaft Baden, in: ZGO 47 (1893), S. 606–615.

Findbuch Landesarchiv NRW, Abteilung Rheinland, 121.31.00 Kornelimünster, Urkunden Nr. 87 (1423 Januar 7), bearb. von Erich Meuthen, online unter: http://www.archive.nrw.de/LAV_NRW/jsp/findbuch.jsp?archivNr=185&tektId=0&id=0844&klassId=1&seite=1 (07.07.2015).

Formelbuch aus Baumgartenberg, in: Briefsteller und formelbücher des eilften bis vierzehnten jahrhunderts, bearb. v. Ludwig Rockinger, 2. Abt. München 1864 (Quellen zur bayerischen und deutschen Geschichte 9,2), S. 713–838.

Gachard, L.P. (Hg.): Ordonnance et état de la maison de Maximilien, duc d'Autriche et de Bourgogne: Septembre 1477, in: Bulletin de la Commission Royale d'Histoire [de Belgique], 2e série 9 (1857), S. 117–127 (Analectes historiques 5e série Nr. 163).

Gesamtübersicht der Bestände des Generallandesarchivs Karlsruhe, bearb. v. Manfred Krebs, Bd. 1, Stuttgart 1951 (VStABW1).

Gesta Treverorum, hg. v. Johannes Hugo Wyttenbach und Michael F.J. Müller, Bd. 2, Trier 1838.

Glaser, Michael: Die Diözese Speier in den päpstlichen Rechnungsbüchern 1317 bis 1560, in: MHVP 17 (1893), S. 1–166.

Glassner, Christine: Inventar der mittelalterlichen Handschriften des Benediktinerstiftes Seitenstetten, Wien 2005, online unter: http://www.ksbm.oeaw.ac.at/seit/inv/inventar.htm (11.1.2014).

Glasschröder, Franz Xaver: Neue Urkunden zur pfälzischen Kirchengeschichte im Mittelalter, Speyer 1930 (Veröffentlichungen der Pfälzischen Gesellschaft zur Förderung der Wissenschaften 14).

– Urkunden zur Pfälzischen Kirchengeschichte im Mittelalter, München/Freising 1903.

Goerz, Adam: Regesten der Erzbischöfe zu Trier von Hetti bis Johann II. 814–1503, Trier 1861, Nachdruck: Aalen 1969.

Gottlob, Theodor: Gerichts- und Kanzleiordnung des Bischofs Marquard von Konstanz aus dem Anfang des 15. Jahrhunderts, in: Zeitschrift für schweizerische Kirchengeschichte 44 (1950), S. 198–214.

Gudenus, Valentin Ferdinand von: Codex Diplomaticus Anecdotorum Res Moguntinas [etc.], Bd. 4, Frankfurt/Leipzig 1755.

Hall, Burkhard von (Conradus de Heilpronna), Chronik des Ritterstiftes Wimpfen: Mit der Fortsetzung des Diether von Helmstadt, einem Nekrologium und einem Urbar (ca. 1289), Universitäts- und Landesbibliothek Darmstadt, Digitale Sammlungen Darmstadt – Handschriften mittelalterlich, Hs. 2297 (online unter: Persistente URL: http://tudigit.ulb.tu-darmstadt.de/show/Hs-2297 (23.10.2013).

Heinig, Paul-Joachim: Kaiser Friedrichs III. Preces-Register der Jahre 1473–1475, in: *Ex ipsis rerum documentis*. Beiträge zur Mediävistik. Festschrift Harald Zimmermann zum 65. Geburtstag, hg. v. Klaus Herbers u.a., Sigmaringen 1991, S. 135–158.

Heinig, Paul-Joachim/Grund, Ines (Bearb.): Das Taxregister der römischen Kanzlei 1471–1475 (Haus-, Hof- und Staatsarchiv Wien, Hss. „weiß 529" und „weiß 920"), 2 Bde., Wien 2001 (Regesten Kaiser Friedrichs III. (1440–1493) nach Archiven und Bibliotheken geordnet, Sonderbd. 2).

Heinrich, Rudolf: Der Hausvertrag von Pavia vom 4. August 1329 und seine Vorgeschichte seit der Landesteilung vom 1. Oktober 1310, in: Wittelsbacher Hausverträge des späten Mittelalters. Die haus- und staatsrechtlichen Urkunden der Wittelsbacher von 1310, 1329, 1392/93, 1410 und 1472, hg. v. Hans Rall, München 1987 (Schriftenreihe zur bayerischen Landesgeschichte 71), S. 64–174.

Heinzer, Felix/Stamm, Gerhard: Die Handschriften von Lichtenthal, Wiesbaden 1987 (Die Handschriften der Badischen Landesbibliothek Karlsruhe 11).

Hessische Urkunden, hg. v. Ludwig Baur, Bd. 3, Darmstadt 1863, Nachdruck: Aalen 1979.

Hessisches Urkundenbuch, 2. Abteilung: Urkundenbuch zur Geschichte der Herren von Hanau und der ehemaligen Provinz Hanau, hg. v. Heinrich Reimer, Bd. 3, Leipzig 1894.

Inventar des Aktenarchivs der Erzbischöfe und Kurfürsten von Mainz aufgrund der Verzeichnisse in den heutigen Eigentümer-Archiven, hg. v. Rudolf Schatz und Aloys Schwersmann, 5 Bde., Koblenz 1990–1993 (Veröffentlichungen der Landesarchivverwaltung Rheinland-Pfalz 54–56, 59–60).

Inventare des Grossherzoglich Badischen General-Landesarchivs, hg. v. der Grossherzoglichen Archivdirektion, Bd. 1, Karlsruhe 1901.

Iohannis Seffried de Mutterstadt, Chronica Praesulum Spirensis civitatis. 1478 (1512), in: Fontes rerum Germanicarum. Geschichtsquellen Deutschlands, Bd. 4, aus dem Nachlaß Joh. Friedrich Böhmers hg. v. Alfons Huber, Stuttgart 1868, Nachdruck: Aalen 1969, S. XLI–XLII, 327–355.

J. F. Böhmer, Regesta Imperii,

Bd. 8: Die Regesten des Kaiserreichs unter Kaiser Karl IV. 1346–1378, aus dem Nachlasse Johann Friedrich Böhmer's hg. und erg. v. Alfons Huber, Innsbruck 1877, Nachdruck: Hildesheim 1968.

Bd. 11: Die Urkunden Kaiser Sigmunds (1410–1437), bearb. v. Wilhelm Altmann, Innsbruck 1896/1900, Nachdruck: Hildesheim 1968.

Janssen, Johannes: Frankfurts Reichskorrespondenz nebst andern verwandten Aktenstücken von 1376–1519, 2 Bde., Freiburg i.Br. 1863/1872.

Johann von Mutterstadt, Chronicon Spirense, in: Heinrich Christian Freiherr von Senckenberg: Selecta juris et historiarum, Bd. 6, Frankfurt 1742, S. 147–198.

Die mittelalterlichen Handschriften der Signaturengruppe B1 bis B 100 der Universitäts- und Landesbibliothek Düsseldorf, bearb. v. Eef Overgaauw u. a., Wiesbaden 2005 (Kataloge der Handschriftenabteilung der Universitäts- und Landesbibliothek 1, 1).

Kattermann, Gerhard: Ein Büchervermächtnis des Kurfürsten Friedrich I. von der Pfalz, in: ZGO 50 (1937), S. 44–57.

Krebs, Manfred (Bearb.): Die Dienerbücher des Bistums Speyer 1464–1768, in: ZGO 96 (1948), S. 55–195.

– (Bearb.): Die Investiturprotokolle der Diözese Konstanz aus dem 15. Jahrhundert, Beilage zum FDA 66–74 (1939–1954).

– (Bearb.): Die Protokolle des Speyerer Domkapitels, Bd. 1, Stuttgart 1968 (VKgL Reihe A, 17).

– Die kurpfälzischen Dienerbücher (1476–1685), in: ZGO 94 (1942), S. 7–168.

Krenner, Franz (von) (Hg.): Baierische Landtags-Handlungen in den Jahren 1429–1513, 18 Bde., München 1803–1805.

Kuske, Bruno: Quellen zur Geschichte des Kölner Handels und Verkehrs im Mittelalter, 4 Bde., Bonn 1917–1934 (PGesRhGkde 33).

Lacomblet, Theodor J. (Hg.): Urkundenbuch für die Geschichte des Niederrheins, 4 Bde., Düsseldorf 1840–1858, Nachdruck: Aalen 1966. Bd. 5: Nachweis der Überlieferung, bearb. v. Wolf-Rüdiger Schleidgen, Siegburg 1981.

Lehmann, [N. N.]: Urkundliche Nachrichten der Klöster in und bei Worms, in: Archiv für hessische Geschichte und Altertumskunde 2 (1841), S. 397–483.

Lettres de Grégoire XI (1371–1378),

Bd. 1, Textes et analyses, hg. v. Camille Tihon, Bruxelles, Rome 1958 (Analecta Vaticano-Belgica 11).

Bd. 2, Textes et analyses, hg. v. Camille TIHON, Bruxelles, Rome 1962 (Analecta Vaticano-Belgica 20).
Bd. 3, Textes et analyses, hg. v. Camille TIHON, Bruxelles, Rome 1964 (Analecta Vaticano-Belgica 25).

LIST, Gerhard: Mainz, Wissenschaftliche Stadtbibliothek, Bestandsliste ab Hs I 351. Vorläufige Beschreibung von Dr. Gerhard List (Stand: Frühjahr 2007), online unter: URL: http://www.manuscripta-mediaevalia.de/hs/projekt-Mainz-pdfs/Hs%20I%20457.pdf (15.05.2012).

LÜNIG, Johann Christian: Das Teutsche Reichs-Archiv, Bd. 32, Leipzig 1719.

Maiestas Carolina. Der Kodifikationsentwurf Karls IV. für das Königreich Böhmen von 1355, hg. v. Bernd-Ulrich HERGEMÖLLER, München 1995 (Veröffentlichungen des Collegium Carolinum 74).

Mainzer Urkundenbuch, Bd. 1: Die Urkunden bis zum Tode Erzbischof Adalberts I. (1137), bearb. v. Manfred STIMMING, Darmstadt 1932 (Arbeiten der Historischen Kommission für den Volksstaat Hessen).

MANARESI, Cesare: I Registri viscontei, Bd. 1, Milano 1915 (Inventari e regesti del R. Archivio di Stato in Milano 1).

Markgraf Bernhard II. von Baden. Quellen zu seiner Lebensgeschichte, bearb. v. Anna Maria RENNER, Karlsruhe 1958.

Matthias von Kemnat, Chronik Friedrich I. des Siegreichen, hg. v. C[onrad] HOFMANN, in: Quellen zur Geschichte Friedrich's des Siegreichen, München 1862 (Quellen und Erörterungen zur bayerischen und deutschen Geschichte 2), Nachdruck: Aalen 1969, S. 1–141.

MAURER, Hans-Martin: Übersicht über die Bestände des Hauptstaatsarchivs Stuttgart. Altwürttembergisches Archiv (A-Bestände), Stuttgart 1975 (VStABW32).

Mémoires d'Olivier de la Marche, hg. v. Henri BEAUNE und J. D'ARBAUMONT, Bd. 4, Paris 1888.

Michel Beheim, Reimchronik, hg. v. C[onrad] HOFMANN, in: Quellen zur Geschichte Friedrich's des Siegreichen, Bd. 2, München 1863 (Quellen und Erörterungen zur bayerischen und deutschen Geschichte 3), Nachdruck: Aalen 1969, S. 1–258, 316–324.

MÖTSCH, Johannes (Bearb.): Die Balduineen. Aufbau, Entstehung und Inhalt der Urkundensammlung des Erzbischofs Balduin von Trier, Koblenz 1980 (Veröffentlichungen der Landesarchivverwaltung Rheinland-Pfalz 33).

MONE, Franz Joseph: Hausrath des Bischofs von Speier in seinen Höfen und Burgen 1391, 1394, in: ZGO 3 (1852), S. 255 f.
– Quellensammlung der badischen Landesgeschichte, Bd. 1, Karlsruhe 1848.
– Das Neckarthal von Heidelberg bis Wimpfen, in: ZGO 11 (1860), S. 138–177.
– Geschichtliche Notizen, in: ZGO 9 (1858), S. 383 f.
– Politisches Testament des Bischofs Raban von Speier. Von 1438 oder 1439, in: ZGO 11 (1869), S. 193–201.

Monumenta Castellana. Urkundenbuch zur Geschichte des fränkischen Dynastengeschlechts der Grafen und Herren zu Castell. 1057–1546, hg. v. Pius WITTMANN, München 1890.

M[onumenta] G[ermaniae] H[istorica]. Die Urkunden Konrad I., Heinrich I. und Otto I., hg. v. Theodor SICKEL, 1879/1884 (MGH Diplomata regum et imperatorum Germaniae 1).

Monumenta Moguntina, hg. v. Philipp JAFFÉ, Berlin 1866 (Bibliotheca rerum Germanicarum 3).

Monumenta Wittelsbacensia. Urkundenbuch zur Geschichte des Hauses Wittelsbach, 2 Bde., hg. v. Franz Michael WITTMANN, München 1857/61 (Quellen zur bayerischen und deutschen Geschichte 5,6), Nachdruck: Aalen 1969.

Monumenta Wormatiensia. Annalen und Chroniken, hg. v. Heinrich BOOS, Berlin 1893 (Quellen zur Geschichte der Stadt Worms 3).

Monumentnummer: 22152. Vrijthof 28 5081 CB te Hilvarenbeek, in: Rijksdienst voor het Cultureel Erfgoed. Ministerie van Onderwijs, Cultuur en Wetenschap. Monumentenregister, online unter: http://monumentenregister.cultureelerfgoed.nl/php/main.php?cAction=show&cOffset=0&cLimit=25&cOBJnr=22152&oOrder=ASC&cLast=1&oField=OBJ_RIJKSNUMMER&sCompMonNr=22152&sCompMonName=&sStatus=&sProvincie=&sGe

meente=&sPlaats=&sStraat=&sHuisnummer=&sPostcode=&sFunctie=&sHoofdcategorie=&sSubcategorie=&sOmschrijving=&ID=0&oField=OBJ_RIJKSNUMMER (02.11.2015).

Mosbacher Urkundenbuch. Stadt und Stift im Mittelalter, bearb. v. Konrad KRIMM unter Mitarbeit von Hans SCHADEK, Elztal/Dallau 1986.

MOSER, Heinz: Die Urkunden des Pfarrarchivs Hall in Tirol, Innsbruck 1998 (Tiroler Geschichtsquellen 39).

Neue und vollständigere Sammlung der Reichs-Abschiede, welche von den Zeiten Kayser Conrads des II. bis jetzo auf den Teutschen Reichs-Taegen abgefasset worden, sammt den wichtigsten Reichs-Schlüssen [...], hg. v. J. SCHMAUSS, 4 Teile in 2 Bdn., Frankfurt a. M. 1747, Nachdruck: Osnabrück 1967.

NEUENSTEIN, Karl Freiherr von: Wappen aus dem Lehensbuche des Bisthums Speier nach dem Original im Grossherzoglichen General-Landes-Archiv zu Karlsruhe, [o. O.] 1894.

– Wappen aus dem Lehnsbuche des Pfalzgrafen Friedrichs I. von der Pfalz, Karlsruhe 1892.

NISTAHL, Matthias: Studien zur Geschichte des Klosters Schlüchtern im Mittelalter, Darmstadt/Marburg 1986 (QFHG 65).

Nova Alamanniae. Urkunden, Briefe und andere Quellen besonders zur deutschen Geschichte des 14. Jahrhunderts,
Bd. 1, hg. v. Edmund E. STENGEL, Berlin 1921.
Bd. 2,1, hg. v. DEMS., Berlin 1930.
Bd. 2,2, hg. v. DEMS. und Klaus SCHÄFER, Hannover 1976.

NUYENS, E. M. Th. W.: Inventaris der archiven van het kapittel van Sint-Servaas te Maastricht, Maastricht 1984 (Rijksarchief in Limburg 31).

OEFELE, Edmund Freiherr von: Rechnungsbuch des oberen Vicedomamtes Herzog Ludwigs des Strengen 1291–1294, in: Oberbayerisches Archiv 26 (1865–1866), S. 272–344.

PÉROUSE, Gabriel: Documents inédits relatifs au Concile de Bâle (1437–1449), in: Bulletin historique et philologique du Comité des travaux historiques et scientifiques (1905), S. 364–399.

PERRET, André: Archives de l'ancien Duché de Savoie, Série SA, Inventaire, Bd. 1: Archives du Cour, SA 1 à SA 259, Annecy 1966.

PÖHLMANN, Karl/DOLL, Anton: Regesten der Grafen von Zweibrücken aus der Linie Zweibrücken, Speyer 1962 (Veröffentlichungen der pfälzischen Gesellschaft zur Förderung der Wissenschaften 42).

Politische Correspondenz des Kurfürsten Albrecht Achilles, 3 Bde., hg. v. Felix PRIEBATSCH, Leipzig 1894/1897/1898 (Publicationen aus den K. Preußischen Staatsarchiven 59/67/71).

POSSE, Otto: Die Siegel der Erzbischöfe und Kurfürsten von Mainz. Erzkanzler des deutschen Reiches bis zum Jahre 1803, Dresden 1914.

Quellen zur Geschichte der Herrschaft Landskron an der Ahr, hg. v. Hans FRICK und Theresia ZIMMER, Bd. 1, Bonn 1966 (PGesRhGkde 56).

Quellen zur Geschichte der Stadt Köln, 6 Bde., hg. v. Leonhard ENNEN und Gottfried ECKERTZ, Köln 1860–1879, Nachdruck: Aalen 1970.

Quellen zur Geschichte des St. Kastorstifts in Koblenz, bearb. v. Aloys SCHMIDT, Bd. 1,1 (857–1334), Bonn 1953; Bd. 1,2 (1335–1400), Bonn 1954; Bd. 1, Register, Bonn 1955 (PGesRhGkde 53).

Quellen zur Geschichte Friedrich's des Siegreichen, Bd. 2, hg. v. C[onrad] HOFMANN, München 1863 (Quellen zur bayerischen und deutschen Geschichte 3, 2), S. 1–258, 316–324.

Regesta Episcoporum Constantiensium. Regesten der Bischöfe von Constanz, Bd. 3 (1384–1436), bearb. v. Karl RIEDER, Innsbruck 1913; Bd. 4, bearb. v. Karl RIEDER, Innsbruck 1941.

Regesten der Erzbischöfe von Mainz von 1289–1396.
1. Abt., Bd. 1 (1289–1328), hg. v. Ernst VOGT, Leipzig 1913;
1. Abt., Bd. 2 (1328–1354), hg. v. Heinrich OTTO, Darmstadt 1934;
2. Abt., Bd. 1 (1354–1371), hg. v. Fritz VIGENER, Leipzig 1913;
2. Abt., Bd. 2 (1371–1374), hg. v. Fritz VIGENER, Leipzig 1914, Nachdruck aller vier Teilbände: Berlin/Aalen 1970–76;
Namenverzeichnis, bearb. v. Wilhelm KREIMES, Darmstadt 1956.

Regesten der Grafen von Katzenelnbogen 1060–1486, Bd. 1–4, bearb. v. Karl E. Demandt, Wiesbaden 1953/1954/1956/1957 (Veröffentlichungen der Historischen Kommission für Nassau 11).

Regesten der Markgrafen von Baden und Hachberg 1050–1515,
Bd. 1, bearb. v. Richard Fester, Innsbruck 1900;
Bd. 3, bearb. v. Heinrich Witte, Innsbruck 1907;
Bd. 4, bearb. v. Albert Krieger, Innsbruck 1915 (Reg.).

Regesten der Pfalzgrafen am Rhein 1214–1508,
Bd. 1: 1214–1400, bearb. v. Adolf Koch und Jakob Wille, Innsbruck 1894;
Bd. 2: Regesten König Ruprechts, bearb. v. Graf L. von Oberndorff und Manfred Krebs, Innsbruck 1939.

Regesten des Archivs der Grafen von Sponheim 1065–1437, 5 Bde., bearb. v. Johannes Mötsch, Koblenz 1987–1991.

Regesten Kaiser Friedrichs III. (1440–1493). Nach Archiven und Bibliotheken geordnet, Heft 24: Die Urkunden und Briefe aus dem historischen Staatsarchiv Königsberg im Geheimen Staatsarchiv Preußischer Kulturbesitz Berlin, aus den Staatsarchiven Gdansk, Torun, Riga sowie dem Stadtarchiv Tallinn für die historischen Landschaften Preußen und Livland, bearb. v. Elfie-Marita Eibl, Wien u. a. (2010).

Regesten zur Geschichte der Mainzer Erzbischöfe von Bonifatius bis Heinrich II. 742?–1288, mit Benützung des Nachlasses von Johann Friedrich Böhmer bearb. und hg. v. Cornelius Will, 2 Bde., Innsbruck 1877 und 1886, Nachdruck: Aalen 1966 (J. Fr. Böhmer, Regesta Archiepiscoporum Maguntinensium).

Regesten zur Geschichte der Erzherzogin Mechthild, in: Martin, Ernst: Erzherzogin Mechthild, Gemahlin Albrechts VI. von Österreich. Versuch einer Lebensgeschichte, in: Zeitschrift der Gesellschaft für Beförderung der Geschichts-, Altertums- und Volkskunde von Freiburg, dem Breisgau und den angrenzenden Landschaften 2 (1870/72), S. 199–226.

Regesten zur Geschichte Friedrichs des Siegreichen, hg. v. Karl Menzel, München 1862 (Quellen und Erörterungen zur bayerischen und deutschen Geschichte 2), Nachdruck: Aalen 1969, S. 209–499.

Reimer, Heinrich: Zur Geschichte des Bischofs Gerhart von Speier, in: ZGO 26 (1874), S. 77–117.

Remling, Franz Xaver: Urkundenbuch zur Geschichte der Bischöfe zu Speyer, 2 Bde., Mainz 1852/1853, Nachdruck: Aalen 1970.

Repertorium Fontium Historiae Medii Aevi. Geschichtsquellen des deutschen Mittelalters digital (URL: http://www.repfont.badw.de/B.pdf (11.01.2014)).

Repertorium Germanicum. Verzeichnis der in den päpstlichen Registern und Kameralakten vorkommenden Personen, Kirchen und Orte des Deutschen Reiches seiner Diözesen und Territorien,
Bd. 1: Clemens VII. von Avignon (1378–1394), bearb. v. Emil Göller, Berlin 1916.
Bd. 2: Urban VI., Bonifaz IX., Innocenz VII. und Gregor XII. (1378–1415), bearb. von Gerd Tellenbach, Berlin 1933–38, Nachdruck: Hildesheim 2000.
Bd. 5: Eugen IV. (1431–1447), bearb. v. Hermann Diener (†) und Brigide Schwarz, Tübingen 2004.
Bd. 6: Nikolaus V. (1447–1455), bearb. v. Josef Friedrich Abert und Walter Deeters, Tübingen 1985/1989 (Indizes).
Bd. 7: Calixt III. (1455–1458), 2 Teilbde., bearb. v. Ernst Pitz, Tübingen 1989.
Bd. 8: Pius II. (1458–1464), Bd. 8,1 (Text), bearb. v. Dieter Brosius und Ulrich Scheschkewitz, Tübingen 1993; Bd. 8,2 (Indizes), bearb. v. Karl Borchardt, Tübingen 1993.

Riedels Codex diplomaticus Brandenburgensis, 3. Hauptteil, 2. Bd., Berlin 1860.

Riedner, Otto: Die geistlichen Gerichtshöfe zu Speier im Mittelalter, Bd. 2, Paderborn 1915 (Veröffentlichungen der Görres-Gesellschaft. Sektion für Rechts- und Sozialwissenschaft 26).

Röckelein, Hedwig (Bearb.): Die lateinischen Handschriften der Universitätsbibliothek Tübingen, Bd. 1: Signaturen Mc 1 bis Mc 150, Wiesbaden 1991.

Romana Repertoria online (RRO). Online unter: http://www.romana-repertoria.net/993.html#c2695 (17.07.2015).

Ronner, Wolfgang: Die Herren von Kronberg und ihre Reichslehen 1189–1704. Regesten und ergänzende Texte, Frankfurt a. M. 1999.

Sammlung der hochf. speirischen Gesetze und Landesverordnungen, Bruchsal 1788.

Sauerland, Heinrich Volbert: Urkunden und Regesten zur Geschichte der Rheinlande aus dem Vatikanischen Archiv, 7 Bde., Bonn 1902–1913 (PGesRhGkde 23).

Schneider, Eugen: Lehenbuch Graf Eberhard des Greiners von Württemberg, in: Württembergische Vierteljahreshefte 8 (1885), S. 113–164.

Schuler, Peter-Johannes: Südwestdeutsche Notarszeichen, Sigmaringen 1976 (Konstanzer Geschichts- und Rechtsquellen 22).

Speierische Chronik von 1406 bis 1476, in: Quellensammlung der badischen Landesgeschichte, hg. v. F[ranz] J[oseph] Mone, Bd. 1, Karlsruhe 1848, S. 367–520.

Spiess, Karl-Heinz: Das älteste Lehnsbuch der Pfalzgrafen bei Rhein vom Jahr 1401. Edition und Erläuterungen, Stuttgart 1981 (VKgL Reihe A, 30).

Tabula formam curie episcopi. Das Formularbuch der Würzburger Bischofskanzlei von ca. 1324, hg. v. Alfred Wendehorst, Würzburg 1957 (Quellen und Forschungen zur Geschichte des Bistums und Hochstifts Würzburg 13).

Tancredi Bononiensis ordo iudiciarius, in: Pilius, Tancredus, Gratia, Libri de iudiciorum ordine, hg. v. Friedrich Christian Bergmann, Göttingen 1842, Nachdruck: Aalen 1965, S. 87–316.

Tangl, Michael (Hg.): Die päpstlichen Kanzleiordnungen von 1200–1500, Innsbruck 1894.

Testament der Pfalzgräfin Margarete von Bayern-Landshut, der Gattin Kurfürst Philipps, vom 26. April 1488, in: Huthwelker, Thorsten: Katalog, in: Die Grablegen der Wittelsbacher in Heidelberg. Tod und Gedächtnis im späten Mittelalter, hg. v. Frieder Hepp und Jörg Peltzer, Heidelberg 2013, Anhang, S. 68–78.

Theil, Bernhard: Das älteste Lehnbuch der Markgrafen von Baden (1381). Edition und Untersuchungen. Ein Beitrag zur Geschichte des Lehnswesens im Spätmittelalter, Stuttgart 1974 (VKgL Reihe A, 25).

Thiel, Matthias: Urkundenbuch des Stifts St. Peter und Alexander zu Aschaffenburg, Bd. 1: 861–1325, Aschaffenburg 1986 (Veröffentlichungen des Geschichts- und Kunstvereins Aschaffenburg 26).

Tolner, Carl Ludwig: Codex diplomaticus palatinus, in: Ders.: Historia palatina, Frankfurt a. M. 1700.

Ulrich Richental, Chronik des Konstanzer Konzils 1414–1418, eingeleitet und hg. von Thomas Martin Buck, 2. Aufl. Ostfildern 2011 (Konstanzer Geschichts- und Rechtsquellen 41).

Urkunden von der Hand des Tilemann Elhen von Wolfhagen, in: Die Limburger Chronik des Tilemann Elhen von Wolfhagen, hg. v. Arthur Wyss, Hannover 1883 (MGH Deutsche Chroniken 4,1), S. 119–148.

Urkunden zur Geschichte des Kurfürsten Friedrichs des Ersten, von der Pfalz, hg. v. Christoph Jakob Kremer, Frankfurt/Leipzig 1765.

Urkundenbuch der Stadt Basel, Bd. 6 (1409–1440), bearb. v. August Huber, Basel 1902; Bd. 7 (1441–1454), bearb. v. Johannes Haller, Basel 1899.

Urkundenbuch der Stadt Heilbronn,
Bd. 1, hg. v. Eugen Knupfer, Stuttgart 1904 (Württembergische Geschichtsquellen 5);
Bd. 2, hg. v. Moriz von Rauch, Stuttgart 1913 (Württembergische Geschichtsquellen 15).

Urkundenbuch der Stadt Kaiserslautern, hg. v. Martin Dolch und Michael Münch, 3 Bde., Otterbach 1994/1998/2001.

Urkundenbuch der Stadt Stuttgart, bearb. v. Adolf Rapp, Stuttgart 1912 (Württembergische Geschichtsquellen 13).

Urkundenbuch der Universitaet Heidelberg, hg. v. Eduard Winkelmann, 2 Bde., Heidelberg 1886.

Weech, [Friedrich] v[on]: Abrechnung des pfälzischen Vizdums Heinrich von Erlikein a.d. J. 1349–50, in: ZGO 25 (1873), S. 91–97.

– Ein pfälzisches Steuerbuch aus dem Jahre 1350–1361, in: ZGO 28 (1876), S. 467–483.

– Das Reißbuch anno 1504. Die Vorbereitungen der Kurpfalz zum bairischen Erbfolgekrieg, in: ZGO 26 (1874), S. 137–264.
– Regesten über die Hofapotheke in Heidelberg, in: ZGO 22 (1869), S. 216–224.
WEISS, J. G.: Regesten der Freiherren (vormals Reichsritter) von Adelsheim, sowie der Stadt Adelsheim und anderer ehemaligen und jetzigen Besitzungen der Freiherrlich von Adelsheim'schen Familie, Mannheim 1888.
WINKELMANN, Eduard: Das älteste uns bekannte Heidelberger Rechtsgutachten, in: Zeitschrift für Kirchenrecht 19 NF 4 (1884), S. 159–161.
Wittelsbacher Hausverträge des späten Mittelalters. Die haus- und staatsrechtlichen Urkunden der Wittelsbacher von 1310, 1329, 1392/93, 1410 und 1472, hg. v. Hans RALL, München 1987 (Schriftenreihe zur bayerischen Landesgeschichte 71).
Württembergische Regesten von 1301 bis 1500, Bd. 1: Alt-Württemberg, Teil 1, Stuttgart 1916; Teil 2, Stuttgart 1927; Teil 3, Stuttgart 1940.

Literatur

ACHT, Peter: Die erste Ordnung der Urkunden des Mainzer Erzstifts und des Domkapitels, in: ZBLG 33 (1970), S. 22–84.
– Die Kanzlei der Mainzer Erzbischöfe des 12. Jahrhunderts (ihre Beziehungen zur Kanzlei der Salier und Staufer), in: Sborník Prací Filosofické Fakulty Brněnské University C 17 (1970), S. 21–34.
– Kanzlei, Kanzler, Vizekanzler, in: HRG, Bd. 2, Berlin 1978, Sp. 609–613.
– Studien zum Urkundenwesen der Speyerer Bischöfe im 12. und im Anfang des 13. Jahrhunderts (Speyer in seinem Verhältnis zur Reichskanzlei), in: Archiv für Urkundenforschung 14 (1936), S. 262–306.
ADLER, Sigmund: Die Organisation der Centralverwaltung unter Kaiser Maximilian I., Leipzig 1886.
ADRIAENSSEN, Leo F. W.: Hilvarenbeek onder de hertog en onder de Generaliteit, Hilvarenbeek 1987.
AHRENS, Karl-Heinz: Residenz und Herrschaft. Studien zur Herrschaftsorganisation, Herrschaftspraxis und Residenzbildung der Markgrafen von Brandenburg im späten Mittelalter, Frankfurt a. M. u. a. 1990 (Europäische Hochschulschriften Reihe 3, 427).
ALBERTI, Otto von (u. a.): Württembergisches Adels- und Wappenbuch, 2 Bde., Stuttgart 1889/1916, Nachdruck: 1975 (Siebmacher's Großes Wappenbuch E).
Alma mater librorum. Nove secoli editoria bolognese per l'Università, Bologna 1988.
ALTER, Willi (bzw. Wilhelm): Pfeddersheim, in: HHistSt, Bd. 5: Rheinland-Pfalz und Saarland, hg. v. Ludwig PETRY, 3. Aufl. Stuttgart 1988, S. 292 f.
– Von der Konradinischen Rachtung bis zum letzten Reichstag in Speyer (1420/22–1570), in: Geschichte der Stadt Speyer, hg. v. Wolfgang EGER, Bd. 1, 2. Aufl. Stuttgart 1983, S. 369–570.
ALTHOFF, Gerd: Zur Bedeutung symbolischer Kommunikation für das Verständnis des Mittelalters, in: Frühmittelalterliche Studien 31 (1997), S. 370–389.
ALVERMANN, Dirk: Domstift, Hofkapelle und Kanzlei. Das Urkundenwesen der Herzöge von Pommern-Stettin von der Mitte des 13. bis zur Mitte des 14. Jahrhunderts, in: Baltische Studien 85 (1999), S. 19–38.
– Kern oder Schale? In: Baltische Studien 87 (2001), S. 189–192.
AMBRONN, Karl-Otto: Archiv, Registratur, Kanzlei. Beobachtungen zur Frühgeschichte des oberpfälzischen Regierungsarchivs im 15. und 16. Jahrhundert, in: Bewahren und Umgestalten. Aus der Arbeit der Staatlichen Archive Bayerns. Festschrift Walter Jaroschka zum 60. Geburtstag,

hg. v. Hermann RUMSCHÖTTEL und Erich STAHLEDER, München 1992 (Mitteilungen für die Archivpflege in Bayern. Sonderheft 9), S. 3–14.
– Das Briefgewölbe des kurpfälzischen Viztumsamtes Amberg, in: DERS./FRITSCH, Rudolf: Vom mittelalterlichen Briefgewölbe zum modernen Staatsarchiv. Eine Aussstellung zur Geschichte des Staatsarchivs Amberg, München 2003 (Staatliche Archive Bayerns. Kleine Ausstellungen 20), S. 9–21.
– Das Briefgewölbe der Neumarkter Kanzlei, in: DERS./FRITSCH, Rudolf: Vom mittelalterlichen Briefgewölbe zum modernen Staatsarchiv. Eine Ausstellung zur Geschichte des Staatsarchivs Amberg, München 2003 (Staatliche Archive Bayerns. Kleine Ausstellungen 20), S. 22–29.
– Die Archive und Registraturen der Amberger Regierungsbehörde von den Anfängen des Fürstentums der Oberen Pfalz im Jahre 1329 bis zum Beginn des 19. Jahrhunderts, in: Der Pfälzer Löwe in Bayern. Zur Geschichte der Oberpfalz in der kurpfälzischen Epoche, hg. v. Hans-Jürgen BECKER, Regensburg 1997, S. 78–101.
– Die Herrschaft der Kurpfalz in der Oberpfalz. Ein geschichtlicher Überblick, in: DERS./ SCHMIDT, Otto: Kurpfalz und Oberpfalz Regensburg 1982 (Beiträge zur Geschichte und Landeskunde der Oberpfalz 23) S. 3–32.
– Ein *Registrum der Juden verschribungen* aus der Neumarkter Kanzlei Pfalzgraf Ottos II. Ein Beitrag zur Geschichte der Juden im Neumarkter Herzogtum verbunden mit allgemeinen Beobachtungen zur Registerführung der Neumarkter Kanzlei und zur Verwaltungsorganisation des Herzogtums, in: Festschrift Walter Jaroschka zum 65. Geburtstag, hg. v. Albrecht LIESS u. a., Köln u. a. 1997 (AZ 80), S. 37–55.
– /FRITSCH, Rudolf: Vom mittelalterlichen Briefgewölbe zum modernen Staatsarchiv. Eine Ausstellung zur Geschichte des Staatsarchivs Amberg, München 2003 (Staatliche Archive Bayerns. Kleine Ausstellungen 20).
Amédée VIII – Felix V. Premier duc de Savoie et pape (1383–1451), hg. v. Bernard ANDENMATTEN und Agostino PARAVICINI BAGLIANI, Lausanne 1992 (Bibliothèque historique Vaudoise 103).
AMMERICH, Hans: Das Bistum Speyer und seine Geschichte, Bd. 2: Von der Stauferzeit (1125) bis zum Beginn des 16. Jahrhunderts; Kehl am Rhein 1999.
– Gerhard von Erenberg, in: BHRR 2001, S. 748 f.
– Matthias von Ramung, in: NDB 16 (1990), S. 406 f., online unter: URL: http://www.deutsche-biographie.de/pnd119797895.html (07.01.2012).
– Nikolaus von Wiesbaden, in: BHRR 2001, S. 749.
– Raban von Helmstatt, ebd., S. 749 f.
– Rammung, Matthias, in: BHRR 1996, S. 565 f.
AMRHEIN, August: Gotfrid IV. Schenk von Limpurg, Bischof von Würzburg und Herzog zu Franken, 1442–1455, in: Archiv des Historischen Vereins für Unterfranken 50 (1908), S. 1–150; ebd. 51 (1909), S. 1–198; ebd. 52 (1910), S. 1–75; ebd. 53 (1911), S. 1–154.
– Die Prälaten und Canoniker des ehemaligen Collegiatstiftes St. Peter und Alexander zu Aschaffenburg, in: Archiv des historischen Vereines von Unterfranken und Aschaffenburg 26 (1882), S. 1–394.
ANDERMANN, Kurt: Die adelige Klientel der Pfälzer Kurfürsten im späten Mittelalter, in: Mittelalter. Schloß Heidelberg und die Pfalzgrafschaft bei Rhein bis zur Reformationszeit, hg. v. Volker RÖDEL, Regensburg 2002, S. 117–126 (erstmals abgedruckt in: Mittelalter. Der Griff nach der Krone. Die Pfalzgrafschaft bei Rhein im Mittelalter, hg. v. Volker RÖDEL, Regensburg 2000, S. 117–126).
– Die Inventare der bischöflich speyerischen Burgen und Schlösser von 1464/65, in: MHVP 85 (1987), S. 133–176.
– „… eine große und vornehme Familie“. Die von Adelsheim im späten Mittelalter und in der frühen Neuzeit, in: Der Wartturm. Heimatblätter des Vereins Bezirksmuseum Buchen 31 (1990), S. 2–9.
– Burgen und Residenzen des Hochstifts Speyer im Spiegel der Hausratverzeichnisse von 1464/65, in: Vorträge und Forschungen zur Residenzenfrage, hg. v. Peter JOHANEK, Sigmaringen 1990 (Residenzenforschung 1), S. 101–120.

– Das älteste Lehnbuch des Hochstifts Speyer von 1343/47 bzw. 1394/96, in: ZGO 130 (1982), S. 1–70.
– Die Residenzen der Bischöfe von Speyer im späten Mittelalter und in der frühen Neuzeit, in: Südwestdeutsche Bischofsresidenzen außerhalb der Kathedralstädte, hg. v. Volker PRESS, Stuttgart 1992 (VKgL Reihe B, 116), S. 49–81 (auch erschienen in: DERS./ ROEGELE, Otto B.: Residenzen der Bischöfe von Speyer. Speyer-Udenheim-Bruchsal, Bruchsal 1989 (Veröffentlichungen der Historischen Kommission der Stadt Bruchsal 5), S. 7–42.
– Die Städte der Bischöfe von Speyer um die Wende vom Mittelalter zur Neuzeit, in: Landesherrliche Städte in Südwestdeutschland, hg. v. Jürgen TREFFEISEN und DEMS., Sigmaringen 1994 (OSt 12), S. 67–88.
– Einleitung, in: Das Kopialbuch des Engelhard von Neipperg († 1495). Urkundenregesten (um 1235) 1331–1493, bearb. v. DEMS., Sinsheim 1994 (Heimatverein Kraichgau, Sonderveröff. 11), S. 5–13.
– Kestenburg – Speyer – Bruchsal. Zur Geschichte der Archive von Hochstift und Domstift Speyer, in: Umbruch und Aufbruch. Das Archivwesen nach 1800 in Süddeutschland und im Rheinland, hg. v. Volker RÖDEL, Stuttgart 2005 (WStABW Serie A, 20), S. 45–58.
– Lehnsbuch des Pfalzgrafen Friedrich I. des Siegreichen, in: Die Wittelsbacher am Rhein. Die Kurpfalz und Europa, hg. v. Alfried WIECZOREK u. a., Bd. 2, Regensburg 2013 (Publikationen der Reiss-Engelhorn-Museen Mannheim 60), Nr. D3.05, S. 441–443.
– Probleme einer statistischen Auswertung der älteren Speyerer „Volkszählung" von 1469/70, in: Bevölkerungsstatistik an der Wende vom Mittelalter zur Neuzeit. Quellen und methodische Probleme im überregionalen Vergleich, hg. v. DEMS. und Hermann EHMER, Sigmaringen 1990 (OSt 8), S. 95–108.
– Studien zur Geschichte des pfälzischen Niederadels im späten Mittelalter. Eine vergleichende Untersuchung an ausgewählten Beispielen, Speyer 1982 (Schriftenreihe der Bezirksgruppe Neustadt im Historischen Verein der Pfalz 10).

ANDREAS, Willy: Geschichte der badischen Verwaltungsorganisation und Verfassung in den Jahren 1802–1818, Bd. 1, Leipzig 1913.

ANDRIAN-WERBURG, Klaus Freiherr von: Urkundenwesen, Rat und Regierungssystem der Herzöge Johann II., Ernst und Wilhelm III. von Bayern-München (1392–1438), Kallmünz 1971 (Münchener Historische Studien, Abt. Geschichtl. Hilfswissenschaften 10).

ANGERMEIER, Heinz: Die Reichsreform 1410–1455. Die Staatsproblematik in Deutschland zwischen Mittelalter und Gegenwart, München 1984.

ANSIDEI, V.: Ser Lodovico di Jacopuccio da Rieti cancelliere del comune di Perugia (1381–1402), in: Bollettino della Deputazione di Storia Patria per l'Umbria 7 (1901), S. 577–584.

Arbeitsgemeinschaft für geschichtliche Landeskunde am Oberrhein e.V. (Nr. 393): Protokoll über die Arbeitssitzung am 23. 6. 2000, online unter: http://www.ag-landeskunde-oberrhein.de/index.php?id=p393v (26. 02. 2014).

Archiv – Macht – Wissen. Organisation und Konstruktion von Wissen und Wirklichkeiten in Archiven, hg. v. Anja HORSTMANN und Vanina KOPP, Frankfurt a. M. 2010.

Archivprozesse: Die Kommunikation der Aufbewahrung, hg. v. Hedwig POMPE und Leander SCHOLZ, Köln 2002 (Mediologie 5).

ARENS, Fritz: Das Brevier des Administrators Adalbert von Sachsen in der Mainzer Universitäts-Bibliothek, in: Gedenkschrift zur Einweihung der neuen Universitätsbibliothek der Johannes Gutenberg-Universität Mainz, Mainz 1966, S. 67–89.

ARLINGHAUS, Franz-Josef: Zwischen Notiz und Bilanz. Zur Eigendynamik des Schriftgebrauchs in der kaufmännischen Buchführung am Beispiel der Datini/di Berto-Handelsgesellschaft in Avignon (1367–1373), Frankfurt a. M. u. a. 2000 (Gesellschaft, Kultur und Schrift. Mediävistische Beiträge 8).

ARNIM, Manfred von: Ein Einband des Heidelberger Hofbuchbinders Alberthus, in: Einbandkunde 2 (1998), S. 48.

ARNALDI, Girolamo: Il notaio-cronista e le cronache cittadine in Italia, in: La storia del diritto nel quadro delle scienze storiche. Atti del primo Congresso internazionale della Società italiana di storia del diritto, Firenze 1966, S. 293–309.

ARTIFONI, Enrico: La società del „Popolo" di Asti fra circolazione istituzionale e strategie familiari, in: Quaderni storici 51 (1982), S. 1027–53.

– Una società di „popolo". Modelli istituzionali, parentele, aggregazioni societarie e territoriali ad Asti nel XIII secolo, in: Studi medievali, serie terza, 24 (1983), S. 545–616.

ASCH, Ronald G.: Introduction. Court and Household from the Fifteenth to the Seventeenth Centuries, in: Princes, Patronage and the Nobility. The Court at the Beginning of the Modern Age, hg. v. DEMS. und Adolf M. BIRKE, Oxford 1991 (Studies of the German Historical Institute London), S. 1–38.

– Verwaltung und Beamtentum. Die gräflich fürstenbergischen Territorien vom Ausgang des Mittelalters bis zum schwedischen Krieg 1490–1632, Stuttgart 1986 (VKgL Reihe B, 106).

ASCHBACH, Joseph von: Geschichte Kaiser Sigmunds, 4 Bde., Hamburg 1838–1845, Nachdruck: Aalen 1964.

ASSION, Peter: Der Hof Herzog Sigmunds von Tirol als Zentrum spätmittelalterlicher Fachliteratur, in: Fachprosastudien. Beiträge zur mittelalterlichen Wissenschafts- und Geistesgeschichte, hg. v. Gundolf KEIL, Berlin 1982, S. 37–75.

AUBIN, Hermann: Ein Gutachten über die Verbesserung der kurkölnischen Zentralverwaltung von etwa 1440. Ein Beitrag zu Entstehung der Ratsbehörde und des Budgetwesens, in: Festgabe für Friedrich von Bezold zum 70. Geburtstag, Bonn, Leipzig 1921, S. 150–164; wieder abgedr. in: DERS., Grundlagen und Perspektiven geschichtlicher Kulturraumforschung und Kulturmorphologie, Bonn 1965, S. 449–460.

AUER, Leopold: Das Mainzer Erzkanzlerarchiv. Zur Geschichte der Bestände und ihrer Erschließung, in: Inventar des Aktenarchivs der Erzbischöfe und Kurfürsten von Mainz aufgrund der Verzeichnisse in den heutigen Eigentümer-Archiven, hg. v. Rudolf SCHATZ und Aloys SCHWERSMANN, Bd. 1, Koblenz 1990 (Veröffentlichungen der Landesarchivverwaltung Rheinland-Pfalz 54), S. XVII–XXIX.

AUGE, Oliver: König Ruprecht – Versuch einer Bilanz oder: Wie erfolgreich muss ein mittelalterlicher König sein? In: Die Wittelsbacher und die Kurpfalz im Mittelalter. Eine Erfolgsgeschichte? Hg. v. Jörg PELTZER u. a., Regensburg 2013, S. 169–190.

– Lehnrecht, Lehnswesen, in: HRG, 2. Aufl., Bd. 3, Berlin 2005, Sp. 717–736.

– /SPIESS, Karl-Heinz: Ruprecht, in: Die deutschen Herrscher des Mittelalters. Historische Portraits von Heinrich I. bis Maximilian I. (919–1519), hg. v. Bernd SCHNEIDMÜLLER und Stefan WEINFURTER, München 2003, S. 446–461.

Aus 1200 Jahren. Das Bayerische Hauptstaatsarchiv zeigt seine Schätze, bearb. v. Albrecht LIESS (Ausstellungskataloge der staatl. Archive Bayerns 11).

AUTRAND, Françoise: Naissance illégitime et service de l'Etat. Les enfants naturels dans le milieu de robe parisien XIVe–XVe siècle, in: Revue historique 147 (1982), S. 289–303.

– (Hg.): Prosopographie et genèse de l'etat moderne, Paris 1986.

AVONDS, P.: Brabant, Territorialpolitik und Institutionengeschichte im Spätmittelalter, in: LexMA, Bd. 2, München/Zürich 1983, Sp. 530–532.

AY, Karl Ludwig: Der herzogliche Rat und die Hofordnungen, in: Altbayern von 1180 bis 1550, bearb. v. DEMS., München 1977 (Dokumente zur Geschichte und Gesellschaft in Bayern I, 2), S. 595–598.

– Land und Fürst im alten Bayern, 16.–18. Jahrhundert, Regensburg 1988.

BACH, Adolf: Die Burg Nassau, Nassau 1956.

BACH, Gerhard: Konrad von Querfurt, Kanzler Heinrichs VI., Bischof von Hildesheim und Würzburg, Hildesheim 1988.

BACHER, Rahel: Historische Einbände im Internet. Datenbanken im Vergleich, in: Bibliotheksdienst 3/4 (2010), S. 245–258.

BACHMANN, Adolf: Deutsche Reichsgeschichte im Zeitalter Friedrich III. und Max I. Mit besonderer Berücksichtigung der österreichischen Staatengeschichte, 2 Bde., Leipzig 1884/94, Nachdruck: Hildesheim/New York 1970.

BACKES, Martina: Das literarische Leben am kurpfälzischen Hof zu Heidelberg. Ein Beitrag zur Gönnerforschung des Spätmittelalters, Tübingen 1992 (Hermaea 68).

BADER, Karl S.: Klerikernotare des Spätmittelalters in Gebieten nördlich der Alpen, in: Speculum iuris et ecclesiarum. Festschrift Willibald M. Plöchl, hg. v. Hans LENTZE und Inge GAMPL, Wien 1967, S. 1–15.

Balduin aus dem Hause Luxemburg. Erzbischof und Kurfürst von Trier 1285–1354, red. Valentin WAGNER und Bernhard SCHMITT, Luxemburg 2009.

Balduin von Luxemburg, Erzbischof und Kurfürst von Trier (1308–1354), hg. von Reiner NOLDEN, Trier 2010.

Balduin von Luxemburg. Erzbischof von Trier – Kurfürst des Reiches. 1285–1354, hg. v. Franz-Josef HEYEN, Mainz 1985 (Quellen und Abhandlungen zur mittelrheinischen Kirchengeschichte 53).

BANSA, Helmut: Studien zur Kanzlei Kaiser Ludwigs des Bayern vom Tag der Wahl bis zur Rückkehr aus Italien (1314–1329), Kallmünz 1968 (Münchener Historische Studien, Abt. Geschichtliche Hilfswissenschaften 5).

BARON, Hans: Der Hintergrund der Frührenaissance in Florenz, in: DERS., Bürgersinn und Humanismus im Florenz der Renaissance, Berlin 1992, S. 11–26.

– The Crisis of the Early Italian Renaissance. Civic Humanism and Republican Liberty in an Age of Classicism and Tyranny, 2. Aufl. Princeton NJ 1966.

BARONI, Maria Franca: I cancellieri di Giovanni Maria e di Filippo Maria Visconti, in: Nuova rivista storica 50 (1966), S. 367–428.

BARTIER, John: Légistes et gens de finances au XVe siècle. Les conseillers des ducs de Bourgogne Philippe le Bon et Charles le Téméraire, Bruxelles 1955; Index, Additions et Corrections, Bruxelles 1957 (Mémoires de l'Académie de Belgique, Classe des lettres, Sér. 2, 50).

BARTOLI LANGELI, Attilio: La documentazione degli stati italiani nei secoli XIII–XV: Forme, organizzazione, personale, in: Culture et idéologie dans la genèse de l'état moderne, Paris 1985 (Collection de l'École Française de Rome 82); S. 35–55.

BARTSCH, Karl: Die altdeutschen Handschriften, Heidelberg 1903 (Katalog der Handschriften der Universitätsbibliothek in Heidelberg).

BARUCH, Marc-Olivier: Les politiques de la mémoire. Archives, mémoire nationale et politique de l'État, in: Cahiers français 303 (2001), S. 28–32.

BASTERT, Bernd: Der Münchener Hof und Fuetrers ‚Buch der Abenteuer'. Literarische Kontinuität im Spätmittelalter, Frankfurt a. M. u. a. 1993 (Mikrokosmos 33).

BATTENBERG, Friedrich: Beiträge zur höchsten Gerichtsbarkeit im Reich im 15. Jahrhundert, Köln/Wien 1981 (Quellen und Forschungen zur höchsten Gerichtsbarkeit im Alten Reich 11).

– Gerichtsschreiberamt und Kanzlei am Reichshofgericht 1235–1451, Köln/Wien 1974 (Quellen und Forschungen zur höchsten Gerichtsbarkeit im Alten Reich 2).

BAUCH, Gustav: Die Universität Erfurt im Zeitalter des Frühhumanismus, Breslau 1904.

BAUER, Thomas: Stuben, Kammern und gehimmelte Betten: Die Beherbergung der Messegäste in Frankfurt a. M., in: Beiträge zur Geschichte der Frankfurter Messe, hg. v. Patricia STAHL, Frankfurt a. M. 1991 (Brücke zwischen den Völkern – Zur Geschichte der Frankfurter Messe 2), S. 299–307.

BAUER, Wilhelm: Das Register- und Konzeptswesen in der Reichskanzlei Maximilians I. bis 1502, in: MIÖG 26 (1905), S. 247–279.

– Einführung in das Studium der Geschichte, 2. Aufl. Tübingen 1928.

BAUM, Wilhelm: Die Habsburger in den Vorlanden 1386–1486. Krise und Höhepunkt der habsburgischen Machtstellung in Schwaben am Ausgang des Mittelalters, Wien u. a. 1993.

– Kaiser Sigismund. Hus, Konstanz und Türkenkriege, Graz u. a. 1993.

– Nikolaus Cusanus und Leonhard Wiesmair. Der Kardinal und sein Gegenspieler, Kanzler von Tirol und Bischof von Chur, in: Der Schlern 57 (1983), S. 433–442.

Baumgartner, Eugen: Geschichte und Recht des Archidiakonates der oberrheinischen Bistümer mit Einschluß von Mainz und Würzburg, Stuttgart 1907 (Kirchenrechtliche Abhandlungen 39).

Baumgärtner, Ingrid: *De privilegiis doctorum*. Über Gelehrtenstand und Doktorwürde im späten Mittelalter, in: HJb 106 (1986), S. 298–332.

– *Et faciendi plures libros nullus est finis*. Der Sinn von Büchern oder der Bildungshorizont eines spätmittelalterlichen Juristen, in: Universität und Bildung. Festschrift Laetitia Boehm zum 60. Geburtstag, hg. v. Winfried Müller u. a., München 1991, S. 55–70.

Baur, Karl: Die Freisinger Bischöfe aus dem Geschlechte der Wittelsbacher, in: Sammelblätter des Historischen Vereins Freising 1 (1893), S. 49–85.

Bautier, Robert-Henri: Chancellerie e culture au Moyen Age, in: Cancelleria e cultura nel medio evo, hg. v. Germano Gualdo, Città del Vaticano 1990, S. 1–75.

– Chartes, sceaux et chancelleries: Études de diplomatique et de sigillographie médiévales, 2 Bde., Paris 1990.

– Introduction. Les notaires et secrétaires du roi des origines au milieu du XVI siècle, in: Lapeyre, André/Scheurer, Rémy: Les notaires et secrétaires du roi sous les règnes de Louis XI, Charles VIII et Louis XII (1461–1515). Notices personelles et généalogiques, Bd. 1, Paris 1978, S. VII–XXXIX.

– Le personnel de la chancellerie royale sous les derniers capétiens, in: Prosopographie et genèse de l'état moderne. Actes de la table ronde organisée par le CNRS et l'E. N. S. J. F., hg. v. Françoise Autrand, Paris 1986 (Collection de l'E. N. S. J. F. 30), S. 91–115.

– Les archives, in: L'histoire et ses méthodes, hg. v. Charles Samaran, Paris 1961 (Encyclopédie de la Pléiade 11), S. 1120–1166.

– Présentation, in: Ders.: Chartes, sceaux et chancelleries: Études de diplomatique et de sigillographie médiévales, Bd. 1, Paris 1990, S. V–XXIV.

– Propositions méthodologiques pour la diplomatique du bas moyen Age et des débuts des temps modernes, in: Landesherrliche Kanzleien im Spätmittelalter, hg. v. Gabriel Silagi, Bd. 1, München 1984 (MBMRF 35), S. 49–59.

– Recherches sur la chancellerie royale au temps de Philippe VI, in: Bibliothèque de l'École des chartes 122 (1964), S. 89–176.

Beck, Friedrich/Henning, Eckart (Hgg.): Die archivalischen Quellen mit einer Einführung in die Historischen Hilfswissenschaften, 4. Aufl. Köln u. a. 2004.

Becker, Hans-Jürgen: Die Entwicklung der juristischen Fakultät in Köln bis zum Jahre 1600, in: Der Humanismus und die oberen Fakultäten, hg. v. Gundolf Keil u. a., Weinheim 1987 (Mitteilungen der Kommission für Humanismusforschung 14), S. 43–64.

Becker, Kurt: Fürstenberg, in: HHistSt, Bd. 5: Rheinland-Pfalz und Saarland, hg. v. Ludwig Petry, 3. Aufl. Stuttgart 1988, S. 108.

Becker, Peter: Kommunikation, Netzwerke, Öffentlichkeit. Überlegungen zu einer Kommunikationsgeschichte der Verwaltung, in: Werkstatt Politische Kommunikation. Netzwerke, Orte und Sprachen des Politischen, hg. v. Christina Antenhofer u. a., Göttingen 2010 (Schriften zur politischen Kommunikation 6), S. 306–333.

– Überlegungen zu einer Kulturgeschichte der Verwaltung, in: Jahrbuch für europäische Verwaltungsgeschichte 15 (2003), S. 311–336.

– (Hg.): Sprachvollzug im Amt. Kommunikation und Verwaltung im Europa des 19. und 20. Jahrhunderts, Bielefeld 2011 (1800 I 2000 Kulturgeschichte der Moderne 1).

Bedos-Rezak, Brigitte: Diplomatic Sources and Medieval Documentary Practices: An Essay in Interpretative Methodology, in: The Past and Future of Medieval Studies, hg. v. John van Engen, Notre Dame/London 1994, S. 313–343.

– Towards an Archaeology of the Medieval Charter. Textual Production and Reproduction in Northern French Chartriers, in: Charters, Cartularies and Archives. The Preservation and Transmission of Documents in the Medieval West. Proceedings of a Colloquium of the Commission Internationale de Diplomatique (Princeton and New York, 16–18 Sept. 1999), hg. v. Adam J. Kosto und Anders Winroth, Toronto 2002 (Papers in Mediaeval Studies 17), S. 43–60.

Behne, Axel: Archivordnung und Staatsordnung im Mailand der Sforza-Zeit, in: Nuovi Annali della Scuola Speciale per Archivisti e Bibliotecari 2 (1988), S. 93–102.
– Il primo repertorio dell'Archivio Gonzaga nella storia degli archivi tardomedievali, in: Archivio storico lombardo 117 (1991), S. 317–327.
– Das Archiv der Gonzaga in Mantua im Spätmittelalter, Diss. phil. Marburg 1990.
– Geschichte aufbewahren. Zur Theorie der Archivgeschichte und zur mittelalterlichen Archivpraxis in Deutschland und Italien, in: Mabillons Spur. Festschrift Walter Heinemeyer zum 80. Geburtstag, hg. v. Peter Rück, Marburg (Lahn) 1992, S. 277–297.
Belleflamme, Sébastien u. a.: Tabula super moralia beati Gregorii papae secundum ordinem alphabeticum. Lüttich/Liège (B), Université de Liège, Bibliothèque Générale de Philosophie et Lettres, Ms. 2, in: Online-Führer für die mittelalterlichen Handschriften in Wallonien-Brüssel (http://www.cicweb.be/de/manuscrit.php?id=737&idi=27 (11.01.2014)).
Beträge zur Kulturgeschichte der Gelehrten im späten Mittelalter, hg. v. Frank Rexroth, Ostfildern 2010 (VuF 73).
Below, Georg von: Der deutsche Staat des Mittelalters, 2. Aufl. Leipzig 1925.
– Die Neuorganisation der Verwaltung in den deutschen Territorien des 16. Jahrhunderts, in: Ders., Territorium und Stadt, 2. Aufl. München, Berlin 1923, S. 194–212.
– Quellen zur Geschichte der Behördenorganisation in Jülich-Berg im 16. Jahrhundert, in: Zeitschrift des Bergischen Geschichtsvereins 30 (1894), S. 8–168.
Belozerskaya, Marina: Good Dog. Model Canines in Renaissance Manuscripts, in: Tributes in Honor of James H. Marrow. Studies in Painting and Manuscript Illumination of the Late Middle Ages and Northern Renaissance, hg. v. Jeffrey F. Hamburger und Anne S. Korteweg, London/Turnhout 2006, S. 65–74.
Bent, Margaret/Wathey, Andrew (Hgg.): Fauvel Studies. Allegory, Chronicle, Music, and Image in Paris, Bibliothèque Nationale de France, MS Français 146, Oxford u. a. 1998.
Berchem, E. Freiherr von u. a.: Die Wappenbücher des deutschen Mittelalters, in: Dies.: Beiträge zur Geschichte der Heraldik, Berlin 1939 (Schriftenreihe der Reichsstelle für Sippenforschung 3), S. 1–102.
Berg, Dieter: Mediävistik – eine „politische Wissenschaft". Grundprobleme und Entwicklungstendenzen der deutschen mediävistischen Wissenschaftsgeschichte im 19. und 20. Jahrhundert, in: Geschichtsdiskurs, Bd. 1: Grundlagen und Methoden der Historiographiegeschichte, hg. v. Wolfgang Küttler u. a., Frankfurt a. M. 1993, S. 317–330.
Berg, Theresia/Bodemann, Ulrike: *Wie ludwigen von Beyern etlich bucher verschriben sin*. Buchbesitz und Bildungsfunktion am Heidelberger Hof zur Zeit Friedrichs des Siegreichen, in: Bibliothek und Wissenschaft 24 (1990), S. 1–35.
Bernhardt, Walter: Die Zentralbehörden des Herzogtums Württemberg und ihre Beamten 1520–1629, Stuttgart 1972 (VKgL Reihe B, 70/71).
Bernheim, Ernst: Lehrbuch der historischen Methode, 5./6. Aufl. Leipzig 1908.
– Lokalgeschichte und Heimatkunde in ihrer Bedeutung für Wissenschaft und Unterricht, in: Pommersche Jahrbücher 1 (1900), S. 15–32.
Bernstein, Eckhard: Die Literatur des deutschen Frühhumanismus, Stuttgart 1978.
Beschreibung des Oberamts Neckarsulm, Stuttgart 1881.
Bevölkerungsstatistik an der Wende vom Mittelalter zur Neuzeit. Quellen und methodische Probleme im überregionalen Vergleich, hg. v. Kurt Andermann und Hermann Ehmer, Sigmaringen 1990 (OSt 8).
Beyschlag, Siegfried: Städte, Höfe, Gelehrte 1430–1490, in: Annalen der deutschen Literatur, hg. v. Heinz Otto Burger, Stuttgart 1971, S. 255–286.
Bibliotheca Palatina. Ausstellungskatalog, hg. v. Elmar Mittler, 2 Bde., Heidelberg [1986] (Heidelberger Bibliotheksschriften 24).
Bienert, Thomas: Mittelalterliche Burgen und Schlösser in Thüringen, Gudensberg 2000.
Bier, Hermann: Das Urkundenwesen und die Kanzlei der Markgrafen von Brandenburg aus dem Hause Wittelsbach 1323–1375, Teil 1: Die Register, Diss. Berlin 1907.

– Die Siegel der Markgrafen von Brandenburg aus dem Hause Wittelsbach 1323–1378, Berlin 1933 (Veröffentlichungen der Historischen Kommission für die Provinz Brandenburg und die Reichshauptstadt Berlin 6 = Märkische Siegel, Abt. 1, Teil 2).

BILDERBACK, Dean Loy: The Membership of the Council of Basle, phil. Diss. Washington 1966 (UMI 66–7868, Ann Arbor 1982).

BILDHAUER, Steffen: Hermeneutik und Statistik – Studien zur Residenzbildung von Urach im Spiegel der Urkundenüberlieferung, Tübingen 2013, online unter: http://tobias-lib.uni-tuebingen.de/frontdoor.php?source_opus=7020 (08.01.2014)

BISCHOFF, Frank M.: Unterwegs – Statistik und Datenverarbeitung in den Historischen Hilfswissenschaften, in: Mabillons Spur. Festschrift Walter Heinemeyer zum 80. Geburtstag, hg. v. Peter RÜCK, Marburg (Lahn)1992, S. 23–38.

BISCHOFF, Georges: Gouvernés et gouvernants en Haute-Alsace à l'époque autrichienne. Les états des pays antérieurs des origines au milieu du XVIe siècle, Strasbourg 1982.

BISTŘICKÝ, Jan: Johann das Öchslein (Volek), in: BHRR 2001, S. 511 f.

– Johannes von Neumarkt, ebd., S. 512 f.

BLASCHKE, Karlheinz: Kanzleiwesen und Herrschaftsbildung im wettinischen Herrschaftsbereich bis 1485, in: AfD 30 (1984), S. 282–302.

– Urkundenwesen und Kanzlei der Wettiner bis 1485, in: Landesherrliche Kanzleien im Spätmittelalter, hg. v. Gabriel SILAGI, Bd. 1, München 1984 (MBMRF 35), S. 193–202.

BOCK, Ernst: Kurfürst Ruprecht I. von der Pfalz 1309–1390, in: Deutscher Westen – Deutsches Reich. Saarpfälzische Lebensbilder, Bd. 1, hg. v. Kurt von RAUMER und Kurt BAUMANN, Kaiserslautern 1938, S. 27–44.

BODMER, Jean-Pierre: Chroniken und Chronisten im Spätmittelalter, Bern 1976 (Monographien zur Schweizer Geschichte 10).

BÖCHER, Otto: Der Speyrer Bischof Matthias (1464–1478) und die Herren von Rammingen, in: Blätter für pfälzische Kirchengeschichte 46 (1979), S. 49–62.

BÖCKENFÖRDE, Ernst-Wolfgang: Die deutsche verfassungsgeschichtliche Forschung im 19. Jahrhundert, Berlin 1961 (Schriften zur Verfassungsgeschichte 1).

BÖHMER, Johann Friedrich/HUBER, Alfons: Die Kanzleiverhältnisse unter Karl IV., in: Die Regesten des Kaiserreichs unter Kaiser Karl IV. 1346–1378, hg. v. DENS., Innsbruck 1877, Nachdruck: Hildesheim 1968 (J. F. Böhmer, Regesta Imperii 8), S. XXXVI–LI.

BÖHN, Georg Friedrich: Beiträge zur Territorialgeschichte des Landkreises Alzey, Meisenheim am Glan 1958 (Mainzer Abhandlungen zur mittleren und neueren Geschichte [1]).

BÖTTICHER, Hans Hermann von: Peter Bötticher und seine Zeit. Ein Kanzlerleben im Reformationszeitalter. Kanzler der Grafschaft Hohenstein 1550–1566 und Fürstbischöfl. Halberstadter Stiftskanzler 1567–1585, Dortmund 1975 (Veröffentlichungen der Forschungsstelle Ostmitteleuropa B,22).

BOHNE, Gotthold: Die juristische Fakultät der alten Universität in den beiden ersten Jahrhunderten ihres Bestehens, in: Festschrift zur Erinnerung an die Gründung der alten Universität Köln im Jahre 1388, hg. v. Hubert GRAVEN, Köln 1938, S. 109–236.

BOJCOV, Michail A.: Sitten und Verhaltensnormen am Innsbrucker Hof des 15. Jahrhunderts im Spiegel der Hofordnungen, in: Höfe und Hofordnungen 1200–1600, hg. v. Holger KRUSE und Werner PARAVICINI, Sigmaringen 1999 (Residenzenforschung 10), S. 243–283.

BOOCKMANN, Hartmut: Das 15. Jahrhundert und die Reformation, in: Kirche und Gesellschaft im Heiligen Römischen Reich des 15. und 16. Jahrhunderts, hg. v. DEMS., Göttingen 1994 (Abhandlungen der Akademie der Wissenschaften in Göttingen), S. 9–25.

– Das fünfzehnte Jahrhundert in der deutschen Geschichte, in: Mittelalterforschung nach der Wende 1989, hg. v. Michael BORGOLTE, München 1995 (HZ, Beihefte NF 20), S. 485–511.

– Die Rechtsstudenten des Deutschen Ordens. Studium, Studienförderung und gelehrter Beruf im späteren Mittelalter, in: Festschrift Hermann Heimpel, Bd. 2, Göttingen 1972 (VMPIG 36,2), S. 313–375.

– Laurentius Blumenau. Fürstlicher Rat – Jurist – Humanist (c. 1415–1484), Göttingen 1965 (Göttinger Bausteine zur Geschichtswissenschaft 37).

– Literaturbericht. Späteres Mittelalter, Teil 1, in: GWU 44 (1993), S. 527–536.
– Zur Mentalität spätmittelalterlicher gelehrter Räte, in: HZ 233 (1981), S. 295–316.
– u. a. (Hgg.): Recht und Verfassung im Übergang vom Mittelalter zur Neuzeit, Teil 1, Göttingen 1998 (Abhandlungen der Akademie der Wissenschaften in Göttingen. Philologisch-Historische Klasse, 3. Folge 228).

Bordone, Renato: Asti, in: LexMA, Bd. 1, München/Zürich 1980, Sp. 1129f.

Borgolte, Michael: Die mittelalterliche Kirche, 2. Aufl. München 2004 (EDG 17).

Bornhak, Conrad: Geschichte des preußischen Verwaltungsrechts, Bd. 1, Berlin 1884.

Borst, Otto: Buch und Presse in Esslingen am Neckar. Studien zur städtischen Geistes- und Sozialgeschichte von der Frührenaissance bis zur Gegenwart, Esslingen 1975 (Esslinger Studien, Schriftenreihe 4/75).

Bosl, Karl: Die Stände als Repräsentanten des Landes. Die Entwicklung des ständischen Repräsentationssystems vom 14. bis zum 16. Jahrhundert, in: Ders., Die Geschichte der Repräsentation in Bayern. Landständische Bewegung, Landständische Verfassung, Landesausschuß und altständische Gesellschaft, München 1974 (Repräsentation und Parlamentarismus in Bayern vom 13. bis zum 20. Jahrhundert 1), S. 45–120.

Bourdieu, Pierre: *Homo academicus*, 2. Aufl. Frankfurt a. M. 1998 (Suhrkamp Taschenbuch Wissenschaft 1002).

Bourdé, Guy/Martin, Hervé: Les écoles historiques, Paris 1983, 2. Aufl. 1990.

Brakensiek, Stefan: Fürstendiener – Staatsbeamte – Bürger. Amtsführung und Lebenswelt der Ortsbeamten in niederhessischen Kleinstädten (1750–1830), Göttingen 1999 (Bürgertum. Beiträge zur europäischen Gesellschaftsgeschichte 12).

Brandenstein, Christoph Freiherr von: Urkundenwesen und Kanzlei, Rat und Regierungssystem des Pfälzer Kurfürsten Ludwig III. (1410–1436), Göttingen 1983 (VMPIG 71).

Brandmüller, Walter: Das Konzil von Konstanz 1414–1418. Bis zur Abreise Sigismunds nach Narbonne, Paderborn u. a. 1999 (Konziliengeschichte A,1).
– Papst und Konzil im Großen Schisma (1378–1431). Studien und Quellen, Paderborn u. a. 1990.

Brandt, Ahasver von: Vorbemerkungen zu einer mittelalterlichen Aktenlehre, in: Archivar und Historiker. Studien zur Archiv- und Geschichtswissenschaft. Zum 65. Geburtstag von Heinrich Otto Meisner, Berlin 1956 (Schriftenreihe der Staatlichen Archivverwaltung 7), S. 429–440.

Brandt, Hans-Jürgen: Klevisch-märkische Kirchenpolitik im Bündnis mit Burgund in der ersten Hälfte des 15. Jahrhunderts. Magister Dietrich Stock († 1470), Rat der Herzöge von Kleve-Mark, Burgund-Brabant und Geldern, in: Annalen des Historischen Vereins für den Niederrhein 178 (1976), S. 42–76.

Brather, Hans-Stephan: Die Verwaltungsreformen am kursächsischen Hofe im ausgehenden 15. Jahrhundert, in: Archivar und Historiker. Studien zur Archiv- und Geschichtswissenschaft. Zum 65. Geburtstag von Heinrich Otto Meisner, Berlin 1956 (Schriftenreihe der Staatlichen Archivverwaltung 7), S. 254–287.

Braubach, Max: Landesgeschichtliche Bestrebungen und historische Vereine im Rheinland, Köln/Opladen 1955 (Arbeitsgemeinschaft für Forschung des Landes Nordrhein-Westfalen. Geisteswissenschaften 31).
– Minister und Kanzler, Konferenz und Kabinett in Kurköln im 17. und 18. Jahrhundert, in: Annalen des Historischen Vereins für den Niederrhein 144/145 (1946/47), S. 141–209.

Braun, Hermann-Joseph: *Der Reichs-Hofcanzley Haupt ist Chur-Maynz.* Die Administration von Kurstaat und Erzbistum Mainz im 18. Jahrhundert als Beitrag zur Verwaltungsgeschichte eines geistlichen Territoriums, in: Landesgeschichte als multidisziplinäre Wissenschaft. Festgabe für Franz Irsigler zum 60. Geburtstag, hg. v. Dietrich Ebeling u. a., Trier 2001, S. 559–581.

Brenneke, Adolf: Archivkunde. Ein Beitrag zur Theorie und Geschichte des europäischen Archivwesens, hg. v. Wolfgang Leesch, Leipzig 1953.

Bresslau, Harry: Handbuch der Urkundenlehre für Deutschland und Italien, 2 Bde., 2. Aufl. Berlin 1912, 1915/31, Nachdruck: Berlin 1969.
– Urkundenbeweis und Urkundenschreiber im älteren deutschen Recht, in: Forschungen zur deutschen Geschichte 26 (1886), S. 1–66.

Breuer, Hans-Jürgen: Die räumliche Orientierung von Ministerialität und Niederadel des Wormser Raumes im Spätmittelalter, Darmstadt/Marburg 1997 (QFHG 111).
Bromm, Gudrun: Paläographie und Typedesign, in: Mabillons Spur. Festschrift Walter Heinemeyer zum 80. Geburtstag, hg. v. Peter Rück, Marburg (Lahn) 1992, S. 93–103.
Brommer, Peter: Zur kurtrierischen Kanzlei unter Erzbischof Balduin. Die Überlieferung im Landeshauptarchiv Koblenz, in: Balduin von Luxemburg, Erzbischof und Kurfürst von Trier (1308–1354), hg. v. Reiner Nolden, Trier 2010, S. 1–25.
Brondy, Réjane: Chambéry. Histoire d'une capitale vers 1350–1560, Lyon, Paris 1988.
– u. a.: La Savoie de l'an mil à la Réforme, Rennes 1984.
Brosius, Dieter: Papst Pius II. und Markgraf Karl I. von Baden, in: FDA 92 (1972), S. 161–176.
– Zum Mainzer Bistumsstreit 1459–1463, in: Archiv für hessische Geschichte und Altertumskunde NF 33 (1975), S. 111–136.
Brown, A. L.: The King's Councillors in Fifteenth-Century England, in: Transactions of the Royal Historical Society, 5th series 19 (1969), S. 95–118.
Brown, Alison: Bartolomeo Scala 1430–1497. Chancellor of Florence. The Humanist as Bureaucrat, Princeton NJ 1979.
Bruch, Rüdiger vom: Gustav Schmoller, in: Deutsche Geschichtswissenschaft um 1900, hg. v. Notker Hammerstein, Stuttgart 1988, S. 219–238.
Brügmann, Claus: Das älteste Nekrolog des Stifts St. Peter und Alexander zu Aschaffenburg. Ein Beitrag zur Erschließung spätmittelalterlicher Nekrologe, Aschaffenburg 1989 (Veröffentlichungen des Geschichts- und Kunstvereins Aschaffenburg 30).
Brühl, Carlrichard: Die Entwicklung der diplomatischen Methode im Zusammenhang mit dem Erkennen von Fälschungen, in: Fälschungen im Mittelalter, Bd. 3, Hannover 1988 (Schriften der MGH 33,3), S. 11–27.
– Gli atti sovrani, in: Fonti medioevali e problematica storiografica. Atti del congresso internazionale tenuto in occasione del 90° anniversario della fondazione dell'Istituto Storico Italiano (1883–1973), Bd. 1, Roma 1976, S. 19–40.
Buchholz-Johanek, Ingeborg: Geistliche Richter und geistliches Gericht im spätmittelalterlichen Bistum Eichstätt, Regensburg 1988 (Eichstätter Studien NF 23).
Buchner, Maximilian: Die Amberger Hochzeit (1474). Ein Beitrag zur politischen und kulturellen Geschichte des ausgehenden Mittelalters, in: ZGO 64 (1910), S. 584–604; ebd. 65 (1911), S. 95–127.
– Die innere weltliche Regierung des Bischofs Mathias Ramung von Speier (1464–1478), in: MHVP 29/30 (1907), S. 108–155.
– Die Stellung des Speierer Bischofs Mathias Ramung zur Reichsstadt Speier, zu Kurfürst Friedrich I. von der Pfalz und zu Kaiser Friedrich III. Ein Beitrag zur Geschichte des ausgehenden Mittelalters, in: ZGO 63 (1909), S. 29–82, 259–301.
– Die Stellung des kurpfälzischen Kanzlers und Speierer Bischofs Mathias Ramung († 1478) zum geistigen Leben seiner Zeit. Ein Beitrag zur Geschichte des Frühhumanismus in Heidelberg, in: Neue Heidelberger Jahrbücher 16 (1910), S. 81–94.
– Ein Jugendgedicht Jakob Wimpfelings auf Bischof Mathias Ramung von Speier. Beitrag zur Geschichte des Humanismus in Heidelberg, in: ZGO 61 (1907), S. 478–485.
– Zur Geschichte und Topographie der Stadt Amberg im ausgehenden Mittelalter, in: Verhandlungen des Historischen Vereins für Oberpfalz und Regensburg 59 (1907), S. 289–303.
Buck, August: *Arma et litterae* – „Waffen und Bildung". Zur Geschichte eines Topos, Stuttgart 1992 (Sitzungsberichte der wiss. Ges. an der Johann Wolfgang Goethe-Universität Frankfurt a. M. 28,3).
– Die „studia humanitatis" im italienischen Humanismus, in: Humanismus im Bildungswesen des 15. und 16. Jahrhunderts, hg. v. Wolfgang Reinhard, Weinheim 1984 (Acta humaniora 12), S. 11–24.
– Machiavelli, Darmstadt 1985 (Erträge der Forschung 226).

Bücking, Jürgen: Das Geschlecht Stürtzel von Buchheim (1491–1790). Ein Versuch zur Sozial- und Wirtschaftsgeschichte des Breisgauer Adels in der frühen Neuzeit, in: ZGO 118 (1970), S. 239–278.
– Der „Oberrheinische Revolutionär“ heißt Conrad Stürtzel, seines Zeichens königlicher Hofkanzler, in: Archiv für Kulturgeschichte 56 (1974), S. 177–197.
Bünz, Enno: Aschaffenburg, in: HuR, Bd. 2, S. 19–22.
– Ein Erzbischof und viele Residenzen. Zur Residenzbildung im spätmittelalterlichen Erzstift Mainz, in: Spätmittelalterliche Residenzbildung in geistlichen Territorien Mittel- und Nordostdeutschlands, hg. v. Klaus Neitmann und Heinz-Dieter Heimann, Berlin 2009 (Studien zur brandenburgischen und vergleichenden Landesgeschichte 2 = Veröffentlichungen des Museums für Brandenburgische Kirchen- und Kulturgeschichte des Mittelalters 3), S. 91–112.
– Eltville, in: HuR, Bd. 2, S. 177–179.
– Probleme der hochmittelalterlichen Urbarüberlieferung, in: Grundherrschaft und bäuerliche Gesellschaft im Hochmittelalter, hg. v. Werner Rösener, Göttingen 1995 (VMPIG 115), S. 31–75.
Bulst, Neithart/Genet, Jean-Philippe (Hgg.): Medieval Lives and the Historian. Studies in Medieval Prosopography, Kalamazoo MI 1986.
Bumke, Joachim: Höfische Kultur, 2 Bde., München 1986.
Burchardus de Hallis, http://www.geschichtsquellen.de/repPers_102565309.html, 2015.04.11.
– Catalogus reddituum ecclesiae Wimpinensis, http://www.geschichtsquellen.de/repOpus_00735.html, 2015–06–11.
– Chronica ecclesiae Wimpinensis, http://www.geschichtsquellen.de/repOpus_00736.html, 2015.07.07.
Burdach, Konrad: Die pfälzischen Wittelsbacher und die altdeutschen Handschriften der Palatina, in: Centralblatt für Bibliothekswesen 5 (1888), S. 111–133.
– Vorspiel. Gesammelte Schriften zur Geschichte des deutschen Geistes, Bd. 1,2: Reformation und Renaissance, Halle/Saale 1925.
Burgard, Friedhelm: Beamte und Verwaltung Balduins von Luxemburg, in: Balduin von Luxemburg. Erzbischof von Trier – Kurfürst des Reiches. 1285–1354, hg. v. Franz-Josef Heyen, Mainz 1985 (QAMRhKG 53), S. 223–249.
– *Familia Archiepiscopi*. Studien zu den geistlichen Funktionsträgern Erzbischof Balduins von Luxemburg (1307–1354), Trier 1991 (Trierer Historische Forschungen 19).
Burger, Gerhart: Die südwestdeutschen Stadtschreiber im Mittelalter, Böblingen 1960 (Beiträge zur schwäbischen Geschichte 1–5).
Burkhardt, Johannes: Die Historischen Hilfswissenschaften in Marburg (17.–19. Jahrhundert), Marburg 1997 (Elementa diplomatica 7).
Burmeister, Karl Heinz: Anfänge und Entwicklung des öffentlichen Notariats bis zur Reichsnotariatsordnung von 1512, in: Festschrift Ferdinand Elsener, hg. v. Louis Carlen und Friedrich Ebel, Sigmaringen 1977, S. 77–90.
– Das Studium der Rechte im Zeitalter des Humanismus im deutschen Rechtsbereich, Wiesbaden 1974.
Butz, Reinhard: Die Stellung des wettinischen Hofes nach Ausweis der Hofordnungen des ausgehenden Mittelalters, in: Höfe und Hofordnungen 1200–1600, hg. v. Holger Kruse und Werner Paravicini, Sigmaringen 1999 (Residenzenforschung 10), S. 321–336.
Bürokratie. Motor oder Bremse der Entwicklung? Hg. v. Theodor Leuenberger und Klaus-H. Ruffmann, Bern u. a. 1977.
Calzolari, Andrea/Cosentino, Rosanna: La prima attività contabile della cancelleria sabauda e l'organizzazione dell'ufficio a metà del secolo XIV, in: Bollettino storico-bibliografico subalpino 92 (1994), S. 505–553.
Cancelleria e cultura nel medio evo, hg. v. Germano Gualdo, Citta del Vaticano 1990.
Cancian, Patrizia: La cancelleria di Amedeo VIII, in: Amédée VIII – Félix V. Premier duc de Savoie et pape (1383–1451), hg. v. Bernard Andenmatten und Agostino Paravicini Bagliani, Lausanne 1992 (Bibliothèque historique Vaudoise 103), S. 143–155.

Carlebach, Rudolf: Badische Rechtsgeschichte, Bd. 1: Das ausgehende Mittelalter und die Rezeption des römischen Rechts, Heidelberg 1906.
Carsten, Francis L.: Princes and Parliaments in Germany. From the Fifteenth to the Eighteenth Century, 2. Aufl. Oxford 1963.
Castelnuovo, Guido/Guilleré, Christian: Chambéry, in: HuR, Bd. 2, S. 108f.
– /Mattéoni, Olivier: Introduction, in: Chancelleries et chanceliers des princes à la fin du Moyen Âge. Actes de la table ronde de Chambéry, 5 et 6 Octobre 2006, hg. v. Dens., Chambéry 2011 (Collection Sociétés, Réligions, Politique 17), S. 7–12.
Catto, Jeremy: The King's Servants, in: Henry V. The Practice of Kingship, hg. v. G. L. Harriss, Oxford 1985, S. 75–95.
Chancelleries et chanceliers des princes à la fin du Moyen Âge. Actes de la table ronde de Chambéry, 5 et 6 Octobre 2006, hg. v. Guido Castelnuovo und Olivier Mattéoni, Chambéry 2011 (Collection Sociétés, Réligions, Politique 17).
Charle, Christoph: Professionen und Intellektuelle. Die liberalen Berufe in Frankreich zwischen Politik und Wirtschaft (1830–1900), in: Bürgerliche Berufe. Zur Sozialgeschichte der freien und akademischen Berufe im internationalen Vergleich, hg. v. Hannes Siegrist, Göttingen 1988 (Kritische Studien zur Geschichtswissenschaft 80), S. 127–144.
Charton-Le Clech, Sylvie: Chancellerie et culture au XVIe siècle (les notaires et secrétaires du roi de 1515 à 1547), Toulouse 1993 (Collection histoire notariale).
Châtellier, Louis: Georg von Baden (1433–1484), in: BHRR 1996, S. 219f.
Chevaillier, Laurent: La police religieuse, économique et sociale en Savoie d'après les *Statuta Sabaudiae* d'Amédée VIII (1430), in: Mémoires et documents publiés par l'Académie chablaisienne 61 (1977), S. 9–33.
Christ, Günter: Aschaffenburg. Grundzüge der Verwaltung des Mainzer Oberstifts und des Dalberg-Staates, München 1963 (Historischer Atlas von Bayern, Teil Franken Reihe 1, Heft 12).
– Bischof und Domkapitel von der Mitte des 15. bis zur Mitte des 16. Jahrhunderts, in: Römische Quartalschrift für christliche Altertumskunde und Kirchengeschichte 87 (1992), S. 193–235.
– Die Mainzer Erzbischöfe und Aschaffenburg – Überlegungen zum Residenzproblem, in: AfMRhKG 45 (1993), S. 83–113.
– Erzstift und Territorium Mainz, in: Handbuch der Mainzer Kirchengeschichte, hg. v. Friedhelm Jürgensmeier, Bd. 2: Erzstift und Erzbistum Mainz, Würzburg 1997 (Beiträge zur Mainzer Kirchengeschichte 6/2), S. 15–444.
Christ, Karl: Das Steuerwesen der Kurpfalz im Mittelalter, in: Neues Archiv für die Geschichte der Stadt Heidelberg 3 (1898).
Clanchy, Michael T.: From Memory to Written Record. England 1066–1307, London 1979.
– Literacy, Law, and the Power of the State, in: Culture et idéologie dans la genèse de l'état moderne, Paris 1985 (Collection de l'École Française de Rome 82), S. 25–34.
Classen, Peter/Wolgast, Eike: Kleine Geschichte der Universität Heidelberg, Berlin u.a. 1983.
Clavadetscher, Otto P.: Das churrätische Reichsguturbar als Quelle zur Geschichte des Vertrags von Verdun, in: ZRGG 70 (1953), S. 1–63.
Clemm, Ludwig: Geschichte des St. Katharinenstifts zu Oppenheim, in: Neue Forschungen zur Geschichte Oppenheims und seiner Kirchen, hg. v. Ernst Jungkenn, Darmstadt 1938, S. 61–109.
Clough, Cecil H.: The Chancery letter-files of Aeneas Silvius Piccolomini, in: Enea Silvio Piccolomini – Papa Pio II. Atti del Convegno per il Quinto Centenario della morte e altri scritti raccolti da Domenico Maffei, Siena 1968, S. 117–132.
Cognasso, Francesco: Amedeo VIII di Savoia (1383–1451), 2 Bde., Torino 1930.
Cohn, Henry J.: The Early Renaissance Court in Heidelberg, in: European Studies Review 1 (1971), S. 295–322.
– The Government of the Rhine Palatinate in the Fifteenth Century, Oxford 1965.
Coing, Helmut: Die juristische Fakultät und ihr Lehrprogramm, in: Handbuch der Quellen und Literatur der neueren europäischen Privatrechtsgeschichte, Bd. 1: Mittelalter (1100–1500). Die gelehrten Rechte und die Gesetzgebung, hg. v. Dems., München 1973, S. 39–128.

Colini [Collini], Cosimo Alessandro: Précis de L' histoire du Palatinat du Rhin, depuis que la Maison Régnante le posséde [sic] jusqu'à nos jours, Frankfurt/Leipzig 1763.
Como, [Franz Alois]: Wormser Stiftsherren, in: Die Heimat am Rhein 5 (1928).
Conrad, Otto: Die Herren und Ritter von Oberstein, Birkenfeld [1956].
Cornaz, Ernest: Le mariage Palatin de Marguerite de Savoie (1445–1449), Lausanne u.a. 1932 (Mémoires et Documents publiés par la Société de la Suisse Romande, 2e Série, 15).
Corni, Gustavo: Il mito prussiano ed il concetto di Corte nella storiografia „borussica" del XIX–XX secolo, in: La Corte nella cultura e nella storiografia. Immagini e posizioni tra Otto e Novecento, hg. v. Cesare Mozzarelli und Giuseppe Olmi, Roma 1983 (Europa delle Corti. Biblioteca del Cinquecento 21), S. 123–134.
Cosenza, Mario Emilio: Biographical und Bibliographical Dictionary of the Italian Humanists and of the World of Classical Scholarship in Italy, 1300–1800, Bd. 1–6, 2. Aufl. Boston 1962–1967.
Cramer-Fürtig, Michael: Staatsbildungsprozeß und Ständeorganisation zu Beginn der Neuzeit. Landesherrliche und landständische Herrschaftsausübung im Fürstentum Pfalz-Neuburg in der ersten Hälfte des 16. Jahrhunderts, Diss. phil. masch. Regensburg 1991.
Culture et idéologie dans la genèse de l'état moderne. Actes de la table ronde organisée par le Centre national de la recherche scientifique et l'École française de Rome, Paris 1985 (Collection de l'École Française de Rome 82).
Culture et pouvoir au temps de l'Humanisme et de la Renaissance. Actes du Congrès Marguerite de Savoie, hg. v. Louis Terreaux, Genève/Paris 1978.
Curschmann, Fritz: Die Diözese Brandenburg. Untersuchungen zur historischen Geographie und Verfassungsgeschichte eines ostdeutschen Kolonialbistums, Leipzig 1906.
Czendes, Peter: Kanzlei, I. Allgemeine Fragestellung und Deutsches Reich, in: LexMA, Bd. 5, München/Zürich 1990, Sp. 910–912.
Dahrendorf, Ralf: Gesellschaft und Demokratie in Deutschland, München 1965.
Damen, Mario: De staat van dienst. De gewestelijke ambtenaren van Holland en Zeeland in de Bourgondische periode (1425–1482), Hilversum 2000 (Hollandse Studiën 36).
D'Amico, John: Renaissance Humanism in Papal Rome. Humanists and Churchmen on the Eve of the Reformation, 2. Aufl. Baltimore/London 1985.
Daniels, Tobias: Dorre, Hugo, in: Biographisch-Bibliographisches Kirchenlexikon, Bd. 30, Herzberg 2009, Sp. 253–261, online unter: URL: http://www.bautz.de/bbkl/d/dorre_h.shtml (27.03.2011).
Das Haus Wittelsbach und die europäischen Dynastien, München 1981 (ZBLG 44 (1981)).
Damler, Daniel: Wildes Recht. Zur Pathogenese des Effektivitätsprinzips in der neuzeitlichen Eigentumslehre, Berlin 2008 (Schriften zur Rechtstheorie 239).
Das Land Baden-Württemberg. Amtliche Beschreibung nach Kreisen und Gemeinden, hg. v. der Landesarchivdirektion Baden-Württemberg, 8 Bde., Stuttgart 1974–1983.
Deeters, Joachim: Maastricht, in: LexMA, Bd. 6, München/Zürich 1993, Sp. 52f.
– Servatiusstift und Stadt Maastricht. Untersuchungen zur Entstehung und Verfassung, Bonn 1970 (Rheinisches Archiv 1973).
Deigendesch, Roland: Ludwig I., in: Das Haus Württemberg. Ein biographisches Lexikon, hg. v. Sönke Lorenz u.a., Stuttgart u.a. 1997, Nr. 3.0.4, S. 80–83.
De Maegd, Christiane/Van Aerschot, Suzanne: Het Steen of Rubenskasteel (ID: 40991), in: Dies.: Inventaris van het cultuurbezit in België, Architectuur, Vlaams-Brabant, Halle-Vilvoorde, Bouwen door de eeuwen heen in Vlaanderen 2N, Gent 1975, online unter: URL: http://inventaris.vioe.be/dibe/relict/40991 (11.01.2014).
De Rosa, Daniela: Coluccio Salutati. Il cancelliere e il pensatore politico, Firenze 1980 (Biblioteca di Storia 28 = Pubblicazioni del Seminario di storia medioevale della Faccoltà di lettere dell'Università di Firenze 3).
Debus, Karl Heinz: Studien zur Personalstruktur des Stiftes St. Guido in Speyer, Mainz 1984 (QAMRhKG 51).

DECKER-HAUFF, Hansmartin: Die geistige Führungsschicht Württembergs, in: Beamtentum und Pfarrerstand 1400–1800. Büdinger Vorträge 1967, Limburg/Lahn 1972, S. 51–80 (Deutsche Führungsschichten in der Neuzeit 5).
De la comparaison à l'histoire croisée, hg. v. Michael WERNER und Bénédicte ZIMMERMANN, Paris 2004 (Le Genre humain 42).
DEMANDT, Dieter: Stadtherrschaft und Stadtfreiheit im Spannungsfeld von Geistlichkeit und Bürgerschaft in Mainz (11.–15. Jahrhundert), Wiesbaden 1977 (Geschichtliche Landeskunde 15).
DEMANDT, Karl E.: Amt und Familie. Eine soziologisch-genealogische Studie zur hessischen Verwaltungsgeschichte des 16. Jahrhunderts, in: Hessisches Jahrbuch für Landesgeschichte 2 (1952), S. 79–133.
– Der Personenstaat der Landgrafschaft Hessen im Mittelalter. Ein „Staatshandbuch" Hessens vom Ende des 12. bis zum Anfang des 16. Jahrhunderts, 2 Bde., Marburg 1981 (Veröffentlichungen der Historischen Kommission für Hessen 42).
– Rheinfels und andere Katzenelnbogener Burgen als Residenzen, Verwaltungszentren und Festungen 1350–1650, Darmstadt 1990 (Arbeiten der Hessischen Historischen Kommission NF 5).
DEMETER, Karl: Reform und innere Verhältnisse des alten Mainzer Reichsarchivs (1770–1792), in: AZ 44 (1936), S. 11–23.
– Studien zur Kurmainzer Kanzleisprache (ca. 1400–1550). Studien zur Geschichte der neuhochdeutschen Schriftsprache, in: Archiv für hessische Geschichte und Altertumskunde NF 12 (1919), S. 427–558.
DEMOTZ, Bernard: La politique internationale du Comté de Savoie durant deux siècles d'expansion (début XIIIe–début XVe siècles), in: Cahiers d'Histoire 19 (1974), S. 29–64.
Der Wormser Bischof Johann von Dalberg (1482–1503) und seine Zeit, hg. v. Gerold BÖNNEN und Burkard KEILMANN, Mainz 2005 (QAMRhKG 117).
Der Weg zur Kaiserkrone. Der Romzug Heinrichs VII. in der Darstellung Erzbischof Balduins von Trier, hg. v. Michel MARGUE u. a., Trier 2008 (Publications du CLUDEM 24).
Deutsche Verwaltungsgeschichte, hg. v. Kurt G. A. JESERICH u. a., Bd. 1: Vom Spätmittelalter bis zum Ende des Reiches, Stuttgart 1983.
Die Bischöfe des Heiligen Römischen Reiches 1198 bis 1448. Ein biographisches Lexikon, hg. v. Erwin GATZ, Berlin 2001.
Die Bischöfe des Heiligen Römischen Reiches 1448 bis 1648. Ein biographisches Lexikon, hg. v. Erwin GATZ, Berlin 1996.
Die Codices Palatini germanici in der Universitätsbibliothek Heidelberg (Cod. Pal. germ. 1–181), bearb. v. Karin ZIMMERMANN unter Mitwirkung von Sonja GLAUCH u. a., Wiesbaden 2003 (Kataloge der Universitätsbibliothek Heidelberg 6).
Die Eidgenossen und ihre Nachbarn im Deutschen Reich des Mittelalters, hg. v. Peter RÜCK, Marburg (Lahn) 1991.
Die Ingelheimer Haderbücher – Editionsprojekt, online unter: http://www.igl.uni-mainz.de/forschung/ingelheimer-haderbuecher.html#c684 (17. 07. 2015).
Die Welt zur Zeit des Konstanzer Konzils, Sigmaringen 1965 (VuF 9).
Die Wittelsbacher und die Kurpfalz im Mittelalter. Eine Erfolgsgeschichte? Hg. v. Jörg PELTZER u. a., Regensburg 2013.
DIEDERICH, Anton: Das Stift St. Florin zu Koblenz, Göttingen 1967 (VMPIG 16 = Studien zur Germania Sacra 6).
DIEDERICH, Toni: Siegelkunde. Beiträge zu ihrer Vertiefung und Weiterführung, Wien u. a. 2012.
DIEHL, Adolf: Des Nikolaus von Wyle Abgang von Eßlingen, in: Württembergische Vierteljahreshefte für Landesgeschichte NF 19 (1910), S. 418–427.
– Die ältesten Kuehorn, in: Archiv für Sippenforschung 14 (1937), S. 169–173.
DIEMAR, Hermann: Johann Vrunt von Köln als Protonotar (1442–1448), in: Beiträge zur Geschichte vornehmlich Kölns und der Rheinlande. Festschrift Gustav von Mevissen, Köln 1895, S. 71–106.
DIENER, Hermann: Die Anhänger Clemens' VII. in Deutschland, in: Genèse et débuts du Grand Schisme d'Occident, Paris 1980 (Colloques internationaux du CNRS 586), S. 521–531.

– Die Hohen Schulen, ihre Lehrer und Schüler in den Registern der päpstlichen Verwaltung des 14. und 15. Jahrhunderts, in: Schulen und Studium im sozialen Wandel des hohen und späten Mittelalters, hg. v. Johannes FRIED, Sigmaringen 1986 (VuF 30), S. 351–374.

DIENST, Heide: Bemerkungen zur spätbabenbergischen und ottokarischen Kanzlei in Österreich und Steier (1198–1278), in: Landesherrliche Kanzleien im Spätmittelalter, hg. v. Gabriel SILAGI, Bd. 1, München 1984 (MBMRF 35), S. 273–295.

DIESNER, Hans-Joachim: Niccolò Machiavelli. Mensch, Macht, Politik und Staat im 16. Jahrhundert, Bochum 1988.

DIESTELKAMP, Bernhard: Lehnrecht und spätmittelalterliche Territorien, in: Der deutsche Territorialstaat im 14. Jahrhundert, hg. v. Hans PATZE, Bd. 1, 2. Aufl. Sigmaringen 1986 (VuF 13), S. 65–96.

DITTRICH, Sigrid/DITTRICH, Lothar: Lexikon der Tiersymbole. Tiere als Sinnbilder in der Malerei des 14.–17. Jahrhunderts, Petersberg 2004 (Studien zur internationalen Architektur- und Kunstgeschichte 22).

Die Wittelsbacher am Rhein. Die Kurpfalz und Europa, hg. v. Alfried WIECZOREK u. a., 2 Bde., Regensburg 2013 (Publikationen der Reiss-Engelhorn-Museen Mannheim 60).

DOBENECK, Alban Freiherr von: Geschichte des ausgestorbenen Geschlechtes der von Sparneck, in: Archiv für Geschichte und Altertumskunde von Oberfranken 22 (1904), S. 13–188.

DOHNA, Lothar Graf zu: Eine unbekannte Urkunde des Nikolaus von Cues, in: Gedenkschrift Martin Göhring. Studien zur europäischen Geschichte, hg. v. Ernst SCHULIN, Wiesbaden 1968, S. 1–26.

DOPERÉ, Frans/UBREGTS, William: De donjon in Vlaanderen. Architectuur en wooncultuur, Brussel 1991 (Acta archaeologica Lovaniensia, Monographiae 3).

DORMEIER, Heinrich: Verwaltung und Rechnungswesen im spätmittelalterlichen Fürstentum Braunschweig-Lüneburg, Hannover 1994 (Veröffentlichungen der Historischen Kommission für Niedersachsen und Bremen 37).

DÖRR, Margarethe: Das St. Mariengredenstift in Mainz (Geschichte, Recht und Besitz), Diss. phil. masch. Mainz 1953.

DÖSSELER, Emil: Die jülich-bergische Kanzlerfamilie Lüninck, in: Düsseldorfer Jahrbuch 45 (1951), S. 150–184.

DOTZAUER, Winfried: Der historische Raum des Bundeslandes Rheinland-Pfalz. Der Weg zu einem Kernraum deutscher Reichsgeschichte (bis 1500). Versuch eines Arbeitsbuches. Von den vor- und frühgeschichtlichen Anfängen bis zur Kurfürstenlandschaft, Frankfurt a. M. u. a. 1992.

– Deutsches Studium und deutsche Studenten an europäischen Hochschulen (Frankreich, Italien) und die nachfolgende Tätigkeit in Stadt, Kirche und Territorium in Deutschland, in: Stadt und Universität im Mittelalter und in der frühen Neuzeit, hg. v. Erich MASCHKE und Jürgen SYDOW, Sigmaringen 1977 (Stadt in der Geschichte 3), S. 112–141.

– Die Pfalzgrafen am Mittelrhein, in: Zwischen Rhein und Mosel. Der Kreis St. Goar, hg. v. Franz-Josef HEYEN, Boppard am Rhein 1966, S. 59–76.

– Geschichte des Nahe-Hunsrück-Raumes von den Anfängen bis zur Französischen Revolution, Stuttgart 2001.

DROEGE, Georg: Die Territorien an Mittel- und Niederrhein, in: Deutsche Verwaltungsgeschichte, hg. v. Kurt G. A. JESERICH u. a., Bd. 1, Stuttgart 1983, S. 690–720.

– Verfassung und Wirtschaft in Kurköln unter Dietrich von Moers (1414–1463), Bonn 1957 (Rheinisches Archiv 50).

DRÖS, Harald: Löwe, Rauten, roter Schild. Zum Wappen der pfälzischen Wittelsbacher im späten Mittelalter, in: Mittelalter. Schloß Heidelberg und die Pfalzgrafschaft bei Rhein bis zur Reformationszeit, hg. v. Volker RÖDEL, Regensburg 2002, S. 105–116 (erstmals abgedruckt in: Mittelalter. Der Griff nach der Krone. Die Pfalzgrafschaft bei Rhein im Mittelalter, hg. v. DEMS., Regensburg 2000, S. 105–116).

DROLLINGER, K.: Kleine Städte Südwestdeutschlands. Studien zur Sozial- und Wirtschaftsgeschichte der Städte im rechtsrheinischen Teil des Hochstifts Speyer bis zur Mitte des 17. Jahrhunderts, Stuttgart 1968 (VKgL Reihe B, 48).

Drüll, Dagmar: Heidelberger Gelehrtenlexikon 1386–1651, Berlin u. a. 2002.

Duchhardt, Heinz: Kurmainz und das Reichskammergericht, in: BllDtLG 110 (1974), S. 181–217.

Dülfer, Kurt: Studien zur Organisation des fürstlichen Regierungssystems in der obersten Zentralsphäre im 17. und 18. Jahrhundert, in: Archivar und Historiker. Studien zur Archiv- und Geschichtswissenschaft. Zum 65. Geburtstag von Heinrich Otto Meisner, Berlin 1956 (Schriftenreihe der Staatlichen Archivverwaltung 7), S. 237–253.

Duggan, Lawrence G.: Bishop and Chapter. The Governance of the Bishopric of Speyer to 1552, New Brunswick NJ 1978.

Eberhard, Wilhelm: Ludwig III. Kurfürst von der Pfalz und das Reich 1410–1427. Ein Beitrag zur deutschen Reichsgeschichte unter König Sigmund, Gießen 1896.

Eberhardt, Hildegard: Die Diözese Worms am Ende des 15. Jahrhunderts nach den Erhebungslisten des „Gemeinen Pfennig“ und dem Wormser Synodale von 1496, Münster i. W. 1919 (Vorreformationsgeschichtliche Forschungen 9).

Eckardt, Hans Wilhelm [u. a.]: Paläographie – Archivalische Textsorten – Aktenkunde. „Thun kund und zu wissen jedermänniglich“, Neustadt an der Aisch 2005.

Écrit et pouvoir dans les chancelleries médiévales. Espace français, espace anglais, hg. v. Kouky Fianu und DeLoyd J. Guth, Louvain-la-Neuve 1997 (Textes et Etudes du Moyen Âge 6).

Ehlers, Caspar: *Metropolis Germaniae.* Studien zur Bedeutung Speyers für das Königtum (751–1250), Göttingen 1996 (VMPIG 125).

Ehlers, Joachim: Die Entstehung des deutschen Reiches, München 1994 (EDG 31).

Ehmer, Hermann: ... *obe sich der stiefft an luten mere oder mynner*. Die Volkszählung im Hochstift Speyer um 1470 und 1530, in: Bevölkerungsstatistik an der Wende vom Mittelalter zur Neuzeit. Quellen und methodische Probleme im überregionalen Vergleich, hg. v. Kurt Andermann und Dems., Sigmaringen 1990 (OSt 8), S. 79–94.

– Der Gleißende Wolf von Wunnenstein. Herkunft, Karriere und Nachleben eines spätmittelalterlichen Adeligen, Sigmaringen 1991 (Forschungen aus Württembergisch-Franken 38).

Eid, Ludwig: Der Hof- und Staatsdienst im ehemaligen Herzogtume Pfalz-Zweibrücken von 1444–1604, in: MHVP 21 (1897), S. 1–325.

Einbanddatenbank, online unter: http://www.hist-einband.de/ (08.07.2015).

Einbanddatenbank. Zitierweise, online unter: http://www.hist-einband.de/zitierweise.shtml (08.07.2015).

Ellinger, Friedrich Wolfgang: Die Juristen der Reichsstadt Nürnberg vom 15. bis 17. Jahrhundert, in: Reichsstadt Nürnberg, Altdorf und Hersbruck – Genealogica, Heraldica, Juridica, Nürnberg 1954 (Freie Schriftenfolge der Gesellschaft für Familienforschung in Franken 6), S. 130–222.

Elsener, Ferdinand: Notare und Stadtschreiber. Zur Geschichte des schweizerischen Notariats, Köln/Opladen 1962 (Arbeitsgemeinschaft für Forschung des Landes Nordrhein-Westfalen. Geisteswissenschaften 100).

Engel, Josef (Hg.): Mittel und Wege früher Verfassungspolitik, Stuttgart 1979 (Spätmittelalter und frühe Neuzeit 9. Kleine Schriften 1).

Ennen, Leonhard: Geschichte der Stadt Köln, meist aus den Quellen des Kölner Stadt-Archivs, Bd. 2, Köln/Neuss 1865.

Erbe, Michael: Otto Hintze und seine Sicht der Entstehung des neuzeitlichen Beamtentums, in: Otto Hintze und die moderne Geschichtswissenschaft, hg. v. Otto Büsch und Dems., Berlin 1983 (Einzelveröffentlichungen der Historischen Kommission zu Berlin 39), S. 87–94.

Erben, Wilhelm: Die Kaiser- und Königsurkunden des Mittelalters in Deutschland, Frankreich und Italien, München, Berlin 1907 (Handbuch der mittleren und neueren Geschichte 4,1), Nachdruck Berlin 1971.

Erbenheim, Stadt Wiesbaden, in: Landesgeschichtliches Informationssystem Hessen (LAGIS). Historisches Ortslexikon, online unter: http://www.lagis-hessen.de/de/subjects/idrec/sn/ol/id/11155 (08.04.2014).

Erbstadt, Main-Kinzig-Kreis, in: Landesgeschichtliches Informationssystem Hessen (LAGIS). Historisches Ortslexikon, online unter: http://www.lagis-hessen.de/de/subjects/idrec/sn/ol/id/12400 (19.03.2014).

ERKENS, Franz-Reiner: Über Kanzlei und Kanzler König Sigismunds. Zum Kontinuitätsproblem in der deutschen Königskanzlei unter dem letzten Luxemburger, in: AfD 33 (1987), S. 429–458.

ERNST, Fritz: Kurfürst Friedrich I. der Siegreiche von der Pfalz 1425–1476, in: Deutscher Westen – Deutsches Reich. Saarpfälzische Lebensbilder, Bd. 1, hg. v. Kurt von RAUMER und Kurt BAUMANN, Kaiserslautern 1938, S. 45–59.

ESCH, Arnold: Das Archiv eines Lucchesischen Kaufmanns an der Kurie 1376–1387, in: ZHF 2 (1975), S. 129–171.

– Überlieferungs-Chance und Überlieferungs-Zufall als methodisches Problem des Historikers, in: HZ 240 (1985), S. 529–570.

ETTELT, Beatrix: Gerichts- und Verwaltungsorganisation, in: Bayern-Ingolstadt, Bayern-Landshut 1392–1506. Glanz und Elend einer Teilung. Ausstellungskatalog, Ingolstadt 1992, S. 125–134.

ETTELT-SCHÖNEWALD, Beatrix: Kanzlei, Rat und Regierung Herzog Ludwigs des Reichen von Bayern-Landshut (1450–1479), 2 Bde., München 1996, 1999 (Schriftenreihe zur bayerischen Landesgeschichte 97,1–2).

EWALD, Wilhelm: Siegelkunde, München, Berlin 1914.

Examen, Titel. Promotionen. Akademisches und staatliches Qualifikationswesen vom 13. bis zum 21. Jahrhundert, hg. v. Rainer C. SCHWINGES, Basel 2007 (Veröffentlichungen der Gesellschaft für Universitäts- und Wissenschaftsgeschichte 7).

FABRY, Philipp Walter: Das St. Cyriacusstift zu Neuhausen bei Worms, Worms 1958 (Der Wormsgau, Beiheft 17).

FALCK, Ludwig: Die erzbischöflichen Residenzen Eltville und Mainz, in: AfMRhKG 45 (1993), S. 61–81.

FALK, Franz: Das Bistum Worms am Ausgange des Mittelalters, in: Historisch-Politische Blätter 78 (1876), S. 851–865, 923–937.

FALK, F[ranz]: Der mittelrheinische Freundeskreis des Heinrich von Langenstein, in: HJb 15 (1894), S. 517–528.

FALK, Hans: Die Mainzer Behördenorganisation in Hessen und auf dem Eichsfelde bis zum Ende des 14. Jahrhunderts, Marburg 1930 (Marburger Studien zur älteren deutschen Geschichte 1, 2).

FANTYSOVÁ-MATEJKOVÁ, Jana: Wenceslas de Bohême. Un prince au carrefour de l'Europe, Paris 2013.

FEESER, Nikolaus: Friedrich der Siegreiche, Kurfürst von der Pfalz 1449–1476, Neuburg an der Donau 1880.

FEINE, Hans Erich: Kirchliche Rechtsgeschichte. Die katholische Kirche, 4. Aufl. Köln/Graz 1964.

– Papst, Erste Bitten und Regierungsantritt des Kaisers seit dem Ausgang des Mittelalters, in: ZRGK 51 (1931), S. 1–101.

FELD, Rudolf: Das Städtewesen des Hunsrück-Nahe-Raumes im Spätmittelalter und in der Frühneuzeit, Trier 1972.

FERCHL, Georg: Bayerische Behörden und Beamte 1550–1804, 2 Bde. und Erg. Bd., München 1908/1910/1925.

FERGUSON, Wallace K.: The Interpretation of Italian Humanism: The Contribution of Hans Baron, in: Journal of the History of Ideas 19 (1958), S. 14–25.

FESTER, Richard: Markgraf Bernhard I. und die Anfänge des badischen Territorialstaats, Karlsruhe 1896 (Badische Neujahrsblätter 6).

FICHTENAU, Heinrich: Arenga. Spätantike und Mittelalter im Spiegel von Urkundenformeln, Graz/Köln 1957 (MIÖG, Erg. Bd. 18).

– Die Kanzlei der letzten Babenberger, in: DERS., Beiträge zur Mediävistik. Ausgewählte Aufsätze, Bd. 2, Stuttgart 1977, S. 212–257.

– Die Lehrbücher Maximilians I. und die Anfänge der Frakturschrift, Hamburg 1961.

– Zur Lage der Diplomatik in Österreich, in: DERS., Beiträge zur Mediävistik, Bd. 2: Urkundenforschung, Stuttgart 1977, S. 1–17.

FISCHER, Hans: Die lateinischen Papierhandschriften der Universitätsbibliothek Erlangen, Erlangen 1936 (Katalog der Handschriften der Universitätsbibliothek Erlangen 2).

FISCHER, Joachim: Mechtild, in: Das Haus Württemberg. Ein biographisches Lexikon, hg. v. Sönke LORENZ u.a., Stuttgart u.a. 1997, Nr. 3.0.5, S. 83–85.
– Das Testament der Erzherzogin Mechthild von Österreich vom 1. Oktober 1481, in: Eberhard und Mechthild. Untersuchungen zu Politik und Kultur im ausgehenden Mittelalter, hg. v. Hans-Martin MAURER, Stuttgart 1994 (Lebendige Vergangenheit 17), S. 111–163.
FISCHER, Roman: Aschaffenburg im Mittelalter. Studien zur Geschichte der Stadt von den Anfängen bis zum Beginn der Neuzeit, Aschaffenburg 1989 (Veröffentlichungen des Geschichts- und Kunstvereins Aschaffenburg 32).
FISCHER, Wolfram: Rekrutierung und Ausbildung von Personal für den modernen Staat: Beamte, Offiziere und Techniker in England, Frankreich und Preußen in der frühen Neuzeit, in: Studien zum Beginn der modernen Welt, hg. v. Reinhard KOSELLECK, Stuttgart 1977 (Industrielle Welt 20), S. 194–217.
FISCHER-PACHE, Wiltrud: Wirtschafts- und Besitzgeschichte des ehemaligen Kollegiatstifts St. Peter und Alexander zu Aschaffenburg bis zum Ausgang des 14. Jahrhunderts, Aschaffenburg 1993 (Veröffentlichungen des Geschichts- und Kunstvereins Aschaffenburg 35).
FLACHENECKER, Helmut: Raban Truchseß von Wilburgstetten, in: BHRR 2001, S. 174–176.
– /RAPP, Francis: Lamprecht von Brunn, ebd., S. 52–54.
FLECKENSTEIN, Josef: Die Hofkapelle der deutschen Könige, 2 Bde., Stuttgart 1959/66 (Schriften der MGH 16/1–2).
– Hofkapelle I., in: LexMA, Bd. 5, München/Zürich 1991, Sp. 70–72.
FLIEDNER, Heinrich: Die Rheinzölle der Kurpfalz am Mittelrhein, in Bacharach und Kaub, Diss. Münster, Trier 1908.
– Die Rheinzölle der Kurpfalz am Mittelrhein, in Bacharach und Kaub, Trier 1910 (Westdeutsche Zeitschrift für Geschichte und Kunst, Ergänzungsheft 15).
FLINK, Klaus: Der klevische Hof und seine Chronisten. Verwaltungsschriftgut als Quelle und Mittel der territorialen Geschichtsschreibung, Kleve 1994.
FOLLAK, Klaus Peter: Die Bedeutung der „Landshuter Landesordnung“ von 1474 für die Niederbayerische Gerichtsorganisation, München 1977 (Miscellanea Bavarica Monacensia 74).
FORSTREITER, Erich: Die deutsche Reichskanzlei und deren Nebenkanzleien Kaiser Sigmund's von Luxemburg. Das Kanzleipersonal und dessen Organisation. Ein Beitrag zur Geschichte der deutschen Reichskanzlei im späteren Mittelalter, Diss. masch. Wien 1924.
FOUQUET, Gerhard: Das Speyerer Domkapitel im späten Mittelalter (ca. 1350–1540). Adlige Freundschaft, fürstliche Patronage und päpstliche Klientel, 2 Bde., Mainz 1987 (QAMRhKG 57).
– Domkapitel, Hof und Universität. Speyerer Domherren als Amtsträger und Klienten des Königs und der Fürsten im Spätmittelalter, in: AfMRhKG 43 (1991), S. 109–143.
– Reichskirche und Adel. Ursachen und Mechanismen des Aufstiegs der Kraichgauer Niederadelsfamilie von Helmstatt im Speyerer Domkapitel zu Beginn des 15. Jahrhunderts, in: ZGO 129 (1981), S. 189–233.
– Ritterschaft, Hoch- und Domstift Speyer, Kurpfalz. Zu Formen politischer, sozialer und wirtschaftlicher Verflechtung in einer spätmittelalterlichen Landschaft an Mittel- und Oberrhein, in: ZGO 137 (1989), S. 224–240.
FRANCK, W[ilhelm]: Beiträge zur Wappenkunde des rheinhessischen Land- und Stadtadels im 13., 14. und 15. Jahrhundert, in: Archiv für hessische Geschichte und Altertumskunde 11 (1867), S. 222–249 und 9 Taf.
FRANZ, Eckhart G.: Einführung in die Archivkunde, 5. Aufl. Darmstadt 1999.
FRECKMANN, Klaus u.a.: Sobernheim – eine volkskundlich-historische Studie, Bad Kreuznach 1980 (Heimatkundliche Schriftenreihe des Landkreises Bad Kreuznach 9).
FRENKEN, Angsar: R(h)aban von Helmstatt, in: Biographisch-Bibliographisches Kirchenlexikon, Bd. 15, Herzberg 1999, Sp. 1201–1204, online unter: URL: http://www.bbkl.de/r/rhabau_v_h.shtml (24.03.2011).

– Wallenrode, Johannes von, in: Biographisch-Bibliographisches Kirchenlexikon, Bd. 13, Herzberg 1998, Sp. 215–218, online unter: URL: http://www.bbkl.de/w/wallenrode.shtml (14.02.2011).
– Vener, Job, in: Biographisch-Bibliographisches Kirchenlexikon, Bd. 14, Herzberg 1998, Sp. 1565–1569, online unter: URL: http://www.bautz.de/bbkl/v/vener_j.shtml (24.03.2011).
– Vener, Reinbold, in: Biographisch-Bibliographisches Kirchenlexikon, Bd. 1998, Sp. 1569–1571, online unter: URL: http://www.kirchenlexikon.de/v/vener_r_d_a.shtml (14.02.2011).

FRENZ, Thomas: Kanzlei, Registratur und Archiv des Hochstifts Würzburg im 15. Jahrhundert, in: Landesherrliche Kanzleien im Spätmittelalter, hg. v. Gabriel SILAGI, Bd. 1, München 1984 (MBMRF 35), S. 139–146.
– Papsturkunden des Mittelalters und der Neuzeit, 2. Aufl. Wiesbaden 2000.

FRESIN, Josef: Die Geschichte der Stadt Weinheim, Weinheim 1962.

FRIED, Johannes: Die Entstehung des Juristenstandes im 12. Jahrhundert. Zur sozialen Stellung und politischen Bedeutung gelehrter Juristen in Bologna und Modena, Köln/Wien 1974 (Forschungen zur neueren Privatrechtsgeschichte 21).

FRIED, Pankraz: Zur Geschichte der Steuer in Bayern, in: ZBLG 27 (1964), S. 570–599.

FRIEDRICH, Reinhard: Sauerburg, in: Burgendatenbank des Europäischen Burgen-Instituts (EBIDAT), online unter: http://www.ms-visucom.de/cgi-bin/ebidat.pl?id=84 (15.07.2015).

FRIESE, Alfred: Des Johannes von Weinheim Zins- und Bederegister für Boxtal, in: Wertheimer Jahrbuch (1955), S. 46–51.
– Die Ritter- und Turniergesellschaft „mit dem Esel“. Ein Beitrag zur Kulturgeschichte des mittelrheinisch-hessischen Adels im späten Mittelalter, in: Archiv für hessische Geschichte NF 24 (1952/53), S. 153–184.

FRITZ, Thomas: Ulrich der Vielgeliebte (1441–1480). Ein Württemberger im Herbst des Mittelalters. Zur Geschichte der württembergischen Politik im Spannungsfeld zwischen Hausmacht, Region und Reich, Leinfelden-Echterdingen 1999 (Schriften zur südwestdeutschen Landeskunde 25).
– Ulrich V. der Vielgeliebte, in: Das Haus Württemberg. Ein biographisches Lexikon, hg. v. Sönke LORENZ u. a., Stuttgart u. a. 1997, S. 86–89.

FROMMBERGER-WEBER, Ulrike: Spätgotische Buchmalerei in den Städten Speyer, Worms und Heidelberg (1440–1510), in: ZGO 121 (1973), S. 35–145.

FRUHMANN, Theodor: Studien zur Kanzlei und zum Urkundenwesen der Erzbischöfe von Mainz im späten Mittelalter (1289–1373), Diss. Frankfurt a. M., Würzburg/Aumühle 1940.

FUCHS, Christoph: *Dives, pauper, nobilis, magister, frater, clericus.* Sozialgeschichtliche Untersuchungen über Heidelberger Universitätsbesucher des Spätmittelalters (1386–1450), Leiden u. a. 1994 (Education and society in the Middle Ages and Renaissance 5).

FUCHS, Franz: Friedrich der Siegreiche. Der „Marc Aurel des Mittelalters“? In: Die Wittelsbacher und die Kurpfalz im Mittelalter. Eine Erfolgsgeschichte? Hg. v. Jörg PELTZER u. a., Regensburg 2013, S. 191–205.
– /PROBST, Veit: Zur Geschichte des Heidelberger Frühhumanismus. Neue Briefe des Matthias von Kemnath († 1476), in: Wolfenbütteler Renaissance-Mitteilungen 15 (1991), S. 49–61, 93–103.

FUCHS, Peter: Die historische Forschung am Oberrhein im 18. Jahrhundert, in: Historiographie am Oberrhein im späten Mittelalter und in der frühen Neuzeit, hg. v. Kurt ANDERMANN, Sigmaringen 1988 (OSt 7), S. 309–329.
– Valentin Ferdinand von Gudenus, in: NDB, Bd. 7, Berlin 1966, S. 250f.

Fürfeld. Aus Vergangenheit und Gegenwart des ehemals reichsritterschaftlichen Städtchens, hg. v. Anne SCHÜSSLER u. a., Buchen-Walldürn 2001.

Fürstliche Residenzen im spätmittelalterlichen Europa, hg. v. Werner PARAVICINI und Hans PATZE, Sigmaringen 1990 (VuF 36).

GÄRTNER, Kurt: Original- und Kopialüberlieferung von deutschen Urkunden des 13. und 14. Jahrhunderts am Beispiel der Balduineen, in: Quelle – Text – Edition, hg. v. Anton SCHWOB und Erwin STREITFELD, Tübingen 1997, S. 51–61.

Ganz, David: Bernhard Bischoff on the Study of Medieval Script, online unter: https://medievalfragments.wordpress.com/2013/12/13/bernhard-bischoff-on-the-study-of-medieval-script/ (08.07.2015).

Garin, Eugenio: I cancellieri umanisti della Repubblica fiorentina da Coluccio Salutati a Bartolomeo Scala, in: Rivista storica italiana 71 (1959), S. 185–208; wieder abgedr. in: Ders., Scienza e vita civile nel Rinascimento italiano, Bari 1965, S. 1–32.

Gatz, Erwin: Siegfried von Gelnhausen († 1321), in: BHRR 2001, S. 139f.

Gauvard, Claude: Conclusion, in: Écrit et pouvoir dans les chancelleries médiévales. Espace français, espace anglais, hg. v. Kouky Fianu und DeLoyd J. Guth, Louvain-la-Neuve 1997 (Textes et Etudes du Moyen Âge 6), S. 333–342.

Gehrig, F.: Der Bruhrain, seine Landfaute und andere Amtmänner, in: Der Kraichgau 8 (1983), S. 73–87.

Geiss, Ernest: Geschichte der Stadtpfarrei St. Peter in München, München 1868.

– Wolfgang Graf zu Neukolberg, Kanzler Herzog Georgs des Reichen, in: Oberbayerisches Archiv 11 (1850/51), S. 187–218.

Geisthardt, Fritz: Merenberg, in: HHistSt, Bd. 4: Hessen, hg. v. Georg Wilhelm Sante, 3. Aufl. Stuttgart 1976, S. 329f.

– Sonnenberg, ebd., S. 415–417.

– Wiesbaden, ebd., S. 465–473.

Geldner, Ferdinand: Das Rechnungsbuch des Speyerer Druckherrn, Verlegers und Großbuchhändlers Peter Drach, in: Archiv für die Geschichte des Buchwesens 5 (1964), S. 2–26; Textedition S. 27–197.

Gelehrte im Reich. Zur Sozial- und Wirkungsgeschichte akademischer Eliten des 14. bis 16. Jahrhunderts, hg. v. Rainer Christoph Schwinges, Berlin 1996 (ZHF, Beiheft 18).

Genèse et débuts du Grand Schisme d'Occident, Paris 1980 (Colloques internationaux du CNRS 586).

Genet, Jean-Philippe: Présentation du texte et développement de l'état moderne, in: Text als Realie, hg. v. Karl Brunner und Gerhard Jaritz, Wien 2003 (Veröffentlichungen des Instituts für Realienkunde des Mittelalters und der Frühen Neuzeit 18), S. 407–419.

– (Hg.): L'Historiographie médiévale en Europe, Paris 1991.

Génicot, L[éopold]: Les actes publics, Turnhout 1972 (Typologie des Sources du Moyen Âge Occidental 3).

Gensicke, Hellmuth: Die vom Stein mit den drei Rosen, auch genannt Schaub, in: Nassauische Annalen 72 (1962), S. 160–165.

– Grenzau, in: HHistSt, Bd. 5: Rheinland-Pfalz und Saarland, hg. v. Ludwig Petry, 3. Aufl. Stuttgart 1988, S. 118f.

Genzmer, Erich: Hugo von Trimberg und die Juristen, in: L'Europa e il Diritto romano. Studi in memoria di Paolo Koschaker, Bd. 1, Milano 1953, S. 289–336.

– Kleriker als Berufsjuristen im späten Mittelalter, in: Études d'histoire du droit canonique. Festschrift Gabriel Le Bras, Bd. 2, Paris 1965, S. 1206–1236.

Genzsch, Hans Albrecht: Kalligraphische Stilmerkmale in der Schrift der luxemburgisch-habsburgischen Reichskanzlei. Ein Beitrag zur Vorgeschichte der Fraktur, in: MIÖG 45 (1931), S. 205–214.

– Untersuchungen zur Geschichte der Reichskanzlei und ihrer Schriftformen in der Zeit Albrechts II. und Friedrichs III. (Teildruck), phil. Diss. Marburg 1930.

Georg Kardinal Hessler (GND: 120732890), in: RAG, online unter: URL: http://www.rag-online.org/pnd/120732890 (28.02.2014).

Georgii-Georgenau, Eberhard Emil von: Fürstlich Württembergisch Dienerbuch vom IX. bis zum XIX. Jahrhundert, Stuttgart 1877.

Geradon, A. de: L'étrange carrière du chanoine Gilain de Sart (1379–1444), chancelier de Liège et de Brabant, in: Bulletin de l'Institut archéologique liégeois 88 (1976), S. 129–150.

Gerber, Ludwig: Die Notariatsurkunde in Frankfurt a. M. im 14. und 15. Jahrhundert, Diss. phil. Marburg (Lahn) 1916.

Gerlich, Alois: Die Anfänge des großen abendländischen Schismas und der Mainzer Bistumsstreit, in: Hessisches Jahrbuch für Landesgeschichte 6 (1956), S. 25–76.
- Diet(h)er (II.) von Isenburg, in: LexMA, Bd. 4, München/Zürich 1989, Sp. 1014f.
- Dietrich von Erbach, in: LexMA, Bd. 3, München/Zürich 1986, Sp. 1029f.
- Geschichtliche Landeskunde des Mittelalters. Genese und Probleme, Darmstadt 1986.
- Habsburg – Luxemburg – Wittelsbach im Kampf um die deutsche Königskrone. Studien zur Vorgeschichte des Königtums Ruprechts von der Pfalz, Wiesbaden 1960.
- Interterritoriale Systembildungen an Mittelrhein und Saar in der zweiten Hälfte des 14. Jahrhunderts, in: BllDtLG 111 (1975), S. 103–137.
- Nassau in den politischen Konstellationen am Mittelrhein von König Adolf bis Erzbischof Gerlach (1292–1346), in: Nassauische Annalen 95 (1984), S. 1–37.
- Nikolaus von Wiesbaden. Ein Widersacher des Hauses Nassau in Kirche und Reich am Ausgang des 14. Jahrhunderts, in: Nassauische Annalen 71 (1960), S. 13–25.
- Pfalzgraf Ruprechts III. Weg zum Königtum, in: Mittelalter. Schloß Heidelberg und die Pfalzgrafschaft bei Rhein bis zur Reformationszeit, hg. v. Volker Rödel, Regensburg 2002, S. 37–52 (erstmals abgedruckt in: Mittelalter. Der Griff nach der Krone. Die Pfalzgrafschaft bei Rhein im Mittelalter, hg. v. Volker Rödel, Regensburg 2000, S. 37–52).
- Rheinische Kurfürsten im Gefüge der Reichspolitik des 14. Jahrhunderts, in: Der deutsche Territorialstaat im 14. Jahrhundert, hg. v. Hans Patze, Bd. 2, 2. Aufl. Sigmaringen 1986 (VuF 13), S. 149–169.
- Seelenheil und Territorium. Testamentsrecht von Fürsten und Grafen im Spätmittelalter, in: Land und Reich, Stamm und Nation. Festgabe Max Spindler, hg. v. Andreas Kraus, Bd. 1, München 1984, S. 395–414.

Geschichte der Stadt Mainz, Bd. 4, hg. v. Anton Philipp Brück und Ludwig Falck, Düsseldorf 1973.

Geschichte der Universität in Europa, hg. v. Walter Rüegg, Bd. 1: Mittelalter, München 1993.

Geschichte des Landes Rheinland-Pfalz, hg. v. Franz-Josef Heyen, Freiburg/Würzburg 1981 (Territorien-Ploetz, Sonderausgabe).

Geschichte schreiben. Ein Quellen- und Studienhandbuch zur Historiographie (ca. 1350–1750), hg. v. Susanne Rau und Birgit Studt, Berlin 2010.

Gewalt der Archive. Studien zur Kulturgeschichte der Wissensspeicherung, hg. v. Thomas Weitin und Burkhardt Wolf, Konstanz 2012.

Giesecke, Michael: Sinnenwandel Sprachwandel Kulturwandel. Studien zur Vorgeschichte der Informationsgesellschaft, Frankfurt a. M. 1992.

Gilbert, Felix: The Last Will of a Venetian Grand Chancellor, in: Philosophy and Humanism. Renaissance Essays in Honor of Paul Oskar Kristeller, hg. v. Edward P. Mahoney, Leiden 1976, S. 502–517.

Gill, Joseph: Konstanz und Basel-Florenz, Mainz 1967 (Geschichte der ökumenischen Konzilien 9).

Gilles, Henri: Les auditeurs de Rote au temps de Clément VII et de Benoît XIII (1378–1417). Notes biographiques, in: Mélanges d'Archéologie et d'Histoire publiés par l'École Française de Rome 67 (1955), S. 321–337.

Girgensohn, Dieter: Wie wird man Kardinal? Kuriale und außerkuriale Karrieren an der Wende des 14. zum 15. Jahrhundert, in: QFIAB 57 (1977), S. 138–162.

Glaser, Hubert: „Unser Pfarr". Die Wittelsbacher und das Hochstift Freising, Freising 1980.

Glaser, Rudolf: Diether von Isenburg-Büdingen, Erzbischof und Kurfürst von Mainz (1459–1463) und die kirchlichen und politischen Reformbestrebungen im 15. Jahrhundert, Hamburg 1898.

Glasschröder, Franz Xaver: Das Archidiakonat in der Diözese Speier während des Mittelalters, in: AZ NF 10 (1902), S. 114–154.
- Die Pfründen liberae collationis des Speyerer Bischofs im Mittelalter, in: Freiburger Diözesan-Archiv 48 (NF 22) (1920), S. 155–168.
- Über die Schicksale rheinpfälzischer Archive, in: AZ 38 (1929), S. 1–22.

GOETZ, Hans-Werner: Proseminar Geschichte: Mittelalter, Stuttgart 1993.

GOLDFRIEDRICH, Rolf: Die Geschäftsbücher der kursächsischen Kanzlei im 15. Jahrhundert, Diss. phil. Leipzig 1930.

GOLDING, David u. a.: Power, Control and Bureaucracy, Bradford, England 1978.

GOLDINGER, Walter: Die Standeserhöhungsdiplome unter König und Kaiser Sigismund, in: MIÖG 78 (1970), S. 323–337.

GOLDSCHMIDT, Hans: Zentralbehörden und Beamtentum im Kurfürstentum Mainz vom 16. bis zum 18. Jahrhundert, Berlin/Leipzig 1908 (Abhandlungen zur mittleren und neueren Geschichte 7).

GOLLWITZER, Heinz: Zur Geschichte der Diplomatie im Zeitalter Maximilians I., in: HJb 74 (1955), S. 189–199.

GÖRG, Hubert: Bundesregierung, in: Staatslexikon, Bd. 2, 6. Aufl. Freiburg 1958, Sp. 268–272.

GORISSEN, Friedrich: Residenzstift und Stadt Kleve im 14./15. Jahrhundert, in: Stift und Stadt am Niederrhein, hg. v. Erich MEUTHEN, Kleve 1984 (Klever Archiv 5), S. 121–132.

GOTTSCHALK geb. WEISE, Maren: Geschichtsschreibung im Umkreis Friedrichs I. des Siegreichen von der Pfalz und Albrechts IV. des Weisen von Bayern-München, Diss. masch. München 1989.

GRAF, Klaus: Hohengeroldsecker Akten. Ein Beitrag zur badischen Archivgeschichte, in: Die Ortenau (1990), S. 101–127.

GRAF, Theodor: Papst Urban VI. Untersuchungen über die römische Kurie während seines Pontifikates (1378–1389), Kapitel I bis III nebst Namenverzeichnis der Kurialen, Diss. phil. Berlin 1916.

GRAMSCH, Robert: Erfurter Juristen im Spätmittelalter. Die Karrieremuster und Tätigkeitsfelder einer gelehrten Elite des 14. und 15. Jahrhunderts, Leiden/Boston 2003 (Education and Society in the Middle Ages and Renaissance 17).

– Rheinländer in wettinischen Diensten: Die Gelehrtenfamilie von Goch im 14. und 15. Jahrhundert, in: Rheinische Vierteljahrsblätter 72 (2008), S. 54–92.

– „Seilschaften“ von universitätsgebildeten Klerikern im deutschen Spätmittelalter – Beziehungsformen, Netzwerkstrukturen, Wirkungsweisen, in: Verwandtschaft, Freundschaft, Bruderschaft. Soziale Lebens- und Kommunikationsformen im Mittelalter, hg. v. Gerhard KRIEGER, Berlin 2009, S. 176–188.

GRANICHSTAEDTEN, Rudolf: Uneheliche Kinder der Tiroler Landesfürsten, in: Adler. Zeitschrift für Genealogie und Heraldik 4 (1956–58), S. 33–40.

GRASS, Nikolaus: Propst und Kanzler. Ein Beitrag zur Geschichte der Capella regia und des geistlichen Kanzleramtes, in: Speculum iuris et ecclesiarum. Festschrift Willibald M. Plöchl, Wien 1967, S. 131–140.

GRATHOFF, Stefan: Alzey, in: HuR, Bd. 2, S. 7–9.

– Burg und Schloss Alzey – (Neben)-Residenz der Pfalzgrafen bei Rhein, in: DERS., Burgenlexikon (URL: http://www.burgenlexikon.eu/119.html (16.03.2011)).

GRAUS, František: Das Scheitern von Königen: Karl VI., Richard II., Wenzel IV., in: Das spätmittelalterliche Königtum im europäischen Vergleich, hg. v. Reinhard SCHNEIDER, Sigmaringen 1987 (VuF 32), S. 17–39.

– Verfassungsgeschichte des Mittelalters, in: HZ 243 (1986), S. 529–589.

GROHMANN, Wilhelm: Das Kanzleiwesen der Grafen von Schwerin und der Herzöge von Mecklenburg, in: Jahrbücher des Vereins für Mecklenburgische Geschichte und Altertumskunde 92 (1928), S. 1–88.

GROSSMANN, Johannes: Die Internationale der Konservativen. Transnationale Elitenzirkel und private Außenpolitik in Westeuropa seit 1945, Berlin 2014.

GROTHE, Ewald: Zwischen Geschichte und Recht. Deutsche Verfassungsgeschichtsschreibung 1900–1970, München 2005 (Ordnungssysteme. Studien zur Ideengeschichte 16).

GRÜNEISEN, Henny: Georg, Markgraf von Baden, in: NDB, Bd. 6, Berlin 1964, S. 219 f.

GRÜNEWALD, Friedrich: Die Reichspolitik Erzbischof Adolfs I. von Mainz unter König Wenzel (1379–1390), Diss. Gießen 1922, Darmstadt 1924.

GUENÉE, Bernard: Histoire et culture historique dans l’Occident médiéval, 2. Aufl. Paris 1991.

GUILLEMAIN, Bernard: La Cour Pontificale d'Avignon (1309–1376). Étude d'une Société, Paris 1962 (Bibliothèque des Écoles Françaises d'Athènes et de Rome 201).

GUIRAUD, Jean: L'état pontifical après le Grand Schisme. Étude de géographie politique, Paris 1896 (Bibliothèque des Écoles Françaises d'Athènes et de Rome 73).

GUNDLACH, Franz: Die hessischen Zentralbehörden von 1247 bis 1604, 3 Bde., Marburg 1930–1932 (Veröffentlichungen der historischen Kommission für Hessen und Waldeck 16).

GÜNTHER, Horst: Hans Baron und die emigrierte Renaissance, in: BARON, Hans: Bürgersinn und Humanismus im Florenz der Renaissance, Berlin 1992, S. 7–10.

GUT, Agnieszka: Kanzlei oder Kapelle? Einige Bemerkungen zum mittelalterlichen pommerschen Urkundenwesen, in: Baltische Studien 87 (2001), S. 180–188.

GUYOTJEANNIN, Olivier: Conclusion, in: Chancelleries et chanceliers des princes à la fin du Moyen Âge. Actes de la table ronde de Chambéry, 5 et 6 Octobre 2006, hg. v. Guido CASTELNUOVO und Olivier MATTÉONI, Chambéry 2011 (Collection Sociétés, Réligions, Politique 17), S. 287–292.

GYSSELING, Maurits: Toponymisch Woordenboek van België, Nederland, Luxemburg, Noord-Frankrijk en West-Duitsland (vóór 1226), Bd. 1, o. O. 1960 (Bouwstoffen en Studien voor de Geschiedenis en de Lexicografie van het Nederlands 6, 1).

HAARLÄNDER, Stephanie: Raban v. Helmstatt, in: NDB, Bd. 21, Berlin 2003, S. 60f.

HAAS, Rudolf: Die Pfalz am Rhein. 2000 Jahre Landes-, Kultur- und Wirtschaftsgeschichte, Mannheim 1967.

HAEUTLE, Christian: Genealogie des erlauchten Stammhauses Wittelsbach von dessen Wiedereinsetzung in das Herzogthum Bayern (11. Sept. 1180) bis herab auf unsere Tage, München 1870.

HAGEMANN, [N. N.]: Aus dem „roten Buch" der Stadt Sobernheim, in: Heimatblätter. Beilage zum öffentlichen Anzeiger für den Kreis Kreuznach 4 (1924), Nr. 1.

HAGENEDER, Herta: Die Beziehungen der Babenberger zur Kurie in der ersten Hälfte des 13. Jahrhunderts, in: MIÖG 75 (1967), S. 1–29.

HÄGERMANN, Dieter: Studien zum Urkundenwesen Wilhelms von Holland. Ein Beitrag zur Geschichte der deutschen Königsurkunde im 13. Jahrhundert, Köln/Wien 1977 (AfD, Beiheft 2).

– Urbar, in: LexMA, Bd. 8, München 1997, Sp. 1286–1289.

HAMMES, Barbara: Ritterlicher Fürst und Ritterschaft. Konkurrierende Vergegenwärtigung ritterlich-höfischer Tradition im Umkreis südwestdeutscher Fürstenhöfe 1350–1450, Stuttgart 2011 (VKgL Reihe B, 185).

Handbuch der baden-württembergischen Geschichte, Bd. 2: Die Territorien im Alten Reich, hg. v. Meinrad SCHAAB und Hansmartin SCHWARZMAIER, Stuttgart 1995.

Handbuch der Quellen und Literatur der neueren europäischen Privatrechtsgeschichte, Bd. 1: Mittelalter (1100–1500). Die gelehrten Rechte und die Gesetzgebung, hg. v. Helmut COING, München 1973.

HANSEL, Klaus: Das Stift St. Victor vor Mainz, Diss. phil. Mainz 1952.

HANSEN, Joseph: Die Gesellschaft für Rheinische Geschichtskunde in den Jahren 1881–1906, in: Die Gesellschaft für Rheinische Geschichtskunde. Ziele und Aufgaben 1881–1906, Köln 1907, S. 55–86.

HARTMANN, Helmut: Der Stiftsadel an den alten Domkapiteln zu Mainz, Trier, Bamberg und Würzburg, in: Mainzer Zeitschrift 73/74 (1978/79), S. 99–138.

– Die Domherren der zweiten Hälfte des 15. Jahrhunderts in Mainz, Worms und Speyer, in: Mainzer Zeitschrift 70 (1975), S. 148–160.

HARTMANN, J.: Jakob Rammingers Seebuch, in: Württembergisches Jahrbuch für Statistik und Landeskunde 1895 I, S. 1–22.

HARTMANN, Josef: Urkunden, in: Die archivalischen Quellen mit einer Einführung in die Historischen Hilfswissenschaften, hg. v. Friedrich BECK und Eckart HENNING, 4. Aufl. Köln u. a. 2004, S. 9–39.

–/KLOOSTERHUIS, Jürgen: Amtsbücher, in: Die archivalischen Quellen mit einer Einführung in die Historischen Hilfswissenschaften, hg. v. Friedrich BECK und Eckart HENNING, 4. Aufl. Köln u. a. 2004, S. 40–73.

Hartmann, Peter Claus: Der Mainzer Kurfürst als Reichserzkanzler. Einführung in die Problematik und Thematik des Kolloquiums, in: Der Mainzer Kurfürst als Reichserzkanzler. Funktionen, Aktivitäten, Ansprüche und Bedeutung des zweiten Mannes im Alten Reich, hg. v. Dems., Stuttgart 1997 (Geschichtliche Landeskunde 45), S. 1–8.

– (Hg.): Der Mainzer Kurfürst als Reichserzkanzler. Funktionen, Aktivitäten, Ansprüche und Bedeutung des zweiten Mannes im Alten Reich, Stuttgart 1997 (Geschichtliche Landeskunde 45).

Hartung, Fritz: Zur Entwicklung der Verfassungsgeschichtsschreibung in Deutschland, Berlin 1956 (Sitzungsberichte der Deutschen Akademie der Wissenschaften zu Berlin, Klasse für Philosophie, Geschichte, Staats-, Rechts- und Wirtschaftswissenschaften 1956,3).

Hasselholdt-Stockheim, Gustav Freiherr von: Herzog Albrecht IV. von Bayern und seine Zeit, Bd. 1: Kampf der wittelsbachischen und brandenburgischen Politik in den Jahren 1459 bis 1465. Mit Urkunden und Beilagen, Leipzig 1865.

Hauck, Albert: Kirchengeschichte Deutschlands, Bd. 5, 2, 5. Aufl. Berlin/Leipzig 1953.

Hausmann, Friedrich: Reichskanzlei und Hofkapelle unter Heinrich V. und Konrad III., Stuttgart 1956 (Schriften der MGH 14).

Häusser, Ludwig: Geschichte der Rheinischen Pfalz nach ihren politischen, kirchlichen und literarischen Verhältnissen, 2 Bde., 2. Aufl. Heidelberg 1856, Nachdruck Pirmasens 1970; Register, bearb. v. Friedrich Loos und Theodor Neubauer, Pirmasens 1971.

Hayez, M./Zapp, H.: Duranti(s), Guillelmus, in: LexMA, Bd. 3, München/Zürich 1986, Sp. 1469f.

Hehl, Ernst-Dieter: Das Kollegiatstift St. Katharina zu Oppenheim, in: St. Katharinen zu Oppenheim. Lebendige Steine – Spiegel der Geschichte, hg. v. Carlo Servatius u. a., Alzey 1989, S. 59–86.

Heidelberger, Albin: Zur Geschichte der kurpfälzischen Kanzleisprache in Heidelberg am Ende des Mittelalters, in: ZGO 124 (1976), S. 177–252.

Heil, Johannes: Juden unter kurpfälzischer Herrschaft, in: Die Wittelsbacher und die Kurpfalz im Mittelalter. Eine Erfolgsgeschichte? Hg. v. Jörg Peltzer u. a., Regensburg 2013, S. 281–293.

Heimann, Heinz-Dieter: Hausordnung und Staatsbildung. Innerdynastische Konflikte als Wirkungsfaktoren der Herrschaftsverfestigung bei den wittelsbachischen Rheinpfalzgrafen und den Herzögen von Bayern. Ein Beitrag zum Normenwandel in der Krise des Spätmittelalters, Paderborn u. a. 1993 (Quellen und Forschungen aus dem Gebiet der Geschichte 16).

Heimpel, Hermann (Hg.): Drei Inquisitionsverfahren aus dem Jahr 1425. Akten der Prozesse gegen die deutschen Hussiten Johannes Drändorf und Peter Turnau sowie gegen Drändorfs Diener Martin Borchardt, Göttingen 1969 (VMPIG 24).

– Aus der Kanzlei Kaiser Sigismunds, in: Archiv für Urkundenforschung 12 (1932), S. 111–180.

– Die Vener von Gmünd und Straßburg 1162–1447. Studien und Texte zur Geschichte einer Familie sowie des gelehrten Beamtentums in der Zeit der abendländischen Kirchenspaltung und der Konzilien von Pisa, Konstanz und Basel, 3 Bde., Göttingen 1982 (VMPIG 52).

– Dietrich von Niem (c. 1340–1418), Münster (Westf.) 1932 (Veröffentlichungen der Historischen Kommission des Provinzialinstituts für Westf. Landes- und Volkskunde. Westfälische Biographien 2).

– Eine unbekannte Schrift über die Kurfürsten auf dem Basler Konzil, in: Institutionen, Kultur und Gesellschaft im Mittelalter, Festschrift Josef Fleckenstein, Sigmaringen 1984, S. 469–482.

– Konrad von Soest und Job Vener, Verfasser und Bearbeiter der Heidelberger Postillen (Glossen), zu der Berufung des Konzils von Pisa. Zum Regierungsstil am Hofe König Ruprechts von der Pfalz, in: Westfalen 51 (1973), S. 115–124.

– Über Organisationsformen historischer Forschung in Deutschland, in: HZ 189 (1959), S. 139–222.

Hein, Max: Die Kanzlei- und das Urkundenwesen der Erzbischöfe von Mainz im früheren Mittelalter (1060–1249). Kapitel IV: Die inneren Merkmale der Urkunden, Diss. Berlin 1909.

Heinemeyer, Walter: Richtlinien für die Edition mittelalterlicher Amtsbücher, in: Richtlinien für die Edition landesgeschichtlicher Quellen, hg. v. Dems., Marburg/Köln 1978, S. 17–23.

HEINIG, Paul-Joachim: Der gegenwärtige Stand der Regesta Imperii, in: Diplomatische und chronologische Studien aus der Arbeit an den Regesta Imperii, hg. v. DEMS., Köln/Wien 1991 (Forschungen zur Kaiser- und Papstgeschichte des Mittelalters. Beihefte zu J. F. Böhmer, Regesta Imperii 8), S. 9–35.
– Die Mainzer Kirche am Ende des Hochmittelalters, in: Handbuch der Mainzer Kirchengeschichte, Bd. 1: Christliche Antike und Mittelalter, hg. v. Friedhelm JÜRGENSMEIER, Würzburg 2000 (Beiträge zur Mainzer Kirchengeschichte 6/1), S. 347–415.
– Die Mainzer Kirche im Spätmittelalter, ebd., S. 416–554.
– Kaiser Friedrich III. (1440–1493). Hof, Regierung und Politik, 3 Bde., Köln/Wien 1997 (Forschungen zur Kaiser- und Papstgeschichte des Mittelalters. Beihefte zu J. F. Böhmer, Regesta Imperii 17).
– How Large was the Court of Emperor Frederick III? In: Princes, Patronage and the Nobility. The Court at the Beginning of the Modern Age c. 1450–1650, hg. v. Ronald G. ASCH und Adolf M. BIRKE, Oxford 1991, S. 139–156.
– Kaiser Friedrichs III. Preces-Register der Jahre 1473–1475, in: *Ex ipsis rerum documentis*. Beiträge zur Mediävistik. Festschrift Harald Zimmermann, hg. v. Klaus HERBERS u. a., Sigmaringen 1991, S. 135–158.
– Städte und Königtum im Zeitalter der Reichsverdichtung, in: La Ville, la bourgeoisie et la genèse de l'état moderne (XIIe–XVIIIe siècles), hg. v. Neithard BULST und J[ean]-Ph[ilippe] GENET, Paris 1988 (Éditions du Centre national de la recherche scientifique [CNRS]), S. 87–111.
– War Kaspar Schlick ein Fälscher? In: Fälschungen im Mittelalter, Bd. 3, Hannover 1988 (Monumenta Germaniae Historica Schriften 33,3), S. 247–281.
– Zur Kanzleipraxis unter Kaiser Friedrich III. (1440–1493), in: AfD 31 (1985), S. 383–442.
HEINRICH, Gerd: Brandenburgische Landesgeschichte und preußische Staatsgeschichte. Universitäten, Hochschulen, Archive. Historische Gesellschaften und Vereine, in: Geschichtswissenschaft in Berlin im 19. und 20. Jahrhundert. Persönlichkeiten und Institutionen, hg. v. Reimer HANSEN und Wolfgang RIBBE, Berlin/New York 1992 (Veröffentlichungen der Historischen Kommission zu Berlin 82), S. 223–363.
HEINRICH, Kurt Adolf: Die Organisation der Zentralverwaltung in Kleve-Mark vor der brandenburgischen Besitzergreifung im Jahre 1609, Leipzig 1897.
HELLEINER, Karl: Der Einfluß der Papsturkunde auf die deutsche Königsurkunde im 12. Jahrhundert, in: MIÖG 44 (1930), S. 21–56.
HELMRATH, Johannes: Das Basler Konzil 1431–1449. Forschungsstand und Probleme, Köln/Wien 1987.
HENKEL, Stefanie/BERTELSMEIER-KIERST, Christa (Bearb.): Heidelberg, Universitätsbibliothek, Cod. Heid. N. F. 9 (früher: Antiquariat Dr. Jörn Günther, Hamburg, Nr. 1997/V) (Version vom 13. 10. 2012), in: Marburger Repertorium zur Übersetzungsliteratur im deutschen Frühhumanismus, MRFH 10350, online unter: mrfh.de/10350 (08. 07. 2015).
HENSLER, Erwin: Verfassung und Verwaltung von Kurmainz um das Jahr 1600. Ein Beitrag zur Verfassungsgeschichte der geistlichen Fürstentümer, Straßburg 1909 (Straßburger Beiträge zur Neueren Geschichte II,1).
HERDE, Peter: Politik und Rhetorik am Vorabend der Renaissance. Die ideologische Rechtfertigung der Florentiner Außenpolitik durch Coluccio Salutati, in: Archiv für Kulturgeschichte 47 (1965), S. 141–220.
HERKERT, Otto: Das landesherrliche Beamtentum der Markgrafschaft Baden im Mittelalter, in: Zeitschrift der Gesellschaft für Beförderung der Geschichts-, Altertums- und Volkskunde von Freiburg 26 (1910), S. 1–120.
HERRMANN, Tobias: Anfänge kommunaler Schriftlichkeit. Aachen im europäischen Kontext, Siegburg 2006 (Bonner historische Forschungen 62).
HERMESDORF, B. H. D.: Enkele grepen uit de geschiedenis van het notariaat tussen Maas en Rijn, in: Niederrheinisches Jahrbuch 8 (1965), S. 138–148.

Herrschaftsverdichtung, Staatsbildung, Bürokratisierung. Verfassungs-, Verwaltungs- und Behördengeschichte der Frühen Neuzeit, hg. v. Michael HOCHEDLINGER und Thomas WINKELBAUER, Wien u. a. 2010 (Veröffentlichungen des Instituts für Österreichische Geschichtsforschung 57).
HERTZOG, Georg: Friedrich I. der Siegreiche, Kurfürst von der Pfalz, nach zeitgenössischen Schriften, in: MHVP 37/38 (1918), S. 89–128.
HERWAARDEN, Jan van/MINKE, Alfred: Johann von Arkel, in: BHRR 2001, S. 375 f.
HESS, Daniel: Meister um das ‚mittelalterliche Hausbuch'. Studien zur Hausbuchmeisterfrage, Mainz 1994.
HESSE, Christian: Amtsträger der Fürsten im spätmittelalterlichen Reich. Die Funktionseliten der lokalen Verwaltung in Bayern-Landshut, Hessen, Sachsen und Württemberg 1350–1515, Göttingen 2005 (Schriftenreihe der Historischen Kommission bei der Bayerischen Akademie der Wissenschaften 70).
– Zwischen Reform und Beschränkung. Die Hofordnungen der Landgrafschaft Hessen aus dem beginnenden 16. Jahrhundert, in: Höfe und Hofordnungen 1200–1600, hg. v. Holger KRUSE und Werner PARAVICINI, Sigmaringen 1999 (Residenzenforschung 10), S. 337–360.
HESSEL, Alfred: Die Schrift der Reichskanzlei seit dem Interregnum und die Entstehung der Fraktur, in: Nachrichten von der Gesellschaft der Wissenschaften zu Göttingen. Phil.-hist. Klasse NF, Fächergruppe 2, Nachrichten aus der mittleren und neueren Geschichte 2,3, Göttingen 1937, S. 44–59.
HEUBERGER, Richard: Das Urkunden- und Kanzleiwesen der Grafen von Tirol, Herzoge von Kärnten, aus dem Hause Görz, Innsbruck 1915 (MIÖG, Erg. Bd. 9), S. 51–177, 265–394.
HEYDENREICH, Eduard: Archivwesen und Geschichtswissenschaft, Marburg 1900.
HEYDENREUTER, Reinhard: Probleme des Ämterkaufs in Bayern, in: Ämterhandel im Spätmittelalter und im 16. Jahrhundert, hg. v. Ilja MIECK, Berlin 1984 (Einzelveröffentlichungen der Historischen Kommission zu Berlin 45), S. 231–251.
HEYEN, Franz-Josef: Balduin als Kurfürst des Reiches und Landesherr des Erzstiftes Trier, in: Balduin aus dem Hause Luxemburg. Erzbischof und Kurfürst von Trier 1285–1354, red. Valentin WAGNER und Bernhard SCHMITT, Luxemburg 2009, S. 87–115.
HIERETH, Sebastian: Die bayerische Gerichts- und Verwaltungsorganisation vom 13. bis 19. Jahrhundert. Einführung, München 1950 (Historischer Atlas von Bayern).
HINTZE, Otto: Die Entstehung der modernen Staatsministerien. Eine vergleichende Studie, in: HZ 100 (1908), S. 53–111; wieder abgedruckt in: Beamtentum und Bürokratie, hg. v. Kersten KRÜGER, Göttingen 1981 (Kleine Vandenhoeck-Reihe 1473), S. 113–159.
– Hof- und Landesverwaltung in der Mark Brandenburg unter Joachim II., in: Hohenzollern-Jahrbuch 10 (1906), S. 138–169.
– Der Beamtenstand (1911), wieder abgedruckt in: Beamtentum und Bürokratie, hg. v. Kersten KRÜGER, Göttingen 1981 (Kleine Vandenhoeck-Reihe 1473), S. 16–77.
Hispania – Austria. Die Katholischen Könige, Maximilian I. und die Anfänge der Casa d'Austria, hg. v. Wilfried SEIPEL, Milano 1992.
Histoire comparée de l'administration (IVe–XVIIIe siècles), hg. v. Werner PARAVICINI und Karl Ferdinand WERNER, Zürich/München 1980 (Beihefte der Francia 9).
HITZFELD, Karlleopold: Lambert von Burn, Abt von Gegenbach (1354 bis 1374) und Fürstbischof von Bamberg, ein großer Staatsmann, in: Die Ortenau 57 (1977), S. 166–195.
HLAVÁČEK, Ivan: Abriß der Geschichte der mährisch-markgräflichen Kanzlei der luxemburgischen Sekundogenitur, in: Landesherrliche Kanzleien im Spätmittelalter, hg. v. Gabriel SILAGI, Bd. 1, München 1984 (MBMRF 35), S. 337–350.
– Das Urkunden- und Kanzleiwesen des böhmischen und römischen Königs Wenzel (IV.) 1376–1419. Ein Beitrag zur spätmittelalterlichen Diplomatik, Stuttgart 1970 (Schriften der Monumenta Germaniae Historica 23).
– L'exploitation du materiel diplomatique dans les chroniques de la Bohême médiévale, in: L'Historiographie médiévale en Europe, hg. v. Jean-Philippe GENET, Paris 1991, S. 77–88.

Hobson, Anthony: Humanists and Bookbinders. The Origins and Diffusion of the Humanistic Bookbinding 1459–1559 with a Census of Historiated Plaquette and Medallion Bindings of the Renaissance, Cambridge u.a. 1989.
Hochedlinger, Michael: Aktenkunde. Urkunden- und Aktenlehre der Neuzeit, Wien 2009.
– Österreichische Archivgeschichte vom Spätmittelalter bis zum Ende des Papierzeitalters, Wien u.a. 2013 (Historische Hilfswissenschaften 5).
Hödl, Günther: Albrecht II. Königtum, Reichsregierung und Reichsreform 1438–1439, Wien u.a. 1978 (Forschungen zur Kaiser- und Papstgeschichte des Mittelalters. Beihefte zu J. F. Böhmer, Regesta Imperii 3).
Höfe und Residenzen im spätmittelalterlichen Reich. Ein dynastisch-topographisches Handbuch, 2 Bde., hg. v. Werner Paravicini, Ostfildern 2003 (Residenzenforschung 15.1,1–2).
Höfe und Residenzen im spätmittelalterlichen Reich. Bilder und Begriffe, 2 Bde., hg. v. Werner Paravicini, Ostfildern 2005 (Residenzenforschung 15.2,1–2).
Höfische Repräsentation. Das Zeremoniell und die Zeichen, hg. v. Hedda Ragotzky und Horst Wenzel, Tübingen 1990.
Höfler, Karl Adolf Konstantin: Ruprecht von der Pfalz genannt Clem römischer König 1400–1410, Freiburg i. Br. 1861.
Hofacker, Heidrun: Kanzlei und Regiment in Württemberg im späten Mittelalter, Diss. masch. Tübingen 1984.
Hofmann, Hans: Hofrat und landesherrliche Kanzlei im meißnisch-albertinischen Sachsen vom 13. Jahrhundert bis 1547/48, Diss. Leipzig 1920.
Hofmann, Siegfried: Die zentrale Verwaltung des bayerischen Herzogtums unter den ersten Wittelsbachern, in: Die Zeit der frühen Herzöge, München/Zürich 1980 (Wittelsbach und Bayern I/1), S. 223–239.
– Urkundenwesen, Kanzlei und Regierungssystem der Herzoge von Bayern und Pfalzgrafen bei Rhein von 1180/1214 bis 1255/1294, Kallmünz 1967 (Münchener Historische Studien, Abt. Geschichtliche Hilfswissenschaften 3).
Holbach, Rudolf: Stiftsgeistlichkeit im Spannungsfeld von Kirche und Welt. Studien zur Geschichte des Trierer Domkapitels und Domklerus im Spätmittelalter, 2 Bde., Trier 1982 (Trierer Historische Forschungen 2).
– Zu Ergebnissen und Perspektiven neuerer Forschung zu spätmittelalterlichen deutschen Domkapiteln, in: RhVjBll 56 (1992), S. 148–180.
Hollmann, Michael: Das Mainzer Domkapitel im späten Mittelalter (1306–1476), Mainz 1990 (QAMRhKG 64).
Hölscher, Wolfgang: Kirchenschutz als Herrschaftsinstrument. Personelle und funktionale Aspekte der Bistumspolitik Karls IV., Warendorf 1985 (Studien zu den Luxemburgern und ihrer Zeit 1).
Holstein, Hugo: Zur Gelehrtengeschichte Heidelbergs beim Ausgang des Mittelalters, in: 11. Jahresbericht über das Kgl. Gymnasium zu Wilhelmshaven, Wilhelmshaven 1893.
Holtze, Friedrich: Die ältesten märkischen Kanzler und ihre Familien, in: Forschungen zur brandenburgischen und preußischen Geschichte 7 (1894), S. 181–233.
– Die märkischen Kanzler bis 1650, in: Forschungen zur Brandenburgischen und Preußischen Geschichte 2 (1889), S. 245–252.
Holzapfl, Julian: Kanzleikorrespondenz des späten Mittelalters in Bayern. Schriftlichkeit, Sprache und politische Rhetorik, München 2008 (Schriftenreihe zur bayerischen Landesgeschichte 159).
Homolka, Jaromír: Zur Kunst der Gotik in Böhmen, in: Kunst der Gotik aus Böhmen, hg. v. Anton Legner, Köln 1985, S. 37–71.
Honemann, Volker: Stadt, Kanzlei und Kultur. Einführung in das Tagungsthema, in: Stadt, Kanzlei und Kultur im Übergang zur Frühen Neuzeit/City Culture and Urban Chanceries in an Era of Change, hg. v. Rudolf Suntrup und Jan R. Veenstra, Frankfurt a. M. u.a. 2004 (Medieval to Early Modern Culture/Kultureller Wandel vom Mittelalter zur Frühen Neuzeit 4), S. IX–XIII.

– Die Stadtschreiber und die deutsche Literatur im Spätmittelalter und in der frühen Neuzeit, in: Zur deutschen Literatur und Sprache des 14. Jahrhunderts. Dubliner Colloquium 1981, hg. v. Walter HAUG u. a., Heidelberg 1983, S. 320–353.

HORN, Norbert: Bologneser Doctores und Judices im 12. Jahrhundert und die Rezeption der studierten Berufsjuristen, in: ZHF 3 (1976), S. 221–232.

HUBACH, Hans: Der Nürnberger Bildteppich mit Minnespielen zwischen Speyerer Bügertum und Heidelberger Hof, in: Der Spieleteppich im Kontext profaner Wanddekoration um 1400, hg. v. Jutta ZANDER-SEIDEL, Nürnberg 2010, S. 137–153.

HUBER, Alexander: Das Verhältnis Ludwigs des Bayern zu den Erzkanzlern von Mainz, Köln und Trier (1314–1347), Kallmünz 1983 (Münchener Historische Studien. Abt. Geschichtliche Hilfswissenschaften 21).

HÜLSEN-ESCH, Andrea von: Gelehrte im Bild. Repräsentationen, Darstellung und Wahrnehmung einer sozialen Gruppe im Mittelalter, Göttingen 2006 (VMPIG 201).

HUFNAGEL, Otto: Caspar Schlick als Kanzler Friedrichs III., in: MIÖG, Erg. Bd. 8 (1911), S. 253–460.

HUTHWELKER, Thorsten: Katalog, in: Die Grablegen der Wittelsbacher in Heidelberg. Tod und Gedächtnis im späten Mittelalter, hg. v. Frieder HEPP und Jörg PELTZER, Heidelberg 2013, S. 33–78.

– Tod und Grablege der Pfalzgrafen im Spätmittelalter (1327–1508), Heidelberg 2009 (Heidelberger Veröffentlichungen zur Landesgeschichte und Landeskunde 14).

IANZITI, Gary: Humanistic Historiography under the Sforzas. Politics and Propaganda in Fifteenth-century Milan, Oxford 1988.

ILARDI, Vincent: Fifteenth-Century Diplomatic Documents in Western European Archives and Libraries (1450–94), in: Studies in the Renaissance 9 (1962), S. 64–112.

IMMENHAUSER, Beat: Zwischen Schreibstube und Fürstenhof. Das Verfasserlexikon als Quelle zur Bildungssozialgeschichte des späten Mittelalters, in: Gelehrte im Reich. Zur Sozial- und Wirkungsgeschichte akademischer Eliten des 14. bis 16. Jahrhunderts, hg. v. Rainer Christoph SCHWINGES, Berlin 1996 (ZHF, Beiheft 18), S. 411–435.

IRSIGLER, Franz: Die wirtschaftliche Stellung der Stadt Köln im 14. und 15. Jahrhundert. Strukturanalyse einer spätmittelalterlichen Exportgewerbe- und Fernhandelsstadt, Wiesbaden 1979 (Vierteljahresschrift zur Sozial- und Wirtschaftsgeschichte, Beiheft 65).

– Hermann von Goch, in: Rheinische Lebensbilder, Bd. 8, Bonn 1980, S. 61–79.

– Juden und Lombarden am Niederrhein im 14. Jahrhundert, in: Zur Geschichte der Juden im Deutschland des späten Mittelalters und der frühen Neuzeit, hg. v. Alfred HAVERKAMP, Stuttgart 1981 (Monographien zur Geschichte des Mittelalters 24), S. 122–162.

– Kölner Wirtschaft im Spätmittelalter, in: Zwei Jahrtausende Kölner Wirtschaft, hg. v. Hermann KELLENBENZ, Bd. 1, Köln 1975, S. 217–319.

– Soziale Wandlungen in der kaufmännischen Führungsschicht Kölns im 14. und 15. Jahrhundert, in: Hansische Geschichtsblätter 92 (1974), S. 59–78.

ISAACSOHN, S[iegfried]: Geschichte des Preußischen Beamtenthums vom Anfang des 15. Jahrhunderts bis auf die Gegenwart, Bd. 1: Das Beamtentum in der Mark Brandenburg 1415–1604, Berlin 1874, ND Aalen 1962.

ISENBURG, Wilhelm Karl Prinz von: Stammtafeln zur Geschichte der europäischen Staaten, erg. u. hg. v. Frank Baron Freytag von LORINGHOVEN, Bd. 1 und 2, 2. Aufl. Marburg 1965.

ISENMANN, Eberhard: Gelehrte Juristen und das Prozeßgeschehen in Deutschland im 15. Jahrhundert, in: Praxis der Gerichtsbarkeit in europäischen Städten des Spätmittelalters, hg. von Franz-Josef ARLINGHAUS u. a., Frankfurt a. M. 2006 (Rechtsprechung. Materialien und Studien 23), S. 305–417.

– Kaiser und Reich. Untersuchungen zur Reichsregierung unter Kaiser Friedrich III. in den Jahren 1452–1486, Diss. masch. Tübingen 1975; Teildruck unter dem Titel: Reichsfinanzen und Reichssteuern im 15. Jahrhundert, in: ZHF 7 (1980). S. 1–76 und 129–218.

– Zur Rezeption des römisch-kanonischen Rechts im spätmittelalterlichen Deutschland im Spiegel von Rechtsgutachten, in: „Herbst des Mittelalters?“ Fragen zur Bewertung des 14. und

15. Jahrhunderts, hg. v. Jan. A. Aertsen und Martin Pickavé, Berlin/New York 2004 (Miscellanea Mediaevalia 31), S. 206–228.
Issle, Hermann: Das Stift St. German vor Speyer, Mainz 1974 (QAMRhKG 20).
Jaeger, Friedrich/Rüsen, Jörn: Geschichte des Historismus. Eine Einführung, München 1992.
Jähnig, Bernhart: Andreas Pfaffendorf OT. Pfarrer der Altstadt Thorn (1425–1433), in: Thorn. Königin der Weichsel 1231–1981, hg. v. Bernhart Jähnig und Peter Letkemann, Göttingen 1981 (Beiträge zur Geschichte Westpreußens 7), S. 161–187.
– Johann von Wallenrode OT. Erzbischof von Riga, Königlicher Rat, Deutschordensdiplomat und Bischof von Lüttich im Zeitalter des Schismas und des Konstanzer Konzils (um 1370–1419), Bonn/Godesberg 1970 (Quellen und Studien zur Geschichte des Deutschen Ordens 24).
– Johannes Ambundii, in: BHRR 2001, S. 655–657.
– /Minke, Alfred: Johannes von Wallenrode OT, in: BHRR 2001, S. 380–382.
Jakob, Andreas: Das Kollegiatstift bei St. Martin in Forchheim. Grundlagen zur Geschichte von Stift und Pfarrei in der zweiten Hauptstadt des Hochstifts Bamberg 1354–1803, Lichtenfels 1998 (Schriftenreihe des Historischen Vereins Bamberg 35,1).
Jakobi, Franz-Josef: Archive und Geschichtsbewußtsein. Zur didaktischen Dimension der Archivarbeit, in: Geschichte und Geschichtsbewußtsein. Festschrift Karl-Ernst Jeismann zum 65. Geburtstag, hg. v. Paul Leidinger und Dieter Metzler, Münster 1990, S. 680–704.
Janssen, Roman: *Ad sanctum Dionysium* – Böblingens Kirche im Mittelalter, in: Böblingen – Vom Mammutzahn zum Mikrochip, hg. v. Sönke Lorenz und Günter Scholz, Filderstadt 2003 (Gemeinde im Wandel 14), S. 84–102, 444–449.
Janssen, Wilhelm: „Die lauteren Quellen des geschichtlichen Lebens". Von der Bedeutung und den Schwierigkeiten kritischer Quellenedition, in: Jahresbericht der Gesellschaft für Rheinische Geschichtskunde 99–103 (1979–1983) und Festbericht über die Hundertjahrfeier 1981, Köln 1984, S. 93–103.
– Das Erzbistum Köln im späten Mittelalter 1191–1515, 2 Bde., Köln 1995, 2003 (Geschichte des Erzbistums Köln 2, 1–2).
– Der Bischof, Reichsfürst und Landesherr (14. und 15. Jahrhundert), in: Der Bischof in seiner Zeit. Bischofstypus und Bischofsideal im Spiegel der Kölner Kirche. Festgabe für Joseph Kardinal Höffner, hg. v. Peter Berglar und Odilo Engels, Köln 1986, S. 185–244.
– Der deutsche Territorialstaat im 14. Jahrhundert. Zu einer Veröffentlichung des Konstanzer Arbeitskreises, in: Der Staat 13 (1974), S. 415–426.
– Der Verzicht des Erzbischofs Ruprecht von der Pfalz auf das Erzbistum Köln um die Jahreswende 1478/79, in: Köln. Stadt und Bistum in Kirche und Reich des Mittelalters. Festschrift Odilo Engels zum 65. Geb., hg. v. Hanna Vollrath und Stefan Weinfurter, Köln, Weimar, Wien 1993 (Kölner Hist. Abhandlungen 39), S. 659–700.
– Die Kanzlei der Erzbischöfe von Köln im Spätmittelalter, in: Landesherrliche Kanzleien im Spätmittelalter, hg. v. Gabriel Silagi, Bd. 1, München 1984 (MBMRF 35), S. 147–169.
– Die *mensa episcopalis* der Erzbischöfe von Köln im Spätmittelalter, in: Die Grundherrschaft im späten Mittelalter, hg. v. Hans Patze, Bd. 1, Sigmaringen 1983 (VuF 27), S. 313–341.
– Eine Vereinbarung über die Bischofswahl zwischen dem Kölner Domkapitel und den Landständen aus der Zeit des Erzbischofs Dietrich von Moers, in: Studien zum 15. Jahrhundert. Festschrift Erich Meuthen, hg. v. Johannes Helmrath und Heribert Müller, Bd. 2, München 1994, S. 989–1004.
– Gli statuti cittadini e le leggi territoriali nell'elettorato di Colonia e nel ducato di Kleve (1350–1550), in: Statuti città territori in Italia e Germania tra Medioevo ed Età moderna, hg. v. Giorgio Cittolini und Dietmar Willoweit, Bologna 1991 (Annali dell'Istituto storico italo-germanico 30), S. 345–380.
– Landesherrschaft und Kirche am Niederrhein im späten Mittelalter, in: Der Niederrhein zwischen Mittelalter und Neuzeit, hg. v. J. F. G. Goeters und Jutta Prieur, Wesel 1986 (Studien und Quellen zur Geschichte von Wesel 8), S. 9–42.
– Mitwirkungsrechte und -ansprüche des Kölner Domkapitels an der Regierung des Erzbistums während des späteren Mittelalters, in: Bonn und das Rheinland. Beiträge zur Geschichte und

Kultur einer Region. Festschrift Dietrich Höroldt zum 65. Geburtstag, hg. v. Manfred van Rey und Norbert Schlossmacher, Bonn 1992 (Veröffentlichungen des Stadtarchivs Bonn 52), S. 71–91.
– Neue Wege und Formen territorialer Verwaltung am Niederrhein im Übergang zur Frühen Neuzeit, in: RhVjBll 58 (1994), S. 133–148.
– Niederrheinische Territorialbildung. Voraussetzungen, Wege, Probleme, in: Soziale und wirtschaftliche Bindungen im Mittelalter am Niederrhein, hg. v. Edith Ennen und Klaus Flink, Kleve 1981 (Klever Archiv 3), S. 95–113.
– Zur Verwaltung des Kölner Erzstifts unter Erzbischof Walram von Jülich (1332–1349), in: Aus kölnischer und rheinischer Geschichte. Festgabe Arnold Güttsches, Köln 1969 (Veröffentlichungen des Kölnischen Geschichtsvereins 29), S. 1–40.
– Zwischen dynastischer Loyalität und ständischem Druck. Die ersten Wittelsbacher am Niederrhein, in: ZBLG 60 (1997), S. 1095–1107.
Jaroschka, Walter: Die Archive der Fürstentümer Pfalz-Neuburg und Pfalz-Sulzbach, in: Mitt. für die Archivpflege in Bayern 21 (1975), S. 8–31.
– Die Klostersäkularisation und das Bayerische Hauptstaatsarchiv, in: Glanz und Elend der alten Klöster. Säkularisation im bayerischen Oberland 1803, hg. v. Josef Kirmeier und Manfred Treml, München 1991 (Veröffentlichungen zur bayerischen Geschichte und Kultur 21/91), S. 98–107.
Jaumann, Herbert: Handbuch Gelehrtenkultur der Frühen Neuzeit, Bd. 1, Berlin 2004.
Jeudy, Colette/Schuba, Ludwig: Erhard Knab und die Heidelberger Universität, in: Quellen und Forschungen aus ital. Archiven und Bibliotheken 61 (1981), S. 60–106.
Joannis, Georg Christian: Rerum Moguntiacarum […], Bd. 2, Frankfurt a. M. 1722.
Johanek, Peter: Elhen (Ehlen), Tilemann, von Wolfhagen, in: Die deutsche Literatur des Mittelalters. Verfasserlexikon, 2. Aufl., Bd. 2, Berlin/New York 1980, Sp. 474–478.
– Hans Patze (1919–1995), in: BllDtLG 131 (1995), S. 333.
– Hofhistoriograph und Stadtchronist, in: Autorentypen, hg. v. Walter Haug und Burghart Wachinger, Tübingen 1991 (Fortuna Vitrea 6), S. 50–68.
– Synodalia. Untersuchungen zur Statutengesetzgebung in den Kirchenprovinzen Mainz und Salzburg während des Spätmittelalters, Habil. masch. Würzburg 1978.
John, Herwig: „Zur Förderung der Kenntnis der Geschichte des Großherzoglichen Hauses und des Badischen Landes". Die ersten fünf Jahrzehnte der Badischen Historischen Kommission, in: Staatliche Förderung und wissenschaftliche Unabhängigkeit der Landesgeschichte. Beiträge zur Geschichte der Historischen Kommissionen im deutschen Südwesten, hg. v. Meinrad Schaab, Stuttgart 1995 (VKgL Reihe B, 131), S. 173–199.
Jones, Michael: Memory, Invention and the Breton State. The First Inventory of the Ducal Archives (1395) and the Beginnings of Montfort Historiography, in: Journal of Medieval History 33 (2007), S. 275–296.
Jürgensmeier, Friedhelm: Adolf von Nassau, in: BHRR 2001, S. 411 f.
– Das Bistum Mainz. Von der Römerzeit bis zum II. Vatikanischen Konzil, Frankfurt a. M. 1988 (Beiträge zur Mainzer Kirchengeschichte 2).
– Gerlach von Nassau, in: BHRR 2001, S. 409 f.
– Heinrich von Virneburg, ebd., S. 408 f.
– Jofrid (Gottfried) von Leiningen, ebd., S. 413.
– Johann von Luxemburg-Ligny, ebd., S. 410 f.
– Johann von Nassau, ebd., S. 413 f.
– Konrad von Dhaun, ebd., S. 414 f.
– Konrad von Weinsberg, ebd., S. 412 f.
– Pro und Contra: Die Stellung der Erzbischöfe (1160–1249) im Reichsgeschehen, in: Handbuch der Mainzer Kirchengeschichte, Bd. 1: Christliche Antike und Mittelalter, hg. v. Dems., Würzburg 2000 (Beiträge zur Mainzer Kirchengeschichte 6/1), S. 332–346.
– Siegfried (II.) von Eppstein, in: BHRR 2001, S. 398 f.
– Siegfried (III.) von Eppstein, ebd., S. 399–401.

– (Hg.): Das Bistum Worms. Von den Anfängen bis zur Auflösung 1801, Würzburg 1997 (Beiträge zur Mainzer Kirchengeschichte 5).
– (Hg.): Handbuch der Mainzer Kirchengeschichte, Bd. 1: Christliche Antike und Mittelalter, Würzburg 2000 (Beiträge zur Mainzer Kirchengeschichte 6/1); Bd. 2: Erzstift und Erzbistum Mainz, Würzburg 1997 (Beiträge zur Mainzer Kirchengeschichte 6/2).
Jung, Wilhelm (Hg.): 1000 Jahre Mainzer Dom (975–1975). Werden und Wandel. Austellungskatalog und Handbuch, Mainz 1975.
Kaelble, Hartmut: Die Debatte über Vergleich und Transfer und was jetzt? In: H-Soz-u-Kult, 08.02.2005, <http://hsozkult.geschichte.hu-berlin.de/forum/id=574&type=artikel>.
Kahsnitz, Rainer: Spätgotische Siegel an Nieder- und Oberrhein. Zu den Ausstellungen in Köln und Karlsruhe im Sommer 1970, in: AZ 67 (1971), S. 133–150.
Kaiser, Hans: Die Archive des alten Reichs bis 1806, in: AZ 35 (1925), S. 204–220.
Kamp, Hermann: Memoria und Selbstdarstellung. Die Stiftungen des burgundischen Kanzlers Rolin, Sigmaringen 1993 (Beihefte der Francia 30).
Kanzlei, in: DRW, Bd. 7, bearb. v. Günther Dickel und Heino Speer, Weimar 1983, online unter: http://drw-www.adw.uni-heidelberg.de/drw/ (19.01.2014), Sp. 1–31.
Kanzleiordnung, ebd., Sp. 139–151.
Karst, Theodor: Das kurpfälzische Oberamt Neustadt an der Haardt, Speyer 1960.
– Die Oberschultheißerei Oggersheim. Pfalzgräflich-kurpfälzische Territorialpolitik und Verwaltung im Gebiet von Stadt und Kreis Ludwigshafen, Ludwigshafen 1968.
Kastner, Julius F.: Hemsbach an der Bergstraße im Wandel der Zeit, hg. v. der Stadt Hemsbach, Hemsbach 1980.
Kautz, Michael: Brüssel, Bibliothèque royale de Belgique/Koninklijke Bibliotheek van België, Ms. 9845–9848, in: Bibliotheca Laureshamensis digital, online unter: http://www.ub.uni-heidelberg.de/digi-pdf-katalogisate/sammlung50/werk/pdf/kbr_ms9845–48.pdf (16.07.2015).
Kehr, Paul [Fridolin]: Ein Jahrhundert preußischer Archivverwaltung, in: AZ 35 (1925), S. 3–21.
Keil, Gundolf: Münsinger, Heinrich, in: Die deutsche Literatur des Mittelalters. Verfasserlexikon, 2. Aufl., Bd. 6, Berlin/New York 1987, Sp. 783–790.
Keilmann, Burkard: Das Bistum vom Hochmittelalter bis zur Frühen Neuzeit, in: Das Bistum Worms. Von den Anfängen bis zur Auflösung 1801, hg. v. Friedhelm Jürgensmeier, Würzburg 1997 (Beiträge zur Mainzer Kirchengeschichte 5), S. 44–193.
– Eckard von Ders, in: BHRR 2001, S. 874 f.
– Friedrich von Domneck, in: BHRR 2001, S. 879f.
– Johann von Dalberg und das Bistum Worms, in: Der Wormser Bischof Johann von Dalberg (1482–1503) und seine Zeit, hg. v. Gerold Bönnen und Burkard Keilmann, Mainz 2005 (QAMRhKG 117), S. 1–40.
– Ludwig von Ast, in: BHRR 2001, S. 880 f.
Keitel, Christian: Böblingen im Spätmittelalter, in: Böblingen – Vom Mammutzahn zum Mikrochip, hg. v. Sönke Lorenz und Günter Scholz, Filderstadt 2003 (Gemeinde im Wandel 14), S. 103–141.
Keller, Hagen: Die Entwicklung der europäischen Schriftkultur im Spiegel der mittelalterlichen Überlieferung. Beobachtungen und Überlegungen, in: Geschichte und Geschichtsbewußtsein. Festschrift Karl-Ernst Jeismann zum 65. Geburtstag, hg. v. Paul Leidinger und Dieter Metzler, Münster 1990, S. 171–204.
– Pragmatische Schriftlichkeit im Mittelalter. Erscheinungsformen und Entwicklungsstufen. Einführung zum Kolloquium in Münster, 17.–19. Mai 1989, in: Pragmatische Schriftlichkeit im Mittelalter. Erscheinungsformen und Entwicklungsstufen, hg. v. Dems. u. a., München 1992 (Münstersche Mittelalter-Schriften 65), S. 1–7.
Kellner, Wolf Erich: Das Reichsstift St. Bartholomäus zu Frankfurt a. M. im Spätmittelalter, Frankfurt a. M. 1962 (Studien zur Frankfurter Geschichte 1).
Kemper, Joachim: Klosterreformen im Bistum Worms im späten Mittelalter, Mainz 2006 (QAMRhKG 115).
Kentenich, G[ottfried]: Ludolf von Enschringen, in: Trierer Zeitschrift 6 (1931), S. 126–134.

KERBER, Dieter: Landesherrlichen Residenzburgen im späten Mittelalter, in: Die Burg – ein kulturgeschichtliches Phänomen, hg. v. Hartmut HOFRICHTER, Stuttgart 1994 (Veröffentlichungen der Deutschen Burgenvereinigung B, 2), S. 60–74.

KESSEL, Martina: Archiv, Macht, Wissen. Organisieren, Kontrollieren und Zerstören von Wissensbeständen von der Antike bis zur Gegenwart, in: Auskunft 27 (2007), S. 17–47.

KESSEL, Verena: Balduin von Trier (1285–1354). Kunst, Herrschaft und Spiritualität im Mittelalter, Trier 2012 (Geschichte und Kultur des Trierer Landes 12).

– Sepulkralpolitik. Die Krönungsgrabsteine im Mainzer Dom und die Auseinandersetzung um die Führungsposition im Reich, in: Der Mainzer Kurfürst als Reichserzkanzler. Funktionen, Aktivitäten, Ansprüche und Bedeutung des zweiten Mannes im Alten Reich, hg. v. Peter Claus HARTMANN, Stuttgart 1997 (Geschichtliche Landeskunde 45), S. 9–34.

KETTEMANN, Rudolf: Lateinische Klassiker der Palatina, in: Bibliotheca Palatina. Ausstellungskatalog, hg. v. Elmar MITTLER, Textbd., Heidelberg [1986] (Heidelberger Bibliotheksschriften 24), Nr. B. 11 und 12, S. 65–67.

KETTMANN, Gerhard: Die kursächsische Kanzleisprache zwischen 1486 und 1546. Studien zum Aufbau und zur Entwicklung, Berlin 1967.

KEYLOR, William R.: Academy and Community. The Foundation of the French Historical Profession, Cambridge MA 1975.

KINGHORST, Wilhelm: Die Grafschaft Diepholz zur Zeit ihres Überganges an das Haus Braunschweig-Lüneburg. Beiträge zur Geschichte der Grafschaft Diepholz im sechzehnten Jahrhundert, Diss. phil. Münster 1912, Diepholz 1912.

KINNE, Hermann: Das (exemte) Bistum Meissen, Bd. 1: Das Kollegiatstift St. Petri zu Bautzen von der Gründung bis 1569, Berlin/Boston 2014 (Germania Sacra 3. Folge 7).

KIRN, Paul: Das Urkundenwesen und die Kanzlei der Mainzer Erzbischöfe im fünfzehnten Jahrhundert, in: Archiv für hessische Geschichte und Altertumskunde NF 15 (1928), S. 302–347, 533–573; auch als Sonderdruck unter gleichem Titel erschienen, Heidelberg 1929.

– Die Nebenregierung des Domkapitels im Kurfürstentum Mainz und ihr Ausdruck im Urkundenwesen des 15. Jahrhunderts, in: Archiv für Urkundenforschung 9 (1926), S. 141–153.

KISKY, Wilhelm: Die Domkapitel der geistlichen Kurfürsten in ihrer persönlichen Zusammensetzung im vierzehnten und fünfzehnten Jahrhundert, Weimar 1906.

KIST, Johannes: Dr. Peter Knorr aus Kulmbach, ein geistlicher Diplomat des 15. Jahrhunderts, in: 92. Bericht des Historischen Vereins für die Pflege der Geschichte des ehemaligen Fürstbistums Bamberg, Jahrbuch für 1952/53, S. 350–364.

– Peter Knorr, in: Fränkische Lebensbilder, Bd. 2, hg. v. Gerhard PFEIFFER, Würzburg 1968, S. 159–176.

KITTEL, Erich: Siegel, Braunschweig 1970 (Bibliothek für Kunst- und Antiquitätenfreunde 11).

KITTELL, Ellen E.: From *Ad hoc* to Routine. A Case Study in Medieval Bureaucracy, Philadelphia 1991.

KLAFKI, Eberhard: Die kurpfälzischen Erbhofämter. Mit einem Überblick über die bayerischen Erbhofämter unter den wittelsbachischen Herzögen bis zur Trennung der Pfalz von Bayern 1329, Stuttgart 1966 (VKgL Reihe B, 35).

KLARE, Wilhelm: Die Wahl Wenzels von Luxemburg zum deutschen König 1376, Münster 1990 (Geschichte 5).

KLEEBERG, Erich: Stadtschreiber und Stadtbücher in Mühlhausen i. Th. vom 14.–16. Jahrhundert nebst einer Übersicht über die Editionen mittelalterlicher Stadtbücher, in: Archiv für Urkundenforschung 2 (1909), S. 407–490.

KLEIBER, Wolfgang u. a.: Historischer südwestdeutscher Sprachatlas. Aufgrund von Urbaren des 13. bis 15. Jahrhunderts, Bd. 1: Text. Einleitung, Kommentare und Dokumentationen; Bd. 2: Karten. Einführung, Haupttonvokalismus, Nebentonvokalismus, Konsonantismus, Bern/München 1979 (Bibliotheca Germanica 22 A, 22 B).

KLEINJUNG, Christine: Frauenklöster als Kommunikationszentren und soziale Räume. Das Beispiel Worms vom 13. bis zum Beginn des 15. Jahrhunderts, Korb 2008 (Studien und Texte zur Geistes- und Sozialgeschichte des Mittelalters 1).

– Geistliche Töchter – abgeschoben oder unterstützt? Überlegungen zum Verhältnis hochadeliger Nonnen zu ihren Familien im 13. und 14. Jahrhundert, in: Fürstin und Fürst. Familienbeziehungen und Handlungsmöglichkeiten von hochadeligen Frauen im Mittelalter, hg. von Jörg Rogge, Ostfildern 2004 (Mittelalter–Forschungen 15), S. 21–44.

Kletschke, Hans: Die Sprache der Mainzer Kanzlei nach den Fuldaer Urkunden, Halle 1933.

Klewitz, Hans-Walter: *Cancellaria*. Ein Beitrag zur Geschichte des geistlichen Hofdienstes, in: DA 1 (1937), S. 44–79.

Klinkenborg, Melle: Die Begründung des markgräflich brandenburgischen Archivs im 15. Jahrhundert (Geschichte des geheimen Staatsarchivs zu Berlin, Abt. 1), Leipzig 1911 (Mitteilungen der K. preußischen Archivverwaltung 18).

Kloe, Karl: Die Wahlkapitulationen der Bischöfe zu Speyer (1272–1802), Speyer 1928.

Kloosterhuis, Jürgen: Amtliche Aktenkunde der Neuzeit. Ein hilfswissenschaftliches Kompendium, in: AfD 45 (1999), S. 465–563.

– Fürsten, Räte, Untertanen. Die Grafschaft Mark, ihre lokalen Verwaltungsorgane und die Regierung zu Kleve, in: Der Märker 35 (1986), S. 3–25, 76–87, 104–117, 147–167.

Kloster Schöntal, in: Biographia Cisterciensis (Cistercian Biography), Version vom 28.10.2014, URL: http://www.zisterzienserlexikon.de/wiki/Sch%C3%B6ntal (16.07.2015).

Kluckhohn, August: Ludwig der Reiche, Herzog von Bayern. Zur Geschichte Deutschlands im 15. Jahrh., Nördlingen 1865.

Klüpfel, Karl August: Die historischen Vereine und Zeitschriften Deutschlands, in: Zeitschrift für Geschichtswissenschaft 1 (1844), S. 518–559.

Knecht geb. Stachelscheid, Elisabeth: Die Verwaltungsorganisation im Territorium Kleve und ihre Reformen unter dem Grafen und späteren Herzog Adolf (1394–1448), Diss. phil. Köln 1958.

Knod, Gustav C.: Deutsche Studenten in Bologna (1289–1562). Biographischer Index zu den Acta nationis Germanicae universitatis Bononiensis, Berlin 1899, Nachdruck Aalen 1970.

– Oberrheinische Studenten an der Universität Padua, in: ZGO 54 (1900), S. 197–258, 432–453; ebd. 55 (1901), S. 246–262, 612–637.

Knoll, Manuel/Saracino, Stefano (Hgg.): Niccolò Machiavelli. Die Geburt des Staates, Stuttgart 2010 (Staatsdiskurse 11).

Kobuch, Manfred: Zur Überlieferung der Reichsregister Karls IV., in: Folia diplomatica 1 (1971), S. 153–170.

Koch, Max: Die Kirchenpolitik König Sigmunds während seines Romzuges (1431–1433), phil. Diss. Leipzig 1907.

Kochan, Brigitte: Kirchliche Reformbestrebungen der Erzbischöfe von Mainz im 14. und 15. Jahrhundert, phil. Diss. masch. Göttingen 1965.

Kocka, Jürgen: Otto Hintze, in: Deutsche Historiker, hg. v. Hans–Ulrich Wehler, Bd. 3, Göttingen, 1972, S. 41–64.

– Otto Hintze, Max Weber und das Problem der Bürokratie, Otto Hintze und seine Sicht der Entstehung des neuzeitlichen Beamtentums, in: Otto Hintze und die moderne Geschichtswissenschaft, hg. v. Otto Büsch und Michael Erbe, Berlin 1983 (Einzelveröffentlichungen der Historischen Kommission zu Berlin 39), S. 150–188 (auch veröff. in: HZ 233 (1981), S. 65–105).

Köhn, Rolf: Die Auszahlungen des Kammermeisters Georg von Welsberg für 1399–1400. Zur Finanzverwaltung in den österreichischen Vorlanden unter Herzog Leopold IV., in: ZGO 140 (1992), S. 61–100.

Königer, August: Johann III. Grünwalder, Bischof von Freising, Programm des K. Wittelsbacher-Gymnasiums in München, München 1914.

Kogler, Ferd.: Die *legitimatio per rescriptum* von Justinian bis zum Tode Karls IV., Weimar 1904.

Kohl, Wilhelm: Das Bistum Münster. Die Diözese, Bd. 4, Berlin 2004 (Germania Sacra NF 37,4).

Kohnle, Armin: Kleine Geschichte der Kurpfalz, Karlsruhe 2005.

Kolb, Johann: Heidelberg. Die Entstehung einer landesherrlichen Residenz im 14. Jahrhundert, Sigmaringen 1999 (Residenzenforschung 8).

Kohout, Štěpán: Wenzel Gerard von Burenitz, in: BHRR 2001, S. 517f.

KOLLER, Heinrich: Die Universitätsgründungen des 14. Jahrhunderts, Salzburg/München 1966 (Salzburger Universitätsreden 10).
– Dietrich Ebbracht, Kanoniker und Scholaster zu Aschaffenburg. Ein vergessener führender Politiker des 15. Jahrhunderts, in: Aschaffenburger Jahrbuch 8 (1984), S. 145–256.
– Probleme der Schriftlichkeit und Verwaltung unter Kaiser Friedrich III., in: Europa 1500. Integrationsprozesse im Widerstreit: Staaten, Regionen, Personenverbände, Christenheit, hg. v. Ferdinand SEIBT und Winfried EBERHARD, Stuttgart 1987, S. 96–114.
– Registerführung und Kanzleireform im 15. Jahrhundert, in: Acta Universitatis Carolinae – Philosophica et Historica 3–4 (1971), Prag 1971, S. 161–176.
KONIETZNY, Thomas: Das Lehenbuch des Speyerer Bischofs Mathias Rammung (1464–1478), GLA 67/300, in: MHVP 106 (2008), S. 215–262.
KORN, Hartmut: Kanzlei und Kapelle Erzbischof Siegfrieds II. von Mainz (1200–1230). Einflüsse des Kurialen Urkundenwesens, Neuried b. München 1994.
KOSELLECK, Reinhart: Verwaltung, Amt, Beamter. Einleitung, in: Geschichtliche Grundbegriffe. Historisches Lexikon zur politisch-sozialen Sprache in Deutschland, Bd. 7, Stuttgart 1992, S. 1–7.
– u. a.: Verwaltung, Amt, Beamter, in: Geschichtliche Grundbegriffe. Historisches Lexikon zur politisch-sozialen Sprache in Deutschland, Bd. 7, Stuttgart 1992, S. 1–96.
KOSER, Reinhold: Die Neuordnung des preußischen Archivwesens durch den Staatskanzler Fürsten von Hardenberg, Leipzig 1904 (Mitteilungen aus der K. preußischen Archivverwaltung 7).
– Über den gegenwärtigen Stand der archivalischen Forschung in Preußen, Leipzig 1900 (Mitteilungen aus der K. preußischen Archivverwaltung 1).
Kostbarkeiten gesammelter Geschichte. Heidelberg und die Pfalz in Zeugnissen der Universitätsbibliothek, hg. v. Armin SCHLECHTER, Heidelberg 1999 (Schriften der Universitätsbibliothek Heidelberg 1).
KÖSTER, Kurt: Adolf von Breithardt † 1491. Mainzer Kanzler unter Erzbischof Adolf II. von Nassau, in: Jahrbuch für das Bistum Mainz 2 (1947), S. 187–226.
KOTHE, Irmgard: Der fürstliche Rat in Württemberg im 15. und 16. Jahrhundert, Stuttgart 1938 (Darstellungen aus der Württembergischen Geschichte 29).
KOTULLA, Michael: Kanzlei, in: HRG, 2. Aufl., Bd. 2, Berlin 2012, Sp. 1595–1597.
KRAUS, Andreas: Sammlung der Kräfte und Aufschwung (1450–1508), in: Das Alte Bayern. Der Territorialstaat vom Ausgang des 12. Jahrhunderts bis zum Ausgang des 18. Jahrhunderts, hg. v. Max SPINDLER und Andreas KRAUS, 2. Aufl. München 1988 (Handbuch der bayerischen Geschichte 2), S. 289–321.
KRAUS, Viktor von: Deutsche Geschichte zur Zeit Albrechts II. und Friedrichs III. 1438–1486, Stuttgart/Berlin 1905 (Deutsche Geschichte im Ausgange des Mittelalters (1438–1519) 1).
KREMER, Christoph Jakob: Geschichte des Kurfürsten Friedrichs des Ersten von der Pfalz, Frankfurt/Leipzig 1765.
KREY, Hans-Josef: Bischöfliche Herrschaft im Schatten des Königtums. Studien zur Geschichte des Bistums Speyer in spätsalischer und frühstaufischer Zeit, Frankfurt a. M. u. a. 1996 (Europäische Hochschulschriften 3, 703).
KRIEGER, Albert: Topographisches Wörterbuch des Großherzogtums Baden, 2 Bde., 2. Aufl. Heidelberg 1904/1905, Nachdruck: Walluf bei Wiesbaden 1972.
KRIEGER, Karl-Friedrich: Bayerisch-Pfälzische Unionsbestrebungen vom Hausvertrag von Pavia (1329) bis zur Wittelsbachischen Hausunion vom Jahre 1724, in: ZHF 4 (1977), S. 385–413.
– Der Prozeß gegen Pfalzgraf Friedrich den Siegreichen auf dem Augsburger Reichstag vom Jahre 1474, in: ZHF 12 (1985), S. 257–286.
– Die Lehnshoheit der deutschen Könige im Spätmittelalter (ca. 1200–1437), Aalen 1979 (Untersuchungen zur deutschen Staats- und Rechtsgeschichte NF 23).
– Friedrich I., der Siegreiche, in: LexMA, Bd. 4 München/Zürich 1988, Sp. 955.
– König, Reich und Reichsreform im Spätmittelalter, München 1992 (EDG 14).
KRIMM, Konrad: Baden und Habsburg um die Mitte des 15. Jahrhunderts. Fürstlicher Dienst und Reichsgewalt im späten Mittelalter, Stuttgart 1976 (VKgL Reihe B, 89).

– Ein königgleicher Lehenhof. Die Eingangsminiatur im pfälzischen Lehenbuch von 1471, in: Mittelalter. Schloß Heidelberg und die Pfalzgrafschaft bei Rhein bis zur Reformationszeit, hg. v. Volker Rödel, Regensburg 2002, S. 61–73 (erstmals abgedruckt in: Mittelalter. Der Griff nach der Krone. Die Pfalzgrafschaft bei Rhein im Mittelalter, hg. v. Volker Rödel, Regensburg 2000, S. 61–73).
– Von der Herrschaft zum Staat. Die Markgrafschaften von der Mitte des 13. bis zur Mitte des 17. Jahrhunderts, in: Schwarzmaier, Hansmartin u. a.: Geschichte Badens in Bildern. 1100–1918, Stuttgart u. a. 1993, S. 51–114.

Kristeller, Paul Oskar: Der Gelehrte und sein Publikum im späten Mittelalter und in der Renaissance, in: *Medium aevum vivum*. Festschrift Walther Bulst, hg. v. Hans Robert Jauss und Dieter Schaller, Heidelberg 1960, S. 212–230.

Kroeschell, Karl: Die Rezeption der gelehrten Rechte und ihre Bedeutung für die Bildung des Territorialstaates, in: Deutsche Verwaltungsgeschichte, hg. v. Kurt G. A. Jeserich u. a., Bd. 1, Stuttgart 1983, S. 279–288.

Kruisheer, Jaap: Kanzleianfertigung, Empfängeranfertigung und Anfertigung durch Dritte. Methodologische Anmerkungen anläßlich einiger neuerer Untersuchungen, in: AfD 25 (1979), S. 256–300.

Krusch, Bruno: Studie zur Geschichte der geistlichen Jurisdiktion und Verwaltung des Erzstifts Mainz, in: Zeitschrift des historischen Vereins für Niedersachsen (1897), S. 112–277.

Kürten, Peter: Das Stift St. Kunibert zu Köln von der Gründung bis zum Jahre 1453, Köln 1985 (Kölner Schriften zur Geschichte und Kultur 10).

Kurpfalz, hg. v. Alexander Schweickert, Stuttgart u. a. 1997 (Schriften zur politischen Landeskunde Baden-Württembergs 25).

Kuske, Bruno: Die Handelsbeziehungen zwischen Köln und Italien im späteren Mittelalter, wiederabgedr. in: Ders.: Köln, der Rhein und das Reich, Köln/Graz 1956, S. 1–47.
– Quellen zur Geschichte des Kölner Handels und Verkehrs im Mittelalter, 4 Bde., Bonn 1923–1934 (PGesRhGkde 33).

Kuys, Jan: De ambtman in het kwartier van Nijmegen (ca. 1250–1543), Nijmegen 1987 (Publicaties van het Gerard Noodt Instituut 10).

Kyriss, Ernst: Verzierte gotische Einbände im alten deutschen Sprachgebiet, 1 Textbd., 3 Tafelbde., Stuttgart 1951, 1953, 1956, 1958.

La diplomatique urbaine en Europe au moyen âge. Actes du congrès de la Commission internationale de Diplomatique, Gand, 25–29 août 1998, hg. v. Walter Prevenier und Thérèse de Hemptinne, Leuven/Apeldoorn 2000 (Studies in Urban Social, Economic and Political History of the Medieval and Early Modern Low Countries 9).

L'État moderne: Genèse. Bilans et perspectives, hg. v. Jean-Philippe Genet, Paris 1990.

La Corte e il „Cortegiano", Bd. 2: Un modello europeo, hg. v. Adriano Prosperi, Roma 1980 (Biblioteca del Cinquecento 9).

Lackner, Christian: Hof und Herrschaft. Rat, Kanzlei und Regierung der österreichischen Herzöge (1365–1406), Wien 2002 (MIÖG, Erg. Bd. 41).
– Studien zum ältesten allgemeinen Register der österreichischen Herzogskanzlei, in: MIÖG 100 (1992), S. 237–253.

Lager, [J. C.]: Raban von Helmstadt und Ulrich von Manderscheid – ihr Kampf um das Erzbistum Trier, in: HJb 15 (1894), S. 721–770.

Lalou, Elisabeth: Guérin, Frater: in: LexMA, Bd. 4, Sp. 1765 f.
– Le roman de Fauvel à la chancellerie royale, in: Bibliothèque de l'École des Chartes 152 (1994), S. 503–509.

Landesgeschichte und Archive. Bayerns Verwaltung in historischer und archivwissenschaftlicher Erforschung. Stand und Aufgaben, in: ZBLG 61 (1998), S. 1–254.

Landesherrliche Kanzleien im Spätmittelalter, hg. v. Gabriel Silagi, 2 Bde., München 1984 (MBMRF 35).

LANGE-KOTHE, Irmgard: Zur Sozialgeschichte des fürstlichen Rats in Württemberg im 15. und 16. Jahrhundert, in: Vierteljahresschrift für Sozial- und Wirtschaftsgeschiche 34 (1941), S. 237–267.

LANGER, Hans-Günther: Urkundensprache und Urkundenformeln in Kurtrier um die Mitte des 14. Jahrhunderts. Ein Beitrag zur Geschichte der deutschsprachigen Urkunde in der kurtrierischen Kanzlei während der Tätigkeit Rudolf Losses und seines Kreises, in: AfD 16 (1970), S. 350–505; ebd. 17 (1971), S. 348–436.

LANZINNER, Maximilian: Fürst, Räte und Landstände. Die Entstehung der Zentralbehörden in Bayern 1511–1598, Göttingen 1980 (VMPIG 61).

– Reichssteuern in Bayern im 15. und 16. Jahrhundert, in: Studien zum 15. Jahrhundert. Festschrift Erich Meuthen, hg. v. Johannes HELMRATH und Heribert MÜLLER, 2 Bde., München 1994, Bd. 2, S. 821–843.

LAPEYRE, André/SCHEURER, Rémy: Les notaires et secrétaires du Roi sous les règnes de Louis XI, Charles VIII et Louis XII (1461–1515). Notices personelles et généalogiques, 2 Bde., Paris 1978.

LAUFNER, Richard: Die Ausbildung des Territorialstaates der Kurfürsten von Trier, in: Der deutsche Territorialstaat im 14. Jahrhundert, hg. v. Hans PATZE, Bd. 2, 2. Aufl. Sigmaringen 1986 (VuF 14), S. 127–147.

LAZARUS, Paul: Das Basler Konzil. Seine Berufung und Leitung, seine Gliederung und seine Behördenorganisation, Berlin 1912 (Historische Studien 100).

Le Fonctionnement administratif de la Papauté d'Avignon. Aux Origines de l'État moderne, Paris/Padova 1990 (Collection de l'École Française de Rome 138).

LE GOFF, Jacques: Les Universités et les Pouvoirs Publics au Moyen Age et à la Renaissance, in: XIIe Congrès International des Sciences Historiques Vienne 1965, Rapports 3 Commissions, Horn/Wien [o. J.], S. 189–206.

LECHNER, Johann: Reichshofgericht und königliches Kammergericht im 15. Jahrhundert, in: MIÖG, Erg. Bd. 7 (1907), S. 44–185.

LEESCH, Wolfgang: Die deutschen Archivare 1500–1945, 2 Bde., München u. a. 1985, 1992.

LEHMANN, Hans-Dieter: Der Beginn des Turnierwesens am deutschen Königshof, in: BllDtLG 130 (1994), S. 65–73.

LEHMANN, Joachim: Das Registerwesen der Kanzlei der Markgrafen von Brandenburg in der Zeit von 1411 bis 1470, in: Jahrbuch für die Geschichte des Feudalismus 4 (1980), S. 229–257.

LEHMANN, Michael: Die Mitglieder des Basler Konzils von seinem Anfang bis August 1442, Diss. theol. masch. Wien 1945.

LEHMANN, Paul: Die mittelalterliche Dombibliothek zu Speyer, in: DERS., Erforschung des Mittelalters. Ausgewählte Abhandlungen und Aufsätze, Bd. 2, Stuttgart 1959, S. 186–228.

– Konstanz und Basel als Büchermärkte während der großen Kirchenversammlungen; in: DERS., Erforschung des Mittelalters. Ausgewählte Abhandlungen und Aufsätze, Bd. 1, Leipzig 1941, S. 253–280.

LEIDL, August: Heßler, Georg (um 1427–1482), in: BHRR 1996, S. 289–291,

LEMAIRE, Jacques: Introduction à la codicologie, Louvain-la-Neuve 1989.

LEMARIGNIER, Jean-François: La France médiévale. Institutions et société, 10. Aufl. Paris 1992.

LENCKNER, Georg: Der brandenburgische Kanzler Johann Völker aus Crailsheim, in: Württembergisch Franken 50 (1966), S. 185–191.

LENG, Rainer: Würzburg, Hochstift: Territorium und Struktur, in: Historisches Lexikon Bayerns, URL: http://www.historisches-lexikon-bayerns.de/artikel/artikel_45706 (04.04.2013).

Les Princes et le Pouvoir au Moyen Age, hg. v. der Société des Historiens Médiévistes de l'Enseignement Supérieur Public, Paris 1993 (Série Histoire Ancienne et Médiévale 28).

LEUENBERGER, Theodor/RUFFMANN, Klaus-H.: Vorwort, in: Bürokratie. Motor oder Bremse der Entwicklung? Hg. v. DENS., Bern u. a. 1977, S. 1–8.

LEWINSKI, Ludwig: Die brandenburgische Kanzlei und das Urkundenwesen während der Regierung der beiden ersten Hohenzollerschen Markgrafen (1411–1470). Ein Beitrag zur Verwaltungspraxis der Hohenzollern in der Mark Brandenburg im 15. Jahrhundert, Straßburg 1893.

LIEBERICH, Heinz: Baierische Hofgerichtsprotokolle des 15. Jahrhunderts, in: Jahrbuch für fränkische Landesforschung 36 (1976), S. 7–22.
– Die bayerischen Landstände 1313/40–1807, München 1990 (Materialien zur bayerischen Landesgeschichte 7).
– Die gelehrten Räte, Staat und Juristen in Baiern in der Frühzeit der Rezeption, in: ZBLG 27 (1964) (= Land und Volk. Herrschaft und Staat in der Geschichte und Geschichtsforschung Bayerns. Karl Alexander von Müller zum 80. Geburtstag), S. 120–189.
– Klerus und Laienwelt in der Kanzlei der baierischen Herzöge des 15. Jahrhunderts, in: ZBLG 29 (1966), S. 239–258.
– Landherren und Landleute. Zur politischen Führungsschicht Baierns im Spätmittelalter, München 1964 (Schriften zur bayerischen Landesgeschichte 63).
LINDNER, Theodor: Das Urkundenwesen Karls IV. und seiner Nachfolger (1346–1437), Stuttgart 1882.
LIPBURGER, Peter Michael: Über Kaiser Friedrich III. (1440–1493) und die „Regesta Friderici III.". Ein Forschungsprojekt der Lehrkanzel (Abteilung) für mittelalterliche Geschichte und Historische Hilfswissenschaften, in: Jahrbuch der Universität Salzburg 1979–1981 (1982), S. 127–151.
LIPPERT, Woldemar: Die deutschen Lehnbücher. Beitrag zum Registerwesen und Lehnrecht des Mittelalters, Leipzig 1903.
– Studien über die wettinische Kanzlei und ihre ältesten Register im 14. Jahrhundert, in: Neues Archiv für sächsische Geschichte und Altertumskunde 24 (1903), S. 1–42; ebd. 25 (1904), S. 209–230.
LÖBNITZ, Anke: Rezension zu: Horstmann, Anja; Kopp, Vanina (Hrsg.): Archiv – Macht – Wissen. Organisation und Konstruktion von Wissen und Wirklichkeiten in Archiven. Frankfurt a. M. 2010, in: H-Soz-u-Kult, 18.05.2011, <http://hsozkult.geschichte.hu-berlin.de/rezensionen/2011-2-134>.
LÖFFLER, Anette: Die Herren und Grafen von Falkenstein (Taunus): Studien zur Territorial- und Besitzgeschichte, zur reichspolitischen Stellung und zur Genealogie eines führenden Ministerialengeschlechts 1255–1418, 2 Bde., Darmstadt/Marburg 1994 (QFHG 99).
LÖHER, Franz von: Archivlehre. Grundzüge der Geschichte, Aufgaben und Einrichtung unserer Archive, Paderborn 1890.
LÖNNECKER, Harald: Das Notariat in Hessen, dargestellt nach den Quellen im Hessischen Staatsarchiv zu Marburg, 2 Bde., Diss. phil. Marburg (Lahn) 1988.
– Notare und Notariat in Oldenburg im späten Mittelalter und in der frühen Neuzeit, in: Oldenburger Jahrbuch 93 (1993), S. 79–102.
LONHARD, Otto Günther: Schreiber, Ramminger, Lorcher, in: Genealogie. Deutsche Zeitschrift für Familienkunde 20 (1971), S. 709–718.
LORENZ, Sönke: Das Erfurter „Studium generale artium" – Deutschlands älteste Hochschule, in: Erfurt 742–1992. Stadtgeschichte – Universitätsgeschichte, hg. v. Ulman WEISS, Weimar 1992, S. 123–134.
LOSSEN, Richard: Pfälzische Patronatspfründen vor der Reformation aus dem Geistlichen Lehenbuch des Kurfürsten Philipp von der Pfalz, in: FDA NF 11–12 (1910/11), S. 176–258.
– Staat und Kirche in der Pfalz im Ausgang des Mittelalters, Münster 1907 (Vorreformationsgeschichtliche Forschungen 3).
LOT, Ferdinand/FAWTIER, Robert: Histoire des institutions françaises au Moyen Age, Bd. 2: Institutions royales, Paris 1958.
LUCHA, Gerda Maria: Kanzleischriftgut, Kanzlei, Rat und Regierungssystem unter Herzog Albrecht III. von Bayern-München 1438–1460, Frankfurt a. M. u. a. 1993 (Europäische Hochschulschriften III, 545).
LUDWIG, Walther: Burgermeister und Schöfferlin. Untersuchungen zur Adelsbestätigung der Brüder Paul und Johann Stephan Burgermeister von Deizisau, in: Esslinger Studien 25 (1986), S. 69–131.
– Der Sohn des Grafen Eberhard im Bart heiratet eine Schöfferlin, in: Esslinger Studien 26 (1987), S. 37–45.

LUHMANN, Niklas: Funktionen der Rechtsprechung im politischen System, in: DERS., Politische Planung. Aufsätze zur Soziologie von Politik und Verwaltung, 4. Aufl. Opladen 1994, S. 46–52.

LUISO, Francesco Paolo: Riforma della Cancelleria Fiorentina nel 1437, in: Archivio storico italiano, ser. 5, 21 (1898), S. 132–142.

LUKAS, Kurt: Das Registerwesen der Hochmeister des Deutschen Ritterordens, Diss. phil. Königsberg i. Pr. 1921.

LUNDGREEN, Peter: Gegensatz und Verschmelzung von „alter" und „neuer" Bürokratie im Ançien Régime: Ein Vergleich von Frankreich und Preußen, in: Sozialgeschichte Heute. Festschrift Hans Rosenberg zum 70. Geburtstag, hg. v. Hans-Ulrich WEHLER, Göttingen 1974 (Kritische Studien zur Geschichtswissenschaft 11), S. 104–118.

MACHTAN, Lothar: Prinz Max von Baden. Der letzte Kanzler des Kaisers, Berlin 2013.

MADERSPACHER, Lukas: Künstler, in: Hispania – Austria. Die Katholischen Könige, Maximilian I. und die Anfänge der Casa d'Austria, hg. v. Wilfried SEIPEL, Milano 1992, S. 410–422.

MÄNNL, Ingrid: Gelehrte Juristen im Dienst der deutschen Territorialherren am Beispiel von Kurmainz (1250–1440), in: Recht und Verfassung im Übergang vom Mittelalter zur Neuzeit, Teil I, hg. v. Hartmut BOOCKMANN u. a., Göttingen 1998 (Abhandlungen der Akademie der Wissenschaften in Göttingen. Philologisch-Historische Klasse, 3. Folge 228), S. 185–198.

MÄGDEFRAU, Werner/LANGER, Erika: Die Entfaltung der Stadt von der Mitte des 11. bis zum Ende des 15. Jahrhunderts, in: Geschichte der Stadt Erfurt, hg. v. Willibald GUTSCHE, Weimar 1986, S. 53–102.

MAIER, Hans: Die ältere deutsche Staats- und Verwaltungslehre, 3. Aufl. München 1986.

Mair, Martin, in: Repertorium „Geschichtsquellen des Mittelalters", online unter http://www.geschichtsquellen.de/repPers_119147696.html (09.07.2015).

MALOTTKI, Hans von: Heinrich von Leiningen, Bischof von Speyer und Reichskanzler. Ein Beitrag zur Geschichte der deutschen Reichskanzlei und des Bistums Speyer im 13. Jahrhundert, Kallmünz Opf. 1977 (Münchener Historische Studien. Abt. Geschichtl. Hilfswissenschaften 14).

Marburger Repertorium zur Übersetzungsliteratur im deutschen Frühhumanismus (MRFH), online unter: http://www.mrfh.de (20.01.2014).

MARESCHAL DE LUCIANE, F.-C. de: Antoine Champion, chancelier de Savoie, et sa famille, Chambéry 1883 (Mémoires de l'Académie de Savoie, 3e série, 10).

Marie José [von Savoyen, (Ex)-Königin von Italien]: La Maison de Savoie. Amédée VIII, le duc, que devint pape, 2 Bde., Paris 1962; ital. Ausg.: Amedeo VIII, 2 Bde., Milano 1965.

MARGUE, Michel u. a. (Hgg.): Der Weg zur Kaiserkrone. Der Romzug Heinrichs VII. in der Darstellung Erzbischof Balduins von Trier, Trier 2009 (Publications du CLUDEM 24).

MARKGRAF, Hermann: Die ‚Kanzlei' des Königs Georg von Böhmen, in: Neues Lausitzisches Magazin 47 (1870), S. 214–238.

MARRA, Stephanie: Kleve und Mark, in: HuR, Bd. 1, S. 820–826.

MARTIN, Ernst: Erzherzogin Mechthild, Gemahlin Albrechts VI. von Österreich. Versuch einer Lebensgeschichte, in: Zeitschrift der Gesellschaft für Beförderung der Geschichts-, Altertums- und Volkskunde von Freiburg, dem Breisgau und den Angrenzenden Landschaften 2 (1870/72), S. 145–271.

MARTINES, Lauro: Lawyers and Statecraft in Renaissance Florence, Princeton NJ 1968.

– The Social World of the Florentine Humanists, 1390–1460, Princeton NJ 1963.

MARTINI, Walter: Der Lehnshof der Mainzer Erzbischöfe im späten Mittelalter, Diss. Mainz, Düsseldorf 1971.

MARZI, Demetrio: La cancelleria della Repubblica fiorentina, Rocca San Casciano 1910.

MATHEUS, Michael: Die Mainzer Ingrossaturbücher – zugleich Fortsetzung der „Regesten der Mainzer Erzbischöfe" für die Zeit nach 1374, online unter: http://www.igl.uni-mainz.de/forschung/ingrossaturbcher.html (31.01.2014).

– *Roma docta*. Rom als Studienort in der Renaissance, in: QFIAB 90 (2010), S. 128–168.

– Trier am Ende des Mittelalters. Studien zur Sozial-, Wirtschafts- und Verfassungsgeschichte der Stadt Trier vom 14. bis 16. Jahrhundert, Trier 1984 (Trierer Historische Forschungen 5).

Mathies, Christiane: Kurfürstenbund und Königtum in der Zeit der Hussitenkriege. Die kurfürstliche Reichspolitik gegen Sigmund im Kraftzentrum Mittelrhein, Mainz 1978 (QAMRhKG 32).
Mattheis, Martin: Das Verhältnis der deutschen Fürsten und Grafen zu König Adolf von Nassau (1292–1298), in: MHVP 97 (1999), S. 353–399.
Mattingly, Garrett: Renaissance diplomacy, 3. Aufl. London 1963.
May, Georg: Geistliche Ämter und kirchliche Strukturen, in: Handbuch der Mainzer Kirchengeschichte, hg. v. Friedhelm Jürgensmeier, Bd. 2: Erzstift und Erzbistum Mainz, Würzburg 1997 (Beiträge zur Mainzer Kirchengeschichte 6/2), S. 445–592.
Mayer, Erich: Das Mainzer Notariat von seinen Anfängen (1292) bis zur Auflösung des Kurstaates, Diss. iur. Mainz 1953.
Mayer, Theodor: Die Verwaltungsorganisationen Maximilians I. Ihr Ursprung und ihre Bedeutung, Innsbruck 1920 (Forschungen zur inneren Geschichte Österreichs 14), photomech. Nachdruck: Aalen 1973.
Mazal, Otto: Lehrbuch der Handschriftenkunde, Wiesbaden 1989 (Elemente des Buch- und Bibliotheswesens 10).
Medding, M.: Patrona Spirensis. Die Geschichte der wundertätigen Muttergottesstatue des Domes zu Speyer, o. J.
Mergel, Thomas: Modernisierung, in: Europäische Geschichte Online (EGO), hg. v. Institut für Europäische Geschichte (IEG), Mainz 2011, online unter: URL: http://www.ieg-ego.eu/mergelt-2011-de; URN: urn:nbn:de:0159–20110201116 (09.07.2015).
Mehring, Gebhard: Schrift und Schrifttum. Zur Einführung in archivalische Arbeiten auf dem Gebiet der Orts- und Landesgeschichte, Stuttgart 1931 (Schwäbische Volkskunde 7).
Meier, Ulrich: *Ad incrementum rectae gubernationis.* Zur Rolle der Kanzler und Stadtschreiber in der politischen Kultur von Augsburg und Florenz inSpätmittelalter und Früher Neuzeit, in: Gelehrte im Reich. Zur Sozial- und Wirkungsgeschichte akademischer Eliten des 14. bis 16. Jahrhunderts, hg. v. Rainer Christoph Schwinges, Berlin 1996 (ZHF, Beiheft 18), S. 477–503.
Meisner, Heinrich Otto: Aktenkunde. Ein Handbuch für Archivbenutzer mit besonderer Berücksichtigung Brandenburg-Preußens, Berlin 1935.
– Archivalienkunde vom 16. Jahrhundert bis 1918, Leipzig 1969.
– Urkunden- und Aktenlehre der Neuzeit, 2. Aufl., Leipzig 1952 (1. Aufl. 1950).
Meissburger, Gerhard: Urkunde und Mundart, in: Vorarbeiten und Studien zur Vertiefung der südwestdeutschen Sprachgeschichte, hg. v. Friedrich Maurer, Freiburg im Breisgau 1965 (Forschungen zur oberrheinischen Landesgeschichte 17), S. 47–103.
Menzel, Karl: Geschichte von Nassau von der Mitte des 14. Jahrhunderts bis zur Gegenwart, 3 Bde., Wiesbaden 1879–1889.
– Kurfürst Friedrich der Siegreiche von der Pfalz. Nach seinen Beziehungen zum Reiche und zur Reichsreform in den Jahren 1454 bis 1464 dargestellt, Diss. München 1861.
Merk, Jan: Mosbach, in: HuR, Bd. 2, S. 389f.
Mersiowsky, Mark: Die Anfänge territorialer Rechnungslegung im deutschen Nordwesten. Spätmittelalterliche Rechnungen, Verwaltungspraxis, Hof und Territorium, Stuttgart 2000 (Residenzenforschung 9).
– Spätmittelalterliche Rechungen als Quelle zur südwestdeutschen Burgengeschichte, in: Burgen im Spiegel der historischen Überlieferung, hg. v. Hermann Ehmer, Sigmaringen 1998 (OSt 13), S. 123–162.
– Städtisches Urkundenwesen und Schriftgut in Westfalen vor 1500, in: La diplomatique urbaine en Europe au moyen âge. Actes du congrès de la Commission internationale de Diplomatique, Gand, 25–29 août 1998, hg. v. Walter Prevenier und Thérèse de Hemptinne, Leuven/Apeldoorn 2000 (Studies in Urban Social, Economic and Political History of the Medieval and Early Modern Low Countries 9), S. 321–356.
– Tauschgeschäfte und Tauschurkunden in Westfalen bis 1125, in: Tauschgeschäft und Tauschurkunde vom 8. bis zum 12. Jahrhundert. L'acte d'échange, du VIIIe au XIIe siècle, hg. v. Irmgard Fees und Philippe Depreux, Köln u. a. 2013 (AfD, Beiheft 13), S. 239–271.

Merzbacher, Friedrich: Johann von Allendorf, Stiftspropst von St. Burkard und bischöflicher Kanzler (1400–1496). Ein Lebensbild aus dem spätmittelalterlichen Würzburg, Würzburg 1955 (Quellen und Forschungen zur Geschichte von Bistum und Hochstift Würzburg 11).

Metzler, Josef: Premessa, in: Cancelleria e cultura nel medio evo, hg. v. Germano Gualdo, Città del Vaticano 1990, S. VIII.

Meuthen, Erich: Auskünfte des Repertorium Germanicum zur Struktur des deutschen Klerus im 15. Jahrhundert, in: QFIAB 71 (1991), S. 280–309.

– Das 15. Jahrhundert, 4. Aufl. überarbeitet von Claudia Märtl, München 2006 (Oldenbourg Grundriß der Geschichte 9).

– Das Trierer Schisma von 1430 auf dem Basler Konzil. Zur Lebensgeschichte des Nikolaus von Kues, Münster 1964 (Buchreihe der Cusanus-Gesellschaft 1).

– Die alte Universität, Köln/Wien 1988 (Kölner Universitätsgeschichte 1).

Meyer, Andreas: *Felix et inclitus notarius.* Studien zum italienischen Notariat vom 7. bis zum 13. Jahrhundert, Tübingen 2000 (Bibliothek des Deutschen Historischen Instituts in Rom 92).

Michel, Fritz: Zur Geschichte der geistlichen Gerichtsbarkeit und Verwaltung der Trierer Erzbischöfe im Mittelalter, Trier 1953 (Veröffentlichungen des Bistumsarchivs Trier 3).

Miethke, Jürgen: Die Konzilien als Ort der öffentlichen Meinung im 15. Jahrhundert, in: DA 37 (1981), S. 736–773.

– Marsilius von Inghen in Heidelberg, in: Düchting, Reinhard u. a.: Marsilius Gedenken. Reden zur Feier anläßlich der Neuausgabe der Gedenkschrift 1499 zum einhundertsten Todestag des Marsilius von Inghen in der Peterskirche 16. September 2008, Heidelberg 2008, S. 4–16.

Milani, A.: Die Burg zu Eltville, eine baugeschichtliche Studie, in: Nassauische Annalen 56 (1936), S. 9–136.

Militzer, Klaus: Brühl, in: HuR, Bd. 2, S. 86 f.

– Die kurkölnischen Hofordnungen und die Ausformung Brühls zu einer Residenz, in: Höfe und Hofordnungen 1200–1600, hg. v. Holger Kruse und Werner Paravicini, Sigmaringen 1999 (Residenzenforschung 10), S. 301–314.

– Köln und Thorn. Köln-Thorner Beziehungen im Mittelalter, in: Thorn. Königin der Weichsel 1231–1981, hg. v. Bernhart Jähnig und Peter Letkemann, Göttingen 1981 (Beiträge zur Geschichte Westpreußens 7), S. 149–159.

– Schreinseintragungen und Notariatsinstrumente in Köln, in: Notariado público y documento privado: de los orígenes al siglo XIV. Actas del VII Congreso Internacional de Diplomática, Valencia 1986, Bd. 2, Valencia 1989 (Papers i documents 7), S. 1195–1224.

Miller, Ignaz: Jakob von Sierck 1398/99–1456, Mainz 1983 (QAMRhKG 45).

Miller, Matthias: Cod. Pal. germ. 158. Wissenschaftliche Beschreibung, online unter: http://www.ub.uni-heidelberg.de/digi-pdf-katalogisate/sammlung2/werk/pdf/cpg158.pdf (14.07.2014).

Millet, Hélène: Biographie d'un évêque rescapé de la méthode prosopographique. Jean de Sains, officier des ducs d'Anjou et secrétaire de Charles VI., in: Penser le pouvoir au Moyen Âge (VIIIe–XVe siècle). Études d'histoire et de littérature offertes à Françoise Autrand, hg. v. Dominique Boutet und Jean Verger, Paris 2000, S. 181–209.

– Notice biographique et enquête prosopographique, in: Mélanges de l'École Française de Rome 100 (1988), S. 87–111.

Ministerialität im Pfälzer Raum, hg. v. Friedrich Ludwig Wagner, Speyer 1975.

Minke, Alfred/Janssen, Wilhelm: Engelbert von der Mark, in: BHRR 2001, S. 282 f.

Mitgau, Hermann: Gewachsene Eliten: Adel-Patriziat, in: Jahrbuch der Ranke-Gesellschaft 3 (1957), S. 40–47.

Mitsch, Ralf: Der Konflikt zwischen Kaiser Friedrich III. und Pfalzgraf Friedrich I., dem Siegreichen, aus der Sicht zeitgenössischer Geschichtsschreiber, in: Granatapfel. Festschrift Gerhard Bauer, hg. v. Bernd Dietrich Haage, Göppingen 1994 (Göppinger Arbeiten zur Germanistik 580), S. 207–252.

Mittelalter. Der Griff nach der Krone. Die Pfalzgrafschaft bei Rhein im Mittelalter, hg. v. Volker Rödel, Regensburg 2000.

Mittelalter. Schloß Heidelberg und die Pfalzgrafschaft bei Rhein bis zur Reformationszeit, hg. v. Volker Rödel, Regensburg 2002.

Mittelalterforschung nach der Wende 1989, hg. v. Michael Borgolte, München 1995 (HZ, Beihefte NF 20).

Mittler, Elmar (Hg.): Heidelberg. Geschichte und Gestalt, Heidelberg 1996.

– /Werner, Wilfried: Mit der Zeit. Die Kurfürsten von der Pfalz und die Heidelberger Handschriften der Bibliotheca Palatina, Wiesbaden 1986.

Moeglin, Jean-Marie: Dynastisches Bewußtsein und Geschichtsschreibung. Zum Selbstverständnis der Wittelsbacher, Habsburger und Hohenzollern im Spätmittelalter, in: HZ 256 (1993), S. 593–635.

Moers-Messmer, Wolfgang von: Heidelberg und seine Kurfürsten. Die große Zeit der Geschichte Heidelbergs als Haupt- und Residenzstadt der Kurpfalz, Ubstadt-Weiher 2001.

– Schicksale und Identifikationsversuch der Gebeine Friedrichs I. (des Siegreichen) von der Pfalz. Ein Beitrag zum Problem der Kurfürstenbestattungen in Heidelberg, in: Forschungen und Berichte der Archäologie des Mittelalters in Baden-Württemberg 8 (1983), S. 185–208.

Mörz, Stephan: Aufgeklärter Absolutismus in der Kurpfalz während der Regierungszeit des Kurfürsten Karl Theodor (1742–77), Stuttgart 1991 (VKgL Reihe B, 120).

– „Der Tempel der Wissenschaften, der Erstaunen erreget…". Akademiegründungen im Kontext des kurpfälzischen aufgeklärten Absolutismus Kurfürst Carl Theodors, in: Die Wittelsbacher am Rhein. Die Kurpfalz und Europa, hg. v. Alfried Wieczorek u. a., Bd. 2, Regensburg 2013 (Publikationen der Reiss-Engelhorn-Museen Mannheim 60), S. 289–295.

Mötsch, Johannes: Das älteste Kopiar des Erzbischofs Balduin von Trier, in: AfD 26 (1980), S. 312–351.

– Die Schriftgutverwaltung, in: Balduin von Luxemburg. Erzbischof von Trier – Kurfürst des Reiches. 1285–1354, hg. v. Franz-Josef Heyen, Mainz 1985 (QAMRhKG 53), S. 251–261.

– Sponheim, in: Regesten des Archivs der Grafen von Sponheim 1065–1437, 5 Bde., bearb. v. Dems., hier Bd. 1, Koblenz 1987, S. 1–11.

Molitor, Erich: Die Reichsreformbestrebungen des 15. Jahrhunderts bis zum Tode Kaiser Friedrichs III., Breslau 1921 (Untersuchungen der deutschen Staats- und Rechtsgeschichte 132) (ND Aalen 1969).

Möller, Walther: Genealogische Beiträge zur Geschichte des Odenwaldes und der Bergstraße, in: Archiv für hessische Geschichte NF 24 (1952/53), S. 129–152 und Tafelanhang.

– Stamm-Tafeln westdeutscher Adels-Geschlechter im Mittelalter, 3 Bde. und 2 Bde. NF, Darmstadt 1922–51.

Mommsen, Karl: Das Basler Kanzleiwesen des Spätmittelalters, in: Basler Zeitschrift für Geschichte und Altertumskunde 74 (1974), S. 159–188.

Mommsen, Wolfgang J.: Deutsche Geschichtswissenschaft im 19. Jahrhundert, in: Geschichte und Geschichtswissenschaft in der Kultur Italiens und Deutschlands, hg. v. Arnold Esch und Jens Petersen, Tübingen 1989 (Bibliothek des Deutschen Historischen Instituts in Rom 71), S. 70–97.

Mone, Franz Joseph: Kanzleiwesen im 14. und 15. Jahrhundert, in: ZGO 16 (1864), S. 385–405.

Mongiano, Elisa: La cancelleria di un antipapa. Il bollario di Felice V (Amedeo VIII di Savoia), Torino 1988 (Biblioteca storica subalpina 204).

Moore, Lara Jennifer: Restoring Order. The École des Chartes and the Organization of Archives and Libraries in France, 1820–1870, Los Angeles 2008.

Moraw, Peter: Beamtentum und Rat König Ruprechts, in: ZGO 116 (1968), S. 59–126.

– Careers of Graduates, in: A History of the University in Europe, Bd. 1: Universities in the Middle Ages, hg. v. Hilde de Ridder-Symoens, Cambridge u. a. 1992, S. 244–279.

– Das Stift St. Philipp zu Zell in der Pfalz. Ein Beitrag zur mittelalterlichen Kirchengeschichte, Heidelberg 1964 (Heidelberger Veröffentlichungen zur Landesgeschichte und Landeskunde 9).

– Die deutschen Könige des späten Mittelalters und das Oberrheingebiet – personengeschichtlich betrachtet, in: ZGO 141 (1993), S. 1–20.

– Die Entfaltung der deutschen Territorien im 14. und 15. Jahrhundert, in: Landesherrliche Kanzleien im Spätmittelalter, hg. v. Gabriel Silagi, Bd. 1, München 1984 (MBMRF 35), S. 61–108.
– Die königliche Verwaltung im einzelnen, in: Deutsche Verwaltungsgeschichte, hg. v. Kurt G. A. Jeserich u. a., Bd. 1, Stuttgart 1983, S. 31–53.
– Die Kurfürsten, der Hoftag, der Reichstag und die Anfänge der Reichsverwaltung, ebd., S. 53–58.
– Die kurfürstliche Politik der Pfalzgrafschaft im Spätmittelalter, vornehmlich im späten 14. und frühen 15. Jahrhundert, in: Jahrbuch für Westdeutsche Landesgeschichte 9 (1983), S. 75–97.
– Die Reichsreform und ihr verwaltungsgeschichtliches Ergebnis, in: Deutsche Verwaltungsgeschichte, hg. v. Kurt G. A. Jeserich u. a., Bd. 1, Stuttgart 1983, S. 58–65.
– Die Verwaltung des Königtums und des Reiches und ihre Rahmenbedingungen, ebd., S. 21–31.
– Fürstentum, Königtum und „Reichsreform" im deutschen Spätmittelalter, in: BllDtLG 122 (1986), S. 117–136.
– Gelehrte Juristen im Dienst der deutschen Könige des späten Mittelalters, in: Die Rolle der Juristen bei der Entstehung des modernen Staates, hg. v. Roman Schnur, Berlin 1986, S. 77–147.
– Grundzüge einer Kanzleigeschichte Kaiser Karls IV., in: ZHF 12 (1985), S. 11–42.
– Heidelberg: Universität, Hof und Stadt im ausgehenden Mittelalter, in: Studien zum städtischen Bildungswesen des späteren Mittelalters und der frühen Neuzeit, hg. v. Bernd Möller u. a., Göttingen 1983 (Abhandlungen der Akademie der Wissenschaften zu Göttingen, 3. Folge 137), S. 524–552.
– Improvisation und Ausgleich. Der deutsche Professor tritt ans Licht, in: Gelehrte im Reich. Zur Sozial- und Wirkungsgeschichte akademischer Eliten des 14. bis 16. Jahrhunderts, hg. v. Rainer Christoph Schwinges, Berlin 1996 (ZHF, Beiheft 18), S. 309–326.
– Kanzlei und Kanzleipersonal König Ruprechts, in: AfD 15 (1969), S. 428–531.
– König Sigismund in der Herrscherabfolge des deutschen Spätmittelalters, Sigismund von Luxemburg. Kaiser und König in Mitteleuropa 1387–1437. Beiträge zur Herrschaft Kaiser Sigismunds und der europäischen Geschichte um 1400, hg. v. Josef Macek u. a., Warendorf 1994 (Studien zu den Luxemburgern und ihrer Zeit 5), S. 27–43.
– Königliche Herrschaft und Verwaltung im spätmittelalterlichen Reich (ca. 1350–1450), in: Das spätmittelalterliche Königtum im europäischen Vergleich, hg. v. Reinhard Schneider, Sigmaringen 1987 (VuF 32), S. 185–200.
– Königtum und Hochfinanz in Deutschland 1350–1450, in: ZGO 122 (1974), S. 23–34.
– Monarchie und Bürgertum, in: Kaiser Karl IV. Staatsmann und Mäzen, hg. v. Ferdinand Seibt, 2. Aufl. München 1978, S. 43–63.
– Personenforschung und deutsches Königtum, in: ZHF 2 (1975), S. 9–18.
– /Press, Volker: Probleme der Sozial- und Verfassungsgeschichte des Heiligen Römischen Reiches im späten Mittelalter und in der frühen Neuzeit (13.–18. Jahrhundert). Zu einem Forschungsschwerpunkt, in: ZHF 2 (1975), S. 95–108.
– Räte und Kanzlei, in: Kaiser Karl IV. Staatsmann und Mäzen, hg. v. Ferdinand Seibt, 2. Aufl. München 1978, S. 285–392.
– Rezension zu: Brigitte Streich: Zwischen Reiseherrschaft und Residenzbildung. Der wettinische Hof im späten Mittelalter, Köln/Wien 1989 (Mitteldeutsche Forschungen 101), in: ZHF 20 (1993), S. 114 f.
– Ruprecht von der Pfalz – ein König aus Heidelberg, in: ZGO 149 (2001), S. 97–110.
– /Schaab, Meinrad: Territoriale Entwicklung der Kurpfalz von 1156–1792, in: Pfalzatlas, hg. v. Willi Alter, Textbd. 1, Speyer 1964, S. 393–428.
– The Court of the German Kings and the Emperor at the End of the Middle Ages, in: Princes, Patronage and the Nobility. The Court at the Beginning of the Modern Age, hg. v. Ronald G. Asch und Adolf M. Birke, Oxford 1991 (Studies of the German Historical Institute London), S. 103–137.
– Von offener Verfassung zu gestalteter Verdichtung. Das Reich im späten Mittelalter 1250 bis 1490, 2. Aufl. Frankfurt a. M./Berlin 1989 (Propyläen Studienausgabe).
– Was war eine Residenz im deutschen Spätmittelalter? In: ZHF 18 (1991), S. 461–468.

– Zur Sozialgeschichte der Propstei des Frankfurter Bartholomäusstifts im Mittelalter, in: Hessisches Jahrbuch für Landesgeschichte 27 (1977), S. 222–235.

Morel, Octave: La Grande Chancellerie royale et l'expédition des lettres royaux de l'avènement de Philippe de Valois à la fin du XIVe siècle (1328–1400), Paris 1900 (Mémoires et documents publiés par la Société de l'École des Chartes 3).

Morneweg, Karl: Johann von Dalberg, ein deutscher Humanist und Bischof, Heidelberg 1887.

Morsak, Louis Chlodwig: Zur Rechts- und Sakralkultur bayerischer Pfalzkapellen und Hofkirchen unter Mitberücksichtigung der Hausklöster, Freiburg (Schweiz) 1984.

Moser, Hans: Die Kanzlei Kaiser Maximilians I. Graphematik eines Schreibusus, 2 Bde., Innsbruck 1977 (Innsbrucker Beiträge zur Kulturwissenschaft. Germanistische Reihe 5).

Moser, Peter: Das Kanzleipersonal Kaiser Ludwigs des Bayern in den Jahren 1330–1347, München 1985 (Münchener Beiträger zur Mediävistik und Renaissanceforschung 37).

– Personelle Beziehungen der Reichskanzlei zur Grafschaft Tirol zur Zeit Kaiser Ludwigs des Bayern, in: AfD 35 (1989), S. 457–461.

Mozzarelli, Cesare (Hg.): *Familia* del principe e famiglia aristocratica, 2 Bde., Roma 1988 (Europa delle Corti. Biblioteca del Cinquecento 41).

Mühlethaler, J.-C.: Roman de Fauvel, in: LexMA, Bd. 4, München/Zürich 1989, Sp. 321.

Müller, Heribert: Die Franzosen, Frankreich und das Basler Konzil (1431–1449), 2 Bde., Paderborn 1990.

– Die Reichstagsakten (Ältere Reihe) und ihre Bedeutung für die europäische Geschichte, in: Fortschritte in der Geschichtswissenschaft durch Reichstagsaktenforschung, hg. v. Heinz Angermeier und Erich Meuthen, Göttingen 1988 (Schriftenreihe der Historischen Kommission bei der Bayerischen Akademie der Wissenschaften 35), S. 17–46.

Müller, Jan-Dirk: Der siegreiche Fürst im Entwurf der Gelehrten. Zu den Anfängen eines höfischen Humanismus in Heidelberg, in: Höfischer Humanismus, hg. v. August Buck, Weinheim 1989 (Mitteilungen der Kommission für Humanismusforschung 16), S. 17–50.

– Kaiser Maximilian I., in: Die deutsche Literatur des Mittelalters. Verfasserlexikon, Bd. 6, Berlin/New York 1987, Sp. 204–236.

– Sprecher-Ich und Schreiber-Ich. Zu Peter Luders Panegyrikus auf Friedrich d. S., die Chronik des Mathias von Kemnat und die Pfälzer Reimchronik des Michel Beheim, in: Wissen für den Hof. Der spätmittelalterliche Verschriftlichungsprozeß am Beispiel Heidelberg im 15. Jahrhundert, hg. v. Dems., München 1994 (Münstersche Mittelalter-Schriften 67), S. 289–321.

– Treitzsaurwein, Marx, in: Die deutsche Literatur des Mittelalters. Verfasserlexikon, Bd. 9, Berlin/New York 1995, Sp. 1028–1032.

Muller, Jean-Claude (in Zusammenarbeit mit Bernd Kollbach): Prolegomena zu einer neuen Ausgabe der Vita Balduini aus den Gesta Treverorum, in: Balduin von Luxemburg, Erzbischof und Kurfürst von Trier (1308–1354), hg. von Reiner Nolden, Trier 2010, S. 109–146.

Müller, Karl: Geschichte und Kirchengeschichte von Weinheim bei Alzey. Erd- und Frühgeschichte, mittelalterliche Geschichte und evangelische Kirchengeschichte eine rheinhessischen Dorfes, Alzey 1975.

Müller, Karl Otto: Gesamtübersicht über die Bestände der staatlichen Archive Württembergs in planmäßiger Einteilung, Stuttgart 1937 (Veröffentlichungen der württembergischen Archivverwaltung).

Müller, Philipp: Die neue Geschichte aus dem alten Archiv. Geschichtsforschung und Arkanpolitik in Mitteleuropa, ca. 1800–ca. 1850, in: HZ 299 (2014), S. 36–69.

Müller, Rainer A.: Universität und Adel. Eine soziostrukturelle Studie zur Geschichte der bayerischen Landesuniversität Ingolstadt 1472–1648, Berlin 1974 (Ludovico Maximilianea, Forschungen 7).

Müller, Ulrich: Die politischen Beziehungen zwischen der Kurpfalz und der Grafschaft Wirtemberg im 15. Jahrhundert, Diss. Tübingen 1970, Stuttgart 1970 (Bibliothek der Südwestdeutschen Geschichte B,1).

Müller, W[ilhelm]: Nahekunde. Sobernheim und seine Umgebung im Wechsel der Zeiten, o. O. 1924.

Müller, Wolfgang: Bibliothekswesen (Spätmittelalter), in: Historisches Lexikon Bayerns, online unter: http://www.historisches-lexikon-bayerns.de/artikel/artikel_45148 (16.02.2015).

Muffat , Karl August: Geschichte der bayerischen und pfälzischen Kur seit der Mitte des dreizehnten Jahrhunderts, München 1871 (Abhandlungen der Königlich Bayerischen Akademie der Wissenschaften, 3. Klasse, 11,2), S. 241–308.

Nach dem Basler Konzil. Die Neuordnung der Kirche zwischen Konziliarismus und monarchischem Papat (ca. 1450–1475), hg. v. Jürgen Dendorfer und Claudia Märtl, Münster 2008 (Pluralisierung & Autorität 13).

Nachrichtliches Verzeichnis der Kulturdenkmäler Kreis Alzey-Worms, online unter: http://denkmallisten.gdke-rlp.de/Alzey-Worms.pdf (08.07.2015).

Nägele, Anton: Dr. Ludwig Vergenhans im Dienste der Grafen und Herzoge von Württemberg, in: Württembergische Vierteljahreshefte für Landesgeschichte 41 (1935), S. 32–82.

– Ulrich Putsch aus Donauwörth. Kanzler von Tirol, Bischof von Brixen, Verfasser lateinischer und deutscher Schriften, in: Veröffentlichungen des Museum Ferdinandeum [Innsbruck] 18 (1938), S. 281–332.

Nassau-Wiesbaden, Agnes Gräfin von, in: Hessische Biografie, online unter: http://www.lagis-hessen.de/de/subjects/idrec/sn/bio/id/2391 (Stand: 27.2.2013).

Natalini, Terzo u.a.: Das Geheimarchiv des Vatikan. Tausend Jahre Weltgeschichte in ausgewählten Dokumenten, Stuttgart, Zürich 1992

Neitmann, Klaus: Was ist eine Residenz? Methodische Überlegungen zur Erforschung der spätmittelalterlichen Residenzbildung, in: Niedersächsisches Jahrbuch 61 (1989), S. 1–38.

Neschwara, Christian: Geschichte des österreichischen Notariats, Bd. 1: Vom Spätmittelalter bis zum Erlaß der Notariatsordnung 1850, Wien 1996.

Neudegger, Max Josef: Die Hof- und Staats-Personaletats der Wittelsbacher in Bayern im 16. Jahrhundert und deren Aufstellung. Mit begleitenden Aktenstücken und Erörterungen zur Geschichte des bayerischen Behörden-, Raths- und Beamtenwesens, in: Verhandlungen des Historischen Vereines für Niederbayern 26,1 (1889), S. 3–162; 26,2 (1890), S. 1–173.

– Geschichte der pfalz-bayerischen Archive der Wittelsbacher. Das Kurarchiv der Pfalz zu Heidelberg und zu Mannheim, Teil 1, in: AZ NF 1 (1890), S. 203–240; Teil 2,1, ebd. NF 2 (1891), S. 289–373; Teil 2,2, ebd. NF 4 (1893), S. 1–108.

– Geschichte des Geheimen Rats und Ministeriums in Bayern vom Mittelalter bis zur neueren Zeit, München 1921 (Beiträge zur Geschichte der Behördenorganisationen, des Rats- und Beamtenwesens 5).

– Kanzlei-, Raths- und Gerichtsordnung des Kurfürsten Friedrich II. des Weisen von der Pfalz, als Regierender von Amberg vom Jahre 1525, München 1887.

Neugebauer, Wolfgang: Otto Hintze und seine Konzeption der „Allgemeinen Verfassungsgeschichte der neueren Staaten“, in: ZHF 20 (1993), S. 65–96.

Neumüllers-Klauser, Renate: Aus der Arbeit der Universitätsinstitute und der Heidelberger Akademie der Wissenschaften, in: Heidelberger Jahrbücher 10 (1966), S. 113–134.

Nicolini, Ugolino: Stefano Guarnieri da Osimo cancelliere a Perugia dal 1466 al 1488, in: L'Umanesimo umbro. Atti del IX convegno di studi umbri (Gubbio 1974), Perugia 1977, S. 307–323.

Niederau, K.: Die jülich-bergische Kanzlerfamilie Lüninck. Nachträge und Anmerkungen, in: Düsseldorfer Jahrbuch 51 (1963), S. 259–280.

Nielsen, Axel: Die Entstehung der deutschen Kameralwissenschaft im 17. Jahrhundert, Frankfurt a. M. 1966.

Nijsten, Gerard: In the Shadow of Burgundy: The Court of Guelders in the Late Middle Ages, Cambridge 2004 (Cambridge Studies in Medieval Life and Thought, 4th Series 58).

Nissen, Walter: Zur Geschichte der Reichsarchividee im 19. Jahrhundert, in: Archivar und Historiker. Studien zur Archiv- und Geschichtswissenschaft. Zum 65. Geburtstag von Heinrich Otto Meisner, Berlin 1956 (Schriftenreihe der Staatlichen Archivverwaltung 7), S. 162–175.

Noflatscher, Heinz: Herrscher und Räte. Politische Führungsgruppen an den Habsburgerhöfen (1480–1530), Mainz 1995 (Veröffentlichungen des Instituts für Europäische Geschichte 161).

– Migration von Intellektuellen. Franken im königlichen Dienst um 1500, in: Jahrbuch für fränkische Landesforschung 55 (1995), S. 1–19.

Noichl, Elisabeth: Das Urbar über das Kastenamt Rosenheim, in: Das bayerische Inn-Oberland 46 (1986), S. 123–141 und Abb. S. 163.

Noordijk, Gerardus: Untersuchungen auf dem Gebiete der kaiserlichen Kanzleisprache im XV. Jahrhundert, Gouda 1925.

Nörr, Knut Wolfgang: Die kanonistische Literatur, in: Handbuch der Quellen und Literatur der neueren europäischen Privatrechtsgeschichte, Bd. 1: Mittelalter (1100–1500). Die gelehrten Rechte und die Gesetzgebung, hg. v. Helmut Coing, München 1973, S. 365–382.

– Die Literatur zum gemeinen Zivilprozess, ebd., S. 383–397.

– Über die mittelalterliche Rota Romana. Ein Streifzug aus der Sicht der Geschichte der kurialen Gerichtsbarkeit, des römisch-kanonischen Prozessrechts und der kanonistischen Wissenschaft, in: ZRGK 124 (2007), S. 220–245.

Notariado público y documento privado: de los orígenes al siglo XIV. Actas del VII Congreso Internacional de Diplomática, Valencia 1986, 2 Bde., Valencia 1989 (Papers i documents 7).

Nuding, Matthias: Das Rektorbuch des Marsilius von Inghen, in: Die Rektorbücher der Universität Heidelberg, Bd. 1: 1386–1410 (zugleich das erste Amtsbuch der Juristischen Fakultät), hg. v. Jürgen Miethke, Heidelberg 1986–1999 (Die Amtsbücher der Universität Heidelberg A 1), S. 601–652.

– Die Universität, der Hof und die Stadt um die Wende zum 15. Jahrhundert. Fragen an die ältesten Heidelberger Rektoratsakten, in: ZGO 146 (1998), S. 197–248.

Oediger, Friedrich Wilhelm: Einleitung, in: Der Liber quondam notarii (Wilhelm Ysbrandi de Clivis) (1362)–1446. Inhaltsangaben und Auszüge, hg. v. Dems., Köln 1978 (Schriftenreihe des Kreises Kleve 1), S. 9–18.

Oestreich, Gerhard: Das persönliche Regiment der deutschen Fürsten am Beginn der Neuzeit, in: Ders., Geist und Gestalt des frühmodernen Staates. Ausgewählte Aufsätze, Berlin 1969, S. 201–234 (Erstdruck: 1935).

– Geist und Gestalt des frühmodernen Staates. Ausgewählte Aufsätze, Berlin 1969.

– Otto Hintze und die Verwaltungsgeschichte, in: Otto Hintze, Gesammelte Abhandlungen Bd. 3: Regierung und Verwaltung, hg. v. Dems., 2. Aufl. Göttingen 1967, S. 7*–31*.

Oexle, Otto Gerhard: Ein politischer Historiker: Georg von Below (1858–1927), in: Deutsche Geschichtswissenschaft um 1900, hg. v. Notker Hammerstein, Stuttgart 1988, S. 283–312.

– Otto von Gierkes ‚Rechtsgeschichte der deutschen Genossenschaft'. Ein Versuch wissenschaftsgeschichtlicher Rekapitulation, ebd., S. 193–217.

– Was deutsche Mediävisten an der französischen Mittelalterforschung interessieren muß, in: Mittelalterforschung nach der Wende 1989, hg. v. Michael Borgolte, München 1995 (HZ, Beihefte NF 20), S. 89–127.

Ohlmann, Michael: Die Ganerbenburg Steinkallenfels, Kirn (Nahe) 1930 (Beiträge zur Geschichte des Nahegaus 2).

Opgenoorth, Ernst: Einführung in das Studium der neueren Geschichte, Frankfurt a. M. u. a. 1979.

Opitz, Gottfried: Urkundenwesen, Rat und Kanzlei Friedrich IV. (des Streitbaren) Markgrafen von Meißen und Kurfürsten von Sachsen 1381–1428, phil. Diss. München 1938.

Ortner, Franz/Kronthaler, Martin: Ulrich, in: BHRR 2001, S. 664 f.

Ott, Martin: Neumarkt/Oberpfalz, in: HuR, Bd. 2, S. 414 f.

Otto, Fr.: Nassauische Studenten auf Universitäten des Mittelalters, in: Nassauische Annalen 28 (1896), S. 97–154.

Otto, Heinrich: Graf Gerlach von Nassau als Subdiakon, in: Nassauische Heimatblätter 35 (1934), S. 36–45.

Pankoke, Barbara: Bad Berleburg (Kreis Siegen-Wittgenstein), Goetheplatz 8. Die Einrichtung eines Cafés in den Gewölbekellern von Schloss Berleburg, in: Westfalen 88 (2010), S. 246–249.

Papier im mittelalterlichen Europa. Herstellung und Gebrauch, hg. v. Carla Meyer u. a., Berlin u. a. 2015 (Materiale Textkulturen 7).

Paravicini, Werner: Administrateurs professionels et princes dilettantes. Remarques sur un problème de sociologie administrative à la fin du moyen âge, in: Histoire comparée de l'administration (IVe–XVIIIe siècles), hg. v. Werner Paravicini und Karl Ferdinand Werner, Zürich, München 1980 (Beihefte der Francia 9), S. 168–181.

– Die Gesellschaft, der Ort, die Zeichen. Aus der Arbeit der Residenzen-Kommission der Akademie der Wissenschaften zu Göttingen, in: Spätmittelalterliche Residenzbildung in geistlichen Territorien Mittel- und Nordostdeutschlands, hg. v. Klaus Neitmann und Heinz-Dieter Heimann, Berlin 2009 (Studien zur brandenburgischen und vergleichenden Landesgeschichte 2 = Veröffentlichungen des Museums für Brandenburgische Kirchen- und Kulturgeschichte des Mittelalters 3), S. 15–32.

– Rois et Princes chevaliers (Allemagne, XIIe–XVIe Siècles), in: Les Princes et le Pouvoir au Moyen Age, hg. v. der Société des Historiens Médiévistes de l'Enseignement Supérieur Public, Paris 1993 (Série Histoire Ancienne et Médiévale 28), S. 9–34.

– Soziale Schichtung und soziale Mobilität am Hof der Herzöge von Burgund, in: Francia 5 (1977), S. 127–182.

– Zur Biographie des Guillaume Hugonet, Kanzlers Herzog Karls des Kühnen, in: Festschrift Hermann Heimpel, Bd. 2, Göttingen 1972, S. 443–481.

– /Paravicini, Anke: L'arsenal intellectuel d'un homme de pouvoir. Les livres de Guillaume Hugonet, chancelier de Bourgogne, in: Penser le pouvoir au Moyen Âge (VIIIe–XVe siècle). Études d'histoire et de littérature offertes à Françoise Autrand, hg. v. Dominique Boutet und Jean Verger, Paris 2000, S. 261–325.

Patrone, Anna Maria: Le Casane astigiane in Savoia, Torino 1959 (Miscellanea di storia italiana, serie 4,4).

Patze, Hans: Die Bildung der landesherrlichen Residenzen im Reich während des 14. Jahrhunderts, in: Stadt und Stadtherr im 14. Jahrhundert. Entwicklungen und Funktionen, hg. v. Wilhelm Rausch, Linz (Donau) 1972 (Beiträge zur Geschichte der Städte Mitteleuropas 2), S. 1–54.

– Die Herrschaftspraxis der deutschen Landesherren während des späten Mittelalters, in: Histoire comparée de l'administration (IVe–XVIIIe siècles), hg. v. Werner Paravicini und Karl Ferdinand Werner, Zürich/München 1980 (Beihefte der Francia 9), S. 363–391.

– Bacharach, Kurfürstentag, in: LexMA, Bd. 1, München/Zürich 1980, Sp. 1325.

– Die Wittelsbacher in der mittelalterlichen Politik Europas, in: ZBLG 44 (1981), S. 33–79.

– Landesgeschichte, in: Jahrbuch für historische Forschung (1980), S. 15–40; ebd. (1981), S. 11–31.

– Neue Typen des Geschäftsschriftgutes im 14. Jahrhundert, in: Der deutsche Territorialstaat im 14. Jahrhundert, hg. v. Dems., Bd. 1, 2. Aufl. Sigmaringen 1986 (VuF 13), S. 9–64.

– /Streich, Gerhard: Die landesherrlichen Residenzen im spätmittelalterlichen Deutschen Reich, in: BllDtLG 118 (1982), S. 205–220.

Pauly, Ferdinand: Das Erzbistum Trier, Bd. 2: Die Stifte St. Severus in Boppard, St. Goar in St. Goar, Liebfrauen in Oberwesel, St. Martin in Oberwesel, Berlin/New York 1980 (Germania Sacra NF 14).

Peltzer, Jörg: Der Pfalzgraf als Königswähler, in: Die Wittelsbacher am Rhein. Die Kurpfalz und Europa, hg. v. Alfried Wieczorek u. a., Bd. 1, Regensburg 2013 (Publikationen der Reiss-Engelhorn-Museen Mannheim 60), S. 83–91.

– Der Rang der Pfalzgrafen bei Rhein. Die Gestaltung der politisch-sozialen Ordnung des Reichs im 13. und 14. Jahrhundert, Ostfildern 2013 (Rank 2).

Penning, Wolf-Dietrich: Die weltlichen Zentralbehörden im Erzstift Köln von der ersten Hälfte des 15. bis zum Beginn des 17. Jahrhunderts, Bonn 1977 (Veröffentlichungen des Historischen Vereins für den Niederrhein 14).

Perier, Arsène: Un chancelier au XVe siècle. Nicolas Rolin 1380–1461, Paris 1904.

Perret, André: Chroniqueurs et historiographes de la Maison de Savoie aux XVe et XVIe siècles, in: Culture et pouvoir au temps de l'Humanisme et de la Renaissance. Actes du Congrès Marguerite de Savoie, hg. v. Louis Terreaux, Genève/Paris 1978, S. 122–134.

– L'Abbaye d'Hautecombe et les chroniques de Savoie, in: Bulletin philologique et historique […] du Comité des Travaux historiques et scientifiques (1965). Actes du 90ème Congrès national des Sociétés savantes […], Paris 1968, S. 669–684.
Perrichet, Lucien: La Grande Chancellerie de France des origines à 1328, Paris 1912.
Personenforschung im Mittelalter, in: ZHF 2 (1975), S. 1–48.
Persch, Martin: Raban (Rhaban) von Helmstatt, in: Biographisch-Bibliographisches Kirchenlexikon, Bd. 7, Herzberg 1994, Sp. 1146–1148, online unter: URL: http://www.bbkl.de/r/raban_v_h.shtml (24.03.2011).
Petry, Ludwig: Alzey in der wittelsbachischen Politik, in: 1750 Jahre Alzey. Festschrift, hg. v. Friedrich Karl Becker, Alzey 1973 (Alzeyer Geschichtsblätter. Sonderheft 6), S. 127–140.
Petsch, Reinhold: Verfassung und Verwaltung Hinterpommerns im siebzehnten Jahrhundert bis zur Einverleibung in den brandenburgischen Staat, Leipzig 1907 (Staats- und sozialwissenschaftliche Forschungen 126).
Petersohn, Jürgen: Die Vita des Aufsteigers. Sichtweisen gesellschaftlichen Erfolgs in der Biografik des Quattrocento, in: HZ 250 (1990), S. 1–32.
– Personenforschung im Spätmittelalter, zu Forschungsgeschichte und Methode, in: ZHF 2 (1975), S. 1–5.
Philipowsky, Katharina: Prosaisches Begehren: ‚Eurialus und Lucretia' im Kontext des europäischen frühhumanistischen Frauen-, Ehe- und Affektdiskurses, in: Eulenspiegel trifft Melusine, hg. v. André Schnyder, Amsterdam/New York 2010 (Chloe, Beiheft zum Daphnis), S. 409–435.
Picot, Sabine: Kurkölnische Territorialpolitik am Rhein unter Friedrich von Saarwerden (1370–1414), Bonn 1977.
Pirenne, Henri: Nicolas Rolin, in: Biographie nationale de Belgique, Bd. 19, Bruxelles 1907, Sp. 828–839.
Podlech, Wilfried: Tilmann Joel von Linz, † 1461. Kanzler, Rat und Gesandter rheinischer Kurfürsten, Neustadt (Weinstr.) 1988.
Pogatscher, Heinrich: Deutsche in Avignon im XIV. Jahrhundert, in: Römische Quartalschrift für christliche Altertumskunde 13 (1899), S. 58–63.
Pöhlmann, Karl: Antilmann von Grasweg, mainzischer Burggraf von Böckelheim, in: Mainzer Zeitschrift 24 (1934), S. 1–10.
Polley, Rainer: Kollegialprinzip und Geschäftsgang im 19. Jahrhundert. eine verfassungs- und verwaltungsgeschichtliche Fallstudie zur Aktenkunde, in: AfD 42 (1996), S. 445–488.
Pons, Nicole: Les chancelleries parisiennes sous les règnes de Charles VI et Charles VII, in: Cancelleria e cultura nel medio evo, hg. v. Germano Gualdo, Città del Vaticano 1990, S. 137–168.
Posse, Otto: Die Lehre von den Privaturkunden, Leipzig 1887.
Pragmatische Schriftlichkeit im Mittelalter. Erscheinungsformen und Entwicklungsstufen, hg. v. Hagen Keller u. a., München 1992 (Münstersche Mittelalter-Schriften 65).
Press, Volker: Calvinismus und Territorialstaat. Regierung und Zentralbehörden der Kurpfalz 1559–1619, Stuttgart 1970 (Kieler historische Studien 7).
– Das Hochstift Speyer im Reich des späten Mittelalters und der frühen Neuzeit-Portrait eines geistlichen Staates, in: Barock am Oberrhein, hg. v. Dems. u. a., Karlsruhe 1985 (OSt 6), S. 251–290.
– Die Grundlagen der kurpfälzischen Herrschaft in der Oberpfalz 1499–1621, in: Verhandlungen des Historischen Vereins für Oberpfalz und Regensburg 117 (1977), S. 31–67.
– Die wittelsbachischen Territorien: Die pfälzischen Lande und Bayern, in: Deutsche Verwaltungsgeschichte, hg. v. Kurt G. A. Jeserich u. a., Bd. 1, Stuttgart 1983, S. 552–599.
– Führungsgruppen in der deutschen Gesellschaft im Übergang zur Neuzeit um 1500, in: Deutsche Führungsschichten in der Neuzeit. Eine Zwischenbilanz. Büdinger Vorträge 1978, hg. v. Hanns Hubert Hofmann und Günther Franz, Boppard 1980 (Deutsche Führungsschichten in der Neuzeit 12), S. 29–77.
Prevenier, Walter: La conservation de la memoire par l'enregistrement dans les chancelleries princières et dans les villes des anciens Pays-Bas du moyen âge, in: Forschungen zur Reichs-, Papst-

und Landesgeschichte. Peter Herde zum 65. Geburtstag, hg. v. Karl Borchardt und Enno Bünz, Bd. 1, Stuttgart 1998, S. 551–564.

Pridat, Herta-Florence: Nicolas Rolin, 1376?–1462, Kanzler von Burgund, im Schrifttum von fünf Jahrhunderten, Berlin 1995 (Schriften zur Europäischen Rechts- und Verfassungsgeschichte 13).

Priebatsch, Felix: Die Brandenburgische Kanzlei im Mittelalter, in: AZ NF 9 (1900), S. 1–27.

Princes, Patronage and the Nobility. The Court at the Beginning of the Modern Age, hg. v. Ronald G. Asch und Adolf M. Birke, Oxford 1991 (Studies of the German Historical Instiute London).

Probst, Veit: Machtpolitik und Mäzenatentum: Friedrich der Siegreiche von der Pfalz als Wegbereiter des deutschen Frühhumanismus, in: Mannheimer Geschichtsblätter NF 3 (1996), S. 153–173.

– Petrus Antonius de Clapis (ca. 1440–1512). Ein italienischer Humanist im Dienste Friedrich des Siegreichen von der Pfalz, Paderborn u. a. 1989 (Veröffentlichungen des Historischen Instituts der Universität Mannheim 10).

Prosopographie als Sozialgeschichte? Methoden personengeschichtlicher Erforschung des Mittelalters [Sektionsbeiträge zum 32. Deutschen Historikertag Hamburg 1978 mit einem Bericht über das kommentierte Quellenwerk zur Erforschung der Personen und Personengruppen des Mittelalters Societas et fraternitas], München 1978.

Prosopographie et genèse de l'état moderne. Actes de la table ronde organisée par le CNRS et l'E. N. S. J. F., hg. v. Françoise Autrand, Paris 1986 (Collection de l'E. N. S. J. F. 30).

Putzger, Historischer Weltatlas, hg. v. Walter Leisering, 99. Aufl. Berlin 1978.

Quarthal, Franz: Residenz, Verwaltung und Territorialbildung in den westlichen Herrschaftsgebieten der Habsburger während des Spätmittelalters, in: Die Eidgenossen und ihre Nachbarn im Deutschen Reich des Mittelalters, hg. v. Peter Rück, Marburg (Lahn) 1991, S. 61–85.

Quellenkunde zur Geschichte der Habsburgermonarchie (16.–18. Jahrhundert), hg. v. Josef Pauser, Martin Scheutz und Thomas Winkelbauer, München 2003.

Raab, Heribert: Die oberdeutschen Hochstifte zwischen Habsburg und Wittelsbach in der frühen Neuzeit, in: BllDtLG 109 (1973), S. 69–101.

Rademacher, Hans: Zur Frühgeschichte der Herren von Koppenstein von ihren Anfängen bis zum Ausgang des Mittelalters, Mainz 1981.

Räte und Beamte in der Frühen Neuzeit. Lehren und Schriften, hg. v. Wolfgang E. J. Weber, Baden-Baden 2007 (Jahrbuch für europäische Verwaltungsgeschichte 19).

Rall, Hans: Die bayerische Herzogsurkunde als verfassungsgeschichtliche Aussage. Erste Ergebnisse einer systematischen Zusammenstellung der bayerischen Herzogsurkunden, in: Festgabe für Seine Königliche Hoheit Kronprinz Rupprecht von Bayern, hg. v. Walter Goetz, München-Pasing 1953, S. 194–214.

– Die Kanzlei der Wittelsbacher im Spätmittelalter, in: Landesherrliche Kanzleien im Spätmittelalter, hg. v. Gabriel Silagi, Bd. 1, München 1984 (Münchener Beiträge zur Mediävistik und Renaissanceforschung 35), S. 109–126.

– Die Urkunden der Herzoge von Bayern und Pfalzgrafen bei Rhein als verfassungsgeschichtliche Aussage, in: Hofmann, Siegfried: Urkundenwesen, Kanzlei und Regierungssystem der Herzöge von Bayern und Pfalzgrafen bei Rhein von 1180 bzw. 1214 bis 1255 bzw. 1294, Kallmünz 1967 (Münchener Historische Studien, Abt. Geschichtliche Hilfswissenschaften 3), S. 1–18.

– Urkundenwesen, Kanzlei und Rat der Wittelsbacher Pfalzgrafen bei Rhein und Herzoge von Bayern (1180/1214–1436/1438), in: Grundwissenschaften und Geschichte. Festschrift Peter Acht, hg. v. Waldemar Schlögl und Peter Herde, Kallmünz 1976 (Münchener Historische Studien, Abt. Geschichtliche Hilfswissenschaften 15), S. 274–294.

Rankl, Helmut: Das vorreformatorische landesherrliche Kirchenregiment in Bayern (1378–1526), München 1971 (Miscellanea Bavarica Monacensia 34).

Raphael, Lutz: Historikerkontroversen im Spannungsfeld zwischen Berufshabitus, Fächerkonkurrenz und sozialen Deutungsmustern. Lamprecht-Streit und französischer Methodenstreit der Jahrhundertwende in vergleichender Perspektive, in: HZ 251 (1990), S. 325–363.

RAUCH, Günter: Pröpste, Propstei und Stift von Sankt Bartholomäus in Frankfurt. 9. Jahrhundert bis 1802, Frankfurt a. M. 1975 (Studien zur Frankfurter Geschichte 8).
RECK, Edgar: Reichs- und Territorialpolitik Ruprechts von der Pfalz (1400–1410), Diss. phil. Heidelberg 1950.
RECKENZAUN, Ellinor: Zur Kunstgeschichte des Notariatssignets in der Steiermark von 1344 bis zur Mitte des 16. Jahrhunderts, Teil 1, in: Mitteilungen des Steiermärkischen Landesarchivs 52/53 (2004), S. 119–155, online unter: http://www.verwaltung.steiermark.at/cms/dokumente/11683552_74836296/e6ea284a/119%20bis%20156%20aus%20Mitteilungen%2052-53-Zur%20Kunstgeschichte%20des%20Notariatssignets%20in%20der%20Steiermark.pdf (17.03.2014).
REDLICH, Oswald: Die Privaturkunden des Mittelalters, München/Berlin 1911 (Handbuch der mittelalterlichen und neueren Geschichte 4,3), 2. Nachdruck München 1969.
Regionale Amts- und Verwaltungsstrukturen im rheinhessisch-pfälzischen Raum (14. bis 18. Jahrhundert), Stuttgart 1984 (Geschichtliche Landeskunde 25).
Regionale Identität und soziale Gruppen im deutschen Mittelalter, hg. v. Peter MORAW, Berlin 1992 (ZHF, Beiheft 14).
REHM, Clemens: *allzyt dienen, gewarten, gehorsam und verbunden sin alz manne iren herren.* Ritter und Landesherr, in: Zwischen Fürsten und Bauern. Reichsritterschaft im Kraichgau, hg. v. DEMS. und Konrad KRIMM, Sinsheim 1992 (Heimatverein Kraichgau, Sonderbd. 8), S. 42–46.
REICHERT, Winfried: Landesherrschaft zwischen Reich und Frankreich. Verfassung, Wirtschaft und Territorialpolitik in der Grafschaft Luxemburg von der Mitte des 13. bis zur Mitte des 14. Jahrhunderts, 2 Bde., Trier 1992 (Trierer Historische Forschungen 24,1 und 24,2).
– Lombarden in der Germania-Romania. Atlas und Dokumentation, 3 Bde., Trier 2003 (Beiträge zur Landes- und Kulturgeschichte 2).
REICKE, Emil: Der Gelehrte in der deutschen Vergangenheit, Leipzig 1901 (Monographien zur deutschen Kulturgeschichte 7).
REINHARD, Wolfgang: Die Verwaltung der Kirche, in: Deutsche Verwaltungsgeschichte, hg. v. Kurt G. A. JESERICH u. a., Bd. 1, Stuttgart 1983, S. 143–176.
– Freunde und Kreaturen. „Verflechtung" als Konzept zur Erforschung historischer Führungsgruppen. Römische Oligarchie um 1600, München 1979.
REINHARDT, Christian: Fürstliche Autorität versus städtische Autonomie. Die Pfalzgrafen bei Rhein und ihre Städte 1449 bis 1618: Amberg, Mosbach, Nabburg und Neustadt an der Haardt, Stuttgart 2012 (VKgL Reihe B, 186).
REINLE, Christine: Ulrich Riederer (ca. 1406–1462). Gelehrter Rat im Dienste Kaiser Friedrich III., Mannheim 1993 (Mannheimer historische Forschungen 2).
REITEMEIER, Arnd: Archiv, in: Höfe und Residenzen im spätmittelalterlichen Reich. Bilder und Begriffe, Bd. 1, S. 256 f.
REMLING, Franz Xaver: Geschichte der Bischöfe zu Speyer, 2 Bde., Mainz 1852, 1854, Nachdruck: Pirmasens 1975/1976.
– Neuere Geschichte der Bischöfe zu Speyer sammt Urkundenbuche, Speyer 1867, Nachdruck: Pirmasens 1975.
– Urkundliche Geschichte der ehemaligen Abteien und Klöster im jetzigen Rhein-Bayern, 2 Teile, Neustadt a. d. Haardt 1836.
RENARDY, Christine: Le monde des maîtres universitaires du diocèse de Liège 1140–1350: Recherches sur sa composition et ses activités, Paris 1979 (Bibliothèque de la Faculté de Philosophie et Lettres de l'Université de Liège 227).
– Les maîtres universitaires du diocèse de Liège. Répertoire biographique (1140–1350), Paris 1981 (Bibliothèque de la Faculté de Philosophie et Lettres de l'Université de Liège 232).
RENKHOFF, Otto: Wiesbaden im Mittelalter, Wiesbaden 1980 (Geschichte der Stadt Wiesbaden 2).
RENOZ, Paul: La Chancellerie de Brabant sous Philippe le Bon (1430–1467). Histoire et Organisation, Rédaction et Expédition des Actes, Bruxelles 1955.
Repertorium Academicum Germanicum. Die graduierten Gelehrten des Alten Reiches zwischen 1250 und 1550 (RAG), online unter: URL: http://www.rag-online.org/ (11.01.2014).

Reuschling, Heinzjürgen N.: Die Regierung des Hochstifts Würzburg 1495–1642. Zentralbehörden und führende Gruppen eines geistlichen Staates, Würzburg 1984 (Forschungen zur fränkischen Kirchen- und Theologiegeschichte 10).

Rexroth, Frank: Expertenweisheit. Die Kritik an den Studierten und die Utopie einer geheilten Gesellschaft im späten Mittelalter, Basel 2008 (Freiburger mediävistische Vorträge 1).

Richard, Jean: La Chancellerie des Ducs de Bourgogne de la fin du XIIème au début du XVème siècle, in: Landesherrliche Kanzleien im Spätmittelalter, hg. v. Gabriel Silagi, Bd. 1, München 1984 (MBMRF 35), S. 381–413.

Richardson, Malcolm: Henry V, the English Chancery, and Chancery English, in: Speculum 55 (1980), S. 726–750.

Richter, Gregor: Die ernestinischen Landesordnungen und ihre Vorläufer von 1446 und 1482, Köln/Graz 1964 (Mitteldeutsche Forschungen 34).

– Lagerbücher- oder Urbarlehre. Hilfswissenschaftliche Grundzüge nach württembergischen Quellen, Stuttgart 1979 (VStABW36).

Richter, Paul: Die kurtrierische Kanzlei im späteren Mittelalter, Leipzig 1911 (Mitteilungen der Preußischen Archivverwaltung 17).

Richtlinien für die Edition landesgeschichtlicher Quellen, hg. v. Walter Heinemeyer, Marburg/Köln 1978.

Riedner, Otto: Das Speierer Offizialatsgericht im dreizehnten Jahrhundert, Diss. iur. Erlangen/Speyer 1907.

Riemsdijk, Theodorus van: De Tresorie en Kanselarij van de Graven van Holland en Zeeland uit het Henegouwsche en Beyersche Huis, S'Gravenhage 1908.

Riezler, Sigmund von: Geschichte Baierns, Bd. 3: 1347–1508, Gotha 1889, Nachdruck: Aalen 1969.

Rill, Bernd: Friedrich III. Habsburgs europäischer Durchbruch, Graz u. a. 1987.

Ringel, Ingrid Heike: Studien zum Personal der Kanzlei des Mainzer Erzbischofs Dietrich von Erbach (1434–1459), Mainz 1980 (QAMRhKG 34).

Ringer, Fritz K.: Die Gelehrten. Der Niedergang der deutschen Mandarine 1890–1933, Stuttgart 1983.

Ritter, Gerhard: Aus dem geistigen Leben der Heidelberger Universität im Ausgang des Mittelalters, in: ZGO 76 (1922), S. 1–32.

– Die Heidelberger Universität. Ein Stück deutscher Geschichte, Bd. 1: Das Mittelalter (1386–1508), Heidelberg 1936, Nachdruck Heidelberg 1986.

– Studien zur Spätscholastik I. Marsilius von Inghen und die okkamistische Schule in Deutschland, Heidelberg 1921 (Sitzungsberichte der Heidelberger Akademie der Wissenschaften, Phil.-hist. Klasse 1921, 4).

– Studien zur Spätscholastik II. Via antiqua und via moderna auf den deutschen Universitäten des XV. Jahrhunderts, Heidelberg 1922 (Sitzungsberichte der Heidelberger Akademie der Wissenschaften, Phil.-hist. Klasse 1922,7).

Rödel, Volker: Ämter und Kanzlei am kurpfälzischen Hof, in: Die Wittelsbacher und die Kurpfalz im Mittelalter. Eine Erfolgsgeschichte? Hg. v. Jörg Peltzer u. a., Regensburg 2013, S. 263–280.

– Der mühevolle Weg zu einem Einheitsarchiv. Die ersten Jahrzehnte des Badischen Generallandesarchivs, in: Umbruch und Aufbruch. Das Archivwesen nach 1800 in Süddeutschland und im Rheinland, hg. v. Volker Rödel, Stuttgart 2005 (WStABW Serie A, 20), S. 333–371.

– Die Akten zur Belehnung der Herzöge von Jülich durch die rheinischen Pfalzgrafen. Ein Fund im Staatsarchiv Wertheim, in: RhVjBll 62 (1998), S. 358–365.

– Die Reichspfandschaften der Pfalzgrafschaft, in: Mittelalter. Schloß Heidelberg und die Pfalzgrafschaft bei Rhein bis zur Reformationszeit, hg. v. Dems., Regensburg 2002, S. 85–96 (erstmals abgedruckt in: Mittelalter. Der Griff nach der Krone. Die Pfalzgrafschaft bei Rhein im Mittelalter, hg. v. Dems., Regensburg 2000, S. 85–96).

– Heidelberg, in: HuR, Bd. 2, S. 259–262.

– Pfalzgraf Friedrich der Siegreiche und Klara Tott. Eine nicht ebenbürtige Ehe mit Nachwirkungen, in: ZGO 152 (2004), S. 97–144.

– Reichslehenswesen, Ministerialität, Burgmannschaft und Niederadel. Studien zur Rechts- und Sozialgeschichte des Adels in den Mittel- und Oberrheinlanden während des 13. und 14. Jahrhunderts, Darmstadt/Marburg 1979 (QFHG 38).
– (Hg.) Umbruch und Aufbruch. Das Archivwesen nach 1800 in Süddeutschland und im Rheinland, Stuttgart 2005 (WStABW Serie A, 20).
Rödel, Walter G.: Kurmainz. Residenzen und Hofordnungen, in: Höfe und Hofordnungen 1200–1600, hg. v. Holger Kruse und Werner Paravicini, Sigmaringen 1999 (Residenzenforschung 10), S. 285–300.
– Mainz, Ebf.e von, in: HuR, Bd. 1, S. 418–421.
– Mainz, ebd., Bd. 2, S. 357f.
Röhrenbeck, Hubert: Karl IV. und die Pfalzgrafen bei Rhein, in: BllDtLG 114 (1978), S. 613–643.
Rolf, Bernhard: Kurpfalz, Südwestdeutschland und das Reich 1449–1476. Die Politik des Pfalzgrafen und Kurfürsten Friedrich des Siegreichen, Diss. phil. Heidelberg 1978, Heidelberg 1981.
Ronig, Franz J.: Kunst unter Balduin von Luxemburg, in: Balduin von Luxemburg. Erzbischof von Trier – Kurfürst des Reiches. 1285–1354, hg. v. Franz-Josef Heyen, Mainz 1985 (QAMRhKG 53), S. 489–558.
Rosenberg, Hans: Bureaucracy, Aristocracy and Autocracy. The Prussian Experience 1660–1815, Cambridge MA 1958.
Rosenthal, Eduard: Geschichte des Gerichtswesens und der Verwaltungsorganisation Baierns, Bd. 1: Vom Ende des 12. bis zum Ende des 16. Jahrhunderts (1180–1598), Würzburg 1889, Nachdruck Aalen 1984.
Roth, F. W. E.: Schwäbische Gelehrte des 15. und 16. Jahrhunderts in Mainzer Diensten, in: Württembergische Vierteljahreshefte für Landesgeschichte NF 9 (1900), S. 292–310.
– Geschichte und Bibliographie der Buchdruckereien zu Speier im XV. und XVI. Jahrhundert, in: MHVP 18 (1894), S. 1–80 und 19 (1895), S. 1–112.
Royt, Jan: Der Iglauer Codex des Johann von Gelnhausen, in: Karl IV. Kaiser von Gottes Gnaden. Kunst und Repräsentation des Hauses Luxemburg 1347–1437, hg. v. Jirí Fajt, München 2006, Nr. 109, S. 304f.
Rück, Peter: Die Ordnung der herzoglich savoyischen Archive unter Amadeus VIII. (1398–1451), in: AZ 67 (1971), S. 11–101.
– Historische Hilfswissenschaften nach 1945, in: Mabillons Spur. Festschrift Walter Heinemeyer zum 80. Geburtstag, hg. v. Dems., Marburg (Lahn) 1992, S. 1–20.
– Im Zeitalter der Fotografie, ebd., S. 39–52.
– Kanzlei und Chronistik in der spätmittelalterlichen Schweiz, in: Cancelleria e cultura nel medio evo, hg. v. Germano Gualdo, Città del Vaticano 1990, S. 129–136.
– L'ordinamento degli archivi ducali di Savoia sotto Amedeo VIII (1398–1451), Roma 1977 (Quaderni della rassegna degli Archivi di stato 48).
Rüsen, Jörn: Johann Gustav Droysen, in: Deutsche Historiker, hg. v. Hans-Ulrich Wehler, Bd. 2, Göttingen 1971, S. 7–23.
Rumschöttel, Hermann/Ziegler, Walter: Bayerns Verwaltung in historischer und archivwissenschaftlicher Erforschung. Stand und Aufgaben. Bericht und Einführung, in: ZBLG 61 (1998), S. 1–6.
Runge, Karin: Die fränkisch-karolingische Tradition in der Geschichtsschreibung des späten Mittelalters, Diss. Hamburg 1965.
Ryckman de Betz, E. Baron de/Jonghe d'Ardoye, Fernand de: Armorial et biographies des chanceliers et conseillers de Brabant, 4 Bde., [2. Aufl.] Hombeek [1957] (Tablettes du Brabant 1–4).
Sablonier, Roger: Verschriftlichung und Herrschaftspraxis. Urbariales Schriftgut im spätmittelalterlichen Gebrauch, in: Pragmatische Dimensionen mittelalterlicher Schriftkultur, hg. v. Christel Meier u. a., München 2002, S. 91–120.
Salden-Lunkenheimer, Elfriede: Die Besitzungen des Erzbistums Mainz im Naheraum, 2. Aufl. Bad Kreuznach 1981 (Heimatkundliche Schriftenreihe des Landkreises Bad Kreuznach 1).

SANCASSANI, Giulio: Cancelleria e cancellieri del Comune di Verona nei secoli XIII–XVIII, in: Atti e memorie dell'Accademia di agricoltura, scienze e lettere di Verona, ser. VI,10 Verona 1958/59, S. 269–312.

SANDER, Jochen: Adel am Hof König Ruprechts (1400–1410), in: Jahrbuch für westdeutsche Landesgeschichte 11 (1985), S. 97–119.

SANTE, Georg Wilhelm: Gerlach Graf von Nassau, Erzbischof von Mainz 1346 bis 1371, in: Nassauische Lebensbilder, Bd. 1, hg. v. Rudolf VAUPEL, Wiesbaden 1940 (Veröffentlichungen der Historischen Kommission für Nassau 10,1), S. 33–49.

SANTIFALLER, Leo: Urkundenforschung. Methode, Ziele, Ergebnisse, 2. Aufl. Darmstadt 1967.

SANTORO, Caterina: Il registro di Giovannolo Besozzi, cancelliere di Giovanni Maria Visconti, Milano 1937.

– Ordini di Filippo Maria Visconti per l'amministrazione delle entrate ducali, in: Studi in onore di Amintore Fanfani, hg. v. Gino BARBIERI, Bd. 3, Milano 1962, S. 463–492.

SATTLER, Christian Friedrich: Geschichte des Herzogtums Würtenberg unter der Regierung der Graven, 4 Bde., 2. Aufl. Tübingen 1773–77.

– Geschichte des Herzogtums Würtenberg unter der Regierung der Herzogen, 13 Bde., Tübingen 1769–83.

SAUER, W.: Schicksale und Befund des kurmainzischen Archivs, in: AZ 11 (1886), S. 70–84.

SCHAAB, Meinrad: Aufstieg und Fall der kurpfälzischen Macht 1449–1508, in: Pfalzatlas, Textbd. 4, Heft 49, Speyer 1990, S. 1838–1849.

– Bergstraße und Odenwald. 500 Jahre Zankapfel zwischen Kurmainz und Kurpfalz, in: Festschrift Günther Haselier zum 60 Geburtstag, hg. v. Alfons SCHÄFER, Bretten 1975 (OSt 3), S. 237–265.

– Die Diözese Worms im Mittelalter, in: FDA 86 (1966), S. 94–219.

– Geleit und Territorium in Südwestdeutschland, in: ZWLG 40 (1981) (= Festschrift Hansmartin Decker-Hauff), S. 398–417.

– Geschichte der Kurpfalz, 2 Bde., Stuttgart u. a. 1988, 1992 (2. Aufl. Stuttgart 1999).

– Pfälzische Klöster vor und nach der Reformation, in: BllDtLG 109 (1973), S. 253–258.

– Zeitstufen und Eigenart der pfälzischen Territorialentwicklung im Mittelalter, in: Mittelalter. Schloß Heidelberg und die Pfalzgrafschaft bei Rhein bis zur Reformationszeit, hg. v. Volker RÖDEL, Regensburg 2002, S. 15–36 (erstmals abgedruckt in: Mittelalter. Der Griff nach der Krone. Die Pfalzgrafschaft bei Rhein im Mittelalter, hg. v. Volker RÖDEL, Regensburg 2000, S. 15–36).

SCHALLER, Victor: Ulrich II. Putsch, Bischof von Brixen, und sein Tagebuch 1427–1437, in: Zeitschrift des Ferdinandeums 3,36 (1892), S. 225–322, 568–572.

SCHANNAT, Johann Friedrich: Historia episcopatus Wormatiensis, 2 Bde., Frankfurt a. M. 1734.

SCHAPPER, Gerhard: Die Hofordnung von 1470 und die Verwaltung am Berliner Hofe z. Zt. Kurfürst Albrechts im historischen Zusammenhange behandelt, Leipzig 1912 (Veröff. des Vereins für Geschichte der Mark Brandenburg).

SCHELS, Alois: Zur Geschichte des Passauerbischofes Dr. Friedrich Mauerkircher, in: Verhandlungen des Historischen Vereins für Niederbayern 8 (1862), S. 341–350.

SCHENK, Dietmar: „Aufheben, was nicht vergessen werden darf". Archive vom alten Europa bis zur digitalen Welt. Stuttgart 2013.

SCHEUERBRANDT, Arnold: Heidelbergs Aufstieg und Niedergang in kurpfälzischer Zeit. Gründung und Entwicklung von der „churfürstlichen Residentzstatt" zur „zweiten Haupt- und ehemaligen Residenzstadt", in: Heidelberg. Geschichte und Gestalt, hg. von Elmar MITTLER, Heidelberg 1996, S. 48–52, 55–87.

SCHERZER, Walter: Das Hochstift Würzburg, in: Unterfränkische Geschichte, hg. v. Peter KOLB und Ernst-Günter KRENIG, Bd. 2: Vom hohen Mittelalter bis zum Beginn des konfessionellen Zeitalters, Würzburg 1992, S. 17–84.

– Die fürstbischöfliche Kanzlei zu Würzburg und der Weg von der Urkunde zu den Akten, in: Jahrbuch für fränkische Landesforschung 52 (1992) (Festschrift Alfred Wendehorst, Bd. 1), S. 145–152.

SCHEYHING, Robert: Eide, Amtsgewalt und Bannleihe. Eine Untersuchung zur Bannleihe im hohen und späten Mittelalter, Köln/Graz 1960 (Forschungen zur deutschen Rechtsgeschichte 2).
SCHIEFFER, Rudolf: „Die lauteren Quellen des geschichtlichen Lebens" in Vergangenheit und Zukunft, in: Mittelalterforschung nach der Wende 1989, hg. v. Michael BORGOLTE, München 1995 (HZ, Beihefte NF 20), S. 239–254.
– Neue regionale Urkundenbücher und Regestenwerke, in: BllDtLG 127 (1991), S. 1–18.
SCHIFF, Otto: König Sigmunds italienische Politik bis zur Romfahrt (1410–31), Frankfurt a. M. 1909.
SCHILLING, Heinz: Aufbruch und Krise. Deutschland 1517–1648, Berlin 1988 (Das Reich und die Deutschen 5).
SCHIMMELPFENNIG, Bernhard: Zölibat und Lage der „Priestersöhne" vom 11. bis zum 14. Jahrhundert, in: HZ 227 (1978), S. 1–44.
SCHINDLING, Anton: ‚Verwaltung', ‚Amt' und ‚Beamter' in der Frühen Neuzeit, in: Geschichtliche Grundbegriffe. Historisches Lexikon zur politisch-sozialen Sprache in Deutschland, Bd. 7, Stuttgart 1992, S. 47–69.
– Bildung und Wissenschaft in der frühen Neuzeit 1650–1800, München 1994 (EDG 30).
SCHLECHTER, Armin: Gelehrten- und Klosterbibliotheken in der Universitätsbibliothek Heidelberg. Ein Überblick, Heidelberg 1990 (Heidelberger Bibliotheksschriften 43).
SCHLEIDGEN, Wolf-Rüdiger: Die Kanzlei der Grafen und Herzöge von Kleve im 14. und 15. Jahrhundert, in: Landesherrliche Kanzleien im Spätmittelalter, hg. v. Gabriel SILAGI, Bd. 1, München 1984 (MBMRF 35), S. 171–192.
– Kanzleiwesen, in: Land im Mittelpunkt der Mächte. Die Herzogtümer Jülich – Kleve – Berg, 3. Aufl. Kleve 1985, S. 99–108.
SCHLENKER, Gerlinde: Gerhard von Goch, in: BHRR 2001, S. 485–487.
Schloss Windecken, Main-Kinzig-Kreis, in: Landesgeschichtliches Informationssystem Hessen (LAGIS). Historisches Ortslexikon, online unter: http://www.lagis-hessen.de/de/subjects/idrec/sn/ol/id/43502105002 (Stand: 17.02.2014).
SCHLUSMANS, Frieda: Landcommanderij Alden Biesen (ID: 745), in: DIES.: Inventaris van het cultuurbezit in België. Architectuur, Provincie Limburg, Arrondissement Tongeren, Kantons Bilzen – Maasmechelen, Bouwen door de eeuwen heen in Vlaanderen 14N3, Brussel, Turnhout 1996, online unter: https://inventaris.onroerenderfgoed.be/dibe/relict/745 (11.01.2014).
SCHMID, Gerhard: Akten, in: Die archivalischen Quellen mit einer Einführung in die Historischen Hilfswissenschaften, hg. v. Friedrich BECK und Eckart HENNING, 4. Aufl. Köln u. a. 2004, S. 74–110 (1. Aufl. 1994).
SCHMID, Klaus-Peter: Privatisierung. Alles muss raus, in: Die Zeit, 22.06.2006, online unter: http://www.zeit.de/2006/26/Priv-Flucht-ins-Private (11.01.2014).
SCHMID, Regula: Die Chronik im Archiv. Amtliche Geschichtsschreibung und ihr Gebrauchspotential im Spätmittelalter und in der frühen Neuzeit, in: Das Mittelalter 5,2 (2000), S. 115–138.
SCHMID, Wolfgang: Kaiser Heinrichs Romfahrt. Zur Inszenierung von Politik in einer Trierer Bilderhandschrift des 14. Jahrhunderts, Koblenz 2000 (Mittelrheinische Hefte 21).
SCHMIDT, Aloys: Bacharach, in: HHistSt, Bd. 5: Rheinland-Pfalz und Saarland, hg. v. Ludwig PETRY, 3. Aufl. Stuttgart 1988, S. 18–20.
– Niederwerth, in: Handbuch der historischen Stätten, Bd. 5: Rheinland-Pfalz und Saarland, hg. v. Ludwig PETRY, 3. Aufl. Stuttgart 1988, S. 266 f.
– /HEIMPEL, Hermann: Winand von Steeg (1371–1453), ein mittelrheinischer Gelehrter und Künstler und die Bilderhandschrift über die Zollfreiheit des Bacharacher Pfarrweins auf dem Rhein aus dem Jahr 1426 (Handschrift 12 des Bayerischen Geheimen Hausarchivs zu München), München 1977 (Abhandlungen der Bayerischen Akademie der Wissenschaften, Phil.-Hist. Klasse NF 81).
SCHMIDT, Gerhard: Malerei bis 1450. Tafelmalerei – Wandmalerei – Buchmalerei, in: Gotik in Böhmen, hg. v. Karl M. SVOBODA, München 1969, S. 167–321.
SCHMIDT, Gustav: Ernst Troeltsch, in: Deutsche Historiker, hg. v. Hans-Ulrich WEHLER, Bd. 3, Göttingen, 1972, S. 91–108.

Schmidt, Tilmann: Konrads von Gelnhausen Pfründenkarriere, in: Zeitschrift für Kirchengeschichte 103 (1992), S. 293–331.
– Siegfried von Gelnhausen, Mainzer Protonotar und Bischof von Chur (1298–1321), in: *Ex ipsis rerum documentis*. Beiträge zur Mediävistik. Festschrift Harald Zimmermann zum 65. Geburtstag, hg. v. Klaus Herbers u. a., Sigmaringen 1991, S. 537–555.
Schmidt-Bleibtreu, Wilhelm: Das Stift St. Severin in Köln, Siegburg 1982 (Studien zur Kölner Kirchengeschichte 16).
Schmidt-Czaia, Bettina: Das Stift St. Aegidii et Caroli Magni zu Wiedenbrück, Osnabrück 1994.
Schmitt, Karl Heinrich: Erzbischof Adalbert I. von Mainz (1111–1137) als Landesfürst, Diss. Gießen 1914.
– Erzbischof Adalbert I. von Mainz als Territorialfürst, Berlin 1920 (Arbeiten zur deutschen Rechts- und Verfassungsgeschichte 2).
Schmitt, Sigrid: Landesherr, Stadt und Bürgertum in der Kurpfalz des späten Mittelalters und der frühen Neuzeit, in: Landesherrliche Städte in Südwestdeutschland, hg. v. Jürgen Treffeisen und Kurt Andermann, Sigmaringen 1994 (OSt 12), S. 45–66.
– Territorialstaat und Gemeinde im kurpfälzischen Oberamt Alzey vom 14. bis zum Anfang des 17. Jahrhunderts, Stuttgart 1992 (Geschichtliche Landeskunde 38).
Schmitthenner, H.: Die Grabmale der Edlen von Helmstatt in der Todtenkirche zu Nekarbischofsheim, in: ZGO 24 (1872), S. 27–56.
Schmitz, Ferdinand: Der Neusser Krieg, in: Rheinische Geschichtsblätter 2 (1895), S. 1–10, 33–60, 65–80, 97–113, 129–145, 161–177, 193–209, 225–241, 257–263.
Schmoller, Gustav: Einleitung. Ueber Behördenorganisation, Amtswesen und Beamtenthum im Allgemeinen und speciell in Deutschland und Preußen bis zum Jahr 1713, in: Die Behördenorganisation und die allgemeine Staatsverwaltung Preußens im 18. Jahrhundert, Bd. 1, bearb. v. Dems. und O. Krauske, Berlin 1894 (Acta Borussica, Abt. Behördenorganisation und allgemeine Staatsverwaltung 1), S. (13)–(143).
Schmugge, Ludwig: Kirche, Kinder, Karrieren. Päpstliche Dispense von der unehelichen Geburt im Spätmittelalter, Zürich 1995.
– (Hg.): Illegitimität im Spätmittelalter. Theorie und Praxis, München 1993 (Schriften des Historischen Kollegs. Kolloquien 29).
Schmutz, Jürg: Juristen für das Reich. Die deutschen Rechtsstudenten an der Universität Bologna 1265–1425, 2 Bde., Basel 2000 (Veröffentlichungen der Gesellschaft für Universitäts- und Wissenschaftsgeschichte 2).
Schneider, Eugen: Württembergische Geschichte, Stuttgart 1896.
– Zur Geschichte des württembergischen Staatsarchivs, in: Württembergische Vierteljahreshefte 12 (1903), S. 1–22.
Schneider, Jean: Les activités des marchands et financiers italiens dans la région lorraine aux XIIIe–XIVe siècles, in: Académie des Inscriptions et Belles Lettres, Comptes Rendus (1951), S. 327–330.
Schneider, Joachim: Die Hofkapelle an Fürstenhöfen des spätmittelalterlichen Reiches, in: Fürstenhof und Sakralkultur im Spätmittelalter, hg. v. Werner Rösener und Carola Fey, Göttingen 2008 (Formen der Erinnerung 35), S. 41–67.
– Die Entwicklung des Städtewesens in der Kurpfalz, in: Die Wittelsbacher am Rhein. Die Kurpfalz und Europa, hg. v. Alfried Wieczorek u. a., Bd. 1, Regensburg 2013 (Publikationen der Reiss-Engelhorn-Museen Mannheim 60), S. 105–111.
Schneider, Karin: Paläographie und Handschriftenkunde für Germanisten. Eine Einführung, Tübingen 1999 (Sammlung kurzer Grammatiken germanischer Dialekte B. Ergänzungsreihe 8).
Schneider, Reinhard: Zur Einführung, in: Das spätmittelalterliche Königtum im europäischen Vergleich, hg. v. Dems., Sigmaringen 1987 (VuF 32), S. 9–14.
Schneyer, Johannes B.: Die Sittenkritik in den Predigten Philipps des Kanzlers, Münster 1962.
Schnurrer, Ludwig: Urkundenwesen, Kanzlei und Regierungssystem der Herzöge von Niederbayern 1255–1340, Kallmünz 1972 (Münchener Historische Studien, Abt. Geschichtl. Hilfswissenschaften 8).

SCHNÜTGEN, Wiltrut: Literatur am klevischen Hof vom hohen Mittelalter bis zur frühen Neuzeit, Kleve 1990.

SCHÖNHERR, D.: Über Marx Treytz-Saurwein, Geheimschreiber K. Maximilians I., dessen Heimath und Familie, in: Archiv für österreichische Geschichtsforschung 48 (1872), S. 355–374.

SCHORK, Josef: Die Stiftsangehörigen des Kollegiatstifts St. Andreas in Worms vom Anfang des 11. bis zur Mitte des 16. Jahrhunderts. Personalstruktur und prosopographischer Aufriss, in: Der Wormsgau 25 (2007), S. 117–189.

SCHORN-SCHÜTTE, Luise: Stadt und Staat. Zum Zusammenhang von Gegenwartsverständnis und historischer Erkenntnis in der Stadtgeschichtsschreibung der Jahrhundertwende, in: Die alte Stadt 10 (1983), S. 228–266.

– Territorialgeschichte – Provinzialgeschichte – Landesgeschichte – Regionalgeschichte. Ein Beitrag zur Wissenschaftsgeschichte der Landesgeschichtsschreibung, in: *Civitatum communitas*. Studien zum europäischen Städtewesen. Festschrift Heinz Stoob zum 65. Geburtstag, hg. v. Helmut JÄGER, Bd. 1, Köln/Wien 1984 (Städteforschung A/21), S. 390–416.

SCHRAGE, Eltjo J. H.: *Utrumque ius*. Eine Einführung in das Studium der Quellen des mittelalterlichen gelehrten Rechts, Berlin 1992.

SCHRAMM, Hellmut: Johann v. Mergenthal, der erste sächsische Landrentmeister (1469/78), phil. Diss. Leipzig 1933.

SCHREINER, Klaus: Wissenschaft von der Geschichte des Mittelalters nach 1945. Kontinuitäten und Diskontinuitäten im geteilten Deutschland, in: Deutsche Geschichtswissenschaft nach dem Zweiten Weltkrieg (1945–1965), hg. v. Ernst SCHULIN und Elisabeth MÜLLER-LUCKNER, München 1989 (Schriften des Historischen Kollegs. Kolloquien 14), S. 87–146.

SCHROTT, Ludwig: Herrscher Bayerns. Vom ersten Herzog bis zum letzten König, 3. Aufl., München 1974.

SCHUBERT, Ernst: Der Mainzer Kurfürst als Erzkanzler im Spätmittelalter, in: Der Mainzer Kurfürst als Reichserzkanzler, hg. v. Peter Claus HARTMANN, Stuttgart 1997 (Geschichtliche Landeskunde 45), S. 77–97.

– Die Stellung der Kurfürsten nach der mittelalterlichen Reichsverfassung, in: Jahrbuch für westdeutsche Landesgeschichte 1 (1975), S. 97–128.

– Einführung in die Grundprobleme der deutschen Geschichte im Spätmittelalter, Darmstadt 1992.

– Fürstliche Herrschaft und Territorium im späten Mittelalter, 2. Aufl. München 2006 (EDG 35).

– König und Reich. Studien zur spätmittelalterlichen deutschen Verfassungsgeschichte, Göttingen 1979 (VMPIG 63).

– Königsabsetzung im deutschen Mittelalter. Eine Studie zum Werden der Reichsverfassung, Göttingen 2005 (Abhandlungen der Akademie der Wissenschaften zu Göttingen. Phil.-Hist. Klasse, 3. Folge 267).

– Motive und Probleme deutscher Universitätsgründungen der frühen Neuzeit, in: Beiträge zu Problemen deutscher Universitätsgründungen der frühen Neuzeit, hg. v. Peter BAUMGART und Notker HAMMERSTEIN, Nendeln 1978 (Wolfenbütteler Forschungen 4), S. 13–74.

– Probleme der Königsherrschaft im spätmittelalterlichen Reich. Das Beispiel Ruprecht von der Pfalz, in: Das spätmittelalterliche Königtum im europäischen Vergleich, hg. v. Reinhard SCHNEIDER, Sigmaringen 1987 (VuF 32), S. 135–184.

SCHUCHARD, Christiane: Die Deutschen an der päpstlichen Kurie im späten Mittelalter (1378–1447), Tübingen 1987 (Bibliothek des DHI Rom 65).

– Die päpstlichen Kollektoren im späten Mittelalter, Tübingen 2000 (Bibliothek des DHI in Rom 91).

– Die Papstfinanz und der Norden Europas im späten Mittelalter, in: Reich, Regionen und Europa in Mittelalter und Neuzeit. Festschrift für Peter Moraw, hg. v. Paul-Joachim HEINIG u. a., Berlin 2000 (Historische Forschungen 67), S. 249–260.

– Zu den Rotanotaren im 15. und frühen 16. Jahrhundert, in: Offices et papauté (XIVe–VIIe siècles). Charges, hommes, destins, hg. v. Armand JAMME und Olivier PONCET, Rome 2005 (Collection de l'École Française de Rome 334), S. 805–828.

Schubert, Eva/Madersbacher, Lukas: Tiroler Ausstellungsstraßen. Die Gotik, Innsbruck 1994.

Schuler, Peter-Johannes: Die Notare Südwestdeutschlands. Ein prosopographisches Verzeichnis für die Zeit von 1300 bis ca. 1520, 2 Bde., Stuttgart 1987 (VKgL Reihe B, 90 und 99).

– Fortleben des Notariats in Verwaltung und Urkundenwesen im [!] spätmittelalterlichen Deutschland, in: Notariado público y documento privado: de los orígenes al siglo XIV. Actas del VII Congreso Internacional de Diplomática, Valencia 1986, Bd. 2, Valencia 1989 (Papers i documents 7), S. 1225–1258.

– Geschichte des südwestdeutschen Notariats von seinen Anfängen bis zur Reichsnotariatsordnung von 1512, Bühl (Baden) 1976 (Veröffentlichungen des Alemannischen Instituts Freiburg/Br. 39).

– u. a.: Notar, Notariat, in: LexMA, Bd. 6, München/Zürich 1993, Sp. 1271–1281.

Schulin, Ernst: Geschichtswissenschaft in unserem Jahrhundert. Probleme und Umrisse einer Geschichte der Historie, München 1988 (Schriften des Historischen Kollegs. Vorträge 16).

Schulte, Alois: Geschichte des mittelalterlichen Handels und Verkehrs zwischen Westdeutschland und Italien mit Ausschluß von Venedig, 2 Bde., Leipzig 1900, Nachdruck: Berlin 1966.

Schulte, Johann Friedrich von: Die Geschichte der Quellen und Literatur des canonischen Rechts, Bd. 2, Stuttgart 1877, Nachdruck: Graz 1956.

Schulze, Winfried: „Von den großen Anfängen des neuen Welttheaters". Entwicklungen, neuere Ansätze und Aufgaben der Frühneuzeitforschung, in: GWU 44 (1993), S. 3–18.

– Otto Hintze und die deutsche Geschichtswissenschaft um 1900, in: Deutsche Geschichtswissenschaft um 1900, hg. v. Notker Hammerstein, Stuttgart 1988, S. 323–340.

Schütz, Alois: Zu den Anfängen der Akten- und Registerführung am bayerischen Herzogshof, in: Landesherrliche Kanzleien im Spätmittelalter, hg. v. Gabriel Silagi, München 1984 (Münchener Beiträge zur Mediävistik und Renaissanceforschung 35), Bd. 1, S. 127–138.

Schütze, Christian: Die territoriale Entwicklung der rheinischen Pfalz im 14. Jahrhundert seit dem Hausvertrag von Pavia (1329), phil. Diss. masch. Heidelberg 1955.

– Ziele und Mittel der pfälzischen Territorialpolitik im 14. Jahrhundert, in: Pfälzer Heimat 9 (1958), S. 1–5.

Schwanke, Katja/Ebinger, Falk: Politisierung und Rollenverständnis der deutschen Administrativen Elite 1970 bis 2005 – Wandel trotz Kontinuität, in: Politik und Verwaltung, hg. v. Jörg Bogumil u. a., Wiesbaden 2006 (Politische Vierteljahresschrift, Sonderheft 37), S. 228–249.

Schwarz, Brigide: Die Organisation kurialer Schreiberkollegien von ihrer Entstehung bis zur Mitte des 15. Jahrhunderts, Tübingen 1972 (Bibliothek des DHI in Rom 37).

– Die römische Kurie im Zeitalter des Schismas und der Reformkonzilien, in: Institutionen und Geschichte. Theoretische Aspekte und mittelalterliche Befunde, hg. v. Gerd Melville, Köln u. a. 1992 (Norm und Struktur 1), S. 231–258.

– Kurienuniversität und stadtrömische Universität von ca. 1300 bis 1471 (mit prosopographischen Anhängen), Leiden 2012.

Schwarz, Jörg: Friedrich der Siegreiche, der Regensburger Christentag 1471 und die Konzepte der Kooperation, der Konfrontation und der Kompensation, in: Fürsten an der Zeitenwende zwischen Gruppenbild und Individualität. Formen fürstlicher Selbstdarstellung und ihre Rezeption (1450–1550), hg. v. Oliver Auge u. a., Ostfildern 2009 (Residenzenforschung 22), S. 263–289.

Schwarzmaier, Hansmartin u. a.: Geschichte Badens in Bildern. 1100–1918, Stuttgart u. a. 1993.

Schweikert, Alexander (Hg.): Kurpfalz, Stuttgart 1997 (Schriften zur politischen Landeskunde Baden-Württembergs 25).

Schwenk, Rolf: Vorarbeiten zu einer Biographie des Niklas von Wyle und zu einer kritischen Ausgabe seiner ersten Translatze, Göppingen 1978 (Göppinger Arbeiten zur Germanistik 227).

Schwersmann, Aloys: Von Kurmainz zu neuen Staatlichkeiten. Die Kurmainzer Archive zwischen Französischer Revolution und Moderne, in: Umbruch und Aufbruch. Das Archivwesen nach 1800 in Süddeutschland und im Rheinland, hg. v. Volker Rödel, Stuttgart 2005 (WStABW Serie A, 20), S. 13–44.

SCHWIER, Cord: Die militärische Stärke von Fürsten, Grafen und Herren in der Einschätzung durch König Ruprechts Kanzlei, in: Jahrbuch für westdeutsche Landesgeschichte 13 (1987), S. 209–226.
SCHWINEKÖPER, Berent: Zur Geschichte des Provenienzprinzips, in: Forschungen aus mitteldeutschen Archiven. Festschrift Hellmut Kretzschmar, Berlin 1953 (Schriften der staatlichen Archivverwaltung 3), S. 48–65.
SCHWINGES, Rainer Christoph: Deutsche Universitätsbesucher im 14. und 15. Jahrhundert. Studien zur Sozialgeschichte des Alten Reiches, Stuttgart 1986 (Beiträge zur Sozial- und Verfassungsgeschichte des Alten Reiches 6).
– Karrieremuster: Zur sozialen Rolle der Gelehrten im Reich des 14. bis 16. Jahrhunderts, in: Gelehrte im Reich. Zur Sozial- und Wirkungsgeschichte akademischer Eliten des 14. bis 16. Jahrhunderts, hg. v. DEMS., Berlin 1996 (ZHF, Beiheft 18), S. 11–22.
– Universität, soziale Netzwerke und Gelehrtendynastien im deutschen Spätmittelalter, in: Zur Kulturgeschichte der Gelehrten im späten Mittelalter, hg. v. Frank REXROTH Ostfildern 2010 (VuF 73), S. 47–70.
SEELIGER, Gerhard: Aus Ruprechts Registern, in: NA 19 (1893), S. 236–240.
– Die älteste Ordnung der deutschen Reichskanzlei. 1494. Oktober 3. Mecheln, in: AZ 13 (1888), S. 1–7.
– Die Registerführung am deutschen Königshof bis 1493, in: MIÖG, Erg. Bd. 3 (1890–94), S. 223–364.
– Erzkanzler und Reichskanzleien. Ein Beitrag zur Geschichte des deutschen Reiches, Innsbruck 1889.
– Kanzleistudien I.: Die kurmainzische Verwaltung der Reichskanzlei in den Jahren 1471–1475, in: MIÖG 8 (1887), S. 1–64.
SEIBRICH, Wolfgang: Balduin von Luxemburg, in: BHRR 2001, S. 799–802.
– Kirchliches Leben im spätmittelalterlichen Sobernheim 1200–1600, in: Tausend [1000] Jahre Matthiaskirche zu Sobernheim, Düsseldorf 2002, S. 20–53.
– Werner von Falkenstein und Königstein, in: BHRR 2001, S. 806 f.
– /JANSSEN, Wilhelm: Kuno von Falkenstein, in: BHRR 2001, S. 803–806.
SEIDENSPINNER, Wolfgang/BENNER, Manfred: Heidelberg, Stuttgart 2007 (Archäologischer Stadtkataster Baden-Württemberg 32).
SEIFERT, Siegfried: Dietrich von Goch, in: BHRR 2001, S. 424.
SEILER, Alois: Das Hochstift Worms im Mittelalter, Worms 1936 (Der Wormsgau, Beiheft 4).
Servatius (basiliek), in: Kerkgebouwen in Limburg, online unter: http://www.kerkgebouwen-in-limburg.nl/view.jsp?content=679 (16.07.2014).
SIEBMACHER, Johann: Großes und allgemeines Wappenbuch, Bd. 6, 7. Abt.: Der abgestorbene Nassauische Adel, bearb. v. H. von GOECKINGK, 2. Aufl. Nürnberg 1882.
SIEBMACHER, Johann/SEYLER, Gustav A.: Großes und allgemeines Wappenbuch Bd. 6, 1. Abt.: Abgestorbener Bayerischer Adel, 3. Teil, 2. Aufl. Nürnberg 1911.
SIEGENFELD, Anthony von/RITTER, Alfred: Die Wappenbriefe und Standeserhöhungen des Römischen Königs Ruprecht von der Pfalz, in: Jahrbuch der heraldisch-genealogischen Gesellschaft „Adler" (1895), S. 395–430.
SIEMERS, Sven-Hinrich: Von der karolingischen Handelssiedlung „Zullestein" zur Festung „Zum Stein" bei Biblis-Nordheim, Kreis Bergstraße. Eine Auswertung der Funde der Ausgrabung „Schloßbuckel" von 1970 bis 1972, Diss. Mainz 2001.
– Von der karolingischen Handelssiedlung „Zullestein" zur Festung „Zum Stein" bei Biblis-Nordheim, Kr. Bergstraße, in: Archäologisches Nachrichtenblatt 7 (2002), S. 336–339.
Sigismund von Luxemburg. Kaiser und König in Mitteleuropa 1387–1437. Beiträge zur Herrschaft Kaiser Sigismunds und der europäischen Geschichte um 1400, hg. v. Josef MACEK u. a., Warendorf 1994 (Studien zu den Luxemburgern und ihrer Zeit 5).
SILLIB, Rudolf: Zur Geschichte des Augustinerklosters in Heidelberg. Urkunden und Akten, in: Neues Archiv für die Geschichte der Stadt Heidelberg und der rheinischen Pfalz 4 (1901), S. 1–142.

SIMON, T.: Verwaltung, in: LexMA, Bd. 8, München 1997, Sp. 1594–1596.

SMITH, Charles W.: Some Trends in the English Royal Chancery: 1377–1483, in: Medieval Prosopography 6, 1 (1985) (Medieval Institute Publications, Kalamazoo), S. 69–94.

SPANGENBERG, Hans: Die Kanzleivermerke als Quelle verwaltungsgeschichtlicher Forschung, in: Archiv für Urkundenforschung 10 (1928), S. 469–525.

– Hof und Zentralverwaltung der Markgrafen von Brandenburg aus dem Hause Wittelsbach 1323–1373, Diss. Berlin 1907 (Teildr.).

– Hof und Zentralverwaltung der Mark Brandenburg im Mittelalter, Leipzig 1908 (Veröffentlichungen des Vereins für Geschichte der Mark Brandenburg 6).

Spätgotik am Oberrhein. Meisterwerke der Plastik und des Kunsthandwerks 1450–1530, hg. v. Badischen Landesmuseum Karlsruhe, Karlsruhe 1970.

SPECK, Dieter: Rottenburg am Neckar, in: HuR, Bd. 2, S. 500f.

SPIEGEL, Joachim: Urkundenwesen, Kanzlei, Rat und Regierungssystem des Pfalzgrafen bei Rhein und Herzogs von Bayern Ruprecht I. (1309–1398), 2 Bde., Neustadt an der Weinstraße 1996, 1998 (Abhandlungen zur Geschiche der Pfalz 1,1–2).

– Vidimus, in: LexMA, Bd. 8, München 1997, Sp. 1636f.

SPIESS, Karl-Heinz: Burg, Burggraf und Burgmannschaft im spätmittelalterlichen Alzey, in: 700 Jahre Stadt Alzey, hg. v. Friedrich Karl BECKER, Alzey 1977, S. 106–115.

– Das Lehnswesen in Deutschland im hohen und späten Mittelalter, 2. Aufl. Wiesbaden 2009.

– Die Pfalzgrafen bei Rhein als Lehnsherren im Spätmittelalter, in: Mittelalter. Schloß Heidelberg und die Pfalzgrafschaft bei Rhein bis zur Reformationszeit, hg. v. Volker RÖDEL, Regensburg 2002, S. 53–60 (erstmals abgedruckt in: Mittelalter. Der Griff nach der Krone. Die Pfalzgrafschaft bei Rhein im Mittelalter, hg. v. Volker RÖDEL, Regensburg 2000, S. 53–60).

– Erbteilung, dynastische Räson und transpersonale Herrschaftsvorstellung. Die Pfalzgrafen bei Rhein und die Pfalz im späten Mittelalter, in: Die Pfalz. Probleme einer Begriffsgeschichte vom Kaiserpalast auf dem Palatin bis zum heutigen Regierungsbezirk, hg. v. Franz STAAB, Speyer 1990 (Veröffentlichungen der Pfälzischen Gesellschaft zur Förderung der Wissenschaften zu Speyer 81), S. 159–181.

– Familie und Verwandtschaft im deutschen Hochadel des Spätmittelalters, 13. bis Anfang des 16. Jahrhunderts, Stuttgart 1993 (VSWG, Beiheft 111).

– Fürsten und Höfe im Mittelalter, Darmstadt 2008.

– Hegemonie und Repräsentation. Die Kurpfalz im Spätmittelalter, in: Die Wittelsbacher und die Kurpfalz im Mittelalter. Eine Erfolgsgeschichte? Hg. v. Jörg PELTZER u. a., Regensburg 2013, S. 365–394.

– Lehnbuch, Lehnregister, in: HRG, Bd. 2, Berlin 1978, Sp. 1686–1688.

– Lehnsauftrag, ebd., Sp. 1700f.

– Lehnsbrief, ebd., Sp. 1701f.

– Lehnserneuerung, ebd., Sp. 1708–1710.

– Lehn(s)recht, Lehnswesen, ebd., Sp. 1724–1741.

– Lehnsrevers, ebd., Sp. 1742f.

– Lehnsrecht, Lehnspolitik und Lehnsverwaltung der Pfalzgrafen bei Rhein im Spätmittelalter, Wiesbaden 1978 (Geschichtliche Landeskunde 18).

SPIESS, Pirmin: Neustadt an der Weinstraße, in: HuR, Bd. 2, S. 419f.

SPINDLER, Max: Grundlegung und Aufbau, in: Handbuch der Bayerischen Geschichte, hg. v. DEMS., Bd. 2, München 1966, S. 5–137.

SPRINKART, Alfons: Die Kanzlei der Pfalzgrafen bei Rhein und Herzöge von Bayern 1180 bis 1314 bzw. 1317. Forschungsergebnisse über die personale Entwicklung der bayerischen Herzogskanzlei 1180–1255 und der oberbayerischen 1255–1314 bzw. 1317, in: ZBLG 55 (1992), S. 37–49.

– Kanzlei, Rat und Urkundenwesen der Pfalzgrafen bei Rhein und Herzöge von Bayern 1294 bis 1314 (1317). Forschungen zum Regierungssystem Rudolfs I. und Ludwigs IV. Köln/Wien 1986 (Forschungen zur Kaiser- und Papstgeschichte des Mittelalters. Beihefte zu J. F. Böhmer, Regesta Imperii 4).

Stähli, Marlis: Petrus de Ebulos ‚Unvollendete' – Eine Handschrift mit Rätseln, in: Petrus de Ebulo, Liber ad honorem Augusti sive de rebus Siculis. Codex 120 II der Burgerbibliothek Bern. Eine Bilderchronik der Stauferzeit, hg. v. Theo Kölzer und Ders., Sigmaringen 1994, S. 247–274.

Stahleder, Erich: Notare und Hofpfalzgrafen in Niederbayern, in: Beiträge zur Heimatkunde von Niederbayern, hg. v. Hans Bleibrunner, Landshut 1967, S. 267–292.

Stamer, Ludwig: Kirchengeschichte der Pfalz, 2. Teil: Vom Wormser Konkordat bis zur Glaubensspaltung (1122–1560), Speyer 1946.

Stauber, Reinhard: Der letzte Kanzler des Herzogtums Bayern-Landshut. Eine biographische Skizze zu Wolfgang Kolberger, in: ZBLG 54 (1991), S. 325–367.

Steidel, Heinrich: Ortsgeschichte von Daisbach mit Ursenbacherhof, Heidelberg 1910.

Steiger, Uli: Urk. Lehmann 47, Heidelberg 2012, online unter: http://www.ub.uni-heidelberg.de/digi-pdf-katalogisate/sammlung30/werk/pdf/lehm47.pdf (21.10.2015).

– Urk. Lehmann 307, Heidelberg 2012, online unter: http://www.ub.uni-heidelberg.de/digi-pdf-katalogisate/sammlung30/werk/pdf/lehm307.pdf (21.10.2015).

– Urk. Lehmann 388, Heidelberg 2013, online unter: http://www.ub.uni-heidelberg.de/digi-pdf-katalogisate/sammlung30/werk/pdf/lehm388.pdf (16.03.2014).

Stein, Gerhard: Die Einigungs- und Landfriedenspolitik der Mainzer Erzbischöfe zur Zeit Karls IV., Diss. Mainz 1960.

Stein, Hermann (mit Arnold Scheuerbrandt): Ursprung und Geschichte der (Neckar)-Bischofsheimer Hauptlinie der Herren von Helmstatt. Ihre Grabmale und ihre Bauten, 2. Aufl. Sinsheim 2005 (Heimatverein Kraichgau. Kleine Hefte 2).

Stein, Walther: Deutsche Stadtschreiber im Mittelalter, in: Beiträge zur Geschichte vornehmlich Kölns und der Rheinlande. Festschrift Gustav von Mevissen, Köln 1895, S. 27–70.

Steinmetz, Max: Die Politik der Kurpfalz unter Ludwig V. (1508–44), Diss. masch. Freiburg 1942.

Stelzer, Winfried: Gelehrtes Recht in Österreich. Von den Anfängen bis zum frühen 14. Jahrhundert, Wien u. a. 1982 (MIÖG, Erg. Bd. 26).

– Zur Kanzlei der Herzoge von Österreich aus dem Hause Habsburg, in: Landesherrliche Kanzleien im Spätmittelalter, hg. v. Gabriel Silagi, Bd. 1, München 1984 (MBMRF 35), S. 297–313.

Stenzel, Rüdiger: Die Cuntzmann von Ettlingen. Vermögensbildung und politische Macht in der Markgrafschaft Baden, in: ZGO 129 (1981), S. 51–81.

– Ettlingen vom 14.–17. Jahrhundert, 2 Bde., Ettlingen 1982, 1985 (Geschichte der Stadt Ettlingen 2a/b).

Stevenson, Heinrich: Codices Palatini Latini Bibliothecae Vaticanae, Bd. 1, Roma 1886.

Stieber, Joachim W.: Pope Eugenius IV, the Council of Basel, and the Secular and Ecclesiastical Authorities in the Empire: The Conflict Over Supreme Authority and Power in the Church, Leiden 1987 (Studies in the History of Christian Thought 13).

Stieldorf, Andrea: Siegelkunde, Hannover 2004 (Hahnsche Historische Hilfswissenschaften 2).

Stievermann, Dieter: Der Augustinermönch Dr. Conrad Holzinger – Kaplan, Rat und Kanzler des Grafen bzw. Herzogs Eberhard d. J. von Württemberg am Ende des 15. Jahrhunderts, in: Mittel und Wege früher Verfassungspolitik, hg. v. Josef Engel, Stuttgart 1979 (Spätmittelalter und frühe Neuzeit 9), S. 356–405.

– Die gelehrten Juristen der Herrschaft Württemberg im 15. Jahrhundert. Mit besonderer Berücksichtigung der Kleriker-Juristen in der ersten Jahrhunderthälfte und ihrer Bedeutung für das landesherrliche Kirchenregiment, in: Die Rolle der Juristen bei der Entstehung des modernen Staates, hg. v. Roman Schnur, Berlin 1986, S. 229–271.

– Herzog Eberhard im Bart (1459–1496), in: 900 Jahre Haus Württemberg. Leben und Leistung für Land und Volk, hg. v. Robert Uhland, 3. Aufl. Stuttgart 1985, S. 82–109.

– Landesherrschaft und Klosterwesen im spätmittelalterlichen Württemberg, Sigmaringen 1989.

– Southern German Courts around 1500, in: Princes, Patronage and the Nobility. The Court at the Beginning of the Modern Age, hg. v. Ronald G. Asch und Adolf M. Birke, Oxford 1991 (Studies of the German Historical Institute London), S. 157–172.

Stimming, Manfred: Die Entstehung des weltlichen Territoriums des Erzbistums Mainz, Darmstadt 1915 (QFHG 3).
– Die Wahlkapitulationen der Erzbischöfe und Kurfürsten zu Mainz (1233–1788), Göttingen 1909.
Stintzing, Roderich: Geschichte der populären Literatur des römisch-kanonischen Rechts in Deutschland am Ende des fünfzehnten und im Anfang des sechzehnten Jahrhunderts, Leipzig 1867, Nachdruck: Aalen 1959.
Stobbe, O[tto]: Geschichte der deutschen Rechtsquellen, Bd. 2, Braunschweig 1864.
Stocker, Carl Wilhelm Friedrich Ludwig: Familien-Chronik der Freiherren von Gemmingen, Heidelberg 1895.
Stölzel, Adolf: Brandenburg-Preußens Rechtsverwaltung und Rechtsverfassung dargestellt im Wirken seiner Landesfürsten und obersten Justizbeamten, 2 Bde., Berlin 1888.
– Die Entwicklung des gelehrten Richterthums in deutschen Territorien. Eine rechtsgeschichtliche Untersuchung mit vorzugsweiser Berücksichtigung der Verhältnisse im Gebiete des ehemaligen Kurfürstenthums Hessen, 2 Bde., Stuttgart 1872.
Stollberg-Rilinger, Barbara: Des Kaisers alte Kleider. Verfassungsgeschichte und Symbolsprache des Alten Reiches, München 2008.
Stramberg, Chr. von: Der Rheingau. Historisch und topographisch dargestellt, Bd. 6, Koblenz 1867 (Rheinischer Antiquarius, Mittelrhein, 2. Abt. 15).
Staub, Martial: Bürgerlichkeit im Exil. Bernhard Groethuysen und Hans Baron, in: Nationalsozialismus in den Kulturwissenschaften, Göttingen 2004, S. 351–374.
Streich, Brigitte: Zwischen Reiseherrschaft und Residenzbildung: Der wettinische Hof im späten Mittelalter, Köln/Wien 1989 (Mitteldeutsche Forschungen 101).
Strnad, Alfred A.: Die Habsburger und Savoyen im späteren Mittelalter, in: Österreich in Geschichte und Literatur 7 (1963), S. 154–161.
– Kanzler und Kirchenfürst. Streiflichter zu einem Lebensbilde Bertholds von Wehingen, in: Jahrbuch des Stiftes Klosterneuburg 12, NF 3 (1963) (Festschrift Alphons Lhotsky, Bd. 1), S. 79–107.
– Studia piccolomineana. Vorarbeiten zu einer Geschichte der Bibliothek der Päpste Pius II. und Pius III., in: Enea Silvio Piccolomini – Papa Pio II. Atti del Convegno per il Quinto Centenario della morte e altri scritti raccolti da Domenico Maffei, Siena 1968, S. 295–390.
– /Walsh, Katherine: Basel als Katalysator. Persönliche und geistige Kontakte der habsburgischen Erbländer im Umfeld des Konzils, in: Die Eidgenossen und ihre Nachbarn im Deutschen Reich des Mittelalters, hg. v. Peter Rück, Marburg (Lahn) 1991, S. 131–191.
– Zur Biographie Johann Windlocks, Bischof von Konstanz, in: FDA 84 (1964), S. 116–141.
Stromer, Wolfgang von: Oberdeutsche Hochfinanz 1350–1450, 3 Bde., Wiesbaden 1970 (VSWG, Beiheft 55–57).
Struck, Wolf Heino: Limburg, in: HHistSt, Bd. 4: Hessen, 3. Aufl. Stuttgart 1976, S. 292–295.
Strzewitzek, Hubert: Die Sippenbeziehungen der Freisinger Bischöfe im Mittelalter, München 1938 (Beiträge zur altbayerischen Kirchengeschichte 16).
Stuck, Kurt: Personal der kurpfälzischen Zentralbehörden in Heidelberg 1475–1685 mit besonderer Berücksichtigung der Kanzler, Ludwigshafen/Rhein 1986 (Schriften zur Bevölkerungsgeschichte der pfälzischen Lande 12).
– Personal der Oberämter Neustadt, Germersheim, Kaiserslautern, Alzey, Oppenheim vor 1685, Ludwigshafen 1988 (Schriften zur Bevölkerungsgeschichte der pfälzischen Lande 13).
Studt, Birgit: Amberg, in: HuR, Bd. 2, S. 9–11.
– Dynastien und Fürsten. Die Chronik des Heidelberger Hofkaplans Matthias von Kemnath als legitimierende Geschichtserzählung. In: Geschichte schreiben. Ein Quellen- und Studienhandbuch zur Historiographie (ca. 1350–1750), hg. v. Susanne Rau und Ders., Berlin 2010, S. 432–445.
– Fürstenhof und Geschichte. Legitimation durch Überlieferung, Köln u. a. 1992 (Norm und Struktur 2).
– Papst Martin V. (1417–1431) und die Kirchenreform in Deutschland, Köln u. a. 2004 (Forschungen zur Kaiser- und Papstgeschichte des Mittelalters 23).

– Pfalz (Rhein, Pfgft. bei, Pfgf.en bei), in: HuR, Bd. 1, S. 440–446.
– Überlieferung und Interesse. Späte Handschriften des Matthias von Kemnat und die Geschichtsforschung der Neuzeit, in: Historiographie am Oberrhein im späten Mittelalter und in der frühen Neuzeit, hg. v. Kurt ANDERMANN, Sigmaringen 1988 (OSt 7), S. 276–308.
STÜRMER, Michael: Gesellschaftskrise und Bürokratie in Preußen-Deutschland seit 1800, in: Bürokratie. Motor oder Bremse der Entwicklung? Hg. v. Theodor LEUENBERGER und Klaus-H. RUFFMANN, Bern u. a. 1977, S. 9–29.
SÜTTÖ, Szilárd/ENGEL, Pál: Beiträge zur Herkunft und Tätigkeit der Familie von Alben in Ungarn, in: Südost-Forschungen 54 (1995), S. 23–48.
SUNTRUP, Rudolf/VEENSTRA, Jan R. (Hgg.): Stadt, Kanzlei und Kultur im Übergang zur Frühen Neuzeit/City Culture and Urban Chanceries in an Era of Change, Frankfurt a. M. u. a. 2004 (Medieval to Early Modern Culture/Kultureller Wandel vom Mittelalter zur Frühen Neuzeit 4).
SVOBODA, Karl J.: Das Wappenfresko in der Heiliggeistkirche zu Heidelberg. Ein Beitrag zur Kraichgauer Ritterschaftsgeschichte, in: Kraichgau 2 (1970), S. 180–185.
SZIRMAI, J. A.: The Archaeology of Medieval Bookbinding, 2. Aufl. Aldershot u. a. 2000.
TABACCO, Giovanni: La formazione della potenza sabauda come dominazione alpina, in: Die Alpen in der europäischen Geschichte des Mittelalters, Konstanz/Stuttgart 1965, S. 233–243.
TAGAGE, Sigismund: Die Basilika St. Servatius. Maastricht, 4. Aufl. Regensburg 2013 (Kleine Kunstführer 2315).
TANGL, Michael: Einleitung, in: Die päpstlichen Kanzleiordnungen von 1200–1500, hg. v. DEMS., Innsbruck 1894, S. XI–LXXXI.
Tausend [1000] Jahre Matthiaskirche zu Sobernheim, Düsseldorf 2002.
TESSIER, Georges: Diplomatique, in: L'histoire et ses méthodes, hg. v. Charles SAMARAN, Paris 1961 (Encyclopédie de la Pléiade 11), S. 633–676.
– Diplomatique royale française, Paris 1962.
– L'enregistrement à la Chancellerie royale française, in: Le Moyen Age 62 (1956), S. 39–62.
TEUSCHER, Simon: Erzähltes Recht. Lokale Herrschaft, Verschriftlichung und Traditionsbildung im Spätmittelalter, Frankfurt a. M./New York 2007 (Campus Historische Studien 44).
TEWES, Götz-Rüdiger: Die Esslinger Kreidweiß an den Höfen der Markgrafen von Baden und der Kurfürsten von Trier und Köln in der zweiten Hälfte des 15. Jahrhunderts, in: Esslinger Studien 27 (1988), S. 33–66.
Text als Realie, hg. v. Karl BRUNNER und Gerhard JARITZ, Wien 2003 (Veröffentlichungen des Instituts für Realienkunde des Mittelalters und der Frühen Neuzeit 18).
THEISEN, Karl Heinrich: Nikolaus von Prüm. Ein rheinländisch-moselländischer Kirchenrechtler, Professor in Köln und in Löwen, Offizial und Generalvikar zu Trier, Roma 2007 (Università Pontificia Salesiana, Facoltà di Diritto Canonico, Tesi di dottorato 640).
THEUERKAUF, Gerhard: Land und Lehnswesen vom 14. bis zum 16. Jahrhundert. Ein Beitrag zur Verfassung des Hochstifts Münster und zum nordwestdeutschen Lehnrecht, Köln/Graz 1961 (Neue Münstersche Beiträge zur Geschichtsforschung 7).
– Zur Typologie spätmittelalterlicher Territorialverwaltung in Deutschland, in: Annali della Fondazione italiana per la Storia amministrativa 2 (1965), S. 37–76.
THEUX DE MONTJARDIN, J. de: Le Chapitre de Saint Lambert à Liège, Bd. 2, Bruxelles 1871.
THISSEN, Bert: Kleve, in: HuR, Bd. 2, S. 297–300.
THOEMES, Nikolaus: Das Stift der Königlichen Kapelle zum Heiligen Geist und die Universität Heidelberg in ihrer Verbindung von 1413, Heidelberg 1886.
THOMAS, Heinz: Deutsche Geschichte des Spätmittelalters 1250–1500, Stuttgart u. a. 1983.
THON, Alexander [u. a.]: Burgen im Hunsrück und an der Nahe. »... wo trotzig noch ein mächtiger Thurm herabschaut«, Regensburg 2013.
THORBECKE, August: Die älteste Zeit der Universität Heidelberg 1386–1449, Heidelberg 1886.
THUMSER, Matthias: Hertnidt vom Stein (ca. 1427–1491). Bamberger Domdekan und markgräflich-brandenburgischer Rat. Karriere zwischen Kirche und Fürstendienst, Neustadt a. d. Aisch 1989.
– Mayr, Martin, in: LexMA, Bd. 6, München/Zürich 1993, Sp. 430.

TILLE, Armin: Zum Versuch, unter Maximilian I. ein Reichsarchiv zu schaffen, in: Mittheilungen des Instituts für österreichische Geschichtsforschung 22 (1901), S. 296–298.

TOUT, Thomas Frederick: The Household of the Chancery and its Disintegration, in: Essays in History Presented to Reginald Lane Poole, hg. v. Henry William C. DAVIS, Oxford 1927, S. 46–85.

Tradition und Gegenwart. Festschrift zum 175jährigen Bestehen eines badischen Notarstandes, hg. v. Peter-Johannes SCHULER, Karlsruhe 1981.

TREUSCH VON BUTTLAR, Kurt: Das tägliche Leben an den deutschen Fürstenhöfen des 16. Jahrhunderts, in: Archiv für Kulturgeschichte 4 (1897), S. 1–41.

TRUSEN, Winfried: Anfänge des gelehrten Rechts in Deutschland. Ein Beitrag zur Geschichte der Frührezeption, Wiesbaden 1962 (Recht und Geschichte 1).

– Zur Urkundenlehre der mittelalterlichen Jurisprudenz, in: Recht und Schrift im Mittelalter, hg. v. Peter CLASSEN, Sigmaringen 1977 (VuF 23), S. 197–219.

TUCKERMANN, Walther: Das altpfälzische Oberrheingebiet von der Vergangenheit zur Gegenwart, 2. Aufl. Mannheim 1953 (Abhandlungen der Wirtschaftshochschule Mannheim 1).

TURTUR(-RAHN), Inge: Regierungsform und Kanzlei Herzog Stephans III. von Bayern, 1375–1413, Diss. masch. München 1953.

Unterfränkische Geschichte, hg. v. Peter KOLB und Ernst-Günter KRENIG, Bd. 2: Vom hohen Mittelalter bis zum Beginn des konfessionellen Zeitalters, Würzburg 1992.

UYTVEN, J. van: Mecheln, in: LexMA, Bd. 6, München/Zürich 1993, Sp. 436f.

VAASSEN, Elgin: Die Werkstatt der Mainzer Riesenbibel in Würzburg und ihr Umkreis, in: Archiv für Geschichte des Buchwesens 13 (1973), Sp. 1121–1428.

VAASSEN, Elgin van TREECK: Die Werkstatt der Mainzer Riesenbibel in Würzburg und ihr Umkreis, Diss. Würzburg 1968.

VANDERKINDERE, Léon: La formation territoriale des principautés belges au Moyen Age, Bd. 1, Bruxelles 1902.

VAN KUYK, [N. N.]: Novo Lapide (Johannes de), in: Nieuw Nederlandsch Biografisch Woordenboek, Bd. 2, Leiden 1912, Sp. 1006f.

VARESCHI, Severino: Nikolaus von Brünn, in: BHRR 2001, S. 779–781.

VASELLA, Oskar: Über das Konkubinat des Klerus im Spätmittelalter, in: Mélanges d'Histoire et de Littérature offerts à Charles Gilliard, Lausanne 1944, S. 269–283.

VASOLI, Cesare: Il cortigiano, il diplomatico, il principe. Intellettuali e potere nell'Italia del Cinquecento, in: La Corte e il „Cortegiano", Bd. 2: Un modello europeo, hg. v. Adriano PROSPERI, Roma 1980 (Biblioteca del Cinquecento 9), S. 173–193.

VELDTRUP, Dieter: Johann Propst von Vyšehrad. Illegitimer Sohn eines „impotenten" Luxemburgers, in: Studia Luxemburgensia. Festschrift Heinz Stoob zum 70. Geburtstag, hg. v. Friedrich Bernward FAHLBUSCH und Peter JOHANEK, Warendorf 1989 (Studien zu den Luxemburgern und ihrer Zeit 3), S. 50–78.

VERGANO, Lodovico: Storia di Asti, 3 Bde., Asti 1951, 1953, 1957, Nachdruck hg. v. Giuseppe CROSA, Cavallermaggiore 1990.

– Astesano, Antonio, in: Dizionario biografico degli Italiani, Bd. 4, Roma 1962, S. 465f.

VERGER, Jacques: Études et culture universitaire du personnel de la Curie Avignonnaise, in: Le Fonctionnement administratif de la Papauté d'Avignon. Aux origines de l'Etat moderne, Paris/Padova 1990 (Collection de l'École Française de Rome 138), S. 61–78.

– Les gens de savoir en Europe à la fin du Moyen Age, Paris 1997.

VOETZ, Lothar: Vorstellung der neu erworbenen Handschrift aus germanistischer Sicht, in: Theke (1997), S. 18–21.

VOGELGESANG, Gretl: Kanzlei- und Ratswesen der pfälzischen Kurfürsten um die Wende vom 15. zum 16. Jahrhundert, Diss. Freiburg i.Br. 1942.

VOGT, Werner: Meisenheim, in: HHistSt, Bd. 5: Rheinland-Pfalz und Saarland, hg. v. Ludwig PETRY, 3. Aufl. Stuttgart 1988, S. 231f.

– Sobernheim. Einst und jetzt, 2. erw. Aufl. Fischbach (Nahe) 1980.

– Sponheim, in: HHistSt, Bd. 5: Rheinland-Pfalz und Saarland, hg. v. Ludwig Petry, 3. Aufl. Stuttgart 1988, S. 358–360.

Vogtherr, Thomas: Die Anfänge des städtischen Urkundenwesens in Sachsen, in: La diplomatique urbaine en Europe au moyen âge. Actes du congrès de la Commission internationale de Diplomatique, Gand, 25–29 août 1998, hg. v. Walter Prevenier und Thérèse de Hemptinne, Leuven/Apeldoorn 2000 (Studies in Urban Social, Economic and Political History of the Medieval and Early Modern Low Countries 9), S. 535–557.

– Urkundenlehre, Hannover 2008 (Hahnsche Historische Hilfswissenschaften 3).

Voigt, Georg: Die Wiederbelebung des classischen Alterthums oder das erste Jahrhundert des Humanismus, 2. Aufl., Bd. 2, Berlin 1881.

– Enea Silvio de' Piccolomini, als Papst Pius der Zweite, und sein Zeitalter, 3 Bde., Berlin 1856, 1862, 1863.

Volk, Otto: Wirtschaft und Gesellschaft am Mittelrhein vom 12. bis zum 16. Jahrhundert, Wiesbaden 1998 (Veröffentlichungen der Historischen Kommission für Nassau 63).

Volkert, Wilhelm: Die älteren bayerischen Herzogsurbare, in: Blätter für oberdeutsche Namenforschung 7 (1966), S. 1–32.

– Die politische Entwicklung der Pfalz, der Oberpfalz und des Fürstentums Pfalz-Neuburg bis zum 18. Jahrhundert, in: Geschichte der Oberpfalz und des Bayerischen Reichskreises bis zum Ausgang des 18. Jahrhunderts, hg. v. Max Spindler und Andreas Kraus, 3. Aufl. München 1995 (Handbuch der Bayerischen Geschichte 3,3), S. 1–141.

– Kanzlei und Rat in Bayern unter Herzog Stephan II. 1331–1375 (Studien zur Verfassungsgeschichte Bayerns im 14. Jahrhundert), phil. Diss. masch. München 1952.

– Nachruf Hans Rall, in: ZBLG 61 (1998), S. 847–850

– Oberpfalz, in: Franken, Schwaben, Oberpfalz bis zum Ausgang des 18. Jahrhunderts, hg. v. Max Spindler, 2. Aufl. München 1979 (Handbuch der Bayerischen Geschichte 3,2), S. 1249–1386.

– Verwaltung im spätmittelalterlichen Bayern. Stand, Probleme und Perspektiven der Forschung, in: ZBLG 61 (1998), S. 17–32.

Voltmer, Ernst: Von der Bischofsstadt zur Reichsstadt. Speyer im Hoch- und Spätmittelalter (10. bis Anfang 15. Jahrhundert), in: Geschichte der Stadt Speyer, hg. v. Wolfgang Eger, Bd. 1, 2. Aufl. Stuttgart 1983, S. 249–368.

Vom Leben im späten Mittelalter. Der Hausbuchmeister oder Meister des Amsterdamer Kabinetts, hg. v. J. P. Filedt Kok, Amsterdam/Frankfurt a. M. 1985.

Vor dem großen Brand. Archäologie zu Füßen des Heidelberger Schlosses, hg. v. Landesdenkmalamt Baden-Württemberg, Stuttgart 1992.

Vorträge und Forschungen zur Residenzenfrage, hg. v. Peter Johanek, Sigmaringen 1990 (Residenzenforschung 1).

Voss, Wolfgang: Dietrich von Erbach. Erzbischof von Mainz (1434–1459). Studien zur Reichs-, Kirchen- und Landespolitik sowie zu den erzbischöflichen Räten, Mainz 2004 (QAMRhKG 112).

Wachauf, Helmut: Nürnberger Bürger als Juristen, Diss. Erlangen, Nürnberg 1972.

Wackerfuss, Winfried: Streitigkeiten zwischen dem Mainzer Erzbischof Dietrich von Erbach und dem Kurfürsten Friedrich dem Siegreichen von der Pfalz. Ein Beitrag zur Territorialgeschichte des 15. Jahrhunderts, in: Beiträge zur Erforschung des Odenwaldes und seiner Randlandschaften, Bd. 3, hg. v. Dems., Breuberg/Neustadt 1980, S. 146–192.

Wackernagel, Wolfgang D.: Heinrich von Beinheim, an Ecclesiastical Judge of the 15th Century, in: Essays in Legal History in Honor of Felix Frankfurter, hg. v. Morris D. Forkosch, Indianapolis u. a. 1966, S. 275–288.

Wagendorfer, Martin: Studien zur Historia Austrialis des Aeneas Silvius de Piccolominibus, Wien, München 2002 (MIÖG, Erg. Bd. 43).

Wagner, F.: Kanzlei und Urkundenwesen der fränkischen Hohenzollern von Mitte des 15. bis zur Mitte des 16. Jahrhunderts, in: AZ 10 (1885), S. 18–53.

Wagner, Friedrich Ludwig: Die adligen Geschlechter des Viertälergebietes von Bacharach, in: Mitteilungen der Westdeutschen Gesellschaft für Familienkunde 16 (1952–54), Sp. 19–30.

– Oberdiebach, in: HHistSt, Bd. 5: Rheinland-Pfalz und Saarland, hg. v. Ludwig PETRY, 3. Aufl. Stuttgart 1988, S. 268 f.
– Stadt Bacharach und Samtgemeinde der Viertäler, in: Jahrbuch für Geschichte und Kunst des Mittelrheins und seiner Nachbargebiete 6/7 (1954/55), S. 43–93.
– Steeg, in: HHistSt, Bd. 5: Rheinland-Pfalz und Saarland, hg. v. Ludwig PETRY, 3. Aufl. Stuttgart 1988, S. 364.
WAGNER, Kurt Ernst: Das brandenburgische Kanzlei- und Urkundenwesen zur Zeit des Kurfürsten Albrecht Achilles (1470–1486), phil. Diss. Berlin 1911.
WAGNER, Wolfgang Eric: Die Universität Heidelberg als Innovationszentrum? In: Die Wittelsbacher und die Kurpfalz im Mittelalter. Eine Erfolgsgeschichte? Hg. v. Jörg PELTZER u. a., Regensburg 2013, S. 295–310.
– Universitätsstift und Kollegium in Prag, Wien und Heidelberg. Eine vergleichende Untersuchung spätmittelalterlicher Stiftungen im Spannungsfeld von Herrschaft und Genossenschaft, Berlin 1999 (Europa im Mittelalter. Abhandlungen und Beiträge zur historischen Komparatistik 2).
– Verheiratete Magister und Scholaren an der spätmittelalterlichen Universität, in: Beträge zur Kulturgeschichte der Gelehrten im späten Mittelalter, hg. v. Frank REXROTH, Ostfildern 2010 (VuF 73), S. 71–100.
WALBRACH, Carl: Dieter von Ysenburg-Büdingen. Ein Erzbischof und Kurfürst vor der Reformation, in: Büdinger Geschichtsblätter 1 (1957), S. 7–50.
WALKER-MEIKLE, Kathleen: Medieval Pets, Woodbridge 2012.
WALTER, Ferdinand: Das alte Erzstift und die Reichsstadt Cöln. Entwicklung ihrer Verfassung vom fünfzehnten Jahrhundert bis zu ihrem Untergang, Bonn 1866.
WALTER, Peter: „Inter nostrae tempestatis Pontifices facile doctissimus". Der Wormser Bischof Johannes von Dalberg und der Humanismus, in: Der Wormser Bischof Johann von Dalberg (1482–1503) und seine Zeit, hg. v. Gerold BÖNNEN und Burkard KEILMANN, Mainz 2005 (QAMRhKG 117), S. 89–152.
WALTHER, Andreas: Kanzleiordnungen Maximilians I., Karls V. und Ferdinands I., in: Archiv für Urkundenforschung 2 (1909), S. 335–406.
WANDER, Karl Friedrich Wilhelm: Deutsches Sprichwörter-Lexikon, 5 Bde., Leipzig 1867, Nachdruck Kettwig 1987.
WANN, Wolfgang: Die alten Mainzer Archive, in: AZ 60 (1964), S. 100–130.
WARNKE, Martin: Hofkünstler. Zur Vorgeschichte des modernen Künstlers, Köln 1985.
WASSMANNSDORFF, Karl: Die Erziehung Friedrichs des Siegreichen, Kurfürsts von der Pfalz, Heidelberg 1886.
WATANABE, Morimichi: Humanism in the Tyrol: Aeneas Sylvius, Duke Sigmund, Gregor Heimburg, in: The Journal of Medieval and Renaissance Studies 4 (1974), S. 177–202.
– Imperial Reform in the Mid-Fifteenth Century: Gregor Heimburg and Martin Mair, in: The Journal of Medieval and Renaissance Studies 9 (1979), S. 209–235.
WEBER, Gertrud: Die selbständige Vermittlungspolitik der Kurfürsten im Konflikt zwischen Papst und Konzil 1437–38, Berlin 1915 (Historische Studien 127).
WEBER, J.: Das St. Guido-Stift in Speyer. Festschrift zur 900-Jahr-Feier der Gründung, Speyer 1930.
WEBER, Max: Wirtschaft und Gesellschaft. Grundriss der verstehenden Soziologie, Teil 1, Kap. 3, § 2, 1922, online unter: http://www.textlog.de/7353.html (16.01.2014).
WEBER, Wolfgang: Priester der Klio. Historisch-sozialwissenschaftliche Studien zur Herkunft und Karriere deutscher Historiker und zur Geschichte der Geschichtswissenschaft, 2. Aufl. Frankfurt a. M./New York 1987.
WEECH, Friedrich von: Badische Geschichte, Karlsruhe 1890.
– Ueber die Lehenbuecher der Kurfürsten und Pfalzgrafen Friedrich I. und Ludwig V. Zur fünfhundertjährigen Jubelfeier der Ruprecht-Carls-Universität in Heidelberg überreicht vom Grossh. General-Landesarchiv und der Badischen Historischen Commission, Karlsruhe 1886.
– Ueber das Lehenbuch des Bischofs von Speyer, Matthias Ramung, 1465 bis 1467, in: Beilage zur Festschrift des Vereins Herold, Berlin 1894, S. 131–144.

Weeda, Eduard J.: Maastricht, in: Plants and Habitats of European Cities, hg. v. John G. Kelcey und Norbert Müller, New York u. a. 2011, S. 237–274.

Wefers, Sabine: Das politische System Kaiser Sigmunds, Stuttgart 1989 (Beiträge zur Sozial- und Verfassungsgeschichte des Alten Reiches 10).

Weidenbach, A. J.: Das Nahetal. Historisch und topographisch dargestellt, Bd. 2, Koblenz 1870 (Rheinischer Antiquarius, Mittelrhein, 2. Abt., Bd. 17).

Weigel, Helmut: Kaiser, Kurfürst und Jurist. Friedrich III., Erzbischof Jakob von Trier und Dr. Johannes von Lysura im Vorspiel zum Regensburger Reichstag vom April 1454, in: Aus Reichstagen des 15. und 16. Jahrhunderts. Festgabe dargebracht der Historischen Kommission bei der Bayerischen Akademie der Wissenschaften zur Feier ihres hundertjährigen Bestehens von den Herausgebern der Deutschen Reichstagsakten, Göttingen 1958 (Schriftenreihe der Historischen Kommission bei der Bayerischen Akademie der Wissenschaften 5), S. 80–115.

– Männer um König Wenzel. Das Problem der Reichspolitik 1379–1384, in: DA 5 (1942), S. 112–177.

Weimar, P.: Ars notariae, in: LexMA, Bd. 1, München/Zürich 1980, Sp. 1045–1047.

Weinfurter, Stefan: Herzog, Adel und Reformation. Bayern im Übergang vom Mittelalter zur Neuzeit, in: ZBLG 10 (1983), S. 1–39.

Weisert, Hermann: Die Rektoren der Ruperto Carola zu Heidelberg und die Dekane ihrer Fakultäten 1386–1968, Heidelberg 1968 (Ruperto-Carola, Beiheft 43).

– Universität und Heiliggeiststift. Die Anfänge des Heiliggeiststifts zu Heidelberg, in: Ruperto-Carola 64 (1980), S. 55–77; ebd. 66 (1981), S. 72–87.

– u. a.: Rektoren – Dekane – Prorektoren – Kanzler – Vizekanzler – Kaufmännische Direktoren des Klinikums der Universität Heidelberg 1386–2006, Heidelberg 2007.

Weiss, J. G.: Geschichte der Stadt Weinheim an der Bergstraße, Weinheim 1911.

Weiss, Ulman: Die frommen Bürger von Erfurt. Die Stadt und ihre Kirche im Spätmittelalter und in der Reformationszeit, Weimar 1988.

– Sedis Moguntinae filia fidelis? Zur Herrschaft und Residenz des Mainzer Erzbischofs in Erfurt, in: Südwestdeutsche Bischofsresidenzen außerhalb der Kathedralstädte, hg. v. Volker Press, Stuttgart 1992 (VKgL Reihe B, 116), S. 99–131.

Weizsäcker, Julius: Der Pfalzgraf als Richter über den König, Göttingen 1886 (Abhandlungen der Königlichen Gesellschaft der Wissenschaften zu Göttingen 33).

– Vorwort, in: Deutsche Reichstagsakten unter König Ruprecht, Bd. 1, hg. v. Dems., Gotha 1882 (Deutsche Reichstagsakten. Ältere Reihe 4), S. I–XXIII.

Wenck, Karl: Johann von Eisenberg, Kanzler Friedrichs des Ernsthaften, in: Neues Archiv für sächsische Geschichte 21 (1900), S. 214–223.

Wendt, Achim: *Den stul der pfalsgraffschaft in dysze ubertrefflich burg zu verandern.* Zur Residenzbildung Heidelbergs im 13. und 14. Jahrhundert, in: Heidelberg. Jahrbuch zur Geschichte der Stadt 3 (1998), S. 9–30.

– *... mit wybe, kindern und aller ... habe hinder uns her gein Heidelberg gezogen.* Zur Residenzbildung Heidelbergs im 13. und 14. Jahrhundert, in: Heidelberg. Jahrbuch zur Geschichte der Stadt 4 (1999), S. 11–55.

– /Manfred Brenner: Das Heidelberger Schloß im Mittelalter. Bauliche Entwicklung, Funktion und Geschichte vom 13. bis zum 15. Jahrhundert, in: Mittelalter. Schloß Heidelberg und die Pfalzgrafschaft bei Rhein bis zur Reformationszeit, hg. v. Volker Rödel, Regensburg 2002, S. 165–181 (erstmals abgedruckt in: Mittelalter. Der Griff nach der Krone. Die Pfalzgrafschaft bei Rhein im Mittelalter, hg. v. Volker Rödel, Regensburg 2000, S. 165–181).

Werminghoff, Albert: Verfassungsgeschichte der deutschen Kirche im Mittelalter, Leipzig/Berlin 1913 (Grundriß der Geschichtswissenschaft II,6), S. 137.

Werner, Karl Ferdinand: Histoire comparée de l'administration. Une introduction au Colloque, in: Histoire comparée de l'administration (IVe–XVIIIe siècles), hg. v. Werner Paravicini und Dems., Zürich/München 1980 (Beihefte der Francia 9), S. IX–XXXIV.

WERNER, Michael/ZIMMERMANN, Bénédicte: Vergleich, Transfer, Verflechtung. Der Ansatz der Histoire croisée und die Herausforderung des Transnationalen, in: Geschichte und Gesellschaft 28 (2002), S. 607–636.
– Beyond Comparison. Histoire Croisée and the Challenge of Reflexivity, in: History and Theory 45 (2006), S. 30–50.
WIDDER, Ellen: Alltag und Fest am welfischen Fürstenhof im 15. und 16. Jahrhundert, in: Niedersächsisches Jahrbuch 72 (2000), S. 11–43.
– Der Amberger Hof 1474. Entstehung und Funktion der ältesten kurpfälzischen Hofordnung, in: *Manipulus florum*. Aus Mittelalter, Landesgeschichte, Literatur und Historiographie, hg. v. DERS. u. a., Münster 2000, S. 271–306.
– Hofordnungen im Niedersächsischen Reichskreis, in: Höfe und Hofordnungen 1200–1600, hg. v. Holger KRUSE und Werner PARAVICINI, Sigmaringen 1999 (Residenzenforschung 10), S. 457–495.
– Geschichtswissenschaft und Diplomatik des Spätmittelalters in Deutschland, in: Shigaku (The Historical Science. Keio University, Faculty of Letters) 79 (2010), S. 136–155 (auf Japanisch).
– Itinerar und Politik. Studien zur Reiseherrschaft Karls IV. südlich der Alpen, Köln u. a., (Forschungen zur Kaiser- und Papstgeschichte des Mittelalters. Beihefte zu J. F. Böhmer, Regesta Imperii 10).
– Kanzler und Kanzleien. Ein Beitrag zur Strukturgeschichte der spätmittelalterlichen Landesherrschaft, ungedr. Habilitationsschrift Münster 1995.
– Kanzler und Kanzleien. Neue Zugänge zur spätmittelalterlichen Diplomatik, in: The Multilateral Comparative Study on Resources for Humanities, hg. v. Koichi WATANABE, Tokyo 2010, S. 87–96 (auf Japanisch ebd., S. 59–68).
– Karriere im Windschatten. Zur Biographie Erzbischof Ruprechts von Köln (1427–1478), in: Vestigia Monasteriensia. Westfalen – Rheinland – Niederlande, hg. v. DERS. u. a., Bielefeld 1995 (Studien zur Regionalgeschichte 5), S. 29–72.
– Kirche, Dynastie und Landesherrschaft. Die Kurpfalz im Spätmittelalter, in: Mittelalter. Schloß Heidelberg und die Pfalzgrafschaft bei Rhein bis zur Reformationszeit, hg. v. Volker RÖDEL, Regensburg 2002, S. 75–84 (erstmals abgedruckt in: Der Griff nach der Krone. Die Pfalzgrafschaft bei Rhein im Mittelalter, hg. v. DEMS., Regensburg 2000, S. 75–84).
– Konkubinen und Bastarde. Günstlinge auf Zeit oder Außenseiter an Höfen des Spätmittelalters? In: Der Fall des Günstlings. Hofparteien in Europa vom 13. bis zum 17. Jahrhundert, hg. v. Jan HIRSCHBIEGEL und Werner PARAVICINI, Stuttgart 2004 (Residenzenforschung 17), S. 417–480.
– Skandalgeschichten oder Forschungdesiderate? Illegitime Verbindungen im Spätmittelalter aus geschichtswissenschaftlicher Perspektive, in: „… wir wollen der Liebe Raum geben". Konkubinate geistlicher und weltlicher Fürsten um 1500, hg. v. Andreas TACKE, Göttingen 2006 (Schriftenreihe der Stiftung Moritzburg 3), S. 38–92.
– (unter Beteiligung von Volker OHLENSCHLÄGER): Hofordnungen, in: Höfe und Residenzen im spätmittelalterlichen Reich. Hof und Schrift, hg. v. Werner PARAVICINI, Ostfildern 2007 (Residenzenforschung 15,3), S. 391–407.
WIDDER, Johann Goswin: Versuch einer vollständigen geographisch-historischen Beschreibung der Kurfürstl. Pfalz am Rheine, 4 Bde., Frankfurt, Leipzig 1786–1788, Nachdruck: Neustadt a. d. Aisch 1995.
WIEMANN, Kurt: Eckard von Ders, Bischof von Worms 1370–1405, Halle 1893 (Hallische Beiträge zur Geschichtsforschung 3).
WILD, Joachim: Beiträge zur Registerführung der bayerischen Klöster und Hochstifte im Mittelalter, Kallmünz (Oberpfalz) 1973 (Münchener Historische Studien. Abteilung Geschichtl. Hilfswissenschaften 12).
– Die Fürstenkanzlei des Mittelalters. Anfänge weltlicher und geistlicher Zentralverwaltung in Bayern, München 1983 (Ausstellungskataloge der staatlichen Archive Bayerns 16).
– Kanzlei, in: Höfe und Residenzen im spätmittelalterlichen Reich. Bilder und Begriffe, Bd. 1, S. 253–255.

– Lehenbücher, in: Historisches Lexikon Bayerns, online unter: http://www.historisches-lexikon-bayerns.de/artikel/artikel_45115 (16.09.2013).

Willoweit, Dietmar: Begriff und Wege verwaltungsgeschichtlicher Forschung, in: ZBLG 61 (1998), S. 7–16.

– Das juristische Studium in Heidelberg und die Lizentiaten der Juristenfakultät von 1386–1436, in: Semper Apertus. Sechshundert Jahre Ruprecht-Karls-Universität Heidelberg 1386–1986, Bd. 1, Berlin u. a. 1986, S. 85–135.

– Deutsche Verfassungsgeschichte. Vom Frankenreich bis zur Wiedervereinigung Deutschlands, 6. Aufl. München 2009.

– Die Entwicklung und Verwaltung der spätmittelalterlichen Landesherrschaft, in: Deutsche Verwaltungsgeschichte, hg. v. Kurt G. A. Jeserich u. a., Bd. 1, Stuttgart 1983, S. 66–143.

– Rezeption und Staatsbildung im Mittelalter, in: Akten des 26. Deutschen Rechtshistorikertages, hg. v. Dieter Simon, Frankfurt 1987, S. 19–44.

Wimmer, Mario: Archivkörper. Eine Geschichte historischer Einbildungskraft, Konstanz 2012.

– Die kalte Sprache des Lebendigen. Zu den Anfängen der Archivberufssprache, in: Sprachvollzug im Amt Kommunikation und Verwaltung im Europa des 19. und 20. Jahrhunderts, hg. v. Peter Becker, Bielefeld 2011 (1800 I 2000 Kulturgeschichte der Moderne 1), S. 45–75.

Windecken, Main-Kinzig-Kreis, in: Landesgeschichtliches Informationssystem Hessen (LAGIS). Historisches Ortslexikon, online unter: http://www.lagis-hessen.de/de/subjects/idrec/sn/ol/id/12426 (Stand: 19.5.2014).

Windelband, Wolfgang: Die Verwaltung der Markgrafschaft Baden zur Zeit Karl Friedrichs, Leipzig 1916.

Winterer, Christoph: Leere Gesichter und Wappen. Zur Welt der Zeichen in ‚Kaiser Heinrichs Romfahrt', in: Das Mittelalter 11,2, (2005), S. 71–97.

Winterfeld, Luise von: Handel, Kapital und Patriziat in Köln bis 1400, in: Pfingstblätter des Hansischen Geschichtsvereins, Bd. 16, Lübeck 1925.

Wintermayr, Felix: Andreas Planck, ein österreichischer Kanzler, in: Jahrbuch für Landeskunde von Niederösterreich NF 31 (1954), S. 81–90.

Wintterlin, Friedrich: Geschichte der Behördenorganisation in Württemberg, Bd. 1, Stuttgart 1904.

Wisplinghoff, Erich: Kurköln am Mittelrhein, in: Zwischen Rhein und Mosel. Der Kreis St. Goar, hg. v. Franz-Josef Heyen, Boppard am Rhein 1966, S. 49–58.

Wissen für den Hof. Der spätmittelalterliche Verschriftlichungsprozeß am Beispiel Heidelberg im 15. Jahrhundert, hg. v. Jan-Dirk Müller, München 1994 (Münstersche Mittelalter-Schriften 67).

Witte, Franz-Werner: Konrad von Boppard. Domherr, Reichsnotar, Propst (Köln, Boppard, Gemünden, Worms), Köln 2009 (Libelli Rhenani 29).

Wohlgemuth, Hanns: Das Urkundenwesen des deutschen Reichshofgerichts 1273–1378. Eine kanzleigeschichtliche Studie, Köln/Wien 1973 (Quellen und Forschungen zur höchsten Gerichtsbarkeit im Alten Reich 1).

Wolf, Armin: Das öffentliche Notariat, in: Handbuch der Quellen und Literatur der neueren europäischen Privatrechtsgeschichte, Bd. 1, hg. v. Helmut Coing, München 1973, S. 505–514.

Wolfert, Alfred F.: Die Wappen im Lehenbuch des Kurfürsten Friedrich I. von der Pfalz (1471), in: Beiträge zur Erforschung des Odenwaldes und seiner Randlandschaften, Bd. 4, hg. v. Wilfried Wackerfuss, Breuberg/Neustadt 1986, S. 279–344.

Wolff, Helmut: *Und er was frolich und wolgemut…* Zum Aufenthalt Kaiser Friedrichs III. 1471 in Nürnberg, in: Studien zum 15. Jahrhundert. Festschrift Erich Meuthen, hg. v. Johannes Helmrath und Heribert Müller, 2 Bde., München 1994, Bd. 2, S. 805–820.

Wolgast, Eike: Die kurpfälzische Universität 1386–1803, in: Semper Apertus. Sechshundert Jahre Ruprecht-Karls-Universität Heidelberg 1386–1986, Bd. 1, Berlin u. a. 1986, S. 1–70.

Wolkan, Rudolf: Neue Briefe von und an Niklas Wyle, in: Beiträge zur Geschichte der deutschen Sprache und Literatur 39 (1914), S. 524–548.

Wolter, Udo: Verwaltung, Amt, Beamter: Mittelalter, in: Geschichtliche Grundbegriffe. Historisches Lexikon zur politisch-sozialen Sprache in Deutschland, Bd. 7, Stuttgart 1992, S. 26–47.

Worstbrock, Franz Josef: Die *colores rethoricales* des Niklas von Wyle, in: *Respublica Guelpherbytana*. Wolfenbütteler Beiträge zur Renaissance- und Barockforschung. Festschrift Paul Raabe, hg. v. August Buck und Martin Bircher, Amsterdam 1987 (Chloe. Beihefte zum Daphnis 6), S. 189–209.
– Piccolomini, Enea Silvio, in: Die deutsche Literatur des Mittelalters. Verfasserlexikon, Bd. 7, Berlin/New York 1989, Sp. 634–669.
Wrede, Christ: Leonhard von München, der Meister der Prunkurkunden Kaiser Ludwigs des Bayern, Kallmünz 1980 (Münchener Historische Studien, Abteilung Geschichtliche Hilfswissenschaften 17).
Wunder, Bernd: Paradigmenwechsel in der deutschen Verwaltungsgeschichtsschreibung? In: Jahrbuch für europäische Verwaltungsgeschichte 9 (1997), S. 307–314.
Wunder, Gerd: Bäuerliche Oberschichten im alten Württemberg, in: Bauernschaft und Bauernstand 1500–1970, hg. v. Günther Franz, Büdinger Vorträge 1971–72, Limburg (Lahn) 1975, S. 137–151 (Deutsche Führungsschichten in der Neuzeit 8).
Würdinger, Joseph: Kriegsgeschichte von Bayern, Franken, Pfalz und Schwaben 1347 bis 1506, 2 Bde., München 1868.
Würth, V.: Ein unbekannter Propst des Ritterstifts St. Peter zu Wimpfen im Tal, in: Archiv für hessische Geschichte NF 8 (1912), S. 364.
Wüst, Günther: Pfalz-Mosbach (1410–1499). Geschichte einer pfälzischen Seitenlinie des 15. Jahrhunderts unter besonderer Berücksichtigung der Territorialpolitik, Diss. phil. Heidelberg 1976.
Zahnd, Urs Martin: Studium und Kanzlei. Der Bildungsweg von Stadt- und Ratsschreibern in eidgenössischen Städten des ausgehenden Mittelalters, in: Gelehrte im Reich. Zur Sozial- und Wirkungsgeschichte akademischer Eliten des 14. bis 16. Jahrhunderts, hg. v. Rainer Christoph Schwinges, Berlin 1996 (ZHF, Beiheft 18), S. 453–476.
Zechel, Artur: Studien über Kaspar Schlick. Anfänge – Erstes Kanzleramt – Fälschungsfrage. Ein Beitrag zur Geschichte und Diplomatik des 15. Jahrhunderts, Prag 1939 (Quellen und Forschungen aus dem Gebiete der Geschichte 15).
Zedler, Johann Heinrich: Großes vollständiges Universal-Lexikon, Bd. 57, Leipzig/Halle 1748 (Reprint Graz 1962), Sp. 1274–1277.
Ziche, Paul/Driel, Joppe van: Wissenschaft, in: Europäische Geschichte Online (EGO), hg. vom Institut für Europäische Geschichte (IEG), Mainz 2011-11-29. URL: http://www.ieg-ego.eu/zichep-drielj-2011-de URN: urn:nbn:de:0159-2011112141 (16.07.2015).
Ziegler, Walter: Die niederbayerischen Residenzen im Spätmittelalter, in: BllDtLG 123 (1987), S. 25–49.
– Studien zum Staatshaushalt Bayerns in der 2. Hälfte des 15. Jahrhunderts. Die regulären Kammereinkünfte des Herzogtums Niederbayern 1450–1500, München 1981.
Ziehen, Eduard: Mittelrhein und Reich im Zeitalter der Reichsreform, Bd. 1, Frankfurt a. M. 1934.
Zimerman, H.: Zur Geschäftsführung in der kaiserlichen Kanzlei im 15. Jahrhundert, in: MIÖG 2 (1881), S. 116–119.
Zimmermann, Bénédicte: La constitution du chômage en Allemagne. Entre professions et territoires, Paris 2001 (dt.: Arbeitslosigkeit in Deutschland. Zur Entstehung einer sozialen Kategorie, Frankfurt a. M. u. a. 2006).
Zimmermann, Fritz: Die strukturellen Grundlagen der bayerischen Zentralarchive bis zum Ausgang des 18. Jahrhunderts, in: AZ 58 (1962), S. 44–94.
Zimmermann, Karin: Der Heidelberger Rotulus aus dem Jahre 1401 (UAH XII,2 Nr. 33). Studien zu den Personennamen, Heidelberg 1996 (Beiträge zur Namenforschung NF, Beiheft 48).
– Wissenschaftliche Beschreibung Cod. Pal. germ. 168, online unter: http://www.ub.uni-heidelberg.de/digi-pdf-katalogisate/sammlung2/werk/pdf/cpg168.pdf (20.01.2014).
Zinkgräf, Karl: Weinheimer Bürgerbuch I. Die Bürgeraufnahmen aus der Zeit kurz vor dem 30jährigen Kriege bis zum Ende des Krieges 1612–1649, Weinheim a. d. B. (Weinheimer Geschichtsblatt 18).
Zinsmaier, Paul: Die älteren Siegel der Universität Heidelberg, in: ZGO 89 (1936), S. 1–20.
Zirngiebl, Eberhard: Die sogenannten Neuburger Kopialbücher, in: AZ NF 1 (1890), S. 241–261.

ZORN, Wolfgang: Anmerkungen zu Reichspolitik und Wirtschaftskraft zur Zeit König Ruprechts von der Pfalz, in: *Speculum historiale*. Festschrift Johannes Spörl, hg. v. Clemens BAUER u. a., Freiburg/München 1965, S. 486–490.

ZOTTER, Hans: Einbandkunde. Eine kleine stilgeschichtliche Einführung, neu bearb. v. Th. CSANÁDY, [Graz] 1999, online unter: http://static.uni-graz.at/fileadmin/ub/doc/sosa/ub-sosa-skriptum-einbandkunde.pdf (20.01.2014).

ZOTZ, Thomas: Adel in der Stadt des deutschen Spätmittelalters. Erscheinungsformen und Verhaltensweisen, in: ZGO 141 (1993), S. 22–50.

Zwischen Fürsten und Bauern. Reichsritterschaft im Kraichgau, hg. v. Clemens REHM und Konrad KRIMM, Sinsheim 1992 (Heimatverein Kraichgau, Sonderbd. 8).

Zwischen Rhein und Mosel. Der Kreis St. Goar, hg. v. Franz-Josef HEYEN, Boppard am Rhein 1966.

1. Einleitung und Fragestellung

Ist alles wolgeordent on die canzly, der[en] ist gar nicht gedacht und muß alles helfen betrachten, schriben, orden und befelhen, und niemand gedenkt ir. Diesen Satz notierte eine Hand im Jahre 1474 als Nachschrift in ein Heftchen mit Aufzeichnungen über eine Hochzeit. Es handelte sich dabei um die berühmte Amberger Fürstenhochzeit zwischen dem jungen Pfalzgrafen Philipp und der bayerischen Herzogstochter Margarete[1]. Der anonyme Autor formulierte in diesen wenigen Zeilen sein Unbehagen an dem von ihm offenbar deutlich empfundenen Missverhältnis zwischen Leistung und Würdigung der Kanzlei, von deren ‚guter Ordnung' er mit unverhohlenem Stolz spricht. Er unterließ es dabei nicht, ihre Aufgabenbereiche mit den Verben ‚betrachten, schreiben, ordnen und befehlen helfen' zu umschreiben, und kennzeichnete sie damit als die Schaltstelle der Verwaltung[2].

Unterstellt man der durch ihn vorgenommenen Reihung eine logische Grundstruktur, dann wäre darunter Folgendes zu verstehen: Der Betrachtung (oder Sammlung) von Sachverhalten und Rechten folgt ihre Verschriftung. Erst dadurch kann Ordnung geschaffen werden, die ihrerseits Befehle und damit Herrschaft ermöglicht. Hierbei leistet die Kanzlei Hilfestellung. Diesen für die Ausübung von Herrschaft außerordentlich bedeutenden Aufgabenbereichen der Kanzlei steht aber – so der Verfasser – keine adäquate Anerkennung ihres Wirkens gegenüber.

Im Gegensatz zu dieser Klage aus dem 15. Jahrhundert haben Kanzleien und ihre Geschichte in der wissenschaftlichen Erforschung der Vergangenheit seit langem eine Rolle gespielt. Die Annäherung erfolgte dabei von verschiedenen Seiten her. Zu nennen wären hier vor allem die mediävistische Teildisziplin Diplomatik, ferner Prosopographie sowie die eher frühneuzeitlich ausgerichtete Verwaltungs- bzw. Behördengeschichte. Zur Erforschung der Kanzlei scheint längst alles gesagt zu sein. Das dabei zur Anwendung gelangende methodische Instrumentarium entstammt in seinen wesentlichen Teilen dem 19. Jahrhundert. Wofür also noch einmal die Beschäftigung mit der spätmittelalterlichen Kanzlei? Verschiedene Gründe wären hier anzuführen. Einer der wichtigsten lautet, dass sich gerade in den letzten Jahrzehnten das Interesse am Spätmittelalter intensiviert hat. In diesem Zusammenhang kam es zu einer umfassenden Revision der verfassungsmäßigen Grundlagen dieser Epoche.

---

1 Vgl. Buchner, Quellen zur Amberger Hochzeit, S. 412; dazu auch Ders., Die Amberger Hochzeit; Widder, Der Amberger Hof 1474. – Allg. Schubert, Fürstliche Herrschaft, S. 84.

2 Zu dem für das Mittelalter zu problematisierenden Begriff Verwaltung vgl. den 1997 erschienenen Artikel von T. Simon im LexMA. Er kommt darin zu folgender Definition: „Faßt man V. hingegen allgemeiner als institutionalisiertes Handlungs- und Durchsetzungsinstrument jegl. Herrschaft, ist eine sinnvolle Verwendung dieses Wortes auch für die ma. Verfassungsstrukturen möglich" (Ders., Verwaltung, Sp. 1594). Ferner die Ausführungen bei Willoweit, Begriff und Wege, S. 7–11.

Aufgrund dieser veränderten bzw. sich weiter in Veränderung begriffenen Sichtweise erscheint es angemessen, sich der ‚Herrschaftszentrale‘ als einem Ort von Verwaltung erneut zuzuwenden. Dabei bedarf es aber zunächst einer Überprüfung und Klärung der Paradigmen, unter denen bislang die Erforschung von Kanzleien erfolgte. Erst damit kann der Weg frei gemacht werden, um einen neuen Blick auf die spätmittelalterliche Schaltstelle von Verwaltung zu werfen.

Das Konzept für die hier vorgelegte Studie wurde um die Mitte der vergangenen neunziger Jahre entwickelt. Zur damaligen Zeit erschien es der Verfasserin sachgerecht und sinnvoll. Was damals fehlte, war ein angemessener Begriff für das hier angewendete multiperspektivisch verschiedene Methoden bündelnde Vorgehen. Dies hat sich inzwischen geändert, wenngleich das hier einschlägige Forschungskonzept mit mittelalterlicher Geschichte bzw. mit der Mittelalterforschung zeitlich nichts zu tun hat. Es findet sich in den Arbeiten historisch arbeitender französischer Sozialwissenschaftlerinnen und -wissenschaftler. Gemeint ist die um das Jahr 2000 entwickelte sogenannte *Histoire croisée*, die in Deutschland mit dem Begriff „Verflechtungsgeschichte“ nur unzureichend übersetzt wird[3]. Sinnvoller wäre eine wortgetreue Übersetzung im Sinne von gekreuzter oder überkreuzter Geschichte. Die französische Soziologin Bénédicte Zimmermann legte 2001 eine Studie vor über „La constitution du chômage en Allemagne. Entre professions et territoires“[4]. Darin untersuchte sie in einem für französische Wissenschaftspublikationen typischen formalen Dreischritt das Phänomen ‚Arbeitslosigkeit in Deutschland‘ in einer multiperspektivischen Sichtweise. Damit verband sie den Anspruch, auf diese Weise nicht nur dem Phänomen, sondern gesellschaftlichen Wirkungen, Rückwirkungen und Wechselwirkungen, sprich Verschränkungen bzw. Verflechtungen, auf die Spur zu kommen.

Arbeitslosigkeit als „soziale Kategorie“ war für die Verfasserin nichts a priori Gegebenes, sondern etwas Geschaffenes. An dieser Konstruktion war aber nicht nur der Staat beteiligt, wie man es vielleicht auf den ersten Blick annehmen könnte. Um das Phänomen angemessen untersuchen zu können, galt es, erst einmal den Begriff in seiner Genese zu diskutieren, d. h. ihn damit zu historisieren. Daneben interessierten sie die Diskurse der Betroffenen einerseits und andererseits die Maßnahmen, die von staatlicher Seite hinsichtlich des Problems ergriffen wurden. Damit deutet sich bereits die multi- oder pluriperspektivische Sichtweise an, die dem Ansatz zugrunde liegt. Durch ihn wurde nicht nur die Vielschichtigkeit des Begriffs und Phänomens Arbeitslosigkeit erkennbar, sondern auch die gegenseitigen Beeinflussungen und Wechselwirkungsmechanismen.

Vermutlich war es bei der Ausformulierung des Ansatzes epistemologisch sehr vorteilhaft, dass sich die Verfasserin als französische Wissenschaftlerin mit der Arbeits-

---

[3] Vgl. De la comparaison à l’histoire croisée; Werner/Zimmermann, Vergleich, Transfer, Verflechtung; Dies., Beyond Comparison; Kaelble, Die Debatte über Vergleich und Transfer.

[4] Zimmermann, La constitution du chômage en Allemagne. Die deutsche Übersetzung erschien 2006 unter dem Titel: Arbeitslosigkeit in Deutschland. Zur Entstehung einer sozialen Kategorie.

losigkeit in einem anderen Land, nämlich Deutschland, befasste. Durch den Blick von außen auf einen – im Bereich der gewählten Problematik – fremden Nationalstaat und seine sozialen und politischen Gegebenheiten erwuchs ein geschärftes Problembewusstsein, das vermeintlichen Selbstverständlichkeiten und damit der unkritischen Annahme eines ‚Normalen' Einhalt gebietet bzw. diese hinterfragt.

Methodisch ging es Bénédicte Zimmermann einerseits um die Untersuchung kleinerer Einheiten in ihren Handlungszusammenhängen und ihrer Handlungslogik. Diese Phänomene der Mikroebene werden in eine Longue durée, d. h. in die Makroebene eingebunden. Dabei erweist es sich als unabdingbar, sowohl Zeit- wie Raumabstand zu variieren, verschiedene Ebenen zu betrachten und verschiedene Methoden zur Anwendung zu bringen.

In Sinne einer Histoire croisée, bei der im hier vorliegenden Fall der fremde Nationalstaat durch das fremde Mittelalter ersetzt wird, versteht sich die vorliegende Studie nicht als eine Kanzleigeschichte im traditionellen Sinn, sondern als etwas Neues. In diesem Sinne will auch sie sich mit etwas ‚Fremden' beschäftigen, nämlich mit dem, was man unter Kanzlern und Kanzleien, d. h. wesentlichen Elementen fürstlicher Zentralverwaltung, im Spätmittelalter verstanden hat. „Die Arbeit der selbstreflexiven Methodenkontrolle leistet die Histoire croisée vor allem durch die Pluralisierung der Sichtweisen. Die verschiedenen Blickwinkel auf den Gegenstand generieren zusätzliche Dimensionen der Wahrnehmung und verändern die Art und Weise, wie er erscheint. Gleichzeitig wird in einem Rückkopplungseffekt die Beobachterposition ihrerseits modifiziert"[5].

Im Sinne eines solchen Ansatzes sollen in der hier vorgelegten Studie eine Reihe von methodischen Zugängen eröffnet und eine Reihe von sehr unterschiedlichen Perspektiven eingenommen werden. Als erstes wird das Problem ‚Kanzlei' epistemologisch und methodologisch angegangen. Gerade die Wissenschaftsgeschichte der Kanzlei, beginnend im 19. Jahrhundert und fortgeführt bis in die neueste Zeit, trägt den verschiedenen Annäherungsweisen und ihren Wissenschaftstraditionen kritisch Rechnung[6]. Dies geschieht nicht nur mit Blick auf die deutsche Tradition bzw. die deutschen Traditionen, sondern in einem europäischen Rahmen. Konkret wird dabei die Forschungsgeschichte einer eingehenden Analyse unterzogen. Durch eine Historisierung des Themas ‚Kanzlei' und ihrer Erforschung lassen sich scheinbar unverrückbare wissenschaftliche Sachverhalte in ihrem Entstehungszusammenhang und ihrer historischen Gebundenheit erkennen.

Damit soll gleichzeitig verhindert werden, dass sich vermeintliche Wissenaxiome a priori in den Argumentationszusammenhang einschieben, weitergehende Aussagemöglichkeiten verhindern und letztlich zu Zirkelschlüssen führen. In diesem Zusammenhang müssen auch die bisher bei der Kanzleiforschung angewandten methodi-

5 Werner/Zimmermann, Vergleich, Transfer, Verflechtung, S. 636. Ich danke Jennifer Engelhard, Tübingen/Stuttgart, sehr herzlich für wichtige Hinweise.

6 Vgl. auch Ziche/Driel, Wissenschaft, S. 19–36.

schen Zugangsweisen einer kritischen Revision unterzogen werden. Gerade der Vergleich mit Frankreich und Italien lehrt, dass dort ganz andere Narrative wirken. Die Kanzleien als Orte und die Kanzler als Motoren der kulturellen Entwicklung genießen in den romanischen Ländern ein besonderes Forschungsinteresse, wobei, dies sei bereits verraten, dem spätmittelalterlichen Deutschland in dieser Hinsicht fast durchweg der zweifelhafte Rang einer Kulturwüste zugewiesen wird.

Nach dieser Dekonstruktion des bislang vorherrschenden Kanzleibegriffes und seiner wissenschaftshistorischen Gebundenheit sollen in einem zweiten Schritt die Auswirkungen der bisherigen Paradigmen anhand von verschiedenen Studienobjekten beobachtet und überprüft und die Frage danach gestellt werden, auf welche Art und Weise das bislang vorherrschende Kanzlei- und Kanzlerparadigma im Sinne einer Behörde mit festem Personal und geregelten Geschäftsgang überwunden werden kann, warum sich gerade die deutsche Forschung in verschiedene Zweige entwickelt hat (Gelehrte Räte, besonders Juristen, öffentliches Notariat, städtische Kanzleien, Stadtschreiber, etc.) und warum immer noch Methoden zur Anwendung kommen, die aus der früh- und hochmittelalterlichen Diplomatik übernommen wurden. Ferner sollen alternative Zugangsweisen erläutert, kritisch diskutiert und praktisch erprobt werden.

Am Beispiel der Kurpfalz folgt danach eine exemplarische Untersuchung der Kanzlei von ihren Anfängen bis in die zweite Hälfte des 15. Jahrhunderts mit den Schwerpunkten einer Prosopographie der leitenden Kanzleiangehörigen sowie einer funktionalen Analyse des kanzleiinternen Schriftgutes. Verzichtet wird dabei auf eine in neueren Forschungen für die zweite Hälfte des 14. Jahrhunderts und für Teile der ersten Hälfte des 15. Jahrhunderts erfolgte Schreiberuntersuchung in klassischer diplomatischer Art, wobei dieser Verzicht eingehend begründet wird. Als der Thematik angemessene Zugangsmethoden werden stattdessen die Prosopographie, verbunden mit einer Reihe von Mikrostudien, sowie die Analyse des internen Kanzleigeschäftsgutes und seines Funktionszusammenhangs, erprobt werden.

Die Kurpfalz ist deshalb reizvoll, weil sich an ihr die Entwicklung von einem wittelsbachischen Nebenland im 13. Jahrhundert zu einem jungen Kurfürstentum um die Mitte des 14. Jahrhunderts bis zum Königtum um die Wende zum 15. Jahrhunderts mitsamt den weiteren Ausformungen im selben Jahrhundert nachvollziehen lässt. Der Frage nachzugehen, wie sich die Verwaltung der Macht in der Zentrale gestaltete, ist ein ergiebiges Feld. Bei diesem diachronen Längsschnitt sollen an verschiedenen Stellen begründete Blicke auf Nachbarterritorien gerichtet werden. Hierbei geht es besonders um solche, die in jeweils spezifischen Wirkungszusammenhängen mit der kurpfälzischen Kanzlei stehen, nämlich Kurmainz und das Hochstift Speyer.

Diese Untersuchungsobjekte betreffen Schnittstellen, an denen von auswärts kommende Personen oder Personengruppen Leitungsfunktionen in der kurpfälzischen Kanzlei übernahmen und möglicherweise Innovationsschübe auslösten. Der Blick in die jeweils fremde Kanzlei dient dazu, einen wie auch immer gelagerten Entwicklungsstand der Kurpfalz zu überprüfen bzw. beide Entwicklungsstände miteinander zu vergleichen, um auf diese Weise auch zu generellen Aussagen über das Funktionieren von Fürstenkanzleien zu gelangen.

Darüber hinaus soll der Blick auf ‚verkreuzte Biographien‘[7] gerichtet werden; dies dient dem Ziel, generationenübergreifende Verwandtschaftszirkel und Netzwerke offen zu legen[8]. Gleichzeitig gelangt man über dieses Verfahren zu Kenntnissen über Formen der Vergesellschaftung, die auch jenseits der reinen Kanzlei-Tätigkeit Aufschlüsse zu Herkunft, Formation und Bindung dieser Personenkreise bieten.

Über die Einbandkunde, einem Zweig der Kodikologie, soll anschließend dem internen Geschäftsschriftgut der Kanzlei auf die Spur gekommen werden. Dieser Ansatz wird sowohl am Beispiel von Kurmainz in der Zeit um 1400 als auch für die Kurpfalz in den sechziger und siebziger Jahren des 15. Jahrhunderts zur Anwendung kommen. Schließlich sollen abschließend die normativen Regelungen der Zeit vergleichend analysiert und diskutiert werden. Dreh- und Angelpunkt dieser Analyse wird einer der ausgewiesensten Verwaltungsexperten des Spätmittelalters sein, der kurpfälzische Kanzler und Bischof von Speyer Matthias Ramung.

Ziel dieses multiperspektivischen und -methodischen Ansatzes ist, sich der Fürstenkanzlei des Spätmittelalters anzunähern, ohne in die klassischen Deutungsschemata zu verfallen. Gleichzeitig sollen damit Bausteine für eine neue Sichtweise des Phänomens gewonnen werden unter Verzicht auf eine (in teleologischer Tradition stehende) Modernisierungsgeschichte der Verwaltung[9].

---

[7] Zum Begriff „Biographie croisée“ vgl. GROSSMANN, Die Internationale der Konservativen, S. 28–33.

[8] Vgl. dazu auch SCHWINGES, Universität, soziale Netzwerke und Gelehrtendynastien, S. 57 f.

[9] Dazu MERGEL, Modernisierung.

2. Die Kanzlei als Forschungsgegenstand. Ein historischer Überblick

Trotz des in den letzten Jahren zu beobachtenden gesteigerten Interesses der Geschichtswissenschaft an ihrer fachlichen Genese galt dies für die Forschungsgeschichte der mittelalterlichen Kanzlei bislang kaum. Dies überrascht angesichts der Bedeutung des Phänomens für die Mediävistik. Für die Urkundenkritik des Früh- und Hochmittelalters erscheint die Kenntnis von der Kanzlei genauso unverzichtbar wie für das Verständnis der spätmittelalterlichen Staatlichkeit. Die Anfänge neuzeitlicher Kultur wurde in ihr ebenso verortet wie die des modernen Behördenwesens. Bei genauerem Hinsehen stellt man fest, dass vor einer Beschäftigung mit Problemen der mittelalterlichen Kanzlei eine Orientierung in der Forschungsgeschichte unverzichtbar ist, die Behandlung der Kanzlei geradezu ein Exempel für die vielschichtige Entwicklung des Faches darstellt. Diese Multiperspektivität der Sichtweise auf sie und ihr Personal soll zunächst untersucht werden, da ohne sie eine angemessene Behandlung des Phänomens unmöglich erscheint.

2.1 Mittelalterliche Kanzleigeschichte zwischen Archivgeschichte und Urkundenlehre

Für die Zeit des frühen und hohen Mittelalters war es besonders die Geschichte der Königskanzlei, die das wissenschaftliche Interesse erregte. Für die Untersuchung der Entstehungszusammenhänge von Urkunden als Ausdruck der herrscherlichen Tätigkeit war der Blick auf ihren Entstehungsort vonnöten. Kanzleigeschichte diente ursprünglich vornehmlich als Hilfsmittel der Diplomatik, da zur Klärung von Echtheit und Unechtheit von Urkunden die Kenntnis des Schreibpersonals und der Kanzleiorganisation von zentraler Bedeutung war[1]. Mit den seit dem Ende der dreißiger Jahre des 20. Jahrhunderts einsetzenden Untersuchungen von Hans-Walter Klewitz und – in dessen Weiterführung – von Josef Fleckenstein über die Hofkapelle der deutschen Könige verließ die Erforschung der Kanzleien in diesem Bereich das enge Feld der historischen Hilfswissenschaften und entwickelte sich zu einer Sozialgeschichte herrschaftswirksamer Gruppen[2].

---

1 Santifaller, Urkundenforschung, bes. S. 35–42.

2 Fleckenstein, Hofkapelle; zur Forschungsgeschichte ebd., Bd. 1, S. VII–XI, XVIII; ferner Ehlers, Entstehung des deutschen Reiches, S. 88 f. – Zum Spätmittelalter vgl. Fleckenstein, Hofkapelle, Bd. 1, Sp. 72 („Restgebilde"), sowie die Bemerkungen bei Schneider, Die Hofkapelle an Fürstenhöfen, bes. S. 62–66.

Das deutsche Königtum im Spätmittelalter blieb trotz vereinzelter Ansätze[3] von dieser Entwicklung zunächst ausgespart. Sich dabei mit der pragmatischen Aussage zu begnügen, die kritische Edition der spätmittelalterlichen Herrscherdiplome sei noch nicht so weit vorangeschritten, als dass sich parallel verlaufende Kanzleistudien als notwendig erwiesen hätten, wäre zu kurz gegriffen. Hier ist Erklärungsbedarf vonnöten, zumal dies nur die eine Komponente der Kanzleigeschichte als Hilfsmittel der Diplomatik kennzeichnet.

Bleibt man zunächst in diesem Bereich, dann stößt man auf zwei Hindernisse. Das eine ist ein forschungsgeschichtliches und besagt, dass sich das wissenschaftliche Interesse am deutschen Spätmittelalter erst in den letzten Jahrzehnten stärker geregt hat[4]. Das Spätmittelalter als die Zeit des Verrates und Sieges der Schwachen über das einst starke König- und Kaisertum ergab kein taugliches Identifikationsobjekt für die nationalistischen Regungen des 19. und frühen 20. Jahrhunderts[5]. Diese aus den Zeitgegebenheiten resultierende Distanz verband sich mit einem Überlieferungsproblem. Im Gegensatz zu den vorangegangenen Epochen beobachten wir für die beiden letzten Jahrhunderte des deutschen Mittelalters ein geradezu exponentiell verlaufendes Anwachsen der Schrift- und damit auch der Urkundenproduktion. Die Gründe dafür sind vielfältig und reichen vom Aufkommen des Papiers bis zu einem gesteigerten Bildungsverhalten weiter Kreise der Bevölkerung[6].

Für die Kanzleigeschichte kommt hinzu, dass im Spätmittelalter die Überlieferung den engen Bereich der Urkunden verließ und vermehrt Zeugen der inneren, d. h. kanz-

---

[3] Bis Ende der zwanziger Jahre erschienen: Lindner, Das Urkundenwesen Karls IV.; Böhmer/Huber, Die Kanzleiverhältnisse unter Karl IV.; Seeliger, Registerführung; Ders., Kanzleistudien I; Ders., Erzkanzler und Reichskanzleien; Forstreiter, Die deutsche Reichskanzlei und deren Nebenkanzleien Kaiser Sigmund's von Luxemburg; Noordijk, Kaiserliche Kanzleisprache im XV. Jahrhundert; Adler, Organisation der Centralverwaltung unter Maximilian I., bes. S. 47–59; Bauer, Register- und Konzeptswesen in der Reichskanzlei Maximilians I. bis 1502; Walther, Kanzleiordnungen Maximilians I., Karls V. und Ferdinands I.

[4] Vgl. Moraw, Von offener Verfassung zu gestalteter Verdichtung, S. 13; Schubert, König und Reich; Krieger, König, Reich und Reichsreform im Spätmittelalter, S. 55–61; Schneider, Zur Einführung, S. 12 f. – Hiervon hat die Erforschung der spätmittelalterlichen Königskanzlei profitiert; vgl. Moraw, Königliche Verwaltung im einzelnen, S. 38–41 (mit der neueren Literatur); ferner Hägermann, Studien zum Urkundenwesen Wilhelms von Holland; Bansa, Studien zur Kanzlei Ludwigs des Bayern; Moser, Das Kanzleipersonal Kaiser Ludwigs des Bayern; Ders., Personelle Beziehungen der Reichskanzlei; Moraw, Grundzüge einer Kanzleigeschichte Kaiser Karls IV.; Hlaváček, Das Urkunden- und Kanzleiwesen König Wenzels; Moraw, Kanzlei; Erkens, Über Kanzlei und Kanzler König Sigismunds; Heinig, Zur Kanzleipraxis unter Friedrich III.; Koller, Probleme der Schriftlichkeit und Verwaltung unter Kaiser Friedrich III.; Moser, Kanzlei Kaiser Maximilians I.

[5] Vgl. dazu Moraw, Von offener Verfassung zu gestalteter Verdichtung, in seinem Vorwort, S. 13; Schubert, Einführung in die Grundprobleme der deutschen Geschichte im Spätmittelalter, S. 1–4.

[6] Patze, Neue Typen des Geschäftsschriftgutes, S. 9–22, 60–64; Keller, Entwicklung der europäischen Schriftkultur, bes. S. 171–187; Giesecke, Sinnenwandel, Sprachwandel, Kulturwandel, S. 73–121; Clanchy, From Memory to Written Record, S. 29–59, 258–265.

leiinternen Schriftproduktion nachweisbar sind[7]. Diese erlauben wiederum Rückschlüsse darauf, welche entscheidenden Veränderungen in dem Moment eintraten, als Herrschaft begann, sich schriftgestützt weiterzuentwickeln[8]. Dass dieser Wandel den Zeitgenossen zumindest teilweise bewusst war, verdeutlicht unser eingangs vorgestelltes Zitat. Es belegt mit seiner Klage gleichzeitig, dass die Würdigung seiner positiven Auswirkungen für die Herrschaft aber noch keineswegs zum gesellschaftlichen Allgemeingut zählte, sondern zunächst wenigen Eingeweihten vorbehalten blieb.

Ohne hier fortzufahren, sind zunächst weitere Ausführungen zur Forschungsgeschichte der spätmittelalterlichen Kanzleien angebracht. Anders als die im Gegensatz zum Hochmittelalter deutlich vernachlässigte deutsche Königskanzlei gerieten diejenigen der einzelnen Landesherrschaften sehr wohl in den Blick der Forschung. Nach allem, was wir wissen, hatte dies nicht nur in Deutschland pragmatische Hintergründe, oder besser gesagt, Voraussetzungen. Sie stehen in engem Zusammenhang mit den Entwicklungen des 19. Jahrhunderts.

So waren im Zuge der politischen Neuordnungen durch den Wiener Kongress eine große Zahl ehemals selbständiger Territorien an das Königreich Preußen gefallen, deren prominenteste Vertreter die säkularisierten Hochstifter darstellten. Gemeinsam mit ihnen standen ihre bedeutenden, zum Teil sehr alten Archive zur Disposition. Angesichts der Frage nach ihrem weiterem Verbleib standen zwei Modelle zur Auswahl: zum einen das Prinzip der zentralen Aufbewahrung in der Hauptstadt nach dem Vorbild von Frankreich. Ihm folgten Bayern sowie die Länder Baden und Württemberg[9]. Damit konkurrierte das Modell eines dezentralen Verbleibes in der jeweiligen Region.

In Berlin entschied man sich unter dem damaligen Staatsminister Hardenberg mit der Gründung der Staatsarchive in den einzelnen preußischen Provinzen für die zweite Lösung[10]. Da mit der Gründung der staatlichen Archive ihre wissenschaftliche Erforschung spätestens seit 1852 fest intendiert war[11], öffneten sich neben den fortlaufenden Verwaltungszwecken erstmals auf breiter Basis Aufgabenbereiche für die

---

7 Vgl. Patze, Neue Typen des Geschäftsschriftgutes, S. 22–60.

8 Clanchy, Literacy, Law, and the Power of the State, bes. S. 33 f.

9 Vgl. Müller, Die neue Geschichte aus dem alten Archiv; Franz, Einführung in die Archivkunde, S. 11 f.; zu Bayern ferner: Jaroschka, Klostersäkularisation; zu den damit verbundenen Problemen, ebd., S. 103 f. – Zu Frankreich vgl. Moore, Restoring Order.

10 Als ein Argument dafür diente, dass die „geräuschvolle[...] Hauptstadt [...], wo vielfältige Zerstreuungen von Forschungen abziehen", deren wissenschaftlicher Erschließung nicht förderlich sei; zitiert nach Kehr, Ein Jahrhundert preußischer Archivverwaltung, S. 5; ferner Koser, Neuordnung des preußischen Archivwesens, S. VI–X; Müller, Die neue Geschichte aus dem alten Archiv, S. 47–50. – Zur Geschichtsforschung im preußischen Kernland Brandenburg vgl. den Überblick von Heinrich, Brandenburgische Landesgeschichte.

11 Vgl. Kehr, Ein Jahrhundert preußischer Archivverwaltung, S. 20; Brenneke, Archivkunde, S. 404. Skeptischer dazu: Müller, Die neue Geschichte aus dem alten Archiv, S. 36 f.; speziell zu Preußen jedoch ebd., S. 47 f.

Geschichtswissenschaft. Es zeigte sich dabei ein eklatanter Mangel an diplomatisch und archivarisch geschulten Fachleuten[12].

Spätestens in der Ära Bismarck stand ein starkes politisches Interesse hinter der Erforschung der Geschichte. „Und der Staat sollte sich in der Tat erinnern, dass er in seinen Archiven wirkliche Machtmittel hat, Hebel von außerordentlicher Kraft, auf die Gedanken der Menschen, auf die Überzeugungen und Meinungen im In- und Auslande einzuwirken; er sollte sich erinnern, dass die Geschichte eine höchst praktische Wissenschaft ist, für seine Interessen so praktisch wie nur Physik und Chemie für andere Verhältnisse", so formulierte es der Historiker Gustav Droysen im Jahre 1874 in einer Denkschrift an den preußischen Staatskanzler[13].

Ein anderer Aspekt trat hinzu. Besonders in den Jahrzehnten nach der Reichsgründung von 1870/71 gereichte die „Pflege der speziellen Landesgeschichte und die enge Verbindung der Archivverwaltung mit den historischen Kommissionen und Vereinen in den Provinzen" dem Ziel, „die geistigen Klammern mit den Provinzen zu verstärken"[14]. Mit anderen Worten, die Archive fungierten im 19. und frühen 20. Jahrhundert von staatlicher Seite als ein Mittel, die zeitgenössischen regionalen Strömungen, die sich mit der Gründung von Geschichtsvereinen Identifikationsmodelle in ihrer regional bzw. territorial definierten Vergangenheit suchten, in den preußischen Staat zu integrieren und damit unter obrigkeitlicher Kontrolle zu halten[15].

---

[12] Vgl. dazu Kehr, Ein Jahrhundert preußischer Archivverwaltung, S. 7.

[13] Zitiert nach Kehr, Ein Jahrhundert preußischer Archivverwaltung, S. 15; vgl. dazu auch Brenneke, Archivkunde, S. 404 f.; Behne, Geschichte aufbewahren, S. 280–282; Heinrich, Brandenburgische Landesgeschichte, S. 335–344; Mersiowsky, Tauschurkunden, S. 242 f. Zu Droysen u. a. Rüsen, Johann Gustav Droysen, S. 7–23. – Zu den „epistemische[n] Folgen" für die Geschichtsschreibung vgl. Müller, Die neue Geschichte aus dem alten Archiv, S. 37: Im „Rückgriff auf den Schatz der Archive [...] eigeneten sich die Geschichtsforscher nicht nur neue Informationen an, sondern vom allem eine spezifische Legitimität für historisches Erzählen."

[14] Kehr, Ein Jahrhundert preußischer Archivverwaltung, S. 18 f.; ferner der Leiter der preußischen Archivverwaltung Reinhold Koser (Ders., Über den gegenwärtigen Stand der archivalischen Forschung in Preußen, bes. S. 7, 14–20; zu ihm, ebd., S. 36). Die ‚Basis' repräsentiert der Mühlhausener Stadtarchivar Eduard Heydenreich, vgl. Ders., Archivwesen und Geschichtswissenschaft, bes. S. IIf., XIIf. – Schwierigkeiten bei der Integration zeigen sich bezeichnenderweise in der Abgrenzung der regionalen Geschichtsvereine von den politisch motivierten landesgeschichtlichen Forschungsbestrebungen der staatlichen Archive. So werden letztere etwa im Rheinland in der Retrospektive aus der Sicht der Geschichtsvereine nahezu vollkommen ignoriert; vgl. Braubach, Landesgeschichtliche Bestrebungen und historische Vereine im Rheinland, S. 10 f.; Hansen, Die Gesellschaft für Rheinische Geschichtskunde in den Jahren 1881–1906, S. 56, 78–84.

[15] Vgl.die Resolution des Gesamtvereins der deutschen Geschichts- und Altertumsvereine aus dem Jahre 1897: „Es ist eine größere Pflege der Heimathskunde in geschichtlicher Beziehung zu empfehlen, weil die Kenntniß der Geschichte der Heimath die Voraussetzung für das Gefühl der Zugehörigkeit zum Staatsganzen bildet"; Bernheim, Lokalgeschichte und Heimatkunde, S. 28; allg. Schorn-Schütte, Zur Wissenschaftsgeschichte der Landesgeschichtsschreibung, S. 396–401; Gerlich, Geschichtliche Landeskunde, S. 59–62. – Die zeitgenössi-

Nach diesem Seitenblick auf die politischen Motivationen, die die Öffnung und Erschließung der Archive begleiteten, sei noch einmal auf die zeitlich parallel verlaufende Entwicklung der Diplomatik verwiesen. In den sechziger Jahren des 19. Jahrhunderts revolutionierte Theodor Sickel mit seinen „Beträgen zur Diplomatik" sowie den „Acta regum et imperatorum Karolinorum" die Lehre von den Urkunden. Seine diplomatische Methode gipfelte in der Forderung nach Erforschung der Kanzleimäßigkeit als dem maßgeblichen Echtheitskriterium der mittelalterlichen Diplome. Hierzu diente neben dem Diktatvergleich besonders die Ermittlung und Untersuchung der Schreiberhände anhand der erhaltenen Originale[16].

Es versteht sich fast von selbst, was dies für die Erforschung der Kanzleien bedeutete, deren Aufbau und deren Personal als Grundlage für die Urkundenkritik schlagartig in den Mittelpunkt des Erkenntnisinteresses rückten. Dabei wurde die „Anwendbarkeit des Prinzips der Schriftvergleichung" nicht nur auf die Papsturkunden ausgedehnt, sondern auch auf die „älteren deutschen Privaturkunden"[17]. Da mit dieser Entwicklung der Diplomatik aufgrund ihrer scheinbaren methodischen Exaktheit eine quasi naturwissenschaftliche Überprüfbarkeit[18] zuzukommen schien, entwickelte sie sich in Verbindung mit ihrer politischen Verwertbarkeit neben der traditionellen Hermeneutik zu einer anerkannten Disziplin innerhalb der Geschichtswissenschaft, der aber ihr Charakter als ‚Hilfswissenschaft' anhaften blieb[19].

Es dürfte kaum zu unterschätzen sein, welche Konsequenzen die Vermittlung der Urkundenlehre im Rahmen der Archivarsausbildung in der Ende des 19. Jahrhunderts auch im Deutschen Reich nach dem Vorbild des Wiener Instituts für österreichische Geschichtsforschung gegründeten Archivschule in Marburg/Berlin (1894) zeitigte[20]. „Die Kanzlei ist ja für das Archiv Vater und Mutter zugleich", formulierte Franz von

schen Archivare wussten andere Gründe anzuführen. Der Mühlhausener Stadtarchivar Eduard Heydenreich benannte 1900 allein drei: 1) „das mächtig geweckte Nationalbewußtsein", 2) der Verzicht auf „die letzten patrimonialen Rechte" des Staatswesens, „jeder Bürger leistet dem Staat und hat Anteil an des Staates Gut und Leistung", 3) „der ernste Wille, unseres Volkes Geschichte in ihrem ganzen Umfang und auf gediegenen Grunde aufzubauen"; Heydenreich, Archivwesen und Geschichtswissenschaft, S. 17 f.; ferner ebd., S. 38 f. – Zur heutigen Situation vgl. Jakobi, Archive und Geschichtsbewußtsein.

16 Bresslau, Handbuch der Urkundenlehre, Bd. 1, S. 42–44; Brühl, Entwicklung der diplomatischen Methode, S. 23 f.

17 Bresslau, Handbuch der Urkundenlehre, Bd. 1, Zitat S. 44; ebd., S. 614–617; Bernheim, Lehrbuch der Historischen Methode, S. 299–306.

18 Zu den bereits um die Jahrhundertwende bestehenden Legitimationsnöten der Geschichtswissenschaft gegenüber den Naturwissenschaften und deren Brandmarkung als „moderne Scholastik" vgl. Bernheim, Lehrbuch der Historischen Methode, S. 101–145, bes. S. 144; allg. Berg, Mediävistik – eine „politische Wissenschaft", S. 318 f., 322.

19 Die quasi naturwissenschaftliche Exaktheit wird inzwischen von berufener Seite angezweifelt; vgl. Fichtenau, Zur gegenwärtigen Lage der Diplomatik, S. 8 f.

20 Vgl. Brenneke, Archivkunde, S. 405; Burkhardt, Die Historischen Hilfswissenschaften in Marburg. – Zum Curriculum der bereits 1821 gegründeten Archivschule am Bayerischen Reichsarchiv zu München vgl. Löher, Archivlehre.

Löher in seiner 1890 erschienen ‚Archivlehre', für lange Zeit dem Standardwerk der Archivarsausbildung[21]. Die Erforschung der landesherrlichen Kanzleien bewegte sich dabei in einem Spannungsfeld, das sich von zwei Richtungen her aufbaute. Zum einen galt es als unbestritten, dass die Entwicklung und Organisation „der Kanzleiverhältnisse an den Fürstenhöfen [...] nach dem Muster der Reichskanzlei [erfolgte], dem man sich mehr oder minder eng anschloß"[22]. Zum anderen sah man in der Verwaltung des modernen entwickelten Anstaltsstaates, für deren Archive die Archivarsausbildung erfolgte, die logische und bruchlose Fortführung der mittelalterlichen Verhältnisse[23].

Die Grundlegung der diplomatischen Methode durch Theodor Sickel hat wissenschaftliche fundierte Kanzleistudien zum Ausgangspunkt jeder weiteren Beschäftigung mit Urkunden gemacht. Anders als in Wien, wo man auch nach der Durchsetzung der kleindeutschen Lösung weiter das Augenmerk auf die Reichsebene richtete[24] und die Zeit des Spätmittelalters zumindest im Auge behielt[25], hat man sich in Preußen sicher nicht zufällig anderen Bereichen zugewandt[26]. Die wissenschaftliche Erschließung und Ordnung der Archivalien in den einzelnen Staatsarchiven führten zu einer Fülle von Untersuchungen zur territorialen Verwaltungsgeschichte, in deren Zusammenhang das spätmittelalterliche landesherrliche Kanzleiwesen mit behandelt wurde[27]. Dabei wirkten die von der preußischen Archiv-Verwaltung gelegten Grundlagen und die Erfordernisse einer verwaltungsmäßigen Durchdringung und Homogenisierung der archivalischen Ordnung allgemein befruchtend[28]. Wie viel Politik dabei im Spiel war, belegt

---

21 Löher, Archivlehre, S. 96.

22 Bresslau, Handbuch der Urkundenlehre, Bd. 1, S. 614. Dies deckte sich mit der besonders durch Georg von Below vertreten Annahme des „Staatscharakters" des Reiches, worin landesherrliche Herrschaft nur auf dem Wege der Delegation (oder der Usurpation) möglich war; vgl. Krieger, König, Reich und Reichsreform, S. 55 f.

23 Instruktiv ist ein Zitat des langjährigen Leiters des bayerischen Staatsarchivs Franz von Löher in seiner 1890 erschienenen ‚Archivlehre': „Seit der kaiserlichen Hofgerichtsordnung von 1235 war bei den deutschen Archivaren [!] von der Doppelseite ihres Berufes die juristische [im Gegensatz zur historischen] mehr und mehr hervorgetreten" (ebd., S. 105); wörtlich zitiert bei Heydenreich, Archivwesen und Geschichtswissenschaft, S. 3 (dort ohne Seitenangabe).

24 Zur Edition der Diplomata-Reihe der MGH seit 1875 in Wien durch Theodor Sickel vgl. Brühl, Gli atti sovrani, S. 26 f. – Zur relativ späten Öffnung des österreichischen Staatsarchivs in den sechziger Jahren des 19. Jahrhunderts; Heydenreich, Archivwesen und Geschichtswissenschaft, S. 27–29.

25 Vgl. Moraw, Von offener Verfassung zu gestalteter Verdichtung, S. 13; Boockmann, Das fünfzehnte Jahrhundert und die Reformation, S. 16 f.

26 Zur „preußisch-kleindeutschen Schule" innerhalb der Geschichtswissenschaft vgl. auch Jaeger/Rüsen, Geschichte des Historismus, S. 86–92; zu den Hintergründen ferner Schulze, „Von den großen Anfängen des neuen Welttheaters", S. 13 f.

27 Vgl. den Überblick bei Bresslau, Handbuch der Urkundenlehre, Bd. 1, S. 615, Anm. 1; Kehr, Ein Jahrhundert preußischer Archivverwaltung, S. 7. Diese Beschäftigung lief parallel mit der Organisation und Homogenisierung der Verwaltung in den einzelnen preußischen Teilregionen, da die Archive Teile der Administration blieben.

28 Heydenreich, Archivwesen und Geschichtswissenschaft, S. 29–33; Brenneke, Archivkunde, S. 403–408. – Dass dabei besonders in Preußen die 1896/97 erfolgte verbindliche Einfüh-

ein Wort des obersten preußischen Archivars Heinrich von Sybel: „Schon jetzt hat die Erfahrung gezeigt, dass für uns das Interesse der Staatsklugheit und der wissenschaftlichen Kultur ein und dasselbe ist. Es gibt keine bessere Propaganda für das Ansehen Preussens in der Welt, als die authentische Kenntnis der preussischen Geschichte“[29]. Es erklärt sich allein von daher, dass dabei besonders Behördenapparat und Kanzleien der Hohenzollern und diejenigen ihrer mittelalterlichen Territorien als vermeintliche Urformen des preußischen Staates bevorzugte Untersuchungsobjekte abgaben[30]. Dies

---

rung des Provenienzprinzips eine Rolle gespielt hat, mag dahingestellt bleiben, liegt aber nahe. So hieß es in der bereits 1881 entstandenen entsprechenden Denkschrift von Max Lehmann: „Der Historiker wird, […] sobald die Akten nach willkürlich gewählten, angeblich ‚sachlichen‘ Gesichtspunkten zerstreut werden, zu beklagen haben, dass auf diese Weise unmöglich gemacht wird, die Geschichte der betreffenden Behörde zu schreiben“; zitiert nach Schwineköper, Geschichte des Provenienzprinzips, S. 64; ferner ebd., S. 48 f., 63–65; Franz, Einführung in die Archivkunde, S. 45; Kehr, Ein Jahrhundert preußischer Archivverwaltung, S. 16 f.; Brenneke, ebd., S. 405 f.

29 Zitiert nach Heydenreich, Archivwesen und Geschichtswissenschaft, S. 31; zu den Hintergründen Jaeger/Rüsen, Geschichte des Historismus, S. 90 f. – Zu Sybel, 1875 durch Bismarck anstelle von Max Duncker zum Direktor der preußischen Staatsarchive ernannt und im Amt bis 1895, vgl. Brenneke, Archivkunde, S. 405 f.; Berg, Mediävistik – eine „politische Wissenschaft“, S. 319–322; Mommsen, Deutsche Geschichtswissenschaft im 19. Jahrhundert, S. 83–85; Müller, Die neue Geschichte aus dem alten Archiv, S. 44–47.

30 Vgl. z. B. das Vorwort bei Stölzel, Brandenburg-Preußens Rechtsverwaltung, Bd. 1, S. III: „… so ist es gegenwärtig mein Ziel, aus den Verhältnissen heraus, welche den Großstaat Preußen schufen, die Entstehung der deutschen Ministerialinstanzen zu entwickeln“. – Es folgt eine chronologische Auswahl von Titeln des 19. und frühen 20. Jahrhunderts zur preußischen Verwaltungsgeschichte, in denen das Mittelalter mitbehandelt wird: Isaacsohn, Geschichte des Preußischen Beamtenthums, Bd. 1 (1874); Bornhak, Geschichte des preußischen Verwaltungsrechts, Bd. 1 (1884); Wagner, Kanzlei- und Urkundenwesen der fränkischen Hohenzollern (1885); Stölzel, Brandenburg-Preußens Rechtsverwaltung (1888); Holtze, Die märkischen Kanzler (1889); Lewinski, Brandenburgische Kanzlei und Urkundenwesen (1893); Holtze, Die ältesten märkischen Kanzler (1894); Schmoller, Einleitung. Ueber Behördenorganisation, Amtswesen und Beamtenthum (1894); Priebatsch, Brandenburgische Kanzlei (1900); Hintze, Hof- und Landesverwaltung in der Mark Brandenburg (1906); Spangenberg, Hof- und Zentralverwaltung der Mark Brandenburg im Mittelalter (1908); Wagner, Brandenburgisches Kanzlei- und Urkundenwesen (1911); Klinkenborg, Die Begründung des markgräflich brandenburgischen Archivs im 15. Jahrhundert (1911); Schapper, Die Hofordnung von 1470 und die Verwaltung am Berliner Hofe (1912); Klinkenborg, Ratsstube und Kanzlei in Brandenburg im 16. Jh. (1913); Arndt, Die brandenburgische Kanzlei unter Kurfürst Johann (1913); Bier, Urkundenwesen und Kanzlei der Markgrafen von Brandenburg aus dem Hause Wittelsbach (1907); Lukas, Das Registerwesen der Hochmeister des Deutschen Ritterordens (1921). – Zu Bier, Klinkenborg und Spangenberg vgl. Leesch, Die deutschen Archivare, S. 65 f., 316, 579; allg. zu den Geschichtsbemühungen im Bereich der Kurmark: Gerlich, Geschichtliche Landeskunde, S. 65 f.; Heinrich, Brandenburgische Landesgeschichte. – Hinzugefügt werden sollte, dass mit dem Riedelschen Codex diplomaticus Brandenburgensis eine zwar diplomatisch unzureichende, doch das 15. Jahrhundert abdeckende Quellenedition vorlag. Dazu auch Heinrich, ebd., S. 332 f.

deckt sich mit ähnlichen Tendenzen in Bayern[31], Württemberg[32] und Baden[33] oder den norddeutschen welfischen Territorien[34]. Gerade für letztere war die Beschäftigung mit der eigenen Vergangenheit und der Herrscherdynastie, die sich am trefflichsten im Spätmittelalter miteinander verbanden, eine Form der Bewältigung eines realen Machtverlustes durch die Eingliederung in das Deutsche Reich ab 1870/71[35].

Von archivarischer Seite lassen dabei sich nicht nur Kritik in terminologischer Hinsicht, sondern deutliche Emanzipationstendenzen von der auf das Mittelalter gerichteten historischen Diplomatik erkennen[36]. So deutete 1890 Max Josef Neudegger in einem Aufsatz in der Archivalischen Zeitschrift die Probleme, für Schlüsselereignisse der politischen Geschichte einschlägige Urkunden zu finden, „die er, der Diplomatiker, gerade am meisten sucht, die er auch regelmässig nicht findet", in folgender Weise: „weil er meistens kein Archivar und Mann der Verwaltung ist, die Staatspraxis nicht

---

31 Rosenthal, Geschichte des Gerichtswesens und der Verwaltungsorganisation Bayerns, Bd. 1 (unter ausdrücklichem Hinweis auf die Forschungen in Preußen; ebd., S. Vf.); Riezler, Geschichte Bayerns, Bd. 3, S. 678 f.; Ferchl, Bayerische Behörden und Beamte 1550–1804; Neudegger, Geschichte der pfalz-bayerischen Archive der Wittelsbacher; Ders., Die Hof- und Staats-Personaletats der Wittelsbacher in Bayern; zu ihm Leesch, Die deutschen Archivare, Bd. 2, S. 432; allg. Heydenreich, Archivwesen und Geschichtswissenschaft, S. 33; Gerlich, Geschichtliche Landeskunde, S. 56 f.

32 Mehring, Beiträge zur Geschichte der Kanzlei der Grafen von Württemberg; Wintterlin, Geschichte der Behördenorganisation in Württemberg, Bd. 1, S. 1–52, bes. S. 15–19; Schneider, Zur Geschichte des württembergischen Staatsarchivs; zu ihnen vgl. Leesch, Die deutschen Archivare, Bd. 2, S. 393, 541, 674 f.; ferner Georgii-Georgenau, Fürstlich Württembergisch Dienerbuch. Hinzuweisen ist in diesem Zusammenhang auf die ab 1916 erscheinenden Württembergischen Regesten von 1301 bis 1500. Sie begannen mit der Bearbeitung von Alt-Württemberg (auf das sie sich bis heute beschränken), d. h. mit dem angestammten Territorium der bis 1918 herrschenden Dynastie.

33 Vgl. Weech, Badische Geschichte (zur Kanzlei sehr knapp, S. 59); zu ihm Leesch, Die deutschen Archivare, Bd. 2, S. 654; John, „Zur Förderung der Kenntnis der Geschichte", S. 177 f.; Fester, Das älteste Urbar der Markgrafschaft Baden; sowie die von Dems. u. a. herausgegebenen Regesten der Markgrafen von Baden; zu ihm vgl. Leesch, ebd., S. 151; Carlebach, Badische Rechtsgeschichte, Bd. 1, S. S. 12–16; Herkert, Das landesherrliche Beamtentum der Markgrafschaft Baden, S. 31–44; Andreas, Geschichte der badischen Verwaltungsorganisation, Bd. 1; Windelband, Die Verwaltung der Markgrafschaft Baden; allg. Gerlich, Geschichtliche Landeskunde, S. 58 f.

34 Vgl. die Ausführungen und Nachweise bei Widder, Hofordnungen im Niedersächsischen Reichskreis, S. 477; Dies., Alltag und Fest am welfischen Fürstenhof, S. 15–18.

35 Den Bereich dieser politischen Motivation belegt das Zitat: Die „örtliche[…] Verwaltungsgeschichte" diene dem Zweck, daraus „das Ewige, Bleibende für Pflege von Land und Leuten, Staat und Gesellschaft schließlich aufzufinden. […] Die Regierungen bekommen hierdurch allmählig revidirte, staatseigene, öffentlich kontrolirbare Maximen in die Hand, die dann auch nicht so leicht mehr berührt werden können von des Tages Noth und Widerstreit, die besonders dazu verhelfen, dass wieder ein Festes, eine Autorität erreicht wird, und der Zustand der andauernden Fluktuation der Gesetzes=Politik […] eine Beschränkung finde"; Neudegger, Hof- und Staats-Personaletats der Wittelsbacher in Bayern, Jg. 26,1 (1889), hier S. 9.

36 Vgl. Neudegger, Geschichte der pfalz-bayerischen Archive der Wittelsbacher, Teil 1, S. 211 f.

kennt, deren Elemente heute wie vor tausend Jahren dieselben sind, weil er der Organisation, der Verwaltungsgeschichte von Amt und Kanzlei nicht näher, noch weniger ihr auf den Grund nachsieht“[37].

Besonders in der preußischen universitären Forschung und Lehre wurde um dieselbe Zeit die Verwaltungsgeschichte zum Thema. Als Protagonisten wären hier vor allem Georg von Below, Gustav Schmoller und dessen Schüler Otto Hintze zu nennen[38]. Ein zeitlicher Entstehungsschwerpunkt der wissenschaftlichen Untersuchungen im engeren Sinne fällt in die beiden letzten Jahrzehnte des 19. und die beiden ersten des 20. Jahrhunderts[39]. Dabei handelt es sich – keineswegs zufällig – exakt um den Zeitraum, in dem „in den fortgeschrittenen Industrieländern das Moment der tendenziell bürokratischen Organisation in den verschiedensten Lebensbereichen immer stärker“ hervortrat[40]. Es entstanden damals eine Fülle von Studien, die sich alle darin ähnelten, dass der Staat als ausgeformter moderner Verwaltungs- und Behördenstaat definiert wurde, der Untersuchungsschwerpunkt in der Frühen Neuzeit lag und die Anfänge der Entwicklung im Mittelalter gesucht und gefunden wurden[41]. Für Otto Hintze wurzelte das moderne (preußische) Beamtentum im germanischen Gefolg-

---

[37] Ebd., S. 210. Bezeichnenderweise zog er nicht in Betracht, dass im Mittelalter, anders als im 19. Jahrhundert, wesentliche Entscheidungen in Politik und Verwaltung eben nicht schriftlich fixiert worden sind. Stattdessen sieht er ihr Fehlen in der allgemeinen Überlieferung ausschließlich in der Tatsache begründet, dass dafür „eben die Kanzler (Cancellati cancellantes), die Sekretäre (Secernentes), die Geheimschreiber zu sorgen“ hatten (ebd., S. 211). – Aus dem Archivdienst rekrutierten sich (ab 1881) insgesamt nur 10 Prozent der Hochschullehrer im Fach Geschichte; vgl. WEBER, Priester der Klio, Tab. 12, S. 122 und S. 124.

[38] Vgl. HARTUNG, Entwicklung der Verfassungsgeschichtsschreibung, S. 23–42; BÖCKENFÖRDE, Die deutsche verfassungsgeschichtliche Forschung im 19. Jahrhundert, S. 197–199; OEXLE, Georg von Below, S. 291–296, 305–310; BRUCH, Gustav Schmoller; OESTREICH, Otto Hintze und die Verwaltungsgeschichte; MOMMSEN, Deutsche Geschichtswissenschaft im 19. Jahrhundert, S. 94 f.; NEUGEBAUER, Otto Hintze; GROTHE, Zwischen Geschichte und Recht, S. 57–60, 74, 80. – Der bayerische Archivar Max Joseph NEUDEGGER nahm für sich 1921 in Anspruch, das Thema Anfang der 1880er Jahre angestoßen zu haben; vgl. DERS., Geschichte des Geheimen Rats, S. 3 f. Dazu seine programmatischen Ausführungen mit der Forderung einer neuen Editionsreihe namens „Denkmäler der deutschen Staatsverwaltung“ alias „Monumenta Germ. regiminalia“ im Sinne einer „Naturgeschichte der Regierungskultur“; ebd., S. 4–6 (Zitate S. 5 und 6). Zum Konzept der Reihe ebd., S. 9 f.

[39] Vgl. die instruktive Aufzählung bei BRESSLAU, Handbuch der Urkundenlehre, Bd. 1, S. 615, Anm. 1 (Stand: 1911/12); ergänzend dazu MORAW, Entfaltung der Territorien, S. 83–85, Anm. 56 (Stand: 1983/84); ferner die Literaturliste im Artikel „Kanzlei“ im DRW, Bd. 7, hier Sp. 7 f.

[40] Zum zeithistorischen Hintergrund vgl. KOCKA, Otto Hintze, Max Weber und das Problem der Bürokratie, S. 151 f. (Zitat ebd., S. 151); STÜRMER, Gesellschaftskrise und Bürokratie in Preußen-Deutschland, S. 11, 17–20.

[41] Zu den Hintergründen vgl. OEXLE, Otto von Gierkes ‚Rechtsgeschichte der deutschen Genossenschaft‘, S. 210–212. – Zum „preußische[n] Militär- und Behördenstaat“ als „Paradigma, Modell und Zentrum“ der verfassungsgeschichtlichen Vergleiche Hintzes; vgl. KOCKA, Otto Hintze, Max Weber und das Problem der Bürokratie, S. 152–157, Zitat S. 157; ferner DERS., Otto Hintze.

schaftswesen und formierte sich im Spätmittelalter aus dem „Dienstverhältnis der ritterlichen Ministerialen“ einerseits und dem „Dienstvertrag der Juristen, der ‚gemieteten Doktoren‘“ andererseits[42]. Der Entstehungsort dieses neuen Berufsstandes war der Fürstenhof des ausgehenden 15. Jahrhunderts[43]. Für den Verfasser ragte gerade im Kanzleramt „das alte Hofämterwesen noch in die moderne Zeit der Staatsministerien hinein. Die Kanzlei war ja die einzige feste behördenmäßige Organisation der alten Fürstenhöfe; in ihr konzentrierten sich die Regierungs- und Verwaltungsgeschäfte am Hofe.“[44]

Es ergibt sich aus dem umrissenen Zusammenhang, dass als Autoren häufig Archivare und angehende Archivare verantwortlich zeichneten. Denn eine Reihe von Untersuchungen entstand in Zusammenhang mit der Erstellung von Repertorien zur Erschließung der archivalischen Bestände[45] sowie – in zweiter Linie – mit regional, territorial oder dynastisch ausgerichteten Urkundenbüchern, Regestenwerken oder sonstigen Quellenpublikationen[46]. Diese wurden ihrerseits wiederum – dies sollte

---

[42] „In diesen beiden Verhältnissen steckt die doppelte Wurzel des neuen Beamtentums“; Hintze, Der Beamtenstand, S. 29–35, Zitat S. 32. Vgl. dazu Erbe, Otto Hintzes Sicht von der Entstehung des modernen Beamtentums, S. 89. – Gustav Schmoller bemerkte zur Landesherrschaft des 14. und 15. Jahrhunderts: „Ueberall hielt es schwer, das Princip einzuführen, dass zum Wegreiten vom Hofe amtlicher Urlaub nöthig sei“; Schmoller, Ueber Behördenorganisation, Amtswesen und Beamtenthum, S. (52).

[43] Hintze, Der Beamtenstand, S. 35 f.

[44] „Die Notwendigkeit der Anwendung des großen Siegels bei fürstlichen Schenkungen, Lehnsverleihungen, Privilegien und sonstigen Gnadenakten gab dem Hofbeamten, der dieses Siegel in Verwahrung hatte, eben dem Kanzler, eine Art von verfassungsmäßiger Rechtskontrolle über die wichtigsten Akte der fürstlichen Regierungstätigkeit“; Hintze, Die Entstehung der modernen Staatsministerien, S. 120 f. Hintzes Deutung der Entwicklung in England und Frankreich; ebd., S. 121. Zu den Staatssekretären ebd., S. 123 f.

[45] Der preußische Archivar Paul Richter notierte 1911, dass „das ältere Registerwesen und seine Technik zur Zeit mehr in den Vordergrund des Interesses getreten ist“; Richter, Kurtrierische Kanzlei, S. VI. – Kanzleiforschung ergibt sich schlüssig aus dem traditionellen Aufgabenbereich des Archivars: „Jede archivische Ordnung soll von der Struktur des zu bearbeitenden Schriftguts ausgehen. Innerhalb des im Regelfall durch den Provenienzgrundsatz abgegrenzten Bestandes wird der Archivar, wo dies irgend tunlich ist, zunächst auf der überkommenen, registraturmäßigen Ordnung aufbauen“; Franz, Einführung in die Archivkunde, S. 86 [Hervorhebungen im Original]; Behne, Geschichte aufbewahren, S. 285. – Ein neueres Beispiel für eine aus der archivarischen Praxis hervorgegangenen Kanzleiuntersuchung findet sich bei Karl E. Demandt, dem Bearbeiter der Regesten der Grafen von Katzenelnbogen; vgl. Demandt, Rheinfels und andere Katzenelnbogener Burgen, S. 51–59. Der Verfasser spricht ausdrücklich von der „Zentralverwaltung, wie sie in den benachbarten geistlichen und weltlichen Territorien allenthalben seit Ende des 14. Jahrhunderts begonnen hatte“ und die er bei den Katzenelnbogenern vermisste. „Lediglich die Kanzlei und die aus ihrer Tätigkeit erwachsene Registratur mit dem daraus hervorgegangenen Archiv bedurften eines festen Sitzes“; ebd., S. 52.

[46] „Man kann mit gutem Grund sagen, dass die große Zeit der Edition von Urkundenbüchern von der Mitte des 19. Jahrhunderts bis in das erste Viertel des 20. Jahrhunderts reichte. Diese Urkundenbücher enthalten neben einer kleinen Zahl von Kaiser- und Papsturkunden in der

nicht vergessen werden – zur Grundlage für die seit der ersten Hälfte des 20. Jahrhunderts aufblühende landesgeschichtliche Forschung[47]. Entscheidend für unsere Fragestellung ist, dass diese verwaltungsgeschichtlichen Einzelstudien noch heute entscheidend unser Wissen – oder sollte man besser sagen, unsere Vorstellung – von der landesherrlichen Kanzlei des Spätmittelalters bestimmen[48].

Es gehört zu den geschichtswissenschaftlichen Allgemeinplätzen, dass historische Fragestellungen, die bekanntermaßen „jeder historischen Arbeit voran[gehen], weil diese sonst ufer- und ziellos würde", nicht voraussetzungslos erfolgen, sondern den „Bindungen, Erfahrungen und Wertvorstellungen der eigenen Person, ihrer Umgebung und ihrer Zeit verhaftet sind"[49]. Hier sollte ergänzt werden, dass nicht nur die Fragestellung und das damit verbundene Erkenntnisinteresse zeitgebunden ist, sondern auch die Vorstellungserwartungen, die an die Vergangenheit herangetragen werden oder – mit anderen Worten – auf deren Basis Vergangenheit konstruiert wird. Geradezu idealtypisch in seiner Programmatik äußerte sich in diesem Zusammenhang Paul Fridolin Kehr als Leiter der preußischen Archiv-Verwaltung in seiner 1924 gehaltenen Rede: „Das Zentralarchiv des Staates soll das Abbild der Zentralverwaltung sein und die Summe der Zentralbehörden darstellen, und was sind denn die Archive anders als eine Art von historischer Projektion des Staates selbst und seiner Organe?"[50] Indem Kehr die Archive samt ihrer Überlieferung mit dem Staat und seinen Organen gleich-

Hauptsache Privaturkunden vom 12. Jahrhundert bis zum Ausgang des Mittelalters"; Patze, Landesgeschichte, Teil 1, S. 24. – Ein gutes Beispiel bieten die zahlreichen Quellenpublikationen zum brandenburgischen Markgrafen Albrecht Achilles, der zu einem Großen Preußen des Spätmittelalters in Parallele zum Großen Kurfürsten oder seinem Enkel stilisiert wurde; vgl. die in den neunziger Jahren des 19. Jahrhunderts in der Reihe der Publikationen aus den K. Preußischen Staatsarchiven veröffentlichte, dreibändige Politische Correspondenz des Kurfürsten Albrecht Achilles, hg. v. Felix Priebatsch; vgl. ferner das 1850 erschiene, zweibändige Kaiserliche Buch des Markgrafen Albrecht Achilles; sowie 1857: Das funfft Merkisch Buech des Churfuersten Albrecht Achilles. Zu den überaus zahlreichen preußischen Publikationen zur Behörden- und Verwaltungsgeschichte vgl. oben. – Allg. Kehr, Ein Jahrhundert preußischer Archivverwaltung, S. 11; Franz, Einführung in die Archivkunde, S. 104. – Für das Königreich Württemberg vgl. die seit 1916 publizierten und von Gebhard Mehring bearbeiteten Altwürttembergischen Regesten; ferner aus demselben Jahr: Mehring, Beiträge zur Geschichte der Kanzlei der Grafen von Württemberg.

47 Vgl. Patze, Landesgeschichte, Teil 1, S. 24–28; Gerlich, Geschichtliche Landeskunde, S. 70; Rück, Historische Hilfswissenschaften nach 1945, S. 5 f.; als zeitgenössische Stimme: Heydenreich, Archivwesen und Geschichtswissenschaft, S. 38 f.

48 Noch die heutige Literatur stützt sich in hohem Maß auf diese Arbeiten. Vgl. z. B. die Literaturangaben bei Willoweit, Entwicklung und Verwaltung, S. 106–108; Moraw, Entfaltung der Territorien, S. 83–85; Trusen, Anfänge des gelehrten Rechts, S. 215–221; Theuerkauf, Zur Typologie spätmittelalterlicher Territorialverwaltung.

49 Vgl. Goetz, Proseminar Geschichte Mittelalter, S. 191 und 193.

50 Kehr, Ein Jahrhundert preußischer Archivverwaltung, S. 20; zu ihm vgl. den knappen biographischen Überblick bei Leesch, Die deutschen Archivare, Bd. 2, S. 299 f. (mit der weiteren Literatur).

setzte, musste logischerweise auch das zeitgenössische Bild vom Staat auf die Vergangenheit übertragbar sein bzw. übertragen werden[51].

In diesen Worten des prominenten Mediävisten, Diplomatikers, obersten Archivars und damit ranghohen staatlichen Verwaltungsbeamten Kehr spiegeln sich konsequent seine Vorstellung vom Staatscharakter des Reiches seit seinen Anfängen mitsamt der damit verbundenen folgerichtigen und bruchlosen Entwicklung zum modernen Anstaltsstaat. Dessen embryonale Urform muss in der Vergangenheit, d. h. im Mittelalter, lediglich gesucht werden[52]. Die Annahme eines festen Behördenschemas und einer stringenten Verwaltungsorganisation kennzeichnet alle Kanzleiuntersuchungen aus dieser Zeit. Es versteht sich fast von selbst, dass auch Theodor Sickel sich bei seiner anhand der Untersuchung der Karolingerdiplome gewonnenen methodischen Grundlegung der modernen Diplomatik von der Vorstellung der Kanzlei als Behörde leiten ließ[53]. Daher erklärt sich meines Erachtens auch die merkwürdige Verschränkung von

---

51 Hartung, Entwicklung der Verfassungsgeschichtsschreibung, S. 20–42; Böckenförde, Die deutsche verfassungsgeschichtliche Forschung im 19. Jahrhundert, S. 197–199; ferner Klewitz, *Cancellaria*, S. 45 f.; das Problem wird angerissen bei Moraw, Personenforschung und deutsches Königtum, S. 11 f.

52 Vgl. den Überblick über „Sieben Zeitalter der deutschen Archivgeschichte“ bei Löher, Archivlehre, S. 1–197; ferner das Vorwort der 1908 publizierten Untersuchung von Spangenberg, Hof- und Zentralverwaltung der Mark Brandenburg im Mittelalter: „Die bekannten Werke über die Geschichte des Beamtentums und der Verwaltung des preußischen Staates geben nur knappe Übersichten über die Anfänge der Entwicklung, wie sich denn überhaupt die Erforschung der inneren Geschichte des Landes mit Vorliebe der Neuzeit zuwandte“. Auch Siegfried Isaacsohn sah bereits 1874 das „preußische Beamtenthum“ als Träger der „inneren Landesverwaltung, auf der nicht in letzter Reihe der Machtaufschwung unseres Staates beruht“; Isaacsohn, Geschichte des preußischen Beamtenthums, Bd. 1 (1415–1604), S. III. – Über Albrecht Achilles heißt es bei Priebatsch, Politische Korrespondenz, Bd. 1, S. 7: „Kein anderer verfügte aber auch über ein solches Heer geschulter Beamten für Diplomatie und Verwaltung, alle in ihrem Wesen gewisse Züge ihres Herrn tragend, alle, auch wenn sie schließlich in fremde Dienste übertraten, ihm treu ergeben“. – Allg. zum Problem: Böckenförde, S. 202–209, bes. S. 203 f.; Schorn-Schütte, Stadt und Staat, S. 231 f.

53 Vgl. Klewitz, *Cancellaria*, S. 44–50; Fleckenstein, Hofkapelle, Bd. 1, S. 74–79. Als Beispiel mögen die Bemerkungen von Gerhard Seeliger zur mittelalterlichen Reichskanzlei, dem immer wieder postulierten Vorbild für die landesherrlichen Kanzleien, dienen: „Lange war ja die Kanzlei der Mittelpunkt des geschäftlichen Lebens am Königshof, die wichtigste Behörde des Reiches, in der alle bedeutenderen Regierungshandlungen vollzogen wurden und in deren Organisation Natur und Wesen der gebietenden Centralgewalt selbst zum Ausdrucke kam. […] Denn die Erzkanzler genossen gleich den Kanzlern stets in den Behörden, deren Organ die Kanzlei war, in dem Maße großen Einfluß, als ihre Bemühungen um eine Einwirkung auf die Kanzleiverwaltung gute Erfolge erlangten. In der Entwickelung ihrer Beziehungen zur Reichskanzlei tritt daher in untrüglichster Klarheit ihr Verhältnis zur Centralregierung überhaupt hervor“; Seeliger, Erzkanzler und Reichskanzleien, S. 2. – Es erwies sich als ausgesprochen schwierig, in der Literatur eine Definition des Begriffs Behörde sowie eine Schilderung ihres Funktionierens zu finden; einen guten, gerafften Überblick bietet Opgenoorth, Einführung in das Studium der neueren Geschichte, S. 111–120.

Kanzlei- und Verwaltungsstudien. Sie unterscheiden sich zwar in Hinblick auf den Untersuchungszeitraum und die Quellentypen[54]. So befasst sich das Gros der diplomatischen Kanzleistudien vornehmlich mit dem Früh- und Hochmittelalter als Epoche und den Urkunden als Quellengruppe, während sich die Verwaltungsstudien auf die Frühe Neuzeit mit ihrer reichen Aktenüberlieferung konzentrieren[55]. Wichtig erscheint mir dabei jedoch, dass das jeweils zugrundegelegte Institutionenmodell in beiden Fällen ganz offensichtlich das gleiche war, getreu dem 1928 gedruckten, wenngleich überzeitlich gemeinten Lehrsatz: „Jede geordnete Verwaltung (Verwaltung im weitesten Sinne genommen) bedarf bestimmter Aufzeichnungen über ihre Geschäfte. Diese können 1. Hilfsmittel sein, die die Gleichmäßigkeit der Handhabung sichern und damit auch der Arbeitssparung dienen wie Formelbücher, Sammlungen von Vorschriften, Verordnungen, 2. Dienstordnungen, die den Geschäftsgang regeln, 3. Verzeichnisse, die den Auslauf bzw. Einlauf an Urkunden und Akten [...] bei einer Behörde verzeichnen, die die Ausgaben und Einnahmen anmerken, Verzeichnisse, in denen man die Ansprüche auf gewisse Rechte eintrug u. ä.“[56]

---

[54] Und sie werden von daher in den Lehrbüchern auch an unterschiedlicher Stelle behandelt; vgl. Bauer, Einführung in das Studium der Geschichte, S. 246 f. und S. 271 f.

[55] Dies zieht sich bis in die jüngsten Publikationen vgl. Hochedlinger, Aktenkunde; Eckardt, Paläographie; Schmid, Akten; Kloosterhuis, Amtliche Aktenkunde. Für das frühe 20. Jahrhundert vgl. Meisner, Urkunden- und Aktenlehre; Ders., Aktenkunde; Ders., Archivalienkunde.

[56] So 1928 Bauer, Einführung in das Studium der Geschichte, S. 277. Ähnlich in der bis heute maßgeblichen Einführung in die Diplomatik; Santifaller, Urkundenforschung, S. 35: „In Kanzleien, die schon besser organisiert und in ihrer Entwicklung weiter fortgeschritten sind, entstehen dann mitunter oft bis ins einzelne gehende Vorschriften, Kanzleiordnungen, Kanzleiregeln u. dgl., die uns über den Gang der Beurkundung und der gesamten Geschäftsführung unterrichten und damit unsere, zunächst aus den Urkunden selbst gewonnenen Kenntnisse der Kanzleigewohnheiten ergänzen und erweitern“. Ähnlich kann man es heute noch lesen, wenn es in der Dauerausstellung des Baden-Württembergischen Hauptstaatsarchivs in Stuttgart zu dem ca. 1290 entstandenen Rotulus des Habsburger Urbars heißt: „Das Rodel dokumentiert, wie früh die Habsburger begannen, ihre Rechte und Einnahmen systematisch aufzuzeichnen und eine geordnete Verwaltung ihrer Besitzungen auszubauen“ (Stuttgart, Hauptstaatsarchiv, H 162 Bd. 1). – Zur politischen Dimension von Archiv und Verwaltung vgl. Wimmer, Die kalte Sprache des Lebendigen, S. 65–69.

2.2 Zwischen Dilemma und Krise. Die Erforschung landesherrlicher Kanzleien im ‚posteditorischen Zeitalter'

Mit der im frühen 20. Jahrhundert vorangeschrittenen Ordnung der Archive und den politischen Umwälzungen der ersten Jahrhunderthälfte wurde es still um die Weiterentwicklung der theoretischen Orientierung archivgeschichtlicher Forschung[57]. Ähnliches gilt für die diplomatische Methode, die bis heute – so die Kritik – über den Stand der Handbücher von Bresslau, Erben und Redlich kaum hinausgekommen ist[58]. Dies ist einer der Gründe für ihre seit einigen Jahrzehnten diagnostizierte „Krise"[59].

Fast möchte man sagen, logischerweise, bedient sich der Großteil von mediävistisch-diplomatischen Kanzleistudien zur spätmittelalterlichen Landesherrschaft bis in die jüngere Zeit einer Methodik, die ganz den Sickelschen Forderungen verpflichtet ist. Sie zielen auf dieselben bereits erläuterten Erkenntnisbereiche ab, d. h. sie rücken die Urkunden und die damit in Zusammenhang stehenden Schreiberbestimmungen in den Mittelpunkt ihres Forschungsinteresses[60]. Dies führt zu einer Reihe von Problemen im Rahmen des Erkenntnishorizontes. Erklärtes Ziel ist, die ‚Kanzlei' des jeweiligen Landesherrn zu ermitteln. Obwohl inzwischen nicht nur die historischen Lehrbücher vor einer zu institutionellen Auffassung von Kanzlei in schon fast als rhetorisch zu bezeichnender Form warnen, ermittelt man rein methodisch über das gewählte Verfahren lediglich einen Schreiberbestand, der unter Beibehaltung der traditionellen Deutungsmuster dann wiederum doch als Widerspiegelung einer Institution mit Behördencharakter erscheint[61]. Dieses Verfahren führt einerseits zur Ausblendung gan-

---

57 Vgl. Behne, Geschichte aufbewahren, S. 280–282.

58 Rück, Historische Hilfswissenschaften nach 1945, S. 6; Kruisheer, Kanzleianfertigung, Empfängeranfertigung, S. 256–263, 293–300.

59 Vgl. Rück, Historische Hilfwissenschaften nach 1945, u. a. S. 11; Brühl, Gli atti sovrani, S. 21.

60 Vgl. Kruisheer, Kanzleianfertigung, Empfängeranfertigung, S. 256–263, 293–300. – Dies betrifft besonders die zahlreichen Arbeiten aus der Münchener Schule von Hans Rall; dazu Rall, Die Kanzlei der Wittelsbacher; ferner die Überblicke von Dems., in: Zeitschrift für bayerische Landesgeschichte 47 (1984), S. 933 f.; ebd. 52 (1989), S. 774 f.; ebd. 56 (1993), S. 928 f.; sowie Volkert, Verwaltung. In jüngerer Zeit erschienen Lucha, Kanzleischriftgut (zu Herzog Albrecht III. von Bayern-München), hier S. 103–175; ferner Ettelt-Schönewald, Kanzleischriftgut (zu Herzog Ludwig dem Reichen von Bayern-Landshut); Spiegel, Urkundenwesen (zu Ruprecht I. [und Ruprecht II.] von der Pfalz). Die Ansätze von Rall finden sich auch bei Lackner, Hof und Herrschaft, S. 13, 218–332; Holzapfl, Kanzleikorrespondenz, S. 11–13.

61 Vgl. z. B. die Thesen der Rall-Schülerin Beatrix Ettelt zum „Berufsbeamtentum" des 15. Jahrhunderts: „Innerhalb dieses ‚Berufsbeamtentums' war eine Karriere möglich, d. h. man konnte vom Rentschreiber zum Rentmeister, vom Kanzleischreiber zum Kanzler aufsteigen"; Ettelt, Gerichts- und Verwaltungsorganisation, S. 125.

zer Untersuchungsbereiche und zum anderen zu einer relativen Hilflosigkeit gegenüber Phänomenen, die nicht in das Modell von der Kanzlei als Behörde passen[62].

Auch im Kreis der Diplomatiker regte sich bereits methodische Kritik, die sich im Vorwurf eines „normativen Apriorismus“ in Hinblick auf die Kanzlei zuspitzte[63]. Es ergeben sich im Bereich der Urkundenüberlieferung folgende Dilemmata: Erstens, anders als in der Königskanzlei des Früh- und Hochmittelalters spielt bei dem großen Urkundenausstoß des Spätmittelalters das Erkennen von Fälschungen aufgrund des verschiedenen Quellenwertes nur noch eine marginale Rolle[64]. Von daher stellt sich die Frage nach der Kanzleigemäßheit als Echtheitskriterium nur am Rande, d.h. die Impulse für Kanzleiuntersuchungen als Ausgangspunkt der Urkundenkritik blieben weitgehend aus. In diesen Zusammenhang gehört eine zweite Beobachtung. Die hohe Schriftproduktion legte eine Arbeitsteilung innerhalb der Kanzlei nahe. Die leitenden Köpfe waren nicht mehr mit den ausführenden Schreibern, den Mundatoren, identisch. Auch hier erweist sich ein klassisches Betätigungsgebiet der Diplomatik, nämlich der Schreibervergleich, kaum noch als erkenntnisfördernd, sondern im Gegenteil

---

62 Für Richard Heuberger war das Problem der „Ämterkumulation“, d.h. der „Verwendung der Beamten ohne Rücksicht auf ihren ordnungsmäßigen Wirkungskreis“, ein sichtliches Greuel, wobei er allerdings einräumen musste, dass es „für das ganze Verwaltungswesen des Mittelalters von hervorragender Bedeutung war“; HEUBERGER, Urkunden- und Kanzleiwesen der Grafen von Tirol, S. 174. – Vgl. auch VOLKERT, Kanzlei und Rat in Bayern unter Herzog Stephan II., S. 123–125, angesichts der „merkwürdig[en]“ Tatsache, dass in den fünfziger Jahren des 14. Jahrhunderts der „am meisten beschäftigte Urkundenschreiber gleichzeitig auch der Kanzleivorstand gewesen sein soll“ (ebd., S. 123). Sein Erklärungsversuch erhält einen grundsätzlichen Charakter, wenn er einen Auslöser für die Entstehung der fürstlichen Kanzleien im 13. und deren Anwachsen im 14. Jahrhundert darin sieht, dass „mit dem Wachsen des schriftlichen Verkehrs der Regierungsgewalt neue Aufgaben gestellt wurden. Wenn nun diese Pflichten und die Notwendigkeit, umfangreichen Schriftverkehr zu pflegen, wegfallen oder verringert werden, so muß dies unbedingt einen Verfall der bestehenden Verwaltungseinrichtungen zur Folge haben.“ In diesem Zusammenhang betrachtete er „weit auseinanderliegende Territorien“ als Motoren der Entwicklung, da der Fürst durch sie gezwungen wurde, „den Beamtenstab zu vergrößern, Boten- und Schriftverkehr einzurichten, eine Stelle zu deren Lenkung zu schaffen – die Kanzlei nämlich“ (ebd., S. 124). – Ein weiteres Beispiel ist die bis auf den heutigen Tag vieldiskutierte zeitweilige Verpachtung der königlichen Hofkanzlei an den Erzbischof von Mainz in der 2. Hälfte des 15. Jahrhunderts; vgl. MORAW, Die königliche Verwaltung im einzelnen, S. 39; SEELIGER, Die kurmainzische Verwaltung; SCHMOLLER, Ueber Behördenorganisation, Amtswesen und Beamtenthum, S. (53). – Vgl. ferner unten, Kap. 3.5.2: Die kurpfälzische Kanzlei in der Zeit Pfalzgraf Ludwigs III. (1410–1436).

63 KRUISHEER, Kanzleianfertigung, Empfängeranfertigung, S. 276. „daß die Kanzlei nach festen Regeln arbeitet, dass man diese Regeln kennenlernen kann, indem man die häufiger (und auch die weniger häufig) vorkommenden Formen zusammenstellt; daß man die außerhalb der Kanzlei angefertigten Urkunden am Fehlen von so als ‚normal‘ erkannten Kanzleiformen und am Vorhandensein von Formen, die man in den ‚normalen‘ Kanzleianfertigungen nicht oder selten vorfindet, erkennen kann – diese und ähnliche Standpunkte sind im Grunde apriorisch“; ebd., S. 280.

64 BRÜHL, Gli atti sovrani, S. 30; vgl. ferner die Befunde bei WIDDER, Itinerar und Politik, S. 372.

teilweise sogar als erkenntnisbehindernd[65]. Bereits das 12. Jahrhundert wurde dabei als eine entscheidende Epochengrenze angesehen[66].

Ein Drittes trat hinzu: Mit dem Erreichen des 14. Jahrhunderts gerieten die Editionsarbeiten bis auf wenige Ausnahmen ins Stocken, da – wie es Hans Patze 1980 pointiert formulierte – „die Urkunde seit diesem Jahrhundert ihren Rang als Quelle" verliert. „Die Ausbreitung der Schriftlichkeit, die im deutschen Reich in den Territorialstaaten geschieht, hat zur Folge, dass Briefe, Amtsbücher und bald ganze Sachakten Träger historischer Nachrichten werden und Ereignisse von größerem Gewicht übermitteln als die gleichzeitigen Urkunden."[67]

Die an die Riege der Diplomatiker gerichteten Worte von Peter Moraw, veröffentlicht im Jahre 1984 im Tagungsband des 6. Kongresses der Commission Internationale de Diplomatique zum Thema „Landesherrliche Kanzleien im Spätmittelalter", klingen denn auch so provozierend wie programmatisch: „Wenn recht belanglosen Schreibern infolge umfangreicher (methodisch notwendiger) paläographischer Analysen ein Gewicht zuzukommen scheint, das die Zeitgenossen sehr erstaunt hätte, während dem viel wichtigeren Kanzleihaupt mangels paläographischer Daten nur wenig oder überhaupt kein Raum gegönnt wird, dann besteht die Gefahr des Realitätsverlustes." Er fügte hinzu: „Entscheiden muß die Gewichtsverteilung der Vergangenheit, an welche man sich nicht ‚naiv', sondern durch Methodenvielfalt und das Denken in Modellen herantastet"[68]. Hiermit wurde der Anwendung der klassischen Methoden der Diplomatik und damit der Kanzleiforschung alten Stils für die Zeit des Spätmittel-

---

[65] Da das zunächst paradoxe Phänomen berücksichtigt werden muss, dass anders als im Früh- und Hochmittelalter nicht mehr aus einem häufigen Vorkommen in der Überlieferung auf den Grad an politischer Wirksamkeit geschlossen werden kann; vgl. MORAW, Entfaltung der Territorien, S. 90. Als ein treffendes Beispiel diene BRANDENSTEIN, Urkundenwesen und Kanzlei, S. 132–175. Zur Kritik von diplomatischer Seite vgl. KRUISHEER, Kanzleianfertigung, Empfängeranfertigung, bes. S. 262–280.

[66] „Der Schriftvergleich bleibt also für die Zeit vom 9.–12. Jahrhundert eine *conditio sine qua non* moderner Editionstechnik"; BRÜHL, Gli atti sovrani, S. 33. Vgl. auch das Resümee von Heinrich Fichtenau: „Sucht man in jedem Einzelfall zu erfassen, welche Hand die Urkunde geschrieben hat und welcher Persönlichkeit sie zuzuweisen ist, wächst die Vorarbeit für eine Edition ins Uferlose; die Erkenntnisse, die man aus solchen Untersuchungen – wenn sie überhaupt mit Erfolg durchgeführt werden können – zu gewinnen vermag, sind in den meisten Fällen recht bescheiden. Für quellenarme Zeiten bieten die Urkunden ein überaus wertvolles Material, das bis in die letzten Feinheiten zu erforschen ist, während Epochen, die überreich an Nachrichten auch nicht-urkundlicher Art sind, eine derartige Bemühung weniger sinnvoll erscheinen lassen."; FICHTENAU, Zur Lage der Diplomatik, S. 3.

[67] „Der Editor sieht sich einem rasch zunehmenden Massenproblem gegenüber, das er nur noch durch Regesten bewältigen kann, d. h. seine Arbeit wird zeitraubend und erfordert Konzentration bei der Erfassung des Inhalts der Schriftstücke. Die Zahl derjenigen Historiker, die diese Arbeit auf sich nimmt, ist gering"; PATZE, Landesgeschichte, Teil 1, S. 24; dazu auch SCHIEFFER, Neuere regionale Urkundenbücher und Regestenwerke, S. 1–5; DERS., „Die lauteren Quellen des geschichtlichen Lebens", S. 242–244.

[68] MORAW, Entfaltung der Territorien, S. 90.

alters eine deutliche Absage erteilt – „entgegen den Interessen der Diplomatiker“[69], andererseits die Untersuchung der Bedeutung und der Innovationsfähigkeit landesherrlicher Kanzleien und ihrer Funktionsträger als Aufgabe formuliert. Im selben Zusammenhang erging die Forderung nach einer Änderung der methodischen Zugangsweisen an dieses Forschungsgebiet[70].

Bevor hier fortzufahren ist, sollten die Hintergründe angesprochen werden, die dazu führten, dass Anfang der achtziger Jahre des 20. Jahrhunderts die landesherrlichen Kanzleien des Spätmittelalters dem ersten Anschein nach recht unvermittelt in den Blick der Wissenschaft rückten. Bei genauem Hinsehen ist ein enger Zusammenhang mit der Forschungsentwicklung im Bereich der Verfassungs- und Landesgeschichte unverkennbar. Der Verschränkung dieser beiden Teildisziplinen war es in den vorausgegangenen Jahrzehnten zu verdanken gewesen, dass sich das Bild von der Genese und Verfassung der spätmittelalterlichen Territorien gründlich gewandelt hat und sich die zahlreichen Einzeluntersuchungen zu landesgeschichtlichen Problemfeldern als „tragfähige Steine zum Bau einer Verfassungsgeschichte des mittelalterlichen Reiches“ erwiesen haben[71]. Das erste große Resümee bildete der im Jahre 1970 erschiene zweibändige Sammelband „Der deutsche Territorialstaat im 14. Jahrhundert“. Seine eminente wissenschaftliche Bedeutung[72] veranschaulicht nicht zuletzt, dass noch 16 Jahre später, im Jahre 1986, eine im Text unveränderte Neuauflage erfolgte.

Es ist kein Zufall, dass sich die beiden Reichenau-Tagungen des Konstanzer Arbeitskreises für mittelalterliche Geschichte des Jahres 1967, deren Ergebnisse die Bände dokumentieren, lediglich mit dem 14. Jahrhundert befassten. Nur in einzelnen Beiträgen wurden Ausblicke auf das 15. Jahrhundert gewagt. Eine Tagung zum ‚Deutschen Territorialstaat des 15. Jahrhunderts‘ steht bis heute aus. Dies hat seine guten Gründe. Es liegt nicht zuletzt daran, dass die Erforschung des 15. Jahrhunderts immer noch wenig vorangeschritten ist, gerade weil die reiche Überlieferung in umgekehrtem Verhältnis zum Grad ihrer Erschließung steht[73]. Die meisten Urkundenbücher und

---

[69] Vgl. Moraw, Die deutschen Könige des Spätmittelalters und das Oberrheingebiet, S. 5.

[70] Moraw, Entfaltung der Territorien, S. 90–92; ferner Bautier, Propositions méthodologiques, bes. S. 51 f. Vgl. dazu auch Lackner, Hof und Herrschaft, S. 12. – In diesem Zusammenhang wäre auf die Arbeit von Mersiowsky, Anfänge, hinzuweisen, in der der Versuch einer ‚Diplomatik der mittelalterlichen Territorialrechnungen‘ unternommen wird; vgl. dazu ebd., S. 35–39.

[71] Vgl. Patze, Landesgeschichte, Teil 2, S. 19–24; Zitat, ebd., S. 21; dazu wesentlich kritischer: Graus, Verfassungsgeschichte des Mittelalters, S. 552–573.

[72] Vgl. Janssen, Der deutsche Territorialstaat im 14. Jahrhundert, bes. S. 426.

[73] Vgl. Fichtenau, Zur Lage der Diplomatik, S. 1–4. – Ein Jahrzehnt später registrierte der Herausgeber der beiden Sammelbände Hans Patze: „Diese Arbeiten [= die einzelnen Beiträge des „Territorialstaates im 14. Jahrhundert“] beeindrucken nicht nur durch ihren wissenschaftlichen Ertrag, sondern auch dadurch, dass sich ihre Verfasser von der Quellenfülle des Spätmittelalters nicht haben abschrecken lassen. Dem Zeitbrauch folgend, hätte man für jedes Thema einen Sonderforschungsbereich etablieren können“; Patze, Landesgeschichte, Teil 2, S. 22. Ferner den Literaturüberblick bei Meuthen, Das 15. Jahrhundert, S. 203–206, 227–255.

Regestenwerke reichen gerade bis in das 14. Jahrhundert[74]; so ist beispielsweise im Rahmen der Landesgeschichte akademischer Unterricht zum 15. Jahrhundert aufgrund der mangelnden Quellenerschließung ohne Archivarbeit (!) kaum durchführbar, wie eigene Erfahrungen bestätigen.

Es wäre allerdings verfehlt, den Stand unserer Kenntnisse vom Spätmittelalter zu pessimistisch zu bewerten, doch macht sich besonders bei der Behandlung des 15. Jahrhunderts neben Problemen der Wissenschaftstradition[75] der geringe Erschließungsgrad der reichen Überlieferung störend bemerkbar. Erschwerend kommt hinzu, dass sich nach Stand der Dinge einige Negativaussagen bei der Definition der Landesherrschaft des ausgehenden Mittelalters treffen lassen, die Konsequenzen für die Bewertung besonders der älteren Untersuchungen zur landesherrlichen Kanzlei zeitigen. Mit dem modernen Anstaltsstaat hatte das spätmittelalterliche Territorium nichts gemein. Ebenso wenig handelte es sich bei ihm um eine embryonale Urform desselben, selbst mit dem Staat der beginnenden frühen Neuzeit verband es nur sehr wenig. Die moderne Forschungsdiskussion zeigt, dass hier noch nicht das letzte Wort gesprochen, die Erkenntnis jedoch derzeit in raschem Fortschritt begriffen ist. So reichen die Aussagen über die territoriale Staatlichkeit des Spätmittelalters von der These, dass „in der Mitte Europas der moderne Staat im Territorium entstanden sei“[76], bis zu der diametral gegensätzlich klingenden Position: „Irreführend also ist der vielverwendete Begriff Territorialstaat selbst noch für das späte Mittelalter“ – sowie derselbe Verfasser an anderer Stelle – „Territorialpolitik, ein beliebtes Kunstwort der deutschen Historiographie: ein simples Erwerbsstreben. Der Ausdruck unterstellt, Erbe einer fürstenfrommen Landesgeschichte, schlichter Habgier zielbewußtes Handeln“[77].

---

[74] Vgl. PATZE, Landesgeschichte, Teil 1, S. 24; SCHIEFFER, Neue regionale Urkundenbücher und Regestenwerke, S. 15–18; dazu auch BOOCKMANN, Das fünfzehnte Jahrhundert und die Reformation, S. 19 f. – Für die Reichsgeschichte des 15. Jahrhunderts wäre neben den inzwischen bis in die Zeit Friedrichs III. reichenden Regesta Imperii hinzuweisen auf die ältere Reihe der deutschen Reichstagsakten; vgl. dazu HEINIG, Der gegenwärtige Stand der Regesta Imperii; MÜLLER, Die Reichstagsakten (Ältere Reihe) und ihre Bedeutung für die europäische Geschichte.

[75] An erster Stelle wäre hier das Stichwort Vorreformation zu nennen, verstanden als „traditionelle Mediatisierung des fünfzehnten Jahrhunderts durch das sechzehnte“. Neben dem konfessionsgeschichtlichen Paradigma wäre ferner auf das nationalgeschichtliche (‚Verfallsperiode nach der deutschen Kaiserzeit‘) und das biologistische (‚Endzeit‘) hinzuweisen; vgl. dazu BOOCKMANN, Das fünfzehnte Jahrhundert und die Reformation, S. 11–22; Zitat: DERS., Das fünfzehnte Jahrhundert in der deutschen Geschichte, S. 506. Zum aktuellen Stand der wissenschaftlichen Diskussion vgl. ebd., bes. S. 498–509; MEUTHEN, Das 15. Jahrhundert, S. 161–174.

[76] MORAW, Entfaltung der Territorien, S. 73.

[77] SCHUBERT, Einführung in die Grundprobleme der deutschen Geschichte im Spätmittelalter, S. 199. – Vgl. auch die Definition von Wilhelm Janssen der Territorialbildung „als der innerhalb eines immer schärfer umrissenen Raumes ablaufende Prozeß permanenter Machtkonzentration auf das Gewaltmonopol eines einzigen *dominus* hin [...]“; JANSSEN, Niederrheinische Territorienbildung, S. 95.

Trotz des bis heute währenden Streites über eine exakte Definition des Begriffes konnte man sich bislang immerhin auf eine Reihe von eher beschreibenden Grundlinien[78] des Charakters spätmittelalterlicher Landesherrschaft verständigen. Dabei fällt auf, dass sich die wissenschaftlichen Positionen trotz der hier zitierten kontroversen Thesen keineswegs sonderlich stark voneinander unterscheiden. Konsens herrscht darüber, dass spätmittelalterliche Landesherrschaft noch keine Herrschaft über einen festumgrenzten Raum, sondern – in guter mittelalterlicher Tradition und im Gegensatz zum frühneuzeitlichen Staat – die Herrschaft über Personen bedeutete: „Der Fürst herrscht dort, wo er über Menschen gebieten kann, aber dieses Gebot ist noch nicht das obrigkeitliche Gesetz, das für einen Untertanenverband gilt, sondern es enthält den Gehorsamsanspruch aufgrund ganz verschiedener personaler Beziehungen“[79]. Diese ganz verschiedenen personalen Beziehungen speisen sich aus ebenso verschiedenen Rechten, die somit die verfassungsmäßige Grundlage der spätmittelalterlichen Landesherrschaft bildeten. Sie entsprossen ebenso verschiedenen Wurzeln; es konnte sich dabei – in variierender Anordnung und Zusammensetzung – sowohl um allodiale Besitzrechte als auch um vom Königtum verliehene bzw. delegierte Regalien, um ebenfalls von dort stammende Lehns- oder Grafenrechte, daneben möglicherweise um eine herzogliche Position, um Ausübung der Niedergerichtsbarkeit (besonders in Verbindung mit dezidierten Exekutivvollmachten), ferner um Vogteigerechtsame über alte Klöster und Stifter sowie – nicht zuletzt – um binnenkolonisatorische Erschließung beispielsweise im Rahmen von Rodungsausbau und Städtegründung handeln[80].

Das eigentlich Bemerkenswerte dabei ist, dass sich seit dem ausgehenden 12. Jahrhundert diese Rechte in den Händen einiger, immer weniger und gleichzeitig immer mächtiger werdenden Herren zu bündeln beginnen und damit in fast aristotelisch zu bezeichnender Konsequenz eine neue Qualität erlangten[81]. Es ist verständlich und naheliegend, dass besonders die Hintergründe dieser Entwicklung die historische Wissenschaft interessieren mussten. Hierbei richtete sich der Blick zum einen auf die Dynastie, die im wohlverstandenen Eigeninteresse und im günstigen Fall über Generationen hinweg den Motor für das kontinuierliche Voranschreiten dieses Prozesses bildete: „Ein schlichtes Überleben des Herrschergeschlechtes war die erste Voraussetzung für die Bildung eines gefestigten Fürstentums“[82].

Neben diesen „unkalkulierbaren Umständen“, deren Reihe sich beispielsweise in Hinblick auf den individuellen politischen und militärischen Erfolg einzelner Fürs-

---

[78] Zum diesem Problem Moraw, Entfaltung der Territorien, S. 77; ferner den Überblick von Patze, Die Herrschaftspraxis der deutschen Landesherren.

[79] Schubert, Einführung in die Grundprobleme der deutschen Geschichte im Spätmittelalter, S. 199.

[80] Moraw, Entfaltung der Territorien, S. 74 f.; Willoweit, Entwicklung und Verwaltung, S. 68–71; Schubert, Fürstliche Herrschaft, S. 14–19.

[81] Vgl. Moraw, Entfaltung der Territorien, S. 74.

[82] Schubert, Einführung in die Grundprobleme der deutschen Geschichte im Spätmittelalter, S. 199 f.; Moraw, Entfaltung der Territorien, S. 98–102; vgl. die umfangreiche Studie über die Verwandtschaft beim Hochadel: Spiess, Familie und Verwandtschaft.

tenvertreter beliebig verlängern ließe, rückte besonders ein struktureller Bereich in das Zentrum der Aufmerksamkeit: die Frage nach der Rolle der Verwaltung und ihrer Träger im Territorialisierungsprozess. Sie kulminierte in einer Rezension des bereits behandelten Reichenau-Tagungsbandes in der Feststellung, dass „die neue Form der Herrschaft, die Landesherrschaft, sich als *Verwaltung* realisiert und nach außen als Verwaltung in Erscheinung und somit ins Bewußtsein tritt“[83].

Damit war für die deutschsprachige Wissenschaft ein ganzes Forschungsfeld formuliert[84]. Verwaltung als Herrschaftsmittel wurde zu einem Thema, dem man sich seit der zweiten Hälfte der siebziger Jahre verstärkt zuwandte[85]. Die Richtungen, aus denen eine Annäherung erfolgte, waren entsprechend zahlreich und zielten in den darauffolgenden Jahren auf unterschiedliche Bereiche. Als ein erster Höhepunkt darf ein im Jahre 1977 in Tours vom Deutschen Historischen Institut in Paris unter dem sprechenden Titel „Histoire comparée de l'administration“ veranstaltetes deutsch-französisches Kolloquium gelten[86]. Seine Fragestellung zielte besonders auf allgemeine Probleme und Verwaltungstechniken. Dabei wurde der Rolle der Schriftlichkeit sowie den Strukturen von Zentral- und Lokalverwaltung und ihren Interaktionsmechanismen, ferner der Finanz- und Militärverwaltung besondere Aufmerksamkeit geschenkt[87]. Obwohl das Tagungsthema den langen Zeitraum vom 4. bis zum 18. Jahrhundert überspannte, war es kaum zu übersehen, dass die hoch entwickelte westeuropäische Verwaltung des Spätmittelalters in besonderem Maße auf die Formulierung der Fragestellung eingewirkt hat. Die Ergebnisse des Tagungsbandes zeugen denn auch von geradezu frappierend unterschiedlichen Verwaltungsphänomenen innerhalb der in ihrer Verfassungsentwicklung sehr verschiedenen Räume West- und Mitteleuropas.

---

83 Vgl. Janssen, Der deutsche Territorialstaat im 14. Jahrhundert, S. 418.

84 Im Ausland verlaufen die Zyklen teilweise in einem anderem Rhythmus; beispielsweise publizierte Gerhard Theuerkauf seinen für die weitere Diskussion wichtigen Beitrag ‚Zur Typologie spätmittelalterlicher Territorialverwaltung in Deutschland' bereits im Jahre 1965 im zweiten Band der neugegründeten italienischen Zeitschrift ‚Annali della Fondazione italiana per la Storia amministrativa', d. h. an einem für die allgemeine Thematik sicher nicht unpassenden, für die deutschsprachige Forschung jedoch entlegenen Ort.

85 Die Fragestellung lag im Trend der Zeit: „Rolle und Selbstverständnis, Funktion und Disfunktion von Staats- und Wirtschaftsbürokratien in modernen Industriegesellschaften sind in zunehmendem Maße zu einem Forschungsschwerpunkt von und zwischen Wirtschafts- und Sozialwissenschaften, Politik-, Rechts- und Geschichtswissenschaft geworden. Bürokratie-Probleme sind zugleich von aktuellem, unmittelbar praktisch-politischem Interesse“. So formulierten es 1976 die beiden Herausgeber Theodor Leuenberger und Klaus-H. Ruffmann im Vorwort des Sammelbandes ‚Bürokratie. Motor oder Bremse der Entwicklung?'; Zitat Leuenberger/Ruffmann, Vorwort, S. 7.

86 Der gleichnamige, von Werner Paravicini und Karl Ferdinand Werner herausgegebene Tagungsband erschien 1980. Interessanterweise lassen sich im englischsprachigen Raum ebenfalls um dieses Zeit Tendenzen in Richtung Verwaltungsgeschichte finden; diese zielten aber eher auf das 19. Jahrhundert; vgl. Golding, Power, Control and Bureaucracy.

87 Vgl. Werner, Histoire comparée de l'administration. Une introduction, S. XXIV; XXXf., sowie die Table des Matières im Anhang des gleichnamigen Sammelbandes, S. 731–734.

2.3 Neuere Forschungstendenzen

Mit der verstärkten Hinwendung zur spätmittelalterlichen Geschichte in der deutschen Forschung und der Verbindung von Landesgeschichte und Verfassungsgeschichte erhielt die Beschäftigung mit den Kanzleien wieder einen gewissen Rang. Im Folgenden soll zunächst in einem eigenen Kapitel ein Blick auf die spezifischen Ausformungen dieses Verhältnisses geworfen werden. Die fünf anschließenden Kapitel werden sich in wissenschaftschronologischer Reihenfolge mit neueren Fragestellungen im Zusammenhang mit der spätmittelalterlichen Kanzlei befassen. In diesem Zusammenhang werden zum einen die Ergebnisse des 1983 in München veranstalteten Diplomatikerkongresses behandelt werden. Dieser befasste sich ausdrücklich mit landesherrlichen Kanzleien im Spätmittelalter. Im Anschluss daran wird die Rolle der Kanzlei im Rahmen der Residenzen- und Hofforschung beleuchtet werden. Im dritten Kapitel soll einem Bereich Aufmerksamkeit geschenkt werden, der in der deutschen historischen Mediävistik bis heute wenig Resonanz gefunden hat, nämlich dem Verhältnis von Kanzlei und Kultur. Im vierten Kapitel werden die Ansätze der neueren Kulturgeschichte behandelt und im letzten soll schließlich der gegenwärtige Forschungsstand, vertreten durch den 2011 erschienen Sammelband „Chancelleries et chanceliers des princes à la fin du Moyen Âge“, kritisch diskutiert werden.

2.3.1 Territoriales Amt und herrscherliche Zentrale

Es wurde bereits erwähnt, dass die Zugriffsweisen auf die Erforschung der ‚Staatlichkeit‘ des Spätmittelalters von verschiedenen Richtungen aus erfolgten. Die einschlägigen Beiträge des im Jahre 1983 erschienenen ersten Bandes der Deutschen Verwaltungsgeschichte wird man als erstes großes Resümee auf der Basis des seit Beginn der siebziger Jahre formulierten neuen Erkenntnisstandes zu werten haben[88]. Um Anachronismen zu vermeiden, definierte der Rechtshistoriker Dietmar Willoweit in seinem Beitrag über die spätmittelalterliche Landesherrschaft Verwaltung auf der Basis des von Max Weber entwickelten soziologischen Verwaltungsbegriffs als „die Mittel und Wege der Herrschaftsverwirklichung“. Bei dieser Begriffsbestimmung vermied er bewusst Rückgriffe auf anstaltsstaatliche Kategorien und betonte stattdessen – geradezu gegenläufig zur traditionellen Auffassung – besonders den geschichtlichen Wandel in der Entwicklung der Landesherrschaft zum frühneuzeitlichen Staat[89].

---

[88] Deutsche Verwaltungsgeschichte, Bd. 1.

[89] Vgl. Willoweit, Entwicklung und Verwaltung, S. 81. – Zum soziologischen Verwaltungsbegriff Max Webers vgl. u. a. Wolter, Verwaltung, Amt, Beamter: Mittelalter, S. 27. – Ebenfalls auf Erkenntnismodellen Max Webers fußte 1965 die Definition von Territorialverwaltung als ‚politischer Verwaltung‘ bei Theuerkauf, Zur Typologie spätmittelalterlicher Territorialverwaltung, S. 37 f. – Eine komplexere, umschreibende und eher technische Definition des Begriffes „administration“ wählte Karl Ferdinand Werner 1980: „Il nous faut donc

Es gilt als gesichert, dass einer der entscheidenden Gründe für den Entwicklungsvorsprung, den die deutschen Landesherren im Laufe des Spätmittelalters gegenüber dem Königtum erzielten[90], darin lag, dass es ihnen gelang, mit den territorialen Ämtern dezentrale Herrschaftsinstitutionen auszubilden. In ihnen, die „genetisch als Stellvertretung des Herrn aufzufassen [sind], der nicht überall gleichzeitig anwesend sein konnte", war faktische herrschaftliche Präsenz auf Dauer und zwar auch ohne persönliche Anwesenheit des Landesherrn gewährleistet[91]. Durch diese Herrschaftsintensivierung, d. h. die dauernde direkte Konfrontation mit der Herrschaft durch einen sich in immer stärkerem Maße institutionalisierenden und lokalisierenden Vertreter, vollzog sich rein praktisch die bereits behandelte Verschmelzung der ursprünglich heterogenen und additiven Herrschaftsrechte zu einer rechtlich immer homogener werdenden Herrschaft über einen bestimmten Raum. Der Weg in die flächenhafte Staatlichkeit der Neuzeit nahm von hier aus seinen Anfang[92].

Sicher ist es angemessen, der Rolle des Amtes im Rahmen des Territorialisierungsprozesses große Aufmerksamkeit zu widmen, da sich in ihm die Entwicklung in die moderne Staatlichkeit als Entwicklung in die Fläche am offenkundigsten vollzog. Dennoch fällt es auf, dass beispielsweise in dem von Dietmar Willoweit verfassten Abschnitt über die „Entwicklung und Verwaltung der spätmittelalterlichen Landesherrschaft" in der ‚Deutschen Verwaltungsgeschichte' das landesherrliche Ämterwesen und die Entstehung der Amtsverfassung auf insgesamt 23 Seiten abgehandelt wer-

---

élargir notre définition et y inclure tous les procédés, tous les moyens utilisés par les princes pour encadrer les hommes et pour remplir les conditions essentielles du gouvernement que nous voyons de la façon suivante: a) être informé sur ce qui se passe dans le pays que l'on gouverne, b) pouvoir informer ses sujets (transmission des ordres), c) être capable de surveiller l'exécution des ordres, d) être capable de réprimer l'inobédience et les abus (la justice n'étant évidemment pas séparée de l'administration dans l'ancienne Europe), e) être en mesure de se procurer les moyens matériels d'existence, de financement et de distribution de récompenses (impôts, prestations, terres pour faire vivre la cour ainsi que tous les serviteurs et fidèles dans le pays)"; WERNER, Histoire comparée de l'administration. Une introduction, S. XVIf.

90 Dazu den Überblick bei KRIEGER, König, Reich und Reichsreform, S. 58–61; WOLTER, Verwaltung, Amt, Beamter: Mittelalter, S. 28.

91 Zitat: MORAW, Entfaltung der Territorien, S. 82; ferner ebd., S. 82 f.; WILLOWEIT, Entwicklung und Verwaltung, S. 92–104; JANSSEN, Der deutsche Territorialstaat im 14. Jahrhundert, S. 420; WOLTER, Verwaltung, Amt, Beamter: Mittelalter, S. 42–45; SCHUBERT, Fürstliche Herrschaft, S. 14–19; SIMON, Verwaltung, Sp. 1595 f. Auch moderne Arbeiten konzentrieren sich stark auf die territoriale Peripherie; vgl. TEUSCHER, Erzähltes Recht.

92 „Nun besteht allerdings in der Forschung kein Zweifel daran, dass sich der moderne bürokratische Verwaltungs- und Beamtenstaat in Deutschland in der Zeit des Spätmittelalters, und zwar seit der zweiten Hälfte des 13. Jahrhunderts, gebildet hat. [...] Nach dem bisherigen Forschungsstand sind die für die Verwaltungs(rechts)geschichte dieses Zeitraums maßgeblichen Begriffe vor allem ‚Amt' und ‚Amtmann'"; WOLTER, Verwaltung, Amt, Beamter: Mittelalter, S. 27. – Zum Charakter frühneuzeitlicher Herrschaft vgl. den pointierten Überblick bei SCHILLING, Aufbruch und Krise, S. 18–21; ferner SCHINDLING, ‚Verwaltung', ‚Amt' und ‚Beamter' in der Frühen Neuzeit.

den, für die „Schreiber, Notare, Kanzler und die Entstehung der Kanzlei" hingegen gerade zweieinhalb Seiten genügen[93]. Auf weiteren eineinviertel Seiten wird ferner im Rahmen früher Formen formalisierter Verwaltungstechniken die „Anlage von Büchern und Registern" diskutiert[94].

Bemerkenswert ist auch, dass sich die inhaltlichen Erörterungen des Autors zur landesherrlichen Kanzlei des Spätmittelalters nicht sonderlich von den Ergebnissen der bereits behandelten Kanzlei-Forschungen des ausgehenden 19. und frühen 20. Jahrhunderts unterscheiden: „Mit der Beförderungsmöglichkeit [des einfachen Notars oder Schreibers zum Protonotar] entwickelt sich im landesherrlichen Kanzleiwesen am frühesten eine echte Behördenstruktur. Sie ist eng mit der Bildung eines behördeninternen Fachwissens verbunden, welches zur Bewältigung der komplizierten, vorwiegend auf Gewohnheit beruhenden rechtlichen Beziehungen im Herrschaftsbereich erforderlich war"[95]. Oder an späterer Stelle: „Mit qualifiziertem Personal, archiviertem Schriftenbestand und den in der Mitte des 15. Jahrhunderts aufkommenden Verfahrensregeln sind die Kanzleien als die Keimzelle der neuzeitlichen Verwaltung anzusprechen"[96].

Die landesherrliche Kanzlei des Spätmittelalters definierte Willoweit in seinem 2009 in sechster Auflage erschienenen Lehrbuch zur Deutschen Verfassungsgeschichte immer noch ganz klassisch: „Als solche [= im Sinne von einer Behörde] ist am ehesten die landesherrliche Kanzlei zu bezeichnen, für welche seit dem späten 13. Jahrhundert eine deutliche Personalvermehrung zu beobachten ist. Hier sind einem *Protonotar*,

---

93 Vgl. Willoweit, Entwicklung und Verwaltung; zum Amt, ebd., S. 81–104; zur Kanzlei, ebd., S. 106–108. Zur landesherrlichen Kanzlei vgl. auch Ders., Deutsche Verfassungsgeschichte, S. 86.

94 Ebd., S. 136 f.

95 Ebd., S. 107. – Auch Peter Moraw konnte sich in seinem Beitrag in der ‚Deutschen Verwaltungsgeschichte' diesem Theorem nicht entziehen, wenn er schreibt: „Die ‚bürokratisch' am besten durchgeformte größere Institution des Hofes war die Hofkanzlei" (Moraw, Die königliche Verwaltung im einzelnen, S. 38). – Ähnlich klingt es bei Ernst Schubert in einem Kapitel über „Ausbau der Institutionen und Anfänge der Bürokratisierung": „Die Kanzlei ist der große Schrittmacher bei der Entpersonalisierung der Herrschaftspraxis" (Schubert, Fürstliche Herrschaft, S. 87).

96 Willoweit, Entwicklung und Verwaltung, S. 108; in der Aussage fast identisch Acht, Die Kanzlei der Mainzer Erzbischöfe des 12. Jahrhundert, S. 21. – In den begriffsgeschichtlich orientierten „Geschichtlichen Grundbegriffen" wird die Kanzlei im Rahmen des Stichwortes „Verwaltung" gar nicht erst abgehandelt; vgl. Wolter, Verwaltung, Amt, Beamter: Mittelalter, hier S. 46 f. Ähnlich wie in der ‚Deutschen Verwaltungsgeschichte' werden hier dem ‚Amt' im Abschnitt über den ‚weltlichen Rechtskreis' zehn Seiten gewidmet (Wolter, ebd., S. 36–46), während für „Die Zentralverwaltung der Territorien" etwas über eine Seite genügt (ebd., S. 46 f.). Dort wird zum einen die Feststellung getroffen, dass der „Aufbau des modernen Territorialstaates […] sich über die regionale Ämterorganisation vollzogen" hat (ebd., S. 46). Gleichzeitig heißt es jedoch, „trotzdem ist nicht zu bezweifeln, dass die Wurzeln der modernen Verwaltung auf Regierungsebene im späten Mittelalter zu suchen sind" (ebd.). Allerdings wird dabei lediglich der Rat behandelt (ebd., S. 46 f.).

bald auch *Kanzler* genannt, mehrere *Schreiber* untergeordnet, die selbst nach längerer Bewährung zu avancieren vermögen. Die Kanzlei nimmt am Hofe auch insofern eine Sonderstellung ein, als ihre Mitglieder in der Regel Kleriker sind. Zu dieser exklusiven Institution, die nicht nur über Schreibkenntnisse verfügt, sondern auch rechtsgeschäftliche Formen beherrscht, steht der landesherrliche Rat in deutlichem Kontrast“[97].

Diese knappen wie klaren Sätze mögen in einem Lehrbuch zum Öffentlichen Recht für angehende Juristen sehr angemessen erscheinen. Sie spiegeln aber das Wissen, das sich in Deutschland seit dem 19. Jahrhundert durch eine Vielzahl von verwaltungsrechtsgeschichtlichen und diplomatischen Studien ausgebildet hat. Der enge Bezug zur älteren Forschung nimmt kaum wunder, da sich Willoweit in seiner Argumentation vornehmlich auf dieselbe stützt bzw. aufgrund des Mangels an neueren Studien stützen musste[98]. Christian Lackner fiel in seiner Arbeit über den Hof der Herzöge von Österreich in der 2. Hälfte des 14. Jahrhunderts auf, „daß herzogliche Schreiber auch private Schreibarbeiten für den Kanzler [...] erledigten“[99].

Eine kritische Revision des Kanzleibegriffs in Hinblick auf seine Begriffsgeschichte und Definition steht für die Zeit des Spätmittelalters bislang aus[100]. Konsultiert man die einschlägigen Lexika, dann begegnen einem immer noch die bereits von Hans-Walter Klewitz formulierten, allerdings sowohl in Argumentation wie Quellenbasis auf das Hochmittelalter abzielenden Erkenntnisse: „Da man nämlich daran gewöhnt ist, von vornherein mit der Entstehung von Urkunden die Vorstellung der Kanzlei als einer die Herstellung dieser Urkunden besorgenden, in bestimmten Formen organisierten Behörde zu verbinden, ist man sich noch nicht der Tatsache bewußt geworden, dass der Kanzleibegriff für die ältere Zeit der abendländischen Geschichte nur eine wissenschaftliche Hilfskonstruktion darstellt“[101]. Klewitz selbst sah für die „geistliche und weltliche Landesherrschaft in den Territorien“ das ausgehende 12. bzw. frühe 13. Jahrhundert durch die in dieser Zeit erfolgende Ausbildung einer Zentralverwaltung „mit dem Kernstück der Kanzlei, neben die der Rat tritt“, als eine zeitliche Wende an. Er räumte aber gleichzeitig ein, dass „für deren Erforschung die Geschichte des *cancellaria*-Begriffes ebenfalls noch herangezogen werden müßte“[102].

---

97 Willoweit, Deutsche Verfassungsgeschichte, S. 86.

98 Vgl. Willoweit, Entwicklung und Verwaltung, Anm. 241–251. – Dass man auf vergleichbarer Grundlage auch zu differenzierteren Überlegungen in Hinblick auf die landesherrliche Zentrale gelangen kann, bewies Gerhard Theuerkauf bereits zwei Jahrzehnte früher; Theuerkauf, Zur Typologie spätmittelalterlicher Territorialverwaltung in Deutschland, S. 48–50, 53–62, 68.

99 Lackner, Hof und Herrschaft, S. 307, 341 (Zitat).

100 Die deutschsprachigen Quellennachweise zu den landesherrlichen Kanzleien in DRW, Bd. 7, hier Sp. 7–8, bringen für das 12. bis 14. Jahrhundert keinen, für das 15. Jahrhundert sehr wenige Belege, ebd., Sp. 7, ferner Sp. 11 f., 14, 19, 21, 23, 26, 29; dazu auch Burgard, *Familia Archiepiscopi*, S. 322–324.

101 Klewitz, *Cancellaria*, S. 45.

102 Ebd., S. 77. Fast identisch: Czendes, Kanzlei, Sp. 911; sowie der Artikel „Kanzlei“ im DRW, Bd. 7, hier Sp. 1 f. – Eine ausgesprochen traditionelle Sichtweise findet sich in dem von Peter

2.3.2 Der Diplomatikerkongress in München 1983

Neue Erkenntnisse auf dem Forschungsgebiet der ‚Landesherrlichen Kanzleien im Spätmittelalter' erhoffte man sich von dem bereits erwähnten, im Jahre 1983 zu München abgehaltenen VI. Internationalen Kongress für Diplomatik der Commission Internationale de Diplomatique. Der im gleichen Jahr erschienene Beitrag von Dietmar Willoweit in der ‚Deutschen Verwaltungsgeschichte' konnte dessen Ergebnisse nicht mehr rezipieren, genauso wenig wie den instruktiven, von Joachim Wild konzipierten und den Kongress begleitenden Ausstellungskatalog des Bayerischen Hauptstaatsarchivs über „Die Fürstenkanzlei des Mittelalters"[103].

Die im Jahr 1984 in einem zweibändigen Aufsatzwerk[104] vorgelegten Erträge des Münchener Kongresses unterschieden sich nicht nur in den Untersuchungsobjekten, sondern auch in Ansatz, Fragestellung und Ergebnissen wesentlich voneinander. Relativ unverbunden nebeneinander stehen Beiträge in klassisch diplomatisch-hilfswissenschaftlicher Tradition und solche, die sich um neuere Ansätze und Fragestellungen im Sinne der Veranstalter bemühten. Eine Reihe von Beobachtungen und Ergebnissen waren zweifellos tauglich, das gängige Axiom vom Behördencharakter der landesherrlichen Kanzlei des Spätmittelalters zu erschüttern. Um dies zu veranschaulichen, sei eine Auswahl vorgestellt.

Thomas Frenz konstatierte für das Hochstift Würzburg, dass sich für das ausgehende Mittelalter „über die Kanzlei [...] nur wenig sagen" lässt. Er zitiert dabei einen Würzburger Archivar des 16. Jahrhunderts, dem die spätmittelalterlichen Verhältnisse „geradezu als Idylle" galten, da *die alten regierenden Hern vnd Bischoffen zu Wirtzburg und Hertzogen zu Franken in iren Cantzleien und Camern nit vil zuthun, vnd einen Domhern zu einem Cantzler vnd einen gelerten Rath oder zween, desgleichen ein oder zween Secretari vnd ein Cantzleischreiber, zwei oder drei, gehabt, vnd mit denen den Stift, Land vnd Leut regirt, vnd ein schlichte Registratur gehalten*[105].

Wilhelm Janssen beobachtete für Kurköln eine „selbständige und unkoordinierte Arbeitsweise der Kanzleibeamten"[106]. Für das letzte Viertel des 14. Jahrhunderts ging

---

Acht verfassten Artikel im HRG, Acht, Kanzlei, Kanzler, Vizekanzler, Sp. 609: „Als eine nach festen Regeln eingerichtete Behörde, der die Herstellung von Schriftstücken (Urk.) im Auftrag von Regierungs- und Verwaltungsstellen obliegt, entwickelt sie [= die Kanzlei] sich erst im 12./13. Jahrhundert. Mit der Vermehrung ihres Personals, der Bildung fest umrissener Ressorts, der Führung von Registern, dem Auftreten von K.-Vermerken, den Amtseiden und den K.-Ordnungen erfährt die K. des späteren MA. einen immer stärkeren Ausbau; sie wird zum Regierungs- und Verwaltungszentrum einer jeden Herrschaft"; ferner Kotulla, Kanzlei. – Bereits oben erwähnt wurde, dass im Artikel ‚Verwaltung' der „Geschichtlichen Grundbegriffe" die Kanzlei fehlt; Wolter, Verwaltung, Amt, Beamter: Mittelalter, hier bes. S. 46 f.

103 Wild, Fürstenkanzlei des Mittelalters.

104 Landesherrliche Kanzleien im Spätmittelalter, 2 Bde.

105 Zitat und Nachweis bei Frenz, Kanzlei, Registratur und Archiv des Hochstifts Würzburg, S. 146.

106 Janssen, Die Kanzlei der Erzbischöfe von Köln im Spätmittelalter, S. 163.

er von insgesamt vier erzbischöflichen *notarii* aus, „und das dürfte in der Tat wohl auch das ganze Personal gewesen sein"[107]. Noch im Jahr 1440 war die Kanzlei „so mobil wie der Erzbischof selbst"[108].

Wolf-Rüdiger Schleidgen befasste sich mit dem Kanzleiwesen der Grafen von Kleve, deren Zentralverwaltung er im 14. und 15. Jahrhundert „weit über den Niederrhein hinaus" außergewöhnlich fortschrittliche Verhältnisse bescheinigte[109]. Dabei attestierte er den Grafen bis Mitte des 13. Jahrhunderts keine Kanzlei, „nicht einmal in der rudimentären Form eines einzelnen kontinuierlich beschäftigten Schreibers"[110]. Noch in der ersten Hälfte des 14. Jahrhunderts bestand die „Hauptaufgabe der Kanzlei [...] wohl noch eher in dieser Sichtung und Aufbereitung der Rechtstitel als in der Urkundenausfertigung, bei der, wie es scheint, die Empfängerausfertigung weiterhin gebräuchlich blieb [!]"[111]. Erst in der zweiten Hälfte des Säkulums wurde aus dem „kaum mehr als [...] Ein-Mann-Betrieb" einer mit mindestens drei gleichzeitig tätigen Notaren[112]. Die Kanzlei blieb bis „weit ins 15. Jahrhundert hinein unverändert"[113], ihr Personalbestand stagnierte sogar bis zum Jahrhundertende[114]. Sie behielt eine „unverfestigte Struktur", deren Geschäftsführung „auf persönlicher Weisung statt fester Kompetenzen basierte"[115], und wies damit also keinerlei Behördencharakter auf.

Nach einem frühen Entwicklungsschub um die Mitte des 14. Jahrhunderts aufgrund von Erbfolgeproblemen konstatierte Karlheinz Blaschke für die Wettiner gegen Ende des Jahrhunderts einen „Niedergang"[116]. Der Erwerb der sächsischen Kurwürde im Jahre 1423 erbrachte keine „Neuorganisation der Kanzlei"[117]. Er notierte: „Eine Bürokratie im eigentlichen Sinne war noch nicht ausgebildet, die Schreiber waren zumeist nur wenige Jahre in der Kanzlei tätig, so dass der Fall häufig auftritt, dass ein Schreiber nur eine einzige Urkunde geschrieben hat." Er erklärte sich den Sachverhalt mit der Heranziehung von „ortsansässige[n] Schreiber[n]", dort, „wo sich die Kanzlei gerade befand, denn da es noch keine feste Residenz gab, musste die Kanzlei dem Markgrafen auf seinen Reisen überallhin folgen. Sie war oft unterwegs, wobei das Schriftgut und die ganze Kanzleieinrichtung [!] in Säcke und Laden verpackt und auf Wagen transportiert wurde". Als das „stabile Element inmitten aller Beweglichkeit" bezeichnete er lediglich die Person des Kanzlers[118].

---

[107] Ebd., S. 165 f.
[108] Ebd., S. 167.
[109] Schleidgen, Kanzleiwesen, S. 102.
[110] Ders., Kanzlei der Grafen und Herzöge von Kleve, S. 174; ergänzend hinzuzuziehen ist Ders., Kanzleiwesen.
[111] Ders., Kanzlei der Grafen und Herzöge von Kleve, S. 177 mit Anm. 22.
[112] Ebd., S. 178.
[113] Ebd., S. 183.
[114] Ebd., S. 188 f.
[115] Ebd., S. 191 f.
[116] Blaschke, Urkundenwesen und Kanzlei der Wettiner, S. 197.
[117] Ebd.
[118] Ebd., S. 199.

Für das habsburgische Herrschaftsgebiet notierte Winfried Stelzer um die Wende zum 14. Jahrhundert, dass „jeweils regelmäßig zumindest eine Kanzleikraft als Schreiber zur Verfügung“ stand. Er fügte hinzu, „Namen von Notaren bzw. Schreibern sind allerdings sehr selten belegt“. Feste Normen in Größe und Ausstattung der einzelnen Urkunden konnte er nicht nachweisen[119]. Bis in das 15. Jahrhundert „läßt sich kaum etwas über Personalbestand, Arbeitsteilung, Zuständigkeiten u. ä. aussagen“[120].

Für die markgräflich-mährische Kanzlei, die einer böhmischen Sekundogenitur, beobachtete Ivan Hlaváček an der Wende vom 14. zum 15. Jahrhundert fehlende Registerführung und dass „oft Wochen, ja manchmal ganze Monate verflossen, ohne dass ein einziges Schriftstück ausgestellt worden wäre, so dass die Tätigkeit der Kanzlei nicht als ständig kontinuierlich zu betrachten ist“[121]. Das schwankende Urkundenformular wertete er als „kein gutes Zeugnis für das Personal der Kanzlei“[122].

Bereits diese Blütenlese aus den Kongresserträgen zeitigt das wichtige Ergebnis, dass man der spätmittelalterlichen Kanzlei mit einem modernen Institutionenbegriff im Sinne einer Behörde nicht gerecht wird. Auch die These, dass (spät)mittelalterliche Herrschaft eine Herrschaft über Personen ist, müsste logischerweise im Bereich der Verwaltung ein derartiges Vorgehen als kaum operabel erscheinen lassen. Es ist bis in das späte 15. Jahrhundert offenbar hypothetisch, von der Kanzlei als fester Behörde mit klaren Kompetenzen, geregeltem Geschäftsgang und eindeutig definierten Aufgabenbereichen ihrer Mitglieder auszugehen. Für den Bereich der Herrschaftsperipherie ist dieses Denken geläufiger, nämlich dass der Amtsträger bzw. der Amtmann in seiner Entwicklung dem Amt im Sinne einer territorialen Untereinheit vorausging[123].

2.3.3 Residenzen- und Hofforschung

Nachdem sich lange Zeit das Forschungsinteresse vornehmlich auf die territorialen Ämter als Wiege der Landesherrschaft richtete, rückte durch die sogenannte Residenzen- und Hofforschung die landesherrliche Zentrale unter neuen, spezifischen Fragestellungen wieder stärker in den Blickwinkel. Initiiert wurde sie seit Anfang der siebziger Jahre von dem bereits erwähnten Göttinger Landeshistoriker Hans Patze. Mit der Erforschung der spätmittelalterlichen landesherrlichen Residenzen schien ein plausibler Zugang zur Erforschung und Analyse spätmittelalterlicher Herrschaft gefunden. Es ging Patze in seinen eigenen Worten darum, zu zeigen, „wie die Reiseherr-

---

119 Stelzer, Kanzlei der Herzöge von Österreich, S. 300.

120 Ebd., S. 304.

121 Hlaváček, Geschichte der mährisch-markgräflichen Kanzlei, S. 347 f.; Zitat ebd., S. 348.

122 Ebd., S. 349.

123 Vgl. Willoweit, Entwicklung und Verwaltung, S. 82–92; Scheyhing, Eide, Amtsgewalt und Bannleihe, bes. S. 113–121; Kuys, De ambtman in het kwartier van Nijmegen, S. 12–37; Moraw, Entfaltung der Territorien, S. 83; Alvermann, Domstift, Hofkapelle und Kanzlei, S. 34; ferner den Überblick bei Dormeier, Verwaltung und Rechnungswesen im spätmittelalterlichen Fürstentum Braunschweig-Lüneburg, S. 7–12.

schaft der Fürsten an festen Punkten, an denen künftig lokal nicht oder kaum mehr verrückbare Behörden und der Hof sich niederließen, zur Ruhe kam. Aus dieser besonderen Fragestellung soll ein Bild der Verfassung, Wirtschaft und Kultur des Reiches im Spätmittelalter gezeichnet werden"[124]. Der von Hans Patze und Gerhard Streich formulierte und 1982 publizierte Kriterienkatalog[125] führte in Zusammenhang mit der Mitte der achtziger Jahre gegründeten Göttinger Residenzenkommission zu einem Aufblühen der Erforschung mittelalterlicher Herrschaftssitze.

In diesem Zusammenhang erschien bis heute eine Reihe von Fallstudien zu einzelnen landesherrlichen Residenzen[126]. Methodisch handelte es sich dabei zunächst meist um die Abarbeitung des programmatisch formulierten Kriterienkataloges für jeweils einen bestimmten als Residenz gekennzeichneten Ort oder für ein Territorium. Im Rahmen des Kataloges wurde die Kanzlei im Rahmen des allgemeinen Teils unter Abschnitt II über die verfassungsgeschichtlichen Entwicklungen im Unterpunkt: „Regierungs-, Verwaltungs- und Behördenorganisation" abgehandelt[127]. Auffallend war, dass der Abschnitt über „Landesherr (Fürst), Hofgesellschaft und Residenzstadt" erst im sogenannten speziellen Teil: „Beschreibung einzelner Residenzen" erfolgte[128].

Trotz oder gerade aufgrund der lebhaften Resonanz ist die wissenschaftliche Diskussion über den Ansatz von Patze hinweggeschritten[129]. Widerspruch entzündete sich besonders daran, dass sich das Unternehmen „zur territorialen Verfassungsgeschichte entwickelt, die die Residenzenfrage zum Ausgangs- und Anknüpfungspunkt

---

[124] PATZE, Die Bildung der landesherrlichen Residenzen im Reich während des 14. Jahrhunderts (zur Kanzlei bes. S. 22 f., 43); ferner DERS., Die Herrschaftspraxis der deutschen Landesherren, S. 368–372, 382 f.; Zitat: DERS., Landesgeschichte, Teil 2, S. 22. – Vgl. zum Folgenden auch den Überblick von PARAVICINI, Die Gesellschaft, der Ort, die Zeichen.

[125] PATZE/STREICH, Landesherrliche Residenzen im spätmittelalterlichen deutschen Reich; Kriterienkatalog ebd., S. 215–219; ferner die Handreichungen bei NEITMANN, Was ist eine Residenz?

[126] Vgl. das Verzeichnis der Bearbeiter und Projekte bei PATZE/STREICH, Landesherrliche Residenzen im spätmittelalterlichen deutschen Reich, S. 218 f. Ferner die noch von Patze initiierten Dissertationen von AHRENS, Residenz und Herrschaft; STREICH, Zwischen Reiseherrschaft und Residenzbildung. Seit 1990 erscheinen die Bände der „Residenzenforschung" als Publikationsreihe der Residenzenkommission. Zu den weiteren Aktivitäten vgl. die Homepage: http://resikom.adw-goettingen.gwdg.de (09. 07. 2015), die Zeitschrift „Mitteilungen der Residenzenkommission der Akademie der Wissenschaften zu Göttingen" sowie das von Werner PARAVICINI herausgegebene Handbuch „Höfe und Residenzen im spätmittelalterlichen Reich". – Eine europäische Perspektive verfolgte der ebenfalls 1990 erschienene Reichenau-Sammelband: PATZE/PARAVICINI, Residenzen im spätmittelalterlichen Europa.

[127] PATZE/STREICH, Landesherrliche Residenzen im spätmittelalterlichen deutschen Reich, S. 215 f., hier S. 216.

[128] Ebd., S. 218 f. Ähnlich die Untergliederung in der 2003 erschienen Gesamtschau der spätmittelalterlichen deutschen Höfe und Residenzen; PARAVICINI, Höfe und Residenzen. Ein dynastisch-topographisches Handbuch, Bd. 2.

[129] Dies scheint inzwischen wieder in Veränderung begriffen zu sein, wie aus dem Titel des seit 2012 geförderten neuen Langfrist-Projekts der Kommission „Residenzstädte im Alten Reich (1300–1800). Urbanität im integrativen und konkurrierenden Beziehungsgefüge von Herrschaft und Gemeinde" hervorgeht.

für umfassendere Fragen“ genommen hat[130]. Als Kritik wurde geäußert, dass die einzelnen Bestandteile des detaillierten Kriterienkataloges eine institutionelle Differenzierung und Verfestigung des Herrschaftsapparates mit ihrer Annahme bereits implizit voraussetzen würden[131]. Besonders Peter Moraw warnte schon Anfang der neunziger Jahre vor einer voreiligen Festschreibung bzw. Festlegung einzelner Teilbereiche, vor einer quasi künstlichen Erzeugung von Differenziertheit aufgrund des im Katalog vermittelten Kriterienrasters. Nicht die lokale Residenz, sondern der Hof solle als die eigentliche Kategorie bei der Formulierung der spätmittelalterlichen Herrschaftszentrale zugrunde gelegt werden, d. h. eine Nebeneinanderstellung und damit rangmäßige Gleichstellung von Behörden und Hof wurde zurückgewiesen[132]. Wichtig dabei ist, dass der Hof vorrangig als soziales und nur in sehr nachgeordneter Weise als räumliches Gebilde aufzufassen sei. Dabei erweise sich das Spätmittelalter als ganz traditional, nur dass sich mit der bzw. durch die Territorialisierung die Zahl der Höfe stark vermehrte und dass dem Königshof aufgrund seiner vielfältigen und schwerwiegenden strukturellen Probleme nur noch sehr bedingt eine Vorreiterrolle zufiel bzw. zufallen konnte, bei allerdings strukturell gleichartigen Bedingungen[133]. Es ist kaum zu bezweifeln, dass sich mit der hohen Zahl der Höfe auch Modernisierungsprozesse im Rahmen von Herrschaft in sehr unterschiedlicher Art und Weise entwickeln und wirksam werden konnten[134].

Für die Erforschung der landesherrlichen Kanzleien bedeutete der Patzesche Ansatz keinen Fortschritt, da hier die alten Auffassungen lediglich fortgeschrieben, keiner Kritik unterzogen oder einem methodischen Neuzugriff geöffnet wurden. Vermutlich liegt dieses auch in der wissenschaftlichen Genese Patzes begründet. Bevor er sich 1958 in Marburg habilitierte und die Hochschullehrerlaufbahn einschlug, hatte er bereits eine Karriere als Archivar durchlaufen[135]. Im Falle der Residenzenforschung erwies sich die Festschreibung auf die traditionellen Paradigmen als wirksam. Erst mit der Modifikation des Ansatzes in Hinblick auf eine stärker personenorientierte

---

130 So Peter Moraw in seiner Rezension zu Streich, Zwischen Reiseherrschaft und Residenzbildung; ferner Moraw, Was war eine Residenz im deutschen Spätmittelalter? S. 459.

131 Vgl. Moraw, Rezension, S. 115.

132 So noch Patze, Landesgeschichte, Teil 2, S. 22; dazu Moraw, ebd., S. 115, über „die aristokratische Lebenswelt von damals, die das Entscheidende war und die die bürokratischen Wesenszüge, die unser Interesse erwecken, als nicht allzu wichtig angesehen hätte, solange nur das Geld floß“. – Vgl. dazu auch den 1991 erschienenen Sammelband mit den Erträgen einer 1987 vom Deutschen Historischen Institut London veranstalteten Tagung: Princes, Patronage and the Nobility. The Court at the Beginning of the Modern Age; darin besonders Asch, Introduction. Court and Household.

133 Moraw, Fürstentum, Königtum und „Reichsreform“ im deutschen Spätmittelalter, S. 121–127.

134 Zum Konzept vgl. Mergel, Modernisierung.

135 Der Wechsel an die Universität erfolgte im Zuge seiner Ausreise aus der DDR im Jahre 1956. Nach einer Ausbildung zum Archivar war er 1946 in den höheren Archivdienst des Landes Thüringen eingetreten und fungierte zuletzt (ab 1952) als Archivdirektor in Gotha; vgl. Johanek, Hans Patze.

Hofforschung und seines methodischen Instrumentariums erschien ein Paradigmenwechsel auch im Rahmen der Kanzlei möglich[136].

Im Zuge der neuen Betrachtungsweise von Hof und Hofgesellschaft, die vor allem unter der Ägide von Werner Paravicini durch die Residenzenkommission um die Wende zum 21. Jahrhundert forciert wurde, habe ich im Rahmen der Tagung und des Tagungsbandes „Der Fall des Günstlings. Hofparteien in Europa vom 13. bis zum 17. Jahrhundert“ einen größeren Aufsatz über Illegitime bei Hofe und ihre Bedeutung für die spätmittelalterlichen Fürstentümer verfasst. Dabei griff ich bereits auf Erkenntnisse zurück, die ich hier neben anderen im Druck vorlegte. In diesem Kontext wurden auch die landesherrlichen Kanzler des Spätmittelalters einer kritischen Revision unterzogen, sozialgeschichtlich eingeordnet und in einen europäischen Kontext gestellt. Illegitime Fürstensöhne waren aus spezifischen Gründen für das Amt des Kanzlers prädestiniert, ohne dass man gleich davon ausgehen kann, dass dies für alle Betroffenen gilt[137].

2.3.4 ‚Kanzlei und Kultur‘

Kaum rezipiert wurde im deutschsprachigen Raum eine 1985 in Stuttgart veranstaltete Sondertagung der Commission Internationale de Diplomatique im Rahmen des 16. Internationalen Historikerkongresses. Ihr Thema lautete ‚Kanzlei und Kultur im Mittelalter‘. Der von Germano Gualdo herausgegebene Band mit den wissenschaftlichen Erträgen erschien unter italienischem Titel im Jahre 1990 in der Reihe des Archivio Segreto Vaticano[138].

Die große Bedeutung des Themas für die europäische Geistesgeschichte wurde im Vorwort gewürdigt. Thematisch ging es vornehmlich um drei Bereiche, erstens die intellektuelle Formung des Kanzleipersonals, zweitens deren Rolle im kulturellen, literarischen und historiographischen Kontext, besonders in der Epoche des Humanismus und Vorhumanismus, sowie, drittens, die Auswirkungen der Rhetorik auf den Stil der Kanzleiprodukte[139].

---

[136] Der 2005 in diesem Zusammenhang erschienene knappe Artikel von Joachim Wild bemüht sich um eine Harmonisierung älterer und neuerer Ansätze; Wild, Kanzlei. Ähnlich Lackner, Hof und Herrschaft, S. 12 f., der trotz Aufnahme der Kritik Peter Moraws am Kanzleiparadigma eine „Zusammenführung der drei theoretischen Ansätze“ „Residenzen- und Itinerarforschung, historische Prosopographie im Sinne Peter Moraws und Kanzleigeschichte nach dem Muster der Münchener Arbeiten“ aus der Schule von Hans Rall beabsichtigt. Zitat ebd., S. 13. Zur Begründung (ebd., S. 13 f.) und entsprechenden Untersuchung der Kanzlei (ebd., S. 218–332).

[137] Vgl. Dazu Widder, Konkubinen und Bastarde, hier bes. S. 469–474; Dies., Skandalgeschichten, S. 53. Ferner unten, Kap. 4.14.3: Exkurs: Illegitime Fürstensprosse als Kanzler.

[138] Cancelleria e cultura nel medio evo.

[139] La „formazione intelletuale dei cancellieri, dei notai e dei segretari; il ruolo da essi svolto in ambito culturale, letterario e storiografico (soprattutto durante il pre-umanesimo e l’umanesimo); l’applicazione della retorica al dettato dei documenti di cancelleria“; so der damalige Präfekt des Vatikanischen Archivs Josef Metzler in seinem Vorwort; Metzler, Premessa, S. VIII.

Mag man das weite Auseinandertreten von Tagungs- und Erscheinungsort mit Gepflogenheiten des international agierenden Veranstaltergremiums erklärbar machen, so fällt doch innerhalb des Bandes das nahezu vollständige Fehlen des deutschsprachigen Raumes auf. Dies gilt keineswegs für den Kreis der Beiträger[140], sondern erstreckt sich auf den Bereich der untersuchten Objekte. So kam bereits im Vorwort zum Ausdruck, dass der Großteil der publizierten Beiträge den Raum Frankreich, Spanien und Italien sowie das Spätmittelalter betrafen[141]. Behandelt wurden neben einigen, vornehmlich das 12. Jahrhundert betreffenden Beiträgen eine Reihe von Königskanzleien sowie die der Päpste mit dem zeitlichen Schwerpunkt auf dem 14. und 15. Jahrhundert. Das deutsche Spätmittelalter blieb hingegen ausgespart[142].

Ob hier der Grund für die geringe Resonanz innerhalb der deutschsprachigen Forschung – im Gegensatz beispielsweise zu derjenigen in Frankreich[143] – liegt, sei dahingestellt. Auch in dem von Robert-Henri Bautier stammenden, umfangreichen Überblick zum Tagungsthema spielten weder England noch Deutschland eine nennenswerte Rolle. In seiner Zusammenfassung betonte er, dass vor allem Italien dank der Renaissance und daneben besonders Frankreich in besonderem Maße privilegiert waren. Italien und Frankreich wurden damit die Führungspositionen im Rahmen der kulturellen Entwicklung des ausgehenden Mittelalters zugebilligt[144].

Im Gegensatz dazu diagnostizierte Bautier eine „décalage", d. h. eine (Phasen)-Verschiebung, zwischen den Ländern Nord- und Südeuropas am Ende des Mittelalters. Diese habe zwischen beiden Räumen einen Entwicklungsunterschied von mehr als einem Jahrhundert gezeitigt[145]. Die von ihm dafür benannten Gründe sind allerdings eher vage[146], zumal er feststellt, dass sowohl die großen Konzilien der ersten Hälfte des 15. Jahrhunderts (wie die Erfindung des Buchdrucks um die Jahrhundertmitte) die Herausbildung eines „milieu cosmopolite" in den Kanzleien beschleunigten[147].

---

[140] Vgl. die Beiträge von Theo Kölzer, Hans Martin Schaller, Peter Rück und Hermann Diener; vgl. Cancelleria e cultura, S. V–VII.

[141] Metzler, Premessa, in: Cancelleria e cultura nel Medio evo, S. VII: „la maggior parte delle relazioni qui pubblicate riguarda l'area franco-ispano-italica ed è incentrata sul Basso Medio Evo".

[142] Eine Ausnahme bildet der knappe, vornehmlich die eidgenössische städtische Historiographie des Spätmittelalters behandelnde Beitrag von Peter Rück, Kanzlei und Chronistik in der spätmittelalterlichen Schweiz". Ein in Stuttgart gehaltener Vortrag von Alois Schütz über Kanzlei und Kultur am Hof Kaiser Ludwigs des Bayern gelangte nicht in den Druck; vgl. Cancelleria e cultura, S. VII.

[143] Vgl. z. B. Charton-Le Clech, Chancellerie et culture, S. 18 f.

[144] Vgl. Bautier, Chancellerie et culture, S. 39 f., 41 f. „Italie surtout – mère de la Renaissance – et la France qui joua près d'elle le rôle d'un brillant second admiratif, ont été largement privilégiées" (ebd., S. 71).

[145] „[…] de l'Europe du Nord et ceux de l'Europe méridionale en cette fin du Moyen Age"; ebd., S. 71.

[146] Ebd., S. 71 f.

[147] Zu den Konzilien ebd., S. 70 (Zitate ebd.); zum Buchdruck ebd., S. 72.

Hier stehen bei ihm neben den Konzilsorten Pisa, Ferrara und Florenz immerhin Konstanz und Basel. Mainz als Wiege des Buchdrucks bedarf kaum der Erwähnung.

Trotz eines verständlichen Bedürfnisses, eine Art Listenplatz für den kulturellen Entwicklungsgrad einer ‚Nation' – gespiegelt im Personal ihrer obersten Verwaltung – zu vergeben, erhebt sich der Verdacht, dass hier im Hinblick auf große Teile Mitteleuropas eine Forschungslücke unbenannt blieb, wenn nicht vielleicht gar ein Forschungsbereich übersehen wurde. In Zusammenhang mit einem der ganz wenigen von ihm angeführten deutschen Beispiele beschied Bautier der Hofkanzlei Friedrichs III. denn auch lediglich, sie habe ihren Mitgliedern keinerlei intellektuelle Freiheit gelassen[148]. In seinem Überblick beschränkte er sich ausschließlich auf die königliche Hofkanzlei, während er das spezifische Problem der fortgeschrittenen Territorialisierung im spätmittelalterlichen Reich mit der damit einhergehenden Multiplizierung potentieller kultureller Kristallisationspunkte an den zahlreichen Höfen gar nicht erst anriss.

Das geringe Interesse der zeitgenössischen deutschsprachigen Forschung am Themenkomplex ‚Kanzlei und Kultur' dürfte verschiedene Gründe haben. Zum einen ist es der starke Schwerpunkt auf der Verfassungsgeschichte, der die deutsche Kanzleiforschung aus ihrer bereits behandelten Forschungstradition bis auf den heutigen Tag prägt. Die Impulse, die die aus Deutschland 1933 emigrierten, kulturgeschichtlich orientierten und konsequent interdisziplinär arbeitenden Vertreter der Renaissance-Forschung im Bereich der Mediävistik ausgelöst hatten, wurden hier nach dem zweiten Weltkrieg nicht weitergeführt[149]. Unter ihnen hatte besonders der bis zu seinem Tod im Jahr 1988 als Distinguished Research Fellow an der Newberry Library von Chicago wirkende Troeltsch-Schüler Hans Baron (* 1900, † 1988) in seinem Lebenswerk eine politische Auffassung vom Entstehen der Renaissance vertreten. Er betonte darin den hohen, aus der politischen Situation um 1400 hervorgegangenen Anteil von Kanzlern der Republik Florenz wie Coluccio Salutati und Leonardo Bruni am Entstehen der Frührenaissance. Ihnen und ihrem historiographischen Oeuvre sprach er die entscheidende Rolle im Ablösungsprozess vom mittelalterlichen Universalismus hin zu republikanisch geprägten Staatsanschauungen zu[150]. Im Rahmen der Renais-

---

[148] „… l'ambiance de cette chancellerie, qui ne laissait aucune liberté intellectuelle à ses membres"; ebd., S. 41.

[149] Zur Renaissance-Forschung vgl. Oexle, Deutsche Mediävisten und französische Mittelalterforschung, S. 122 f. (mit weiterer Literatur); Günther, Hans Baron und die emigrierte Renaissance; Schulin, Geschichtswissenschaft in unserem Jahrhundert, S. 17–23; Staub, Bürgerlichkeit im Exil, S. 351–374.

[150] Zu nennen wäre hier der 1938 erstmals gedruckte Essay von Baron, Der Hintergrund der Frührenaissance in Florenz, S. 16–23; sowie bes. Ders., The Crisis of the Early Italian Renaissance, S. XXV–XXVII, 443–461; dazu Günther, Hans Baron und die emigrierte Renaissance, S. 8–10. Zu Ernst Troeltsch vgl. u. a. Jaeger/Rüsen, Geschichte des Historismus, S. 95; Schmidt, Ernst Troeltsch. – Zu neueren Ansätzen vgl. Meier, *Ad incrementum rectae gubernationis.* Der Verfasser kommt in seiner Untersuchung zu dem Ergebnis, dass die florentinischen Kanzler „vom Zentrum der Macht" wesentlich weiter entfernt waren, als der mit

sance-Forschung spielte die Kanzlei und ihr Personal als politisches und kulturelles Zentrum stets eine gewichtige Rolle[151].

Die große Resonanz, die die Renaissance- und Humanismus-Forschung in den Vereinigten Staaten fand, resultierte – wie man inzwischen weiß – nicht zuletzt aus ihrer politischen Funktion: Sie vermittelte ein Identitätsangebot, indem sie einen ‚republikanischen Brückenpfeiler' zur zeitlich weit entfernteren römischen Republik herstellte. So wurde das 1955 in erster Auflage erschiene Buch von Baron über die ‚Crisis of the Early Italian Renaissance' unter amerikanischen Historikern zum Ausgangspunkt „einer leidenschaftlichen Debatte über den Ursprung ihrer eigenen republikanischen Vorstellungen"[152].

Im Gegensatz hierzu speist sich das Bild von der Kanzlei und ihrem Personal, das dem bereits angesprochenen Aufsatz von Robert-Henri Bautier über Kanzlei und Kultur zugrunde liegt, vornehmlich aus Vorstellungen, die einen französischen Historiker und hohen Verwaltungsbeamten[153] als Ideal bewegen. „Dès lors il y a bien – et pour longtemps – une double école humaniste, l'une italienne ou italo-pontificale et l'autre française, toutes deux ayant leurs racines dans le même milieu des chancelleries et formées d'hommes en très étroites relations personelles ou épistolaires. Leur étude a donné lieu en ces dernières décennies dans les deux pays à un des courants de recherches les plus actifs"[154]. Ohne die amerikanische Forschung und ihre (wissenschafts)-geschichtlichen Hintergründe im Einzelnen zu thematisieren[155], wandte er sich direkt seiner Fragestellung zu. Wie bereits im obigen Zitat zum Ausdruck kommt, ging es ihm vornehmlich um die Herausarbeitung einer Elite. Ihr Merkmal

---

den innerstädtischen Wahlverfahren befasste Notaio delle Riformagioni; ebd., S. 485–497. Zur politischen Kultur ebd., S. 491–500, 502 f.

151 Vgl. u. a. MARTINES, The Social World of the Florentine Humanists, bes. S. 145–198; ferner die Kanzler-Biographie von BROWN, Bartolomeo Scala. – Die Bedeutung der Kanzlei gilt nicht nur für Florenz, sondern auch für seinen politischen Hauptgegner, Mailand. „Humanist history-writing in Milan was part of an aggressive political programme whose center lay in the Sforza chancery"; IANZITI, Humanistic Historiography under the Sforzas, S. VII. – Zur Rolle der Kanzlei in der kulturgeschichtlich orientierten älteren deutschen Renaissance-Forschung vgl. die verschiedenen Arbeiten von Konrad Burdach; vgl. u. a. BURDACH, Vorspiel. Gesammelte Schriften zur Geschichte des deutschen Geistes, Bd. 1,2.

152 GÜNTHER, Hans Baron und die emigrierte Renaissance, S. 9; ferner SCHULIN, Geschichtswissenschaft in unserem Jahrhundert, S. 17–23, bes. S. 19; FERGUSON, The Interpretation of Italian Humanism, S. 14–25.

153 Zu Bautier (* 1922, † 2010), langjährigem Vizepräsident des Institut de France und an der École des Chartes zuletzt zuständig für Archivquellen, Geschichte der Institutionen und der mittelalterlichen Diplomatik und damit selbst Vertreter der hohen Administration Frankreichs, vgl. seine Autobiographie: BAUTIER, Présentation, S. XIX–XXIII. – Zur „optimistischen Selbstverortung" der französischen Historikerschaft als einer „durch meritokratisches Selbstbewußtsein und einen deutlich elitären Korpsgeist geprägten Bildungselite" vgl. RAPHAEL, Historikerkontroversen, S. 340 f., 361; Zitat ebd., S. 361.

154 BAUTIER, Chancellerie et culture, S. 30 f.

155 Doch auch ohne sie zu ignorieren; vgl. dazu BAUTIER, Chancellerie et culture, S. 1, Anm. 1.

ist der gekonnte Umgang mit der Feder – „chose rare à une époque où l'instruction était devenue le privilège d'une élite très restreinte“[156].

Die Bedeutung dieser Elite lässt sich für die abendländische Kulturentwicklung gar nicht hoch genug einschätzen. Doch ging es Bautier besonders um eine Teilgruppe unter ihnen. Es sind die mit diplomatischen Aufgaben betrauten (Kanzlei)-Sekretäre des 14. und 15. Jahrhunderts. Sie bewegten sich in einem kosmopolitischen Milieu; ihre Neigung, sich zu einem echten internationalen Netzwerk („un vrai réseau international“) zu verknüpfen, wurde durch die ‚internationalen Treffen' auf den Konzilien des 15. Jahrhunderts verstärkt. Doch wichtiger noch erschien ihm die Tatsache, dass diese Elite gemeinsame Ursprünge hatte. Ihre Mitglieder waren häufig an denselben Universitäten und Kollegien oder von denselben Lehrern geformt worden und teilten denselben Geschmack und dieselben intellektuellen Interessen („ses membres, souvent formés dans les mêmes universités ou les mêmes collèges ou auprès des mêmes maîtres, avaient les mêmes goûts et les mêmes intérêts intellectuels“). Gleiche Ausbildung ergab einen homogenen Korpsgeist, ein Elitebewusssein; wobei dies einen Dienst bei wechselnden Herrn keineswegs ausschloss, sondern nicht zuletzt aus Gründen der persönlichen Karriere sogar beinhaltete. „Cela contribua plus encore à universaliser la Culture dont ce milieu était fier d'avoir le privilège [!]“[157].

Seine Argumentation weist in ihrem Ergebnis eine bemerkenswerte Ähnlichkeit mit der modernen sozio-politischen Kultur Frankreichs auf. Hinzuweisen wäre hier besonders auf das über die wenigen elitären Grandes Écoles verlaufende Rekrutierungsverfahren des politischen, administrativen (und wissenschaftlichen) Nachwuchses[158]. Dessen Anfänge werden in den hier besprochenen Werken im ausgehenden Mittelalter gesucht – und gefunden: Dabei handelt es sich um die Kultur einer aus gleichen Ausbildungsstätten rekrutierten intellektuellen Elite, die ihrerseits wiederum den Staat vertritt und prägt[159]. Ihr Wirkungsbereich erstreckt sich auf Politik und Verwaltung. Ihr Gruppenbewusstsein sorgt für Fortbestand und Entfaltung des Gemein-

---

[156] „... l'homme qui sait manier la plume“; ebd., S. 2f.; Zitat ebd., S. 2.

[157] Ebd., S. 70. An anderer Stelle spricht er explizit von einer „nomination de l'homme d'élite au nombre des secrétaires“; ebd., S. 73. – Ihre Anfänge rückt Bautier allerdings bereits in die Zeit Friedrichs II.; ebd., S. 70f. – Eine beispielhafte Studie zur Vernetzung bei Millet, Biographie d'une évêque rescapé, bes. S. 206f.

[158] Vgl. dazu allg. das Buch von Bourdieu, Homo academicus.

[159] Verwiesen sei auf einen 1985 erschienenen Sammelband mit den Erträgen einer vom Centre national de la recherche scientifique (CNRS) und der École Française de Rome gemeinsam veranstalteten Tagung zum Thema ‚Culture et idéologie dans la genèse de l'état moderne'. Ferner der Überblick von Verger, Les gens de savoir. – In anderem Zusammenhang sprach Bautier auch vom „personnel de la haute administration de la France“; Ders., Introduction. Les notaires et secrétaires du roi, S. IX. – Zum Hintergrund, dem „renouveau de l'histoire polititique“, verstanden als „histoire totale“ in der französischen Forschung; vgl. Bourdé/Martin, Les écoles historiques, S. 363–389, bes. S. 374–388. – Zur Wissenschaftstradition vgl. Keylor, Academy and Community, S. 3, 5; Charle, Professionen und Intellektuelle, S. 141.

wesens; mit der Ausformung dieser Elite und ihrer internationalen Kultur beginnt der Weg in die Moderne[160].

Falls Zweifel an diesem hier zugrundeliegenden Modell aufkommen sollten, sei im Gegensatz dazu auf die in den letzten Jahrzehnten in der deutschen Geschichtswissenschaft umfassend diskutierte Rolle der Juristen an der Entstehung des modernen Staates hingewiesen, die ebenfalls eine rezente politische Realität reflektiert[161]. Neben den „Juristen für das Reich“[162] fasziniert deutschsprachige Historiker der universitär gebildete gelehrte Rat; in das Spätmittelalter fällt die ‚Geburtsstunde des deutschen Professors‘, gerne auch als Politikberater[163]. Spezifisch juristische, politische oder, ganz allgemein formuliert, Qualifikationen im Sinne einer bürgerlichen Leistungsethik werden dagegen in der französischen Forschung weit weniger betont. Der Schwerpunkt liegt hier mehr auf der intellektuellen Brillanz ihrer Vertreter, die sich nicht zuletzt in rhetorischer und stilistischer Kompetenz äußert[164]. Ihren Niederschlag findet diese in literarischem Schaffen, darunter speziell in historiographischer Tätigkeit, ferner in Buchbesitz, Mäzenatentum, kultureller Präsenz am Hofe sowie persönlicher und schriftlicher Kommunikation[165].

---

160 Vgl. Bautier, Chancellerie et culture, S. 73–75. – Dieser Weg mündet dann allerdings in eine „Administration moderne“, die vornehmlich von praktischen Gesichtspunkten geprägt ist; ebd., S. 73–75.

161 Vgl. unten, Kap. 3.4: Juristen als gelehrte Räte, Kanzlei und werdende Staatlichkeit. Geradezu kontradiktorisch dazu verhält sich das vorangestellte Motto des Standardwerks von Lot/Fawtier, Histoire des institutions françaises au Moyen Age, Bd. 2: „Les réglementations parfaitement définies sont le signe ordinaire de la décréptitude“.

162 So der Titel des im Jahre 2000 erschienen zweibändigen Werkes von Jürg Schmutz; vgl. Schmutz, Juristen für das Reich.

163 Vgl. den Untertitel eines Aufsatzes von Peter Moraw, Improvisation und Ausgleich. Der deutsche Professor tritt ans Licht; ferner u. a. den von Rainer C. Schwinges herausgegebenen Sammelband: Examen, Titel. Promotionen. Für Heinz Noflatscher gründete sich der Aufstieg fränkischer Gelehrter im Königsdienst um 1500 „nicht auf Geburtsadel, auf militärischem Können, weniger auf familiärer Verflechtung, sondern auf Studium, Professionalisierung und geographischer Mobilität, teils auch auf Kapital (hier waren familiäre Netze wichtig). Entsprechend lagen die Aufgaben, Funktionen und spezifischen Ämter der fränkischen Ersten Räte überwiegend in der Kanzlei, in diplomatischer Mobilität, in politischen, teils auch in Finanzgeschäften“; Noflatscher, Migration von Intellektuellen, S. 18.

164 „Le personnel des chancelleries, en effet, est formé, de toute évidence, de personnes qui ont la pratique de l’écriture [...] et qui savent, non seulement les règles fondamentales de la grammaire, mais le maniement précis de la langue, cette précision étant requise pour l’exacte compréhension des clauses juridiques. Ces personnes sont même capables d’user de leur plume avec élégance puisque leur aptitude à la rédaction est appréciée à la mesure de leur connaissance de la rhétorique et de l’éclat de leur style, mieux même de leur habileté à user de réminiscences des textes sacrés ou juridiques et des citations d’auteurs classiques ou modernes“; Bautier, Chancellerie et culture, S. 2 f.

165 Vgl. dazu die Gliederung des Aufsatzes von Pons, Les chancelleries parisiennes sous les règnes de Charles VI et Charles VII. Für das frühe 16. Jahrhundert untersuchte Sylvie Charton-Le Clech darüber hinaus für dieselbe Personengruppe beispielsweise Architektur und Wohnkultur; vgl. Charton-Le Clech, Chancellerie et culture, S. 31–182. – Vgl. dazu beispielhaft die Studie von Paravicini/Paravicini, L’arsenal intellectuel d’un homme de pouvoir.

Im Gegensatz hierzu hat sich die Renaissance-Forschung in den deutschsprachigen Ländern, einer historischen Fragestellung weitgehend entkleidet, neben der Kunstgeschichte auf die mediävistischen und postmediävistischen Abteilungen der philologischen Fächer verlagert[166]. So findet sich z. B. der Hinweis auf die von Enea Silvio Piccolomini, Kanzleisekretär Friedrichs III. und späterer Papst Pius II., im Jahre 1444 verfasste Liebesnovelle ‚Eurialus und Lucretia', die dem königlichen Hofkanzler Kaspar Schlick gewidmet ist und dessen Affäre mit einer senesischen Dame im Jahre 1432 thematisiert, keineswegs in der einschlägigen historischen Literatur zur königlichen Hofkanzlei, sondern in Überblicken zur Literaturgeschichte des 15. Jahrhunderts[167].

Der kultur- und mentalitätsgeschichtliche Aussagewert dieses literarischen Werks ist in Hinblick auf das Thema Landesherrliche Kanzlei (und Kultur) bislang weder rezipiert noch untersucht. Die zeitgenössische Bedeutung darf dabei keineswegs unterschätzt werden, war es doch „in der 2. Hälfte des 15. Jahrhunderts ausweislich der Handschriften und Drucke die gelesenste Erzählung überhaupt"[168]. Für ein kanzleiüberspannendes Kulturmilieu spricht in diesem Zusammenhang auch, dass kein anderer als Niklas von Wyle, Esslinger Stadtschreiber und späterer württembergischer Kanzler, knapp zwei Jahrzehnte später die maßgebliche volkssprachliche Bearbeitung besorgte[169].

Bereits eine kursorische Durchsicht des vornehmlich philologisch ausgerichteten und rezipierten ‚Verfasserlexikons' belehrt, welche Dimensionen das Thema ‚Kanzlei

---

[166] Vgl. u. a. die Einzelveröffentlichungen der Reihen bzw. Periodika: Acta humaniora; Wolfenbütteler Abhandlungen zur Renaissanceforschung; Wolfenbütteler Renaissance-Mitteilungen.

[167] Dazu Beyschlag, Städte, Höfe, Gelehrte 1430–1490, S. 265; vgl. auch den entsprechenden Artikel im ‚Verfasserlexikon' von Worstbrock, Piccolomini, Enea Silvio, hier Sp. 644–646, 662. Zur Kanzleitätigkeit Enea Silvios vgl. Clough, The Chancery letter-files of Aeneas Silvius Piccolomini. Eine neuere, von Eric John Morrall besorgte kritische Edition des Werkes liegt vor: Aeneas Silvio Piccolomini, The Tale of two Lovers, Eurialus and Lucretia, S. 71–177, 182–194.

[168] Morrall, in: Aeneas Silvio Piccolomini, The Tale of two Lovers, Eurialus and Lucretia, S. 35–45 („one of the most popular stories of the Renaissance"; ebd., S. 35); Textzitat: Worstbrock, Piccolomini, Enea Silvio, Sp. 662. – Die Kultur der königlichen Hofkanzlei wäre ohnehin eine eigene Untersuchung wert. Zu einer im Umkreis von Kaspar Schlick entstandenen Turnierchronik und ihrer Rezeption vgl. Lehmann, Der Beginn des Turnierwesens am deutschen Königshof, S. 66, 71–73.

[169] Edition: Aeneas Silvius Piccolomini, Eurialus and Lucretia, S. 65–176, 178–182; dazu Morrall, ebd., S. 9–15; Worstbrock, Piccolomini, Enea Silvio, Sp. 661 f. Auch noch in der neueren germanistischen Literatur rangiert Enea Silvio als „italienischer Humanist", Niklas von Wyle als „deutscher Stadtschreiber und Diplomat"; vgl. Philipowsky, Prosaisches Begehren, S. 410. – Allgemein wird Niklas von Wyle vornehmlich in den philologischen Fächern behandelt; Schwenk, Vorarbeiten zu einer Biographie des Niklas von Wyle; Worstbrock, Die *colores rethoricales* des Niklas von Wyle. Unter historischer Fragestellung findet er sich im prosopographischen Verzeichnis von Schuler, Südwestdeutsche Notare, Bd. 1, Nr. 1508, S. 509–513 (mit weiterer Literatur); ferner Borst, Buch und Presse in Esslingen am Neckar, S. 103–120.

und Kultur' auch für das deutsche (Spät)-Mittelalter anzunehmen in der Lage ist. Allein die Zahl von literarisch wirkendem Kanzleipersonal ist darin beträchtlich[170]. Beispiele aus der Kunstgeschichte zeigen, dass Kanzleiangehörige nicht nur als Literaten, sondern auch als Auftraggeber in Sachen Kunst tätig wurden[171]. Der von Bautier ausschließlich aufgrund seines schriftstellerischen Oeuvres behandelte Kanzler Karls IV., Johann von Neumarkt, beschäftigte eigene, auf äußerst qualitätvollem Niveau arbeitende Buch-Illuminatoren[172]. Die fortgeführte Diskussion um den sogenannten Hausbuchmeister ließe sich ebenfalls anführen. Unter den Auftraggebern firmieren auch

---

[170] Vgl. z. B. Verfasserlexikon, Bd. 1: Bernhard von Kraiburg, erzbischöflich salzburgischer Kanzler, Sp. 769–771; Besenfelder, Hof- und Küchenschreiber Herzogin Mechtilds von Österreich, Sp. 830, usw. Die Reihe ließe sich fortsetzen; ferner LACKNER, Hof und Herrschaft, S. 331 f. Zu den Möglichkeiten einer statistischen Auswertung vgl. die auf Gelehrte fokussierten Ergebnisse bei IMMENHAUSER, Zwischen Schreibstube und Fürstenhof, bes. S. 426–431. Allerdings spielen bei ihm lediglich die städtischen Kanzleien eine Rolle; ebd., S. 428. – Auch für das Hochmittelalter lassen sich Belege beibringen: So steht der Liber ad honorem Augusti des Petrus' von Eboli in enger Beziehung zum Hofkanzler Heinrichs VI., Konrad von Querfurt, „der sicher als Auftraggeber wenn nicht der ganzen Handschrift, so doch dieses letzten Teils anzusehen ist". Dieses dritte Buch diente der „Verherrlichung Heinrichs VI. und seines Kanzlers". Das Werk war wohl als persönliches Geschenk Konrads an seinen Herrn gedacht; STÄHLI, Petrus de Ebulos ‚Unvollendete', S. 255 f. Zitate ebd., S. 256. – Für die literarisch tätigen Stadtschreiber vgl. den vornehmlich für Philologen gedachten Überblick bei HONEMANN, Die Stadtschreiber und die deutsche Literatur im Spätmittelalter, bes. S. 340–353; ferner den 2004 erschienenen Sammelband SUNTRUP/VEENSTRA, Stadt, Kanzlei und Kultur. – Ebenfalls nur auf die städtische Sphäre zielt ZAHND, Studium und Kanzlei.

[171] In den Kontext des kurpfälzischen Hofes wird der um 1400 entstandene sogenannte sog. Spieleteppich verortet. Als sein möglicher Auftraggeber gilt der Speyerer Bürger und Landschreiber von Heidelberg, Johannes Diehl; vgl. HUBACH, Der Nürnberger Bildteppich, S. 139. – Zwei Beispiele aus der spätmittelalterlichen Grafschaft Tirol: Ruprecht Rindsmaul, Kanzler Herzog Sigmunds von Österreich, Graf von Tirol, stiftete 1486 der Kirche St. Sigmund im Sellraintal zwei Reliquiare, „darunter eine kostbare Paxtafel aus Silber, teilweise vergoldet, mit reichem Laub- und Blütenwerk, eingesetzten Figürchen und einer gravierten Anna Selbdritt mit dem Stifter auf der Rückseite" (heute Wilten, Stiftssammlung); vgl. SCHUBERT/MADERSBACHER, Tiroler Ausstellungsstraßen. Die Gotik, S. 50). – Florian Waldauf von Waldenstein (um 1455–1510), ein „Bauernsohn aus dem Pustertal, der es zum Protonotar und persönlichen Vertrauten Kaiser Maximilians brachte", trug eine umfangreiche Reliquiensammlung und eine große Bibliothek zusammen und stiftete gemeinsam mit seiner Frau Barbara, der Tochter des reichen Schwazer Gewerken und Baumeisters Gilg Mitterhofer, die 1505 geweihte Waldaufkapelle (mit einer spätgotischen Madonna aus dem Pacher-Umkreis) in der Pfarrkirche St. Nikolaus zu Hall in Tirol; vgl. SCHUBERT/MADERSBACHER,Tiroler Ausstellungsstraßen. Die Gotik, S. 87, 90 f.; MOSER, Die Urkunden des Pfarrarchivs Hall in Tirol, Nr. 475, S. 216–22; ebd., Nr. 484a, S. 223–225 u. ö. (vgl. ebd., S. 441).

[172] BAUTIER, Chancellerie et culture, S. 40. – „Es mag daher eine gewisse Berechtigung haben, von ‚seinen' [= Johanns von Neumarkt] Illuminatoren zu sprechen, obwohl nur ein Teil der fraglichen Codices tatsächlich für ihn selbst bestimmt war"; SCHMIDT, Malerei bis 1450, S. 179–184, 207–213; Zitat ebd., S. 180; ferner HOMOLKA, Zur Kunst der Gotik in Böhmen, S. 59 f.; zu weiteren Angehörigen der Hofkanzlei als Auftraggeber vgl. SCHMIDT, a. a. O., S. 182 f.

kurpfälzische Kanzler der zweiten Hälfte des 15. Jahrhunderts[173]. Der kurpfälzische Kanzler Johann von Dalberg gilt als einer der großen Humanisten im Südwestdeutschland des späten 15. Jahrhunderts[174].

Verweilt man bei der deutschsprachigen Forschung, dann existiert dort ein weiteres Problem. Dieses ist grundsätzlicher Natur und berührt in entscheidendem Maß die Fragestellung dieser Untersuchung. Bereits eine Themenstellung ‚Kanzlei und Kultur' setzt eine institutionalisierte Form von Kanzlei implizit voraus. In Frankreich scheint dies aufgrund einer anderen Verfassungsentwicklung weit weniger Probleme zu bereiten, zumal der (Amts)-Titel „notaire-secrétaire du roi" – wie in jedem universitären Lehrbuch nachzulesen ist – seit Anfang des 14. Jahrhunderts gebräuchlich war. Dieser über den Titel markierte Personenkreis wuchs aus zahlenmäßig kleinen Anfängen (3 im Jahre 1316) bis zu seiner Fixierung durch Ludwig XI. im Jahre 1465 auf einen Kreis von 59 Personen an[175]. Prosopographische Zusammenstellungen sowie Spezialuntersuchungen werden über dieses Kriterium wesentlich erleichtert[176]. Hinzu kommt in den meisten westeuropäischen Ländern die wesentlich bessere Überlieferung über den Bereich der Urkunden hinaus[177].

Im Gegensatz hierzu fehlen prosopographische Arbeiten über Kanzleien im spätmittelalterlichen römisch-deutschen Reich weitgehend. Die älteren, verwaltungsge-

---

[173] Vgl. Hess, Meister um das ‚mittelalterliche Hausbuch', S. 45 f., 78 f., 101 f., 170–172.

[174] Vgl. den Sammelband: Der Wormser Bischof Johann von Dalberg; darin besonders der Beitrag von Walter, „Inter nostrae tempestatis Pontifices facile doctissimus".

[175] Lemarignier, La France médiévale. Institutions et société, S. 324 f.; Lot/Fawtier, Histoire des institutions françaises au Moyen Age, Bd. 2, S. 85–96; Morel, La Grande Chancellerie royale, S. 53–113. Zu den „notaires royaux" bis 1328 vgl. ferner die prosopographische Liste bei Perrichet, La Grande Chancellerie de France, S. 538–547.

[176] Vgl. Morel, La Grande Chancellerie royale; Lapeyre/Scheurer, Les notaires et secrétaires du Roi sous les règnes de Louis XI, Charles VIII et Louis XII (1461–1515); Pons, Les chancelleries parisiennes sous les règnes de Charles VI et Charles VII, S. 136 f.; Charton-Le Clech, Chancellerie et culture, S. 17–28. – Ähnlich scheint es sich mit den „masters" in der Kanzlei des englischen Königs zu verhalten, deren Zahl auf 12 festgesetzt war; vgl. Smith, Some trends in the English Royal Chancery: 1377–1483, S. 70 f. Zur englischen Kanzlei vgl. ferner Richardson, Henry V, the English Chancery, and Chancery English; Tout, The Household of the Chancery and its Disintegration; Brown, The King's Councillors in Fifteenth-Century England.

[177] Vgl. Bautier, Recherches sur la chancellerie royale au temps de Philippe VI, S. 404–459; Morel, La Grande Chancellerie royale, Anhang, bes. S. 485–570; Perrichet, La Grande Chancellerie de France, Regesten S. 548–569; Pons, Les chancelleries parisiennes sous les règnes de Charles VI et Charles VII, S. 136–139. – Im Folgenden eine Auswahl wichtigerer Untersuchungen zu westeuropäischen Kanzleien: die zahlreichen Aufsätze von Robert-Henri Bautier zur spätmittelalterlichen französischen Königskanzlei finden sich wiederabgedruckt bei Bautier, Chartes, seaux et chancelleries, Bd. 2, S. 615–919; Perrichet, La Grande Chancellerie de France, bes. S. 145–450; Tessier, Diplomatique royale française; ferner Richard, La Chancellerie des Ducs de Bourgogne de la fin du XIIème au début du XVème siècle; Cockshaw, Le personnel de la chancellerie de Bourgogne-Flandre; Damen, De staat van Dienst; Jones, Memory, Invention and the Breton State, sowie eine Reihe von Beiträgen in Bd. 2 der Landesherrlichen Kanzleien im Spätmittelalter.

schichtlich ausgerichteten Studien waren an der Behörde namens Kanzlei und deren Rolle für den ‚Staat' interessiert, nicht an den mit ihr verbundenen Menschen und ihren zivilisatorischen Leistungen. Arbeitet man mit der klassischen diplomatischen Methode, dann erhält man vornehmlich anonyme Schreiberhände, über die vielfach keine weiteren Aussagen getätigt werden können. Ein eigenes Problem besteht allerdings auch hier wieder in der Begrifflichkeit und der Definition des Phänomens Kanzlei.

2.3.5 Neue Kulturgeschichte, Archiv und Verwaltung

Die exponentielle Zunahme von verfügbarem Wissen, das durch das Internet bereit gestellt wird, hat in den letzten zwei Jahrzehnten das Interesse an seiner Speicherung wachsen lassen. Das 2005 eingerichtete Graduiertenkolleg 1049 der Deutschen Forschungsgemeinschaft an der Fakultät für Geschichtswissenschaft der Universität Bielefeld behandelt das Thema „Archiv – Macht – Wissen. Organisieren, Kontrollieren, Zerstören von Wissensbeständen von der Antike bis zur Gegenwart"[178]. Unter Aufnahme von Ansätzen von Jacques Derrida und Michel Foucault wird mit einem erweiterten Archivbegriff gearbeitet, bei dem diese als „institutionelle Sammlungen von Akten, aber auch Bibliotheken, Museen, semi-, sub- oder kontra-institutionelle Wissensbestände verstanden" werden. Mit dem Ziel, „unterschiedliche methodische Ansätze – von der material culture über die historische Semantik bis zur Institutionengeschichte – miteinander zu verbinden", sollen „die Prämissen einer neuen Kulturgeschichtsschreibung im Sinne einer historisch-anthropologischen Erforschung von Wissenskonstruktionen berücksichtigt werden" um auf diese Weise „die Analyse der Vergangenheit – mehr als bislang üblich – um die Frage nach dem Charakter historischer Quellen zu erweitern"[179]. Damit wurde ein neues Forschungsfeld eröffnet, dem sich nicht nur Historiker, sondern auch Literatur- und Kulturwissenschaftler zuwandten. Fragestellungen wie die nach der „Gewalt der Archive" wenden sich einer

---

[178] Vgl. Kessel, Archiv, Macht, Wissen. Zum Forschungsprogramm: http://www.uni-bielefeld.de/geschichte/forschung/gk1049/forschungsprogramm.html (06. 07. 2015).

[179] Alle Zitate ebd. Auch in diesem Kontext werden Kanzleien und Verwaltung untersucht; vgl. das Projekt von Michael Aumüller über „Herrschaft und ‚Verwaltung' in einer spätmittelalterlichen Stadt. Untersuchungen am Beispiel Freiburgs i. Br.". Gefragt wird danach, „wie das in Archiven und Kanzleien gespeicherte Wissen zur stadtobrigkeitlichen Herrschaftsausübung angewandt wurde, wie städtische Herrschaft mittels ‚Verwaltung' funktionierte. Methodische Ansätze stammen vor allem aus der Institutionenanalyse und der Kommunikationstheorie. Zur Darstellung jener Personen, die mit Herrschaftswissen in Berührung kamen, soll eine Netzwerkanalyse dienen"; vgl. http://www.uni-bielefeld.de/geschichte/forschung/gk1049/projects2.html (06. 07. 2015). Vgl. dazu den 2010 zum Abschluss der Förderphase vorgelegten, von Anja Horstmann und Vanina Kopp herausgegebenen Sammelband Archiv – Macht – Wissen mit dem programmatischen Untertitel: „Organisation und Konstruktion von Wissen und Wirklichkeiten in Archiven". Dazu die kritischen Bemerkungen von Löbnitz, Rezension.

„Kulturgeschichte der Wissensspeicherung" im interdisziplinären Wissenschaftsdiskurs zu[180].

Diese Auflösung im Sinne einer Verwässerung des Archivbegriffs blieb auf Seiten der Archivare allerdings nicht unwidersprochen und führte auch dort zu regelrechten Forschungsimpulsen. Wobei im Jahre 2013 in Auseinandersetzung mit diesen kulturwissenschaftlichen Ansätzen von Michael Hochedlinger eine ostentative Definition des Archivs vorgelegt wurde, verstanden als „Inbegriff von Schriftstücken und sonstigen Dokumenten, die bei physischen oder juristischen Personen aus deren geschäftlicher oder rechtlicher Tätigkeit erwachsen sind und als Quellen und Belege der Vergangenheit zur dauernden Aufbewahrung an einem gegebenen Ort bestimmt sind"[181].

Einer „Kulturgeschichte der Verwaltung" hat sich gerade die Frühneuzeitforschung in jüngerer Zeit verstärkt zugewandt[182]. Sie soll sich – in der Definition von Peter Becker – dabei nicht nur den künstlerischen Repräsentationen von Verwaltung zuwenden und somit einen spezifischen Beitrag zum „Diskurs über öffentliche Verwaltung" liefern, sondern auch „jene nicht-literarischen Texte und institutionellen Praktiken in die Analyse" einbeziehen, „die man unter dem Oberbegriff ‚Verwaltungskultur' zusammenfassen kann"[183]. Interessanterweise betraf die Umsetzung eines solchen Konzeptes bislang vor allem die Länder der ehemaligen Habsburgermonarchie. Eine von Josef Pauser, Martin Scheutz und Thomas Winkelbauer 2003 herausgegebene „Quellenkunde zur Geschichte der Habsburgermonarchie (16.–18. Jh.)" schuf hierfür die Voraussetzungen. Inhaltlich spielten „Hof und Zentralverwaltung" dabei eine entscheidende Rolle. So sollten „im Herzen der zusammengesetzten Habsburgermonarchie [...] Quellen zu einer neuen Geschichte des Hofes, der Regierung und der

---

180 Vgl. den 2012 erschienenen, von Thomas Weitin und Burkhardt Wolf herausgegebenen gleichnamigen Sammelband Gewalt der Archive. Bereits 2002 erschien der einschlägige, von den Medienwissenschaftlern Hedwig Pompe und Leander Scholz herausgegebene Sammelband Archivprozesse: Die Kommunikation der Aufbewahrung. Er entstand im Rahmen des Kölner Sonderforschungsbereiches/Kulturwissenschaftlichen Forschungskollegs 427: Medien und kulturelle Kommunikation.

181 Hochedlinger, Österreichische Archivgeschichte, S. 13. Ferner Schenk, „Aufheben, was nicht vergessen werden darf"; Löbnitz, Rezension.

182 Seit 1989 erscheint das „Jahrbuch für europäische Verwaltungsgeschichte (JEV)" als das „das einzige interdisziplinär und komparativ ausgerichtete historische Forschungsperiodikum zur öffentlichen Verwaltung, der eine zentrale Stellung in modernen politischen Systemen zukommt. Jeder Band ist einem Schwerpunktthema gewidmet". Der zeitliche Rahmen erstreckt sich von 1600 bis heute; vgl. http://hsozkult.geschichte.hu-berlin.de/zeitschriften/id=352&count=1&recno=1&ausgabe=-1 (07. 04. 2011). Darin erschienen u. a. die programmatischen Beiträge von Wunder, Paradigmenwechsel in der deutschen Verwaltungsgeschichtsschreibung (1997), der die bislang vorherrschende „juristische Sicht" auf die Verwaltungsgeschichte monierte; ebd., S. 307, und Becker, Überlegungen zu einer Kulturgeschichte der Verwaltung (2003). Ferner den von Wolfgang E. J. Weber 2007 herausgegebenen Band „Räte und Beamte in der Frühen Neuzeit".

183 Becker, Überlegungen zu einer Kulturgeschichte der Verwaltung, S. 312. Vgl. dazu auch der von ihm herausgegebene Sammelband „Sprachvollzug im Amt".

höfischen Repräsentation" kritisch vorgestellt und in ausgewählten Beispielen diskutiert werden[184]. Der 2010 erschienene und von Michael Hochedlinger und Thomas Winkelbauer herausgegebene Sammelband „Herrschaftsverdichtung, Staatsbildung, Bürokratisierung. Verfassungs-, Verwaltungs- und Behördengeschichte der Frühen Neuzeit" sollte verschiedenen Zielen dienen. Neben dem Versuch eines Paradigmenwechsels im Bereich der Verwaltungsgeschichte spielten durchaus apologetische Aspekte eine Rolle, nämlich die, der lange geschmähten frühneuzeitlichen Verwaltung unter habsburgischem Vorzeichen endlich die ihr gebührende historische Bedeutung angedeihen zu lassen[185].

Allerdings blieben diese Ansätze nicht auf die Wiener Initiativen beschränkt. Daneben sind Kanzlei und Verwaltung in jüngerer Zeit auch zu Gegenständen kommunikationsgeschichtlicher Fragestellungen geworden. Eine Mittlerstellung zwischen traditioneller Kanzleigeschichte unter Anwendung diplomatischer Methoden und modernen Fragestellungen nimmt die 2008 vorgelegte Arbeit von Julian Holzapfl zur Kanzleikorrespondenz des späten Mittelalters in Bayern ein, die das Ziel einer Quellenkunde des Kanzleibriefes mit kommunikationsgeschichtlichen Fragestellungen verbindet[186]. Schließlich wandte man sich in jüngerer Zeit auch den politischen Dimensionen von Archiv und Verwaltung, bezogen auf die Wissenschaftsgeschichte von Archiv und Archivtheorie zu[187].

Aufschlussreich und gleichzeitig naheliegend ist, dass der in neuerer Zeit zu beobachtende *material turn* auch vor den Kanzleien nicht Halt gemacht hat. Dem „Text als Realie" galt ein internationaler Kongress, der vom Österreichischen Institut für Realienforschung im Jahre 2000 veranstaltet und dessen Ergebnisse drei Jahre später publiziert wurde. Darin machte sich der französische Historiker Jean-Philippe Genet grundsätzliche Gedanken über die Präsentation von Texten und die Entwicklung des modernen Staates[188]. Für die französische Forschung bildet die ‚Katastrophe von Fré-

---

184 Inhaltlich ging es um: 1. Institutionen, 2. Gattungen, 3. Bilder und Dinge, 4. Medienarchäologischer Ausblick.

185 Herrschaftsverdichtung, Staatsbildung, Bürokratisierung. Der Band verstand sich als Auftakt für ein dreibändiges Handbuch „Verwaltungsgeschichte der Habsburgermonarchie in der Frühen Neuzeit". Laut Selbstanzeige widmen sich die Beiträge des Bandes in international vergleichender Perspektive „unter anderem den folgenden Themen: Standortbestimmung in Forschung und akademischer Lehre; Definitionen und Abgrenzungen zwischen Verfassungs-, Verwaltungs- und Behördengeschichte; Sollzustand (Perspektiven und Desiderate) in Forschung und Lehre; Nutzen und Potential der Disziplin(en) für Historikerinnen und Historiker, Archivarinnen und Archivare"; https://www.geschichtsforschung.ac.at/de/publikationen/vioeg/vioeg-57 (06. 07. 2015). Vgl. dazu auch den 2009 erschienenen Band Hochedlinger, Aktenkunde; Ders., Österreichische Archivgeschichte.

186 Holzapfl, Kanzleikorrespondenz. Allg. Becker, Kommunikation, Netzwerke, Öffentlichkeit; Ders., Sprachvollzug im Amt.

187 Vgl. die Fallstudie von Mario Wimmer über die politische Dimension von Archivfachsprache und Archivgeschichte in der Zeit des Nationalsozialismus und ihre Folgen; Wimmer, Archivkörper; ferner Ders., Die kalte Sprache des Lebendigen.

188 Genet, Présentation du texte et développement de l'état moderne.

teval‘ den Auslöser zur Gründung der französischen Zentralarchivs, der heutigen Archives Nationales in Paris. Am 3. Juli 1194 errang der englische König Richard Löwenherz dort einen Sieg gegen Philippe II. Auguste von Frankreich; in der Folge fielen ihm die königlichen Archive in die Hände, die der französische König auf seiner Flucht zurückgelassen hatte und die Richard vernichten ließ[189].

So aufschlussreich seine Überlegungen sind, ist das ihnen zugrunde liegende Narrativ eine aus einer Krise geborene Entwicklungs- und Erfolgsgeschichte in Richtung Moderne, wobei die Kanzlei der englischen Könige im Hochmittelalter und der französischen Könige seit etwa 1200 die Trendsetter bilden[190]. Grundsätzliche Unterschiede zwischen beiden sah Genet in der Bevorzugung des Rotulus' in der englischen Königskanzlei und des Kodex' in der französischen[191]. Bei den Büchern, die im Rahmen der Administration entstanden, sah er als Vorbilder einerseits die Bettelorden und andererseits die Universitäten und ihre Buchkultur wirken[192]. Den Rahmen seiner Überlegungen bildete in allen Fällen der Staat („l'état“), der seinerseits wiederum Vorbildfunktion für die Fürstenkanzleien hatte[193]. Hier ist der Anschluss an die im vorigen Kapitel behandelte französische Forschungstradition, in der auch Jean-Philippe Genet steht, unverkennbar. Auch das 2007 erschienene Buch von Simon Teuscher über Erzähltes Recht ist dem Dokument als „Artefakt“ gewidmet[194].

Im Rahmen des Ende 2012 an der Universität Heidelberg eingerichteten Sonderforschungsbereiches 933 „Materiale Textkulturen“ behandelt ein von Bernd Schneidmüller geleitetes Projekt „Die papierene Umwälzung im spätmittelalterlichen Europa. Vergleichende Untersuchungen zum Wandel von Technik und Kultur im ‚sozialen Raum‘“. Es untersucht dabei u. a. den „Wandlungsprozess von Pergament zum Papier in (a) geistlichen Kanzleien, die – transpersonal organisiert und geographisch weiträumig vernetzt – früh einen hohen Bedarf an schriftlich fixierter Verwaltung besaßen, (b) königlichen oder fürstlichen Kanzleien als den Schaltzentren von Herrschaft, (c) in städtischen Kanzleien, wo die kommunalen Eliten der Fernkaufleute das neue Medium implementierten, und (d) in den Universitäten als den Zentren gelehrter Wissenskultur“[195].

---

[189] Ebd., S. 411 f.

[190] Ebd., S. 411–413. Zur englischen Kanzleientwicklung ebd., S. 413 f. Eine vergleichbare Sichtweise vertritt der 1997 erschienene Sammelband „Écrit et pouvoir dans les chancelleries médiévales“.

[191] Ebd., S. 411 f.

[192] Ebd., S. 414 f.

[193] Ebd., S. 416.

[194] Denn die Dokumente „sind nicht nur Texte, welche die eine und die andere Schilderung von Praktiken enthalten. Sie sind auch Artefakte und waren als solche selbst immer schon Bestandteile von Praktiken ihrer Herstellung und ihres Gebrauchs, deren Geschichte noch weitgehend unerforscht ist“; Teuscher, Erzähltes Recht, S. 14. Zu diesen vgl. ebd., S. 36–39.

[195] Vgl. vorerst die Homepage http://www.materiale-textkulturen.de/teilprojekt.php?tp=A06&up= (12. 01. 2014). Die für die erste Förderungsperiode projektierte Habilitationsschrift von Carla Meyer behandelt das „‚Feld‘ des Verwaltungsschriftguts am Beispiel der Schriftproduktion landesherrlicher Kanzleien [...]. Zur Entwicklung einer ‚Kulturgeschichte‘

2.3.6 ‚Chancelleries et chanceliers des princes à la fin du Moyen Âge'. Zum Forschungsstand

Den ‚Chancelleries et chanceliers des princes à la fin du Moyen Âge' widmete sich eine Table Ronde im savoyischen Chambéry im Jahre 2006, deren Erträge 2011 publiziert wurden[196]. In ihrer Einleitung erläuterten die beiden Herausgeber, Guido Castelnuovo und Olivier Mattéoni, ihren Ansatz. Ausgehend von der Beobachtung, dass im Jahre 1325 erstmals ein Kanzler der Republik Florenz genannt wird, fünf Jahre später in der Grafschaft Savoyen und wiederum fünf Jahre später im Mailand der Visconti, fragten sie sich, ob es sich dabei nur um eine schlichte Koinzidenz gehandelt habe[197]. Sie postulierten Florenz als eine Stadtrepublik, in der die schriftgestützte Politik im Notariat verankert war („commune républicaine dont la politique scripturale dépend depuis toujours du monde notarié"), Savoyen hingegen als ein Fürstentum französcher Prägung („type même d'une principauté ‚à la française'") und Mailand zur Zeit der Visconti wiederum als eines der frühesten städtischen Fürstentümer im Herzen Norditaliens. Im Kanzler (*cancellarius*) sahen sie eine Art „*humus* commun", den es im Auge zu behalten galt.

Problematisch bei solchen Klassifikationen sind die Festschreibungen unterschiedlicher politischer Systeme, die damit vorgenommen werden. Doch viel interessanter sind die Fragen, die sich daraus ergeben und die die Herausgeber klar formulierten: Handelte es sich bei der spätmittelalterlichen Fürstenkanzlei um eine gut geordnete, stabile, in eigenen Örtlichkeiten untergebrachte Institution mit einem erkennbaren und hierarchisierten Personal oder handelte es sich um das genaue Gegenteil, nämlich um ein informelles Netz(werk) von Vertrauten (und weniger um Amtsträger)[198]? Als die beiden Extrempole identifizierten die Herausgeber des Bandes einerseits die französische Königskanzlei, ‚wo alles minutiös geregelt war', und andererseits die geheime Kanzlei der mailändischen Sforza mit ausgesprochen informellen Strukturen.

In den Jahren zwischen 1360 und 1380 sahen Castelnuovo und Mattéoni sowohl in Frankreich wie in Italien eine Zeit der Beschleunigung des Rationalisierungsprozesses, der sich danach weiter verstärkte („une période d'accélération dans la mise en

---

des Papiers und seiner Verwendung im Hoch- und Spätmittelalter schlägt die Studie zwei Wege ein: In einem Grundlagenkapitel analysiert sie die Urteile der mittelalterlichen Zeitgenossen über Papier, seine materialen Eigenschaften und seinen Gebrauchswert. Im zweiten Teil nimmt die Untersuchung das überlieferte Verwaltungsschrifttum zweier Fallstudien vergleichend in den Blick. Ausgewählt wurden die Kanzleien der Gonzaga in Mantua (Archivio di Stato di Mantova, ‚Archivio Gonzaga') und der Grafen von Württemberg (Hauptstaatsarchiv Stuttgart, A 602)"; http://www.materiale-textkulturen.de/teilprojekt.php?tp=A06&up (07.07.2015). Vgl. ferner den Sammelband ‚Papier im mittelalterlichen Europa'.

196 Chancelleries et chanceliers des princes.

197 Castelnuovo/Mattéoni, Introduction, S. 9f.

198 „Est-ce une administration bien ordonnée, stabilisée, installée dans ses propres locaux, pourvue d'un personnel reconnaissable et hiérarchisé? Est-ce au contraire d'abord un réseau informel de fideles plutôt que d'officiers?"; ebd., S. 10.

forme du processus de rationalisation, qui ne fera que se renforcer par la suite")[199]. Die Kanzlei erschien ihnen daher als eine der wesentlichen Maschinerien („rouages") der fürstlichen und städtischen Verwaltung, der Kanzler als eine Persönlichkeit mit großen politischen und kulturellen Format („à l'envergure politique et culturelle")[200].

Um das komplexe Phänomen Kanzlei in den Griff zu bekommen, entschlossen sie sich zu einer gestuften Vorgehensweise, wobei als Untersuchungsgebiet der Raum dies- und jenseits der Alpen gewählt wurde. Dabei sollte, erstens, die Organisation der Kanzleien und ihr Platz in der administrativen und institutionellen Hierarchie der politischen Entitäten, deren Emanation sie jeweils ist, untersucht und, zweitens, der Blick auf das Leitungspersonal und sein Profil gerichtet werden. Ergänzend wurden weitere Aspekte berücksichtigt wie die Frage danach, wie sich das sonstige Kanzleipersonal gegenüber der Autorität der Kanzler verhielt. Ferner interessierte das Problem, wie und wo die Kanzler ihre Ausbildung erhielten und wie es um ihre Schreib- und Sprachfähigkeit bestellt war. Welche Rolle spielte dabei das Verhältnis von Latein und Volkssprache, welche dominierte und ab wann? Gab es Diffusionen von Modellen unter den verschiedenen Kanzleien? War – bezogen auf Frankreich – die Königskanzlei Vorbild für die der Fürsten? Welche Rolle spielte in Italien die Kultur der Humanisten für die Praktiken der Schriftlichkeit der Macht („l'ecriture du pouvoir")?[201]

Der ambitionierte Vergleich, den die nachfolgenden zehn Beiträge des Bandes angehen, ist methodisch und inhaltlich hochinteressant, leidet aber ebenfalls unter dem methodischen Problem, das im Verfahren selbst begründet liegt: Mit dem komparatistischen Ansatz sind bereits die zu untersuchenden Fragen vorgegeben und somit definiert[202]. Ein weiteres Problem besteht in der Auswahl der Untersuchungsobjekte, die der Untersuchungsraum ‚dies- und jenseits der Alpen' vorgibt und damit ebenfalls definiert. Das spätmittalterliche Deutschland liegt zwar genau wie Frankreich und bezogen auf Italien diesseits der Alpen; es war aber auf der Tagung kein Thema, da das an der französischen Université de Savoie in Chambéry und Annecy angesiedelte wissenschaftliche „Laboratoire" darunter lediglich Frankreich, die Suisse Romande und Italien fasste. Der nationale Raum und seine wissenschaftspolitischen Ausrichtungen lassen auch das vermeintlich so ferne Mittelalter demnach keineswegs unberührt.

Entsprechend behandeln die zehn Beiträge die romanisch sprechende Schweiz, die Kanzlei der mailändischen Signorengeschlechter Visconti und Sforza, das Schriftgut städtischer Signorien Italiens um 1300, die Register der Mantovaner Kanzlei im 14. und 15. Jahrhundert, der Einfluss italienischer Vorbilder auf die französischen Königs- und Fürstenkanzleien im selben Zeitraum, die Kanzlei Herzog Ludwigs II. von Bourbon (1356–1400), Archive, Kanzlei und Historiographie des Herzogtums Bretagne um 1400, den Kanzler Herzog Philipps des Kühnen von Burgund, Jean Canard, sowie Gi-

[199] Ebd.
[200] Ebd., S. 11.
[201] Ebd.
[202] Dies ist den Herausgebern auch in Ansätzen bewusst; vgl. ebd., S. 12.

rard d'Estrées, Kanzler der Grafen von Savoyen in den Jahren 1362 bis 1391, und schließlich zu guter Letzt das Kanzleipersonal der letzten französischen Kapetinger[203].

Die Schlussfolgerungen, die Olivier Guyotjeannin, Diplomatiker an der französischen École des Chartes, darin Nachfolger von Robert Henri Bautier und damit institutionell der ranghöchste französische Urkundenforscher, zog, waren sehr aufschlussreich. In seiner leider ziemlich knapp ausgefallenen Zusammenfassung diagnostizierte er bei den spätmittelalterlichen Fürstenkanzleien ein weites Forschungsfeld und, damit verbunden, ein nach wie vor bestehendes großes Forschungsproblem. Es bestand in seinen Worten darin, dass die Diplomatik der Fürstenurkunde bislang bei weitem noch nicht die Aufmerksamkeit erhalten hat wie die bischöfliche. Interessanterweise bezog er sich bei letzterer allerdings auf das Hochmittelalter („le Moyen Age central").

Ganz allgemein fomulierte er sowohl für Frankreich wie für Deutschland ein vorherrschendes Forschungsparadigma aus der Zeit zwischen dem Ende des 19. und dem Ende des 20. Jahrhunderts; es handelte sich für ihn um die Vorbildhaftigkeit der Königskanzlei für die der Fürsten, während für Italien das Notariat und seine Schriftformen einen „nouveau discours" hervorbrachten[204]. Guyotjeannins Ausführungen konzentrierten sich zunächst auf die verschiedenen Profile der Kanzler, ihre Rolle und die Spuren ihrer Tätigkeit[205].

Für ihn ist der Kanzler die „haute figure" des Königs- bzw. Fürstenhofes im Frankreich des Spätmittelalters; es handelte sich bei ihm um einen Mann mit juristischer Kultur und vertraut im Spiel mit der Macht. Angezogen vom Rechtswesen, in dem sich die Herrschaft kondensiert, erweist er sich im Allgemeinen als erster Vertreter fürstlicher Diplomatie[206]. Der Kanzler beherrscht den fürstlichen Rat, kontrolliert die Amtsträger, reguliert den Zugang zur Gnade des Herrn und dominiert den diplomatischen Austausch[207]. Zwischen 1320 und 1330 (unter Hinweis auf die Dauphiné, Savoyen, Flandern und Mailand) sowie dem Jahrzehnt von 1370 bis 1380 sieht Guyotjeannin Synchronismen in dieser Entwicklung hin zu dem von ihm skizzierten Status und Aufgabenspektrum des Kanzlers. Der Kanzler des 15. Jahrhunderts schließlich dominiert das dokumentarische Spiel („le jeu documentaire") und bleibt der Kopf der Kanzlei, die vor allem eine Institution und noch selten ein Ort ist („qui est à peine une institution et plus rarement encore un lieu").

Der Kanzler ist aber auch überfordert von der Kontrolle der Notarsunterschriften unter der jeweiligen Urkunde, der Redaktion der Kanzleiregeln bei gleichzeitiger Ausweitung der Rekrutierung, von den Problemen bei der Zuweisung von oft leer stehenden Orten der Schreibarbeit und traf daher viele sich widersprechende und oft

---

203 Vgl. Chancelleries et chanceliers des princes, S. 5 f., sowie das Inhaltsverzeichnis des Bandes.
204 Guyotjeannin, Conclusion, S. 287.
205 Ebd., S. 288 f.
206 Ebd., S. 288.
207 „[…] qui régit la vie du conseil, contrôle les officiers, régule la grâce, patronne la diplomatie […]"; ebd.

punktuelle Maßnahmen zur Kompensation und Steuerung eines anarchischen Wachstums bei Zunahme von Fälschungen[208]. Kanzler dienen als Mediatoren zwischen dem Wort des Fürsten und dessen verschriftlicher Form, der Urkunde. Sie befinden sich im Herzen der Entscheidungsmechanismen und ihrer ideologischen Konstruktion; sie beherrschen die Zeit, kennen den Raum und verbinden Vergangenes mit Zukünftigem. Sie befinden sich aber auch in vorderster Reihe kultureller Belange, haben Geschmack an Literatur, Auswirkungen auf die Debatten und Moden der Zeit, sorgen für die Ausbreitung des Humanismus und des Mäzenatentums[209]. Darüber hinaus schreiben sie Geschichte durch solide in den Dokumenten der Archive wurzelnde Historiographie, deren natürliche Wächter sie sind[210].

Die Anfänge von Kanzleien und Kanzlern liegen für ihn im 14. Jahrhundert, in dem sich die Entwicklungen beschleunigen. Im Norden sind es die Kapläne und Kleriker, im Süden die öffentlichen Notare, die die Pfeiler der Kanzlei des 13. Jahrhunderts bildeten. Sie wurden aber bald durch ein Personal ersetzt, das zwar ihre Herkunft und Ausbildung teilte, aber seine Ideale im Dienst des Fürsten sah und eine eingeschworene Gemeinschaft bildete, die die gleichen Karrierewünsche, die gleiche Berufung und die gleiche Eignung aufwies[211]. Guyotjeannin sah dessen Anfänge in der Papstkurie des 13. Jahrhunderts, ihre ‚strahlende Ausformung' am Hofe Philipps des Schönen von Frankreich, ihre adaptierte Übernahme in den Fürstenkanzleien unter Einflüssen aus Italien, aus den städtischen Kanzleien und kleineren Herrschaften. Auch die Rhetorik und die Briefkunst, die von den Sekretären (er spricht hier von einem *clericus a secretis* als Typus) seit der Antike tradiert wurden, sah er als wirksam an[212].

Weiterhin diagnostizierte Guyotjeannin mit Blick auf die einzelnen Beiträge des Sammelbandes einen schwachen Korpsgeist und einen Mangel an Kollegialität unter den Kanzleiangehörigen. Ihre soziale Position war weder adelig noch nicht-adelig („ni nobles ni populaires"), wobei ein immanenter und permanenter Gegensatz zwischen Geistlichen und Laien bestand. Die Rekrutierung war relativ offen, allerdings mit einem Hang zur Erblichkeit. Guyotjeannin forderte weitere vergleichende Untersuchungen, da die Forschungslücken nach wie vor groß sind. Bedarf sah er bei der

---

208 „Signature des notaires au bas des actes, rédaction de règlements de chancellerie quand les horizons du recrutement se dilatent, assignation d'un local de travail commun souvent déserté [...]: autant de mesures contraintes et ponctuelles qui accompagnent et compensent une croissance anarchique et l'essor des faux"; ebd.

209 „[...] une rôle culturel bien mis en valeur par les diplomatistes, mais qui va plus loin que le goût pour la littérature, l'implication dans les débats et les modes du temps, la diffusion de l'humanisme voire l'aventure du mécénat"; ebd., S. 288 f.

210 „[...] l'écriture de l'Histoire, en des chroniques solidement enracinées dans le terreau documentaire des trésors d'archives dont ils sont, eux ou leurs confrères, les gardiens comme naturels"; ebd., S. 289.

211 Ebd. Man darf darüber spekulieren, ob sich hier Erfahrungen aus einer Sozialisation an der École des Chartes widerspiegeln, die eine intellektuelle Elite mit gemeinsamer Ausbildung formiert und eine lebenslange Gemeinschaft von ‚Confrères' bildet.

212 Ebd.

Erforschung des Dialoges mit den Untergebenen wie bei der Untersuchung der Herkunft und Übernahme der Formen, der Analyse des Formulars, seiner interregionalen Zirkulation und aber auch seiner ‚Mikro-Variationen' innerhalb einer Kanzlei[213].

Natürlich waren der Einfluss und die Ausstrahlung der französischen Königskanzlei für ihn wesentliche Forschungsaspekte. Für Italien formulierte er andere Forschungsaufgaben wie die Bedeutung der notariellen und kommunalen Traditionen[214]. Ferner interessierten ihn Fragen eines eigenständigen Formulars fürstlicher Willenserklärungen, wie es sich in Burgund und im Bourbonnais im Laufe des 14. Jahrhunderts herausbildete[215]. Dennoch sah er die *Imitatio regis* und einen „style royal" als entscheidende Elemente fürstlicher Kanzleiproduktion an. Die Anfänge der Entwicklung der Fürstenurkunde datierte er in die Zeit zwischen dem 9. und dem 11. Jahrhundert, bereits schon damals als „miroir de l'acte royal"[216].

Für Italien hingegen postulierte er eine Überlagerung der Fürstenurkunde über die zuvor dominierende kommunale Kanzleiproduktion[217]. Seine Schlussfolgerungen kulminierten in der Feststellung, die Fürstenkanzleien seien nicht nur Werkzeuge der Herrschaft und Spiegel der Macht, sondern selbst auch Orte der Begegnung und Ausbildung sowie der Macht und der Abhängigkeit gewesen[218]. Er sah hiermit ein weites Forschungsfeld abgesteckt, dessen Neuland der Sammelband gerade erst beschritten hatte.

Nach diesen Thesen, Annahmen, Schlussfolgerungen und Forschungsfragen aus dem Jahre 2011, die den gegenwärtigen Forschungsstand repräsentieren, wird im Folgenden zu prüfen sein, welche Aspekte dieses Fragenkataloges durch die gewählte Untersuchungsmethodik und die gewählten Untersuchungsobjekte der hier vorgelegten Studie einer Lösung zuzuführen sind. Doch bereits der hier vorgestellte und annotierte Forschungsstand zeigt, welchen Stellenwert die Erforschung der spätmittelalterlichen Fürstenkanzlei und ihrer Wissenschaftsgeschichte nach wie vor besitzt und welche unhinterfragten Paradigmata bei allem guten Willen und aller kritischen Annäherung immer noch eine entscheidende Rolle spielen. Auch zeigen sich Unterschiede in der französischen und der deutschen Forschungstradition, da in letzterer die Fürstenkanzlei aufgrund des territorialgeschichtlichen Paradigmas immer eine Rolle gespielt hat, während bis heute in Frankreich das Erbe des zentralistisch organisierten Nationalstaates jegliche rangniedrigeren politischen Institutionen und ihre Verwaltung aus dem Vorbild des Königtums abgeleitet bzw. als abgeleitet postuliert hat. Die hierfür spezifischen Gründe wurden bereits oben behandelt.

---

[213] Ebd., S. 290.
[214] Ebd.
[215] Ebd., S. 290f.
[216] Ebd., S. 291.
[217] Ebd., S. 292.
[218] „[...] une production qui n'est pas seulement outil de gouvernement et miroir d'un pouvoir, mais aussi lieu de contact et lieu d'apprentissage, du pouvoir et de la sujétion"; ebd.

3. Bausteine zu einem Paradigmenwechsel im Bereich der Kanzlei

Der Blick auf die Forschungsentwicklung und die jüngeren Forschunganansätze erbrachte den an sich naheliegenden Befund, dass gerade Kanzleiforschung relativ anfällig dafür ist, jeweils aktuelle (oder bereits schon wieder selbst historisch gewordene) Vorstellungen vom Staat und seiner Verwaltung auf die Vergangenheit zu übertragen. Allerdings ist es kaum hilfreich, lediglich warnend den Zeigefinger zu erheben, in der Ansicht, dass derartige Projektionen in ihrer Vordergründigkeit durch den Blick auf die Wissenschaftsgeschichte bereits erkennbar sind. Sie können nämlich Wahrnehmungsebenen betreffen, die dem analytischen Instrumentarium weit weniger zugänglich sind. Dies soll im Folgenden demonstriert werden.

3.1 Mittelalterliche Kanzlei und ihre moderne Konstruktion. Die königliche Hofkanzlei im frühen 15. Jahrhundert

Das hier behandelte Beispiel kann lehren, dass man es im vormodernen Verwaltungssektor mit Sachverhalten zu tun hat, die auf heutige Zeitgenossen ausgesprochen fremdartig wirken und zu denen ein Zugang schwer fällt. In einer zu Nürnberg ausgestellten Urkunde vom 24. August 1422 bescheinigte König Sigmund dem Speyerer Bischof Raban von Helmstatt als ehemaligem Kanzler seines Vorgängers König Ruprecht († 1410) die durch diesen getätigte Auslieferung einer Reihe von Registern und Büchern. Von ihnen hieß es, dass sie von *solicher sachen vnd handlunge* [seien], *die sich by des obgenannten kunig Ruprechts zyten seligen inne dem heligen Romischen riche vnd von desselben richs wegen ergangen vnd erlaufen hant* und dass er, Raban, sie habe *machen und begriffen lassen vnd die zu sinen handen gehapt hat.* König Sigmund habe dann nach seinem Herrschaftsantritt als Römischer König ihm befohlen, dieselben *von vnsern vnd des riches wegen zu gehaltende vnd die nyemans zu vbergebende an vnser sunderliche geheiss vnd bevelhunge*[1]. Nun ist hier zu erwähnen, dass Sigmund bereits seit dem 20. September 1410 als gewählter, seit dem 8. November 1414 als gekrönter deutscher König amtierte[2], d. h. die Herausgabe der Unterlagen erfolgte erst im Jahre 1422, mehr als ein Jahrzehnt nach seinem Herrschaftsantritt.

Die Wissenschaft hat sich diesen Vorgang zu unterschiedlichen Zeiten auf sehr verschiedene Weise zu erklären versucht. H. Zimerman fand es im Jahre 1881 „auffallend

[1] Remling, Urkundenbuch zur Geschichte der Bischöfe von Speyer, Bd. 2, Nr. 64, S. 126–128; RI, Bd. 11, Nr. 5048.

[2] RI, Bd. 11, Nr. 13a und 1278a.

[…], dass man die Register früherer Herrscher [am Hof Sigmunds] so lange nicht vermisst oder sie wenigstens erst so spät zurückgefordert hat […]". Seiner Ansicht nach zeugte dies „bei den damals schon unsicheren Verhältnissen in Speier, die man doch auch bei Hofe gekannt haben muß, von grosser Sorglosigkeit."[3] Wo doch – hiervon ging er aus – „wenigstens in dieser Zeit alle Urkunden, welche Rechtskraft erhalten sollten, registriert werden mußten"[4]. Julius Weizsäcker kommentierte 1882 in seinem Vorwort zum vierten Band der ‚Deutschen Reichstagsakten' die Rückgabe der Register folgendermaßen: „Am 7 Merz hat K. Sigmund von Bisch. Raban von Speier dem Kanzler des verstorbenen Königs die Register K. Ruprechts und alle andern Reichsregister, die er innehabe, also wol auch die älteren, herausverlangt, da er sie zur Führung der Reichsgeschäfte nicht entbehren könne […]; und daß der Bischof die Register wenigstens Ruprechts besaß und herausgab, sieht man aus der dafür ausgestellten Quittung vom 24 August 1422 […]. Dagegen mag man billig bezweifeln daß Ruprecht auch ältere Registraturbücher des Reichs besessen hatte; der Versuch war gemacht worden, von dem abgesetzten K. Wenzel alle register und briefe herauszubekommen […], aber gelungen ist er gewiss nicht, somit konnten auch keine an Sigmund herausgegeben werden."[5]

Theodor Lindner äußerte sich im selben Jahr 1882 zwar nicht dezidiert dazu, stellte aber zum Gesagten geradezu im Gegensatz stehend fest, dass es mit dem Registraturwesen am Anfang von Sigmunds Regierung „erheblich besser" stand, „als am Ende". Einen Höhepunkt bildete die Zeit, „in welcher Bischof Georg von Passau Kanzler war, 1418–1423". Dies war aber ausgerechnet die Zeit, in der Ruprechts Reichsregister noch gar nicht der Hofkanzlei Sigmunds übergeben worden waren[6].

Franz von Löher beantwortete in seiner 1890 erschienenen „Archivlehre" die Frage „Wer war im Besitze des Reichsarchivs?" unter Bezug auf diesen Fall in der Weise, „daß Schriftstücke, die im Mittelalter während der Regierung eines Kaisers bei seinem Hofe ein- oder von da ausliefen, nebst allem Zubehör von Register- und Kopialbüchern, Rechnungen und Quittungen als sein persönliches, nicht als des Reiches Eigentum galten und deshalb auf seinen Nachfolger nur dann übergingen, wenn er zugleich sein Erbe war, und falls dies nicht der Fall, dem gewöhnlichen Erbrechte unterlagen"[7].

Gerhard Seeliger vertrat Anfang der neunziger Jahre des 19. Jahrhunderts die Ansicht, „sicherlich war es Pflicht der Privaterben eines Königs, die Reichsregister an dessen königlichen Nachfolger auszuliefern." Doch habe „der bisherige Kanzler Raban Bischof von Speier einige Reichsregister in die eigene Verwahrung [genommen], während die anderen Kanzleibücher, darunter auch Reichsregister im Besitze des

[3] Zimerman, Zur Geschäftsführung in der kaiserlichen Kanzlei, S. 117.
[4] Ebd., S. 118.
[5] Weizsäcker, Vorwort, S. IIIf.
[6] Lindner, Das Urkundenwesen Karls IV., S. 180.
[7] Löher, Archivlehre, S. 95 f.

Pfalzgrafen Ludwig zu Heidelberg verblieben, wo es schon zu Beginn des 15. Jahrhunderts ein förmliches Archiv gab"[8].

Harry Bresslau lehrte 1912 in seinem Handbuch der Urkundenlehre, noch in der ersten Hälfte des 14. Jahrhunderts seien die Reichsregister sehr wahrscheinlich als Privateigentum der jeweils herrschenden Dynastie angesehen worden, was sich spätestens Anfang des 15. Jahrhunderts änderte. Er äußerte die Ansicht, Sigmund könne vielleicht nicht gewusst haben, dass – unberechtigterweise – der größte Teil der Ruprechtschen Reichsregister an dessen kurpfälzische Nachfolger gelangt sei oder er habe „Bedenken getragen [...] sich an den Kurfürsten zu wenden. [...] Von seiten des Bischofs ist jedenfalls der Anspruch Sigmunds als berechtigt anerkannt worden"[9]. Hans Kaiser erklärte im Jahre 1925 lapidar: „Die näheren Umstände bleiben im Dunkeln"[10].

Neuere Meinungen wie die von Peter Moraw lauten, „die organisatorische Nähe der Kanzlei zum Herrscher war verschieden: [...] unter Ruprecht [kann man] nahezu vom Unternehmertum des Kanzlers sprechen [...], der die Kanzlei samt ihren Registern ‚besaß' und wenigstens zeitweise in seinem Wohnhaus betrieb"[11]. „Nicht also Protonotare, Notare oder Registratoren, die im Dienste der Dynastie verblieben, sondern der Kanzler fühlte sich sogar nach dem Erlöschen seines Amtes für die königlichen Register verantwortlich, ja sie gehörten ihm geradezu, und dies wurde vom Erben des Königs als selbstverständlich hingenommen"[12]. Im Gegensatz hierzu vertrat Karl-Friedrich Krieger 1979, sich auf Gerhard Seeliger berufend, die Ansicht, dass „die Register regelmäßig als Privatbesitz des jeweiligen Königs betrachtet und grundsätzlich dem Nachfolger, wenn er aus einem anderen Herrscherhaus stammte, nicht ohne weiteres ausgehändigt wurden"[13].

Franz-Reiner Erkens sah 1987 in den Kanzleiverhältnissen der ersten Jahre König Sigismunds unter dem Hofkanzler Johann Kanizsai, Erzbischof von Gran und päpstlichem Legaten, eine „Mischung aus Kontinuität und Neubeginn" mit „provisorische[m] Charakter". Erst der Kanzlerwechsel vom August 1417 mit der Ernennung des Passauer Bischofs Georg von Hohenlohe veränderte die Lage: „Da unter Bischof Georg auch in der Passauer Kanzlei seit 1403 [erstmals seit Mitte des 13. Jahrhunderts] wieder ein Auslaufregister geführt wurde, [...] ist ein Interesse Georgs von Hohenlohe an internen Kanzleigeschäften nicht auszuschließen"[14]. Warum es dennoch weitere fünf Jahre dauerte, bis „auf dessen [= Georgs] Veranlassung hin König Sigismund wohl auch am 7. März 1422 Raban von Speyer, den ehemaligen Kanzler seines Vor-

---

8 Seeliger, Registerführung, S. 246.

9 Bresslau, Handbuch der Urkundenlehre, Bd. 1, S. 175 f., Zitat S. 176; ferner ebd., S. 138.

10 Kaiser, Die Archive des alten Reichs, S. 206 f., Zitat S. 207.

11 Moraw, Königliche Verwaltung im einzelnen, S. 39; verallgemeinerter Ders., Personenforschung und deutsches Königtum, S. 11 f.; spezieller Ders., Kanzlei, S. 442 f.

12 Ders., Kanzlei, S. 443.

13 Krieger, Die Lehnshoheit der deutschen Könige, S. 101.

14 Erkens, Über Kanzlei und Kanzler König Sigismunds, S. 439.

gängers, aufforderte, die von ihm verwahrten Register aus Ruprechts Königskanzlei auszuliefern“[15], vermochte Erkens allerdings damit nicht zu beantworten.
In der Fülle der hier vorgetragenen Meinungen spiegeln sich Veränderungen in der Sicht von der spätmittelalterlichen Kanzlei und von den Kompetenzen ihrer personellen Leitung wider. Es stellt sich die Frage, ob das letzte Wort bei der Interpretation dieser Urkunde damit gesprochen ist. Zu überlegen wäre, ob der Vorgang tatsächlich untypisch ist, also einen Einzelfall darstellt, oder ob sich darin etwas Typisches widerspiegelt, nämlich der noch nicht ausgebildete Behördencharakter der Kanzlei und die Ungeregeltheit des Archivwesens[16]. Entsprechende Beobachtungen wurden neuerdings für die Überlieferung der dezentralen Ebene gemacht. Ihre Ergebnisse lauten, „daß wir nicht mit stabilen Registraturen in Ämtern und Kellnereien rechnen dürfen, sondern dass die Amtsträger ihre Unterlagen nach Beendigung der Aufgabe in ihr Privatarchiv übernahmen, wie dies noch bis ins 20. Jahrhundert hinein üblich war“[17]. Die Annahme liegt nahe, dass wir es hier mit strukturellen Gegebenheiten zu tun haben, die keinesfalls mit dem Mittelalter ihr Ende fanden, sondern bis in die neueste Zeit andauerten, wie viele Beispiele lehren[18]. Das Problem ist auch modernen Archi-

---

[15] Ebd., S. 440.

[16] Vgl. dazu auch das bei Krieger angeführte Beispiel, dass König Sigmund 1413 anlässlich eines Streites zwischen den Grafen von Henneberg und dem Grafen zu Castell mit den Schenken von Limburg um ein bestimmtes Reichslehen beide Parteien anwies, sie *sullen ir redeliche, erberge botschafft zu unserm herren von Spyre schicken und yn byten, ab der von Hohenloch selige die obgenanten zolle zu lehen empfangen habe und ab es in daz lehenbuch und register unsers herren konig Ruprechts seligen geschriben sy, daz er yn des ein versigelte schriffte under seinem insigel gebe*; Monumenta Castellana, Nr. 492, S. 222; Krieger, Die Lehnshoheit der deutschen Könige, S. 102, Anm. 181. – Vgl. ferner die bei Moraw, Kanzlei, S. 441 f., zitierte Urkunde „Karlsruhe, GLAK 42/1a“. In dieser erklärte Pfalzgraf Ludwig III. am 8. Dezember 1410, „es habe ihm Raban von Helmstatt, Bischof von Speyer und Kanzler des verstorbenen Königs, *zwey große Register, der eins latin und das ander dutsche geschrieben sint, und dartzu ein lange smale lehen Register* geliehen, die alle drei unter König Ruprecht geführt worden seien. Er, Ludwig, wolle die Register abschreiben lassen. Der Pfalzgraf verpflichtete sich, sie auf Wunsch Rabans sofort zurückzugeben, auch die von ihm herzustellenden Abschriften dem Bischof jederzeit zu leihen und schließlich keinem Dritten Zugang zu den Registern zu gestatten“ (ebd., S. 442).

[17] Mersiowsky, Anfänge, S. 263 f., Zitat ebd., S. 164. – Zu solchen „Privatregistraturen“ im Bereich der Zentrale „in Ermangelung einer zentralen Registratur“ auch Schleidgen, Kanzleiwesen, S. 104 f.

[18] So blieb bei den Anstrengungen Maximilians I. „ein umfassendes Reichsarchiv zu begründen, [...] in der Praxis doch die Übung zu recht bestehen, dass die einzelnen Beamten das Kanzleimaterial förmlich als ihr Privatgut betrachteten“; Bauer, Register- und Konzeptswesen in der Reichskanzlei Maximilians I., S. 267 f. Als Beispiel führt der Verfasser einen Reichskammergerichtsprozess von 1524 an, bei dem die Räte des Esslinger Reichsregimentes Erzherzog Ferdinand baten, „in den Schriften und Briefen Friedrichs III. und Maximilians I. in Wien und Innsbruck nach solchen Stücken nachforschen zu lassen, ebenso bei deren alten Sekretären bzw. bei deren Nachlass, wie bei Stürzel, Sernteiner, Ziegler, Renner u. a.“; ebd. – Angeblich bedingt durch „Raummangel im [Berliner] Schlosse zu Anfang des 16. Jahrhunderts“ wurden die Akten im Haus des landesherrlichen Kanzlers Stublinger aufbewahrt; Hintze,

varen keineswegs unbekannt. Allerdings fügt es sich nicht in ein modernes Behördenkonzept ein und wurde deshalb nur halbherzig zur Kenntnis genommen und auf entsprechende Weise in den Archivlehren vermittelt[19]. Berücksichtigt man jedoch die damit verbundenen Implikationen, dann lassen sich sonst kaum erklärbare Überlieferungszuordnungen[20] auch für den Bereich der Zentrale zwangloser vornehmen.

Hof- und Landesverwaltung in der Mark Brandenburg unter Joachim II., S. 162. – Nicht nur mit den „Reichsregistern" verfuhr Raban von Helmstatt übrigens in dieser Weise; so wird anlässlich seines Trierer Episkopats zum Jahr 1439 berichtet: *Habuit [Rabanus] enim quendam cancellarium, nomine Ernestum Dufel(e), qui libros, imagines, et plura alia, quae antecessores sui archiepiscopi laudabiliter servarunt pro posteris suis, furtive versus Spiram deportavit*; Gesta Treverorum, Bd. 2, Kap. 275, hier S. 325. – Auch dieses Verfahren hatte in Kurtrier Tradition: Im Jahre 1358 lieferte Erzbischof Boemund dem Herzog Wenzel von Luxemburg „verschiedene Bücher (Lehenbuch, Urkundenbuch, Gefällregister) und einzelne Urkunden aus der Zeit des Erzbischofs Balduin [† 1354] und Königs Johann [† 1346] […] aus […] – archivalisches Material, das wohl seit der Verwaltung Luxemburgs in trierischem Besitz gewesen ist"; RICHTER, Die kurtrierische Kanzlei im späteren Mittelalter, S. 88. – Dass auch andere kirchliche Würdenträger ihre Urkunden mitnahmen, belegt schon ein in Trier überliefertes Privileg des Mainzer Dompropstes Theoderich aus der 2. Hälfte des 10. Jahrhunderts; vgl. MGH D O I, Nr. 226, S. 310 f. (Ingelheim, 961 Mai 29); dazu ACHT, Die erste Ordnung der Urkunden des Mainzer Erzstifts, S. 34.

19 Vgl. BRENNEKE, Archivkunde, S. 412: „Weitergehend ist der Anspruch des Staates auf die schriftlichen Nachlässe seiner leitenden Beamten, Angestellten und Offiziere, die häufig wichtige Ergänzungen der amtlichen Akten enthalten". Hinweise darauf auch bei MEISNER, Archivalienkunde, S. 76.

20 Vgl. z. B. die auftretendenden Erklärungsprobleme hinsichtlich der Überlieferungsgeschichte der kurpfälzischen Hofhistoriographie bei STUDT, Fürstenhof und Geschichte, S. 74 f.

3.2 Thesen für die weitere Untersuchung

Die These, es habe keine landesherrliche „Kanzlei“ im Spätmittelalter gegeben, kann kaum Fragestellung dieser Arbeit sein, zumal die Bezeichnung als Quellenbegriff vorkommt. Allerdings wird man Fragen nach der institutionellen Ausformung, den Kompetenzen und den Aufgabenbereichen spätmittelalterlicher landesherrlicher Kanzleien nachzugehen haben. Dies ist nicht zuletzt deshalb vonnöten, da man kaum von einer einheitlichen Entwicklung, geschweige denn von einem jeweils einheitlichen Entwicklungsstand aller spätmittelalterlichen Territorien ausgehen kann[21].

Der schlechte Erschließungsgrad der Quellen ist verbunden mit methodischen Problemen bzw. mit Unsicherheiten im anzuwendenden methodischen Verfahren. Das Dilemma bei der Erforschung mittelalterlicher Kanzleien lässt sich demnach folgendermaßen formulieren: Die Methoden der klassischen Diplomatik greifen im Spätmittelalter nicht mehr und erbringen für das Funktionieren der Kanzleien des 14. und 15. Jahrhunderts weder aussagekräftige noch sinnvolle Ergebnisse. Gleichzeitig erscheinen die Maßstäbe einer frühneuzeitlichen Behörden- und Verwaltungsgeschichte alten Stils dem Phänomen unangemessen[22]. Dies gilt sowohl für den Bereich der mangelnden Bürokratisierung wie insbesondere für ihre Bedeutung innerhalb der sich ausbildenden Staatlichkeit. Hierbei sind wiederum zwei Ebenen zu unterscheiden. Die eine umfasst die bereits zum Ausdruck gebrachte mangelnde zeitgenössische Perzeption und Anerkennung sowie – andererseits – die der tatsächlichen Bedeutung der sich verschriftlichenden und archivbildenden Administration[23].

Gerade in der modernen Forschung wird der Schrift eine besondere Rolle im Modernisierungsprozess von Herrschaft in Hinblick auf eine größere Komplexität an-

[21] Vgl. Theuerkauf, Zur Typologie spätmittelalterlicher Territorialverwaltung, S. 41 f.; Moraw, Entfaltung der Territorien, S. 91 f.

[22] Vgl. dazu exemplarisch die Auseinandersetzung über das Urkundenwesen der Herzöge von Pommern-Stettin in der Zeit zwischen 1250 und 1350; Alvermann, Domstift, Hofkapelle und Kanzlei; Gut, Kanzlei oder Kapelle?; Alvermann, Kern oder Schale? — Im Übrigen verzichten auch neuere verwaltungsgeschichtliche Untersuchungen zur Frühen Neuzeit weitgehend auf die Erarbeitung eines Behördenschemas und arbeiten statt dessen stärker prosopographisch; vgl. u. a. Asch, Verwaltung und Beamtentum, S. 3 f.; Bernhardt, Die Zentralbehörden des Herzogtums Württemberg und ihre Beamten; Lanzinner, Fürst, Räte und Landstände, S. 15–18; Noflatscher, Herrscher und Räte; Reuschling, Die Regierungs des Hochstifts Würzburg; Brakensiek, Fürstendiener; Hesse, Amtsträger.

[23] Für die westeuropäische Grafschaft Flandern betonte Ellen Kittell die Rolle der Finanzverwaltung gegenüber der Kanzlei: „The development of a Flemish chancery lagged behind that of its French and English counterparts, as indeed did that of most chanceries in the Low Countries. The Flemish counts, like the Brabantine dukes and the counts of Hainaut and Holland, were not as dependent upon chanceries as were the princes of geographically large territories. Simply because of the relative smallness of their territories, the princes of the Low Countries found personal contact much easier and more practical than did their counterparts in England and France“. Die Enwicklung einer Zentraladministration sieht sie in Zusammenhang mit der Ausbildung von fiskalischen Strukturen und getragen von dem Prozess, der Ad hoc-Entscheidungen in Routine überführte („initially based on the development of

nehmende Staatlichkeit zugesprochen[24]. Dies scheint auch der damaligen Zeit bereits bewusst gewesen zu sein. Ein Reflex findet sich im Niederschlag der Sprichwörter „Die Kanzlei ist eines Fürsten Herz", denn – so die moderne Forschung – „die Schrift macht den Staat; das Archiv ist langfristig wichtiger als die Waffenkammer."[25] Auch die eingangs erwähnte Klage des Zeitzeugen dokumentiert ihren Bedeutungsumfang. Die Kanzlei spielt also in mehrerlei Hinsicht eine zentrale Rolle. In ihr bündelt sich die Landesherrschaft; sie ist der Ort der langfristigen Sicherung von Rechten im Sinne einer *longue durée*. Die Konsequenzen des steigenden Schriftgebrauches für die Ausbildung der spätmittelalterlichen Territorien harren immer noch weitgehend der Erforschung. Wie viel hier zu tun ist, verdeutlichen indirekt die bereits erwähnten äußerst knappen Ausführungen von Dietmar Willoweit in der ‚Deutschen Verwaltungsgeschichte'[26]. Allerdings muss man hierbei betonen, dass sich die pragmatische, also handlungsorientierte Schriftlichkeit des Mittelalters erst seit Mitte der achtziger Jahre des 20. Jahrhunderts systematischer Erforschung erfreute[27]. Die hier vorgelegte Arbeit nahm ihre Anfänge in einem am Sonderforschungsbereich 231 der Universität Münster angesiedelten Projekt[28].

Die bei einer Verwaltungsgeschichte des Spätmittelalters zu meisternden Probleme sind vielfältig: Aus der landesherrlichen Kanzlei stammt ein Großteil der Quellen, die Auskunft über die Landesherrschaft geben (können). Die Fülle der Überlieferung und der geringe Grad ihrer Erschließung sind eher abschreckend denn einladend, und daher kapitulieren moderne Forschungsvorhaben meist schon im Vorfeld. Da zudem ein ausgebildetes Behördenschema als fester Bezugsrahmen offensichtlich ausfällt, gestaltet es sich ungemein schwierig, über allgemeine Aussagen hinaus das Verhältnis von Schriftlichkeit und Herrschaftsorganisation angemessen zu diskutieren. Ein sich als pragmatische Lösung des Problems anbietender Rückgriff auf die älteren, territorial ausgerichteten Verwaltungs- und Behördengeschichten kann kein adäquater Ersatz für die mangelnde Aufbereitung des Quellenmaterials aus dem 14. und besonders dem 15. Jahrhundert sein. Wie bereits dargestellt wurde, arbeiten diese Studien mit

---

fiscal structures and sustained by the process by which the *ad hoc* became routine"); KITTELL, From *ad hoc* to routine, S. 11 und 12.

24 KELLER, Vom Buch zur Buchführung; PATZE, Neue Typen des Geschäftsschriftgutes, S. 9.

25 SCHUBERT, Einführung in die Grundprobleme der deutschen Geschichte im Spätmittelalter, S. 200 (unter Bezug auf WANDER, Deutsches Sprichwörter-Lexikon, Bd. 2, Sp. 1133: *Die Cantzley ist dess Fürsten Hertz*. Die Quelle stammt aus dem Jahre 1605; Nachweis ebd.).

26 WILLOWEIT, Entwicklung und Verwaltung, S. 136–138 unter der Überschrift: „Frühe Formen formalisierter Verwaltungstechniken".

27 Vgl. die Arbeiten am 1986 gegründeten und Ende der 1990er Jahre ausgelaufenen interdisziplinären Sonderforschungsbereich 231 „Träger, Felder, Formen pragmatischer Schriftlichkeit im Mittelalter" sowie am Graduiertenkolleg „Schriftkultur im Mittelalter", beide an der Westfälischen Wilhelms-Universität zu Münster. Über die Forschungen vgl. die periodischen Berichte in der Zeitschrift „Frühmittelalterlichen Studien". Ferner den Sammelband Pragmatische Schriftlichkeit im Mittelalter; KELLER, Pragmatische Schriftlichkeit im Mittelalter; DERS., Die Entwicklung der europäischen Schriftkultur.

28 „Schriftkultur und Geschichtsüberlieferung im späten Mittelalter", SFB 231, Projekt F 1, geleitet von Peter Johanek.

anachronistischen Vorstellungen und Modellen. Doch liegt die Versuchung verständlicherweise nahe, angesichts der bestehenden Quellenprobleme auf sie zurückzugreifen bzw. eine spätmittelalterliche Kanzlei zu konstruieren.

Es ergibt sich aus dem oben bereits Behandelten, dass uns Vorstellungen des 19. Jahrhunderts von Verwaltung vertrauter erscheinen müssen als Zustände des ausgehenden Mittelalters. Brigide Schwarz legte 1972 z.B. für die Schreiber der Papstkanzlei des Spätmittelalters ein Organisationsmodell vor, dessen größter ‚Nachteil' vermutlich darin bestehen dürfte, einem modernen Vorstellungsmodellen verhafteten verfassungs- und verwaltungstheoretischen Denken unvertraut zu sein. Diese kurialen Schreiberkollegien waren gekennzeichnet durch eine korporative Verfassung, die bruderschaftliche Funktionen sowie eine gemeinsame Verwaltung der Einkünfte mit einschloss. Die Schreiber leisteten einen Amtseid, allerdings keinen allgemeinen Treueid. Auf die Mundierung der Urkunden übten sie ein Monopol aus. In den meisten Fällen handelte es sich um öffentliche Notare, die auch außerhalb der Kurie diese Tätigkeit ausübten. Sie beschäftigten ihrerseits wiederum in eigener Regie „außerkuriale Hilfskräfte zur Erledigung des handwerklichen Teils der Expedition"[29]. Zur Innovationsfähigkeit der kurialen Verwaltung unter Innozenz III. heißt es bei Schwarz lapidar, man „übernahm also die Formen, die sich sozusagen im Wildwuchs gebildet hatten, und beschnitt nur die Auswüchse. Es scheint außerhalb des Vorstellungshorizontes des Papstes und der Kurie gelegen zu haben, die aus der gesteigerten Geschäftslast resultierenden Probleme dadurch zu bewältigen, dass man die Verwaltung nach rationalen, bürokratischen Grundsätzen organisierte: Feststellung des Bedarfs an Arbeitskräften, ihre Vorbildung, Abgrenzung von Kompetenzen und Einrichtung eines Instanzenzuges"[30].

In der Moderne dagegen präsentiert sich Staatlichkeit geradezu selbstverständlich in erster Linie als Verwaltung. Die Vorstellung, dass Verwaltung nach anderen Regeln als denen einer Behörde oder sogar vollkommen ungeregelt verlaufen und beispielsweise bei nicht vorhandenem Bedarf erheblich reduziert oder ganz eingestellt werden könnte und konnte, wirkt auf die meisten modernen Zeitgenossen fast surreal – wenngleich Anstrengungen zu einer „Verschlankung" der öffentlichen Verwaltung und dem „Outsourcing" von Dienstleistungen nicht nur aus Kostengründen seit Jahren in der politischen Diskussion und Praxis sind[31].

Hinzu kommt, dass keineswegs alle technischen Verwaltungsmaßnahmen des Spätmittelalters geradewegs in die Neuzeit mündeten. So bleibt beispielsweise das Lehnrecht „ein dem werdenden Territorialstaat systemfremdes Element. [...] Für die Entwicklung der Staatlichkeit – d.h. der Monopolisierung der legitimen Gewaltanwendung und der Uniformierung wie Systematisierung der Herrschaftsausübung –

---

29 Schwarz, Die Organisation kurialer Schreiberkollegien, S. 126–185, 205–217; Zitat ebd., S. 210. Vgl. auch den Hinweis auf Parallelen zur Organisationsstruktur der Notare der königlichen Kanzlei in Frankreich; ebd., S. 217, Anm. 5.

30 Ebd., S. 210f.

31 Vgl. z.B. Schmid, Privatisierung.

bedeutet es ein schweres Hindernis, das es zu beseitigen gilt“[32]. Gleichwohl finden sich Lehenbücher „in vielen Territorien unter den ersten großen Verzeichnissen landesherrlicher Gerechtsame, die im Spätmittelalter angelegt werden“. Auch hier bewegt sich das Spätmittelalter zwischen Tradition und Fortschritt, was Gerhard Theuerkauf zu der überspitzten Formulierung anregte, dass sich gegen die These von der Frühform des modernen Staates auch diejenige von der Spätform des Lehensstaates stellen ließe[33].

Auch aus dem Bereich der hier verstärkt gefragten mittelalterlichen Diplomatik kommen bislang wenige Impulse[34]. Obwohl ihre klassischen Methoden bei der Untersuchung der spätmittelalterlichen Kanzlei kaum greifen, steht bis heute eine Diplomatik des Spätmittelalters aus. Angesichts der nahezu flächendeckenden Streichung der deutschen hilfswissenschaftlichen Professuren ist hier auch in Zukunft kaum noch etwas zu erwarten. Aufgrund der inzwischen eingeleiteten und partiell bereits vollzogenen Revision der dem 19. Jahrhundert entstammenden Vorstellungen von landesherrlicher Verwaltung ist es aber an der Zeit, die Zentrale einer erneuten Betrachtung zu unterziehen.

---

32 Janssen, Niederrheinische Territorialbildung, S. 109 f.

33 Theuerkauf, Zur Typologie spätmittelalterlicher Territorialverwaltung, S. 38 f., Zitat S. 39. Zu den spätmittelalterlichen Lehenbüchern vgl. auch die entsprechenden Kapitel dieser Arbeit.

34 Als erster systematischer Ansatz unter moderner Fragestellung – allerdings materialbedingt vornehmlich für die Schriftproduktion der Peripherie – wäre die Arbeit von Mersiowsky, Anfänge, zu werten. Der von Elke Freifrau von Böselager und Thomas Vogtherr seit 2004 herausgegebenen Reihe „Hahnsche Historische Hilfswissenschaften“ geht es vornehmlich um Bestandswahrung, nicht um neue Perspektiven. Die Reihe will laut Verlagsanzeige, die „Historischen Hilfswissenschaften nachhaltig stärken und das über Jahrhunderte gewachsene Wissen über den Umgang mit historischen Quellen weitervermitteln“.

3.3 Prosopographie

Legt man der Frage nach der Rolle der landesherrlichen Zentrale im Territorialisierungsprozess die Annahme zugrunde, dass das Spätmittelalter noch in hohem Maße von einer schwach instutionalisierten Herrschaft von Personen über Personen geprägt ist, dann liegt es im Bereich der anzuwendenden Methodik nahe, prosopographisch zu arbeiten[35]. Durch die Zusammenstellung aller ermittelbaren Daten zu einem soziologisch irgendwie markierten bzw. abgrenzbaren Personenkreis lassen sich bekanntermaßen kollektive Biographien erstellen. Im Rahmen ihrer Auswertung nehmen quantifizierende Methoden einen hohen Stellenwert ein. Dabei darf nicht verschwiegen werden, dass die prosopographische Methode Erkenntnisgrenzen aufweist. Diese Grenzen können für das Mittelalter aufgrund der ohnehin meist kargen Überlieferung für den Großteil aller Einzelpersonen meist – gemessen am Ertrag – als tolerabel erachtet werden, da das Verhältnis zwischen Überlieferungslage und dem Erkenntnisgewinn durch Prosopographie meist positiv für letztere ausfällt.

Mit der Kategorie ‚Hof' als Ausdruck für das personell aufgefasste Herrschaftszentrum sowohl des Königtums wie der Landesherrschaft[36] treten notwendigerweise die Träger bzw. Trägergruppen der Herrschaft in das Zentrum des Interesses. Als die beiden herrschaftsrelevanten Organe um den Regenten isolierte man den Rat und die Kanzlei, wobei offenbar nur ersterer von den Zeitgenossen politisch wahrgenommen und anerkannt wurde. Es versteht sich fast von selbst, dass eine Annäherung an beide nicht bürokratisch-behördengeschichtlich, sondern prosopographisch erfolgen sollte[37]. Dies erklärt zumindest teilweise das Aufblühen der Prosopographie als geschichts-

---

[35] Vergleichbares lässt sich auch für neuere Verwaltungsgeschichten bzw. Bürokratiegeschichten mit modernen Fragestellungen beobachten; vgl. Asch, Verwaltung und Beamtentum, S. 3 f.; Bernhardt, Die Zentralbehörden des Herzogtums Württemberg und ihre Beamten; Lanzinner, Fürst, Räte und Landstände, S. 15–18; Noflatscher, Herrscher und Räte; Reuschling, Die Regierung des Hochstifts Würzburg; Brakensiek, Fürstendiener; Hesse, Amtsträger.

[36] Hierfür plädierte zuerst nachdrücklich Peter Moraw: „Obwohl der Hof heute auf Illustriertenniveau angelangt scheint und seit dem 18. Jahrhundert verketzert worden ist, sollte er mit Entschiedenheit rehabilitiert werden"; Zitat: Moraw, Königliche Herrschaft und Verwaltung, S. 196; Ders., Rezension Streich, S. 114; Ders., Was war eine Residenz im deutschen Spätmittelalter? Bes. S. 462–465; Ders., The Court of the German Kings and the Emperor at the end of the Middle Ages; ferner – ganz praktisch – Ders., Fürstentum, Königtum und „Reichsreform" im deutschen Spätmittelalter, S. 121–127; ferner Asch, Introduction. Court and Household.

[37] Vgl. dazu beispielsweise die Beobachtungen von Paul-Joachim Heinig zum königlichen Finanzwesen im 15. Jahrhundert: „Innerhalb der vorherrschenden Denzentralität königlicher ‚Institutionen' und der weitgehenden Personenbestimmtheit […] kamen den Reichsstädten und den Freien Städten offenbar ganz konkrete Positionen zu. Sie waren Teil dessen, was man als königliche Kammer bezeichnet und worunter man sich fälschlich eine zentrale Stelle vorgestellt hat"; Heinig, Städte und Königtum im Zeitalter der Reichsverdichtung, S. 99. Vgl. allg. die verschiedenen Beiträge von Peter Moraw; z. B. Moraw, Die deutschen Könige des Mittelalters und das Oberrheingebiet, S. 2–7.

wissenschaftliche Methode auch für die Zeit des Spätmittelalters in den letzten zwei Jahrzehnten[38]. Ihre Aussagefähigkeit für den spätmittelalterlichen Hof wurde von Peter Moraw am Beispiel des deutschen Königtums erprobt[39]. Seine Untersuchungen zeitigten Ergebnisse grundlegender Art für Herrschaftspraxis und Verfassungswirklichkeit der spätmittelalterlichen Könige und Kaiser. Von daher ist es keineswegs erstaunlich, dass die Anwendung der Prosopographie auch für die spätmittelalterliche Landesherrschaft geistlicher und weltlicher Ausprägung Anwendung gefunden hat[40]. Neuere Studien belegen, dass solche Untersuchungen Aussagen großer Tragweite ermöglichen. Gerade die westeuropäische reiche Überlieferung bietet dafür eine profunde Grundlage. So konnte Mario Damen in seiner prosopographischen Untersuchung über die Amtsträger in Holland und Zeeland in der burgundischen Zeit (1425–1482) Netzwerke nachweisen, die Kanzleiangehörige mit einschlossen. Ein wesentliches Kriterium für Zugehörigkeit zu einem solchen Netzwerk waren Geldzahlungen an einzelne Personen, die in der zentralen und dezentralen landesherrlichen Rechnungsüberlieferung auftauchten. Solche quantifizierbaren Quellen fallen für das spätmittelalterliche Deutschland weitgehend aus[41].

---

38 Zur Prosopographie im Bereich der Mittelalterforschung eine Auswahl: Prosopographie als Sozialgeschichte?; Personenforschung im Mittelalter; darin bes. Petersohn, Personenforschung im Spätmittelalter; Bulst/Genet (Hgg.), Medieval Lives and the Historian; Autrand (Hg.), Prosopographie et genèse de l'etat moderne; Moraw (Hg.), Regionale Identität und soziale Gruppen. Ferner die Überlegungen bei Dems., Die deutschen Könige des Mittelalters und das Oberrheingebiet, S. 2 f.

39 Programmatisch: Moraw, Personenforschung und deutsches Königtum; ferner seine zahlreichen Einzelstudien z. B. Ders., Beamtentum und Rat König Ruprechts; Ders., Kanzlei und Kanzleipersonal König Ruprechts; Ders., Monarchie und Bürgertum; Ders., Räte und Kanzlei; Ders., Gelehrte Juristen.

40 Um nur einige Beispiele zu nennen: Demandt, Der Personenstaat der Landgrafschaft Hessen im Mittelalter; Lieberich, Die gelehrten Räte; Ders., Landherren; Brandenstein, Urkundenwesen und Kanzlei; Ringel, Studien; Burgard, *Familia Archiepiscopi*; Spiegel, Urkundenwesen; Heinig, Kaiser Friedrich III. Hof, Regierung und Politik; Hesse, Amtsträger.

41 Damen, De staat van Dienst, S. 22–27 (Quellen), S. 107–126 (Kanzlei), S. 297–302 (Instrumentalisierung der Kanzlei durch Frank van Borselen), S. 439–503 (Prosopographischer Anhang).

3.4 Juristen als gelehrte Räte, Kanzlei und werdende Staatlichkeit

Neben Adel und Bürgertum, erinnert sei an den hohen Stellenwert bürgerlicher Financiers für das spätmittelalterliche Königtum[42], ist in den letzten Jahrzehnten eine dritte soziale Gruppe auf starkes wissenschaftliches Interesse gestoßen. Es handelt sich um die sogenannten gelehrten Räte, d.h. um den Kreis von Akademikern, auf den man den Modernisierungsprozess im Bereich von Herrschaft und Verwaltung zurückführt[43]. Charakterisiert werden sie als Typus der „oft schon nicht mehr geistlichen, meist bürgerlichen Männer [...], die – fast immer in Italien – die Rechte studiert haben und manchmal schon einen Titel in *beiden* Rechten besitzen, die daneben zuweilen in den humanistischen Wissenschaften dilettieren, denen wir in den Akten als Beratern, Diplomaten, Prozeßvertretern und Kanzlern deutscher Fürsten und Städte begegnen und die den politischen Stil ihrer Zeit [d.h. des 15. Jahrhunderts] prägen"[44].

Buchtitel wie „Die Rolle der Juristen bei der Entstehung des modernen Staates" klingen programmatisch und sind auch entsprechend gemeint[45]. Ähnlich wie bei der klassischen Verwaltungs- und Behördengeschichtsschreibung erfolgte der Zugriff wieder aus der Perspektive der Frühen Neuzeit[46]. Die Propagatoren stammten und stammen vornehmlich aus dem Bereich der Rechtsgeschichte[47]. Die von ihnen vertre-

---

[42] MORAW, Königtum und Hochfinanz; DERS., Monarchie und Bürgertum; STROMER, Oberdeutsche Hochfinanz 1350–1450.

[43] „Die Ausbreitung des römischen Rechts in deutschen Landen ist auf das engste verknüpft mit dem Entstehen eines gelehrten Juristenstandes und dem Eindringen dieser Rechtsgelehrten in die administrative und politische Führung des werdenden modernen Beamten- und Verwaltungsstaates", LIEBERICH, Die gelehrten Räte, S. 120; ähnlich TRUSEN, Anfänge des gelehrten Rechts, S. 240f.; ferner ebd., S. 209–221. Bereits Otto Hintze sah 1911 in den gelehrten Juristen im Fürstendienst des ausgehenden Mittelalters neben der Ministerialität die beiden Eckpfeiler für die Entstehung des modernen Beamtentums; vgl. HINTZE, Der Beamtenstand, S. 32–36. – Doch sind die Argumente dafür vielfältiger. Sie erstrecken sich auch auf ganz pragmatische Bereiche: „Nur eine kleine Elite – Studenten in der Vorlesung – war der doppelten Leistung fähig, nämlich eine fremde Sprache mit ihren komplizierten Abkürzungen schnell kursiv zu schreiben"; PATZE, Neue Typen des Geschäftsschriftgutes, S. 63f. – Vgl. dazu auch unten, Kap. 3.8: Landesherrliche Kanzler und Kanzleien als Forschungsaufgaben

[44] Vgl. BOOCKMANN, Laurentius Blumenau, S. 11.

[45] Vgl. die Einleitung des Herausgebers Roman Schnur, eines Juristen und Verwaltungswissenschaftlers, in dem gleichnamigen, 1986 erschienen Sammelband: Die Rolle der Juristen bei der Entstehung des modernen Staates. Er enthält die Beiträge eines bereits 1980 zum Thema abgehaltenen Tübinger Kolloquiums. Ferner die Einleitung des von Rainer Christoph Schwinges 1996 herausgegebenen Sammelbandes „Gelehrte im Reich", SCHWINGES, Karriermuster, sowie den 2007 erschienenen Sammelband: Examen, Titel. Promotionen. – Dazu kritisch SCHUBERT, Fürstliche Herrschaft, S. 88–90.

[46] Zur Forschungsgeschichte vgl. KROESCHELL, Rezeption der gelehrten Rechte, S. 279f.

[47] Am Anfang der modernen Frührezeptionsforschung steht das 1872 erschienene Werk von STÖLZEL, Die Entwicklung des gelehrten Richterthums. Seit den sechziger Jahren folgten TRUSEN, Anfänge des gelehrten Rechts; LIEBERICH, Die gelehrten Räte; KROESCHELL, Rezeption der gelehrten Rechte; WILLOWEIT, Rezeption und Staatsbildung im Mittelalter; THEISEN,

tenen Ansichten haben sich besonders im deutschsprachigen Raum in der allgemeinen Geschichtswissenschaft durchgesetzt[48]. Das (Rechts)-Studium an einer Universität wird als eine der Grundvoraussetzungen erfolgreicher Modernisierungsbemühungen im Rahmen der Herrschaft angesehen[49].

Allerdings gewinnt man bei Sichtung der umfangreichen einschlägigen Literatur den Eindruck, dass offenbar noch keineswegs geklärt ist, wann, wie, durch wen, unter welchen Bedingungen und – bezogen auf Europa – wie homogen sich dieser rezeptionsbedingte Modernisierungsprozess überhaupt vollzogen hat und wie der Anteil der Juristen daran konkret zu bemessen und zu bewerten ist[49a]. In diesem Zusammenhang muss außerdem die Frage kritisch geprüft werden, ob es sich hier nicht wieder um einen in seiner pauschalen Aussagegültigkeit zu undifferenzierten Rückschluss auf die Vergangenheit des ausgehenden Mittelalters handelt. Dieser Rückschluss verliefe zumindest in Deutschland *ex post* aus dem 20. Jahrhundert als einem Zeitalter des Juristenmonopols in der Politik und besonders in der Verwaltung[50]. Auch hier

---

Nikolaus von Prüm. – Zur systemtheoretischen Begründung dieses Verhältnisses vgl. Luhmann, Funktionen der Rechtsprechung im politischen System, bes. S. 46–48.

48 Vgl. Stelzer, Gelehrtes Recht in Österreich, bes. S. 166–186, 234–237; Heimpel, Die Vener von Gmünd; Moraw, Gelehrte Juristen; Stievermann, Die gelehrten Juristen der Herrschaft Württemberg im 15. Jahrhundert; Boockmann, Laurentius Blumenau; Ders., Zur Mentalität spätmittelalterlicher gelehrter Räte; Reinle, Ulrich Riederer, S. 87 f.; Isenmann, Gelehrte Juristen; ferner den von Frank Rexroth herausgegebenen Sammelband: Beiträge zur Kulturgeschichte der Gelehrten. Fried, Entstehung des Juristenstandes im 12. Jh., spricht von einem „schwer zu wägenden Einfluß" der Rechtsgelehrten auf die Politik der von ihm untersuchten italienischen Kommunen des 12. Jahrhunderts; ebd., S. 251. – Auf Überschneidungen zur Bildungsgeschichte soll hier nur hingewiesen werden; vgl. Baumgärtner, *Et faciendis plures libros nullus est finis*; Dies., *De privilegiis doctorum;* Gramsch, Erfurter Juristen. Vgl. auch das von Frank Rexroth geleitete Göttinger Graduiertenkolleg „Expertenkulturen des 12. bis 16. Jahrhunderts" (das Forschungsprogramm (mit weiterer Literatur) online unter: http://www.uni-goettingen.de/de/100754.html (06. 07. 2015)); ferner Rexroth, Expertenweisheit. – Zur Rezeption in der Kunstgeschichte vgl. Hülsen-Esch, Gelehrte im Bild. – Zur Forschungstradtion Reicke, Der Gelehrte in der deutschen Vergangenheit.

49 Hierin ist man sich sowohl für das Königtum wie für die Landesherrschaft einig: Vgl. z. B. Moraw, Personenforschung und deutsches Königtum, S. 11 f.; Stelzer, Kanzlei der Herzöge von Österreich, S. 307 f.; ferner die im Aufbau begriffene und von Peter Moraw und Rainer C. Schwinges initiierte prosopographische Online-Projekt: Repertorium Academicum Germanicum. Die graduierten Gelehrten des Alten Reiches zwischen 1250 und 1550 (RAG). – Die Feststellung findet sich bereits bei Otto Hintze; vgl. Erbe, O. Hintze und seine Sicht der Entstehung des neuzeitlichen Beamtentums, S. 89 f. – Vgl. im Gegensatz hierzu z. B. die differenzierende Bewertung in der amerikanischen Forschung; z. B. bei Martines, Lawyers and Statecraft in Renaissance Florence, bes. S. 4–6.

49a Vgl. dazu die Befunde bei Gramsch, Erfurter Juristen, S. 553, der bei der Entwicklung der Juristenfakultäten im Laufe des 15. Jahrhunderts eine „Stagnation, bestenfalls einen leichten Anstieg" beobachtete, während die Akademisierung „eher ein Phänomen der *Basisverbreiterung*, des explosiven Wachstums der Artistenfakultäten [...] als ein Anwachsen der Spezialisten" war; ferner ebd., S. 553f.

50 Anklänge finden sich bei Hermann Heimpel, wenn er über Job Vener schreibt, für ihn gelte „weithin die Anonymität dessen, der für das gemeine Wesen arbeitet, entgegen der Nennung

wäre die u. a. über Adolf Stölzel, Otto Hintze und Winfried Trusen verlaufende forschungsgeschichtliche Entwicklung eine eigene Untersuchung wert und der Bedeutung des Themas für die aktuelle wissenschaftliche Diskussion angemessen.

Aus der Rechtsgeschichte selbst kommen kontroverse Überlegungen zu diesem Thema. So gelangte Dietmar Willoweit, der sich andernorts dezidiert für die bedeutende Rolle römisch-rechtlicher Vorstellungen bei der Entstehung der Landesherrschaft aussprach[51], in einer Studie über die Frühzeit des juristischen Studiums an der Universität Heidelberg zu dem Ergebnis, dass die These, Juristen würden ausgebildet, um den Staat mit ihnen zu versorgen, für den größten Teil des Spätmittelalters nicht zu halten sei[52]. Stattdessen plädierte er dafür, ihre Ausbildung „im Zusammenhang der spätmittelalterlichen Kirchenpolitik weltlicher Herrscher zu begreifen", und zwar in Hinblick auf eine landesherrliche Reformpolitik und die Aufrechterhaltung der kirchlichen Disziplin[53]. Erst ab der Mitte des 15. Jahrhunderts könne man von einer „Lan-

derer, die es in Adel und Prälatur repräsentieren"; Heimpel, Die Vener von Gmünd, Bd. 1, S. 10. Für Hartmut Boockmann zeichneten sich 1981 Gelehrte Räte besonders durch die fast preußisch zu nennenden Tugenden „Beharrlichkeit, Gedächtnis oder einfach Arbeitseifer" aus; Boockmann, Zur Mentalität spätmittelalterlicher gelehrter Räte, S. 310. – Zum deutschen ‚Juristenmonopol' vgl. Dahrendorf, Gesellschaft und Demokratie in Deutschland, S. 260–281: „daß dieser Anteil [= der Juristen] bei den Verwaltungseliten [gegenüber der politischen Exekutive] wesentlich höher liegt, kann angesichts der langen rechtlichen und nachhaltigen faktischen Geltung des Juristenmonopols bei der Zulassung zum höheren Verwaltungsdienst nicht überraschen. Betrachtet man die Generalität gesondert, dann waren in der Weimarer Republik, im Dritten Reich und in der Bundesrepublik stets mehr als zwei Drittel der administrativen Spitzenpositionen, unter Einschluss der ‚politischen Beamtenstellen', mit Juristen besetzt; im weiteren Reservoir sämtlicher höherer Beamter der Innenministerien der Bundesrepublik und ihrer Länder betrug dieser Anteil 1962 85 %"; ebd., S. 262 f. Noch 2005 betrug der Anteil der Juristen in der höheren Verwaltungselite Deutschlands knapp 61 Prozent; Schwanke/Ebinger, Politisierung und Rollenverständnis, S. 232 f. Vgl. auch Luhmann, Funktionen der Rechtsprechung im politischen System, S. 51 f. – Zum Verhältnis der deutschen Juristen zur Politik und zur Entwicklung der Staatslehre in der Zeit seit dem frühen 17. Jh. vgl. Nielsen, Die Entstehung der deutschen Kameralwissenschaft, S. 67–71; allg. Maier, Die ältere deutsche Staats- und Verwaltungslehre. – Zur andersartig verlaufenden Entwicklung in England vgl. beispielsweise die Hinweise bei Horn, Bologneser Doctores und Iudices im 12. Jahrhundert, S. 232. – Zu Frankreich vgl. u. a. oben, Kap. 2.3.4: ‚Kanzlei und Kultur'; ferner oben, Kap. 2.3.6: „Chancelleries et chanceliers des princes à la fin du Moyen Âge". Zum Forschungsstand.

51 „Der Weg zur Landesherrschaft und damit zum Territorialstaat führt also über die Brücke des Eigentumsgedankens. [...] An der Entstehung dieser Vorstellung seit dem späten 12. Jahrhundert kann das römische Recht nicht unbeteiligt gewesen sein"; Willoweit, Rezeption und Staatsbildung im Mittelalter, S. 30–42, Zitat S. 41.

52 Wobei er das Generalstudium als „Attribut des Königtums oder eines königsgleichen Herrschaftsanspruchs" wertete; Willoweit, Das juristische Studium, S. 120.

53 „Qualitative Sprünge aus der traditionellen in eine ‚wissenschaftliche' Rechtspflege werden nur selten zu beobachten sein". „Rechtspflege war noch lange kein Monopol von Juristen"; alle Zitate Willoweit, Das juristische Studium, S. 121. – Zur hohen Bedeutung der landesherrlichen Reformpolitik vgl. Stievermann, Landesherrschaft und Klosterwesen im spätmittelalterlichen Württemberg; Ders., Die gelehrten Juristen der Herrschaft Württemberg; allg. Janssen, Landesherrschaft und Kirche, S. 23–26.

desuniversität“ sprechen, „welche nicht mehr vorrangig den Stiftsklerus, sondern Beamte auszubilden hat“[54]. Auch in anderem Zusammenhang äußerte er sich skeptisch[55].

Blickt man aus dem Spätmittelalter auf die frühe Neuzeit, dann erscheint diese zumindest Mediävisten bereits in einem Entwicklungszustand von Staatlichkeit, in dem die fluiden Verfassungs- und Herrschaftsformen des Mittelalters gewissermaßen geronnen, also fest geworden sind[56]. Der Fürst stützt sich auf einen Beamtenapparat, und der Staat präsentiert sich vornehmlich in seinen bürokratischen Institutionen[57]. Fürst und Staat werden zu zwei eigenständigen Kategorien[58]. Bei diesem Befund handelt es sich sicher zum einen um die Diagnose einer historischen Entwicklung, doch genauso um ein Problem der Forschungsgeschichte und der aus ihr erwachsenen Perspektive. Noch einmal treten in diesem Zusammenhang die bereits behandelten Vorstellungen des 19. Jahrhunderts von der Rolle der Kanzlei im Rahmen der Verwaltung eines geordneten Staatswesens in den Blick. Sie basieren ihrerseits offensichtlich auf Vorstellungsmustern, die bereits seit dem 16. Jahrhundert von den Staatslehren postuliert wurden[59].

---

54 In diesem Zusammenhang sieht er die Errichtung einer legistischen Professur durch Kurfürst Friedrich I. im Jahr 1452 und die ebenfalls von diesem veranlasste Reform des Hofgerichts 1462; WILLOWEIT, Das juristische Studium, S. 124. – Auch Hartmut BOOCKMANN bezeichnet „die Universitätsgeschichte des ausgehenden Mittelalters“ als „ein Stück Kirchengeschichte“; DERS., Das fünfzehnte Jahrhundert in der deutschen Geschichte, S. 505.

55 WILLOWEIT, Begriff und Wege, S. 11–14. „Juristen werden an Texten ausgebildet und wollen mit solchen arbeiten. Die Verwaltungspraxis ist dagegen noch einmal eine andere Sache“; ebd., S. 13.

56 Durchaus programmatisch wirkt hier der Buchtitel von Peter MORAW, Von offener Verfassung zu gestalteter Verdichtung; dazu ebd., S. 21–27.

57 Deren Anfänge brauchen dann lediglich im Mittelalter gesucht zu werden; vgl. z. B. den 1950 publizierten Überblick von HIERETH, Die bayerische Gerichts- und Verwaltungsorganisation vom 13. bis 19. Jahrhundert. Der Verfasser handelt das 13. bis 18. Jh. in einem zusammenhängenden Abschnitt ab. U. a. heißt es dort: „Während die Ämter und später die Gerichte die untersten Verwaltungseinheiten darstellen, bildeten die Viztumämter die übergeordneten Behörden. Sie treten bereits im zweiten Urbar um 1270 auf“ (ebd., S. 7); ähnlich das Kapitel „Die viztumische Behörde“ bei FOLLAK, Die Bedeutung der „Landshuter Landesordnung“ von 1474, S. 92–94; HEYDENREUTER, Probleme des Ämterkaufs in Bayern, S. 232–241. – Ein Musterbeispiel für die genetische Sichtweise bildet die in Form eines Überblicks gehaltene, umfangreiche Einleitung von Gustav Schmoller zu den Acta Borussica aus dem Jahr 1894: SCHMOLLER, Ueber Behördenorganisation, Amtswesen und Beamtenthum. Dazu auch HEINRICH, Brandenburgische Landesgeschichte, S. 338 f.

58 Vgl. dazu auch SCHUBERT, Fürstliche Herrschaft, S. 87 f.

59 SCHINDLING, ‚Verwaltung', ‚Amt' und ‚Beamter' in der Frühen Neuzeit, bes. S. 47–51; OESTREICH, Das persönliche Regiment der deutschen Fürsten, S. 226; NIELSEN, Die Entstehung der deutschen Kameralwissenschaft, S. 92 f. – Die hierfür verantwortlichen Gründe benannte Hans Maier: „Die besondere Bedeutung der Verwaltungslehre in Deutschland erwächst daraus, dass sich in den meist kleinen Territorialstaaten das neue Regiment des absoluten Fürstentums meist durch die Wahrnehmung von Aufgaben der inneren Verwaltung legitimiert – bei gleichzeitigem Fehlen der Handlungsfreiheit nach außen und einer das Volk als Ganzes aufrufenden und befeuernden Staatsidee“; MAIER, Die ältere deutsche Staats- und Verwaltungslehre, S. 261.

Allerdings sollte nicht übersehen werden, dass dieses zu großen Teilen auf vermitteltem Wege tradierte Bild vom Staat und seinen Institutionen für den Bereich der Frühen Neuzeit bereits seit mehreren Jahrzehnten wesentlich differenzierter betrachtet wird[60]. Schon Mitte der dreißiger Jahre plädierte Gerhard Oestreich für eine Revision des institutionengeschichtlichen Modells und forderte eine Neubetrachtung der frühneuzeitlichen Staatlichkeit als eine des „persönlichen Regimentes des jeweiligen Fürsten". Nur die für denselben als zweitrangig empfundenen Herrschaftsbereiche wie Rechtsprechung und Inneres überließ er den sich dafür ausbildenden und von den Ständen kontrollierten Verwaltungsbehörden. Deren Personal rekrutierte sich meist aus Akademikern. „Die Finanzsachen und auswärtigen Beziehungen versucht er [= der Fürst] jahrzehntelang gleichsam in seiner Kammer vor dem Zugriff der Stände zu schützen"[61].

Große Teile der eigentlichen Herrschaft vollzogen sich demnach noch in der Frühen Neuzeit eben nicht in den Verwaltungsbehörden, sondern im Kabinett des Fürsten. Dabei handelt es sich um eine Form der Herrschaft, deren Relikte bis weit in das 19. Jahrhundert andauerten[62]. Oestreichs Resümee gipfelte in der Forderung nach einer differenzierten Sichtweise auf die Regierungsform(en) der Frühen Neuzeit[63]. Er brachte damit eine wissenschaftliche Diskussion in Gang[64]. Entsprechend verändert zeigt sich heute das Bild. „Erst im 18. Jahrhundert ist es soweit, dass ‚Verwaltung' ohne auf Objekte bezogen zu werden, reflexiv gedacht werden kann. [...] ‚Verwaltung' ist nicht mehr nur ein Handlungsbegriff, er wird ebenso zu einem juristischen Institutionenbegriff [...]"[65]. Diesen Entwicklungsstand sah Reinhart Koselleck sogar erst für das ausgehende 18. Jahrhundert gegeben, „als die Verwaltungstätigkeiten sich selber so weit spezifiziert und auseinandergefaltet hatten, dass sie einer übergreifenden Systematik bedurften"[66].

Es hat den Anschein, als ob die Revision des institutionengeschichtlichen Modells von Herrschaft zumindest die Spätmittelalterforschung trotz aller rhetorischen Wen-

---

60 Vgl. die instruktive Einleitung von Reinhart Koselleck in den Artikel ‚Verwaltung, Amt, Beamter' in den Geschichtlichen Grundbegriffen, S. 1–7. Ferner ebd. den Überblick von Schindling, ‚Verwaltung', ‚Amt' und ‚Beamter' in der Frühen Neuzeit; Koselleck, Bildung und Wissenschaft in der frühen Neuzeit, S. 70 f. – Zu neueren Ansätzen wie der in den vergangenen Jahren zu beobachtenden Hinwendung zu symbolischen Formen der Macht vgl. Stollberg-Rilinger, Des Kaisers alte Kleider; ferner den von der Deutschen Forschungsgemeinschaft an der Universität Münster geförderten bis Ende 2011 geförderten Sonderforschungsbereich 496 „Symbolische Kommunikation und gesellschaftliche Wertesysteme vom Mittelalter bis zur Französischen Revolution" und die damit verbundene Magdeburger Ausstellung 2008/09 „Spektakel der Macht. Rituale im Alten Europa 800–1800".

61 Oestreich, Das persönliche Regiment der deutschen Fürsten am Beginn der Neuzeit, S. 233.

62 Ebd., S. 234.

63 Ebd., S. 233 f.

64 Vgl. dazu Asch, Introduction. Court and Household, S. 14 f.

65 Koselleck, Verwaltung, Amt, Beamter. Einleitung, S. 3 f.

66 Ebd., S. 5.

dungen noch nicht erreicht hat. Ganz im Gegenteil scheint es, als ob selbst moderne Mediävisten am Spätmittelalter besonders die werdende Staatlichkeit interessiert – eine Staatlichkeit, die sich sonst für das Mittelalter kaum nachweisen lässt. Doch bereits deren Weiterentwicklung in der frühen Neuzeit gerät aufgrund der trennenden Epochengrenze aus dem Blick[67], zumal die von Mediävisten für die Zeit des späten Mittelalters als Grundlage verwendete ältere verwaltungsgeschichtliche Literatur perspektivische Verzerrungen evoziert[68].

Wie weit der Weg aus dem Mittelalter in die Moderne ist, brachte Reinhart Koselleck mit zwei Sätzen auf den Punkt: „Gegen die Inhaber von Benefizien, Pfründen oder Lehen oder von erkauften Ämtern war es ein Schritt zur ‚Verbeamtung', wenn ihre Entlaßbarkeit durchgesetzt werden konnte, – was nur durch eine langfristige Transformation des gesamten Ämterwesens möglich war, um die später so genannte ‚Korruption' zu verhindern. Umgekehrt war es gerade ihre Nichtentlaßbarkeit, die aus persönlich abhängigen ‚Fürstendienern' ‚Staatsdiener' machte, also ‚Beamte' im modernen Sinne, die einem überpersonalen, dauerhaft geregelten Amt zur legalen Bewältigung von Einzelfällen verpflichtet sind"[69]. Von einer Beamtenschaft im modernen Sinne mitsamt den ihnen eigenen Verhaltensweisen, die „unter ethischen und legalen Normen als ‚Beamtentum' charakterisierbar wurden", kann seines Erachtens erst seit der Mitte des 19. Jahrhunderts gesprochen werden, da institutionelle Kollektivbestimmungen „im personenbezogenen souveränen Fürstenstaat noch nicht geprägt werden konnten"[70].

---

[67] Vgl. hierzu die auch kritischen Bemerkungen bei OEXLE, Deutsche Mediävisten und französische Mittelalterforschung, S. 107 f. Zur Geschichte und gegenwärtigen Standortbestimmung des Fachzweiges vgl. den Überblick von SCHULZE, „Von den großen Anfängen des neuen Welttheaters".

[68] Vgl. zu dem für die deutschen Historiker am Ende des 19. und zu Beginn des 20. Jahrhunderts „eindeutige[n] Weg von der Reformation Martin Luthers zum Kaiserreich von 1871"; SCHULZE, „Von den Anfängen des neuen Welttheaters", S. 3 f.; Zitat ebd., S. 3.

[69] KOSELLECK, Verwaltung, Amt, Beamter. Einleitung, hier S. 2.

[70] Ebd., S. 5.

3.5 Kanzlei. Institution, Phantom, informeller Personenverband? Zwei Fallstudien

Um die Diskussion um die spätmittelalterliche Kanzlei aus der bislang untersuchten theoretisch-forschungsgeschichtlichen Ebene in die Praxis zu überführen, sollen zunächst zwei Fallstudien präsentiert und kritisch diskutiert werden. Die erste bezieht sich auf eine große geistliche Landesherrschaft der ersten Hälfte des 14. Jahrhunderts und die zweite auf eine ebenso prominente weltliche Landesherrschaft ein gutes Jahrhundert später. Aufgrund des unzureichenden Forschungsstandes bieten die beiden Fälle seltene Gelegenheiten, traditionelle wie neuere Zugriffe auf die Kanzlei an konkreten Beispielen zu diskutieren und Möglichkeiten aufzuzeigen, anhand des mit klassischen Methoden gewonnenen Materials neue Perspektiven zu eröffnen.

3.5.1 Die kurtrierische Kanzlei in der Zeit Erzbischof Balduins von Luxemburg (1307–1354)

Erzbischof Balduin von Luxemburg, der über den langen Zeitraum von fast einem halben Jahrhundert regierte, gilt als „eigentlicher Schöpfer des Trierer ‚Territorialstaates'", als das Musterbeispiel eines spätmittelalterlichen Territorialfürsten schlechthin[71]. Sein Erfolg wird neben persönlicher Eignung vornehmlich drei Faktoren zugeschrieben: Erstens, der Zugehörigkeit zum westdeutschen Grafengeschlecht der Luxemburger, das im frühen 14. Jahrhundert mit dem Königtum Heinrichs VII. zu einem der drei führenden Dynastengeschlechter im Reich avancierte[72], zweitens, Balduins eigenem Bildungsgang mit einem Studium in Frankreich, und drittens, seiner überdurchschnittlich langen Herrschaftszeit. Als Kurfürst und Bruder bzw. Oheim von zwei Königen bzw. Kaisern verfügte er in der ersten Jahrhunderthälfte über eine außergewöhnlich bedeutende reichspolitische Stellung. Dabei war seine Position beim Amtsantritt in Trier keineswegs sonderlich günstig gewesen. Das Erzstift war in seiner Territorialisierung rückständig[73]. Zudem muss es außerordentlich verschuldet gewesen sein; so wird im Proömium der von Balduin initiierten Kopialbücher, der soge-

---

[71] Zum ihm vgl. die 1985, 2009 und 2010 erschienenen Sammelbände Balduin von Luxemburg. Erzbischof von Trier – Kurfürst des Reiches, Balduin von Luxemburg, Erzbischof und Kurfürst von Trier sowie Balduin aus dem Hause Luxemburg; ferner Burgard, *Familia Archiepiscopi*; Zitat: Ders., Beamte und Verwaltung, S. 224; Seibrich, Balduin von Luxemburg, S. 799–802; Kessel, Balduin von Trier.

[72] Zur hochentwickelten luxemburgischen Verwaltung vgl. Reichert, Landesherrschaft zwischen Reich und Frankreich, Bd. 2, S. 738–741.

[73] Gerlich, Rheinische Kurfürsten im Gefüge der Reichspolitik, S. 154 f.; Droege, Die Territorien an Mittel- und Niederrhein, S. 697; Laufner, Die Ausbildung des Territorialstaates der Kurfürsten von Trier, S. 141 f.

nannten Balduineen, dezidiert Klage über Gläubiger mit kaum überprüfbaren Forderungen erhoben[74].

„Für einen Mann, dem an der Universität Paris gründliche Kenntnisse weltlichen und geistlichen Rechts vermittelt worden waren und der gesehen hatte, wie virtuos Juristen des Königs von Frankreich geschriebenes Recht und schriftlich festgehaltene Rechtstitel zur Mehrung der Macht ihres Herrn benutzten, musste die oben beschriebene Situation archaisch und alptraumhaft erscheinen. Dieser Schock hat ausgereicht, dass Balduin von Luxemburg sich neben dem Ausbau der bereits vorgefundenen Ansätze einer Territorialverwaltung mit besonderem Interesse der Schaffung einer Schriftgutverwaltung gewidmet hat"[75]. Deutet man den psychologischen Erklärungsversuch von Johannes Mötsch in der vom Autor vorgegebenen Weise, dann waren es Bedrohungsängste, die die durch das Rechtsstudium in Frankreich erlangten Kenntnisse aktivierten und in die Praxis einmünden ließen, mit anderen Worten: den Anstoß zum Verwaltungshandeln des Luxemburgers lieferten.

Der Erfolg ließ nicht lange auf sich warten; seit 1316 war der einstige Schuldner Balduin Gläubiger seiner reichspolitisch aktiven Verwandtschaft und blieb es für den Rest seines Lebens. Ermöglicht hatte ihm dies u. a. die Einrichtung „einer erstklassig funktionierenden Verwaltung [...]. Er muß die Begabung gehabt haben, fähige Mitarbeiter für sich zu gewinnen und diese über lange Zeit zu motivieren"[76]. Die Erklärung klingt fast wie einem modernen Management-Handbuch entnommen. Sie knüpft an dasjenige an, was über Balduins Mitarbeiterstab durch die Forschungen von Edmund E. Stengel zum erzbischöflichen Notar und Offizial Rudolf Losse und dessen einzigartiger Urkunden- und Briefsammlung schon seit längerem bekannt ist[77].

Neben der Ausformung des territorialen Ämterwesens ist es vor allem der Ausbau der Schriftgutverwaltung, in der sich der Verwaltungsorganisator Balduin verwirklichte[78]. Der Nachweis von Rechnungsführung und die gleichzeitige Anlage eines Kopiars sind für ihn bereits für die Zeit des Romzuges seines Bruders Heinrich VII. belegt[79]. Entscheidende Fortschritte in der kurtrierischen Verwaltung scheinen dann aber doch erst seit den späten zwanziger Jahren nachweisbar zu sein; sehr wahrschein-

---

74 Vgl. Mötsch, Die Balduineen, S. 77 f.

75 Mötsch, Die Schriftgutverwaltung, S. 251; Ders., Das älteste Kopiar, S. 313. Ihm folgt Brommer, Zur kurtrierischen Kanzlei, S. 2. – Auch Wilhelm Janssen sah den Studienaufenthalt Walrams von Jülich in Frankreich als ausschlaggebend für dessen spätere Verwaltungsinnovationen als Kölner Erzbischof (1332–1349) an; vgl. Janssen; Zur Verwaltung des Kölner Erzstifts unter Erzbischof Walram von Jülich, S. 2 f.

76 Mötsch, Die Schriftgutverwaltung, S. 253.

77 Nova Alamanniae, Bd. 1, 2,1 und 2,2; Langer, Urkundensprache und Urkundenformeln in Kurtrier (2); Mötsch, Die Balduineen, S. 64. Zu Losse ferner Burgard, *Familia Archiepiscopi*, S. 557. Zu seiner angezweifelten Adelsqualität vgl. Goerz, Regesten der Erzbischöfe zu Trier, S. 88 (1350 November 11).

78 Mötsch, Die Schriftgutverwaltung, S. 254.

79 Ebd., S. 254 f.; Ders., Das älteste Kopiar, S. 314–318; Brommer, Zur kurtrierischen Kanzlei, S. 2.

lich wurden sie durch Balduins Verwesertätigkeit in den Hochstiftern Mainz (1328), Speyer (1331) und Worms (1335) verursacht[80]. Für Johannes Mötsch ist es das Archiv, das den Auslöser für die dabei auf zentraler Ebene ergriffenen Maßnahmen bildete. „Die Zunahme der Geschäfte, die in einem höheren Grad als in den Jahrzehnten zuvor in Schriftform abgewickelt wurden, und das damit einhergehende Anwachsen des Personals ließen den jährlichen Zuwachs an Schriftstücken weiter anschwellen". Dieses Archiv war gefährdet, sei es durch Brand oder durch Plünderung, und es war hinderlich, „da es unter den gegebenen Umständen die Schriftgutverwaltung an einem Ort" band[81].

Als wesentlichen Kern der Problemlösung erkannte Mötsch die sogenannten Balduineen, deren Erschließung und Edition das Thema seiner 1980 gedruckten Dissertation bildete. Bei diesen – sicher den bekanntesten Verwaltungskodizes des deutschen Spätmittelalters[82] – handelt es sich um insgesamt vier Kopialbücher. Sie werden heute im Landeshauptarchiv Koblenz aufbewahrt. Drei sind textlich im Prinzip gleichlautend; ein weiterer Band, das sogenannte Balduineum Kesselstatt, weicht inhaltlich und konzeptionell von den übrigen ab[83].

Im Folgenden sollen vornehmlich die Koblenzer Balduineen I–III im Mittelpunkt der Betrachtung stehen. Bei ihnen sind wir in der glücklichen Lage, dass nicht nur ihre Proömien[84], sondern auch eine weitere zeitgenössische Quelle aus dem Umkreis des Erzbischofs, die sogenannten Gesta Treverorum, über ihren Entstehungsanlass und Verwendungszweck Auskunft geben:

Discreta etiam provisione [= Balduins] *omnia ecclesiae suae privilegia, primo papalia, secundo imperialia, tertio homagilia, et alia perpetua, timens amissionem, distractionem antiquorum cereorum fragilium sigillorum, propter diuturnalem revolutionem, privilegiorum fracturam dispendiosam multumque damnosam posse posteris imminere, in unum volumen congregando, et transcribi mandando, utiliter ordinavit, et illud triplicavit. Unum suae ecclesiae capitulo et capitulari loco, aliud suae et successorum suorum camerae Trevirico in palatio, tertium vero suo et successorum suorum seriato sem-*

---

80 Mötsch, Die Schriftgutverwaltung, S. 256; vgl. auch Burgard, Beamte und Verwaltung, S. 227.

81 Mötsch, Die Schriftgutverwaltung, S. 256 f.

82 Vgl. dazu auch Patze, Neue Typen des Geschäftsschriftgutes, S. 44–47. – Die berühmte Trierer Bilderhandschrift, bekannt als ‚Kaiser Heinrichs Romfahrt', war einer der Handschriften, dem sogenannten Balduineum I, vorgebunden; vgl. Schmid, Kaiser Heinrichs Romfahrt, S. 62 f.; Auf dem Weg zur Kaiserkrone.

83 Koblenz, Landeshauptarchiv, Bestand 1 C, Nr. 1, 2, 3, 4a. Vgl. Mötsch, Die Balduineen, S. 2; vgl. dazu die Handschriftenbeschreibungen ebd., S. 3–41. Dazu auch Brommer, Zur kurtrierischen Kanzlei, S. 3–5 (mit den Angaben über die jeweils leicht abweichenden Mengen der aufgenommenen Urkundentexte, ebd., S. 3). – Zu (verlorenen) Auslaufregistern unter Balduin vgl. Brommer, ebd., S. 10–13. Das Balduineum Kesselstatt lagerte lange in Merseburg, befindet sich heute aber auch in Koblenz, Landeshauptarchiv, Bestand 1 C, unter der Nr. 4a; vgl. Winterer, Leere Gesichter und Wappen, S. 71, Anm. 3.

84 Mötsch, Die Balduineen, S. 75–80, bes. S. 79 f. Eine Übersetzung von Bernd Kollbach bei Muller, Prolegomena, S. 128–141.

per camerario, ad omnia et singula quo diverteret loca devehendum, provide deputavit, ut in omni loco archiepiscopus posset sua homagia, literas et privilegia, saltem sub copia, pervidere necnon unicuique, dum opus esset, recitare: Hoc et hoc a nobis in feodum dinosceris habere[85].

Die drei gleichlautenden Kopialbücher hatten ihre Entstehung also dem direkten Einfluss Erzbischof Balduins zu verdanken, laut Text seiner Furcht vor Verlust und Beschädigung der Urkundenoriginale und ihrer zerbrechlichen Wachssiegel durch tägliche Benutzung. Andererseits schuf man durch ihre Anlage die Möglichkeit, die wichtigsten Rechtstitel der Trierer Kirche in sinnvoller Ordnung ständig zur Verfügung zu haben. Ein Exemplar war nach Aussage der Gesta Treverorum für das Domkapitel, ein weiteres zur Aufbewahrung im Trierer Bischofspalast bestimmt. Das dritte sollte bei der Reiseherrschaft des Erzbischofs mitgeführt werden, um es zu konsultieren und – falls nötig – aus ihm vorzulesen[86]. Dieser Gebrauch im öffentlichen Kontext betraf offenbar in besonderem Maße Lehnsurkunden – so der Text. Mittels Verlesen der Urkundentexte konnten vermeintliche oder tatsächliche Gedächtnisverluste bei den Vasallen behoben werden.

Johannes Mötsch konnte nachweisen, dass bei der Anfertigung der Kopialbücher fortgeschrittene Kenntnisse in Verwaltungstechnik zur Anwendung kamen. Die Urkunden, die aufgenommen werden sollten, wurden zunächst „Stück für Stück auf einzelne kleine Pergamentstücke abgeschrieben“ und diese anschließend nach sachlichen Gesichtspunkten geordnet. Die dadurch entstandene, thematisch gegliederte Kartei schrieb man daran anschließend in der neuen Reihenfolge ab[87]. Die Triplizierung ermöglichte es, dass die Urkundentexte nach Fertigstellung der Kopiare ohne Rückgriff auf die Originalurkunden an drei Orten gleichzeitig konsultiert werden konnten.

Die in der Literatur fast durchweg zu findende starke Betonung ihrer Funktion für Verwaltungszwecke lässt allerdings bei genauerer Betrachtung einige Zweifel aufkommen. Zum einen legt der kodikologische und inhaltliche Befund nahe, dass das Ensemble der Balduineen I–III als Reinschrift erst zur Zeit von Balduins Tod vollendet wurde[88]. Betrachtet man zudem die Ausstattungsqualität der drei Handschriften[89],

---

85 Gesta Treverorum, Kap. 229, S. 198 f. Der Text fährt fort: *Et omnium ecclesiarum suarum collegia ad sua privilegia ostendenda, ut in ista scriberentur volumina, districtissime coarctavit, et quotquot erant sibi ostensa, quae tamen sub bullis seu sigillis apparuere veris, inscribi verbotenus procuravit; ut si in posterum aliqua privilegia rapinis, incendiis, antiquitate consumta, sue malae custodiae deputata, vel quocunque modo perderentur, in praedictis voluminibus perpetua memoria perdurarent* (ebd., S. 199).

86 Mötsch, Die Schriftgutverwaltung, S. 257 f.; Ders., Die Balduineen, S. 64; ferner ebd., S. 79: *Cuius libri tres per omnia consimilis continentie libros fecit conscribi, quorum unus in armarium ecclesie Trevirensis, alter in magnitudine forme sibi consimilis in Thesaurarium Trevirensis palatii reponentur. Tertius vero liber est parvi moduli et pro viatico archiepiscopali cottidie deducetur* (Übersetzung bei Muller, Prolegomena, S. 138–141).

87 Mötsch, Die Schriftgutverwaltung, S. 258; Ders., Die Balduineen, S. 64; ferner Handschriftenstemma ebd., S. 57. Dazu kritisch auch Brommer, Zur kurtrierischen Kanzlei, S. 3–5.

88 Mötsch, Die Schriftgutverwaltung, S. 258; Ders., Die Balduineen, S. 2, 20.

89 „… paläographisch-künstlerische Gesamtleistungen von einzigartigem Rang“; Patze, Neue Typen des Geschäftsschriftgutes, S. 47.

dann gerät die Annahme, der Erzbischof habe sie primär zu praktischen Verwaltungszwecken in modernem Sinne anlegen lassen, erheblich ins Wanken. Zwar spielten pragmatische Aspekte bei ihrer Entstehung eine gewisse Rolle, so ist das für die Reise gedachte Exemplar in einem kleineren Format gehalten als die übrigen[90]. Doch zielte ihr Entstehungszweck wohl mehr in eine symbolisch-kommunikative Sphäre. Gerade die Ausstattung und das Ensemble des sogenannten Balduineums I, es ist das Exemplar, das im erzbischöflichen Palast zu Trier verbleiben sollte, dokumentieren, dass eine Benutzung als reiner Verwaltungsbehelf in einer wie auch immer gearteten Kanzlei kaum ernsthaft in Erwägung zu ziehen ist[91].

Wolfgang Schmid hat nachweisen können, dass alle vier Teile des Balduineums I in einem Sinnzusammenhang stehen und es sich dabei „keineswegs nur um eine Urkundensammlung für den Kanzleibetrieb" gehandelt hat[92]. Der Band ist hoch repräsentativ gestaltet[93]. Er bestand bereits von seiner Konzeption her aus vier Teilen: erstens, der berühmten Bilderhandschrift zur Romfahrt Kaiser Heinrichs, gefolgt von dem bereits erwähnten Proömium und einem Urkundenregister sowie schließlich aus dem eigentlichen Urkundenkopiar. Diese Anordnung ist keineswegs als Buchbindersynthese aufzufassen, was im Proömium zum Ausdruck gebracht wird: „Auf der einen Seite wird die Trierer Bistumsgeschichte in den Rahmen der Heilsgeschichte eingeordnet: Balduin ist Nachfolger der drei legendären Gründerbischöfe und vieler weiterer Heiliger auf dem Trierer Bischofsthron. Als Zweites wird die Tatsache hervorgehoben, dass er der Bruder Kaiser Heinrichs war und in dieser Eigenschaft an dessen Romfahrt teilgenommen hat. In diesem Zusammenhang spielt auch der Tod des Kaisers eine große Rolle […]. Schließlich lobt das Proömium Balduins Tätigkeit als Landesherr und hebt insbesondere dessen Leistung im Bereich einer geordneten Schriftgutverwaltung hervor"[94].

Wolfgang Schmid formulierte mit Blick auf dieses inhaltliche Ensemble und unter Berücksichtigung weiterer Indizien die Hypothese, dass mindestens im Falle der Anlage des Balduineums I Memorialfunktionen für Erzbischof Balduin und seine Familie eine Rolle gespielt haben dürfen[95]. Die reiche Ausstattung mit kostbarer Buchmalerei unterstreicht diese Funktion. Dies bezieht sich übrigens nicht nur auf den mit Arbeiten aus Pariser Buchmalerateliers in Zusammenhang stehenden Bilderzyklus zu Kaiser

---

90 Mötsch, Die Schriftgutverwaltung, S. 257.

91 Vgl. die drei Seiten „mit identischen Urkundentexten […] aber deutlich variierender Randgestaltung" aus dem Balduineum I, dem Balduineum II und dem Balduineum III bei: Balduin aus dem Hause Luxemburg, Abb. 027, S. 110; ebd., Abb. 062, S. 140; ebd., S. 028, S. 111. Zitat ebd., S. 110. Abbildungen finden sich im Anhang dieser Arbeit, Kap. 3: Verwaltungsbehelfe oder Zeugnisse symbolischer Kommunikation?

92 Schmid, Kaiser Heinrichs Romfahrt, S. 65.

93 Vgl. die Fotos in: Balduin aus dem Hause Luxemburg, Abb. 027, S. 110; ebd., Abb. 063, S. 141.

94 Vgl. Schmid, Kaiser Heinrichs Romfahrt, S. 65 f.

95 Ebd., S. 65–69.

Heinrichs Romfahrt[96]. Kunsthistorische Untersuchungen erbrachten den Nachweis, dass der übrige Miniaturenschmuck des Balduiuneums I sowie der übrigen beiden, ebenfalls künstlerisch hochwertig ausgestatteten Handschriften mit Kölner Werkstätten in Zusammenhang gebracht werden muss. Dieser Bildschmuck steht überdies in engen stilistischen Beziehungen zu weiteren Handschriften aus dem persönlichen Besitz Balduins, seinem Brevier und einem Missale aus St. Paulin in Trier[97]. Diese Aspekte widersprechen aber dem Charakter der Balduineen als primäre Verwaltungshilfsmittel.

Viel näher liegt die Erwägung anderer Einsatzmöglichkeiten. Um hier weiterzukommen, sei noch einmal ein Blick auf die zeitgenössische Überlieferung geworfen. Zu erinnern sei daran, dass die Gesta Treverorum davon berichten, dass keineswegs alle Bestandteile des kurtrierischen Urkundenschatzes in den drei Balduineen zur Abschrift gelangten. Der Text spricht ausdrücklich von *omnia ecclesiae suae privilegia, primo papalia, secundo imperialia, tertio homagilia, et alia perpetua*[98]. Damit ist aber lediglich eine bestimmte Auswahl von Urkunden für die Trierer Domkirche gemeint, nämlich päpstliche und kaiserliche Privilegien und Lehnsurkunden sowie andere *perpetua*, d. h. Urkunden von ewiger Dauer[99].

Kontrolliert man die Balduineen, dann bestätigt sich dieses in den Gesta Treverorum beschriebene Ordnungsschema. Gerade die jeweiligen Anfänge der verschiedenen Urkundengruppen sind mit Buchmalerei aufwändig markiert. Hierin sind sich die Balduineen I, II und III ganz ähnlich, wie der Vergleich der ersten Seite des Beginns der Papsturkunden deutlich zeigt. Dort finden sich als Initialenschmuck jeweils Szenen, in denen der thronende Papst dem Erzbischof eine Urkunde überreicht. Das entsprechend modifizierte Motiv wiederholt sich auch in der Abteilung mit den Abschriften der Königsurkunden[100].

---

96 Ebd., S. 79–81. Der Zyklus selbst ist bereits mehrfach ediert worden; vgl. auch ebd., S. 129–203; ferner Margue, Der Weg zur Kaiserkrone.

97 Ronig, Kunst unter Balduin, S. 548–550. Das Missale aus St. Paulin ist durch seinen Wappenschmuck eindeutig auf Balduin zu beziehen, ebd., S. 548. Zur Ausstattung vgl. die Abb. ebd., S. 538 (Balduineum II. Erste Seite des Urkundenkopiars mit Beginn der Papsturkunden); ebd., S. 534, 537 (Brevier Balduins); ebd. S. 535, 536, 539 unten (Missale aus St. Paulin). Schmid, Kaiser Heinrichs Romfahrt, S. 64 (Balduineum I. Erste Seite des Urkundenkopiars mit Beginn der Papsturkunden); Kessel, Balduin von Trier.

98 Gesta Treverorum, Kap. 229, S. 198.

99 Vgl. Mötsch, Die Balduineen, S. 43 (mit Anm. 148); Brommer, Zur kurtrierischen Kanzlei, S. 3, spricht das Problem zwar an, diskutiert es aber m. E. in etwas anachronistischer Weise: „Es sollte geklärt werden, ob aus heutiger Sicht die damalige Trennung von Temporalia und Perpetualia, also die Entscheidung über die nur kurzfristige oder dauerhafte Bedeutung der Urkunden, korrekt ist oder ob sich dort Bewertungsunterschiede ergeben“. – Zu den *perpetua* als Terminus technicus der Urkundenlehre des Mittelalters vgl. unten Kap. 3.7: Das öffentliche Notariat, seine Urkundenpraxis und das landesherrliche Archiv- und Registerwesen.

100 Vgl. für die illuminierten Anfänge beider Urkundengruppen den Anhang dieser Arbeit, Kap. 3: Verwaltungsbehelfe oder Zeugnisse symbolischer Kommunikation?

An praktischer Nutzung hören wir bis auf die Funktion des Reiseexemplares als Mittel gegen verschwiegene Lehen nichts weiter. Und auch hier stellt sich die Frage, ob man es mit der Funktion als reinem Verwaltungsbehelf belassen kann. Die künstlerisch anspruchsvolle Ausstattung und die Ähnlichkeit mit anderen Handschriften aus dem persönlichen Besitz des Erzbischofs legen anderes nahe. Hier stellt sich die Frage, ob nicht die Trierer Domkirche, repräsentiert in ihrem Privilegienschatz, sowie der Lehnshof in den Handschriften symbolisch versammelt wurden. Dies ließe sich sowohl mit Memorialfunktionen wie mit konkreter Erinnerungsauffrischung säumiger Lehnsleute verbinden. Die prächtige Aufmachung dürfte als angemessen für die mutmaßlichen Rezipienten, nämlich den hohen Stiftsklerus und den Stiftsadel, zu betrachten sein. Diese Funktionen führen aber über die des reinen Verwaltungsbehelfes weit hinaus[101].

In Zusammenhang mit den Kopialbüchern Balduins muss eine weitere Frage gestellt werden, nämlich die danach, wer für ihr Entstehen verantwortlich zeichnete. Dabei herrscht in der reichen Forschungsliteratur zu den Balduineen das Problem, dass sich in der zeitgenössischen kurtrierischen Überlieferung nicht die geringste Nachricht über eine erzbischöfliche Kanzlei unter Erzbischof Balduin erhalten hat[102]. Ganz im Gegenteil heißt es in den Gesta Treverorum vom dritten, dem Reiseexemplar der Balduineen lediglich, der Erzbischof habe es dazu bestimmt *suo et successorum suorum seriato semper camerario*[103].

„Hier ist von der erzbischöflichen Kammer und dem erzbischöflichen ‚Kämmerer vom Dienst' die Rede, wo man die Kanzlei und etwa den begleitenden Kaplan genannt finden sollte", äußerte sich im Jahre 1911 regelrecht befremdet der am Koblenzer Staatsarchiv tätige Preußische Archivrat Paul Richter in seiner lange Zeit maßgeblichen Untersuchung über die kurtrierische Kanzlei im späteren Mittelalter[104]. Kaum vorstellbar erschien ihm der Gedanke, „daß die Kanzlei als eine fest abgeschlossene und organisierte Behörde auch unter Balduin noch nicht bestanden oder doch nach außen hin nicht sich geltend gemacht habe"[105]. Und geradezu versichernd fügte er hinzu, dass es zumindest einen „cancellarius oder protonotarius als Leiter des Kanzleiwesens" zu seinen Zeiten gegeben haben müsse. Gleichzeitig stellte er fest, dass

---

[101] Interessant wäre die Frage nach der Funktion der ebenfalls kostbar mit Buchmalerei ausgestatteten und um die Zeit von Balduins Tod entstandenen sogenannten Chronik des Erzbistums Trier (Trier, Stadtbibliothek, Hs. 1354/1693 gr 2°; dazu EMBACH/NOLDEN, Handschriften und Urkunden, S. 10f.), die in vier Spalten parallel die Geschichte der *Pontifices Treverenses*, der *Summi pontifices*, ferner *nota digna* sowie die Geschichte der römischen Kaiser und ihrer Nachfolger, der fränkischen und deutschen Herrscher abhandelt.

[102] BURGARD, *Familia Archiepiscopi*, S. 323; ferner DERS., Beamte und Verwaltung, S. 232–236.

[103] Gesta Treverorum, Kap. 229, S. 198f.

[104] RICHTER, Die kurtrierische Kanzlei, S. 11. Auch Hans-Günther Langer ging in seiner Untersuchung unhinterfragt von „der kurtrierischen Kanzlei" aus; vgl. LANGER, Urkundensprache und Urkundenformeln in Kurtrier (1), S. 405–505.

[105] RICHTER, Die kurtrierische Kanzlei, S. 11. Der Verfasser erwog sogar „Eifersüchteleien zwischen Kammer und Kanzlei" als Motiv für das Schweigen der Gesta Treverorum; ebd., S. 11f.

den frühesten Beleg für eine *cancellaria archiepiscopalis* (als siegelführende Stelle) die Gesta Treverorum zum Jahr 1398 liefern, d. h. zu jenem Zeitpunkt „die Kanzlei als besondere Behörde jedenfalls bestanden" hat[106].

Bereits den eingangs behandelten modernen Untersuchungen des Archivars Johannes Mötsch über die Balduineen ist anzumerken, dass er angesichts dieses Befundes die Bezeichnung Kanzlei ausgesprochen zurückhaltend verwendet und stattdessen den neutralen Ausdruck „Schriftgutverwaltung" bevorzugt. Als Kanzlei definierte Mötsch die „jeweils mit der Ausfertigung der Urkunden betrauten Personen"[107]. Dabei ergibt sich ein auffälliges Missverhältnis zwischen dem durch die Balduineen dokumentierten relativ hohen Stand einer systematisierten Anwendung und Nutzung von Schriftlichkeit und der nicht vorhandenen Möglichkeit, ihr Entstehen über die Person Balduins hinaus jemandem zuzuordnen[108].

Für Mötsch bestand – in Anlehnung an Karl Lamprecht – die Notlösung im Verweis auf das erzbischöfliche Archiv, das durch seinen gewachsenen Umfang – gewissermaßen in Stellvertretung für eine schriftgutproduzierende Institution wie die Kanzlei – „die Schriftgutverwaltung an einen Ort, an dem auch die übrige zentrale Verwaltung [...] ihren Sitz hatte", „fesselte" und damit Verwaltungsfortschritte, hier die Anfertigung der Balduineen, in Gang setzte[109]. Wer die Kopialbücher angefertigt hat, konnte er damit allerdings nicht beantworten, ebenso wenig wie die Frage, wo sie entstanden, da keinerlei Hinweise auf ein Urkundenarchiv, geschweige denn ein Zentralarchiv unter Erzbischof Balduin existieren[110]. Diese Beobachtung deckt sich im übrigen mit den Verhältnissen in Kurmainz[111]. Viel eher drängt sich der Verdacht auf, dass die Balduineen verfasst wurden, „weil eben die Archivierung nicht den Anforderungen genügen konnte."[112]

Das Problem einer Lösung beträchtlich näher brachte die 1991 erschienene, prosopographisch angelegte Arbeit von Friedrich Burgard über die *Familia Archiepiscopi*, die geistlichen Funktionsträger Erzbischof Balduins. Der Autor widmete darin der

---

106 Ebd., S. 12. Der Beleg findet sich in einem Statut über geistliche Testamente von 1398, wo es heißt: *sive de sigillo cancellariae archiepisopalis, sive de sigillo curiarum nostrarum Trevirensis vel Confluentiae*; Gesta Treverorum, Kap. 272, S. 307. – Zu den Erwähnungen von *cancellarii* und *prothonotarii* unter Balduin vgl. Burgard, Beamte und Verwaltung, S. 232–234.

107 Mötsch, Die Schriftgutverwaltung, S. 255, Anm. 28. Seiner 1980 vorgelegten Dissertation über die Balduineen ist das Problembewusstsein weniger anzumerken; vgl. Ders., Die Balduineen, S. 27, 45, 64; ähnlich Ders., Das älteste Kopiar, S. 317 f.

108 Mötsch, Die Balduineen, S. 1–64; Burgard, *Familia Archiepiscopi*, S. 326. Dazu auch Patze, Neue Typen des Geschäftsschriftgutes, S. 44: „Welcher dieser Männer die Anlage eines solchen Codex auch zuerst empfohlen haben mag, er ist ohne den großen Verwaltungsmann Balduin nicht denkbar".

109 Mötsch, Die Schriftgutverwaltung, S. 256 f., Zitat S. 256; dazu Burgard, *Familia Archiepiscopi*, S. 328 f.

110 Vgl. die Argumentation bei Burgard, *Familia Archiepiscopi*, S. 328–330.

111 Vgl. unten, Kap. 4.4: Interterritorialer Vergleich: Kanzlei und Archivwesen der Erzbischöfe von Mainz im Spätmittelalter.

112 Burgard, *Familia Archiepiscopi*, S. 329.

Frage nach der Existenz der kurtrierischen Kanzlei unter Balduin ein eigenes Kapitel[113]. Darin betonte er die Entwicklungsvorteile einer spätmittelalterlichen geistlichen Landesherrschaft gegenüber einer weltlichen[114]. In diesen Zusammenhang gehört die „nachhaltige [...] Verbesserung der Schriftkultur" durch das von Westen her ins Reich eindringende öffentliche Notariat über die seit Ende des 12. Jahrhunderts nach französischem Vorbild eingerichteten Offizialatsgerichte. „Inwiefern die Entwicklung dieser Offizialatsgerichte, die vor allem in den Bischofsstädten mehr oder minder schnell einen institutionellen Charakter annahmen und von vornherein als bischöfliche Schreib- und Gerichts‚behörden' zu gelten haben, eine Veränderung der ‚älteren' Kanzlei bewirkte, ist bislang noch nicht untersucht. Wie es scheint, hat es in diesen beiden Bereichen der bischöflichen Verwaltung eher ein Miteinander als ein Nebeneinander gegeben"[115].

Wie weit dieses Miteinander reichte, konnte Burgard in seiner prosopographisch gestützten Argumentation eindringlich belegen. Dabei gelangte er zu dem Ergebnis, dass „die institutionell verankerte Gerichts-, Schreib- und Beurkundungsstelle der Offizialatskurie Trier einen wesentlichen Teil der erzbischöflichen Schriftgutproduktion besorgte."[116] Parallele Beobachtungen sprechen dafür, dass es zumindest in den

[113] Ebd., S. 322–332; ferner ebd., S. 287–322.

[114] Ebd., S. 322; in Anlehnung an MORAW, Entfaltung der Territorien, S. 85 f.

[115] BURGARD, *Familia Archiepiscopi*, S. 322. Vgl. dazu auch die Ergebnisse bei KIRN, Das Urkundenwesen und die Kanzlei der Mainzer Erzbischöfe, S. 564 f.; ferner POPP, in: Das Handbuch der Kanzlei des Bischofs Nikolaus von Regensburg (1313–1340), S. 37*–45*, 51*f.

[116] BURGARD, *Familia Archiepiscopi*, S. 330. Zur geistlichen Verwaltung auch MICHEL, Zur Geschichte der geistlichen Gerichtsbarkeit und Verwaltung. – Ein Blick auf die um 1324 entstandene *Tabula formarum curie episcopi*, vom Herausgeber als ‚Formularbuch der Würzburger Bischofskanzlei' bezeichnet, lehrt, dass auch hier geistliche und weltliche Belange in relativ lockerer Folge hintereinander stehen; vgl. WENDEHORST, *Tabula formarum curie episcopi*, Nr. 1–64, S. 1–40; ebd., Nr. 65–94, S. 40–50 usw. – Einen ähnlichen Befund erhält man für eine, im 17. Jahrhundert als *Registrum privilegiorum, optime copie litterarum concernentium episcopatum* bezeichnete Handschrift, deren älteste Teile aus der Regierungszeit des Regensburger Bischofs Nikolaus von Ybbs stammen (HStAM, Regensburg Hochstift, Literale 2); vgl. Das Handbuch der Kanzlei des Bischofs Nikolaus von Regensburg (1313–1340), S. 10*–30*; ferner WILD, Beiträge zur Registerführung der bayerischen Klöster und Hochstifte, S. 94–99. Sie erregte besonderes Interesse aufgrund der Tatsache, dass Nikolaus zuvor Notar in der Kanzlei Kaiser Heinrichs VII. und Protonotar König Johanns von Böhmen gewesen war. Die Fragestellung lautete von daher, ob „er nun seine in dieser Stellung erworbenen Kenntnisse des Kanzleiwesens auf die hochstiftischen Belange" transferiert oder „eigenständige Wege eingeschlagen [habe], die sich weder an Vorbildern orientierten noch in ihrer Konzeption weiterführten?" (Das Handbuch der Kanzlei des Bischofs Nikolaus von Regensburg (1313–1340), S. 9*). Marianne Popp, die Bearbeiterin, hielt zwar an einer Entstehung in der bischöflichen „Kanzlei" fest, gelangte aber zu der Erkenntnis, „daß ein großer Teil der Handschrift sich aus Abschriften zusammensetzt, die mit der Stellung des Bischofs als ordentlichem geistlichem Richter zusammenhängen"; ebd., S. 51*.

beiden übrigen geistlichen Kurfürstentümern nicht viel anders aussah[117]. Die Offizialatskurien stellten das „Gros der erzbischöflichen Schreiber, die unter jeweils nur schwer zu ermittelnden Karrierevoraussetzungen und -bedingungen in den Kreis der erzbischöflichen Kleriker, Notare und Kapläne aufsteigen konnten"[118]. Die Kanzlei unter Balduin reduzierte sich damit zu einem Problem wissenschaftlicher Begrifflichkeit. Burgard definierte sie „als Gemeinschaft der erzbischöflichen Notare mit ihren Unterschreibern". Doch als „Institution hat sie allem Anschein nach nicht existiert"[119].

3.5.2 Die kurpfälzische Kanzlei in der Zeit Pfalzgraf Ludwigs III. (1410–1436)

Wie problematisch sich der behördengeschichtliche Blick in der Praxis erweist, lässt sich anhand eines zweiten, einer weltlichen Landesherrschaft des 15. Jahrhunderts entnommenen Beispiels gut verdeutlichen. Als Grundlage dienen dabei Ergebnisse aus der 1983 erschienenen Untersuchung von Christoph Freiherr von Brandenstein, einem Schüler von Hans Rall, über das Urkundenwesen und die Kanzlei des Pfalzgrafen und Kurfürsten Ludwig III. (1410–1436). Aufgrund der durch Brandenstein in den siebziger Jahren mit hohem Aufwand durchgeführten Ermittlung und Analyse der verstreuten Originale ist hier die nicht sehr häufige Gelegenheit gegeben, die Binnenstruktur einer Fürstenkanzlei des 15. Jahrhunderts genauer zu betrachten. Dies soll unter verschiedenen Aspekten geschehen.

Aus Gründen der Vergleichbarkeit werden dabei nur die im Original erhaltenen – und von Brandenstein im Anmerkungsapparat nachgewiesenen – Urkunden berück-

---

117 Burgard, *Familia Archiepiscopi*, S. 332; Ders., Beamte und Verwaltung Balduins, S. 234–236; Janssen, Die Die Kanzlei der Erzbischöfe von Köln im Spätmittelalter, S. 152–155; Ders., Zur Verwaltung des Kölner Erzstifts unter Erzbischof Walram von Jülich, S. 15–17, 24; Ders., Das Erzbistum Köln im späten Mittelalter, Bd. 1, S. 338, 340f.

118 Burgard, *Familia Archiepiscopi*, S. 332, ferner S. 301. „Was liegt demnach näher, die offenkundige Kooperation zwischen Trierer Kuriennotaren und den erzbischöflichen Klerikern, Notaren und Kaplänen, von denen immerhin etwa ein Drittel aus den Reihen der öffentlichen Notare und Trierer Kuriennotare stammen, folgendermaßen zu interpretieren: Es kann zumindest von einer organisatorischen Anbindung der erzbischöflichen Schreiber und Notare an die Offizialatskurie Trier ausgegangen werden, die zudem topographisch gesehen durch ihre Lage [...] in der Nähe zum erzbischöflichen Palast auffällt. Gerade in Anbetracht der nicht belegbaren Kanzlei und ihrer fehlenden institutionellen Merkmale, die bei einer insgesamt doch recht hohen Zahl von erzbischöflichen Schreibern und Notaren in den Quellen Spuren hätte hinterlassen müssen, spricht vieles dafür, dass Balduin in der bereits von seinen Vorgängern etablierten Institution der Offizialatskurie Trier, die er übrigens nach Kräften zu fördern wußte, die geeigneten Rahmenbedingungen sah für sein Bestreben, durch das Medium der Schriftlichkeit die Verwaltung seines Erzstiftes zu perfektionieren"; ebd., S. 319; Ders., Beamte und Verwaltung, S. 234–236. – Zu einer einer „Notariatsschule" am Trierer Offizialat im 14. Jahrhundert vgl. Matheus, Trier am Ende des Mittelalters, S. 265.

119 Burgard, *Familia Archiepiscopi*, S. 332.

sichtigt. Da kein Urkundenbuch oder Regestenwerk für die Regierungszeit Ludwigs III. vorliegt[120], erwies sich dieses Vorgehen als angemessen, zumal man von einem über die Jahre gleichmäßigen Überlieferungsverlust ausgehen darf.

Graphik 1 zeigt die insgesamt erhaltenen Originalurkunden und ergibt folgendes Bild:

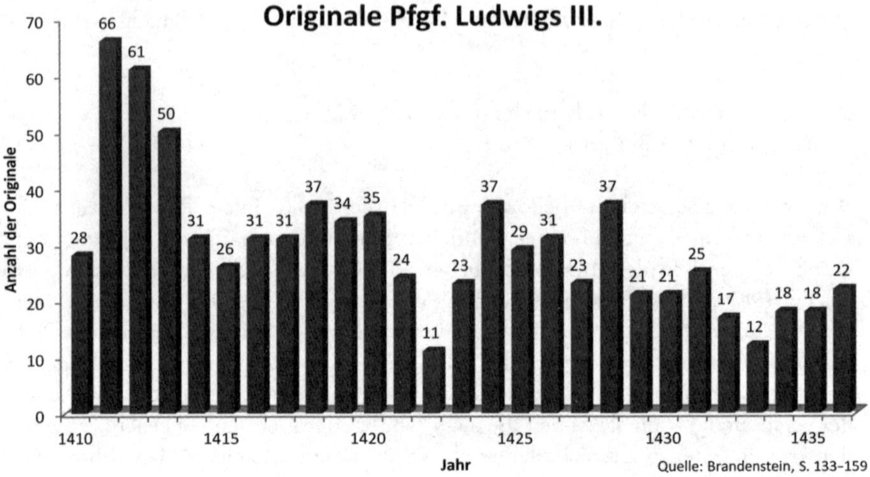

Graphik 1

Besonders auffallend ist die hohe Produktivitätsrate in den ersten Jahren der Regierungszeit. Sie überrascht keineswegs, spiegelt sich doch hierin der üblicherweise nach einem Herrschaftswechsel anfallende Bestätigungsbedarf von Rechtstiteln durch den neuen Landesherrn. Berücksichtigt man, dass Ludwigs Vorgänger, König Ruprecht, im Mai 1410 starb, dann sieht man deutlich, wie der Privilegienschub des Nachfolgers im selben Jahr ein- und sich in den folgenden drei Jahren fortsetzt. Ab dem fünften Herrschaftsjahr pendelt er sich auf ein, von einigen Ausnahmen abgesehen, relativ gleichmäßiges Niveau ein. Ausnahmen bilden die Jahre 1422 und 1427. Hierfür lassen sich Gründe benennen. 1422 war es die Reichspolitik, die einen Schwerpunkt des Pfalzgrafen bildete[121]. 1427 dürfte sich die von seiner Wallfahrt ins Heilige Land mitgebrachte Krankheit im niedrigen Urkundenausstoß niedergeschlagen haben[122]. Ab

[120] Christoph Freiherr von Brandenstein hatte zwar im Zuge seiner Studien zu Urkundenwesen und Kanzlei Pfalzgraf Ludwigs III. ein Regestenwerk erarbeitet, es gelangte jedoch leider nicht in den Druck; vgl. Rall, Urkundenwesen, Kanzlei und Rat der Wittelsbacher Pfalzgrafen, S. 293 f.

[121] Vgl. Deutsche Reichstagsakten, Ältere Reihe, Bd. 8, S. 103–275; Mathies, Kurfürstenbund und Königtum, S. 88–118.

[122] Zur Krankheit vgl. Brandenstein, Urkundenwesen und Kanzlei, S. 12 f.

1429 bleiben die pro Jahr überlieferten Originalurkunden auf diesem niedrigen Niveau. Dies mag mit der fortdauernden, offenbar in Schüben verlaufenden Krankheit des Kurfürsten zusammenhängen. Es demonstriert aber auch, dass nach zwei Jahrzehnten Herrschaft ein im Gegensatz zu deren Beginn relativ geringer Vergabebedarf an Privilegien und sonstigen Rechtstiteln bestanden haben dürfte.

Brandenstein hat in seiner Arbeit unter Anwendung der klassischen diplomatischen Methode alle verfügbaren, über Dutzende von Archiven verstreuten Urkunden aus der Kanzlei des Pfalzgrafen gesammelt, analysiert und daraus die Schreiberhände in der Kanzlei bestimmt. Dabei isolierte er insgesamt 16 Hände, „welche 802 Stücke oder 70 Prozent aller im Original erhaltenen Urkunden und Briefe schrieben, die aus der behandelten Kanzlei hervorgegangen sind“[123]. Die restlichen Urkunden buchte er als Empfängerausfertigungen, die auch im 15. Jahrhundert „keine Seltenheit“ waren. Er gelangte dabei zu dem für die traditionelle Kanzleiforschung bedeutenden Ergebnis, „daß die kurpfälzische Kanzlei während der Regierungszeit Ludwig III. – von einigen Schwankungen abgesehen – regelmäßig mit vier bis fünf Schreibern besetzt war.“[124]

Die Analyse der durch Brandenstein ermittelten Befunde kann im Sinne unserer Fragestellung weitergeführt werden. Zunächst ist festzuhalten, dass der Autor in seiner Argumentation bestimmbare Forschungsaxiome vertritt: Bereits das Zitat macht deutlich, dass er nicht nur im Ansatz, sondern auch in seinen Ergebnissen von der spätmittelalterlichen Kanzlei als einer Behörde ausgeht, die mit Schreibpersonal in fester Höhe „besetzt“ war. Dabei erscheint ihm, wie seinen Formulierungen zu entnehmen ist, sogar der von ihm selbst empirisch ermittelte Durchschnittswert von vier bis fünf Schreibern als nicht sonderlich hoch. Grund dafür ist ein Passus in der Regierungsordnung vom 14. Juni 1435. Diesen interpretiert er in dem Sinne, dass „die kurfürstliche Kanzlei in den letzten beiden Regierungsjahren [Ludwigs III.] mit neun Beamten besetzt“ war[125]. Hier erweist es sich meines Erachtens jedoch nicht als sinnvoll, von den Angaben des normativen Textes auszugehen, da es sich bei ihm keineswegs um eine „Kanzleiordnung“ handelt[126]. Wie die darin enthaltenen Besoldungs-

---

[123] Brandenstein, Urkundenwesen und Kanzlei, S. 162.

[124] Ebd., S. 163.

[125] Ebd., S. 163. Er bezieht sich dabei auf die folgende Bestimmung: *Item, das meister Ludwig* [von Ast] *selb sebst personen, nemlichen selb vierde und mit zweyen schribern, und meister Andres und Heinrice selb dritt personen in der canczlye sin sollen, und das man iglicher person jares funff und zweinzig gulden fur coste und iren pferden futter von houwe geben solle, und sollen meister Andres und Heinricen pferde in dem marstalle steen*; ebd., S. 132.

[126] Ebd., S. 132, spricht von einer „ausführliche[n] Kanzleiordnung“. – Zum Dienstvertrag eines Kanzleischreibers Ludwigs III. vgl. im Gegensatz dazu die bei Brandenstein, Urkundenwesen und Kanzlei, leider nicht nachgewiesene, in Abschrift überlieferte Urkunde für Ludwigs III. Schreiber Johann von Meisenheim (Heidelberg, 1423 Dezember 14); GLAK, 67/810, f. 128v (vgl. den Anhang dieser Arbeit, Kap. 1: Edition eines Schreibervertrages (1423)). Sie regelte sein Gehalt in Höhe von 20 Gulden jährlich und bestimmte, dass dieses Geld hinfällig sei, wenn er vom Pfalzgrafen aus der Kanzlei genommen und ihm eine andere bezahlte

angaben zeigen, diente er offensichtlich anderen Zwecken wie beispielsweise der Reglementierung und Kontrolle der höfischen Finanzausgaben. Dieser Funktionszusammenhang müsste zunächst im Kontext, d. h. im Zusammenhang der Regierungsordnung, untersucht werden[127].

Bleibt man zunächst bei dem durch den Urkundenvergleich empirisch ermittelten Befund, dann lässt sich die Zahl der Hände in Beziehung zur Schriftproduktion setzen. Selbstverständlich ist hierbei mit Überlieferungsverlusten zu rechnen. Hierauf sei zunächst eingegangen. So etwa ermittelte Brandenstein bei seinen Recherchen in 37 Archiven insgesamt 1807 Urkunden und Briefe, „welche die kurpfälzische Kanzlei in den Jahren 1410–1436 verließen"[128]. Teilt man diese Summe durch die insgesamt 27 Regierungsjahre Ludwigs III., dann erhält man einen jährlichen Urkundenausstoß von durchschnittlich 67 Stücken. Nimmt man einmal an, diese Kanzlei, die „regelmäßig mit vier bis fünf Schreibern besetzt" war, habe pro Tag wenigstens eine (!) Urkunde geschrieben, dann ergäbe sich bei den hier zugrundegelegten Zahlen ein Überlieferungsverlust von knapp 82 Prozent. Eine Urkunde pro Tag erscheint angesichts einer mit mehreren Personen ständig besetzten Behörde zugegebenermaßen wenig. Diese Beamten müssen an chronischer Unterbeschäftigung förmlich gelitten haben – wenn man nicht damit rechnen will, dass der Überlieferungsverlust gegen 100 Prozent konvergiert.

Tätigkeit befohlen werden sollte. Die Aufgaben in der Kanzlei waren nicht Gegenstand der Vereinbarung. Diese regelte ein nicht überlieferter ‚Brief', den der Pfalzgraf von Johann besaß. – Es verdient eine Erwähnung, dass der Ort Meisenheim, kurmainzisches Lehen und eine Residenz der 1444 ausgestorbenen Grafen von Veldenz, nur neun Kilomenter südlich von Sobernheim liegt; vgl. Vogt, Meisenheim, S. 232.

[127] Vgl. dazu methodisch Kap. 4.16: Finale oder „State of the Art"? Kanzleitheorie im Umkreis von Matthias Ramung. – Vorstellbar wären auch andere Formen der Binnenorganisation. Wir besitzen aus Regionen mit besserer Überlieferung durchaus Hinweise darauf. Vgl. etwa die von Richard Heuberger aufgrund der reicheren Tiroler Begleitüberlieferung gewonnenen Ergebnisse über die am landesherrlichen Schreibgeschäft beteiligten Personen und ihre Binnendifferenzierung; Heuberger, Das Urkunden- und Kanzleiwesen der Grafen von Tirol, S. 135–141, S. 159 f. Die Tiroler Kanzlei funktionierte mit multifunktional einsetzbaren Amtsträgern, deren Tätigkeiten und Titel fließend waren; Veränderungen konnten zu jeder Zeit eintreten; vgl. ebd., S. 169–176. Zur Beteiligung von öffentlichen Notaren; ebd., S. 323–325. Die Ergebnisse Heubergers wurden für den Bereich der deutschen Landesherrschaft bislang kaum in Betracht gezogen, weil man davon ausging, dass die tirolischen Verhältnisse eher mit den italienischen als mit den deutschen verwandt sind. – Ein anderes Beispiel wären die von Brigide Schwarz für die Schreiber der päpstlichen Kanzlei des 14. Jahrhunderts ermittelten Organisationsstrukturen. Sie lassen sich mit folgenden Stichworten benennen: Korporation mit bruderschaftlichen Funktionen, Amtseid ohne allgemeinen Treueid, Mundierungsmonopol, gemeinsame Verwaltung der Einkünfte, in eigener Initiative vorgenommene Beschäftigung von Hilfskräften; Schwarz, Organisation kurialer Schreiberkollegien, S. 209–217. Auch hier wurde der päpstlichen Kanzlei ein Ausnahmecharakter aufgrund eines höheren Entwicklungsniveaus zugesprochen.

[128] Brandenstein, Urkundenwesen und Kanzlei, S. 17.

Doch nicht nur dies gibt zu denken. Wie schon erwähnt, legte Brandenstein seiner Schreiberbestimmung 802 Stücke zugrunde. Bei diesen handelte es sich um „70 Prozent aller im Original erhaltenen Urkunden und Briefe [...], die aus der behandelten Kanzlei hervorgegangen sind". Die restlichen Stücke buchte er als Empfängerausfertigungen, da er sie keinem der 16 von ihm identifizierten Kanzleischreiber Ludwigs III. zuordnen konnte[129]. Bereits hier ist ein methodischer Einwand angebracht. Es stellt sich die berechtigte Frage, ob es sich bei einer Urkunde, die nicht von einer ständig in der Kanzlei nachgewiesenen Hand geschrieben wurde, tatsächlich um eine Empfängerausfertigung handeln muss? Um eine derartige Aussage zweifelsfrei treffen zu können, wäre zumindest eine Überprüfung der Überlieferung der als Empfänger fungierenden Person oder Institution vonnöten, um die Hand auf diese Weise derselben zuordnen zu können. Solange diese Zuordnung nicht möglich ist, kann man genauso umgekehrt argumentieren: Zieht man den Charakter der Kanzlei als Behörde in Zweifel, dann spricht nichts gegen den kurzfristigen bzw. auf Einzelstücke beschränkten Einsatz von weiteren Schreibern im Umkreis des kurpfälzischen Hofes.

Nach den Beobachtungen Brandensteins war auch die kurpfälzische Kanzlei selbst in großem Umfang als Empfängerausfertiger aktiv. Man muss damit zwei Tätigkeitsbereiche unterscheiden: Zum einen die Mundierung von Urkunden mit dem Pfalzgrafen als Aussteller, zum zweiten diejenige von Urkunden für den Pfalzgrafen als Empfänger. „Nur 509 Stücke oder 66 Prozent aller 770 Originalurkunden, welche die behandelte Kanzlei verließen, wurden vom Kurfürsten [Ludwig III.] selbst ausgestellt oder wenigstens mitausgestellt". D. h. es bleibt ein Rest von immerhin 34 Prozent Empfängerausfertigungen, welche von der kurpfälzischen Kanzlei mundiert und dann den „jeweiligen Ausstellern [...] lediglich zur Besiegelung vorgelegt" wurden[130].

Bei den als Beispiel aufgeführten Reversen kurpfälzischer Lehen- und Amtsträger liegt das Interesse des Kurfürsten, das mittels Empfängerausfertigung zur schriftlichen Form führte, auf der Hand. Das gleiche gilt für Verkaufsurkunden von Immobilien an den Kurfürsten sowie Dienstreversen und Offenhauserklärungen des einheimischen Adels. Weniger gilt es meines Erachtens allerdings schon für in Urkundenform gehaltene Zusagen einer Reihe von geistlichen Institutionen über Seelenmessen für Mitglieder der kurfürstlichen Familie[131]. Da aber auch hier die Aktivitäten vom Kurfürsten ausgingen und deutliche Interessen auf Seiten der Dynastie vorlagen, mag die Form der Empfängerausfertigung ebenfalls einleuchten.

Neben „Personen und Korporationen [...], die über keine Kanzlei verfügten", treten allerdings noch ganz andere, für die die kurpfälzische Kanzlei ebenfalls Empfängerausfertigungen mundierte[132]. So finden sich unter den Ausstellern von Urkunden, die „mit Sicherheit den Kanzleibeamten Kurfürst Ludwigs zugeschrieben werden kön-

---

[129] Ebd., S. 163. – Zur Problematik einer solchen These von diplomatischer Seite vgl. die methodologischen Überlegungen von Kruisheer, Kanzleianfertigung, Empfängeranfertigung.

[130] Beide Zitate: Brandenstein, Urkundenwesen und Kanzlei, S. 19.

[131] Ebd.

[132] Ebd., S. 19f.

nen", keine Geringeren als die Erzbischöfe und Kurfürsten von Mainz, Köln und Trier, der Markgraf und Kurfürst von Brandenburg, die Bischöfe von Worms, Straßburg, Würzburg und Passau, der Landgraf von Hessen sowie der Herzog von Jülich und Geldern[133].

Die Flexibilität der kurpfälzischen „Kanzleibehörde" ist dabei ganz erstaunlich. So trägt die Urkunde des Herzogs Reinald von Jülich und Geldern sogar den für sein Territorium üblichen Kanzleivermerk[134] mit genauen Angaben darüber, welche Räte an der Durchführung des Rechtsgeschäfts beteiligt waren. Ohne weitere Überlegungen hierzu anzustellen, beschließt Brandenstein die Behandlung dieses Themenzusammenhangs mit der Erkenntnis, dies sei „um so bemerkenswerter, als die kurpfälzische Kanzlei selbst in der behandelten Zeit grundsätzlich auf Kanzleivermerke verzichtete"[135].

Ein Fazit aus dem hier vorgestellten Problemkreis „Empfängerausfertigungen" lautet, dass knapp ein Drittel (30 Prozent) der aus der kurpfälzischen Kanzlei hervorgegangenen Urkunden und Briefe nicht den entsprechend für dieselbe nachgewiesenen Schreibern zugeordnet werden kann. Dies lässt sich dadurch ergänzen, dass ebenfalls ein Drittel (34 Prozent) der Originalurkunden, welche die kurpfälzische Kanzlei verließen, nicht von Kurfürst Ludwig III. selbst ausgestellt oder wenigstens mitausgestellt wurde.

Die hier präsentierten Beobachtungen und Ergebnisse lassen es für angemessen erscheinen, den Charakter der Kanzlei als Behörde auch für das 15. Jahrhundert noch einmal unter die Lupe zu nehmen. Hierfür liefert Brandenstein wertvolle Daten – auf deren Auswertung und Interpretation er leider durchgängig verzichtet. So gewinnt er die Erkenntnis von der durchschnittlichen Ausstattung der kurpfälzischen Kanzlei mit Schreibkräften aus einer Liste, in die er in chronologischer Folge die für jedes Regierungsjahr des Kurfürsten jeweils nachweisbaren, durch Buchstaben markierten (da meist anonymen) Schreiberhände eingetragen hat[136].

Übersetzt man diese Angaben in Diagramme, dann gewinnen sie zusehends an Aussagekraft und lassen sich ein gutes Stück weiter interpretieren. So wurden in die

---

133 Ebd., S. 20 (mit den entsprechenden Nachweisen).

134 Zu dieser niederrheinischen Besonderheit vgl. Schleidgen, Kanzleiwesen, S. 104.

135 Brandenstein, Urkundenwesen und Kanzlei, S. 20. – Wenn man von der Vorstellung der Kanzlei als Behörde ausgeht, sind Kanzleivermerke Spiegel ihrer inneren Verfasstheit (vgl. die analog zur frühneuzeitlichen Behördenorganisation getroffenen und bis heute maßgeblich gebliebenen Feststellungen bei Spangenberg, Die Kanzleivermerke als Quelle verwaltungsgeschichtlicher Forschung; als Beispiele: Hlaváček, Das Urkunden- und Kanzleiwesen König Wenzels, S. 67–69; Moraw, Königliche Verwaltung im einzelnen, S. 38 f. Anm. 21, S. 40 f.). Ohne dieses Paradigma wäre allerdings zu fragen, ob die Dokumentation des Beurkundungsgeschäfts nicht doch ein Zeichen unfester Geschäftsführung ist, wo die Einzelumstände der Sicherheit halber notiert werden.

136 Wissenschaftlich problematisch ist dabei allerdings die Tatsache, dass Brandenstein in seiner Liste (Brandenstein, Urkundenwesen und Kanzlei, S. 163) Schreiber auch für Jahre eingetragen hat, in denen er sie quellenmäßig nicht belegen kann. Z. B. ist Schreiber F nicht nachweisbar für 1414, 1424 und 1427 (vgl. ebd., S. 144, Anm. 21), Schreiber H für die Jahre 1419 bis 1421 (ebd., S. 149, Anm. 27).

folgenden Graphiken 2,A–2,Q (so benannt nach den anonymen Schreiberhänden) die für die gesamte von 1410 bis 1436 reichende Regierungszeit Ludwigs III. nachweisbaren Schreiber eingetragen. Jeder der Buchstaben korrespondiert mit einer der insgesamt 16 durch Brandenstein ermittelten und mit dem entsprechenden Buchstaben bezeichneten Hände. Zum besseren Verständnis sei auf Folgendes hingewiesen: Auf der Abszisse (x-Achse) des Säulendiagramms finden sich chronologisch die Regierungsjahre Ludwigs III. Dadurch lässt sich die zeitliche Aktivität jedes Schreibers in der Kanzlei bestimmen. Auf der Ordinate (y-Achse) ist die Höhe der pro Jahr für den jeweiligen Schreiber ermittelten Originale eingetragen. Dies ermöglicht die – unter Voraussetzung eines für alle Schreiber gleichmäßig hohen Überlieferungsverlustes – zumindest relative Bestimmung der jährlichen Produktivität eines jedes einzelnen. Wie die Graphiken 2,A–2,Q auf den folgenden Seiten zeigen ergeben sich aufschlussreiche Befunde.

Besonders auffällig ist die sehr unterschiedliche Zeitdauer, in der die einzelnen Schreiber in der Kanzlei tätig sind[137]. Diese reicht von wenigen Monaten bis zu maximal 25 Jahren[138]. Diesen Spitzenwert erreicht allerdings nur Schreiber E. Es folgt ihm eine Gruppe von Händen, die 11 bis 15 Jahre lang nachweisbar sind. Hierzu gehören drei Schreiber (B, F[139] und K). Drei weitere (D, G und H) sind 6 bis 10 Jahre aktiv.

Der Großteil, nämlich neun der insgesamt 16 Schreiber, ist unter fünf Jahren nachweisbar. Von diesen neun sind allein fünf nicht mehr als zwei Jahre tätig. Besonders bei dieser recht großen Gruppe der kurzzeitig aktiven Schreiber stellt sich rein methodisch das Problem ihrer Abgrenzung gegenüber den bereits oben behandelten „Empfängerausfertigungen", d.h. den Urkunden, die von Händen mundiert wurden, die

---

137 Vergleichbare Befunde lassen sich auch für weitere Kanzleien des 14. und 15. Jahrhunderts ermitteln. Für die Regierungszeit Herzogs Albrecht von Bayern-München (1438–1460) ist das im Original erhaltene Urkundenmaterial zwar insgesamt umfangreicher, doch variieren auch dabei sowohl Produktionsintensität wie zeitliche Aktivität der jeweiligen Schreiber in ähnlicher Weise; vgl. die entsprechenden Belege bei Lucha, Kanzleischriftgut, S. 406–461; ferner ebd., S. 469. Auch Gerda Maria Lucha verzichtet auf eine Untersuchung dieses Problems.

138 Aus Gründen der statistischen Operabilität wurde auch in den Fällen, in denen ein Schreiber nicht das Jahr hindurch nachweisbar ist, der Nachweiszeitraum auf das volle Jahr hin aufgerundet. Vgl. z.B. Schreiber I, dem nur insgesamt 3 Urkunden zugewiesen werden können. Diese datieren jeweils von Juli und Dezember 1421 sowie von März 1422; Brandenstein, Urkundenwesen und Kanzlei, S. 150. Ein ähnlicher Fall ist Schreiber L, der insgesamt nur fünf Urkunden im Zeitraum von August 1427 bis Januar 1428 mundiert hat; ebd., S. 153f. – Auch für den wettinischen Herrschaftsbereich stellte Karl-Heinz Blaschke fest, dass die Schreiber „zumeist nur wenige Jahre in der Kanzlei tätig [waren]. Oft genug tritt der Fall auf, dass ein Schreiber nur eine einzige Urkunde geschrieben hat"; Blaschke, Kanzleiwesen und Territorialstaatsbildung im wettinischen Herrschaftsbereich, S. 296.

139 Wie aus der Schreiber F betreffenden Graphik hervorgeht, ist er sogar über einen Gesamtzeitraum von 16 Jahren aktiv, allerdings mit drei einjährigen Unterbrechungen. Die letzten sieben Jahre seiner Aktivität schlugen sich jeweils nur mit ein (und einmal zwei) nachweisbaren Urkunden pro Jahr sowie zwei jeweils einjährigen Unterbrechungen nieder.

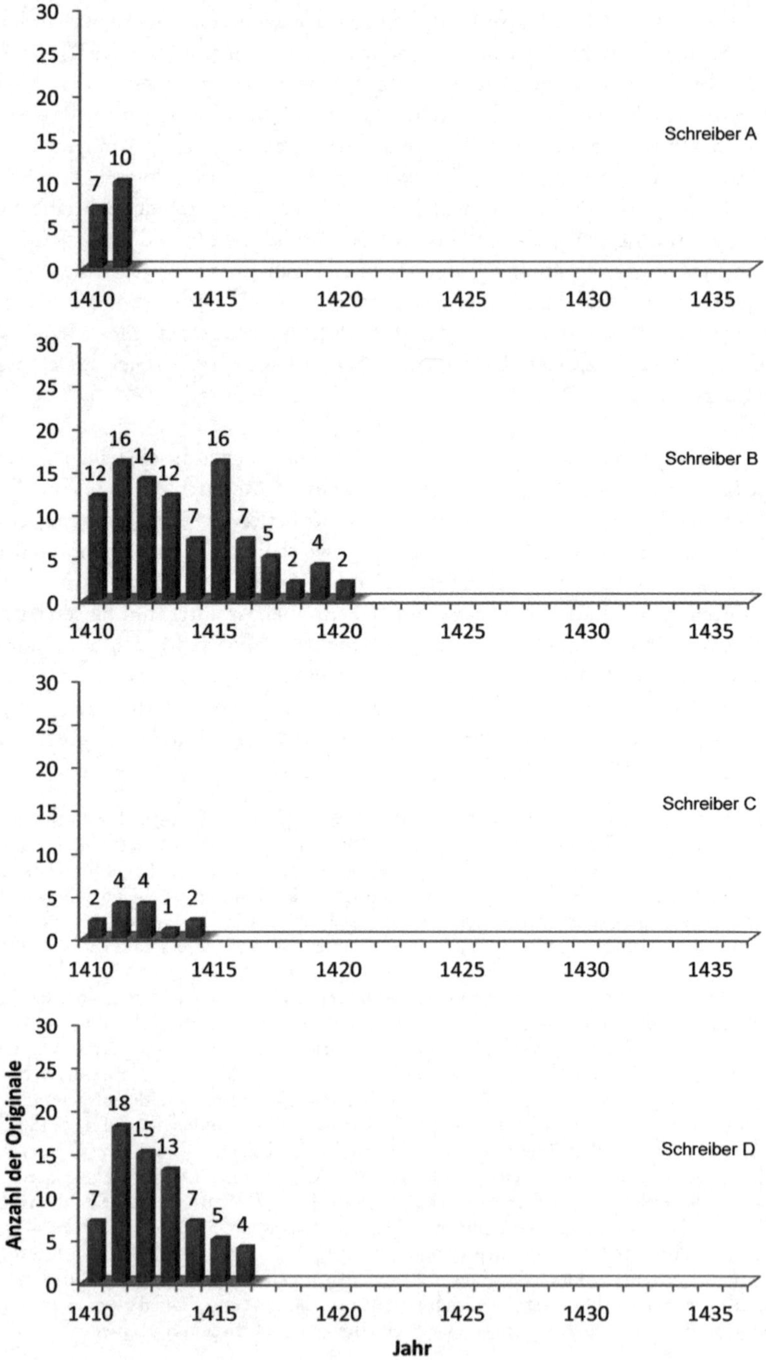

Graphik 2 A–D: Urkundenschreiber Pfalzgraf Ludwigs III.

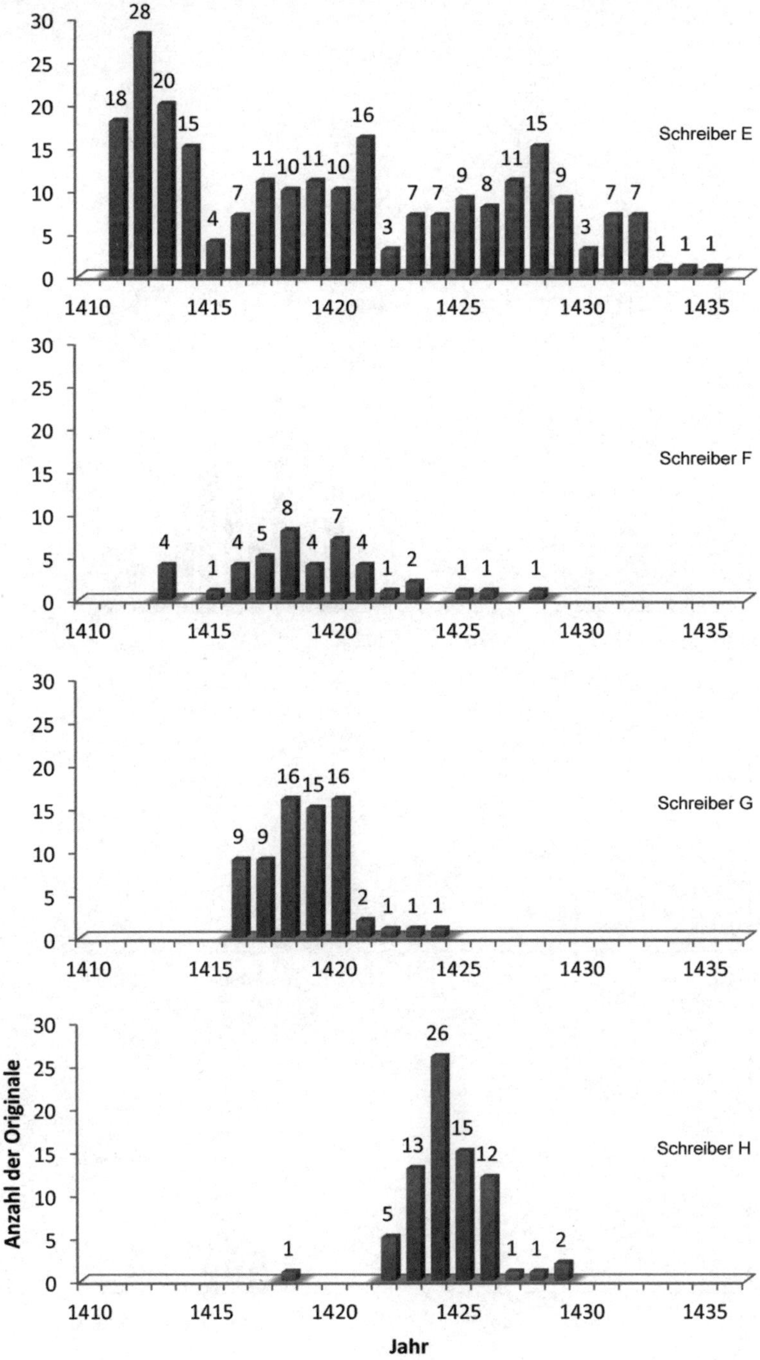

Graphik 2 E–H: Urkundenschreiber Pfalzgraf Ludwigs III.

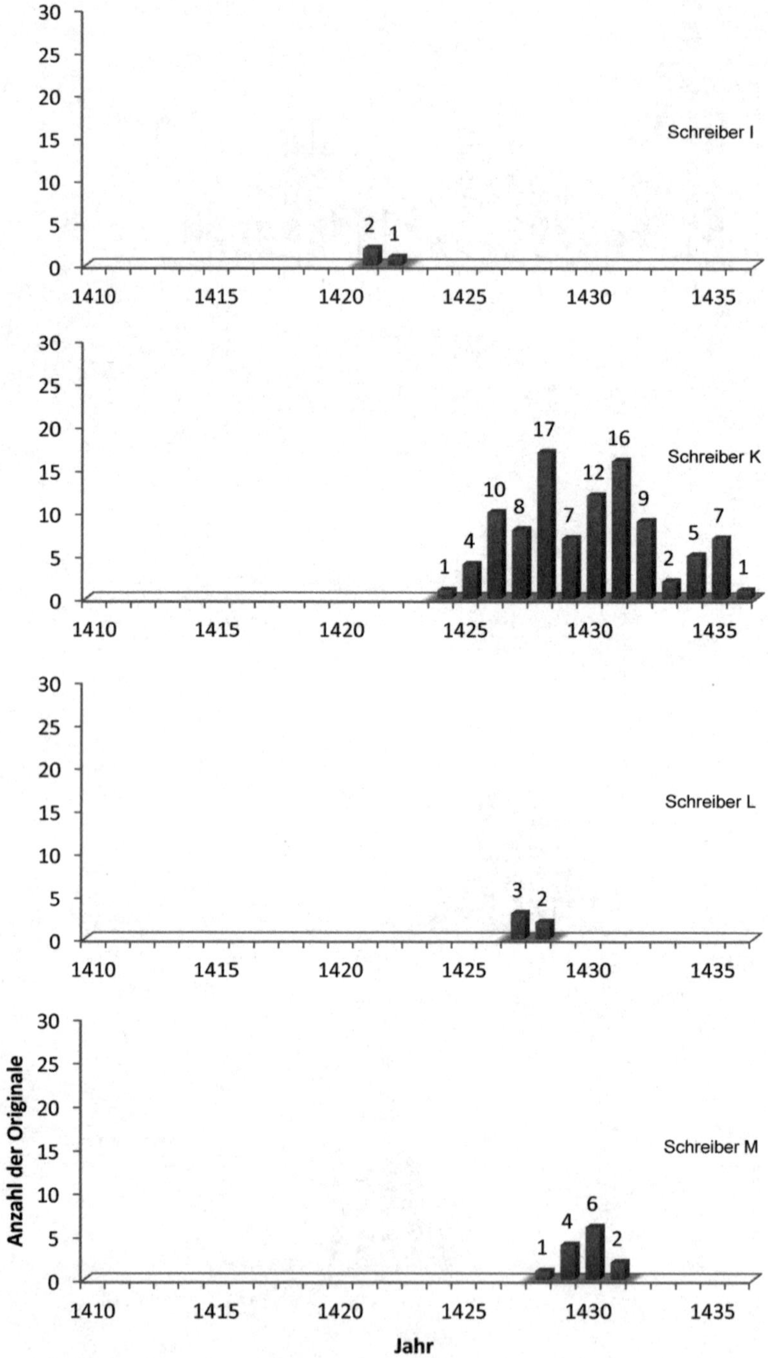

Graphik 2 I–M: Urkundenschreiber Pfalzgraf Ludwigs III.

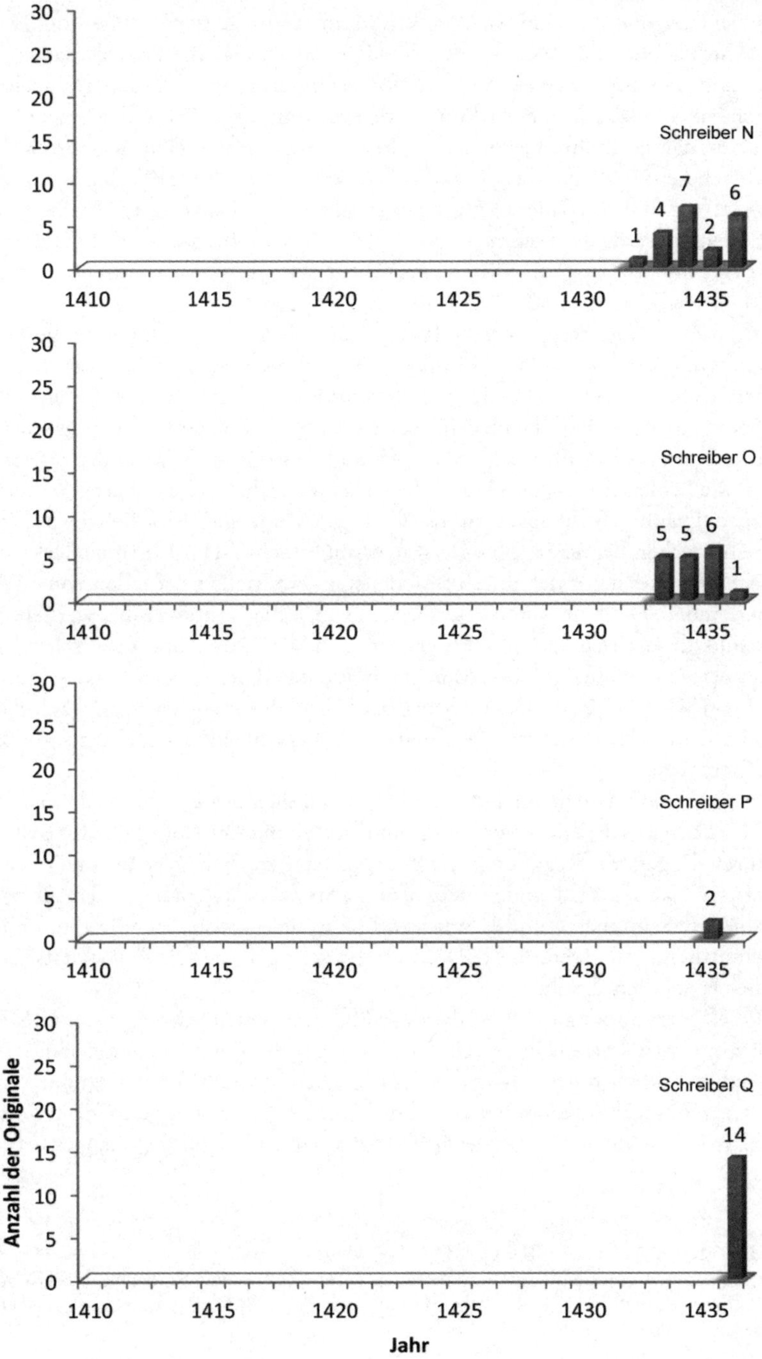

Graphik 2 N–Q: Urkundenschreiber Pfalzgraf Ludwigs III.

der Kanzlei aufgrund ihres vereinzelten Vorkommens nicht zuzuordnen sind. Denn nicht nur die nachweisbare Zeit ihrer Aktivität, sondern auch der Produktivitätsgrad dieser Gruppe der kurze Zeit aktiven Schreiber ist unterdurchschnittlich. Die meisten von ihnen haben relativ wenige Urkunden pro Jahr mundiert[140]. Die beiden einzigen Ausnahmen, nämlich Schreiber A und Q, liegen mit ihrer Tätigkeit, wie ihre Kennbuchstaben bereits verdeutlichen, genau am Anfang und am Ende der Regierungszeit Ludwigs III. Sie sind von daher untypisch und bilden innerhalb dieser Schreibergruppe eine Ausnahme, die der Untersuchung lohnte. Umgekehrt ausgedrückt lautet damit ein Ergebnis: Wer lange als Schreiber tätig war, schrieb auch überdurchschnittlich viele Urkunden.

In diesem Zusammenhang verdient das Gesamtverhältnis von Urkundenüberlieferung und jeweils aktiven Schreibern Interesse. Diesem Zweck dient die Graphik 3 auf der folgenden Seite. In ihr finden sich auf der Abszisse (x-Achse) wieder die einzelnen Herrschaftsjahre des pfälzischen Kurfürsten Ludwig III. Auf der Ordinate (y-Achse) sind die bereits aus Graphik 1 bekannten Urkunden pro Jahr abgetragen. Ergänzend wurde in die Säulen jeweils der Anteil der in diesem Jahr nachweisbaren Schreiber eingetragen. Dies geschieht aus mehreren Gründen. Zum einen lässt sich die pro Jahr zu Schreibzwecken herangezogene Personenzahl eruieren. Das Ergebnis deckt sich in den meisten Jahren mit den durch Brandenstein ermittelten Befunden von 3 bis 5 Schreiberhänden. Doch die Interpretation kann auch hier weitergeführt werden. Instruktiv sind die wechselnden Anteile der einzelnen Hände und ihre spezifischen Verteilungsmuster im Laufe der Jahre. Man gewinnt daran den Eindruck, dass Schreiber B und D von Schreiber G, dieser von Schreiber H und dieser wiederum von Schreiber K abgelöst wurde. Dazwischen liegen teilweise Überschneidungen, also relativ fließende Übergänge.

Noch stärker fällt jedoch ein anderer Befund auf, die über 25 Jahre währende Tätigkeit von Schreiber E. Diese zieht sich mit durchschnittlich hoher Produktivitätsquote durch die gesamte Regierungszeit Ludwigs III. Lediglich im ersten und im letzten Herrschaftsjahr des Pfalzgrafen ist er nicht nachzuweisen. Erst in großem Abstand folgen ihm die Schreiber F und K mit jeweils 13 Jahren, wobei gerade F mit einer durchschnittlich geringeren und teilweise sogar sehr geringen Produktivitätsquote gegenüber K deutlich abfällt.

Der Überlieferungszufall will es, dass wir über die beiden Schreiber E und K genauer informiert sind, da bei ihnen eine Zuordnung zu bestimmten Personen möglich ist. Schreiber E identifizierte Brandenstein mit dem öffentlichen Notar Johannes Erbstat von Wonneck[141], Schreiber K mit dem 1422 in Heidelberg immatrikulierten Heinrich Trost von Vache, der die gleiche Profession wie sein Kollege Johannes Erbstat

[140] Dies betrifft die sieben Schreiber C, I, L, M, N, O und P.

[141] Brandenstein, Urkundenwesen und Kanzlei, S. 166. Zu ihm vgl. Schuler, Notare Südwestdeutschlands, Bd. 1, Nr. 288, S. 97; Moraw, Kanzlei, S. 512 f.; Zimmermann, Der Heidelberger Rotulus, Nr. 124, S. 96 f.; ebd., S. 319.

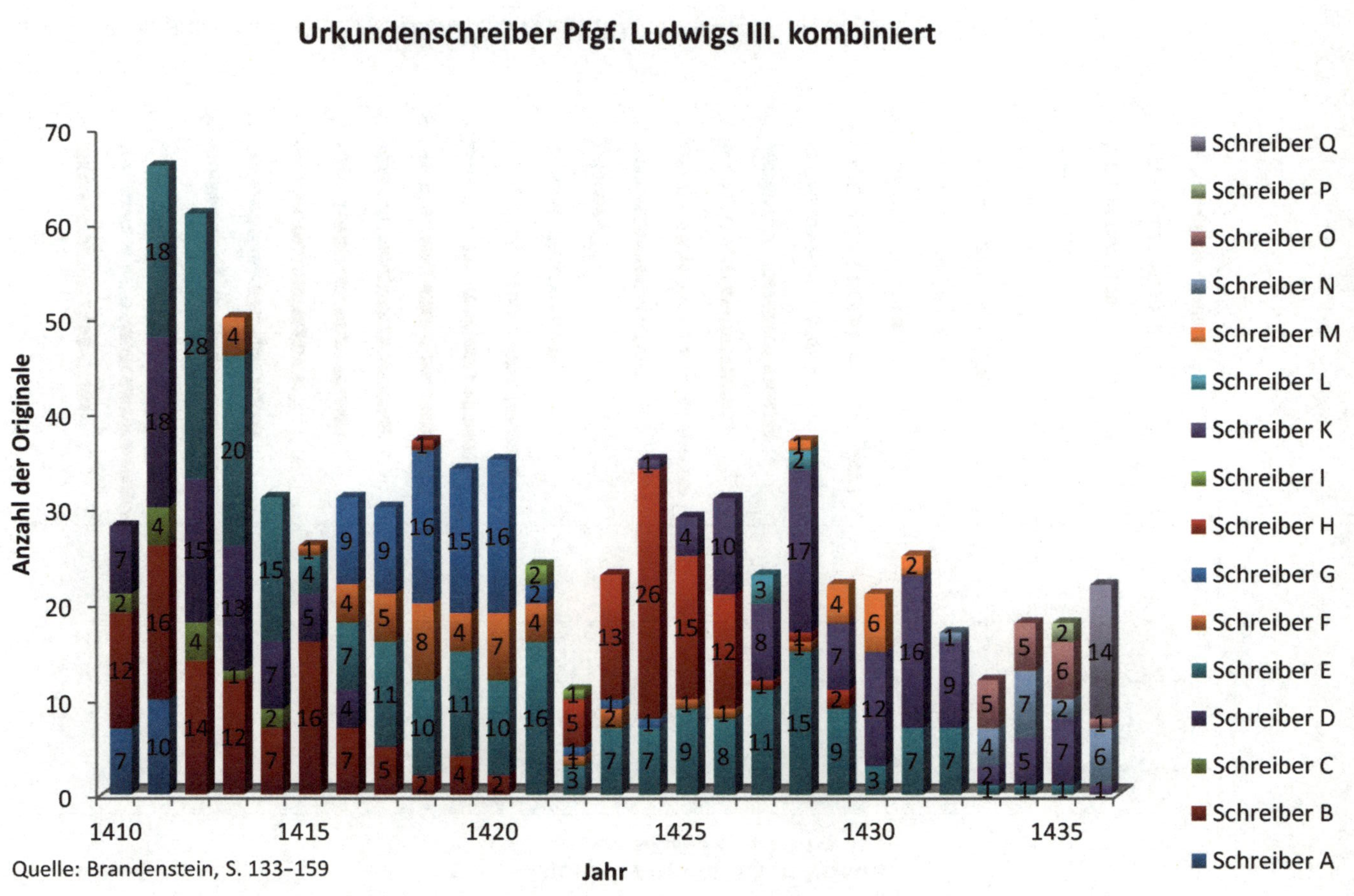
Urkundenschreiber Pfgf. Ludwigs III. kombiniert
Anzahl der Originale
70
60
50
40
30
20
10
0
1410
1415
1420
1425
1430
1435
Jahr
Quelle: Brandenstein, S. 133–159
Schreiber Q
Schreiber P
Schreiber O
Schreiber N
Schreiber M
Schreiber L
Schreiber K
Schreiber I
Schreiber H
Schreiber G
Schreiber F
Schreiber E
Schreiber D
Schreiber C
Schreiber B
Schreiber A

Graphik 3

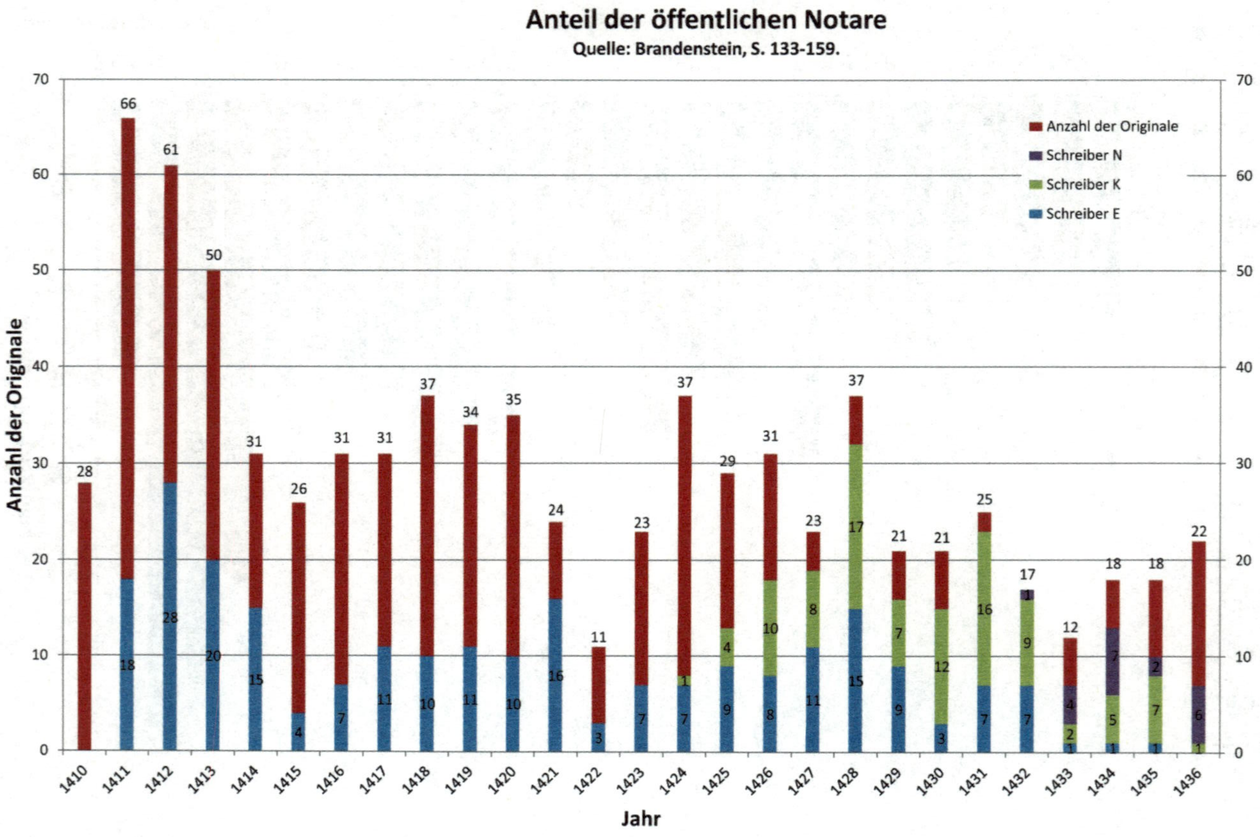

Graphik 4: Ermittelbarer Anteil (gesicherter) öffentlicher Notare als Schreiber von Urkunden Kurfürst Ludwigs III.

ausübte[142]. Nimmt man hinzu, dass für den seit 1432 nachweisbaren Kanzleischreiber N (es handelt sich dabei höchstwahrscheinlich um Andreas Korbler von Hembauer[143]) ebenfalls eine Tätigkeit als öffentlicher Notar nachgewiesen werden konnte, dann ergeben sich daraus zwei wichtige Konsequenzen. Erstens: Seit spätestens 1427 lag die kurpfälzische Kanzlei zum größten Teil in den Händen von öffentlichen Notaren. Zweitens: Als das über mehrere Jahrzehnte für personelle Kontinuität sorgende Element innerhalb der kurpfälzischen Kanzlei fungierte ebenfalls ein öffentlicher Notar.

Wie sich dies in der Praxis auswirkte, zeigt Graphik 4 auf der vorigen Seite deutlich. Geht man auch hier von der Tatsache aus, dass sich der Überlieferungsverlust über Jahre und Schreiber relativ gleichmäßig verteilt, dann gewinnt man eine optische Vorstellung von den recht hohen Anteilen der gesichert nachweisbaren öffentlichen Notare beim Mundieren von landesherrlichen Urkunden. Zumal aus der durch die Graphik vermittelten Beobachtung, dass ihre Aktivität am Beginn der Regierungszeit Kurfürst Ludwigs III. vergleichsweise geringer ist als an deren Ende, keine grundsätzlichen Schlüsse gezogen werden sollten. Denn es muss ergänzt werden, dass es sich hier nur um die durch Brandenstein identifizierten und namentlich ermittelten öffentlichen Notare handelt. Aufgrund der ansonsten bis auf wenige Ausnahmen[144] anonym bleibenden Schreiberhände ist eine Dunkelziffer unbekannter Höhe bei den beteiligten Mundatoren durchaus zu vermuten. Zumal zwei Dinge noch zu ergänzen wären: Erstens, öffentliche Notare sind keineswegs nur als Mundatoren für Ludwig III. tätig geworden, sondern eben auch in ihrer Profession als öffentliche Beurkundungsinstanz. So treten neben die 243 mundierten Urkunden von Schreiber E (alias Johannes Erbstat) noch einmal 12 Notariatsinstrumente, die dieser „in der Zeit von 1414 bis 1428 im Auftrag des Pfälzer Kurfürsten schrieb“[145]. Noch auffälliger gestaltet sich dieses Verhältnis bei Andreas Korbler von Hembauer (identifiziert mit Schreiber N), neben dessen 20 für Ludwig III. mundierten Urkunden immerhin acht Notariatsinstrumente stehen, „die in der Zeit von Nov. 1430 bis März 1436 im Auftrag Kurfürst Ludwigs angefertigt wurden“[146].

Zweitens, öffentliche Notare sind auch außerhalb des Mundatorenkreises in der kurpfälzischen Kanzlei nachweisbar. Der unter den Urkundenschreibern Ludwigs III. nicht zu belegende kurpfälzische Protonotar Johannes (Sartoris) (von) Winheim[147]

---

[142] Brandenstein, Urkundenwesen und Kanzlei, S. 174.

[143] Vgl. ebd., S. 167 f. Zu seiner Tätigkeit als öffentlicher Notar vgl. auch Die Rektorbücher der Universität Heidelberg, Bd. 2, S. 274, 276 (zu 1432). Beim Herkunftsort Hembauer handelt es sich offenbar um die Kleinstadt Hemau in der Oberpfalz.

[144] Brandenstein gelang es darüber hinaus, Schreiber B (vermutlich Jakob Heimersheimer aus Alzey; Ders., Urkundenwesen und Kanzlei, S. 136, 166 f.) und Schreiber O (vermutlich Ludwig von Ast; ebd., S. 158, 362–366) zu identifizieren.

[145] Brandenstein, Urkundenwesen und Kanzlei, S. 166.

[146] Ebd., S. 167. Bei Hinrich Trost von Vache (alias Schreiber K) steht neben 98 Urkunden aus der Kanzlei nur ein Notariatsinstrument; ebd., S. 174.

[147] Ebd., S. 160 f.; ferner Moraw, Kanzlei, S. 472–476.

war ebenso öffentlicher Notar wie der ebenfalls mit keiner Kanzleihand zu identifizierende Emmerich von Moscheln. Dieser war – genau wie Johannes Weinheim – bereits für Ludwigs Vorgänger König Ruprecht tätig[148].

Für die traditionelle Kanzleiforschung ergibt sich aus diesem Befund nur ein vergleichsweise eindimensional wirkender Schluss: „Auf diese Weise gelang der Nachweis, dass vier [korr.: fünf] autorisierte öffentliche Notare ‚hauptberuflich' Kanzleibeamte des Kurfürsten von der Pfalz waren und ihr Recht, Notariatsinstrumente auszustellen, gewissermaßen nur nebenberuflich ausübten"[149]. Eine moderne Verhältnisse auf das Mittelalter applizierende Sichtweise lässt sofort an Nebentätigkeitsgenehmigungen für Beamte und Vergleichbares denken. Wie sehr die traditionelle Kanzleiforschung solchen Denkschemata verhaftet ist, belegt der Rechtfertigungsbedarf, der hier feststellbar ist[150]. Vielleicht hat dies den Verfasser sogar daran gehindert, den Befund bis auf wenige fast entschuldigende Formulierungen überhaupt zur Kenntnis zu nehmen.

Umgekehrt ist demnach zu fragen: Was zwingt – angesichts einer überschaubaren Urkundenproduktion – dazu, davon auszugehen, dass es sich bei diesen öffentlichen Notaren – um in den oben gewählten Formulierungen zu bleiben – „hauptberuflich" um „Kanzleibeamte" gehandelt hat? Die Antwort dürfte lauten: Vermutlich die Zugrundelegung eines kaum hinterfragten Forschungsaxioms[151]. Akzeptiert man den hier offengelegten Sachverhalt als solchen, dann ergeben sich andere Perspektiven, auf die in den nächsten Kapiteln näher eingegangen werden soll.

---

148 Zu ihm Brandenstein, Urkundenwesen und Kanzlei, S. 172f.; ferner Moraw, Kanzlei, S. 514 und ebd., Anm. 26. Zu ihm ferner unten, Kap. 4.6.4: Die bischöflich speyrische Kanzlei.

149 Brandenstein, Urkundenwesen und Kanzlei, S. 164. Bei dem vierten öffentlichen Notar handelt es sich um den kurpfälzischen Protonotar Johannes (Sartoris) (von) Winheim (ebd., S. 160f.). Der Autor übersah, dass Emmerich von Moscheln (ebd., S. 172f.) ebenfalls öffentlicher Notar (und damit der fünfte nachweisbare) war; vgl. dazu Moraw, Kanzlei, S. 514, Anm. 26.

150 Brandenstein, Urkundenwesen und Kanzlei, S. 164f. – Vgl. auch die etwas hilflos wirkende Argumentation von Wilhelm Volkert anlässlich eines Falles aus der Kanzlei Kaiser Ludwigs des Bayern: „Die Möglichkeit, dass hier ein kaiserlicher Schreiber, vielleicht auch zum Zweck der Verbesserung seiner Einkünfte, ein öffentliches Notariat übertragen bekommen hatte und sein Kanzleiamt trotzdem später noch ausübte, ist durchaus nicht von der Hand zu weisen"; Volkert, Kanzlei und Rat in Bayern unter Herzog Stephan II., S. 94. – Ähnlicher Erklärungsbedarf besteht auch bei Mommsen, Das Basler Kanzleiwesen des Spätmittelalters, S. 174: „Welche Gründe zu einem Weglassen des Hinweises auf die gerichtliche Schreibertätigkeit führten, müßte einmal gesondert untersucht werden, dürfte sich aber wohl kaum sicher erklären lassen". Ähnlich für die kurmainzische Kanzlei des 15. Jahrhundert: Ringel, Studien, S. 221: „Sehr oft fehlt allerdings in Notariatsinstrumenten, die von Kanzleibeamten in ihrer Eigenschaft als öffentliche Notare ausgestellt sind, dieser Hinweis auf die Anstellung in der Mainzer Kanzlei".

151 Zum Vorwurf eines „normativen Apriorismus" in Hinblick auf die Kanzlei vgl. Kruisheer, Kanzleianfertigung, Empfängeranfertigung, S. 276, 280; Zitat ebd., S. 276; ferner oben, Kap. 2.1: Mittelalterliche Kanzleigeschichte zwischen Archivgeschichte und Urkundenlehre.

3.6 Öffentliches Notariat und spätmittelalterliche Verwaltung

Stellt man sich die Frage nach dem Anteil öffentlicher Notare in der spätmittelalterlichen Verwaltung und nach ihrem dortigen Stellenwert, dann stößt man bereits in die nächste Forschungslücke: „Eine Notariatsforschung müsste zunächst die erhaltenen Urkundenbestände einer bestimmten Landschaft für das Spätmittelalter in den Archiven systematisch durcharbeiten. Aber hier wird ein Forschungsdefizit deutlich, das nicht nur für das Notariat festzustellen ist, sondern auch für die spätmittelalterliche Diplomatik ganz allgemein zutrifft"[152].

Das spätmittelalterliche öffentliche Notariat ist trotz verschiedener Ansätze immer noch ein offenes Forschungsproblem[153]. Die Annahme, es handele sich dabei sogar um ein Stiefkind der Wissenschaft, wirkt dabei keineswegs abwegig. Im Gegensatz zu den regionalen Notarsvereinigungen[154] scheinen die universitären Rechtshistoriker an dieser Gruppe – wenn überhaupt – nur am Rande interessiert[155]. Die Gründe dafür mögen heterogen sein. Öffentliche Notare wurden durch kaiserliches und päpstliches Privileg ernannt. Die Form der Ernennung unterscheidet sie nicht sonderlich von der des modernen Notars. Ein grundlegender Unterschied besteht aber in der Tatsache, dass öffentliche Notare des Spätmittelalters ihre berufsqualifizierende Ausbildung nicht an Universitäten erhielten[156]. Das Studium darf man eher als eine Art Zusatzqualifikation auffassen, denn erst „nach 1450 hat dann jeder zweite Notar eine Universität be-

---

152 SCHULER, Fortleben des Notariats in Verwaltung und Urkundenwesen, S. 1226.

153 Für den deutschen, speziell den süddeutschen Raum vgl. die Arbeiten von Peter-Johannes SCHULER, Geschichte des südwestdeutschen Notariats; DERS., Die Notare Südwestdeutschlands; DERS., Fortleben des Notariats in Verwaltung und Urkundenwesen; ferner LÖNNECKER, Das Notariat in Hessen, Bd. 1, bes. S. 3–7; neuerer Literaturüberblick bei DEMS., Notariat in Oldenburg, S. 79f.; BURMEISTER, Anfänge und Entwicklung des öffentlichen Notariats. – Allg. zum Notariat vgl. die 1989 in zwei Bänden vorgelegten Ergebnisse des VII. Internationalen Diplomatikerkongresses von 1986: Notariado público y documento privado: de los orígenes al siglo XIV. Zum Notariat in Italien vom 7. bis zum 13. Jahrhundert vgl. die Studie von MEYER, *Felix et inclitus notarius*.

154 Als nur eines der wenigen deutschen Beispiele vgl. die 1981 von Peter-Johannes Schuler im Auftrag des Badischen Notarsvereins „zum 175jährigen Bestehen eines badischen Notarstandes" herausgegebene Festschrift „Tradition und Gegenwart".

155 BURMEISTER, Das Studium der Rechte, S. 16f.; TRUSEN, Anfänge des gelehrten Rechts, S. 69–101; WOLF, Das öffentliche Notariat. – Während im 1. Band des Handbuches der Quellen und Literatur der neueren europäischen Privatrechtsgeschichte der von Helmut COING stammende Abschnitt über ‚Die juristische Fakultät und ihr Lehrprogramm' (ebd., S. 39–128) ganze 90 Seiten beansprucht, kommt der oben zitierte Beitrag von WOLF, Das öffentliche Notariat, mit weniger als 10 Seiten aus.

156 Es existieren auch im modernen Deutschland Ausnahmen von dieser Regel. Zu nennen wäre das sogenannte Bezirksnotariat im heutigen Oberlandesgerichtsbezirk Stuttgart (Baden-Württemberg). Die dazu erforderliche Ausbildung entspricht im Wesentlichen der des nichtakademischen Rechtspflegers; vgl. dazu die Bundesnotarordnung (BNotO) vom 29. Januar 1991.

sucht"[157]. Öffentliche Notare gaben und geben damit – ähnlich den praktisch orientierten und ausgebildeten Wundärzten bei den Medizinern – kein taugliches, geschweige denn attraktives Identifikationsobjekt für moderne, akademisch geschulte und tätige Wissenschaftler ab[158]. Dies dürfte eine nicht zu unterschätzende Rolle für das bislang vorherrschende mangelnde Forschungsinteresse an ihnen spielen bzw. gespielt haben.

So konzentriert sich besonders im deutschsprachigen Raum nahezu die gesamte moderne Diskussion auf die „Rolle der Juristen bei der Entstehung des modernen Staates", genauer gesagt, auf die an italienischen und französischen (sowie seit Mitte des 14. bzw. 15. Jahrhunderts auch an deutschen) Universitäten ausgebildeten Kanonisten und Legisten, auf die „studierten Berufsjuristen"[159]. Neben diesen Themen richtete sich das Forschungsinteresse auf einen Überschneidungsbereich zwischen Ideengeschichte, Rechtswissenschaft und klassischer (im Sinne von politisch ausgerichteter) Historie. Ein Musterbeispiel ist die Frage nach der Bedeutung des Eigentumsbegriffes für die Formierung der Territorien[160].

Für den Einsatz öffentlicher Notare in der landesherrlichen Verwaltung spricht hingegen eine ganze Reihe von Argumenten. So verfügten sie über ausreichende praktische Rechts-, Schrift- und Verwaltungskenntnisse; es handelte sich dabei um Qualifikationen, die sie im Allgemeinen bereits bei Antritt der Tätigkeit mitbrachten[161].

---

[157] Zur Ausbildung von öffentlichen Notaren vgl. SCHULER, Geschichte des südwestdeutschen Notariats, S. 100–130; zum Studium, ebd., S. 108–121; Zitat ebd., S. 110 (es bezieht sich auf den von ihm untersuchten südwestdeutschen Raum); ferner BURMEISTER, Anfänge und Entwicklung des öffentlichen Notariats, S. 81 f.

[158] „Der Juristenstand ist naturgemäß auf die Volljuristen (Doktoren und Lizentiaten) beschränkt [...]. Die Halbgelehrten sind anderer Art"; BURMEISTER, Das Studium der Rechte, S. 16. Zu den in der juristischen Literatur verwendeten Bezeichnungen für die Rechtspraktiker als „Halbgelehrte", „Halbwissende" bzw. „juristische Proletarier"; vgl. ebd., S. 16 f.; DERS., Anfänge und Entwicklung des öffentlichen Notariats, S. 90; MORAW, Gelehrte Juristen, S. 78, Anm. 3 (der diese Gruppe in seiner Untersuchung ausdrücklich ausklammert); MOMMSEN, Das Basler Kanzleiwesen des Spätmittelalters, S. 166. – Die wertende Unterscheidung geht zurück auf STINTZING, Geschichte der populären Literatur des römisch-kanonischen Rechts, S. I–XXXVII, bes. S. XXIIf., XXIX, XXXII, XXXVII; dazu ELSENER, Notare und Stadtschreiber, bes. S. 22 f. Zur Tradition vgl. auch REICKE, Der Gelehrte in der deutschen Vergangenheit. – Dieses forschungsgeschichtliche Problem wird bei Schuler nur am Rande behandelt; SCHULER, Geschichte des südwestdeutschen Notariats, S. 19. – Als Herausgeber der Festschrift des Badischen Notarsvereins betonte Peter-Johannes Schuler, anscheinend mit Rücksicht auf seine Auftraggeber, die Anknüpfung des deutschen Notariatswesens „wie andere deutsche Rechtsinstitutionen unmittelbar an antike Formen"; vgl. Tradition und Gegenwart, S. 4.

[159] So die entsprechenden Titel des von Roman Schnur herausgegebenen Sammelbandes und HORN, Bologneser Doctores und Judices im 12. Jahrhundert und die Rezeption der studierten Berufsjuristen; ISENMANN, Zur Rezeption, S. 211 f. Ansonsten vgl. oben, Kap. 3.4: Juristen als gelehrte Räte, Kanzlei und werdende Staatlichkeit.

[160] Vgl. die Ausführungen bei WILLOWEIT, Rezeption und Staatsbildung, S. 30–42. Ferner die Diskussion um die Anfänge der frühneuzeitlichen Kolonialisierung DAMLER, Wildes Recht.

[161] SCHULER, Fortleben des Notariats in Verwaltung und Urkundenwesen, S. 1245 f.; DERS., Geschichte des südwestdeutschen Notariats, S. 100–111. – Vgl. auch die Überlegungen von Heuberger in Hinblick auf die große Ähnlichkeit von Notarsimbreviaturen und den in Akt-

Sie waren von daher auch kurzfristig abruf- und einsetzbar. Im Falle der bereits behandelten Kanzlei des Kurfürsten und Pfalzgrafen Ludwig III. dürfte gerade Heidelberg als Residenz-, Stifts- und Universitätsstadt, gelegen in der Nachbarschaft der Bischofsstädte und Offizialatssitze Speyer und Worms[162], ein Ort gewesen sein, der öffentlichen Notaren über eine Kanzleitätigkeit für den Landesherrn hinaus ein Auskommen und einen Ausbildungsort bescherte[163].

Offensichtlich bediente sich auch die landesherrliche Kanzlei der öffentlichen Schreiber in einem wesentlich höheren Ausmaß, als bislang angenommen – und auf allen Ebenen. Für die städtischen Kanzleien ist dies ein längst bekannter und akzeptierter Sachverhalt[164]. Hier erstreckte sich der Einsatzbereich vom zeitlich befristeten Urkundenschreiber bis zum Amt des Stadtschreibers und „Chefdiplomaten"[165]. Das

---

form gehaltenen landesherrlichen Registern; Heuberger, Das Urkunden- und Kanzleiwesen der Grafen von Tirol, S. 319–326, bes. S. 323–325. – Als praktisches Beispiel vgl. den Liber quondam notarii (Wilhelm Ysbrandi de Clivis) (1372)–1446; ferner den Notarseid von 1404 bei Mone, Geschichtliche Notizen, S. 384. Vgl. dazu in dieser Arbeit das Kap. 3.7: Das öffentliche Notariat, seine Urkundenpraxis und das landesherrliche Archiv- und Registerwesen.

162 Zu Speyer vgl. Riedner, Das Speierer Offizialatsgericht im 13. Jahrhundert, bes. S. 71–73; ferner Ders., Die geistlichen Gerichtshöfe zu Speier im Mittelalter, Bd. 2. – So beschäftigte beispielsweise der Frankfurter Offizial zwar in der Regel nur einen Notar, aber von ermittelten Notaren „läßt sich nachweisen, dass sie nicht ausschließlich im Dienste des Offizials standen, sondern eine z. T. recht ausgedehnte Tätigkeit entfalteten"; Gerber, Die Notariatsurkunde in Frankfurt am Main, S. 68. Zu ihren Funktionen als städtische Beurkundungsinstanz u. a. Heimpel, Die Vener von Gmünd, Bd. 1, S. 91 f. – Im übrigen konnten selbst bischöfliche Offiziale aus dem nichtakademisch vorgebildeten Kreis der öffentlichen Notare stammen; vgl. Johanek-Buchholz, Geistliche Richter und geistliches Gericht, S. 178, 203. Dazu auch die Befunde bei Gramsch, Erfurter Juristen, S. 560.

163 Die Überlieferungssituation zur Stadt Heidelberg ist ausgesprochen ungünstig; vgl. Burger, Die südwestdeutschen Stadtschreiber, S. 281 und ebd., Anm. 391; Schuler, Geschichte des südwestdeutschen Notariats, S. 344. Zu den Hintergründen, u. a. dem großen Stadtbrand von 1693, vgl. Vor dem großen Brand, S. 12–17. – Allerdings müsste ergänzend die immer noch sehr schlecht erschlossene Überlieferung im Generallandesarchiv in Karlsruhe noch einmal systematisch gesichtet werden. – Zu den finanziellen Verhältnissen südwestdeutscher Notare allg. Schuler, Geschichte des südwestdeutschen Notariats, S. 160–168; ferner Burmeister, Anfänge und Entwicklung des öffentlichen Notariats, S. 84–86. – Zu Notaren an Kollegiatstiften vgl. Lönnecker, Notare und Notariat in Oldenburg, S. 83 f. – Zu einer einer „Notariatsschule" am geistlichen Gericht zu Trier im 14. Jahrhundert vgl. Matheus, Trier am Ende des Mittelalters, S. 265.

164 Vgl. die Belege bei Zahnd, Studium und Kanzlei, S. 464–470; sowie den Sammelband mit den Erträgen der 1997 in Gent veranstalteten Tagung der Commission Internationale de Diplomatique zum Thema „La diplomatique urbaine en Europe au moyen âge", u. a. die Beiträge von Mersiowsky, Städtisches Urkundenwesen (S. 321–356); Vogtherr, Die Anfänge des städtischen Urkundenwesens in Sachsen (S. 535–557), u. a. Ferner die vergleichende Studie von Herrmann, Anfänge kommunaler Schriftlichkeit.

165 „Neben ihrer eigentlichen Tätigkeit als Notar scheinen öffentliche Notare in den Städten auch als Urkundenschreiber ausgeholfen zu haben"; Schuler, Geschichte des südwestdeutschen Notariats, S. 167. – Zu Notaren als Stadtschreibern allg. vgl. ebd., S. 174–177 (bes. die Liste S. 176 f.); Ders., Fortleben des Notariats in Verwaltung und Urkundenwesen, S. 1247 f.; Burger, Die südwestdeutschen Stadtschreiber im Mittelalter, S. 139–141; Stein, Deutsche

gleiche gilt für den Bereich der geistlichen Verwaltung, zumal vom bischöflichen Offizialatsgericht seit dem späten 13. Jahrhundert die entscheidenden Impulse für die Etablierung des öffentlichen Notariats in Deutschland ausgegangen waren[166]. Nicht nur im Bereich der geistlichen Landesherrschaft konnten sie nachgewiesen werden[167]. Richtet man sein Augenmerk auf dieses Phänomen, so lässt sich ein entsprechender Nachweis auch in den weltlichen Territorien führen. In der gut untersuchten mittelrheinischen Grafschaft Katzenelnbogen mit ihrer reichen Überlieferung finden sich unter den wenigen namentlich belegten Schreibern des 14. und 15. Jahrhunderts mehrere öffentliche Notare[168]. Einen hohen Anteil an öffentlichen Notaren unter den namentlich bekannten Schreibern ermittelte auch Joachim Spiegel für die Kurpfalz im 14. Jahrhundert[169]. Der öffentliche Notar Johann von Znaim war in den siebziger Jahren und Anfang der achtziger Jahre des 14. Jahrhunderts der meist beschäftigte Schreiber Herzog Albrechts III. von Österreich, ansonsten „läßt der Schriftvergleich eine starke Fluktuation bei den Ingrossatoren erkennen"[170]. Insgesamt beobachtete Christian Lackner bei den Kanzleischreibern der Herzöge von Österreich für den von ihm

---

Stadtschreiber im Mittelalter, 27 f., 38 f. – Vgl. die differenzierten Nachweise von Michael Matheus für die westdeutsche Bischofsstadt Trier; Matheus, Trier am Ende des Mittelalters, S. 291–311. – Zum „Notar als Bediensteter weltlicher Behörden"; Lönnecker, Notariat in Hessen, Bd. 1, S. 65–70.

166 „Das öffentliche Notariat ist eine Erscheinung des Spätmittelalters, welche unauflöslich mit den geistlichen Gerichten verbunden ist"; Lönnecker, Notare und Notariat in Oldenburg, S. 79; Schuler, Fortleben des Notariats in Verwaltung und Urkundenwesen, S. 1227 f.; Ders., Geschichte des südwestdeutschen Notariats, S. 181–201. – Ein frühes Beispiel könnte der von Franz-Werner Witte untersuchte Konrad von Boppard († um 1248) sein, mit dessen Einschätzung sich der Verfasser schwer tat; Witte, Konrad von Boppard, bes. S. 164–168.

167 Vgl. die oben bereits diskutierten Ergebnisse von Friedrich Burgard zur kurtrierischen Kanzlei unter Erzbischof Balduin; Burgard, *Familia Archiepiscopi*, S. S. 322–332; ferner ebd., S. 287–322; vgl. oben, Kap. 3.5.1: Die kurtrierische Kanzlei in der Zeit Erzbischof Balduins von Luxemburg (1307–1354). – Ferner Schuler, Fortleben des Notariats in Verwaltung und Urkundenwesen, S. 1246; Ders., Geschichte des südwestdeutschen Notariats, S. 194 f.; Janssen, Die Kanzlei der Erzbischöfe von Köln im Spätmittelalter, S. 152–154; für Kurmainz: Ringel, Studien, S. 220 f., 224. – Auch für die Regierungszeit des Regensburger Bischofs Nikolaus von Ybbs (1313–1340) wurde festgestellt, „daß der Bischof in seiner Kanzlei Personen beschäftigte, die daneben öffentlich rechtliche Glaubwürdigkeit besaßen"; vgl. Popp, in: Das Handbuch der Kanzlei des Bischofs Nikolaus von Regensburg (1313–1340), S. 37*–45*, 51*f.; Zitat ebd., S. 51*. – An der päpstlichen Kurie des 14. Jahrhunderts lag das Schreibergeschäft fast vollkommen in der Hand von öffentlichen Notaren; vgl. Schwarz, Die Organisation kurialer Schreiberkollegien, S. 75–83; Dies., Die römische Kurie im Zeitalter des Schismas.

168 Demandt, Rheinfels und andere Katzenelnbogener Burgen, S. 52, Anm. 47 (Johann Grochwitz von Weida u. a. als (Mit)-Schreiber am ersten großen Kopiar des Grafen Graf Wilhelm II.); ebd., S. 58 (Heinrich von Alsfeld); ebd., S. 59 (Johann Alberti von St. Goar).

169 Spiegel, Urkundenwesen, Bd. 1, S. 127 (Überblick), S. 135 f. – Für die Kanzlei Wenzels (IV.) vgl. Hlaváček, Das Urkunden- und Kanzleiwesen König Wenzels, S. 173 f.

170 Lackner, Hof und Herrschaft, S. 271 f. Zu diesem auch ebd., S. 315.

untersuchten Zeitraum in der zweiten Hälfte des 14. Jahrhunderts einen bemerkenswert hohen Anteil an öffentlichen Notaren. Er resümierte, ohne allerdings weitere Konsequenzen daraus zu ziehen: „Das Notariat galt offenbar als vorteilhafte professionelle Ausbildung für eine Schreibertätigkeit in der österreichischen Herzogskanzlei“[171].

Eine Ausbildung im Notariat – gegebenenfalls verbunden mit anschließendem Studium – schien offenbar die geeignetere Basis für die landesherrliche Verwaltungstätigkeit zu sein als das Studium der Rechte. „So nimmt es nicht Wunder, dass man viele Notare im 15. Jahrhundert in einflußreichen Stellungen als Kanzler von Bischöfen und Landesherren, als Offiziale und Siegler, als Räte und Richter findet, d. h. in Stellungen, die im 16. Jahrhundert zunehmend und dann fast ausschließlich mit Juristen besetzt wurden“[172]. Peter-Johannes Schuler sah erst „mit dem Vordringen des römischen Rechts in die städtischen und landesherrlichen Statuten“ den Zeitpunkt gegeben, an dem der „akademisch ausgebildete Jurist als ‚syndicus‘ und ‚consiliarius‘ den Notar und Stadtschreiber aus der Stellung des Rechtsberaters des Rates und der Herrschaft [verdrängte]. Als Chef des Kanzlei- und Verwaltungswesens war der solide ausgebildete Notar weiterhin begehrt. Seine politische Stellung, vor allem wenn er Zugang zum Rat hatte, blieb bis weit in die Neuzeit hinein eine sehr einflußreiche“[173].

Auch die wesentlichen Neuerungen im Rahmen der sich verschriftlichenden und systematisierenden Verwaltung des Spätmittelalters führt Schuler auf den Einsatz entsprechend vorgebildeter öffentlicher Notare zurück. Als Beispiel dienen ihm dabei wohl nicht ganz zufällig die städtischen Kanzleien. Unter die wichtigsten Innovationen zählt er die Neuordnung des Archivgutes, die Anlage neuer „Bücher für bestimmte Ämter und Aufgaben“ sowie die Zusammenstellung der „wichtigsten Privilegien und Freiheiten in sogenannten Handfesten“. Diese bildeten ihrerseits wiederum „oft die Grundlage für ein kodifiziertes Stadtrecht“. Einen weiteren Bereich der Schriftkultur stellte Schuler in einen unmittelbaren Zusammenhang mit diesen Modernisierungstendenzen. Dabei handelt es sich um den der Geschichtsschreibung. Die Qualifikation des Notars als ‚homo literatus‘ spielte dabei eine sekundäre Rolle angesichts der „rechtliche[n] Funktion der städtischen Chronistik des Spätmittelalters“. Denn diese bot in weiten Teilen „eine Darstellung der Rechte und Freiheiten der Stadt“, verbunden mit der ausführlichen Darstellung der „politische[n] Verhandlungen und Auseinandersetzungen“[174]. Sie fungierte damit sowohl als roter Faden für die Verge-

---

171 Ebd., S. 312.

172 Vgl. Schuler, Fortleben des Notariats in Verwaltung und Urkundenwesen, S. 1246.

173 Vgl. ebd., S. 1247. – Ähnlich Zahnd, Studium und Kanzlei, S. 466: „Für all diese Kanzleivorsteher waren offensichtlich nicht Universitätstudien und Graduierungen die unumgänglichen Voraussetzungen zur angemessenen Amtsführung; wichtiger waren die in der Praxis des Kanzleialltages erworbenen Kenntnisse, die allenfalls durch die Approbation zum öffentlichen Notar bestätigt wurden“. Der Verfasser bezieht sich in seinen Ausführungen auf die städtischen Kanzleien!

174 Vgl. ebd., S. 1248. – Zur „Archivführung als bestimmendes Wesensmerkmal für die notarielle Tätigkeit“; Burmeister, Anfänge und Entwicklung des öffentlichen Notariats, S. 86 f.

genwärtigung von Vergangenheit als auch als Medium zur Propagierung und Rechtfertigung von städtischer Politik[175].

Es ist sicher kein Zufall, dass Schuler gerade den Bereich städtischer Verwaltung zum Ausgangspunkt seiner Thesen nahm. Hierzu wäre einerseits zu überlegen, ob es sich nicht vorrangig um ein Ergebnis der Wissenschaftsgeschichte und ihrer Entwicklung handelt, wenn man landesherrliche Zentralverwaltung allgemein mit Kanzlei konnotiert, während man die städtische Verwaltung auf den Stadtschreiber zuspitzt[176]. Wenn dieser zudem als öffentlicher Notar nachweisbar ist, erweist sich dies offenbar

---

[175] Vgl. dazu auch Honemann, Die Stadtschreiber und die deutsche Literatur im Spätmittelalter; Johanek, Hofhistoriograph und Stadtchronist, bes. S. 58, 67 f.; Burmeister, Anfänge und Entwicklung des öffentlichen Notariats, S. 63; Rück, Kanzlei und Chronistik in der spätmittelalterlichen Schweiz, bes. S. 129, 135 f.; Schmid, Die Chronik im Archiv, S. 135–137 u. ö. Martin Gosmann und Volker Honemann, die Reihenherausgeber des Sammelbandes „Stadt, Kanzlei und Kultur" proklamierten im Jahre 2004 in ihrem Vorwort sogar, dass für die Zeit des Überganges vom Mittelalter zur Neuzeit „die Stadt nun erstmals zum zentralen Kulturträger wird. [...] Eine besondere Rolle spielt dabei die städtische Kanzlei als zentraler Ort obrigkeitlicher Schriftlichkeit, die sowohl nach innen wie nach außen, über die Mauern der Stadt, ausstrahlt"; Suntrup/Veenstra, Stadt, Kanzlei und Kultur, S. V. – Für die italienischen Verhältnisse vgl. den Überblick bei Arnaldi, Il notaio-cronista. – Geschichtsschreibung gab es aber auch in Königs- und landesherrlichen Kanzleien. Als ein Beispiel wären Enea Silvio Piccolomini und sein Werk zu nennen; dazu Wagendorfer, Studien zur Historia Austrialis; Worstbrock, Enea Silvio. Ferner Flink, Der klevische Hof und seine Chronisten, S. 9–41; Jones, Invention and the Breton State, u. a.

[176] Zur Problematik der Begrifflichkeit vgl. Herrmann, Anfänge kommunaler Schriftlichkeit, S. 211–257, 345 f. – Zu den Stadtschreibern u. a. Burger, Die südwestdeutschen Stadtschreiber im Mittelalter; Elsener, Notare und Stadtschreiber; Kleeberg, Stadtschreiber und Stadtbücher in Mühlhausen i. Th.; Stein, Deutsche Stadtschreiber im Mittelalter; Meissburger, Urkunde und Mundart, S. 82–103; Honemann, Die Stadtschreiber und die deutsche Literatur im Spätmittelalter; Johanek, Hofhistoriograph und Stadtchronist, S. 58, 65–68; Mersiowsky, Städtisches Urkundenwesen, S. 349–354; Vogtherr, Die Anfänge des städtischen Urkundenwesens in Sachsen, S. 554–557; Herrmann, Anfänge kommunaler Schriftlichkeit, S. 211–257 sowie auf S. 442 die tabellarische Übersicht zur Erstnennung von Stadtschreibern im europäischen Kontext und die Verbreitungskarte auf S. 453. Vgl. ferner die verschiedenen Beiträge in Suntrup/Veenstra, Stadt, Kanzlei und Kultur. Volker Honemann bündelte den (germanistischen) Forschungsstand im Jahre 2004 in seiner Einführung prägnant: „Zu handeln ist zum einen von der Kanzlei als Zentrum der Verwaltung, also dem Ort, der ‚Stadt' nach innen wie außen hin organisiert. An ihrer Spitze steht der Stadtschreiber, der, oft unterstützt von Unterschreibern, dem Stadtrat, dem Bürgermeister und den übrigen städtischen Bediensteten zuarbeitet. Als Stichworte im Rahmen unseres Themas ließe sich hier (ohne Anspruch auf Vollständigkeit) nennen: Verzeichnung von Akten des Verwaltungs-, Rechts- und politischen Handelns (dies nach innen wie nach außen), Anlage bzw. Führung städtischer Rechtsbücher der verschiedensten Art, von Stadtannalen oder Stadtchroniken. Zu bedenken ist auch weiterhin, daß dieses schriftliche Handeln der Kanzlei sich sprachlich genau an den Bedürfnissen der Adressaten orientieren muß, was die Ausbildung einer überörtlich verständlichen Kanzleisprache nötig macht"; Honemann, Stadt, Kanzlei und Kultur, S. XI. – Vgl. dazu die Überlegungen bei Mommsen, Das Basler Kanzleiwesen des Spätmittelalters, S. 188: „[...], dass ein eingehenderes Studium des gesamten Kanzleipersonals einer Stadt weiterführt als nur die Frage nach den Stadtschreibern oder den Notaren".

eher vorstellbar als im Bereich der Landesherrschaft mit ihrem Beamtenstab im Rahmen einer institutionell gedachten Kanzlei. Eventuelle Interdependenzen zwischen städtischen und landesherrlichen Kanzleien sind nach wie vor ein offenes Forschungsproblem[177].

Aufschlussreich ist, dass für Italien ähnliche Überlegungen angestellt werden, nur mit umgekehrtem Vorzeichen. Da sich gerade in Norditalien die spätmittelalterlichen Fürstenkanzleien aus den vormals städtischen Kanzleien entwickelt haben, da die hochmittelalterlichen Kommunen in einem längeren Transformationsprozess in spätmittelalterliche Adelsherrschaften neueren Typs übergegangen sind, wird hier eine auf das Notariat und seine Schriftformen gestützte Entwicklung der spätmittelalterlichen Fürstenkanzlei angenommen[178].

Es dürfte es sich um ein Quellenproblem handeln, wenn der Nachweis einer Tätigkeit öffentlicher Notare gerade auf der subalternen Tätigkeitsebene über den Schriftvergleich hinaus schwierig zu führen ist. Hierbei besitzen die Städte einen Überlieferungsvorteil. Denn es sind vor allem Stadtrechnungen, die über den temporären Einsatz von öffentlichen Notaren beim Schreiben von Urkunden Auskunft geben[179]. Nach derzeitigem Forschungsstand existieren für das Reich nördlich der Alpen vor 1400 keine Kanzleirechnungen aus dem Bereich der Landesherrschaft, die Vergleichbares zu bieten hätten[180]. Nach den vorläufigen Aufstellungen für den deutschen Südwesten liegen aus dem 15. Jahrhundert ebenfalls keine Kanzleirechnungen vor[181]. Dies mag ein Überlieferungsproblem sein, doch – zugespitzt formuliert – muss man sich die Frage stellen, wenn schon die Kanzlei als Institution fragwürdig ist, warum sollte es dann Kanzleirechnungen geben. Stattdessen existieren zwar einzelne Nachweise für die Kanzlei, so beispielsweise in den relativ gut überlieferten bischöflich speyrischen Landschreiberrechnungen aus der Mitte des 15. Jahrhunderts[182]. Doch führt dies bereits wieder von den öffentlichen Notaren fort in einen anderen Zusammenhang, von dem weiter unten noch die Rede sein wird.

---

177 Ernst Schubert sah die städtischen Kanzleien sogar als Vorbild für die landesherrlichen an; Schubert, Fürstliche Herrschaft, S. 76.

178 Guyotjeannin, Conclusion, S. 287.

179 Auf Angaben in Rechnungen fußen die hier einschlägigen Erkenntnisse bei Schuler, Geschichte des südwestdeutschen Notariats, S. 167 und ebd., Anm. 348 f.; Burmeister, Anfänge und Entwicklung des öffentlichen Notariats, S. 84; Mommsen, Das Basler Kanzleiwesen des Spätmittelalters, S. 163.

180 Zu den wenigen erhaltenen Stücken vgl. Mersiowsky, Anfänge, S. 49, 62. Anders als beispielsweise in Savoyen, wo derartige Rechnungen bereits für die vierziger Jahre des 14. Jahrhunderts überliefert sind; vgl. Calzolari/Cosentino, La prima attività contabile della cancelleria sabauda e l'organizzazione dell'ufficio a metà del secolo XIV; Bautier/Sornay, Les sources de l'histoire économique et sociale du Moyen Age, Bd. I/1, S. 475–479 (zur Grafschaft Genf, ebd., S. 479 f.; Grafschaft Piemont, ebd., S. 480 f.); Cancian, La cancelleria di Amedeo VIII, S. 143.

181 Vgl. Mersiowsky, Spätmittelalterliche Rechnungen, S. 128–137.

182 Vgl. z. B. GLAK, 62/7909 (1455), f. 19v; ebd., 62/7909 (1458), f. 25vf.; ebd., 62/7909 (1468), f. 68r; ebd., f. 74r.

3.7 Das öffentliche Notariat, seine Urkundenpraxis und das landesherrliche Archiv- und Registerwesen

Der Einsatz von öffentlichen Notaren im Rahmen der weltlichen Landesherrschaft erlaubt es relativ zwanglos, eine Reihe von Phänomenen zu erklären, die bei Wegfall des Behördenmodells auftreten bzw. – anders ausgedrückt – die die Voraussetzung der Kanzlei als einer festen Institution im Rahmen der wissenschaftlichen Argumentation entbehrlich werden lassen[183]. Da Notarsregister im deutschen Raum aufgrund ihrer mehr als seltenen Überlieferung nahezu ausfallen[184], existiert als Möglichkeit, der Tätigkeit öffentlicher Notare im Rahmen der Landesherrschaft auf die Spur zu kommen, der Schreibervergleich. Diese Erkenntnismöglichkeit wurde, aufbauend auf den Ergebnissen Brandensteins, im vorangegangenen Kapitel gewählt. Doch erweist sich diese Methode gerade für das Spätmittelalter aufgrund der relativ hohen Schriftgutüberlieferung und ihres gleichzeitig geringen Erschließungsgrades als ungemein aufwendig. Um aussagekräftige Befunde zu Tätigkeitsdauer und -feldern von Schreibern im landesherrlichen Dienst zu erhalten, reicht es keinesfalls, nur die im Namen des Landesherrn ausgestellten Urkunden zu berücksichtigen.

Ein Beispiel möge dies veranschaulichen: Im Falle der Kurpfalz müsste aufgrund der Multifunktionalität und der kaum festgelegten Kompetenzbereiche des Verwaltungspersonals der gesamte Bereich von Zentrale (Hofschreiber) und Peripherie (Landschreiber, Zollschreiber) berücksichtigt werden[185]. Ferner – ab Gründung – der Bereich der Universität Heidelberg, darüber hinaus die Schriftproduktion der Stadt Heidelberg und weiterer bevorzugter Residenzorte wie z. B. Neustadt an der Haardt. Auch die beiden landesherrlichen Stiftsgründungen in Heidelberg und Neustadt dürften nicht ausgeschlossen bleiben. Nach Möglichkeit müsste zudem die Überlieferung der benachbarten geistlichen Gerichte erschlossen und geprüft werden.

---

[183] Für den romanischen Raum ist die Tätigkeit öffentlicher Notare im Bereich der Landesherrschaft seit langem unumstritten. Für Savoyen vgl. z. B. Cancian, La cancelleria di Amedeo VIII, S. 148 f. Für das 14. Jahrhundert registrierte Peter Rück, dass „die Sekretäre neben ihrer Spezialmission für den Fürsten auch gewöhnliche öffentliche Notare waren und in ihren Protokollen die Trennung der Funktionen nicht immer vollzogen war"; Rück, Die Ordnung der herzoglich savoyischen Archive unter Amadeus VIII., S. 34. – Bei der aufgrund ihrer reichen Überlieferung ungewöhnlich gut dokumentierten spätmittelalterlichen Verwaltung der Grafschaft Tirol begründete man einen ähnlichen Befund mit der unmittelbaren Nachbarschaft zu Italien; vgl. Heuberger, Das Urkunden- und Kanzleiwesen der Grafen von Tirol, S. 323–325.

[184] Zu den raren Ausnahmen zählt der Liber quondam notarii des niederrheinischen Notars Wilhelm Ysbrandi de Clivis, in dem sich Hinweise auf eine Schreiber- und sonstige Diensttätigkeit desselben für Dritte, u. a. für den Herzog von Kleve, finden; vgl. Der Liber quondam notarii (Wilhelm Ysbrandi de Clivis), S. 17. Zur Überlieferungssituation Oediger, Einleitung, S. 17 f.

[185] Vgl. Burgard, *Familia Archiepiscopi*, S. 330; im Tenor ähnlich Mommsen, Das Basler Kanzleiwesen des Spätmittelalters, S. 188. Einzelne Beispiele dafür bei Spiegel, Urkundenwesen, Bd. 1, S. 393–413; Brandenstein, Urkundenwesen und Kanzlei, S. 166 f., 172, 173.

Es ist einleuchtend, dass dies aufgrund der Menge des überlieferten, jedoch kaum erschlossenen Materials mit dem derzeitigen methodischen Instrumentarium des Schriftvergleichs nicht geleistet werden kann. Hier könnte der Einsatz Elektronischer Datenverarbeitung mit der Möglichkeit, Schriften zu digitalisieren und damit maschinell vergleich- und auswertbar zu machen, in absehbarer Zeit neue Möglichkeiten der Erschließung und Auswertung eröffnen[186].

Neben den kaum vorhandenen Notariatsregistern und den Originalurkunden waren es die normativen Texte und Kommentare des gelehrten Rechts, über die ein Zugang zur Urkundenpraxis des Spätmittelalters gesucht wurde. Winfried Trusen hat in einem im Jahre 1977 veröffentlichten Aufsatz einen Werkstattbericht über ein von ihm verfolgtes Forschungsvorhaben über die ‚Urkundenlehre der mittelalterlichen Jurisprudenz' gegeben. Sein Erkenntnisziel war die Erhellung der „Urkundenpraxis des Hoch- und Spätmittelalters, aber auch die der ersten Jahrhunderte der Neuzeit", die er „weithin geprägt vom gelehrten Recht" sah, „das im 12. Jahrhundert sein wissenschaftliches Fundament durch die Legisten und Kanonisten in der Gestalt des ius utrumque fand"[187].

Aus den Quellen heraus suchte Trusen die Normen für den Urkundenbeweis aufzuzeigen, die seit dem 12. Jahrhundert „das kanonische Recht und die Rechtswissenschaft aufstellte"[188]. Als heuristische Grundlage dienten ihm dabei mit der legistischen Literatur der Glossatorenzeit vornehmlich normative Quellen. Unter ihnen maß er dem in der Zeit zwischen 1271/76 und 1289/91 entstandenen *Speculum iudiciale* des Guillelmus Durandus (oder Guillaume Durand, 1237–1296) eine besondere Bedeutung zu[189]. Auf dieser Basis klärt Trusens Studie urkundenrelevante Begriffe[190], diskutiert das Verhältnis von Original und Kopie[191], von *carta* und *notitia*[192] sowie das Problem der Fälschungen[193]. Ein zentraler Abschnitt ist der „grundlegenden Einteilung der Urkundenarten" gewidmet, wobei ihm in der legistischen Literatur des Mittelalters die „bedeutsame Trennung der öffentlichen Urkunden von den Privaturkunden" auffällt[194]. Bei den sogenannten öffentlichen Urkunden entscheidet das Kriterium des „öffentliche[n] Glauben[s]" (*publica fides*), wobei die angemessene Form eine wichtige Rolle spielt[195]. In diesem Zusammenhang bespricht er den Typ der Siegel-

---

186 Vgl. Rück, Im Zeitalter der Fotografie, S. 48–51; Bischoff, Unterwegs. Statistik und Datenverarbeitung in den Historischen Hilfswissenschaften, S. 27 f.; Bromm, Paläographie und Typedesign.

187 Trusen, Zur Urkundenlehre der mittelalterlichen Jurisprudenz, S. 198.

188 Ebd.

189 Ebd., S. 198 f. Zu Guillelmus Durandus vgl. auch *Alma mater librorum*. Nove secoli editoria bolognese per l'Università, Nr. 29, S. 103 f.; Hayez/Zapp, Duranti(s), Guillelmus, Sp. 1469 f.

190 Trusen, Zur Urkundenlehre der mittelalterlichen Jurisprudenz, S. 201–203.

191 Ebd., S. 214–216.

192 Ebd., S. 217 f.

193 Ebd., S. 216 f.

194 Ebd., S. 203.

195 Ebd., S. 205 f.

urkunde[196], der Gerichtsurkunde[197], des Notariatsinstruments[198], der Notariatsurkunde[199], des Schuldscheins, des Handelsbuches und des sogenannten Konfessatbriefes[200]. Behandelt wird ferner die Glaubwürdigkeit durch Nennung von Zeugen[201] sowie durch Alter[202].

Trusen diskutiert ebenfalls die Bedeutung einer Hinterlegung von Privaturkunden in „öffentlichen Archiven" und ihrer daraus erwachsenden Gleichstellung mit ‚öffentlichen Urkunden' im Sinne einer „volle[n] Beweiskraft". Unter „öffentlich" versteht er im Fall der Archive die Kriterien „allgemein zugänglich und vertrauenswürdig". Diese Voraussetzung sieht er für „die Gerichtsarchive, Notariatsarchive, Archive der bischöflichen Kanzleien, der Fürsten und der großen Städte" als gegeben an[203].

Unhinterfragt geht Trusen davon aus, dass gut geordnete und erschlossene Archive bei den spätmittelalterlichen Hoheitsträgern vorhanden waren. Dies deckt sich mit Überzeugungen, die in der älteren – und jüngeren – Literatur vertreten worden sind[204]. Sie beruhen allem Anschein nach, ähnlich wie das Kanzleiparadigma, auf modernen Vorstellungsmodellen, die auf das Mittelalter projiziert wurden und immer noch werden.

Archivgeschichte des Mittelalters ist – im Gegensatz zur Bibliothekswissenschaft – ein nach wie vor vernachlässigter Forschungsgegenstand[205]. Ernst Schubert sah mit dem Aufkommen des Archivs einen klaren Indikator für den „Abschluß der Residenzbildung"[206]. Schon ein kurzer Blick auf das spätmittelalterliche Archivwesen wirkt belehrend. Als eher „unklare Nachricht" wurde bislang gewertet, dass die als Verfassungsgrundlage bedeutende „Urkunde der ersten bayerischen Landesteilung

---

196 Ebd., S. 206–208.
197 Ebd., S. 208.
198 Ebd., S. 209–212.
199 Ebd., S. 212.
200 Ebd., S. 213 f.
201 Ebd., S. 209.
202 Ebd., S. 212.
203 Ebd., S. 208 f.; Zitat ebd., S. 208.
204 „Die Aufsicht über die Urkunden war wie das Schreibwesen überhaupt dem Kanzler anvertraut. Wo die neuen Urkunden ausgestellt, da sollten auch die alten aufbewahrt werden, und so war also eine Verbindung von Kanzlei und Briefgewölbe, wie das Archiv in früherer Zeit genannt wurde, die Regel"; Rosenthal, Geschichte des Gerichtswesens und der Verwaltungsorganisation Baierns, Bd. 1, S. 274; Zimmermann, Die strukturellen Grundlagen der bayerischen Zentralarchive, S. 46–51.
205 Über mittelalterliche Archivgeschichte als Forschungsdesiderat vgl. Behne, Geschichte aufbewahren; Rück, Die Ordnung der herzoglich savoyischen Archive unter Amadeus VIII., bes. S. 11–14. – Auch die Nachbarwissenschaften könnten hierzu neuere Erkenntnisse beitragen; zur Bauforschung vgl. Pankoke, Bad Berleburg, S. 248. Ferner die historische Bildkunde vgl. Farbtafel 58: Abbildung eines Archivschrankes, in: Höfe und Residenzen, Bd. 15.2, S. 33. – Zur frühneuzeitlichen Archivgeschichte vgl. Hochedlinger, Österreichische Archivgeschiche.
206 Schubert, Fürstliche Herrschaft, S. 79 f.; Zitat S. 79.

von 1255 schon nach wenigen Jahrzehnten nicht mehr aufzufinden war“[207]. Auf den keineswegs wohlgeordneten, systematisierten oder gar zentralisierten Zustand des landesherrlichen Archivwesens wurde im Falle von Kurtrier bereits hingewiesen[208]. Vergleichbares lässt sich für Kurmainz, Kurpfalz und das Bistum Speyer bis weit in das 15. Jahrhundert hinein beobachten[209]. Ähnliches gilt für Kursachsen, wo für die landesherrlichen Archivbestände des 15. Jahrhunderts Folgendes beobachtet wurde: „Ein großer Teil war ganz zerstreut der Obhut von Beamten der Bezirksverwaltung, von Stadträten und geistlichen Anstalten anvertraut, wie ein kurzer Überblick erweisen mag. Altenburg: Probst [sic!] und Kapitel der St. Georg (Schloß-)Kirche; Arnshaug: (Vogt); Coburg: Schösser; Colditz, Delitzsch: Rat; Dresden: Vogt, Rat, Vogt und Rat; Eilenburg: Vogt; Freiberg: Münzmeister; Leipzig: (Vogt); Meißen: Schösser; Merseburg: Bischof; Naumburg: Rat. Die Hauptmasse war in den festen Gewölben landesherrlicher Schlösser untergebracht und in Gotha und Weida, vielleicht auch auf der Wartburg, mit der Silberkammer vereinigt“[210].

Selbst in Savoyen, zunächst Grafschaft und ab 1416 Herzogtum, das für die Zeit ein ungewöhnlich hoch entwickeltes Schrift- und Verwaltungswesen aufzuweisen hatte und von daher als mustergültig bezeichnet werden kann[211], lagen die Bestände bis Ende des 14. Jahrhunderts über eine Reihe von Landesburgen verstreut. Erst auf den Beginn des 15. Jahrhunderts fallen Anstrengungen, sie an einem Ort, der sogenannten *crota Chamberiaci*, zu konzentrieren[212]. Dieses Schatzgewölbe in der Burg von Chambéry formierte sich in den darauffolgenden Jahrzehnten zu einer Art Zentralarchiv der savoyischen Landesherrschaft. Nicht zufällig lag es an dem Ort, der sich seit dem ausgehenden 13. Jahrhundert zu dem Herrschaftsschwerpunkt der Grafen von Savoyen entwickelt hatte[213]. In das erste Drittel des 15. Jahrhunderts fallen erste Versuche einer Inventarisierung der stark angewachsenen Papier- und Pergamentflut. Es war dabei allerdings nicht zu beobachten, dass man beabsichtigte, die gesamten landesherrlichen Archivalien, die sich in den vorausgegangenen Jahrzehnten

---

207 Zimmermann, Die strukturellen Grundlagen der bayerischen Zentralarchive, S. 46.

208 Vgl. oben, Kap. 3.5.1: Die kurtrierische Kanzlei in der Zeit Erzbischof Balduins von Luxemburg (1307–1354).

209 Vgl. dazu die entsprechenden Kapitel dieser Arbeit.

210 Goldfriedrich, Die Geschäftsbücher der kursächsischen Kanzlei im 15. Jh., S. 76–82; Zitat: ebd., S. 77.

211 Vgl. Calzolari/Cosentino, La prima attività contabile della cancelleria sabauda e l’organizzazione dell’ufficio a metà del secolo XIV; Bautier/Sornay, Les sources de l’histoire économique et sociale du Moyen Age, Bd. I/1, S. 293–655; Rück, Die Ordnung der herzoglich savoyischen Archive unter Amadeus VIII., S. 12–14; Cancian, La cancelleria di Amedeo VIII; ferner das 1430 entstandene und 1477 gedruckte Gesetzeswerk *Decreta Sabaudiae ducalia*.

212 Vgl. Rück, Die Ordnung der herzoglich savoyischen Archive unter Amadeus VIII., S. 48–51, 54.

213 Vgl. Brondy, Chambéry. Histoire d’une capitale vers 1350–1560; Castelnuovo/Guilleré, Chambéry, S. 108 f.

auch durch eine Reihe territorialer Neuerwerbungen vervielfacht hatten, neu zu ordnen, geschweige denn vollständig zu erschließen. Denn auch nach dieser umfangreichen Bestandsaufnahme, die sich in mindestens zehn Bänden niederschlug[214], existierten in der landesherrlichen *crota* große Mengen von Archivalien unter dem Etikett *nullius valoris*. Sie wurden unregistriert und in Säcken verpackt aufbewahrt[215].

In der Annahme eines geordneten Archivwesens spätmittelalterlicher Herrschaftsträger dokumentiert sich daher vermutlich zwar keine historische Realität, wohl aber ein erneutes Mal die Wirkmächtigkeit moderner bürokratischer Denkmodelle. So aufschlussreich die Analyse gelehrter Texte wie das *Speculum iudiciale* auch ist, bereits der kurze Blick auf die Archivgeschichte veranschaulicht, dass es unverzichtbar ist, die gewonnenen Erkenntnisse an praktischen Fällen zu überprüfen, ja überhaupt zur Diskussion zu stellen, inwieweit diese gelehrten Ausführungen überhaupt praktische Anwendung fanden. Um die Gebrauchssituation des *Speculum iudiciale* und damit seinen Stellenwert für die mittelalterliche Urkundenpraxis verorten zu können, müssten erst einmal umfangreiche kodikologische Untersuchungen angestellt werden.

Wechselt man die Quellengruppe, dann stellt man fest, dass die zeitgenössische spätmittelalterliche Urkundenlehre vielfach einen bedeutend schlichteren Zuschnitt hatte, als es die gelehrte Jurisprudenz in ihren Kommentaren zu differenzieren wusste. Bei der Suche nach entsprechenden Regelungen für die Praxis stößt man allerdings in ein Überlieferungsloch. Umso bedeutender ist ein zunächst recht unauffällig erscheinender Text. Schon sein Überlieferungszusammenhang hebt ihn von den von Trusen behandelten Quellentypen ab. Das hier zu behandelnde Dokument beschäftigt sich nicht nur unmittelbar mit der Urkundenlehre, es ist im Kontext von Zeugnissen der notariellen Praxis überliefert und von der Hand eines öffentlichen Schreibers in genau diesem Zusammenhang aufgezeichnet worden. Es findet sich im Handbuch eines öffentlichen Notars vom Niederrhein aus der ersten Hälfte des 15. Jahrhunderts. Protokoll- und Imbreviaturbücher dieser Personengruppe haben sich im deutschen

---

214 Allerdings handelt es sich bei dem ganzen Inventarwerk „nicht um das Ergebnis einer vollständigen Neuordnung des ganzen Archivs, sondern um den ersten großen Versuch einer Bestandesaufnahme, teils um Inventare, teils um Ein- und Ausgangsverzeichnisse, teils um Aktenbände, die aus mehreren Teilinventaren zusammengesetzt sind"; Rück, Die Ordnung der herzoglich savoyischen Archive unter Amadeus VIII. (1398–1451), S. 49–67; Zitat ebd. S. 51; Bruchet, Inventaire partiel du Trésor des Chartes de Chambéry à l'époque d'Amédée VIII.

215 In den zeitgenössischen Inventaren heißt es u. a. beispielsweise lapidar, *cum quibusdam aliis litteris in una et eadem massa existentibus …, que non fuerunt registrate, cum nullum officium pro domino concernant*; vgl. Rück, Die Ordnung der herzoglich savoyischen Archive unter Amadeus VIII., S. 51–54; Zitat ebd., S. 53, Anm. 225. Ähnlich verhielt es sich im Archiv der Gonzaga in Mantua im 2. Viertel des 15. Jahrhunderts; vgl. Behne, Das Archiv der Gonzaga in Mantua im Spätmittelalter, S. 159 f. – Auch für Privatarchive gilt Ähnliches: Das berühmte Archiv des Prateser Kaufmannes Francesco Datini überdauerte in Säcke gepackt durch Zufall die Zeiten; Arlinghaus, Zwischen Notiz und Bilanz, S. 120 f. – Dazu allg. Esch, Überlieferungs-Chance und Überlieferungs-Zufall als methodisches Problem, S. 564–544.

Raum nördlich der Alpen so gut wie nicht erhalten. Die Handschrift gehört damit zu den großen Seltenheiten[216].

Bei dem im Folgenden näher zu betrachtenden sogenannten *Liber quondam notarii* handelt es sich um eine Art „Mixtum aus Register und Vorlagenbuch"[217]. Zusammengestellt wurde er vermutlich nach 1407 durch den aus Kleve gebürtigen öffentlichen Notar Wilhelm Ysbrand. Die im Archiv des Stiftes Xanten überlieferte Sammelhandschrift enthält als ersten Teil einen Registerrest aus dem Besitz des Kölner Offizialatsnotars *Theodericus de Walle* (1365–1371)[218]. Der übrige Teil stammt offenbar von Wilhelm Ysbrand und besteht aus eigenen und z. T. aus von ihm abgeschriebenen fremden Stücken[219].

Über diese Handschrift hinaus ist zu Wilhelm Ysbrand kaum etwas bekannt. Der hohe Überlieferungsverlust im Bereich des öffentlichen Notariats wird auch daran veranschaulicht, dass ihm bislang lediglich zwei [!] Originalausfertigungen zugewiesen werden konnten[220]. Aus dem Manuale geht hervor, dass Ysbrand durch oder unter König Ruprecht von der Pfalz (1400–1410) zum öffentlichen Notar ernannt wurde. Die erste für ihn nachweisbare Urkunde datiert von 1408. Er wohnte um diese Zeit in Köln, wo er möglicherweise im Umkreis des Offizialats eine Ausbildung genossen hat[221]. Ysbrand besaß die niederen Weihen[222]. Noch vor 1410 zog er an den Niederrhein in das klevische Territorium. Genannt wird er in diesem Jahr als *notarius et rector scholarum* von Rees. Er führte Aufträge für das dortige Stiftskapitel und für das kleine, ebenfalls klevische Stift im benachbarten Wissel aus[223]. Zu seinen persönlichen Lebensumständen ist zu ergänzen, dass er mit einer aus Wissel gebürtigen und offenbar nicht ganz unvermögenden Frau verheiratet war und mehrere Kinder hatte. Zumindest zeitweilig beschäftigte er einen eigenen Notar. Darüber hinaus betätigte er sich im Abschreiben von Büchern. Aus der Handschrift geht hervor, dass sich seine Aktivität keineswegs im örtlichen Nahbereich erschöpfte. In den Jahren 1429 und 1433 war er für Herzog Adolf von Kleve tätig. Beide Missionen führten ihn nach

---

[216] Oediger, Einleitung, S. 17 f.

[217] Ebd., S. 12.

[218] Der Liber quondam notarii (Wilhelm Ysbrandi de Clivis), Nr. 1–37, S. 19–34. Zu ihm Oediger, Einleitung, S. 12 f., Anm. 8. Zu den Kölner Offizialatsnotaren vgl. Janssen, Das Erzbistum Köln im späten Mittelalter, Bd. 1, S. 345 f.

[219] Diese sind im Einzelnen nicht mehr zu scheiden, „da die Unterschriften nur selten, die Signete überhaupt nicht aufgenommen und die Texte oft bis zu namenlosen Formularen gekürzt sind"; vgl. Oedinger, Einleitung, S. 11–13; Zitat ebd., S. 12 f.

[220] Ebd., S. 13, Anm. 9.

[221] Ebd., S. 13 f. Auf die Nähe zum Offizialat deutet neben dem Wohnort das Registerfragment des Kölner Offizialatsnotars Theodericus de Walle (1365–1371) in Ysbrands Besitz zumindest hin.

[222] In seinem Notariatsinstrument vom 12. Mai 1438 nennt er sich *Wilhelmus Ysbrandi de Cliuis clericus Colonien(sis) dyoc(esis)*; vgl. Historisches Archiv der Stadt Köln, Mariengraden U 219; Abb. bei Oediger, Einleitung, S. 15.

[223] Ebd., S. 14, 17.

Köln an das dortige bischöfliche Offizialat. Während dieser Zeit wohnte er jeweils im Kölner Stadthof des Herzogs[224].

Diese knappen biographischen Bemerkungen dienten zum einen dazu, den sonst kaum belegbaren Aktionsradius eines spätmittelalterlichen öffentlichen Notars im deutschen Raum zu umreißen. Dieser Raum beinhaltete – wie ersichtlich war – eben auch Dienst für den Landesherrn. Blickt man in das Manuale Wilhelm Ysbrands, dann entdeckt man dort Arbeitsbehelfe, die ihm das Formulieren von rechtserheblichen Schriftstücken erleichterten. So findet sich über den Text verstreut eine Reihe von Formularen[225]. Der von Ysbrand selbst stammende Teil beginnt ferner mit Auszügen aus einer „Ars notariatus"[226].

Besonders abgehoben werden soll hier jedoch auf eine andere Textpassage dieses Teils der Handschrift. Unter dem Titel *De diversitate privilegiorum* findet sich auf Folio 29 recto ein längerer Abschnitt, der dem Urkundentyp des Privilegs gewidmet ist. *Nota, quod quatuor sunt genera privilegiorum, ad que omnia de mundo reducuntur. Primum est perpetuum, 2m est personale, 3m est temporale, 4m est locale*. Es schließen sich genauere Ausführungen zu diesen vier Privilegientypen an. Diese bestehen aus der Vermittlung allgemeiner Regeln sowie aus Definition und genauer Erklärung der einzelnen *genera*. Zur Veranschaulichung und als Formulierungshilfen sind jeweils Beispiele beigegeben.

Privilegia perpetua sunt perhenniter duratura et alia non. Sie sind demnach die einzigen Privilegien mit dauernder Gültigkeit. Bei ihnen ist im Gegensatz zu den übrigen eine Invokationsformel zwingend vorgeschrieben[227]. Mit der Anweisung *Unde sic scribitur eius forma* folgt das Formular einer Schenkungsurkunde zu Lehnrecht.

Von diesem ersten Typ scheidet der Text zunächst das *privilegium personale*. Hierzu heißt es: *Nota: Privilegium personale est, quod datur et conceditur uni persone, quamdiu vixerit*. Mit anderen Worten, es handelt sich um ein Recht, das einer Person nur für ihre Lebenszeit verliehen wurde. Es folgt der Hinweis, dass in diesem Fall keine Invocatio erlaubt sei, *ex eo quod non est perpetue duraturum*. Dem schließt sich ein knappes Urkundenformular mit einer entsprechenden Arenga an[228].

Auch der dritte Typ wird definiert: *Nota: Privilegium temporale est istud, quod alicui vel aliquibus datur ad certum tempus sicud ad decem vel viginti annos*[229]. Hier ist

---

[224] Ebd., S. 17.

[225] Der Liber quondam notarii (Wilhelm Ysbrandi de Clivis), Nr. 198–219, S. 117–121.

[226] Ebd., S. 35 f.; dazu ebd., Anm. 1; Hermesdorf, Enkele grepen uit de geschiedenis van het notariaat tussen Maas en Rijn, S. 142 f.; Weimar, Ars notariae, Sp. 1045–1047.

[227] Zu ihnen heißt es: *In privilegiis enim perpetuis solum debes ponere: ‚In nomine domini. Amen', vel ‚In nomine sce. et individue trinitatis', sed non in aliis privilegiis, ex eo quod privilegia perpetua sunt perhenniter duratura et alia non, ut patebit in exemplis*; vgl. Der Liber quondam notarii (Wilhelm Ysbrandi de Clivis), Nr. 39, S. 37 f., hier S. 37.

[228] *‚Que geruntur in tempore, de facili evanescunt in tempore et de gestis hominum laudabilius tingit ex facili dura calumpnia aut dubium per oblivionem, nisi per scriptam memoriam auferatur. Noverint igitur universi, ad quos pervenerit presens scriptum, quod nos H. dei gracia dux' etc. ‚dilecto et fideli militi' etc.*; ebd., S. 37.

[229] Ebd.

ebenfalls keine Invocatio erlaubt, *ex eo quod tale privilegium non in evum durat*. Dieser Typus bezieht sich, im Gegensatz zu Typus 2, nicht auf die Lebenszeit einer Person, sondern besitzt eine zeitlich fixierte Geltungsdauer.

Den vierten Typ beschreibt der Text folgendermaßen: *Nota: Privilegium locale est, quod conceditur alteri per aliquam factam libertatem, quamdiu hanc permittit utilitas principis vel comitis*[230]. In diesem Fall geht es besonders um Körperschaften, denen eine Gnade zuteilwird. Deren zeitliche Geltungsdauer bemisst sich nach dem Willen des Ausstellers, d. h. nach fürstlichem oder gräflichem Gutdünken. In dem nachfolgenden Beispiel wird den Bürgern eines ungenannten Ortes Abgabenfreiheit aufgrund einer erlittenen Zerstörung durch Fehde und Feuersbrunst verliehen[231]. Im Anschluss daran wird darauf hingewiesen, dass hier zu scheiden ist zwischen einem echten *Privilegium locale* mit beschränkter, im Gegensatz zu einem solchen mit unbeschränkter Geltungsdauer. Denn, *et tunc privilegium tale non est locale, sed perpetuum, et debet scribi sicud alia privilegia perpetua*.

Zum Schluss heißt es in einer Art Zusammenfassung: *Et considera diligenter materiam dictaminis privilegii, quando facere vis privilegium sic in perpetuum vel personale vel temporale vel locale, et inveniens statim, quod omnia illa reducuntur ad ista quatuor, sicut sunt vendicionis privilegia sive resignacionis etc*[232]. Es wurde also noch einmal eingeschärft, dass alle Priviliegientypen sich auf diese vier Grundformen reduzieren ließen, seien es auch Verkaufs- oder Verzichtsurkunden.

Die für den hier verfolgten Zusammenhang wichtigsten Erkenntnisse lassen sich folgendermaßen zusammenfassen: Der öffentliche Notar Wilhelm Ysbrand verfügte mit diesem Text über ein Hilfsmittel, das es ihm erlaubte, Privilegien von ihrer Rechtsmaterie und ihrer Geltungsdauer her zu unterscheiden und – darüber hinaus – den rechtlichen Erfordernissen entsprechend zu formulieren[233]. Besonders aus den abge-

---

[230] Ebd., S. 37 f.

[231] *Et eius forma sic scribitur: ‚Ea, que de maturo sanoque consilio principum pro commodis terre vel hominibus conceduntur, illa necessariis literis et attestacione longinqua, quorum memoria labilis debent roborem. Noverint igitur universi hanc paginam inspecturi‘ etc., ‚quod nos H., dei gracia dux, dilectis et fidelibus nostris civibus‘ talis loci ‚propter dampnum multiplex temporis dissencionem et incendium, quod sunt perpessi, damus plenam‘ etc. ‚de omnibus exactionibus, collectionibus et angariis, quibuscumque nominibus censeantur, quamdiu voluntas nostra hec permittit‘*; ebd., S. 38.

[232] Ebd.

[233] Etwas anders verhält es sich mit dem vermutlich um die Mitte des 14. Jahrhunderts in der österreichischen Zisterze Baumgartenberg oberhalb Linz entstandenen sogenannte ‚Formelbuch aus Baumgartenberg‘. Auch in ihm findet sich ein Kapitel unter dem Titel *Tractatus de privilegiis* (S. 780–789). Bei vergleichbarem Tenor ist es im Gegensatz zum Text Wilhelm Ysbrands deutlich umfangreicher. Der Baumgartenberger Text differenziert folgendermaßen: *Privilegia alia sunt personalia, alia localia, quedam perpetua, quedam temporalia, quedam generalia, et quedam specialia* (S. 781). Allerdings wird bei den vorgestellten Beispielen nur noch zwischen *perpetua*, *personalia* und *temporalia* geschieden. Die Perpetua sind allerdings aufgeteilt in Papst-, Königs- und Fürstenprivilegien; vgl. Formelbuch aus Baumgartenberg, S. 784–789.

kürzten Intitulationen geht hervor, dass die vier Typen auf die Bedürfnisse der Landesherrschaft zugeschnitten waren. Alle im Text enthaltenen Beispiele nennen als Aussteller einen ‚*H. dei gracia*', ‚*nos H. dei gracia dux*' *etc.*, ‚*nos H., dei gracia*' *talis* ‚*dux*' und ‚*nos H., dei gracia dux*'[234]. Die Annahme liegt nahe, hier Verbindungen ins Herzogtum Kleve zu ziehen, zumal Wilhelm Ysbrand laut Ausweis seines Manuale in den Jahren 1429 und 1433 für Herzog Adolf von Kleve tätig war. Diese könnten über persönliche Kontakte zur Kanzlei des Landesherrn gelaufen sein. Ysbrand unterhielt engere Beziehungen zum landesherrlichen Notar und späteren Schlosskaplan von Kleve, Johann Pels. In dessen Begleitung ist er in allen betreffenden Fällen nachweisbar[235]. Die Übergänge vom öffentlichen Notar zum landesherrlichen Schreiber wirken auch hier erneut fließend.

Betrachtet man Aufbau und Inhalt des Textes *De diversitate privilegiorum*, dann stellt man fest, dass er besonders Informationen darüber vermittelt, wie Privilegien – neben inhaltlichen – anhand formaler Kriterien (Invocatio, Arenga) differenziert werden können. Diese Unterscheidungsmöglichkeiten konnten zweifellos auch für die landesherrliche Registerführung nutzbar gemacht werden. Die Anwendungsmöglichkeiten waren dabei vielfältig. Man konnte bereits bei der Anfertigung der Privilegien eine Vorsortierung vornehmen und für jeden Typ ein eigenes Auslaufregister anlegen. Auch für die Erschließung des eigenen Urkundenschatzes erwies sich eine solche Unterscheidung als praktikabel.

Für das Herzogtum Kleve ist ein entsprechendes Verfahren bereits beim ersten erhaltenen Kopiar aus der ersten Hälfte des 14. Jahrhunderts erkennbar. Ihm wurde ein Verzeichnis von Urkunden vorgeheftet, die keine Aufnahme in der Handschrift gefunden haben. Zu ihnen heißt es, *Nota: Diverse et multe litere non necessarie nec copiate iacent reposite in cista sculpta et depicta … Preterea sunt alie litere valde utiles reposite in den eyndelscryn maioris ciste non copiate, quia non durabiles sunt, que hic infra tanguntur et notantur*[236]. Im Jahre 1432 fand am klevischen Hof eine Reform statt, anlässlich der „die bisherige allgemeine Registerführung in die Teilserien registra causarum, feudorum und presentationum aufgespalten“ wurde. In dieser Form sind sie bis in das 18. Jahrhundert weitergeführt worden[237].

---

234 Möglicherweise bezieht sich die *H*-Initiale auf den Jungherzog Johann von Kleve (1419–1481), der allerdings erst 1449 seinem verstorbenen Vater in der Herrschaft nachfolgte; Isenburg, Stammtafeln, Bd. 1, Taf. 190. – Zu Kleve vgl. Marra, Kleve und Mark; Thissen, Kleve.

235 Vgl. Der Liber quondam notarii (Wilhelm Ysbrandi de Clivis), Nr. 144, 146, 151, 153 f., 168. Auch weitere Notare in Diensten des klevischen Herzogs lassen sich nachweisen, z. B. Wessel Swartkopp ebd., Nr. 96, 105, 187; Everhard Pyl ebd., Nr. 152, 155, 167, 176, 180, 187 f., 191. Zu den klevischen Notaren unter Herzog Adolf von Kleve (1394–1448) vgl. Knecht geb. Stachelscheid, Die Verwaltungsorganisation im Territorium Kleve, S. 45. Zur Kanzlei auch Thissen, Kleve, S. 299.

236 Düsseldorf, Hauptstaatsarchiv, Handschriften, A III 2, f. a–g; vgl. dazu Das Hauptstaatsarchiv Düsseldorf und seine Bestände, Bd. 5, S. 197.

237 Schleidgen, Die Kanzlei der Grafen und Herzöge von Kleve, S. 186 f.; Zitat ebd., S. 187; ferner Das Hauptstaatsarchiv Düsseldorf und seine Bestände, Bd. 5, S. 199–207; zur den älteren Registern ebd., S. 196–199.

Ein entsprechender Nachweis lässt sich auch für andere bedeutende Territorien des Reiches führen. Ein analoges Gliederungsprinzip liegt den wettinischen Auslaufregistern zugrunde. Von 1349 datiert das *registrum perpetuum.* Bereits Woldemar Lippert stellte dazu fest: „Es führt diesen Namen nach dem Wesen der darin verzeichneten Urkunden; litere perpetue sind solche, die nicht auf bestimmte, begrenzte Zeitdauer erteilt sind, sondern dauernde Geltung besitzen sollen, [...]“[238]. Es ist das älteste, für das Territorium bekannte Register dieses Typs; seine Bezeichnung als *registrum perpetuum* ist zeitgenössisch[239]. Im gleichen Zusammenhang entstand 1349 das *registrum temporale.* Hier ging es um „nur auf bestimmte oder unbestimmte Frist, aber unter Betonung der vorübergehenden Geltung ergangene [...] Bestimmungen, die wegen ihres temporären Charakters“ darin eingetragen wurden[240].

Vergleichbare Beobachtungen lassen sich für das Herzogtum Bayern-München anstellen. Dort sind für die Zeit von 1424 bis 1438 zwei Auslaufregister erhalten. „Es handelt sich bei beiden um allgemeine Register, deren Inhalt Lehen- und Leihebriefe, Abrechnungen, Quittungen, Leibgedingbriefe, Diener- und Ratsbestallungen sowie Schiedssprüche umfasst; sie unterscheiden sich lediglich insofern, als Register B auch Urkunden von theoretisch unbeschränkter Geltungsdauer wie Privilegienbestätigungen, Stiftungsbriefe, Übereignungen und Wappenbriefe enthält, welche in A mangeln. Dies wird auch in Register B einmal kommentiert, indem neben einer getilgten Schuldverschreibung bemerkt wird, *der prief ist in dem andern register, ist nit auf lang zeit.*“[241]

---

[238] „... und dazu gehören Lehnbriefe, soweit sie eben noch besonders beurkundet werden, Leibgedingsbriefe, Vereignungen an geistliche Anstalten aller Art [...], Käufe, Neuerteilungen und Bestätigungen von Privilegien, Rechten und Freiheiten, Immunitäten und Exemptionen für Städte, Gemeinden und Einzelpersonen, die nicht bloß vorübergehend erteilt werden; ferner von Schriftstücken mehr politischen Charakters: Bündnisse, Friedensschlüsse, Verträge, Schiedssprüche u. a.“; Lippert, Studien über die wettinische Kanzlei, S. 3; ferner ebd., S. 229 f.; Blaschke, Urkundenwesen und Kanzlei der Wettiner, S. 196. – Zu den Hintergründen dieser frühen, später wieder aufgegebenen Registerdifferenzierung vgl. ebd., S. 196 f.; Ders., Kanzleiwesen und Territorialstaatsbildung im wettinischen Herrschaftsbereich, S. 289 f. – Zur späteren Entwicklung der Auslaufregister vgl. den Überblick bei Opitz, Urkundenwesen, Rat und Kanzlei Friedrichs IV., S. 117–119; Streich, Zwischen Reiseherrschaft und Residenzbildung, S. 190 f.

[239] In der Handschrift selbst findet sich der zeitgenössische Hinweis: *Registrum privilegiorum perpetuorum anno domini MCCCXLIX sub prothonotario Conrado de Walhusen inceptum*; Lippert, Studien über die wettinische Kanzlei, S. 4; ferner ebd., S. 2 f.

[240] „solche sind Pfandverschreibungen, Pfandleihen, Anweisungen auf Einkünfte und Hebungen (aus Beden, Zöllen, Geleiten, Marktgefällen, Judensteuer usw.), zeitlich begrenzte Gnadenbeweise (wie Abgabenerlässe auf einige Zeit an geschädigte Orte, z. B. bei großen Bränden u. dergl.)“; Lippert, ebd., S. 3; Blaschke, Urkundenwesen und Kanzlei der Wettiner, S. 196. – Die drei übrigen damals entstandenen Register waren der Liber Computationum, das Copiale und das Lehenbuch; vgl. Blaschke, Kanzleiwesen und Territorialstaatsbildung im wettinischen Herrschaftsbereich, S. 290.

[241] Vgl. Andrian-Werburg, Urkundenwesen, Rat und Regierungssystem der Herzöge von Bayern-München (1392–1438), S. 77–79; Zitat ebd., S. 77.

Am kurpfälzischen Hof verfügte man unter Pfalzgraf Ludwig III. (1410–1436) über einen *liber perpetuus* sowie über ein älteres und ein jüngeres *registrum ad vitam* als Auslaufregistertypen[242]. Doch wurden bereits für das letzterhaltene kurpfälzische Auslaufregister des 14. Jahrhunderts entsprechende Vermutungen geäußert[243]. Für die Regierungszeit Pfalzgraf Friedrichs I. (1449–1476) ist ebenfalls ein *liber perpetuus*[244] neben einem zweibändigen *liber ad vitam* erhalten[245]. Auch unter dessen Nachfolgern Philipp, Ludwig V. bis einschließlich Karl Theodor, d.h. bis in die erste Hälfte des 18. Jahrhunderts, wurde dieses System beibehalten[246]. Im Bereich der Kopiare fand das Prinzip jedoch bereits Jahrzehnte vor der Regierungszeit Ludwigs III. Anwendung. So differenzierten die beiden ältesten überlieferten Kopialbücher der Kurpfalz aus dem Jahr 1356 ihr Material in *briefe vnd hantvesten, die do ewigit we(re)n*[247] und *briefe, die nit ewig ensi(n)t*. Bei letzteren handelte es sich um solche, die dem regierenden Pfalzgrafen Ruprecht I. verschrieben worden waren[248].

Auch in einem weiteren Kurfürstentum, dem Erzbistum Trier, wurden die Kopiare unter den Nachfolgern Erzbischof Balduins von Luxemburg († 1354) in dieser Form geschieden[249]. Hier kommt hinzu, dass das Repertorium, welches die kopiale Überlieferung Kurtriers von Balduin bis um die Mitte des 15. Jahrhunderts erschloss, im Jahre 1445 durch einen öffentlichen Notar, Johann Breithaupt von Angersbach, angelegt wurde[250].

---

242 Vgl. BRANDENSTEIN, Urkundenwesen und Kanzlei, S. 105; ferner allg. ebd., S. 176–195. Nur einer der beiden *Libri ad vitam* ist erhalten; vgl. GLAK, 67/810; dazu Gesamtübersicht der Bestände des Generallandesarchivs, S. 200 (dort bezeichnet als: Ad vitam Ludovici III. (1422–1429)).

243 Vgl. dazu BRANDENSTEIN, Urkundenwesen und Kanzlei, S. 176f. Er bezieht sich dabei auf das kurpfälzische Auslaufregister GLAK, 67/808 (bezeichnet als Registraturae liber V (1388–1395); dazu Gesamtübersicht der Bestände des Generallandesarchivs, S. 200). Dazu unten, Kap. 4.3.1.3: Die Auslaufregister.

244 GLAK, 67/812; dazu Gesamtübersicht der Bestände des Generallandesarchivs, S. 200 (dort bezeichnet als: Perpetuum Friderici I. (1449–1475)).

245 GLAK, 67/813 und 67/814; dazu Gesamtübersicht der Bestände des Generallandesarchivs, S. 200 (dort bezeichnet als: Ad vitam I. II. Friderici I. (1462–1477)).

246 Vgl. Gesamtübersicht der Bestände des Generallandesarchivs, S. 201; Inventare des Grossherzoglich Badischen General-Landesarchivs, Bd. 1, S. 145–150.

247 GLAK, 67/799, f. 1*r.

248 GLAK, 67/800, f. 1r. Vgl. hierzu auch unten, Kap. 4.3.1.2: Die Kopialbücher.

249 RICHTER, Die kurtrierische Kanzlei im späteren Mittelalter, S. 78–100. Auslaufregister existierten offenbar nur in rudimentärer Form; vgl. ebd., S. 89, 93.

250 Vgl. RICHTER, Die kurtrierische Kanzlei im späteren Mittelalter, S. 97–100. „Johannes Breithaupt ist als Mitglied der Kanzlei mit seinem Namen sonst nicht nachzuweisen, seine Handschrift begegnet aber häufig. Um die Mitte des 15. Jahrhunderts erscheint er einige Male als Kleriker der Mainzer Diözese und kaiserlicher Notar in Notariatsinstrumenten des Domkapitels – also nicht eigentlich in Geschäften der Kanzlei –, das eine Mal zusammen mit Johannes Jux von Sierck, dem späteren Kanzler. [...] dass er mit seinem Repertorium sich kein geringes Verdienst um die Kanzleigeschäfte auch der späteren Zeiten erworben hat, beweisen die Spuren starken Gebrauchs auf den Rändern des Pergaments, und die Nachträge und Zusätze noch aus späteren Jahrhunderten"; ebd., S. 100.

Im Herzogtum Savoyen diente im 15. Jahrhundert die *perpetuitas* als dasjenige Kriterium, Privilegien überhaupt zu registrieren[251]. Auch für das savoyische Archiv galt das Prinzip, nur diejenigen Stücke zu inventarisieren, *que perpetuitatem concernunt*[252]. Entsprechend konstatierte Peter Rück, „die Auswahl der zu bewahrenden oder noch vielmehr der zu inventarisierenden Archivalien geschah nach dem Kriterium ihres Stellenwertes für die Erhaltung der Macht und ihrer Rentabilität; danach wurden die Utilia von den Inutilia geschieden. Für die Archivare war maßgebend die *perpetuitas* eines Rechts, sein Fortwirken, oder die *perpetualitas*, was dem Sinne nach eine ständige Einkunft bedeuten konnte“[253]. Im übrigen sei zum Schluss darauf hingewiesen, dass auch am französischen Königshof im Spätmittelalter die Registrierung der von der Kanzlei ausgegebenen Urkunden nach demselben Prinzip funktionierte[254].

Bei heutigen Archivaren hingegen stößt die Scheidung zwischen Perpetua und Temporalia meist eher auf Unverständnis, da sie mit moderner Sachaktenführung nichts zu tun hat: „Die rein äußerliche Scheidung der Urkunden nach der Dauer ihrer Rechtsgültigkeit hatte für die Verwaltung zweifellos einen gewissen praktischen Wert, aber die sachlichen Zusammenhänge gingen dabei verloren“, bedauerte im Jahre 1911 der preußische Staatsarchivar Paul Richter[255]. Sie verdeutlicht jedoch ein Stück praktischer Urkundenlehre des Mittelalters, über die zumindest die Landesherrschaft den Großteil ihres Urkundenaufkommens zu unterscheiden in der Lage war. Von den gelehrten Ausführungen Guillaume Durands war diese Urkundenlehre allerdings Lichtjahre entfernt[256]. Es belegt gleichzeitig, dass sich im zufällig überlieferten Handbuch

---

[251] Rück, Die Ordnung der herzoglich savoyischen Archive unter Amadeus VIII., S. 94 mit Anm. 425; ferner S. 53, Anm. 225.

[252] Ebd., S. 53.

[253] Ebd., S. 94; ferner S. 53, Anm. 225. – Ähnliche Beobachtungen wurden für das Archiv der Gonzaga im oberitalienischen Mantua angestellt. Dort begegnen für das 2. Viertel des 15. Jahrhunderts „einzelne Truhen, in denen nur *Inutilia* und *Exteriora* aufbewahrt werden, solche Dokumente also, denen, dauernd oder nur gegenwärtig, für die Fürsten kein politisch einlösbarer Nutzen zukommt“; Behne, Das Archiv der Gonzaga von Mantua im Spätmittelalter, S. 158.

[254] „Il est facile de comprendre pourquoi l'on n'y trouve guère que des lettres scellées en cire verte, si l'on se rappelle la signification de la couleur verte du sceau: l'enregistrement en chancellerie étant simplement une garantie pour la reconstitution de l'acte en cas de perte de l'original, il était naturel de n'y faire enregistrer que les lettres à effet longtemps durable, donc surtout les actes à effet perpétuel“; Morel, La Grande Chancellerie royale, S. 331–343; Zitat ebd., S. 333. Dieselbe Beobachtung für die Zeit bis 1328 machte Perrichet, La Grande Chancellerie de France, S. 405–409.

[255] Richter, Die kurtrierische Kanzlei im späteren Mittelalter, S. 81. Vgl. auch die relative Verständnislosigkeit bei Andrian-Werburg, Urkundenwesen, Rat und Regierungssystem der Herzöge von Bayern-München (1392–1438), S. 77 f. mit Anm. 212.

[256] Es wird nicht mehr zu klären sein, ob es sich um einen unrepräsentativen Zufall handelt, wenn man 1439 in Kurtrier in dem ausführlichen Inventar anlässlich der Übergabe „der erzstiftischen Register, Bücher und Briefe“ durch Erzbischof Raban an seinen Koadjutor und baldigen Nachfolger Jakob von Sierck über Rechtsbücher so gut wie nichts hört. Es hieß dort – in der Richterschen Paraphrase – lediglich: „Zu Ehrenbreitstein im Gewölbe fand man

eines öffentlichen Notars auf verhältnismäßig überschaubarem Raum bereits diejenigen Behelfe fanden, die die landesherrliche Urkundenproduktion, ihre Geschäftsbuchführung und ihr Archivwesen auf dem für sie bedeutenden Feld der Privilegien erforderte. Anders gesagt: In den unsystematischen Aufzeichnungen eines Praktikers finden sich kurz und knapp die Erkenntnisse, die doch nach traditioneller Sicht erst nach langwieriger Herausbildung bürokratischer Strukturen und Verwaltungspraktiken der „Behörde Kanzlei" auf einem fortgeschrittenen Niveau als Produkt ihres sich differenzierenden Verwaltungshandelns, als Blüte sozusagen, entstanden sein sollen.

mehrere Bücher für gottesdienstliche Zwecke, auch ein *sanck buchelin*, dann aber Handbücher für Verwaltung und Kanzleigebrauch: römische Rechtsbücher, ein *buch gar alt in iure*, ein *alt buch in iure civili*, den *liber pontificalis* (*ein buchelin das man nennet pontificalis*), ein Buch genannt *aureum volumen*, von dessen Inhalt wir uns leider gar keine Vorstellung machen"; Richter, Die kurtrierische Kanzlei im späteren Mittelalter, S. 104 f. – Die Feste Ehrenbreitstein zählte in den Jahren zuvor zwar zu den bevorzugteren Aufenthaltsorten der Erzbischöfe, galt aber nicht als zentrales Depot des Urkundenschatzes; vgl. ebd., S. 101–104; ferner Goetz, Regesten der Erzbischöfe zu Trier, S. 145–171; Kerber, Landesherrliche Residenzburgen im späten Mittelalter, S. 60–74, bes. S. 69 f.

3.8 Landesherrliche Kanzler und Kanzleien als Forschungsaufgaben

Welche Ergebnisse zeitigt nun die hiermit vollzogene Umschau zum Thema Spätmittelalterliche Kanzlei? Es lässt sich feststellen, dass zumindest im Deutschen Reich so gut wie nichts für die Kanzlei als institutionell gefestigtes Gebilde im ausgehenden Mittelalter spricht[257]. Adäquater erscheint die Vorstellung eines Personenverbandes, der relativ raschen Wechseln und Veränderungen unterliegt, dessen Mitglieder unterschiedlich lange sehr verschiedenartige Funktionen im Rahmen einer zu definierenden Verwaltung erfüllten. Es dürfte damit hinlänglich zum Ausdruck gekommen sein, dass die Sicht auf die landesherrliche Kanzlei durch forschungs- und institutionengeschichtliche Paradigmata gründlich verstellt ist. Als ein den zeitlichen Verfassungsgegebenheiten Rechnung tragender Lösungsweg aus diesem Problem bietet sich auch hier der prosopographische Zugang an.

Dieser Zugang kann auf verschiedenen Ebenen ansetzen. So ist, wie oben behandelt, die Bedeutung des öffentlichen Notariats im Rahmen der weltlichen Landesherrschaft bis heute kaum erforscht und damit kaum abzusehen. Hier wäre die Weiterentwicklung methodischer Zugriffsweisen vonnöten, die es ermöglichten, diesen Bereich auf die Tätigkeit öffentlicher Notare besser zu kontrollieren.

Neben der Tätigkeit öffentlicher Notare müsste ebenfalls geprüft werden, wo Personen über ihre Funktionen in der Zentrale hinaus sonst noch im Bereich der landesherrlichen Verwaltung erscheinen. Einige Beispiele solcher Multifunktionalität aus dem kurpfälzischen Bereich mögen dies verdeutlichen. Jakob Heimersheim(er) von Alzey, Kanzleiangehöriger des Kurfürsten Ludwig III., konnte in den Jahren 1426 bis 1429 als kurpfälzischer Zollschreiber zu Germersheim nachgewiesen werden. Ähnliches gilt für Emmerich von Moscheln, der 1421, 1426 und 1429 als Landschreiber zu Oppenheim bezeugt ist[258]. Die Liste ließe sich fortsetzen[259]. Noch um die Mitte des 16. Jahrhunderts ließ sich Jobin Weidenkopf, 1544 Kanzler von Pfalz-Zweibrücken, auf eigenen Wunsch aus diesem Amt entlassen, um sich wieder mit dem Amt des Landschreibers im Amt Lichtenberg betrauen zu lassen. Dieses hatte er bereits vorher innegehabt[260]. Entsprechende Nachweise lassen sich auch für andere Territorien führen[261].

---

257 Holzapfl, Kanzleikorrespondenz, S. 398, stellte fest, dass einen „genuin privaten, aus der offiziellen Kanzleikorrespondenz heraustrennbaren Bereich persönlicher Fürstenkorrespondenz" im spätmittelalterlichen Bayern nicht gegeben hat. Diesen Befund kann man aber sicher auch umgekehrt deuten.

258 Brandenstein, Urkundenwesen und Kanzlei, S. 166 f.; ferner ebd., S. 172. Darüber hinaus diente er bereits dem Speyerer Bischof Nikolaus von Wiesbaden als Notar; vgl. Moraw, Kanzlei, S. 514.

259 Vgl. Brandenstein, Urkundenwesen und Kanzlei, S. 173 (betr. Johann Syfelin von Ladenburg).

260 Vgl. Die Inschriften der Stadt und des Landkreises Heidelberg, Nr. 305, S. 175 f., hier S. 176.

261 Für Kurtrier vgl. Burgard, Beamte und Verwaltung, S. 325. Für die Grafschaft Katzenelnbogen vgl. Demandt, Rheinfels und andere Katzenelnbogener Burgen, u. a. S. 52–59. Für

Jobin Weidenkopf steht für eine Personengruppe, der das prosopographische Erkenntnisinteresse der weiteren Untersuchung gelten soll.

Es erscheint sinnvoll, bei dem Versuch einer Annäherung an das Phänomen Kanzlei sich Personen zuzuwenden, deren Amt mit ihr unmittelbar verknüpft ist. Hier bieten sich diejenigen Funktionsträger an, die von den Quellen als oberste Schreiber, *prothonotarii*, Kanzler oder ähnlich bezeichnet werden. Bereits hierbei beginnt die Begrifflichkeit erneut, Hürden bzw. erste Weichen aufzubauen. Es würde erneut ein hierarchisch strukturiertes und bürokratisch organisiertes Institutionenmodell implizieren, wenn sie damit als Leiter der Kanzlei gekennzeichnet und in dieser Eigenschaft untersucht würden[262]. Kanzlei soll im Folgenden nicht als Behörde aufgefasst werden. Stattdessen sollen die Bezeichnungen oberste Schreiber, *prothonotarii*, Kanzler usw., die – nach allem, was wir wissen – jeweils nur einer oder zumindest sehr wenigen Personen gleichzeitig in der mittelalterlichen Landesherrschaft zugedacht waren, als Auswahlkriterien dienen. Die so bezeichneten Personen sollen diachron seit ihrem

---

die wettinische Markgrafschaft Meißen LIPPERT, Studien über die wettinische Kanzlei und ihre ältesten Register, S. 13–29, 209–215; BLASCHKE, Urkundenwesen und Kanzlei der Wettiner, S. 196. Für das habsburgische Vorderösterreich vgl. KÖHN, Auszahlungen des Kammermeisters Georg von Welsberg, S. 85. Die Liste ließe sich fortsetzen. Für die Peripherie entsprechende Beobachtungen bei MERSIOWSKY, Anfänge, S. 347–354.

262 Es handelt sich dabei jedoch um die übliche Form, in der Kanzler biographisch abgehandelt werden. Vgl. zu einzelnen Territorien: BAUM, Nikolaus Cusanus und Leonhard Wiesmair; BÖTTICHER, Peter Bötticher und seine Zeit; DÖSSELER, Die jülich-bergische Kanzlerfamilie Lüninck; GEISS, Wolfgang Graf zu Neukolberg, Kanzler Herzog Georgs des Reichen; KENTENICH, Ludolf von Enschringen; KIST, Dr. Peter Knorr aus Kulmbach; DERS., Peter Knorr; KÖSTER, Adolf von Breithardt † 1491. Mainzer Kanzler unter Erzbischof Adolf II.; KRIEGER/FUCHS, Der Prozeß gegen Heinrich Erlbach in Regensburg; LENCKNER, Der brandenburgische Kanzler Johann Völker aus Crailsheim; MERZBACHER, Johann von Allendorf, Stiftspropst von St. Burkard und bischöflicher Kanzler; MORNEWEG, Dalberg; NÄGELE, Ulrich Putsch aus Donauwörth. Kanzler von Tirol; NIEDERAU, Die jülich-bergische Kanzlerfamilie Lüninck; PODLECH, Tilmann Joel von Linz, † 1461; SCHRAMM, Johann von Mergenthal; SCHRENCK, Zwei Kanzler aus Braunau; SCHWOB, Vorreformatorische Maßnahmen in Tirol; SOTTILI, Peter Knorr rettore della Facoltà giuridica pavese; STAUBER, Der letzte Kanzler des Herzogtums Bayern-Landshut; STIEVERMANN, Der Augustinermönch Dr. Conrad Holzinger; STRNAD, Kanzler und Kirchenfürst. Streiflichter zu einem Lebensbilde Bertholds von Wehingen; TEWES, Die Esslinger Kreidweiß an den Höfen der Markgrafen von Baden und der Kurfürsten von Trier und Köln; THUMSER, Hertnidt vom Stein; WENCK, Johann von Eisenberg, Kanzler Friedrichs des Ernsthaften; WINTERMAYR, Andreas Planck, ein österreichischer Kanzler. – Zu königlichen Hofkanzlern: BACH, Konrad von Querfurt, Kanzler Heinrichs VI.; BÜCKING, Der „Oberrheinische Revolutionär" heißt Conrad Stürtzel; HUFNAGEL, Caspar Schlick als Kanzler Friedrichs III.; SCHÖNHERR, Über Marx Treytz-Saurwein, Geheimschreiber K. Maximilians I.; STRNAD, Zur Biographie Johann Windlocks; ZECHEL, Studien über Kaspar Schlick. – Frankreich: LALOU, Guérin, Frater. – Burgund: BERGER, Nikolaus Rolin; PARAVICINI, Zur Biographie des Guillaume Hugonet; PRIDAT, Nicolas Rolin. – Savoyen: MARESCHAL DE LUCIANE, Antoine Champion, chancelier de Savoie, et sa famille. – Italien: ANSIDEI, Ser Lodovico di Jacopuccio da Rieti cancelliere del comune di Perugia (1381–1402); BROWN, Bartolomeo Scala 1430–1497; NICOLINI, Stefano Guarnieri da Osimo cancelliere a Perugia.

ersten Erscheinen in den Quellen bis in die zweite Hälfte des 15. Jahrhunderts untersucht werden, und zwar in Hinblick auf ihre Herkunft, ihre Ausbildung, ihren Status, ihre Einsatzbereiche, ihre Rekrutierung und ihre Innovationskraft im Rahmen von Verwaltung im Sinne von ‚den Mitteln und Wegen der Herrschaftsverwirklichung'[263].

Die Untersuchung wird paradigmatisch an einem bestimmten Beispiel – der Kurpfalz – erfolgen. Dabei erweist es sich in Hinblick auf verallgemeinerungsfähige Aussagen als notwendig, vergleichende Blicke auf die Entwicklung weiterer Territorien zu werfen. Strukturell besehen ist das Untersuchungsfeld die Landesherrschaft im spätmittelalterlichen deutschen Reich. Es wird in der Forschung davon ausgegangen, dass es sich bei ihr um eine Form von Herrschaft handelt, die historisch betrachtet und gemessen an der übrigen europäischen Entwicklung einen Sonderfall darstellt. Grund dafür ist die spezifische Verfassungsentwicklung, die das Reich beispielsweise im Verhältnis zu den westeuropäischen Monarchien spätestens seit dem 13. Jahrhundert nahm und die zu grundsätzlich anderen Herrschaftsstrukturen im Verhältnis von Zentrale und Peripherie führten[264]. Hiervon war bereits in den vorangegangenen Kapiteln die Rede.

Diese Prämissen müssen im Blick behalten werden, da mit spätmittelalterlichen Kanzlern vermutlich sofort bestimmte Personen assoziiert werden. Hierzu gehören der burgundische Kanzler Nicolas Rolin[265] ebenso wie die florentinischen Kanzler Coluccio Salutati[266] und – an der Schwelle zur Neuzeit – Niccolò Machiavelli[267]. Die

[263] Im Gegensatz zu einzelnen Biographien, die Aufsatzformate meist nicht überschreiten, fehlt es besonders im deutschsprachigen Raum bislang an diachronen Untersuchungen. Die meisten Ansätze beschränken sich auf die Herrschaftszeit eines einzelnen Regenten; vgl. Moraw, Grundzüge der Kanzleigeschichte Karls IV., S. 29–41; Erkens, Über Kanzlei und Kanzler König Sigismunds; Ringel, Studien, S. 81–165. An älteren Arbeiten wäre zu verweisen auf Holtze, Die ältesten märkischen Kanzler und ihre Familien; Ders., Die märkischen Kanzler bis 1650. – Über einen längeren Zeitraum reichende Kanzlerprosopographien finden sich u. a. bei Baroni, I cancellieri di Giovanni Maria e di Filippo Maria Visconti; Garin, I cancellieri umanisti della Repubblica fiorentina; Sancassani, Cancelleria e cancellieri del Comune di Verona; Ryckman de Betz/Jonghe d'Ardoye, Armorial et biographies des chanceliers et conseillers de Brabant, Bd. 1; Geradon, L'étrange carrière du chanoine Gilain de Sart; Cockshaw, Le personnel de la chancellerie de Bourgogne-Flandre, S. 1–58, bes. S. 55–58; Damen, De staat van Dienst, S. 439–503.

[264] Um eine Vorstellung von den Konsequenzen dieser unterschiedlichen Entwicklung in der Praxis zu erhalten, genügt ein Blick auf das Inhaltsverzeichnis des 1980 erschienen Sammelbandes „Histoire comparée de l'administration", besonders im Hinblick darauf, was jeweils unter den Oberbegriffen „Administration centrale" und „Administration locale" subsummiert wird; ebd., S. 732 f. – Zur französischen Verwaltung des ausgehenden Mittelalters vgl. neben den einzelnen Beiträgen in dem o. g. Sammelband den Überblick von Lemarignier, La France médiévale.

[265] Zu ihm die neueren Arbeiten von Pridat, Nicolas Rolin, bes. S. 39–59, und Kamp, Memoria und Selbstdarstellung; ferner Perier, Un chancelier au XVe siècle. Nicolas Rolin; Berger, Nikolaus Rolin.

[266] Einen guten Überblick bietet De Rosa, Coluccio Salutati. Il cancelliere e il pensatore politico; ferner Herde, Politik und Rhetorik am Vorabend der Renaissance, bes. S. 155–164; allg. Garin, I cancellieri umanisti della Repubblica fiorentina.

[267] Vgl. zu ihm u. a. Buck, Machiavelli, bes. S. 26–36; ferner Diesner, Niccolò Machiavelli, bes. S. 20–32; Knoll/Saracino, Niccolò Machiavelli.

deutschen Kanzler des Spätmittelalters wirken dagegen unauffällig und kaum wahrnehmbar. Vergleichbares zur Van Eyckschen Rolin-Madonna und der Hospitalstiftung in Beaune[268], zum ‚Roman de Fauvel'[269] oder zu Machiavellis ‚Principe' kann mit deutschen landesherrlichen Kanzleien und deren Angehörigen nicht in Verbindung gebracht werden. Es ist hier gerade noch die Reichsspitze, die mit Persönlichkeiten wie Johann von Neumarkt[270] oder Kaspar Schlick[271] aufwarten kann. Doch dürfte bereits deren Bekanntheitsgrad über einen engeren Spezialistenkreis kaum hinausreichen[272].

Der Begriff *cancellarius*/Kanzler hat eine lange Tradition, dessen Bedeutungsgehalt sich von der Antike über das Mittelalter, die frühe Neuzeit bis in die Moderne vielfach gewandelt hat. Dies muss analog zum Begriffsfeld Kanzlei im Auge behalten werden. Im heutigen Deutschland handelt es sich dabei in erster Linie um eine rezente politische Funktionsbezeichnung[273], deren Bedeutungsfeld nicht mit spätmittelalterlichen, sondern mit aktuellen politischen Inhalten und Personen gefüllt ist. Dadurch ist dieser noch um einiges assoziationsbehafteter – oder anders ausgedrückt, schillernder – als der der Kanzlei.

Wendet man sich von dieser politischen zu einer historischen Ebene, dann sind Bedeutungswandlungen unverkennbar. Schon im 19. Jahrhundert verhielten sich die Dinge vollkommen anders als heute. In den Jahren 1747 bis 1810 leitete in Preußen der Großkanzler die Justizverwaltung[274]. Von 1807 bis 1848/50 war der Staatskanzler der oberste Minister des Königreichs Preußen. Erinnert sei an Persönlichkeiten wie den Staatskanzler Karl August von Hardenberg († 1822) als Leiter der Innen-, Außen- und Finanzpolitik Preußens, an den Kanzler des Norddeutschen Bundes und späteren Reichskanzler Otto von Bismarck, den „Eisernen Kanzler" († 1898), oder

---

268 Vgl. KAMP, Memoria und Selbstdarstellung. – Auch das wahrscheinlich vor 1485 entstandene und aus der Familien-Grabkapelle in der Pfarrkirche St. Peter zu Herrnsheim bei Worms stammende gläserne Stifterbild des kurpfälzischen Kanzlers Johann, Kämmerer von Dalberg, vermag im Verhältnis dazu nicht recht überzeugen; Vom Leben im späten Mittelalter, Nr. 138, S. 277 und ebd., Taf. XIII, S. 269; dazu auch HESS, Meister um das ‚mittelalterliche Hausbuch', S. 77–79, 170–172.

269 MÜHLETHALER, Fauvel (Roman de); BAUTIER, Chancellerie et culture, S. 19, LALOU, Le roman de Fauvel à la chancellerie royale; sowie die Beiträge in BENT/WATHEY, Fauvel Studies.

270 Vgl. BISTŘICKÝ, Johannes von Neumarkt; ferner die Bibliographie in: Maiestas Carolina, S. XXXII–XXIV.

271 HEINIG, War Kaspar Schlick ein Fälscher?; ZECHEL, Studien über Kaspar Schlick.

272 Entsprechend unberücksichtigt blieben sie im 1990 erschienenen Sammelband über „Cancelleria e cultura nel Medio Evo". Robert-Henri Bautier präsentierte ebd. in einem weit gefassten Überblick für Deutschland lediglich Johann von Neumarkt als „protonotaire" Karls IV.; BAUTIER, Chancellerie et culture, S. 40. – Bei diesem Negativbefund dürfte es sich vornehmlich um eine Forschungslücke handeln; dazu vgl. oben, Kap. 2.3.4: ‚Kanzlei und Kultur'.

273 Vgl. GÖRG, Bundesregierung, bes. Sp. 268 f.

274 Vgl. das Stichwort „Kanzlei" bei MEISNER, Archivalienkunde, S. 309.

an den „letzten Kanzler des Kaisers“, Prinz Max von Baden († 1929)[275]. Doch auch von ihnen reicht keine gerade Linie in das Spätmittelalter.

„Der Kanzler ist der Großsiegelbewahrer und Vorstand der Staatskanzlei. In dieser hat er die vom Kurfürsten zu erlassenden Schriftstücke ausfertigen zu lassen und zu untersiegeln“[276]. So unmissverständlich formulierte es Conrad Bornhak im Jahre 1884 im ersten Band seiner Geschichte des preußischen Verwaltungsrechts. Im Auge hatte er den Zeitraum zwischen 1415 und 1604. Doch bereits für die davor liegende Zeit war mit ‚festen Verwaltungsrichtlinien‘ zu rechnen, die nicht viel anders aussahen[277]. Für Bayern klang es 1889 ähnlich: „Nur der Chef der Kanzlei, der Protonotar und später der Kanzler, übt dadurch, dass alle wichtigen Regierungs- und Verwaltungsgeschäfte, nachdem er vorher dem Herzog Vortrag gehalten und dessen Genehmigung erholt hatte, nach seinem Befehle urkundlich fixiert werden, auch auf den materiellen Inhalt der Urkunden Einfluß und wird so neben dem Hofmeister der hervorragendste Beamte am fürstlichen Hofe“[278].

Konsultiert man moderne Darstellungen zur mittelalterlichen Kanzlei, so will es scheinen, dass immer noch ähnliche Sichtweisen den Blick auf die spätmittelalterlichen Verhältnisse verstellen. Denn die unterschiedlichen historischen Bedeutungsebenen des Wortes Kanzler in der nachmittelalterlichen Zeit müssen im Auge behalten werden. Dies gilt nicht nur für die hier präsentierten, eher zufällig gewählten Beispiele aus der Geschichte der wissenschaftlichen Forschung, sondern auch für die modernen wissenschaftlichen Fachvertreter der verschiedenen Epochen und Sparten. Beispielsweise hatte Gerhard Oestreich als Frühneuzeithistoriker vom Kanzler des Spätmittelalters analog zu dem ihm vertrauteren Zeitraum klare Vorstellungen. Es handelte sich für ihn dabei um einen gelehrten Rat, der vornehmlich mit der Rechtsprechung befasst war und der an der eigentlichen Herrschaft nur mit Mühe Anteil behielt[279].

Doch gerade das Juristenparadigma sollte – wie bereits angesprochen – für die Verwaltungswirklichkeit des Spätmittelalters einer kritischen Überprüfung unterzogen werden. Dies gilt besonders in Hinblick auf die Frage, ob es tatsächlich die Vertreter des gelehrten Rechts waren, die allein aufgrund dieser Qualifikation die Verwaltung intensivierten und damit einen entscheidenden Beitrag zur Verfassungsverdichtung des Spätmittelalters geleistet haben?[280]

Wie stark Vorstellungen des 19. Jahrhunderts auf dem Weg über die Rezeption der älteren Forschung in die moderne wissenschaftliche Literatur gelangt sind, lässt sich

---

[275] Zu ihm die Biographie von Machtan, Prinz Max von Baden.

[276] Bornhak, Geschichte des preußischen Verwaltungsrechts, Bd. 1, S. 170. Auf die „Thätigkeit des Kanzlers in der Justiz“ ging er an anderer Stelle ein.

[277] Ebd., S. 59.

[278] Rosenthal, Gerichtswesen und Vewaltungsorganisation in Bayern, Bd. 1, S. 268 f.

[279] Oestreich, Das persönliche Regiment der deutschen Fürsten, S. 216 f.

[280] So Moraw, Gelehrte Juristen, S. 146 f. – Zu Juristen als Kanzlern vgl. u. a. Dotzauer, Deutsches Studium und deutsche Studenten an europäischen Hochschulen, S. 128–131 (ebenfalls unter Hinweis auf die ältere Literatur; ebd., S. 128, Anm. 45); Boockmann, Zur Mentalität spätmittelalterlicher gelehrter Räte; S. 313 f.

gerade bei Rechtshistorikern ohne Mühe nachweisen. So fußt beispielsweise die gesamte Argumentation bei Winfried Trusen über die landesherrlichen Kanzler in seinem 1962 veröffentlichten Klassiker über die ‚Anfänge des gelehrten Rechts in Deutschland', fast ausschließlich auf Literatur des vorausgegangenen Säkulums[281]. Den Auftakt bildet ein Zitat aus der 1888 erschienenen ‚Brandenburg-Preußischen Rechtsverwaltung' von Adolf Stölzel: „Der Kanzler ist die Figur, in welcher sich die Rechtsgelehrsamkeit der Zeit personificirt; er ist das Medium, welches dem Landesherrn den ‚nach gemeinem Rechte' zu beurtheilenden Rechtsstoff zuführt, welches behülflich ist, diesen Rechtsstoff immer mehr zu verbreitern, und welches damit der landesherrlichen Gewalt eine immer festere Stütze schafft"[282].

Unter Berufung auf die 1889 erschienene Geschichte des Gerichtswesens und der Verwaltungsorganisation in Bayern von Eduard Rosenthal charakterisiert Trusen den Einsatzbereich des Protonotars (oder obersten Schreibers). Dieser „gewinnt den größten Einfluß auf die Regierungsangelegenheiten; seine gelehrte Bildung, seine Kenntnis des kanonischen Rechts hebt ihn ja auf diesen Posten und macht ihn zum einflußreichsten Ratgeber des Fürsten, dessen Beschlüssen er erst die formelle Gestaltung gibt resp. geben läßt. Der Protonotar leitete als Vorstand alle Geschäfte der Kanzlei, die Notare hatten seine Befehle zu vollziehen"[283]. Hatte Stölzel in seiner Argumentation die zweite Hälfte des 15. Jahrhunderts, also das ausgehende Mittelalter, im Auge, so ist zu beachten, dass das Zitat von Rosenthal in einem Zusammenhang steht, in dem der Autor das Jahr 1228 bezogen auf die Regierungszeit des bayerischen Herzogs Ludwig I. abhandelte. Fast möchte man die moderne Diskussion um die Frührezeption des 13. Jahrhunderts hier mit Händen greifen.

Zu der Behandlung des landesherrlichen Kanzlers von juristischer Seite traten in jüngerer Zeit veränderte Betrachtungsweisen[284]. Nicht die Rechtswissenschaftler, sondern die Diplomatiker hatte Peter Moraw im Visier, als er 1985 eine Untersuchung

---

[281] Trusen, Anfänge des gelehrten Rechts, S. 215–221, bes. S. 215–217.

[282] Stölzel, Brandenburg-Preußens Rechtsverwaltung, Bd. 1, S. 118; wörtlich [!] zitiert bei Trusen, Anfänge des gelehrte Rechts, S. 215. – Adolf Stölzel hat diesen Standpunkt auch an anderer Stelle vertreten: „Der geistliche Stand und das canonische Recht war die Brücke gewesen, mittels deren gelehrte Richter ihren Weg in die fürstliche Canzlei, sei es als Canzler sei es als Räthe, fanden"; Ders., Die Entwicklung des gelehrten Richterthums, Bd. 1, S. 412 f.

[283] Rosenthal, Gerichtswesen und Verwaltungsorganisation in Bayern, Bd. 1, S. 267; zitiert bei Trusen, Anfänge des gelehrte Rechts, S. 215 f., Anm. 31.

[284] Parallel dazu existieren allerdings immer noch die alten Klischees vom Kanzler als oberster Justiz- und Verwaltungschef. Als Kostprobe diene ein Beitrag aus dem Jahr 1986 zur Kurpfalz (1475–1685): „Der Kanzler hatte zweifellos die politisch und administrativ bedeutsamste Stellung, da er die jeweilige Tagesordnung der Sitzungen des Oberrats vorbereitete, deren Themen festlegte und die Beschlüsse durch die ihm unterstehenden Dienststellen, v. a. die Kanzlei, ausführen ließ. Er übte die Aufsicht über alle Ober- und Unteramtleute und die Zentralbehörden aus; neben der Kanzlei also die Rechenkammer, die geistliche Verwaltung, das Hof- und Ehegericht, spätestens seit 1576 auch der Kirchenrat. Selbstredend hatte er sich auch um die Belange der Universität zu kümmern"; Stuck, Personal der kurpfälzischen Zentralbehörden, S. 4.

der Kanzlei „unter der Kanzlerperspektive“ forderte. Den Ausgangspunkt seiner Argumentation bildete die Tatsache, dass der Schreibervergleich als Grundoperation der diplomatischen Methode zur Ermittlung der Kanzlei die hierarchischen Verhältnisse innerhalb derselben gewissermaßen „auf den Kopf“ stelle, da „das in den äußeren und inneren Urkundenmerkmalen kaum greifbare Kanzleramt mit allen seinen Zusammenhängen“ aus dem Untersuchungsrahmen herausfalle[285]. „Sicherlich ist die Geschichte dieses Amtes ein schwieriges Kapitel, denn der Kanzler befand sich in einer eigentümlichen Zwischenstellung zwischen Herrscher und Kanzlei. Seine persönliche Beziehung zum Herrn entschied über seine Allmacht und Machtlosigkeit, nicht eine objektivierte, ein für allemal festgelegte Kompetenz; er besaß also eine patrimoniale, keine bürokratische Position. Von Kanzler zu Kanzler hat es daher große Unterschiede gegeben, eine Kanzlergeschichte allein als Amtsgeschichte ist nahezu sinnlos. Selbst kanzleitechnische Aktionen, z. B. Neuerungen, können mit dem Namen des jeweiligen Kanzlers nur mit großer Vorsicht verbunden werden, ungefähr so wie das politische Handeln mit dem Namen des Herrschers; man weiß nicht genau, was König oder Kanzler persönlich hervorbrachten“[286]. Als eine etwas unklar wirkende Lösung des Problems empfahl Moraw eine Untersuchung des „Stils“ eines Kanzlers, welchen er als „Summe von nicht leicht zu bewertenden Einzelbeobachtungen über den in seiner Amtszeit produzierten Urkundenverkehr“ bezeichnete[287].

Einen soziotypologisch orientierten Ansatz verfolgte Reinhard Stauber 1991, indem er die Kanzler der bayerischen Herzogtümer in zwei Gruppen teilte: erstens, die graduierten Geistlichen, zweitens, die in der Regel nicht graduierten Laien. Für die erste Gruppe „war das Kanzleramt nur eine Zwischenstation beim Aufstieg zu höchsten geistlichen Würden“. Die zweite Gruppe rekrutierte sich über die „niederen Schreiberstellen in der Herzogskanzlei“. Zwar gelang manchen dieser Schreiber der Aufstieg bis ins Kanzleramt, der Erwerb von Grundbesitz und durch Konnubium der Erwerb der Landstandschaft, „doch verblieben die Laienkanzler in einer mehr untergeordneten Stellung“[288].

Die Autopsie der Forschungsgeschichte vermag zu erklären, wieso die moderne Forschung aber auch zu ganz differierenden Auffassungen gelangte. Auf der einen Seite steht die einleuchtend bis selbstverständlich wirkende Aussage, jeder spätmittelalterliche Kanzler sei von Haus aus (Kleriker)-Jurist gewesen[289]. Dieser wiederum

---

285 Moraw, Grundzüge der Kanzleigeschichte Karls IV., S. 28.

286 Ebd., S. 28 f.; knapper Ders., Die königliche Verwaltung im einzelnen, S. 39 f.

287 Moraw, Grundzüge der Kanzleigeschichte Karls IV., S. 29. Er bezeichnete es selbst lediglich als „ein verhältnismäßig brauchbares Vorgehen“, analog zum „politischen Stil“ eines Herrschers; ebd.

288 Stauber, Der letzte Kanzler des Herzogtums Bayern-Landshut, S. 340; ähnlich Moraw zur königlichen Hofkanzlei: „Ein Teil der Kanzler hatte sich in der Kanzlei hochgedient, andere – in der Regel schon Bischöfe – kamen von außen“; Ders., Die königliche Verwaltung im einzelnen, S. 40.

289 Vgl. Dietmar Willoweit in einem Diskussionsbeitrag in: Schnur (Hg.), Die Rolle der Juristen bei der Entstehung des modernen Staates, S. 317 f.; Moraw, Careers of graduates, S. 261 f.

habe, so die These von Ingrid Heike Ringel, sein juristisches, diplomatisches und verwaltungstechnisches Spezialwissen – man denkt hier fast einem modernen Spitzenmanager – häufig nicht nur in einer Kanzlei, sondern nacheinander in mehreren zur Anwendung gebracht[290].

Dieser These fast schon diametral entgegen steht beispielsweise der Befund eines Archivars bei der Untersuchung der spätmittelalterlichen Verwaltung des Doppel-Territoriums Kleve-Mark: „Wichtiger als diese ‚Hilfskräfte' [gemeint sind die Juristen!], die an den Entscheidungsstrukturen im Rat kaum etwas änderten, war die Bildung einer zweiten hierarchischen Spitze in der Landesregierung nach dem Herzog [von Kleve-Mark] im Amt des Kanzlers"[291].

Die Polarität solcher Aussagen erfordert eine neuerliche grundsätzliche Untersuchung. In dieser Studie soll es demnach nicht um die Untersuchung der Tätigkeitsfelder bestimmter aufgrund ihrer Ausbildung homogener sozialer Gruppen wie z. B. eben die der Juristen gehen[292]. Stattdessen soll die umgekehrte Richtung eingeschlagen werden. Über die durch zeitgenössische Bezeichnungen markierten prominenten Vertreter des Personenverbandes Kanzlei sollen mit den Mitteln der Prosopographie Einblicke in das Funktionieren derselben gewonnen werden[293]. Parallel dazu tritt die Analyse der für das Agieren der Kanzlei aussagefähigen Dokumente, nämlich der in ihr und für sie entstandenen Arbeitsbehelfe und Kanzleibücher. Besser als die weit gestreuten und einer weitgehenden Normierung unterworfenen Produkte ihrer Tätigkeit, der Urkunden und Briefe, lassen diese internen Schriftstücke die Mechanismen der Kanzlei, ihre Aufgaben und Zwecke erkennen[294]. Interessanterweise hat dies in der französischen Forschung eine klare Tradition, in der zwischen der Diplomatik und der Archivkunde unterschieden wird. Der hier vertretene Ansatz, das interne Schriftgut zentral in den Fokus zu nehmen, wäre damit der Archivwissenschaft zuzuordnen[295].

Es soll kein Zugriff in klassisch diplomatischer Manier unternommen werden, daher auch dem Urkundenmaterial nicht die für jenen Ansatz entscheidende Aufmerk-

---

290 So die Befunde für Kurmainz in der Regierungszeit Erzbischof Dietrichs von Erbach (1434–1459); RINGEL, Studien, S. 224–226.

291 SCHLEIDGEN, Kanzleiwesen, S. 102.

292 Zur Notwendigkeit solcher Differenzierungen vgl. PETERSOHN, Die Vita des Aufsteigers, S. 9, Anm. 24.

293 Dazu PRESS, Führungsgruppen in der deutschen Gesellschaft, S. 48, Anm. 52; MORAW/PRESS, Probleme der Sozial- und Verfassungsgeschichte des Heiligen Römischen Reiches, S. 97, 103 f.

294 Allerdings soll dabei die Fragestellung nicht auf einen reinen „discorso eminentemente formalistico e classificatorio della diplomatica" reduziert werden; vgl. dazu die kritischen Bemerkungen bei BARTOLI LANGELI, La documentazione degli stati italiani nei secoli XIII–XV, S. 47, Anm. 45.

295 Vgl. die Beiträge von TESSIER, Diplomatique (in der Abteilung „Recherche méthodique des témoignages"), und BAUTIER, Les archives (in der Abteilung „Conservation et présentation des témoignages"), hier bes. S. 1125–1128, in der von Georges Samaran 1961 herausgegebenen Enzyklopädie: L'Histoire et ses méthodes.

samkeit zukommen. Es konnte bereits nachgewiesen werden, dass einerseits auch schlichte öffentliche Notare das Handwerkszeug spätmittelalterlicher Urkundenlehre beherrschten. Andererseits erschien uns die Kanzlei nicht als Behörde, sondern als unfester Personenverband. Es verfehlt von daher seinen Sinn, mit Methoden, deren Aufwand in keinem Verhältnis zum Ertrag stehen, nach Strukturen und Mechanismen zu suchen, die der untersuchten Epoche und dem untersuchten Gegenstand nicht angemessen erscheinen. Durch den diachronen Ansatz und die als besonders aussageträchtig erscheinende Beschränkung auf Kanzler und Geschäftsschriftgut wird sich die weitere Untersuchung auf die Aspekte fokussieren, die für die Verwaltungsgeschichte der mittelalterlichen Landesherrschaft, ihrer Entwicklung und Entfaltung von besonderer Bedeutung sind.

Damit einhergehend muss jeweils auf die bisherige Forschung ein konzentrierter Blick geworfen werden. Wie bereits im ersten Teil dieser Arbeit umfassend diskutiert wurde, transportieren sowohl Kanzleiforschung wie Verwaltungsgeschichte für das Mittelalter (und die frühe Neuzeit) z. T. vollkommen anachronistische und ihrerseits wiederum historisierte Erklärungsmodelle. Der Gang der Forschung reflektiert meist auf ganz eigene Weise das Schicksal des entsprechenden Territoriums seit Ausgang des Ancien Régime, darüber hinaus den Verbleib und die Erschließung der mittelalterlichen Archivalien, das Voranschreiten der Quellenpublikationen und die Veränderung der spezifischen Fragestellungen. Verzichtet man darauf, diese Zusammenhänge zu erschließen und angemessen zu diskutieren, dann gerät man nicht nur in die Gefahr, das entsprechend zugrundeliegende Kanzleiparadigma unhinterfragt zu übernehmen und auf das Mittelalter zu projizieren, sondern verstellt sich auch die Sicht auf das spezifisch Zeittypische der jeweiligen Fragestellung sowie auf die Wege, die das Mittelalter beschritt, um das Problem ‚Verwaltung‘ zu lösen.

4. Kanzler und Kanzlei der Kurpfalz im Spätmittelalter

4.1 Vorbemerkungen

4.1.1 Die Kurpfalz als Paradigma

In diesem Teil soll die Pfalzgrafschaft bei Rhein paradigmatisch als Untersuchungsobjekt dienen. Das Territorium verdient ein besonderes Interesse der Spätmittelalterforschung, da ihm, gemessen an seiner in diesen Jahrhunderten erfolgenden ungewöhnlich raschen und beachtlichen Entwicklung[1], zumindest in Deutschland kaum etwas Vergleichbares an die Seite gestellt werden kann.

Der rheinische Zweig der Wittelsbacher gelangte erst im frühen 14. Jahrhundert nach zähen Auseinandersetzungen mit den bayerischen Verwandten zu einer dynastischen und damit territorialen Eigenständigkeit. Eine Schlüsselposition in dem sich anschließenden Aufstieg nimmt Pfalzgraf Ruprecht I. (* 1309, reg. 1329–(†) 1390) ein. Aufgrund seiner langen Herrschaftszeit, des dabei an den Tag gelegten politischen Geschicks und seines verwaltungstechnischen Sachverstands gilt er als Begründer des Territoriums. Über die Sicherung der Kurwürde durch eine enge Kooperation mit dem Königtum um die Mitte des 14. Jahrhunderts gelang der weitere Aufstieg der Dynastie unter Überflügelung der bayerischen Verwandten. Dieser Aufstieg gipfelte im Königtum des gleichnamigen Großneffen Ruprecht III. zu Beginn des 15. Jahrhunderts. Diese Spitzenstellung unter den Territorien des Reiches konnte im 15. Jahrhundert zwar gehalten werden, wenngleich ein zweites, von Pfalzgraf Friedrich I., dem Siegreichen, angestrebtes Königtum kurz nach der Jahrhundertmitte trotz verschiedener Anstrengungen nicht mehr zustande kam.

Wählt man die Kurpfalz als Paradigma, so kann die Entwicklung eines jungen Territoriums von seinen Anfängen im späten 13. und frühen 14. Jahrhundert bis hin zu seiner Konsolidierung im 15. Jahrhundert gewissermaßen in Reinkultur verfolgt werden[2]. Damit besteht die Möglichkeit, an einem gewählten Beispiel exemplarisch zu untersuchen, um was es sich bei dem Stichwort Kanzlei im Rahmen von landesherrlicher Verwaltung tatsächlich gehandelt hat. Das somit verfolgte Forschungsinteresse soll allerdings nicht isoliert auf die Kurpfalz beschränkt bleiben. Vielmehr soll nach den Trägern der Verwaltung vornehmlich im Bereich der Zentrale, ihren überterrito-

---

1 Vgl. dazu den Überblick bei MORAW, Die kurfürstliche Politik der Pfalzgrafschaft im Spätmittelalter; ferner SCHAAB, Geschichte der Kurpfalz, Bd. 1, S. 91–219; Mittelalter. Der Griff nach der Krone; KOLB, Heidelberg; STUDT, Pfalz.

2 Vgl. dazu auch PELTZER, Der Rang der Pfalzgrafen; DERS., Der Pfalzgraf als Königswähler.

rialen Beziehungsgeflechten und Rekrutierungsmechanismen gefragt werden. Gleichzeitig soll der Blick auf das Schriftgut einen allgemeinen Eindruck von der Entwicklung dieser Verwaltung im Spätmittelalter vermitteln. Verbunden damit soll eine Antwort auf die Frage gesucht werden, ob tatsächlich alle in der Kanzlei produzierten, über die Urkunden hinausgehenden internen Hilfsmittel wirklich als solche, der Verwaltung dienende aufzufassen sind.

Es muss in diesem Zusammenhang noch einmal betont werden, dass hier nicht eine Kanzleistudie im traditionellen Sinn beabsichtigt ist. Deutlich wird dies, wenn man beispielsweise die 1990 bei Hans Rall entstandene und 1996 im Druck erschienene Arbeit von Joachim Spiegel zu ‚Urkundenwesen, Kanzlei, Rat und Regierungssystem des Pfalzgrafen bei Rhein und Herzogs von Bayern Ruprechts I. (1309–1390)' betrachtet[3]. Dies soll an dieser Stelle etwas ausführlicher geschehen, da sich Teile dieser Studie mit derjenigen Spiegels überschneiden. Spiegels Untersuchung gliedert sich in folgende Kapitel: Das Urkundenwesen (S. 1–115), die Kanzlei (S. 116–212), der Rat (S. 213–306) und das Regierungssystem (S. 307–573). Beschränkt man sich auf die Bereiche Urkundenwesen und Kanzlei, dann bietet die Arbeit Spiegels verschiedene Zugänge. Gerade im Bereich des Schriftgutes interessiert ihn, wie das erste Kapitel bereits zum Ausdruck bringt, allein das Urkundenwesen. Auf den gut hundert Seiten werden in klassisch diplomatischer Methode die Urkunden, Briefe und Mandate einer Kritik ihrer äußeren und inneren Merkmale unterzogen. Für Erörterungen zum beginnenden Aktenwesen und zur Registerführung reichen am Ende des Kapitels gerade einmal acht Seiten (S. 106–114). Es fällt auf, dass die Untersuchung auf keine weiteren Kanzleiprodukte eingeht, obwohl solche für die Zeit Ruprechts I. existiert haben. Zu nennen wären die weiter unten zu besprechenden Typen Rechnung, Bedeverzeichnis, Kopialbuch und Urbar. Man fragt sich, warum sie bis auf die auf wenigen Seiten abgehandelte Registerführung ausgespart wurden. Die Antwort ergibt sich offensichtlich aus der angewendeten Methode: Die Diplomatik des Früh- und Hochmittelalters hat für derartige Schriftguttypen mangels Existenz kein Untersuchungsinstrumentarium entwickelt. Sie damit bei einer Untersuchung der spätmittelalterlichen Kanzlei auszusparen, führt aber zu eklatanten Fehlschlüssen bzw. Fehleinschätzungen. Zudem wird der spätestens mit Erscheinen des programmatischen Aufsatzes von Hans Patze über die ‚Neuen Typen des Geschäftsschriftgutes im 14. Jahrhundert' zu Beginn der siebziger Jahre des 20. Jahrhunderts erreichte Forschungsstand missachtet[4]. Stattdessen soll es im Folgenden gerade nicht um die Urkunden als Erkenntnismittel für das Funktionieren einer Kanzlei und landesherrlicher Zentralverwaltung gehen. Es soll auch nicht jeder Schreiberhand nachgespürt werden. Dies ergäbe nur in Zusammenhang mit der Rekonstruktion einer Schreiberlandschaft einen Sinn, wie sie im obigen

---

[3] Die Arbeit erschien in zwei Teilen: die eigentliche Untersuchung im Jahre 1996, ein ‚chronologisch geordnetes Verzeichnis von über 5000 Urkunden sowie eine Nachtragsliste' zwei Jahre später; SPIEGEL, Urkundenwesen.

[4] Der Aufsatztitel fehlt im Inhaltsverzeichnis; SPIEGEL, Urkundenwesen, Bd. 2, S. XXIII.

Kapitel über das öffentliche Notariat angerissen wurde[5]. Für das Funktionieren einer Kanzlei wäre nicht nach einzelnen Beamten zu fahnden, sondern nach deren Interagieren mit Zusammenhängen, die weit über die landesherrliche Schreibstube hinausreichen. Auch Spiegels Untersuchungen ergeben die bereits bekannte enge Verzahnung des Schreibpersonals mit dem öffentlichen Notariat und geistlichen Funktionen[6].

4.1.2 Forschungslage

Bevor mit der Untersuchung begonnen werden kann, muss ein konzentrierter Blick auf die Überlieferung der Archivalien, den Gang der auf ihnen beruhenden Forschung sowie deren gegenwärtige Lage geworfen werden. Gerade durch das Kanzleiparadigma besteht nämlich – wie bereits behandelt – die Gefahr, mit der Rezeption der Forschung gleichzeitig anachronistische Erklärungsmodelle unhinterfragt zu übernehmen.

„Es ist kein Zufall, dass Ludwig Häussers ‚Geschichte der rheinischen Pfalz' (1845) erst in unseren Tagen einen gültigen Ersatz gefunden hat und ebenso erst jetzt die vorderösterreichische Herrschaft am Oberrhein Gegenstand intensiverer Forschung wird. Daß die Markgrafen [von Baden], obwohl Reichsfürsten, politisch weder mit den pfälzischen Kurfürsten noch mit den habsburgischen Herzögen mithalten konnten, war zwar offensichtlich – nur besaßen sie eben das Glück, beide Gewalten zu beerben, und hatten so die historische Kontinuität auf ihrer Seite"[7]. So prägnant formulierte Konrad Krimm im Jahre 1993 eines der bis heute nachwirkenden forschungsgeschichtlichen Zentralprobleme beim Umgang mit der spätmittelalterlichen Geschichte Südwestdeutschlands. In der Tat dürfte das politische Schicksal der Kurpfalz, die als staatliches Gebilde bereits im Jahre 1803 von der politischen Landkarte verschwand, verantwortlich für ihre bis heute nachwirkende stiefmütterliche Behandlung in der modernen Geschichtswissenschaft zeichnen. Ludwig Häusser blieb als Forscher ein Einzelfall und sein Werk, wenngleich ein „Meilenstein in der Landesgeschichtsforschung und -darstellung", eine Ausnahme[8].

Eine Geschichte der rheinischen Pfalzgrafschaft zählt heute „zu den schwierigsten Aufgaben der deutschen Landesgeschichte", wie Alois Gerlich 1986 konstatierte. Als Gründe dafür benannte er die vielschichtige und in mehrfacher Hinsicht quellenarme Vorgeschichte des Territoriums, die strukturell unterschiedlich gelagerten Konflikte mit den Nachbarmächten, das intensive reichspolitische Engagement aufgrund der Kurwürde und eine äußerst differenzierte Binnenstruktur durch mehrfache Trennungen in verschiedene Linien und Beerbungen innerhalb der Dynastie[9]. Hinzuzufügen

---

5 Vgl. oben, Kap. 3.6: Öffentliches Notariat und spätmittelalterliche Verwaltung.
6 Vgl. Spiegel, Urkundenwesen, S. XII, 125–136.
7 Krimm, Von der Herrschaft zum Staat, S. 55.
8 Dazu Gerlich, Geschichtliche Landeskunde, S. 53–55; Zitat ebd., S. 49.
9 Ebd., S. 54.

wäre hier die verstreute Archivalienüberlieferung: Sie betrifft nicht nur die zahlreichen Archivorte, sondern auch die Verteilung über verschiedene Archivkörper und -fonds[10]. Nach Häussers mehrbändiger Gesamtdarstellung sowie einer kursorischen Mitbehandlung der Kurpfalz in dem von Wilhelm Volkert verfassten Abschnitt über die Oberpfalz im Rahmen des von Max Spindler herausgegebenen ‚Handbuchs der bayerischen Geschichte'[11] stellt die Mitte der achtziger Jahre, d. h. fast zeitgleich zum oben behandelten Diktum von Alois Gerlich, erschienene zweibändige ‚Geschichte der Kurpfalz' von Meinrad Schaab das unter modernen Fragestellungen abgehandelte, immer noch maßgebliche Überblickswerk dar[12].

Noch im Zeitalter der Aufklärung war die Kurpfalz Standort – und Objekt – einer an der 1763 gegründeten Mannheimer Akademie betriebenen blühenden Geschichtsforschung gewesen[13]. Als deren bedeutendste Arbeit zum Spätmittelalter entstand 1765 die umfangreiche Biographie zu Pfalzgraf Friedrich I., dem Siegreichen[14]. Ihr Verfasser, das Akademiemitglied Christoph Jakob Kremer, hatte sie sogar mit einem eigenen Urkundenbuch versehen. Das in Hinblick auf die faktographischen Zusammenhänge bis heute maßgebliche Werk diente vornehmlich dynastisch-panegyrischen Zwecken, galt doch Friedrichs von 1449 bis 1476 währende Herrschaft als der „Höhepunkt der pfälzischen Geschichte"[15].

Im Gang der historischen Erforschung von kurpfälzischer Kanzlei und Verwaltung in Mittelalter und früher Neuzeit spiegelt sich die im ersten Teil der vorliegenden Arbeit skizzierte Entwicklung dieser Forschungsbereiche zwischen Politik, Verwaltung, Archiv und Universität in einer eigenartigen Form. Vom territorialen Standpunkt aus betrachtet gab es nach dem Wiener Kongress zwei Haupterben der untergegangenen Kurpfalz. Während der Großteil des rechtsrheinischen Kerngebietes um Heidelberg

---

10 Vgl. Glasschröder, Über die Schicksale rheinpfälzischer Archive, S. 1–7, 22.

11 Volkert, Oberpfalz, bes. S. 1254–1335. Eine vom selben Verfasser besorgte Neubearbeitung erschien 1995; Ders., Die politische Entwicklung der Pfalz.

12 Schaab, Geschichte der Kurpfalz.

13 Zur Mannheimer Akademie und der Geschichtsforschung in der Kurpfalz im 18. Jahrhundert vgl. den Überblick von Fuchs, Die historische Forschung am Oberrhein im 18. Jahrhundert, bes. S. 320–327 (mit der weiteren Literatur); Studt, Überlieferung und Interesse, S. 295–306; ferner Schaab, Geschichte der Kurpfalz, Bd. 2, S. 208–210; Mörz, „Der Tempel der Wissenschaften", S. 291–294. – Den Auftakt bildete das im Jahr der Akademiegründung erschienene Werk ihres Sekretärs Cosimo Alessandro Collini (*1727, † 1806), vgl. Colini [sic!], Précis de L' histoire du Palatinat. Zum pfälzischen Mittelalter vgl. ebd., S. XLIII–LXVIII und S. 12–50. Als ein bedeutendes Ergebnis der landeskundlichen Bemühungen an der Mannheimer Akademie vgl. das zwischen 1786 und 1788 erschienene vierbändige Werk von Johann Goswin Widder, Versuch einer vollständigen Geographisch-Historischen Beschreibung der Kurfürstl. Pfalz am Rheine.

14 Kremer, Geschichte des Kurfürsten Friedrichs des Ersten; Urkunden zur Geschichte des Kurfürsten Friedrichs des Ersten.

15 Zitat im Text: Schaab, Geschichte der Kurpfalz, Bd. 2, S. 209. – „Unter unsern Kurfürsten ist er einer von denen, die lehrreiche Muster abgeben", so Christoph Jakob Kremer in seiner Vorrede; Kremer, Geschichte des Kurfürsten Friedrichs des Ersten, S. I. Dazu auch Fuchs, Friedrich der Siegreiche, S. 191 f.

und Mannheim dem 1806 zum Großherzogtum aufgestiegenen Baden zugeschlagen wurde, kamen die ehemals linksrheinischen Besitzungen erneut unter wittelsbachische Herrschaft; sie zählten zunächst als sogenannter Bayerischer Rheinkreis, später als Rheinpfalz zum neugeschaffenen Königreich Bayern[16].

Die Konkurrenz zwischen Bayern und Baden wirkte sich auf den Gang der wissenschaftlichen Erforschung der pfälzischen Geschichte im 19. und frühen 20. Jahrhundert in mehrfacher Hinsicht aus. In der bayerischen Rheinpfalz blieben die Bemühungen trotz Initiativen des Königshauses bescheiden[17]. In Baden erwuchsen Impulse aus den Quellenpublikationen, die Franz Joseph Mone als erster Direktor des in der Hauptstadt Karlsruhe gegründeten Badischen Generallandesarchivs unternahm. Zu nennen wären hier besonders die von ihm herausgegebene ‚Quellensammlung zur badischen Landesgeschichte' und später die ‚Zeitschrift für die Geschichte des Oberrheins'. Die Motive waren hierbei zeittypisch und auf die politischen Gegebenheiten zugeschnitten. Das Ziel war die „Vereinigung einander fremder ‚Landesteile'"[18].

Mit der 1883 erfolgten Gründung der Badischen Historischen Kommission, die in diesem Fall besonders aus der engen Verbindung zwischen Karlsruher Generallandesarchiv und den beiden Landesuniversitäten Heidelberg und Freiburg resultierte[19], kam es zu weiteren Fortschritten im Bereich der Quellenerschließung[20]. Bereits anlässlich der Kommissionsgründung wurde das Desiderat einer Geschichte der Pfalz im Sinne einer „Landes-, eine[r] Territorialgeschichte" betont. Von ihrer Konzeption her sollte diese etwas gänzlich anderes werden als die vornehmlich die (wittelsbachische) Dynastie behandelnde – und mit dem Häusserschen Werk bereits vorliegende „Geschichte der Kurfürsten von der Pfalz"[21]. Als Grundlage für die weitere Bearbei-

---

16 Schaab, Geschichte der Kurpfalz, Bd. 2, S. 250–252.

17 Zum 1827 aufgrund einer Kabinettsorder König Ludwigs I. gegründeten Historischen Verein der Pfalz vgl. Heimpel, Über Organisationsformen historischer Forschung, S. 205–208; auf ihm basierend Gerlich, Geschichtliche Landeskunde, S. 63 f.; dazu Klüpfel, Die historischen Vereine und Zeitschriften Deutschlands, S. 524 f., 530. – Noch 1942 diagnostizierte Max Steinmetz: „In der linksrheinischen Pfalz, der Erbin des alten Namens, waren die Bedingungen für die Pflege einer Geschichtsforschung, die der provinziellen Enge zu entwachsen imstande gewesen wäre, nicht gegeben. So verteilt sich die Einzelforschung auf die zahlreichen Nachfolgestaaten und ist entsprechend zerstreut"; Steinmetz, Die Politik der Kurpfalz unter Ludwig V., S. I.

18 Vgl. Heimpel, Über Organisationsformen historischer Forschung, S. 195–199; Zitat ebd., S. 199; John, „Zur Förderung der Kenntnis der Geschichte", S. 174 f. – In München war man naheliegenderweise weniger angetan von diesen Bemühungen; vgl. Neudegger, Geschichte der pfalz-bayerischen Archive der Wittelsbacher, Teil 2,2, S. 70–72. Ferner John, a. a. O., S. 194.

19 Vgl. Heimpel, Über Organisationsformen historischer Forschung, S. 216 f.; Gerlich, Geschichtliche Landeskunde, S. 66; John, „Zur Förderung der Kenntnis der Geschichte", S. 178–180, 185–188.

20 In diesen Kontext gehört u. a. die Publikation der beiden reich illuminierten kurpfälzischen Lehenbücher Friedrichs I. und Ludwigs V. durch den Karlsruher Archivdirektor Friedrich von Weech; vgl. Krimm, Ein königgleicher Lehnshof, S. 61.

21 In bewusser Abkehr von Ludwig Häusser 1845 (und 1856 in 2. Auflage) erschienenem Werk äußerte sich Jakob Wille im Vorwort zu den RPR, Bd. 1, S. IXf.

tung der mittelalterlichen Geschichte diente das Projekt der Regesten der Pfalzgrafen bei Rhein, dessen erster, von Adolf Koch und Jakob Wille bearbeiteter Band im Jahre 1894 als Veröffentlichung der Badischen Historischen Kommission erschien. Gedacht war es nicht zuletzt als politisches Zeugnis für die landesväterlichen Bemühungen Badens gegenüber seinen ehemals pfälzischen Untertanen[22].

Die Regesten der Pfalzgrafen am Rhein schöpften vornehmlich aus den Beständen des Badischen Generallandesarchivs in Karlsruhe[23]. Daneben lagerten und lagern bis auf den heutigen Tag größere kurpfälzische Bestände in München sowie in Speyer[24]. Parallel mit der Anfertigung der Regesten verlief in Karlsruhe die Erschließung und weitere Integration der kurpfälzischen Archivalienbestände in den badischen Archivkörper[25]. In Karlsruhe erwies sich die bereits in einem frühen Stadium der Archivkonstituierung veranlasste Einteilung der Archivalien nach Pertinenzen und die Aussonderung einzelner Bestandteile nach Beschaffenheit und äußeren Kriterien (z. B. Kopialbücher, Lagerbücher, Beraine, Protokolle, Rechnungen, Karten, Pläne) „ohne Rücksicht auf ihre Provenienz" für die historische Forschung als verhängnisvoll und angesichts des Mengenproblems später als irreversibel[26].

Es lässt sich darüber spekulieren, ob das zur Anwendung gelangte Ordnungsschema nicht nur verwaltungstechnisch, sondern auch politisch erwünscht war: Es verhinderte erfolgreich eine Auseinandersetzung mit den bayerischen Behörden über eine weitere Aufteilung der Archivalien. Seit 1826 waren die zuvor in Mannheim liegenden Akten der ehemaligen kurpfälzischen Hofkammer und der geheimen Kanzlei nach Karlsruhe überführt worden[27]. Ab 1865 bildeten die Archivalien einen regelrechten Zankapfel zwischen den beiden Haupterben Baden und Bayern[28]. So stellte

---

22 „Keinem der verschiedenen Staaten, welche sich das pfälzische Erbe theilten, hat die Förderung der Geschichte der Rheinischen Pfalz so viel zu danken als Baden", vermerkte Jakob Wille in seinem Vorwort zu den RPR, Bd. 1, S. XI. – Die politischen Prioritäten wurden allerdings anderweitig gesetzt. Der 2. (und bislang letzte) Band der RPR erschien ab 1912, war aber erst 1939 vollendet. Er umfasst das Königtum Ruprechts von der Pfalz (1400–1410) und nimmt von daher eine Mittlerstellung zu den Regesta Imperii ein. Im Gegensatz dazu waren die Regesten der Markgrafen von Baden bereits 1914 auf insgesamt 4 Bände gediehen und reichten bis zum Jahre 1475. – Zu den Problemen, die man gerade mit Pfalzgraf Friedrich dem Siegreichen hatte, vgl. Krimm, Ein königgleicher Lehnshof, S. 61.

23 Vgl. RPR, Bd. 1, S. XIf., XVf. Zu ihnen vgl. auch John, „Zur Förderung der Kenntnis der Geschichte", S. 192 f.

24 Vgl. Glasschröder, Über die Schicksale rheinpfälzischer Archive, S. 3 f. Speyer wurde durch die territoriale Neugliederung zum Hauptort des bayerischen Rheinkreises.

25 Vgl. dazu auch Rödel, Der mühevolle Weg zu einem Einheitsarchiv.

26 So 1901 der damalige Archivdirektor Friedrich von Weech in seinem Vorwort zum 1. Band der Inventare des Grossherzoglich Badischen General-Landesarchivs, S. IIIf.; Gesamtübersicht der Bestände des Generallandesarchivs, S. 18–27; Graf, Hohengeroldsecker Akten, S. 103.

27 Gesamtübersicht der Bestände des Generallandesarchivs, S. 19. – Zur Vorgeschichte vgl. Neudegger, Geschichte der pfalz-bayerischen Archive der Wittelsbacher, Teil 2,2, S. 51–69.

28 Vgl. Neudegger, Geschichte der pfalz-bayerischen Archive der Wittelsbacher, Teil 2,2, S. 70–73.

man 1893 in München entrüstet fest, dass in der Zeitschrift für die Geschichte des Oberrheins, bezeichnet als das „offizielle Organ der badischen Archivverwaltung", einerseits darauf hingewiesen wurde, dass der Urkundenbestand Kurpfalz-Generalia des Großherzoglich Badischen Generallandesarchivs aus Stücken bestünde, „welche auf das kurpfälzische Regentenhaus, den gesammten Länderkomplex, welcher zur Kur-Pfalz gehörte oder auf Verhältnisse Bezug haben, die mehrere pfälzische Gebietstheile gemeinsam betreffen", andererseits in Karlsruhe aber keinerlei Anstrengungen zu bemerken wären[29], „Generalien, Apparate und Serienkomplexe aus dem Haus- und Hof-, Staats-, Kanzlei- und Archivwesen der Kurpfalz, resp. der Wittelsbacher" an Bayern abzuliefern[30].

Der in Karlsruhe durch das Pertinenzprinzip herbeigeführte Zustand wirkt bis heute nach. So findet sich in der die sogenannten Kopialbücher zusammenfassenden Abteilung 67 des Karlsruher Generallandesarchivs ein Großteil der in der Zentrale entstandenen kurpfälzischen Amtsbücher des ausgehenden Mittelalters in bunter Folge; dies macht einen raschen Überblick über die mittelalterliche Schriftgutproduktion und dessen Organisation am Hof nahezu unmöglich[31].

Das Zusammentreffen von verstreuter Archivalienüberlieferung, Pertinenzprinzip und Dynastiewechsel erwies sich im Nachfolgestaat Baden als wenig anregend für eine Untersuchung der kurpfälzischen Kanzlei des Mittelalters und noch weniger für eine Behördengeschichtsschreibung des untergegangenen Staates im Stil des ausgehenden 19. und frühen 20. Jahrhunderts[32]. Anders verhielt es sich im Königreich Bayern. Im Gegensatz zu Baden erfolgte hier der Zugriff besonders aus dem Blickwinkel der wittelsbachischen Gesamtdynastie[33]. Im Jahre 1889 erschien die umfangreiche Untersuchung von Eduard Rosenthal zur Geschichte des Gerichtswesens und der Verwaltungsorganisation Bayerns, in der allerdings die Kurpfalz nur am Rande gestreift wurde[34]. Im Rahmen einer in mehreren Teilen konzipierten ‚Geschichte der

---

29 Zitiert nach ebd., S. 70f. Er bezieht sich dabei auf den Jahrgang 1869 der ZGO. Als Drahtzieher wurde der in den neunziger Jahren des 19. Jahrhunderts bereits verstorbene Franz Josef Mone gebrandmarkt.

30 Ebd., S. 73.

31 Vgl. dazu das neuere, von Manfred Krebs erstellte Inventar: Gesamtübersicht der Bestände des Generallandesarchivs, S. 185–224; ferner Inventare des Grossherzoglich Badischen General-Landesarchivs, Bd. 1, S. 75–184.

32 Zur Badischen Behördengeschichtsschreibung vgl. oben, Kap. 2.1: Mittelalterliche Kanzleigeschichte zwischen Archivgeschichte und Urkundenlehre. – Zur mittelalterlichen kurpfälzischen Kanzlei vgl. die wenigen Hinweise in den RPR, Bd. 1, S. XVIf., Anm. 4; zu den neueren Arbeiten vgl. unten.

33 Ein zweifellos vorhandenes Interesse an Behördengeschichtsschreibung verdeutlicht die im Jahre 1897 in den Mitteilungen des historischen Vereins der Pfalz, dem geschichtlichen Publikationsorgan der bayerischen Rheinpfalz, erschienene Untersuchung von Ludwig Eid, Der Hof- und Staatsdienst im ehemaligen Herzogtume Pfalz-Zweibrücken von 1444–1604; zur Kanzlei und ihrem Personal vgl. ebd., S. 179–190; ferner die Edition der Cantzley-Ordnung des Herzogs Wolfgang von Zweibrücken.

34 Vgl. Rosenthal, Geschichte des Gerichtswesens und der Verwaltungsorganisation Baierns, Bd. 1, S. 2, 265–274.

pfalz-bayerischen Archive der Wittelsbacher' beschäftigte sich der Münchener Archivar Max Josef Neudegger um die gleiche Zeit mit dem ‚Kurarchiv der Pfalz zu Heidelberg und zu Mannheim'[35]. In seiner Darstellung machte sich die verstreute Archivalienüberlieferung deutlich bemerkbar, deren ungeregelten zwischenstaatlichen Abschluss Neudegger anzuprangern wusste. Obwohl seine Darstellung auch in der neueren Literatur immer wieder als Grundlage herangezogen wird[36], muss man zumindest den die mittelalterliche Geschichte betreffenden Teil vornehmlich als Kompilation aus zweiter Hand betrachten. Ein Grund dafür ist, dass Neudegger die Karlsruher Überlieferung nicht zur Verfügung stand. Seine Studie schöpft hier ganz aus der Sekundärliteratur und ist angereichert mit allgemeinen und zeitgebundenen Modellen über den Gang der Behördenentwicklung[37].

Demgegenüber kam es in Karlsruhe nur zu einer ausschnitthaften Behandlung einzelner kunsthistorisch bemerkenswerter kurpfälzischer Kanzleiprodukte. Den beiden illuminierten Lehenbüchern der Pfalzgrafen Friedrich I. und Ludwig V., zwei Zimelien des Badischen Generallandesarchivs, widmete Friedrich von Weech im Jahre 1886 eine knappe Darstellung im Rahmen der Festgabe des Generallandesarchivs zur 500–Jahresfeier der Heidelberger Universität[38].

Erst in den dreißiger Jahren intensivierten sich am Karlsruher Archiv die Arbeiten an einer weiteren Erschließung der kurpfälzischen Bestände. Der zweite, bis 1410 reichende Band der Pfalzgrafen bei Rhein wurde durch Manfred Krebs im Jahre 1939 vollendet[39]. 1942 publizierte Krebs, später Archivdirektor des Badischen Generallan-

---

35 Neudegger, Geschichte der pfalz-bayerischen Archive der Wittelsbacher.

36 Vgl. z. B. Press, Die wittelsbachischen Territorien, S. 552; Zimmermann, Die strukturellen Grundlagen der bayerischen Zentralarchive, S. 44–51.

37 Neudegger, Geschichte der pfalz-bayerischen Archive der Wittelsbacher, Teil 1, S. 203–232. Die Kanzlei in der pfalzgräflichen Burg auf dem Jettenbühl oberhalb von Heidelberg beschreibt der Verfasser folgendermaßen: „Kanzlei und Archiv haben wir in der Zeit der mittelalterlichen Bau-Anlagen am Sitze des Grund-, des Landesherrn zu suchen, und zwar können wir naturgemäss als besonderen Ort nur die Burg bezeichnen. Diese hat im Hoch-Erdgeschoss, über den ebenerdigen Gewölben, den Saal, die Halle, die zu jeglicher grösserer Tafelung, insbesondere zu Waffengenossen-, Lehen- und öffentlichen Grossen- (um nicht zu sagen Gerichts)- Versammlungen dient. Nur hier kann später das Hofgericht sein; hier müssen die Beurkundungen der fürstlichen Saalbuch-Handlungen vor sich gehen; hier, wenn eine Handlung, arbeitet der Kanzler (Protonotar, Geheimschreiber) innerhalb des verkanzellierten Raumes: sein Platz und wohin er mit dem Antlitz zu sehen hat, ist seit den Kapitularien gekennzeichnet; dieser im Grunde des Saales erhöhte, durch Barrieren abgegrenzte Raum hält ein Zunahetreten den Personen oder Schriftstücken, auch den Blick in die letzteren, ab. An die Halle stösst ein kleineres Gemach: die Kanzlei. Die darin an den Wänden stehenden Sitz-Truhen enthalten die ‚laufenden Akten', die pergament'ne Registratur ‚offener' Formate; die Wände zieren vorspringende Borde, wo sich das ‚gebundene' Material, das hanschriftliche [sic] archivalische und bibliothekarische aufgestellt findet, der ‚Arbeits-Apparat' des Kanzlers oder Geheimschreibers"; ebd., Teil 1, S. 203 f.

38 Weech, Ueber die Lehenbuecher. Dazu auch Krimm, Ein königgleicher Lehnshof, S. 61.

39 RPR, Bd. 2. – Im gleichen Jahr wurde das Karlsruher Generallandesarchiv auf Anregung von Manfred Krebs umstrukturiert und damit die Übersicht über die Bestände vereinfacht; vgl. Gesamtübersicht der Bestände des Generallandesarchivs, S. 26 f.

desarchivs, die Informationen über das Hof- und Verwaltungspersonal aus den seit Beginn der Regierungszeit Pfalzgraf Philipps (1476) geführten sogenannten ‚Kurpfälzischen Dienerbüchern'[40]. Er stellte damit ein wichtiges Hilfsmittel für die Ermittlung der frühneuzeitlichen Behördenorganisation des Territoriums und für die archivarischen Erschließungsarbeiten des umfangreichen Aktenmaterials zur Verfügung[41].

Im Gegensatz zum Mittelalter ist die frühe Neuzeit in der Kurpfalz in der darauffolgenden Zeit mehrfach und meist unter Rückgriff auf das Spätmittelalter behandelt worden. Bei Gerhard Ritter in Freiburg entstanden im Jahr 1942 zwei Dissertationen zur pfälzischen Geschichte am Vorabend der Reformation. Unter diesen[42] behandelte besonders die Arbeit von Gretl Vogelgesang das Kanzlei- und Ratswesen der pfälzischen Kurfürsten um die Wende vom 15. zum 16. Jahrhundert. Aus dem Vorwort ist zu entnehmen, dass sich die Verfasserin vornehmlich mit der 1935 erstmals publizierten Schrift von Gerhard Oestreich über das persönliche Regiment des Fürsten auseinandergesetzt hatte und zum Gegenbeweis angetreten war[43]. Auf der Basis der älteren verwaltungsgeschichtlichen Literatur und der für die Mitte des 16. Jahrhunderts überlieferten Kanzleiordnungen entwirft sie ein Bild von der Kanzlei als „technisches Hilfsorgan der Verwaltung"[44]. Diese erweist sich dabei als streng hierarchisch gegliedert, mit „geregelte[m] Geschäftsgang" und festem, von anderen landesherrlichen Behörden abgegrenzten Kompetenzbereich[45].

Im Jahre 1965 erschien in Oxford die Arbeit von Henry J. Cohn über ‚The Government of the Rhine Palatinate in the Fifteenth Century'. Anders als der Titel nahelegt, ist das Buch keineswegs auf die Epoche des Mittelalters orientiert. Seine Blickrichtung erfolgt aus der Frühen Neuzeit[46]. Es sollte u. a. das forschungsgeschichtliche Grundproblem zu beseitigen helfen, dass bis vor nicht allzu langer Zeit die Mehrheit

---

40 Krebs, Die kurpfälzischen Dienerbücher 1476–1685.

41 Ebd. In jüngerer Zeit unternahm der Genealoge Kurt Stuck einen neuerlichen Versuch, das Personal der kurpfälzischen Zentralbehörden zusammenzustellen und familiengeschichtlich zu ergänzen; Stuck, Personal der kurpfälzischen Zentralbehörden in Heidelberg 1475–1685. Ein 1970 von Volker Press angekündigtes biographisch-prosopographisches Verzeichnis aller Zentralbeamten in Heidelberg zwischen 1544 und 1622 gelangte nicht zum Druck; Press, Calvinismus und Territorialstaat, S. 11.

42 In der Dissertation von Max Steinmetz werden Kanzler und Sekretäre in einem knappen Kapitel behandelt; Steinmetz, Grundlagen der Politik der Kurpfalz unter Ludwig V. (1508–1544), S. 66–69, 82–84.

43 Vgl. Vogelgesang, Kanzlei- und Ratswesen der pfälzischen Kurfürsten, S. 1–9, bes. S. 7.

44 „[…] als die Stelle, in der eben in der Zeit der zunehmenden Schriftlichkeit die Fäden der Verwaltung zusammenlaufen"; ebd., S. 25–64; Zitat ebd., S. 25.

45 Differenziert nach Kanzler (meist geistlich), Vizekanzler (bzw. Protonotar, meist bürgerlich), Sekretäre (geschieden nach Kanzleisekretären und Kammerschreibern), Rechenschreiber, Registrator, Botendienst, Kanzlei-Knechte; ebd., S. 27–39; Zitat ebd., S. 39. Zum Geschäftsgang ebd., S. 39–52.

46 Cohn, The Government of the Rhine Palatinate, S. V, beruft sich ausdrücklich auf das Buch seines Lehrers Francis L. Carsten; Casrten, Princes and Parliaments in Germany. Dieses jedoch behandelt die Zeit des ausgehenden 15. bis zum 18. Jahrhundert.

der deutschen Historiker ihre eigene Geschichte bis ins 19. Jahrhundert als Weg zur nationalen Einheit interpretierten[47]. Gesucht wurde ein angemessener, den historischen Gegebenheiten Rechnung tragender Zugriff. Hier bot sich die Regierung der Pfalzgrafschaft bei Rhein als vornehmstes Laienkurfürstentum und die führende Herrschaft im Reich des 15. Jahrhunderts als ein geeignetes Untersuchungsobjekt an[48]. Cohns Fragestellung konzentrierte sich auf die Methoden der Regierung in einer Zeit, in der der Großteil der Fürstentümer seine Entwicklung zu Territorialstaaten mit einer konsolidierten Administration vollendete[49]. Der kurpfälzischen Verwaltung gilt der letzte Hauptabschnitt der Untersuchung, deren Behandlung vornehmlich institutionengerichtet erfolgt. Der Abschnitt gliedert sich in eine Reihe von streng voneinander geschiedenen Einzelkapiteln, in denen die einzelnen Bereiche wie ‚Oberster Gerichtshof', ‚Rat und Kanzlei', ‚Haushalt und Armee', ‚Finanzverwaltung', ‚Lokalverwaltung' und ‚Gesetzgebung der Kurfürsten' behandelt werden[50]. Wie zu ersehen ist, wird die Kanzlei in Zusammenhang mit dem Rat abgehandelt. Durch das strenge Schema, den Verzicht auf eine Untersuchung der prosopographischen Zusammenhänge und die Heranziehung der Hof- und Kanzleiordnungen des 16. Jahrhunderts entsteht das anachronistisch wirkende Bild eines organisierten, in Einzelressorts geschiedenen Herrschaftsapparates.

Nur wenige Jahre später publizierte Volker Press 1970 seine umfangreiche Dissertation zum Thema „Calvinismus und Territorialstaat. Regierung und Zentralbehörden der Kurpfalz 1559–1619". Das Interesse des Autors erregte vor allem die Frage, wieso die Pfälzer Kurfürsten seit der Regierung Friedrichs IV. (1592–1610) „zunehmend das rechte Augenmaß für die beschränkten Möglichkeiten des Pfälzer Territoriums verloren"[51]. Seine Annäherung an dieses Problem erfolgte institutionengeschichtlich-prosopographisch. Den Institutionen bescheinigte er implizit Stabilität und Langlebigkeit über den gesamten Untersuchungszeitraum, d. h. seit den Anfängen um die Mitte des 15. Jahrhunderts. In dem ihnen gewidmeten Teil fanden Kanzler und Kanzlei in eigenen Unterkapiteln Berücksichtigung[52]. Organisation und Geschäftsgang rekonstruierte Press aus den seit der Mitte des 16. Jahrhunderts erhaltenen Kanzleiord-

47 Cohn, The Government of the Rhine Palatinate, S. V: „not long ago the majority of German historians still viewed their history until the nineteenth century as nothing but a prologue to national unification".

48 „the first lay German electorate and the leading principality of the Empire in the fifteenth century"; ebd. Bei dieser Fragestellung sollte gleichzeitig – so der Autor – die bislang exklusiv vorherrschende reichspolitische Perspektive („standpoint of imperial affairs") in der Behandlung der deutschen Territorien des 15. und 16. Jahrhunderts vermieden werden; ebd., S. 1.

49 „territorial states with unified administrations"; ebd., S. 1.

50 Ebd., S. 202–246. Es finden sich darin die Kapitel: „The supreme court" (S. 202–214); „The concil and the chancery" (215–225); „The household and army" (S. 225–230); „The financial administration" (S. 230–234); „The local administration" (S. 235–242); „The legislation of the electors" (S. 243–246).

51 Press, Calvinismus und Territorialstaat, S. 9.

52 Ebd., S. 28–31, 58–78.

nungen, wobei er Rückgriffe auf das 15. Jahrhundert, unter Heranziehung der Arbeit von Cohn, keineswegs scheute[53]. Für ihn präsentiert sich die Kanzlei anhand dieser normativen Quellen als eine an einem bestimmten Ort lokalisierte, nach festen Regeln arbeitende und bürokratisch organisierte Institution, deren Struktur sich für ihn seit der Mitte des 15. Jahrhunderts kaum noch veränderte[54]. Ebenfalls von Volker Press stammt der bis heute maßgebliche Artikel über die wittelsbachischen Territorien im 1983 erschienenen ersten Band der Deutschen Verwaltungsgeschichte, in dem das Spätmittelalter mit behandelt wird[55].

Man darf konstatieren, dass die Verwaltung der Kurpfalz damit erst sehr verspätet zum Objekt der Geschichtsforschung geworden ist. Geradezu Seltenheitswert kann beanspruchen, dass auch die Zeit des Mittelalters davon nicht ausgespart blieb. Entsprechende Untersuchungen nahmen dabei bezeichnenderweise vom Bayerischen Hauptstaatsarchiv in München ihren Ausgang. Ihr methodisches Instrumentarium stammt aus der Früh- und Hochmittelalterforschung. Sie gingen aus hilfswissenschaftlich-diplomatischen Übungen hervor, die der ehemalige Direktor des wittelsbachischen Geheimen Haus-Archivs in München, Hans Rall (* 1912, † 1998), mit einem Schülerkreis am ‚Fürstenselekt', einer 1849 zusammengestellten (und inzwischen aufgelösten) Sammlung von wittelsbachischen Urkundenoriginalen des Mittelalters, unternahm[56]. Daraus entstanden seit Anfang der fünfziger Jahre eine Anzahl von Arbeiten, „die dem Urkundenwesen, der Kanzlei und dem technischen Regierungssystem" der einzelnen wittelsbachischen Regenten des Mittelalters gewidmet waren[57].

Im Mittelpunkt von Ralls Interesse standen allerdings eindeutig die Urkunden, denn „im ganzen stellt die Reihe der bayerischen Herrscherurkunden doch auch ein wesentliches Denkmal der bayerischen Staatsoberhäupter und damit des Staates selbst dar. Die symbolische und politische Bedeutung der bayerischen Staatsoberhäupter tritt aus der Erlassung von Urkunden oder Mitwirkung dabei und aus den daraus ableitbaren Herrscherfunktionen objektiv und deutlich hervor". Die Reste „der ältesten bayerischen Herzogsurkunden" bestätigten darüber hinaus die für Rall unzweifelhaft feststehende Tatsache, „daß Bayern der älteste der deutschen Staaten ist, den es heute gibt"[58].

---

53 Ebd., S. 15–20.

54 Vgl. ebd., S. 58 f. zum Thema „Der Begriff Kanzlei".

55 Zur Kurpfalz und ihren Nebenlanden vom 15. bis zum Ende des 16. Jahrhunderts vgl. Press, Die wittelsbachischen Territorien, S. 555–564; vgl. Schaab, Geschichte der Kurpfalz, Bd. 2, S. 87 f.

56 Dazu vgl. Rall, Die Urkunden der Herzöge von Bayern und Pfalzgrafen bei Rhein als verfassungsgeschichtliche Aussage, S. 1 f.; Ders., Die bayerische Herzogsurkunde als verfassungsgeschichtliche Aussage, S. 194. Zu ihm vgl. auch den Nachruf von Volkert, Hans Rall.

57 Dazu vgl. Rall, Die Urkunden der Herzöge von Bayern und Pfalzgrafen bei Rhein als verfassungsgeschichtliche Aussage, S. 2; Ders., Die Kanzlei der Wittelsbacher.

58 „Trotz vieler Erschütterungen und Wandlungen seit Agilolfinger-Zeiten besteht aber der bayerische Staat bis heute und spiegelt seine Existenz in einer stattlichen Zahl von Urkunden seiner erblichen Staatsoberhäupter"; alle Zitate: Rall, Die bayerische Herzogsurkunde als verfassungsgeschichtliche Aussage, S. 214. – Diese Einschätzung findet sich bereits 1921 bei Neudegger, Geschichte des Geheimen Rats, S. 8 (mit einem Seitenhieb auf Preußen): „Bayern

Aufgrund dieses einseitigen Forschungsinteresses erklärt sich die durchweg enge Ausrichtung der Rall-Schule an den Methoden der klassischen Diplomatik. Über die sich daraus ergebenden Konsequenzen für die Auffassung von der Kanzlei wurde bereits weiter oben gehandelt[59]. Dies braucht hier nicht wiederholt zu werden. In Zusammenhang mit diesem Arbeitsvorhaben sollten ursprünglich die (Kur)-Pfalz und alle ihre Regenten des Spätmittelalters behandelt werden[60]. Da man ihr allerdings den Status eines eigenständiges Territoriums mitsamt der Etablierung einer eigenen Fürstendynastie erst seit dem 14. Jahrhundert zumessen kann[61], liegen mit den Arbeiten von Joachim Spiegel über Ruprecht I. (1309–1390) und Ruprecht II. (1390–1398[62]) sowie Christoph Freiherrn von Brandenstein über Ludwig III. (1410–1436) die einzigen einschlägigen Untersuchungen vor, die in den Druck gelangt sind[63].

Einen vom diplomatischen vollkommen verschiedenen Ansatz vertrat Peter Moraw im Jahre 1969 in einem längeren Aufsatz über Kanzlei und Kanzleipersonal König Ruprechts[64]. Hier wurde erstmals der Versuch unternommen, sich dem Thema Kanzlei prosopographisch anzunähern. Moraw war allerdings aufgrund seiner Forschungen zum deutschen Königtum des Spätmittelalters weniger an Ruprecht als Landesherrn, sondern als deutschem König interessiert. Ebenfalls das Königtum Ruprechts behandelte Friedrich Battenberg seit 1974 in mehreren Studien über Gerichtsschreiberamt und Kanzlei am Reichshofgericht 1235–1451[65]. Die rechtsgeschichtlich ausgerichteten Arbeiten schlossen prosopographische Untersuchungen mit ein.

---

ist das wichtgste deutsche Land, weil sein Staatswesen das älteste ist und nie eine Unterbrechung erlitt, daher eben jene große empfindliche Lücke in der Behörden- und Verwaltungsgeschichte ausfüllt die z. B. in dem neueren Staatswesen Preußen besteht".

59 Vgl. oben, Kap. 2.1: Mittelalterliche Kanzleigeschichte zwischen Archivgeschichte und Urkundenlehre, und Kap. 3.5.2: Die kurpfälzische Kanzlei in der Zeit Pfalzgraf Ludwigs III. (1410–1436).

60 Vgl. dazu Rall, Urkundenwesen, Kanzlei und Rat der Wittelsbacher Pfalzgrafen bei Rhein und Herzoge von Bayern.

61 Für das 13. Jahrhundert vgl. die Arbeit von Siegfried Hofmann, Urkundenwesen, Kanzlei und Regierungssystem der Herzöge von Bayern und Pfalzgrafen bei Rhein von 1180/1214 bis 1255/1294. Für die Wende zum 14. diejenige von Alfons Sprinkart, Kanzlei, Rat und Urkundenwesen der Pfalzgrafen bei Rhein und Herzöge von Bayern 1294 bis 1314 (1317); sowie Ders., Die Kanzlei der Pfalzgrafen bei Rhein und Herzöge von Bayern 1180 bis 1314 bzw. 1317. Zur Königskanzlei Ludwigs des Bayern darüber hinaus Bansa, Studien zur Kanzlei Kaiser Ludwigs des Bayern; Moser, Das Kanzleipersonal Kaiser Ludwigs des Bayern; Ders., Personelle Beziehungen der Reichskanzlei.

62 Spiegel, Urkundenwesen.

63 Brandenstein, Urkundenwesen und Kanzlei. – Trotz zunächst anderslautender Ankündigungen sind weitere Arbeiten zu pfälzischen Kurfürsten des 15. Jahrhunderts bislang nicht erschienen und offenbar auch nicht mehr zu erwarten; vgl. Zeitschrift für bayerische Landesgeschichte 52 (1989), S. 775 und ebd., 56 (1993), S. 928 f.; ferner Volkert, Verwaltung.

64 Moraw, Kanzlei.

65 Battenberg, Gerichtsschreiberamt und Kanzlei am Reichshofgericht 1235–1451; Ders., Beiträge zur höchsten Gerichtsbarkeit im Reich im 15. Jahrhundert; Wohlgemuth, Das Urkundenwesen des deutschen Reichshofgerichts.

Demgegenüber verfolgte die 1976 publizierte Arbeit von Albin Heidelberger zur Geschichte der kurpfälzischen Kanzleisprache in Heidelberg am Ende des Mittelalters eine rein philologische Fragestellung. Bei der Ermittlung der prosopographischen Zusammenhänge stützte er sich vornehmlich auf die bereits zitierten Arbeiten von Moraw und Battenberg[66].

Aus einem anderen Blickwinkel, dem des Lehnrechts und der Lehnsverwaltung der Pfalzgrafschaft bei Rhein, erfolgte 1981 die von Karl-Heinz Spieß besorgte Edition des ältesten pfälzischen Lehenbuches vom Jahre 1401[67]. Sie ergänzte seine von Alois Gerlich betreute und 1978 publizierte Dissertation über das pfälzische Lehnsrecht im Spätmittelalter[68].

Heidelberg und der kurpfälzische Hof genießen auch in Literaturhistorikerkreisen ein hohes Interesse. Der berühmten, durch den Dreißigjährigen Krieg auseinandergerissenen Heidelberger Hof- und Stiftsbibliothek widmete sich Mitte der achtziger Jahre des 20. Jahrhunderts eine große Ausstellung der Heidelberger Universitätsbibliothek. Parallel dazu entstand ein von Elmar Mittler herausgegebener zweibändiger Ausstellungskatalog[69]. Das literarische Leben am kurpfälzischen Hof im Spätmittelalter thematisierte 1992 die Kölner Dissertation von Martina Backes[70], während sich Dissertationen von Maren Gottschalk und Birgit Studt aus historischer Perspektive mit der Geschichtsschreibung zur Zeit Pfalzgraf Friedrichs I. des Siegreichen beschäftigten[71]. Mit der pragmatischen Schriftlichkeit am Heidelberger Hof befasste sich ein von Jan-Dirk Müller herausgegebener wiederum germanistischer Sammelband[72]. Neben der spektakulären Heidelberger Ausstellung trug das oben bereits angesprochene zweibändige Handbuch von Meinrad Schaab zur ‚Geschichte der Kurpfalz' zum gewachsenen Interesse am Thema bei[73].

---

[66] Heidelberger, Zur Geschichte der kurpfälzischen Kanzleisprache in Heidelberg.

[67] Spiess, Das älteste Lehnsbuch.

[68] Spiess, Lehnsrecht, Lehnspolitik und Lehnsverwaltung der Pfalzgrafen bei Rhein.

[69] Bibliotheca Palatina; ferner der kleinere Band Mittler/Werner, Mit der Zeit. Nur hingewiesen werden kann an dieser Stelle auf die schrittweise Erschließung der Codices Palatini durch wissenschaftliche Handschriftenkataloge und die Online-Präsentation der faksimilierten Originale durch die Universitätsbibliothek Heidelberg; ferner den von Armin Schlechter herausgegebenen Ausstellungskatalog ‚Kostbarkeiten gesammelter Geschichte'.

[70] Backes, Das literarische Leben.

[71] Gottschalk, Geschichtsschreibung; Studt, Fürstenhof und Geschichte.

[72] Vgl. Wissen für den Hof.

[73] Schaab, Geschichte der Kurpfalz. Der Mittelalterband erschien in erster Auflage 1988, der Frühneuzeitband 1992. Zum Spätmittelalter vgl. ferner die die älteren Überblicke bei Schaab, Aufstieg und Fall der kurpfälzischen Macht 1449–1508; Moraw, Die kurfürstliche Politik der Pfalzgrafschaft im Spätmittelalter. In jüngerer Zeit erschienen einige sehr knappe historische Überblicke: Bei Dotzauer, Der historische Raum des Bundeslandes Rheinland-Pfalz, dem ersten, bis 1500 reichenden Teil eines zweibändigen Werkes, handelt es sich um ein geringfügig überarbeitetes Vorlesungsmanuskript des Verfassers. In ihm wird die spätmittelalterliche Geschichte der Kurpfalz in Zusammenhang mit der der beiden geistlichen Kurfürstentümern Mainz und Trier behandelt; ebd., S. 225–358; ferner in jüngerer Zeit den knappen Überblick von Kohnle, Kleine Geschichte der Kurpfalz.

Konrad Krimm publizierte 1986 das eine kurpfälzischen Seitenlinie betreffende Mosbacher Urkundenbuch[74], während Sigrid Schmitt (heute: Hirbodian) sich 1992 mit ‚Territorialstaat und Gemeinde im kurpfälzischen Oberamt Alzey', d. h. mit der Peripherie am Beispiel der Entwicklung eines wichtigen territorialen Amtes der Kurpfalz beschäftigte[75]. Mit der Entwicklung des Gesamtterritoriums befasste sich die von Meinrad Schaab 1998 herausgegebene und von Rüdiger Lenz bearbeitete Quellensammlung[76]. Unter den spezifischen Fragestellungen der Göttinger Residenzenkommission untersuchte die 1999 publizierte Arbeit von Johann Kolb die Rolle Heidelbergs als kurpfälzische Residenz im 14. Jahrhundert. In diesem Zusammenhang behandelt er auch die Kanzlei im Kontext eines Abschnittes zum Thema ‚Delegierte Herrschaft: Personen und Institutionen'[77]. Zeitlich parallel dazu erschienen mehrere Aufsätze von Achim Wendt zur gleichen Thematik[78]. Die vom Generallandesarchiv Karlsruhe anlässlich der Sechshundertjahrfeier von Ruprechts deutschem Königtum im Jahre 2000 veranstaltete Ausstellung im Heidelberger Schloss präsentierte eine Fülle von Archivmaterial aus dem 14. und 15. Jahrhundert einer breiteren Öffentlichkeit. Parallel dazu erschien ein von Volker Rödel herausgegebener Ausstellungskatalog mit wichtigen, neuere Forschungen präsentierenden Beiträgen[79]. Ein anderes Jubiläum feierte im Jahre 2003 eine Ausstellung in Amberg mit dem programmatischen Titel ‚Vom mittelalterlichen Briefgewölbe zum modernen Staatsarchiv', zu der ebenfalls ein Katalog publiziert wurde[80]. In dem mehrbändigen Handbuch der Höfe und Residenzen im spätmittelalterlichen Reich erschienen im gleichen Jahr geraffte Überblicke zu den Pfalzgrafen als kurfürstliche Dynastie sowie den Residenzen Heidelberg, Neustadt, Alzey, Mosbach und Amberg[81]. Schließlich fand im Jahre 2013/14 in Mannheim eine Ausstellung zum Thema ‚Die Wittelsbacher am Rhein. Die Kurpfalz in Europa' statt[82]. Ihrer Vorbereitung diente eine wissenschaftliche Tagung über ‚Die Wittelsbacher und die Kurpfalz im Mittelalter. Eine Erfolgsgeschichte?'[83] Die Aus-

---

[74] Krimm, Mosbacher Urkundenbuch.

[75] Vgl. Schmitt, Territorialstaat und Gemeinde im kurpfälzischen Oberamt Alzey. Vgl. ferner die älteren Arbeiten von Böhn, Beiträge zur Territorialgeschichte des Landkreises Alzey; Karst, Das kurpfälzische Oberamt Neustadt an der Haardt; sowie den 1984 erschienen Sammelband: Regionale Amts- und Verwaltungsstrukturen im rheinhessisch-pfälzischen Raum.

[76] Ausgewählte Urkunden zur Territorialgeschichte der Kurpfalz 1156–1505.

[77] Kolb, Heidelberg, S. 162–193.

[78] Vgl. besonders Wendt, *Den stul der pfalsgraffschaft*; Ders., … *mit wybe, kindern*.

[79] Mittelalter. Der Griff nach der Krone; vgl. auch unter anderem Titel erschienene erweiterte Neuauflage: Mittelalter. Schloß Heidelberg und die Pfalzgrafschaft bei Rhein.

[80] Ambronn/Fritsch, Vom mittelalterlichen Briefgewölbe.

[81] Studt, Pfalz; Dies., Amberg; Rödel, Heidelberg; Grathoff, Alzey; Merk, Mosbach; Ott, Neumarkt/Oberpfalz; Spiess, Neustadt.

[82] Vgl. den zweibändigen Ausstellungskatalog: Die Wittelsbacher am Rhein.

[83] Der von Jörg Peltzer u. a. herausgegebene Sammelband mit den Tagungsergebnissen erschien 2013; vgl. Die Wittelsbacher und die Kurpfalz im Mittelalter. Eine Erfolgsgeschichte? Den Beitrag über den Hof als Verwaltungszentrale verfasste Volker Rödel, Ämter und Kanzlei am kurpfälzischen Hof.

stellung berücksichtigte die Forschungsergebnisse von zwei neueren Monographien, der 2009 erschienene Studie von Thorsten Huthwelker zu ‚Tod und Grablege der Pfalzgrafen im Spätmittelalter (1327–1508)‘[84] sowie die 2013 im Druck erschienene Heidelberger Habilitationsschrift von Jörg Peltzer zum ‚Rang der Pfalzgrafen bei Rhein‘ im Sinne einer Kulturgeschichte der ‚politisch-sozialen Ordnung des Reichs im 13. und 14. Jahrhundert‘[85].

[84] Huthwelker, Tod und Grablege der Pfalzgrafen bei Rhein.
[85] Peltzer, Der Rang der Pfalzgrafen bei Rhein.

4.2 Die Anfänge. Grundzüge einer kurpfälzischen Kanzleientwicklung im 13. und frühen 14. Jahrhundert

Die Frage nach der Entstehung einer landesherrlichen Kanzlei der Pfalzgrafen bei Rhein lässt sich kaum beantworten. Selbstverständlich setzt die Entwicklung der Kanzlei das Herrschaftsgebilde oder einen entsprechenden Hof voraus. Bis zum Hausvertrag von Pavia im Jahre 1329 kann von einer territorialen Eigenständigkeit der rheinischen Pfalz nicht gesprochen werden[1]. Die mittelrheinischen Territorienkomplexe und Einflussräume der Wittelsbacher waren ein starken politischen Spannungen innerhalb der Dynastie unterworfener Bestandteil der weitgestreuten Rechts- und Besitztitel, die von Bayern über die spätere Oberpfalz bis an den Rhein reichten[2]. Das frühe pfälzische Kanzlei- und Urkundenwesen vom ausgehenden 12. bis zum 14. Jahrhundert lässt sich für den Bereich der zentralen Ebene nur im Kontext der Gesamtdynastie behandeln. Hier repräsentieren die Studien von Hans Rall und seinen Schülern den derzeitigen Forschungsstand[3]. Im Folgenden seien die Grundzüge kurz skizziert. Bei allem, was der kargen Überlieferung des 12. und frühen 13. Jahrhunderts zu entnehmen ist, begründeten die Wittelsbacher nach Übernahme des bayerischen Herzogtums eine eigene, personell nicht an die Heinrichs des Löwen anknüpfende Kanzlei. Sie entwickelte sich im Laufe des 13. Jahrhunderts rasch aus einer ursprünglich personell schwach besetzten Institution[4]. Ihr Leiter führte den Titel eines Proto-

---

[1] „Der Beginn der pfälzischen Territorialpolitik fällt zusammen mit dem der pfälzischen Geschichte überhaupt. Es ist das Jahr 1329, in welchem der wittelsbachische Hausvertrag von Pavia geschlossen wurde. Von da an kann man von einer Geschichte des Territoriums (später Land) Pfalz sprechen", SCHÜTZE, Ziele und Mittel der pfälzischen Territorialpolitik im 14. Jh., S. 1; im gleichen Tenor bereits Wille im Vorwort zu den RPR, Bd. 1, S. VIII; ferner SCHAAB, Geschichte der Kurpfalz, Bd. 1, S. 69–80; STUDT, Pfalz, S. 440 f.; SPIESS, Lehnsrecht, S. 11–14; VOLKERT, Oberpfalz, S. 1258–1273; RALL, Wittelsbacher Hausverträge, S. 41–174; HAAS, Die Pfalz am Rhein, S. 50. Die frühe Zeit wird im Beitrag von PRESS, Wittelsbachische Territorien, im ersten Band der Deutschen Verwaltungsgeschichte nicht behandelt.

[2] Vgl. SCHAAB, Geschichte Kurpfalz, Bd. 1, S. 91–93; ferner ebd., Karte 10, S. 77; SPINDLER, Grundlegung und Aufbau; VOLKERT, Die politische Entwicklung der Pfalz.

[3] HOFMANN, Urkundenwesen, Kanzlei und Regierungssystem der Herzöge von Bayern und Pfalzgrafen bei Rhein von 1180/1214 bis 1255/1294 (das Manuskript der 1967 erschienen Arbeit wurde bereits 1956 fertiggestellt); SPRINKART, Kanzlei, Rat und Urkundenwesen der Pfalzgrafen bei Rhein und Herzöge von Bayern 1294 bis 1314 (1317); BANSA, Studien zur Kanzlei Kaiser Ludwigs des Bayern vom Tag der Wahl bis zur Rückkehr aus Italien (1314–1329); ferner die Überblicke von RALL, Die Urkunden der Herzöge von Bayern und Pfalzgrafen bei Rhein als verfassungsgeschichtliche Aufgabe; DERS., Die Kanzlei der Wittelsbacher; DERS., Urkundenwesen, Kanzlei und Rat der Wittelsbacher Pfalzgrafen bei Rhein; STUDT, Pfalz, S. 443. Ferner der instruktive Ausstellungskatalog von WILD, Die Fürstenkanzlei des Mittelalters, bes. S. 29–49.

[4] Vgl. WILD, Die Fürstenkanzlei des Mittelalters, S. 29 f.; RALL, Urkundenwesen, Kanzlei und Rat der Wittelsbacher Pfalzgrafen bei Rhein, S. 274–276; DERS., Die Kanzlei der Wittelsbacher, S. 110–113.

notars[5]. Herkunft und Ausbildung der Kanzleivorstände liegen im Dunkeln. Unter dem bedeutendsten Notar des 13. Jahrhunderts, Ulrich, sind in den äußeren Merkmalen wie im Formular der Herzogsurkunden Einflüsse der Papsturkunde feststellbar, wobei dies für das Urkundenwesen des 13. Jahrhunderts durchaus nichts Ungewöhnliches darstellt[6]. Die soziale Stellung einzelner Kanzleiangehöriger war im Einzelfall keineswegs gering; es konnten ansehnliche soziale Positionen wie Domkanonikate nachgewiesen werden[7].

Die Landesteilung von 1255 zwischen den Brüdern Ludwig (II. von Oberbayern, * 1229, † 1294) und Heinrich (I. von Niederbayern, * 1235, † 1290) nur wenige Jahre nach dem Tod ihres Vaters Otto II. führte zur Ausbildung einer ober- und einer niederbayerischen Herzogskanzlei[8]; sie wirkte gleichzeitig impulsgebend für die fortschreitende Differenzierung der Kanzleiprodukte. Anscheinend im Zusammenhang mit der Teilung entstanden Sonderformen wie das Urbar der zwischen den beiden Herzögen strittigen Ämter Inkofen und Pfaffenhofen[9].

Für Oberbayern ist (vielleicht aufgrund eines Überlieferungszufalls) eine Reihe von administrativen Innovationen nachweisbar. Rudimentäre Registerführung qua Reskript existierte bereits Mitte der fünfziger Jahre[10]. Auch die Versorgung des oberbayerischen Kanzleivorstandes wurde stärker institutionalisiert. Seit der Herrschaft Ludwigs II. (1253–1294) diente die Propstei des unweit von München gelegenen Stiftes Ilmmünster als dessen materielle Basis[11]. Anfang der achtziger Jahre vollzog sich im Rahmen der territorialen Entwicklung eine Untergliederung des Teilherzogtums in einzelne Viztümer[12]. In engem Zusammenhang damit dürfte das große oberbayerische Herzogsurbar entstanden sein. Seine Anlage spiegelt eine territoriale Binnendifferenzierung in Nordgau und oberes Viztum. Von seiner Anlage war es gegenüber seinem wenige Jahrzehnte älteren Vorgänger wesentlich übersichtlicher und weiträumiger gestaltet. Abgefasst war es – ebenfalls im Gegensatz zu diesem – in Latein. In Gebrauch war dieses Güterverzeichnis bis in das 14. Jahrhundert hinein, wie die zahl-

---

5 Rall, Urkundenwesen, Kanzlei und Rat der Wittelsbacher Pfalzgrafen bei Rhein, S. 275; Wild, Die Fürstenkanzlei des Mittelalters, S. 8.

6 Ebd., S. 29; ferner ebd., Nr. 12, S. 32; Nr. 15, S. 34.

7 Vgl. Hofmann, Urkundenwesen, S. 63; Wild, Fürstenkanzlei, Nr. 14, S. 33.

8 Zur niederbayerischen Herzogskanzlei vgl. Schnurrer, Urkundenwesen der Herzöge von Niederbayern 1255–1340, bes. S. 234 f. – Zum damaligen Zeitpunkt scheint „eine eigene pfalzgräfliche Kanzlei nicht mehr [!] vorhanden gewesen zu sein"; Rall, Urkundenwesen, Kanzlei und Rat der Wittelsbacher Pfalzgrafen bei Rhein, S. 276 (unter Hinweis auf die Ergebnisse von Hofmann).

9 Vgl. Volkert, Die älteren bayerischen Herzogsurbare, S. 29 f.; dazu die Bemerkungen von Wild, Die Fürstenkanzlei des Mittelalters, Nr. 24, S. 39. – Der Vorgang selbst stellt strukturell keineswegs etwas Ungewöhnliches dar. Vergleichbares lässt sich bereits für das frühe Mittelalter nachweisen; vgl. z. B. Clavadetscher, Das churrätische Reichsguturbar.

10 Hofmann, Urkundenwesen, S. 130, 136, 241, Nr. 302–304; Wild, Die Fürstenkanzlei des Mittelalters, Nr. 23, S. 39; Rall, Die Kanzlei der Wittelsbacher, S. 112.

11 Wild, Die Fürstenkanzlei des Mittelalters, S. 35.

12 Belege bei Mersiowsky, Anfänge, S. 93.

reichen Zusätze und Ergänzungen belegen[13]. Den praktischen Zweck spiegeln bereits die Überlieferungsformen. So hat sich eine zweibändige, repräsentative Prachtversion erhalten. Daneben existierte eine für die Verwaltungspraxis (?) konzipierte Zweitausfertigung, von der heute nur noch ein Fragment vorhanden ist[14].

Als großen Überlieferungszufall darf man die Existenz des ältesten oberbayerischen Rechnungsbuches werten, das in die Regierungszeit Herzog Ludwigs II. zu datieren ist[15]. Es stammt aus der ersten Hälfte der neunziger Jahre des 13. Jahrhunderts. Bei ihm handelt sich um die Abrechnung einer Mittelinstanz, des sogenannten oberen Viztumsamtes. Nach Jahren gegliedert, werden darin Einnahmen und Ausgaben verzeichnet. Im Vergleich zu anderen Territorien der Zeit weist es ein hohes Enwicklungsniveau auf. Seine Funktion erschöpfte sich – wie für mittelalterliche Rechnungen allgemein typisch – in der Kontrolle der lokalen Amtsträger; es vermittelte also den Kontakt zwischen lokalen Hebestellen und landesherrlicher Zentrale[16].

Ähnlich wie in den bayerischen Stammlanden lässt sich für den Bereich der rheinischen Pfalz die Ausbildung einer Mittelinstanz beobachten[17], wobei eine Differenzierung zwischen Viztum und Landschreiber terminologisch und wohl auch funktional zunächst nicht vorgenommen wurde. Der Rall-Schüler Alfons Sprinkart diagnostizierte in seiner Untersuchung über Kanzlei, Rat und Urkundenwesen der bayerischen Herzöge und rheinischen Pfalzgrafen Rudolf I. und Ludwig IV. neben dem mehrfach als „Schreiber am Rhein“ bzw. *notarius in Rheno (apud Rhenum)* betitelten Heidelberger Viztum Gottfried dem Pauler (alias Puller von Hohenburg[18]) immerhin noch fünf weitere Notare, „die wir nur in rheinischen Angelegenheiten antreffen bzw. im rheinischen Territorium“[19]. Dass neben dem Viztum weitere Schreiber auftauchen, kann nicht erstaunen; zumindest für den der gleichen Herrschaft angehörigen oberbayerischen Viztum ist ein eigener Schreiber in der Rechnung von 1291–94 belegt[20].

---

13 Vgl. Wild, Die Fürstenkanzlei des Mittelalters, Nr. 25, S. 40; Volkert, Die älteren bayerischen Herzogsurbare, S. 16–22.

14 Vgl. Wild, Die Fürstenkanzlei des Mittelalters, Nr. 151, S. 138; Volkert, Die älteren bayerischen Herzogsurbare, S. 16.

15 Edition bei Oefele, Rechnungsbuch des oberen Vicedomamtes Herzog Ludwigs des Strengen.

16 Mersiowsky, Anfänge, 82–94, bes. S. 93, Anm. 244; Sprinkart, Kanzlei, Rat und Urkundenwesen, S. 238 f.; Wild, Die Fürstenkanzlei des Mittelalters, Nr. 26, S. 40.

17 Sprinkart, Kanzlei, Rat und Urkundenwesen, S. 222–235.

18 Ebd., S. 226–231, 232 f.; ferner Spiess, Das älteste Lehnsbuch, Nr. 482, S. 169 f.; Volkert, Kanzlei und Rat in Bayern unter Herzog Stephan II., S. 87 f.

19 Sprinkart, Kanzlei, Rat und Urkundenwesen, S. 118 f.

20 Vgl. Mersiowsky, Anfänge, S. 302 f. – Es spricht für Multifunktionalität (und weniger für einen Bewährungsaufstieg), wenn Alfons Sprinkart dessen Hand mit der des Mundators A der Herzogskanzlei im Land zu Bayern (München) identifizierte; vgl. Sprinkart, Kanzlei, Rat und Urkundenwesen der Pfalzgrafen bei Rhein, S. 62 f., 206 f. „Vielleicht rückte er nach 1294 zum herzoglichen Kanzleischreiber auf“; ebd., S. 206.

Aus der herrschaftlichen Perspektive betrachtet, war die Pfalzgrafschaft bei Rhein aufgrund der Kurwürde sowie der Rheinzölle[21] ein sehr bedeutender und lukrativer, doch sicher nicht der zentrale Bestandteil der wittelsbachischen Gesamtbesitzungen. Itinerar und Grablege der Dynastiemitglieder belegen, dass der Herrschaftsschwerpunkt bis in das 14. Jahrhundert hinein eindeutig in Bayern lag[22]. Sprinkart versah trotz seiner Annahme, dass „an eine beachtlich ausgebaute Kanzlei des Viztums am Rhein" zu denken ist, den Abschnitt über eine pfälzische Kanzlei mit einem Fragezeichen[23]. In ihrem Anachronismus eines ‚mitgedachten' Behördenschemas bezeichnend wirkt seine im gleichen Zusammenhang geäußerte Bemerkung: „Unter den Söhnen Ludwigs II., Rudolf und Ludwig, kann man m. E. ebenfalls nicht von einer selbständigen pfalzgräflichen Kanzlei neben der Herzogskanzlei in München [sic] sprechen"[24].

Es kann hier nicht Aufgabe sein, die sichtlich unter traditionellen Paradigmen erarbeiteten Erkenntnisse der Rall-Schule zu den wittelsbachischen Kanzleien einer gründlichen Revision zu unterziehen. Hier sei nur auf die für die Pfalzgrafschaft bei Rhein wesentlichen Belange abgehoben. Die kurpfälzische Kanzlei konnte nicht nur für das 13. Jahrhundert, sondern auch für die darauffolgenden Jahrzehnte in der Forschung gar nicht anders als diffus erscheinen[25]. Berücksichtigt man nämlich ihren geschilderten Charakter als schriftführende Mittelinstanz mit lokal agierendem Personal, dann liegt dies nahe. Erst mit der Einrichtung eines eigenen wittelsbachischen Hofes in der Kurpfalz durch eine von den bayerischen Stammlanden bis auf allgemeine Erbvereinbarungen unabhängige Seitenlinie[26] war der Impuls für die Entwicklung einer eigenständigen schriftführenden Zentrale im Rahmen des neuen Hofes gegeben.

Die pfälzische Seitenlinie der Wittelsbacher stand in der gesamten ersten Hälfte des 14. Jahrhunderts vor dem Problem, ihre Herrschaft zu stabilisieren. Die Ausgangslage war alles andere als günstig; erinnert sei an die faktische Abdankung und den frühen Tod Rudolfs I. und die schwache politische Stellung seiner drei hinterlassenen und zunächst aufgrund ihres Alters unter Vormundschaft stehenden Söhne gegenüber ihrem Oheim, König Ludwig dem Bayern[27]. Nach dem Tod des ältesten Bruders Adolf

---

21 Vgl. Schaab, Geschichte der Kurpfalz, Bd. 1, S. 119; Ders., Festigung der Pfälzer Territorialmacht, S. 194–196; Schütze, Ziele und Mittel der pfälzischen Territorialpolitik im 14. Jh., S. 2.

22 Zum Itinerar vgl. die Aufenthaltsangaben in den RPR, Bd. 1; ferner ebd., Vorwort S. VIII. Zu den Grablegen die entsprechenden Nachweise bei Huthwelker, Tod und Grablege der Pfalzgrafen bei Rhein, S. 222–243; Häutle, Genealogie; Widder, Kirche, S. 76 f.

23 Vgl. Sprinkart, Kanzlei, S. 118 f.; ferner Ders., Die Kanzlei der Pfalzgrafen bei Rhein und Herzöge von Bayern 1180 bis 1314 bzw. 1317. Forschungsergebnisse, S. 47–49.

24 Sprinkart, Kanzlei, S. 118. Auch Spiegel, Urkundenwesen, Bd. 1, geht in seinem Kapitel: „A. Der Aufbau der Kanzlei" (ebd., S. 118–142), wie selbstverständlich von einer festen, hierarchisch aufgebauten Institution aus (vgl. bes. ebd., S. 118).

25 Vgl. auch Spiess, Lehnsrecht, S. 19–21.

26 Vgl. dazu den Überblick über die politische Entwicklung bei Schaab, Geschichte der Kurpfalz, Bd. 1, S. 73–80, 91–98; ferner Heimann, Hausordnung und Staatsbildung, S. 41–127.

27 Schütze, Ziel und Mittel der pfälzischen Territorialpolitik im 14. Jh., S. 1; Bock, Kurfürst Ruprecht I. von der Pfalz; S. 28–30; Rall, Urkundenwesen, Kanzlei und Rat der Wittelsbacher Pfalzgrafen bei Rhein, S. 277–279.

im Jahre 1327 regierten die beiden jüngeren Brüder Rudolf II. und Ruprecht I. gemeinsam[28]. Adolfs 1325 geborener Sohn Ruprecht (II.) blieb bis 1346 unter der Vormundschaft seines Verwandten mütterlicherseits, des Grafen Johann von Nassau[29].

Für den Ausbau des Territoriums erwies sich die Unterstützung Kaiser Ludwigs des Bayern im Anschluss an die 1329 zu Pavia getroffenen innerdynastischen Vereinbarungen als vorteilhaft, profitierten die Pfälzer doch in reichem Maße von dessen Zuwendungen in Form von Reichspfandschaften. Diese wogen die wenige Jahrzehnte zuvor erlittenen Verluste im Rahmen von Ludwigs Reichspolitik mehr als auf[30]. Ende der dreißiger Jahre kam es zu einer internen Teilung zwischen den beiden regierenden Pfalzgrafen, wobei die für die Finanzen entscheidenden Rheinzölle in gemeinsamem Besitz verblieben[31].

---

[28] Spekulative Überlegungen bei Rall, Urkundenwesen, Kanzlei und Rat der Wittelsbacher Pfalzgrafen bei Rhein, S. 279 f., zu einer „Kanzlei Ruprechts I." und einer möglichen Übernahme von Schreibern „aus der 1340 erloschenen Linie der Herzoge Niederbayerns". Der Autor selbst relativiert sich kurz darauf; ebd., S. 281.

[29] Bock, Kurfürst Ruprecht I. von der Pfalz, S. 29 f.; Rall, Urkundenwesen, Kanzlei und Rat der Wittelsbacher Pfalzgrafen bei Rhein, S. 284.

[30] Schaab, Geschichte der Kurpfalz, Bd. 1, S. 93; ferner ebd., S. 79 f.; Heimann, Hausordnung und Staatsbildung, S. 162 f.; Bock, Kurfürst Ruprecht I. von der Pfalz, S. 30 f.; auch Rall, Urkundenwesen, Kanzlei und Rat der Wittelsbacher Pfalzgrafen bei Rhein, S. 281 f.

[31] Schaab, Geschichte der Kurpfalz, Bd. 1, S. 93; Spiess, Lehnsrecht, S. 14 f.; Heimann, Hausordnung und Staatsbildung, S. 129–182; Bock, Kurfürst Ruprecht I. von der Pfalz, S. 32 f. Zu den Rheinzöllen auch Röhrenbeck, Karl IV. und die Pfalzgrafen bei Rhein, S. 642. Zur äußerst erfolgreichen kurpfälzischen Zollpolitik vgl. Schütze, Ziele und Mittel der pfälzischen Territorialpolitik im 14. Jh., S. 2.

4.3 Hofschreiber und Landschreiber. Der Aufstieg zum Kurfürstentum im 14. Jahrhundert

Gravierende politische Veränderungen ergaben sich für die Pfalzgrafschaft seit dem Ende der vierziger Jahre[1]. Dem Tod Kaiser Ludwigs des Bayern im Herbst 1347 schloss sich im Jahr darauf der Parteienwechsel Pfalzgraf Rudolfs II. in das Lager Karls IV. und die Hochzeit seiner Tochter Anna mit dem König an. Mit dem erbenlosen Tod Rudolfs II. im Herbst des Jahres 1353 endete die gemeinschaftliche Regierung der Pfalzgrafen-Brüder. Ruprecht I., einem „Urbild des kühl und sicher kalkulierenden Territorialherrn des Spätmittelalters“[2], gelang es, mit seinem gleichnamigen Neffen Ruprecht II. eine Übereinkunft zu treffen. Sie lief darauf hinaus, dass der Jüngere trotz seiner inzwischen erreichten Volljährigkeit die Regierung weiterhin dem Onkel überließ und sich stattdessen mitsamt einer eigenen Hofhaltung in die Oberpfalz zurückzog[3].

Ein weiterer, diesmal auf der Reichsebene begründeter Zusammenhang trat hinzu. Aufgrund der ‚antibayerischen' Verfügungen der Goldenen Bulle, die aus dem spannungsreichen Konkurrenzverhältnis zwischen Karl IV. und den bayerischen Wittelsbachern resultierten, verblieb ab 1355/56 die wichtige Kurstimme unter Übergehung der innerhalb der Dynastie getroffenen Vereinbarungen bei der rheinischen Linie[4]. Dadurch wuchs das Land am Rhein in die bedeutende reichspolitische Position, die eine Generation später das Fundament für das Königtum Ruprechts (III.) von der Pfalz bilden sollte[5].

Die „Konsolidierung des Territoriums“[6] seit den fünfziger Jahren lässt sich nicht nur an den weiteren Herrschaftsverträgen der beiden Pfalzgrafen beobachten; erinnert

---

[1] Schütze, Ziele und Mittel der pfälzischen Territorialpolitik im 14. Jh., S. 1.

[2] Zu ihm vgl. das Lebensbild von Bock, Kurfürst Ruprecht I. von der Pfalz; Schütze, Ziele und Mittel der pfälzischen Territorialpolitik im 14. Jh., S. 1; Schaab, Geschichte der Kurpfalz, Bd. 1, S. 101 f.; Zitat Gerlich, Interterritoriale Systembildungen, S. 123.

[3] Peltzer, Der Rang der Pfalzgrafen, S. 151–155; Röhrenbeck, Karl IV. und die Pfalzgrafen bei Rhein, S. 622 f.; Schaab, Geschichte der Kurpfalz, Bd. 1, S. 94–98; Ders., Festigung der pfälzischen Territorialmacht, S. 176–178; Schütze, Ziele und Mittel der pfälzischen Territorialpolitik im 14. Jh., S. 1 f. „Die pfälzisch-kurfürstliche Linie fand über den Ausgleich zwischen Ruprecht I. und Ruprecht II. während der Jahre 1353 und 1357 erstmals zu einer eigenen Hausordnung, in der keinerlei Bindungen mehr zur oberbayerischen Linie nachwirkten“; so Heimann, Hausordnung und Staatsbildung, S. 209; sehr unübersichtlich die Darstellung ebd., S. 183–209. – Zur Oberpfalz als Sekundogenitur vgl. RPR, Bd. 1, S. 300 f.; Widder, Der Amberger Hof, bes. S. 279–281.

[4] Vgl. Röhrenbeck, Karl IV. und die Pfalzgrafen bei Rhein, bes. S. 623 f.; Bock, Kurfürst Ruprecht I. von der Pfalz, S. 34–36.

[5] Vgl. auch Gerlich, Interterritoriale Systembildungen, S. 135–137; Mittelalter. Der Griff nach der Krone, S. 201–209; Peltzer, Der Rang der Pfalzgrafen, S. 151–159.

[6] Schaab, Festigung der pfälzischen Territorialmacht, S. 177; ferner ebd., Karte nach S. 180. Ruprecht I. als „Begründer der Kurpfalz als straff organisiertem Fürstentum“ (Gerlich, Interterritoriale Systembildungen, S. 124) zu bezeichnen, klingt zu anachronistisch.

sei hier an das 1368 festgelegte „Kurpräzipuum“, das einen mit der Kurwürde verbundenen unveräußerbaren Zentralbestandteil des Territoriums definierte[7]. Parallel dazu verlief der federführend[8] von Ruprecht I. vorangetriebene systematische Ausbau des Territoriums, der sich am deutlichsten in der Verbreiterung der Mittelinstanz niederschlug. Ruprecht I. behielt die durch die Herrschaftsteilung zwischen dem Bruder und ihm entstandenen beiden Viztume von Heidelberg und Neustadt bei und schuf gleichzeitig einen weiteren für die Verwaltung der oberpfälzischen Gebiete[9]. Im Rahmen des Territorialausbaus sind Anstrengungen erkennbar, die Herrschaft zu arrondieren und zu effektivieren. So wurde der Ertrag einzelner Besitz- und Herrschaftskomplexe einer genaueren Prüfung unterzogen. Bei negativem Ergebnis scheute man sich nicht, daraus Konsequenzen zu ziehen und dieselben abzustoßen[10].

4.3.1 Das Geschäftsschriftgut des 14. Jahrhunderts und sein Gebrauchszusammenhang

4.3.1.1 Rechnung und Bedeverzeichnis

Vom Anfang der fünfziger Jahre datiert die erste erhaltene kurpfälzische Rechnung. Es handelt sich um eine Sonderrechnung des Heidelberger Viztums Heinrich von Erligheim für die Jahre 1349 bis 1350[11]. Bei diesem Stück handelt es sich offenbar nicht um eine Viztumsrechnung im eigentlichen Sinne, sondern um „eine Sonderabrechnung über Ausgaben im Zusammenhang mit militärischen Diensten“. Sie diente Heinrich von Erligheim offenbar als Dokumentation, die er mit einreichte, um für seine Auslagen durch seinen Herrn entschädigt zu werden[12].

Es ist kaum davon auszugehen, dass die schriftliche Rechnungslegung in der Kurpfalz damals noch nicht eingeführt worden war. Dagegen spricht der hohe Entwicklungsstand des erhaltenen Rechnungstyps; es dürfte sich auch in diesem Fall um den Ausdruck der geringen Überlieferungschance handeln, die den schnell veraltenden

---

[7] Schaab, Festigung der pfälzischen Territorialmacht, S. 177 f.; Ders., Geschichte der Kurpfalz, Bd. 1, S. 96; Heimann, Hausordnung und Staatsbildung, S. 225–245; Peltzer, Der Rang der Pfalzgrafen, S. 155 f.; Ders., Der Pfalzgraf als Königswähler, S. 88–90.

[8] Ruprecht selbst bezeichnete sich als illiterat; vgl. Schaab, Geschichte der Kurpfalz, S. 101; Schütze, Die territoriale Entwicklung der rheinischen Pfalz, S. 286.

[9] Vgl. Schaab, Festigung der pfälzischen Territorialmacht, Karte nach S. 191 f.; Ders., Geschichte der Kurpfalz, Bd. 1, S. 118. Zu den Landschreibern vgl. Spiess, Lehnsrecht, S. 22 f.; Spiegel, Urkundenwesen, Bd. 1, S. 393–413.

[10] Vgl. dazu Schütze, Ziele und Mittel der pfälzischen Territorialpolitik im 14. Jh., S. 2 f.

[11] GLAK, 43/145 (alte Sign. Pfalz-Generalia 43/6); Edition: Weech, Abrechnung des pfälzischen Vizdums; Abb.: Mittelalter. Der Griff nach der Krone, Nr. 94, S. 252. Dazu Mersiowsky, Anfänge, S. 63 mit Anm. 99; Ders., Spätmittelalterliche Rechnungen, S. 131. – Zu Heinrich von Erligheim als Heidelberger Viztum: Spiegel, Urkundenwesen, Bd. 1, S. 358–365. Zur Familie in kurpfälzischen Diensten: Hammes, Ritterlicher Fürst und Ritterschaft, S. 184.

[12] Mersiowsky, Anfänge, S. 63, Anm. 99.

Rechnungen eigen war[13]. Erwähnung verdient, dass der Viztum Heinrich von Erligheim mit dem in der Rechnung erwähnten Pfaffen Heinrich über einen eigenen Schreiber verfügte[14]. Ob dieser Schreiber gleichzeitig identisch ist mit dem Landschreiber, muss mangels Belegen offen bleiben[15].

In die politisch begünstigten fünfziger Jahre fällt der forcierte Ausbau des Verwaltungsschriftgutes in der Kurpfalz[16]. Differenzierte Formen sind wohl nicht zufällig erstmals um die Mitte dieses Jahrzehnts zu beobachten. Für die Jahre 1350–1361 hat sich ein *Stůre dye in daz land gesetzet ist* betiteltes Steuerregister erhalten[17]. Es handelt sich um ein heute in Karlsruhe aufbewahrtes, fünfzehn Blätter umfassendes Papierheft in Halbfolioformat. Seine Grundanlage datiert offenbar von 1355, da bis zu diesem Jahr einschließlich die Einträge ohne Tintenwechsel von einer Hand erfolgten[18]. In den darauffolgenden Jahren wurde es von derselben Hand – offenbar sukzessive, wie die wechselnden Tintenfarben nahelegen – weitergeführt[19]. Die Schrift wirkt relativ unruhig. Sehr groß geschriebene Passagen wechseln mit kleiner und enger geschriebenen ab.

Der Inhalt betraf nicht die damals schon regelmäßig im Frühjahr und Herbst erhobene Bede[20], sondern außergewöhnliche Umlagen, die zu besonderen Anlässen erhoben wurden. Der umfasste Raum betraf ausschließlich die Gebiete Ruprechts I. Für die in einem Zug niedergeschriebenen, d. h. bei der Anlage des Heftes nachgetragenen Jahre 1350 bis 1355 sind die Angaben stereotyp und wenig ergiebig. Es wurden dabei lediglich die veranschlagten Orte mit den jeweils geleisteten Summen aufgeführt[21]. Erst ab 1355, d. h. mit kontinuierlicher Buchführung, wurden die Mitteilungen ausführlicher und differenzierte Begründungen für die Beden hinzugefügt. Genannt werden im Wesentlichen die Bereiche Kriegszüge, Lösung von verpfändetem Gut sowie Aufwendungen für die Hofhaltung. Bei letzterer spielten besonders Turniere eine wichtige Rolle[22].

---

13 Mersiowsky, Anfänge, S. 337–348; allg. Esch, Überlieferungs-Chance, S. 564–566.

14 *I(tem) gap ich pfaffe Heinriche, mime schriber, VIII lb. h(e)ll(er) vor ein pferd,* *eingefügt: *daz er zů mir brahte**, *daz er abereit, do er daz gelt fůrte gei(n) Miltdenb(er)g, daz ům Minnenb(er)g gebůrte*; GLAK, 43/145, f. 5r; Weech, Abrechnung des pfälzischen Vizdums, S. 95.

15 Bei Spiegel, Urkundenwesen, Bd. 1, u. a. S. 398, findet sich kein Nachweis.

16 Schütze, Ziele und Mittel der pfälzischen Territorialpolitik im 14. Jh., S. 2 f.

17 GLAK, 66/12049; Mittelalter. Der Griff nach der Krone, Nr. 95, S. 252 f. (Abb. ebd., S. 252); vgl. die durch Friedrich von Weech besorgte Edition: Weech, Ein pfälzisches Steuerbuch aus dem Jahre 1350–1361 (unter der alten Signatur GLAK, Urkunden, Pfalz-Generalia, Konv. 12). Die Folio-Angaben der Edition sind durch die moderne, das Titelblatt berücksichtigende Zählung überholt. Zur Handschrift ferner Schaab, Festigung der pfälzischen Territorialmacht, S. 194. Zur Überlieferung vgl. Kastner, Hemsbach an der Bergstraße, S. 15 f. Auszüge haben sich in Kopie für die Jahre 1348 bis 1374 in Prozessakten erhalten; ebd. (unter Hinweis auf GLAK, 71/W 182).

18 GLAK, 66/12049, f. 4r (= Weech, Ein pfälzisches Steuerbuch, S. 469: f. 3r).

19 Ebd., f. 4v–6r. Ab f. 6v werden die Einträge uneinheitlicher.

20 Allg. zur Bede vgl. Schubert, Fürstliche Herrschaft, S. 45–49.

21 Weech, Ein pfälzisches Steuerbuch, S. 467–469; Mittelalter. Der Griff nach der Krone, Nr. 95, S. 252 f.

22 Ebd., S. 471–482.

Erwähnenswert ist ein von der Edition nicht berücksichtigter Nachtrag. In ihm wird erwähnt, dass im Jahre 1362 ein neues Buch begonnen wurde[23]. Da die Einträge im vorliegenden Heft mit dem Jahr 1361 enden, dürfte es sich dabei um den nicht erhalten gebliebenen Nachfolgeband handeln. Die bis 1355 sehr knappen und in einem Zug eingetragenen Angaben legen nahe, dass mit dieser Art der Buchführung über außergewöhnliche Steuereinnahmen um die Mitte des Jahrzehnts begonnen worden war, das Verfahren aber nach 1361 mit der Anlage des Nachfolgebandes beibehalten wurde.

Es sollte erwähnt werden, dass eine relativ stringente Systematik innerhalb der Handschrift zu jeder Zeit durchbrochen werden konnte. Dies verdeutlicht ein von einer anderen Hand zum Jahr 1361 eingetragenes Verzeichnis der an den Grafen Emicho von Leiningen verpfändeten Güter[24]. Ein Zusammenhang mit dem Inhalt der Handschrift ist allerdings erkennbar. Die Verpfändungen betrafen eine unmittelbar im Anschluss an das Verzeichnis eingetragene Bede, die zur Lösung dieser Verpfändungen diente[25].

Zur Gebrauchssituation wäre zu sagen, dass das Heft jeglicher Repräsentabilität entbehrt. Ob es ursprünglich einen eigenen Einband besessen hat, lässt sich aufgrund der modernen Bindung nicht mehr entscheiden. Der Titeleintrag auf der Vorderseite, die unbeschriebene Rückseite sowie die Konzentration von Verschmutzungsspuren um den Heftrücken herum könnten nahelegen, dass es sich lediglich um ein Heft ohne flexiblen Einband gehandelt hat. Die gotische Kursive der Haupthand ist zwar relativ gut lesbar, orientiert sich aber nicht an einem vorgegebenen Zeilenschema. Dies führt zu der bereits angesprochenen Uneinheitlichkeit im Duktus. Gewisse Strukturen lassen sich dabei allerdings erkennen. So begann der Schreiber beim Eintrag einer neuen Bede meist oben auf der Seite, wo er in einer Art Kopfregest Datum und Anlass eintrug. Diese Angaben sind ab 1355 relativ eng und klein geschrieben. Bei den dann jeweils folgenden Orts- und Einnahmenangaben vergrößern sich Schrift und Zeilenabstände.

4.3.1.2 Die Kopialbücher

In einer ebenfalls heute im Generallandesarchiv zu Karlsruhe aufbewahrten Pergamenthandschrift kurpfälzischer Provenienz findet sich folgender, mit roter Tinte geschriebener Eintrag: *In gotes namen Amen. Als man zalte nach Cristus ge/burt druzehen hundert iar vnd sechs vnd funfzig iar/vf den neheste(n) Mantag nach der heiligen osterwochen/do hiez vnd gebot der aller durchluchtigiste furste vnd/herre h(er) Ruprecht der Elter, von Gotes gnaden Pfaltz/grafe zu Ryne, des heilige(n) Romischen Rychs oberst(er)/Truchsesse vnd h(er)tzoge zu Beyern, mir, Cunrad/von Aschaffenborg, zu der zit sin Landschriber, daz ich ime/alle sine briefe vnd hantvesten,*

23 GLAK, 66/12049, f. 3r.
24 Ebd., f. 14r.
25 Ebd., f. 14v–15r.

die do ewigit we(re)n/vnd die er zu der zit hatte oder furbaz gewinnen/mochte von kvnigen oder von keysern oder von an/dern h(er)ren, ritt(er)n oder knechte(n), vnd von weme er/sie anders hette, alle an eyn buch schribe(n) ließe vnd/schůfe geschriben werden. Dorvmbe vnd uff daz nit/yederman zu allen ziten dorfte vbir sine briefe vnd/hantvesten gen, vnd sie zur werfen, wan er gerne/sehe wuste oder horte wie sine briefe sprech(e)n vnd/stunde(n), die er hette, als sie ouch h(er)nach in disem buche/ von worte zv worte vnd nach den besigelten briefe(n)/wol vber lesen beschriben stent. Zv dem ersten key/ser Ludwiges briefe, dar nach keyser Karls briefe/vnd dar nach and(er) h(er)ren briefe. Vnd ouch ander hantfesten[26].

Wie der Prolog uns verrät, verdankte die Handschrift ihre Entstehung Ruprecht I., im Text zeitüblich als ‚der Ältere' bezeichnet. Der Text fährt fort, dass dieser seinem Landschreiber Konrad von Aschaffenburg die Anlage befahl[27]. Der Band umfasst 78 Blätter (plus einer vorgebundenen Lage). Er ist sowohl hinsichtlich seiner Form, seines Inhalts, Aufbaus und seines für die Entstehung Verantwortlichen bemerkenswert. Der textliche Grundbestand der Handschrift wurde von einer einzigen Hand in einer zeitgenössischen gotischen Urkunden-Minuskel sorgfältig auf Pergament geschrieben. Der auf den 2. Mai 1356 zu datierende Prolog[28] nennt den Zeitpunkt der Auftragserteilung. Ruprechts Wille lautete, *alle sine briefe vnd hantvesten, die do ewigit we(re)n*, d. h. die Privilegien mit einer unbegrenzten, ‚ewigen' Gültigkeitsdauer, die er von Königen, Kaisern und anderen Herren, Rittern, Knechten etc. besitzt, in ein Buch zu schreiben. Auch in diesem Fall wird man an die ‚Privilegienkunde' aus dem Manuale Wilhelm Ysbrands erinnert, in der zwischen Perpetua und den übrigen Stücken sorgfältig geschieden wurde[29]. Erklärte Ziele bei der Anlage des kurpfälzischen Kodex' waren nach Auskunft des Prologs die Sammlung der ‚Perpetua', Schutz der *besigelten briefe*, also der Originale, gegenüber Unbefugten bei gleichzeitig bestehender Möglichkeit, ohne Rückgriff auf die wertvollen Stücke ihren vollen Wortlaut zur Verfügung zu haben.

---

26 GLAK, 67/799 (im Archivrepertorium unter dem Titel: „Ewige Briefe und Handfesten (1189–1391)"; Gesamtübersicht der Bestände des Generallandesarchivs, S. 200), f. 1*r (die Schrägstriche markieren jeweils die Zeilenenden in der Handschrift); vgl. RPR, Bd. 1, Nr. 2947 (mit falschem Datum: 1356 April 25); Balharek, in: Mittelalter. Der Griff nach der Krone, Nr. 97, S. 253 f. (Abb. ebd., S. 79); Rödel, Ämter und Kanzlei, S. 269–271 (farbige Abb. ebd., S. 270 f.). Dazu auch Kolb, Heidelberg, S. 183–186.

27 Sehr wahrscheinlich handelt es sich beim Landschreiber Konrad von Aschaffenburg nicht um den Schreiber des Kopialbuches. Dies legt die im Prolog verwendete passivische Formulierung nahe: *daz ich* [= Konrad v. A.] *ime alle sine briefe vnd hantvesten* [...] *alle an eyn buch schribe(n) ließe vnd seh ufe geschriben worden*.

28 In den RPR, Bd. 1, Nr. 2947, mit falschem Datum (= April 25); dies wäre der Montag nach Ostern und nicht, wie angegeben, *nach der heiligen osterwochen*, also der darauffolgende Montag. Laut Itinerar urkundete Ruprecht I. am 2. Mai des Jahres in Heidelberg; ebd., Nr. 2951, S. 178.

29 Vgl. oben, Kap. 3.7: Das öffentliche Notariat, seine Urkundenpraxis und das landesherrliche Archiv- und Registerwesen.

Ob wir es hierbei mit der Geburtsstunde eines landesherrlichen Urkundenarchivs im Sinne eines gesicherten, geordneten und erschlossenen Aufbewahrungsortes für rechtserhebliche Dokumente zu tun haben, geht aus dem Wortlaut nicht hervor[30]. In jedem Falle ist die sorgfältig konzipierte und angelegte Handschrift ein eindrucksvolles Zeugnis dafür, dass mindestens ein solches existierte und dass man sich seines hohen Wertes bewusst war[31]. Aufschlussreich sind der Umfang und der zeitliche Rahmen der abgeschriebenen Stücke. Nach Aussage der Prologs beginnen die Herrscherurkunden mit *keyser Ludwiges briefe*, gefolgt von denjenigen *keyser Karls*, womit Ludwig der Bayer und Karl IV. gemeint sind[32]. Schließt man von hier auf den Umfang der verfügbaren Herrscherprivilegien, die in dem Kopialbuch *von worte zv worte vnd nach den besigelten briefe(n) wol vber lesen beschriben stent*, dann bleibt nur die Alternative, dass Ruprecht entweder tatsächlich lediglich die während seiner eigenen Herrschaftszeit erworbenen Stücke aufnehmen lassen wollte oder aber, dass die prominentesten Vertreter im Urkundenschatz der rheinischen Wittelsbacher gerade einmal wenige Jahrzehnte alt waren, d. h. dass die bayerischen Verwandten den Großteil der älteren Herrscherdiplome behalten hatten[33].

Anhand des Schriftvergleiches gewinnt man den Eindruck, dass der ursprüngliche Textbestand des Kopialbuches am Cäcilientag, d. h. am 20. November 1356, also ein

30 Spiegel, Urkundenwesen, Bd. 1, S. 198–209, geht mit gewissen Einschränkungen (vgl. ebd., S. 198 f.) von einem geordneten und erschlossenen Zentralarchiv in der Heidelberger Burg aus. Ähnlich Kolb, Heidelberg, S. 188–190. – In dem 1436 erstmals erwähnten Briefgewölbe des 1417 neu erbauten Amberger Schlosses lagerten „Salbücher, Briefe und Register“, die sich in der Obhut des dortigen Landschreibers befanden; vgl. Ambronn, Das Briefgewölbe des kurpfälzischen Viztumsamtes Amberg, S. 9 f. Laut einem Eintrag in ein Urkundenverzeichnis von 1456/57 lagerten dort „auch 8 Hakenbüchsen, 2 Ladeisen und etliche Kugeln in einem Fässlein, ein wenig Pulver in einer Tonne, 6 Setzladen mit Pfeilen und etwas Blei“; ebd., S. 10 (zum Urkundenverzeichnis vgl. ebd., Nr. 3, S. 14–16). Um 1530 war das Briefgewölbe dort mit der Silberkammer gleichzusetzen; ebd., S. 11.

31 Auch später besitzen wir immer wieder Hinweise auf das Briefgewölbe in Heidelberg als gut gehüteter Aufbewahrungsort der „besiegelten Briefe“ in der Überlieferung; vgl. GLAK, 67/810, f. 93vf. (1420); ebd., f. 240r (1426); ebd., f. 274r–277v (1427); ebd., f. 336r (*in vnserm gewelbe off vnser burge zu Heidelberg, da vnser vnd vns(er)er furstendumes vnd herreschafft brieffe inneligen*) (1429). – Vergleichbare Bemühungen der Herzöge von Österreich fielen in die achtziger Jahre des 14. Jahrhunderts; Lackner, Hof und Herrschaft, S. 317 f. – Solche Inventarisierungen konnten den Anlass für die Entstehung von Historiographie geben, wie das Beispiel der Herzöge von Bretagne aus dem Hause Montfort und das Chronicon Briocense gegen Ende des 14. Jahrhunderts zeigen. Im Zuge der Neugestaltung der eigenen Vergangenheit entstand gleichzeitig eine Reihe von Urkundenfälschungen; Jones, Memory.

32 Von einer Hand des späten 14. Jahrhunderts findet sich auf f. 7v eine Urkunde Heinrichs VII. nachgetragen (Datum: Köln, 1309 Januar 25).

33 Für letzteres spricht der Eintrag ebd., f. 34v: *Her nach stent geschriben alle ewige briefe vnd ha(n)t/festen, die wir h(er)tzog Rupr(echt) der elt(ere) fur vns, vnser/erben vnd nachkome(n) v(er)sigelt innehabin vnd als u/ovch ein teil vns(er)n altfordern vnd ire(n) erben hie vormals/v(er)schribe(n) vnd v(er)sigelt gegebin sint.* Unmittelbar im Anschluss hieran findet sich allerdings ein Diplom von 1189; vgl. Spiess, Lehnsrecht, S. 28, Anm. 18. – Im sogenannten Hausvertrag von Pavia aus dem Jahr 1329 findet sich kein entsprechender Passus; vgl.

gutes halbes Jahr nach Auftragserteilung, fertiggestellt war[34]. Danach wechseln die Hände, die mit dem Jahr 1358 beginnend offenbar schubweise Eintragungen vornahmen. Anfang der neunziger Jahre erfolgten die spätesten Nachträge von einer Hand, die überdies im gesamten Text Ergänzungen anbrachte[35].

Interesse verdient die Frage nach der Gebrauchssituation des Kopialbuches[36]. Im Prolog ist lediglich von einer Nutzung durch den Auftraggeber Ruprecht I. die Rede. Zu beachten ist, dass der Kodex durch ein ausführliches, in Regestenform gehaltenes und wahrscheinlich zeitgenössisches Inhaltsverzeichnis erschlossen und damit benutzbar gemacht wurde[37]. Praktischen Zwecken diente ein um 1390 nachgetragenes Verzeichnis der Lehen, mit denen die erste, unfoliierte Lage, auf der sich das Inhaltsverzeichnis befindet, schließt[38]. Auffallend ist das unmittelbar an den Prolog anschließende und in Erzählform gehaltene Verzeichnis der vormals in München aufbewahrten Reichskleinodien, wie sie durch Markgraf Ludwig von Brandenburg, den Sohn des 1347 verstorbenen Kaiser Ludwigs des Bayern, Anfang der fünfziger Jahre an Karl IV. ausgeliefert wurden[39]. Die Nachträge dokumentieren, dass das 1356 angelegte Kopialbuch in den folgenden vier Jahrzehnten in steter Benutzung war; sie enden kurze Zeit nach dem Tode Ruprechts I. im Jahre 1390[40].

Da der Band hinter den einzelnen, ständisch geordneten Urkundengruppen keine größeren Freiräume lässt, dürfte dem Schreiber zunächst die Ordnung, Bewältigung und genaue Transkription der vorhandenen Originale vorrangig erschienen sein. Erfahrungen der kontinuierlichen Führung eines solchen Hilfsmittels lagen augen-

---

die Edition bei Heinrich, Der Hausvertrag von Pavia, S. 81–101. Im älteren, die bayerischen Gebiete betreffenden Teilungsvertrag vom 1. Oktober 1310 zwischen den Herzögen Rudolf und Ludwig findet sich jedoch u. a. der folgende Absatz: *Wir svln auch baid vnsern rat vnd vnser schreiber mit ein ander heizzen svchen vnd lesen vnser hantfest, die wir haben, vnd swaz hantfest ist, die zv vnser hertzog Rudolfes tail und lant gehorent, die sol man vns antwurten. Swaz aver hantfest ist, die zv vnser hertzog Lodwiges tail vnd lant gehorent, die sol man vns antwurten. Swaz aver der andern hantfest sei vmb daz vngetailt gvt vnd die vns baiden stent vnd gemain sint, die svln wir baid mit gemainen rat antwurten an die stet, da wir ir baid gewaltich sein*; vgl. die Edition ebd., S. 120–155, hier S. 152 f.; zum Vertrag auch Heimann, Hausordnung und Staatsbildung, S. 50–57. Die pfälzischen Rechte wurden davon aber anscheinend nicht tangiert; vgl. Heinrich, a. a. O., S. 138 f.; Heimann, ebd., S. 55. Als ersten Nachweis eines bayerischen Zentralarchivs wird dieser Passus seitdem in der Literatur rezipiert; vgl. Rosenthal, Gerichtswesen und Verwaltungsorganisation in Bayern, S. 272 f.; im Tenor identisch Turtur, Regierungsform und Kanzlei Herzog Stefans III., S. 111 f.; Zimmermann, Die strukturellen Grundlagen der bayerischen Zentralarchive, S. 46 f.

34 Vgl. GLAK, 67/799, f. 25r.

35 Ebd., bes. f. 28r–34v, 74v, 76r–78r.

36 Zum Handschriftentyp vgl. auch Patze, Neue Typen des Geschäftsschriftgutes, S. 44–48.

37 Einen Eindruck davon gibt Abbildung 2 bei Rödel, Ämter und Kanzlei, S. 271 (= GLAK 67/799, f. 1*v).

38 GLAK, 67/799, f. 11*v: *No(ta) diese herschafft gent von eym pfaltzgr(a)u(en) zu lehe(n)*; Spiess, Lehnsrecht, S. 31; Ders., Das älteste Lehnsbuch, S. 9.

39 GLAK, 67/799, f. 1*r.

40 Dazu auch Bedos-Rezak, Towards an Archaeology of the Medieval Charter, S. 59 f.

scheinlich nicht vor. So mussten die nach November 1356 eingehenden Urkunden in fast beliebig anmutender Reihenfolge nach ihrem Eingang am Ende des Bandes nachgetragen werden[41].

Dieser Kodex wird durch einen zweiten, in der Ausstattung ähnlichen, ergänzt[42]. Auch bei ihm handelt es sich um ein von der gleichen Hand, diesmal jedoch auf Papier geschriebenes Kopialbuch. Es umfasst lediglich 16 Blätter in zeitgenössischer Foliierung. Seine Anlage ist zweispaltig mit einem Fronteintrag: *In disem buche stent geschriben die briefe die nit/ewig ensi(n)t vnd vns h(er)tzoge Rupr(echt) dem Elt(e)rn v(er)schriben/sint vnd zv iar zaln vz gent vnd d(er) ein teil sprichet vber/pfantschaft waz die stent vnd ein teil vbir v(er)buntnuße/vnd vber ander sache vnd bekentnuße alz sie her nach/ober iedem briefe geschriben stent waz er spricht./Vnd ovch wie etzliche vesten* *eingefügt*: vns* vns(er) lebtage geoffend sint*[43]. Die abgeschriebenen Urkunden stammen aus den zwanziger bis fünfziger Jahren des 14. Jahrhunderts, wobei sie bis auf wenige Nachträge[44] mit dem Jahr 1358 enden. Enthalten sind diejenigen Stücke, die ‚nicht ewig sind', d. h. die ‚Temporalia', die mit dem Tod Ruprechts I. ihre Gültigkeit verloren. Zu beachten ist, dass die Auswahl bereits nach systematischen Kriterien vorgenommen wurde. Explizit angesprochen werden Pfandschaften, Bündnisse, ‚Bekenntnisse' sowie Öffnungsrechte an Burgen. Mit dem Hinweis auf die Überschriften zu jedem Text werden Hilfestellungen für den Gebrauch gereicht. Analog zu dem ersten Kopialbuch wurde auch hier der Inhalt wieder durch ein ausführliches regestenartiges Inhaltsverzeichnis erschlossen. Zur Gebrauchsdauer lässt sich nicht allzu viel aussagen; es fehlen jedoch hier, im Gegensatz zu dem die ‚Perpetua' betreffenden Karlsruher Kopialbuch 67/799 die späteren, d. h. über die fünfziger Jahre hinausreichenden Nachträge. Es spiegelt sich darin eine unterschiedliche Gebrauchssituation von ‚Perpetua'- und ‚Temporalia'-Kopiaren wider. Während erstere ein fortdauerndes Interesse erfuhren und entsprechend weiterbenutzt wurden, erschöpfte sich die Nutzung der zweiten offensichtlich in der Anfertigungszeit.

4.3.1.3 Die Auslaufregister

Neben diesen beiden Kopiaren, die offenbar dem Überblick über den zu Zeiten Ruprechts I. rechtlich relevanten Urkundenbestand dienen sollten, begann man in der

---

41 Sich öfter ergebende kleinere Platzreserven wurden in typisch mittelalterlicher Manier für Nachträge genutzt; GLAK, 67/799, f. 8r–v, 17v.

42 GLAK, 67/800 (im Archivrepertorium unter dem Titel: „Briefe, die nit ewig ensint (1322–1359)"; Gesamtübersicht der Bestände des Generallandesarchivs, S. 200); Mittelalter. Der Griff nach der Krone, Nr. 99, S. 254. Dazu auch Kolb, Heidelberg, S. 186 f.

43 GLAK, 67/800, f. 1r. Ebd., auf 1*v (dem ersten Blatt der vorgebundenen, unfoliierten Lage) findet sich der Eintrag: *Her nach vnd uff dure neben siten vahend an gezeichn(e)t/die briefe, die nit ewik ensint vnd die wir h(er)tzog(en) Rupr(echt) d(er)/elt(er) v(er)sigelt innehaben von allen den als sie an dure/neben site(n) vnd an den and(er)n bletern getzeichent sint/vnd dar nach furbas in disem selbe(n) bueche von wor/te zv worte eygentliche(n) geschribe(n) stend* (Die Schrägstriche markieren die Zeilenenden in der Handschrift).

44 Vgl. GLAK, 67/800, f. 15r.

Kurpfalz um die Mitte der fünfziger Jahre mit der Registerführung[45]. Bei der ersten erhaltenen Handschrift handelt es sich um ein Auslaufregister der Urkunden Ruprechts I., das, mit 1355 einsetzend, bis zum Jahr 1359 reichte[46]. Die Anlage mit ihren blockweisen Eintragungen lehrt, dass es von verschiedenen Händen sukzessive geführt wurde. Laut den Ergebnissen von Joachim Spiegel handelte es sich um Hände, die auch Urkunden mundierten[47]. Im Gegensatz zu den sorgfältig gestalteten Kopiaren wirkt die Anlage flüchtig und protokollartig. Die Niederschrift erfolgte durchweg auf Papier und in Geschäftsschrift, einer zeitgenössischen diplomatischen Kursive. Die hohe Zahl der Schreiber legt den Schluss nahe, dass es sich bei der landesherrlichen Kanzlei um ein sehr unfestes Gebilde gehandelt haben muss. Zudem fällt auf, dass die Hand, die den Hauptanteil des Textes der beiden Kopialbücher geschrieben hat, sich offenbar nicht darunter findet[48].

Zur Gebrauchssituation ist zu sagen, dass eine Erschließung durch ein Inhaltsverzeichnis fehlt. Für die Praktikabilität hat dies fatale Konsequenzen, da eine Orientierung innerhalb der Handschrift bzw. ein Wiederauffinden von Urkundentexten hierdurch ungemein schwierig ist und immer ein längeres Suchen voraussetzt. Doch belegen Hinweise wie: *Litte(re) date anno L° VIto*[49], dass eine Chronologie der Briefe bewusst eingehalten wurde. Auch Erinnerungshilfen finden sich vereinzelt, so die Bemerkung: *No(ta) h(ae)c li(ttera) original(is) est i(n) papira scripta et sigillata*[50].

Augenscheinlich war man um diese Zeit darum bemüht, das pfälzische Urkundenwesen einer gewissen Normierung zu unterwerfen. In diesen Zusammenhang passen kalligraphische Federproben von Teilen der Intitulatio und Arenga, die sich vereinzelt im Register finden[51].

Die regelmäßige Registerführung ist in der Pfalz seit 1355 für nahezu die gesamte zweite Hälfte des 14. Jahrhunderts nachweisbar[52]. Analog zum ältesten Auslaufregister handelt es sich bei seinen vier Nachfolgern um schmucklose Papierhandschriften,

---

45 Schaab, Festigung der pfälzischen Territorialmacht, S. 190f. Zum Handschriftentyp vgl. Patze, Neue Typen des Geschäftsschriftgutes, S. 36–44. Einen Überblick über die in Karlsruhe aufbewahrten Bestände bietet Spiegel, Urkundenwesen, Bd. 1, S. 108–114; Handschriftenbeschreibung ebd., S. 112–114. Vgl. auch Kolb, Heidelberg, S. 176–183. – Zur wesentlich sorgfältiger gestalteten Registerführung Herzog Ludwigs V. (des Brandenburgers) aus dem Jahr 1352 vgl. die Abbildung in Höfe und Residenzen, Bd. 15.2, Abb. 142, S. 165.

46 GLAK, 67/804; dazu Gesamtübersicht der Bestände des Generallandesarchivs, S. 200. Kolb, Heidelberg, S. 177f.

47 Spiegel, Urkundenwesen, Bd. 1, S. 112.

48 Diese Aussage gilt allerdings mit der üblichen Einschränkung, wenn Buch- und Geschäftsschrift miteinander verglichen werden müssen.

49 GLAK, 67/804, f. 16v.

50 Ebd., f. 58v.

51 Ebd., f. 64v: *Hochgebornen fursten* (Bastarda)/*R R Ruprecht vo von von go g g g* (dito)/*Ruprecht von gots gnaden* (Kursiv)/*Recordaremus quoniam scripta* (Bastarda). Die Schrägstriche markieren die Zeilenenden in der Handschrift.

52 Zu einem verlorenen, lediglich in Fragmenten erhaltenen Register vgl. Spiess, Lehnsrecht, S. 30, Anm. 28.

in die zunächst, wie im ersten Band, die Eintragungen von wechselnden Händen sukzessive vorgenommen wurden[53]. Bei den beiden letzten Bänden ist eine gewisse Spezialisierung der Registerführenden zu bemerken, da die Hände weniger häufig wechseln. Der letzte, die Jahre 1388 bis 1395 umfassende Band wirkt nur noch von einer Hand geschrieben[54]. Bei traditioneller Sicht lässt diese Beobachtung wichtige Erkenntnisse zu. Man würde sie als Indiz für eine fortschreitende Verfestigung der Verhältnisse innerhalb der Kanzlei werten und hinter der Führung dieses Registers durch eine Hand einen Reflex der Bildung von Kompetenzbereichen vermuten[55]. Streicht man die Behördenparadigmen, bleibt davon wenig. Während in der früheren Zeit verschiedene Schreiber registrierten, trat später nur einer in Erscheinung. Zieht man noch einmal die Befunde zur Kanzlei Pfalzgraf Ludwigs III.[56] heran, bieten sich andere Erklärungen. In den älteren Registern spiegelte sich die bunte Vielfalt der Schreiber, das jüngere Register wurde von einem der wenigen Kontinuitätsträger geführt.

Für diesen Band wurde zudem die Vermutung geäußert, dass in ihm „Beurkundungen von beabsichtigt überzeitlicher Bedeutung sowie überterritoriale und Reichssachen betreffende Ausstellungen" fehlen, d.h. hier bereits Ansätze zu der seit Pfalzgraf Ludwig III. (1410–1436) nachweisbaren Differenzierung der Auslaufregister in sogenannte *libri ad vitam* und *libri perpetui* feststellbar sind[57]. Diese Vermutung hat einiges für sich. Die Scheidung in Temporalia und Perpetua war ein gängiges Ordnungsprinzip der Zeit[58]. Da für die kurpfälzischen Kopialbücher dieses Prinzip schon in den fünfziger Jahren Anwendung fand, liegt es nahe, dass sich die kurpfälzischen Schreiber auch in der Registerführung seiner bedienten, zumal sie es in den Kopiaren sogar explizit darlegten.

Zu benutzen waren die Bände, denen sämtlich die Erschließung durch ein Inhaltsverzeichnis abgeht, nur sehr schwer. Dies deckt sich nicht mit der allgemeinen Annahme, dass die ab Mitte des 14. Jahrhunderts sich durchsetzende Registerführung sicheres Wissen über die Urkundeninhalte für die Zukunft bereit stellte[59]. Gelegentlich finden sich Ansätze dafür wie Randglossen[60], Zwischenüberschriften[61] u.ä. Diese

---

[53] GLAK, 67/805–67/808; dazu Gesamtübersicht der Bestände des Generallandesarchivs, S. 200.

[54] GLAK, 67/808 (bezeichnet als Registraturae liber V (1388–1395)); dazu Gesamtübersicht der Bestände des Generallandesarchivs, S. 200.

[55] So auch Spiegel, Urkundenwesen, S. 108 (unter Bezug auf Rall, Die Kanzlei der Wittelsbacher, S. 116, und Redlich, Die Privaturkunden des Mittelalters, S. 158).

[56] Vgl. oben, Kap. 3.5.2: Die kurpfälzische Kanzlei in der Zeit Pfalzgraf Ludwigs III. (1410–1436).

[57] Vgl. dazu Brandenstein, Urkundenwesen und Kanzlei, S. 176f. (er zitiert dabei eine ungedruckte Staatsarbeit von K. Gatz).

[58] Vgl. oben, Kap. 3.7: Das öffentliche Notariat, seine Urkundenpraxis und das landesherrliche Archiv- und Registerwesen.

[59] So Wild, Kanzlei, S. 254.

[60] Z. B. GLAK, 67/805, f. 36r, 36v u. ö.

[61] GLAK, 67/806, f. 17v, 18r, 19r, 21r u. ö.

stammen aber erst aus dem ausgehenden 15. Jahrhundert. Auch Lagerorte finden sich bisweilen vermerkt[62]. Diese Spuren künden daher eindeutig nicht von einer kontinuierlichen Nutzung als internes Hilfsmittel in der Kanzlei, sondern vielmehr von umfassenden Sichtungsarbeiten der zweiten Hälfte des 15. Jahrhunderts. Wie man mit einer solchen Überlieferung umging, kann man fast hundert Jahre später der Heidelberger Universitätsüberlieferung entnehmen. Dort trug eine Hand um 1452 die erinnerungswürdigen Angelegenheiten listenartig ein[63].

4.3.1.4 Das Urbar

Aus dem Jahr 1369 stammt das erste erhaltene[64] Urbar für die rechtsrheinischen Gebiete der Pfalzgrafschaft[65]. Das Buch besitzt einen zeitnahen spätmittelalterlichen braunen Holzdeckel-Ledereinband mit Stempelschmuck. Die ehemals vorhandenen Messingschließen sind verloren, Reste der Beschläge aber noch vorhanden. Alle drei

---

[62] Ebd., f. 46r, im Anschluss an eine deutschsprachige Urkunde über den Vergleich Ruprechts I. mit dem Burggrafen von Nürnberg über die Grenzen der Grafschaft Waldeck; Amberg, 1364 September 9 (!) (*circa festum nativitate beate virginis*): *Et nota q(uod) notar(ius) provincial(is) habet l(itte)ram originale(m)*; vgl. RPR, Bd. 1, Nr. 3506. Gemeint ist der Landschreiber in Amberg, in dessen Besitz sich das Original befand. Zum Archiv in Amberg vgl. u. a. AMBRONN, Das Briefgewölbe des kurpfälzischen Viztumsamtes Amberg, S. 9–11.

[63] Die Rektorbücher der Universität Heidelberg, Bd. 2, S. 677–679, unter dem Titel: *Nota causas memoratu dignas, quas hic conscribi mandavit universitas* (hier S. 677). Darunter finden sich u. a. Hinweise auf die Eidesformeln, aber auch auf wichtige Vorgänge wie z. B. die umfassende Bestätigung der landesherrlichen Privilegien für die Universität. Die nachfolgenden leeren Seiten verdeutlichen, dass man Raum für Nachträge gelassen hatte. Das vorgebundene, alphabetische Register (ebd., S. 698–706) stammt erst vom Ende des 15. Jahrhunderts; ebd., S. 698.

[64] Bereits in der Urkunde König Ludwigs des Bayern, in der er der Abtrennung der Pfalz von Oberbayern zustimmte (München, 1326 Februar 23) wurde die Erstellung eines Urbars *bei dem Rin*, analog zu den Herrschaftsteilen Oberbayern und Oberpfalz, angekündigt. Wipprecht Swende von Weinheim, Jakob von *Durinchheim*, Reinhard von Sickingen und Gottfried der *Paevler* (Puller von Hohenberg) mussten auf die Heiligen schwören, dass sie zu viert *in daz ampt* [= *bei dem Rin*] *reiten sullen, do si hin geschaffet seint, vnd sullen an schriben veste, gerichte, glte vnd gt in aller weis, als ez nicht versetzet were*. Ziel war eine qualifizierende und quantifizierende Beurteilung der nutzbaren Rechte, die als Basis dienen sollte, *daz die Pfallentz ein teil sei vnd Bayern daz ander teil*. Der zeitliche Rahmen der Aufgabe reichte bis zur nächstfolgenden Pfingstwoche (1326 Mai 11–17); dann sollten die Kommissionen zu Ingolstadt ihre Ergebnisse präsentieren; vgl. Edition bei HEINRICH, Der Hausvertrag von Pavia, S. 165 f.; Zitat ebd., S. 166.

[65] GLAK, 66/3480; vgl. Gesamtübersicht der Bestände des Generallandesarchivs, S. 184; Mittelalter. Der Griff nach der Krone, Nr. 104, S. 256 (mit Abb.); SCHAAB, Festigung der pfälzischen Territorialmacht, S. 182, 192; DERS., Geschichte der Kurpfalz, S. 118; KOLB, Heidelberg, S. 187 f. Eine Abb. findet sich bei KASTNER, Hemsbach an der Bergstraße, S. 16. – Zum Quellentyp vgl. RICHTER, Lagerbücher- oder Urbarlehre; PATZE, Neue Typen des Geschäftsschriftgutes, S. 28–33; HÄGERMANN, Urbar; BÜNZ, Probleme der hochmittelalterlichen Urbarüberlieferung; SABLONIER, Verschriftlichung und Herrschaftspraxis. – Zu den Schreibern von Urbaren vgl. PATZE, ebd., S. 41–49; ferner KLEIBER u. a., Historischer südwestdeutscher Sprachatlas, Bd. 1, S. 31 f.

Schnitte waren mit einer umlaufenden Blumengirlande in roter Tinte dekoriert. Der Band besteht aus 246 sehr hellen und sorgfältig von beiden Seiten bearbeiteten Pergamentblättern. Alle Blätter wurden mit einem einheitlichen Linienschema versehen, das sich auch auf den unbeschriebenen Seiten fortsetzt. Der reichlich vorhandene leere Raum verdeutlicht, dass der Band auf Fortschreibung angelegt war. Eine solche erfolgte aber so gut wie nicht[66].

Beim Binden wurde anscheinend vorne und hinten eine Pergamentlage mit eingebunden. Beide Lagen weisen die gleiche Linierung wie die übrigen auf, blieben allerdings auch später vollkommen unbenutzt. Ihnen fehlt auch die ansonsten vorhandene spätmittelalterliche Foliierung. Diese wirkt allerdings aufgrund des kursiven Schriftduktus' gegenüber der im Textblock verwendeten Buchschrift nicht unbedingt passend. Vermutlich wurde sie erst später, noch vor der Bindung hinzugefügt. Die Foliierung beginnt erst mit dem eigentlichen Textbestand, auf der ersten Seite der zweiten Lage; die Folioangaben enden analog dazu kurz vor Schluss der vorletzten Lage. Vielleicht hängt es mit der Einbindung zusammen, dass ein Prolog oder etwas Ähnliches fehlt. Möglicherweise blieb der Band unvollendet, wie bereits vermutet wurde[67], dennoch entschloss man sich aber zu einem repräsentativen Einband.

Es scheint, dass der Text – wie allgemein üblich – auch in diesem Fall auf die ungebundenen Lagen geschriebenen wurde. Die erste Seite der zweiten Lage weist darauf hindeutende leichte Verschmutzungs- und Bräunungsspuren auf. Die Einträge sind in einer gotischen Minuskel-Buchschrift von einer Hand sorgfältig geschrieben. Gliederungselemente wie Ortsüberschriften, die I-Initiale des ersten *item* sowie das *C* von Kapitel-Abkürzungen vor jedem weiteren Eintrag sind in roter Tinte gehalten. Die Verfasserhand könnte auf den Schreiber der Kopialbücher hinweisen, aufgrund des zeitlichen Abstandes bei der Entstehung der Handschriften sowie des unterschiedlichen Stilisierungsgrades der jeweils verwendeten Schriften lässt sich ein Schreibervergleich allerdings nur sehr begrenzt durchführen[68].

Gegliedert ist das Urbar nach den einzelnen Orten. In jeweils separaten Blöcken wurden innerhalb dieser Einheiten die vor Ort bestehenden Rechte und Abgaben grundherrschaftlicher Art eingetragen[69]. Hier finden sich nicht die außergewöhnlichen Beden, von denen bereits die Rede war, sondern die aus der Grundherrschaft fließenden regelmäßigen Abgaben in Form von entsprechenden Ansprüchen verzeichnet. Aus dem Inhalt geht hervor, dass umfangreiche Recherchen und Verhandlungen vor Ort vorausgegangen sein müssen. Vielfach dienten Weistümer als Grundlage der Auf-

---

66 Als eine Ausnahme vgl. den zeitnahen, in Kursive geschriebenen Eintrag auf f. 17v.

67 Mittelalter. Der Griff nach der Krone, Nr. 104, S. 256.

68 Betr. GLAK, 67/799 bzw. 800 und die hier diskutierte Handschrift GLAK, 66/3480.

69 Einen Einblick in Aufbau und Inhalt bietet die Teiledition bei Kastner, Hemsbach an der Bergstraße, S. 16–17. Sie fußt auf Kollnig, Die Weistümer der Zent Schriesheim, S. 128 f.; ebd. weitere Auszüge, S. 90 f., 98 f., 116, 145 f., 168, 181 f., 251 f., 290. Eine farbige Abbildung von f. 23r–24v findet sich auch in: Mittelalter. Der Griff nach der Krone, S. 256.

zeichnungen[70]. Daneben finden sich Hinweise darauf, dass Urkunden und sonstige Schriftstücke konsultiert worden waren[71]. Darüber hinaus wurden im sogenannten Lagerbuch von Heidelberg alle bis dorthin erworbenen Reichspfänder zusammengestellt[72].

Zur Gebrauchssituation lassen sich folgende Beobachtungen machen. Es wurde oben bereits erwähnt, dass der Band sorgfältig und sehr repräsentativ ausgestattet ist. Aufgrund des mit Prägeschmuck versehenen Holzdeckel-Ledereinbandes und der mit roten Blütenranken gefüllten Blattschnitte wirkt er bereits in ungeöffnetem Zustand äußerst dekorativ. Auch der Beschreibstoff Pergament ist von hoher Qualität. Die Spuren von Gebrauch, Bearbeitung und Fortschreibung halten sich in engen Grenzen. Es scheint, dass der Band nach seiner Anlage so gut wie kaum noch erweitert wurde. Stattdessen wurde er um eine vordere und hintere Lage ergänzt und erhielt seinen repräsentativen Rahmen. Dabei scheint auch nicht gestört zu haben, dass Teile des Besitzes wie Heidelberg und Bretten fehlten, jedenfalls hinderte dies eine Foliierung und Bindung nicht.

Ob die vor- und nachgebundenen Lagen diesen Mangel später durch darauf anzubringende Nachträge heilen sollten, ist spekulativ. Jedenfalls ist Entsprechendes nie erfolgt. Eine Nutzung als Verwaltungshilfsmittel wirkt auch dadurch unwahrscheinlich, weil dabei mit hoher Wahrscheinlichkeit Veränderungen vorgenommen worden wären. Auch hätte ein regelmäßiger Gebrauch zwecks Kontrolle von Besitztiteln stärkere Spuren hinterlassen. Stattdessen will es scheinen, dass es bei diesem Urbar bewusst um ein Stück symbolischer Besitzsicherung und -ausweis gehandelt haben könnte, für den ein repräsentativer Rahmen nicht nur angemessen, sondern notwendig war.

4.3.1.5 Die Zwecke des Schriftgutes

Man darf also festhalten, dass sich in der Kurpfalz seit den fünfziger Jahren des 14. Jahrhunderts die Hinweise auf eine umfassende Qualifizierung der herrschaftsrelevanten Geschäftsschriftgutproduktion häufen. Als Stichworte mögen die Ordnung bzw. kopiale Erschließung des Urkundenschatzes, sukzessiver Nachtrag der Neuzugänge, Kopie der ausgehenden Schriftstücke sowie Sammlung von vornehmlich grundherrlichen Rechtstiteln durch ein Urbar genügen. Es mag jedoch die Frage

---

70 *… als dem gerihte wol kunt ist und die kuntschaft wol weiz*; GLAK, 66/3480, ediert in: Kollnig, Die Weistümer der Zent Schriesheim, S. 146; ferner ebd., S. 252, S. XV. Zu den Hintergründen dieser „kurpfälzischen Weistumspolitik“ vgl. ebd., S. XVII. Allg. dazu Teuscher, Erzähltes Recht, S. 74–76. Zu den sogenannten „Beiständen“ vgl. Richter, Lagerbücheroder Urbarlehre, S. 45–49. Zur Kurpfalz Schmitt, Territoralstaat und Gemeinde, S. 26–50.

71 *Item uf sant Martinstag hat min herre daselbs fnfhalp untz zu zinse und die drie kappen von gten, als der zinsbrief saget und die kuntschaft wol weiz*; vgl. Teiledition von GLAK, 66/3480, bei: Kollnig, Die Weistümer der Zent Schriesheim, S. 98. *Item sehs morgen wingarten sint den armen luten verlhen umb daz teil, als der zinsbrief stet und die kuntschaft wol weiz*; vgl. ebd., S. 129; ferner ebd., S. 182, 251. Zum Urkundenbeweis vgl. Richter, Lagerbücheroder Urbarlehre, S. 146 f.

72 Schaab, Festigung der pfälzischen Territorialmacht, S. 182.

bestehen bleiben, ob besonders die repräsentativ gestalteten Handschriften, wie sie die beiden Kopiare und das Urbar darstellen, wirklich Verwaltungszwecken gedient haben oder nicht eher für den Gebrauch des Fürsten bestimmt waren. Ein wichtiges Zeugnis für die Zwecke bietet der Prolog des ältesten Kopialbuchs über die „ewigen Briefe". Dort heißt es ausdrücklich: [...] *do hiez vnd gebot der aller durchluchtigste furste vnd herre h(er) Ruprecht der elter* [...] *mir, Cunrad von Aschaffenborg,* [...] *daz ich ime alle sine briefe vnd hantvesten, die do ewigit we(re)n,* [...] *alle an eyn buch schribe(n) ließe vnd seh ufe geschriben worden. Dorumbe vnd uff daz nit yederman zu allen zitten dorfte vbir sine briefe vnd hantvesten gen, vnd sie zur werfen, wan er gerne sehe wuste oder horte wie sine briefe sprechu(ng) vnd stunde(n), die er herte, als sie ouch h(er)nach in disem buche von worte zv worte* [...] *beschriben stent* [...][73]. Der Wille des Fürsten, nicht die Verwaltungsbedürfnisse der Kanzlei, ließ solche Handschriften entstehen. Die Frage nach den Gründen lässt sich zwar nicht eindeutig beantworten, doch lassen sich Überlegungen dazu anstellen. Die Erlangung der Kurwürde aufgrund der Verfügungen der Goldenen Bulle dürften hier eine wesentliche Rolle gespielt haben[74]. Man darf sich sicherlich dabei fragen, ob die Bemühungen kausal oder koinzident zur dieser Rangerhöhung standen. In der Goldenen Bulle findet sich eine Reihe von Vorgaben, wie eine angemessene kurfürstliche Herrschaftspraxis zu gestalten sei. Ob auch pragmatische Gründe wie die Doppelregierung der Pfalzgrafen eine Rolle spielten, wäre zu diskutieren. Doch lohnt auf jeden Fall der Blick auf die Konkurrenz der ranggleichen Kurfürsten. Dies soll am Beispiel von Kurmainz weiter unten erfolgen.

4.3.2 Die Protagonisten

Nach diesem Überblick über die interne Schriftgutproduktion soll nun der Blick auf das verantwortliche Personal gelenkt werden. Für die erste Hälfte des 14. Jahrhunderts lassen sich nur äußerst selten Nennungen von kurpfälzischem Schreibpersonal nachweisen. Das hinderte Joachim Spiegel in seiner Untersuchung zum Aufbau der kurpfälzischen Kanzlei unter Ruprecht I. nicht daran, zwischen Kanzleivorstand und Kanzleipersonal zu differenzieren[75]. Es muss allerdings festgehalten werden, dass zwi-

---

[73] GLAK, 67/799, f. 1*r; vgl. RPR, Bd. 1, Nr. 2947.

[74] Johann Kolb, Heidelberg, S. 191, sieht vielleicht die Relevanz nicht, wenn er schreibt: „Im Dezember 1355 und Januar 1356 war der Pfälzer Kurfürst in Nürnberg, wo sich auch Karl IV. aufhielt. Denkbar ist, daß Ruprecht I. dort durch den Kaiser Anregungen für die Verbesserung der Verwaltung und insbesondere der Kanzlei bekam und sich die Anlage der Kopialbücher auf deren Einfluß zurückführen läßt". Sicher ist, dass Ruprecht erst durch die Verfügungen der 1355/56 ausgehandelten Goldenen Bulle überhaupt die Kurwürde erhielt.

[75] „Als Leiter der Kanzleigeschäfte treten in der pfalzgräflichen Kanzlei regelmäßig Personen mit dem Titel eines obersten Schreibers bzw. dem des Protonotars in Erscheinung, dagegen nie ein Kanzler"; Spiegel, Urkundenwesen, Bd. 1, S. 118f., Zitat S. 118.

schen 1330 und 1367 überhaupt keine Erwähnung eines obersten Schreibers im Sinne eines Kanzleivorstandes fällt[76]. Die frühe und einzige Erwähnung eines Protonotars findet sich zudem nicht in der kurpfälzischen Überlieferung, sondern in der päpstlichen. Zum 7. Januar 1330 wurde in den päpstlichen Registern ein Gesandter Ruprechts I. namens Heinrich als solcher bezeichnet[77]. Methodisch erscheint es problematisch, hieraus die Existenz eines Protonotars im Sinne eines Kanzleivorstandes zu folgern[78], vermutlich benutzte die Kurie hier ihre eigene Nomenklatur. Erst 37 Jahre später wird erstmals wieder ein oberster Schreiber genannt[79].

Betrachtet man die namentlich bekannten Schreiber, dann findet man solche nur selten erwähnt. Ob der oben genannte Protonotar Heinrich von 1330 identisch ist mit dem zum 24. Oktober 1354 erwähnten Heinrich von Nördlingen, bezeichnet als Schreiber Ruprechts des Älteren, sei dahingestellt[80]. Gegen Ende der vierziger Jahre fallen zwei weitere Erwähnungen von Schreibern. So hört man von einem (ungenannten) Schreiber als Zeuge in einer Urkunde Ruprechts I. von 1349[81]; ferner von einem gewissen Wolfersteiner sowie einem Johannes als Schreiber Rudolfs II.[82] Joachim Spiegel konnte weitere namentlich bezeichnete Schreiber Ruprechts I. nachweisen[83]. Allerdings sind die Belege äußerst dürftig und über Jahre verteilt. Bis Mitte der fünfziger Jahre sind es ganze acht Nennungen: Der ab 1344 als Magister bezeichnete Heinrich Belchendal ist in je einer Urkunde 1332 und 1333 erwähnt und „ab 1341 als Landschreiber ohne feste Ortsbestimmung nachweisbar"[84]. Es folgt ein ganzes Jahrzehnt ohne weitere Namenbelege.

Als Zeuge in vier Urkundenabschriften findet sich erst wieder ein Schreiber namens Ruland. Sie entstanden im Auftrag des pfalzgräflichen Landschreibers Heinrich auf

---

76 „Für den Untersuchungszeitraum dieser Arbeit können vier oberste Schreiber, davon aber nur drei als gesichert – Heinrich von Diebach, genannt der ‚Lange Schreiber', Nikolaus von Wiesbaden und Otto Riemann vom Stein – belegt werden"; ebd., S. 119. Vgl. dazu die „Liste der obersten Schreiber" ebd. – Für die davorliegende Zeit vgl. Rall, Urkundenwesen, Kanzlei und Rat der Wittelsbacher Pfalzgrafen, S. 275 f., 278–286; Sprinkart, Kanzlei, Rat und Urkundenwesen, S. 47–59.

77 Die Reise ging nach Avignon zu Papst Johannes XXII.; RPR, Bd. 1, Nr. 6618; Spiegel, Urkundenwesen, Bd. 1, S. 119.

78 Vgl. die Überlegungen bei Spiegel, Urkundenwesen, Bd. 1, S. 119 f. Anm. 24.

79 Vgl. Überblick ebd., Bd. 1, S. 119.

80 RPR, Bd. 1, Nr. 2818; Spiegel, Urkundenwesen, Bd. 1, S. 129.

81 RPR, Bd. 1, Nr. 2634.

82 Ebd., Nr. 2379 (Neustadt, 1352 Juli 10); vgl. dazu Spiegel, Urkundenwesen, Bd. 1, S. 126; ferner Rall, Urkundenwesen, Kanzlei und Rat der Wittelsbacher Pfalzgrafen, S. 282–285; Spiess, Lehnrecht, S. 21 f. – Ob man diesen 1348 erwähnten Johannes mit dem gleichnamigen, 1368 erwähnten Schreiber gleichsetzen kann, ist methodisch problematisch; vgl. Spiegel, a. a. O.

83 Vgl. Überblick bei Spiegel, Urkundenwesen, Bd. 1, S. 127.

84 Ebd., S. 128, 395–397. Zu ihm als Rat Ruprechts I. ferner ebd., S. 224–226. Zu einem Verwandten namens Johann Belchendal, der 1341 gemeinsam mit Heinrich Belchendal ebenfalls als Landschreiber bezeichnet wird, ebd., S. 226, 397.

der Burg Fürstenberg am 15. Januar 1344[85]. Alle vier fertigte ein Magister *Conradus longus* von Dinkelsbühl, was man sowohl mit Konrad der Lange alias Konrad Lange alias der ‚lange Konrad' übersetzen kann. Er war öffentlicher Notar und *rector scolarum* in Bacharach. Eine Beziehung zur Kanzlei sieht Spiegel selbst zwar kaum als gegeben an, führt ihn aber unter den selten genug erwähnten Schreibern auf, da er „wahrscheinlich das Vertrauen der Pfalzgrafen im hohen Maße" besaß. Es ging um eine Streitsache zwischen dem Erzbischof von Mainz und den beiden Pfalzgrafen, die im Laufe des April unter Beteiligung Konrads und zwei anderen – möglicherweise mainzischen – Notaren weiterverhandelt wurde[86].

Was spricht dagegen, den ‚langen Konrad' (*Conradus longus)* als lokalen Spezialisten zu betrachten? Er war öffentlicher Notar und gleichzeitig Rektor der Schule in Bacharach. Ausstellungsort der vier Notariatsinstrumente war die Burg Fürstenberg; sie war im Lehensbesitz der Pfalzgrafen und befand sich in unmittelbarer Nähe von Bacharach. Die Stadt war von 1314 bis 1354 an Kurtrier verpfändet, fungierte aber um diese Zeit als Drehscheibe der Reichspolitik, wie der sogenannte Bacharacher Kurfürstentag von 1344 eindrucksvoll belegt[87]. Erst ganze fünf Jahre später, 1349, folgt die nächste Erwähnung eines Schreibers mit einem gewissen Konrad, der mit dem Vorgenannten identisch sein könnte[88].

1352 hören wir dann von einem Heinrich von Winningen. Auch er war öffentlicher Notar, dazu Pfarrer zu Koblenz[89], auch er darf laut Joachim Spiegel in Analogie zum obigen Konrad von Dinkelsbühl „wohl nicht für die pfalzgräfliche Kanzlei reklamiert werden"[90]. Er beurkundete am 25. August, dass Philipp von Isenburg, Herr von Grenzau, Ruprecht I. den Lehnseid für ein pfalzgräfliches Lehen geleistet hatte. Ausstellungsort war „auf dem Wörth in Vallendar, in dem Saal wo Winter der Mönch wohnt". Gemeint ist vermutlich die nördlich von Koblenz gelegene Rheininsel Niederwerth bei Vallendar. Die kleine Herrschaft Grenzau, nach der sich der Isenburger benannte, lag nordöstlich von Vallendar in unmittelbarer Nähe[91]. Diese Angaben passen zu den kargen Informationen, die wir über Heinrich von Winningen besitzen. Winningen ist ein Dorf am unteren Mosellauf. Es liegt bei Koblenz, wo Heinrich als Pfarrer amtierte oder zumindest bepfründet war. Auch er war öffentlicher Notar, da er in dieser Eigenschaft den Lehnseid des Isenburgers beurkundete. Nichts spricht dagegen, auch ihn als lokalen Spezialisten für die Beurkundung eines Rechtsgeschäftes anzusehen.

1354 hört man einmalig von dem oben bereits erwähnten Heinrich von Nördlingen. Allerdings findet man ihn nicht bei einem klassischen Schreibergeschäft, sondern als

---

[85] Spiegel, Urkundenwesen, Bd. 1, S. 128 (unter Bezug auf ebd., Bd. 2, U 337–340).
[86] Zu ihm ebd., Bd. 1, S. 128.
[87] Schmidt, Bacharach, S. 18 f.; Becker, Fürstenberg; Patze, Bacharach, Kurfürstentag.
[88] Vermutung bei Spiegel, Urkundenwesen, Bd. 1, S. 128 f.
[89] Ebd., S. 129.
[90] Ebd. (unter Bezug auf Bd. 2, U 684).
[91] Gensicke, Grenzau, S. 118; Schmidt, Niederwerth, S. 266 f.

Geldboten. Jedenfalls quittierte ihm ein Herr von Hirschhorn den Empfang von knapp 2000 Gulden, die Ruprecht diesem geschuldet hatte[92]. Schaut man auf die fünfziger Jahre, dann folgen nur noch zwei weitere Schreibererwähnungen. Ein Heinrich von Wynmar wird 1358 als Notar Ruprechts I. bezeichnet. Genannt wurde er als einer der Zeugen, die bei der Aufhebung der Exkommunikation des Pfalzgrafen durch Abt Heilmann von Schönau anwesend waren. Auch 1363 war er einer der Zeugen, als ein ungenannter öffentlicher Notar zwei Schuldverschreibungen Karls IV. für Ruprecht I. vidimierte[93]. Angesichts der Auflistung von Joachim Spiegel stellt sich hier die methodische Frage, ob es legitim ist, bei einer zweimaligen Schreibernennung innerhalb eines Zeitraumes von fünf Jahren gleich von einer kontinuierlichen Kanzleizugehörigkeit auszugehen, wie der durchgezogene Strich zwischen den Jahresangaben 1358 und 1363 nahe legt[94]. Fast kurios mutet es an, wenn die Urkunde von 1358, in der der kurpfälzische Schreiber Heinrich von Wynmar als Zeuge auftrat, von einem ungenannten öffentlichen Notar aufgesetzt wurde[95]. Es handelt sich bei der Urkunde weder um eine Kanzlei- noch eine Empfängerausfertigung, sondern um das nur kopial erhaltene Vidimus eines öffentlichen Notars.

Auch der letzte namentlich bekannte Schreiber, der in den fünfziger Jahren für die kurpfälzische Kanzlei belegbar ist, wirkt untypisch. Es handelt sich um Johann, Sohn Konrads von Bingen. Auch er fungierte als öffentlicher Notar, als er 1358 den oben behandelten Reinigungseid Ruprechts gegenüber dem Schönauer Abt Heilmann vidimierte. Seine Herkunftsbezeichnung Bingen könnte vielleicht nahelegen, dass er dem kurmainzischen Milieu entstammte; vielleicht stand er mit dem als Zeugen benannten Theologen Konrad von Gelnhausen, Kantor am Liebfrauen- bzw. Mariengredenstift (St. Mariae *ad Gradus*) in Mainz, in irgendeiner Verbindung[96]. Die gleiche Vermutung gilt auch für die Person Hermanns von Wiesbaden, von etwa 1357 bis 1387 Stiftsdekan von Mariengreden. Jedenfalls gehörte ein Heinrich von Bingen, Vikar an diesem Mainzer Stift, neben Johann von Köln, Kustos von St. Viktor vor den Mauern in Mainz, und Heinrich von Wiesbaden, Kanoniker an Mariengreden, 1387 zu Hermanns drei Testamentsvollstreckern[97]. Von letzteren wird weiter unten in Zusammenhang mit Nikolaus von Wiesbaden noch die Rede sein.

Angesichts dieses Dilemmas ist es legitim, einen Blick auf das nachweisbare Kanzleipersonal insgesamt zu werfen. Hier bieten die Untersuchungen der (anonymen) Schreiberhände von Joachim Spiegel einen guten Ausgangspunkt. Mittels Schreibervergleich konnte er für Pfalzgraf Rudolf II. (* 1306, reg. 1329–1353) fünf, für Pfalzgraf

92 Spiegel, Urkundenwesen, Bd. 1, S. 129 (unter Bezug auf Bd. 2, U 858).
93 Ebd. (unter Bezug auf Bd. 2, U 1279 und 1742).
94 Ebd., S. 127.
95 Ebd., Bd. 2, U 1742; RPR, Bd. 1, Nr. 6671 (Heidelberg, 1363 April 10).
96 Spiegel, Urkundenwesen, Bd. 1, S. 129. Zu ihm vgl. die Nachweise ebd., Bd. 2, S. 774; ferner Schmidt, Konrads von Gelnhausen Pfründenkarriere, S. 297–299, sowie das Personenregister dieser Arbeit.
97 Dörr, Das St. Mariengredenstift, S. 252. Ferner unten Kap. 4.5.3: Kurmainzisches Vorleben.

Ruprecht I. (* 1309, reg. 1329–1390) dreizehn und für Pfalzgraf Ruprecht II. (* 1325, reg. 1390–1398) insgesamt sechs Hände ermitteln[98]. Bedenkt man, dass diese Werte angesichts von Herrschaftszeiten, die sich teils über mehrere Jahrzehnte erstreckten[99], insgesamt quantitativ nicht gerade überragend sind, dann müssten theoretisch pro Schreiber entsprechend lange Aktivitäten und hohe Mundierungsraten nachweisbar sein. Dies ist aber nur sehr eingeschränkt der Fall: Von den dreizehn für Ruprecht I. nachgewiesenen Händen ist beispielsweise Schreiber A nur für zwei Urkunden belegt, die beide am selben Tag im Jahre 1328 ausgestellt wurden. Allerdings hatte er vorher „bereits 1322 und 1323 je eine Urkunde für Pfalzgraf Adolf bzw. Pfalzgräfin Mathilde mundiert“[100].

In den von Schreiber B stammenden insgesamt neun Urkunden aus den Jahren 1328 bis 1336 „mundierte er ausschließlich Urkunden dieses Pfalzgrafen und Gemeinschaftsausstellungen Rudolfs II., und Ruprechts I.“[101] Schreiber C wiederum „mundierte zwischen 1339 und 1353 Urkunden, zuerst hauptsächlich für Ruprecht I., später dann für Ruprecht II. und Rudolf II. Die letzte von dieser Hand geschriebene Urkunde ist im Namen der Pfalzgräfin Beatrix ausgestellt“[102]. Der von 1347 bis 1364 nachweisbare Schreiber D „wurde möglicherweise nötig, da [Schreiber C] zusätzlich für Ruprecht II. arbeitete“[103]. Demgegenüber trat Ruprechts I. Schreiber E „hauptsächlich 1348 und 1349 auf“[104]. Schreiber F mundierte von 1349 bis 1365, Schreiber G lediglich von 1350 bis 1358[105], Schreiber H von 1359 bis 1371, während Schreiber J wieder nur zwei Jahre, von 1366 bis 1368 aktiv war[106]. Schreiber K ist 1367 bis 1376 nachweisbar, Schreiber L 1372 bis 1380 und Schreiber M in den Jahren 1377 bis 1389[107]. Demgegenüber ist die Hand N „von 1380 bis 1389 sporadisch als Schreiber Pfalzgraf Ruprechts I. nachweisbar, ab 1390 dann als Schreiber Ruprechts II.“[108]

Als Ergebnis lässt sich festhalten, dass die kurpfälzische Kanzlei nicht eben personalreich arbeitete und sich im Endeffekt ein ähnliches Bild ergibt, wie es noch für die Kanzlei Pfalzgraf Ludwigs III. in der ersten Hälfte des 15. Jahrhunderts Gültigkeit beanspruchen kann[109]. Wobei dort die Zahl der verfügbaren Notariatsinstrumente

---

98 Vgl. Spiegel, Urkundenwesen, S. 148–168. Hinzu kamen vier Schreiberhände für die Zeit Pfalzgräfin Mechthildes († 1323) und ihres Sohnes Adolf († 1327) (ebd., S. 144–148).

99 Gerade im Falle Ruprechts II. erscheint mir zudem der hier untersuchte Zeitraum 1390 bis 1398, d. h. von nur acht Jahren Herrschaftszeit, etwas zu kurz gegriffen. Der 1325 geborene zweite Ruprecht war – wenngleich unter besonderen vertraglichen Bedingungen – auch schon vorher in die Herrschaft involviert; vgl. Schaab, Geschichte der Kurpfalz, Bd. 1, S. 94–98.

100 Spiegel, Urkundenwesen, Bd. 1, S. 152.

101 Ebd., S. 152 f.

102 Ebd., S. 153.

103 Ebd., S. 155.

104 Ebd., S. 156.

105 Ebd., S. 157 (zu Schreiber F); ebd., S. 158 (zu Schreiber G).

106 Ebd., S. 159 (zu Schreiber H); ebd., S. 160 (zu Schreiber J).

107 Ebd., S. 161 (zu Schreiber K); ebd., S. 162 (zu Schreiber L); ebd., S., 163 (Schreiber M).

108 Ebd., S. 164.

109 Vgl. oben Kap. 3.5.2: Die kurpfälzische Kanzlei in der Zeit Pfalzgraf Ludwigs III. (1410–1436).

den starken Anteil öffentlicher Notare bei den anonymen Händen belegte. Hierzu passt, dass Spiegel lediglich eine dieser anonymen Schreiberhände namentlich identifizieren konnte. Auch bei ihm handelt es sich um einen öffentlichen Notar, nämlich um Matthias Voltz von Sobernheim[110]. Da dieser auch später als oberster Schreiber noch eine wichtige Rolle spielte, soll über ihn an anderer Stelle ausführlicher gesprochen werden[111].

Trotz der sporadischen Informationen zeichnen sich Befunde ab, die wieder einmal die Existenz einer personell und organisatorisch fest umschriebenen Kanzlei in Zweifel ziehen. Zum einen sind es die seltenen Nennungen. Sie allein besagen noch nicht viel, da der von Spiegel durchgeführte Schreibervergleich weiteres Personal erbringt. Erst wenn man den Blick darauf richtet, vervollständigt sich das Bild. Man mag darüber streiten, was es für den Begriff der Kanzlei bedeutet, dass die verschiedenen ungenannten Schreiber nicht nur für einen der Pfalzgrafen arbeiteten. In diplomatischer Terminologie ausgedrückt bedeutet dies, dass man nicht von separaten Kanzleien sprechen kann[112]. Für einen gewissen Grad an institutioneller Ausformung spricht die Tatsache, dass sich die Aktivität der Schreiberhände nicht nur auf jeweils einen Ausstellungsort beschränken lässt. Da sie dem Itinerar folgen, sind sie nicht als lokale Fachleute zu interpretieren[113]. Dies muss bedeuten, dass die jeweiligen Schreiber den reisenden Landesherrn begleiteten. Andererseits sind die Muster der Präsenzen, ihre jeweilige Dauer und Produktivität, uneinheitlich. Lange Absenzen bzw. „Gelegenheitsschreiber"[114] stehen relativ regelmäßigen Nachweisen gegenüber[115].

Auch ein multifunktionaler Einsatz, der weit über das Urkundenschreiben hinaus ging, ließ sich nachweisen. So betonte Joachim Spiegel besonders die Verknüpfung mit Aufgaben der Finanzverwaltung[116]. Es ist bereits mit einer gewissen Irritation zur Kenntnis genommen worden, dass der Landschreiber Konrad von Aschaffenburg, den Ruprecht der Ältere 1356 mit der Anlage des Kopialbuchs über die Perpetua betraute, damit eine Aufgabe zugewiesen bekam, „die sachlich eher in die Hände eines Kanzleischreibers gehört hätte". Karl-Heinz Spieß fand dafür als Lösung, „daß der Tätigkeitsbereich eines Landschreibers zu dieser Zeit noch nicht auf die Regionalverwaltung eingeschränkt war"[117]. Eine andere – eher pragmatische – Erklärung bietet sich ergänzend an. Urkunden müssen aufbewahrt werden – und dies möglichst an einem sicheren Ort. Berücksichtigt man die anhaltende Mobilität des landesherrlichen Hofes[118], dann liegt es fast nahe, einen eher lokal agierenden Vertreter der Mittelin-

---

110 Zu ihm vgl. Spiegel, Urkundenwesen, Bd. 1, S. 132f., 136, 163f. u. ö.
111 Vgl. unten Kap. 4.7.2: Matthias von Sobernheim.
112 Vgl. die Nachweise bei Spiegel, Urkundenwesen, Bd. 1, S. 211f.
113 Wenngleich auch hiervon gewisse Ausnahmen existieren, wie der zunächst auf die Oberpfalz beschränkte Schreiber G Pfalzgraf Ruprechts I. (vgl. ebd., S. 158) oder der vornehmlich auf Heidelberg beschränkte Schreiber F Pfalzgraf Ruprechts II (vgl. ebd., S. 168).
114 Ebd., S. 143 u. ö.
115 Vgl. die Nachweise ebd., S. 142–169.
116 Ebd., S. 170–172, bes. S. 171.
117 Beide Zitate Spiess, Lehnsrecht, S. 23.
118 Belege in den RPR, Bd. 1; Kolb, Heidelberg, S. 49, 56f.

stanz mit einer derartigen Aufgabe zu betrauen[119]. Dies liegt zumindest näher, als sie jemandem aus dem laut Auslaufregister wesentlich stärkeren personellen wie lokalen Wechsel unterworfenen Kreis der Hofschreiber zu übertragen, sofern es solche als abgrenzbare Gruppe überhaupt gegeben hat[120]. Die dritte Möglichkeit bestünde darin, hier erneut einen Beleg für den multifunktionalen Einsatzbereich von landesherrlichen Funktionsträgern allgemein zu erblicken[121].

Der Protonotar bzw. oberste Schreiber, der für die Kurpfalz ähnlich wie bei den bayerischen Verwandten in der zweiten Hälfte des 14. Jahrhunderts belegt ist, tritt gemessen an den hier aufscheinenden Zeugen einer sich zunehmend differenzierenden Schriftgutproduktion kaum in Erscheinung.

4.3.2.1 Heinrich von Diebach

Für die sechziger Jahre ist Heinrich von Diebach als Schreiber Ruprechts I. in einer Reihe von Urkunden belegt. Ein (erster) Nachweis datiert auf 1361[122], drei auf 1364, letztere stammen aber alle aus dem Dezember des Jahres[123]. Der Großteil der für ihn nachweisbaren Aktivitäten fällt in das Jahr 1365 mit insgesamt neun Belegen[124]. Dabei

---

[119] Die von Spiegel in diesem Zusammenhang geäußerten Hypothesen spiegeln das Behördenparadigma sinnfällig wider: „Unter den Landschreibern nahm der Heidelberger Landschreiber Konrad eine herausgehobene Stellung ein. Er war möglicherweise für das Archiv zuständig, worauf seine Gegenwart bei der Kassation einer Urkunde im *gewelue* 1349 hindeutet. Außerdem betraute ihn Ruprecht I. mit der Anlage des pfalzgräflichen Kopialbuches für empfangene Urkunden mit zeitlich unbegrenzter Gültigkeit“; Spiegel, Urkundenwesen, Bd. 1, S. 171 f. – Allg. zum Landschreiber Willoweit, Entwicklung und Verwaltung, S. 112–114.

[120] Vgl. dazu auch die Überlegungen bei Theil, Das älteste Lehnbuch der Markgrafen von Baden, S. 34–40.

[121] Ein vergleichbarer Fall wäre Konrad von Wallhausen. Er wird 1333 als Notar der wettinischen Markgrafen von Meißen bezeichnet, 1344 als Landschreiber. 1349 wurde unter seiner Ägide als Protonotar eine Reform der Register durchgeführt, an der er auch als Schreiber beteiligt war; Lippert, Studien über die wettinische Kanzlei und ihre ältesten Register, S. 13–29, 209–215; Blaschke, Urkundenwesen und Kanzlei der Wettiner, S. 196. – Ähnliche Beobachtungen wurden für die habsburgische Verwaltung in den Vorlanden angestellt. So ist der um 1400 belegte Johannes, Schreiber des Kammermeisters, möglicherweise identisch mit Johann bzw. Hans Keller, der „zwischen 1398 und 1404 als herzoglicher Kanzleischreiber, Schreiber des Herzogs und Schreiber des Hofmeisters bezeugt ist“; Köhn, Auszahlungen des Kammermeisters Georg von Welsberg, S. 85. – Auch für die Herzöge von Pommern-Stettin wurden ähnliche Beobachtungen für die hundert Jahre um 1300 gemacht. Alvermann, Domstift, Hofkapelle und Kanzlei, S. 32 f.

[122] Es handelt sich dabei um die Beilegung eines privaten Immobilienstreites; vgl. Regesten des Archivs der Grafen von Sponheim, Bd. 1, Nr. 1233, S. 687 f. (1361).

[123] Zu ihm Spiegel, Urkundenwesen, Bd. 1, S. 120; ferner die Nachweise ebd., Bd. 2, U 1878 (Heidelberg, 1364 Dezember 22); U 1879 ([Heidelberg, 1364 Dezember 22]); U 1880 (Heidelberg, 1364 Dezember 24).

[124] Spiegel, Urkundenwesen, Bd. 2, U 1888 (Heidelberg, 1365 Januar 27); U 1889 (Heidelberg, 1365 Januar 27); U 1890 (Heidelberg, 1365 Januar 27); U 1891 (Heidelberg, 1365 Januar 27); U 1896 (Heidelberg, 1365 Februar 25); U 1899 (Germersheim, 1365 März 4); U 1909 (Germersheim, 1365 März 20); U 1978 (Heidelberg, 1365 Dezember 8); U 1979 (Heidelberg, 1365 Dezember 8).

ist zu ergänzen, dass allein zehn der 17 für ihn nachweisbaren Belege in die drei Monate von 22. Dezember 1364 bis zum 20. März 1365 fallen. Für 1366 besitzen wir insgesamt zwei, für die Jahre 1367, 1368 und 1369 jeweils nur einen Beleg[125]. Heinrich von Diebach begegnet in den Quellen auch unter der Bezeichnung „der lange Schreiber“[126]. Dieses distinktive Merkmal legt nahe, dass es neben ihm weitere Schreiber gegeben hat.

Zu seinen persönlichen Verhältnissen wissen wir wenig. Eine Streitsache und zwei Immobilientransaktionen haben die Zeiten überdauert. 1361 wurde ein Streit beigelegt zwischen „Herrn Heinrich Volquin [von Diebach], Schreiber des Pfalzgrafen Ruprecht des Älteren“ und einem anderen Bürger um einen geplanten Anbau an „Heinrichs Haus bei den Barfüßern“ in Heidelberg[127]. Im Jahre 1365 kaufte er eine Kelter und Hofstätte gegenüber dem Heidelberger Barfüßerkloster. Aus dem Vertrag geht hervor, dass das Anwesen zwischen dem Haus des Schreibers Heinrich und dem Haus von Heinrich Mengoz, Kaplan auf der Heidelberger Burg, lag[128]. Drei Jahr später erwarb er von Lyse, der Tochter des Heidelberger Ratsherrn Claus Fritz, für 16 Gulden ein ebenfalls gegenüber dem Konvent gelegenes Haus[129]. Über seine Familienverhältnisse wissen wir so gut wie nichts. Er besaß einen leiblichen Bruder namens Gerhard. Dieser verkaufte als sein Erbe im Jahre 1378 die beiden Häuser an Graf Johann d. J. von Sponheim, einen Neffen Ruprechts I.[130] Der Bruder als Erbe könnte nahelegen, dass Heinrich selbst unverheiratet war oder keine Kinder hatte. Ob dies mit einem geistlichen Stand in Zusammenhang gebracht werden kann, ist Spekulation, da uns hier die Quellen verlassen.

Die für Heinrich in den Quellen verwendeten Funktionsbezeichnungen sind sehr uneinheitlich. Sie reichen von „hofschreiber“, „schreiber“ bis hin zu „oberster schreiber“[131]. Diese Bezeichnung findet sich ab 1367 für ihn verwandt[132]. Den Forschungen von Joachim Spiegel ist es zu verdanken, dass sich die Zahl der Nachweise gegenüber den bislang bekannten stark vergrößert hat, wenngleich sich dabei aber im Tätigkeits-

---

[125] Spiegel, Urkundenwesen, Bd. 2, U 2002 (Heidelberg, 1366 Februar 1); U 2091 (1366 November 6); U 2134 (Stahlberg, 1367 Mai 11); U 2232 (1368 Juni 14); U 2366 (Bacharach, 1369 Dezember 12).

[126] Spiegel, Urkundenwesen, Bd. 1, S. 130–132, behandelt den „Schreiber“ Heinrich von Diebach in einer anderen Rubrik und trennt damit künstlich den Zusammenhang, der ein und dieselbe Person betrifft (vgl. dazu auch ebd., S. 120).

[127] Vgl. Regesten des Archivs der Grafen von Sponheim, Bd. 1, Nr. 1233, S. 687 f. (1361).

[128] Spiegel, Urkundenwesen, Bd. 2, U 1896 (1365 Februar 5); Regesten des Archivs der Grafen von Sponheim, Bd. 1, Nr. 1326, S. 731 f. Zur topographischen Lage vgl. Wendt, … *mit wybe, kindern*, S. 20 f., 23, 25.

[129] Spiegel, Urkundenwesen, Bd. 2, U 2232 (1368 Juni 14); HStAM, Rheinpfälzer U 5906.

[130] Spiegel, Urkundenwesen, Bd. 2, U 2967 (1378 November 3); RPR, Bd. 1, Nr. 4256. Zu Graf Johann vgl. Spiegel, Urkundenwesen, Bd. 1, S. 272 f.

[131] Laut Joachim Spiegel entbehrt die Bezeichnung „hofrichter“ (RPR, Bd. 2, Nr. 3535 (1365)) jeglicher Grundlage; vgl. Spiegel, Urkundenwesen, Bd. 1, S. 130, Anm. 131.

[132] Spiegel, Urkundenwesen, Bd. 2, U 2134 (Stahlberg, 1367 Mai 11); U 2232 (1368 Juni 14); U 2366 (Bacharach, 1369 Dezember 12).

profil kaum Veränderungen zeigen[133]. Nahezu alle Urkundenzeugnisse, die wir von Heinrich von Diebach in Diensten Ruprechts I. besitzen, betreffen Finanzangelegenheiten. Sie entstanden meist in Zusammenhang mit der Rechnungskontrolle von pfalzgräflichen Amtsträgern. Diese Aufgaben übte Heinrich von Diebach nicht allein, sondern als Mitglied einer mehrköpfigen Kommission aus. 1364 waren es die Abrechnungen der Zollschreiber von Bacharach bzw. von Kaub sowie die der Bürgermeister von Heidelberg, 1365 die der Zollschreiber von Germersheim bzw. von Mannheim sowie erneut die des Zollschreibers von Bacharach. Darüber hinaus wurde die Abrechnung der Münzgenossen von Bacharach kontrolliert sowie die Heinrichs, *notarius* in Kaub, als Zollschreiber dieses bedeutenden pfälzischen Rheinzolls, ferner die Einkünfte des Hans Merswin, Bürgers zu Straßburg, aus dem Zoll zu Germersheim für eine Schuld Ruprechts I. 1366 betraf es wiederum die Ansprüche des Hans Merswin, 1367 rechnete Heinrich von Diebach auf der ebenfalls im mittelrheinischen Viertälergebiet gelegenen Burg Stahlberg gemeinsam mit dem kurpfälzischen Hofmeister Wilhelm Knebel und – wahrscheinlich – den beiden Zollschreibern von Bacharach und Kaub mit Vertretern des Mainzer Großbürgergeschlechts zum Jungen ab. 1369 übergab Heinrich zu Bacharach dem Ritter Konrad von Rüdesheim 200 Gulden im Auftrag seines Herrn Ruprecht I. Joachim Spiegel konstatierte, dass Heinrich „in einem Umfang wie kein anderer pfalzgräflicher Schreiber [...] im Rahmen des Rechnungswesens unter Ruprecht I. auf[trat]". Er begründete dies mit der engen Verbindung zwischen Kanzlei und Finanzverwaltung in der Pfalzgrafschaft, blieb aber die Antwort dafür schuldig, warum dieser Befund gerade bei Heinrich so deutlich in Erscheinung tritt[134].

Hier lassen sich meines Erachtens einige ergänzende Überlegungen anstellen. Heinrichs Familien- bzw. Herkunftsname ist nicht eindeutig zu bestimmen. Beschränkt man sich bei der Umschau nach in Frage kommenden Herkunftsorten auf den kurpfälzischen Einflussbereich, dann käme das gleichnamige mittelrheinische (Ober-) Diebach in Betracht. Der Ort lag an einem wichtigen Abstieg vom Hunsrück ins Rheintal und zählte gemeinsam mit dem benachbarten Bacharach zu den beiden Hauptorten der sogenannten Viertäler. Dieses aufgrund des Weinanbaus und -handels sowie der reichen Zolleinnahmen durch den Wasserverkehr begehrte Gebiet lag in einer Zone, in der sich die territorialen Interessensphären aller vier rheinischen Kurfürsten überschnitten und überlagerten. Kurkölnischer Besitz spielte in Bacharach eine wichtige Rolle; in starker Konkurrenz hierzu standen Ansprüche der Pfalzgrafen[135]. So verlieh Ruprecht I. im Jahre 1356, genau zwei Tage nachdem er seinem Landschreiber Konrad von Aschaffenburg den Auftrag für das bereits behandelte Kopialbuch

---

[133] Vgl. die Aufstellung bei Spiegel, Urkundenwesen, Bd. 1, S. 120, 130–132.

[134] Spiegel, Urkundenwesen, Bd. 1, S. 132.

[135] Volk, Wirtschaft und Gesellschaft am Mittelrhein, S. 145–148; Schütze, Die territoriale Entwicklung der rheinischen Pfalz im 14. Jahrhundert, S. 86–90; Dotzauer, Die Pfalzgrafen am Mittelrhein, S. 70–73; Wagner, Stadt Bacharach und Samtgemeinde der Viertäler, S. 49–56.

erteilt hatte, seinen *delen* Bacharach, Diebach, Steeg und Manubach Stadtrechte. Diese sahen einen fünfzigprozentigen Anteil von Burgmannen und Mannen des Pfalzgrafen am vierundzwanzigköpfigen Rat vor[136]. Damit war Kurpfalz hier der entscheidende Schritt zur Durchsetzung der Landeshoheit gelungen[137].

Für das 12. und 13. Jahrhundert ist eine ganze Reihe von Trägern des Namens „von Diebach" belegt. Ob damit allerdings ein Herkunftsname oder aber die Zuordnung zu einem bestimmten Geschlecht gemeint ist, lässt sich mangels weiterer Identifikationsmittel nicht sagen[138]. Personen gleichen Herkunftsnamens sind zwar selten, doch für das hier interessierende dritte Viertel des 14. Jahrhunderts auch in anderen Zusammenhängen nachweisbar. So verwaltete ein Mainzer Domvikar namens Nikolaus von Diebach im Auftrag des Kurialen Bertrand von Macello in den sechziger Jahren das Vermögen der Mainzer Dompropstei und legte demselben mehrmals darüber detailliert Rechnung ab[139]. Aus der Zeit Bertrands als päpstlicher Nuntius ist ein Kopialbuch erhalten[140]. Auch ihm werden wir noch wiederbegegnen[141].

Heinrichs von Diebach Schreib- und Fachkompetenz im Rechnungswesen könnte vielleicht von einer möglichen Herkunft aus einer mittelrheinischen Zollschreiberfamilie herrühren[142]. Ohne weitere Belege muss diese Annahme allerdings hypothe-

---

136 RPR, Bd. 1, Nr. 2952 (Heidelberg, 1356 Mai 4); Wagner, Die adligen Geschlechter des Viertälergebietes, Sp. 28–30.

137 Im Jahre 1368 zählten sie bereits zum Kurpräzipuum; vgl. RPR, Bd. 1, Nr. 3790 (Heidelberg, 1368 August 26); vgl. ferner ebd., Nr. 4230–4232.

138 Wagner, Die adligen Geschlechter des Viertälergebietes, Sp. 22. Zu den relativ zahlreichen in Diebach ansässigen Niederadelsgeschlechtern vgl. ebd., Sp. 21–24.

139 Bertrand war seinerseits Stellvertreter des eigentlichen Pfründeninhabers, des Kardinals Raimund von Canilhac; vgl. Vigener, Die Mainzer Dompropstei im 14. Jahrhundert, S. XXX–XXXIV und S. 114–158. Er wird auch später in der Zeit des Nuntiats Bertrands als Zeuge in dessen Angelegenheiten genannt; vgl. Copialbuch des Apost. Nuntius Bertrand de Macello, Nr. 19, S. 30–32 (Mainz, 1367 Februar 1); ebd., Nr. 20, S. 32 (Mainz, 1367 Februar 5; *de Dy°pach*). – Zu einem Jakob von Diebach (*Dyppach*), Dekan des Stifts von Limburg an der Lahn; vgl. Urkunden von der Hand des Tilemann Elhen von Wolfhagen, Nr. 4, S. 120–122; ebd., Nr. 6, S. 123 f. – Ein Peter von Diebach (*Dyppach*) immatrikulierte sich 1387 an der Universität Heidelberg und war nach 1407 mit der Epistel-Ministerie, der untersten geistlichen Würde des Stiftes St. Philipp zu Zell, bepfründet; Moraw, Das Stift St. Philipp, S. 139; Toepke, Matrikel Heidelberg, Bd. 1, S. 23 Petrus von Diebach (*Petrus de Dyeppach Treuer. dyoc. p.*). – Ein Johannes Diebach (*Dyppach Magunt. dioc.*) immatrikulierte sich in Heidelberg im Jahre 1394; Toepke, ebd., S. 57.

140 Vgl. dazu die Edition und Vorbemerkungen des Editors in: Copialbuch des Apost. Nuntius Bertrand de Macello, S. 1–3.

141 Vgl. unten, Kap. 4.5.3: Kurmainzisches Vorleben; Kap. 4.8: Zwischenresümee: Kirchliche Netzwerke, Stiftsherren und Kollektoren.

142 Möglicherweise besteht eine Verwandtschaft mit dem oben erwähnten Mainzer Domvikar Nikolaus von Diebach. – Zur wirtschaftlichen Bedeutung des Viertälergebietes und dem Bacharacher Rheinzoll vgl. Wagner, Stadt Bacharach und Samtgemeinde der Viertäler, S. 62–72; Fliedner, Die Rheinzölle der Kurpfalz am Mittelrhein, 1908, S. 24–33. Zur mittelalterlichen Zollverwaltung vgl. Ders., Die Rheinzölle der Kurpfalz am Mittelrhein, 1910, S. 63 f. – Zu den kurpfälzischen Zollschreibern allg. Spiegel, Urkundenwesen, Bd. 1, S. 498–515.

tisch bleiben. Doch sollte nicht vergessen werden, dass Heinrich von Diebach innerhalb der Rechnungskontrollkommissionen meist der einzige namentlich genannte Sachverständige in einem Kreis adliger Hofchargen war. Die engen Kontakte, die Heinrich bei der Rechnungskontrolle immer wieder mit den Zollschreibern pflegte, könnten eine Herkunft aus oder eine sonst wie geartete Beziehung zu dieser Gruppe nahelegen.

Betrachtet man den in den Quellen nachweisbaren Einsatzbereich Heinrichs von Diebach als (oberster) Schreiber auf einer strukturellen Ebene, dann kann man diesen entweder als eine Enge des Aufgabenbereichs, der mit dem eines Kanzleivorstandes im landläufigen Sinne so gut wie nichts zu tun hat, interpretieren oder aber als Ausdruck der Multifunktionalität landesherrlicher Amtsträger. Das Überlieferungsproblem muss dabei überdies stets im Auge behalten werden. Die vereinzelt für Heinrich bezeugte Bezeichnung als Hofrichter weist zwar in die Sphäre der Rechtsprechung, doch betrifft die Urkunde, die sie erwähnt, abermals den Bereich der Rechnungskontrolle[143]. Dieser Befund deckt sich mit den von Wilhelm Volkert für Bayern ermittelten Verhältnissen[144]. In den für ihn nachweisbaren Tätigkeitsbereichen unterscheidet sich Heinrich von Diebach – wie noch zu zeigen sein wird – auch nicht sonderlich von denjenigen Konrads von Aschaffenburg.

4.3.2.2 Konrad von Aschaffenburg

Es verwundert, dass Heinrich von Diebach mit den großen Innovationen im Bereich der Kanzleischriftlichkeit, wie sie seit Mitte der fünfziger Jahre des 14. Jahrhunderts deutlich in Erscheinung treten, nicht in Zusammenhang gebracht werden kann. Es hat sogar den Anschein, als ob der Landschreiber Konrad von Aschaffenburg im Rahmen der schriftlichen Tätigkeit ein breiteres und mit der Anlage und Konzeption von Kopiaren und Urbaren ein wesentlich anspruchsvolleres und spezialisiertes Aufgabenspektrum aufweisen konnte. Einen vertrauten Umgang des Landschreibers mit Originalen könnte ein von Joachim Spiegel publizierter Dorsualvermerk auf einer Urkunde Albrechts, Heinrichs und Klein-Heinrichs von Erligheim für Ruprecht I. vom 12. Oktober 1349 nahelegen, der später nachgetragen wurde. In ihm heißt es, dass Heinrich von Erligheim den Brief im Gewölbe im Beisein des Hofmeisters Wilhelm Knebel, des Landschreibers Konrad und Winrichs und mit Wissen Ruprechts I. zerschnitten, d. h. kassiert hatte[145].

---

143 RPR, Bd. 1, Nr. 3535 (Heidelberg, 1365 Januar 27). Vgl. dazu die Einwände bei Spiegel, Urkundenwesen, Bd. 1, S. 130, Anm. 131. – Zur Multifunktionalität von Schreibern vgl. auch die Beispiele bei Heuberger, Urkunden- und Kanzleiwesen der Grafen von Tirol, S. 169–176.

144 Volkert, Kanzlei und Rat in Bayern unter Herzog Stephan II., S. 95 f., 98, 121.

145 Spiegel, Urkundenwesen, Bd. 1, S. 399; ferner ebd., Bd. 2, U 575 (= RPR, Bd. 1, Nr. 2638): *Disen brif zů sneit her Henrich von Erlekeim in dem gewelue, da waz bi her Wilhelm Knebil, hovemeister, Conradus, lantschriber, vnd Winricus, daz weiz min herre wol.*

Dies leitet über zu der Frage, um wen es sich beim Landschreiber Konrad von Aschaffenburg, der von Ruprecht I. den Auftrag für die Anlage der kurpfälzischen Kopialbücher bekam, eigentlich gehandelt hat. Aufgrund der kargen Überlieferung lässt sich ebenfalls kaum etwas Substantielles über ihn aussagen[146]. Hinzu kommt, dass nicht davon ausgegangen werden kann, dass es sich bei den im Folgenden behandelten Namennennungen um ein und dieselbe Person handelt. Es ist auch keineswegs sicher, dass Konrad wirklich „von 1356 bis 1365 [...] das Amt eines Landschreibers inne[hatte]“, d.h. ununterbrochen im Amt war[147]. Neben dem Eintrag im Kopialbuch von 1356[148] ist ein als Landschreiber bezeichneter Konrad erst um die Jahreswende 1364/1365 innerhalb kurzer Zeit mehrere Male hintereinander in Heidelberg nachweisbar. In allen Fällen handelte es sich um Finanzangelegenheiten, bei denen er offensichtlich zu einer fünfköpfigen Kommission gehörte, die den Zollschreibern zu Bacharach, Kaub, Germersheim und Mannheim sowie den Bürgermeistern von Heidelberg jeweils die Rechnung abgenommen hatte. In den Urkunden, in denen Pfalzgraf Ruprecht den Rechnungslegern die Summen quittierte und sie ledig sprach, fungierte Konrad gemeinsam mit dem Viztum in Heidelberg, Heinrich von Erligheim, sowie Werner Knebel, Burggraf zu Stahlberg, und dem pfalzgräflichen Hofmeister Wilhelm Knebel. Als fünfter Zeuge findet sich in allen drei Fällen der schon bekannte Heinrich von Diebach[149].

Aufschlussreich ist ein Beleg aus dem Jahre 1354. In einem als Notariatsinstrument konzipierten und offenbar von Pfalzgraf Ruprecht II. eingeholten Weistum über die Besitzrechte der Pfalzgrafen in dem mit Kurköln strittigen Bacharach und den Viertälern fungierte neben dem öffentlichen Notar Friedrich von Glimmendal *(de Glymendal)* ein Herr Konrad, genannt Landschreiber, öffentlicher Notar (*domin(us) Conrad(us) dict(us) landschriber public(us) notari(us))*[150]. Anders als Friedrich von Glimmendal, der sich als *publicus imperiali auctoriate notarius*, also als kaiserlich bestätigter öffentlicher Notar bezeichnet, ist von Konrad ‚genannt Landschreiber‘ im Text nur als öffentlicher Notar ohne entsprechende Legitimation die Rede. Dennoch

---

146 Vgl. den Überblick zu ihm bei Spiegel, Urkundenwesen, Bd. 1, S. 398f.

147 So Spiess, Lehnsrecht, S. 23; ebenso Spiegel, Urkundenwesen, Bd. 1, S. 398. – Allg. dazu die Hinweise bei Ringel, Studien, S. 3f.

148 GLAK, 67/799.

149 Vgl. die Nachweise bei Spiegel, Urkundenwesen, Bd. 2, U 1878–1880, 1888f. = RPR, Bd. 1, Nr. 3529 (Heidelberg, 1364 Dezember 22); ebd., Nr. 3530 (Heidelberg, 1364 Dezember 24); ebd., Nr. 3535 (Heidelberg, 1365 Januar 27); Spiegel, a. a. O., U 1890f. (beide Heidelberg, 1365 Januar 27; ohne Nachweis in RPR, Bd. 1).

150 RPR, Bd. 1, Nr. 6744 (Bacharach, 1354 April 5). – Zu dem für 1331–1367 belegten kaiserlichen Notar und Kleriker der Mainzer Diözese Friedrich von Glimmendal vgl. Mayer, Das Mainzer Notariat, Anhang S. 73 (mit weiteren Nachweisen); Schuler, Geschichte des südwestdeutschen Notariats, S. 61. Möglicherweise entstammte er dem rheingauischen Niederadelsgeschlecht der Heppe von Glimmental; vgl. Hollmann, Mainzer Domkapitel, S. 381. – Ein Gerhard von Glimmental war vor 1384 Burgmann auf Kaub; Spiegel, Urkundenwesen, Bd. 1, S. 443.

darf dieser Hinweis nicht übergangen werden, da er auf eine Herkunft aus dem öffentlichen Notariat hinweisen könnte[151].

Konrads Herkunftsbezeichnung in dem Kopialbucheintrag von 1356 weist – falls man es hier mit einer solchen zu tun hat – anders als bei Heinrich von Diebach nicht an den Mittelrhein, sondern mit Aschaffenburg mitten in das kurmainzische Territorium[152]. Beim Versuch einer weitergehenden Personenidentifizierung ergeben sich auch bei ihm die üblichen großen Überlieferungsprobleme. In einem Sponheimer Kopialbuch findet sich zum Jahre 1343 der Hinweis auf einen Konrad von Diffenbach, für den erstmals die Bezeichnung ‚Landschreiber zu Heidelberg' nachweisbar ist[153]. Im Jahre 1399, also mehr als ein halbes Jahrhundert später, immatrikulierte sich ein Konrad von Diffenbach (*Conradus de Diffenbach prebendarius eccl. b. Petri in Aschauenburg)* an der Universität Heidelberg. Die Matrikel wusste über ihn zu berichten: *Iste est filius scriptoris prouincie, quem honoraui et nihil recepi, quia in pluribus potest seruire vniuersitati*[154]. Karl-Heinz Spieß vermutete, dass es sich bei *Diffenbach* um seinen Herkunftsort und Aschaffenburg um den Pfründensitz gehandelt haben könnte; er bezweifelte aber gleichzeitig, dass es sich bei den Landschreibern Konrad von Diffenbach und Konrad von Aschaffenburg um ein und dieselbe Person handele[155]. Ein Konrad von Dieffenbach amtierte in den Jahren 1402 bis mindestens 1406 als Landschreiber in Heidelberg[156]; ihm verlieh König Ruprecht 1401 zwei Ämter in der Reichsstadt Heilbronn (*daz faud ampt und daz lade ampt in der stat zu Heilprunne)* als Reichslehen auf Widerruf[157]. Im Jahr darauf präsentierte der König dem Mainzer Dompropst einen *Conradus Conradi* von Dieffenbach, offenbar den 1399 in der Heidelberger Matrikel nachweisbaren gleichnamigen Sohn des Landschreibers,

---

151 Ein kaiserlicher Notar und Kleriker der Würzburger Diözese namens Konrad (Girkin) von Aschaffenburg ist erst für das Jahr 1386 belegt; MAYER, Das Mainzer Notariat, Anhang S. 73. Kein Nachweis bei MICHEL, Zur Geschichte der geistlichen Gerichtsbarkeit und Verwaltung der Trierer Erzbischöfe; ebensowenig bei SCHULER, Notare Südwestdeutschlands.

152 Zu Aschaffenburg, seinem Stift und dem Mainzer Erzbischof vgl. FISCHER-PACHE, Wirtschafts- und Besitzgeschichte St. Peter und Alexander, S. 19–26; CHRIST, Die Mainzer Erzbischöfe und Aschaffenburg (mit der weiteren Literatur); FISCHER, Aschaffenburg im Mittelalter; BÜNZ, Aschaffenburg; DERS., Ein Erzbischof und viele Residenzen, S. 97–99; SCHMIDT, Siegfried von Gelnhausen, S. 540 f.

153 Vgl. GLAK, 67/1340, f. 6v–7r (1343 April 29); Hinweis bei SPIESS, Lehnsrecht, S. 23, Anm. 161.

154 TOEPKE, Matrikel Heidelberg, Bd. 1, S. 70.

155 SPIESS, Das älteste Lehnsbuch, S. 23, Anm. 161.

156 RPR, Bd. 2, Nr. 762 (1401 April 14; Konrad, Landschreiber zu Heidelberg); ebd., Nr. 1532 (1401 August 24; Konrad von Dieffenbach, Landschreiber zu Heidelberg); ebd., Nr. 2597 (1402 November 7; Konrad, Landschreiber zu Heidelberg); Nr. 2869 (1403 März 19; dito); Nr. 4139 (1405 September 1; dito); AMRHEIN, Die Prälaten und Canoniker, S. 181 mit Anm. 103 (1406 Oktober 12; Konrad, Landschreiber des Königs zu Heidelberg, für Thomas von Diefenbach). – Das bei Immatrikulation des Sohnes 1399 erwähnte Amt des Vaters legt nahe, dass Konrad bereits vorher als Heidelberger Landschreiber fungierte.

157 RPR, Bd. 2, Nr. 1532 (1401 August 24).

Konrad *ad collationem*[158]. Noch im Jahre 1418 wurde in der kurpfälzischen Überlieferung Truthe von Di(e)ffenbach als Witwe des Konrad, Landschreibers zu Heidelberg, bezeichnet[159].

In mehrfacher Hinsicht sind hier also Beziehungen nach Kurmainz unverkennbar. Der anlässlich der Immatrikulation nachweisbare Pfründenbesitz des Sohnes in Aschaffenburg, wo er eine Präbende am Stift St. Peter und Alexander besaß, legt dies nahe. Die ganze Familie von Diffenbach (alias Dieffenbach alias Diefenbach), denn um eine solche handelt es sich offenbar, scheint engere Verbindungen nach Aschaffenburg unterhalten zu haben. Konrad von Diffenbach selbst dürfte aufgrund seiner Nachkommenschaft Laie oder *clericus coniugatus*[160] gewesen sein. Es lassen sich neben seinem Sohn weitere Verwandte im Aschaffenburger Stift St. Peter und Alexander nachweisen. 1392 ist dort ein Kraft von Dieffenbach als Kanoniker belegt, der ab 1400 das Amt des Stiftskustoden bekleidete[161]. Nun könnte beider Namengleichheit auf Zufall beruhen, wenn nicht im Jahr 1406 ein gewisser Thomas von Dieffenbach ein freigewordenes Kanonikat am selben Stift erhalten hätte. Für ihn stellten am 12. Oktober 1406 der Kustos Kraft von Dieffenbach und Konrad, Landschreiber des Königs zu Heidelberg, die erforderliche Kautionsurkunde aus und gaben sich damit als Verwandte zu erkennen[162]. Dass der *licentiatus in decretis* Georg von Dieffenbach, der 1404 Kanoniker am Stift wurde und dort 1433 – ähnlich wie Kraft von Dieffenbach – zum Kustos avancierte, ein weiterer Verwandter war, ist mit hoher Wahrscheinlichkeit anzunehmen[163]. In den von Adalbert Erler publizierten Urteilen des Ingelheimer Oberhofes ist ebenfalls ein Konrad Diefenbach im frühen 15. Jahrhundert nachweisbar[164].

Es fällt auf, dass sich die Belege für die Wende vom 14. zum 15. Jahrhundert häufen. Für die Kurpfalz muss hier noch ergänzt werden, dass am 24. Dezember des Jahres 1425 ein Konrad Dieffenbach als Kammermeister des Pfalzgrafen Ludwig III. be-

---

158 Ebd., Nr. 2450 (1402 August 18). Ein *Ludowicus de Diffinbach cler. Wormac. dyoc.* immatrikulierte sich im Sommersemester 1395 an der Universität Heidelberg; vgl. Toepke, Matrikel Heidelberg, Bd. 1, S. 60.

159 GLAK, 67/867, f. 23v–24v.

160 Zu den Modalitäten vgl. u. a. Genzmer, Kleriker als Berufsjuristen im späten Mittelalter, S. 1222 f.; Bader, Klerikernotare des Spätmittelalters, S. 12–15.

161 Er starb im Jahre 1417; Brügmann, Das älteste Nekrolog des Stifts St. Peter und Alexander zu Aschaffenburg, S. 217; ferner Amrhein, Die Prälaten und Canoniker, S. 121, 181, 219. – Zu ihm vgl. auch Winkelmann, Urkundenbuch der Universität Heidelberg, Bd. 2, Nr. 73; Die Rektorbücher der Universtiät Heidelberg, Bd. 1, Nr. 187, S. 239–241. – Zum Amt des Aschaffenburger Stiftskustoden allg. Fischer-Pache, Wirtschafts- und Besitzgeschichte St. Peter und Alexander, S. 42.

162 Amrhein, Die Prälaten und Canoniker, S. 181 mit Anm. 103.

163 Er starb im Jahr 1451; ebd., S. 122, 230. – Für eine Verwandtschaft sprechen die fast identischen Zeugen in den Kautionsurkunden von Thomas und Georg von Dieffenbach; vgl. ebd., S. 181, Anm. 103 und S. 230, Anm. 3.

164 Erler, Die älteren Urteile des Ingelheimer Oberhofes, Bd. 4, S. 67, unter Bezug auf ebd., Bd. 1, Nr. (390). Zum Oberhof vgl. Die Ingelheimer Haderbücher – Editionsprojekt.

zeichnet wurde[165]. Dies steht in einem auffälligen Gegensatz zu der nach wie vor äußerst spärlichen Überlieferung für die uns vornehmlich interessierende Mitte des 14. Jahrhunderts[166]. Es ist kaum nachzuweisen, ob es sich bei dem für die vierziger Jahre nachweisbaren Heidelberger Landschreiber Konrad von Diffenbach, dem im selben Amt Mitte der fünfziger Jahre tätigen Konrad von Aschaffenburg, dem Anfang des 15. Jahrhunderts wiederum als Landschreiber von Heidelberg und dem als Kammermeister Ludwigs III. im Jahre 1425 bezeichneten Konrad von Dieffenbach um teilweise identische Personen oder um Verwandte handelt. Sollte es tatsächlich der Fall sein, dann wäre es für die spätmittelalterliche Verfassungswirklichkeit von hohem Aussagewert, spräche es doch für eine bereits um die Mitte des 14. Jahrhunderts einsetzende Quasi-Vererbbarkeit einer Funktion im Rahmen einer auf diesen Aufgabenbereich spezialisierten Familie[167].

Signifikant ist auf jeden Fall die enge Verbindung zu Aschaffenburg, die sich sowohl im Herkunftsnamen des Landschreibers und Verfassers des kurpfälzischen Kopialbuchs Konrad als auch in den engen Verbindungen der Familie *von Diffenbach* zum dortigen Stift St. Peter und Alexander niederschlägt. Aschaffenburg war der Vorort des sogenannten kurmainzischen Oberstifts. Seit den ersten Jahrzehnten des 12. Jahrhunderts lässt sich die Ausbildung des Mainzer Territoriums beobachten, wobei sich das ursprünglich als Hofamt belegbare Vizedominat zu einem Territorialamt wandelte[168]. So ist bereits unter Erzbischof Adalbert für 1122 in Aschaffenburg ein erz-

---

165 GLAK, 67/810, f. 202v–203v. Kein Nachweis bei Brandenstein, Urkundenwesen und Kanzlei. – Ein Konrad von Diefenbach hat – möglicherweise in Worms – astrologisch-astronomische Texte und Abbildungen im Jahre 1426 kopiert, die sich heute in einer Sammelhandschrift der Bibliotheca Palatina in der Vatikanischen Bibliothek (Città del Vaticano, Biblioteca Apostolica Vaticana, Cod. Pal. lat. 1368, f. 34r–66r) befinden. Offenbar handelte es sich bei ihm um den 1399 in Heidelberg immatrikulierten Sohn des Landschreibers. „Über Diefenbachs Studium in Heidelberg ist sonst nichts bekannt. Doch lassen ihn die in dieser Handschrift (Bll. 34r–66r) von ihm geschriebenen Texte, Listen, geographische und Himmelskarten, Zeichnungen der Sternbilder und astronomischer Instrumente als gewandten, in den Quadriviumswissenschaften versierten Schreiber erkennen", vgl. L[udwig] S[chuba], in: Bibliotheca Palatina, Textbd., Nr. B 3.7, S. 32 (mit Abb. der Fixsternliste nach Ptolemäus auf f. 53r im Bildband unter Nr. B 3.7/2).

166 Ein Heinrich von *Diffenbach* wird 1349 als Münzmeister des Erzbischofs von Mainz erwähnt; REM, Bd. 1,2, Nr. 5786 (Eltville, 1349 September 11).

167 Vgl. unten Kap. 4.12: Die Kanzlei als Familienangelegenheit? – In der Kurpfalz ermittelte Theodor Karst Vergleichbares für die Neustädter Landschreiber des 16. Jahrhunderts; vgl. Karst, Das kurpfälzische Oberamt Neustadt an der Haardt, S. 212. – Noch im Jahr 1471 findet sich ein Dieter von Dieffenbach im Lehenbuch Pfalzgraf Friedrichs I.; GLAK 67/1057, f. 264r.

168 Christ, Aschaffenburg, S. 63; Ders., Die Mainzer Erzbischöfe und Aschaffenburg, S. 88 f. Zur Entwicklung des kurmainzischen Territoriums vgl. allg. Stimming, Die Entstehung des weltlichen Territoriums des Erzbistums Mainz, S. 53 f., 56; Schmitt, Erzbischof Adalbert I. von Mainz als Territorialfürst, S. 63–75; Falk, Die Mainzer Behördenorganisation in Hessen, S. 2–13. Zur Residenzfunktion vgl. Bünz, Aschaffenburg; Ders., Ein Erzbischof und viele Residenzen, S. 97–99.

bischöflicher Vizedom nachweisbar[169]. Allerdings bestehen über die reine Nennung hinaus hinsichtlich seiner Befugnisse und Tätigkeiten nur wenige Nachrichten[170].

Nach der endgültigen Erlangung der Hochstiftsvogtei im Jahre 1271 bauten die Mainzer Erzbischöfe die Territorialherrschaft im Oberstift offenbar zügig aus. Als eine der Grundlagen ihrer Territorienbildung im Gebiet zwischen Main und Spessart diente seit dem Hochmittelalter der reiche Besitz des bereits erwähnten Aschaffenburger Kollegiatstiftes[171]. Neben dem Vizedom ist in Aschaffenburg seit 1328 ein kurmainzischer Kellner nachweisbar, „wodurch eine Trennung des Finanzwesens von den Gerichts- und Verwaltungsangelegenheiten erstrebt wurde"[172]. Doch überschnitten sich beider Zuständigkeitsbereiche im 14. Jahrhundert in mancherlei Hinsicht, da der Kellner aufgrund seiner im Allgemeinen nichtadligen Herkunft im Gegensatz zum adligen Viztum in viel stärkerem Maß auf den Erzbischof orientiert war und blieb[173]. So räumte die vom Mainzer Erzbischof Gerlach von Nassau im Jahre 1360 erlassene Aschaffenburger Stadtordnung dem erzbischöflichen Kellner einen erheblichen Einfluss auf das Stadtregiment ein[174].

Ähnlich verhielt es sich mit dem Verhältnis desselben Kellners zum dortigen Stift St. Peter und Alexander. Es bestanden enge soziale Verbindungen zwischen Stadt, Stift und Kellereiamt[175]. Das Aschaffenburger Stift war ohnehin in offenbar hohem Maße in die örtliche Verwaltung des Erzstifts eingebunden; die Kellner waren meist Geistliche, selbst Dignitäre des Stiftes wurden mit diesem Amt betraut. So rechnete 1338 der aus einer Aschaffenburger Bürgerfamilie stammende Heilmann [Schwab], „Scholaster von Aschaffenburg und Kellerer daselbst", mit dem erzbischöflichen Zöllner von Miltenberg und dem Kellner von Bischofsheim über deren Einnahmen und Ausgaben ab[176].

Das nötige Know-how im Bereich der schriftgestützten Verwaltung war im Umkreis des Aschaffenburger Kollegiatstifts zweifellos vorhanden: Im Rahmen der Be-

[169] Christ, Aschaffenburg, S. 63 f.; Fischer-Pache, Wirtschafts- und Besitzgeschichte St. Peter und Alexander, S. 22 f.

[170] Fischer, Aschaffenburg im Mittelalter, S. 149–155.

[171] Christ, Aschaffenburg, S. 41–53; Fischer-Pache, Wirtschafts- und Besitzgeschichte St. Peter und Alexander, S. 19–26; ferner Backmund, Die Kollegiat- und Kanonissenstifte in Bayern, S. 33–38.

[172] Fischer, Aschaffenburg im Mittelalter, S. 155 f.; Zitat ebd., S. 155.

[173] Christ, Aschaffenburg, S. 64 f.; zum Kellner ebd., S. 65, 67; Fischer, Aschaffenburg im Mittelalter, S. 151, 155–157; allg. Falk, Die Mainzer Behördenorganisation in Hessen, S. 51–58, 65–67.

[174] Christ, Aschaffenburg, S. 103; Fischer, Aschaffenburg im Mittelalter, S. 151, 156. – Zur sozialen Verflechtung zwischen Stift und städtischer Oberschichte: Brügmann, Das älteste Nekrolog, S. 126.

[175] Brügmann, Das älteste Nekrolog, S. 125–155.

[176] REM, Bd. 1,2, Nr. 4179 f. (beide 1338 Juni 5); dazu Brügmann, Das älteste Nekrolog, S. 140 f.; Fischer, Aschaffenburg im Mittelalter, S. 156; ferner ebd., S. 157. – Allg. zum Anteil von Geistlichen an den Kellnern vgl. die Liste bei Falk, Die Mainzer Behördenorganisation in Hessen, S. 104 f.

sitzverwaltung sind das Amt des Kellners und das des Kämmerers bereits für das 13. Jahrhundert belegt[177]. Wirft man abschließend einen Blick auf das stiftische Archiv- und Urkundenwesen wie sie von Matthias Thiel ermittelt wurden, dann gilt das gleiche wie für das oben Gesagte. Der Überlieferungsbefund belegt, dass es bereits im Mittelalter eine glänzende Archivführung besessen haben muss[178]. „Der im Gesamtergebnis höchst sorgfältigen Pflege der Originale entspricht eine vergleichbare Systematik in der kopialen Erfassung, der Führung von Kopialbüchern, die sich allerdings erst im Laufe der Zeit vervollkommnet". Ihre Anfänge liegen bereits im 12. Jahrhundert[179].

Neben den Aufgaben in der Lokalverwaltung waren die Beziehungen zwischen Aschaffenburger Stift und kurmainzischer Kanzlei traditionell eng[180]. Natürlich liegt es nahe, das kurmainzische Kanzleipersonal auf einen Konrad von Aschaffenburg hin zu überprüfen. Beim Durchmustern der Listen wird man sogar fündig. Unter den Notaren des von 1337 bis 1346 amtierenden Mainzer Erzbischofs Heinrich (III.) von Virneburg findet sich zum Jahr 1343 als Sekretär ein Konrad, Scholaster der Aschaffenburger Kirche[181]. Ihn und den Heidelberger Landschreiber Konrad von Aschaffenburg für ein und dieselbe Person zu erklären, ist zwar verlockend, jedoch nicht möglich. Bei ersterem handelt es sich um den aus Gelnhausen stammenden Konrad von Spiegelberg, der seit 1329 als Stiftskanoniker in Aschaffenburg, seit 1341 als Scho-

---

[177] FISCHER-PACHE, Wirtschafts- und Besitzgeschichte St. Peter und Alexander, S. 50–54.

[178] „Die originale Erhaltung der urkundlichen Überlieferung des Stifts ist als ungewöhnlich gut zu bezeichnen"; THIEL, Urkundenbuch des Stifts St. Peter und Alexander, Bd. 1, S. 15*f.; Zitat ebd., S. 15*.

[179] Ebd., S. 17*. Zu den Kopialbüchern bis ins ausgehende 14. Jahrhundert vgl. ebd., S. 17*–54*, 65*–76*; Zitat ebd., S. 17*.

[180] Vgl. FISCHER, Aschaffenburg im Mittelalter, S. 358 f.; RINGEL, Studien, S. 226–233; SCHMIDT, Siegfried von Gelnhausen, S. 540 f. – Auch zur Hofkanzlei Karls IV. lassen sich möglicherweise Verbindungen herstellen: Ein Johannes de Aschaffenburg fungierte dort Ende 1364 als Registrator; vgl. LINDNER, Das Urkundenwesen Karls IV., Nr. 21, S. 20.

[181] REM, Bd. 1,2, Nr. 4948 (Aschaffenburg, 1343 Februar 17); FRUHMANN, Studien zur Kanzlei und zum Urkundenwesen der Erzbischöfe von Mainz, Nr. 10, S. 63. – Scholaster am Aschaffenburger Stift waren beispielsweise Magister Ebernand von Offenbach, „um 1287 Protonotar Erzbischof Heinrichs von Mainz und […] von 1292 bis 1294 als Protonotar und anschließend als Kanzler König Adolfs von Nassau belegt" (FISCHER-PACHE, Wirtschafts- und Besitzgeschichte St. Peter und Alexander, S. 40 (mit den Belegen)) sowie (ab 1438) Dietrich Ebbracht, der sowohl im Reichs- und Kanzleidienst Sigmunds und Albrechts sowie der Kanzlei des Mainzer Erzbischofs eine wichtige Rolle spielte; vgl. RINGEL, Studien, S. 55–80; KOLLER, Dietrich Ebbracht. – Am Stift hatte der Scholaster die Aufsicht über die Stiftsbibliothek und das Stiftsarchiv; vgl. FISCHER-PACHE, Wirtschafts- und Besitzgeschichte St. Peter und Alexander, S. 39 f.

[182] Er starb im Jahre 1370; vgl. BRÜGMANN, Das älteste Nekrolog des Stifts St. Peter und Alexander, S. 194 f.; HOLBACH, Stiftsgeistlichkeit im Spannungsfeld, S. 597 f. – Theodor Fruhmann hielt den Aschaffenburger Scholaster für identisch mit dem für das Jahr 1340 nachgewiesenen Notar Konrad (REM, Bd. 1,2, Nr. 4526 (E(be)rbach, 1440 Mai 23)); vgl. FRUHMANN, Studien zur Kanzlei und zum Urkundenwesen der Erzbischöfe von Mainz, Nr. 6, S. 63.

laster ebenda und seit 1367 als Trierer Dompropst nachweisbar ist[182]. Die von Theodor Fruhmann ermittelten Befunde zur Hierarchie am Hof des Mainzer Erzbischofs legen nahe, dass die Bezeichnung Sekretär vornehmlich eine Position im erzbischöflichen Rat anzeigt, die nicht unbedingt mehr (bzw. noch) etwas mit Funktionen innerhalb der Kanzlei zu tun hatte, wohl aber mit derselben in Verbindung stand[183]. Es verdient der Erwähnung, dass beispielsweise der Trierer Erzbischof Balduin ebenfalls auch nach seiner Zeit als Mainzer Hochstiftsverweser ein Haus in Aschaffenburg besaß[184].

An derartig hochrangigen Ratgebern vom Hofe des nächstgelegenen Kurfürstentums scheint noch um die Mitte des 14. Jahrhunderts in der Pfalzgrafschaft offenbar geringerer Bedarf bestanden zu haben. Gefragt waren Praktiker, die sich in der Lage zeigten, die schriftgestützte Verwaltung zur organisieren. Mit dem Amt des Landschreibers bewegte sich Konrad von Aschaffenburg im Bereich der territorialen Mittelinstanz. Sicher wäre es aufschlussreich, in Erfahrung zu bringen, woher seine Kenntnisse stammten. Ob sie mit dem öffentlichen Notariat, dem Aschaffenburger Petersstift, der kurmainzischen Territorialverwaltung oder mit einer Kombination dieser Möglichkeiten in Zusammenhang standen, wird kaum nachzuweisen sein.

4.3.3 Ergebnisse

Es lässt sich festhalten, dass die pfälzische Seitenlinie der Wittelsbacher nach ihrer schrittweisen und unter großen politischen Schwierigkeiten vollzogenen Emanzipation und der nachfolgenden Etablierung in der ersten Hälfte des 14. Jahrhunderts ab der Jahrhundertmitte konsequent darum bemüht war, Entwicklungsrückstände aufzuholen bzw. sich eine neue Identität als ein von den bayerischen Verwandten unabhängiges Kurfürstentum zu verschaffen. Hierzu gehörte auch die schriftgestützte Verwaltung als Herrschaftsinstrument und Ausweis des neu gewonnenen Ranges. Das Vorbild lag wahrscheinlich in der Nachbarschaft in Form des Mainzer Erzstifts und Kurfürstentums; der Zugang zu diesem Wissen wurde möglicherweise durch den ‚Einkauf' eines Spezialisten geschaffen und dieses in den Dienst der eigenen Sache gestellt.

Auffallend ist, dass dieser Spezialist, gemeint ist Konrad von Aschaffenburg, in der Pfalzgrafschaft als Landschreiber und nicht als oberster Schreiber oder Hofschreiber fungierte[185]. Dies mag mit der Mobilität des Hofes und seinen anstehenden Aufgaben begründet sein. Das Bild des in der Überlieferung tatsächlich nachweisbaren obersten

---

[183] Ebd., S. 66 f. Vgl. dazu Kap. 4.4: Interterritorialer Vergleich: Kanzlei und Archivwesen der Erzbischöfe von Mainz im Spätmittelalter.

[184] Vgl. Goerz, Regesten der Erzbischöfe zu Trier, S. 76; Embach/Nolden, Handschriften und Urkunden, Urk. E 26, S. 66 f. (Trier, 1334 Mai 3).

[185] Vielleicht hat er sogar diese Bezeichnung geführt. Jedenfalls verzeichnet die Heidelberger Universitätsmatrikel zum Jahre 1387 einen Martin, Sohn Konrads, des einstigen Protonotars des Heidelberger Herzogs (*Martinus filius Conradi olim prothonotarij domini ducis Heydelbergensis*); Toepke, Matrikel Heidelberg, Bd. 1, S. 11.

bzw. Hofschreibers ist um diese Zeit demgegenüber ausgesprochen unscharf. Soweit man ihn in der Person Heinrichs von Diebach überhaupt greift, sind seine Einsatzbereiche relativ eng auf die Territorialverwaltung beschränkt und unterscheiden sich nach Ausweis der Quellen nicht sonderlich von denen des Landschreibers.

Die Aufgaben, die Konrad von Aschaffenburg mit der Anlage der Kopialbücher und des Urbars seit Mitte der fünfziger Jahre des 14. Jahrhunderts zu bewältigen hatte, waren demgegenüber wesentlich anspruchsvoller. Ordnung und systematisierende Erschließung des Urkundenschatzes sowie Zusammenstellung der nutzbaren Rechte des frischgebackenen Kurfürsten dürften Herausforderungen gewesen sein, die Sachkenntnis auf einem hohen Spezialisierungsniveau voraussetzten.

4.4 Interterritorialer Vergleich: Kanzlei und Archivwesen der Erzbischöfe von Mainz im Spätmittelalter

Der seit Mitte des 14. Jahrhunderts beobachtete Personentransfer im Bereich der schriftgestützten Verwaltung aus Kurmainz in die sich territorial konstituierende Kurpfalz, die sich auch in der folgenden Generation fortsetzte, legt es nahe, einen Blick auf die im Allgemeinen als hervorragend beurteilte Entwicklung[1] in diesem geistlichen Territorium zu werfen. Damit verbunden ist die Überlegung, ob die Personenwanderung mit einem Technologietransfer einherging. Dabei soll – der Zielsetzung dieser Arbeit entsprechend – der Blick in erster Linie auf den Entwicklungsstand der kurmainzischen Zentrale gerichtet werden und erst in zweiter Linie auf den der Mittelinstanzen und der Peripherie.

4.4.1 Forschungsgeschichte

Die Erforschung der kurmainzischen Kanzlei und des Archivwesens spiegelt – dies ist kaum verwunderlich – wider, was für die Geschichte und Entwicklung dieses Forschungszweiges im ersten Teil dieser Studie allgemein erarbeitet wurde. Eine besondere Bedeutung erlangte sie in der Forschung bekanntermaßen dadurch, dass der Mainzer Erzbischof den Titel eines Erzkanzlers des deutschen Reiches führte. Hierin sah man die engsten personellen wie institutionellen Verknüpfungen mit der Reichskanzlei gegeben; schon allein dies evozierte ein starkes Forschungsinteresse[2]. Um diese Variante der Kanzlei- und Verwaltungsgeschichte, nämlich die eines bedeutenden geistlichen Territoriums, zu dokumentieren, sei im Folgenden genauer auf den Gang der Forschung, ihre Verknüpfung mit den Zeitumständen und dem Fortschreiten der Quellenerschließung sowie den zur Anwendung kommenden Untersuchungsmethoden rekurriert.

Die Anfänge der Beschäftigung mit der kurmainzischen „Verwaltungsgeschichte" begannen bereits im Alten Reich. In der ersten Hälfte des 18. Jahrhunderts publizierte der Jurist, kurmainzische Hofrat, Stiftsarchivar von Aschaffenburg und spätere Herausgeber des *Codex diplomaticus Anecdotorum Res Moguntinas*, Valentin Ferdinand

---

1 Droege, Territorien an Mittel- und Niederrhein, S. 702; Patze, Neue Typen des Geschäftsschriftgutes, S. 29; Wann, Die alten Mainzer Archive, S. 101 f.; Acht, Ordnungen der Urkunden des Mainzer Erzstifts; Ders., Die Kanzlei der Mainzer Erzbischöfe, S. 34; Christ, Regierung und Verwaltung, S. 18 f.; allg. Gerlich, Rheinische Kurfürsten, S. 154 f.

2 Lindner, Das Urkundenwesen Karls IV., S. 13–15; Wann, Die alten Mainzer Archive, S. 100; Acht, Die erste Ordnung der Urkunden des Mainzer Erzstifts, S. 25; Kirn, Urkundenwesen und Kanzlei der Mainzer Erzbischöfe, S. 336. Bereits für Otto Hintze stand 1908 fest, dass im Deutschen Reich „der Kurfürst-Erzkanzler, der Erzbischof von Mainz, nach langem Streit die Oberhand über den Hofkanzler des Kaisers behalten" hat; Hintze, Die Entstehung der modernen Staatsministerien, S. 121.

von Gudenus, einen prosopographisch angelegten Katalog der kurmainzischen Kanzleimitglieder vom Jahre 1093 [!] bis 1728[3].

Nach der Säkularisation wurden die kurmainzischen Archivalien auf eine ganze Reihe von Archiven verstreut, wobei neue Impulse erst in den letzten Jahrzehnten des 19. Jahrhunderts erfolgten. Wie in diesem Fall zu erwarten, lieferten zunächst Fragen der Reichsgeschichte den Anstoß. 1877 und 1886 erschienen die von Johann Friedrich Böhmer und Cornelius Will in zwei Bänden publizierten Regesten zur Geschichte der Mainzer Erzbischöfe von 742 bis 1288[4]. In das Erscheinungsjahr des zweiten Bandes fällt ein Beitrag von Wilhelm Sauer. Es ist der Versuch eines historischen Abrisses der kurmainzischen Archivgeschichte seit Ausgang des Alten Reiches, verbunden mit einem Überblick über den Verbleib der Überlieferung[5]. Fast zeitgleich erschienen 1887 und 1889 zwei Beiträge von Gerhard Seeliger. Im Rahmen seiner ‚Kanzleistudien' beschäftigte er sich 1887 mit der kurmainzischen Verwaltung der Reichskanzlei in den Jahren 1471–1475, d. h. mit den Jahren, in denen der Mainzer Erzbischof Adolf von Nassau die Reichskanzlei und das Reichskammergericht von Kaiser Friedrich III. für mehrere Jahre „gepachtet" hatte[6]. Zwei Jahre später erschien Seeligers Schrift über Erzkanzler und Reichskanzleien, die der Untersuchung des Verhältnisses zwischen den drei geistlichen Erzkanzlern des Reiches und ihrem Einfluss auf die „Reichskanzleien" gewidmet war[7]. Bruno Krusch legte 1897 über die geistliche Jurisdiktion und die Verwaltung des Erzbistums eine eigene Studie vor, die sich, mit einem längeren Rekurs auf das Mittelalter, vornehmlich auf das 16. Jahrhundert konzentrierte[8].

Im Anschluss daran – und dank der Vorarbeiten von Gudenus – riss die weitere Erforschung der Kanzleiverhältnisse nicht mehr ab. Hiervon profitierte auch das Spätmittelalter. Ganz der klassischen Diplomatik verpflichtet war die im Jahre 1909 in Teilen publizierte Berliner Dissertation des Tangl-Schülers Max Hein über die kurmainzische Kanzlei und das Urkundenwesen von 1060 bis 1249. Allerdings gelangte

---

[3] Das Verzeichnis blieb als Hilfsmittel bis in das 20. Jahrhundert hinein in Benutzung, es diente Kirn, Urkundenwesen und Kanzlei der Mainzer Erzbischöfe, als Grundlage; dazu Ringel, Studien, S. 1. – Zu Gudenus vgl. Fuchs, in: NDB, Bd. 7, S. 250 f.; Brügmann, Das älteste Nekrolog des Stifts Aschaffenburg, S. 15. – Prosopographisches Material lieferte auch das im frühen 18. Jahrhundert erschienene mehrbändige Werk von Joannis, Rerum Moguntiacarum Excerpta, hier bes. Bd. 2.

[4] Regesten zur Geschichte der Mainzer Erzbischöfe.

[5] Sauer, Schicksale und Befund des kurmainzischen Archivs.

[6] Seeliger, Kanzleistudien I.: Die kurmainzische Verwaltung der Reichskanzlei in den Jahren 1471–1475; dazu auch Schubert, Der Mainzer Kurfürst als Erzkanzler, S. 90 f.

[7] Seeliger, Erzkanzler und Reichskanzleien. – Zur Terminologie Reichs- und Hofkanzlei vgl. Moraw, Grundzüge einer Kanzleigeschichte Karls IV., S. 14 f.; allg. Ders., Verwaltung des Reiches, S. 38–41.

[8] Krusch, Studie zur Geschichte der geistlichen Jurisdiktion und Verwaltung des Erzstifts Mainz.

nur das vierte, die inneren Merkmale der Urkunden behandelnde Kapitel in den Druck[9]. Gewissermaßen als Pendant war im Jahr zuvor in den von Georg von Below, Heinrich Finke und Friedrich Meinecke herausgegebenen ‚Abhandlungen zur mittleren und neueren Geschichte' die Arbeit von Hans Goldschmidt über Zentralbehörden und Beamtentum im Kurfürstentum Mainz vom 16. bis zum 18. Jahrhundert, erschienen. Sie griff partiell auf das Spätmittelalter zurück. Die ganz im Sinne des ausgehenden 19. Jahrhunderts gehaltene Auffassung von den geistlichen Fürstentümern als historische Verlierer, ihrer geschichtlichen Erfolglosigkeit und der damit einhergehenden Nutzlosigkeit der Erforschung ihrer Verwaltung kommt im Vorwort des Werkes klar zum Ausdruck: „Von ihrem ruhmlosen Zusammenbruch ausgehend versprach man sich wenig Nutzen von der Erforschung ihrer Verwaltung und Wirtschaft und neigte dazu, sie von vornherein zu verurteilen"[10].

Das Erscheinen umfangreicher Teile der von Ernst Vogt und Fritz Vigener bearbeiteten Regesten der Erzbischöfe von Mainz für den Zeitraum von 1289 bis 1396 in den Jahren 1913 und 1914 löste am Vorabend des Ersten Weltkrieges nur noch wenige Forschungsanstöße aus[11]. Über das 14. Jahrhundert hinaus gingen dagegen sowohl die 1919 erschienene sprachgeschichtliche Studie von Karl Demeter über die Mainzer Urkundensprache von ca. 1400 bis 1550[12] als auch die 1920 entstandene, doch erst neun Jahre später publizierte Leipziger Dissertation des Seeliger-Schülers Paul Kirn über das Urkundenwesen und die Kanzlei der Mainzer Erzbischöfe im 15. Jahrhundert. 1930 erschien die Arbeit von Hans Falk über die dezentrale Mainzer Behördenorganisation in Hessen und auf dem Eichsfeld bis zum Ende des 14. Jahrhunderts[13].

Im Bereich der Quellenpublikationen gelang mit dem von Manfred Stimming bearbeiteten, bis zum Jahr 1137 reichenden und 1932 publizierten ersten Band des Mainzer Urkundenbuches ein weiterer Fortschritt[14]. Zwischen dem Ende der zwanziger und dem Anfang der vierziger Jahre entstanden bzw. erschienen mehrere Arbeiten zum mittelalterlichen kurmainzischen Kanzlei- und Urkundenwesen sowie zur Über-

---

9 Hein, Kanzlei und das Urkundenwesen der Erzbischöfe von Mainz im früheren Mittelalter. In der 1914 erschienenen Gießener Dissertation von Karl Heinrich Schmitt, Erzbischof Adalbert I. von Mainz (1111–1137) als Landesfürst, wurde dessen Kanzlei mitbehandelt. Die Arbeit gelangte 1920 posthum unter etwas verändertem Titel noch einmal in den Druck; vgl. Schmitt, Erzbischof Adalbert I. von Mainz als Territorialfürst; zur Kanzlei ebd., S. 53–63.

10 Goldschmidt, Zentralbehörden und Beamtentum im Kurfürstentum Mainz, S. VII. – Hingewiesen werden sollte ferner auf die 1909 erschienene Studie von Hensler, Verfassung und Verwaltung von Kurmainz um das Jahr 1600.

11 Erwähnt werden sollte hier die 1914 erschienene sphragistische Studie von Otto Posse; Posse, Die Siegel der Erzbischöfe und Kurfürsten von Mainz.

12 Bezeichnenderweise legte er für die ersten Jahrzehnte seines Untersuchungszeitraums das in den ‚Deutschen Reichstagsakten' publizierte Material kurmainzischer Provenienz seiner Untersuchung zugrunde; Demeter, Studien zur Kurmainzer Kanzleisprache, S. 431 f.

13 Falk, Die Mainzer Behördenorganisation in Hessen.

14 Stimming hat sich in seiner in Zusammenhang mit den Arbeiten am Urkundenbuch entstandenen und bereits 1915 publizierten Habilitationsschrift allerdings nicht mit der Kanzlei, sondern mit der Entstehung des weltlichen Territoriums des Erzbistums Mainz beschäftigt.

lieferungsgeschichte[15]. Hans Kletschke untersuchte 1933 die Sprache der Mainzer Kanzlei nach den Fuldaer Urkunden des Früh- und Hochmittelalters. Demgegenüber beschäftigten sich Theodor Fruhmann und die bereits erwähnte Dissertation von Paul Kirn mit Studien zur Kanzlei und zum Urkundenwesen der Erzbischöfe im 14. und 15. Jahrhundert[16]. Es erübrigt sich fast, darauf hinzuweisen, dass auch die das Spätmittelalter betreffenden Arbeiten klassischen diplomatischen Methoden verpflichtet waren.

Neuere Impulse erfolgten erst in der Nachkriegszeit[17]. Einen neuerlichen Überblick über die Situation der alten Mainzer Archive nach den Verlusten des Zweiten Weltkrieges publizierte Wolfgang Wann 1964 in der Archivalischen Zeitschrift[18]. Im Zuge der Weiterbearbeitung des von ihm übernommenen Mainzer Urkundenbuches[19] erschienen von Peter Acht Anfang der siebziger Jahre eine Reihe von Studien zum Mainzer Archivwesen des 12. und 13. Jahrhunderts[20]. Darüber hinaus wurde im Zusammenhang mit dem Mainzer Urkundenbuch eine Reihe von Dissertationen von ihm angeregt[21].

Die neueren, seit Beginn der achtziger Jahre veröffentlichten Studien zur mittelalterlichen Kanzlei[22] sahen sich weniger einem diplomatischen als einem prosopographischen Zugang verpflichtet. Ingrid Heike Ringel untersuchte 1980 das Personal der Kanzlei des Mainzer Erzbischofs Dietrich von Erbach (1434–1459). Sie hob sich in ihrer Fragestellung bewusst von der älteren Studie von Kirn ab, dem sie angesichts der für ein ganzes Jahrhundert zu bewältigenden Materialfülle einen notwendigen Eklektizismus bescheinigte[23]. Ihr ging es – angeregt von Überlegungen Peter Moraws – um das „Netz von Beziehungen“, in das sie die einzelnen Kanzleimitglieder eingebunden sah und dem ihre detaillierte Untersuchung galt[24]. So aufschlussreich und wichtig ihre

---

15 Zur Archiv-Situation im Zeitalter des Barock: Demeter, Reform und innere Verhältnisse des alten Mainzer Reichsarchivs.

16 Kletschke, Die Sprache der Mainzer Kanzlei; Fruhmann, Studien zur Kanzlei und zum Urkundenwesen der Erzbischöfe von Mainz (auf der (erweiterten) Basis des erst 1934 erschienenen, die Jahre 1328–1354 behandelnden Bandes der REM); Kirn, Urkundenwesen und Kanzlei der Mainzer Erzbischöfe; ferner die bereits 1926 erschiene und streckenweise denselben Problemkreis behandelnde Studie von Dems., Die Nebenregierung des Domkapitels im Kurfürstentum Mainz.

17 Vgl. die 1947 erschienene Studie von Kurt Köster über den kurmainzischen Kanzler Adolf von Breithardt.

18 Wann, Die alten Mainzer Archive.

19 Der von 1137 bis 1175 reichende 1. Teil von Band 2 des Mainzer Urkundenbuches erschien 1968; der 2., bis 1200 reichende Teil 1971.

20 Acht, Die Kanzlei der Mainzer Erzbischöfe des 12. Jahrhundert; Ders., Die erste Ordnung der Urkunden des Mainzer Erzstifts.

21 Korn, Kanzlei und Kapelle Erzbischof Siegfrieds II. von Mainz; vgl. dazu ferner Acht, Die erste Ordnung der Urkunden des Mainzer Erzstifts, S. 70, Anm. 11.

22 Die Erforschung der frühneuzeitlichen Verhältnisse soll hier außer Acht bleiben; vgl. z. B. Duchhardt, Kurmainz und das Reichskammergericht, S. 183–202.

23 Ringel, Studien, S. 1. – Zum selben Mainzer Oberhirten und seinen Ratgebern erschien im Jahre 2004 die Arbeit von Voss, Dietrich von Erbach.

24 Vgl. Ringel, Studien, S. 3.

Ergebnisse in Hinblick auf biographische Sachverhalte, Karrieremuster und personelle Verflechtung sind[25], es darf dabei nicht übersehen werden, dass Ringels veränderte Untersuchungsmethode epistemologisch mit einem vollkommen traditionellen Kanzleibegriff arbeitet. Für sie ist der Mainzer Erzbischof „Dienstherr und Auftraggeber" der Kanzlei, mit einem „Interesse (bzw. das seiner Ratgeber) an einer geordneten Verwaltung"[26]. Bei der Kanzlei selbst handelt es sich um eine hierarchisch strukturierte Behörde, in der mit dem Kanzler immer nur ein „Vorgesetzter" existiert. Die „Besetzungspolitik" erfolgt „sehr überlegt"[27]. Darüber hinaus äußern „hohe Beamte wahrscheinlich des öfteren selbst den Wunsch sich zu verändern". Neben den Sekretären gibt es „mittlere Kanzleibeamte", die dem Kanzler als „Behördenleiter" unterstehen[28]. Aufgrund dieses, als klassisch zu bezeichnenden Kanzleiparadigmas gelingt es ihr im Gegenzug nicht, sich offenkundige Widersprüche zu diesem Modell zu erklären, wie z. B., „daß die einzelnen Beamten – unabhängig vom Hofe – auch zu den Parteien kamen"[29] oder dass „in Notarsinstrumenten, die von Kanzleibeamten in ihrer Eigenschaft als öffentliche Notare ausgestellt sind, dieser Hinweis auf die Anstellung in der Mainzer Kanzlei" fehlt[30]. Die Liste ließe sich fortsetzen[31].

Einer Einzelpersönlichkeit der Mainzer Kanzlei widmete Heinrich Koller wenige Jahre darauf eine eigene Studie. Es handelte sich dabei um Dietrich Ebbracht, Kanoniker und Scholaster zu Aschaffenburg, den Koller als vergessenen führenden Politiker des 15. Jahrhunderts bezeichnete. Unverkennbar ist dabei Kollers spezifisches Interesse, das aus Ebbrachts reichspolitischer Rolle resultierte[32]. Dagegen existieren neuere Überblicke zur kurmainzischen Kanzleientwicklung nur in rudimentärer Form[33]. Dies betrifft auch den 1997 gedruckten Beitrag von Günter Christ im Kontext des mehrbändigen Handbuches der Mainzer Kirchengeschichte. Sein Überblick über die „Zentralinstanzen" im Rahmen des Abschnittes „Regierung und Verwaltung" zählte kaum mehr als dreißig Druckseiten[34]. Darin wurde die mittelalterliche Kanz-

---

25 Vgl. bes. ebd., S. 218–237.

26 Ebd., S. 2.

27 Ebd., S. 3.

28 Ebd., S. 4. – Den Quellenbegriff *notarius domini archiepiscopi* setzt sie mit Sekretär gleich; ebd., S. 5.

29 Ebd., S. 8.

30 Ebd., S. 221.

31 Vgl. ebd., S. 220: „daß der [von ihr als ungewöhnlich empfundene] umgangssprachliche Ausdruck *schriber* für einen höheren Beamten nicht nur im Mainzer Erzstift üblich war".

32 Koller, Dietrich Ebbracht.

33 Georg Droege handelte die kurmainzische Kanzlei im Rahmen der Deutschen Verwaltungsgeschichte mit einem Satz ab; Droege, Territorien am Mittel- und Niederrhein, S. 702; Christ, Regierung und Verwaltung; Rödel, Mainz, Ebf.e von, S. 420; Heinig, Die Mainzer Kirche im Spätmittelalter, S. 433.

34 Christ, Regierung und Verwaltung, S. 18–46. Die sich anschließende Darstellung der Territorialinstanzen benötigte ganz in klassischer Manier immerhin vierhundert Seiten (S. 46–444). Unter der Überschrift „Geistliche Ämter und geistliche Strukturen" schlossen sich kürzere Kapitel über „Bischof bzw. Erzbischof" (S. 447–461) und „Das Domkapitel" (S. 487–497) an; vgl. Jürgensmeier (Hg.), Handbuch der Mainzer Kirchengeschichte, Bd. 2.

leientwicklung auf etwas mehr als zwei Seiten auf der Basis der Beiträge von Kirn, Fruhmann und Ringel abgehandelt. Für das mittelalterliche Archiv- und Registraturwesen genügten wenige Zeilen[35].

Parallel zu den letzten, hier behandelten Studien verlief seit Mitte der siebziger Jahre die weitere Erschließung der archivalischen Überlieferung des – wie bereits erwähnt – auf eine Reihe von Archivorten verstreuten ‚Aktenarchivs der Erzbischöfe und Kurfürsten von Mainz'. In den Jahren 1990 bis 1993 erschienen die von Rudolf Schatz und Aloys Schwersmann herausgegebenen ersten fünf des auf insgesamt 10 Bände konzipierten Inventars[36]. Der erste Band verzeichnet das heute im Wiener Haus-, Hof- und Staatsarchiv aufbewahrte Mainzer Reichserzkanzler-Archiv, der zweite das Mainzer Regierungs-Archiv auf der zentralen Ebene und der dritte den dezentralen Bereich auf der Basis der Ämter[37]. In diesem Kontext veröffentlichte Aloys Schwersmann im Jahre 2005 einen Überblick zur kurmainzischen Archivgeschichte nach der Säkularisation[38].

Nur angemerkt sei, dass die Position des Mainzer Kurfürsten als Reichserzkanzler gerade im Bereich der rechts- und verfassungsgeschichtlich orientierten Frühneuzeitforschung eigene Bemühungen mit der Gründung eines in Mainz angesiedelten interdisziplinären Arbeitskreises entfacht hat. Dies dokumentiert u. a. ein 1997 von Peter Claus Hartmann herausgegebener Sammelband über „Funktionen, Aktivitäten, Ansprüche und Bedeutung des zweiten Mannes im Alten Reich"[39]. Ebenfalls zur neuzeitlichen Verwaltungsgeschichte erschien 2001 aus der Feder des Archivars der Überblick von Hermann-Joseph Braun. Ihm ging es darin im Wesentlichen um die Zusammenschau von „staatlichen und kirchlichen Verwaltungsstrukturen, die bislang stets separat voneinander untersucht wurden" und damit um „einen Anstoß für weitere Forschungen"[40]. Weitere Impulse erhielt die Forschung durch die Bearbeitung der Regesten Friedrichs III. im Rahmen der Regesta Imperii. Paul-Joachim Heinig

---

35 Vgl. Christ, Regierung und Verwaltung, S. 31–33, 34 f. Ähnlich Rödel, Mainz, Ebf.e von, S. 42.

36 Inventar des Aktenarchivs der Erzbischöfe und Kurfürsten von Mainz. Zur Aufteilung und Systematik der Bände vgl. ebd., Bd. 1, S. Xf. Dazu vgl. auch Braun, *Der Reichs-Hofcanzley Haupt ist Chur-Maynz*, S. 563.

37 Bezeichnenderweise nahmen die Bearbeiter des Inventars in guter archivarischer Tradition die allgemeine Bezeichnung ‚Amtsbücher' für die mittelalterlichen Register und Kopialbücher vom Hof der Mainzer Erzbischöfe wörtlich und verzeichneten sie daher erst im 3. Band unter dem Großkapitel „Ämter und Centen"; Inventar des Aktenarchivs der Erzbischöfe und Kurfürsten von Mainz, Bd. 3, S. 268–284, bes. S. 269–273, 281 f.

38 Schwersmann, Von Kurmainz zu neuen Staatlichkeiten.

39 So der Untertitel des Bandes; vgl. Hartmann, Der Mainzer Kurfürst als Reichserzkanzler, darin bes. Schubert, Der Mainzer Kurfürst als Erzkanzler im Spätmittelalter. Für Bemühungen um das Thema seit den siebziger Jahren vgl. auch Duchhardt, Kurmainz und das Reichskammergericht.

40 Braun, *Der Reichs-Hofcanzley Haupt ist Chur-Maynz*; Zitate ebd., S. 564.

edierte gemeinsam mit Ines Grund in diesem Zusammenhang das heute in Wien liegende sogenannte Taxregister Friedrichs III.[41]

Im Rahmen der Erforschung spätmittelalterlicher Höfe und Residenzen rückten auch diejenigen der Mainzer Erzbischöfe wieder ins Blickfeld. Walter G. Rödel[42] und Enno Bünz[43] verfassten in diesem Kontext eine Reihe von Beiträgen. Seit einiger Zeit hat man am Institut für geschichtliche Landeskunde der Universität Mainz unter der Leitung von Michael Matheus die Bearbeitung der Ingrossaturbücher und damit die Fortsetzung der Regesten der Erzbischöfe von Mainz in Angriff genommen[44].

4.4.2 Schriftgut und Archiv

Nach diesem kursorischen Überblick über den Gang der Mainzer Kanzleiforschung sei auf die für unsere Fragestellung wichtigsten Ergebnisse abgehoben. Neben den bis in das Frühmittelalter zurückreichenden Diplomen haben sich bereits für das 12. Jahrhundert über die Urkunden hinausreichende Schriftguttypen erhalten, wie beispielsweise Rechenschaftsberichte der Erzbischöfe Adalbert I. und Konrad vom Beginn und Ende des Jahrhunderts belegen[45].

Die Forschungen von Peter Acht in Zusammenhang mit der Herausgabe des Mainzer Urkundenbuchs erbrachten, dass es in Kurmainz um die Mitte des 13. Jahrhunderts zu einer systematisierenden Ordnung und Erschließung des Archivs kam[46]. Dorsualvermerke wie *in secundo foramine tercie regule nove cell(ule)* enthielten Hinweise auf den Lagerort der betreffenden Stücke im Sinne von „im zweiten Fach des dritten Regals der neuen Kammer“[47]. Acht konnte nachweisen, dass die *cellula nova* insgesamt zwölf Regale enthalten hat, von denen mindesten fünf in jeweils drei Fächer unterteilt waren. Diese Einteilung muss seiner Ansicht nach in den fünfziger Jahren

---

41 Heinig/Grund, Das Taxregister der römischen Kanzlei 1471–1475. Das Register war chronologisch angelegt und verzeichnet regestenartig etwa 5000 Stücke aus den Jahren 1471 bis 1474, von denen die meisten ansonsten nicht nachweisbar sind. Verfasser war der Kurmainzer Kanzleisekretär Wigand Koneke. Es diente als Kanzleibehelf und enthielt Angaben über die Höhe und Bezahlung der für die Ausstellung der Urkunden erhobenen Taxen.

42 Rödel, Kurmainz. Residenzen und Hofordnungen; Ders., Mainz, Ebf.e von, S. 418–421; Ders., Mainz, S. 357 f.

43 Bünz, Aschaffenburg; Ders., Ein Erzbischof und viele Residenzen.

44 Vgl. Matheus, Die Mainzer Ingrossaturbücher; Die Mainzer Ingrossaturbücher im Staatsarchiv Würzburg. Zur Datenbank vgl. http://www.ingrossaturbuecher.de/(15. 07. 2015).

45 Vgl. Acht, Die erste Ordnung der Urkunden des Mainzer Erzstifts, S. 25; ferner Ders., Die Kanzlei der Mainzer Erzbischöfe des 12. Jahrhundert, S. 34; Schmitt, Erzbischof Adalbert I. von Mainz als Territorialfürst, S. 10 f.

46 Acht, Die erste Ordnung der Urkunden des Mainzer Erzstifts und des Domkapitels, S. 46; Korn, Kanzlei und Kapelle Erzbischof Siegfrieds II.

47 Dazu Acht, Die erste Ordnung der Urkunden des Mainzer Erzstifts, S. 46–58; Zitat ebd., S. 48.

des 13. Jahrhunderts erfolgt sein[48]. Im Vordergrund der Einordnung scheinen zumindest bei den jüngeren Urkunden „das Datum der Ausfertigung und damit der Zeitpunkt des Eingangs" gestanden zu haben. „Bei dieser Gelegenheit wurden dann oft Einzelurkunden des gleichen Objekts, doch älteren Datums, die also inhaltlich als Vorurkunden anzusehen sind, mit den gerade eingetroffenen Urkunden neuesten Datums in demselben Fach vereinigt"[49].

Peter Acht entwickelte aus der Analyse der unterschiedlichen Zeitschichten entstammenden Typen von Dorsualvermerken die an moderne Verwaltungspraktiken gemahnende Hypothese, dass mit der Einrichtung der *cellula nova* gewissermaßen gleichzeitig zwei, räumlich nebeneinander platzierte Archive innerhalb des Mainzer Domkomplexes eingerichtet wurden, so „daß es sich bei dem Regalsystem um die ‚Registratur' von Erzstift und Domkapitel gehandelt hat – um einen modernen Begriff zu gebrauchen –, während die ältere Gruppe als das ‚Archiv' von Erzstift und Domkapitel im eigentlichen Sinne des Wortes anzusehen ist"[50].

Im Hinblick auf die hier verfolgte Fragestellung verdient Achts Beobachtung Interesse, dass die letzten sechs Regale in Zusammenhang mit der Anlage eines Kopialbuches stehen[51]. Über dieses lief die Erschließung des Urkundenbestandes. Im Folgenden seien nur die wichtigsten Informationen dazu mitgeteilt. Es handelt sich um einen heute in Würzburg aufbewahrten Pergamentkodex von 231 Blättern, gebunden in zwei mit weißem Leder bezogene Holzdeckel[52]. Der Einband weist Streicheisenverzierungen und sparsamen gotischen Blindstempelschmuck auf. Ferner findet sich auf dem Vorderdeckel außen eine mit Tinte gemalte Markierung, bestehend aus zwei senkrecht aufeinander stehenden gespiegelten Dreiecken, deren Spitzen sich in der Mitte berühren[53].

Erschlossen ist der Band durch ein ebenfalls noch dem 13. Jahrhundert zuzurechnendes Inhaltsverzeichnis auf einem vorgebundenen, ursprünglich unfoliierten Quinternio[54]. Auf der ersten Seite des Inhaltsverzeichnisses findet sich in großer Schrift

---

48 Ebd., S. 56 f.

49 Ebd., S. 60 f.

50 Ebd., S. 62, 84. Zu den Archivstandorten ebd., S. 62–69. Zur erzbischöflichen Pfalz des 13. Jahrhunderts in Mainz vgl. Falck, Die erzbischöflichen Residenzen Eltville und Mainz, S. 64 f.; Christ, Erzstift und Territorium Mainz, S. 44 f.

51 Acht, Die erste Ordnung der Urkunden des Mainzer Erzstifts, S. 59.

52 StAWü, Mainzer Bücher verschiedenen Inhalts, Nr. 17. Dazu Inventar des Aktenarchivs der Erzbischöfe und Kurfürsten von Mainz, Bd. 3, Nr. 2151; Handschriftenbeschreibung bei Acht, Die erste Ordnung der Urkunden des Mainzer Erzstifts, S. 69–84.

53 Vgl. dazu das Foto im Anhang dieser Arbeit, Kap. 2: Zeitgenössische Ansätze zu einer Systematik der Kanzleieinbände.

54 Die Überschrift *Primus liber registri litterarum ecclesie Maguntin(e)* entstammt dem 15. Jahrhundert; Acht, Die erste Ordnung der Urkunden des Mainzer Erzstifts, S. 70. – Das Inhaltsverzeichnis bietet neben den auf der Rückseite der einzelnen Blätter (!) befindlichen Folioangaben auch eine Gliederung nach Quaternien. Am Rand sind jeweils Stichworte (meist Ortsnamen) in roter Tinte ausgeworfen. Die zeitgenössischen Angaben enden im Inhaltsverzeicnis im *XVIII Quaternus* mit dem Blatt *CXXXVIII*. Die sich anschließenden Nachträge stammen von wechselnden Händen; StAWü, Mainzer Bücher verschiedenen Inhalts, Nr. 17.

von späterer gotischer Hand eingetragen: *Primus liber r(e)gistri l(itte)rar(um) eccl(es)ie Magu(n)tin(e)*[55]. Einer chronologischen Orientierung diente eine auf die ursprüngliche Vorderseite des eigentlichen Hauptteiles geschriebene Bischofsliste aus der Mitte des 13. Jahrhunderts. Sie wurde bis zum Jahr 1328 fortlaufend ergänzt[56]. Das Kopialbuch „ist in einer für mittelalterliche Verhältnisse vorbildlichen Ordnung angelegt"[57]. Gegliedert ist es in vier Abteilungen. Diese Anlage entspricht der ursprünglichen Konzeption, wie sie von einer Hand und in einem Zug auf den ersten 108 Blättern des Hauptteiles niedergeschrieben wurde. Die Überschrift lautet *Rescriptum privilegiorum omnium*[58]. Es beginnt mit den Privilegien der Päpste auf etwas mehr als fünf Blättern, ihnen folgen die Diplome der deutschen Könige auf etwa 12 Blättern, dann die älteren Privilegien der Mainzer Erzbischöfe für das Domkapitel und einige Klöster auf knapp 50 Blättern. In dieser Abteilung sind darüber hinaus einige Urkunden anderer Aussteller für das Domkapitel enthalten. Die Urkunden dieser ersten drei Abteilungen datieren jeweils bis zum Ende des 12. Jahrhunderts[59]. Nach ihnen findet sich eine zweite Überschrift *Rescriptv(m) p(ri)vilegiorv(m) novorv(m) domini Sifridi archiepiscopi Mogvntiae*[60]. Die ursprüngliche Hand, die offenbar noch für die Anlage dieser neuen Abteilung verantwortlich zeichnete, bricht hier nach wenigen Seiten ab.

Fortgesetzt wurden die Einträge offenbar erst nach fünfjähriger Unterbrechung von einem zweiten, sich an kurialen Schriftformen orientierenden „Notar des Domkapitels". Es ist der gleiche, der die Benutzung des Bandes durch die Anlage des Inhaltsverzeichnisses und die eingetragene Bischofsliste erleichterte[61]. Er sorgte auch für eine Konzeptionsänderung durch eine neue Art der Anordnung, die „registerartigen Charakter annimmt, Eintrag nach Eintrag gerade aktueller, moderner Rechtstitel unter Einschluß verwandter älterer Urkunden bevorzugt"[62].

Nach dem Ende der Einträge dieser zweiten Hand auf Folio 152 verso kam es nicht zur Fortsetzung durch einen einzelnen Schreiber. Wechselnde Hände trugen in unregelmäßigen Abständen und in relativer Chronologie bis in das 14. Jahrhundert hinein Urkunden nach[63]. Peter Acht sah hierin den Beweis dafür, dass „das Kopialbuch in

---

55 Ebd., f. 2r.

56 Acht, Die erste Ordnung der Urkunden des Mainzer Erzstifts, S. 70 f. Die Bischofsliste endet in ihrer ursprünglichen Anlage mit *Gerhardus ar(c)h(iepiscopu)s* (hinter *Cristianus ar(c)h(iepiscopu)s*). Gemeint sind Christian II. von Bolanden (1249–1251) und Gerhard I. von Dhaun (1251–1259). Der ihnen nachfolgende Erzbischof Werner (von Eppstein, 1259–1284) ist bereits von anderer Hand nachgetragen; Würzburg, Mainzer Bücher verschiedenen Inhalts, Nr. 17, f. 12r. Edition Monumenta Moguntina, S. 3–7, hier S. 4.

57 Acht, Die erste Ordnung der Urkunden des Mainzer Erzstifts, S. 26.

58 Ebd., S. 70 f.

59 Ebd., S. 26 f.

60 Ebd., S. 72. Die Einträge enthalten drei Abschriften von Herrscherurkunden Friedrichs II. (Mai 1232 und August 1237) und Heinrichs (VII.) (1231 Mai 1); StAWü, Mainzer Bücher verschiedenen Inhalts, Nr. 17, f. 117r–120v.

61 Acht, Die erste Ordnung der Urkunden des Mainzer Erzstifts, S. 73 f.

62 Ebd., S. 74–78; Zitat ebd., S. 78.

63 Ebd., S. 79 f.

seiner dritten Phase noch im Jahre 1254 den Charakter eines reinen Einlaufregisters“ angenommen hat, wobei auch das Inhaltsverzeichnis weiter geführt wurde[64]. Als Auswahlkriterium für die in den Kodex aufgenommenen Stücke wertete er „das Prinzip der inhaltlichen Aktualität, ihres um die Mitte des 13. Jh. als noch besonders wertvoll geltenden Rechtsinhalts“[65].

In diesem Kontext bleiben allerdings einige Dinge erklärungsbedürftig. So stellt sich die Frage, warum die in den ersten drei Abteilungen eingetragenen Urkunden nur bis in das ausgehende 12. Jahrhundert reichen. Die vierte Abteilung beginnt programmatisch mit den Abschriften der *privilegi[a] nov[a]* des ‚Herrn Siegfried, Erzbischofs von Mainz‘, womit aufgrund der Ausstellungsdaten der eingetragenen Herrscherdiplome aus den dreißiger Jahren des 13. Jahrhunderts nicht Erzbischof Siegfried II. von Eppstein (* um 1165, † 1230, reg. 1200/08–1230), sondern sein gleichnamiger Neffe und Nachfolger Siegfried III. von Eppstein (* um 1194, † 1249, reg. 1230–1249) gemeint sein dürfte[66]. In diesem Zusammenhang verwundert es, dass dem Pontifikat Erzbischof Siegfrieds III. dabei eine solche Bedeutung zukam. Möglicherweise könnte es daran gelegen haben, dass dieser kaum Zugriff auf den Urkundenschatz gehabt hat, da ihm vermutlich bereits ab 1241 der Zutritt zu seiner Domstadt weitgehend verwehrt war[67]. Ähnliches galt für seine Nachfolger[68].

Die Handschrift ist über 50 Jahre „ausgiebig benutzt“ worden. Sie wurde durch Randglossen mit Hinweisen „auf verwandte Urkunden innerhalb der Handschrift, zur Ergänzung des Rechtsinhalts oder zur Geschichte des geschenkten Gutes“ angereichert. Ebenso durch „chronikalische Notizen zur Bischofsreihe und zur Regierungszeit deutscher Könige, verbunden mit einer Genealogie der Karolinger“. Auch Kirchenrechtliches findet sich, wie Konzilsbeschlüsse und Zitate aus dem Decretum Gratiani[69].

Peter Acht konnte nachweisen, dass die Handschrift nicht den kompletten Archivbestand wiedergibt. Dies tat erst ein gegen Ende des 14. Jahrhunderts angefertigtes Kopialbuch[70]. Doch bevor es dazu kam, entschloss man sich Anfang des 14. Jahrhunderts zu einer Abschrift[71]. Bei dieser handelt es sich um einen 283 Blätter umfassenden

---

64 Ebd., S. 80–82.

65 Ebd., S. 81.

66 StAWü, Mainzer Bücher verschiedenen Inhalts, Nr. 17, f. 117r–120v. Zu ihm vgl. Jürgensmeier, Siegfried (III.) von Eppstein, S. 399–401; Ders., Pro und Contra, S. 342–346.

67 Ebd., S. 345 f.

68 Vgl. Bünz, Ein Erzbischof und viele Residenzen, S. 95 f.; Christ, Erzstift und Territorium Mainz, S. 281 f.

69 Acht, Die erste Ordnung der Urkunden des Mainzer Erzstifts, S. 67 (mit den Einzelnachweisen).

70 Ebd., S. 81; StAWü, Mainzer Bücher verschiedenen Inhalts, Nr. 19. Dazu: Inventar des Aktenarchivs der Erzbischöfe und Kurfürsten von Mainz, Bd. 3, Nr. 2153.

71 StAWü, Mainzer Bücher verschiedenen Inhalts, Nr. 18. Dazu: Inventar des Aktenarchivs der Erzbischöfe und Kurfürsten von Mainz, Bd. 3, Nr. 2152.

Pergamentkodex. Seine Gestaltung war hoch repräsentativ[72], sein Gebrauchswert für praktische Verwaltungszwecke dagegen sehr begrenzt. So bietet das zweispaltige Inhaltsverzeichnis lediglich eine Gliederung nach Quaternien. Die fortlaufenden Folioangaben im Textblock wurden erst viel später in spätgotischer Kursive und in wesentlich unfeierlicheren römischen Zahlen nachgetragen[73].

In diesem Zusammenhang wäre zu überlegen, ob Anfang des 14. Jahrhunderts vielleicht ein konkreter Anlass für die Anfertigung eines repräsentativen Duplikats bestanden hat[74]. Blickt man in die Bistumsgeschichte, dann wäre an das Pontifikat Gerhards von Eppstein (reg. 1288–1305) zu denken. Er betätigte sich nicht nur als aktiver und umstrittener Reichspolitiker, der sich den besonderen Rang des Erzbistums und seines Oberhirten vom Königtum bestätigen ließ, sondern sorgte auch für eine umfassende Renovierung des Mainzer Doms[75]. Darüber hinaus galt er unter den Kurfürsten als der aktivste Widersacher des römisch-deutschen Königs Adolf von Nassau, der maßgeblich zu dessen Fall beitrug. Bei dem von Gerhard forcierten Absetzungsverfahren im Jahre 1298 spielte der Rekurs auf eine Urkunde eine entscheidende Rolle;

---

[72] StAWü, Mainzer Bücher verschiedenen Inhalts, Nr. 18. Er ist nicht in Kanzleikursive, sondern in einer Buchschrift verfasst, mit Rubrizierungen und ebenfalls rot geschriebenen Initialen und Überschriften versehen. Das Seitenlayout ist zweispaltig. Erst ab f. 279 bis 282 folgen spätere, schlichter gehaltene Nachträge. Auf Blatt 2r befindet sich von späterer Hand oben auf der Seite der Titel: *Liber p(ri)uilegio(rum) sup(er) diuersis sp(iri)tualib(us) et reb(us) aliis.* Untertitelt mit *Secu(n)dus liber r(e)gistri l(itte)ra(rum) eccl(esi)e Magu(n)tine.* Der Einband aus hellem Schweinsleder entstammt erst dem 14./15. Jahrhundert.

[73] StAWü, Mainzer Bücher verschiedenen Inhalts, Nr. 18, f. 2r–12v.

[74] Diese Impulse scheinen auf die Schriftgutproduktion mehrfach eingewirkt zu haben. So besteht das Mainzer Ingrossaturbuch, Nr. 2, aus „Urkundenabschriften von mainzischen Ritterlehensbriefen, Burgöffnungen und Verpfändungen aus der Zeit 1220–1369" (vgl. Inventar des Aktenarchivs der Erzbischöfe und Kurfürsten von Mainz, Bd. 3, Nr. 2107, 2; Fruhmann, Studien zur Kanzlei und zum Urkundenwesen der Erzbischöfe von Mainz, S. 99). Bei ihm handelt es sich ebenfalls um eine repräsentative, mit roten Initialen und Überschriften sowie Rubrizierungen der Großbuchstaben mit senkrechten Strichen versehene, 52 Blätter starke Pergamenthandschrift in einem handlichen Format. Ihr Kernbestand wurde von einer Hand des frühen 14. Jahrhunderts geschrieben. Erschlossen wird sie durch knappe, den Urkunden vorgeschaltete Regesten in roter Tinte. Der Inhalt ist nicht streng systematisch, zur besseren Orientierung sind jeweils am oberen Rand der Seiten die betr. Orte bzw. Adelsgeschlechter ausgeworfen, z. B. Ziegenhain, Solms, Löwenstein, Hirschberg. Die Handschrift war in der frühen Neuzeit längere Zeit ohne Einband, wie der desolate Zustand der ersten beiden Blätter verrät.

[75] Vgl. Jürgensmeier, Gerhard von Eppstein, S. 404–406; Heinig, Die Mainzer Kirche am Ende des Hochmittelalters, S. 387–415. Zur Domrenovierung vgl. ebd., S. 414. – Dieser Befund wird gestützt durch den sich in StAWü, Mainzer Bücher verschiedenen Inhalts, Nr. 18, f. 13r–v, befindlichen Mainzer Erzbischofskatalog. Die von der Haupthand stammenden Einträge gehen bis *Heinricus arch(iepiscopu)s sedit annu(m) vnu(m) menses xi dies v.* Noch von dieser Hand, doch mit einer anderen Schreibfeder folgt der Eintrag: *Gerhardus arch(iepiscopu)s sedit annos xvi.* Dann wechselt die Hand beim folgenden Eintrag: *Anno do(mini) m(illesim)° cccxx o(biit) Petrus archiep(iscopu)s i(n) die Bonifacii qui sedit annos xiii menses ii et dies iiii.* Im Anschluss folgen von einer kursiv schreibenden Hand des 15. Jahrhundert Nachträge bis zum Episkopat Erzbischof Dietrichs von Erbach (*Theoderich*), datiert auf das Jahr 1450 (ebd., f. 13v.).

es handelte sich dabei um das Absetzungsdekret Papst Innozenz IV. über Kaiser Friedrich II., das Gerhard auf den Fall Adolf *mutatis mutandis* anwandte[76]. Es könnte mit derartigen Interessen zusammenhängen, dass man sich dem Archivbestand systematisch zuwandte und erschloss.

An dieser Stelle muss darauf hingewiesen werden, dass neben dem von Acht postulierten Urkundenarchiv am Mainzer Dom eine Reihe weiterer Archivstandorte existiert haben oder vermutlich erst mit einem Ansteigen der Schriftlichkeit im Rahmen des Herrschaftsausbaus entstanden. Man erklärt sich diese Urkundenstreuung mit der üblichen Form mittelalterlicher Herrschaftspraxis, die auch geistlichen Herren räumliche Mobilität auferlegte und damit die Ausbildung einer festen Residenz verzögerte. Kurmainzische Urkundendepots finden sich an verschiedenen Orten. Ihnen gemein ist, dass sie durch das Itinerar der Erzbischöfe als bevorzugte Aufenthalte ausgewiesen sind. Genannt werden in den Quellen Aschaffenburg, Bingen, Eltville, Ehrenfels und Höchst[77]. Ein unter Johann von Nassau, Erzbischof von 1397 bis 1419, entstandenes Urkundenkonvolut bewahrte man in Eltville in einem kleinen Säckchen auf[78]. Das Register des Landschreibers im Rheingau befand sich dort um dieselbe Zeit im ‚Stübchen' des Erzbischofs[79]. Auch das Frankfurter Bartholomäusstift hütete kurmainzische Urkunden[80].

Weitere Kristallisationskerne für die Ausbildung von dezentralen Archiven existieren mit den sich im Spätmittelalter formierenden territorialen Amtsorten. Über die kurmainzische Burg Rusteberg auf dem Eichsfeld heißt es 1393, „daß die Briefe, die in der im Turme befindlichen Kiste liegen, nur von denen eingesehen werden dürfen, die dazu eine besondere Erlaubnis vom Erzbischof oder vom Provisor zu Erfurt erhalten hätten". Auch im ebenfalls zu Kurmainz gehörenden Amöneburg befanden sich Urkunden[81].

---

[76] Mattheis, Das Verhältnis, S. 365 f.; Schmidt, Siegfried von Gelnhausen, S. 543 f.

[77] Wann, Die alten Mainzer Archive, S. 103; Fruhmann, Studien zur Kanzlei und zum Urkundenwesen der Erzbischöfe von Mainz, S. 101 u. ö. ; Kirn, Urkundenwesen und Kanzlei der Mainzer Erzbischöfe, S. 344–346; allg. Falck, Die erzbischöflichen Residenzen Eltville und Mainz; Milani, Die Burg zu Eltville; Christ, Die Mainzer Erzbischöfe und Aschaffenburg; Fischer, Aschaffenburg im Mittelalter; Bünz, Ein Erzbischof und viele Residenzen, S. 97–100. In einem Auslaufregister Erzbischof Johanns von Nassau (reg. 1397–1419) findet man als Überschrift Folgendes: *No(ta) iste infrascr(i)pte l(itte)re r(e)p(er)iunt(ur) i(n) Aschaffinb(ur)g in ladula signat(a) cu(m).* Es folgen vor den sich anschließenden Regesten am linken Seitenrand mehrfach die Angabe *q* bzw. jeweils einmal *Lehen* und *burglehe(n)* (StAWü, Mainzer Ingrossaturbücher, Nr. 14, f. 324r). – Zur Mobilität der Mainzer Erzbischöfe im 15. Jahrhundert vgl. das Itinerar Dietrichs von Erbach (1434–1459) und die (hauptsächlichen) Aufenthaltsorte von ihm und seinen beiden Vorgängern Johann von Nassau (1396–1419) und Konrad von Dhaun (1419–1434); Voss, Dietrich von Erbach, S. 429–484, 501–504.

[78] *Nota alle missiu(en) vnd ande(r) gesante brieffe zusche(n) ertzbischoff Johann(..) selige(n) vnd den van Heringe(n) findet man zu Eltuil in eyne cleyne(n) seckeln*; StAWü, Mainzer Ingrossaturbücher, Nr. 18, f. 273r.

[79] *i(n) myns hern stobechin*; StAWü, Mainzer Ingrossaturbücher, Nr. 18, f. 273r.

[80] Kirn, Urkundenwesen und Kanzlei der Mainzer Erzbischöfe, S. 345.

[81] Vgl. Falk, Die Mainzer Behördenorganisation in Hessen, S. 25 f. mit S. 25, Anm. 65.

Anhand der Wahlkapitulationen lässt sich beobachten, dass ein latenter Konkurrenzkampf zwischen Erzbischof und Domkapitel um den Urkundenschatz bestand. 1396 versprach der Amtsanwärter Jofrid (Gottfried) von Leiningen seinen Wählern, ihnen alle Urkunden des Hochstifts auszuliefern; „er selbst durfte sich nur eine oder die andre, welche er nötig hatte, leihweise für einen Monat holen“[82].

Nennenswerte Veränderungen scheinen sich daraus allerdings nicht ergeben zu haben. Noch 1461 ruhten die Hessen, Thüringen und das Eichsfeld betreffenden Urkunden an ihren bisherigen Lagerorten. Erst gegen Ende des 15. Jahrhunderts, im Jahr 1482, vereinbarten der designierte Erzbischof und das Metropolitankapitel zwei Aufbewahrungsorte für die Rechtstitel. Dabei wurde bezeichnenderweise funktional differenziert zwischen allen *privilegia und verschreibung uber stette, schloß, lantschafft, pfantschafft, ewig oder der glichen sachen*, diese sollten in Höchst gelagert werden, und den *ander briff als Reverßbriff, feodalia, contract, confederacionis, verbuntnisß und anders antreffende, die man teglich gebruchen muß*. Diese, die in ‚täglicher Benutzung waren‘, sollten offenbar leichter zugänglich in Aschaffenburg aufbewahrt werden[83]. Wir dürften es demnach auch hier wieder mit einer Scheidung zwischen Perpetua und Temporalia zu tun haben[84].

Anders als es sich Rechtshistoriker (und Historiker) meist schwer vorstellen können, war es mit der Ordnung in diesen Archiven nicht immer weit her[85]. So beurkun-

---

82 Stimming, Wahlkapitulationen, S. 41; Kirn, Die Nebenregierung des Domkapitels, S. 151; Hollmann, Das Mainzer Domkapitel, S. 174. Die Forderung wiederholte sich auch in späteren Wahlkapitulationen; vgl. zum Jahr 1461 Kirn, Urkundenwesen und die Kanzlei der Mainzer Erzbischöfe, S. 345 f. 1482 vereinbarte man andere Modalitäten; vgl. ebd., S. 346.

83 Zitiert nach Kirn, Die Nebenregierung des Domkapitels, S. 152. – Möglicherweise liegt hierin der Grund für die starken Erschließungsbemühungen des Archivs sowie der älteren Kanzleibücher wie wir es für das ausgehende 15. Jahrhundert beobachten können. So wurde das Mainzer Ingrossaturbuch, Nr. 3 (im Inventar als „Liber I maior Gerlaci“ bezeichnet) zu großen Teilen im 15. Jahrhundert (ab)geschrieben (ebd., f. 1r–213v, f. 307r–329r). Ebenso verhält es sich mit dem Mainzer Ingrossaturbuch, Nr. 6 (dem sogenannten „Liber III Gerlaci“), auch dieses stammt zum größten Teil aus dem späten 15. bzw. frühen 16. Jahrhundert. – Auch der Mainzer Dompropst Philipp, Pfalzgraf bei Rhein, ließ gegen Ende des 15. Jahrhunderts ein Lehenbuch anlegen (StAWü, Mainzer Bücher verschiedenen Inhalts, Nr. 16). Dabei handelt es sich um einen 148 Seiten starken Pergamentkodex. Er ist eingebunden in festes Pergament und trägt auf dem Einband den zeitgenössischen Titel: *Feudorum p(rae)positure eccl(es)ie Maguntinen(sis) etc.* Die ersten 28 Seiten sind von von einer Hand sorgfältig geschrieben. Sie enthalten ausschließlich Lehensvergaben, die Philipp als Mainzer Dompropst vornahm. Die betreffenden Orte erscheinen in einer Buchschrift als Überschriften über den Abschriften ausgeworfen. Von Seite 28 an wurde die Handschrift ab 1517 von Philipps Verwandten Georg, ebenfalls ein Pfalzgraf bei Rhein, Bischof von Speyer und Dompropst von Mainz fortgesetzt.

84 Vgl. dazu oben, Kap. 3.7: Das öffentliche Notariat, seine Urkundenpraxis und das landesherrliche Archiv- und Registerwesen.

85 Von daher klingt die vornehmlich auf dem sogenannten *Speculum iudiciale* des Guillelmus Durandus (1271/76–1289/91) fußende Argumentation von Winfried Trusen zwar idealtypisch, aber vielleicht nicht unbedingt realitätsnah; Trusen, Zur Urkundenlehre der mittelalterlichen Jurisprudenz, S. 208 f.; Zitat ebd., S. 208; dazu oben, Kap. 3.7: Das öffentliche Notariat, seine Urkundenpraxis und das landesherrliche Archiv- und Registerwesen.

dete im Jahre 1307 Hildebrand, Protonotar Erzbischof Peters von Aspelt, „daß er nach Aschaffenburg geschickt worden ist, um die Urkunden der Könige Adolf und Albrecht über die Juden und das Ungeld in Frankfurt zu suchen, daß er aber nichts gefunden hat als eine Urkunde Kg. Albrechts über 300 Mk. und 500 lb. hll., die er nach Mainz zum Erzbischof gebracht hat“[86]. Die von Hildebrand gesuchten Diplome waren keineswegs sehr alt; der Herrschaftsantritt König Adolfs von Nassau im Jahre 1292 wäre der hier anzusetzende Terminus post quem. Das Königsprivileg, das der Protonotar – offenbar mehr oder weniger zufällig – stattdessen in Aschaffenburg gefunden hatte, datierte von 1299 und war demnach gerade einmal acht Jahre alt[87].

4.4.3 Innovationen im 14. Jahrhundert

In die Regierungszeit Erzbischof Gerlachs von Nassau (1346–1371) fallen Nachrichten darüber, dass Schreiber in die verstreuten Archive geschickt wurden, um dort liegende Urkunden abzuschreiben[88]. Offensichtlich war man daran interessiert, einen Überblick über die einzelnen Rechtstitel zu erlangen. Auf diese Weise entstand eine ganze Reihe von „Urkundenabschriftensammlungen“[89]. Die repräsentativste dürfte der *Liber*

---

86 REM, Bd. 1,1, Nr. 1109 (1307 April 29); Kirn, Urkundenwesen und die Kanzlei der Mainzer Erzbischöfe, S. 345.

87 Ebd., Nr. 605 (Oppenheim, 1299 Oktober 3).

88 Fruhmann, Studien zur Kanzlei und zum Urkundenwesen der Erzbischöfe von Mainz, S. 98, mit Belegen aus dem sogenannten Liber II minor Gerlaci (= StAWü, Mainzer Ingrossaturbücher, Nr. 6), f. 1r: *Infrascripte l(itte)re reperiu(n)tur i[n] parua ladula R in Pi(n)gwia*; ebd., f. 71r: *Om(n)es l(itte)re prescripte rep(er)iunt(ur) in ladula RR Byngen*; ebd., f. 72r: *In ladula V*; ebd.: *In eadem ladula habet(ur) pretacte l(itte)re vidim(us) et vidimac(ionis) p(er) d(ominn)um Bertoldu(m) ep(iscopu)m Herbipolen(sem) et concordat cu(m) originali de verbo ad verbu(m)*; ebd., f. 72v: *In dieser ladula ist* [gestrichen: *ein*] *noch ein brieff von worte zu worten wie der nehstgeschrieben brieff lautet*. Zum kodikologischen Befund wäre allerdings zu sagen, dass die Handschrift in der vorliegenden Form nicht aus der Zeit Gerlachs von Nassau stammt, sondern in den hier behandelten Teilen von einer Hand des ausgehenden 15. Jahrhunderts!

89 Fruhmann, Studien zur Kanzlei und zum Urkundenwesen der Erzbischöfe von Mainz, S. 98 f. – Zu nennen wäre hier beispielsweise StAWü, Mainzer Ingrossaturbücher, Nr. 7, über thüringische und hessische Besitzungen von Mainz aus dem 14. Jahrhundert. Dabei handelt es sich um eine 42 Blätter starken Pergamenthandschrift in einem neuzeitlichen Einband. Es fehlen ihr sämtliche zeitgenössischen Orientierungsmittel wie Inhaltsverzeichnis oder Register. – Wesentlich problematischer in der Zuordnung verhält es sich beim ebenfalls im Staatsarchiv Würzburg aufbewahrten Mainzer Ingrossaturbuch, Nr. 6, das im Inventar betitelt ist als „Liber III Gerlaci“ (Inventar des Aktenarchivs der Erzbischöfe und Kurfürsten von Mainz, Bd. 3, Nr. 2107, 7). Diese Handschrift stammt zum überwiegenden Teil aus dem späten 15. und 16. Jahrhundert. Sie enthält zwar auf dem Einband einen frühneuzeitlichen Hinweis auf Gerlach, doch fasst sie in einer Buchbindersynthese unterschiedliche Inhalte zusammen. Neben einem, Ende des 16. Jahrhundert entstandenen Faszikel von Urkunden des Mainzer Domkapitels finden sich zwei Papierfaszikel von Händen des ausgehenden 15. bzw. frühen 16. Jahrhunderts. Sie enthalten zwar Abschriften von Urkunden des 14. Jahrhunderts, doch handelt es sich nur zum geringeren Teil um solche aus der Zeit Gerlachs.

pergameneus Gerlaci sein, wie ihn ein frühneuzeitlicher Titeleintrag auf dem pergamentenen Deckblatt bezeichnet[90]. Wie dieser bereits aussagt, handelt es sich dabei um eine 44 Blätter umfassende Pergamenthandschrift. Sie enthielt kaiserliche Privilegien sowie Vereinbarungen mit Fürsten und Territorialherren[91]. Anders als im Findbuch angegeben, finden sich auch hier keine zeitgenössischen Erschließungsbehelfe[92].

In die Zeit Gerlachs fallen auch die ersten erhaltenen Auslaufregister[93]. Dies korrespondiert zeitlich mit den Bemühungen um Systematisierung und Erschließung des Mainzer Domarchivs. Wie kaum anders zu erwarten, handelt es sich bei den Registern im Gegensatz zu den oft repräsentativen Kopiaren um schlichte Gebrauchshandschriften auf Papier. Mehrere zeitgenössische Hände wechseln, die Eintragungen erfolgten sukzessive, geschrieben in einer diplomatischen Kursive. Aus der Zeit Gerlachs sind zwei solcher Bände erhalten, die die ersten Jahrzehnte seiner Herrschaft bis zum Jahr 1363 abdecken[94]. Für seinen direkten Nachfolger Johann von Luxemburg-Ligny fehlen Auslaufregister. Möglicherweise hängt dies mit seinem sehr kurzen Pontifikat in den Jahren 1371 bis 1373 zusammen[95]. Von dessen Nachfolger Adolf I. von Nassau wiederum haben sich insgesamt drei zeitgenössische Bände erhalten. Sie reichen nahezu über seine gesamte politisch wechselvolle Regierungszeit[96].

---

90 StAWü, Mainzer Ingrossaturbücher, Nr. 8 „Liber V Gerlaci" (so der neuzeitliche Titel auf dem Buchrücken; vgl. Inventar des Aktenarchivs der Erzbischöfe und Kurfürsten von Mainz, Bd. 3, Nr. 2107,8 (mit falscher Angabe: „Nr. 8 Liber IV Gerlaci")).

91 Die Handschrift ist nicht einheitlich, sondern mindestens drei Hände waren an ihrer Entstehung beteiligt (eine bis 28v., eine von 29r bis f. 37r, eine von f. 38r bis f. 44v).

92 Der alphabetische Index entstammt der Frühen Neuzeit, zeitgenössische Hilfsmittel fehlen.

93 Dazu FRUHMANN, Studien zur Kanzlei und zum Urkundenwesen der Erzbischöfe von Mainz, S. 98–102. Die vom Autor aufgrund einer einzigen Quellennachricht geäußerte Hypothese, dass Auslaufregister bereits seit der zweiten Hälfte des 13. Jahrhunderts geführt wurden, verdient eine Überprüfung. Aus der archivalischen Überlieferung lässt sie sich nicht erhärten; vgl. ebd., S. 101 (unter Verweise auf REM, Bd. 1,1, Nr. 257). Ihm folgte die neuere Forschung; vgl. DROEGE, Die Territorien an Mittel- und Niederrhein, S. 702; HEINIG, Die Mainzer Kirche im Spätmittelalter, S. 433.

94 StAWü, Mainzer Ingrossaturbücher, Nr. 4: „Liber I minor Gerlaci". Er ist 327 Blätter stark, sein Einband stammt aus der frühen Neuzeit. Er umfasst die Jahre 1343 bis 1359. Ferner ebd., Mainzer Ingrossaturbücher, Nr. 5 „Liber II minor Gerlaci". Er betrifft die Jahre 1359 bis 1363, umfasst 350 Blätter, auch sein Einband stammt aus der frühen Neuzeit. Der ebenfalls dort aufbewahrte sogenannte „Liber I maior Gerlaci" (Mainzer Ingrossaturbücher, Nr. 3) stammt dagegen in seiner Anlage aus dem späten 15. Jahrhundert mit Ergänzungen aus dem späten 16. Jahrhundert (f. 213v–288v). Er scheint in großen Teilen eine mit einem Inhaltsverzeichnis und archivarischen Notizen versehene Abschrift der obigen beiden Bände (Mainzer Ingrossaturbücher, Nr. 4 und 5) zu sein. Zur Beachtung: Die Angaben im Inventar des Aktenarchivs der Erzbischöfe und Kurfürsten von Mainz, Bd. 3, Nr. 2107,4 und 5 sind hier unzutreffend.

95 Zu ihm vgl. JÜRGENSMEIER, Johann von Luxemburg-Ligny, S. 410 f.

96 StAWü, Mainzer Ingrossaturbücher, Nr. 9 („Liber I Adolfi"), Papierkodex mit 308 Blätter; ebd., Nr. 10 („Liber II Adolfi"), Papierkodex mit 420 Blättern; ebd., Nr. 11 („Liber III Adolfi I"), Papierkodex mit 256 Blättern. Alle drei Handschriften tragen frühneuzeitliche Einbände. Die Angaben im Inventar des Aktenarchivs, S. 270 f., sind nicht ganz zutreffend.

Mit einer Unterbrechung in der kurzen, kaum mehr als einjährigen Regierungszeit Jofrids von Leiningen in der zweiten Hälfte der neunziger Jahre sind für alle Amtsnachfolger Adolfs von Nassau Auslaufregister überliefert[97]. Erst ab dem Pontifikat Konrads von Weinsberg (1390–1396) finden sich Bemühungen, sie durch zeitgenössische Erschließungsmittel überhaupt als Verwaltungsbehelfe verwertbar zu machen. Von daher erscheint es problematisch, sie im Sinne der älteren Forschung allein durch das „Interesse einer geordneten Kanzleiverwaltung" und die „Notwendigkeit", „jederzeit eine gewisse Übersicht über die ausgegebenen Urkunden zu haben" zu interpretieren[98]. Die Anlage der Inhaltserschließung von Konrads Auslaufregister wurde von den Nachfolgern übernommen[99].

Bildete der Pontifikat Gerlachs von Nassau mit der Einrichtung der Auslaufregister einen Innovationsschub, so wird man grundlegende Neuerungen damit erst unter der Regierung Erzbischof Konrads von Weinsberg (1390–1396) ansetzen müssen[100]. Besonderen Ausdruck fanden sie im sogenannten Spangenbuch[101]. Bislang wurde es in der Literatur ausschließlich unter dem Aspekt betrachtet, dass sich in ihm erste Tendenzen zur Systematisierung von Kopialbüchern finden. So enthält es ausschließlich Abschriften von Urkunden des 13. und 14. Jahrhunderts über Lehen, Burgen, Burgmänner und Vasallen des Erzstiftes mit einem geographischen Schwerpunkt auf Schwaben[102].

[97] Vgl. StAWü, Mainzer Ingrossaturbücher, Nr. 12 (Konrad von Weinsberg, regiert 1390–1396); ebd., Nr. 13–15 (Johann von Nassau, regiert 1397–1419); ebd., Nr. 16–21 (Konrad von Dhaun, regiert 1419–1434); ebd., Nr. 22–28d (Dieter Schenk zu Erbach, regiert 1434–1459); ebd., Nr. 29, 37–39b (Dieter von Isenburg, regiert 1459–1463/1475–1483); ebd., Nr. 30–36 (Adolf von Nassau, regiert 1461–1475); ebd, Nr. 39b–40: Adalbert von Sachsen, Administrator (1482–1484) (39b gemeinsam mit Dieter von Isenburg); ebd., Nr. 41–47 (Bertold von Henneberg, regiert 1484–1504) (vgl. Inventar des Aktenarchivs der Erzbischöfe und Kurfürsten von Mainz, Bd. 3, Nr. 2107).

[98] Vgl. Fruhmann, Studien zur Kanzlei und zum Urkundenwesen der Erzbischöfe von Mainz, S. 98.

[99] StAWü, Mainzer Ingrossaturbücher, Nr. 12, f. 15r–28r, bes. f. 16r–20v. Es handelt sich um ein Inhaltsverzeichnis, das den Text seitenweise erschließt. In Stichworten finden sich – leicht erkennbar – rechts die Ortsangaben. Teilweise finden sich mehrere pro Seite, aber immer eine pro Betreff, der leichteren Erkennbarkeit halber in einer Buchschrift verfasst. Links sind die Folio-Angaben ausgeworfen. An dieses Schema halten sich mit Vereinfachungen beim Auswurf der Stichwörter auch die nachfolgenden Hände.

[100] Wobei die in der Forschungsliteratur verbreitete lapidare Aussage, dass Ende des 14. Jahrhunderts weitere Kopialbücher folgten, wenig Erkenntnis gewährt. Acht, Die erste Ordnung der Urkunden des Mainzer Erzstifts, S. 83; Fruhmann, Studien zur Kanzlei der Erzbischöfe von Mainz im späten Mittelalter, S. 99; StAWü, Mainzer Bücher verschiedenen Inhalts, Nr. 18; Inventar des Aktenarchivs der Erzbischöfe und Kurfürsten von Mainz, Bd. 3, Nr. 2152. – Zu seinem Pontifikat vgl. Heinig, Die Mainzer Kirche im Spätmittelalter, S. 490–495; Jürgensmeier, Konrad von Weinsberg, S. 412 f.

[101] StAWü, Mainzer Ingrossaturbücher, Nr. 1.

[102] Inventar des Aktenarchivs der Erzbischöfe und Kurfürsten von Mainz, Bd. 3, Nr. 2107, 1; Fruhmann, Studien zur Kanzlei und zum Urkundenwesen der Erzbischöfe von Mainz,

Es handelt sich dabei um einen repräsentativ gestalteten Pergamentband, der von einer Hand in einer gotischen diplomatischen Kursive geschrieben und mit roten Überschriften sowie prächtigen roten Initialen versehen ist. Erschlossen wird er durch ein vorgeschaltetes Inhaltsverzeichnis[103]. Es bietet kurze Regesten und ist nach Folia geordnet. Der besseren Übersicht halber sind alle Urkunden, die im Kopialbuch auf einer Seite stehen, im Inhaltsverzeichnis mit sich abwechselnden roten und blauen senkrechten Balken verbunden. Der inhaltlichen Erschließung dienen ferner beschriebene Pergamentstreifen am Längsschnitt des Bandes[104]. Als zeitgenösssisches Explicit findet sich der Eintrag: *Anno d(o)m(ini) millesimo ccc°lxxxx° fe(r)ia s(e)c(un)da post exaltac(i)o(ne)m sancte crucis* (16. September 1390) und größer sowie in roter Schrift: *Per manus Petri Vrhann*[105].

Doch auch anderweitig finden sich intensive Ansätze zu einer Neuordnung und Erschließung der Rechtstitel unter dem Pontifikat Konrads von Weinsberg. Unter den im Würzburger Staatsarchiv aufbewahrten „Mainzer Büchern verschiedenen Inhalts" sind hier einige Bände zu nennen, die sogar in ihrer formalen Erscheinung einheitlich sind. Bevor davon genauer die Rede ist, sei zunächst der Inhalt vorgestellt. An erster Stelle sei auf die Signatur Nummer 19 verwiesen, die im Inventar unter dem Titel „Liber registri literarum ecclesiae Moguntinae Nr. 3" firmiert[106]. Diese letzte Zahl bezieht sich auf die beiden bereits von Peter Acht behandelten älteren Kopiare aus dem 13. und frühen 14. Jahrhundert. Es handelt sich bei dieser Handschrift um einen 330 Blätter starken Pergamentkodex. Vorgebunden ist das Fragment eines Inhaltsverzeichnisses aus der 2. Hälfte des 15. Jahrhunderts[107]. Der eigentliche Text ist betitelt mit: *Liber super spiritualibus rebus etc.* In roter Tinte folgt ein einleitender Text in dem es u. a. heißt: *Incipit nouu(m) registrum ex variis Romanorum pontificum, imperatorum et regum, ar(chi)ep(iscop)orum, ep(iscop)orum n(e)c aliorum venerabilium tam spiritualium quam secularium p(er)sonar(um) l(it)t(er)is et cartulis varie et diffuse dispersis et peractos suos tytulos et rubricis coll(a)c(ionatu)m et distinctum.*

Der nachfolgende erläuternde Text beginnt mit einer großen U-Zierinitiale in Blau-Rot, in die die farbige Miniatur eines Fahne tragenden Lammes gemalt ist[108]. Sie nennt

---

S. 98 f. Die zeitgenössischen Registereinträge lauten: *Incipiu(n)t feodalia per Sweuiam* (StAWü, Mainzer Ingrossaturbücher, Nr. 1, f. 2r). Am rechten Rand eBd. ganz klein: *Registr(um) p(er) Sweuia(m)*. Ferner ebd., f. 10v: *Incipit registrum de comitibus, nobilibus, baronibus, militibus et armigeris continen(tibus) feuda ab ecclesia Maguntina.*

[103] StAWü, Mainzer Ingrossaturbücher, Nr. 1, f. 2r–25r.

[104] Ebd., Nr. 1. Z. B. bezeichnet mit *Castra ape(r)ib(i)lia* (angenäht an ebd., f. 52).

[105] Ebd., f. 230v. Theodor Fruhmann ermittelte aufgrund der im Kodex versammelten Abschriften für seine Herstellung das Jahr 1393 als terminus post quem; Fruhmann, Studien zur Kanzlei und zum Urkundenwesen der Erzbischöfe von Mainz, S. 97.

[106] Inventar des Aktenarchivs der Erzbischöfe und Kurfürsten von Mainz, Bd. 3, Nr. 2153.

[107] Als Fragment erhalten; vgl. StAWü, Mainzer Bücher verschiedenen Inhalts, Nr. 19, f. 2r–v.

[108] StAWü, Mainzer Bücher verschiedenen Inhalts, Nr. 19, f. 5r. Ein Negativfoto bei Fruhmann, Studien zur Kanzlei und zum Urkundenwesen der Erzbischöfe von Mainz, Anhang Nr. 12.

als Schreiber der Handschrift den Mainzer Domkanoniker Johannes von Kolnhausen/Kohlhausen (*de Colnhusen*), Lizentiat in Kirchenrecht[109], und den Mainzer Domdekan Eberhard von Eppelborn, Lizentiat *in legibus* und Magister *liberalium arci(um)*, als seinen Auftraggeber[110]. Bis 1380 fungierte dieser als Domherr und Stiftsherr von Liebfrauen (St. Mariae *ad gradus*/Mariengreden) in Mainz sowie als *Protonotarius s. sedis Moguntinae*, ab 1383 schließlich als Domdekan[111]. Auf den nächsten Seiten der Handschrift folgt ein Katalog der Mainzer Erzbischöfe, der in seiner ursprünglichen Anlage mit dem von 1390 bis 1396 amtierenden Konrad von Weinsberg endet[112]. Nachgetragen sind dessen Nachfolger bis Dietrich von Erbach (1434–1459) und Dieter von Isenburg (1459–1463 und 1475–1483)[113]. Mit dem Eintrag Erzbischof Konrads besitzen wir eine sichere Datierungsmöglichkeit, die die Anlage der Handschrift in sein Pontifikat verweist.

Die nachfolgenden Seiten dienten der Erschließung des Kopiars. Zunächst findet sich eine Übersicht über die Papstprivilegien mit Kurzregesten, denen aber zeitgenössische Seitenverweise fehlen[114]. Hieran schließt sich auf mehr als zwanzig Blättern eine Übersicht über den Inhalt der übrigen Urkundenkopien an, jeweils in der sozialen Rangordnung (Kaiser und Könige, Erzbischöfe, Bischöfe sowie weitere ‚ehrwürdige' Personen geistlichen wie weltlichen Standes) wie sie das Incipit angekündigt hatte[115].

Diesen Präliminarien folgen die eigentlichen Urkundenabschriften auf insgesamt etwa 260 Blättern[116]. Geschrieben wurden sie von einer einzigen Hand in einer diplomatischen Kursive. Die Anlage ist sorgfältig unter Einfügung repräsentativer Elemente wie rote (und teilweise blaue) Initialen, Rubrizierungen sowie ebenfalls mit roter Tinte geschriebene knappe Regesten des jeweiligen Urkundeninhalts. Auch hier fin-

---

109 Laut Inventar wurde das Register vermutlich zwischen 1389 und 1396 geschrieben; Inventar des Aktenarchivs der Erzbischöfe und Kurfürsten von Mainz, Bd. 3, Nr. 2153.

110 Zu ihm vgl. Drüll, Heidelberger Gelehrtenlexikon, S. 277 f.; Hollmann, Das Mainzer Domkapitel, S. 356 f.; Fouquet, Das Speyerer Domkapitel, Bd. 2, Nr. 112, S. 456–458; Falk, Der mittelrheinische Freundeskreis Heinrichs von Langenstein, S. 522–524.

111 Ebd., S. 523; Dörr, Das St. Mariengredenstift, S. 32, 70. Er zählte zum »mittelrheinischen Freundeskreis« um Heinrich von Langenstein, zu dem auch Konrad von Gelnhausen und Eckard von Dersch/Ders gehörten; vgl. Falk, ebd., S. 526–528; ferner unten, Kap. 4.5.6: Nikolaus und die Gründung der Universität Heidelberg, sowie das Register dieser Arbeit.

112 StAWü, Mainzer Bücher verschiedenen Inhalts, Nr. 19, f. 7v: *Conradus nac(i)on(e) sweuus de g(e)n(r)e baronu(m) de Winsp(er)g Maguntin(us) ar(chi)ep(iscop)us.* Sein Todesjahr ist von einer späteren Hand, die die Erzbischofsliste bis zu Dietrich von Erbach ergänzt hat, nachgetragen (ebd., f. 7v–8r).

113 Ebd., f. 7r–8v. Die Hand, die vom Todesdatum Konrads von Weinsberg bis Dieter von Erbach mit einer Tinte geschrieben hat, hat später auch die Nachträge von dessen Todesdatum (ergänzt um wenig schmeichelhafte Bewertungen seiner Person und seiner Amtsführung) bis zum Pontifikat Dietrichs von Isenburg hinzugesetzt.

114 Ebd., f. 9r–11r.

115 Ebd., f. 9r–32v.

116 Ebd., Nr. 19, f. 38r–299r.

den sich wieder wie beim Spangenbuch am Längsschnitt beschriftete Pergamentstreifen zur inhaltlichen Orientierung und Erschließung.

Handelt es sich laut mittelalterlichem Eintrag bei dieser Handschrift um das *novum registrum* über die Papst-, Herrscher- und Privaturkunden *super spiritualibus rebus*, so wartet eine weitere, im Archiv mit der modernen Signatur „Mainzer Bücher verschiedenen Inhalts, Nr. 20“ versehene Handschrift[117] mit weiteren aufschlussreichen Details auf. Auch bei ihr handelt es sich um einen voluminösen Kodex im Umfang von 399 Pergamentblättern. Auf der Vorderseite des ersten Blattes steht als zeitgenössischer Titel: *Quartus liber r(e)gistri l(itte)rar(um) eccl(es)ie Magu(n)tine*, in kleinerer Schrift darüber: *Liber priuilegior(um) p(er)p(etu)aliu(m) etc*[118]. Der auf der Vorderseite des dritten Blattes beginnende einleitende Text ist mit einer prächtigen mehrfarbigen R-Initiale geschmückt. Aus seinem Inhalt geht hervor, dass Erzbischof Konrad von Weinsberg den hier schreibenden Johannes von Kohlhausen/Kolnhausen (*de Colnhusen*) damit beauftragt hat, das Werk zu verfassen. Es folgen ausführliche Bemerkungen zur Anlage des Bandes[119].

Dem schließt sich ein repräsentatives, mit blauen und roten Initialen verziertes, zeitgenössisches Inhaltsverzeichnis an, das mit den Worten eingeleitet wird: *Incip(i)t registr(um) l(itter)ar(um) p(er)p(etu)a(rum) imp(er)iali(um) et principum electorum*[120]. Der gesamte Text der Handschrift ist wieder in diplomatischer Kursive mit blauen und roten Initialen sowie roten Verzierungen geschrieben. Auch hier finden sich erneut die angenähten, der Orientierung dienenden Pergamentstreifen am Längsschnitt des Bandes. In diesem Band waren, wie der zeitgenössische Titel aussagt, die kaiserlichen und kurfürstlichen *litterae perpetuae* versammelt, d. h. die Rechtstitel mit unbefristeter Dauer.

Auch die im modernen Archivzusammenhang als nächste Signatur folgende Handschrift der Abteilung „Mainzer Bücher verschiedenen Inhalts“ mit der Nummer 21 gehört in denselben Entstehungszusammenhang[121]. Wie bei den übrigen handelt es sich bei ihr um eine Pergamenthandschrift von immerhin 743 Blättern. Die zeitgenössische Überschrift auf der Vorderseite des ersten Blattes lautet: *Qui(n)tus liber r(e)gistri l(itte)rar(um) eccl(es)ie Magu(n)tine*. In kleiner Schrift darüber: *Liber feudor(um)*

[117] Im Inventar als im 14. Jahrhundert entstandener „Liber registri literarum ecclesiae Moguntinae Nr. 4“ bezeichnet und beschrieben als Pergamentkodex über Privilegien des Mainzer Erzstiftes von 751 bis 1393; Inventar des Aktenarchivs der Erzbischöfe und Kurfürsten von Mainz, Bd. 3, Nr. 2154.

[118] StAWü, Mainzer Bücher verschiedenen Inhalts, Nr. 20, f. 1r.

[119] Ebd., f. 3r–4v.

[120] Ebd., f. 5r–16v; Incipit; ebd., f. 5r.

[121] Im Inventar wird sie als Pergamentkodex mit Register unter dem Titel „Liber registri literarum ecclesiae Moguntinae Nr. 5“ näher umschrieben. Laut Inventar enthält sie Urkundenabschriften und wird „um 1400“ datiert; Inventar des Aktenarchivs der Erzbischöfe und Kurfürsten von Mainz, Bd. 3, Nr. 2155.

i(u)ra rer(u)m etc[122]. Auf den nachfolgenden Seiten erschließt ein Inhaltsverzeichnis die Handschrift, das mit den Worten beginnt: *Incipit registr(um) de comitib(us), nobilibus, baronib(us), militib(us) et armigeris contin(entibus) feud(a) ab eccl(es)ia Magu(nti)ne*[123]. Der eigentliche Text hebt an auf der Vorderseite von Blatt 41 mit der Überschrift: *Incipit liber feodaliu(m) ultra et circa Renum siue Composic(i)onu(m) per Sweuiam*[124]. Es handelt sich also um das ‚Buch der Lehen jenseits und um den Rhein oder auch der Vergleiche für Schwaben'. Gemeint war hier offenbar der an Kurmainz im 13. Jahrhundert gekommene Lorscher Besitz mit den Kellereien Heppenheim, Bensheim und Lorsch sowie der Außenbesitz am Neckar mit den Ämtern Bönnigheim und Schurberg mit Neckarsulm[125]. Auch dieser Band ist wieder in einer diplomatischen Kursive mit blauen und roten Initialen geschrieben und besitzt rote Verzierungen. Ebenso finden sich auch hier erneut die angenähten, der Orientierung dienenden Pergamentstreifen am Längsschnitt des Buchblocks. Aufgrund des Schriftvergleiches stammt auch hier das Inhaltsverzeichnis wie auch die maßgebliche Konzeption von Johann von Kohlhausen. Das gleiche gilt auch für den folgenden Band.

Eng mit dieser Handschrift korrespondiert die in der modernen Archivordnung nächstfolgende. Daher soll auf beider Inhalt im Anschluss gemeinsam eingegangen werden. Sie trägt im erläuternden Archivinventar einen recht unverfänglichen, wenn nicht gar nichtssagenden Titel. Er bezieht sich ähnlich wie auch bei den vorgenannten Bänden auf den zeitgenössischen Eintrag: *Sextus liber registri l(itte)ru(m) eccl(es)ie Magu(n)tine*[126]. Auch bei ihm handelt es sich um einen repräsentativen und von einer Hand geschriebenen Pergamentkodex von 321 Blättern. Geschrieben ist er in einer diplomatischen Kursive des späten 14. Jahrhunderts. Er ist rubriziert, die Initialen sind in Blau und Rot abwechselnd gestaltet. Auf der Vorderseite des zwölften Blattes erläutert die große, mit roter Tinte geschriebene Überschrift den Inhalt allerdings präziser als ‚Register der Lehenbriefe für Hessen': *Incipit registr(um) l(itte)rarum feudaliu(m) p(er) Hassiam*[127]. Es folgen Kurzregesten mit Seitenangaben, die nach Regionen und Betreffen organisiert sind[128]. Diesem Ordnungsschema folgen auch die Urkundenabschriften, wobei der geographische Begriff Hessen weit gefasst ist und kurmainzischen Besitz in Westfalen, (Nieder)-Sachsen, Thüringen und dem Eichsfeld

---

[122] StAWü, Mainzer Bücher verschiedenen Inhalts, Nr. 21, f. 1r.

[123] Ebd., f. 5r–37r.

[124] Ebd., f. 41r.

[125] Zur territorialen Struktur des Mainzer Erzstifts vgl. Heinig, Die Mainzer Kirche im Spätmittelalter, S. 434 f.; Christ, Erzstift und Territorium Mainz, S. 144–208.

[126] StAWü, Mainzer Bücher verschiedenen Inhalts, Nr. 22. Laut Inventar „Liber registri literarum ecclesiae Moguntinae Nr. 6". Als weitere Erläuterungen dienen dort die Angaben über einen „um 1390" verfassten Pergamentkodex mit „Urkundenabschriften über Lehen, Burgöffnungen, Rechte und Güter des Mainzer Erzstiftes in Hessen, Sachsen, Westfalen, Thüringen (insbesondere Erfurt) und auf dem Eichsfeld"; Inventar des Aktenarchivs der Erzbischöfe und Kurfürsten von Mainz, Bd. 3, Nr. 2156.

[127] StAWü, Mainzer Bücher verschiedenen Inhalts, Nr. 22, f. 12r.

[128] Beispielsweise: *Castra ap(er)ibilia p(er) Hassiam. Castren(ses) p(er) Hassiam.*

mit einbezieht[129]. Auch dieser Band wird durch beschriebene Pergamentstreifen am Längsschnitt erschlossen, die die Orientierung erleichtern.

Es handelt sich bei beiden Handschriften demnach um Zusammenstellungen der Lehen der Mainzer Kirche, ergänzt um weitere Angaben wie Öffnungsrechte und Burgmannschaften für Hessen, Rechte an Burgen und Mainzer Kirchengut für Hessen, Schenkungen und Käufe für Sachsen, Lehenbriefe für Westfalen, das Eichsfeld und Sachsen, Öffnungsrechte für Westfalen, Käufe für Thüringen[130]. Vom Charakter her sind es also Mischhandschriften und keine echten Lehenbücher, dennoch erfüllten sie ihren Zweck, fassten sie doch, regional gegliedert, die Ansprüche zusammen und schufen einen Überblick über die verstreuten Rechte und Besitztitel[131].

Blickt man auf das Ensemble der hier vorgestellten Handschriften, dann lassen sich Gemeinsamkeiten mehrfacher Art feststellen. Diese beziehen sich nicht nur auf den zeitlichen Entstehungszusammenhang, den Schreiber, den verwendeten Beschreibstoff sowie die formale wie inhaltliche Gesamtkonzeption. Hierzu vorweg einige allgemeine Bemerkungen. Anders als in der Kodikologie der Bibliothekshandschriften, bei denen die Frage nach den Einbänden ein wertvolles Erkenntnismittel für eine gemeinsame Provenienz und – darüber hinaus – für einen zeitlichen Entstehungs- oder Bearbeitungszusammenhang bieten[132], sind solche Fragen bei den in Archiven aufbewahrten Handschriften bislang nicht gestellt worden. In dem hier diskutierten Zusammenhang ergibt sich aber ein Befund von hoher Relevanz. Die letzten fünf beschriebenen Handschriften sowie das im 13. Jahrhundert entstandene Kopialbuch Mainzer Bücher verschiedenen Inhalts, Nr. 17, weisen formale Ähnlichkeiten auf[133]. Es handelt sich in allen Fällen um massive hölzerne Buchdeckeleinbände, die mit festem weißem Schweinsleder bezogen und mit gotischen Stempeln und Streicheisenlinien in Blindprägung verziert sind. Je zwei und je vier Einbände stammen jeweils aus einer Buch-

---

[129] StAWü, Mainzer Bücher verschiedenen Inhalts, Nr. 22. Zur Territorialentwicklung in diesem Raum vgl. Christ, Erzstift und Territorium Mainz, S. 313–394.

[130] StAWü, Mainzer Bücher verschiedenen Inhalts, Nr. 22, f. 12r: *Incipit registr(um) l(itte)rarum feudaliu(m) p(er) Hassiam* (in großer roter Überschrift), *Castra ap(er)ibilia p(er) Hassiam. Castren(ses) p(er) Hassiam*; f. 80r: *Incipit registr(um) de jurib(us) castr(is) et bonis eccl(es)ie Maguntin(am) p(er) Hassiam.* etc.; f. 138r: *Donac(i)o(n)es p(er) Saxoniam*; f. 146r: *Empt(i)ones p(er) Saxoniam*; f. 180r: *Item l(itte)ras feudal(ium) p(er) Westfaliam Eychsfeld(iam) et Saxoniam*; f. 182r: *Castra ap(er)ibilia p(er) Westfaliam*; f. 227r: *Empt(i)ones p(er) Thuringiam.*

[131] Vgl. Inventar des Mainzer Regierungsarchivs, Bd. 3, S. 269: „Die ältesten Mainzer Lehenbücher sind in die Ingrossaturbücher Nr. 1 bis 15 und die Mainzer Bücher verschiedenen Inhalts Nr. 21 und 22 aufgenommen". Nicht ganz einleuchtend ist von daher die in der Forschung geäußerte Annahme, dass Lehenbücher erst für das 15. Jahrhundert überliefert sind; vgl. Kirn, Urkundenwesen und die Kanzlei der Mainzer Erzbischöfe, S. 315, 319–321, 336. Martini, Lehnshof der Mainzer Erzbischöfe, äußert sich dazu nicht.

[132] Lemaire, Introduction à la codicologie, S. 197–202; Szirmai, The Archaeology of Medieval Bookbinding, S. 173–284.

[133] StAWü, Mainzer Bücher verschiedenen Inhalts, Nr. 17–22. Vgl. dazu die Abbildung im Anhang dieser Arbeit, Kap. 2: Zeitgenössische Ansätze zu einer Systematik der Kanzleieinbände.

binderwerkstatt[134]. Alle sechs Bände weisen identische Messingschließen auf, während die Bände 19 bis 22 darüber hinaus identische Messingbeschläge und -knöpfe besitzen.

Es sollte darauf hingewiesen werden, dass es sich bei diesen Metallaccessoires nicht nur um reinen Schmuck handelte, sondern um notwendige Zutaten. Die Schließen waren unerlässlich, da Pergament aufgrund seiner physikalischen Eigenschaften nie völlig glatt zu halten ist und der Buchblock ohne diese Fixierung ständig seine rechteckige Form zu verlieren droht. Die dicken Metallknöpfe auf der Außenseite des hinteren Buchdeckels dienten dagegen der Schonung des Lederbezuges, nicht nur im Augenblick der Benutzung der schweren und unhandlichen Bände. Im Gegensatz zu heute standen die Bücher im Mittelalter nicht auf der unteren Schmalseite aufrecht im Regal, dicht an dicht und den Rücken dem Benutzer zugewandt. Diese Form der Aufbewahrung setzte sich erst im Laufe des 16. Jahrhunderts durch und bedingte die steigende Bedeutung des Buchrückens als Schrift- und Informationsträger. Mittelalterliche Bibliotheken bewahrten ihre Bücher liegend auf Pulten oder in Fächern auf wie die wenigen erhalten gebliebenen mittelalterlichen Kettenbibliotheken veranschaulichen[135]. Daraus ergaben sich aber einige Konsequenzen. Gerade der hintere Buchdeckel musste mit Metallknöpfen versehen werden, um ihn als einzige Auflagefläche vor übermäßigem Abrieb zu schützen. Andererseits kam dem vorderen Buchdeckel als Informationsträger die Bedeutung zu, die in modernen Bibliotheken die Buchrücken aufweisen.

Diese praktischen Notwendigkeiten zeichnen sich auch bei den hier beschriebenen Mainzer Kodizes ab. Neben den zeittypischen Ausstattungsmerkmalen mit Schließen, Knöpfen und Beschlägen fallen aber weitere Gemeinsamkeiten auf. Diese letztgenannten vier Bände Nr. 19 bis 22, für die eine enge Beziehung zu Johann von Kolnhusen wahrscheinlich gemacht werden konnte, wurden vom gleichen Buchbinder eingebunden. Die Bände der Serie „Mainzer Bücher verschiedenen Inhalts" mit den Nummern 17 bis 22 besitzen auf dem Bucheinband neben dem Stempelschmuck auch Zeichen, die einen inneren Zusammenhang im Sinne einer gemeinsamen Entstehung nahelegen und eine gemeinsame Aufbewahrung signalisieren. Deutlich wird dies erst, wenn man die einzelnen Bände nebeneinander legt, da die Markierungen bei jedem einzelnen isoliert betrachtet eher wie eine besondere Form des Einbandschmuckes wirken. Dabei handelt sich um mit dunkler Tinte ausgemalte Dreiecke, die jeweils in bestimmter Anordnung auf der Außenseite der vorderen Buchdeckel angebracht sind. Bei Band Nr. 17 sind es zwei in der Mitte gespiegelte Dreiecke, die mit einer ihrer Spitzen senkrecht aufeinander stehen. Bei Nr. 18 findet man etwas Ähnliches, nur handelt es sich zweimal um diese Form, bei Band Nr. 19 analog dazu dreimal und bei Band Nr. 20 viermal in derselben Konfiguration. Band Nr. 21 besitzt wiederum nur zwei dunkle, lang ausgezogene Dreiecke, deren Enden sich auf der Mitte des Deckels spitzwinkelig berühren und dadurch ein *V*, d. h. eine lateinische Fünf bilden. Analog dazu ist der Vorderdeckel von Band Nr. 22 mit einer aus Dreiecken analog gebildeten

---

[134] StAWü, Mainzer Bücher verschiedenen Inhalts, Nr. 17 und 18 einerseits sowie ebd., Nr. 19–22 andererseits.

[135] Vgl. dazu Müller, Bibliothekswesen (Spätmittelalter)

römischen Sechs versehen. Daraus ergibt sich aber wohl auch die Schlussfolgerung, dass ihr gemeinsamer Aufbewahrungsort von der Struktur her dem einer Pult-Bibliothek sehr nahe gekommen sein muss[136].

Kontrolliert man die weitere Überlieferung, dann sollte es bei dieser Gesamtkodifikation des Mainzer Kirchenbesitzes aus den neunziger Jahren des 14. Jahrhunderts bleiben[137]. Die Handschriften wurden im 15. Jahrhundert zwar ergänzt, fortgeführt und teilweise durch neue Inhaltsverzeichnisse erschlossen, doch eine generelle Revision wurde nicht mehr unternommen. Man muss sich daher fragen, warum die Pontifikate Gerlachs von Nassau (1346–1371) und Konrads von Weinsberg (1390–1396) für die Produktion solcher Hilfsmittel von derartiger Bedeutung waren. In beiden Fällen wurde auf die Fixierung und Dokumentation von Urkunden hoher Wert gelegt, während im letzten Fall der Grad der Differenzierung und Erschließung enorme Ausmaße annahm. Bei Gerlach waren es neben kleineren Kopiaren besonders die Auslaufregister gewesen, die mit geringen Unterbrechungen in seiner Herrschaftszeit am kurmainzischen Hof geführt wurden. Auffällig ist auch der Befund, dass in seiner Zeit andere Institutionen in seinem Umfeld Kopialbücher anlegten. Diese fanden auch ihre Überlieferungswege im Umkreis des Erzbischofs. So entstand um 1352/53 offenbar ein Kartular der Stadt Mainz[138] sowie ein solches des domkapitularischen Präsenzamtes[139].

---

[136] Vgl. ein Foto der liegenden sechs Bände im Anhang dieser Arbeit, Kap. 2: Zeitgenössische Ansätze zu einer Systematik der Kanzleieinbände.

[137] Ergänzend sollte auf kleinere Handschriften hingewiesen werden, wie StAWü, Mainzer Bücher verschiedenen Inhalts, Nr. 82, unter dem Titel „Liber Redditus domini Moguntinensis per Rincgauwiam". Dabei handelt es sich um ein auf das Jahr 1390 datiertes 48 Seiten starkes Pergamentbüchlein in Quartformat, das die Einnahmen im Rheingau verzeichnete. Trotz ihres kleinen Formates ist die Handschrift sorgfältig ausgestatt und mit Randminiaturen versehen. Auf S. 1 findet sich der Eintrag *Redditus domini Moguntinen(sis) per Rincgauwia(m) consc(ri)pt(us). Anno domi(ni) millesimo trecentesimo nonogesimo*. Hier wurde offenbar die Basis geschaffen, wie die Angaben zum Ort Geisenheim (ebd., S. 5) nahelegen. Sie stammen zwar von gleicher Hand, doch wurden sie mit dunklerer Tinte nachgetragen. Offenbar waren hier vor allem die Summmen zunächst unklar gewesen.

[138] StAWü, Mainzer Bücher verschiedenen Inhalts, Nr. 23. Es handelt sich um eine repräsentative Pergamenthandschrift im Umfang von 167 Seiten in der ursprünglichen Anlage mit dekorativen roten Initialen. Sie enthält Urkundenabschriften der von den römischen Kaisern und Königen in der Zeit von 1236 bis 1442 der Stadt Mainz erteilten Privilegien. Die ersten 122 Seiten stammen im Wesentlichen von Nikolaus von Augsburg (*Auspurg*), näher bezeichnet als ‚Stadtpfaffe zu Mainz' (*der was der stet pfaffe zu Meintze*). Er war laut Prolog 1353 von den Mainzer Bürgermeistern mit der Anlage des Bandes betraut worden; vgl. ebd., S. 47; ferner Inventar des Aktenarchivs der Erzbischöfe und Kurfürsten von Mainz, Bd. 3, Nr. 2157. Die Lagenanordnung des Bandes scheint in Unordnung geraten zu sein. Prolog und Inhaltsverzeichnis finden sich auf den Seiten 47–51. Auf Seite 4 steht in einer Art Unzialschrift: *Imperator Fridericus*. Dann fährt es fort in der diplomatischen Kursive der Zeit: *hie hebent sich an die friheit, gnade vnd brief, die die rœmischen keyser und kůnig den burg(er)n v(o)n der stat zu meintze getan vn(d) geb(e)n hant.* Ab Seite 122 scheint es zu einer anderen zeitgenössischen Hand zu wechseln. Die Ausstellungsdaten wechseln von 1364 zu 1378. Auch die Sorgfalt der Ausstattung lässt nach, das Rot verschwindet (bis auf S. 153–159). Ab Seite 140 wechseln die Hände häufig, die Urkunden erscheinen in Form von Nachträgen.

[139] StAWü, Mainzer Bücher verschiedenen Inhalts, Nr. 29. Es handelt sich dabei um einen

Blickt man auf die politischen Verhältnisse während Gerlachs Herrschaft, dann lässt sich festhalten, dass sie gerade in den ersten Jahren alles andere als ausgeglichen waren. Gerlach war ein Enkel König Adolfs von Nassau. Die Karriere des im Jahre 1322 Geborenen vollzog sich zum großen Teil im Umfeld der Mainzer Domkirche und war gleichzeitig verbunden mit guten Kontakten zur päpstlichen Kurie. Im Zuge der reichspolitischen Auseinandersetzungen zwischen Ludwig dem Bayern und den avignonesischen Päpsten setzte Clemens VI. im Jahre 1346 den amtierenden Mainzer Erzbischof Heinrich von Virneburg ab und verlieh das Bistum dem damals kaum vierundzwanzigjährigen Gerlach von Nassau. Dieser konnte sich allerdings zunächst gegen das Domkapitel nicht durchsetzen. Stattdessen spielte er in der Reichspolitik die Rolle, die ihm offenbar von päpstlicher Seite zugedacht war, indem er sich aktiv und erfolgreich bei der Wahl des Luxemburgers Karl von Böhmen, Markgrafen von Mähren, zum deutschen Gegenkönig engagierte. Von seinem Erzbistum konnte Gerlach erst nach dem Tode Heinrichs von Virneburg Ende 1353 Besitz ergreifen. In den Jahren seit 1346 hatte das Domkapitel durch fünf Provisoren die Regentschaft führen lassen[140]. Gerlachs endgültige Durchsetzung war mit zahlreichen Konzessionen sowie hohen, in Verpfändungen gekleidete Kosten gegenüber dem Domkapitel und dessen Exponenten Kuno von Falkenstein verbunden, von denen Gerlach erst 1358 loskam[141].

Angesichts dieser Rahmenbedingungen wirkt es wenig verwunderlich, dass die Schriftlichkeit während Gerlachs Pontifikat signifikant zunahm. Blickt man auf die politischen Rahmenbedingungen und die Tatsache, dass der Ernannte über lange Jahre überhaupt keine Machtbasis in seinem Bistum hatte und diese selbst über den Tod seines Vorgängers hinaus noch über Jahre geschmälert war, dann lassen sich hier Zusammenhänge erkennen. Diese Probleme sind wohl wechselseitig zu verstehen. Die

Pergamentkodex im Umfang von 474 Seiten. Das beigebundenene alphabetische Papierrepertorium stammt aus dem 17. Jahrhundert. Die Handschrift ist sorgfältig und repräsentativ in Buchschrift verfasst, besitzt blaue und rote Initialen mit rotem und violettem Fleuronnee am Blattrand. Es existiert ein genauer, nach nach Pfarreien geordneter zeitgenössischer Index (S. 27–51), der im 15. Jahrhundert mit Nachträgen versehen wurde (S. 51 f.). Auf Seite 57 in roter Überschrift: *In hoc libro conscripta sunt instrumenta sup(er) ce(n)sib(us) p(rae)senciar(um) ecclesie maioris. Et p(ri)mo sup(er) hiis qui soluu(n)tur intra muros ciuitatis Mogunt(iae)*. Der ursprüngliche Text reicht von Seite 57 bis 471, es folgen wenige Nachträge des 14. und 15. Jahrhunderts (S. 472–474). – Noch in der zweiten Hälfte des 14. Jahrhunderts wurde von dieser Handschrift eine 492 Seiten starke Papierabschrift angefertigt (StAWü, Mainzer Bücher verschiedenen Inhalts, Nr. 30). Sie stammt zum größten Teil von einem Schreiber (S. 41–437). Auf Seite 441 erscheint der Schreiber Johann von Frankfurt in einem auf 1360 datierten Notariatsinstrument näher bzeichnet als ‚genannt von Frankfurt, Mainzer Vikar' *(d(i)c(t)o de Fr(a)nke(n)ford vicario Magu(n)t(ino))*.

140 Vgl. Hollmann, Das Mainzer Domkapitel, S. 417; Jürgensmeier, Gerlach von Nassau, S. 409 f.; Gerlich, Nassau in den politischen Konstellationen, S. 26–37; Heinig, Die Mainzer Kirche im Spätmittelalter, S. 470–476; Hölscher, Kirchenschutz als Herrschaftsinstrument, S. 54 f.

141 Heinig, Die Mainzer Kirche im Spätmittelalter, S. 476–479. Zu seinem Verhältnis zum Provisor und Exponenten des Domkapitels und späteren Trierer Erzbischof Kuno von Falkenstein vgl. ferner Jürgensmeier, Gerlach von Nassau, S. 409 f.; Seibrich/Janssen, Kuno von Falkenstein, S. 803 f.; RI, Bd. 8, Nr. 1711.

Auslaufregister dienten möglicherweise auch dazu, eine Dokumentation der eigenen Herrschaftspraxis anzulegen und gleichzeitig die ausgegebenen Rechtstitel im Blick zu behalten. Es verwundert allerdings schon, dass auch in einer solchen Situation auf inhaltliche Erschließung verzichtet werden konnte.

Betrachtet man die Herrschaftszeit Konrads von Weinsberg, dann stellten sich die Rahmenbedingungen ganz anders dar. Konrad entstammte der aus der Reichsministerialität hervorgegangenen, in Niederschwaben ansässigen, einflussreichen edelfreien Familie der Reichserbkämmerer von Weinsberg. 1324 geboren, gehörte er derselben Generation wie Gerlach von Nassau an. In die historische Überlieferung tritt er aber erst ab Mitte der sechziger Jahre mit seiner von Gerlach angeordneten Admission zum Mainzer Domkapitel[142]. Im Kurmainzer Umfeld erfolgte sein Aufstieg, 1376–1379 war er erzbischöflicher Amtmann von Scheuerburg, seit 1381 Domscholaster. 1390 wurde er gegen einen nassauischen Mitbewerber vom Domkapitel zum Erzbischof gewählt. Ausschlaggebend dafür waren offenbar seine erklärte römische Obödienz sowie die guten Beziehungen zur Kurmainz benachbarten Pfalzgrafschaft bei Rhein. Im darauffolgenden Jahr wurde Konrad sowohl von Bonifatius IX. wie auch von königlicher Seite durch Belehnung mit den Regalien bestätigt. Konstanten seines Pontifikates waren bis 1394 andauernde Spannungen mit den benachbarten Landgrafen von Hessen sowie die fortdauernde enge Verbindung zu den Pfalzgrafen bei Rhein. In den Jahren 1395 und 1396 war Konrad an der Niederwerfung der schwäbischen Rittervereinigung der Schlegler beteiligt[143].

Im Erzstift bemühte er sich um den Abbau der hohen Schuldenlast. Möglicherweise gehört in diesen Kontext die differenzierte Schriftgutproduktion unter seinem Pontifikat. Die Erforschung der Gründe für diesen Aufschwung verdiente eine gesonderte Untersuchung. Neben der Schuldenlast ließen sich die weitgehenden Zugeständnisse Konrads gegenüber dem Domkapitel anführen, die in seiner Wahlkapitulation zum Ausdruck kamen[144]. Man sollte sich gar die Frage stellen, wie es zu seiner Zeit um die Nebenregierung des Domkapitels im Kurfürstentum Mainz[145] bestellt war. Aufgrund des Ausfalls an einschlägigen Quellen wie sie seit 1451 bzw. ausführlicher seit 1466 mit den Protokollen des Domkapitels vorliegen, sah man hier einen veritablen Dualismus von Bischof und Domkanonikern[146], während die Zeit davor trotz nachweisbarer Vereinbarungen in den bischöflichen Wahlkapitulationen[147] keinen Erkenntnisgewinn bescherte.

---

142 Vgl. zu ihm JÜRGENSMEIER, Konrad von Weinsberg, S. 412 f.; HOLLMANN, Mainzer Domkapitel, S. 469.

143 HEINIG, Die Mainzer Kirche im Spätmittelalter, S. 490–495.

144 STIMMING, Wahlkapitulationen, S. 38–40; HEINIG, Die Mainzer Kirche im Spätmittelalter, S. 492 f.; HOLLMANN, Das Mainzer Domkapitel, S. 173 f.

145 So der Titel eines älteren Aufsatzes von Paul Kirn.

146 KIRN, Die Nebenregierung des Domkapitels, S. 145–152; SCHUBERT, Der Mainzer Kurfürst als Erzkanzler, S. 91–95.

147 Vgl. den Überblick bei HOLLMANN, Das Mainzer Domkapitel, S. 168–184.

Die Amtsbücher sprechen hier eine deutliche Sprache. Sie ist vielleicht deutlicher, als es die traditionelle Kanzleiforschung bislang wahrhaben wollte. Im 19. Band der Mainzer Bücher verschiedenen Inhalts ist dezidiert nicht vom Bischof als Auftraggeber, sondern von Domdekan Eberhard von Eppelborn die Rede. Ihm zollte der Schreiber und Konkanonikus Johann von Kolnhausen seinen ausdrücklichen Respekt, im Interesse des Domkapitels und dessen Sorge für die Rechte und Güter der Mainzer Kirche fertigte er den *Liber super spiritualibus rebus an*[148]. Auffällig ist auch, dass die Wahlkapitulation von 1396, die Jofrid (Gottfried) von Leiningen, den Nachfolger Erzbischof Konrads von Weinsberg, betraf, „das Grundgerüst der späteren Wahlkapitulationen des 15. Jahrhunderts" stellte[149]. In ihr sagte der Kandidat zu, dem Domkapitel alle Urkunden des Erzstifts auszuliefern, um sie bei Bedarf von diesem auszuleihen. Hiervon war weiter oben bereits die Rede gewesen. Dies wäre ohne Kopialbücher kaum praktizierbar gewesen. Auch andere Dinge waren nun möglich. So musste Jofrid versprechen, „alle Urkunden seiner Vorgänger, die das Domkapitel verlegt oder verloren hätte und von denen in den erzbischöflichen Registern Kopien vorlägen, zu bestätigen und neu auszustellen"[150]. Ähnliches ereignete sich unter Erz-

---

148 StAWü, Mainzer Bücher verschiedenen Inhalts, Nr. 1, f. 5rf. – Auf die anderen im 14. und 15. Jahrhundert entstandenen Handschriften der Mainzer Dompräsenz und des Domkapitels kann unter Rückgriff auf das Archivrepertorium hier nur hingewiesen werden: StAWü, Mainzer Bücher verschiedenen Inhalts, Nr. 31: „Liber censualis de variis villis civitatis Moguntine" (Lit. B). Papierkodex. Verzeichnis der zur Präsenz gehörigen Einkünfte. Zeit: 14. Jh. – Ebd., Nr. 32: Kopiar (sogenannter „Liber antiquus") des Präsenzamtes des Mainzer Domstiftes (Lit. C). Papierkodex. Zeit: 1386. – Ebd., Nr. 33: Kopiar des Mainzer Domstiftes (Lit. C). Pergamentkodex mit Index. Zeit: 15. Jh. – Ebd., Nr. 34: „Liber censuum venditionum" (Lit. F) = Zinsregister. Papierkodex mit Index) von Joh. Holzheimer geschrieben. Zeit: 1411. – Ebd., Nr. 35: Kopiar des Präsenzamtes des Mainzer Domstiftes (Lit. G). Papierkodex mit Pergamentvorsatzblatt und Pergamentindex. Zeit: 14. Jh. – Ebd., Nr. 36: „Liber censualis" = Zins-, Sal- und Lagerbuch (Lit. G). Pergamentkodex mit alphabetischem Papierindex. Zeit: 14. Jh. – Ebd., Nr. 37: „Liber censualis" = Zins-, Sal- und Lagerbuch (Lit. H) = Kopialbuch des Mainzer Präsenzamtes. Pergamtent- u. Papierkodex mit alphabetischem Papierindex). Zeit: Anfang 15. Jh. – Ebd., Nr. 38: „Liber censualis" (Lit. J) = Kopiar des Mainzer Präsenzamtes, geschrieben von Johann Nicolai von Wilburg. Pergamentkodex mit lose beiliegenden papiernen Schriftstücken und alphabetischem Pergamentindex). Zeit: 1488. – Ebd., Nr. 41: Zins-, Sal- und Lagerbuch (Lit. M) = Kopiar des Mainzer Präsenzamtes. Pergamentkodex mit alphabetischem Register. Zeit: 15. Jh. – Ebd., Nr. 42: Zins-, Sal- und Lagerbuch (Lit. M novum) Pergamentkodex mit alphabetischem Register. Zeit: um 1500 (nach 1496). – Ebd., Nr. 43: alphabetisch angelegtes „Repertorium anteriorum librorum censualium". Papierhandschrift. Zeit: 1496. – Ebd., Nr. 94: Pergamentkodex mit Auszügen aus den vier Evangelien nebst gemaltem Titelblatt (Christus am Kreuz mit Maria und Johannes 1400). Der Band enthält fortlaufend eingetragene Statuten des Mainzer Domstiftes (12.–17. Jh.) und lose beiliegende Eidesformeln für Domdekan und Domscholastikus. Zeit: Begonnen im 14. Jh.

149 „In den wichtigsten Bereichen von Landesherrschaft und Stifts- und Diözesanverwaltung hatte sich das Domkapitel fest etabliert"; beide Zitate: HOLLMANN, Das Mainzer Domkapitel, S. 175.

150 Ebd., S. 174. Zu Jofrid (Gottfried) von Leiningen und seiner Herrschaft vgl. HEINIG, Die Mainzer Kirche im Spätmittelalter, S. 496–499; JÜRGENSMEIER, Jofrid (Gottfried) von Leiningen.

bischof Konrad von Dhaun (reg. 1419–1434), als im Entstehungskontext der ersten kurmainzischen Lehenbücher erstmals eine aktive Lehnspolitik des Domkapitels in den Wahlkapitulationen nachweisbar ist[151].

4.4.4 Die Schreiber der Kanzleibücher

Abschließend sollte noch einmal systematisch die Frage nach den Schreibern der Kanzleibücher gestellt werden. Ein Eintrag lehrt, dass das Kopialbuch der Präsenz des Mainzer Domstiftes in zwei Exemplaren im Jahre 1352 von Johann von Mosbach, *natus de Francford*, angelegt wurde[152]. Theodor Fruhmann zählte einen Johannes von Mosbach, Vikar an der Mainzer Domkirche, zum Kreis der Schreiber Erzbischof Gerlachs von Nassau[153]. Er bezog sich dabei auf zwei Belege in den Regesten der Erzbischöfe von Mainz, wobei im ersten aus dem Jahr 1356 ein Johann von Mosbach (*Maspach*) genannt von Frankfurt ohne weitere Bezeichnung unter den Zeugen in einer Schiedsurkunde in einem Streit zwischen Erzbischof Gerlach und dem Mainzer Domkapitel weilte[154]. Im zweiten Fall stellte Erzbischof Gerlach am 6. Januar 1368 in Eltville einem Johann Masebach gen. Frankfurt (*Frankinford*) eine Schuldurkunde über 105 Gulden für zwei Pferde aus, die dieser ihm verkauft hatte und für die ihm Gerlach bis zur nächsten Frankfurter Fastenmesse zu bezahlen versprach[155]. Doch bereits 1345 agierte ein Johannes genannt von Frankfurt und bezeichnet als *syndicus ecclesie nostre* als Prokurator und *nuntius specialis* des Mainzer Domkapitels gegenüber dem Mainzer Erzbischof Heinrich von Virneburg[156]. 1352 war er als „Joh[ann] gen[annt] v[on] Frankfurt“, näher bezeichnet als Mainzer Domvikar, Zeuge einer Rechtsangelegenheit des Domkapitels[157]. Sehr wahrscheinlich war es derselbe, der als Johannes von Mosbach, Mainzer Vikar (*de Mospach vicari[us] Moguntinensis)*, im Jahre 1353 in Avignon einen für Rechtspraktiker konzipierten juristischen Kurztext kopierte, der in einer

---

151 Hollmann, Das Mainzer Domkapitel, S. 176. Zum Pontifikat Konrads von Dhaun vgl. auch Heinig, Die Mainzer Kirche im Spätmittelalter, S. 510–517.

152 StAWü, Mainzer Bücher verschiedenen Inhalts, Nr. 29 und 30; vgl. Fruhmann, Studien zur Kanzlei und zum Urkundenwesen der Erzbischöfe von Mainz, S. 98 (mit ebd., Abb. 10).

153 Ebd., Nr. 11, S. 64 (unter Verweis auf REM, Bd. 1,2, Nr. 514 und 2497). Einen 1363 nachweisbaren, nicht näher bezeichneten Schreiber Gerlachs namens Johann hielt Theodor Fruhmann für identisch mit Johann von Mosbach (vgl. Fruhmann, a. a. O., Nr. 12, S. 65 unter Verweis auf REM, Bd. 2,1, Nr. 1652 (Heiligenstadt, 1363 Juni 28)). Er fungierte gemeinsam mit Heinrich von Lengede als Bote mit einer Bitte Erzbischof Gerlachs an einen Göttinger Bürger.

154 REM, Bd. 2,1, Nr. 514 (1356 Januar 5).

155 Ebd., Nr. 2497, mit weiteren Zahlungsmodalitäten.

156 Ebd., Bd. 1,2, Nr. 5365 (1345 Oktober 17). Dort wird er als „Johannes gen. de Frank(enfurd)“ bezeichnet (ebd.).

157 Ebd., Nr. 6417 (1352 November 18).

im 15. Jahrhundert zusammengestellten juristischen Sammelhandschrift der Mainzer Kartause überliefert ist[158].

Johannes von Kohlhausen/Kolnhusen (*Colnhusen*), der Schreiber des Tertius und des Quartus liber registri literarum ecclesie Moguntine, war Mitglied des Mainzer Domkapitels. Er entstammte einem Niederadelsgeschlecht der Wetterau, das sich nach einem gleichnamigen, wüst gefallenen Ort bei Lich benannte, und besaß zum Zeitpunkt der Niederschrift ein Mainzer Domkanonikat. Die Familie stellte Amtleute in Diensten der Herren von Hanau[159]. Studiert hatte er in Prag, wie eine zeitgenössische Liste der in Heidelberg immatrikulierten Magister bestätigt, die ihn als *in decretis licenciatus Pragensis* führte. Vermutlich schon vor März 1387 war er als Lehrer für Kirchenrecht an der juristischen Fakultät der damals neu gegründeten Universität in Heidelberg tätig[160]. Die Abfassung der Kopialbücher fiel vermutlich in die Zeit zwischen 1389 und 1396[161]. In den Jahren 1391 bis 1393 fungierte Johannes als Subsidienkollektor des Mainzer Erzbischofs[162] und gehörte im Bistumsstreit der Jahre 1396/97 zur Leininger Partei[163]. Um 1396 amtierte er als Archidiakon in Schweinfurt. Im selben Jahr hatte er auch ein Domkanonikat in Würzburg und 1398 eines in Speyer inne. Er starb vermutlich im Jahre 1399[164]. Ein späterer Johann von Kohlhausen immatrikulierte sich 1463 an der Universität Köln als Erfurter Magister[165].

Über Petrus Auerhahn (*Vrhann*), der sich 1393 als Schreiber des Spangenbuches bezeichnete, lässt sich aufgrund des Ausfalls der Regesten der Erzbischöfe von Mainz zum gegenwärtigen Zeitpunkt kaum etwas in Erfahrung bringen. Möglicherweise stammte er aus Neustadt an der Haardt[166]. Doch so viel lässt sich festhalten: Die Mitregierung des Domkapitels dürfte in den angesprochenen Fällen zur Steigerung der

---

158 *Explicit doctrina decreti valde utilis, brevis atque bona. Scripta in villa Avinione et completa sub anno dominice incarnacionis M° ccc° liii° in die beati Allexii confessoris per manus Iohannis de Mospach vicarii Moguntinensis*; Mainz, Wissenschaftliche Stadtbibliothek, Hs I 457, f. 47r; dazu List, Mainz, Wissenschaftliche Stadtbibliothek, S. 2. Zum Text selbst vgl. ebd., S. 4.

159 Zu ihm vgl. Hollmann, Das Mainzer Domkapitel, S. 399; Fouquet, Das Speyerer Domkapitel, Bd. 2, Nr. 75, S. 406 f., Anm. 1.

160 Toepke, Matrikel Heidelberg, Bd. 1, S. 4 (mit ebd., Anm. 1); Die Rektorbücher der Universität Heidelberg, Bd. 1, Nr. 20, S. 57 f., hier S. 58; Drüll, Heidelberger Gelehrtenlexikon, S. 277 f.

161 Inventar des Aktenarchivs der Erzbischöfe und Kurfürsten von Mainz, Bd. 3, Nr. 2153.

162 Bei Joannis, Rerum Moguntiacarum Excerpta, Bd. 2, S. 348 findet sich folgender Eintrag zu ihm: *de Colnhausen (Joannes), canonicus. Anno 1392 ipse & Henricus de Geilnhausen, Praepositus S. Mauricii, iussi sunt a Conrado II Archiepiscopo per terminos Praepositurам singularum diocesis Moguntinae per duorum annorum spatium colligere fructus quorumcunque bonorum vacantium vel vacaturorum, nec non bona Clericorum ab intestato decedentium. Anno 1398 priuatus est.*

163 Hollmann, Das Mainzer Domkapitel, S. 399.

164 Drüll, Heidelberger Gelehrtenlexikon, S. 277; Fouquet, Das Speyerer Domkapitel, Bd. 2, Nr. 74, S. 406 f.

165 Die Matrikel der Universität Köln, Bd. 1, Nr. 298,25, S. 702 (mit Anm. 25): *m. Joh. de Kœlhůsen, art. m. Erf., Mag. d.; iur.; i. et s.*

166 Ein Herr Magister Albert Auerhahn/Urhan, Prämonstratenser in Kaiserslautern (*dominus magister Albertus Urhan professus in Lutra premonstratensis ordinis),* wurde 1456 in Heidel-

Schriftlichkeit in starkem Maße beigetragen haben. Bereits in der Literatur findet sich die Beobachtung, dass Kopialbücher darüber hinaus nicht nur dupli-, sondern sogar tripliziert wurden. Aber erst die Wahlkapitulationen der zweiten Hälfte des 15. Jahrhunderts enthielten dezidierte Forderungen des Domkapitels nach einer doppelten Buchführung[167]. Dies diente vornehmlich dem Zweck einer besseren Kontrollierbarkeit des Landesherrn durch das Gremium. Vergleichbare Tendenzen zeigten sich auch unter Erzbischof Balduin von Trier und am Hof des Kölner Erzbischofs.

4.4.5 Kanzlei

Sollte beim Gesagten der Eindruck entstanden sein, bei der kurmainzischen Kanzlei habe es sich um ein institutionalisiertes und lokalisierbares Gebilde gehandelt, dann belehrt nicht nur die fortdauernde Reiseherrschaft der Erzbischöfe bis weit in das 15. Jahrhundert hinein[168], dass mit einer Lokalisierung als Behörde für die Zeit des Mittelalters kaum gerechnet werden kann. Dokumentieren lässt sich dies anhand der Quellen. In einem 1465 entstandenen Hausratverzeichnis der Burg zu Eltville, einem der bevorzugten Aufenthaltsorte der Mainzer Erzbischöfe während des Spätmittelalters[169], wird unter den Räumlichkeiten auch die Kanzlei genannt. Natürlich lässt dies aufhorchen in der berechtigten Annahme, hiermit einen Beleg für eine beginnende Ortsfestigkeit greifen zu können. Die Betrachtung des Mobiliars wirkt im Verhältnis dazu eher ernüchternd: *In der kanzeley: Item III bett, ein bettduch, ein pulbe mit einer ziechen. Item ein pulbe an ziechen. Item ein kuschen an ziechen.* Nicht einmal einen Schreibtisch hatte die *kanzeley* aufzuweisen im Gegensatz zur Kammer des Erzbischofs und der des Burggrafen, in denen immerhin ein solches Möbelstück (*schribe-* bzw. *schreibedisch*) stand. Sie verfügte damit lediglich über drei Betten und drei Kissen, von denen bei einem der Bezug fehlte[170]. Ähnlich verhält es sich um dieselbe Zeit im benachbarten Bistum Speyer[171]. Noch im Jahre 1498 existierte in der

---

berg zum Lizentiaten in Kanonischem Recht promoviert; Die Rektorbücher der Universität Heidelberg, Bd. 1, Nr. 32.42, S. 73; sein Bakkalaureat ebd., Nr. 452.21, S. 463 (1454). Zu Neustadt an der Haardt als einem möglichen Herkunftsort der Familie vgl. Urkundenbuch der Stadt Kaiserslautern, Bd. 3, Nr. 24, S. 79 f., Anm. 1. Für freundliche Hinweise danke ich Herrn Volker Rödel, Karlsruhe.

167 Kirn, Urkundenwesen und Kanzlei der Mainzer Erzbischöfe, S. 337–340; Ders., Die Nebenregierung des Domkapitels, S. 149–151.

168 Vgl. Bünz, Ein Erzbischof und viele Residenzen, S. 91, 96, 106–108.

169 Vgl. Falck, Die erzbischöflichen Residenzen Eltville und Mainz, S. 71–74. Der Autor vertrat gegenüber dem spätmittelalterlichen Eltville die Ansicht, „Kanzlei und Archiv müssen dort eine erhebliche Bedeutung besessen haben"; ebd., S. 72.

170 Vgl. Milani, Die Burg von Eltville, Anhang, S. 130 f., hier S. 130; zu den Wortbedeutungen vgl. das Glossar bei Volk, Rechnungen der mainzischen Verwaltung in Oberlahnstein, S. 926, 931.

171 Vgl. Andermann, Burgen und Residenzen des Hochstifts Speyer, S. 111; ferner unten, Kap. 4.6.4: Die bischöflich speyrische Kanzlei.

kurmainzischen Burg Oberlahnstein eine *cantzelye*, ohne dass dabei von einer festen Behörde ausgegangen werden konnte[172].

Betrachtet man die Kanzlei als Personenverband, dann bleibt auch sie – analog zu den für die Erzbistümer Trier und Köln gewonnenen Ergebnissen – undeutlich. Als feste Institution ist sie überhaupt nicht erkennbar[173]. Bereits ihre mutmaßliche Größenordnung weckte Irritationen. Theodor Fruhmann ermittelte in seiner Untersuchung zur Mainzer Kanzlei des 14. Jahrhunderts lediglich drei jeweils nur durch Einzelbelege nachweisbare Notare für die zweijährige Amtszeit Erzbischofs Johann von Luxemburg-Ligny (1371–1373) und gelangte damit zu dem für ihn als erklärungsbedürftig empfundenen Ergebnis, dass „es in Wirklichkeit nicht viel mehr Beamte gewesen sein können“[174].

Derselbe Autor bemerkte, dass ein Kanzler „während des 14. Jahrhunderts der Mainzer Kanzlei nicht vorgestanden“ habe[175]. Er äußerte dennoch keinen Zweifel daran, dass es innerhalb der Kanzlei „Stufen“ gegeben haben muss. „Die Rangordnung baute sich von unten her auf: Schreiber – Notar – Protonotar – Sekretär“[176]. Betrachtet man den von ihm zusammengestellten Katalog der entsprechenden Funktionsträger in der Zeit von 1289 bis 1373, dann stellt man allerdings fest, dass der Nachweis dieser ‚Kanzleibeamten‘ in der keineswegs schmalen und über die Regesten der Erzbischöfe von Mainz außergewöhnlich gut erschlossenen Überlieferung ausgesprochen schwerfällt. Er erschöpft sich häufig in einer einmaligen Erwähnung[177].

---

[172] Volk, Rechnungen der mainzischen Verwaltung in Oberlahnstein, S. 500; dazu ebd., S. XXXII.

[173] Die Schwierigkeit, die Kanzlei in den Quellen nicht nachweisen zu können, erklärte sich Theodor Fruhmann ganz pragmatisch: „Wer sollte damals auch eine besondere Anteilnahme an einem so trockenen Geschäft, wie es die Urkundenherstellung nun einmal ist, gehabt haben, so dass er diese einer Schilderung für wert erachtet hätte?“; Fruhmann, Studien zur Kanzlei und zum Urkundenwesen der Erzbischöfe von Mainz, S. 68. Zum Fehlen eines Kanzleisiegels vgl. ebd., S. 71.

[174] Ebd., S. 65. Ähnliche Feststellungen wurden für das 15. Jahrhundert getroffen; vgl. Ringel, Studien, S. 221.

[175] Fruhmann, Studien zur Kanzlei und zum Urkundenwesen der Erzbischöfe von Mainz, S. 68. Dies ändert sich erst ab 1436; Ringel, Studien, S. 218; ferner Kirn, Das Urkundenwesen und die Kanzlei der Mainzer Erzbischöfe, S. 562. Paul Kirn wurde sogar spekulativ, wenn er für die „Zeit, wo noch keine Kanzler vorkommen“, äußerte: „Wir sind da mehr auf Vermutungen angewiesen, hinter welchem *schriber* oder *secretarius* oder *prothonotarius* sich der Kanzleivorstand verbirgt [!]“; Ders., ebd., S. 568. – Zum Kanzleramt des Bischofs von Eichstätt als *cancellarius sedis Maguntinae* vgl. Fruhmann, a. A. O., S. 68 f.

[176] Fruhmann, Studien zur Kanzlei und zum Urkundenwesen der Erzbischöfe von Mainz, S. 66. – Paul Kirn erklärte sich differierende Bezeichnungen von kurmainzischem Kanzleipersonal in der auswärtigen Überlieferung so: „Sie taten damit dasselbe wie wir, wenn wir von Gesandten sprechen, wo streng genommen Botschafter oder Geschäftsträger das Richtige ist“; Kirn, Das Urkundenwesen und die Kanzlei der Mainzer Erzbischöfe, S. 535.

[177] Fruhmann, Studien zur Kanzlei und zum Urkundenwesen der Erzbischöfe von Mainz, S. 59–63. Ähnlich noch im 15. Jahrhundert bei Kirn, Urkundenwesen und Kanzlei der Mainzer Erzbischöfe, S. 534.

Darüber hinaus lässt sich eine Kanzleizugehörigkeit aus dem Kontext, in dem die bezeichneten Personen erscheinen, im Allgemeinen nicht herauslesen[178]. Stattdessen stieß auch Theodor Fruhmann auf den bereits als Kennzeichen mittelalterlicher Verwaltung ermittelten multifunktionalen Einsatz dieser Personen im Rahmen der geistlichen und weltlichen Herrschaft des Erzbischofs. Zu begründen wusste er dies mit ihrer besonderen Qualifikation, nämlich den „im Kanzleibetrieb erworbenen Kenntnisse[n]“[179]. Noch für die erste Hälfte des 15. Jahrhunderts konstatierte Ingrid Heike Ringel, dass „Sekretäre [i. e. Notare] der Mainzer Kanzlei häufig in Ratsfunktion inner- und außerhalb des Erzstiftes, dazu als Gesandte bezeugt“ sind[180]. Der erste Kanzler stand in Person Ludwigs von Ast im Jahre 1436 „an der Spitze der erzbischöflichen Kanzlei“[181]. Unter Hinweis darauf, dass dieser das Amt zuvor in kurpfälzischen Diensten bekleidet hatte, schloss man, dass der Kanzlertitel „wohl aus Kurpfalz übernommen“ wurde bzw. Ludwig ihn von dort mitgebracht hatte[182]. Gleichzeitig wurde Mainz in dieser Hinsicht jedoch anschließend wiederum Vorbildcharakter eingeräumt[183].

Dennoch ließen sich die Erforscher der kurmainzischen Kanzlei vom Kanzleiparadigma nicht abbringen. Für Theodor Fruhmann gingen die Sekretäre, die „einen engeren Kreis von erfahrenen Männern“ bildeten, „meist aus der Kanzlei hervor und blieben mit ihr verbunden“[184]. Zum Protonotar des 14. und des 15. Jahrhunderts stellte allerdings bereits Kirn fest, dass er „der Vorgesetzte des Siglers und der Notare am geistlichen Gericht“ war[185]. Fruhmann suchte dies für das 14. Jahrhundert zwar zu relativieren, gelangte dennoch nur zu dem halbherzigen Schluss, dass „die Protonotare höhere Kanzleibeamte waren, die kein bestimmtes Amt [...] in der Kanzlei versahen,

[178] Theodor Fruhmann verlegte sich von daher auf die Diskussion ihrer Bezeichnung in den Quellen, z. B. *protonotarius domini archiepiscopi Moguntini* oder *noster protonotarius*: „Nach der Namengebung [!] zu urteilen, müßten Protonotare und Notare der Kanzlei zugewiesen werden“; Fruhmann, Studien zur Kanzlei und zum Urkundenwesen der Erzbischöfe von Mainz, S. 67 (unter Hinweis auf REM, 1. Abt., Nr. 379 (Fritzlar, 1295 [November 13]); Nr. 465 (Mainz, 1296 September 25)).

[179] Fruhmann, Studien zur Kanzlei und zum Urkundenwesen der Erzbischöfe von Mainz, S. 67–69; Zitat ebd., S. 68.

[180] Ringel, Studien, S. 221.

[181] Christ, Regierung und Verwaltung, S. 32 (unter Verweis auf Ringel, Studien, S. 218). Allerdings sollte an dieser Stelle darauf hingewiesen werden, dass der spätere Bischof von Verden, Konrad von Soltau, in der Erfurter Universitäts-Matrikel 1397 als Mainzer Kanzler eingetragen ist; vgl. Acten der Erfurter Universitaet, Bd. 1, S. 51: *reverendus d(omi)n(u)s et magister Conradus de Soltow sacre theologie professor cancellarius archiepiscopi Maguntini.*

[182] Zitat: Christ, Regierung und Verwaltung, S. 32; Ringel, Studien, S. 81–89, 118 f.

[183] Christ, Regierung und Verwaltung, S. 32.

[184] Fruhmann, Studien zur Kanzlei und zum Urkundenwesen der Erzbischöfe von Mainz, S. 66 f.; Zitat ebd.

[185] Kirn, Das Urkundenwesen und die Kanzlei der Mainzer Erzbischöfe, S. 562–568; Zitat ebd., S. 565; dazu Fruhmann, Studien zur Kanzlei und zum Urkundenwesen der Erzbischöfe von Mainz, S. 67 f. Zum Protonotar am Mainzer Stuhl vgl. auch May, Geistliche Ämter, S. 527–537, bes. S. 530 f.

sondern wegen ihrer im Kanzleibetrieb erworbenen Kenntnisse zu allen möglichen Aufgaben vom EB herangezogen wurden und nur noch in einem losen Zusammenhang mit der Kanzlei standen"[186]. Fließende Übergänge zwischen Notaren des Erzbischofs, des Mainzer Stuhlgerichts sowie öffentlichen Notaren blieben wiederum Theodor Fruhmann nicht verborgen. Aufgrund seiner epistemologischen Voreinstellung zog er allerdings aus dieser Beobachtung keinerlei Schlussfolgerungen[187].

Bevor hier fortzufahren ist, sei noch auf die Schreiber eingegangen, die untersten Chargen in dem oben vorgestellten, hierarchisch strukturierten Fruhmannschen Organisationsschema der kurmainzischen Kanzlei. Zu ihnen äußert sich dieser nicht weiter, sondern beschränkt sich auf allgemeine Aussagen[188]. Im Gegensatz dazu relativierte Ingrid Heike Ringel für die Kanzlei des Mainzer Erzbischofs Dietrich von Erbach (1434–1459) die gesamte Begrifflichkeit in einem hohen Maße: „In der Kanzleihierarchie standen unter dem Kanzler die Sekretäre. Während diese mittleren Beamten in Schriftstücken der Kanzlei gelegentlich als *notarien*, gewöhnlich als *secretarii*, auch als *secretarien* und *schribere* bezeichnet wurden, werden sie in anderen Quellen fast nur als *schriber* bezeichnet". Sie stellte darüber hinaus fest, dass in den Quellen „*schriber* die umgangssprachliche Bezeichnung für Sekretär ist".

Zur Kanzleipraxis zog sie daraus den Schluss, dass „wenn der mit juristischer Vollmacht ausgestattete Sekretär *schriber* genannt wurde, so wohl auch deswegen, weil zu dieser Zeit die Sekretäre nicht nur konzipierten und die Reinschrift kontrollierten, sondern auch selbst mit Mundieren beschäftigt waren"[189]. Parallel dazu ging sie von der Existenz „einfache[r] Schreiber" aus, die lediglich mundierten[190]. Günter Christ zog daraus den Schluss, dass die Frage offen bleiben muss, „inwieweit sich im späteren 13. und im 14. Jahrhundert schon eine bestimmte Rangfolge unter den Kanzleiangehörigen herausgebildet hatte"[191]. Das neueste, wenngleich knappe Resümee des Forschungsstandes liefert Walter G. Rödel in einem Überblicksartikel über den Kurfürstenhof des Erzbischofs von Mainz, wenn er konstatiert, Kanzleiordnungen seien

---

[186] Fruhmann, Studien zur Kanzlei und zum Urkundenwesen der Erzbischöfe von Mainz, S. 67 f.; Zitat ebd., S. 68.

[187] Ebd., S. 67–69.

[188] „Das Leben dieser Beamten darf man sich nicht in verstaubter Kanzleistube vorstellen; Notare und Schreiber hatten ein unruhiges Leben; sie saßen ebenso oft im Sattel und im unbequemen Reisewagen wie auf dem Kanzleistuhl. Dienst und Auftrag ihres Herrn führte sie durch halb Deutschland bis hin nach Italien und Rom"; ebd., S. 68.

[189] Alle Zitate: Ringel, Studien, S. 220. Sie hält dabei die Bezeichnungen *secretarius* und Rat nicht für synonym, wohl aber „gehören die Sekretäre der Gruppe der Räte an und sind auch nicht auf reine Kanzleitätigkeit beschränkt"; ebd., Anm. 10a. – Paul Kirn empfand das Wechseln der Titel als ‚Nachlässigkeit im Ausdruck'; Kirn, Urkundenwesen und die Kanzlei der Mainzer Erzbischöfe, S. 566; ferner ebd., S. 569.

[190] Ringel, Studien, S. 220. „Die Masse des Personals bilden die Kanzleischreiber. Sie waren fast alle Kleriker und öffentliche Notare"; Kirn, Urkundenwesen und die Kanzlei der Mainzer Erzbischöfe, S. [84] (hier bezogen auf den gesondert paginierten Sonderdruck).

[191] Christ, Regierung und Verwaltung, S. 31.

weder für das 14. noch für das 15. Jahrhundert überliefert; „auch die Rangfolge der Kanzleibediensteten" lasse „sich nicht eindeutig ausmachen", sie „dürften aber alle dem geistl. Stand angehört haben. Seit 1436 stand ein Kanzler an der Spitze der Kanzlei; der Titel wie auch der erste Inhaber dieses Amtes sind wohl von Kurpfalz übernommen worden"[192].

Im Gegensatz zu der in den Quellen zumindest für das 14. Jahrhundert nicht nachweisbaren Kanzlei muss schon am Beginn dieses Jahrhunderts ein organisiertes Schreiberkollegium im Umfeld des Mainzer Erzbischofs existiert haben. Bereits in Synodalstatuten des Jahres 1315 ist die Rede von einer *notaria* des Mainzer Stuhles. In ihr sollten die Verfügungen des Mainzer Erzbischofs Peter von Aspelt schriftlich niedergelegt werden, damit sich der Klerus eines jeden Archipresbyterates binnen Monatsfrist eine Abschrift davon verschaffe[193]. In einem Statut Erzbischof Gerlachs von Nassau vom Jahr 1356 wurde das geistliche Gericht einer detaillierten Regelung unterworfen. In diesem Zusammenhang verordnete der Erzbischof, „daß alle Notare seines Stuhles einen gemeinsamen Wohnraum (*habitacionem et locum*) mieten und hier alle Gerichtsakten aus dem dort unter ihre Aufsicht aufgestellten Register persönlich ausschreiben, damit kein Übelwollender etwas aus dem Register zum Schaden einer Partei ausziehe"[194]. Den Schwerpunkt der Tätigkeit der Protonotare sah Günter Christ in der Geistlichen Gerichtsbarkeit. Ein gesondertes „Kanzleilokal" sah er erst seit 1356 belegt; „zuvor bestand offenbar keine Trennung zwischen den Räumlichkeiten des Geistlichen Gerichts und der Kanzlei"[195]. Auch im Falle von Kurmainz liegt wiederum der für Kurtrier prosopographisch ermittelte Schluss nahe, dass es sich bei Kanzlei und Offizialat um zwei Seiten derselben Medaille gehandelt hat[196].

---

192 Rödel, Mainz, Ebf.e von, S. 420.

193 REM, Bd. 1,1, Nr. 1767 (1315 Mai 7), §16. Erwähnt bei Kirn, Das Urkundenwesen und die Kanzlei der Mainzer Erzbischöfe, S. 564, Anm. 5; Burmeister, Anfänge und Entwicklung des öffentlichen Notariats, S. 87; allg. vgl. Johanek, Synodalia.

194 Sie sollen ferner „das schreiben gegen die herkömmliche Bezahlung, unter Vermeidung ungebührlicher Forderungen. Wenn ein Notar durch Krankheit oder andere Gründe verhindert ist, die gemeinsame Arbeitsstätte zu besuchen, so können die erzb. Richter ihn von der Verpflichtung, nur dort Abschriften von dem Register zu machen, für bestimmte Zeit entbinden. Wenn aber sonst ein Notar gegen diese Bestimmung verstößt, so verliert er seinen Anteil an dem Lohn (*porcio*) und seine Abschriften werden vom erzb. Siegler nicht besiegelt; wer nach Verlauf von 14 Tagen nach der Veröffentlichung [dieses Erlasses] nicht die Vorschrift befolgt und regelmäßig in jener gemeinsamen Stätte arbeitet, ist der Exkommunikation verfallen"; REM, Bd. 2,1, Nr. 708 (o. O., 1356 o. D.), hier S. 164 f. – Für Paul Kirn diente diese Quellenstelle sogar als entscheidendes Argument dafür, dass „beide Behörden [...] räumlich getrennt" zu denken waren. Schließlich gab es – unter Hinweis darauf – „Befehle, die dies vorschreiben"; Kirn, Urkundenwesen und die Kanzlei der Mainzer Erzbischöfe, S. 564.

195 Christ, Regierung und Verwaltung, S. 31. Zum Geistlichen Gericht auch May, Geistliche Ämter, S. 527–537.

196 Vgl. oben, Kap. 3.5.1: Die kurtrierische Kanzlei in der Zeit Erzbischof Balduins von Luxemburg (1307–1354); Burgard, *Familia Archiepiscopi*, S. 322.

4.5 Der ‚oberste Schreiber' als prominenter Import. Nikolaus von Wiesbaden (ab 1375)

Anhand des nicht unbedingt gut dokumentierten Werdeganges von Nikolaus von Wiesbaden soll in exemplarischer Form die biographische Dimension eines obersten Schreibers der Kurpfalz in der zweiten Hälfte des 14. Jahrhunderts untersucht werden. Sein Fall verdient besonderes Interesse vor dem Hintergrund der bereits skizzierten kurpfälzischen Kanzleientwicklung. Sie erschöpfte sich darin, dass trotz einer unter großen Anstrengungen betriebenen Territorialkonsolidierung seit 1329 am kurpfälzischen Hof von einer auch nur einigermaßen die Bezeichnung rechtfertigenden Kanzlei bis in die siebziger Jahre nicht die Rede sein konnte. Der Tätigkeitsbereich des obersten Schreibers war nach Ausweis der Überlieferung unauffällig und beschränkte sich vornehmlich auf die Kontrolle der dezentralen Amtsträger. Im Gegensatz dazu lag die Konstituierung der verwaltungsinternen Schriftgutproduktion, deren Schwerpunkt in die fünfziger und sechziger Jahre fiel, nicht in seinen Händen, sondern in denjenigen des Landschreibers Konrad von Aschaffenburg. Es stellt sich daher die Frage, ob mit dem Amtsantritt Nikolaus' von Wiesbaden in den siebziger Jahren eine Veränderung eintrat im Hinblick auf die Besetzung und das Aufgabenspektrum des obersten Schreibers.

4.5.1 Forschungsstand

Über Nikolaus selbst, seine Herkunft, Familie, Biographie und Karriere vor seinem allgemein als unvermittelt empfundenen Erscheinen in den Quellen als oberster Schreiber des Pfalzgrafen Ruprecht I.[1] ist bislang kaum etwas bekannt. Den nach wie vor gültigen Forschungsstand repräsentiert eine von Alois Gerlich stammende knappe Studie aus dem Jahr 1960[2]. In ihr ging es dem Verfasser nur in zweiter Linie um die Klärung biographischer Zusammenhänge. Die im Untertitel des Beitrages zum Ausdruck kommende Fragestellung zielte auf Nikolaus' Rolle als „Widersacher des Hauses Nassau in Kirche und Reich am Ausgang des 14. Jahrhunderts"[3]. Genau besehen fügte sich die Untersuchung in den von Gerlich in zahlreichen Studien erforschten

---

1 Vgl. Gerlich, Nikolaus von Wiesbaden, S. 16; Spiess, Lehnsrecht, S. 24; Rödel, Ämter und Kanzlei, S. 271 f.

2 Gerlich, Nikolaus von Wiesbaden; vgl. ferner die Artikel bei Renkhoff, Nassauische Biographie, Nr. 4758, S. 871; Ammerich, Nikolaus von Wiesbaden, S. 749; Spiegel, Urkundenwesen, Bd. 1, S. 120–125, 291. Den besten faktographischen Überblick liefert Remling, Geschichte der Bischöfe von Speyer, Bd. 1, S. 664–683, der allerdings vornehmlich dessen Speyerer Episkopat (1381–1396) behandelt; vgl. ferner Busch/Glasschröder, Chorregel und jüngeres Seelbuch, Bd. 1, S. 292 f. und S. 192, Anm. 1; ferner ebd., Bd. 2, S. 262.

3 Gerlich, Nikolaus von Wiesbaden, S. 13.

Mainzer Bistumsstreit der siebziger Jahre als ein Beitrag zur Territorialgeschichte des Mittelrheingebietes in der 2. Hälfte des 14. Jahrhunderts ein[4].

Gerlichs Ausgangspunkt war die These, dass Nikolaus in einem von Pfalzgraf Ruprecht I. initiierten politischen Spiel als Schachfigur eine Rolle gespielt habe. Anlass war die für die Pfalz aufgrund der territorialen Gegebenheiten problematisch gewordene Situation, als sich das Haus Nassau, vertreten durch den Mainzer Erzbischof Adolf, Ende der siebziger Jahre anschickte, unter Ausnutzung des 1378 eintretenden Großen Schismas und mit Unterstützung des avignonesischen Papstes Clemens VII. die Stühle in Mainz und Speyer gleichzeitig zu besetzen und die Kurpfalz damit von Norden und Süden zu umklammern[5].

In dem von Gerlich in diesem Aufsatz nur skizzenhaft umrissenen großangelegten Kontext musste die Figur des Helden verständlicherweise blass bleiben. Für ihn ist er der „bisher unbeachtet gebliebene Wormser Domherr", der „im Bereich der pfälzischen Politik fast unvermittelt in den ersten entscheidungsvollen Monaten nach dem Ausbruch des großen abendländischen Schismas auf[taucht]", und zwar genau in dem Moment, als es galt, „die Fronten für den Kirchenkampf, der sich in ganz Europa anbahnte, zu beziehen"[6]. So ist er im Februar 1379 gleich an zwei für die Pfalzgrafschaft entscheidenden politischen Aktionen beteiligt: erstens an einem am 20. Februar zu Frankfurt vereinbarten Eheprojekt zwischen dem Enkel Ruprechts II. und Sohn Ruprechts III., Ruprecht Pipan (* 1375, † 1397), und einer französischen Königstochter[7]. Zweitens schlossen nur eine Woche später auf dem Hoftag zu Frankfurt König Wenzel und die vier rheinischen Kurfürsten den sogenannten Urbansbund, der ihre römische Obödienz im Schisma für die nächsten Jahrzehnte festschrieb. Nicht der von Avignon als Mainzer Erzbischof bestätigte Adolf von Nassau, sondern sein von Urban VI. eingesetzter Konkurrent Markgraf Ludwig von Meißen fungierte dabei als Mainzer Kirchenfürst[8].

Basierend auf den Forschungen von Helmut Weigel, der das reichspolitisch bedeutende Vertragswerk von 1379 als ein Produkt aus Ruprechts I. „politischen Gedan-

---

[4] Der Beitrag steht in engem Zusammenhang mit den Untersuchungen Gerlichs zum Mainzer Bistumsstreit; vgl. Gerlich, Die Anfänge des großen abendländischen Schismas; sowie Ders., Habsburg – Luxemburg – Wittelsbach im Kampf um die deutsche Königskrone.

[5] Vgl. Gerlich, Nikolaus von Wiesbaden, bes. S. 13–16, bes. S. 14; Ders., Die Anfänge des großen abendländischen Schismas, bes. S. 57–69.

[6] Vgl. Gerlich, Nikolaus von Wiesbaden, Zitate S. 16 und 17.

[7] RPR, Bd. 1, Nr. 4271. Zum politischen Hintergrund, dem Interesse der Pfalzgrafen, eine Eheverbindung zwischen Luxemburgern und französischen Valois zu verhindern; vgl. Gerlich, Nikolaus von Wiesbaden, S. 16; Ders., Die Anfänge des großen abendländischen Schismas, S. 50–53.

[8] Vgl. Deutsche Reichstagsakten, Ältere Reihe, Bd. 1, Nr. 129–131, S. 232–241 (alle Frankfurt, 1379 Februar 27); RPR, Bd. 1, S. 4272; dazu Gerlich, Die Anfänge des großen abendländischen Schismas, S. 47–50. – Zu Adolf vgl. Renkhoff, Nassauische Biographie, Nr. 3049, S. 553 f.

kengängen“ identifizierte[9], zog Gerlich den Schluss, dass Nikolaus von Wiesbaden als Leiter der kurpfälzischen Kanzlei „dem Urbansbunde Gestalt verlieh und [...] damit entscheidend half, die kirchenpolitischen Erwägungen seines fürstlichen Herrn zu einem Element der internationalen Beziehungen zu machen“[10]. Den Schwerpunkt von Nikolaus’ Beratertätigkeit setzte er in den Bereich kirchenrechtlicher Fragen. Bei dem im selben Sommer 1379 folgenden lebenslangen Bündnis zwischen König Wenzel und Pfalzgraf Ruprecht I. sowie bei mehreren gegen Avignon gerichteten Maßnahmen des Pfälzers wähnte Gerlich Nikolaus von Wiesbaden implizit am Werke[11]. Durch den Tod des speyrischen Bischofs Johann von Nassau, eines nahen Verwandten Adolfs, sah Ruprecht dann die Gelegenheit gekommen, den „Pfälzer Kanzler zum Bischof erheben zu lassen“, um damit „das benachbarte Hochstift in die Hand eines absolut zuverlässigen Mannes zu legen und diesen selbst für seine vielfältigen Dienste angemessen belohnen zu können“[12].

Unmittelbar im Anschluss daran setzt Gerlich mit Überlegungen zu Nikolaus’ Biographie bis zum Zeitpunkt seiner Bischofserhebung ein. Seine Herkunft sieht er in ein gewisses Halbdunkel getaucht[13]. Er betrachtet ihn, übrigens ganz im Gegensatz zur zeitgenössischen Historiographie[14], als den vielleicht letzten Spross einer „am Mittelrhein beheimateten ritterbürtigen Familie“, nämlich der Herren von Wiesbaden. Dabei beruft er sich – anscheinend selbst nicht ganz von dieser Argumentation überzeugt – auf dessen spätere Karriere als Speyerer Bischof[15]. Die Tatsache, dass Nikolaus – zumindest dem Beinamen nach – aus dem „bedeutendsten Ort der Grafschaft Nas-

---

9 Weigel, Männer um König Wenzel, S. 116–124; Zitat ebd., S. 116; Gerlich, Die Anfänge des großen abendländischen Schismas, S. 49. – Ivan Hlaváček äußert sich hierzu nicht; vgl. lediglich Hlaváček, Das Urkunden- und Kanzleiwesen König Wenzels, Nr. 38, S. 481.

10 Gerlich, Nikolaus von Wiesbaden, S. 17; Keilmann, Eckard von Ders, S. 875.

11 RPR, Bd. 1, Nr. 4299 (Weißenburg, 1379 Juli 21); Gerlich, Nikolaus von Wiesbaden, S. 17.

12 Ebd., S. 18.

13 Ebd., S. 19.

14 Vgl. Die Limburger Chronik des Tilemann Elhen von Wolfhagen, Nr. 156, S. 82.

15 Gerlich, Nikolaus von Wiesbaden, S. 20 f., Zitat ebd., S. 20; darauf fußend: Renkhoff, Wiesbaden im Mittelalter, S. 202, Anm. 383. – Problematisch dabei ist, dass diese „Familie“ lediglich in Gestalt von Einzelmitgliedern gleichen Herkunftsnamens in Erscheinung tritt, eine genealogische Zuordnung allerdings unsicher bleibt; vgl. ebd., S. 20 f.; ferner ebd., S. 84 f., 202 f. – Zu erinnern wäre auch an die dabei bestehende Schwierigkeit, dass das Wappen, das Nikolaus als Bischof von Speyer führte (schwarzer Ochsenkopf mit goldenem Schild; vgl. Remling, Geschichte der Bischöfe von Speyer, Bd. 1, S. 665, Anm. 1798), nicht identisch ist mit dem von Gerlich, Nikolaus von Wiesbaden, S. 20, Anm. 47, für die Herren von Wiesbaden ermittelten (mit einem Balken überzogener Löwe); zum Wappen auch Renkhoff, a. a. O., S. 84. – Zu einigen nicht als Mitglieder des Edelherrengeschlechts identifizierbaren Mainzer Stiftskanonikern mit gleichem Herkunftsnamen vgl. Renkhoff, ebd., S. 85, Anm. 398. – Hermann von Wiesbaden, Stiftsdekan am Mariengredenstift in Mainz und wohl ein Verwandter von Nikolaus, wurde aus einem „Ministerialengeschlecht, das besonders im Rheingau begütert war,“ stammend, bezeichnet; Dörr, Das St. Mariengredenstift, S. 37. – Vgl. zu ihm auch das Personenregister dieser Arbeit.

sau-Wiesbaden-Idstein“, d. h. geradewegs aus der Residenz seiner schärfsten politischen Gegner stammte, rechnet Gerlich dabei „zu den Kuriositäten“[16]. Ähnlich merkwürdig mutet es an, dass die Herren von Wiesbaden nicht zum Lehensverband der Grafen von Nassau zählten[17].

Es kann hier kaum der Ort sein, die Argumentation Alois Gerlichs als eines ausgewiesenen Kenners der mittelrheinischen Territorialgeschichte grundsätzlich in Frage zu stellen, doch müssen einige Ergänzungen und Korrekturen vorgenommen werden. Sie fügen sich im Endeffekt zu einem anderen, aussagefähigeren Bild des späteren kurpfälzischen Protonotars zusammen. Sie gelten zunächst seinem familiären Kontext sowie dem sozialen Umfeld, in dem die Familie zu verorten ist.

4.5.2 Herkunft

Es wurde bereits erwähnt, dass die zeitgenössische Historiographie Nikolaus als von bürgerlicher Herkunft bezeichnete. Diese Angabe findet sich allerdings nicht in der bischöflich speyrischen Überlieferung, sondern in der sogenannten Limburger Chronik des Tilemann Elhen von Wolfhagen. Dort heißt es: *Item in derselben zit* [um 1391] *da was ein bischof zu Spire, der was von Wesebaden, eins burgers son, unde den half herzoge Rupracht palzgrebe bi Rine hanthaben, want he sin schriber was gewest, unde enmochte ime anders nit sin geschen. Unde regirete sinen vurgenanten stift bescheidlichen unde wol*[18].

Als halbe Reichsstadt lag Limburg an der Lahn im Spätmittelalter im Überschneidungsgebiet der Interessensphären von Kurmainz, Kurtrier und der Grafschaft Nassau[19], nicht gerade weit entfernt von Nikolaus’ Heimatstadt Wiesbaden. Bereits dem Herausgeber der Chronik, Arthur Wyß, fiel auf, dass von „Bischof Nikolaus von Speier [...] hervorgehoben [wird], dass er vorher pfalzgraf Ruprechts schreiber gewesen sei“[20]. Tilemann Elhen, der Verfasser der Chronik, lebte wahrscheinlich von 1347 bis 1402, war also ein Zeitgenosse des von ihm erwähnten Nikolaus von Wiesbaden.

---

16 Gerlich, Nikolaus von Wiesbaden, S. 21. Zu Wiesbaden auch Sante, Gerlach Graf von Nassau, S. 40; Renkhoff, Wiesbaden im Mittelalter.

17 Gerlich, Nikolaus von Wiesbaden, S. 20; nicht ganz eindeutig Renkhoff, Wiesbaden im Mittelalter, S. 84 f.

18 Die Limburger Chronik des Tilemann Elhen von Wolfhagen, Nr. 156, S. 82; zum Verfasser vgl. Johanek, Elhen (Ehlen), Tilemann, von Wolfhagen, Sp. 474–477. – Auf dieser Quelle fußen offensichtlich Remling, Geschichte der Bischöfe von Speyer, Bd. 1, S. 664: „geboren von bürgerlichen Aeltern zu Wiesbaden“; sowie Stramberg, Rheingau, Bd. 6, S. 377: „eines gemeinen Mannes Sohn aus Wißbaden“.

19 Vgl. Struck, Limburg, S. 274.

20 Wyss, Einleitung, in: Die Limburger Chronik des Tilemann Elhen von Wolfhagen, S. 10.

Seit 1371 erscheint Tilemann in der Limburger Überlieferung als öffentlicher Notar[21]. Viel weiter auf ihn einzugehen, verbietet sich an dieser Stelle. Nur so viel sei noch über ihn bemerkt, dass er in den drei Jahrzehnten seiner Tätigkeit nicht nur für die Stadt Limburg als Stadtschreiber und als Historiograph tätig wurde, sondern gleichzeitig auch als Schreiber von Urkunden aller Art sowohl für das Limburger Chorherrenstift wie auch für einzelne Bürger. Darüber hinaus bestätigte er in seiner Eigenschaft als öffentlicher Notar Rechtsgeschäfte unterschiedlicher Art[22].

Aufschlussreich erscheint meines Erachtens an der Erwähnung Nikolaus' von Wiesbaden in der Limburger Chronik, dass ihr Autor, selbst ein Stadtschreiber und öffentlicher Notar, Interesse am Werdegang eines aus einer Nachbarstadt stammenden Schreibers (*schriber*) zeigte, der Karriere gemacht hatte und dessen Aufstieg und Werdegang er zumindest skizzenhaft in seine Chronik aufnahm. Diese Angaben stehen innerhalb des Werkes singulär da. Ob hier eine aus ähnlicher Tätigkeit herrührende Bekanntschaft vorliegt oder ob es sich dabei lediglich um ein allgemeines Interesse an dem wahrscheinlich keineswegs alltäglichen Aufstieg eines als Schreiber tätigen Bürgersohns aus der weiteren Umgebung gehandelt hat, muss dahingestellt bleiben.

Darüber hinaus finden sich weitere Spuren von Nikolaus und seiner Familie in Speyer und Wiesbaden. Bereits Otto Renkhoff wies in seiner Wiesbadener Stadtgeschichte auf einige heute im Hauptsstaatsarchiv Wiesbaden aufbewahrte Archivalien hin, die Aufschluss über Nikolaus' familiären Kontext geben[23]. Aus einer Urkunde von 1388 über eine Seelgerätstiftung geht hervor, dass Nikolaus eine damals bereits verstorbene Schwester namens Barbara gehabt haben muss. Sie war zu ihren Lebzeiten mit einem Heinrich von Erbenheim (*Irbenheym*) verheiratet gewesen[24]. Dieses Konnubium deutet nicht in den Bereich des Adels, handelt es sich bei dem Herkunftsnamen des bischöflichen Schwagers – Erbenheim – um den eines Dorfes in unmittelbarer Nähe von Wiesbaden[25]. Die Familie scheint begütert gewesen zu sein, da in der Urkunde von Liegenschaften in der Stadt und ihrem Umland die Rede ist.

---

21 *Tylemannus Elhen von Wolffhan, eyn paffe uße Mentzer bischtome, wonehafftig zu Limpurg in Tryre bischtom, eyn uffinbar schriber von keiserlicher gewalt*; vgl. Urkunden von der Hand des Tilemann Elhen von Wolfhagen, Nr. 4, S. 120–122, hier S. 122 u. ö.

22 Vgl. die von Wyss im Anhang an die Chronik edierten Urkunden von der Hand des Tilemann Elhen von Wolfhagen; ferner Johanek, Elhen, Tilemann, von Wolfhagen, Sp. 474–477.

23 Renkhoff, Wiesbaden im Mittelalter, S. 84 f., 103, 172, bes. S. 202 f.

24 Wiesbaden, Hessisches Hauptstaatsarchiv, 137, U 81, unbesiegelte Papierabschrift (Wiesbaden, 1388 April 13). Der entsprechende Hinweis findet sich bereits bei Stramberg, Rheingau, Bd. 6, S. 378: „Es hat dieser Bischof Nicolaus und seiner Schwester Barbarä Tochter Catharina, welche in Wißbaden gewohnet, alle ihre in der Stadt und Mark Wißbaden gelegene, von ihren Eltern und Geschwistern an sie gekommene Güter dem Nicolai-Altar in der Wißbadischen Kirche 1388 vermacht, und hat die damals in Wißbaden befindlich gewesene elendige Bruderschaft des Nicolai-Altars dieses Vermächtniß schriftlich übernommen und vollzogen"; ferner Renkhoff, Wiesbaden im Mittelalter, S. 202 f.

25 Zum Ort vgl. die Nachweise bei Renkhoff, Wiesbaden im Mittelalter, S. 380; Regesten der Erzbischöfe bei Rhein, Namenverzeichnis, S. 37; Erbenheim, Stadt Wiesbaden.

Offenbar war aus der Ehe dieser Schwester eine Tochter namens Katharina hervorgegangen. Sie erscheint in der Wiesbadener Überlieferung als Katharina von Wiesbaden (*Katheryn von Wyßbaden*), während sie in derjenigen von Speyer als Katharina von Mainz bezeichnet wird. Sie war bei Ausstellung der Urkunde bereits verheiratet, da eine Zustimmung ihres Gemahls Klaus Cuntzmann von Ettlingen (*Claus Cuntzmans von Etzlingen*) vermerkt ist[26]. Aus der bischöflich speyrischen Überlieferung geht hervor, dass Katharina offenbar auf Initiative ihres Oheims diese Ehe eingegangen war. Vom 10. August 1392 datiert eine Urkunde, in der Bischof Nikolaus Regelungen über das väterliche und mütterliche Erbe Katharinas in Höhe von immerhin 4000 Gulden traf[27].

Der familiäre Rahmen, dem der Ehemann Klaus (II.) Cuntzmann von Staffort, genannt der Junge, entstammte, ist in mehrfacher Hinsicht aufschlussreich. Bietet er doch über das Konnubium möglicherweise Rückschlüsse auf die soziale Platzierung Nikolaus' von Wiesbaden und seines Geschlechts. Er ist gleichzeitig ein Lehrstück zum Thema vertikale Mobilität im Spätmittelalter. Der Ettlinger Stadtarchivar Rüdiger Stenzel hat den Cuntzmann eine Studie gewidmet, die besonders in dieser Hinsicht aufschlussreiche Ergebnisse zeitigte[28]. Bei ihnen handelt es sich um ein seit Mitte des 14. Jahrhunderts in den Quellen fassbares wohlhabendes Bürgergeschlecht aus dem badischen Ettlingen. Um die Mitte des 14. Jahrhunderts bekleideten Angehörige dort das städtische Richter- und Schultheißenamt[29]. Ihr Aufstieg vollzog sich in der zweiten Jahrhunderthälfte im näheren Umkreis der Markgrafen von Baden. In ihren Diensten gelang es ihnen gegen Ende des Säkulums, unter diversen Schwierigkeiten und Rückschlägen in den niederen Adel aufzurücken. Mittel und Wege waren – in Stichworten – Kreditvergabe, landesherrlicher Dienst mit Verleihung der ritterlichen Burg Staffort, königliche Wappenbriefverleihung, Erwerb adliger Grundherrschaften und Konnubium mit dem regionalen Niederadel[30].

Von Bedeutung ist dabei, dass sich das Engagement der Cuntzmann nicht auf die badischen Markgrafen beschränkte, sondern auch auf das benachbarte Hochstift Speyer übergriff. Die Anfänge ihres Aufstiegs vollzogen sich in den siebziger Jahren und zwar genau in der Zeit der vormundschaftlichen Regierung der Markgrafschaft Baden durch Pfalzgraf Ruprecht I.[31]

---

26 Wiesbaden, Hessisches Hauptstaatsarchiv, 137, U 81, f. 1r.; Renkhoff, Wiesbaden im Mittelalter, S. 203.

27 GLAK, 67/288, f. 303r–v und 173r–174v; Remling, Geschichte der Bischöfe von Speyer, Bd. 1, S. 675.

28 Stenzel, Die Cuntzmann von Ettlingen; ferner Ders., Ettlingen vom 14.–17. Jahrhundert, Bd. 1, S. 49–71; ferner Krimm, Von der Herrschaft zum Staat, S. 72 f.

29 Stenzel, Die Cuntzmann von Ettlingen, S. 55 f.; Ders., Ettlingen vom 14.–17. Jahrhundert, S. 52 f.; zu diesen Ämtern ebd., S. 77–80.

30 Hammes, Ritterlicher Fürst und Ritterschaft, S. 163, 217 f.; Stenzel, Die Cuntzmann von Ettlingen, S. 56–67; Krimm, Von der Herrschaft zum Staat, S. 72 f.; allg. Zotz, Adel in der Stadt des deutschen Spätmittelalters, S. 24 f., 38 f., 43 f.

31 Stenzel, Cuntzmann von Ettlingen, S. 57 f.

Die Annahme ist berechtigt, dass die Kontakte zwischen Nikolaus von Wiesbaden, damals bereits oberster Schreiber Ruprechts I., und Hans (I.) Cuntzmann in dieser Zeit geknüpft worden sind. Diese Kontakte scheinen sich später intensiviert zu haben und verlagerten sich Ende der achtziger Jahre in das Hochstift Speyer – genau zu dem Zeitpunkt, als sich Bischof Nikolaus dort politisch endgültig durchgesetzt hatte[32].

Die Zusammenarbeit war für beide Seiten lukrativ. Hans Cuntzmann und seine Söhne avancierten zu den Hauptkreditgebern des Bischofs und erhielten dafür bedeutende Lehen sowie hohe Ämter in der bischöflich speyrischen Landesverwaltung übertragen[33]. Die Heirat des jüngeren Sohnes Klaus (II.) Cuntzmann mit Katharina, der Nichte des Speyerer Bischofs, dürfte in diesen Zusammenhang gehören[34].

Möglicherweise verliefen Vernetzungen noch über andere Wege: Ein als Wormser Kleriker bezeichneter Konrad Cuntzmann von Ettlingen (*Cosmannus de Etlynga*) war im Jahre 1386 Konsemester Rabans von Helmstatt gewesen. Raban, von dem noch zu reden sein wird, war Favorit und späterer Nachfolger Bischof Nikolaus' und beerbte diesen auch noch in einem anderen Amt; er war der spätere Hofkanzler König Ruprechts[35].

Welche Rolle Nikolaus von Wiesbaden als Bischof von Speyer und Nikolaus/Klaus Cuntzmann bei der Entführung des vom Hof Papst Bonifatius IX. heimkehrenden Heidelberger Theologen Konrad von Soltau um die Mitte der neunziger Jahre spielten, kann hier weder weiterverfolgt noch entschieden werden[36].

4.5.3 Kurmainzisches Vorleben

Bislang wurde bei der Betrachtung Nikolaus' von Wiesbaden völlig übersehen, dass dieser nicht im Februar des Jahres 1379 erstmalig in Diensten Ruprechts I. erscheint, sondern bereits 1375. An dieser Stelle soll zunächst auf einen weiteren Tätigkeitsbereich aufmerksam gemacht werden: seine Beziehungen zu Kurmainz.

Es stimmt zwar keineswegs, wie in der älteren Literatur behauptet, dass Nikolaus von Wiesbaden im Jahre 1340 Präzeptor des späteren Mainzer Erzbischofs Gerlach

---

[32] Ohne Berücksichtigung dieser Zusammenhänge ebd., S. 59. – Ob der 1381 bis 1392 nachweisbare kaiserliche geschworene Notar Hermann Cuntzmann von Frankfurt (*Cu(o)ntzmanus de Frankenfordia*) mit den Ettlinger Cuntzmann verwandt ist (Annahme bei Schuler, Notare Südwestdeutschlands, Nr. 747, S. 261), ist nicht nachweisbar. Zumindest wäre es ein interessanter Hinweis auf ein gemeinsames Milieu.

[33] Stenzel, Cuntzmann von Ettlingen, S. 59–61 und 62; ferner die Aufstellung bei Dems., Ettlingen vom 14.–17. Jahrhundert, S. 59.

[34] Stenzel, Cuntzmann von Ettlingen, S. 64; die Angaben ebd., S. 60 beziehen sich – offenbar irrtümlich – auf dessen Vater Hans Cuntzmann.

[35] Toepke, Matrikel Heidelberg, Bd. 1, S. 13.

[36] Vgl. Die Rektorbücher der Universität Heidelberg, Bd. 1, Nr. 168, 178, 181 f., 187–191 u. ö. Vgl. dazu Nuding, Das Rektorbuch des Marsilius von Inghen, S. 624; Ders., Die Universität, der Hof, S. 218–220, 234.

von Nassau während dessen Bologneser Studienzeit gewesen sei[37]. Dennoch sind gewisse Zusammenhänge erkennbar. So immatrikulierte sich ein Hermann von Wiesbaden damals mit Gerlach etwa zeitgleich in Bologna[38]. Zwischen diesem Hermann und Nikolaus von Wiesbaden dürfte mit sehr hoher Wahrscheinlichkeit eine Verwandtschaft bestanden haben. Hermann war später – genau wie Nikolaus – Kanoniker am Stift St. Katharinen in Oppenheim.

Ähnlich verhielt es sich am Mariengredenstift (St. Mariae *ad gradus*) zu Mainz, wo Nikolaus als Stiftskanoniker für das Jahr 1373 nachgewiesen ist[39]. Vermutlich seit 1357 bis zu seinem Tod 1387 war Hermann von Wiesbaden im Besitz des dortigen Stiftsdekanats, das er von Johannes Sudermaden gegen die Pfarrkirche St. Wiperti in Erfurt ertauscht hatte. In dieser Angelegenheit supplizierte er am 14. Juli 1359 als Kaplan des Mainzer Erzbischofs (*capellan(us) d(omi)ni archiep(iscopi) Mog(untini))*, d. h. in Diensten Erzbischof Gerlachs von Nassau, erfolgreich an der Papstkurie in Avignon. Enge Verbindungen zwischen Hermann von Wiesbaden und Erzbischof Gerlach von Nassau dürften daher nach der gemeinsamen Studienzeit in Bologna fortbestanden haben. Hermann starb als altgedienter Dekan von Mariengreden am 10. Februar 1387[40]. Das Dekanat war die angesehenste Prälatur des Chorherrenstiftes. In seinem Testament von 1387 gab er eine detaillierte Beschreibung seiner großen und reichhaltig ausgestatteten Wohnung samt Inventar. Seine Bibliothek umfasste allein 53 Kodizes[41]. Als einer von drei Testamentsvollstreckern fungierte offenbar ein jüngerer Verwandter namens Heinrich von Wiesbaden, ebenfalls Stiftskanoniker an Mariengreden[42]. Bei den beiden anderen handelte es sich um Johann von Köln, Kustos von St. Viktor in Mainz, und Heinrich von Bingen, Vikar an Mariengreden[43].

---

37 Vgl. dazu Renkhoff, Wiesbaden im Mittelalter, S. 202, Anm. 383.

38 Knod, Deutsche Studenten in Bologna, Nr. 2507, S. 367 (1340 Gerlach von Nassau [im Folgenden „v. N."]); ebd., Nr. 4203, S. 631 (1341 Hermann von Wiesbaden [im Folgenden „v. W."]); Schmutz, Juristen für das Reich, Bd. 2, Nr. 975, S. 450 (Gerlach v. N.); ebd., Nr. 1678, S. 532 (Hermann v. W.). Renkhoff, Wiesbaden im Mittelalter, S. 202, Anm. 383, geht nicht davon aus, dass sich Hermann damals „im Gefolge des jungen Grafen befand".

39 Vgl. REM, Bd. 1,2, Nr. 6192, 6197 (Hermann v. W. zu 1349); ebd., Bd. 2,1, Nr. 1531 (Nikolaus v. W. (*Wisebaden*); o. O., 1362 Aug: 4). Dörr, Das St. Mariengredenstift, S. 92; Gerlich, Nikolaus von Wiesbaden, S. 21. – Zu Hermann v. W. vgl. auch Joannis, Rerum Moguntiacarum Excerpta, Bd. 2, S. 674; ferner die Nachweise bei Dertsch, Die Urkunden des Stadtarchivs Mainz, Bd. 4, S. 123.

40 Knod, Deutsche Studenten in Bologna, Nr. 4203, S. 631.

41 Dörr, Das St. Mariengredenstift, S. 37 f. Die Editon des Testamentes vom 11. Februar 1387, ebd., Anhang, S. 252–257.

42 Vgl. die Edition bei Dörr, Das St. Mariengredenstift, hier S. 252. Heinrich ist erstmals 1381 als Kanoniker an Mariengreden nachgewiesen; ebd., S. 92.

43 Dörr, ebd., S. 252. Das betreffende Notariatsinstrument des öffentliches Notars und Mainzer Klerikers Konrad Buddenband(t) (*dictus Buddenband)* nennt weitere Zeugen. Es handelt sich um die *discret(i) vir(i)* Heinrich Knorre (*dict(us) Knorre)*, Scholaster an Mariengreden, und Jakob von Alzey, Vikar ebd., S. 256. Sie müssen dem Testierer im Gegensatz zu den Testamentsvollstreckern nicht zwangsläufig nahe gestanden haben.

Am 4. August 1362 befand sich ein Nikolaus von Wiesbaden, Kanoniker am St. Katharinenstift zu Oppenheim, unter insgesamt vier offenbar rechtskundigen Zeugen anlässlich der Beilegung eines Rechtsstreites[44]. In der kurmainzischen Burg Eltville entschied damals Nikolaus [Sturzekop von Grünberg], Propst von St. Viktor bei Mainz und erzbischöflicher Intimus[45], als ein durch Erzbischof Gerlach bestellter Richter einen Streit zwischen zwei Lombarden. Dabei ging es um strittige Güter, die dem Kläger von seinem verstorbenen Bruder angeblich vermacht worden waren. Als Beweismittel präsentierte er ein Notariatsinstrument, das dem Gericht zur Entscheidungsfindung vorgelegt wurde. „Nach Einholung des Rates von Rechtskundigen und nach eigener Prüfung“ erklärte Propst Nikolaus den Anspruch für unbegründet[46]. Die Tatsache, dass Nikolaus von Wiesbaden an dieser offensichtlich komplizierten Rechtssache beteiligt war, weist auf seine spezifischen Kenntnisse hin, die sich offenbar auf die den streitenden Lombarden vertrauten Rechtsgewohnheiten erstreckte. Gleichzeitig verweist sie auf eine Zugehörigkeit zum Kurmainzer Hof.

Beim Blick auf die Überlieferung fällt auf, dass sich – vorbehaltlich einer zufälligen Namensgleichheit – weitere Beziehungen zwischen Nikolaus von Wiesbaden zum erzbischöflichen Hof feststellen lassen. Konsultiert man, ähnlich wie im Fall Konrads von Aschaffenburg, die Listen des Kanzleipersonals der Mainzer Erzbischöfe, dann ergibt sich wieder unter dem Episkopat Gerlachs von Nassau (1346 bzw. 1353–1371) für das Jahr 1367 der Hinweis auf eine Funktion Nikolaus’ von Wiesbaden als erzbischöflicher Notar[47]. Die Angelegenheit, bei der seine Anwesenheit bezeugt ist, war für die Mainzer Kirchenprovinz von hohem Belang. Es ging dabei um den Zehnten, den Papst Urban V. auf alle Einkünfte von Prälaten und Klerikern in Deutschland und Böhmen gefordert hatte[48]. Nicht nur in der Mainzer Erzdiözese hatte sich dagegen erheblicher Widerstand geregt. Wenige Tage nach Ablauf des Termins sah sich der päpstliche Nuntius Bertrand de Macello gezwungen, aufgrund der schlechten Zahlungsmoral die Frist zu verlängern und sich dies von den Delegierten der Mainzer Suffraganbistümer bestätigen zu lassen. Das Treffen mit diesen fand am 8. Februar 1367 in der Burg des Erzbischofs in Eltville statt. Es wurde darüber eine Reihe von offenbar gleichlautenden Notariatsinstrumenten ausgefertigt. Unter den *suprascripti*

---

44 REM, Bd. 2,1, Nr. 1531; dazu auch Hehl, Das Kollegiatstift St. Katharina zu Oppenheim, S. 79. Zum Stift allg. vgl. Clemm, Geschichte des St. Katharinenstifts zu Oppenheim. – Ein weiterer Zeuge war auch hier der 1367 ebenfalls als erzbischöflicher *notarius* erwähnte Johann von Cassel, Kanoniker am St. Petersstift zu Aschaffenburg (zu ihm Fruhmann, Studien zu Kanzlei und Urkundenwesen der Erzbischöfe von Mainz, Nr. 4, S. 64).

45 Er war der ehemalige Präzeptor Erzbischof Gerlachs; vgl. Otto, Graf Gerlach von Nassau als Subdiakon, S. 44 f.; Schmidt, Konrads von Gelnhausen Pfründenkarriere, S. 298; Joannis, Rerum Moguntiacarum Excerpta, Bd. 2, S. 620. – Zu ihm Knod, Deutsche Studenten in Bologna, Nr. 1245; Schmutz, Juristen für das Reich, Bd. 2, Nr. 2622, S. 648 (Nikolaus Stintzkopf v. G.).

46 Ebd.

47 Fruhmann, Studien zur Kanzlei und zum Urkundenwesen der Erzbischöfe von Mainz, S. 64.

48 Vgl. REM, Bd. 2,1, Nr. 2216 (Eltville, 1367 Februar 8). Anlass war die Finanzierung des zweiten Romzuges Karls IV.; Widder, Itinerar und Politik, S. 272.

sind insgesamt fünf erzbischöfliche *secretarii* und *notarii* namentlich erwähnt. Unter ihnen findet sich Nikolaus von Wiesbaden[49].

Angesichts dieses Vorlebens unter kurmainzischem Vorzeichen erscheinen einige weitere Worte zu Erzbischof Gerlach von Mainz angemessen, von dem bereits in anderem Zusammenhang die Rede war und in dessen Episkopat es fällt[50]. Er entstammte der sogenannten Walramischen Linie der Grafen von Nassau, war Enkel des deutschen Königs Adolf von Nassau († 1298) und nachgeborener Sohn des Nassauer Grafen Gerlach I. und der Landgräfin Agnes von Hessen. Er war damit ein jüngerer Bruder des regierenden Grafen Johann I.[51] 1340 studierte er – wie bereits erwähnt – in Bologna und wurde dort 1341 zum Prokurator der Deutschen Nation gewählt[52]. Seit 1343 sind Domkanonikate in Mainz und Trier für ihn nachgewiesen; noch im gleichen Jahr ernannte ihn Clemens VI. zu seinem Kaplan. Nach dem Erwerb weiterer Pfründen wurde er 1346 vom gleichen Papst auf das Mainzer Erzbistum providiert[53]. Jedoch gelang es ihm erst im Jahre 1353, nach dem Tod seines Konkurrenten Heinrich von Virneburg, sich im Erzbistum durchzusetzen[54].

Seine reichspolitische Position war von einem durchaus engen Verhältnis zu Karl IV. geprägt[55]. Der Luxemburger benötigte Gerlachs Kurstimme nicht nur bei seiner Erhebung zum Gegenkönig im Jahre 1346, sondern ebenso für die deutsche Königsnachfolge seines 1361 geborenen Sohnes Wenzel. Dies führte im Sommer 1366 zu einem auf ewige Zeiten geschlossenen Schutz- und Kurbündnis[56]. Möglicherweise erklärt

---

49 *[...] ac dominis Johanne de Cassel, Nycolao de Wysebadin et Henrico de Polede, notariis domini archiepiscopi [...]*; REM, ebd. Vgl. dazu auch unten Kap. 4.8: Zwischenresümee: Kirchliche Netzwerke, Stiftsherren und Kollektoren, sowie das Personenregister dieser Arbeit.

50 Vgl. Hollmann, Mainzer Domkapitel, S. 417 (weitere Literatur zum Geschlecht ebd., S. 415); Holbach, Stiftsgeistlichkeit, Bd. 2, S. 544 f.; ferner den Artikel bei Renkhoff, Nassauische Biographie, Nr. 3057, S. 555; Ders., Nassau im Mittelalter, S. 98–101. Immer noch instruktiv ist die biographische Skizze von Sante, Gerlach Graf von Nassau. Zu Erzbischof Gerlach vgl. oben Kap. 4.4.3: Innovationen im 14. Jahrhundert.

51 Isenburg, Europäische Stammtafeln, Bd. 1, Tafel 108.

52 Knod, Deutsche Studenten in Bologna, Nr. 2507, S. 367; Schmutz, Juristen für das Reich, Bd. 2, Nr. 975, S. 450; Hollmann, Mainzer Domkapitel, S. 417; Holbach, Stiftsgeistlichkeit, Bd. 2, S. 544. Bereits Gerlachs gleichnamiger Vater hatte 1304 in Bologna studiert; Knod, ebd., Nr. 2506, S. 367.

53 Jürgensmeier, Das Bistum Mainz; S. 136–139; Sante, Gerlach Graf von Nassau, S. 34 f.; die entsprechenden Nachweise bei Hollmann, Mainzer Domkapitel, S. 417.

54 Hölscher, Kirchenschutz als Herrschaftsinstrument, S. 54 f.; Huber, Das Verhältnis Ludwigs des Bayern zu den Erzkanzlern von Mainz, Köln und Trier, S. 114–120; Gerlich, Nassau in den politischen Konstellationen am Mittelrhein, S. 34–36; Renkhoff, Wiesbaden im Mittelalter, S. 98 f.; Sante, Gerlach Graf von Nassau, S. 35–40; Jürgensmeier, Das Bistum Mainz, 139 f.

55 Vgl. dazu Hölscher, Kirchenschutz als Herrschaftsinstrument, S. 54 f.

56 Hölscher, Kirchenschutz als Herrschaftsinstrument, S. 55; Gerlich, Interterritoriale Systembildungen, S. 107–109; Klare, Wahl Wenzels, S. 24–28; Röhrenbeck, Karl IV. und die Pfalzgrafen bei Rhein, S. 629; Stein, Einungs- und Landfriedenspolitik der Mainzer Erzbischöfe, S. 114–127.

sich hieraus die um die Mitte der sechziger Jahre des 14. Jahrhunderts zu beobachtende diplomatische Aktivität am kurmainzischen Hof. Durchmustert man die von Theodor Fruhmann erstellte und insgesamt 14 Namen umfassende Liste des Gerlachschen Kanzleipersonals, dann finden sich in diesen Jahren allein neun Personen, denen ein Notarstitel oder entsprechende Funktionen zugeordnet werden können[57].

Ein gewichtiges Argument für eine Personengleichheit des rechtskundigen Zeugen von 1362 und des kurmainzischen Notars von 1367 mit dem kurpfälzischen Oberschreiber von 1379 ist der umfangreiche und prominente Pfründenbesitz des letzteren, mit einem Schwergewicht auf kurmainzischer Provenienz. Aus den Jahren 1375 und 1380 haben wir Belege dafür, dass Nikolaus von Wiesbaden u. a. Stiftskanonikate und Prälaturen in Frankfurt am Main, Mainz und Aschaffenburg besaß[58]. Ein Nachweis vor Ort ist für die einzelnen Stifte allerdings teilweise schwer zu führen. So wird Nikolaus anlässlich eines von Pfalzgraf Ruprecht I. gefällten Schiedsspruches im Jahre 1375 als Nikolaus, Dekan zu Frankfurt (*Nicolas, dechan zu Franckenford*), bezeichnet[59]. In den verfügbaren Personallisten des Frankfurter Bartholomäusstiftes erscheint er jedoch nicht[60]; es sind allerdings für 1383 Verbindungen Nikolaus' zum Stift nachweisbar[61].

---

[57] Fruhmann, Studien zur Kanzlei und zum Urkundenwesen der Erzbischöfe von Mainz, S. 63–65.

[58] Vgl. die Aufstellung bei Gerlich, Nikolaus von Wiesbaden, S. 18 f. Sie wird von ihm ohne Kommentar im Hinblick auf kurmainzische Implikationen zur Kenntnis genommen. – Die seit 1369 für Nikolaus nachweisbare vornehme Propstei und das Archidiakonat in Deventer dürfte er seinen guten Verbindungen zur päpstlichen Kurie zu verdanken gehabt haben. Vor Ort scheint ihm die Durchsetzung seiner Ansprüche nicht gelungen zu sein, da er in dieser Angelegenheit bis in seine Speyerer Amtszeit hinein mit dem Kleriker Johannes Gruwel in Streit lag; vgl. Gerlich, Nikolaus von Wiesbaden, S. 19. – Auf welche Weise Nikolaus an die Wormser Domkustodie gelangt ist, nach der er sich 1379 bezeichnete, muss offen bleiben; vgl. RPR, Bd. 1, Nr. 4271. Unter ebd., Nr. 4282 wird er als Domherr zu Worms bezeichnet; dazu auch Gerlich, a. a. O., S. 19.

[59] Besiegeltes Pergament-Original, Wiesbaden, Hessisches Hauptstaatsarchiv, 150, U 114 (Heidelberg, 1375 Januar 8 (*an deme mantage nach dem zwelften dage nach crists geburte 1375*)); RPR, Bd. 1, Nr. 4082 (mit der für Nikolaus unzutreffenden Bezeichnung als „Domdechanten von Frankfurt").

[60] Bei Kellner, Das Reichsstift St. Bartholomäus zu Frankfurt am Main im Spätmittelalter, fehlt sein Name; ebd., S. 79 f.; ferner Rauch, Pröpste, Propstei und Stift von Sankt Bartholomäus in Frankfurt, S. 60 (1373 hieß der dortige Dekan Wigand (Welder)). – Zum Einfluss des Mainzer Erzbischofs auf die Pfründenvergabe am Stift unter Bevorzugung von Kanzleimitgliedern vgl. Kellner, ebd., S. 98 f., 104, 118; ferner Moraw, Zur Sozialgeschichte der Propstei des Frankfurter Bartholomäusstifts im Mittelalter, hier S. 229–231.

[61] Am 16. November 1383 ermächtigte der am Hof Papst Urbans VI. in Neapel weilende Ludwig Scheidemann, Propst von St. Bartholomäus in Frankfurt, seinen Neffen Heinrich Scheidemann, *canon. Dorlen. dicte* [= *Maguntin.*] *dioc.*, alle ihm nach Rom durch Bankiers der Kurie überwiesene Gelder, vor allem 100 Gulden von Nikolaus, Elekten von Speyer, in Empfang zu nehmen. Nikolaus hatte den Betrag in Köln bei dem lucchesischen Bankier und Kaufmann Bonaiunta Dardagnini eingezahlt; vgl. Esch, Das Archiv eines Lucchesischen Kaufmanns an der Kurie, Nr. 34, S. 160. Zu Ludwig Scheidemann vgl. Rauch, St. Bartholomäus, S. 65, 67 f. (der ihn in dieser Position erst für das Jahr 1390 nachweisen kann; ebd., S. 67).

Möglicherweise bezieht sich die Angabe nicht auf letzteres, sondern auf das Dekanat am Frankfurter Liebfrauenstift[62].

Im Jahre 1380 ordnete Clemens VII. an, die Kanonikate, die Nikolaus in den Stiften St. Peter zu Mainz und St. Peter und Alexander in Aschaffenburg besitzt, Angehörigen der Herren von Reifenberg zu übertragen[63]. Doch fällt auch hier eine Zuordnung schwer. Im Aschaffenburg betreffenden Werk von August Amrhein ist Nikolaus von Wiesbaden nicht nachgewiesen[64]. Es finden sich dort lediglich ein Peter von Wiesbaden, der 1389 seine Präbende zugunsten des Frankfurter Großbürgersohns Johann von Neugebauer resignierte[65], ferner ein Heinrich Antzo von Wiesbaden, der 1383 die Präbende des resignierenden Johann von Walen erhielt und 1411 starb. Sein Vater, Antzo von Wiesbaden, war Zöllner in Aschaffenburg[66].

4.5.4 Päpstlicher *Auditor sacri palatii*

Aus Nikolaus' Provision auf den Speyerer Bischofsstuhl durch den römischen Papst Urban VI. vom Jahre 1381 erfahren wir, dass er zuvor zwölf Jahre lang als Auditor an der päpstlichen Rota fungiert hatte[67]. Außer dieser vereinzelten Nachricht ist nichts weiteres darüber bekannt[68]. Die Verbindungen von Kurmainz zum Heiligen Stuhl müssen im Spätmittelalter intensiv gewesen sein[69]. Gerlach von Nassau war – wie gesagt – 1343, drei Jahre vor seiner Provision auf den Mainzer Stuhl, von Papst Clemens VI. zu seinem Kaplan ernannt worden[70]. Auch im Bereich des Schriftwesens

[62] Vgl. Gerlich, Nikolaus von Wiesbaden, S. 19, Anm. 41. – Stramberg, Rheingau, Bd. 6, S. 377, beschrieb im Jahre 1867 Nikolaus vor seiner Bischofserhebung als Kanoniker zu Mariengreden in Mainz, Dekan zu Liebfrauen in Frankfurt am Main, Propst zu Deventer, Domkustos in Worms, Rota-Beisitzer und eine Zeitlang Geheimschreiber bei Pfalzgraf Ruprecht („Vorher war er nach und nach Canonicus im Liebfrauen-Stift zu Mainz, Decanus im Liebfrauen-Stift zu Frankfurt am Mayn, Propst zu Deventer in den Niederlanden, Custos in dem Domcapitul zu Worms, Beisitzer in dem *Consistorio Rotae* zu Rom worden, war auch in seinen jüngern Jahren eine Zeitlang bei Ruprechten Pfalzgrafen am Rhein Geheimschreiber gewesen und war seiner Geschicklichkeit halben sehr berühmt"). – Zum Kanonikat am Liebfrauenstift zu Mainz vgl. Gerlich, ebd., S. 19.

[63] Gerlich, Nikolaus v. Wiesbaden, S. 18; Toepke, Matrikel Heidelberg, Bd. 1, S. 43.

[64] Amrhein, Die Prälaten und Canoniker; ebensowenig bei Brügmann, Das älteste Nekrolog.

[65] Amrhein, Die Prälaten und Canoniker, S. 253.

[66] Ebd., S. 235 mit Anm. 1 f.

[67] Remling, Geschichte der Bischöfe von Speyer, Bd. 1, S. 665; Gerlich, Nikolaus von Wiesbaden, S. 24; unter Bezug auf Hauck, Kirchengeschichte Deutschlands, Bd. 5,2, S. 1146. – Stramberg, Rheingau, Bd. 6, S. 377, bezeichnete ihn als Rota-Beisitzer („Beisitzer in dem *Consistorio Rotae* zu Rom").

[68] Vgl. Schuchard, Die Deutschen an der päpstlichen Kurie im späten Mittelalter, S. 116, Anm. 590, und S. 117, Anm. 602.

[69] Vgl. Rauch, St. Bartholomäus, S. 59.

[70] Vgl. REM, Bd. 1,2, Nr. 6112a; Hollmann, Mainzer Domkapitel, S. 417; ferner Gerlich, Nassau in den politischen Konstellationen am Mittelrhein, S. 33–35. – Unter Gerlach werden in Zusammenhang mit mehreren Missionen an die päpstliche Kurie nach Avignon erzbi-

sind Beziehungen zu beobachten. Für das 15. Jahrhundert wurde eine vergleichsweise starke Abhängigkeit der lateinischsprachigen Mainzer Bischofsurkunden von denen der päpstlichen Kanzlei beobachtet. Bekannt ist ferner, dass die im Jahre 1793 verbrannte Bibliothek des Mainzer Domkapitels u. a. eine Sammlung päpstlicher Kanzleiregeln von Johannes XXII. (1316–1334) und seiner Nachfolger bis Johannes XXIII. (1410–1415) sowie eine geschriebene und eine gedruckte „Sammlung von Entscheidungen der Rota Romana" besessen hatte[71].

Natürlich hätte die Überlegung, Nikolaus in der Papstkanzlei am Werke zu sehen, ihren Reiz. Nach all dem Wenigen, was wir wissen, kann davon jedoch nicht die Rede sein. Doch sollte erwähnt werden, dass gerade in der avignonesischen, später römischen Papstkanzlei des ausgehenden 14. und der ersten Hälfte des 15. Jahrhunderts eine Reihe von Deutschen in herausgehobenen Positionen tätig war[72]. Erinnert sei beispielsweise an den *abbreviator assistens* und Kanzleischreiber Dietrich von Niem, der um 1380 unter Papst Urban VI. den Liber Cancellariae Apostolicae mit den wichtigsten päpstlichen Kanzleiregeln zusammengestellt hat[73].

Im Gegensatz zur Kanzlei handelte es sich bei der Rota bzw. *audientia sacri palatii* um den wichtigsten Gerichtshof der päpstlichen Kurie. Seit dem ausgehenden 12. Jahrhundert wurden an ihr Verfahren von zweitrangiger Bedeutung abgewickelt, bei denen die prozessführenden Parteien dennoch Wert auf eine Entscheidung an der Kurie legten. Das Kolleg der *audientia sacri palatii*, der Rota-Richter, umfasste im 15. Jahrhundert um die zwölf Personen, auf deren Zahl es 1472 begrenzt wurde. Jedem Auditor waren wiederum vier *notarii* bzw. *scribe* zugeordnet, die jeweils Protokoll während der Prozesse zu führen hatten[74]. Das Amt des Rota-Richters war an der Kurie eines der wenigen, in dem Deutsche im Zeitraum zwischen 1378 und 1450 „kontinuierlich und in beachtlicher Zahl vertreten waren"; vorher und danach finden sich kaum Belege für ihre Tätigkeit[75].

---

schöfliche Notare genannt; FRUHMANN, Studien zur Kanzlei und zum Urkundenwesen der Erzbischöfe von Mainz, Nr. 1, 5, 7, 8, S. 63 f. auf der Basis der REM, Bd. 2,1, Nr. 2028 (1365 November 28); ferner ebd., Nr. 574 (1356 März 31).

71 Vgl. KIRN, Urkundenwesen und die Kanzlei der Mainzer Erzbischöfe im 15. Jahrhundert, S. 314. Allg. vgl. die Einleitung des Herausgebers Michael TANGL, in: Die päpstlichen Kanzleiordnungen, S. XI–LXXXI.

72 SCHUCHARD, Die Deutschen an der päpstlichen Kurie, S. 92–114.

73 Ebd., S. 100, 110. – Im Übrigen ist auch Dietrich von Niem für die Rota tätig geworden. Kurz nach 1378 stellte er den *Stilus palatii abbreviatus* zusammen, der die Grundsätze des Rechtsganges an der Rota enthielt; Edition in: Der Liber cancellariae Apostolicae, S. 217–234; ferner ebd., S. XXVII–XXX; HEIMPEL, Dietrich von Niem, S. 22–24, 31; ferner ebd., Anhang, Nr. 3, S. 288.

74 SCHUCHARD, Die Deutschen an der päpstlichen Kurie, S. 114 f.; GUILLEMAIN, La cour pontificale d'Avignon, S. 348. – Allg. NÖRR, Über die mittelalterliche Rota Romana. Zu den Rechtsmaterien ebd., S. 227 f.

75 SCHUCHARD, Die Deutschen an der päpstlichen Kurie, S. 115 f.; Zitat ebd., S. 115; DIES., Zu den Rotanotaren; GUILLEMAIN, La cour pontificale d'Avignon, S. 349 f. – Zur Ausbildung der Rota als Gerichtshof in der avignonesischen Zeit vgl. GUILLEMAIN, ebd., S. 345–356; NÖRR, Über die mittelalterliche Rota Romana, S. 225–227.

Von daher dürfte Nikolaus von Wiesbaden für die Zeit vor 1378 als eine der großen Ausnahmen zu gelten haben, wenn er von Urban VI. schon 1381 als ehemaliger (und langjähriger) *auditor sacri palatii* bezeichnet wurde. Doch ergeben sich hieraus einige Fragen. Beim Auditorenamt handelte es sich im Gegensatz zum Amt des päpstlichen Kammerherrn, des Kubikulars, im Allgemeinen um keinen Ehrentitel, sondern es erforderte – wenn man in den Genuss der Gefälle kommen wollte – Anwesenheit am päpstlichen Hof[76]. Betrachtet man die – zugegebenermaßen sporadischen – Nachweise Nikolaus' aus den Jahren 1375 und 1379 in der deutschen Überlieferung, dann erscheint es kaum möglich, dass er 12 Jahre lang ununterbrochen in Avignon bzw. später in Rom tätig gewesen ist. Von 1381 aus zurückgerechnet hieße dies nämlich nichts anderes, als dass er spätestens ab 1369 aus Deutschland abwesend gewesen sein muss.

Für eine Tätigkeit im Gericht sprechen Nikolaus' juristische Kenntnisse, von denen bereits die Rede war. Auf sie griff er auch später während seines Speyerer Episkopats vorzugsweise zurück[77]. Ein Studium ist für ihn zwar nicht nachweisbar, doch mag dies überlieferungsbedingt sein. Es sei darauf hingewiesen, dass die Anforderungen an die fachliche Qualifikation der Rota-Richter ausgesprochen hoch waren. Aus den Jahren zwischen 1378 und 1417 wissen wir, dass von den 53 Auditoren allein 46 einen juristischen Doktortitel führten[78].

Auffallend ist allerdings, dass Nikolaus in der kurialen Überlieferung sonst nicht vorkommt[79]. Der von Theodor Graf angeführte Beleg aus den vatikanischen Registern, ein Dorsualvermerk auf einer Urkunde über eine Streitsache vom 23. Februar 1379 mit dem Text *Ego Nicolaus diffinitive pronunciavi condempnavi etc.*[80], kann sich kaum

---

76 Boockmann, Laurentius Blumenau, S. 50 f., Anm. 209. Zum Prinzip der Kollegialität vgl. Nörr, Über die mittelalterliche Rota Romana, S. 239 f.

77 Vgl. Remling, Geschichte der Bischöfe von Speyer, Bd. 1, S. 677; Ehmer, Der gleißende Wolf von Wunnenstein, S. 114.

78 „Juristes prestigieux, non seulement tous gradués mais presque tous docteurs, avec une majorité de canonistes"; Verger, Études et culture universitaire, S. 64; er basiert auf den prosopographischen Ergebnissen von Gilles, Les auditeurs de Rote. „[La Rote] n'avait besoin que d'un personnel limité mais hautement qualifié de juges et de greffiers"; Guillemain, La cour pontificale d'Avignon, S. 346.

79 Im Standardwerk von Guillemain, ebd., ist Nikolaus von Wiesbaden als solcher nicht nachgewiesen; vgl. jedoch ebd., S. 687 unter Hinweis auf Pogatscher, Deutsche in Avignon im XIV. Jahrhundert, S. 58–63 (dort kein Nachweis); ebenso wenig in der Prosopographie von Gilles, Les auditeurs de Rote, der allerdings vornehmlich die avignonesische Rota für den Zeitraum von 1378 bis 1417 behandelt und der einräumt: „Il est assez difficile de connaître avec précision la composition de la Rote au XIVe siècle" (ebd., S. 321); ein Nachweis fehlt auch in dem jüngeren Sammelband: Le Fonctionnement administratif de la Papauté d'Avignon. – Behandelt wird Nikolaus von Wiesbaden bei Schuchard, Die Deutschen an der päpstlichen Kurie im späten Mittelalter, S. 116, Anm. 590, und S. 117, Anm. 602; basierend auf Graf, Papst Urban VI. Untersuchungen über die römische Kurie während seines Pontifikates, Nr. 38, S. 41a, der sich jedoch seinerseits auf die Nachricht bei Remling, Geschichte der Bischöfe von Speyer, Bd. 1, S. 665, stützt.

80 Graf, Papst Urban VI., Nr. 38, S. 41a.

auf Nikolaus von Wiesbaden beziehen, da dieser zum selben Zeitpunkt auf dem Hoftag zu Frankfurt am Main in kurpfälzischen Diensten tätig war. Natürlich wäre es möglich, dass Nikolaus' Tätigkeit an der Kurie auf einen früheren Zeitpunkt fällt oder dass er die Amtsgeschäfte nicht ständig ausgeübt hat. Letzteres war allgemein üblich, zumal der Titel über die eigentliche Amtszeit hinaus geführt werden konnte. Länger als fünf Jahre währende Dienstzeiten galten an der Rota ohnehin eher als Ausnahme. Die Tätigkeit galt als klassische Zwischenstation für den Erwerb höherer kurialer Ämter oder – außerhalb des päpstlichen Hofes – für die rasche Erlangung von Episkopaten, den Eintritt in den gehobenen Fürstendienst und die Ausübung universitärer Lehrämter[81].

Welche der aufgeführten Alternativen auf Nikolaus zutrifft, wird nicht mehr zu entscheiden sein, zumal das Auditorenamt – selten zwar – auch als reines Ehrenamt nachweisbar ist[82]. In den beiden von Christiane Schuchard hierzu aufgeführten Fällen kamen die Betreffenden „im Dienste von Dritten – eines Ordens bzw. eines Bischofs – erstmals an die Kurie, wurden Auditoren, kehrten aber alsbald in ihre Heimat zurück, besuchten Rom zwar später wieder, amtierten bei dieser Gelegenheit jedoch nicht"[83]. Es wäre somit möglich, dass Nikolaus im Auftrag bzw. als Notar Erzbischof Gerlachs von Mainz in Avignon bzw. Rom, in welcher Funktion auch immer, tätig geworden ist[84].

Aufgrund der noch zu behandelnden verwandtschaftlichen und politischen Beziehungen Erzbischof Gerlachs von Mainz zu seinem Vetter Pfalzgraf Ruprecht I. ist es nicht völlig unwahrscheinlich, dass sich der von Karl-Heinz Spieß in einem der kurpfälzischen Auslaufregister gefundene und auf Ende 1364 datierte Eintrag *hoc tempore venit Nicolaus ad curiam* auf Nikolaus von Wiesbaden beziehen könnte[85]. Dies kann, im Gegensatz zu Spieß, aber deshalb nicht gleich als ein Hinweis auf Nikolaus' Tätigkeit „in der pfalzgräflichen Kanzlei bis zu diesem Zeitpunkt" interpretiert werden „und vielleicht von seinem Nachfolger als Zeichen der Eigenverantwortlichkeit für die nachfolgenden Amtsgeschäfte eingetragen worden sein"[86].

---

81 Vgl. Verger, Études et culture universitaire, S. 70; Guillemain, La cour pontificale d'Avignon, S. 354 f. Die Verweildauern waren sehr unterschiedlich, allerdings errechnete Bernard Guillemain eine durchschnittliche Aufenthaltsdauer von weniger als 5 Jahren für die avignonesische Zeit; Guillemain, ebd., S. 348 f.

82 Vgl. Schuchard, Die Deutschen an der päpstlichen Kurie, S. 114 mit Anm. 584. Auch Guillemain, La cour pontificale d'Avignon, S. 249, differenziert „membre éphémère ou durable du collège".

83 Vgl. Schuchard, Die Deutschen an der päpstlichen Kurie, S. 114, Anm. 584 unter Hinweis auf Konrad Konhofer und Laurentius Blumenau.

84 Zu den guten Beziehungen Erzbischof Gerlachs von Mainz zur Kurie vgl. auch Rauch, St. Bartholomäus in Frankfurt, S. 59.

85 Spiess, Lehnsrecht, S. 24 (unter Hinweis auf GLAK, 67/806, f. 46r). Zu den Beziehungen zwischen Gerlach und Ruprecht auch Sante, Gerlach Graf von Nassau, S. 44–46.

86 Spiess, Lehnsrecht, S. 24.

Mehr Sinn würde es ergeben, Nikolaus von Wiesbaden als Mitglied der Familia des Mainzer Erzbischofs[87] und Geschäftsträger an der Kurie mit (gelegentlichen?) kurpfälzischen Nebenaufgaben ebendort zu betrachten[88]. Einer Entscheidung hinsichtlich einer Rota-Tätigkeit oder lediglich eines (Ehren)-Titels soll dabei kein Vorgriff geleistet werden. Eine derartige Doppelfunktion ergäbe für Ende 1364 bzw. Anfang 1365 sogar einen konkreten Sinn, da zumindest die Pfalzgrafen in Angelegenheiten des Reiches, genauer gesagt, in Zusammenhang mit der von Karl IV. vorbereiteten Königswahl seines Sohnes Wenzel, einen Prokuratoren an der Kurie besessen haben müssen[89].

4.5.5 Tätigkeit für Ruprecht I. in Politik und Kanzlei

Doch nicht nur zu Herkunft und Familie Nikolaus' von Wiesbaden lassen sich Ergänzungen vornehmen. Anders als von Alois Gerlich angenommen, erschien Nikolaus keineswegs mit dem Jahr 1379 plötzlich auf der politischen Bühne, um auf ihr gleich an zwei reichspolitisch erstrangigen Entscheidungen mitzuwirken[90]. Die von ihm als Beweis angeführten politischen Ereignisse liegen zeitlich eng beieinander. Dies nimmt kaum Wunder, da sich sowohl die französische Eheabsprache wie die Vertragsratifizierung des Urbansbundes auf ein und demselben Hoftag in Frankfurt zutrugen. Hierhin hatte Nikolaus den Pfälzer Kurfürsten offensichtlich begleitet[91]. Anders als es scheinen mag, war dies denn auch keineswegs sein glänzendes Debut als kurpfälzischer Kanzler.

Bereits 1375, also vier Jahre zuvor, hatte Pfalzgraf Ruprecht I. einen Schiedsspruch mit Beistand von vier ausgewählten Rittern seines Hofes sowie von Nikolaus, Dekan zu Frankfurt (*Nicolas, dechan zu Franckenford*), bezeichnet als *uns(er)* [= Ruprechts]

---

87 Gerade zu Erzbischof Gerlach bemerkte sein Zeitgenosse, der Mainzer Domvikar Johann Kungstein: *Hic Gerlacus fuit filius comitis Gerlaci de Nassaw* [...] *tanteque fuit clemencie, ut a suis consiliariis regeretur sicut puer a suo rectore*, Chronicon Moguntinum, S. 26; dazu Gerlich, Interterritoriale Systembildungen, S. 109, Anm. 25.

88 Zum exklusiven Status von Gesandten des hohen Weltklerus an der päpstlichen Kurie vgl. Mattingly, Renaissance diplomacy, S. 28–33, bes. S. 28.

89 Vgl. RPR, Bd. 1, Nr. 3539 (1365 März 2); Klare, Wahl Wenzels, S. 21–26. – Zu einem engeren Zusammengehen Gerlachs von Mainz und Pfalzgraf Ruprechts I. spätestens seit Mitte Dezember 1365 zur Wahrung der Kurrechte gegenüber den Königswahlplänen Karls VI. zugunsten Wenzels; Gerlich, Interterritoriale Systembildungen, S. 119 f. mit Anm. 62; Fouquet, Speyerer Domkapitel, Bd. 1, S. 223; Röhrenbeck, Karl IV. und die Pfalzgrafen bei Rhein, S. 628; Sante, Gerlach Graf von Nassau, S. 44 f.

90 Gerlich, Nikolaus von Wiesbaden, S. 16 f.

91 Die politische Bedeutung dieses Frankfurter Hoftages wird daran deutlich, dass es sich dabei um den ersten, von Wenzel nach dem Tod seines Vaters Karl IV. einberufenen handelte; vgl. Deutsche Reichstagsakten, Ältere Reihe, Bd. 1, S. 226–229; allg. Moraw, Fürstentum, Königtum und „Reichsreform", S. 128 f.

obirster schriber, gefällt[92]. In diesem Kontext belangreich sind die streitenden Parteien. Es handelte sich auf der einen Seite um Lupolt Küchenmeister von Nortenberg und seine Frau Lyse (Elisabeth) von Merenberg, Witwe des Ulrich von Hohenlohe, genannt von Bruneck. Auf der Gegenseite stand Jehenne (alias Johanna) von Saarbrücken, verwitwete Gräfin von Nassau-Merenberg. Gegenstand der Auseinandersetzung waren trotz eines vorausgegangenen Verzichts aufrecht erhaltene Ansprüche Lyses auf die beiden Herrschaften Merenberg und Gleiberg.

Auf den ersten Blick fällt es schwer, die hier relevanten genealogischen und familienpolitischen Zusammenhänge zu entwirren. Bei dem Streit handelte es sich keineswegs um einen Konflikt unter zwei beliebigen adeligen Damen, sondern um die Behauptung der Erbfolge des Hauses Nassau an der territorialpolitisch bedeutenden Herrschaft Merenberg[93]. Zu berücksichtigen ist ferner, dass Elisabeth von Merenberg in erster Ehe mit einem Herren von Hohenlohe verheiratet gewesen war, der einem Geschlecht entstammte, das traditionell in engen politischen wie verwandtschaftlichen Beziehungen zu den Grafen von Nassau stand[94].

Bei diesem Familienkonflikt größeren Ausmaßes erklärt sich die Schiedsrichterrolle Ruprechts I. ebenfalls aus seiner Verwandtschaft mit den streitenden Parteien. Ruprecht war über seine Mutter Mathilde/Mechthilde (* 1280, † 1323), eine Tochter des deutschen Königs Adolf von Nassau, ein Vetter Graf Johanns I. von Nassau(-Weilburg-Merenberg, * 1309, † 1371). Dieser war der wenige Jahre zuvor verstorbene Gatte Johannas von Saarbrücken gewesen[95]. Johanns Vater, Graf Gerlach I. von Nassau, und ein weiterer Verwandter hatten zudem bis 1330 als Vormünder Ruprechts und seines älteren Bruders fungiert, nachdem Pfalzgraf Rudolf I. 1319 gestorben war[96]. Gerlach von Nassau, Erzbischof von Mainz, war Johanns jüngerer Bruder.

Bemerkenswert ist die Beteiligung des obersten Schreibers Nikolaus bei der Rechtsfindung Ruprechts I. Zum einen deutet sie erneut auf seine juristische Kompetenz

92 Besiegeltes Perg.-Orig., Wiesbaden, Hessisches Hauptstaatsarchiv, 150, U 114 (Heidelberg, 1375 Januar 8 (*an deme mantage nach dem zwelften dage nach crists geburte 1375*)); RPR, Bd. 1, Nr. 4082 (mit der für Nikolaus unzutreffenden Bezeichnung als „Domdechanten von Frankfurt"); Spiegel, Urkundenwesen, Bd. 1, S. 122, 263, 275 f.

93 Vgl. Geisthardt, Merenberg, hier S. 329 f.; Isenburg, Europäische Stammtafeln, Bd. 1, Tafel 108; Renkhoff, Nassauische Biographie, Nr. 3088, S. 562.

94 Gerlich, Nikolaus von Wiesbaden, S. 23 f.; Duggan, Bishop and Chapter, S. 113 f.

95 Vgl. Isenburg, Europäische Stammtafeln, Bd. 1, Tafel 31; ebd., Tafel 108; Renkhoff, Nassauische Biographie, Nr. 3088, S. 562; zu Ruprechts Interessen vgl. Gerlich, Interterritoriale Systembildungen, S. 122.

96 Vgl. Heimann, Hausordnung und Staatsbildung, S. 73–80; Heinrich, Der Hausvertrag von Pavia, S. 113; Häutle, Genealogie, S. 15, 19; ferner Renkhoff, Nassauische Biographie, Nr. 3056, S. 555. Zum Hintergrund: Gerlich, Nassau in den politischen Konstellationen am Mittelrhein, S. 16–18, 24, 30 f. – Im übrigen hatte auch der 1325 geborene Ruprecht II. ab 1327 nach dem frühen Tod seines Vaters, Pfalzgraf Adolf, ebenfalls unter der Vormundschaft eines Nassauer Grafen namens Johann gestanden; Bock, Kurfürst Ruprecht I. von der Pfalz, S. 29 f.; Rall, Urkundenwesen, Kanzlei und Rat der Wittelsbacher Pfalzgrafen bei Rhein, S. 284.

hin. Andererseits signalisiert sie in ihrer Einzigartigkeit im Rahmen der Überlieferung sowohl sein Interesse an den, als auch seine Kenntnisse über die nassauischen Familienangelegenheiten. Wie beides gelagert war, verraten die Quellen nicht.

Eine Interpretation kann nur annäherungsweise erfolgen und soll hier versucht werden. Es befriedigt meines Erachtens nicht, Nikolaus' Beteiligung im Sinne Gerlichs lediglich aus einer Rolle als Widersacher gegen das Haus Nassau zu erklären, zumal der entscheidende Grund dafür, nämlich das Einschwenken des Mainzer und Speyerer Kirchenfürsten Adolf von Nassau in die avignonesische Obödienz, erst im Jahre 1379 erfolgte. Am 24. November 1352 hatte Graf Johann I. von Nassau seinem Bruder, dem bereits mehrfach erwähnten Erzbischof Gerlach von Mainz, eine Eventualverfügung über die beiden 1328 von Johann durch Heirat erworbenen Herrschaften Merenberg und Gleiberg ausgestellt. Sie sah vor, dass Gerlach die beiden Herrschaften so lange nutzen dürfe, bis er in den uneingeschränkten Besitz des Mainzer Erzbistums gekommen sei. Erst danach sollten sie wieder in die Verfügungsgewalt seiner weltlichen Familienangehörigen zurückfallen[97]. An dieser Stelle genügt der Hinweis darauf, dass es sich exakt um die beiden Herrschaften gehandelt hat, um die der Streit zwischen Johanna von Nassau-Saarbrücken und Lyse von Merenberg entbrannt war und den Ruprecht I. im Jahre 1375 unter Rechtsbeistand seines obersten Schreibers Nikolaus zu schlichten bemüht war. Nikolaus' Interesse an und Kompetenz in der Streitmaterie könnten sogar auf den Zeitraum von deren Nutzung durch Erzbischof Gerlach zurückzuführen sein[98]. Auch dies deutet eine schon länger bestehende persönliche Nähe zwischen beiden an.

Es wird im Nachhinein schon aufgrund des Quellenmangels kaum mehr zu entscheiden sein, was den Wechsel Nikolaus' von Wiesbaden von der Mainzer Kurie an den Hof des Pfälzer Kurfürsten veranlasst hat. Es konnte aus dem oben Gesagten wahrscheinlich gemacht werden, dass Nikolaus besonders zu Erzbischof Gerlach von Nassau in einem engeren persönlichen Verhältnis gestanden hat, vermutlich vermittelt über seinen älteren Verwandten Hermann von Wiesbaden.

Möglicherweise wurde sein Übergang zu Ruprecht I. durch einen Loyalitätskonflikt ausgelöst, den die Zeit nach Gerlachs Tod mit sich brachte. Vor seinem nahenden Ende im Jahre 1371 hatte Gerlach vergeblich versucht, seinen damals achtzehnjährigen Neffen Adolf von Nassau zum Koadjutor bestellen zu lassen. Zwar verfügte Adolf über beachtlichen Anhang im Domkapitel, doch intervenierte Karl IV. an der Kurie für eine Provision seines Verwandten Johann von Luxemburg-Ligny auf den Mainzer

---

97 Vgl. Schliephake, Geschichte von Nassau, Bd. 4, S. 257; ferner ebd., Bd. 5, S. 3. Gerlich, Interterritoriale Systembildungen, S. 113.

98 Beide besaßen in Nikolaus von Wiesbaden eine gemeinsame Bezugsperson. Gerlach von Nassau und Nikolaus v. W. könnten ungefähr gleichaltrig gewesen sein, und, wie bereits erwähnt, stammte Nikolaus aus einem der nassauischen Hauptorte. Die Geburtsangaben zu Gerlach schwanken, zur Auswahl stehen um 1312 (Hollmann, Mainzer Domkapitel, S. 417) und 1322 (Isenburg, Europäische Stammtafeln, Bd. 1, Tafel 108; Renkhoff, Nassauische Biographie, Nr. 3057, S. 555). Für Nikolaus wird ca. 1323 angegeben (ebd., Nr. 4758, S. 871).

Stuhl[99]. Jenem gelang die Installation im Erzbistum, da sich Adolf von Nassau in der Folge mit dem Bistum Speyer abfinden ließ. Allerdings starb der neue Erzbischof 1373 bereits zwei Jahre nach seinem Amtsantritt. Obwohl das Mainzer Domkapitel erneut für Adolf von Nassau optierte, setzte sich Karl IV. aus konkretem Eigeninteresse diesmal für den Bamberger Bischof, Markgraf Ludwig von Meißen, ein. Ihn berief Papst Gregor XI. nach einjährigem Zögern (und unter Nutznießung der Einkünfte der herrenlosen Erzdiözese) im April 1374 auf den Mainzer Stuhl[100]. Ein Bistumsstreit war vorprogrammiert, da sich Adolf von Nassau, gestützt auf seine starke Anhängerschaft im Domkapitel, inzwischen „fast im gesamten Territorium durchgesetzt" hatte[101]. Überdies behielt er auch das Bistum Speyer in seiner Hand.

Pfalzgraf Ruprecht I. stand nach Gerlachs Tod erklärtermaßen – und nicht zuletzt aus den bereits behandelten territorialpolitischen Gründen – auf Seiten Karls IV. Gemeinsam mit ihm zog er Anfang November 1374, d. h. wenige Monate nach Ausbruch des Mainzer Schismas, in die Kathedralstadt ein. Dort wurde ein bis Mitte des Monats dauernder Hoftag abgehalten. Der Kreis der Anwesenden muss glänzend gewesen sein; neben Ruprecht I. waren Kuno von Falkenstein und Friedrich von Saarwerden als Erzbischöfe und Kurfürsten von Trier und Köln anwesend[102]. Verhandelt wurde die bevorstehende Wahl Wenzels zum deutschen König, wie aus den Urkundenarengen der damals an beide verliehenen Privilegien hervorgeht[103]. Die Wahl von Mainz als Tagungsort war allerdings durch das Bistumsschisma veranlasst. Hier kam es zu keiner Einigung im Sinne des Kaisers, sondern Adolf beharrte offensiv auf seinem Standpunkt[104]. Spätestens zu diesem Zeitpunkt hatte sich der Nassauer in aller Öffentlichkeit damit auch über den erklärten Willen der päpstlichen Kurie hinweggesetzt.

---

99 Dazu Gerlich, Interterritoriale Systembildungen, S. 119–123; Röhrenbeck, Karl IV. und die Pfalzgrafen bei Rhein, S. 634; Sante, Gerlach Graf von Nassau, S. 46 f.; Stein, Einigungs- und Landfriedenspolitik der Mainzer Erzbischöfe, S. 155–160. – Zu Erzbischof Adolf auch Grünewald, Reichspolitik Erzbischof Adolfs I. von Mainz unter König Wenzel.

100 Zu den Hintergründen Hölscher, Kirchenpolitik als Herrschaftsinstrument, S. 58 f.; ferner Gerlich, Die Anfänge des großen abendländischen Schismas, S. 26; Ders., Nikolaus von Wiesbaden, S. 13 f.

101 Hölscher, Kirchenschutz als Herrschaftsinstrument, S. 59; Jürgensmeier, Das Bistum Mainz, S. 142–144. Dies belegt auch ein bereits für das Jahr 1376 überlieferter Besuch des Erzbischofs im kurmainzischen Sobernheim; vgl. Hagemann, Aus dem ‚roten Buch'.

102 Vgl. Goerz, Regesten der Erzbischöfe zu Trier, S. 109; Regesten der Erzbischöfe von Köln, Bd. 9, Nr. 1703–1088; Röhrenbeck, Karl IV. und die Pfalzgrafen bei Rhein, S. 638 f.

103 RI, Bd. 8, Nr. 5415–5422 (für Erzbischof. Kuno von Trier), Nr. 5423 f., 5426–5429 (für Erzbischof Friedrich von Köln); dazu Klare, Wahl Wenzels, S. 61–66.

104 *do sprach der von Nassaw, der do pischoff was, er wölt bischoff sein zů Mentz, ez wär im liep oder laid, und besant zů im vil ritter und knecht und wolt den kaiser haun gefangen. des ward der kaiser innan und sant z dem bischoff von Mentz umb ain glait; daz gab im der pischoff biz uz sinem land. also fůr der kaiser mit schanden ab dem Rein gen Nürnberg*; Die Chroniken der schwäbischen Städte, Bd. 1: Augsburg, S. 42; ferner RPR, Bd. 1, Nr. 4070–4075, S. 242 f.; ferner RI, Bd. 8, Nr. 5409a–5430; Stein, Einigungs- und Landfriedenspolitik der Mainzer Erzbischöfe, S. 160–172.

Es entsteht der Eindruck, dass hierin der Parteienwechsel des rechtskundigen und hohen kurialen Amtsträgers Nikolaus von Wiesbaden begründet liegt. Es dürfte in erster Linie die nach dem Tode Gerlachs eingetretene politische Situation in Kurmainz mit ihren zahlreichen Herrschaftswechseln und der klaren päpstlichen Option für den ortsfremden Ludwig von Meißen gewesen sein, die Nikolaus' Wechsel zu Pfalzgraf Ruprecht veranlasst haben. Er dürfte Ruprecht I. – wenn man den kargen Quellenhinweisen Vertrauen schenkt – spätestens seit den sechziger Jahren des 14. Jahrhunderts gekannt haben. Die Kontakte könnten aber noch älter gewesen sein, wenn man die Vormundschaft Graf Gerlachs I. von Nassau für Ruprecht und seinen älteren Bruder in Betracht sowie ältere Verbindungen zwischen dessen gleichnamigem Sohn sowie Hermann und Nikolaus von Wiesbaden in Erwägung zieht. Dieses Bild wird ergänzt durch den Umstand, dass Irmengard von Hohenlohe-Weikersheim, zweite Ehefrau und Witwe Graf Gerlachs I. von Nassau († 1361), ihren Lebensabend im pfälzischen Hauskloster Liebenau verbrachte und dort im Jahre 1371 starb[105]. Auch dieser Umstand spricht für eine persönliche Nähe der beiden Familien bis zum Bruch im Jahre 1374.

Es wirkt alles andere als zufällig, dass Nikolaus nur wenige Wochen nach dem Mainzer Hoftag in der bereits behandelten Streitsache Johannas von Saarbrücken-Nassau gegen Lyse, geb. von Merenberg, zum ersten Mal als oberster Schreiber und Rechtsbeistand Ruprechts I. in Erscheinung tritt[106]. Nikolaus' Distanz gegenüber Adolf von Nassau dürfte wenige Jahre später, nach der von Papst Gregor XI. († März 1378) verhängten und durch Erzbischof Ludwig von Mainz verkündeten Exkommunikation[107] bestärkt worden sein; vielleicht gehörte er sogar zu dessen Beratern in dieser Angelegenheit.

Was folgt, ist bekannt. Karl IV. starb Ende des Jahres 1378. Adolfs Einschwenken in die avignonesische Obödienz im Laufe des April 1379 verschaffte ihm von dort die für die Etablierung auf dem Mainzer Stuhl benötigte päpstliche Provision sowie die Lösung von der Exkommunikation[108]. Die am 18. April durch Clemens VII. getroffene Verfügung sah Folgendes vor: Der avignonesische Papst transferierte Adolf von Nassau von Speyer auf den Mainzer Stuhl. Zum Oberhirten des damit vakanten Speyerer Bistums berief er Adolfs Bruder, den damals 26-jährigen Johann von Nassau[109]. Beide Grafen stammten aus der von ihrem Vater Adolf I. († 1370) begründeten

[105] Lehmann, Urkundliche Nachrichten, S. 447. Zu ihr vgl. Spiegel, Urkundenwesen, Bd. 1, S. 448; Hammes, Ritterlicher Fürst und Ritterschaft, S. 192.

[106] Wiesbaden, Hessisches Hauptstaatsarchiv, 150, U 114; RPR, Nr. 4082, S. 243 (Heidelberg, 1375 Januar 8).

[107] Vgl. Gerlich, Die Anfänge des großen abendländischen Schismas, S. 34.

[108] Dazu ebd., S. 31–34.

[109] Ebd., S. 34–36; zu Johann vgl. ebd., S. 34; Ders., Nikolaus von Wiesbaden, S. 15; Fouquet, Speyerer Domkapitel, Bd. 1, S. 214, bezeichnet ihn als einen Vetter Adolfs und Domherrn in Würzburg.

Nassauer Linie Wiesbaden-Idstein. Adolf I. war der ältere Bruder des 1371 verstorbenen Mainzer Erzbischofs Gerlach von Nassau gewesen. Er und ein weiterer jüngerer Verwandter, Graf Johann I. von Nassau-Weilburg-Merenberg, hatten 1361 als Burgmannen auf der kurpfälzischen Sauerburg im Taunus fungiert[110]. Die Stadt, nach der sich Nikolaus benannte, diente ihnen als ein Herrschaftsschwerpunkt[111].

Es liegt auf der Hand, dass die territorialpolitischen Implikationen dieser Verfügungen die Pfalzgrafen in Alarmbereitschaft versetzen mussten. Schon von daher lag ihr Standpunkt im Schisma eindeutig auf Seiten von Rom[112]. Hierbei könnte sie Nikolaus von Wiesbaden als Rechtsberater effektiv unterstützt haben, wie seine angenommene Beteiligung am Zustandekommen des Urbansbundes nahelegt[113]. Im Juli 1380 bezeichnete ihn Clemens VII. ausdrücklich als Anhänger Urbans VI. und ermächtigte den schismatischen Mainzer Erzbischof Adolf zur Übertragung von dessen Kanonikaten in den Stiften St. Peter zu Mainz und St. Peter und Alexander in Aschaffenburg[114].

Den weiteren Gang der politischen Entwicklungen hat Alois Gerlich in mehreren Aufsätzen dargelegt; er braucht hier nicht wiederholt zu werden[115]. In Zusammenhang mit Nikolaus von Wiesbaden ist wichtig, dass er 1381 von Papst Urban VI. in Konkurrenz zu Adolf von Nassau und wieder einmal unter Übergehung der Rechte des Domkapitels zum Bischof von Speyer berufen wurde[116]. Nikolaus' Position blieb in den nächsten Jahren im Bistum umstritten, da Adolf Ansprüche auf Speyer aufrecht erhielt[117]. Erst am 24. März 1389 kam es in Heppenheim zur Aussöhnung der beiden Kontrahenten. Sie sah ein friedliches Nebeneinander vor unter Teilung der Kompetenzen und nutzbaren Rechte im Hochstift Speyer[118].

Es gilt allgemein als sicher, dass Nikolaus zum Zeitpunkt seiner Speyerer Bischofsernennung im Jahr 1381 aus dem kurpfälzischen Kanzleidienst ausgeschieden

---

110 Vgl. Spiegel, Urkundenwesen, Bd. 1, S. 460; Hammes, Ritterlicher Fürst und Ritterschaft, S. 192. Zur Burg vgl. Friedrich, Sauerburg.

111 Fritz Geisthardt bezeichnet sie für das 13./14. Jahrhundert als nassauische „Nebenresidenz"; Geisthardt, Wiesbaden, S. 467. Zur Stadtentwicklung ebd., S. 466–469. Die Linie saß nach ihrer Verdrängung bis in die neunziger Jahre des 14. Jahrhunderts auf der nördlich der Stadt Wiesbaden gelegenen Burg Sonnenberg (im heutigen Stadtteil Wiesbaden-Sonnenburg) am Südhang des Vordertaunus; Ders., Sonnenberg, S. 416.

112 Bock, Kurfürst Ruprecht I. von der Pfalz, S. 41 f.

113 Vgl. Gerlich, Nikolaus von Wiesbaden, S. 16 f.

114 Ebd., S. 18.

115 Vgl. Gerlich, Die Anfänge des großen abendländischen Schismas, S. 36–75; Ders., Nikolaus von Wiesbaden, S. 15–17, 22–24; ferner Fouquet, Speyerer Domkapitel, Bd. 1, S. 214 f.

116 Remling, Geschichte der Bischöfe von Speyer, Bd. 1, S. 664 f.; Gerlich, Nikolaus von Wiesbaden, S. 24. Zu den personellen Umstrukturierungen des Domkapitels in den Jahren 1381/82 vgl. Fouquet, Speyerer Domkapitel, Bd. 1, S. 235–239.

117 Vgl. Deutsche Reichstagsakten, Ältere Reihe, Bd. 1, S. 364; ebd., Nr. 218, S. 387 f.; ebd., S. 388, Anm. 1; Remling, Geschichte der Bischöfe von Speyer, Bd. 1, S. 665–667; Duggan, Bishop and Chapter, S. 114 f.; Gerlich, Nikolaus von Wiesbaden, S. 24 f.; Voltmer, Geschichte Speyers, S. 344; Ehmer, Der Gleißende Wolf von Wunnenstein, S. 110–115.

118 Gerlich, Nikolaus von Wiesbaden, S. 25; Remling, Geschichte der Bischöfe von Speyer, Bd. 1, S. 663.

ist[119]. Die nächsten Belege für einen obersten Schreiber finden sich dort allerdings erst für das Jahr 1390 mit der Nennung Ottos [vom Stein][120]. Bevor dieser Wechsel genauer betrachtet wird, soll der Blick auf die Funktionen Nikolaus' von Wiesbaden innerhalb der kurpfälzischen Kanzlei gelenkt werden. Es wurde bereits dargelegt, dass dort mit Anlage der den Urkundenschatz erschließenden Kopialbücher, der Einführung von Auslaufregistern, Steuerregistern und Urbaren die wesentlichen Innovationen seit Mitte der fünfziger bis Ende der sechziger Jahre zu beobachten sind. Dieses damit erreichte Niveau wurde in den folgenden Jahrzehnten offenbar beibehalten. Nach allem, was bekannt ist, fanden im Anschluss daran bis zum Ende des Jahrhunderts weitere Neuerungen in diesem Bereich nicht mehr statt.

Insgesamt darf man behaupten, dass die Kurpfalz im Bereich der sich verschriftlichenden Verwaltung durch einen personal gebundenen ‚Technologietransfer' aus dem benachbarten geistlichen Kurfürstentum Mainz seit der Mitte des 14. Jahrhunderts einen beachtlichen Rückstand innerhalb weniger Jahrzehnte aufzuholen im Stande gewesen war.

Betrachtet man dagegen die Zeit, in der Nikolaus von Wiesbaden in kurpfälzischen Diensten nachweisbar ist, dann lassen sich in diesem Bereich keine weiteren Neuerungen beobachten. Dies ist bemerkenswert, da mit seiner Person das gleiche Schema – Übernahme qualifizierten Personals aus Kurmainz – beibehalten wurde. Nikolaus fungierte vornehmlich als politischer und insbesondere als juristischer Berater Ruprechts I. mit glänzenden Kontakten an die Kurie sowie – vermutlich – an den Königshof[121].

4.5.6 Nikolaus und die Gründung der Universität Heidelberg

Es wäre zu überlegen, ob nicht sogar die Gründung der Heidelberger Universität in den Jahren 1385/86 durch Nikolaus' Kontakte zur römischen Kurie erleichtert worden ist[122]. Bekanntermaßen resultierte die pfälzische Universitätsgründung unmittelbar aus dem 1378 eingetretenen sogenannten Großen Abendländischen Schisma und

---

[119] Spiess, Lehnsrecht, S. 24. Eine derartige Auffassung hat Tradition und dürfte ebenfalls mit dem Kanzleiparadigma in Beziehung stehen. So heißt es zum (späteren) kurpfälzischen Kanzler Johann Guldenkopf bereits bei Eduard Winkelmann im Jahre 1884: „Die abfassungszeit [des Rechtsgutachtens] ist um 1450 anzunehmen, da der dr. Johann Güldenkopf schon 1452 (vielleicht auch noch früher) kurfürstlicher kanzler, mithin wohl kaum noch lehrer war"; Winkelmann, Das älteste Heidelberger Rechtsgutachten, S. 161.

[120] RPR, Bd. 1, Nr. 5203 (1390 Mai 15).

[121] Vgl. dazu die Beteiligung am ‚Urbansbund' sowie unten, Kap. 2.7.1.1: Otto vom Stein: Herkunft und Familie.

[122] Edition des päpstlichen Gründungsprivilegs bei Winkelmann, Urkundenbuch der Universität Heidelberg, Bd. 1, Nr. 2, S. 3 f. (Genua, 1385 Oktober 23). – Für Heidelberg ist der Gründungsvorgang an der römischen Kurie in der archivalischen Überlieferung nicht nachweisbar; Diener, Die Hohen Schulen, ihre Lehrer und Schüler in den Registern der päpstlichen Verwaltung, S. 354. – Allerdings erschweren Überlieferungsverluste und schlechte archivalische Erschließung einen Nachweis; vgl. ebd., S. 353–358, bes. S. 353 f.

dem Einschwenken der Pariser *Alma Mater* in die avignonesische Obödienz[123]. Bislang wurde neben eigenständigen politischen Absichten Ruprechts[124] besonders der Einfluss einiger vormals in Paris lehrender Magister wie Konrad von Gelnhausen, Heinrich von Langenstein und besonders Marsilius von Inghen geltend gemacht[125]. Auch eine aktive Mitwirkung des Wormser Bischofs Eckard von Dersch/Ders ist in Betracht gezogen worden. Ihm oblag als zuständigem Diözesanbischof die geistliche Aufsicht über die neue Heidelberger Gründung[126]. Konrad von Gelnhausen, „selbst ein Gelehrter von Rang" und Inhaber einer außerordentlichen „Professur in der juristischen Fakultät" fungierte als erster Kanzler der Heidelberger Universität; das Amt hing an der Wormser Dompropstei[127].

Nikolaus von Wiesbaden, der die Wormser Domkustodie aufgrund seiner ungesicherten Lage auch nach seiner 1381 erfolgten römischen Provision auf den Speyerer Bischofstuhl beibehielt, unterhielt offenbar gute Verbindungen zum Bischof von Worms[128]. Mit dem aus einem hessischen Niederadelsgeschlecht stammenden Eckard

---

123 Vgl. Schaab, Geschichte der Kurpfalz, S. 120; Ritter, Die Heidelberger Universität, S. 42–49; Classen/Wolgast, Kleine Geschichte der Universität Heidelberg, S. 1–3.

124 Schaab, Geschichte der Kurpfalz, Bd. 1, S. 120; Ritter, Die Heidelberger Universität, S. 37–41; Wolgast, Die kurpfälzische Universität, S. 2; Koller, Die Universitätsgründungen des 14. Jahrhunderts, S. 13–15.

125 Schaab, Geschichte der Kurpfalz, Bd. 1, S. 120 f.; Ritter, Die Heidelberger Universität, S. 46–52, 56 f.; Ritter, Studien zur Spätscholastik, Bd. 1, S. 34–40; Wolgast, Die kurpfälzische Universität, S. 2. – Die Annahmen fußen vornehmlich auf dem Bericht Marsilius' von Inghen als ersten Rektors der Universität; Winkelmann, Urkundenbuch der Universität Heidelberg, Bd. 1, Nr. 1, S. 1–3. In ihm wird die Vorgeschichte jedoch nur angerissen.

126 Schaab, Geschichte der Kurpfalz, Bd. 1, S. 120; Ritter, Die Heidelberger Universität, S. 49 f.; Keilmann, Eckard von Ders, S. 875; Nuding, Die Universität, der Hof, S. 215 f. – Zu Förderung der Pfründenkarriere Konrads von Gelnhausen durch Eckard von Dersch/Ders aufgrund gemeinsamer Herkunft aus dem heutigen Hessen; vgl. u. a. Wagner, Universitätsstift, S. 208 f. (mit ebd., S. 209, Anm. 34); Schmidt, Konrads von Gelnhausen Pfründenkarriere, S. 325; Falk, Der mittelrheinische Freundeskreis Heinrichs von Langenstein, S. 526–528. Zu diesem Kreis gehörten weitere, u. a. Heinrich von Langenstein und der Mainzer Domdechant Eberhard von Eppelborn; ebd.; Wagner, Universitätsstift, S. 209, Anm. 34 (zu Heinrich von Langenstein). Eberhard von Eppelborn (Ippelbrunn) war Cantor und Kanoniker am Mariengredenstift in Mainz; *Protonotarius s. sedis Moguntinae*, ab 1383 schließlich Domdekan; Falk, Der mittelrheinischen Freundeskreis Heinrichs von Langenstein, S. 523; Dörr, Das St. Mariengredenstift, S. 40, 70. In seinem Auftrag entstand das zeitgenössisch als *Novum registrum* bezeichnete Kopiar über die Papst-, Herrscher- und Privaturkunden *super spiritualibus rebus* des Mainzer Domkapitels (StAWü, Mainzer Bücher verschiedenen Inhalts, Nr. 19); vgl. dazu in dieser Arbeit Kap. 4.4.3: Innovationen im 14. Jahrhundert. – Zu ihnen vgl. auch das Personenregister dieser Arbeit.

127 Nuding, Die Universität, der Hof, S. 204.

128 Am 12. Juli 1388 empfing Nikolaus die Konsekration aus der Hand von Bischof Eckhard von Worms; Remling, Geschichte der Bischöfe von Speyer, Bd. 1, S. 667 f.; Gerlich, Nikolaus von Wiesbaden, S. 25. – Auch Eckard von Dersch/Ders war ein entschiedener Anhänger des römischen Papstes Urban, dessen Rechtmäßigkeit er 1383 einen theologischen Traktat widmete; vgl. Wiemann, Eckard von Ders, S. 64–74; Edition ebd., S. 71–74. Zu ihm Keilmann, Eckard von Ders, S. 874 f.

von Dersch/Ders begegnet erneut ein Vertreter des bereits behandelten kurmainzischen Milieus mit hervorragenden Beziehungen zur päpstlichen Kurie wie zum Kaiser- bzw. Königshof[129]. Bereits 1356 fungierte er als Prokurator des Kardinals Raimund de Canilhac, seinerseits ein Neffe Papst Clemens' VI., bei dessen Installation auf der Propstei des Frankfurter Bartholomäusstiftes[130]. Eckard von Dersch war seit spätestens Mitte der sechziger Jahre im Kurmainzischen bepfründet und zählte 1376 als *consiliarius* zu der Gesandtschaft Kaiser Karls IV. an die Kurie, die die päpstliche Anerkennung der Wahl Wenzels diplomatisch betreiben sollte[131]. Schon Gerhard Ritter wies darauf hin, dass die drei im Vorfeld der Heidelberger Gründung nachweisbaren Pariser Magister Konrad von Gelnhausen, Heinrich von Langenstein und Marsilius von Inghen nicht nur untereinander, sondern auch zu Eckard von Dersch in Beziehungen standen[132].

Man kann hier den Faden sogar noch weiter spinnen und Konrad von Gelnhausen in einem viel weiteren Kontext als nur dem der Pariser Universität betrachten, zumal seine Zeit in Paris nur sehr kurz war[133]. Er gehörte dem gleichen Netzwerk wie Nikolaus von Wiesbaden und der noch zu behandelnde Otto vom Stein[134] an. Konrads tragende Rolle bei der Gründung der Heidelberger Artistenfakultät und die ihr zugutekommende Stiftung seiner großen Bibliothek wurde in jüngerer Zeit von Wolfgang Eric Wagner in einer umfangreichen Monographie herausgearbeitet[135].

---

[129] Zu diesem Beziehungsgeflecht vgl. den aus der vatikanischen Überlieferung geschöpften Beitrag von SCHMIDT, Konrads von Gelnhausen Pfründenkarriere, S. 325f.; ferner WAGNER, Universitätsstift, S. 208f. (mit weiterem Quellenbeleg S. 209, Anm. 33). – In diesem Zusammenhang wäre auch auf Ludwig Scheidemann, den Nachfolger Kardinal Raimunds de Canilhac als Propst des Frankfurter Bartholomäusstifts, hinzuweisen, der sich bis 1390 offenbar dauernd an der römischen Kurie aufhielt und den Nikolaus von Wiesbaden 1383 mit der Regelung seiner Finanzangelegenheiten an der Kurie betraute; ESCH, Das Archiv eines Lucchesischen Kaufmanns an der Kurie, Nr. 34, S. 160; RAUCH, St. Bartholomäus, S. 65, 67f. – Laut einer ungesicherten Mitteilung soll 1369 Meister Ludwig Scheidemann, Kammermeister [König Wenzels], Domherr zu Worms gewesen sein (*camermeister* [...] *Meyster Ludwig Scheydman Corhre zu dem Stifft zu Wurms*); zitiert nach RAUCH, Pröpste, Propstei und Stift von Sankt Bartholomäus, S. 68, Anm. 297, der das Datum für „ganz unwahrscheinlich, die Nachricht selbst nicht unbedingt" hält; ebd. Kein Nachweis desselben bei HLAVÁČEK, Das Urkunden- und Kanzleiwesen König Wenzels.

[130] RAUCH, Pröpste, Propstei und Stift von St. Bartholomäus, S. 57. Zum Kardinal ebd., S. 56–58; HOLLMANN, Mainzer Domkapitel, S. 391.

[131] Vgl. HOLLMANN, Mainzer Domkapitel, S. 351; FOUQUET, Speyerer Domkapitel, Nr. 91, S. 425–427. Zur Gesandtschaft von 1376 ebd., S. 426. Dazu auch unten, Kap. 4.8: Zwischenbilanz: Kirchliche Netzwerke, Stiftsherren und Kollektoren, und das Personenregister dieser Arbeit.

[132] RITTER, Die Heidelberger Universität, S. 50f., 57–59; FALK, Der mittelrheinische Freundeskreis Heinrichs von Langenstein; SCHMIDT, Konrads von Gelnhausen Pfründenkarriere, S. 325f.

[133] Vgl. SCHMIDT, Konrads von Gelnhausen Pfründenkarriere, S. 323.

[134] Zu ihm vgl. Kap. 4.7.1: Otto vom Stein. Marsilius von Inghen war sehr wahrscheinlich Pate und Namengeber eines von Ottos Söhnen.

[135] WAGNER, Universitätsstift, S. 207–212, 236, 238f., 282. – Zu Konrad von Gelnhausen vgl. auch SPIEGEL, Urkundenwesen, Bd. 1, S. 300; SCHMIDT, Konrads von Gelnhausen Pfründenkarriere.

Allerdings lohnt der Blick auf die Zeit vor seiner steilen Karriere. Konrad entstammte offenbar der bürgerlichen Oberschicht der Reichsstadt Gelnhausen. Bereits ein Verwandter väterlicherseits, Siegfried von Gelnhausen († 1321), hatte um das Jahr 1300 eine beachtliche geistliche Karriere gemacht. Er wurde um die Mitte der neunziger Jahre des 13. Jahrhunderts unter Bischof Gerhard II. von Eppstein († 1305) kurmainzischer Protonotar und unterhielt beste Kontakte zur römischen Kurie unter Papst Bonifatius VIII., die ihm 1298 das Mainzer Suffraganbistum Chur einbrachten[136]. Siegfried blieb auch in der Zeit danach bis zu seinem Tod 1321 „als Mitarbeiter des Erzbischofs mit hochpolitischen Angelegenheiten befaßt“[137].

Seit den vierziger Jahren des 14. Jahrhunderts finden sich Spuren des in den frühen zwanziger Jahren geborenen Konrads von Gelnhausen in der vatikanischen Überlieferung. Bei seinen Bitten um Pfründen unterstützten ihn 1347 als Intervenienten der damals frisch gekürte Mainzer Erzbischof Gerlach von Nassau sowie Landgraf Heinrich II. von Hessen, d. h. zwei sehr prominente Förderer[138]. Hierzu ist es interessant zu wissen, dass Heinrich II. († 1376) mit den Nassauern verschwägert, Gerlachs Mutter Agnes eine hessische Landgräfin und Tochter Heinrichs des Jüngeren († 1298) war[139]. Als Exekutor für Konrad von Gelnhausen fungierte Nikolaus Sturzekop von Grünberg, Propst von St. Viktor in Mainz, ehemaliger Aschaffenburger Kanoniker, Intimus Erzbischof Gerlachs und „zudem fortdauernd Familiar und Secretarius von dessen gleichnamigem Vater Graf Gerlach von Nassau-Wiesbaden († 1361)“[140]. In diesen personalen, regionalen und institutionellen Kontext gehört auch Nikolaus von Wiesbaden wie in den vorangegangenen Kapiteln herausgearbeitet werden konnte.

In Zusammenhang mit seiner mutmaßlichen Mitwirkung an der Heidelberger Gründung sollten die seit 1379 nachweisbaren Bemühungen des kurmainzischen Erfurt um eine Alma Mater berücksichtigt werden[141]. Hier ging das Privileg zwar an die Stadt, doch war diese zu jener Zeit eng mit Adolf von Nassau gegen dessen Mainzer Konkurrenten Ludwig von Meißen verbündet[142]. Folgerichtig stammte das erste vom

---

[136] Schmidt, Siegfried von Gelnhausen, S. 541–545; Gatz, Siegfried von Gelnhausen († 1321), S. 139 f. – Zur Verwandtschaft Schmidt, a. a. O., S. 539. – Ein Paulus (Sohn des?) Siegfried von Gelnhausen (*Sifridi de Geilnhusen*), bezeichnet als Mainzer Kleriker, amtierte in den sechziger Jahren des 14. Jahrhunderts als öffentlicher Notar; Hessisches Urkundenbuch, Bd. 2,3, Nr. 584, S. 665–667 (Bischofsheim, 1368 Dezember 17).

[137] Gatz, Siegfried von Gelnhausen († 1321), S. 140.

[138] Schmidt, Konrads von Gelnhausen Pfründenkarriere, S. 296.

[139] Isenburg, Europäische Stammtafeln, Bd. 1, Tafel 108; Nassau-Wiesbaden, Agnes Gräfin von. Ferner Kap. 4.7.1: Otto vom Stein.

[140] Schmidt, Konrads von Gelnhausen Pfründenkarriere, S. 298: „sowohl zur Aschaffenburger Kirche wie zum Nassauer Grafenhaus standen Konrad und seine Familie in engen Beziehungen“.

[141] Vgl. dazu Lorenz, Das Erfurter „Studium generale artium“, S. 132 f.; Weiss, Die frommen Bürger von Erfurt, S. 54 f. – Zu Heidelberg als Konkurrenzgründung zu Erfurt (1379) und Wien (2. Stiftungsbrief H. Albrechts III. 1384) bereits Ritter, Die Heidelberger Universität, S. 55 f.

[142] Lorenz, Das Erfurter „Studium generale artium“, S. 133; Mägdefrau/Langer, Die Entfaltung der Stadt, S. 90.

Oktober 1379 datierende Gründungsprivileg nicht aus Rom, sondern aus Avignon. Es wurde ein halbes Jahr nach der Anerkennung von Adolfs Mainzer Episkopat durch Clemens VII. ausgestellt[143]. Adolfs Unterstützung der Erfurter Bemühungen sind aus der zehn Jahre später erfolgenden römischen Anerkennung der Universitätsgründung, die seiner eigenen folgte, ersichtlich[144]. Damit erweist sich das Personengeflecht, dass bei der Gründung der Universität Heidelberg eine Rolle gespielt hat, als wesentlich komplexer als bislang angenommen. Hiervon wird unten noch weiter die Rede sein.

4.5.7 Ergebnisse

Bei der Analyse des Wirkens von Nikolaus von Wiesbaden wurde erkennbar, welche Rolle er für Pfalzgraf Ruprecht I. spielte und wie diese beschaffen war. Nach der Konsolidierung des pfälzischen Territoriums, die mit der Erschließung, Sammlung und Systematisierung der Rechtstitel seit Mitte der fünfziger Jahre des 14. Jahrhunderts einhergegangen war, folgte seit Mitte der siebziger Jahre ein qualitativer Sprung in Richtung auf das deutsche Königtum. Es will scheinen, dass mit dem Episkopat des Nikolaus von Wiesbaden[145] ein Modell aus der Taufe gehoben wurde, das für die Kurpfalz in den drei folgenden Generationen Programm und politisches Ziel zugleich war: ein deutsches Königtum des Pfalzgrafen bei Rhein in Verbindung mit einem Bischof von Speyer als Hofkanzler. Die Vorbilder hatten eine lange Tradition: Die Reihe der Speyerer Bischöfe als Kanzler der deutschen Könige reicht bis weit in das Hochmittelalter[146]. Diese Tradition wirkte fast bis in die Zeit unmittelbar vor dem Speyerer Episkopat Nikolaus' von Wiesbaden. Lambert/Lamprecht von Born alias von Brunn, als Bischof von Speyer sein Vorvorgänger, fungierte als Hofkanzler König Wenzels[147].

Nikolaus von Wiesbaden darf als ideale Besetzung für die Bewältigung dieser Aufgabe sowie der damit einhergehenden Probleme und Anforderungen angesehen wer-

---

143 Acten der Erfurter Universitaet, Bd. 1, Nr. 1, S. 1–3 (Avignon, 1379 September 1); dazu Mägdefrau/Langer, Die Entfaltung der Stadt, S. 91 f. – Zur Anerkennung von Adolfs Episkopat vgl. Gerlich, Die Anfänge des großen abendländischen Schismas, S. 34–36.

144 Acten der Erfurter Universitaet, Bd. 1, Nr. 2, S. 3 (Rom, 1389 Mai 4); dazu Mägdefrau/Langer, Die Entfaltung der Stadt, S. 92; Weiss, Sedis Moguntinae filia fidelis? S. 122 f. – Zur römischen Anerkennung von Adolfs Episkopat vgl. Gerlich, Die Anfänge des großen abendländischen Schismas, S. 75 f.

145 Duggan, Bishop and Chapter, S. 115, bezeichnete ihn als: „the best bishop in Speyer in two hundred years".

146 Vgl. Moraw, Kanzlei, S. 454–457; Erkens, Kanzlei und Kanzler König Sigmunds, S. 434 f.; Andermann, Die Residenzen der Bischöfe von Speyer im späten Mittelalter, S. 51; Ehlers, Metropolis Germaniae; Krey, Bischöfliche Herrschaft. Ferner die Liste bei Bresslau, Handbuch der Urkundenlehre, Bd. 1, S. 467–583.

147 Dieses Amt fällt allerdings erst in die Zeit seines Bamberger Episkopats (1384); vgl. Flachenecker/Rapp, Lamprecht von Brunn, S. 53; Hlaváček, Das Urkunden- und Kanzleiwesen König Wenzels, S. 181–183. Hitzfeld, Lambert von Burn, S. 186-188

den. Jurist und Diplomat, versehen mit besten Kontakten zur Kurie und, vermutlich, ebenso zum Königshof, repräsentierte er eine vornehmlich im Kurmainzischen angesiedelte Personengruppe, die sich der ambitionierte Pfälzer Kurfürst zu Nutze machen konnte. Zu dieser dürfte auch der Wormser Bischof Eckard von Dersch/Ders gehört haben. Dieses Zusammenspiel funktionierte zunächst aufgrund der kirchenpolitischen Spannungen im Mainzer Bistumsstreit. Es gewann einen grundsätzlichen Charakter und ermöglichte Ruprecht eine Profilierung auf der Reichsebene, als sich der Mainzer Konflikt mit dem Großen Abendländischen Schisma verknüpfte.

Auswirkungen von Nikolaus' Tätigkeit hinsichtlich einer Modernisierung der Verwaltung scheinen zunächst nicht feststellbar zu sein. Nikolaus Fähigkeiten und Verdienste lagen auf einem anderen Gebiet. Dennoch zeitigte seine Präsenz langfristige Konsequenzen. Diese lagen, ganz mittelalterlich, im personalen Sektor. Doch bevor hiervon zu sprechen sein wird, soll Nikolaus' Verwaltungswirken an einem konkreten Fall überprüft werden.

4.6 Interterritorialer Vergleich: Die bischöflich speyrische Kanzlei unter Bischof Nikolaus (1381–1396) und seinen Nachfolgern

Angesichts der kaum greifbaren Aktivitäten Nikolaus' von Wiesbaden in der kurpfälzischen Kanzlei existiert eine Möglichkeit, sein kanzlei- bzw. verwaltungsrelevantes Wirken zumindest implizit zu überprüfen. Seine Amtszeit als Bischof von Speyer wird allgemein als erfolgreich gewertet[1]. Neben seinen geistlichen Obliegenheiten verfügte Nikolaus mit dem Hochstift über ein eigenes Territorium[2]. Dieses musste beherrscht und damit verwaltet werden. Die Voraussetzungen dafür waren bei seiner Ernennung im Jahre 1381 alles andere als günstig gewesen. Es ist kaum davon auszugehen, dass er damals die Herrschaft auch nur über einen Teil des Hochstifts tatsächlich auszuüben im Stande war. Sein Konkurrent Adolf von Nassau behauptete den Speyerer Stuhl, auf dem er immerhin seit 1371 allen politischen Anfechtungen zum Trotz fest saß[3].

Mit dem Domkapitel gelangte Nikolaus durch Androhung der Exkommunikation und auf dem Wege zäher Einzelabsprachen teilweise zu Übereinkünften[4]. Immerhin erklärte sich nach und nach fast die Hälfte der Kanoniker für ihn – die andere Hälfte blieb allerdings auf Seiten Adolfs von Nassau[5]. Die Lage für dessen Konkurrenten, der sich in seinen Urkunden als *Wir Niclas von gots vnd dez heiligen stuls von Rome gnaden* intitulierte[6], blieb in den darauffolgenden Jahren problematisch. Erst im April 1388 kam es zu einem vorläufigen Ausgleich. Er bestand darin, dass Adolf von Nassau seinem Kontrahenten eine Jahresrente aussetzte und ihm – wahrscheinlich – die Kestenburg, eine der wichtigen Landesburgen, öffnete[7]. Der endgültige Friedensvertrag folgte im März 1389. Sein Ergebnis war die Aussöhnung zwischen den beiden eins-

---

1 Ernst Voltmer spricht von „seinem Episkopat, der zugleich eine *längere Konsolidierungsphase des Speyerer Hochstifts* einleitet"; Voltmer, Von der Bischofsstadt zur Reichsstadt, S. 344. Ferner Duggan, Bishop and Chapter, S. 115.

2 Dazu Andermann, Die Residenzen der Bischöfe von Speyer im späten Mittelalter, S. 52 f.; Press, Das Hochstift Speyer im Reich des späten Mittelalters.

3 Remling, Geschichte der Bischöfe von Speyer, Bd. 1, S. 643–664.

4 Gerlich, Nikolaus von Wiesbaden, S. 24; Remling, Geschichte der Bischöfe von Speyer, Bd. 1, S. 665 f.; Busch/Glasschröder, Chorregel und jüngeres Seelbuch, Bd. 1, S. 650, Anm. 1. Zur Exkommunikation vgl. Deutsche Reichstagsakten, Ältere Reihe, Bd. 1, Nr. 218, S. 387 f.

5 Fouquet, Speyerer Domkapitel, Bd. 1, S. 235–239.

6 GLAK, 67/288, f. 57r.

7 Remling, Geschichte der Bischöfe von Speyer, Bd. 1, S. 667 f.; Gerlich, Nikolaus von Wiesbaden, S. 25.

tigen Gegnern. Er sah vor, die Kompetenzen und nutzbaren Rechte im Hochstift untereinander zu teilen[8].

4.6.1 Geschäftsschriftgut

In unmittelbarem Zusammenhang mit diesem Friedensschluss dürfte das heute in Karlsruhe aufbewahrte Register der Urkunden Bischof Adolfs entstanden sein[9]. Die Annahme, es handele sich dabei um ein normales Auslaufregister, wird durch die Autopsie nicht bestätigt. Die 55 Blätter starke Papierhandschrift enthält saubere Vollabschriften von Urkunden, vereinzelt auch Regesten. Sie wurde von höchstens ein bis zwei Händen in einem Arbeitsgang angelegt.

Die Niederschrift erfolgte auf einzelne Lagen, wie Reklamanten am unteren Rand der Seite am jeweiligen Lagenende dokumentieren[10]. Als Vorlage scheinen Auslaufregister Adolfs gedient zu haben, wie zwei in Auszeichnungsschrift vorgenommene Hinweise auf solche belegen[11]. Die Handschrift endet mit der Kopie des bereits behandelten Einigungsvertrages vom 24. März 1389[12]. Sie wurde ohne erkennbare Unterbrechung von derselben Hand, die auch große Teile, wenn nicht den gesamten übrigen Text geschrieben hat, eingetragen. Dies legt ein Zustandekommen des gesamten Bandes in Zusammenhang mit dem Einigungsvertrag nahe. Zweifellos musste der im Vertrag rechtlich anerkannte Gegenkandidat Nikolaus ein vitales Interesse an den von seinem Konkurrenten in den vorausgegangenen Jahren erteilten Rechtstiteln haben. Auf diese Weise erhielt er Kenntnis von ihnen – er erhielt jedoch nicht die Originalregister Adolfs ausgehändigt. Dies geschah offenbar auch nicht, als jener im Februar des darauffolgenden Jahres starb[13].

---

[8] Remling, Geschichte der Bischöfe von Speyer, Bd. 1, S. 669 f.; Gerlich, Nikolaus von Wiesbaden, S. 25.

[9] GLAK, 67/287; dazu Gesamtübersicht der Bestände des Generallandesarchivs, S. 192; Inventare des Grossherzoglich Badischen General-Landesarchivs, Bd. 1, S. 110.

[10] Vgl. GLAK, 67/287, f. 36v/37r, 60v/61r, 96v/97r, 108v/109r.

[11] GLAK, 67/287, f. 43v: *De secundo registro d(omi)ni Adolffi*; ebd., f. 76r: *De tertio registro domini Adolfi.* – Abschriften aus den Registern Adolfs enthält auch das im späten 16. oder frühen 17. Jahrhundert angelegte und „Registratura Adolphi (1372–1471)“ betitelte Kopialbuch GLAK, 67/286, f. 1r–23r; vgl. dazu Gesamtübersicht der Bestände des Generallandesarchivs, S. 192; Inventare des Grossherzoglich Badischen General-Landesarchivs, Bd. 1, S. 108.

[12] GLAK, 67/287, f. 111v–112r.

[13] Remling, Geschichte der Bischöfe von Speyer, Bd. 1, S. 670; Gerlich, Nikolaus von Wiesbaden, S. 25. – Der heute im Generallandesarchiv zu Karlsruhe aufbewahrte und „Registratura Adolphi (1372–1474)“ betitelte Kodex 67/286 (vgl. Gesamtübersicht der Bestände des Generallandesarchivs, S. 192; Inventare des Grossherzoglich Badischen General-Landesarchivs, Bd. 1, S. 108) stammt von einer Hand des späten 16. oder frühen 17. Jahrhunderts. Er enthält nur zu einem geringen Teil Urkundenabschriften aus der Zeit Adolfs von Nassau (ebd., f. 1r–23r).

Betrachtet man die Verwaltungsmittel, die Nikolaus selbst für seine Regierung anlegen ließ, dann wirken sie geradezu enttäuschend. Als genuines Kanzleiprodukt neben den von ihm ausgestellten Urkunden wird man sein heute in Karlsruhe aufbewahrtes und etwas über 300 Blätter umfassendes sogenanntes Salbuch zu bezeichnen haben[14]. Es bewegt sich in einem ausgesprochen traditionellen Rahmen[15]. Einiges deutet darauf hin, dass es erst nach 1390, d. h. nach dem Tod des Kontrahenten Adolf von Nassau, entstanden ist. Erst danach war es Nikolaus gelungen, sich im Hochstift endgültig durchzusetzen.

Die Anordnung der Handschrift ist chronologisch-systematisch. Es handelt sich dabei um eine Art Handbuch, in das verschiedene, für die Herrschaft relevante Informationen unterschiedlichster Art eingetragen wurden. Erschlossen wurde es mit Hilfe eines als Register bezeichneten Inhaltsverzeichnisses[16]. Die wechselnden Hände[17] sowie die uneinheitliche Anlage deuten auf sukzessive Entstehung. Das Grundgerüst bilden Abschriften der von Nikolaus ausgestellten Urkunden. Als Formularbehelf diente beispielsweise eine Urkunde Adolfs von Nassau, in der die für Nikolaus zu ändernden Passagen in der Intitulatio gestrichen und überschrieben wurden[18].

Es wäre allerdings übertrieben, bei der Handschrift von einem Auslaufregister zu sprechen. Neben den von Nikolaus stammenden Urkunden stehen in willkürlicher Anordnung unterschiedlichste Arten von Einträgen. Es finden sich Abschriften von Urkunden Dritter[19]. Diese Kopien und die von Nikolaus selbst stammenden Urkunden betreffen sowohl geistliche[20] als auch weltliche Belange. Eidesformeln für den Schultheißen, Vogt, Münzmeister, Zöllner und Kämmerer[21] sind ebenso aufgenommen wie urbarielle Einträge[22], Weistümer[23] und Bede-Erträge[24]. Vereinzelt werden Lehen listen-

---

14 GLAK, 67/288; dazu Gesamtübersicht der Bestände des Generallandesarchivs, S. 192; Inventare des Grossherzoglich Badischen General-Landesarchivs, Bd. 1, S. 110.

15 Vgl. z. B. das in der ersten Hälfte des 14. Jahrhunderts entstandene und von der Anlage her ähnliche Manuale des Regensburger Bischofs Nikolaus von Ybbs; HStA München, Hochstift Regensburg, Literale 2; Das Handbuch der Kanzlei des Bischofs Nikolaus von Regensburg (1313–1340).

16 GLAK, 67/288, f. 221r–223r.

17 Z. T. findet der Wechsel mitten im Urkundentext statt; vgl. GLAK, 67/288, f. 57r–59r; Handwechsel ebd., f. 58r.

18 Ebd., f. 52v; vgl. ferner ebd., f. 75r.

19 Z. B. ebd., f. 262r–263v (Privileg Wenzels „der Juden wegen“. Nürnberg, 1394 September 18).

20 Ebd., f. 164r–166v (Privleg für die *fr(atr)es hospitalarii ord(in)is s(anc)ti Joh(ann)is Jer(oso)lomitani* in den Diözesen Straßburg und Worms); ebd., f. 194r (Aufstellung von Kollektenzahlungen für die Jahre 1365, 1366, 1367).

21 Ebd., f. 150v, 213vf.

22 Ebd., f. 188r–190v: *Dis sint die recht, die man myne h(er)ren von Spire deilet vnd deylen sol alle jar an dem nechsten mentage nach dem zwolfftentage zu Hergißheim*: Es folgen einzelne Rechte meist grundherrlicher Natur.

23 Ebd., f. 214vf.

24 Ebd., f. 216r, 217r.

artig verzeichnet, wie diejenigen Graf Ottos von Zweibrücken[25]. Darüber hinaus finden sich eine Reihe von Inventaren[26]: ein Verzeichnis des Hausrates auf Burg Deidesheim[27], eines aus dem Jahr 1391 über den des bischöflichen Stadthofes in Frankfurt am Main[28], eine 1394 entstandene Aufstellung über den Besitz des verstorbenen Schaffners zu Jockgrim[29] sowie eine über den der Knechte auf Burg Spangenberg, als ‚mein Herr Herrn Hans und Eberhard von Hirschhorn Spangenberg *yngab*'[30].

Besonders die kostenrelevanten Bereiche wurden erfasst. So enthält die Handschrift ein genaues Verzeichnis über den Hofstaat. Dabei wurde genauestens aufgeführt, wer des Bischofs *kogeln*, d.h. das von Nikolaus zu finanzierende Hofkleid, zu tragen berechtigt war. Hiernach folgen die teilweise wieder durchstrichenen Namen von 56 Personen[31]. Daneben finden sich Aufstellungen seiner Schulden sowie eine Reihe von ihm ausgestellter Schuldurkunden[32].

4.6.2 Archivwesen

Der Kodex vermittelt indirekt wertvolle Informationen über das Register- und Archivwesen der Bischöfe von Speyer gegen Ende des 14. Jahrhunderts. Auch in diesem Territorium konnte von einem zentralen und erschlossenen Archiv keine Rede sein. Deutlich erkennbar ist das Bemühen, einen Überblick über die verstreut in den einzelnen Landesburgen aufbewahrten Urkunden zu erlangen. Es finden sich Bemerkungen wie: *Nota hec qui(n)q(ue) l(itte)re s(ecundu)m ordine(m) script(e) reposite sunt Kyselauwe d(omin)ica an(te) Pet(rum) ad vinc(o)la(s) anno d(omi)ni 1391*[33] oder an anderer Stelle: *Nota p(rae)scripte li(tte)re reposite sunt in Udenheim*[34]. Neben Kißlau und Udenheim lagen auch in Bruchsal Urkunden: *Copia fridebrieffs Vlrich Sibels. Lit(tera) originalis e(st) in Bruchsella*[35].

---

25 Ebd., f. 160r. Ihnen voraus geht eine Urkunde Bischof Friedrichs von Speyer über die Verleihung eines Burglehens an die Grafen Eberhard und Walram von Zweibrücken; ebd., f. 159r (Kestenburg, 1284 Juni 17).

26 Vgl. dazu auch Mone, Hausrath des Bischofs von Speier; Andermann, Burgen und Residenzen des Hochstifts Speyer, S. 104.

27 GLAK, 67/288, f. 37v.

28 Ebd., f. 78r.

29 Ebd., f. 131v.

30 Ebd., f. 160r.

31 Ebd., f. 210r–211v.

32 Ebd., S. 134rf., 141r (*Obligata*); ferner z.B. ebd., f. 107v–108v, 147r–148r u. ö.

33 Ebd., f. 100r. Auf ebd., f. 291v, findet sich außerdem eine knappe Zusammenstellung der Urkunden, die in Kißlau liegen.

34 Ebd., f. 170v. Zu Udenheim vgl. Andermann, Burgen und Residenzen des Hochstifts Speyer, S. 108–114; Ders., Die Residenzen der Bischöfe von Speyer im späten Mittelalter, S. 58–64.

35 GLAK, 67/288, f. 256v. Zu Kißlau vgl. Andermann, Burgen und Residenzen des Hochstifts Speyer, S. 115–120; zu Bruchsal Ders., Die Residenzen der Bischöfe von Speyer im späten Mittelalter, S. 75–80.

Im Gegensatz hierzu gingen bisherige Forschungen wie selbstverständlich von einem Zentralarchiv aus[36]. Dieses befand sich zunächst „vermutlich in der Sakristei des Doms“. Es wurde angeblich „nur bei Kriegsgefahr [...] auf bischöfliche Schlösser geflüchtet“[37]. Unter Bezug auf ein in einem später zusammengebundenen Kodex im Karlsruher Archiv überliefertes *registrum litterarum ecclesie Spirensis repositarum in castro Kestenberg* vom Ende des 14. Jahrhunderts[38] wurde angenommen, dass „die Bischöfe nach ihrem Auszug aus Speyer auf der Kestenburg bei Hambach ihr eigenes Archiv gebildet [hatten], das wohl erst gegen Ende des 15. Jahrhunderts von dort nach Udenheim verlegt wurde“[39]. Gerade der explizite Hinweis auf den Aufbewahrungsort legt, in Verbindung mit den sonstigen Quellenhinweisen über Urkundendepots[40], die Vermutung nahe, dass es sich im Speyerer Hochstift ähnlich wie in anderen geistlichen und weltlichen Territorien des Spätmittelalters verhielt und man weder mit einem Zentralarchiv noch mit einer geregelten Archivverwaltung rechnen darf.

Doch nicht nur die Urkundenoriginale in den einzelnen Depots wurden konsultiert und in Bischof Nikolaus' Salbuch festgehalten. Dem schlichten Eintrag *Subsc(ri)pta colle(ct)a sunt ex registro d(omi)ni Bamb(er)gen(sis) p(raesen)tato d(omi)no per Wilhelmum de Borne* ist zu entnehmen, dass auch Nikolaus' Vorvorgänger Lambert von Born/Brunn[41] mindestens ein Register geführt hatte. Aufschlussreich und durchaus

36 Andermann, Burgen und Residenzen des Hochstifts Speyer, S. 112.

37 Andermann, Die Residenzen der Bischöfe von Speyer im späten Mittelalter, S. 70.

38 GLAK, 67/285, f. 2r–33v; dazu Gesamtübersicht der Bestände des Generallandesarchivs, S. 192; Inventare des Grossherzoglich Badischen General-Landesarchivs, Bd. 1, S. 108; Andermann, Das älteste Lehnbuch des Hochstifts Speyer, S. 18.

39 Andermann, Die Residenzen der Bischöfe von Speyer im späten Mittelalter, S. 70. Allerdings sah Kurt Andermann (unter Hinweis auf GLAK, 67/537) für die zweite Hälfte des 15. Jahrhunderts „auch an den Amtssitzen zu Lauterburg und Kißlau sowie in der Burg zu Bruchsal Registraturen mit Schriftgut von lokaler beziehungsweise regionaler Bedeutung“; Andermann, Burgen und Residenzen des Hochstifts Speyer, S. 112. Zur Archivgeschichte vgl. den Überblick von Dems., Kestenburg – Speyer – Bruchsal, S. 46 f.

40 Noch in einem Hausratverzeichnis von 1464/65 über die Burg Udenheim fanden sich im sogenannten Alten Gemach in einem Schrank in einer besonderen Lade einige *brieff*. Weitere ‚alte Briefe‘ lagen in einem Schreibtisch im ‚Stüblein‘ neben der Alten Kammer; Andermann, Burgen und Residenzen des Hochstifts Speyer, S. 110. „Desgleichen sucht man ein Archiv oder Briefgewölbe im ganzen Udenheimer Schloß vergebens“; ebd., S. 111.

41 Er amtierte ab 1363 in Brixen, ab 1364/5 in Speyer, wechselte 1371 nach Straßburg und 1374 nach Bamberg; vgl. Hölscher, Kirchenschutz als Herrschaftsinstrument, S. 65 u. ö. ; Fouquet, Speyerer Domkapitel, Bd. 2, S. 353; Ders., Domkapitel, Hof und Universität, S. 116 f.; Andermann, Die Residenzen der Bischöfe von Speyer im späten Mittelalter, S. 59; Lackner, Hof und Herrschaft, S. 149 f. Unter Lambert setzte in Bamberg „die Führung eines bischöflichen Registers ein“, Flachenecker/Rapp, Lamprecht von Brunn, S. 53. – Zu seinem Bruder Heinrich von Born († 1388), u. a. von 1365 bis 1388 Domherr und 1368 Generalvikar von Speyer und in den sechziger Jahren päpstlicher Subkollektor von Basel vgl. Schuchard, Die päpstlichen Kollektoren, S. 204, 255 f.; ferner Fouquet, Das Speyerer Domkapitel, Bd. 2, Nr. 35, S. 353 f.

mit mittelalterlicher Archivpraxis erklärbar[42] ist, dass sich dieses zum damaligen Zeitpunkt keineswegs in Besitz der wie auch immer gearteten bischöflich speyrischen Kanzlei befand oder gar im landesherrlichen Archiv aufbewahrt wurde. Stattdessen wurde es Nikolaus durch Lamberts Verwandten Wilhelm von Born präsentiert – aber offenbar, analog zu denjenigen Adolfs von Nassau, keineswegs belassen[43].

4.6.3 Das Lehenbuch

Dem für Nikolaus von Wiesbaden zu beobachtenden Bemühen um eine Übersicht über die Rechtstitel des Hochstifts[44] diente auch die „Reinschrift" eines 50 Jahre älteren Verzeichnisses der bischöflichen Vasallen. Die heute noch vorhandene Vorlage wurde wahrscheinlich unter dem Speyerer Bischof Gerhard von Erenberg Mitte der vierziger Jahre des 14. Jahrhunderts angelegt[45]. Von diesem älteren Lehenbuch sind weder Vorgänger noch Vorstufen bekannt[46]. Nach heutigem Erkenntnisstand stellt es nicht nur im Hochstift Speyer, sondern auch im Überlieferungsspektrum der geistlichen Fürstentümer am Oberrhein den frühesten Vertreter dieses Buchtyps dar[47]. Im Gegensatz zu den noch älteren Lehenbüchern des Hochstifts Würzburg ist es nicht chronologisch, sondern ständisch aufgebaut[48]. Es bildet von daher bereits eine höhere Redaktionsstufe gegenüber den relativ leicht bei Lehentagen anzulegenden und aufgrund dieser protokollähnlichen Entstehungssituation chronologisch strukturierten Verzeichnissen über die einzelnen Belehnungen.

Die unter Nikolaus von Wiesbaden vermutlich Anfang der neunziger Jahre des 14. Jahrhunderts entstandene Abschrift ist in einem später zusammengestellten „Mischbuch ohne prägnanten Titel" überliefert, „dessen Geschichte sich als recht un-

---

[42] Vgl. oben, Kap. 3.1: Mittelalterliche Kanzlei und ihre moderne Konstruktion. Die königliche Hofkanzlei im frühen 15. Jahrhundert. – Kurt Andermann interpretierte hingegen den Tatbestand, „daß von Bischof Lambert im Gegensatz zu seinem Vorgänger und seinen Nachfolgern nicht ein einziges Kopialbuch überliefert ist" als „bezeichnend" für dessen kaum vorhandene Aktivitäten im Hochstift Speyer"; ANDERMANN, Die Residenzen der Bischöfe von Speyer im späten Mittelalter, S. 59, Anm. 52.

[43] Der Eintrag betraf Kollektenzahlungen der Speyerer Diözese aus der zweiten Hälfte der sechzigerJahre des 14. Jahrhunderts; vgl. GLAK, 67/288, f. 194r. – Vgl. zu den Zusammenhängen Kap. 4.8: Zwischenbilanz: Kirchliche Netzwerke, Stiftsherren und Kollektoren.

[44] Vgl. dazu auch REIMER, Zur Geschichte des Bischofs Gerhart von Speier, S. 80.

[45] Vgl. ANDERMANN, Das älteste Lehnbuch des Hochstifts Speyer, S. 3–6. Zu der heute im Landesarchiv Speyer unter der Signatur F 1/63 verwahrten Handschrift vgl. ebd., S. 15–17. Zu Gerhard von Erenberg vgl. auch FOUQUET, Das Speyerer Domkapitel, Bd. 2, Nr. 117, S. 463 f.; DERS., Domkapitel, Hof und Universität, S. 115 f.; AMMERICH, Gerhard von Erenberg; ferner die ältere Arbeit von REIMER, Zur Geschichte des Bischofs Gerhart von Speier, S. 77–79.

[46] ANDERMANN, Das älteste Lehnbuch des Hochstifts Speyer, S. 6 f.

[47] Vgl. ebd., S. 10.

[48] Vgl. ebd., S. 8 f., 11 f.

durchsichtig erweist"[49]. Unter Bischof Nikolaus begnügte man sich beim Kopieren allerdings keineswegs mit einer Reinschrift der älteren, vielfach ergänzten und nachgetragenen Vorlage, sondern erweiterte sie offenbar in Hinblick auf die eigenen (Verwaltungs)-Bedürfnisse. „Weitgehende Unklarheit besteht über den Sinn der Siglen B, D, K und L, die in der zu Ende des 14. Jahrhunderts angefertigten Abschrift auf dem rechten beziehungsweise linken Blattrand bei den einzelnen Lehen des niederen Adels vermerkt sind [...]. Dort, wo die Kennzeichnung fehlt, weist in der Regel ein *Nota* darauf hin, daß an der entsprechenden Stelle eine Angabe nachzutragen sei."[50]

Kurt Andermann schloss daraus, dass es sich bei den Siglen um Verweise auf Orte bzw. Burgen handelt, „die zur fraglichen Zeit in dem sich konsolidierenden bischöflichen Territorium eine besondere Rolle spielten: Bruchsal, Deidesheim, Kestenburg (heute Hambacher Schloß) oder Kirrweiler und Lauterburg"[51]. Die geographische Verteilung der betreffenden Lehen legte eine solche Annahme nahe. Welche Funktionen diese Orte für die Verwaltung dieser Lehen spielten, muss allerdings offen bleiben. Es wurde in Betracht gezogen, dass hiermit diejenigen Orte bezeichnet wurden, „an denen sich die einzelnen Vasallen nach ergangenem Aufgebot einzufinden hatten". Allerdings scheint festzustehen, dass hiermit „jene – freilich erst im Entstehen begriffenen – Zentren der speyerischen Territorialverwaltung an[gegeben wurden], die für eine wie auch immer geartete Kontrolle über die verschiedenen Lehen zuständig waren"[52].

Wie diese Kontrolle aussah, bleibt allerdings Spekulation. Zu denken wäre einerseits an einen schlichten geographischen Orientierungsbehelf im Bereich der Zentrale angesichts der teilweise kleinen und damit schwer zu lokalisierenden Lehen. Dies würde vermutlich eher einem modernen, archivarisch-landesgeschichtlichen Denkmuster entsprechen. Andererseits wäre die Möglichkeit zu erwägen, ob mit diesen Verweisen die Grundlage dafür geschaffen wurde, selektive Abschriften für die entsprechenden Amtssitze zum Zwecke der dezentralen Kontrolle über die Mutung von Lehen anzufertigen. Im Bereich der Urbare hat sich nicht erst die frühe Neuzeit[53], sondern bereits das ausgehende Mittelalter solcher Techniken bedient[54]. Die Überlieferungsverluste

---

49 GLAK, 67/285, f. 130r–164r. Die Handschrift ist betitelt: „Registratura litterarum in castro Kestenberg (1065–1423)"; vgl. Gesamtübersicht der Bestände des Generallandesarchivs, S. 192; Inventare des Grossherzoglich Badischen General-Landesarchivs, Bd. 1, S. 108. Eine Handschriftenbeschreibung findet sich bei ANDERMANN, Das älteste Lehnbuch des Hochstifts Speyer, S. 18–20.

50 Ebd., S. 12.

51 Ebd., S. 12 f.

52 Ebd., S. 13. Möglicherweise wäre auch eine potentielle Funktion als Aufbewahrungsorte evtl. zu erwartender Lehnsreverse zu denken. Allerdings setzte sich die Schriftlichkeit im Lehnswesen vermutlich erst gegen Ende des 14. Jahrhunderts langsam durch; vgl. ebd., S. 10 f.; SPIESS, Lehnsrecht, S. 26 f.

53 RICHTER, Lagerbücher- oder Urbarlehre, S. 23 f., 34, 106–108.

54 Vgl. NOICHL, Das Urbar über das Kastenamt Rosenheim.

sind dabei jedoch als ungemein hoch einzuschätzen[55]. Zumindest würde dieses Verfahren bereits auf einen relativ hohen Organisationsstand der Lehnsverwaltung hindeuten. Ein solcher Stand wurde für die Kurpfalz – wie noch zu zeigen sein wird – nicht erreicht[56].

4.6.4 Die bischöflich speyrische Kanzlei

Zum Schluss ist die Frage danach zu stellen, wo dieses Schriftgut entstanden ist. In der bisherigen Literatur wurde wie selbstverständlich davon ausgegangen, dass es seit dem 12. Jahrhundert eine eigene Kanzlei der Bischöfe von Speyer gegeben hat[57]. Von einer Kanzlei ist in den hier diskutierten Dokumenten aus der Regierungszeit Nikolaus' von Wiesbaden an keiner Stelle die Rede. Auch unter den Mitgliedern des bischöflichen Hofstaates finden sich keine entsprechenden Chargen[58].

Auch die ein relativ schlichtes Niveau aufweisende Schriftgutproduktion aus der Zeit Bischof Nikolaus' spricht nicht für eine Kanzlei. Bevor von dem einzigen für ihn überlieferten Schreiber zu sprechen sein wird, sei ein Blick auf das Geschäftsschriftgut seiner Amtsnachfolger gerichtet. Er belehrt, dass zwar seit Bischof Raban von Helmstatt (1396/99–1430) offenbar regelmäßig und zumindest in Teilen überlieferte Auslaufregister geführt wurden[59], bedeutende qualitative Veränderungen jedoch erst in der zweiten Hälfte des 15. Jahrhunderts unter dem Episkopat von Matthias

---

[55] Ebd.; ferner Richter, Lagerbücher- oder Urbarlehre, S. 107.

[56] Vgl. unten, Kap. 4.11: Das älteste Lehenbuch der Pfalzgrafen bei Rhein vom Jahr 1401; Kap. 4.13.4: Die Entwicklung der kurpfälzischen Lehenbücher in der ersten Hälfte des 15. Jahrhunderts; Kap. 4.15.2.4: Die kurpfälzischen Lehenbücher.

[57] Johann Friedrich Böhmer sprach für das 13. Jahrhundert sogar von einer dort angesiedelten „Diplomatenschule"; zitiert nach Malottki, Heinrich von Leiningen, Bischof von Speyer, S. 1; vgl. ferner ebd., S. 1–6; Acht, Studien zum Urkundenwesen der Speyerer Bischöfe im 12. Jahrhundert; Andermann, Das älteste Lehnbuch des Hochstifts Speyer, S. 6 f.

[58] GLAK, 67/288, f. 211rf.

[59] GLAK, 67/289 (sogenannter Liber contractuum Rabani (1397–1437); dazu Gesamtübersicht der Bestände des Generallandesarchivs, S. 192 Inventare des Grossherzoglich Badischen General-Landesarchivs, Bd. 1, S. 109); ferner GLAK, 67/286, f. 23v–75v; sowie die weiteren Libri contractuum der Bischöfe von Speyer: GLAK, 67/292–295; dazu Gesamtübersicht der Bestände des Generallandesarchivs, Bd. 1, S. 192; Inventare des Grossherzoglich Badischen General-Landesarchivs, Bd. 1, S. 109. Der letzte Band dieser Reihe stammt aus der Regierungszeit Bischofs Johann Nix von Hoheneck (1459–res. 1464), des Vorgängers von Matthias Ramung; zu ihm Fouquet, Speyerer Domkapitel, Bd. 2, Nr. 264, S. 686–688. – In der Regierungszeit Bischofs Raban von Helmstatt (1396–1436 mit Unterbrechung) entstand ferner GLAK, 67/290. Darin wurden Zehntrenovationen in den Ämtern Bruchsal, Grombach, Kißlau, Rotenberg, Udenheim aus dem Jahr 1401 eingetragen (dazu: Gesamtübersicht der Bestände des Generallandesarchivs, S. 192; Inventare des Grossherzoglich Badischen General-Landesarchivs, Bd. 1, S. 110). Ebd., f. 2r, findet sich der folgende Eintrag: *His sunt census d(omi)ni mei e(pisco)pi Spirens(is) ex illa p(ar)te que nu(n)cupatur am Bruchreine renouati/*

Ramung (1464–1478) eintraten[60]. Auch bei ihm handelte es sich um einen kurpfälzischen Kanzler[61].

Wie schon angedeutet, ist ein Schreiber Bischof Nikolaus' namens Emmerich (*Emerich)* belegt. Erwähnt wird er im Testament Rabans von Helmstatt, dem Nachfolger Nikolaus' als Speyerer Oberhirte[62]. Diesen *Emerich* identifizierte Peter Moraw aus berechtigten Gründen[63] mit Emmerich von Moscheln, dem späteren Notar König Ruprechts und von dessen Nachfolgers Pfalzgraf Ludwigs III.[64] Nach Ausweis des o.g. Testamentes wurde Emmerich von Raban bei dessen Amtsantritt in Speyer [im Jahre 1396] ‚übernommen'. Im Jahre 1405 erscheint er als *Herr* [...] *Emering des Bischofs von Speir Schreiber* auf der Geschenkeliste des Nürnberger Rates[65]. Offenbar derselbe unterfertigte bereits im Jahre 1401 (und ähnlich in den darauffolgenden Jahren) eigenhändig als Emmerich von Moscheln, öffentlicher Notar und Notar König Ruprechts (*Emericus de Mosscheln Maguntinensis diocesis publicus imperiali auctoritate necnon prefati* [= Ruperti] *domini mei graciosissimi Romanorum regis notarius),* das als Notariatsinstrument gehaltene Approbations-Prokuratorium König Ruprechts an den römischen Papst Bonifatius IX.[66] Noch 1409 nannte König Ruprecht ihn „Emerich, unser Schreiber und lieber Getreuer"[67]. Unter Ruprechts Nachfolger Pfalzgraf Ludwig III. hatte Emmerich von Moscheln darüber hinaus für längere Zeit das Amt des kurpfälzischen Landschreibers von Oppenheim inne[68].

---

anno d(omi)ni mill(es)imo quadringen(tesi)mo primo p(er) Conradu(m) Kruß notar(ius). Vgl. ferner sein Lehenbuch GLAK, 67/364; dazu Moraw, Kanzlei, S. 456, Anm. 9; Lippert, Die deutschen Lehnbücher, S. 172; Andermann, Das älteste Lehnbuch, S. 9f.

60 Einen Überblick bietet die ältere Arbeit von Buchner, Die innere weltliche Regierung des Bischofs Mathias Ramung; zur Kanzlei ebd., S. 121–123; Ehmer, *... obe sich der stiefft an luten mere oder mynner*; Andermann, Probleme einer statistischen Auswertung der älteren Speyerer „Volkszählung" von 1469/70; Ders., Burgen und Residenzen des Hochstifts Speyer.

61 Vgl. Buchner, Die Stellung des Speierer Bischofs Mathias Ramung zur Reichsstadt Speier, zu Kurfürst Friedrich I. von der Pfalz; Fouquet, Speyerer Domkapitel, Bd. 2, Nr. 292, S. 724–728. Zu ihm vgl. unten, Kap. 4.14: Verwaltungsjurist oder illegitimer Fürstenspross? Matthias Ramung als Kanzler Pfalzgraf Friedrichs I.

62 *Item darnach worden wir* [= Raban] *zu rate mit dem vorgenanten Hansen, Reinharten von Sickingen, amptman zu Luterburg und Emerich schriber, den wir bij bischoff Niclaus seligen funden, wie wir uns frbasser hielten, dan wir besorgten, das wolte nit also ußtragen*; Mone, Politisches Testament des Bischofs Raban von Speier, S. 195. Zu Raban von Helmstatt vgl. die entsprechenden Kapitel dieser Arbeit.

63 Vgl. dazu Moraw, Kanzlei, S. 514.

64 Zu ihm ebd.; ferner Brandenstein, Urkundenwesen und Kanzlei, S. 172f.

65 Vgl. Deutsche Reichstagsakten, Ältere Reihe, Bd. 5, Nr. 454, S. 658–660, hier S. 658 (Nürnberg, 1405 Januar 7 bis 1405 September 9).

66 Vgl. Deutsche Reichstagsakten, Ältere Reihe, Bd. 4, Nr. 20, S. 37 (Trient, 1401 Oktober 16). Ähnlich ebd., Nr. 30, S. 45f., hier S. 46 (Venedig, 1402 Januar 1); ebd., Nr. 83, S. 96f., hier S. 97 (Nürnberg, 1403 März 6).

67 RPR, Bd. 2, Nr. 5859; GLAK, 67/906, f. 175vf. (Heidelberg, 1409 Juni 23).

68 Vgl. Brandenstein, Urkundenwesen und Kanzlei, S. 172, unter Berufung auf GLAK, 67/810, f. 36v–37v (1421 März 16); zu ihm ferner ebd., f. 332rf.

Als Ergebnis wäre demnach festzuhalten, dass es sich auch bei ihm um einen öffentlichen Notar gehandelt hat, dem darüber hinaus Tätigkeiten für unterschiedliche Dienstherren in verschiedenen Funktionen nachgewiesen werden konnten. Erwähnt werden sollte hierbei, dass es sich bei Emmerichs Herkunftsort vermutlich um Obermoschel nahe dem Alsenztal gehandelt hat[69]. Dieses wiederum liegt nur elf Kilometer südöstlich von Sobernheim, dem Ort, nach dem sich Matthias von Sobernheim, oberster Schreiber Ruprechts I., benannte[70].

Ein Weiteres gibt zu denken. Noch in der zweiten Hälfte des 15. Jahrhunderts sah es in bischöflich speyrischen Kanzleistuben nicht anders aus als in denen auf kurmainzischen Burgen. Kurt Andermann ermittelte auf der Basis der Inventare von 1464/65 für die Kanzlei in der bischöflichen Residenz auf der Burg zu Udenheim: „Wenn man allerdings erwartet, hier über die Aufzählung von Mobiliar und Gerät einen Blick in eine landesherrliche Kanzlei des späten Mittelalters tun zu können, wird man sich enttäuscht sehen: Auch hier berichtet das Hausratsverzeichnis allein von Betten und deren Zubehör, verliert kein Wort über Schreibpulte, Tische, Schränke, Truhen oder andere für die Kanzlei typische Möbel, auch nichts über Amtsbücher und sonstige Verwaltungsbehelfe, die man an sich hier erwarten sollte"[71].

Betrachtet man vor dem hier nur skizzierten Hintergrund die Tatsache, dass es sich bei Emmerich von Moscheln um einen öffentlichen Notar gehandelt hat, dann wäre zu überlegen, ob nicht auch in diesem Fall Kanzleifunktionen durch öffentliche Notare bzw. Angehörige des bischöflichen Offizialates ausgeübt worden sind[72]. Für Emmerich von Moscheln könnte dieser Fall zutreffen. Aktivitäten des geistlichen Gerichts sind im Gegensatz zur Kanzlei seit dem frühen 13. Jahrhundert gut dokumentiert und schlugen sich bereits um die Mitte desselben Jahrhunderts in einem ausführlichen Speyerer *ordo iudiciarius* nieder[73]. Dieser rezipierte die le-

[69] Landkreis Rockenhausen; vgl. Moraw, Kanzlei, S. 514. Hierfür spricht auch die Herkunftsbezeichnung Moscheln (*de Mosscheln Maguntinensis diocesis)*; u. a. Deutsche Reichstagsakten, Ältere Reihe, Bd. 4, Nr. 20, S. 37.

[70] Zu ihm vgl. Kap. 4.7.2: Matthias von Sobernheim, und das Personenregister dieser Arbeit. Auch weiteres Kanzleipersonal stammte aus der Region; vgl. dazu den Anhang dieser Arbeit, Kap. 1: Edition eines Schreibervertrages (1423).

[71] Andermann, Burgen und Residenzen des Hochstifts Speyer, S. 111. – Zu Kurmainz vgl. oben, Kap. 4.6: Interterritorialer Vergleich: Die bischöflich speyrische Kanzlei unter Bischof Nikolaus (1381–1396) und seinen Nachfolgern; bes. Kap. 4.4.5: Kanzlei.

[72] Meines Wissens wurde dieser Aspekt in der bisherigen Forschung zur bischöflich speyrischen Kanzlei kaum berücksichtigt. Die Arbeiten von Otto Riedner (Riedner, Die geistlichen Gerichtshöfe zu Speier im Mittelalter, Bd. 2; Ders., Das Speierer Offizialatsgericht im dreizehnten Jahrhundert) erscheinen nicht im Literaturverzeichnis bei Malottki, Heinrich von Leiningen, Bischof von Speyer.

[73] Ediert bei Riedner, Die geistlichen Gerichtshöfe zu Speier im Mittelalter, Bd. 2, Nr. 1, S. 3–48 [datiert um 1260]; dazu Ders., Das Speierer Offizialatsgericht im dreizehnten Jahrhundert, S. 43–60; Nörr, Die Literatur zum gemeinen Zivilprozeß, S. 390. Zur handschriftlichen Verbreitung vgl. Riedner, Das Speierer Offizialatsgericht im dreizehnten Jahrhundert, S. 46–48; ferner Edition Ders., Die geistlichen Gerichtshöfe zu Speier im Mittelalter, Bd. 2, S. 3.

gistischen Glossatoren seiner Zeit. Insbesondere fußte er auf dem im zweiten Jahrzehnt des 13. Jahrhunderts entstandenen, d. h. nur wenige Jahrzehnte älteren *ordo iudiciarius* Tancreds[74]. Ihm entnahm er u. a. die Handreichungen zur Urkundenpraxis[75].

[74] Tancredi Bononiensis ordo iudiciarius; dazu NÖRR, Die kanonistische Literatur, S. 373; ferner ebd., S. 375; ferner DERS., Die Literatur zum gemeinen Zivilprozeß, S. 384 f., 389 f.; TRUSEN, Zur Urkundenlehre der mittelalterlichen Jurisprudenz, S. 198 f.

[75] [XIII] *Sequitur de specie probationis, que fit per instrumenta et de exceptionibus contra ipsa instrumenta.* [§71] *Instrumentum est scriptura facta ad probationem alicuius rei; et dicitur instrumentum, quia instruit. Instrumentorum due sunt species: aliud enim est publicum, aliud privatum.* [§72] *Publicum est, quod publicum habet auctoritatem et sunt species eius plures. Nam uno modo dicitur publicum, quod per publicam manum scriptum est i. e. per manum tabellionis i. e. publici notarii. Secundo modo dicitur publicum instrumentum, quod sigillatum est auctentico sigillo sicut episcopi vel capituli vel alicuius magne persone. Tertio modo dicitur publicum, quod auctoritate iudicis auctenticum est. Quarto modo dicitur publicum, quod in iudicio scribitur. Quinto modo dicitur publicum, quod habet subscriptionem duorum vel trium testium viventium. Sexto modo dicitur publicum, quod de publico armario producitur, ut est liber censualis i. e. in quo scribuntur census vel redditus.* [§73] *Privatum instrumentum est, quod aliquis fecit sibi tantum vel alii tantum vel sibi et alii simul*; RIEDNER, Die geistlichen Gerichtshöfe zu Speier im Mittelalter, Bd. 2, Nr. 1, hier S. 40–42; Zitat ebd., S. 40 f.; hier vornehmlich basierend auf Tancredi Bononiensis ordo iudiciarius, S. 248–251. Zur Differenzierung von öffentlich und privat vgl. TRUSEN, Zur Urkundenlehre der mittelalterlichen Jurisprudenz, S. 203–214; sowie oben, Kap. 3.7: Das öffentliche Notariat, seine Urkundenpraxis und das landesherrliche Archiv- und Registerwesen.

4.7 Seilschaften in der kurpfälzischen Kanzlei? Otto vom Stein und Matthias von Sobernheim

Nikolaus von Wiesbaden hinterließ, wie dargestellt, keine klaren Spuren in der kurpfälzischen Kanzlei. Allerdings lässt eine Beobachtung aufmerken. Gemeinsam mit Nikolaus sind in der Kurpfalz erstmals zwei weitere Personen als Schreiber nachgewiesen. Im Folgenden sollen mit Otto vom Stein und Matthias von Sobernheim diese beiden Personen näher untersucht werden. Es deutet einiges darauf hin, dass sie zu Nikolaus in einem besonderen Verhältnis standen, möglicherweise mit ihm in kurpfälzische Zusammenhänge traten und ihm in der Funktion des Schreibers nach seinem Amtsantritt als Bischof von Speyer nachfolgten.

4.7.1 Otto vom Stein

4.7.1.1 Otto vom Stein und die de Novo Lapide. *Eine Spurensuche*

Otto vom (oder von) Stein, der seit dem Jahr 1379 als Schreiber Ruprechts des Älteren nachweisbar ist[1], gibt eine Reihe von Rätseln auf. Er wird in den Quellen unterschiedlich benannt; gerade in der universitären Überlieferung heißt er latinisiert *de Lapide*, doch existieren auch andere Bezeichnungen wie *de Novo Lapide*. Daneben ist die Bezeichnung Otto Ryman vom Stein für ihn belegt[2]. Über seine Herkunft ist bislang nichts bekannt, sein Wirken im landesherrlichen Dienst im Vergleich zu Nikolaus von Wiesbaden noch weniger nachvollziehbar. Seine Bedeutung resultiert aus einer anderen Funktion: Er ist der Ahnherr einer der ersten „Beamtenfamilien", die für die Kurpfalz nachgewiesen wurden und deren Mitglieder fast ein Jahrhundert Spitzenstellungen im Rahmen von Politik und Verwaltung einnehmen sollten[2a].

Daher erscheint es berechtigt, die bislang unbeantwortet gebliebene Frage nach der sozialen und regionalen Herkunft Ottos vom Stein noch einmal zu stellen, auch wenn die Antwort aufgrund der schlechten Überlieferungssitutation letztendlich nicht mit letzter Sicherheit zu geben ist[3]. Erschwert wird die Suche besonders dadurch, dass um dieselbe Zeit verschiedene Geschlechter einen Herkunftsnamen von/vom Stein *(de Lapide)* führten. Besonders die mittelrheinischen Adelssippen dieses Namens, sind durch Konnubium vielfach miteinander verbunden[4]. Es ist zudem offen, ob das

---

[1] RPR, Bd. 1, Nr. 4282. Zu ihm vgl. das knappe Kapitel bei Spiegel, Urkundenwesen, Bd. 1, S. 125, der ihn als „Otto Riemann vom Stein" bezeichnet und ihn für den Sohn des Schreibers Otto vom Stein hält (zu diesem ebd., S. 134).

[2] Vgl. dazu die Belege im Personenverzeichnis dieser Arbeit.

[2a] Dazu Moraw, Kanzlei, S. 515; Fouquet, Speyerer Domkapitel, Bd. 2, S. 811; Ders., Domkapitel, Hof und Universität, S. 126 f.

[3] Vgl. die Aufschlüsselungen der verschiedenen „Vom Stein" im Register von Spiegel, Urkundenwesen, Bd. 1, S. 822 f.

[4] Vgl. Wagner, Die adligen Geschlechter des Viertälergebietes, Sp. 22 f.; Conrad, Die Herren und Ritter von Oberstein, S. 46–52, 64–67; Ohlmann, Die Ganerbenburg Steinkallenfels,

hier interessierende Geschlecht adeliger oder nichtadeliger Herkunft ist. Daher finden sich hier zunächst Elemente einer breit angelegten Suche nach Spuren, die in der Sekundärliteratur gelegt wurden. Diese Suche hat schließlich zu belastbaren Ergebnissen geführt. Doch liegt der Ursprung des Geschlechts sehr wahrscheinlich nicht in dem Raum, der bislang dafür abgesteckt wurde, sondern weit davon entfernt.

Verschiedene Herkunftstheorien wurden erwogen. Dietmar Willoweit erkannte in Otto vom Stein einen „Sproß der Ministerialenfamilie Stein von Oberstein (zwischen Worms und Alzey)“[5]. Er stützte sich dabei – soweit ersichtlich – auf das 1906 erschienene Werk von Wilhelm Kisky über die Domkapitel der geistlichen Kurfürsten[6]. Doch ist bereits der von Kisky gebotenen Liste zu entnehmen, dass die Leitnamen jener Familie (Eberhard, Georg, Jakob, Nikolaus, Richard) in keinem einzigen Fall mit denen des Heidelberger Geschlechts (Otto, Peter, Friedrich, Johann, Jodokus und Marsilius[7]) übereinstimmen. Das zweite Problem besteht darin, dass in der jüngeren Untersuchung von Michael Hollmann über das Mainzer Domkapitel die von Kisky getroffene Zuordnung nicht übernommen wurde. Hollmann rechnete die betreffenden Mainzer Domherren der entsprechenden niederadligen Familie aus dem Nahe-Raum um Idar-Oberstein zu[8].

Die zweite Theorie ist wesentlich allgemeiner formuliert und besagt lediglich, dass es sich bei den vom Stein um ein Geschlecht handelt, das seit dem letzten Viertel des 14. Jahrhunderts mit mehreren, als kurpfälzische Amtsträger tätigen Vertretern in den Quellen erscheint. So wird ein Gerhard vom Stein am 23. April 1367 als einer der Schiedsrichter für Streitigkeiten zwischen Untertanen des Mainzer Erzbischofs und der Pfalzgrafen südlich des Mains genannt. Im Rahmen des 1379 geschlossenen sogenannten Urbansbundes kam es zwischen den vier rheinischen Kurfürsten zu Vereinbarungen über militärische Hilfeleistungen; in diesem Zusammenhang fungierte der als Ritter und Burggraf von Kaub bezeichnete Gerhard vom Stein als einer von zwei kurpfälzischen Fachleuten[9]. 1386 dienten Gerhard und Brenner vom Stein neben anderen als Bürgen für zwei Schuldurkunden Ruprechts I. für Graf Simon von Spon-

S. 4, 6, 8–13, 21 f., 32–34; ferner RPR, Bd. 1, S. 491; ebd., Bd. 2, S. 648 f.; REM, Namenverzeichnis, S. 159 f. – Zu einem 1345 nachweisbaren Johannes Stein als Notar der Koblenzer Kurie vgl. Quellen zur Geschichte des St. Kastorstifts in Koblenz, Bd. 1,2, Nr. 816, S. 421 (1345 Dezember 5).

5 Willoweit, Das juristische Studium, Nr. 20, S. 105 f., hier S. 105 (der Artikel behandelt Ottos Sohn Peter vom Stein); ferner ebd., Nr. 27, S. 106 f. (zu Peters Bruder Otto vom Stein). – Drüll, Heidelberger Gelehrtenlexikon, S. 427 f. (zu demselben).

6 Kisky, Die Domkapitel der geistlichen Kurfürsten, S. 147 f.

7 Die Vornamen Jodok, Marsilius sowie später Hieronymus dürften eher zeittypischen Moden (oder einer Benennung nach Paten) entsprechen. Dies wurde für Marsilius postuliert; vgl. Moraw, Kanzlei, S. 515, Anm. 35.

8 Hollmann, Mainzer Domkapitel, S. 453–456, hier S. 453 (mit weiterer Literatur); ferner Conrad, Die Herren und Ritter von Oberstein, S. 46–52, 64–67; Schuchard, Die päpstlichen Kollektoren, S. 233.

9 Spiegel, Urkundenwesen, Bd. 1, S. 419.

heim im Rahmen der Verpfändung von Ladenburg und der Burg Stein[10]. Bei ihr, auch Zullestein genannt, handelt es sich um eine abgegangene, erst in den späten fünfziger Jahren des 20. Jahrhunderts wiederentdeckte und inzwischen archäologisch erforschte Niederungsburg mit einer angeschlossenen Siedlung bei Biblis an der Bergstraße bei der Mündung der Weschnitz in den Rhein. Die Burg und ihr Amtsbezirk, die Kellerei zum Stein, waren ein Besitz der Wormser Bischöfe und kamen in den fünfziger Jahren des 14. Jahrhunderts an Graf Walram von Sponheim. Die Sponheimer verkauften 1356 wiederum eine Hälfte an die Stadt Worms, wobei sich der Wormser Bischof Dietrich Beyer von Boppard 1360 vergeblich um einen Rückkauf bemühte. In den achtziger Jahren erlangte die Kurpfalz auf dem Pfandwege die Hälfte des umfangreichen Amtsbezirkes, zu dem die Orte Lampertheim, Hofheim und Nordheim gehörten. 1406 überschrieb König Ruprecht seinen Anteil seiner Ehefrau Elisabeth als Wittum[11]. In der Frühen Neuzeit galt die strategisch gelegene Burg als „Schlüssel zur Bergstraße“[12].

Gerhard und Brenner vom Stein könnte man daher als Niederadelige ansprechen, die aus der Wormser Ministerialität hervorgegangen waren und sich in kurpfälzische Dienste begeben hatten[13]. Wahrscheinlicher wäre aber hier ihre Herkunft aus dem Umfeld der Grafen von Sponheim, deren Herrschafts- und Besitzschwerpunkte u. a. im unteren Nahe-Gebiet in der Gegend um Bad Kreuznach lagen und die mit den

---

10 Vgl. Hammes, Ritterlicher Fürst und Ritterschaft, S. 195 f.; basierend auf: Spiegel, Urkundenwesen, Bd. 1, S. 274 f. – Zu einem 1334 nachweisbaren Ritter Johann von Stein vgl. ebd., S. 292. Im Jahre 1344 werden Johann von Stein sowie seine Söhne Ulrich und Johann durch die Pfalzgrafen Ruprecht I. und Ruprecht II. zu Erbburggrafen auf Gollenfels ernannt; ebd., S. 422. Johanns Frau hieß Adelheid; 1348 hatten sie mindesten vier Söhne; ebd. – Zu einem seit 1348 nachweisbaren Ritter Brenner vom Stein und einem Eberhard vom Stein; ebd., S. 292. Ein Ritter Brenner vom Stein, 1374 und 1388 Burggraf auf Stromberg, 1395 Burggraf auf Stahlberg, fungierte als Rat Ruprechts II.; ebd., S. 302, 431, 433–435. – Ein Johann Brenner vom Stein wurde von den Pfalzgrafen Ruprecht I. und Ruprecht II. 1388 zum Diener aufgenommen, dafür, dass er ihnen das Öffnungsrecht an den Burgen Stein und Kallenfels eingeräumt hatte; ebd., S. 569. – Ein Ritter Siegfried vom Stein war 1389 Burgmann zu Kaiserslautern; ebd., S. 441.; Urkundenbuch der Stadt Kaiserslautern, Bd. 2, Nr. 346, S. 320 f. Im Jahre 1381 wurde ein Ritter Siegfried vom Stein von Pfalzgraf Ruprecht I. zum Helfer und Diener gegen Graf Ruprecht von Nassau aufgenommen; ebd., S. 569. – Nach derzeitigem Stand nicht familiär zuzuweisen sind ein Ludwig vom Stein, Edelknecht; er wird 1354 sowohl als Vogt von Bretten als auch als Vogt von Heidelsheim (und Bürger ebd.) bezeichnet; ebd., S. 474 f., 482. – Zu einem für 1381 nachgewiesenen Wolf vom Stein, der für jährlich 100 Gulden in die Dienste Pfalzgraf Ruprechts I. trat; ebd., S. 563. – Zu Herren von Stein (Ulrich, Johann, Wolf, Wirich) in Diensten der Markgrafen von Baden vgl. Hammes, Ritterlicher Fürst und Ritterschaft u. a. S. 221; ferner die Nachweise ebd., S. 404.

11 Siemers, Von der karolingischen Handelssiedlung „Zullestein“, 2001, S. 32.

12 Siemers, Von der karolingischen Handelssiedlung „Zullestein“, 2002, S. 338.

13 Aus dem 12. Jahrhundert stammen die ersten Nennungen eines Ministerialengeschlechtes *de Steine* oder *de Lapide*; Siemers, Von der karolingischen Handelssiedlung „Zullestein“, 2002, S. 337. – Im Jahre 1245 wird dort ein Ritter Jakob *dictus Rapa* von Alzey *(de Alzeia)*, auch vom Stein *(de Steine)* genannt, 1326 ein Burgmann namens Andreas zum Stein *(Andris zu dem Steine)*; vgl. Siemers, Von der karolingischen Handelssiedlung „Zullestein“, 2001, S. 30 f.; ferner Breuer, Die räumliche Orientierung, S. 352–358.

Pfalzgrafen bei Rhein im Konnubium standen[14]. Dann aber wäre bei Gerhard und Brenner vom Stein an eine Zugehörigkeit zu den oben bereits behandelten, aus demselben Raum wie die Sponheimer stammenden Herren von Stein-Steinkallenfels zu denken[15]. Auch bei den Vornamen Gerhard und Brenner besteht keine Kongruenz zu dem uns interessierenden Geschlecht.

Möglicherweise besteht auch eine wie auch immer geartete Beziehung der vom Stein zu der linksrheinischen Stadt Alzey, die sich in der zweiten Hälfte des 14. Jahrhunderts zu einer kurpfälzischen Nebenresidenz entwickelte. Hier fanden laut einem Weistum aus dem 14. Jahrhundert die pfalzgräflichen Lehensgerichtstage auf dem Pfalzgrafenstein (*off dem steyne)* im Bereich des heutigen Obermarktes statt, während Burglehens- und Burgmannenangelegenheiten auf der Burg verhandelt wurden[15a]. Doch auch hier ergeben sich keine weiteren Spuren.

Nach diesen eher diffusen Befunden, die keine rechte Spur ergeben wollen, erscheint es sinnvoll, erneut den Blick auf die Heidelberger Vertreter des Namens zu richten. Neben Otto vom Stein existierte ein Heidelberger Landschreiber namens Friedrich vom Stein, der gesichert ab 1387, sehr wahrscheinlich aber schon 1378 in der Überlieferung erscheint[16]. Dieser verkaufte, bezeichnet als vormaliger Landschreiber zu Heidelberg, mit seiner Gemahlin Katharina am 26. November 1389 ein Drittel des Zehnten zu Angelloch u. a. an die Pfleger der Bruderschaft des Hofgesindes auf der Burg zu Heidelberg; beide Ehegatten stifteten am 26. Juni 1393 bei der Bruderschaft auf der Heidelberger Burg ein Seelgerät[17].

---

[14] Mötsch, Sponheim, S. 4–6.; Vogt, Sponheim, S. 359 f. Graf Johann IV. (d. J.) von Sponheim-Starkenburg war ein Sohn Pfalzgräfin Mechthilds († 1375) und damit ein Neffe ihres Bruders Ruprecht I. Johann war seit 1346 mit einer Gräfin von Sponheim-Kreuznach verheiratet; Spiegel, Urkundenwesen, Bd. 1, S. 272 f. Die engen Beziehungen der Sponheimer mit den Pfalzgrafen hielten bis ins 15. Jahrhundert an; Mötsch, a. a. O.

[15] Ein Johann Brenner vom Stein wurde von den Pfalzgrafen Ruprecht I. und Ruprecht II. 1388 zum Diener aufgenommen, dafür, dass er ihnen das Öffnungsrecht an den Burgen Stein und Kallenfels eingeräumt hatte; Spiegel, Urkundenwesen, Bd. 1, S. 569. Zu Burg und Familie vgl. Thon, Burgen im Hunsrück und an der Nahe, S. 144–149; Ohlmann, Die Ganerbenburg Steinkallenfels.

[15a] Grathoff, Burg und Schloss Alzey. Zur Residenz Ders., Alzey; ferner Widder, Versuch einer [...] Beschreibung, Bd. 2, S. 17–38, bes. S. 26.

[16] Spiegel, Urkundenwesen, Bd. 1, S. 400 f. Bereits vorher existieren Belege für einen nicht näher bezeichneten Landschreiber namens Friedrich: vgl. Sillib, Zur Geschichte des Augustinerklosters in Heidelberg, S. 29 (1378 Juli 2); weitere zwei für das Jahr 1384 (Spiegel, a. a. O., S. 400). – Zu weiteren Personen des Namens: Ein „Friedrich vom Stein auf der Lahn unterhalb von Nassau" wurde 1360 von Pfalzgraf Ruprecht I. zum Burgmann auf dem Herzogenstein (Rhineck auf dem Roßstein, gegenüber von Oberwesel) ernannt; ebd., S. 449. Ein nicht weiter bezeichneter Friedrich vom Stein, vermutlich handelte es sich um den Gleichen, war 1365 Burgmann von Kaub; ebd., S. 442. Zu ihm vgl. auch Spiegel, Urkundenwesen, Bd. 1, S. 442; Hammes, Ritterlicher Fürst und Ritterschaft, S. 195.

[17] Vier Weißbrote sollen täglich abends beim Salve Regina an vier arme Schüler verteilt werden, die singen helfen. Sollte die Bruderschaft nicht mehr existieren, dann sollte das Legat an das Spital zu Heidelberg fallen; GLAK, 43/90.

Friedrich gehörte das oberste Gewölbe in einem Turm des Heidelberger Augustinerklosters, das er an Gerlach von Hohenberg (*Hoenberg*), Schulmeister am Kanonikerstift St. Stephan zu Mainz, verkaufte. Hierzu muss man wissen, dass der Konvent der Heidelberger Augustinereremiten in der Frühzeit der Universität eine gewisse Rolle spielte und in den ersten Jahren ein Ort für Versammlungen war[18]. Das Kloster besaß im ausgehenden 14. und 15. Jahrhundert eine kaum zu überschätzende Bedeutung „für die Herrschaftstopographie innerhalb der Stadtmauern", diente als „pfalzgräflicher Repräsentations- bzw. Versammlungsraum" und gilt als zeitweiliger Wohnort Ruprechts in der ersten Zeit seines Königtums[19]. Vielleicht war das der Grund, warum der Landschreiber sich dort eine Bleibe gesucht hatte.

Der oben erwähnte Turm des Klosters hatte einen Übergang über die sogenannte Kleine Gasse, der in ein gegenüberliegendes Haus führte, das dem Landschreiber zu Oppenheim, Gebhard von Schriesheim, gehörte. Auch dieses Haus kaufte der Mainzer Stiftsscholaster Gerlach von Hohenberg und bestimmte es „nach seinem Tode für arme Schüler der Universität Heidelberg, unter besonderer Berücksichtigung von Angehörigen seiner Familie, als Wohnung". Darüber hinaus verfügte er, dass es als Stiftungsgut für einen Altar in der Marienkapelle dienen solle, die einstmals die Synagoge war (*sal gefalle(n) zu eym ewigen altare in der Capellen uns(er) lieben frauwen die etzwann der juden schule waz*), was die drei Pfalzgrafen Ruprecht II., Ruprecht III. und dessen Sohn Ruprecht Pipan am 7. März 1396 bestätigten und es von allen Lasten befreiten[20]. Am 7. Februar 1400 ist der abermals als ehemaliger Landschreiber des Pfalzgrafen bezeichnete Friedrich vom Stein in einer Immobilienangelegenheit zu Heidelberg nachgewiesen, an der auch der noch zu behandelnde kurpfälzische Protonotar Matthias von Sobernheim beteiligt war[21].

Ein Dieter vom Stein (*vom Steyne*) fungierte 1446 als einer der beiden Bürgermeis-

---

[18] Sillib, Zur Geschichte des Augustinerklosters in Heidelberg, S. 9f.; Mittler, Heidelberg. Geschichte und Gestalt, S. 82; Nuding, Die Universität, der Hof, S. 212–214. – Ab 1401 besaß die Artistenfakultät ein Vorlesungsgebäude in der Augustinergasse/Heugasse; Wolgast, Die kurpfälzische Universität, S. 5.

[19] Vgl. dazu die Erläuterungen bei Wendt, … *mit wybe, kindern*, S. 32–35; Huthwelker, Katalog, S. 33f. – Auch später noch spielte das Kloster für die Interaktion zwischen Universität und Pfalzgrafen eine Rolle; vgl. Winkelmann, Urkundenbuch der Universität Heidelberg, Bd. 2, Nr. 369, S. 42.

[20] Heidelberg, Universitätsbibliothek, Urk. Lehmann 47; Steiger, Urk. Lehmann 47 (mit falscher Namenauflösung Homburg statt Hohenberg). Die Rektorbücher der Universität Heidelberg, Bd. 1, Nr. 419, S. 407f. (1396 März 7); Spiegel, Urkundenwesen, Bd. 1, S. 401, 403; ebd., Bd. 2, U 4820. Ferner Die Rektorbücher der Universität Heidelberg, ebd., Nr. 420, S. 408–410. – Zur topographischen Lage vgl. Wendt, … *mit wybe, kindern*, S. 17; Die Rektorbücher der Universität Heidelberg, Bd. 1, Nr. 433f., S. 423.

[21] GLAK, 69/von Oberndorff, U 2. Auch sonst finden sich in der Überlieferung der letzten beiden Jahrzehnte des 14. Jahrhunderts mehrmals Hinweise auf einen Friedrich, den (alten) Landschreiber; vgl. RPR, Bd. 1, Nr. 4566 (Heidelberg, 1384 Oktober 29); ebd., Nr. 5940 (1399 Februar 12).

ter von Heidelberg[22]. In einer auf 1453 zu datierenden und die Auszahlung einer Geldrente in Höhe von 35 Gulden betreffenden Nachricht aus den bischöflich speyrischen Rechnungen heißt es: *vff pfingsten. It(em) xxxv gul(den) Diethern vom Steyn od(er) Petern gebrud(er)n Friedrich lantschri(ber) seligen sunen zu Heidelberg*[23]. Man darf Zweifel daran hegen, dass es sich bei den beiden in dieser mehr als ein halbes Jahrhundert jüngeren Nachricht genannten Brüdern Dieter und Peter vom Stein um die Söhne des obigen Landschreibers Friedrich vom Stein gehandelt hat, und vielleicht davon ausgehen, dass es mehrere gleichnamige Vertreter der Familie vom Stein in diesem Amt gegeben hat. Gleichzeitig liegt es nahe, eine Verwandtschaft zwischen dem obersten Schreiber Otto vom Stein und dem Landschreiber Friedrich vom Stein anzunehmen. Es fallen besonders die gemeinsamen Vornamen auf, die für die Nachkommen Ottos wie des Landschreibers Friedrich nachweisbar sind. Der wahrscheinlich älteste Sohn des pfälzischen Protonotars hieß Friedrich, der jüngere des in der Speyerer Rechnung genannten Landschreibers Peter. Diesen Namen führte auch ein jüngerer Sohn Ottos vom Stein[24]. Auffallend ist die enge Verbindung des Landschreibers Friedrich und des obersten Schreibers Otto vom Stein mit der pfälzischen Territorialverwaltung. Sie setzte sich auch bei den Nachfahren fort. Hierauf wird weiter unten noch eingegangen werden müssen.

Erwähnung verdient, dass sich im Wintersemester 1386, d.h. dem ersten Semester nach Gründung der Universität Heidelberg, an zweiter und dritter Stelle der Matrikel Johannes und Otto von Neuenstein (*de Nouo lapide*), beide bezeichnet als aus Heidelberg gebürtige Kanoniker des Stiftes St. Andreas zu Worms (*canonici ecclesie s. Andree Wormaciensis. H*[*eidelbergenses*]) inskribierten[25]. Auch der kurpfälzische Protonotar Otto vom Stein wird an anderer Stelle in der universitären Überlieferung etwa gleichzeitig als Otto von Neuenstein (*Otto* [...] *de Nouo lapide*) bezeichnet[26].

Ob und in welchem Verwandtschaftsverhältnis diese zu den hier besprochenen Trägern des Namens vom Stein standen, ist derzeit nicht zu klären, doch einiges spricht für ein solches. Ein Johannes von Neuenstein (*de Novo Lapide* alias *vom Nuwensteyne*) ist in den Jahren 1387 und 1389 an der Universität in Bologna nachgewiesen; die Matrikel führt ihn 1387 als Aachener Kanoniker, Scholaren in Zivilrecht und Prokurator[27]. Trotz der differierenden Pfründenherkunft dürfte es sich beim Heidelberger

---

[22] Die Rektorbücher der Universität Heidelberg, Bd. 2, S. 559, 561. Er besaß ein Haus oder einen Hof in der Heidelberger Sandgasse; ebd., S. 660.

[23] GLAK, 62/7909 (1453), f. 7r.

[24] Vgl. unten, Kap. 4.12.2: Die Nachkommen Ottos vom Stein. Vielleicht handelt es sich bei dem 1445 nachgewiesenen Wormser Kleriker Dieter vom Stein (*Dietheruns de Lapide*) ebenfalls um einen Verwandten; zu ihm vgl. SCHORK, Die Stiftsangehörigen des Kollegiatstifts St. Andreas in Worms, S. 163.

[25] TOEPKE, Matrikel Heidelberg, Bd. 1, S. 9 mit ebd., Anm. 9. Zu ihnen SCHORK, Die Stiftsangehörigen des Kollegiatstifts St. Andreas in Worms, S. 172.

[26] Ebd., S. 673, Anm. 8; MORAW, Kanzlei, S. 515.

[27] *Johannes de Novo Lapide, can. Aquensis scolaris in iure civili ‚procurator'*; KNOD, Deutsche Studenten in Bologna, Nr. 2590, S. 380; SCHMUTZ, Juristen für das Reich, Bd. 2, Nr. 2120, S. 586. Vgl. auch SAUERLAND, Urkunden und Regesten, Bd. 5, S. 578; Lettres de Grégoire XI, Bd. 3, S. 295.

und Bologneser Studenten Johannes um ein und dieselbe Person gehandelt haben[28]. Der Bologneser machte später in Köln Karriere, wo er es an der dortigen Universität nach dem Doktorat in Römischem Recht und dem Dekanat der juristischen Fakultät (1392) bis zum dortigen Universitätsrektor (1395) und daneben fast zeitgleich zum hohem städtischen Syndikus (1394) brachte. Die engen Verbindungen zur Domstadt hielten bis zu seinem Tod im Jahre 1447 an. Im Jahre 1415 schickte ihn die Stadt zum Konzil nach Konstanz, 1429 führte er in ihrem Namen Verhandlungen mit dem Herzog von Geldern[29]. Diesem diente er ebenfalls über mehrere Jahrzehnte als Rechtsberater und enger Vertrauter[30]. 1428 war Johannes von Neuenstein/de Novolapide zudem Ratgeber des Herzogs von Brabant[31]. Sein Pfründenbesitz war vielfältig und bezog neben dem Dekanat am St. Servatiusstift in Maastricht[32] sowie Kanonikaten in St. Andreas zu Worms, St. Martin in Lüttich und St. Marien in Aachen auch ein Mainzer Stiftskanonikat an Liebfrauen/Mariengreden/St. Mariae *ad gradus* sowie die Pfarrei Kitzingen mit ein[33]. Gemeinsam mit Matthias de Novo Lapide trat er im Jahre

[28] So auch KNOD, Deutsche Studenten in Bologna, Nr. 2590, S. 380; VAN KUYK, Novo Lapide (Johannes de), Sp. 1006f.; MEUTHEN, Die alte Universität, S. 132 (Johann von Neuenstein); NIJSTEN, In the Shadow of Burgundy, S. 52f. Die Personenidentität wird angezweifelt von SCHMUTZ, Juristen für das Reich, Bd. 2, Nr. 2120, S. 586.

[29] VAN KUYK, Novo Lapide (Johannes de), Sp. 1007.

[30] Zwischen 1405 und 1445 erscheint sein Name unzählige Male („countless times") in den herzoglichen Rechnungsbüchern; vgl. NIJSTEN, In the Shadow of Burgundy, S. 52. Weiteres zu ihm ebd., S. 52–54 (mit reichen archivalischen Nachweisen).

[31] Ebd., S. 53. – Kein Nachweis bei RYCKMAN DE BETZ/JONGHE D'ARDOYE, Armorial et biographies des chanceliers et conseillers de Brabant, Bd. 1, S. 23.

[32] Sein Siegel als Dekan von St. Servatius aus dem Jahre 1436 ist nachgwiesen unter: Brüssel (B), Algemeen Rijksarchief/Archives générales du Royaume, Collection de moulages de sceaux des Archives générales du Royaume (I 347), Nr. 11271. – Ein Johannes *de Novo Lapide*, bezeichnet als bereits verstorbener Dekan des Servatiusstiftes in Maastricht, hinterließ eine *Tabula super moralia beati Gregorii papae secundum ordinem alphabeticum*, die heute in der Universitätsbibliothek Lüttich (Université de Liège, Bibliothèque Générale de Philosophie et Lettres, ms. 2) aufbewahrt wird. Darin findet sich folgender Eintrag: *Liber fratrum sanctae Crucis conventus leodiensis, quem contulit eis Mgr. ac dominus Johannes de novo lapide, quondam decanus ecclesiae sancti Servatii trajectensis superioris* (ebd., f. 1v); vgl. BELLEFLAMME, Tabula super moralia beati Gregorii papae. – Eine *Collatio in coronatione Sigismundi regis* (Aachen (*Aquisgrani*), 1414 November 8) aus der Feder eines Johannes *de Novo Lapide* besaß die Artistenfakultät der Universität Wien in einer Sammelhandschrift aus der 1. Hälfte des 15. Jahrhunderts; Seitenstetten, Benediktinerstift, Cod. 31 (dazu vgl. GLASSNER, Inventar der mittelalterlichen Handschriften Seitenstetten). Auch der übrige Inhalt der Handschrift verdient Interesse. – Vgl. ferner: Die mittelalterlichen Handschriften der Signaturengruppe, S. 391 (unter Bezug auf die Signatur B 53 der Universitäts- und Landesbibliothek Düsseldorf).

[33] VAN KUYK, Novo Lapide (Johannes de), Sp. 1007; KNOD, Deutsche Studenten in Bologna, Nr. 2590, S. 380; Die Matrikel der Universität Köln, Bd. 1, Nr. 12,23, S. 66f. („d. Joh. de Novo lapide, dr. leg., Leod. d.; März 25; i. inc."). Weitere Angaben zu ihm ebd., Anm. 23. RepGerm, Bd. 2, Sp. 693f., 712. Johannes „zum neuen Stein" nachgewiesen bei DÖRR, Das St. Mariengredenstift, S. 86, als Stiftskanoniker an Mariengreden zum Jahre 1406. – Vielleicht ein

1400 anlässlich eines Pfründentausches auf; dabei ging es u.a. um die Propstei am Mainzer Mariengredenstift[34].

Die Frage, die sich hier stellt, wäre, ob es sich bei dem gemeinsam mit Johannes de Novo Lapide bei seiner Heidelberger Immatrikulation 1386 genannten Otto de Novo Lapide um den kurpfälzischen Protonotar Otto vom Stein gehandelt hat. Dies wäre aus verschiedenen Gründen nicht unwahrscheinlich. Beide stehen in der Matrikel an zweiter und dritter Stelle, umrahmt von hofnahen *Domini*[35]. Etwa um dieselbe Zeit wurde Otto in anderem Zusammenhang in der universitären Überlieferung mit diesem Nachnamen und der Anrede *honorabilis vir magister* belegt, wovon oben bereits die Rede war. Ansonsten hört man von ihm – ganz im Gegensatz zu Johannes – nichts Weiteres außerhalb der Kurpfalz. Johannes und Otto könnten Brüder gewesen sein, wobei die Tatsache, dass Otto 1386 als Stiftskanoniker in der Heidelberger Matrikel geführt wurde, kein Widerspruch wäre, sondern bedeuten würde, dass er später in den Laienstand zurückgekehrt ist. Hinweise darauf finden sich für ihn erst in den 1390er Jahren. Ähnliches wurde auch bei Matthias von Sobernheim angenommen. Falls Otto damals bereits über Nachkommen verfügte, könnten diese einer konkubinären Verbindung entstammt und später mitsamt der Verbindung legitimiert worden sein. Dies wäre zumindest nicht untypisch, wie der Fall des kurkölnischen Sieglers Hermanns von Goch und seiner Kinder lehrt.

Ob es sich bei Peter vom Stein (*Petrus de Lapide*), der in Bologna in den neunziger Jahren des 14. Jahrhunderts studierte, um einen Verwandten gehandelt hat, ist nicht zu klären, wäre aber nicht unwahrscheinlich[36]. Für ihn setzte sich König Ruprecht 1401 im Rahmen seiner Ersten Bitten ein[37]. Wiederum in der Kölner Universitätsmatrikel

---

Verwandter namens Johannes vom Stein, Pastor in Forchheim (?) (*de Lapide, pastor in Fohohaim)*, immatrikulierte sich als Angehöriger der Rheinischen Nation im Jahre 1415 an der Universität Wien und zahlte dafür acht Groschen; Die Matrikel der Universität Wien, Bd. 1, S. 107,126. Zu ihm vgl. das Stichwort Forchheim im Ortsregister dieser Arbeit. – Zwei weitere, derselben Nation Angehörige immatrikulierten sich ebenfalls in Wien; es handelte sich um Konrad vom Stein (*Chůnradus de Lapide diocesis Spirensis*) im Jahre 1400 (Die Matrikel der Universität Wien, Bd. 1, S. 56,11) und um Georg vom Stein (*Georius de Stain)* im Jahre 1403 (ebd., S. 66,32). Ein Semester vor Konrad vom Stein inskribierten sich dort übrigens Nikolaus Baumann und Heinrich von Helmstatt (ebd., S. 55f.).

34 RepGerm, Bd. 2, Sp. 753 (1400 Februar 1).

35 *Dominus Temarus Tymari, capellanus domini nostri ducis H(eidelbergensis), Johannes de Nouo lapide* [et] *Otto de Nouo lapide, canonici ecclesie s. Andree Wormaciensis H(eidelbergenses), Dom(inus) Nycholaus quondam Nycholai de Heydelberga, canonicus ecclesie s. Pauli Wormaciensis H(eidelbergensis), Dominus Ludouicus Seghelmanni, capellanus domini ducis H(eidelbergensis)*; Toepke, Matrikel Heidelberg, Bd. 1, S. 9f.

36 1394 und 1396 als Student in Bologna nachweisbar; Knod, Deutsche Studenten in Bologna, Nr. 3659, S. 552; Schmutz, Juristen für das Reich, Bd. 2, Nr. 2764, S. 665.

37 RPR, Bd. 2, Nr. 558 (Nürnberg, 1401 Februar 25). Es ging dabei um ein Kanonikat und Präbende an St. Peter in Basel; ebd. – Ob dieser Petrus identisch ist mit dem sich 1386 in Prag immatrikulierenden Peter/Petrus vom Stein (*Petrus de Lapide, magister in artibus)*, muss offen bleiben; ebd. Das gleiche gilt auch für den 1411 in Diensten des Deutschen Ordens stehenden Magister Petrus Stein; ebd.

finden sich möglicherweise weitere Verwandte. So inskribierte sich dort im Jahre 1404 ein Hugo von Neuenstein (*Hugo de Novo lapide)* als aus der Diözese Cambrai gebürtiger Legist[38]. 1417 folgte Dieter von Neuenstein (*Th*[*eodericus*] *de Novo lapide*), bezeichnet als Kleriker der Kölner Diözese und Bastard. Er wurde 1432 zum Doktor *legum* promoviert, amtierte 1439/40 als Kölner Universitätsrektor, wurde 1461 Stiftsdekan von St. Paulus in Lüttich und vererbte diesem seine umfangreiche Bibliothek[39]. 1434 schließlich hört man noch von der Kölner Immatrikulation eines Nikolaus *Novus Lap(is)*, Priester der Diözese Trier und Student des Kirchenrechtes[40]. Ein Bruder Johannes von Neuenstein (*de Novolapide*) war um die Mitte des 15. Jahrhunderts Mönch in der südwestdeutschen Zisterze Schöntal (*Speciosa Vallis*) an der Jagst und im Auftrag des Ordens mit Kollektorenaufgaben an den Heiligen Stuhl beschäftigt[41].

In Bologna dürften schon in den vierziger Jahren des 14. Jahrhunderts zwei Verwandte studiert haben, die für unsere Fragestellung besondere Relevanz beanspruchen. Zum einen handelt es sich um Matthias von Neuenstein (*de Novo Lapide*), der in der Bologneser Matrikel 1344 als Kanoniker an dem im Herzogtum Brabant gelegenden und zur Diözese Lüttich gehörenden St. Petersstift in Hilvarenbeek firmierte[42]. Seit dem Jahr 1362 lässt er sich als Propst von St. Mariae *ad gradus* (= Mariengreden) in Mainz nachweisen[43]. Im Jahre 1363 schenkte er mit Einwilligung Erzbischof Gerlachs von Mainz den Kanonikern und dem Kapitel des Stiftes das Patronatsrecht an der Pfarrkirche von Weinheim (*Wyenheim*)[44]. Gemeint war damit nicht die Stadt

---

38 Die Matrikel der Universität Köln, Bd. 1, Nr. 63,21, S. 117: *Cam. d.; leg.; s.*

39 Ebd., Nr. 115,55, S. 199 (mit Anm. 55). Zu ihm auch RepGerm, Bd. 5, Nr. 02567 (1461 Januar 8). Zu seiner Bibliothek vgl. KAUTZ, Brüssel, Bibliothèque royale de Belgique, unter: Kommentar zur Provenienz, S. 2.

40 *Nic. Novus Lap(is), pres. Trev. d.; can.; s.*; ebd., Nr. 184,1, S. 372 (mit Anm. 1).

41 Er wurde durch das Generalkapitel der Zisterzienser und den Abt Johannes von Morimund [= Morimond] als Einnehmer der Beisteuer für den römischen Stuhl aufgestellt, quittierte am 6. Mai 1450 dem Abt Johannes der Zisterze Aldersbach fünf rheinische Gulden als Beitrag des Klosters für das Jahr 1450 (HStAM, Kloster Aldersbach, Urkunden, Nr. 00886). Offenbar derselbe (*Fr(ater) Johannes de novo lapide*) „Profeß in Schöntal (*Speciosa valle*), bestätigte [am 20. Juni 1451] im Auftrag des Abtes Johann von Morimund [= Morimond] dem Abt Georg von Raitenhaslach den Empfang von 15 fl. Ordenskontribution" (HStAM, Kloster Raitenhaslach, Urkunde Nr. 1451 06 20). – Schöntal stammte aus der Linie Morimond; vgl. Kloster Schöntal.

42 Vgl. KNOD, Deutsche Studenten in Bologna, Nr. 2591, S. 380*: Mathia de Novo Lapide canonico Bekensi Leodinensis dyoc. XVIII solidos*; SCHMUTZ, Juristen für das Reich, Bd. 2, Nr. 2483, S. 631; Lettres de Grégoire XI, Bd. 3, S. 295. – Zu dem im 12. Jahrhundert gegründeten Stift vgl. ADRIAENSSEN, Hilvarenbeek; ferner Monumentnummer 22152.

43 DÖRR, Das St. Mariengredenstift, S. 44.

44 Vgl. Hessische Urkunden, Bd. 3, Nr. 1349, S. 434 f.; REM, Bd. 2,1, Nr. 1705 (Maastricht, 1363 Oktober 24). Laut der Urkundennarratio bildete die materielle Notlage des Mainzer Liebfrauenstiftes den Anlass für die Schenkung; ebd. Dazu auch DÖRR, Das St. Mariengredenstift, S. 13 f. Vgl. auch die Bestätigungsurkunde Erzbischof Gerlachs bei DERTSCH, Die Urkunden des Stadtarchivs Mainz, Bd. 2, Nr. 1708, S. 301 (Aschaffenburg, 1362 Dezember 26), mit weiteren Angaben. Es zählte in der Folgezeit zum Propsteigut des Stiftes; DÖRR, a. a. O., S. 12, 211; ferner die Regesten ebd., S. 211–213.

Weinheim an der Bergstraße, sondern der Ort Gau-Weinheim im heutigen Landkreis Alzey-Worms[45]. Es handelte sich um eine großzügige Gabe, da in der Pfarrkirche ein weiterer Altar mit einer entsprechenden Personalausstattung existierte, deren Präsentationsrecht ebenfalls an Dekan und Kapitel ging. Man darf damit annehmen, dass Matthias von Neuenstein (*de Novo Lapide*) persönlich vermögend war. Vermutlich war die Schenkung auch als Entschädigung des Stiftes für seine Abwesenheit, von der im Folgenden noch die Rede sein wird, gedacht.

Die Pröpste an Mariengreden, zu denen er damals zählte, standen den Mainzer Erzbischöfen traditionell sehr nahe; seit dem 12. Jahrhundert fungierten nahezu allesamt als ihre Räte[46]. Obwohl für die Propstei Residenzpflicht bestand[47], war der Handlungs- und Ausstellungsort der Schenkungsurkunde im Jahre 1363 nicht Mainz, sondern das ferne, in der Diözese Lüttich gelegene Maastricht. Als Zeugen fungierten der Dekan des dortigen St. Servatiusstiftes, Siger von Neuenstein (*de Novo Lapide*), daneben der Maastrichter Stiftskantor Johannes von Haren, sowie als Dritter Magister Konrad von Gelnhausen, bezeichnet als Kanoniker und Propsteioffizial von Mariengreden in Mainz.

Matthias von Neuenstein (*de Novo Lapide*) residierte offenbar im niederländischen Maastricht, wo er ein weiteres Stiftskanonikat an St. Servatius besaß; während seiner Abwesenheit verwaltete Konrad von Gelnhausen in Mainz als sein Stellvertreter die Präpositur von Mariengreden[48]. Um dieselbe Zeit amtierte Hermann von Wiesbaden dort als Stiftsdekan[49]. Auch Kleriker aus Sobernheim waren zeitgleich am Stift bepfründet; dies wird weiter unten im Zusammenhang mit Matthias von Sobernheim noch zu behandeln sein[50].

---

45 Vgl. Schmidt, Konrads von Gelnhausen Pfründenkarriere, S. 320, Anm. 137. Zu den Hintergründen vgl. ebd., S. 319–322. – Zum Ort vgl. Böhn, Beträge zur Territorialgeschichte des Landkreises Alzey, S. 155–157; Müller, Geschichte und Kirchengeschichte, bes. S. 15–40. Zur mittelalterlichen Kirche ebd., S. 39 f.

46 Dörr, Das St. Mariengredenstift, S. 11, 14–17.

47 Vgl. zur Propstei ebd., S. 11 f.

48 Vgl. Hessische Urkunden, Bd. 3, Nr. 1349, S. 435; Joannis, Rerum Moguntiacarum Excerpta, Bd. 2, S. 669. Zu den genannten Personen Knod, Deutsche Studenten in Bologna, Nr. 2591, S. 380 (unter Verweis auf Joannis, ebd.); Schmutz, Juristen für das Reich, Bd. 2, Nr. 2483, S. 631. Konrad von Gelnhausen wird dort bezeichnet als *Canonic(us) & Officiali(s) Praeposturae huius B. V. ad gradus*. Ferner Schmutz, Juristen für das Reich, Bd. 2, Nr. 453, S. 389. – Noch im Jahre 1368 ist er in diesem Amt nachweisbar und betätigte sich im Auftrag Erzbischof Gerlachs als geistlicher Richter; vgl. Hessisches Urkundenbuch, Bd. 2,3, Nr. 585, S. 667–671 (Frankfurt am Main, 1368 Dezember 23). – Zum Stiftskanonikat von Matthias de N. L. an St. Servatius, Maastricht, vgl. Lettres de Grégoire XI (1371–1378), Bd. 3, Nr. 3198 f., S. 93 f. (beide Nachweise: 1375 Mai 28).

49 Er wurde 1357 in das Amt gewählt und starb 1387. Sein Nachfolger wurde Johannes zur Laden; vgl. Joannis, Rerum Moguntiacarum Excerpta, Bd. 2, S. 674; Knod, Deutsche Studenten in Bologna, Nr. 4203, S. 631; Dörr, Das St. Mariengredenstift, S. 47; Schmutz, Juristen für das Reich, Bd. 2, Nr. 1678, S. 532. Zu ihm auch Schmidt, Konrads von Gelnhausen Pfründenkarriere, S. 314 f., Anm. 104.

50 Seibrich, Kirchliches Leben in Sobernheim, S. 31.

Neben Matthias wäre auf den bereits angesprochenen Siger von Neuenstein (*de Novo Lapide*; niederländisch: Zeger de Nuwensteen) zu verweisen, der in der Urkunde von 1363 als Zeuge fungierte. Auch für ihn ist die von Gustav Knod erarbeitete Prosopographie der Bologneser Studenten hilfreich. Siger schrieb sich wie Matthias von Neuenstein (*de Novo Lapide*) 1344 in die Bologneser Matrikel ein und wurde dabei als Kanoniker von Mecheln in der Diözese Cambrai geführt[51]. Im darauffolgenden Jahr wählte man ihn in Bologna zum Prokurator sowie noch im gleichen Jahr zum Rektor der Ultramontanen[52]. In den Jahren 1346 und 1347 war er an der Revision der Statuten der dortigen Juristen-Universität beteiligt. 1350 supplizierte er als Magister artium *et in iure civilis peritus* für ein Kanonikat an St. Servatius in Maastricht, das ihm gewährt wurde. Dreizehn Jahre später trat er in der oben genannten Urkunde von 1363 als Dekan von St. Servatius auf.

Weiteres zu Siger von Neuenstein ist aus anderen Quellen bekannt: Nachdem er in der päpstlichen „chambre des comptes" tätig gewesen war[53] wurde er 1362, 1363, 1364, 1365 und 1367 päpstlicher Kollektor für die Diözesen Köln, Lüttich und Utrecht und damit eingespannt in ein ganzes Netzwerk von kurialen Verbindungsleuten[54]. Aus der vatikanischen Überlieferung geht deren eminente Bedeutung für die Steuerung der Geldflüsse aus der Erzdiözese Köln in Richtung Avignon, wo die Päpste damals saßen, eindrücklich hervor. Orte für die Übergabe des Geldes an italienische Bankiers aus Florenz (und später aus Lucca) waren die im heutigen Belgien gelegenen Städte Mecheln, Brügge und/oder Lüttich[55].

1372 wurde Siger Kanoniker am Domstift St. Lambertus in Lüttich, behielt aber das Dekanat an St. Servatius. Er fungierte als Rat des von 1372 bis 1376 in Maastricht residierenden Lütticher Bischofs Johann von Arkel (* 1314, † 1378)[56], der ihm 1378

---

[51] In Bologna nachweisbar 1344 und 1345; Knod, Deutsche Studenten in Bologna, Nr. 2592, S. 380f. *1344 a. d. Sigero de Novo Lapide canonico Machlinensi Cameracensis dyoc. XVIII solidos* (ebd., S. 380). Es handelte sich um das dortige St. Rumold-Stift; vgl. Schmidt, Konrads von Gelnhausen Pfründenkarriere, S. 319, Anm. 132. Ferner Schmutz, Juristen für das Reich, Bd. 2, Nr. 3029, S. 699; Renardy, Les maitres universitaires, Nr. 701, S. 438f.; sowie ebd., S. 376, 392; Lettres de Grégoire XI, Bd. 3, S. 295.

[52] Knod, Deutsche Studenten in Bologna, S. 380.

[53] Bei Renardy, Le monde des maîtres, S. 299, heißt es zu ihm „attaché à la chambre apostolique de 1354 à 1362."

[54] Schuchard, Die päpstlichen Kollektoren, S. 212–214, 218f.; Knod, Deutsche Studenten in Bologna, S. 381; Schmidt, Konrads von Gelnhausen Pfründenkarriere, S. 319; vgl. die Nachweise bei Sauerland, Urkunden und Regesten, Bd. 5, S. 578. – Am 5. November 1364 wird in einer Angelegenheit des Klosters Benninghausen der „apostolische Delegat *Syger de novo Lapide*, Dekan zu St. Servatii in Maastricht", genannt; vgl. Münster, Landesarchiv NRW, Abteilung Westfalen, Bestand Kloster Benninghausen, Urkunden, Nr. 253. Weitere Belege zu seiner Kollektorentätigkeit in RepGerm, Bd. 2,1, Sp. 7, 14, 17, 26f., 1047.

[55] Vgl. die Nachweise in den Personenregistern bei Sauerland, Urkunden und Regesten, Bd. 5, S. 578, und Lettres de Grégoire XI, Bd. 3, S. 295.

[56] Zu ihm Herwaarden/Minke, Johann von Arkel, S. 375f.; Renardy, Les maîtres, S. 325f. Johann ist in Bologna in den Jahren 1338 und 1339 nachgewiesen; vgl. Knod, Deutsche Studenten in Bologna, Nr. 117, S. 19. 1339 fungierte er dort als Syndikus und Procurator.

die Stiftspropstei von St. Rombout (dt. St. Rumold) in Mecheln übertrug. Siger war bereits dort Kanoniker (1335) und Scholaster (1350) gewesen, stiftete 1381 sein Jahresgedächtnis und das Fest des heiligen Patrons; er starb im Jahre 1383[57].

In den Jahren 1371 und 1377 ist er als Rat des Herzogs von Brabant nachweisbar[58]. Bei diesem handelte es sich um den böhmischen Königsohn und jüngeren Halbbruder Karls IV., Wenzel I. von Luxemburg-Brabant; von ihm wird weiter unten noch zu sprechen sein. Gerade die Verbindungen zum Maastrichter Servatiusstift legen eine Verwandtschaft von Siger (und den vermutlich etwas jüngeren Matthias) mit dem oben genannten Johannes von Neuenstein (*de Novo Lapide*) nahe, der vermutlich eine Generation jünger war, aber ebenfalls wie Siger als Dekan von St. Servatius fungierte[59].

Betrachtet man vor diesem Hintergrund den oben skizzierten Aufenthalt des Mainzer Stiftspropstes Matthias von Neuenstein/de Novo Lapide in den sechziger Jahren des 14. Jahrhunderts in Maastricht, dann lassen sich weitere Überlegungen anstellen. Der Sachverhalt, dass er sich über die dezidierte Residenzpflicht eines Stiftspropstes von Mariengreden hinwegsetzte bzw. hinwegsetzen konnte, spricht (trotz eines möglichen Stiftskanonikats an St. Servatius) für eine offizielle Mission. Diese dürfte – folgt man den Ausführungen von Marianne Dörr – im Interessenbereich des Mainzer Oberhirten gelegen haben[60], bei dem es sich in diesem Fall wieder einmal um Erzbischof Gerlach von Nassau handelte.

Bedenkt man, dass Siger von Neuenstein/de Novo Lapide als Stiftsdekan von St. Servatius in Maastricht, päpstlicher Nuntius und Kollektor um diese Zeit für die (über die historischen Niederlande bzw. das heutige Belgien verlaufenden) Geldflüsse aus der Erzdiözese Köln mit ihren Suffraganbistümern an die päpstliche Kurie in Avignon verantwortlich war, dann ist es nicht unwahrscheinlich, dass hier die Gründe lagen, warum sich Matthias von Neuenstein/de Novo Lapide als Propst von Mariengreden in Maastricht aufhielt. Auch die Erzdiözese Mainz dürfte ihre Abgaben an die Kurie über ähnliche Wege wie die Kölner nach Avignon geleitet haben[61]. Das von

---

[57] Theux de Montjardin, Le chapitre de Saint Lambert, Bd. 2, S. 122. Dort auch weitere Informationen und Nachweise. Zur Stiftsangehörigkeit in Mecheln; Schmutz, Juristen für das Reich, Bd. 2, Nr. 3029, S. 699; ferner die Nachweise bei Nuyens, Inventaris, S. 343 (Novo lapide, Sigerus, proost van Mechelen).

[58] Renardy, Les maitres universitaires, Nr. 701, S. 438 f. (mit den Quellenbelegen ebd., Anm. 12); Schmutz, Juristen für das Reich, Bd. 2, Nr. 3029, S. 699. Bei Schuchard, Die päpstlichen Kollektoren, S. 213, findet sich die Angabe „1361–1377 Rat der Herzöge von Brabant".

[59] Weitere Recherchen dazu müssten an den Stiftsarchivalien erfolgen; vgl. die Nachweise zu ihm bei Nuyens, Inventaris, S. 343 (Nuwensteijne, Johan van, deken).

[60] Vgl. dazu die Kriterien bei Dörr, Das St. Mariengredenstift, S. 11 f. – Ein Stiftskanonikat von Matthias de N. L. an St. Servatius, Maastricht, ist erst 1375 sicher nachweisbar; vgl. Lettres de Grégoire XI (1371–1378), Bd. 3, Nr. 3198 f., S. 93 f. (beide Nachweise: 1375 Mai 28).

[61] Für das Jahr 1407 besitzen wir ein Zeugnis dafür, dass der Stiftspropst von Mariengreden (es handelte sich damals um Johannes von Selheim) als Kollektor der päpstlichen Einkünfte für die Kirchenprovinz Mainz und die Städte Bamberg und Basel sowie deren Diözesen fungierte und über eigene Subkollektoren verfügte; vgl. Heidelberg, Universitätsbibliothek, Urk. Lehmann 320 (Heidelberg, 1407 Juli 18).

den Kollektoren eingesammelte Geld wurde in Klosterkirchen zwischengelagert, wo es nicht nur aufgrund der massiven Bauweise, sondern auch aufgrund der geistlichen Immunität gut geschützt war[62].

Es ist höchst wahrscheinlich, dass das St. Servatiusstift mit seinem mächtigen Kirchenbau[63] solche Aufgaben damals erfüllte. Gewichtige Gründe sprechen dafür: Maastricht lag nicht nur im Kölner Suffraganbistum Lüttich, sondern fungierte im 14. Jahrhundert auch als Nebenresidenz der Lütticher Bischöfe, die sich wegen fortdauernder Spannungen mit den Bürgern ihrer Kathedralstadt häufig dort aufhielten[64]. Die Stadt war ein bedeutender Handelsplatz an der Maas und seit der Römerzeit ein wichtiger Flussübergang[65]. Seit Ende des 13. Jahrhunderts verfügte sie über eine 160 Meter lange Steinbrücke; diese war nicht nur der nördlichste trockene Maasübergang, sondern auch die entscheidende Verbindung zwischen Köln und Flandern[66]. Dort, in den niederen Landen, lagen bedeutende Städte, allen voran Brügge mit seinen italienischen Bankenniederlassungen und seinem Zugang zum offenen Meer.

Was hier aufscheint, ist ein Netzwerk, das von den Dom- und Handelsstädten Mainz und Köln zu den reichen Städten Flanderns und Brabants, nach Avignon und zu den florentinischen und lucchesischen Handelskompanien reichte, die den Geldtransport ab Lüttich, Mecheln und Brügge organisierten[67]. In diesem Netzwerk, in dem Mainz und Maastricht offenbar wichtige räumliche und institutionelle Knotenpunkte bildeten, bewegten sich Siger und Matthias von Neuenstein genauso wie der der um 1320/22 geborene Konrad von Gelnhausen und der wohl eine Generation jüngere Johann von Neuenstein[68].

Siger und Matthias von Neuenstein/de Novo Lapide haben auch anderweitig Spuren in der Überlieferung hinterlassen, die im Falle von Matthias bis zum Ende des 14. Jahrhunderts reichen. Sie führen zu der im heutigen Belgien gelegenen ehemaligen Deutschordensballei Biesen (heute Altenbiesen). Sie lag ursprünglich im Herzogtum Brabant, wurde 1362 vom Deutschen Orden nach Maastricht verlegt und war mit einer ganzen Reihe von Ordenskommenden in den Niederlanden und im Rheinland eng verbunden[69]. Für die Ballei sind Herzogsurkunden überliefert, die 1370 von Siger und 1398 von Matthias vidimiert wurden[70]. Ein Vidimus ist eine Urkunde, in die eine

---

62 Vgl. Schuchard, Die päpstlichen Kollektoren, S. 324.

63 Vgl. Tagage, Die Basilika St. Servatius; ferner: Servatius (basiliek).

64 Zu Stadt und Stift vgl. Deeters, Maastricht, Sp. 52f.

65 Zur Etymologie des Namens vgl. Gysseling, Toponymisch Woordenboek, Bd. 1, Sp. 646f. (bezogen auf lat. *traiectus*).

66 Dazu auch Weeda, Maastricht, S. 240.

67 Vgl. dazu auch unten, Kap. 4.8: Zwischenbilanz: Kirchliche Netzwerke, Stiftsherren und Kollektoren, sowie das Personen- und Ortsregister dieser Arbeit.

68 Konrad folgte Matthias von Neuenstein auf der Stiftspropstei von St. Mariengreden in Mainz. Er ist dort um das Jahr 1390 nachgewiesen; Dörr, Das St. Mariengredenstift, S. 44.

69 Vgl. zu ihr Schlusmans, Landcommanderij Alden Biesen.

70 Die bei Arnold/Tumler, Die Urkunden des Deutschordenszentralarchivs, Bd. 2, Nr. 2364f., S. 724f. (Maastricht, 1377 Mai 3 und 4), nachgewiesenen Urkundenvidimi beziehen sich offenbar auf die beiden.

andere im vollen Wortlaut aufgenommen wird und die „den Rang einer beglaubigten Abschrift der inserierten Urkunde“ besitzt. Für deren Ausstellung wählte man bevorzugt geistliche Personen oder Institutionen, die über ein Siegel verfügten. Im Laufe des Spätmittelalters übernahmen schließlich auch öffentliche Notare diese Aufgabe[71]. Für zwei von Matthias von Neuenstein/de Novo Lapide und dem Maastrichter Stiftskantor vidimierte Urkunden sind die Vorlagen aus dem 13. Jahrhundert erhalten. Allein die Schrift erforderte paläographische Kenntnisse, um den Rechtsinhalt angemessen wiedergeben zu können[72].

Neben diesen wurden Urkunden Herzog Wenzels und seiner Ehefrau Johanna von Brabant für Altenbiesen von Siger und Matthias vidimiert[73]. Bei ihm handelt es sich nicht um den gleichnamigen böhmischen und römisch-deutschen König (* 1361, † 1418) und ältesten Sohn Kaiser Karls IV., sondern um Herzog Wenzel I. von Luxemburg und Brabant (* 1337, † 1383), einen jüngeren Halbbruder des Kaisers[74]. Er und Karl IV. waren Söhne König Johanns von Böhmen aus dem Hause Luxemburg († 1347), stammten aber aus zwei verschiedenen Ehen. Wenzel von Luxemburg hatte im Jahre 1352 Johanna (* 1322, † 1406), Erbin von Brabant und Limburg, geheiratet

---

71 Vgl. Spiegel, Vidimus, Sp. 1636 f.

72 Vgl. Arnold/Tumler, Die Urkunden des Deutschordenszentralarchivs, Bd. 2, Nr. 2438, S. 745 (Matthias von Neuenstein *„de novalapide,* Propst zu St. Maria *ad gradus“*; 1381 August 27); ebd., Nr. 2600, S. 792 (1395 April 10); ebd., Nr. 2659, S. 807: Matthias von Neuenstein, „Propst bei St. Marien ad Gradus zu Mainz, und Gerhard v. Rodeken, Kantor zu St. Servatius, transsumieren das Zollprivileg des Herzogs Walram v. Limburg für den Deutschen Orden von 1256, August 1“ (1398 April 13). Wien, Deutschordenszentralarchiv, Urkunden, Nr. 2659. Fotos der Urkunde und ihrer Vorlage (ebd., Nr. 426) stehen online. – Ferner Arnold/Tumler, a. a. O., Nr. 2660, S. 807: Matthias von Neuenstein *„de Novo Lapide*, Propst der Kirche St. Maria ad Gradus in Mainz, und Gerhard v. Redekem, Kantor bei St. Servatius in Maastricht, transsumieren das Zollprivileg des Herzogs Johann v. Lothringen [und Brabant, lt. Urkundentext] von 1282, Oktober 9“. Wien, Deutschordenszentralarchiv, Urkunden, Nr. 2660. Fotos der Urkunde und ihrer Vorlage (ebd., Nr. 893) stehen online.

73 Ludwigsburg, Staatsarchiv, B 238 a, U 15: Herzog Wenzel von Böhmen und seine Gemahlin Johanna bestätigen der Deutschordens-Ballei Altenbiesen die von ihren Vorfahren erteilten Privilegien und befreien sie und ihre Güter von allen Beden, Fronen, Taillen und sonstigen Diensten (1367 Mai 4). Im November des Jahres 1370 vidimierten Siger (*Syger*) [von Neuenstein/de Novo Lapide], Dekan des St. Servatiusstifts zu Maastricht gemeinsam mit dem Stiftskantor Johannes Dubbelsteyn das Privileg. Knapp 30 Jahre später wiederholten dies Matthias de Novo Lapide, Propst des Stifts St. Maria ad gradus zu Mainz, gemeinsam mit Gerhard von Redekem, Stiftskantor von St. Servatiusstifts zu Maastricht (1398 April 13); vgl. das entsprechende Regest. Ein weiteres Vidimus Sigers findet sich ebd., U 16 (1367 März 17). – In denselben Kontext gehört die Nr. U 18 desselben Archivbestandes. Die Vorlage war ein am 15. Januar 1395 in Brüssel ausgestelltes Mandat der Herzogin Johanna von Brabant an den Rat der Stadt s'Hertogenbosch und den dortigen Rentmeister zugunsten der Untertanen des Deutschen Ordens im Ort Gemert. Diese Urkunde vidimierte Matthias von Neuenstein/de Novo Lapide, Propst des Stifts St. Maria ad gradus zu Mainz und Kanoniker des St. Servatiusstifts zu Maastricht, wieder gemeinsam mit dem Maastrichter Stiftskantor Gerhard von Redekem am 10. April 1396.

74 Vgl. zu ihm Fantysová-Matějková, Wenceslas de Bohême.

und war 1356 von seinem Halbbruder mit den beiden vakanten Herzogtümern belehnt worden. Wie oben bereits erläutert, diente Siger von Neuenstein/de Novo Lapide dem Herzog in den siebziger Jahren des 14. Jahrhunderts auch als Ratgeber und starb als Stiftspropst von St. Rumold in Mecheln im Jahre 1383. Matthias von Neuenstein scheint im Jahre 1405 als Stiftspropst von Mariengreden in Mainz gestorben zu sein[75].

Betrachtet man die Herkunft eines Großteils ihres Pfründenbesitzes aus dem Maasgebiet um Lüttich, Maastricht und aus Mecheln, dann spiegelt sich darin im Gegensatz zu den bisher geäußerten Hypothesen eine gänzlich andere regionale Herkunft der Familie de Lapide bzw. de Novo Lapide als das bislang angenommene Rhein-Mosel-Nahe-Lahngebiet. Man kann sogar noch weiter gehen: Gut zehn Kilometer südlich der im heutigen Nordbelgien gelegenden Stadt Mecheln lag an der Straße nach Brüssel auf dem Gebiet der heutigen Gemeinde Zemst beim Dorf Elewijt eine Burg namens Het Steen (dt. der Stein); ihr Nachfolgerbau ist heute besser bekannt als Rubenskasteel nach seinem späteren Besitzer, dem Maler Peter Paul Rubens († 1640)[76].

Archäologische Forschungen haben gezeigt, dass das in frühneuzeitlichen Formen auf uns gekommene Anwesen einen mittelalterlichen Vorgänger gehabt hat; es handelte sich dabei um eine Niederungsburg, die das strategisch wichtige Grenzgebiet zwischen dem Herzogtum Brabant, zu dem sie gehörte, und der Herrlichkeit Mecheln (frz. Seigneurie Malines) kontrollierte. Diese mittelalterliche Burg, die über einen Donjon verfügte, dürfte im Zeitraum zwischen 1267 und 1325 entstanden sein[77]. Diese Annahme geht u. a. auf die Ersterwähnung ihrer adeligen Besitzer zurück. Herren von Elewijt (*Elewite*) oder Wilre sind seit dem 13. Jahrhundert nachweisbar, seit Anfang des 14. Jahrhunderts führten sie die Namenergänzung *de Lapide* oder „van den Steen“[78]. Im Jahre 1268 ist dort ein Nicolaas (Nikolaus) *de Lapide* nachweisbar und im Jahre 1325 ein Olivier von Neuenstein (*de Novo Lapide*)[79]. Letzterer fungierte 1326 als Schöffe in der benachbarten Stadt Mecheln[80], genau wie ein Verwandter namens Matthias de Novo Lapide in den Jahren 1321 und 1328 und ein anderer namens Jakob/Jacques im Jahre 1339[81]. Basierend auf den Studien von Christine Renardy wird daher Siger *de Novo Lapide* (alias von Neuenstein) in der deutschen Forschung als „aus einer Patrizierfamilie aus Mechelen“ gebürtig bezeichnet („issu d'une famille patricienne malinoise“)[82]. Die politische Stellung solcher Schöffenfamilien sollte nicht

---

75 RepGerm, Bd. 2, Sp. 1224.

76 Vgl. De Maegd/Van Aerschot, Het Steen of Rubenskasteel.

77 Doperé/Ubregts, De donjon in Vlaanderen, S. 84.

78 Vgl. De Maegd/Van Aerschot, Het Steen of Rubenskasteel.

79 Doperé/Ubregts, De donjon in Vlaanderen, S. 84.

80 Vgl. Brüssel (B), Algemeen Rijksarchief/Archives générales du Royaume, Collection de moulages de sceaux des Archives générales du Royaume (I 347), Nr. 10699 [= van Nieuwensteen].

81 Vgl. die archivalischen Nachweise unter ebd., Nr. 8563, 8586, 8696, 10677, 10699, 11271.

82 Schmutz, Juristen für das Reich, Bd. 2, Nr. 3029, S. 699. Das französische Zitat stammt aus Renardy, Les maîtres universitaires, Nr. 701, S. 438f., hier S. 438.

unterschätzt werden, saßen sie doch offenbar regelmäßig im Rat der Fürstbischöfe von Lüttich ebenso wie in dem der Herzöge von Brabant[83].

Betrachtet man die Verbindungslinien zwischen dem Herzogtum Brabant, in dem die Burg lag, der Stadt Mecheln, in der Pfründenbesitz der de Novo Lapide nachweisbar ist, und der Kathedralstadt Lüttich, für die dasselbe gilt, dann lassen sich auch hier Verbindungen herstellen. Mecheln und die gleichnamige Seigneurie waren ein Fernbesitz der Bischöfe von Lüttich, die weitgehend selbständig agierende Vögte aus der mächtigen Adelsfamilie Berthout (oder Berthoud) für sie verwalteten und an dem die territorialen Anrainer, die Grafen von Flandern und die Herzöge von Brabant starkes Interesse zeigten. Nach dem Tod des letzten Berthout († 1331) konnten die Brabanter das Gebiet bis zum Tod des letzten Herzogs Johann III. († 1355) an sich ziehen[84]. Während Mecheln und sein Landgebiet im Zuge des dadurch ausbrechenden Brabanter Erbfolgekrieges 1357 an die Grafschaft Flandern ging, fiel das Herzogtum Brabant über Johanns Erbtochter an die Familie Kaiser Karls IV., genauer gesagt an seinen jüngeren Halbbruder Wenzel I., Herzog von Luxemburg[85]. Hiervon war weiter oben bereits die Rede.

Es könnte vielleicht ein reiner Zufall sein, dass es Angehörige des brabantischen Geschlechtes De Novo Lapide alias von Neuenstein um die Mitte des 14. Jahrhunderts in das Zentrum des Heiligen Römischen Reichs verschlug, wobei die Erzdiözese Mainz mit ihrem reichen Besatz an geistlichen Einrichtungen ein Ziel und gleichzeitig einen weiteren Ausgangspunkt bildete; vorstellbar wäre das Erzbistum Köln als Lütticher Metropolit als Brückenglied.

Es könnten bei dieser Verlagerung aber auch Motive eine Rolle gespielt haben, die in Zusammenhang mit Karl IV. und seiner Familie, den Luxemburgern, stehen. In Lüttich amtierte seit 1345 Bischof Engelbert von der Mark (* 1304, † 1368), der dort u. a. vom Herzog von Brabant und Karl IV. unterstützt wurde. Engelbert wurde 1364 durch Papst Urban V. zum Erzbischof von Köln erhoben, wo er in seinen letzten beiden Lebensjahren seinen Trierer Kollegen Kuno von Falkenstein (* um 1320, † 1388) als Koadjutor erhielt[86]. Die Verbindungen Karls IV. zu Herzog Johann III. von Bra-

---

83 Vgl. Geradon, L'étrange carrière du chanoine Gilain de Sart, S. 130f., 133, 144.

84 Uytven, Mecheln, Sp. 437.

85 Vanderkindere, La formation territoriale, S. 270–272; Avonds, Brabant, Sp. 530; Fantysová-Matějková, Wenceslas de Bohême.

86 Minke/Janssen, Engelbert von der Mark, S. 282f.; Renardy, Les maîtres universitaires, Nr. 114, S. 212f. – Engelbert von der Mark und zwei seiner ebenfalls geistlich gewordenen Verwandten unterhielten langjährige Beziehungen in das der Pfalzgrafschaft benachbarte Worms; vgl. das auf den 5. Oktober 1341 datierte Protokoll des Offizials des Trierer Erzbischofs Balduin von Luxemburg über einen Rechtsstreit zwischen dem Dekan und dem Kapitel des Stifts St. Martin in Worms und ihrem Propst Engelbert von der Mark über eine Rente von 15 Fuder Wein und 25 Pfund Heller in Boppard. Letzterer reklamierte die Einkünfte als Zubehör der Propstei, während das Stiftskapitel versicherte, dass der Lütticher Bischof Adolf II. von der Mark († 1344), Engelberts Oheim, solange er Propst von St. Martin war, diese Renten dem Kapitel zugewiesen habe, ebenso wie sein Bruder Konrad von der Mark, der ihm in der Propstei nachfolgte; Heidelberg, Universitätsbibliothek, Urk. Barth 20.

bant und zu dessen Nachfolger Wenzel I. von Luxemburg, Halbbruder Karls IV., waren eng; sie beruhten in beiden Fällen auf verwandtschaftlichen Bindungen und wurden durch das Reichsoberhaupt in eigenem Interesse gepflegt[87]. Herzog Wenzel amtierte in den sechziger Jahren des 14. Jahrhunderts als Reichsvikar im Auftrag seines kaiserlichen Halbbruders für die Zeit von dessen geplanten und 1368/69 durchgeführten zweiten Romzug[88].

Siger von Neuenstein fungierte – wie bereits dargestellt wurde – in den siebziger Jahren des 14. Jahrhunderts als Ratgeber Herzog Wenzels I.[89] Die namengebende Burg Stein lag im brabantischen Grenzgebiet zu Flandern, während die Herrschaft und Stadt Mecheln, wo Mitglieder der De Novo Lapide als Schöffen amtierten, in den Jahren 1331 bis 1357 ebenfalls zu Brabant gehörten und danach an die Grafschaft Flandern fielen. Siger und Matthias de Novo Lapide vidimierten Urkunden des Herzogspaares für die in Maastricht gelegene Deutschordensballei (Alt)-Biesen im Abstand von mehreren Jahrzehnten. Genau wie ihre anzunehmenden Herkunftsorte, die Burg Het Steen und die Stadt Mecheln, lag auch Maastricht im Einflussbereich der Herzöge von Brabant. In der Stadt teilten sie ihn sich mit dem Bischof von Lüttich, im dortigen St. Servatiusstift mit den römisch-deutschen Königen. Diese stammten seit 1346/47 bis 1400 aus dem Hause Luxemburg. Der Einfluss der Herzöge auf das Stift hatte in der ersten Hälfte des 14. Jahrhunderts zugenommen.[90] In der Hofkanzlei Karls IV. wirkte um dieselbe Zeit Nikolaus von Cambrai, ein Landsmann der beiden Niederländer[91].

Ein weiterer Ansatzpunkt könnten die Verbindungen der geistlichen Mitglieder der de Novo Lapide nach Kurmainz sein. Tilmann Schmidt betonte den Richtungswechsel Konrads von Gelnhausen hin zu Karl IV. Dies geschah offenbar in Einklang mit demjenigen seines Herrn, Erzbischof Gerlachs von Nassau, und möglicherweise im enger Verbindung zu Mitgliedern der Hofkanzlei Karls IV.[92] Hierüber könnte der Kontakt zu den Pfalzgrafen erfolgt sein. Schmidt konnte nachweisen, dass bereits An-

---

87 Margarete, Karls Großmutter väterlicherseits, war eine brabantische Herzogstochter gewesen. Wenzel war – wie schon erwähnt – sein jüngerer Halbbruder. Allein in den RI, Bd. 8, finden sich 84 Einträge zu beiden; vgl. die Online Recherche unter Stichwort Brabant. Ferner Fantysová-Matějková, Wenceslas de Bohême, Tafel I,3, S. 589.

88 Vgl. ebd., S. 265–277.

89 Belege bei Renardy, Les maîtres universitaires, Nr. 701, S. 438f, Anm. 12.

90 Vgl. RI, Bd. 6,4,1, Nr. 33 (Köln, 1309 Januar 18); ebd., Bd. 8, Nr. 1816 (Thol, 1354 April 2) u. ö.; Deeters, Maastricht, Sp. 53.

91 Nikolaus von Cambrai war ab 1374 „der vornehmste Kanzleibeamte in allen Verrichtungen des Kanzlers" in der kaiserlichen Hofkanzlei; Lindner, Das Urkundenwesen Karls IV., S. 17. Zuvor ist er dort als Propst von Cambrai (*praepositus Camericensis*) in den Jahren [1355, 1356, 1364,] 1367, 1370 und 1372 nachweisbar; ebd., Nr. 48, S. 23f.

92 Schmidt, Konrads von Gelnhausen Pfründenkarriere, S. 299–301, 305. Zu Gerlach vgl. Jürgensmeier, Gerlach, S. 409f. und das Personenregister dieser Arbeit. – Zu einem Johann von Gelnhausen als Registrator in der Hofkanzlei Karls IV. vgl. Lindner, Das Urkundenwesen Karls IV., S. 18–20. Er gilt als Verfasser des Iglauer Stadtbuches; vgl. Royt, Der Iglauer Codex, S. 304f.

fang der sechziger Jahre Konrad von Gelnhausen in den vatikanischen Supplikenregistern als *clericus* und *servitor* Pfalzgraf Ruprechts I. (* 1309, reg. 1329–† 1390) bezeichnet wurde[93]. Dieser sorgte wiederum dafür, dass er ein Kanonikat am St. Johannesstift in Lüttich erhielt; in dieser Pfründenangelegenheit wurde Konrad 1363 von Matthias und Siger von Neuenstein alias de Novo Lapide unterstützt[94]. Konrad wiederum fungierte im selben Jahr als Propsteioffizial von Mariengreden in Mainz in Stellvertretung für den abwesenden Matthias von Neuenstein/de Novo Lapide[95]. Dies wurde oben bereits behandelt.

Auch die Pfalzgrafen bei Rhein unterhielten damals eigene Beziehungen in die Niederen Lande. Pfalzgraf Ruprecht I. hatte 1350 die etwa zwanzigjährige Grafentochter Elisabeth von Namur geheiratet († 1382). Die Grafschaft lag zu großen Teilen zwischen dem Herzogtum Brabant und dem Hochstift Lüttich. Einer von Elisabeths Brüdern war Robert, Herr von Beaufort-sur-Meuse († 1391/92); die kleine Herrschaft lag an der Maas dreißig Kilometer flussaufwärts von Lüttich. In den siebziger Jahren des 14. Jahrhunderts diente er unter Herzog Wenzel I. als Marschall von Brabant[96].

Die kurpfälzische Überlieferung bietet über die mit Otto vom Stein fassbare erste Generation hinaus keinerlei Anhaltspunkte für die Herkunft dieses Geschlechtes, doch lassen sich dazu einige Vermutungen anstellen. Eine steht in Zusammenhang mit Nikolaus von Wiesbaden, dem Vorgänger Ottos vom Stein im Amt des obersten Schreibers. Ein entscheidender Unterschied zwischen beiden lag darin, dass Nikolaus Geistlicher, Otto hingegen entweder verheirateter Laie oder Minorist war. Doch erweckt es den Eindruck, als ob beide bereits vor ihrem Erscheinen in der Kurpfalz in Beziehung zueinander standen bzw. dass Otto vom Stein auf Veranlassung Nikolaus' von Wiesbaden in kurpfälzische Dienste trat. Es muss an dieser Stelle noch einmal betont werden, dass die folgenden Überlegungen aufgrund des eklatanten Quellenmangels für die Zeit des 14. Jahrhunderts in hohem Grade hypothetisch sind:

Am 16. März 1379 erschien Otto vom Stein zum ersten Mal als Schreiber Ruprechts I. Gemeinsam mit dem obersten Schreiber des Pfalzgrafen, Nikolaus von Wiesbaden, der hier als Wormser Domherr bezeichnet wurde, war er anwesend, als Ruprecht im Chor des Neustädter Stifts dem Grafen Emicho von Leiningen eine beglaubigte Abschrift eines Willebriefs König Wenzels über die Pfandschaften Gutenburg und Falkenburg übergab[97]. Diese war von Ruprecht offenbar wenige Wochen zuvor beim König erwirkt worden[98].

---

93 Schmidt, Konrads von Gelnhausen Pfründenkarriere, S. 317f. (mit den Belegen).

94 Vgl. Kap. 4.5.6: Nikolaus und die Gründung der Universität Heidelberg, sowie das Personenregister dieser Arbeit.

95 Vgl. Schmidt, Konrads von Gelnhausen Pfründenkarriere, S. 319; Joannis, Rerum Moguntiacarum Excerpta, Bd. 2, S. 669.

96 Vgl. Fantysová-Matějková, Wenceslas de Bohême, S. 327–252.

97 RPR, Bd. 1, Nr. 4282.

98 Ebd., Nr. 4268; ferner ebd., Nr. 4261–4267.

Weniger die umsichtige Pfandschaftspolitik des Pfalzgrafen soll hier im Mittelpunkt stehen als vielmehr die für den hier interessierenden Zusammenhang belangreichere Tatsache, dass dieses Rechtsgeschäft in Neustadt wenige Wochen nach dem bereits in Zusammenhang mit Nikolaus von Wiesbaden behandelten Frankfurter Reichstag vom Februar 1379 erfolgte. In Frankfurt war der offenbar von Nikolaus konzipierte und für die Reichsgeschichte relevante Urbansbund zwischen König und rheinischen Kurfürsten geschlossen worden[99]. Dieser richtete sich nicht nur gegen den avignonesischen Papst Clemens VII., sondern implizit auch gegen den mit diesem sympathisierenden Mainzer Gegenkandidaten Adolf von Nassau.

Vielleicht war es in diesem Zusammenhang zu einem Übertritt Ottos vom Stein (und weiterer Personen?)[100] in kurpfälzische Dienste gekommen, der durch Bekanntschaft oder eher noch eine Klientelbeziehung zu Nikolaus von Wiesbaden veranlasst worden war. Ein engeres Verhältnis zwischen beiden ist zumindest in den späteren Jahren nachweisbar: So stellte Nikolaus als Bischof von Speyer am 6. Februar 1391 zu Heidelberg seinem lieben Getreuen Otto *Rinman von Steyn* wegen dessen treuer Dienste einen Lehenbrief aus[101]. Möglicherweise zählte Otto sogar zum Hofstaat des Speyerer Bischofs, sollte sich die Bezeichnung *R(i)nman* in dessen Salbuch auf ihn beziehen[102].

Berücksichtigt man die bereits weiter oben wahrscheinlich gemachte Funktion Nikolaus' von Wiesbaden in Diensten des Mainzer Erzbischofs Gerlach von Nassau,

---

[99] Deutsche Reichstagsakten, Ältere Reihe, Bd. 1, Nr. 129f., S. 232–240. Vgl. oben, Kap. 4.5.5: Tätigkeit für Ruprecht I. in Politik und Kanzlei.

[100] Zu denken wäre hier an Matthias von Sobernheim. Allerdings konnte Spiegel, Urkundenwesen, Bd. 1, S. 163, nachweisen, dass der Schreiber R[uprechts] I M [sic!], den er paläographisch mit Matthias von Sobernheim gleichsetzt, bereits in der Zeit zwischen 1377 und 1379 insgesamt sieben Urkunden für Ruprecht I., Ruprecht II. und Ruprecht III. mundiert hatte (Belege ebd., Bd. 2, Nr. 2841, 2854, 2859, 2912, 2932, 2955, 2977). Vgl. ferner unten, Kap. 4.7.2: Matthias von Sobernheim.

[101] GLAK, 67/288, f. 72r (Montag nach Maria Lichtmess). Zu den variierenden Bezeichnungen Ottos vom Stein vgl. das folgende Kapitel. – Nikolaus besaß zu seiner Bischofszeit einen Stadthof in Frankfurt am Main, für den ein auf 1391 datiertes Inventar erhalten ist; GLAK, 67/288, f. 78r. Die dortigen Messen wurden auch von Brabantern frequentiert; Bauer, Stuben, Kammern, S. 301. – 1375, im Jahr des Übertritts von Nikolaus von Wiesbaden in kurpfälzische Dienste, investierte Bischof Raban von Eichstätt einen Heinrich Riemann vom Stein mit der Pfarrei Burglengenfeld, deren Patronatsrecht in den Händen Pfalzgraf Ruprechts I. lag; Spiegel, Urkundenwesen, Bd. 1, S. 139 (mit der irrigen Bezeichnung Lengenfeld). Es handelt sich um den in der Oberpfalz gelegenen Ort Burglengenfeld und nicht um das westthüringische Lengenfeld. Bischof Raban von Eichstätt († 1383) stammte aus dem im Fränkischen beheimateten Geschlecht der Truchsessen von Wilburgstetten, hatte 1315 in Bologna studiert, war lange Jahre Eichstätter Domkustos und Regensburger Bistumsadministrator; vgl. Flachenecker, Raban Truchseß von Wilburgstetten; Schmutz, Juristen für das Reich, Bd. 2, Nr. 2833, S. 674; Hölscher, Kirchenschutz als Herrschaftsinstrument, S. 67; Knod, Deutsche Studenten in Bologna, Nr. 4011, S. 632.

[102] GLAK, 67/288, f. 211rf., unter der Rubrik: *Diese nachgeschr(iben) hant mins h(er)ren kleyder.*

dann wäre zwar auch eine Zuordnung Ottos in den Zusammenhang des oberhalb Nassaus gelegenen ritterbürtigen Geschlechtes derer vom Stein zu erwägen[103]. Doch ist hierfür die Indizienbasis äußerst schmal. Über die Heraldik sind nur vage Aussagen möglich. Die Herren vom Stein bei Nassau führten eine ungefüllte rote Rose mit blauem Samen in Gold im Wappen[104]. Walther Möller konnte in seinen Untersuchungen über die westdeutschen Adelsgeschlechter für die Jahre 1384 bis 1586 Angehörige eines Geschlechts vom Stein nachweisen, die im Wappen drei ungefüllte rote Rosen in Gold führten. Den Helm zierte ein wachsender weißer Schwan. Ohne einen urkundlichen Nachweis dafür zu besitzen, hielt er aufgrund des Wappenschmucks diese Familie mit denen von Stein bei Nassau für stammesverwandt[105].

In diesem Zusammenhang ist darauf hinzuweisen, dass sich in dem Anfang der siebziger Jahre des 15. Jahrhunderts entstandenen Lehenbuch des Pfalzgrafen Friedrich I. ebenfalls ein Wappen mit drei – gefüllten – roten Rosen findet, hier allerdings in Silber[106]. Auffälligerweise besteht die Helmzier aus zwei silbernen (Schwanen)-Flügeln. Ein derartiger Helmschmuck erscheint ansonsten im Lehenbuch keineswegs oft[107]. Das Wappen ist einer Urkunde von 1429 zugeordnet. In ihr nahm der pfälzische Protonotar Johannes Weinheim als *treger* der beiden Söhne des verstorbenen Peter vom Stein stellvertretend für sie eine Reihe von Lehen in Empfang, die bereits deren Großvater, Otto vom Stein, oberster Schreiber des Pfalzgrafen Ruprecht II., besessen hatte. Inseriert ist dabei die Belehnungsurkunde Ruprechts II. für Otto von 1391[108]. Im selben Lehenbuch finden sich auch die Von Stein bei Nassau, die hier sehr präzise als Vom Stein auf der Lahn unterhalb von Nassau (*von Steyn gelegen vff der Lone vnder Nassawe*) bezeichnet und mit einem adeligen Turnierhelm (Spangenhelm) versehen werden[109].

Natürlich reizt es, dieses Wappen nicht nur auf Johannes Weinheim, sondern auch auf die laut Ausweis des Schriftstücks augenscheinlich mit ihm verwandten Jüngeren

[103] Vgl. MÖLLER, Stammtafeln, NF 1, S. 56 f.; zur spätmittelalterlichen Geschichte und Genealogie des Geschlechtes vgl. auch DOHNA, Eine unbekannte Urkunde des Nikolaus von Cues. Eine Zuordnung zu dieser Familie nahm auch ISSLE, Das Stift St. German, S. 188 f., bei Marsilius und Otto vom Stein vor.

[104] MÖLLER, Stammtafeln, NF, Bd. 1, S. 56 f.

[105] Ebd., S. 57. Eine andere Position vertrat Hellmuth Gensicke, der dieses Geschlecht erstmals um 1270 als Ministerialen der Herren von Runkel und Westerburg mit „vielleicht Stein bei Neukirch als namengebenden Sitz" anspricht; vgl. GENSICKE, Die vom Stein mit den drei Rosen, S. 161. Zur Stammfolge vgl. ebd., S. 161 f. Für die 2. Hälfte des 14. Jahrhunderts sind hier die Namen Friedrich, Johann, Ruprecht, Pilgrim und Rutteger nachweisbar; ebd.

[106] Vgl. GLAK, 67/1057, f. 265r.; WOLFERT, Die Wappen im Lehenbuch des Kurfürsten Friedrich I., hier S. 329 und ebd., Taf. 13.

[107] Vgl. dazu die Tafeln ebd.; ferner NEUENSTEIN, Wappen aus dem Lehensbuche des Pfalzgrafen Friedrichs I.

[108] GLAK, 67/1057, f. 265r–266r (1429 Oktober 12); die inserierte ebd., f. 265v (Heidelberg 1391 Oktober 3 (Freitag nach St. Remigii)).

[109] GLAK, 67/1057, f. 209vf. (1468 August 8). Wappen: In Gold eine blaubesamte rote Rose, Helmzier: Silberner Eselsrumpf; vgl. WOLFERT, Die Wappen im Lehenbuch des Pfalzgrafen Friedrich I., S. 319. Die hierbei genannten Vornamen lauten Philipp und Friedrich.

vom Stein zu beziehen, mit deren Angelegenheiten sich die Urkunde befasste. Hier muss allerdings darauf hingewiesen werden, dass zumindest der Doktor der weltlichen Rechte, Peter vom Stein, gemeint ist der ältere der beiden 1429 unmündigen Söhne, im gleichen Lehenbuch und bezogen auf eine Belehnung vom Jahre 1453, ein anderes Wappen führte. Es handelt sich dabei um einen Laubbaum mit grüner Krone und schwarzem Stamm auf silbernem Feld[110]. Das oben beschriebene Wappen mit den drei gefüllten Rosen bezog sich im ausgehenden 15. Jahrhundert eindeutig auf die Familie von Weinheim[111].

Das bzw. die Wappen der brabantischen De Novo Lapide lassen sich nur aus den erhaltenen Siegelbildern rekonstruieren. Sie sind überlieferungs- und reproduktionsbedingt nicht optimal beschreibbar. Es kommen sehr ähnliche, aber im Detail doch unterschiedliche Wappenbilder vor, die alle fünfstrahlige Sterne bzw. Mispelblüten als wesentliches Element enthalten. Ein Typus war mit sechs Sternen/Blüten belegt. Man findet ihn beim Schöffen Jacques de N. L. [= Novo Lapide] an einer Urkunde aus dem Jahre 1339, ebenso wie Johann de N. L., Dekan am Maastrichter St. Servatiusstift, im Jahre 1423 und 1436. Dasselbe Wappen mit neun statt mit sechs Sternen/Blüten führte ein Matthias de N. L. als Schöffe in Mecheln in den Jahren 1321 und 1328. Daneben existierte ein abgewandelter Typ, der sich nicht nur in der Zahl der Sterne/Blüten von den anderen unterschied. Es handelte sich um einem geteilten Schild, der oben rechts dreimal gespalten, oben links mit zwei und unten mit drei Sternen/Blüten belegt war. Man findet ihn beim Mechelner Schöffen Olivier de N. L. im Jahre 1326 und – unten jedoch mit acht Sternen/Blüten belegt – im Jahre 1398 bei Matthias de N. L., Propst von Mariengreden in Mainz[112]. Aus diesen Befunden, verbunden mit

[110] GLAK, 67/1057, f. 266r. Vgl. Wolfert, Die Wappen im Lehenbuch des Pfalzgrafen Friedrich I., S. 329 und ebd., Tafel 13.

[111] Vgl. Drös, Heidelberger Wappenbuch, Nr. 367, S. 178 (mit der Beischrift *Wenheim*). Es sollte aber darauf hingewiesen werden, dass der Protonotar Johannes (von) Weinheim ein Wappen erst 1430 vom deutschen König Sigmund verliehen bekommen hatte; vgl. RI, Bd. 11, Nr. 7684; vgl. dazu auch das Kapitel zu ihm in dieser Arbeit. – Allerdings führte der Wormser Generalvikar Lic. in decr. Johannes von Weinheim († 1489) im Jahre 1488 ein anderes „Weinheimsche[s] Wappen: in Schwarz auf grünem Dreiberg zwei Kleeblätter"; vgl. Abb. 4 bei Keilmann, Johann von Dalberg und das Bistum Worms, S. 11.

[112] Vgl. Brüssel (B), Algemeen Rijksarchief/Archives générales du Royaume, Collection de moulages de sceaux des Archives générales du Royaume (I 347), Nr. 8563, 8586, 8696, 10677, 10699, 11271; Wien, Deutschordenszentralarchiv, Urkunden, Nr. 2660. – In dem von Erich Meuthen erstellten Findbuch der Urkunden des Stifts Kornelimünster ist das Siegel von Johannes von Neuenstein/de Novo Lapide beschrieben und die Sterne/Blüten im Wappen als „Mispelblüten" bezeichnet: „Siegel des Johannes de Novolapide, gut erhalten an Pergamentpressel, rotes, spitzovales (7,5 × 5 cm) Wachssiegel, Bild: sitzende Figur des hl. Servatius unter gotischem Baldachin, in den Nischen links und rechts flankiert von zwei leuchtertragenden Engeln, unter dem von einer Säule getragenen Baldachin rechts: kniende Figur (des Dekans ?), links: Wappenschild mit 6 Mispelblüten in Stellung 3–2–1, Umschrift: *S(igillum) JOH(ann)IS. DE. NOVOLAPIDE. LEGUM. DOCTORIS. DECANI. ECCL(es)IE. S(an)C(t)I. SERVATII. TRAIECTEN(sis).*"; Findbuch Landesarchiv NRW, Abteilung Rheinland, 121.31.00 Kornelimünster, Urkunden Nr. 87 (1423 Januar 7).

dem identischen Familiennamen, dürften sich nicht nur verwandtschaftliche, sondern auch über eine Generation hinausgehende Verbindungslinien ableiten lassen.

Nach Betrachtung aller denkbaren Möglichkeiten klingt die Interpretation, Vertreter der Familie vom Stein bzw. von Neuenstein (*de Novo Lapide*), namentlich der Geistliche Matthias, seien aus dem brabantisch-flämischen Grenzgebiet um die Mitte des 14. Jahrhunderts in den Kernraum des Reiches gewandert, zwar am exotischsten, wenngleich auch am wahrscheinlichsten. Eine detaillierte Rekonstruktion der verwandtschaftlichen Verhältnisse der älteren Vertreter der Familie über mehrere Generationen ist über die gerade diskutierten Wappenbefunde hinaus beim derzeitigen Stand unserer Kenntnisse nicht zweifelsfrei möglich. Hier müssten weitere Archivforschungen folgen. Dies gilt auch für die Person des kurpfälzischen Oberschreibers und Laien Otto vom Stein bzw. von Neuenstein/de Novo Lapide.

Hohe Positionen und persönliche Kontakte im St. Servatiusstift in Maastricht bildeten die Brücke, über die sich Vertreter der Familie in Mainz etablierten, wobei das dortige Liebfrauenstift *ad gradus* (Mariengreden) eine Basis bildete. Dort scheint sich seit den späten fünfziger Jahren des 14. Jahrhunderts ein Netzwerk aufgebaut zu haben, zu dem auch der Stiftsdekan Hermann, ein älterer Verwandter Nikolaus' von Wiesbaden mit glänzenden Kontakten zu Erzbischof Gerlach von Mainz, sowie Konrad von Gelnhausen gehörten; hinzu traten Kleriker aus Sobernheim. Nach dem Tod Kaiser Karls IV. 1378 und den kirchlichen Problemen, die das im selben Jahr ausgebrochene Große Abendländische Schisma auch im Erzbistum Mainz aufwarf, suchte man offenbar nach einem neuen Betätigungsfeld (und einem neuen Beschützer) und fand beides in der damals politisch aufstrebenden und Kurmainz benachbarten Kurpfalz und ihren Fürsten[113].

Mit Blick auf die Universität Heidelberg lassen sich weitere Indizienketten bilden. Von der frühen Immatrikulation zweier aus Heidelberg gebürtiger Vertreter der der Familie von Neuenstein war bereits weiter oben die Rede gewesen. Es sollte an dieser Stelle darauf hingewiesen werden, dass der Anteil von Niederländern (hiermit wäre der Raum des heutigen Belgien und der Niederlande gemeint) an den frühen Immatrikulationen signifikant hoch war, wie ein Blick auf die Matrikellisten verdeutlicht. Man sah dies bislang vornehmlich in der zunächst mangelnden universitären Konkurrenz begründet, die allerdings nicht lange währte[114]. Möglicherweise hat Heidelberg aber auch als „Landesuniversität" für die wittelsbachischen Terrtiorien, zu denen auch die niederländische Grafschaft Holland bis zum Jahr 1433 gehörte, fungiert. So

113 Zu ihm vgl. Nuding, Die Universität, der Hof, S. 200–206. – Hypothetisch muss bleiben, ob Kontakte auch über andere Kanäle verlaufen sein könnten. Nikolaus von Wiesbaden besaß ein Haus in Frankfurt am Main; vgl. GLAK, 67/288, f. 78r. Auf den dortigen Messen waren auch Brabanter Kaufleute aktiv; vgl. Bauer, Stuben, Kammern, S. 301.

114 „Schon bald nach der Gründung musste Heidelberg allerdings empfindliche Beschneidungen seines Einzugsgebietes hinnehmen. Die Konkurrenzgründung in Köln 1388 zog von da an die meisten niederrheinischen Universitätsbesucher an. Die Gründung von Löwen 1425 ließ den Zustrom vom Niederrhein schließlich ganz versiegen"; Wagner, Die Universität Heidelberg, S. 308.

immatrikulierte sich Johannes van de Noet 1378 an der Universität Prag als Angehöriger der bayerischen Nation (*de nat. Bavar.*)[115]. Auch der Heidelberger Lehrkörper war in starkem Maße von Vertretern aus diesem Raum geprägt. Besonders hinzuweisen wäre neben dem bereits erwähnten Marsilius von Inghen auf den aus dem Herzogtum Brabant stammenden Johann van de Noet[116].

Durchmustert man die Heidelberger Universitätsakten aufmerksam, dann fallen zudem vermeintliche Nebensächlichkeiten ins Auge. So verwendete sich die Universität Heidelberg vermutlich im Sommer 1397 bei der römischen Kurie für ihren bereits im fortgeschrittenen Lebensalter stehenden Studenten Johannes Wonder. Dieser, Bakkalaureus des Kirchenrechts, war in seinem früheren Berufsleben Offizial der Diözese Cambrai gewesen, aber durch das Schisma aus diesem Amt vertrieben worden. In Rom hatte er die Expektanz auf eine Pfründe in der Nähe seiner Heimat erhalten, nämlich auf ein Kanonikat an dem bereits hinlänglich bekannten St. Servatiusstift in Maastricht. Um seine Chancen zu erhöhen, bat die Universität den Papst, ihn als seinen Kaplan oder regelmäßigen Tischgenossen zu behandeln[117]. Auch hieran erkennt man, wie stark die niederländischen Netzwerke in diesen Jahren über Heidelberg verliefen.

Während bereits im 1401 verfassten Heidelberger Universitätsrotulus mit Suppliken von Universitätsangehörigen an den Papst die Vertreter aus niederrheinischen Diözesen (Utrecht, Köln, Lüttich, Cambrai, Metz und Tournai) etwa ein Drittel ausmachten[118], erwirkten im Jahre 1406 die Mitglieder der Universität Heidelberg, die aus der Diözese Lüttich stammten, sogar einen einstimmigen Beschluss, „mit Unterstützung und mit Siegel der Universität auf eigene Kosten und ohne Schaden für die anderen Universitätsangehörigen einen Rotulus aufzulegen". Hintergrund dafür war, dass die Diözese über lange Zeit eine neutrale Haltung im Schisma eingenommen, diese aber inzwischen aufgegeben hatte[119]. Wie ein Schlaglicht fällt hier der Blick auf ein Milieu,

---

115 Tříška, Repertorium biographicum universitatis Pragensis, S. 284.

116 Für den frühen Lehrkörper vgl. Toepke, Matrikel Heidelberg, Bd. 1, S. 3–9. Für die Studenten ebd., S. 9–60. Noch im Jahr 1400 finden sich Namen folgender aus den Niederlanden und dem Niederrheingebiet stammenden Mitglieder des Lehrpersonals: Heinrich von Wesel, Thomas von Leiden, Hermann Dreine (von Culenborg), Ludwig von dem Busche alias Ludwig von Maastricht (zu ihm Willoweit, Das juristische Studium, Nr. 30, S. 107), Petrus de Mecheln und Johannes (de Orto) von Breda; Die Rektorbücher der Universität Heidelberg, Bd. 1, Nr. 304, S. 320f. Zu Ihnen vgl. die entsprechenden Artikel bei Drüll, Heidelberger Gelehrtenlexikon, S. 373f. – Ein großer Teil der insgesamt 63 juristischen Lizentiaten der Heidelberger Anfangsjahre (bis 1436) stammte aus den niederländischen Diözesen Utrecht, Lüttich und Cambrai oder war dort bepfründet; vgl. Willoweit, Das juristische Studium, Nr. 6, 8–13, 26, 30f., 34–37, 42–44, 49–52, 59f. Der Verfasser (ebd., S. 122) sah die Ursprünge in der Schismazeit, als Heidelberg „den Anhängern der römischen Observanz eine Heimstätte bot", wozu ab 1388 die Universität Köln als Konkurrenz trat. – Für die übrigen Fakultäten liegen keine entsprechenden Prosopographien vor.

117 Die Rektorbücher der Universität Heidelberg, Bd. 1, Nr. 252, S. 285f. (1397 (August)).

118 Zimmermann, Der Heidelberger Rotulus, S. 70. Zu Lüttich ebd., S. 72.

119 Die Rektorbücher der Universität Heidelberg, Bd. 1, Nr. 421, S. 410f.

das nicht regional, sondern offensichtlich in hohem Maße überregional funktionierte und sich über die historischen Niederlande, den Oberrhein bis nach Italien, an die päpstliche Kurie in Avignon und später nach Rom erstreckte. Es verdiente eine eigene Untersuchung[120].

4.7.1.2 Tätigkeit

In den 17 Jahren, die zwischen der erstmaligen Erwähnung Ottos vom Stein im Jahre 1379 und seinem Tod 1396 liegen, ist er kaum mehr als ein Dutzend Mal in kurpfälzischen Diensten nachgewiesen[121]. Die Quellen bezeichnen ihn unterschiedlich: entweder als Otto vom Stein, Otto Rinmann (bzw. Ryman) vom Stein, Otto *de Novo Lapide* oder schlicht als Otto, den Schreiber. In der Überlieferung der Heidelberger Universität erscheint er 1386 als *honorabili*[*s*] *vir*[...] *magist*[*er*] *Otto*[...] *de Nouo lapide*[122].

Bis auf die Ersterwähnung vom Jahre 1379, wo zwischen Nikolaus von Wiesbaden als oberstem Schreiber und Otto als Schreiber differenziert wurde, wechseln dessen Funktionsbezeichnungen relativ willkürlich zwischen Schreiber und oberstem Schreiber, Notar bzw. *protonotarius*. Selbst in einzelnen Urkundentexten finden sich verschiedene Titel gleichzeitig[123]. Von daher erscheint es verfehlt, aus ihnen unmittelbar Rückschlüsse auf hierarchische Verhältnisse in der Kanzlei zu ziehen[124]. Es entsteht

---

120 Diese Untersuchung sollte generationenübergeifend angelegt sein. Sehr wahrscheinlich stammt der von 1550 bis 1577 tätige Weihbischof von Münster, Johannes Krith (Johannes *de Novo lapide*) aus derselben Familie; vgl. Kohl, Das Bistum Münster. Die Diözese, Bd. 4, S. 42–47, hier S. 42, Anm. 1. Möglicherweise gilt dies auch für den im 17. Jahrhundert lebenden Jesuiten Cornelius a Lapide (van den Steen); vgl. Lexikon für Theologie und Kirche, Bd. 6, Sp. 209. – Ein typischer Fall wäre der Lütticher und Brabanter Kanzler Gilain de Sart (* 1379, † 1444); vgl. Geradon, L'étrange carrière du chanoine Gilain de Sart.

121 RPR, Bd. 1, Nr. 4282 (Neustadt, 1379 März 16); ebd., Nr. 4533 (Heidelberg, 1384 März 22); Toepke, Matrikel Heidelberg, Bd. 1, S. 673, Anm. 8 (1386 November 18); Winkelmann, Urkundenbuch der Universität Heidelberg, Bd. 2, Nr. 16 (1386 November 25); RPR, Bd. 1, Nr. 5203 (Frankfurt, 1390 Mai 15); GLAK, 67/1057, f. 265v (1391 Oktober 6); RPR, Bd. 1, Nr. 5362 (Heidelberg, 1391 November 2); ebd., Nr. 5406 (Heidelberg, 1392 März 8); ebd., Nr. 5510 (Weinheim, 1393 Oktober 20); Winkelmann, Urkundenbuch der Universität Heidelberg, Bd. 2, Nr. 70 (1394 Oktober 31); RPR, Bd. 1, Nr. 5593 (Heidelberg, 1395 Februar 25); ebd., Nr. 5610 (= Deutsche Reichstagsakten, Ältere Reihe, Bd. 2, Nr. 244, S. 413) ([1395] Juli 1). – Er starb am 10. August 1396; vgl. den Eintrag in das Heidelberger Calendarium academicum: *Anno domini M°CCC°XCVI° in die sancti Laurencij obiit Otto de Lapide, notarius domini ducis*; Toepke, Matrikel Heidelberg, Bd. 1, S. 645, Anm. 3 (zu ebd., S. 636); Spiess, Lehnsrecht, S. 24.

122 Toepke, Matrikel Heidelberg, Bd. 1, S. 673, Anm. 8; Moraw, Kanzlei, S. 515. Zu der um dieselbe Zeit erfolgende Heidelberger Immatrikulation der beiden Stiftskanoniker von St. Andreas zu Worms, Johannes und Otto mit dem Beinamen von Neuenstein, gebürtig aus Heidelberg (*de Nouo lapide. H(eidelbergenses)*); vgl. Toepke, ebd., Bd. 1, S. 9.

123 Vgl. GLAK, 67/1057, f. 265v: *dem obg(enannten) Ott(e)n, vnserm obersten schrib(er)* (bzw. ebd. an anderer Stelle:) *der obg(enannte) Otte vnser schriber.*

124 Für Joachim Spiegel wurde Otto 1390 „vielleicht aus Versehen nur als Schreiber tituliert"; Spiegel, Urkundenwesen, Bd. 1, S. 136.

vielmehr der Eindruck, als ob jene um diese Zeit immer noch nicht sonderlich personenstark gewesen ist, sondern eher informellen Charakter aufwies. Neben Nikolaus von Wiesbaden und Otto vom Stein sind für das ausgehende 14. Jahrhundert nur noch Matthias von Sobernheim und, seit 1398, der offenbar eine Generation jüngere Johannes Weinheim[125] belegt. Von beiden wird noch zu sprechen sein.

Otto vom Stein ist sowohl in Diensten Ruprechts I. als auch in denen seines gleichnamigen Neffen nachweisbar, der seinem Oheim 1390 in der Herrschaft nachfolgte. Der Tod des hochbetagten Pfalzgrafen Ruprecht I. am 16. Februar jenes Jahres tat der Tätigkeit seines Schreibers offenbar keinen Abbruch; eine Zäsur ist jedenfalls nicht erkennbar. Bereits am 15. Mai des Jahres findet sich Otto, bezeichnet als oberster Schreiber Ruprechts II., gemeinsam mit Tham Knebel, Schultheißen zu Oppenheim, und Gerhard Gabel, Vogt zu Lindenfels, als Bevollmächtigter seines Herrn zu Frankfurt am Main, um den Ankauf von Otzberg, einem Ort namens Herings sowie der Hälfte von Umstadt zum Preis von 33 000 Gulden vom Kloster Fulda zu tätigen[126]. Es ist anzunehmen, dass Otto bei dieser Angelegenheit auch als Verwaltungssachverständiger fungierte. Zumindest erklärte der Abt von Fulda am 24. August desselben Jahres, dem Pfalzgrafen alle Briefe über die Mannschaften von Otzberg und Umstadt ausgehändigt zu haben und alle weitern, die sich finden würden, übergeben zu wollen; ferner wies er in einer weiteren Urkunde vom selben Tag alle Mannen und Burgmannen der verkauften Orte an, ihre Lehen künftig vom Pfalzgrafen zu nehmen[127].

Karl-Heinz Spieß hat die Vermutung geäußert, dass die Übergabe dieser Dokumente einen größeren Einfluss auf die Entwicklung des kurpfälzischen Verwaltungsschriftgutes in den darauffolgenden Jahren ausgeübt hat, indem sie den Anstoß zu dem um 1401/02 fertiggestellten Lehenbuch der Kurpfalz lieferte[128]. In einer undatierten, auf das Frühjahr 1391 beziehbaren Notiz in einem der kurpfälzischen Auslaufregister wird auf ein *lehen buchel* rekurriert, in dem Otzberg betreffende Lehen verzeichnet waren[129]. Dieses wurde für die Neubelehnung der ehemals fuldischen Vasallen offenbar erfolgreich zu Rate gezogen. Spieß vertrat die Ansicht, dass es zu den Unterlagen gehört haben muss, die im Rahmen des Verkaufes von Fulda an die Kurpfalz ausgeliefert worden waren[130].

---

125 Zu ihm Moraw, Kanzlei, S. 472–476; Brandenstein, Urkundenwesen und Kanzlei, S. 160f., sowie das Kapitel zu ihm in dieser Arbeit. Zu den Händen vgl. Spiegel, Urkundenwesen, Bd. 1, S. 165–169. – Als gesicherter Terminus ante quem für Johanns Aktivität in kurpfälzischen Diensten muss der 6. Januar 1398 gelten. Bezeichnet als *Johannes Winheim, sin schriber* wird er im damals aufgesetzten Testament Pfalzgraf Ruprechts II. erwähnt; vgl. Edition bei Gerlich, Seelenheil und Territorium, Anhang, hier S. 412.

126 RPR, Bd. 1, Nr. 5203.

127 Ebd., Nr. 5243, 5245.

128 „Der endgültige Anstoß zur Anlage eines Lehnsbuches kann durchaus auf ein *lehenbuchel* zurückgehen, das mit dem Kauf der Herrschaften Otzberg und Groß-Umstadt vom Kloster Fulda am 24. August 1390 in die Hände des Pfalzgrafen gelangte“; Spiess, Das älteste Lehnsbuch, S. 9.

129 GLAK, 67/808, f. 39v; Spiess, Lehnsrecht, S. 30.

130 Ebd., S. 30f.

Der Nachweis weiterer Aktivitäten Ottos vom Stein bedarf aufgrund der schwachen Überlieferung keines großen Raumes. Im Jahre 1393 setzte ihn Ruprecht II. zu einem der elf Bürgen für die 1200 Gulden ein, die er dem Schwiegervater seines Enkels Ruprecht Pipan, Graf Simon von Sponheim und Vianden, schuldete[131].

Auch im Bereich der interterritorialen Kommunikation ist Otto vom Stein nachzuweisen. Vom 1. Juli [1395] datiert ein Schreiben an die Stadt Straßburg. In ihm meldete Otto, der sich hier als *myns herren des hertzogen obirster schriber* bezeichnete, dass seinem Herrn von dessen soeben aus Böhmen zurückgekehrten Räten Nachrichten zugekommen seien. Sie betrafen die Gefangennahme des aufständischen Markgrafen Jobst von Mähren durch König Wenzel. Straßburger Interessen waren davon unmittelbar berührt, da kurze Zeit vorher eine städtische Gesandtschaft von der böhmischen Opposition, zu der Jobst von Mähren zählte, gefangen gesetzt worden war[132]. Otto selbst fungierte bei diesem Schreiben lediglich als Beauftragter. Eine darüber hinausgehende politische Funktion, wie sie beispielsweise die von ihm erwähnte und soeben vom Königshof zurückgekehrte Gesandtschaft ausübte, wird daraus nicht ersichtlich.

Innerhalb des Territoriums fallen enge Kontakte Ottos zur neugegründeten Heidelberger Universität auf. Noch im Bereich der Vermutungen bewegt sich die aufgrund der Namengleichheit geäußerte Annahme, der Heidelberger Gründungsrektor Marsilius von Inghen habe Ottos Sohn Marsilius Pate gestanden[133]. Zumindest kann man sagen, dass auch dieser – wie wohl auch Otto oder seine Vorfahren – aus den historischen Niederlanden stammte, vielleicht aus dem Ort Ingen in der heutigen niederländischen Provinz Gelderland[134]. Vielleicht hatte aber auch Konrad von Gelnhausen, der bereits in den frühen sechziger Jahren des 14. Jahrhunderts in engen Beziehungen zu Matthias von Neuenstein/de Novo Lapide am Mariengredenstift in Mainz stand[135] und genau wie Marsilius von Inghen aus Paris nach Heidelberg gekommen war, die Verbindung hergestellt.

Laut Matthias Nuding bestand ein „besonders enger Kontakt“ zwischen „dem altgedienten Schreiber“ und „Protonotar der Pfälzer Kanzlei“ Otto vom Stein und der Universität Heidelberg. „Am Hof warb dieser für die Anliegen der Universität, und an diese gab er Mitteilungen und Wünsche von oben weiter. [...] Es konnte außerdem vorkommen, daß Otto in einer Universitätsversammlung referierte oder gar eine solche Zusammenkunft selbst veranlasste, obwohl er nicht zur akademischen Körperschaft gehörte“. Sein Todesdatum wurde „wie diejenigen von Kurfürsten und anderen

131 RPR, Bd. 1, Nr. 5510.

132 Deutsche Reichstagsakten, Ältere Reihe, Bd. 2, Nr. 244, S. 413; RPR, Bd. 1, Nr. 5610. Zu den Hintergründen vgl. Deutsche Reichstagsakten, a.a.O., S. 385 f.; Spiegel, Urkundenwesen, Bd. 2, U4737, S. 712.

133 Vgl. Moraw, Kanzlei, S. 515, Anm. 35.

134 Miethke, Marsilius von Inghen, S. 4.

135 Vgl. oben Kap. 4.3.2: Die Protagonisten; Kap. 4.5.3: Kurmainzisches Vorleben (u. ö.) Ferner Schmidt, Konrads von Gelnhausen Pfründenkarriere, S. 319.

hervorragenden Persönlichkeiten im Kalender der juristischen Fakultät festgehalten"[136].

Gesichert ist, dass Otto vom Stein im November 1386 demselben Rektor Marsilius von Inghen sowie der Universität die notwendigen Siegel verschaffte. Der als *honorabilis vir magister* und pfalzgräflicher Protonotar bezeichnete Otto von Neuenstein (*de Nouo lapide*) veranlasste auf Geheiß seines Herrn, des Pfalzgrafen, und nach Beratung mit Marsilius von Inghen das Entsprechende beim Hofgoldschmied[137]. Ebenso gesichert ist, dass sich um dieselbe Zeit zwei aus Heidelberg gebürtige Stiftskanoniker von St. Andreas zu Worms, Johannes und Otto mit dem Beinamen von Neuenstein (*de Nouo lapide H*[*eidelbergenses*]), an der soeben gegründeten Hohen Schule einschrieben[138].

Genau eine Woche später übermittelte *magister Otto prothonotarius domini nostri* die Bitte der Universität an den Kurfürsten, ihrem Rektor auch die Gerichtsbarkeit über ihre geistlichen Mitglieder zu verschaffen. Ruprecht verwies sie auf die Ankunft des zuständigen Diözesanbischofs Eckhard von Worms (aus dem Hause Dersch/Ders), der allerdings nicht in ihrem, sondern offenbar in Ruprechts Sinne entschied[139]. An den Verhandlungen hinter den Kulissen mit dem Wormser Bischof war Otto vom Stein beteiligt gewesen[140].

Am 31. Oktober 1394 setzte die Universität auf Ottos Ansuchen in seiner Eigenschaft als Notar Ruprechts II. fest, dass sechs Magistri in artibus die Verwaltung und Nutznießung des unlängst vom Pfalzgrafen verliehenen Zehnten in Schriesheim haben sollten[141].

Berücksichtigt man in diesem Zusammenhang das im vorigen Kapitel über Ottos Herkunft und Familie Gesagte, dann ergibt sich folgendes Bild: Es handelte sich bei

---

[136] Fast „gewinnt man den Eindruck, daß der Protonotar in der Umgebung des Fürsten besonders für die Universität zuständig gewesen sei"; alle Zitate NUDING, Die Universität, der Hof, S. 232 (mit den Quellenbelegen).

[137] *In primis xviii die eiusdem mensis dictus rector associatus predictis magistris arcium adiit illustrem ducem seniorem predictum super sigillis pro eodem studio necessariis procurandis, qui pronus fauore commisit indilate honorabili viro magistro Ottoni de Nouo Lapide suo prothonotario, quatenus utrumque sigillum per suum aurifabrum fieri procuraret modum et formam illorum plenius eidem describendo*; Die Rektorbücher der Universität Heidelberg, Bd. 1, Nr. 74, S. 149f., hier S. 150 ((1386 November) 18); TOEPKE, Matrikel, Bd. 1, S. 673, Anm. 8; ferner SPIESS, Lehnsrecht, S. 24, Anm. 178; ZINSMAIER, Die älteren Siegel der Universität Heidelberg, S. 4–8; KAHSNITZ, Spätgotische Siegel an Nieder- und Oberrhein. S. 147. – Die Bezeichnung *honorabilis vir* legt keine eindeutige ständische Zugehörigkeit fest, da sie um dieselbe Zeit sowohl für Mitglieder des Niederadels als auch z. B. für einen Kollegen Ottos, den Protonotar Matthias von Sobernheim, verwendet wurde; vgl. Die Inschriften der Stadt und des Landkreises Heidelberg, Nr. 56, S. 35 (1375); ebd., Nr. 74, S. 44 (nach 1406).

[138] Vgl. TOEPKE, Matrikel Heidelberg, Bd. 1, S. 9. Zu ihnen vgl. das vorherige Kapitel.

[139] Die Rektorbücher der Universität Heidelberg, Bd. 1, Nr. 80, S. 154f.; WINKELMANN, Urkundenbuch Universität Heidelberg, Bd. 2, Nr. 16. Zu ihm vgl. KEILMANN, Eckard von Ders, S. 874f.

[140] So NUDING, Die Universität, der Hof, S. 232.

[141] WINKELMANN, Urkundenbuch der Universität Heidelberg, Bd. 2, Nr. 70. Zum Zehnten vgl. ebd., Nr. 60.

ihm um einen fürstlichen Oberschreiber, gebürtig aus den historischen Niederlanden, aus wohlhabendem Hause kommend und über seine Familie mit besten Kontakten in die Welt der Kirche und der Laien, weit über die Kurpfalz hinaus. Damit dürfte er neben anderen Vorzügen der ideale Vermittler zwischen pfalzgräflichem Hof und der damals stark niederdeutsch bzw. niederländisch geprägten Universität gewesen sein. Inwiefern dabei auch die Beherrschung des Niederländischen eine Rolle spielte, sei angesichts des Lateinischen als universitärer Verkehrssprache dahingestellt. Doch alles Gesagte zusammengenommen kann seine Position und seine bislang unerklärliche Mittlerrolle in Heidelberg gut erklären.

Anders als bei dem Geistlichen Nikolaus von Wiesbaden nehmen Gunstbezeugungen des Pfalzgrafen den größten Teil der Überlieferung zu Otto vom Stein ein. Im Gegensatz zu Nikolaus, der durch reichen Pfründenbesitz – auf den er allerdings auch nach seiner problembehafteten Provision auf den Speyerer Bischofsstuhl angewiesen blieb – materiell weitgehend abgesichert war, war der verheiratete Otto offenbar von anderweitigen Zuwendungen abhängig[142].

Unter diesen Vergünstigungen dürfte Otto zumindest eine seiner Eigenschaft als Verwaltungsspezialist zu verdanken gehabt haben: Am 8. März 1391 verkaufte Hans Bintrym von Alzey eine Heller- und Käsegülte aus dem Dorf Sandhofen und dem benachbarten Scharhof an Otto vom Stein, des Pfalzgrafen obersten Schreiber[143]. Am 9. Oktober desselben Jahres belehnte Ruprecht II. seinen Schreiber mit *solich lehen mitname(n) zwentzig malt(er) korns jerlicher ewig(er) korngulte vnd vier pfunt hell(e)r gelts Wormßer werunge mynner vier uncz hell(e)r ewig(er) jerlich(er) gulte vnd funff kese, die man nennt groß monich kese auch ewig(er) jerlicher gulte, die von vns vnd der Pfaltz zu lehen rure(n)t*[144]. Sie stammten ebenfalls aus den oben genannten Besitzungen und wurden durch das pachtende Zisterzienserkloster Schönau bezahlt. Interessanterweise verhielten sich die Rechts- und Besitzverhältnisse diesmal ein wenig anders. In der Urkunde Ruprechts II. heißt es, dass *dieselben lehen vns(er)m vettern selig(en) gedechtniß herczog Ruprecht dem alt(e)n vor uns vnd darnach auch vns verfallen und ledig worden sint, vmb das sie Henne Hose von Sauwelnheim vnd Henne von Wachenheim von vns(er)m vett(er)n selig(en) oder vo(n) vns nye empfange(n) hant und die es doch als verstolen lehen vil jare genossen hant*[145].

Man darf zusammen mit Karl-Heinz Spieß annehmen, dass Otto vom Stein „in der Kanzlei nach weiteren Unterlagen über die von ihm gekaufte Lehnsrente suchte und

---

142 Bereits weiter oben wurde die Frage aufgeworfen, ab wann Otto verheiratet war. Sollte er mit dem Stiftskanoniker Otto de Novo Lapide, der sich gemeinsam mit einem gleichnamigen Johannes 1386 in Heidelberg inskribierte, identisch sein, dann könnte die Rückkehr in den weltlichen Stand in den fünf Jahren bis 1391 erfolgt sein.

143 Erwähnt in der genau ein Jahr später von Ruprecht II. zu Heidelberg darüber ausgestellten Bewilligungsurkunde; vgl. RPR, Bd. 1, Nr. 5406. – Die beiden Orte liegen nördlich von Mannheim; vgl. Das Land Baden-Württemberg. Amtliche Beschreibung, Bd. 5, S. 226f.

144 GLAK, 67/1057, f. 265r. – Zum spezifischen Charakter dieser Rentenlehen vgl. Spiess, Lehnsrecht, S. 139–145.

145 Ebd.

so das Mutungsversäumnis entdeckte“[146]. Die Angelegenheit hatte offenbar ein gerichtliches Nachspiel, da am 25. Februar 1395 Ruprecht die Belehnung an Otto vom Stein mit Einschränkungen wiederholte, diesmal unter Hinweis auf einen Lehengerichtsspruch gegen die unrechtmäßigen Inhaber[147]. In welche Unterlagen Otto vom Stein in der Kanzlei Einsicht nahm, lässt sich kaum eruieren.

Offenbar stellte sich gerade in der Zeit nach dem Tod Ruprechts I. im Jahr 1390 aufgrund von dessen langer Regierungszeit zum ersten Mal in scharfer Form das Problem der Rechtssicherung der von der Landesherrschaft ausgegebenen Lehen. Kanzleibehelfe scheinen kaum vorhanden gewesen zu sein. Doch deutet das auf 1390 datierte Verzeichnis der hochadligen Vasallen mitsamt ihrer Lehen, mit dem die erste, unfoliierte Lage des Kopialbuchs von 1356 schließt, auf einen gestiegenen Orientierungsbedarf hin[148]. Das an zentraler Stelle, nämlich beim obersten Schreiber, geweckte Interesse an einer besseren Übersicht der Lehen scheint jedoch zu Lebzeiten Ruprechts II. († 1398) und Ottos vom Stein († 1396) keine weiteren Innovationsschübe ausgelöst zu haben. Erst ein Jahrzehnt später kam es unter Ruprechts II. gleichnamigem Nachfolger zur Anlage des ersten Lehenbuches der Kurpfalz[149].

4.7.2 Matthias von Sobernheim

4.7.2.1 Tätigkeit

Matthias von Sobernheim[150] ist ein Vertreter jenes bereits behandelten Typus' von Kanzleikräften, die zugleich und wohl auch ursprünglich als öffentliche Notare tätig waren[151]. Als solcher vidimierte er, bezeichnet als kaiserlicher Notar Matthias Fol(t)z von Sobernheim, im Hause Heinrichs von Gimmeldingen, Kustos des Kanonikerstiftes zu Neustadt an der Haardt, am 31. Mai 1375 im Auftrag des Kaiserslauterner Stadtschreibers Adolf von Münstermaifeld (*gesworn schriber der stede zu Keysers Lutern*) für Kaiserslautern zwei auf Kalbpergament (*off kelbern pergament geschriben*) geschriebene Mandate Kaiser Karls IV., die die von diesem an Ruprecht I. übertragenen Rechte an der Stadt betrafen[152]. Am 20. Februar 1379 bestätigte ein Matthias von

146 Ebd., S. 167 (betr. ebd., Nr. 383).

147 RPR, Bd. 1, Nr. 5593.

148 GLAK, 67/799, f. 11*v: *No(ta) diese herschafft gent von eym pfaltzgr(a)u(en) zu lehe(n)*; Edition: Spiess, Das älteste Lehnsbuch, S. 91; dazu ebd., S. 9 mit Anm. 46; ferner Ders., Lehnsrecht, S. 31.

149 Spiess, Das älteste Lehnsbuch.

150 Er ist behandelt an zwei Stellen bei Spiegel, Urkundenwesen, Bd. 1: ebd., S. 132f. (in der Kategorie „Schreiber Pfalzgraf Ruprechts I.“) und S. 136 (in der Kategorie Kategorie „Schreiber Pfalzgraf Ruprechts II.“); ferner Moraw, Kanzlei, bes. S. 470–472.

151 Vgl. oben, Kap. 3.6: Öffentliches Notariat und spätmittelalterliche Verwaltung, und Kap. 4.7.1: Otto vom Stein.

152 Regest: Urkundenbuch der Stadt Kaiserslautern, Bd. 2, Nr. 279, S. 285. Die Mandate waren keine zwei Wochen alt; vgl. ebd., Nr. 277f., S. 284 (Prag, 1375 Mai 20). Dazu auch Spiegel, Urkundenwesen, Bd. 1, S. 132, 163; ferner ebd., Bd. 2, U 2742.

Sobernheim (*Mathias de Zob(er)nheim)* auf dem bereits in Zusammenhang mit Nikolaus von Wiesbaden besprochenen Frankfurter Hoftag gemeinsam mit dem aus dem französischen Beauvais stammenden öffentlichen Notar *Johannes Tompeti de Castanico Beluacenis diocesis clericus publicus apostolica auctoritate notarius* den Verlobungsvertrag zwischen dem damals dreijährigen Pfalzgrafen Ruprecht (Pipan, † 1397) und einer französischen Königstochter[153]. Auffallend ist, dass Matthias von Sobernheim im Gegensatz zu dem vor ihm genannten Johannes *Tompeti* keine Legitimation anführt. Bei ihm heißt es lediglich *It(em) Mathias de Zob(er)nheim simili(ter) p(re)d(ict)is int(er)fuit et requisitus fuit et eodem mo(dum) hec se subscripsit*[154].

Auch weitere Nachweise zu ihm betreffen Tätigkeiten als öffentlicher Notar. So fertigte er im darauffolgenden Monat für Ruprecht eine beglaubigte Abschrift von einer Urkunde König Wenzels an[155]. Am 4. Oktober 1379 beglaubigte er, bezeichnet als Matthias Voltz von Sobernheim, gemeinsam mit dem öffentlichen Notar Gherardus von Euthera zwei Transsumpte des Kardinallegaten Pileus da Prata von zwei Urkunden aus dem Jahr 1356; in ihnen war die Kurwürde der Pfalzgrafen bei Rhein durch die anderen Kurfürsten einmal in lateinischer und einmal in deutscher Sprache bestätigt worden[156].

Im Spätherbst 1380 fungierte Matthias wieder mehrere Male als öffentlicher Notar. Am 15. November 1380 ließen die beiden Äbte Peter von Schönau und Dietrich von Sinsheim auf der Heidelberger Burg durch den kaiserlichen Notar und Kleriker Matthias Voltz (*Mathis Foltze*) von Sobernheim zwei von Kaiser Karl IV. am 18. März 1378 und von König Wenzel am 6. März 1379 für Pfalzgraf Ruprecht ausgestellte, die Lösung von Schefflenz und weiteren Orten betreffende Urkunden vidimieren. Laut Insert geschah dies aufgrund eines von Wenzel erlassenen Mandates vom 21. Oktober 1380[157].

Erst vom Jahre 1377 datiert dagegen die erste erhaltene Urkunde, die Matthias von Sobernheim als – ungenannter – Schreiber für Ruprecht I. mundierte[158]. Es handelte sich um ein Stück, das Ruprecht I. in Baden(-Baden) als Vormund der Markgrafen Bernhard und Rudolf von Baden ausstellte. In der Folgezeit – so Joachim Spiegel – avancierte Matthias von Sobernheim zum „Hauptschreiber des Pfalzgrafen, von keiner anderen Hand sind so viele Urkunden erhalten, wie von seiner“[159]. Dabei wies er darauf hin, dass Matthias auch für Pfalzgraf Ruprecht II. weiterarbeitete, unter dem er „der hauptsächlich tätige Schreiber blieb“[160], und später „schließlich Protonotar in der Kanzlei König Ruprechts“ wurde[161].

---

153 RPR, Bd. 1, Nr. 4271; Moraw, Kanzlei, S. 470; Spiegel, Urkundenwesen, Bd. 1, S. 5, 133 f. (mit Beleg ebd., Bd. 2, U 2995). – Zu den politischen Hintergründen vgl. Gerlich, Die Anfänge des großen abendländischen Schismas.

154 GLAK, 67/807, f. 7r; RPR, Bd. 1, Nr. 4271.

155 Spiegel, Urkundenwesen, Bd. 1, S. 133 (mit ebd., Bd. 2, U 3014).

156 Ebd. (mit ebd., Bd. 2, U 3073 f.).

157 Ebd. (mit weiteren Belegen); RPR, Bd. 1, Nr. 4365.

158 Spiegel, Urkundenwesen, Bd. 2, U 2841 (Baden, 1377 Februar 14).

159 Ebd., Bd. 1, S. 163 (mit Anm. 294).

160 Ebd., S. 166 (mit Anm. 299).

161 Ebd., S. 163.

Namentlich genannt wird Matthias von Sobernheim dabei nur gelegentlich. Am 20. Juni 1381 rangierte er, hier ausdrücklich bezeichnet als Notar Ruprechts des Älteren, unter den Zeugen, als im mittelrheinischen Kaub der Kardinallegat Pileus da Prata im Auftrage des römischen Papstes Urban VI. den drei Pfalzgrafen ihr von Karl IV. verliehenes, die Kurwürde betreffendes Privileg bestätigte[162]. Ein weiteres halbes Jahr später, am 7. Januar 1382, war ein Mathis Voltz von Sobernheim, nun bezeichnet als Domvikar von Speyer, unter den Zeugen, als der Adlige Konrad von Hohenfels, Herr zu Reipoltskirchen (*Rypoltskirchen*), dem Pfalzgrafen Ruprecht II. den Ort Leubenheim oberhalb von Münster an der Nahe zum Preis von 4000 Gulden verkaufte[163].

Betrachtet man die von Joachim Spiegel aufgrund des Schreibervergleiches ermittelten Urkunden, dann fallen – unter Vorbehalt – einige Dinge auf: Von den insgesamt 103 Urkunden, die von Matthias' Hand als Kanzleischreiber für Ruprecht I. (64 Stücke) und Ruprecht II. (39 Stücke) geschrieben wurden, haben nur 45 Ruprecht I. und 30 Ruprecht II. als alleinige Aussteller[164]. Die übrigen verteilen sich sehr eigenartig und deutlich anders als die übrigen der von Joachim Spiegel untersuchten Schreiber. So fungieren die beiden Pfalzgrafen als gemeinsame Aussteller in vier Fällen[165], zu dritt gemeinsam mit Ruprecht III. in weiteren fünf, wobei sie davon in zwei Fällen gemeinsam mit den Markgrafen Bernhard und Friedrich von Baden als Aussteller firmieren[166].

Daneben mundierte Matthias die Urkunden, in denen die Pfalzgrafen gemeinsam mit den drei geistlichen Kurfürsten als Aussteller auftraten. So geschehen am 23. Juni 1381 in einer von den Erzbischöfen Adolf (von Nassau) von Mainz, Kuno (von Falkenstein) von Trier und Friedrich (von Saarwerden) von Köln sowie den Pfalzgrafen Ruprecht I. und Ruprecht II. gemeinsam ausgestellten Urkunde[167], ebenso am 23. April 1387 im niederrheinischen Wesel mit denselben drei Erzbischöfen sowie Pfalzgraf Ruprecht I.[168]

Besonders auffällig ist die relativ große Zahl gemeinsam mit dem Mainzer Erzbischof Adolf von Nassau und seinen Verwandten, den gleichnamigen Grafen, ausgestellten

---

162 Ebd., S. 133 (mit Anm. 155); RPR, Bd. 1, Nr. 4394.

163 RPR, Bd. 1, Nr. 5142. Die Zeugenreihe insgesamt: „Hans von Venningen, Brenner vom Stein, Ritter, Ulrich Salzkern, Edelknecht, Friedrich, Pastor zu Ratskirchen, unser Kaplan, Voltze von Albissheim, Heinrich von Ripoltzkirchen, Jeckel von Dorinkeim, Mathis Voltz von Sobernheim, Domvikar von Speyer, und Simon Smyt von Altzei". Die Urkunde ist ein Kriegsverlust; vgl. Spiegel, Urkundenwesen, Bd. 1, S. 133, Anm. 157.

164 Basis für die Berechnung bildeten – unter Abzug der Notariatsinstrumente – die Angaben bei Spiegel, Urkundenwesen, Bd. 1, S. 163 (mit Belegen ebd., Anm. 294) und S. 166 (mit Belegen ebd., Anm. 299).

165 Spiegel, Urkundenwesen, Bd. 2, U 3986 (1389), U 3989f. (1389), U 3992 (1389), U 4339 (1391). Aus Platzgründen habe ich nur die Jahreszahlen (ohne Monats- und Tagesangaben) eingetragen.

166 Spiegel, Urkundenwesen, Bd. 2, U 2932 (1378), U 3095 (1380), U 3195 (1381), mit den badischen Markgrafen ebd., U 3153f. (1380). Bei der Urkunde U 4715 (1395) fungieren als Aussteller Ruprecht II. und Ruprecht III. sowie dessen Sohn Ruprecht Pipan († 1397).

167 Nachweis bei Spiegel, Urkundenwesen, Bd. 2, U 3206.

168 Nachweis ebd., U 3688.

Stücke. Zieht man davon einmal die oben behandelten Urkunden ab, die die Pfalzgrafen gemeinsam mit den drei geistlichen Kurfürsten als Aussteller nennen, dann bleiben immerhin noch drei weitere Stücke aus den Jahren 1381[169], 1384[170] und 1386[171] übrig. In denselben kurmainzischen oder gräflich-nassauischen Kontext könnte eine Serie von Urkunden gehören, die Ruprecht I. (1389) bzw. Ruprecht II. gemeinsam mit Ulrich von Hanau sowie Walter und Frank von Kronberg ausgestellt haben[172]. Joachim Spiegel sprach Ulrich von Hanau „als Mann des Erzbischofs" Adolfs I. von Mainz an. Frank von Kronberg entstammte einem im Taunus auf nassauischem Gebiet beheimateten Reichsrittergeschlecht und war zudem Parteigänger der Herren von Hanau[173].

Auch in späteren kurpfälzisch-kurmainzischen Urkundenangelegenheiten wurde Matthias von Sobernheim als Schreiber aktiv. So hat sich eine ebenfalls von ihm mundierte, gemeinschaftlich ausgestellte Urkunde Erzbischof Konrads (von Weinsberg) von Mainz, Bischof Nikolaus' von Speyer, Pfalzgraf Ruprechts II. und Markgraf Bernhards von Baden aus dem Jahre 1395 erhalten[174]. Daneben existieren Urkunden für andere Aussteller: eine gemeinschaftlich ausgestellte Urkunde Ruprechts I. mit Landgraf Hermann von Hessen aus dem Jahre 1380[175] sowie jeweils eine Urkunde von 1384 mit Herzog Friedrich von Bayern als Aussteller[176] und von 1390 mit Beatrix (von Berg), der Witwe Pfalzgraf Ruprechts I.[177]

Auffallend ist die Funktion des Sobernheimers in Urkundenangelegenheiten, die hohe politische Relevanz beanspruchten. In diesem Ausmaß findet sich dies bei keinem anderen Schreiber Ruprechts I. und Ruprechts II. Es braucht nach dem bisher Gesagten kaum betont zu werden, dass Matthias als öffentlicher Notar das nötige Handwerkszeug für die Mundierung auch reichsrechtlich komplizierter Stücke mit-

---

169 Ebd., U 3225 (Oppenheim, 1381 Oktober 2, Aussteller: Pfgf. Ruprecht I., drei Gfn. von Katzenelnbogen, zwei Gfn. von Sponheim und Gf. Johann von Nassau).

170 Ebd., U 3421 (Heidelberg, 1384 Juli 26, Aussteller: Ebf. Adolf (von Nasssau) von Mainz, Ruprecht I., Bf. Gerhard von Würzburg, H. Leopold von Österreich, Bgf. Friedrich von Nürnberg, Gf. Eberhard von Württemberg).

171 Ebd., U 3642 (Neustadt, 1386 Dezember 14, Aussteller: Ebf. Adolf (von Nassau) von Mainz, Pfgf. Ruprecht I., Ruprecht II., Ruprecht III., Gf. Johann von Nassau, Bruder des Mainzer Ebfs.).

172 Ebd., U 3999 (1389 November 11. Als weiterer Aussteller firmiert hier Johann von Kronberg); ebd., U 4070 (1390 Mai 1); ebd., U 4246 (1391 Mai 1); ebd., U 4396 (1392 Mai 1); ebd., U 4507 (1393 Mai 1); ebd., U 4603 (1394 Mai 1). Die ungedruckten Urkunden stammen alle vom gleichen Tag, aber aus unterschiedlichen Jahren 1390 bis 1394 und sind alle für dieselben Empfänger, Bürgermeister, Schöffen, Rat und Bürger der Stadt Frankfurt am Main.

173 Spiegel, Urkundenwesen, Bd. 1, S. 284f. Zu Frank von Kronberg vgl. ebd., S. 28. Zur Familie vgl. die Genealogische Tafel bei Ronner, Die Herren von Kronberg, Anhang; ferner ebd., S. 924f., 965–967.

174 Spiegel, Urkundenwesen, Bd. 2, U 4724 (Heidelberg, 1395 Mai 23).

175 Ebd., U 3115 (Frankfurt, 1380 Mai 22).

176 Ebd., U 3404 (Heidelberg, 1384 April 28).

177 Ebd., U 4168 (Heidelberg, 1390 Oktober 4).

brachte. Ob er diese singuläre Position auch anderen Faktoren zu verdanken hatte, muss dahin gestellt bleiben.

Wie dabei sein Studium an der Universität Wien zu bewerten ist, wo sich ein Matthias von Sobernheim (*Mathias de Sobernhem*) im Jahre 1385 immatrikulierte und dafür zwei Groschen bezahlte, ist eine andere Sache[178]. Auch Raban von Helmstatt, der spätere Bischof von Speyer und Hofkanzler König Ruprechts, ebenfalls ein Protegé Nikolaus' von Wiesbaden, immatrikulierte sich im Wintersemester 1389/90, d. h. wenige Jahre nach Matthias von Sobernheim, an der habsburgischen Alma Mater[179]. Betrachtet man allerdings die Urkunden von der Hand des Schreibers RIM, den Joachim Spiegel mit Matthias von Sobernheim aufgrund eines von ihm vidimierten Notariatsinstrumentes identifizieren konnte, dann ist zumindest keine jahrelange Abwesenheit zu Studienzwecken feststellbar[180].

Peter Moraw ging von einer Art Bewährungsaufstieg des Matthias von Sobernheim in der kurpfälzischen Kanzlei aus: „Von 1381 an nennen ihn die Quellen *notarius* bzw. Schreiber, von 1396 an Protonotar. Damit war er Leiter der Pfälzer Kanzlei“[181]. Vermutlich sah Moraw hier Zusammenhänge mit dem im selben Jahr erfolgten Tod Ottos vom Stein, dem Matthias damit im Amt des Protonotars nachgefolgt wäre. Einzuwenden ist angesichts dieser Argumentation allerdings, dass in den Quellen die Bezeichnungen für Matthias wechseln. Er wurde auch nicht 1396 erstmalig als Protonotar bezeichnet, sondern ist als oberster Schreiber (*obirste[r] schriber*) des Pfalzgrafen bereits im Jahre 1391 bezeugt[182]. Auch später wechseln seine Bezeichnungen zwischen *Mathias notarius*[183], Herr Matthias, oberster Schreiber des Königs[184], *venerand[us] domin[us] Mathi[as] illustrissimi principis ac domini domini Roperti Roma-*

[178] Die Matrikel der Universität Wien, Bd. 1, S. 19,12; Moraw, Kanzlei, S. 470. Wagner, Universitätsstift, S. 210f., sah über ihn sogar eine „gewisse Vorbildwirkung der Wiener Verhältnisse auf die Heidelberger Stiftung“. – Die Immatrikulation geschah unter dem Rektorat eines Kölners, *Mag.* Heinrichs *de Odendorp de Colonia*; Die Matrikel der Universität Wien, Bd. 1, S. 18. Zu diesem vgl. Die Matrikel der Universität Köln, Bd. 1, Nr. 2,9, S. 9 (mit Anm. 9). – Ein Johannes von Sobernheim immatrikulierte sich in Wien im Sommersemester 1414; ebd., S. 101. Ein Gottmann von Sobernheim (*Gotmannus de Sobernhaim*) ist dort ebenfalls 1414 nachgewiesen; vgl. Wien, Archiv der Universität, Sammlungen, 13193 Nachlass Paul Uiblein, Bakkalarenkartei, Nr. 687.

[179] Vgl. Die Matrikel der Universität Wien, Bd. 1, S. 32,8.

[180] Die ersten beiden Buchstaben des Schreiberkürzels beziehen sich auf die Tätigkeit für Pfalzgraf Ruprecht I. – Vom Jahr 1385 stammen vier über das ganze Jahr verteilte Urkunden (Spiegel, Urkundenwesen, Bd. 2, U 3524f., 3556, 3559), von 1386 allerdings nur zwei (aus den November und Dezember; ebd., Nr. 3630, 3642), von 1387 drei (ebd., Nr. 3653, 3659).

[181] Vgl. Moraw, Kanzlei, S. 470. – Ähnlich Kolb, Heidelberg, S. 172f.

[182] Vgl. Schmitt, Territorialstaat und Gemeinde, S. 198–200 (1391 November 22).

[183] Deutsche Reichstagsakten, Ältere Reihe, Bd. 3, Nr. 56, S. 101f., hier S. 101 (Mainz, 1399 September 15).

[184] *Her Mathis des küniges oeberster schriber*; vgl. Deutsche Reichstagsakten, Ältere Reihe, Bd. 4, Nr. 169, S. 193–195, hier S. 193; RPR, Bd. 2, Nr. 201 ([Mainz, 1400 Oktober 30]).

norum regis electi cancellari[us] sive prothonotari[us][185], *unsers herren des koniges schriber*[186] etc.

Über die Bezeichnung auf eine bestimmte Position zu schließen, bleibt demnach problematisch. Ebenso problematisch bleibt die Schlussfolgerung von Joachim Spiegel aufgrund seines Befundes, dass die letzte Urkunde von Matthias' Hand (er meint die Hand RII b) „aber das Datum Dezember 1396 trägt. Möglicherweise bedeutet das, daß mit dem Amt des obersten Schreibers das persönliche Mundieren der Urkunden nicht oder nur noch in Ausnahmefällen verbunden war“[187]. Ob schließlich Ende Januar 1401 wirklich „ganz plötzlich“ ein „Umschwung“ eingetreten war, der Matthias „seine Stellung in der Kanzlei und zugleich im Bereich politischer Entscheidungen“ gekostet habe, wäre noch einmal zu diskutieren[188]. Peter Moraw wusste für diesen von ihm postulierten „Umschwung“ verschiedene Gründe zu benennen. Sie reichten von der Annahme, in Matthias den „Exponent[en] der Eintracht des Kurfürstenkollegiums, besonders der Zusammenarbeit mit Kurmainz“ zu sehen, der einer „auf die Selbständigkeit des neuen Königtums bedachten Partei das Feld“ hatte räumen müssen, bis hin zu der Vermutung, ob nicht Matthias „vom Kanzler [Raban von Helmstatt] selbst oder der von diesem eingestellten, bereits vor dem Kanzleieintritt eng verflochtenen Gruppe neuer Führungskräfte zur Seite gedrängt worden war“. Schließlich wurde von ihm auch überlegt, ob Matthias von Sobernheim „den neuen, größeren Anforderungen nicht ganz gewachsen gewesen sein“ mochte[189].

Nimmt man allerdings hinzu, dass sowohl in Kurköln wie in Kurtrier in den achtziger Jahren des 14. Jahrhunderts öffentliche Notare mit dem Herkunftsnamen ‚von Sobernheim‘ nachweisbar sind[190], so will die vornehmlich auf der Auszählung der auf den Königsurkunden angebrachten Kanzleivermerke basierende Argumentation bei Moraw nicht wirklich einleuchten[191]. Sie berücksichtigt in ihrer Zuspitzung kaum,

---

185 So der Straßburger Stadtschreiber Werner Spatzinger in einer an ihn gerichteten Adresse; vgl. Deutsche Reichstagsakten, Ältere Reihe, Bd. 3, Nr. 232, S. 290f., hier S. 291 ([Straßburg, nach 1400 Dezember 16]); unter Bezug darauf auch RPR, Bd. 2, Nr. 133. – Reinbold († 1408), der Vater von Job Vener, war in zweiter Ehe mit einer Verwandten Werners, Margarete Spazinger verheiratet; Heimpel, Die Vener von Gmünd, Bd. 1, S. 131 f. Ferner die genealogische Tafel ebd., S. 61. Zu ihnen vgl. das Personenregister im Anhang dieser Arbeit.

186 So bezeichnet in einer Frankfurter Kostenaufstellung für Geschenke anlässlich des Mainzer Tages; Deutsche Reichstagsakten, Ältere Reihe, Bd. 5, Nr. 259, S. 343 (1401 Juni 29–1402 Juli 8). Genauso auch ebd., Bd. 4, Nr. 345, S. 410f., hier S. 410: *Mathijs unserm schriber* (Nürnberg, 1401 Mai 23).

187 Spiegel, Urkundenwesen, Bd. 1, S. 166. Das Kürzel RII B bezieht sich auf Matthias' Tätigkeit für Pfalzgraf Ruprecht II.

188 „[…] obwohl gerade jetzt der Höhepunkt der Kanzleiproduktion bevorstand. Für den Rest des Jahres unterfertigte er nur noch vier Prozent der Urkunden und Briefe, in den Jahren 1402 bis 1404 nicht einmal ein Prozent“; Moraw, Kanzlei, S. 471 f.

189 Ebd., S. 472.

190 Vgl. Kap. 4.7.2: Matthias von Sobernheim.

191 Vgl. dazu auch den von Schubert, Königsabsetzung, S. 402, diskutierten souveränen und nicht vor (Ver)fälschungen zurückschreckenden Umgang mit dem Reichsrecht durch Matthias von Sobernheim.

dass Matthias von Sobernheim auch in der darauffolgenden Zeit in wichtigen Angelegenheiten für Ruprecht tätig war[192]. Allerdings waren diese finanzieller Art, und es handelte sich um solche, die nicht unmittelbar am Hofe des Königs abgewickelt wurden. Hintergrund war ganz offensichtlich der in Aussicht genommene Romzug, dessen Finanzierung den üblichen großen Aufwand erforderte[193]. Es wirkt, als ob hier der Primat des in der Kanzlei angesiedelten Politischen zu sehr betont worden ist. Die Finanzen dürften für die Verwirklichung des Königtums sowie des angestrebten Kaisertums einen ähnlich hohen Stellenwert beansprucht haben wie die hohe Politik[194]. Im übrigen fragt sich, ob Matthias von Sobernheim, dieser zum Protonotar aufgerückte öffentliche Notar, wirklich von dem Gedanken beseelt gewesen sein könnte, das Amt eines königlichen Hofkanzlers anzustreben. Hier stand mit Raban von Helmstatt als Bischof von Speyer ein angemessener und in einer langen Tradition stehender Anwärter zur Verfügung. Dessen Designation durch den Vorgänger Nikolaus von Wiesbaden dürfte außer Zweifel gestanden haben[195].

4.7.2.2 Herkunft und Familie

Wertet man den Namensbestandteil ‚Sobernheim' als Herkunftsnamen, wofür einiges spricht[196], dann stammte Matthias aus der gleichnamigen kleinen Stadt im Nahe-Tal. Sobernheim hatte 1292 als kurmainzischer Vorposten Stadtrechte erhalten und sich im 14. Jahrhundert zum „Hauptort der mainzischen […] Besitzungen an der mittleren Nahe" entwickelt[197]. Der Raum war territorial stark gegliedert, auch die Kurpfalz besaß Rechte in der näheren Umgebung[198]. Engere Beziehungen in die kurmainzische Sphäre vermutete auch Peter Moraw, der Matthias' „kirchliche Herkunft entsprechend seinem Geburtsort im Mainzer Bereich" lokalisierte[199]. Die lokale, dem heiligen Matthias geweihte Pfarrkirche war 1339 von Erzbischof Heinrich III. (von Virneburg)

---

192 Dies räumte auch Peter Moraw ein wenn er schrieb, „künftig wurde er so gut wie ausschließlich mit finanziellen Angelegenheiten betraut"; Moraw, Kanzlei und Kanzleipersonal König Ruprechts, S. 472.

193 Vgl. Deutsche Reichstagsakten, Ältere Reihe, Bd. 5, S. 15–20, bes. S. 15; RPR, Bd. 2, Nr. 475. 480 (beide 1401 Februar 7). – Deutsche Reichstagsakten, Ältere Reihe, Bd. 4, Nr. 345, S. 410f., hier S. 410; RPR, Bd. 2, Nr. 907, 908 (Nürnberg, 1401 Mai 23). – Deutsche Reichstagsakten, Ältere Reihe, Bd. 5, Nr. 168, S. 212–219, hier S. 214 (1401 Juli 11–1402 Mai 5); ferner ebd., Bd. 4, Nr. 435, S. 766; ebd., Bd. 5, Nr. 393, S. 539f., bes. S. 540, Anm. 1.

194 Zum zeremoniellen Aufwand und den von Ruprecht bei Antritt seines Königtums besuchten Orten vgl. Hammes, Ritterlicher Fürst und Ritterschaft, S. 70–74.

195 Zu Raban als „Günstling" Nikolaus' von Wiesbaden Moraw, Kanzlei, S. 459.

196 Vgl. Moraw, Kanzlei, S. 470, Anm. 4 (unter Hinweis auf das Matthias-Patrozinium der Sobernheimer Pfarrkirche).

197 Vgl. Feld, Das Städtewesen des Hunsrück-Nahe-Raumes, S. 340; Salden-Lunkenheimer, Die Besitzungen des Erzbistums Mainz im Nahegau, bes. S. 141–169; Vogt, Sobernheim. Einst und jetzt, S. 17–50; Christ, Erzstift und Territorium Mainz, S. 214–216.

198 Vgl. Widder, Versuch einer […] Beschreibung, Bd. 4, S. 118–123.

199 Moraw, Kanzlei, S. 470f.; Zitat ebd., S. 470.

dem Mainzer Domkapitel inkorporiert worden[200]. Sobernheim hat im Spätmittelalter ungewöhnlich viele Kleriker hervorgebracht, wie Wolfgang Seibrich in einem Beitrag hervorhob[201]. Die lange Reihe beginnt mit einem Johann(es) von Sobernheim, der 1334/35 zunächst als Vikar am Allerheiligenaltar und im Jahre 1344 schließlich als Kanoniker am Mariengredenstift in Mainz nachweisbar ist[202]. Margarete Dörr belegte einen Johannes aus Sobernheim als Stiftskanoniker in den Jahren 1341, 1397 und 1402[203]. Es muss sich daher vermutlich um mindestens zwei Personen gleichen Namens gehandelt haben. Neben ihnen findet sich „im gleichen Stift 1344 ein Heinrich [von Sobernheim] als [Amtmann und] Vikar mit einer unbekannten Pfründe"[204]. 1369 wird in der Mainzer Überlieferung ein Johann Ernst von Sobernheim, Pfarrer zu Saulheim (*Saůwelnheim*), erwähnt[205].

Im Jahre 1389 ist ein Matthias als Vikar des Michael-Altars am bereits hinlänglich bekannten Mainzer Mariengredenstift nachweisbar[206]. Dass wir es bei ihm mit unserem Matthias von Sobernheim zu tun haben, ist nicht ganz unwahrscheinlich. Aus der kurialen Überlieferung geht hervor, dass ein Matthias, Sohn des Voltz (*Foltzo*) von Sobernheim, Ansprüche auf ein Kanonikat an St. Stephan in Mainz erhob, diese aber am 12. Mai 1393 gegen die Kapelle am Heilig Geist-Hospital in Bingen eintauschte[207]. In diesem Zusammenhang erfährt man, dass er damals noch in engen Beziehungen zu Landsleuten oder Verwandten aus seiner Heimatstadt stand, mit ihnen Pfründen tauschte und sich bei König Ruprecht für sie verwendete.

Aus derselben Zeit stammt eine Supplik, in der der Wormser Stiftskanoniker von St. Paul, Johannes, (Sohn des) Voltz von Sobernheim (*Foltzonis de Sobernheim*), darum bat, mit Matthias von Sobernheim ein Kanonikat am Stift St. Mariae *ad gradus* in Mainz sowie die Pfründe am Marienaltar der Heidelberger Peterskirche zu tauschen[208]. Mit den dabei erwähnten Emmerich Färber (*Emericus Coloratoris)* und Johannes Voltz von Sobernheim (*Foltzonis de Sobernheim*) waren in beiden Fällen of-

---

[200] REM, Bd. 1,2, Nr. 4381 (Eltville, 1339 Juni 26); vgl. dazu HOLLMANN, Das Mainzer Domkapitel, S. 243.

[201] Vgl. SEIBRICH, Kirchliches Leben in Sobernheim, S. 31: „Die Zahl der allein an der Römischen Kurie zwischen 1390–1450 anhängig gewordenen Rechtsfälle könnte fast zu dem Urteil verleiten, dass Sobernheim als Heimat von Klerikern alle anderen ähnlichen Orte der Diözese Mainz übertroffen hat". Zu den einzelnen Personen vgl. ebd., S. 31–35 (mit den entsprechenden Quellennachweisen).

[202] SEIBRICH, Kirchliches Leben in Sobernheim, ebd. (unter Bezug auf Dertsch, Die Urkunden des Stadtarchivs Mainz, Bd. 2, Nr. 931, S. 45f. (1334 August 24); ebd., Nr. 958., S. 51 (1335 Juni 28); ebd., Nr. 1156, S. 110 (1344 Oktober 8); ebd., Nr. 1157, S. 111 (1344 Oktober 22)).

[203] DÖRR, Das St. Mariengredenstift, S. 70.

[204] SEIBRICH, Kirchliches Leben in Sobernheim, ebd. (unter Bezug auf Dertsch, Die Urkunden des Stadtarchivs Mainz, Bd. 2, Nr. 1258f., S. 143f. (1344 Oktober 21f.)).

[205] DERTSCH, Die Urkunden des Stadtarchivs Mainz, Bd. 3, Nr. 1858 (1369 September 1).

[206] Ebd., Nr. 2363, S. 213f. (1389 Oktober 28). Zum Altar vgl. DÖRR, Das St. Mariengredenstift, S. 114f.

[207] RepGerm, Bd. 2, Sp. 253 (1393 Mai 12); Seibrich, Kirchliches Leben in Sobernheim, S. 32.

[208] RepGerm, Bd. 2, Sp. 625f.

fenbar Verwandte beteiligt. Für sie setzte sich später auch König Ruprecht im Rahmen seiner Ersten Bitten ein[209].

Sieht man den Namen Voltz (Volz/Foltz) als Vornamen des Vaters an[210], dann könnte mit Johannes Voltz (*Foltzonis*) ein Bruder des Protonotars gemeint sein[211]. Die hier auffallende Verbindung von Sobernheimern mit dem Namen Matthias und Johannes (und weiterer) zum Mariengredenstift in Mainz[212] fällt ins Auge und erinnert an die bereits behandelten und in engen Verbindungen zu Matthias von Sobernheim stehenden Otto vom Stein und Nikolaus von Wiesbaden.

Auf eine weitere, mit der Tätigkeit Matthias' von Sobernheim in Zusammenhang stehende Beobachtung sollte hier hingewiesen werden. Um dieselbe Zeit sind auch in anderen Kanzleien Personen mit gleichem Herkunftsnamen nachweisbar. Ein Konrad, Sohn Peters (*Petri*) von Sobernheim, war 1387 geschworener Notar des Erzbischofs von Köln. Er fungierte gemeinsam mit seinem Kollegen Wilhelm *de Duosmontibus* als öffentlicher Notar in einem im Auftrag des Kölner Erzbischofs Friedrich von Saarwerden verfassten Notariatsinstrument. Geschrieben war es in der Kanzlei der erzbischöflichen Burg Godesberg (*in cancellaria nostra ibidem*)[213]. Wilhelm Jans-

[209] Johannes Voltz von Sobernheim (*Foltzonis de Sobernheim)* wurde von König Ruprecht am 26. Februar 1401 auf ein Kanonikat und Präbende der Kirche St. Mariä in campis extra muros zu Mainz präsentiert (RPR, Bd. 2, Nr. 561). In gleicher Weise verhielt es sich auch mit anderen Sobernheimern: Am 13. Mai d.J. präsentierte er von Nürnberg aus einen Konrad von Sobernhem (*Conradus Ingelonis de Sobernheim*) dem St. Johannisstift in Mainz (ebd., Nr. 871), am 2. Juli d.J. der Priorin und dem Konvent des St. Agnesenklosters zu Mainz *ad collacionem* den Emmerich Färber (*Emericus Celoratoris (Coloratoris* [?]*) de Sobernheim*), Kanoniker zu St. Stephan in Mainz (ebd., Bd. 2, Nr. 1021), am 8. Februar 1403 einen Peter (*Petrus*) Sobernheim den Benediktinerinnen in Schwarzrheindorf (*Rindorff*) *ad collationem* (ebd., Nr. 2788. Ferner ebd., Nr. 5130; Urkundenbuch der Stadt Kaiserslautern, Nr. 479, S. 393f. (Lautern, 1408 Januar 10)). – Allg. Feine, Papst, Erste Bitten und Regierungsantritt. – Ein Peter von Sobernheim wurde am 1. Mai 1442 nach Beendigung seines Bienniums *ad consilium facultatis artium* in Heidelberg aufgenommen. Er wurde bereits vorher, im Jahre 1435 als Kleriker der Diözese Speyer bezeichnet, bekleidete später ein Vikariat am dortigen Dom und starb am 23. Februar 1485; vgl. Drüll, Heidelberger Gelehrtenlexikon, S. 449.

[210] Vgl. Entsprechendes in den Regesten der Grafen von Katzenelnbogen, Bd. 4, S. 2522.

[211] Zu einem (oder mehreren) nicht näher bezeichneten Johann(es) von Sobernheim vgl. Seibrich, Kirchliches Leben in Sobernheim, S. 31: Im Jahre 1370 war ein J. v. S. Sechspräbendar im Speyerer Dom (unter Bezug auf REM, Bd. 2,1, Nr. 2663 (Aschaffenburg, 1370 August 15)). Weitere Nachweise zu Personen gleichen Namens ebd., S. 31f. (Johann, Sohn des Johannes Fegebudel aus Sobernheim, 1380 und 1401).

[212] Darüber hinaus war ein Orto von Sobernheim um 1427–1430 nicht nur Pfarrer von Fürfeld, Vikar am Mainzer Dom und am dortigen Stift St. Johann, sondern auch Altarist an der Pfarrkirche von Lorch und am Agnetenalter im Mariengredenstift; Belege bei Seibrich, Kirchliches Leben in Sobernheim, S. 32. Der um 1424–1430 greifbare Nikolaus Loys hatte neben vielen anderen Pfründen das Dekanat des Mariengredenstiftes; Seibrich, ebd., S. 32f. Ferner der unten behandelte Berthold Cantrifusor(is); ebd.

[213] Vgl. Die Regesten der Erzbischöfe von Köln, Bd. 9, Nr. 1492, S. 382 (1387 August 23). Konrad von Sobernheim trat als Kanoniker zu Münstermaifeld ebenfalls gemeinsam mit Wilhelm *de Duosmontibus* schon in einer Urkunde Erzbischof Friedrichs von Saarwerden im Jahre 1371 als Zeuge auf; vgl. ebd., Nr. 61, S. 20 (Zons, 1381 April 22). – Ein Konrad (*Cunemann)*

sen vermutete in ihm ein interterritoriales Element in der Kanzlei des Kölner Erzbischofs[214].

Auch an der Kurie der Erzbischöfe von Trier war im Jahr 1388, d.h. um dieselbe Zeit, ein Konrad (*Cunnemann*) von Sobernheim tätig. Er protokollierte als kaiserlicher Notar die Rücktrittserklärung des Trierer Erzbischofs Kuno von Falkenstein[215]. Ob er mit dem oben erwähnten Kölner Konrad von Sobernheim identisch ist[216], müsste gesondert untersucht werden. Auffällig ist jedoch, dass Matthias von Sobernheim Urkunden mundiert hat, in denen die Pfalzgrafen gemeinsam mit den drei geistlichen Kurfürsten, den Erzbischöfen Adolf (von Nassau) von Mainz, Kuno (von Falkenstein) von Trier und Friedrich (von Saarwerden) von Köln als Aussteller auftraten[217]. Davon war oben bereits die Rede. Auch hier begegnet einem wieder ein überterritorial agierendes landsmannschaftlich strukturiertes Netzwerk.

Matthias ständische Zugehörigkeit ist schwer zu bestimmen. Sollte es sich beim Mariengredener Kanoniker Johannes von Sobernheim um einen Verwandten von ihm handeln, wofür viel spricht, dann dürfte er adeliger, ministerialischer oder großbürgerlicher Herkunft gewesen sein. Das Stift nahm bis zum 15. Jahrhundert nur solche Anwärter auf, wenngleich hier Unsicherheiten bestehen. Das gleiche gilt für Hermann von Wiesbaden als Mariengredener Stiftsdekan und für Matthias von Neuenstein als dortiger Stiftspropst[218].

Die in der Heilig Geist-Kirche in Heidelberg überlieferte Grabinschrift bezeichnet Matthias von Sobernheim als einstigen königlichen Protonotar, *honorabilis vir* und

---

von Sobernheim resignierte „vor Dezember 1400 die Pfarrkirche in Anrode, während gleichzeitig vom Tod eines Gleichnamigen als Dechant von Münstermaifeld berichtet wird"; Seibrich, Kirchliches Leben in Sobernheim, ebd. (unter Bezug auf Sauerland, Urkunden und Regesten, Bd. 7, Nr. 121, S. 47f., und ebd., Nr. 11, S. 7). 1375 schon vertauschte ein Gleichnamiger ein Kanonikat an St. Gereon in Köln; Sauerland, Urkunden und Regesten, Bd. 5, Nr. 1143, S. 455.

214 Janssen, Die Kanzlei der Erzbischöfe von Köln im Spätmittelalter, S. 166, Anm. 108. An der Kurie konnte Christiane Schuchard einen *Bertoldus Cantrifusoris* [= Kannengießer] *de Sobernheim* nachweisen; Schuchard, Die Deutschen an der päpstlichen Kurie, S. 102f., 292*. Er war vorher Stiftsdekan (Joannis, Rerum Moguntiacarum Excerpta, Bd. 2, S. 498) und seit 1442 Propst von St. Peter in Mainz gewesen (ebd., S. 492). Er fungierte von 1425 bis 1431 als Abbreviator an der päpstlichen Kurie unter Martin V. und Eugen IV. und starb im Jahre 1451. Zu ihm und seinem reichen Pfründenbesitz vgl. auch Seibrich, Kirchliches Leben in Sobernheim, S. 33; Voss, Dietrich von Erbach, S. 316f. Darunter fiel auch ein Kanonikat am Mariengredenstift in Mainz; ebd.

215 Michel, Zur Geschichte der geistlichen Gerichtsbarkeit, S. 181. – Zu einem Konrad von Sobernheim als Verfasser einer *Sermo de nativitate Beatae Mariae Virginis* in einer Handschrift des Klosters St. Matthias in Trier aus dem 15. Jahrhundert vgl. Seibrich, a. a. O., S. 34.

216 Cunnemann ist eine Form des Namens Konrad; vgl. Regesten der Grafen von Katzenelnbogen, Bd. 4, S. 2380.

217 Spiegel, Urkundenwesen, Bd. 2, U 3206, 3688.

218 Vgl. Dörr, Das St. Mariengredenstift, S. 37f.

Herr (*dominus*)[219]. Diese Bezeichnung deckt sich fast mit der für Otto vom Stein, mit der Ausnahme, dass Otto als Magister, Matthias hingegen als Herr bezeichnet wurde[220]. Peter Moraw vermutete, dass Matthias von Sobernheim, obwohl nach Ausweis mehrerer Quellen Kleriker, später den geistlichen Stand verlassen habe[221]. Dies könnte im Jahre 1396 geschehen sein. Peter von Gemünd, Vikar an der Domkirche zu Speyer, erwirkte an der römischen Kurie die Provision auf die Pfarre Bischwiller (*Bischofeswiler*) in der Straßburger Diözese, die durch den Verzicht des Matthias von Sobernheim freigeworden war[222].

Seit 1390 ist für Matthias von Sobernheim Besitz in der Kurpfalz nachweisbar. Nur wenige Monate nach dem durch den Tod Ruprechts I. ausgelösten Herrschaftswechsel überließ dessen Neffe und Nachfolger, Kurfürst Ruprecht II., am 20. Mai 1390 zu Oppenheim seinem Schreiber Matthias von Sobernheim ein Haus in der Burggasse zu Heidelberg zur Nutznießung; es grenzte an das Haus des Burgkaplans Winrich und lag gegenüber dem von Hänsel (dem) Koch (*an herrn Winrichs hus unsers cappelans uff der burge und gegen Hensel Kochs huse uber*)[223]. Sozialtopographisch bemerkenswert ist die sich dabei abzeichnende Verdichtung von Wohnstätten des Hofpersonals am Fuße der Burg[224]. Vier Jahre später, am 25. Januar 1394, verlieh derselbe Ruprecht II. seinem Schreiber Matthias von Sobernheim zwei Weinberge in der südlich der Stadt Heidelberg gelegenen Rohrbacher Gemarkung (*Rorbacher mark, in dem atzen grunde by dem kalkofen* und *off der steyge*)[225].

Weitere Gunstbeweise des Pfalzgrafen für ihn sind kaum zu ermitteln. Von der Universität bekam Matthias *protonotarius* am 21. August 1391 vier Grabsteine des nach dem Pogrom aufgelösten Judenfriedhofes in Heidelberg geschenkt, um die er gebeten

---

219 [nach 1406] 2. Januarhälfte: *† Anno d(omi)ni M*[...] [...] *februarii* [...] *fabiani et sebastiani obiit honorabilis vir d(omi)n(u)s mathias de Sobernheim olym regie maiestatie*[s prot]*onot(arius) cui(us) a*[nima] *requiescat i(n) p*[ace]; Die Inschriften der Stadt und des Landkreises Heidelberg, Nr. 74, S. 44; dazu auch Neumüllers-Klauser, Aus der Arbeit der Universitätsinstitute, S. 122, 124.

220 Vgl. oben das Kapitel zu Otto vom Stein.

221 Moraw, Kanzlei, S. 471: „Sein Pfründenbesitz ist freilich bescheiden geblieben, so dass Belehnungen einen Ausgleich bieten mussten; vielleicht hat er den geistlichen Stand schließlich ganz verlassen".

222 RepGerm, Bd. 2, Sp. 976 (1396 September 10).

223 RPR, Bd. 1, Nr. 5204 (= Spiegel, Urkundenwesen, Bd. 2, U 4079).

224 1391 wird das Haus in einer Urkunde Ruprechts II. und Ruprechts III. als Orientierungshilfe für ein weiteres Haus des Pfalzgrafen erwähnt: *gelegen gen der Ripinne hus uber, daz wir umb Mathis unsers herren und vatters (sic!) schriber kauft*; RPR, Bd. 1, Nr. 5366 (Heidelberg, 1391 November 5). Ferner findet sich 1424 ein anderer Hausplatz *am orthgessel oben an dem burgwege gen Mathis Schreiber seligen husz über gelegen*; vgl. Wendt, ... *mit wybe, kindern*, S. 28. Zur innerstädtischen Lage ebd., S. 20–32. – Vgl. auch die Überlegung bei Kolb, Heidelberg, S. 170, dass der Wohnsitz „einen deutlichen Hinweis darauf" gibt, dass „die Kanzlei zur stationären Einrichtung geworden war."

225 RPR, Bd. 1, Nr. 5532.

hatte[226]. Matthias von Sobernheim besaß offenbar noch weitere Immobilien in Heidelberg. So kaufte er im Jahre 1400 ein Grundstück. Die im Bestand eines Adelsarchivs überlieferte und bislang unbeachtet gebliebene Urkunde gibt, in Verbindung mit einer weiteren, im selben Bestand überlieferten, wertvolle Auskünfte über Matthias' soziale und familiäre Situation. In dieser Urkunde verkaufte der ehemalige Landschreiber zu Heidelberg, Friedrich vom Stein, in seiner Eigenschaft als Vormund einen Garten zu Heidelberg, genannt Bremeneck, an Herrn Matthias von Sobernheim, obersten Schreiber des Herzogs, und dessen Frau Elthin von Alzey zum Preis von 90 Gulden Mainzer Währung[227]. Matthias von Sobernheim war also spätestens im Jahre 1400 verheiratet.

Über die Ehefrau Elthin (Adelheid[228]) von Alzey lässt sich aufgrund der unspezifischen Herkunftsbezeichnung wenig ermitteln. In einer in der Kurpfalz um die Mitte des 15. Jahrhunderts entstandenen und aus dem Besitz des Speyerer Bischofs und kurpfälzischen Kanzlers Matthias Ramung stammenden Handschrift, die heute in der Universitätsbibliothek Tübingen liegt, hat sich im vorderen Einbanddeckel als Vorsatz das eingeklebte Fragment einer deutschsprachigen Pergamenturkunde aus dem frühen 15. Jahrhundert erhalten. In ihr werden *Gotzgin* und (?) *Beckerlin,* Herr Matthias und Frau Elchin (Adelheid) *(her Mathis und frauwe Elchin)* als Schöffen der Stadt Alzey *(scheffen der [...] stat Alczey)* genannt[229].

Alzey war einer der Hauptorte der kurpfälzischen Herrschaft links des Rheins[230]. Vermutlich war Matthias von Sobernheim über seine Frau dort begütert[231]; vielleicht

---

[226] Die Rektorbücher der Universität Heidelberg, Bd. 1, Nr. 145, S. 199. Die Universität hatte 1392/93 bei ihm wie auch bei bei Otto (vom Stein) und dem alten Landschreiber Friedrich Geld deponiert; vgl. Nr. 147, S. 200; ebd., Nr. 156, S. 203–206.

[227] GLAK, 69/von Oberndorff, U 2 (1400 Februar 7 (Samstag nach Purificatio Mariae)). Zu Gartengrundstücken am Bremeneck vgl. Wendt, ... *mit wybe, kindern*, S. 29. – Vgl. dazu auch die Nachfahrenliste im Anhang dieser Arbeit, Kap. 6: Verwandtschaftsbeziehungen.

[228] Es handelt sich wahrscheinlich um die Koseform von Adelheid; vgl. Regesten der Grafen von Katzenelnbogen, Bd. 4, S. 2380.

[229] Tübingen, Universitätsbibliothek, Mc 71; vgl. dazu die Handschriftenbeschreibung bei Röckelein, Die lateinischen Handschriften der Universitätsbibliothek Tübingen, S. 200f., hier S. 200. Zum Kontext Berg/Bodemann, *Wie ludwigen von Beyern etlich bucher verschriben sin*, S. 26f., 34. – Ich danke Herrn Dr. Gerd Brinkhus, Tübingen, für die freundliche Unterstützung.

[230] Vgl. Schmitt, Territorialstaat und Gemeinde Alzey; Böhn, Beträge zur Territorialgeschichte des Landkreises Alzey. – Für Ruprecht II. war Alzey einer der Hauptorte seiner Herrschaft, mitunter wurde er sogar als „Herzog von Alzey" tituliert; Petry, Alzey in der wittelsbachischen Politik, S. 132.

[231] Im kurpfälzischen Lehenbuch König Ruprechts besaß ein gewisser Karl von Waldertheim als Lehen u. a. *ein stucke akers uff der leymgruben zu Altzei vor Sant Anthonien porten geforcht her Mathis Schriber*; Spiess, Das älteste Lehnsbuch, Nr. 218, S. 49. – In dem Alzey benachbarten Ort Weinheim (heute Gau-Weinheim) lag die Burg Wunnenberg. Dort unterwarfen 1349 ein Hermann von Sobernheim und Philipp von Wunnenberg dem Pfalzgrafen Ruprecht II. ihre Burg zu Burglehen; Müller, Geschichte und Kirchengeschichte, S. 28. Kein Nachweis in den RPR, Bd. 1. Dort ist aber mehrfach ein Philipp von Winnenberg (Won-

bestanden auch zwischen ihr und Jakob Heimersheim(er) von Alzey, der als Kanzleikraft unter König Ruprecht und dessen Sohn Kurfürst Ludwig III. tätig war[232], verwandtschaftliche Verbindungen. Matthias von Sobernheim sprach in einer undatierten Nachricht von ihm als seinem Schüler[233]. Jakob Heimersheim(er) selbst bezeichnete sich in seiner Korrespondenz mit dem Frankfurter Stadtschreiber Heinrich genau wie die Gattin des Matthias von Sobernheim ebenfalls nur mit dem Herkunftsnamen als Notar Jakob von Alzey (*Jacobus de Alczeya notarius servitor vester)*[234]. Sein gleichnamiger Sohn besaß um die Mitte des 15. Jahrhunderts ein Burglehen zu Alzey[235].

Der hier angerissene Zusammenhang von Lehrer-Schüler-Beziehungen lenkt noch einmal über zu grundsätzlichen Überlegungen zum Phänomen Kanzlei. Auch an dieser Stelle ist der Hinweis auf landsmannschaftliche Bindungen angebracht. Bereits mehrfach wurde auf die Präsenz von Personen mit dem Herkunftsnamen Sobernheim in den kurfürstlichen Kanzleien der zweiten Hälfte des 14. und des frühen 15. Jahrhunderts gegeben. Berücksichtigt man hier auch die nähere Umgebung von Sobernheim, dann treten weitere Personen in Erscheinung wie die bereits oben behandelten kurpfälzischen und bischöflich speyrische Schreiber Emmerich von Moscheln und zum Schreiber Ludwigs III., Johann von Meisenheim[236].

Auch Joachim Spiegel konnte in seinen paläographischen Untersuchungen Ähnlichkeiten bzw. Abhängigkeiten verschiedener kurpfälzischer Kanzleischreiber voneinander nachweisen. So wies die Schrift von Schreiber N Pfalzgraf Ruprechts I., von 1380 bis 1389 „sporadisch als Schreiber […] nachweisbar, ab 1390 dann als Schreiber Pfalzgraf Ruprechts II., […] eine gewisse Nähe zu der des Schreibers RIM [= Matthias von Sobernheim] auf, ohne daß man deswegen unbedingt von einer Abhängigkeit oder einem unmittelbaren Einfluß ausgehen kann“[237]. Auch beim Schreiber RIIe

neberg) nachgewiesen; vgl. ebd., S. 477. – Zur Pfarrei von Gau-Weinheim vgl. das Register dieser Arbeit.

232 Moraw, Kanzlei, S. 513; Brandenstein, Urkundenwesen und Kanzlei, S. 166 f. – Zu einem (älteren) Johann Heimersheimer aus Alzey *magister arcium [sic!] Prag[ensis]*, der sich 1390 in Heidelberg als Prager Magister artium immatrikulierte; Toepke, Matrikel Heidelberg, Bd. 1, S. 9 (mit Anm. 6), 46; ferner Tříška, Repertorium biographicum universitatis Pragensis, S. 252. – Bei Heimersheim handelt es sich ebenfalls um einen Herkunftsnamen. Es ist ein Dorf in der Nähe von Alzey (und seit 1972 ein Stadtteil); vgl. Böhn, Beiträge zur Territorialgeschichte des Landkreises Alzey, S. 162 f.; Schmitt, Oberamt Alzey, S. 68.

233 Moraw, Kanzlei, S. 513 (aus StadtA Frankfurt am Main). – An der Trierer Kurie, wo es – wie schon erwähnt – es 1388 einen Konrad (Cunnemann) von Sobernheim gab, der als öffentlicher Notar die Rücktrittserklärung Erzbischof Kunos protokollierte, existierte im Jahre 1404 ein Heinrich Heimerßheym (alias in der Lere); Michel, Zur Geschichte der geistlichen Gerichtsbarkeit und Verwaltung der Trierer Erzbischöfe, S. 181.

234 Deutsche Reichstagsakten, Ältere Reihe, Bd. 7, Nr. 73, S. 121 f., hier S. 121 ([1411] Juni 9).

235 GLAK, 67/1057, f. 265r: *Jacob Heymerßheim von Alczey, Jacob Heymerßheim von Alczey selig sone* (1455 April 23); vgl. ferner ebd., f. 264v–265r.

236 Zu Ihnen vgl. das Namenregister sowie den Anhang dieser Arbeit, Kap. 1: Edition eines Schreibervertrages (1423).

237 Vgl. Spiegel, Urkundenwesen, Bd. 1, S. 164.

Pfalzgraf Ruprechts II. sah er Anklänge an diesen[238]. Noch eine weitere Hand wies „einen Formenreichtum auf, der seinerseits stark an RIM = Matthias von Sobernheim erinnert“[239]. Matthias von Sobernheim bzw. der von ihm repräsentierten Hand M Ruprechts I. bzw. Hand b Ruprechts II. attestierte er, dass „die Angabe ausgesprochener Charakteristika sehr schwer“ sei, da bei ihm „die Formenvielfalt ein geradezu ungeheueres Maß annimmt“[240]. Man könnte hier die Überlegung anstellen, ob sich nicht darin ein spezifisches Lehrer-Schüler-Verhältnis abbildet. Ob dies gleich mit einer Ausbildung zum „Kanzlisten“ gleichzusetzten sei, muss man sich fragen. Vielleicht sind es eher Ausbildungen zum öffentlichen Notar, die sich hier abzeichnen. Doch dies muss Vermutung bleiben, solange keine entsprechenden, eine ganze Schreiberlandschaft abdeckenden Studien vorliegen.

238 Ebd., S. 167.
239 Ebd., bezogen auf die Hand RII e. Ferner ebd., S. 168, unter Bezug auf Schreiber RII f.
240 Ebd., S. 163 (mit weiteren Ausführungen dazu ebd., S. 163 f.).

4.8 Zwischenbilanz: Kirchliche Netzwerke, Stiftsherren und Kollektoren

Die für das vierte Viertel des 14. Jahrhunderts für die kurpfälzische Kanzlei ermittelten Befunde bieten den Anlass zu Überlegungen, was die hier behandelten Personen miteinander verband. Das Mariengredenstift in Mainz konnte als Ort der Begegnung in den sechziger Jahren wahrscheinlich gemacht werden. Hier kreuzten sich die Biographien der Herren von Neuenstein/de Novo Lapide, von Wiesbaden und von Gelnhausen. Alle entstammten einem Milieu, das man als großbürgerlich (vielleicht ministerialischen Ursprungs) und mit guten Beziehungen zum hohen bzw. fürstlichen Adel bezeichnen kann. Dies galt für die Herren von Neuenstein in Verbindung mit den Herzögen von Brabant in der Zeit Herzog Wenzels I. von Luxemburg-Brabant (reg. 1354/56–1383, † 1383) bzw. den Bischöfen von Lüttich ebenso wie für die Herren von Wiesbaden mit den Grafen von Nassau bzw. den Erzbischöfen von Mainz in der Amtszeit Gerlachs von Nassau (1354–† 1371) und ebenso für die Herren von Gelnhausen mit ihren schon seit dem späten 13. Jahrhundert bestehenden Verbindungen zur kurmainzischen Erzbischofskurie. Damit würde sich dieser Befund in den aktuellen Forschungsstand einordnen, der durch das von Peter Moraw geprägte Diktum von der „Begegnung zwischen Kirche und Welt“ repräsentiert wird[1]. Das Mainzer Mariengredenstift wäre damit der Ort dieser Begegnung zwischen Mainzer Stiftsklerikern und hohen kurpfälzischen Kanzleikräften.

Dennoch lohnt es sich, noch ein Stück weiter zu forschen. Dies führt zu einem eher überraschenden Befund. Konsultiert man die von Christiane Schuchard erstellte Prosopographie der päpstlichen Kollektoren des Spätmittelalters[2], dann stößt man nämlich auch hier auf vertraute Namen. Diese kurialen Funktionsträger hatten ihre Hochzeit im 14. Jahrhundert. „Das auf die Besteuerung der Gesamtkirche angewiesene ‚avignonesische‘ Papsttum schuf eine allmählich flächendeckende und sich institutionell stabilisierende Kollektorieorganisation mit klar festgelegten Zuständigkeiten“[3].

Die Kollektoren mussten im Zweijahresrhythmus der päpstlichen Kammer gegenüber Rechnung legen. „Ohne politischen Rückhalt und ohne eine eigene Handlungsbasis – Status, Mittel, Helfer – konnte ein Kollektor nicht erfolgreich tätig werden. Er mußte nicht nur die fiskalischen Ansprüche der Kurie gegenüber den Zahlungspflichtigen durchsetzen, sondern auch die Einnahmen verwalten und dabei die vielfältigen Probleme des Zahlungsverkehrs bewältigen, vor allem die Verwertung von Naturalabgaben, von mobilen Gütern unterschiedlichster Art und sogar von Immobilien, sowie den Geldwechsel, -transport und -transfer über oft große Entfernungen

---

[1] Dazu Borgolte, Die Kirche im Mittelalter, S. 109–113. Zu den ermittelten Befunden vgl. oben, Kap. 4.5.3: Nikolaus von Wiesbaden. Kurmainzisches Vorleben; Kap. 4.7.1.1: Otto vom Stein. Herkunft und Familie. Eine Spurensuche; Kap. 4.7.2.2: Matthias von Sobernheim. Herkunft und Familie. Ferner das Personenregister im Anhang dieser Arbeit.

[2] Zum Amt und seinen Zuständigkeiten vgl. Schuchard, Die päpstlichen Kollektoren, S. 17–23.

[3] Ebd., S. 321.

hinweg, und dies unter Bedingungen einer Geldwirtschaft, deren Entwicklungsstand den ökonomischen Erfordernissen der Zeit vielerorts noch nicht gewachsen war“[4].

In Richtung einer „Macht- oder Vertrauensposition weist die Tatsache, daß viele Kollektoren, aber auch Unterkollektoren das Amt des Archidiakons, Offizials oder Generalvikars bekleideten, also eine leitende Stellung in der Gerichtsbarkeit oder der Verwaltung ihrer Diözese innehatten, und daß unter ihnen ebenso Berater und Diplomaten im Dienste geistlicher und weltlicher Fürsten zu finden sind. Damit ist zugleich der Hinweis gegeben auf weitere wichtige Voraussetzungen für das Amt, nämlich Kenntnisse im [kanonischen] Recht“. Darüber hinaus waren „diplomatisches Geschick und finanzielles Knowhow“ sowie die „Fähigkeit zur zutreffenden Einschätzung der örtlichen Verhältnisse und das nötige Fingerspitzengefühl“ bei der Durchsetzung der Rechtsansprüche vor Ort unabdingbar[5]. Mehrere Kollektoren zählten zu den Angehörigen der „Hochfinanz“ oder waren einem um Lambert von Born (alias Lambrecht von Brunn, * um 1320/30, † 1399), dem einflussreichen Ratgeber Karls IV., „konzentrierten königsnahen Personenverband zuzuordnen“[6].

Lambert war Bischof von Speyer in den Jahren 1364 bis 1371 und darin einer der Vorgänger Nikolaus' von Wiesbaden; er wechselte danach in gleicher Funktion nach Straßburg[7]. Bereits 1359 war er päpstlicher Kaplan und einer der wichtigsten Ratgeber Karls IV. und seines Sohnes Wenzel, als dessen Hofkanzler er später arbeitete[8]. Schon seit den fünfziger Jahren agierte Lambert als päpstlicher Gesandter in Finanzangelegenheiten und fungierte ab 1361 als päpstlicher Kollektor für Oberdeutschland, in den sechziger bis achtziger Jahren für die Kirchenprovinzen Mainz, Magdeburg und Salzburg, die Erzdiözese Trier sowie für weitere Sprengel[9]. Lambert von Born war einer der großen Förderer von Reinbold Vener († 1408). Dieser war der Vater von Jobst Vener, einem der wichtigsten Ratgeber König Ruprechts[10].

---

[4] Ebd., S. 323 f. „Die große Zahl umlaufender Münzsorten mit ihren komplizierten und schwankenden Wechselkursen erschwerte und verlangsamte die Geschäfte ebenso wie das Fehlen eines bargeldlosen Zahlungssystems in weiten Teilen Europas, so daß sich lange, mühsame Reisen und risikoreiche Bargeldtransporte oft nicht vermeiden ließen“ (ebd., S. 324).

[5] Alle Zitate ebd., S. 327.

[6] Ebd., S. 327.

[7] Er amtierte ab 1363 als Bischof von Brixen, ab 1364/5 von Speyer, wechselte 1371 nach Straßburg und 1374 nach Bamberg; Flachenecker/Rapp, Lamprecht von Brunn; Hölscher, Kirchenschutz als Herrschaftsinstrument, S. 65 u. ö. ; Fouquet, Speyerer Domkapitel, Bd. 2, S. 353; Ders., Domkapitel, Hof und Universität, S. 116 f.; Ammerich, Das Bistum Speyer und seine Geschichte, Bd. 2, S. 26 f.; Lackner, Hof und Herrschaft, S. 149 f. Zu ihm vgl. ferner die Nachweise im Namenregister dieser Arbeit sowie ebd., Kap. 4.5: Der ‚oberste Schreiber‘ als prominenter Import. Nikolaus von Wiesbaden (ab 1375); Kap. 4.9.1: Raban von Helmstatt. Herkunft, Familie und Ausbildung.

[8] Die Nachweise beschränken sich auf die zweite Jahreshälfte 1384; vgl. Hlaváček, Das Urkunden- und Kanzleiwesen König Wenzels, S. 181–183. Ferner Heimpel, Die Vener von Gmünd, Bd. 1, S. 21, Anm. 4.

[9] Schuchard, Die päpstlichen Kollektoren, S. 204, 248; ferner Fouquet, Das Speyerer Domkapitel, Bd. 2, S. 352.

[10] Zu ihm Knod, Deutsche Studenten in Bologna, Nr. 3976, S. 596; Heimpel, Die Vener von Gmünd, Bd. 1, S. 41–43; Moraw, Kanzlei, S. 476–482.

Lamberts Bruder Heinrich von Born († 1388) war u. a. von 1365 bis 1388 Domherr und 1368 Generalvikar von Speyer; er fungierte in den sechziger Jahren als Subkollektor von Basel[11]. Kuno von Falkenstein (* um 1320, † 1388), seit 1348 Administrator das Mainzer Erzbistums, 1359 päpstlicher Kaplan und 1362 Erzbischof von Trier, unterstützte Lambert in den fünfziger Jahren bei der Zehnteinziehung in der Erzdiözese Mainz[12]. Matthias von Sobernheim schrieb und beglaubigte bevorzugt Urkunden, die neben den Pfalzgrafen auch den Trierer Erzbischof als Aussteller hatten.

Auch um Raymond de Canilhac (* um 1300, † 1373), Kardinalbischof von Palestrina, leiblicher Neffe Papst Clemens' VI. und päpstlicher Kaplan, bildete sich ein Netzwerk. Als sein Prokurator fungierte 1356 „der Mainzer Domherr und spätere Kollektor Eckhard von Dersch" (* 1324, † 1405); er wurde später Bischof von Worms und gemeinsam mit Konrad von Gelnhausen und Nikolaus von Wiesbaden einer der frühen Förderer der Universität Heidelberg[13].

Bertrand von Macello war Kanoniker in Lüttich und Familiar Raymonds de Canilhac[14]; für diesen verwaltete er in den sechziger Jahren die Mainzer Dompropstei. Er war um diese Zeit „Generalkollektor eines Zehnten für den Romzug Urbans V. in Deutschland und Böhmen" und fungierte als Verbindungsmann zwischen dem Kaiserhof und der Papstkurie in Avignon[15]. Er stand in engen Beziehungen zu Lambert von Born, wie sein erhaltenes Kopialbuch verrät[16]. Erinnert sei zudem daran, dass ein Mainzer Domvikar namens Nikolaus von Diebach in seinem Auftrag in den sechziger Jahren das Vermögen der Mainzer Dompropstei verwaltete und ihm mehrmals darüber detailliert Rechnung ablegte[17]. Möglicherweise war er ein Verwandter von Ruprechts I. Schreiber Heinrich von Diebach. Die Notariatsinstrumente über die Zusammenkunft, die Bertrand de Macello als päpstlicher Nuntius am 8. Februar 1367 in der Burg des Erzbischofs in Eltville wegen der schlechten Zahlungsmoral des Mainzer Metropolitanklerus abhielt, unterschrieben wiederum fünf namentlich genannte erzbischöfliche *secretarii* und *notarii,* darunter Nikolaus von Wiesbaden[18].

Gerlach von Nassau (* 1312/22, † 1371), Sohn Graf Gerlachs I. von Nassau, studierte 1340/41 in Bologna, wurde 1343 päpstlicher Kaplan, 1346 als „treuer Partei-

---

[11] Schuchard, Die päpstlichen Kollektoren, S. 204, 255 f.; ferner Fouquet, Das Speyerer Domkapitel, Bd. 2, Nr. 35, S. 353 f.

[12] Schuchard, Die päpstlichen Kollektoren, S. 249.

[13] Ebd., S. 244. Vgl. dazu auch oben, Kap. 4.5.6: Nikolaus und die Gründung der Universität Heidelberg, und die folgenden beiden Seiten.

[14] Zu ihm vgl. Copialbuch des Apost. Nuntius Bertrand de Macello, S. 1–3; Die Mainzer Dompropstei im 14. Jahrhundert.

[15] Schuchard, Die päpstlichen Kollektoren, S. 205 f.; Zitat ebd., S. 206.

[16] Copialbuch des Apost. Nuntius Bertrand de Macello, Nr. 9 f., S. 20 f. (aus den Jahren 1366 und 1367); ebd., Nr. 12 f., S. 22–25 (zu 1367).

[17] Bertrand war seinerseits Stellvertreter des eigentlichen Pfründeninhabers, des Kardinals Raimund von Canilhac; vgl. Vigener, Die Mainzer Dompropstei im 14. Jahrhundert, S. XXX–XXXIV und S. 114–158.

[18] Vgl. oben, Kap. 4.5.3: Kurmainzisches Vorleben.

gänger Karls IV." zum Erzbischof von Mainz providiert und 1354 durchgesetzt, leistete in den fünfziger Jahren Dienste für Papst Innozenz VI. u. a. als Kollektor in der Kirchenprovinz Mainz[19]. Nikolaus von Wiesbaden dürfte zu seiner Klientel gehört haben.

Siger von Neuenstein († 1383), 1344/45 in Bologna, wurde von Papst Innozenz VI. in den sechziger Jahren zum Kollektor ernannt und fungierte in den sechziger und siebziger Jahren in dieser Funktion für die Provinz Köln sowie für die Diözesen Utrecht, Lüttich und die Erzdiözese Köln[20]. Johann/Jan van Arkel († 1378), aus einem holländischen Adelsgeschlecht stammend, studierte u. a. 1338/39 in Bologna, wurde 1342 Bischof von Utrecht, 1364 Bischof von Lüttich und am 1. Mai 1373 „aufgefordert, den Klerus der Diözese Lüttich und der Erzdiözese Köln zur Zehntzahlung zu veranlassen"[21]. Siger fungierte in den sechziger und siebziger Jahren als sein Rat. Der kurpfälzische Protonotar Otto vom Stein dürfte zu seinen Verwandten gehört haben. Otto zählte ferner zur Klientel von Nikolaus von Wiesbaden.

Adolf von Nassau (* um 1345/46 oder 1353, † 1390), Sohn Graf Adolfs II. von Nassau-Wiesbaden-Idstein, von 1371 bis 1388 Bischof von Speyer und ab 1373 zunächst umstrittener Erzbischof von Mainz, war vermutlich im Jahre 1374 „Kollektor eines Zehnts in den Kirchenprovinzen Mainz, Köln und Trier"[22]. Hermann von Goch († 1398), „Rat und Vertrauter Kaiser Karls IV. und Geldgeber vieler niederrheinischer Dynasten, 1378 Sekretär und Siegler des Erzbischofs von Köln, größter Grundbesitzer und einer der reichsten Männer Kölns (1385 eingebürgert), Stiftsherr von Kaiserswerth" fungierte in den späten achtziger Jahren offenbar ebenfalls als Kollektor für die Kirchenprovinz Köln[23]. Hermann von Goch war der Großvater mütterlicherseits des (noch zu behandelnden) kurpfälzischen Kanzlers Ludwig von Ast[24].

Eckard von Dersch/Ders (* um 1324, † 1405), ehemals Tischgenosse Kardinals Raymund de Canilhac, 1371 Bischof von Worms und 1378 „in Rom als Gesandter Karls IV." fungierte ab den achtziger Jahren bis kurz vor seinem Tod als Kollektor in der Mainzer Kirchenprovinz[25].

Alle hier Genannten unterhielten unterschiedlich gelagerte Beziehungen zu Mitgliedern der kurpfälzischen Kanzlei. Diese reichten über Verwandtschaft, Patronage, Klientelverhältnis, Indienststellung und sonstige Aufgaben.

---

19 Schuchard, Die päpstlichen Kollektoren, S. 243 f.

20 Ebd., S. 213.

21 Ebd., S. 222 f., Zitat ebd., S. 223.

22 Ebd., S. 208.

23 Ebd., S. 214. Dasselbe gilt auch für einen weiteren Verwandten namens Dietrich von Goch, Dekan in Meissen und päpstlicher Kollektor, vgl. Kinne, Das (exemte) Bistum Meissen, Bd. 1, S. 781, Anm. 158. Gramsch, Erfurter Juristen, Nr. 212, S. 653.

24 Vgl. dazu Kap. 4.13.1.3: Dr. Ludwig von Ast. Herkunft und Familie.

25 Ebd., S. 244. Zu ihm vgl. auch das Personenregister dieser Arbeit und die vorangegangenen Seiten.

4.9 Raban von Helmstatt als Hofkanzler König Ruprechts von der Pfalz

Obwohl Raban von Helmstatt als königlicher Hofkanzler bereits in einem der obigen Kapitel als Beispiel für kanzleispezifische Perzeptionsprobleme in der historischen Forschung behandelt wurde[1] und die königliche Hofkanzlei des Spätmittelalters nicht das Thema dieser Arbeit ist, soll an dieser Stelle zumindest in gewissem Umfang auf ihn eingegangen werden. Dies geschieht auf der Basis eines relativ breiten Forschungsstandes, da Raban von Helmstatt in der Reichs-, Kirchen-, Landes- und Verwaltungsgeschichte seit langer Zeit eine Rolle spielt. Von den älteren verwaltungs- und kanzleigeschichtlichen Studien war bereits im oben genannten Kapitel die Rede. Es war dabei von Vorteil, dass neben älteren Regesten und Urkundenwerken wie dem von Joseph Chmel (1834), Franz Xaver Remling (1852/53 und 1867) und Adam Goerz (1861[2]) seit 1936 als zweiter Band der Regesten der Pfalzgrafen am Rhein die von Graf Ludwig von Oberndorff und Manfred Krebs bis zu seinem Tod 1410 reichenden Regesta Imperii König Ruprechts und mit den Regesten König bzw. Kaiser Sigmunds sowie der Reihe der Deutschen Reichstagsakten weiteres ediertes Material zu seiner politischen Wirksamkeit vorliegt[3].

Unter vornehmlich reichsgeschichtlicher Perspektive und mit Blick auf gelehrte Personengruppen und ihre Vernetzung im Spätmittelalter behandelte Peter Moraw seit 1969 Raban von Helmstatt ausführlich in mehreren Studien[4], ebenso Christoph Freiherr von Brandenstein 1983 in seiner Untersuchung zu Urkundenwesen, Kanzlei, Rat und Regierungssystem Pfalzgraf Ludwigs III.[5] Im Rahmen seiner prosopographischen Arbeiten zum Domkapitel von Speyer beschäftigte sich 1987 Gerhard Fouquet ebenfalls mit ihm[6]. Auch zu seiner Herkunftsfamilie liegen Studien von verschiedenen Verfassern und aus verschiedenen Perspektiven vor[7]. Im Folgenden soll nach einem kurzen biographischen Überblick der Frage nach seiner „Kanzleiwirksamkeit" gestellt werden, wobei der Schwerpunkt auf die Jahre seiner Tätigkeit als Hofkanzler

---

[1] Vgl. oben, Kap. 3.1: Mittelalterliche Kanzlei und ihre moderne Konstruktion. Die königliche Hofkanzlei im frühen 15. Jahrhundert.

[2] CHMEL, Regesta chronologico-diplomatica Ruperti regis; REMLING, Urkundenbuch zur Geschichte der Bischöfe zu Speyer; DERS., Neuere Geschichte der Bischöfe zu Speyer sammt Urkundenbuche.

[3] RPR, Bd. 2; GOERZ, Regesten der Erzbischöfe zu Trier, S. 164–171.

[4] MORAW, Kanzlei, S. 457–465; ferner DERS., Beamtentum, S. 111; DERS., Gelehrte Juristen, S. 103 f.

[5] BRANDENSTEIN, Urkundenwesen und Kanzlei, bes. S. 357–360.

[6] FOUQUET, Das Speyerer Domkapitel, Bd. 2, Nr. 198, S. 580–582. – Ferner AMMERICH, Raban von Helmstatt, S. 749 f.; FRENKEN, R(h)aban von Helmstatt; HAARLÄNDER, Raban v. Helmstatt; PERSCH, Raban (Rhaban) von Helmstätt.

[7] FOUQUET, Reichskirche und Adel; DERS., Ritterschaft, Hoch- und Domstift Speyer; STEIN/SCHEUERBRANDT, Ursprung und Geschichte, bes. S. 7–29.

König Ruprechts († 1410) gelegt werden soll. Bereits hier sei angemerkt, dass der 1439 gestorbene Raban seinen König um fast drei Jahrzehnte überlebte und im Jahre 1430 Erzbischof von Trier wurde[8].

4.9.1 Herkunft, Familie und Ausbildung

Raban von Helmstatt wurde um 1362 geboren und stammte väterlicherseits aus dem gleichnamigen, am unteren Neckar, im Kraichgau und im Odenwald begüterten Niederadelsgeschlecht reichsministerialischen Ursprungs. Sein Vater Wiprecht I. der Alte (* 1343, † 1408) aus der Hauptlinie Helmstatt-Neckarbischofsheim war 1365 kurpfälzischer Vogt in Bretten[9]; er unterhielt aber auch Beziehungen zu den Markgrafen von Baden und fungierte als deren Vogt in Pforzheim[10]. Rabans Mutter Anna von Neipperg († 1415) stammte ebenfalls aus einer Niederadelsfamilie des Kraichgaus, die sich spätestens Anfang der fünfziger Jahren des 14. Jahrhunderts der Kurpfalz angedient hatte und am Hofe König Ruprechts ebenfalls eine wichtige Rolle spielte[11]. Unter Wiprecht I. von Helmstatt hatte sich die Linie zwar der Kurpfalz angenähert, trat aber erst in den frühen neunziger Jahren, „also noch vor dem steilen Aufstieg seines Sohnes" Raban, in engere Beziehungen zu ihr und spielte in der Folgezeit am Hof und in der Territorialverwaltung eine wichtige Rolle[12]. Nach der Wahl Pfalzgraf Ruprechts III. zum deutschen Gegenkönig 1400 zählte Wiprecht I. zu der zahlenmäßig kleinen Gruppe seiner acht „einflußreichsten Räte"[13] und wurde 1401 von ihm für die Zeit seiner Abwesenheit gemeinsam mit dem Viztum von Neustadt an der Haardt, Hanman von Sickingen, zum Hauptmann der Kurpfalz ernannt[14]. Er fungierte als Mitsiegler in pfalzgräflichen Familienangelegenheiten[15], diente 1403 als

8 Vgl. die neueren biographischen Überblicke bei Ammerich, Raban von Helmstatt, S. 749 f.; Frenken, R(h)aban von Helmstatt; Haarländer, Raban v. Helmstatt.

9 Spiegel, Urkundenwesen, Bd. 1, S. 475–477; Hammes, Ritterlicher Fürst und Ritterschaft, S. 185.

10 Vgl. zu ihm Fouquet, Reichskirche und Adel, S. 208–210; Stein/Scheuerbrandt, Ursprung und Geschichte, S. 9 f.; Hammes, Ritterlicher Fürst und Ritterschaft, S. 185 f.

11 Vgl. RPR, Bd. 2, Nr. 4328, 4331; Stein/Scheuerbrandt, Ursprung und Geschichte, S. 10. – Zur Familie vgl. Moraw, Beamtentum, S. 92 f.; Andermann, Die adelige Klientel der Pfälzer Kurfürsten; Fouquet, Reichskirche und Adel; ferner die Nachweise bei Spiegel, Urkundenwesen, Bd. 1, S. 805; Hammes, Ritterlicher Fürst und Ritterschaft, S. 192.

12 Zitat Moraw, Beamtentum, S. 92. Vgl. Spiegel, Urkundenwesen, Bd. 1, S. 251–253; ferner die Belege ebd., S. 781 f.; Spiess, Das älteste Lehnsbuch, Nr. 55, S. 25 (sowie die Nachweise zu sonstigen Mitgliedern der Familie ebd., S. 206). Vor ihm ist bereits sein älterer Bruder Raban (III., † 1393) am Hofe nachweisbar; vgl. Spiegel, ebd., S. 250 f.; ferner die Belege ebd., S. 781.

13 Vgl. RPR, Bd. 2, Nr. 1603 (Augsburg, 1401 September 9). Zitat Moraw, Beamtentum, S. 89; zu ihm ebd., S. 92.

14 RPR, Bd. 2, Nr. 439 (Heidelberg, 1401 Januar 25).

15 Ebd., Nr. 1244–1247 (allesamt Heidelberg, 1401 August 1).

Schiedsrichter im Auftrag des Königs[16], führte 1406 Verhandlungen mit den Herzögen von Österreich[17] und erhielt zum Dank eine ganze Reihe von Vergünstigungen[18]. Er starb am 5. Dezember 1408[19].

Wiprecht der Alte hatte aus seiner um 1360 geschlossenen Ehe mit Anna von Neipperg sieben Söhne, von denen zwei in den geistlichen Stand traten[20]. Es handelte sich bei letzteren um den 1362 geborenen Raban und den um 1369 geborenen Konrad († 1392)[21]. Wiprechts Söhne Reinhard d. A. († 1399) und Eberhard († 1404) wurden mit Familienbesitz ausgestattet[22]. Weitere Söhne traten in kurpfälzische oder bischöflich speyrische Dienste: So fungierte Wiprecht II. (der Junge, † 1421) seit 1393 – genau wie vorher schon sein gleichnamiger Vater – als Vogt von Bretten und wichtiger Rat und Geldgeber der Pfalzgrafen sowie unter seinem Bruder Raban als bischöflicher Hofmeister[23]. Spätestens nach dem Tode des Vaters 1408 zählte Wiprecht der Junge zum engsten Kreis um König Ruprecht und fungierte als einer seiner sieben Testamentsvollstrecker[24]. Ein weiterer Bruder Hans von Helmstatt († 1422) war unter Raban bischöflich speyrischer Amtmann von Lauterburg und unter König Ruprecht ebenfalls Mitglied in dessen Rat[25]. Ein weiterer, Reinhard der Junge von Helmstatt, nahm an Ruprechts Italienzug teil, starb aber bereits im Jahre 1404[26]. Daneben existierten eine Reihe von Neffen Wiprechts des Alten sowie entferntere Verwandte, die dieser am kurpfälzischen Hof[27] oder die sein Sohn Raban im Bereich der Geistlichkeit und im Hochstift Speyer unterbrachte[28].

Unter diesen zahlreichen Familienmitgliedern gilt der Geistliche Raban von Helmstatt als politische und intellektuelle Größe. Für Peter Moraw spielte neben der guten Vernetzung der Helmstatter und ihres Schwägerkreises am kurpfälzischen Hof Rabans

---

16 Ebd., Nr. 3189 (Heidelberg, 1403 November 3).

17 Ebd., Nr. 4490 (Heidelberg, 1406 August 22).

18 Vgl. u. a. ebd., Nr. 4328, 4331, 4866.

19 Stein/Scheuerbrandt, Ursprung und Geschichte, S. 10.

20 Zu einem möglichen weiteren geistlichen Sohn Wiprecht († 1392); vgl. Fouquet, Das Speyerer Domkapitel, Bd. 2, Nr. 205, S. 595 f.

21 Zu Konrad von Helmstatt vgl. Fouquet, Reichskirche und Adel, S. 210 f.; Ders., Das Speyerer Domkapitel, Bd. 2, Fouquet, Das Speyerer Domkapitel, Bd. 2, Nr. 194, S. 574; Stein/Scheuerbrandt, Ursprung und Geschichte, S. 10.

22 Zu Reinhard d. A. vgl. Spiegel, Urkundenwesen, Bd. 1, S. 477; Stein/Scheuerbrandt, Ursprung und Geschichte, S. 12. Zu den übrigen Söhnen ebd., S. 10–13.

23 RPR, Bd. 1, Nr. 5502. Moraw, Beamtentum, S. 93; Brandenstein, Urkundenwesen und Kanzlei, S. 271 f.; Fouquet, Reichskirche und Adel, S. 217, Anm. 138; Stein/Scheuerbrandt, Ursprung und Geschichte, S. 10 f.

24 RPR, Bd. 2, Nr. 6254.

25 Fouquet, Reichskirche und Adel, S. 217, Anm. 138.

26 Deutsche Reichstagsakten, Ältere Reihe, Bd. 4, Nr. 385, S. 455–461, hier S. 458 ([Heidelberg, 1401 c. Juli 18]).

27 So der 1397 nachgewiesene Hofmeister Ruprechts II., Raban von Helmstatt-Rappenau († 1407); Brandenstein, Urkundenwesen und Kanzlei, S. 269–275.

28 Dazu Fouquet, Reichskirche und Adel, S. 209–212, 216–227; Stein/Scheuerbrandt, Ursprung und Geschichte, S. 25–29.

Universitätsstudium bei seiner Karriere die entscheidende Rolle, die er für die Zeit und für einen Adeligen als vollkommen ungewöhnlich einstufte[29]. Peter Moraw attestierte den von Helmstatt ein „ungewöhnliches gelehrtes Interesse", da ein Mitglied bereits im 13. Jahrhundert in Bologna studiert hatte und fünf weitere sich im Zeitraum von 1389 bis 1424 an der Universität Wien immatrikulierten[30].

Dies alles muss jedoch differenzierter betrachtet werden. So bezog sich Moraw bei dem gelehrten Spitzenahn auf einen im Jahre 1294 in Bologna nachweisbaren, aber nicht eindeutig zu identifizierenden Diether von Helmstatt[31]. Zudem muss man ergänzen, dass der spätere Bischof von Speyer und königliche Hofkanzler, Raban von Helmstatt, nicht nur in der Wiener Reihe seiner zahlreichen studierenden Verwandten den Anfang machte[32]. Anders formuliert: Raban bildete, einzig mit der oben zitierten Ausnahme des Jahres 1294, in allem den Grundstock bzw. den Auslöser für die mit guten Gründen unternommenen Bildungsanstrengungen von Mitgliedern der Familie von Helmstatt.

Zunächst sei daher auf ihn selbst eingegangen: Im Wintersemester 1386/7 immatrikulierte sich der spätere Hofkanzler an der soeben gegründeten Universität Heidelberg[33]; 1389 war er in Wien[34] und 1393 gemeinsam mit einem Magister an der Universität Bologna nachweisbar[35]. Mit den Worten Gerhard Fouquets war dies „ein außergewöhnlich langer und zudem durch die offenbare Konzentration auf ein juristisches Studium ungewöhnlicher Ausbildungsweg für einen Niederadeligen des endenden 14. Jahrhunderts"[36]. Raban führte zwar Zeit seines Lebens keinen akademischen

---

29 Vgl. Moraw, Kanzlei, S. 458.

30 Ebd., S. 457 f.

31 Ebd., S. 457 f.; Zitat ebd., S. 457 (unter Bezug auf Knod, Deutsche Studenten in Bologna, Nr. 1400, S. 194, der gleich drei geistliche Personen dieses Namens anbietet). Möglicherweise (aber keineswegs sicher) handelte es sich um den Fortsetzer der Wimpfener Stiftschronik des Burkhard von Hall; vgl. die entsprechenden Artikel im Repertorium Geschichtsquellen des deutschen Mittelalters: Burchardus de Hallis; Burchardus de Hallis, Chronica ecclesiae Wimpinensis. Aus Burkhards Feder stammte auch ein Zins- und Einkünfteverzeichnis des Stiftes St. Peter in Wimpfen im Tal; vgl. Burchardus de Hallis, Catalogus reddituum ecclesiae Wimpinensis. Beide, reich mit Nachträgen und Ergänzungen versehene Texte befinden sich im Kodex Hs-2297 der Universitäts- und Landesbibliothek Darmstadt. – Vielleicht hat der Fortsetzer, Diether von Helmstatt, dies genutzt, um seiner Familie Rechtstitel zuzuschanzen; vgl. Fürfeld. Aus Vergangenheit und Gegenwart, S. 81 f.

32 Die Matrikel der Universität Wien, Bd. 1, S. 55,7 (Wintersemester 1399: Heinrich von Helmstatt [im Folgenden „v. H."], *can. Spir.*); ebd., S. 78,48 (Sommersemester 1409: Konrad v. H.); ebd., S. 89,47 (Sommersemester 1412: Reinhard v. H.); ebd., S. 103,1 (Sommersemester 1414: Petrus v. H.); ebd., S. 146,84 (Sommersemester 1424: Reinhard v. H.). Für den Zeitraum von 1396 bis 1438 sind es sogar „sechs Helmstätter"; Fouquet, Reichskirche und Adel, S. 213, Anm. 121 (mit teilweise nicht ganz korrekten Angaben).

33 Toepke, Matrikel Heidelberg, Bd. 1, S. 13. Fouquet, Reichskirche und Adel, S. 212.

34 Die Matrikel der Universität Wien, Bd. 1, S. 32,8.

35 Knod, Deutsche Studenten in Bologna, Nr. 4001, S. 194; Schmutz, Juristen für das Reich, Bd. 2, Nr. 2831, S. 674.

36 Fouquet, Reichskirche und Adel, S. 212.

Grad, erwarb sich aber große juristische Kenntnisse, so die bis heute unwidersprochene Meinung von Peter Moraw[37].

In Bologna fand sich schließlich in den neunziger Jahren des 14. Jahrhunderts – so ebenfalls Moraw – eine Gruppe von jungen Klerikern zusammen, zu denen neben Raban von Helmstatt weitere spätere Gestalter der Reichspolitik zählten. Es handelte sich dabei um Johann von Wallenrode (* um 1370, † 1417), nachmaliger Erzbischof von Riga und Diplomat in Diensten der deutschen Könige Ruprecht und Sigismund[38], ferner um Heinrich von Ehrenfels († 1442), ab 1393 Stiftsscholaster am St. Mariengredenstift in Mainz, später Stiftspropst von St. Viktor ebendort sowie Rat und Protonotar des Mainzer Erzbischofs Johann II. von Nassau[39], um Eglof von Knöringen († 1408), späterer Dompropst von Speyer und Protonotar König Ruprechts[40], sowie um den später noch berühmteren Job Vener (* um 1370, † 1447), der ebenfalls in Diensten Ruprechts und seines Sohnes Kurfürst Ludwigs III. stand[41] und als „der bedeutendste Kopf der königlichen Kanzlei" zu gelten hat[42]. Hier sah Peter Moraw das personelle und intellektuelle Substrat, das Raban zum Organisator der Hofkanzlei unter Ruprecht qualifizierte[43].

Bevor hier fortzufahren ist, soll noch abschließend auf Rabans dritten Karrierefaktor neben der Herkunft aus einer sich in diesen Jahrzehnten auf die Kurpfalz orientierenden Adelsfamilie und dem Studium an renommierten Universitäten mit (später) bedeutenden Kommilitonen eingegangen werden. Hinzu trat nämlich die kirchliche Laufbahn, zu der ein anlässlich von seiner Heidelberger Immatrikulation 1386 bereits nachweisbares Domkanonikat in Speyer zählte[44]. Offenbar kehrte der Helmstatter

---

37 Moraw, Kanzlei, S. 458.

38 In Bologna nachweisbar 1392 und 1393; Knod, Deutsche Studenten in Bologna, Nr. 4056, S. 608; Schmutz, Juristen für das Reich, Bd. 2, Nr. 2287, S. 607. Er war ein sehr wahrscheinlich ein Vetter des Deutschordenshochmeisters Konrad von Wallenrode. Zu ihm Jähnig, Johann von Wallenrode; Jähnig/Minke, Johannes von Wallenrode; Frenken, Wallenrode, Johannes von.

39 In Bologna nachweisbar 1393 und 1394; Knod, Deutsche Studenten in Bologna, Nr. 732, S. 105 f. Zu ihm ferner Joannis, Rerum Moguntiacarum Excerpta, Bd. 2, S. 621, 679; Dörr, Das St. Mariengredenstift, S. 50. – Er besaß zwei ältere Verwandte, die ebenfalls in Bologna studiert hatten; ebd., Nr. 731, S. 105 (1317: Heinrich v. E.); ebd., 733, S. 106 (1319: Konrad v. E.).

40 In Bologna nachweisbar 1393, 1394 und 1395; Knod, Deutsche Studenten in Bologna, Nr. 1776, S. 257 f.

41 In Bologna nachweisbar 1392, 1393 und 1396; ebd., Nr. 3975, S. 595 f.; Schmutz, Juristen für das Reich, Bd. 2, Nr. 1808, S. 547.; Moraw, Kanzlei, S. 476–482; Heimpel, Die Vener von Gmünd, Bd. 1, S. 159–633; Frenken, Vener, Job. – Bereits sein Vater Reinbold Vener hatte 1359/1360 in Bologna studiert; Knod, a. a. O., Nr. 3976, S. 596; Schmutz, Juristen für das Reich, Bd. 2, Nr. 2866, S. 678.

42 Moraw, Kanzlei, S. 458.

43 „Hier werden wir zum ersten Male auf die Rolle der Universität als des entscheidenden Sammelplatzes einer geistigen Elite aufmerksam"; Moraw, Kanzlei, S. 458.

44 Toepke, Matrikel Heidelberg, Bd. 1, S. 13. Zum Pfründenbesitz vgl. Fouquet, Das Speyerer Domkapitel, Bd. 2, Nr. 198, S. 580–582. Auch Rabans früh verstorbener Bruder Konrad († 1392) war in Speyer bepfründet gewesen; Fouquet, a. a. O., Nr. 194, S. 574.

schon im Jahr nach seinem Bologna-Aufenthalt nach Speyer zurück, wo er von Bischof Nikolaus von Wiesbaden zum Kämmerer und Propst der Stuhlbrüder ernannt wurde[45]. Bereits Moraw wertete dies als Zeichen dafür, dass Raban ein „Günstling" des damals amtierenden (und ehemaligen kurpfälzischen Protonotars) Bischofs Nikolaus (von Wiesbaden) von Speyer war, und sah darin eine erstmals erkennbare Beziehung zur Kurpfalz[46].

Nur wenige Jahre später, im Jahre 1396, verfügte Raban bereits über Anwartschaften auf Domkanonikate in Mainz, Worms und Würzburg. Am 2. Juni 1396 wurde er als Nachfolger des inzwischen verstorbenen Nikolaus von Wiesbaden von einer Minderheit des Domkapitels gegen seinen Mitbewerber Jofrid (Gottfried) von Leiningen zum Bischof von Speyer gewählt[47]. Dort konnte er sich aber dank der Unterstützung durch Pfalzgraf Ruprecht III. durchsetzen. Dieser nutzte seine guten Kontakte zur römischen Kurie und erreichte 1397 die päpstliche Bestätigung; die Bischofsweihe erfolgte schließlich am 10. August 1399[48]. In dieser Zeit ist Raban bereits in Ruprechts direkter Umgebung nachweisbar und wurde von ihm für diplomatische Missionen verwendet. So besuchte er 1397 gemeinsam mit ihm die Reichstage von Frankfurt am Main und Nürnberg, begleitete ihn bei einem Kriegszug im Hunsrück und reiste mit ihm nach Wien[49].

Von Ende November 1400 bis zu dessen Tod 1410 diente Raban dem zum deutschen (Gegen)-König gekürten Pfälzer Kurfürsten als Hofkanzler und engster politischer Berater. Beide waren Parteigänger des römischen Papstes Gregor XII., der im Jahre 1415 auf dem Konstanzer Konzil abgesetzt wurde. Nach Ruprechts Tod blieb Raban in engen Beziehungen zur Pfalzgrafschaft und zu Ruprechts Sohn und Nachfolger, Kurfürst Ludwig III. Doch pflegte er auch gute Kontakte zu Ruprechts Nachfolger im Reich, König Sigmund von Luxemburg, als dessen Rat er nachweisbar ist. Gute Verbindungen zur Kurie unter den Päpsten Martin V. und Eugen IV. förderten seine weitere Karriere. 1430 wurde er nach dem Tod Ottos von Ziegenhain und gegen den Trierer Kanoniker Ulrich von Manderscheid von Martin V. zum Erzbischof von Trier ernannt, was später auch von dessen Nachfolger Eugen IV. und dem Basler Konzil anerkannt wurde[50].

---

[45] Moraw, Kanzlei, S. 459; Fouquet, Das Speyerer Domkapitel, Bd. 2, Nr. 198, hier S. 580.

[46] Moraw, Kanzlei, S. 459: „wenn man einmal von der durch die Familienbeziehungen wie von selbst gegebenen Verbindung absieht". Ähnlich Fouquet, Reichskirche und Adel, S. 214: „Der Speyerer Bischof Nikolaus von Wiesbaden (1381–1396), als Ritteradeliger und ehemaliger Protonotar der pfälzischen Kanzlei ein ausgesprochener Günstling des Pfalzgrafen, band nämlich den jungen Domherrn im Interesse seines Patrons an sich, indem er ihm zwei der lukrativsten Präbenden verschaffte, die er als Bischof noch selbst an der Speyerer Kirche verleihen konnte".

[47] Zu diesem vgl. Jürgensmeier, Jofrid (Gottfried) von Leiningen.

[48] Fouquet, Das Speyerer Domkapitel, Bd. 2, Nr. 198, hier S. 580.

[49] Moraw, Kanzlei, S. 460.

[50] So Frenken, R(h)aban von Helmstatt. Ähnlich im Tenor Haarländer, Raban v. Helmstatt; Ammerich, Raban von Helmstatt. Dazu auch Heimpel, Die Vener von Gmünd, Bd. 1, S. 455–610.

Diesem durchaus kohärenten Bild Rabans in der Forschung ist einiges hinzuzufügen. Dies soll sich gemäß der Fragestellung dieser Untersuchung auf seine Zeit und Tätigkeit als Hofkanzler und den Weg dorthin konzentrieren. Zunächst sei erneut darauf hingewiesen, dass Raban (mit Ausnahme des bereits erwähnten frühen Beleges für einen Helmstatter in Bologna im späteren 13. Jahrhundert) der erste aus der Familie war, für den ein Studium nachweisbar ist[51]. Die oben angesprochenen Familienangehörigen, die es ihm darin nachtaten, verfolgten damit allesamt ganz bestimmte Absichten. Diese lagen in der Personalpolitik Rabans begründet, der in gut spätmittelalterlichem Nepotismus und mit großem Erfolg eine bemerkenswerte Reihe von Verwandten im Speyerer Domkapitel unterbrachte[52]. Für deren Installation bildete das Biennium, d. h. das zweijährige Universitätsstudium, eine formale Grundlage; von daher verwundert der Bildungseifer kaum, zumal bei Raban ebenso wie bei seinen Verwandten – sofern eine akademische Graduierung überhaupt nachweisbar ist – diese niedrig blieb[53]. Ähnlich erfolgreich sorgte Raban als Bischof von Speyer für die Einsetzung von weltlichen Verwandten als Amtleute und in Lehen des Hochstifts[54].

Es ist Peter Moraw nachzusehen, dass für ihn die Person Nikolaus' von Wiesbaden als Förderer Rabans von Helmstatt aufgrund eines unzureichenden Forschungsstandes (und einer spärlichen Überlieferung) vergleichsweise blass bleiben musste. Daher verwundert es kaum, wenn er den Speyerer Bischof nur am Rande erwähnte und sich

---

51 An der Universität Heidelberg immatrikulierten sich (auf der Basis von Toepke, Matrikel Heidelberg, Bd. 1): 1387 Raban v. H., *canonicus Spirensis* (ebd., S. 13); 1387 Heinrich v. H., *Wormac. dyoc.* (ebd., S. 18); 1409 Reinhard v. H., *dioc. Spir.* (ebd., S. 109); 1416 Peter v. H., Kanoniker an St. Guido zu Speyer (*canonicus s. Gwidonis Spir. dyoc.*; ebd., S. 129); 1429 Reinhard v. H., *can. eccl.Spirensis* (ebd., S. 184); 1433 Raban v. H., *can. Maguntinensis*, und Ulrich v. H., *dyoc. Spir.* (ebd., S. 195).

52 Ich beziehe mich hier nur auf die Lebzeiten Rabans von Helmstatt († 1439) und auf die Angaben zu Speyer und Trier; vgl. Fouquet, Das Speyerer Domkapitel, Bd. 2, Nr. 189, S. 567 (Heinrich (I.) v. H. (* 1391, † (?)), Sohn von Rabans Bruder Wiprecht d. J.); ebd., Nr. 190, S. 568 f. (Heinrich (II.) v. H. († nach 1436), Sohn von Rabans Bruder Wiprecht d. J.); ebd., Nr. 197, S. 579 f. (Peter v. H. († 1457), Sohn Peters v. H.-Fürfeld); ebd., Nr. 199, S. 583–585, und Holbach, Stiftsgeistlichkeit, Bd. 2, S. 498 f. (Raban (II.) v. H. († 1436), Sohn von Rabans Bruder Wiprecht d. J.); Fouquet, a. a. O., Nr. 200, S. 585 f. (Raban (III.), Sohn von Rabans Bruder Hans v. H. -Neckarbischofsheim und selbst ein Bruder Bf. Reinhards von Speyer); ebd., Nr. 202, S. 588–590 (Reinhard (I.) († 1456), Sohn von Rabans Bruder Hans v. H.-Neckarbischofsheim und selbst Bf. von Speyer); ebd., Nr. 202, S. 588–590 (Reinhard (II.) (* 1412, † 1476), Sohn von Rabans Bruder Hans v. H.-Neckarbischofsheim und selbst ein Bruder von Bf. Reinhard von Speyer). Rabans Bruder Konrad († 1392) (und evtl. Wiprecht († 1392), für die kein Studium nachweisbar ist, wurden oben bereits erwähnt; vgl. ebd., Nr. 194, S. 574, und ebd., Nr. 205, S. 595 f. – ebd., Nr. 192, S. 572, zählte auch Johannes Aspach v. H. († 1417) zum Helmstatter Familienverband.

53 Vgl. Schwinges, Deutsche Universitätsbesucher, S. 375–399; Fouquet, Das Speyerer Domkapitel, Bd. 1, S. 46.

54 Vgl. dazu Fouquet, ebd., Bd. 2, S. 582. – Auch im benachbarten Bistums Worms kamen Herren von Helmstatt unter; vgl. Keilmann, Johann von Dalberg und das Bistum Worms, S. 4 f., 7.

stattdessen auf den Kreis von Rabans Konsemestern konzentrierte, wobei ihm der Studienaufenthalt in Bologna aufgrund der dort gemachten Bekanntschaften besonders wichtig erschien. Es handelte sich dabei um die oben schon erwähnten und in ihren späteren Karriereverläufen bereits kurz vorgestellten Johann von Wallenrode, Heinrich von Ehrenfels, Eglof von Knöringen sowie Job Vener[55].

Nun haben – dies ist naheliegend – junge Menschen während ihres Studiums noch nicht die Position und den damit verbundenen Einfluss, den sie später nach jahre- oder jahrzehntelangem Wirken, Pfründen- und Besitzanhäufung sowie entsprechender Vernetzung besitzen werden[56]. Von daher lohnt auch hier erneut die Frage, wer denn als Förderer des frühen Raban von Helmstatt vorstellbar ist, was diese Förderung veranlasste und wie sie sich gestaltete. Sieht man einmal von Rabans (Kurz)-Studium in Bologna ab, dann ergeben sich bereits mit Blick auf seine Heidelberger Studienzeit in der zweiten Hälfte der achtziger Jahre und auf seine dortigen Konsemester aufschlussreiche Konstellationen. Im Wintersemester 1386/87, es war das erste Semester im Studienbetrieb der gerade gegründeten Universität überhaupt, immatrikulierten sich neben Raban von Helmstatt[56a] die beiden aus Heidelberg gebürtigen und als Kanoniker von St. Andreas von Worms firmierenden Johannes und Otto von Neuenstein (*de Nouo Lapide*), direkt nach dem kurpfälzischen Kaplan, Herrn *Temarus Tymar*[57], und vor dessen Kollegen Ludwig S(i)egelmann[58].

Noch im selben Semester folgte Martin, Sohn des einstigen pfalzgräflichen Protonotars Konrad (*Martinus filius Conradi olim prothonotarij domini ducis Heydelbergensis*)[59], ferner mit Gottmann (*Godemannus de Tzoberheym*) und Wigelus von Sobernheim (*Wyghelo de Tzoberheym*), beide laut Matrikel gebürtig aus der Diözese Mainz, zwei Landsleute des Matthias von Sobernheim[60]. Ihnen folgte einige Einträge später der uns hier speziell interessierende, als Kanoniker von Speyer bezeichnete Herr Raban von Helmstatt (*Dominus Raueno de Helmstat canonicus Spirensis*), ergänzt um einen zeitlich mehrere Jahrzehnte jüngeren Nachtrag: *Postea episcopus Spirensis et de post archiepiscopus Treuerensis*[61]. Wie wichtig demnach die im Studium geknüpften Kontakte waren, belegen auch diese späteren Einträge des Universitätslehrers und kurpfälzischen Kanzlers Johann Guldenkopf. Er fügte der Matrikel anlässlich seines ersten Universitätsrektorates in den frühen vierziger Jahren des 15. Jahrhunderts nicht nur die oben schon erwähnte Bemerkung zum Speyerer und Trierer Episkopat Rabans von Helmstatt hinzu, sondern ergänzte auch den Eintrag über die Immatrikulation von Johannes und Petrus, Söhne des Nußlocher Schultheißen Tru-

---

55 Moraw, Kanzlei, S. 458.
56 Vgl. dazu auch die Ergebnisse von Gramsch, Erfurter Juristen, S. 549, Anm. 13, S. 566.
56a Toepke, Matrikel Heidelberg, Bd. 1, S. 13.
57 Ebd., S. 9.
58 *Dominus Ludouicus Seghelmanni, capellanus domini ducis. H[eidelbergensis]*; ebd., Bd. 1, S. 10.
59 Ebd., S. 11.
60 Ebd., S. 12.
61 Ebd., S. 13, mit Anm. 1 und 2.

der(us), mit der Bemerkung, sie seien Brüder seines Großvaters Martin, also seine Großonkel gewesen[62].

Doch findet sich in der Heidelberger Matrikel fast zeitgleich weitere (spätere) Prominenz wie die drei Söhne des kurkölnischen Sieglers Hermann von Goch, Hermann, Johannes und Heinrich von der Kemnade, nebst weiteren Verwandten und Begleitern[63]. Nicht viel später folgen in der Liste Konrad Cuntzmann von Ettlingen, bezeichnet als Wormser Kanoniker[64]. Von dieser Familie war bereits in Zusammenhang mit Nikolaus von Wiesbaden die Rede, da dessen Nichte Katharina vor dem Jahr 1388, also zeitnah, einen Verwandten Konrads namens Klaus Cuntzmann von Ettlingen geheiratet hatte[65]. Im Semester darauf immatrikulierte sich in Heidelberg der bereits erwähnte Job Vener[66], d. h. Raban kannte ihn mit sehr hoher Wahrscheinlichkeit bereits vor seinem Bologneser Studienaufenthalt.

An das hier etwas ausführlicher vorgestellte soziale Umfeld während der Heidelberger Studienzeit Rabans von Helmstatt anschließend soll auch noch einmal der Blick auf seine mit der Immatrikulation im Wintersemester 1389 beginnende Wiener Studienzeit und ihre personellen Kontexte geworfen werden. Bereits hier findet sich eine Reihe der von Moraw erst in Zusammenhang mit Bologna genannten Persönlichkeiten. So nahm Eglof von Knöringen im Sommersemester 1387 sein Studium in Wien auf und zahlte die Einschreibegebühren[67]. Direkt hinter ihm stehen in der Matrikel Ulrich von Albeck und Johannes Kirchen, beide als *pauperes* bezeichnet[68]. Ge-

---

62 *Johannes [et] Petrus, filij Truderi sculteti in Nosloch. Hij dito fuerunt fratres aui Martini mei Johannis de Aureo cipho, Spirensis, decretorum doctor etc.*; Ebd., S. 13. Zur Autorenschaft ebd., Anm. 1 f. Zu ihnen vgl. auch Zimmermann, Der Heidelberger Rotulus, Nr. 32, S. 82, ferner S. 216 (Petrus T.); ebd., Nr. 383, S. 136, ferner S. 217 (Johannes T.); sowie ebd., Nr. 347, S. 130, ferner S. 217 (Theobald Truder von Nußloch). Vgl. dazu auch unten, Kap. 4.13.6: Dr. Johannes (Hans) Seiler, genannt Guldenkopf.

63 *Hermannus de Kamenata, Johannes de Kamenata, Henricus de Camenata* (mit geschweifter Klammer miteinander verbunden: *Colon. dioc.*) (zu ihnen vgl. unten, Kap. 4.13.1.3: Dr. Ludwig von Ast. Herkunft und Familie); ferner Hermann (*Hermannus*) und Johannes, Söhne des Thomas Iwan von Goch (*Thome Ywani de Gogh Colon. dioc.*), Gerlach von Erpel (*Gerlacus de Erpel)* und Johannes *de Gusten dictus Reissen*, ebenfalls beide aus der Diözese Köln; Toepke, Matrikel Heidelberg, Bd. 1, S. 13. – Gerlach von Erpel und Johannes von der Kemnade (*de Camenata)* immatrikulierten sich wenig später, im Jahre 1389, gemeinsam an der Universität Köln; Die Matrikel der Universität Köln, Bd. 1, Nr. 2,130 und 2,139, S. 20. Im selben Jahr folgte ihnen dorthin Hermann Iwan von Goch (*Herm(ann) Ywani de Goch)*; ebd., Nr. 2,302, S. 31.

64 *Conradus Cosmannus de Etlynga canonicus Wormaciensis*; Toepke, Matrikel Heidelberg, Bd. 1, S. 13. Er schrieb sich mit vermutlich gemeinsam einem Diener namens Erhard von Ettlingen ein; ebd.

65 Vgl. oben, Kap. 4.5: Der ‚oberste Schreiber' als prominenter Import. Nikolaus von Wiesbaden (ab 1375), sowie das Personenregister im Anhang dieser Arbeit.

66 *Job de Argentina baccal. in art. Paris.*; Toepke, Matrikel Heidelberg, Bd. 1, S. 23. Als übernächster nach ihm folgte ein Peter Krausblatt (?) von Goch (*Petrus Cruesblert de Goch)*; ebd.

67 Die Matrikel der Universität Wien, Bd. 1, S. 23,48. Zu ihm Fouquet, Das Speyerer Domkapitel, Nr. 70, S. 400 f.; Ders., Domkapitel, Hof und Universität, S. 119.

68 Die Matrikel der Universität Wien, Bd. 1, S. 23,49 f.: *Vlricus de Albek p. Johannes Chirchem p.*

nau wie Eglof von Knöringen sind sie über ein Jahrzehnt später in der Kanzlei und als Diplomaten König Ruprechts nachweisbar[69]. Peter Moraw mochte hier nicht an einen Zufall glauben, womit ihm sicher beizupflichten ist[70]. Doch kann man wohl noch einen Schritt weiter gehen und Ulrich von Albeck und Johannes Kirchen als Diener Eglofs bezeichnen oder sie zumindest dem engeren Umkreis des Knöringers zuordnen. Er wäre somit derjenige, der die beiden nicht nur in die Kanzlei mitgebracht, sondern deren Karriere primär gefördert hat. Eglof wiederum konnte sich nicht nur der Gunst König Ruprechts[71], sondern auch Rabans als Bischof von Speyer erfreuen, der ihm im Jahre 1403 „die sich in der ausschließlichen bischöflichen Zuständigkeit befindenden Ämter des Speyerer Thesaurars und Kämmerers" vergab[72]. Auch Raban selbst war das Kämmereramt im Jahre 1396 durch den Speyerer Bischof Nikolaus von Wiesbaden zuteilgeworden[73].

Am Hof der Herzöge von Österreich nahm zu dieser Zeit ein naher Verwandter Eglofs namens Eberhard von Knöringen „eine wichtige Position in der Herzogskanzlei ein" und bekleidete gleichzeitig auch das Amt eines bischöflich-freisingischen Kanzlers"[74]. Er war ein Günstling des Kanzlers der Herzöge von Österreich, Berthold von Wehingen († 1410), der seit 1383 auch als Bischof von Freising amtierte[75]. Auch hier erkennt man erneut überregional agierende Personenverbände und Verwandtschaftskreise, sprich Netzwerke.

Der oben erwähnte Johann von Wallenrode immatrikulierte sich nicht nur in Bologna, sondern auch in Wien und zwar in relativer zeitlicher Nähe zu Raban von Helmstatt im Wintersemester 1391[76]. Raban von Helmstatt hatte sich dort im Wintersemester 1389 eingeschrieben[77]. Für Job Vener und Heinrich von Ehrenfels ist zwar

---

[69] Zu ihnen Moraw, Kanzlei, S. 485–488 (Ulrich von Albeck); ebd., S. 488–498 (Johannes Kirchen); ebd., S. 498–500 (Eglof von Knöringen); Moraw, Beamtentum und Rat, S. 87. Zu Ulrich von Albeck auch Heimpel, Die Vener von Gmünd, Bd. 1, S. 173. Zu Johannes Kirchen Battenberg, Gerichtsschreiberamt und Kanzlei am Reichshofgericht 1235–1451, hier bes. S. 130–134.

[70] Moraw, Kanzlei, S. 485; Ders., Gelehrte Juristen, S. 404.

[71] Er präsentierte ihn im Rahmen seiner Ersten Bitten auf eine Domherrnstelle in Speyer; Fouquet, Das Speyerer Domkapitel, Bd. 2, S. 401.

[72] Ebd., S. 401.

[73] Ebd., S. 580.

[74] Letzteres nachweislich ab 1395; Lackner, Hof und Herrschaft, S. 307 f.; Strnad, Kanzler und Kirchenfürst, S. 95, Anm. 116. – Zur Verwandtschaft vgl. die Grabplatte der drei Domkanoniker Heinrich († 1398), Eberhard († 1400) und Eglof († 1408) von Knöringen im Augsburger Dom; Chevalley, Der Dom zu Augsburg, Nr. 411, S. 514.

[75] Zu ihm Lackner, Hof und Herrschaft, S. 299–309; Strnad, Kanzler und Kirchenfürst.

[76] Die Matrikel der Universität Wien, Bd. 1, S. 38,24 (1391: *Johann Wallenroder*). Zu ihm vgl. Moraw, Beamtentum und Rat, S. 119 f. Im selben Semester immatrikulierte sich in Wien auch ein Johann von Goch (*Johannes de Goch*); Die Matrikel der Universität Wien, Bd. 1, S. 38,17.

[77] Ebd., S. 32,8.

kein Wiener Studienaufenthalt nachweisbar, doch hatte dort 1377 immerhin ein Verwandter Heinrichs namens *Wolfhardus de Ehrenfels* studiert[78]. Heinrich von Ehrenfels († 1442) selbst lässt sich dafür auch im Mainzer Mariengredenstift nachweisen. Als Stiftsscholaster war er von 1393 bis ca. 1442 dort bepfründet[79]. Später fungierte er als Stiftspropst von St. Viktor in Mainz sowie als Rat und Protonotar des Mainzer Erzbischofs Johann II. von Nassau.

Wie für den Propst und die Dekane, so herrschte auch für die Scholaster in Mariengreden Residenzpflicht[80]. Zu ihren Hauptaufgaben zählte die Ausbildung des Nachwuchses, denn „mit der Übernahme einer Eigenkirche verpflichtet sich das Stift, für die Beschaffung des Geistlichen Sorge zu tragen. Dadurch wurde die Stiftsschule zu einer Art Bildungsanstalt des ländlichen Klerus. Das Statutenbuch des 15. Jh. enthält ein eigenes Statut *de plebanis ruralibus extra ecclesiam existentibus*. Zweifellos kommt für die Ausbildung des auf dem Lande lebenden Klerus in allererster Linie die Stiftsschule unter der Leitung eines Scholasters in Betracht". Das gleiche galt aller Wahrscheinlichkeit nach für die Ausbildung der „im Archidiakonat eines Stiftes angestellten Geistlichen"[81]. Man kann sich leicht vorstellen, dass in diesen Bereich nicht nur die Vermittlung von Lese-, sondern auch Schreibfähigkeiten fielen. Bedenkt man, dass die Geistlichen häufig die einzigen Siegelführer waren, dann ergibt sich der Zwang zu Kompetenz in Beurkundungsangelegenheiten fast von alleine.

Blickt man auf die Studienaufenthalte von Rabans jüngeren Verwandten in Wien, dann ergeben sich auch hier aufschlussreiche personelle Konstellationen. So immatrikulierte sich 1399 dort im selben Semester wie Rabans Neffe Heinrich von Helmstatt der Verfasser der sogenannten Reichsregister, Nikolaus Bauman[82]. Im Jahre 1414 wiederholte sich Ähnliches bei Peter von Helmstatt, einem „der meist begünstigten Nepoten" Bischof Rabans[83]. Als er sich im Sommersemester in Wien immatrikulierte, taten es dort auch sowohl ein Johannes de Sobernheim wie auch ein Johannes Heimersheimer von Alzey[84]. Im darauffolgenden Jahr immatrikulierte sich mit Graf Friedrich von Sponheim, bezeichnet als Speyerer Kanoniker, ein Johannes Aspach von

---

78 Ebd., S. 5,58 (*Wolfhardus de Erenvels*).

79 Dörr, Das St. Mariengredenstift, S. 50.

80 Ebd., S. 39.

81 Ebd., S. 40 f.

82 Die Matrikel der Universität Wien, Bd. 1, S. 55,7 (Heinrich von Helmstatt); ebd., S. 56,1 (Nikolaus Bauman). Zu Heinrich v. H. († nach 1436); vgl. Fouquet, Das Speyerer Domkapitel, Bd. 2, Nr. 190, S. 568 f. „Nikolaus Buman, der spätere Registrator u. Protonotar d. pfalzgräfl.-königlichen Kanzlei, begleitete H. als Mentor nach Wien"; ebd., S. 568.

83 Ebd., Nr. 197, S. 579 f. (Peter v. H. († 1457), Sohn Peters v. H.-Fürfeld, war ein Großneffe des Speyerer Bischofs). Zitat ebd., S. 579.

84 Die Matrikel der Universität Wien, Bd. 1, S. 101,1 (*Johannes de Sobernheim p.*); ebd., S. 102,84 (*Johannes Hemersheim de Alczeya 12. den.*); ebd., S. 103,1 (*Petrus de Helmstat 4 gr.*). Zu den Beziehungen vgl. Kap. 4.7.2: Matthias von Sobernheim; ferner das Personenregister dieser Arbeit.

Helmstatt (*Aspach de Helmstat)*, der 1411 auf einer Speyerer Domherrenstelle installiert worden war[85].

Doch wurde Wien auch von anderen der kurpfälzischen Kanzlei Nahestehenden zu Studienzwecken aufgesucht. Ein Konrad vom Stein (*de Lapide dioc. Spir.*) immatrikulierte sich dort im Sommersemester 1400[86]; ihm folgte 1403 ein Georg vom Stein (*Georius de Stain*), den die Matrikel ebenfalls der Rheinischen Nation zuordnete. 1415 schließlich ist dort noch ein der gleichen Nation angehöriger Johannes vom Stein (*de Lapide*), näher bezeichnet als Pastor in Forchheim *(pastor in Fohohaim)*, nachweisbar[87].

Vieles spricht demnach dafür, dass bereits die Studienzeit in Heidelberg Grundlage für die langfristig wirksamen Kontakte bildete; unter diesen sind Beziehungen zu Personen aus dem Umkreis von Nikolaus von Wiesbaden erkennbar. Es wurde bereits deutlich, dass Nikolaus' Rolle bei der Gründung der Universität Heidelberg bislang unterschätzt wurde[88]. Daneben bestanden aber auch die Kontakte nach Kurmainz und Kurköln weiter, wie sich später zeigen sollte.

Auch der vielgerühmte Job Vener unterhielt enge familiäre Beziehungen in die kirchliche Welt – und nach Speyer. Sein Vater, Reinbold Vener († 1408), hatte nicht nur ebenfalls ab 1359 in Bologna studiert, sondern fungierte ab 1371 als Offizial des Bischofs von Straßburg, d. h. als dessen oberster geistlicher Richter[89]. Reinbolds jüngerer Bruder und damit Jobs Onkel, der Lorscher Benediktinermönch Nikolaus, hatte 1367 ebenfalls in Bologna studiert, war von 1384 bis 1399 Advokat am Konstanzer Bischofshof und in Diensten der Stadt sowie in den Jahren zwischen 1404 und 1407 Offizial des Bischofs von Augsburg[90]. Ihr gemeinsamer Neffe Reinbold Schlecht/Slecht ist als Fortsetzer des historiographischen Werkes der sogenannten Flores Tem-

---

85 Er zahlte wie der Sponheimer ein halbes Pfund Einschreibegebühren; Die Matrikel der Universität Wien, Bd. 1, S. 109,68 und S. 109,69. Zu Johannes Aspach v. H. († 1417); Fouquet, Das Speyerer Domkapitel, Bd. 2, Nr. 192, S. 572.

86 Die Matrikel der Universität Wien, Bd. 1, S. 56,11. – Ein Konrad vom Stein (*Conradus de Lapide)*, Subdiakon der Speyerer Diözese, wurde von König Ruprecht gegenüber dem Bischof von Basel erwähnt; vgl. RPR, Bd. 2, Nr. 5435 (Heidelberg, 1408 August 10).

87 Die Matrikel der Universität Wien, Bd. 1, S. 66,32 (Georg); ebd., S. 107,126 (Johannes). Bei dem genannten Ort *Fohohaim* könnte es sich um die nördlich von Erlangen gelegene Kleinstadt Forchheim (oder den Ort Forchheim am Kaiserstuhl) handeln. Das fränkische Forchheim war samt der benachbarten Burg Reuth Alterssitz des Bamberger Bischofs Lambrecht von Born († 1399) gewesen, an der dortigen Kirche St. Martin hatte sein Vorgänger 1354 ein Kanonikerstift gegründet; Hitzfeld, Lambert von Burn, S. 195; Jakob, Das Kollegiatstift St. Martin in Forchheim.

88 Vgl. oben, Kap. 4.5.6: Nikolaus und die Gründung der Universität Heidelberg.

89 Zu ihm Knod, Deutsche Studenten in Bologna, Nr. 3976, S. 596; Schmutz, Juristen für das Reich, Nr. 2866, S. 678 (Remboldus Vener); Heimpel, Die Vener von Gmünd, Bd. 1, bes. S. 41–43.

90 Schmutz, Juristen für das Reich, Bd. 2, Nr. 2631, S. 650; Frenken, Vener, Reinbold; Heimpel, Die Vener von Gmünd, Bd. 1, S. 62–77.

porum für die Zeit von 1366 bis 1422 bekannt[91]. Jobs Vater Reinbold Vener war öffentlicher Notar und damit auch ein ausgebildeter Fachmann in Urkundenangelegenheiten[92]. In Straßburg amtierte seit jenem Jahr Lambert von Born/Brunn, der vorher seit Mitte der sechziger Jahre Bischof von Speyer gewesen war[93]. Über Lambert ist weiter oben bereits gehandelt worden; er war nicht nur ein „Prälat mit weitreichenden Konnexionen und einer der vornehmsten Begleiter und Ratgeber Karls IV."[94], sondern diente dessen Sohn und Nachfolger König Wenzel auch als Hofkanzler[95].

Reinbold Vener hatte Bischof Lamberts Speyerer Nachfolger Nikolaus von Wiesbaden einiges zu verdanken, da ihn dieser nach Reinbolds Vertreibung aus Straßburg im Jahre 1393 bei sich aufgenommen und zum bischöflichen Offizial ernannt hatte[96]. Ob es sich bei Reinbold tatsächlich um einen *clericus uxoratus*[97] oder besser um einen *clericus concubinatus* gehandelt hat, wäre trotz der dezidiert anderslautenden Meinung Hermann Heimpels eine abermalige Überlegung wert[98]. Jobs Mutter war eine Frau,

[91] Frenken, Vener, Reinbold; Heimpel, Die Vener von Gmünd, Bd. 1, S. 58, 148–154.

[92] Zu seiner Tätigkeit als Offizial vgl. ebd., S. 90–94. Zu der als öffentlicher Notar ebd., S. 99–104.

[93] Er amtierte ab 1363 als Bischof von Brixen, ab 1364/5 von Speyer, wechselte 1371 nach Straßburg und 1374 nach Bamberg; Flachenecker/Rapp, Lamprecht von Brunn; Hölscher, Kirchenschutz als Herrschaftsinstrument, S. 65 u. ö. ; Fouquet, Speyerer Domkapitel, Bd. 2, S. 353; Ders., Domkapitel, Hof und Universität, S. 116 f.; Ammerich, Das Bistum Speyer und seine Geschichte, Bd. 2, S. 26 f.; Lackner, Hof und Herrschaft, S. 149 f.

[94] Schmidt, Konrads von Gelnhausen Pfründenkarriere, S. 322.

[95] Die Nachweise beschränken sich auf die zweite Jahreshälfte 1384; vgl. Hlaváček, Das Urkunden- und Kanzleiwesen König Wenzels, S. 181–183. Auf ihn gehen eine Reihe von Urkunden zurück, die Ivan Hlaváček als Kanzleifälschungen auf der Basis einer Anzahl von Blanketten identifizierte, die Lambert bei seinem Ausscheiden aus dem Kanzleramt „für alle Fälle" mitgenommen hatte. Diese entstanden offenbar in enger Kooperation mit Konrad Zingel, einem „Hofgerichtskanzleibeamten […], der mit Lamprecht eng verbunden war"; ebd., S. 143–145, 220 f., Zitate S. 145. Ferner Heimpel, Die Vener von Gmünd, Bd. 1, S. 21, Anm. 4. Zu Zingel vgl. Battenberg, Gerichtsschreiberamt und Kanzlei am Reichshofgericht 1235–1451, S. 116–124.

[96] Vgl. Heimpel, Die Vener von Gmünd, Bd. 1, S. 111 f. – Die Beziehungen zu einem anderen Offizial (und Generalvikar, 1394–1399) Lamberts von Born, Johannes Ambundii, wären hier ebenfalls von Bedeutung. Dieser fungierte zeitlich parallel auch als Generalvikar der Bischöfe Nikolaus und Raban von Speyer und wurde 1418 Nachfolger von Johannes von Wallenrode als Erzbischof von Riga; vgl. Jähnig, Johannes Ambundii.

[97] Knod, Deutsche Studenten in Bologna, Nr. 3976, S. 596; Heimpel, Die Vener von Gmünd, Bd. 1, S. 82 f.; Frenken, Vener, Reinbold. Die Beziehung bestand wohl bereits seit den sechziger Jahren des 14. Jahrhunderts; Heimpel, ebd., S. 82.

[98] Hermann Heimpel sprach sich strikt dagegen aus (Heimpel, Die Vener von Gmünd, Bd. 1, S. 15), argumentierte: „mit ehelicher Nachkommenschaft (drei tonsurierte Söhne!) verband [Reinbold (…)] das Klerikerprivileg mit dem Familienprinzip", und fuhr fort: „Die Aufnahme Reinbolds in die beiden Kapitel war wohl durch die Gewohnheit gegeben, den bischöflichen Offizial aus einem der beiden sowohl patrizischen wie gelehrten Stifter zu nehmen" (ebd.). – Kirchenrechtlich ist die Angelegenheit allerdings eindeutig. Verheiratete Minoristen mussten ihr Pfründengut zurückgeben; vgl. Feine, Kirchliche Rechtsgeschichte, S. 346. Dies

die in den familiennahen Quellen als Lya bzw. Frau Cäcilie (*domina Caecilia*) bezeichnet wird. Erst die zweite (kinderlose) Ehe von Reinbold Vener erfolgte mit einer familiär zuweisbaren Frau, mit der Straßburger Patrizierin Margarete Spatzinger[99]. Sie war eine Verwandte des Straßburger Stadtschreibers Werner Spatzinger[100].

Damit wären wir bei Reinbold Vener, seinen Verwandten und seinen Nachkommen zum einen wiederum in familiär verbundenen Expertennetzwerken, andererseits aber auch in einem vergleichbaren sozialen Milieu im Umkreis der geistlichen Gerichte, in dem sich auch die Nachkommen Hermanns von Goch, Sieglers des Kölner Erzbischofs, bewegten. Doch davon wird weiter unten in Zusammenhang mit Ludwig von Ast noch ausführlicher die Rede sein[101]. Nicht nur die Vener, sondern auch der bereits mehrfach erwähnte Konrad von Gelnhausen war Bischof Lambert zu Dank verpflichtet. Jener weilte 1371 gerade an der Kurie in Avignon, als Konrad dort wegen eines Domkanonikates in Lüttich supplizierte und im damaligen Bischof von Straßburg einen Unterstützer fand[102]. Die Dichte der Vernetzung wird daran deutlich, dass Konrad in dieser Lütticher Pfründensache bereits Anfang der sechziger Jahre von Matthias und Siger von Neuenstein/de Novo Lapide, beide sehr wahrscheinlich nahe Verwandte Ottos vom Stein, geholfen worden war[103].

Es sollte an dieser Stelle nicht außer Acht gelassen werden, dass das Beispiel und möglicherweise auch die Kontakte Nikolaus' von Wiesbaden Rabans Studienverlauf beeinflusst haben könnten. Nikolaus verfügte über gute Beziehungen zum Papsthof,

---

scheint aber bei Reinbold, der als Straßburger Offizial über ein Jahresgehalt verfügte (vgl. Heimpel, a. a. O., S. 92), nicht erfolgt zu sein. Noch 1394 war er Kanoniker an Jung St. Peter in Straßburg (ebd., S. 113). Sein unverheiratet gebliebener Sohn Job hielt sich dagegen in Pfründenangelegenheiten auffallend zurück, seine „kirchliche Laufbahn vollzog sich […] in einem nur schwer durchdringbaren Dunkel"; Moraw, Kanzlei, S. 478; ferner ebd., S. 505; Heimpel, a. a. O., S. 199–201. Nikolaus von Wiesbaden erwies sich auch hier als hilfreicher Förderer; ebd. – Zum Personenkreis vgl. Wagner, Verheiratete Magister und Scholaren, S. 85 f., 88, 98–100.

99 Heimpel, Vener von Gmünd, Bd. 1, S. 131 f. Ferner die genealogische Tafel ebd., S. 61.

100 Frenken, Vener, Reinbold. Mit ihm stand u. a. Matthias von Sobernheim in Briefkontakt; vgl. das Personenregister im Anhang dieser Arbeit.

101 Vgl. Kap. 4.13.1.3: Dr. Ludwig von Ast. Herkunft und Familie, ferner das Personenregister dieser Arbeit.

102 Schmidt, Konrads von Gelnhausen Pfründenkarriere, S. 321 f. „Es war der gerade in Avignon weilende Bischof Lambrecht von Straßburg, ein Prälat mit weitreichenden Konnexionen und einer der vornehmsten Begleiter und Ratgeber Karls IV., zu jener Zeit auch päpstlicher Kollektor in den süddeutschen Diözesen, von Gregor XI. im April 1371 von Straßburg nach Speyer versetzt"; ebd., S. 322.

103 Schmidt, Konrads von Gelnhausen Pfründenkarriere, S. 319–321. Man kann die beiden de Novo Lapide getrost in die Bewertung von Tilmann Schmidt einbeziehen, wenn er schreibt: „Wenn auch im einzelnen nicht ersichtlich ist, wie die Beziehungen Konrads von Gelnhausen zu diesem einflußreichen Kirchenfürsten aussahen, so läßt sich damit doch eine weitere bedeutende Gestalt in das Beziehungsgeflecht einfügen, in dem Konrad lebte und das er für seine Interessen zu aktivieren verstand"; ebd., S. 322.

und ebenso über wertvolle Kontakte in die Welt des hohen Adels. Erinnert sei daran, wie eng seine Verbindungen zu den Grafen von Nassau und ihren geistlichen Sprösslingen für lange Zeit geknüpft gewesen waren. Die Nassauer Grafensöhne zeigten ein vergleichbares Studienverhalten wie Raban von Helmstatt, nur bereits ein bis zwei Generationen früher und auf einer sozial noch herausgehobeneren Ebene[104]. Hier dürften die Vorbilder für den jungen Kraichgauer Niederadeligen Raban und seinen Mentor Nikolaus von Wiesbaden zu suchen sein. Diese Muster führten im Falle von Raban nicht nur auf den Speyerer Bischofsstuhl, sondern ebenfalls weiter. Das Modell Kurmainz stand im Raum; Raban entschied sich im Jahre 1430 für Kurtrier. Damit verfügten die Pfalzgrafen bei Rhein (genau wie die Luxemburger im Falle der Nassauer) über eine weitere Kurstimme.

4.9.2 Tätigkeit als Hofkanzler

Raban von Helmstatt gilt seit den Forschungen von Peter Moraw als maßgeblicher Organisator der neu aufzubauenden königlichen Hofkanzlei und als einer „der wichtigsten Staatsmänner im ersten Jahrzehnt des 15. Jahrhunderts“[105]. Allerdings blieb ihm erklärungsbedürftig, dass „bei den Vorbereitungen der Thronumwälzung Rabans Name kein einziges Mal fällt“[106]. Ergänzen darf man, dass dies für den angeblich nach 1400 als Kanzleivorstand ‚geschassten‘ Matthias von Sobernheim genau nicht zutrifft[107].

---

104 Vgl. oben, Kap. 4.5: Der ‚oberste Schreiber‘ als prominenter Import. Nikolaus von Wiesbaden (ab 1375) (bes. Kap. 4.5.1 und 4.5.2). Gf. Gerlach von Nassau, Sohn König Adolfs, studierte ab 1304 in Bologna, blieb aber weltlich, starb 1361 und wurde im Kloster Klarenthal bei Wiesbaden (!) bestattet; Knod, Deutsche Studenten in Bologna, Nr. 2506, S. 367. Gf. Gerlach, Sohn des Vorgenannten, war ab 1340 in Bologna, wurde 1346/54 Ebf. von Mainz, † 1371; ebd., Nr. 2507, S. 367. Gf. Adolf von Nassau, Enkel des Vorgenannten, war als Kölner Domherr ab 1366 in Bologna, wurde 1371 zum Bischof von Speyer und 1373/1381 zum Erzbischof von Mainz gewählt, † 1390; ebd., Nr. 2505, S. 366. Zu Hermann von Wiesbaden, 1341 in Bologna nachweisbar und seit 1357 in Besitz des Stiftsdekanats von Mariengreden in Mainz. In dieser Angelegenheit supplizierte 1359 erfolgreich als Kaplan des Mainzer Erzbischofs Gerlach von Nassau an der Papstkurie in Avignon, † 1387; ebd., Nr. 4203, S. 631. Er war mit hoher Wahrscheinlichkeit ein Verwandter von Nikolaus; vgl. oben, Kap. 4.5.2: Herkunft; 4.5.3 Kurmainzisches Vorleben.

105 Moraw, Kanzlei, S. 468; Ders., Gelehrte Juristen, S. 103 f.

106 Moraw, Kanzlei, S. 460.

107 Auf seine Rechtskenntnisse und seinen kreativen Umgang damit verweist Schubert, Königsabsetzung, S. 402: „Jedoch: Sobernheim fälschte, und er fälschte, wie Julius Weizsäcker nachwies, bewußt. […] Erstens wurden im Umkreis Ruprechts Studien über die älteren Königswahlen vorgenommen, wobei man bis in das Jahr 1257 zurückging, und zweitens muß die Goldene Bulle noch so wenig bekannt gewesen sein, daß die dreiste Fälschung Sobernheims Aussicht auf einen Überzeugungserfolg hatte“. Unter Verweis auf Weizsäcker, Der Pfalzgraf als Richter, S. 47; Heimpel, Die Vener von Gmünd, Bd. 2, S. 689.

Raban scheint Ruprecht seit dessen Elsassreise im Jahre 1400 bis zu dessen Tod fast ständig begleitet zu haben[108]. Die beiden einzigen Ausnahmen sind vielsagend und betreffen zwei von ihm geleitete Gesandtschaften nach Italien. Die erste Reise fiel in das Jahr 1403; hierbei ging es um die Erlangung der Approbation des Gegenkönigs durch den Papst. Peter Moraw bezeichnete dies als größten „außenpolitischen" Erfolg des Hofkanzlers. Die zweite fand im Jahr darauf statt und sollte offenbar der Vorbereitung eines neuen Italienzuges dienen, da der erste nicht die erhoffte Kaiserkrone erbracht hatte. Ihr war kein Erfolg beschieden[109]. Man wird sagen können, dass Raban aufgrund seiner in Bologna erworbenen Rechts- und Landeskenntnisse sowie aufgrund seiner Position als Bischof von Speyer und königlicher Hofkanzler ein geeigneter Unterhändler war.

Auch seine reichspolitischen Aktivitäten entsprachen seinem Rang und seinen Kompetenzen. So ging es um die Klärung des schwierigen Verhältnisses zum Mainzer Erzbischof Johann II. von Nassau, dessen Suffragan Raban als Bischof von Speyer war. 1407 konnte er mit den Hemsbacher Abmachungen die feindliche Koalition des unter der Ägide des Mainzer Erzbischofs gegen Ruprecht gerichteten Marbacher Bundes unschädlich machen[110].

Peter Moraw betonte die wichtige Rolle, die Raban für die innere Organisation von Hof und Regierung spielte, wobei auch bei ihm das Finanzwesen hervortrat. Doch ließ er sich „auf kein Ressort im Dienst Ruprechts festlegen". Moraw deutete dies als Zeichen für Rabans Vorrangstellung am Hof und für das unbegrenzte Vertrauen des Königs in ihn. Auch seine Position in den Zeugenlisten sowie die Geschenke durch die Reichsstadt Nürnberg verdeutlichten dies[111]. Peter Moraw machte Rabans Einfluss auf das Urkundenwesen daran fest, dass ein Zehntel der überlieferten Diplome, Patente und Briefe in seinem Auftrag ausgefertigt wurde. Er war damit der zahlenmäßig wichtigste Auftraggeber der Kanzlei, wobei sich aber sein Anteil sehr unterschiedlich auf die einzelnen Jahre verteilte. In den Jahren 1400 bis 1402 betrug er mehr als 25 Prozent, 1403 nur etwa 3 Prozent, 1404 bis 1406 sowie 1408 bis 1410 lag er unter dem Durchschnitt von 10 Prozent. Moraw erklärte sich diese Schwankungen nicht aus politischen Veränderungen am Hofe, sondern mit Änderungen des Kanzleibrauchs. „Raban erscheint in den Unterfertigungen der von ihm in die Kanzlei berufenen Beamten überdurchschnittlich oft, in den Vermerken der aus der Pfälzer Kanzlei vor 1400 hervorgegangenen Protonotare und Notare hingegen viel seltener, als es deren Anteil an

---

108 Zur Verwaltung seines Bistums in seiner (permanenten) Abwesenheit vgl. Moraw, Kanzlei, S. 462: Raban „hat die Beaufsichtigung der Seelsorge von 1400 an seinen Generalvikaren überlassen […]; einen Teil seiner weltlichen Regierungsgeschöfte hat er nach Heidelberg oder an den wandernden Königshof verlegt" (unter Bezug auf Mone, Politisches Testament des Bischofs Raban von Speier, S. 200).

109 Ebd., S. 462 f.; Zitat ebd., S. 462.

110 Ebd., S. 463.

111 Ebd.

den Unterfertigungen erwarten lassen würde. Der Leiter der Pfälzer Kanzlei vor 1400, Mathias Sobernheim, ist der einzige unterfertigungsberechtigte Beamte, mit dem Raban niemals zusammen genannt ist."[112]

Laut Peter Moraw bediente sich Ruprecht seines Kanzlers Raban beim „Umbau seiner Kanzlei zu einer Königskanzlei"; für ihn hatte der Speyerer Bischof eine Schlüsselstellung beim Aufbau des königlichen „Regierungsapparates". Er sah ihn besonders als Personalpolitiker am Werk, da die Kanzlei angesichts einer verzehnfachten Leistung gegenüber der Pfalzgrafenzeit „für die durch großzügige Privilegierung und Bestätigung zu gewinnenden Anhänger großenteils das Königtum" repräsentierte[113]. Raban führte als „Kopf der Kanzlei" die Siegel des Königs, d. h. er kontrollierte die ausgegebenen Urkunden und Briefe, führte Belehnungen (als Bischof) in den Räumlichkeiten der Kanzlei durch und hat dort auch gewohnt. „Es kann kein Zweifel bestehen, daß Raban die königliche Kanzlei während der Regierungszeit Ruprechts fest in der Hand gehabt hat, vor allem deshalb, weil sie im wesentlichen sein persönliches Werk gewesen ist."[114] Moraw bezeichnete Raban als „einen der wichtigsten Staatsmänner im ersten Jahrzehnt des 15. Jahrhunderts" und als einen „der bemerkenswertesten Organisatoren in der Geschichte der deutschen Königskanzlei."[115] Er blieb noch lange „eine der wichtigsten Figuren der Reichspolitik" und pflegte ein gutes Verhältnis zu Ruprechts Nachfolger auf dem Königsthron, Sigmund von Ungarn, dem Sohn Karls IV., ebenso wie zu Kurfürst Ludwig III., dem Sohn und Erben Ruprechts in seinen Stammlanden[116].

Allerdings stellt sich bei all dieser Professionalität die Frage, was von Folgendem zu halten ist: Am 20. Mai 1410, also kurze Zeit nach dem Tode König Ruprechts, kam es auf der Burg in Heidelberg zu folgender Szene. Ruprechts Söhne, die drei Pfalzgrafen Ludwig, Stephan und Otto, sowie Johann (von Wallenrode), Erzbischof von Riga, Graf Friedrich zu Oettingen, Hans vom Hirschhorn, Johann Kämmerer von Dalberg, Rudolf von Zeiskam, Eberhard vom Hirschhorn, Siegfried vom Stein, Schwarz Reinhard von Sickingen, Wiprecht d. J. und Hans von Helmstatt, Tham Knebel, Hanman und Eberhard von Sickingen, Cuntz und Diether Landschad (von Steinach), Hans von Venningen der Alte, Reinhart von Sickingen, Vogt zu Heidelberg, Hans von Venningen der Junge, Wernher von Albich, Job Vener, Lehrer in geistlichen und weltlichen Rechten, und Johannes Weinheim bekannten, dass vor ihnen Bischof Raban von Speyer, Kanzler des verstorbenen Königs, und Johann Kirchen, dessen Protonotar und Hofschreiber, erschienen seien. Raban brachte Ruprechts königliches

---

112 Ebd., S. 464; Zitat ebd., S. 465. Moraw wertete dies als ein Hinweis auf den keineswegs bruchlos verlaufenen „Übergang von der territorialen zur königlichen Kanzlei"; ebd.

113 Ebd.

114 Ebd., S. 468. – Vgl. die ganz ähnlichen Bewertungen von Johann Ribi, Kanzler Herzog Rudolfs IV. (des Stifters) von Österreich, nachgewiesen und kritisch diskutiert bei Lackner, Hof und Herrschaft, S. 290–292.

115 Moraw, Kanzlei, S. 468.

116 Ebd., S. 468 f.; Brandenstein, Urkundenwesen und Kanzlei, S. 357–359.

Siegel, das „seiner Pfalz“ und sein Sekretsiegel, Johann Kirchen das des Königlichen Hofgerichts, verbunden mit der Anfrage, was damit geschehen solle. Daraufhin sei beratschlagt und beschlossen worden, sämtliche Siegel König Ruprechts zu zerschlagen und zu vernichten, was dann auch in aller Öffentlichkeit geschah. Die darüber ausgefertigte Urkunde wurde von den drei Pfalzgrafen, dem Erzbischof von Riga, dem Grafen von Oettingen, Hans vom Hirschhhorn, Schwarz Reinhard von Sickingen und Tham Knebel besiegelt[117]. Die eingangs gestellte Frage muss offen bleiben; der Vorgang zeigt aber, dass der Besitz der Siegel mehr war als eine reine Verwaltungsangelegenheit.

Was beim Lob von Rabans Verwaltungsexpertise hätte auffallen müssen, ist die Tatsache, dass unter den achtzehn von Peter Moraw nachgewiesenen Vertretern des „unteren Kanzleipersonals“ immerhin vier gesichert öffentliche Notare waren[118]. Angesichts des Forschungsstandes aus der zweiten Hälfte der sechziger Jahre des 20. Jahrhunderts dürfte die Dunkelziffer höher liegen.

Die vielzitierte Professionalität des universitätsgeschulten Personals bekommt ihre Sprünge, wenn man den Blick auf die schon um 1400 als ‚Bildungsmotor‘ gerühmte Universität Heidelberg und ihre schriftgestützte Verwaltung richtet. Natürlich war man dort in der Lage, Urkunden angemessen zu formulieren[119]. Beim Blick auf die Kanzlei der Universität kommt man dann aber doch ins Grübeln, denn er zeigt, dass ein hohes Bildungsniveau nicht automatisch Verwaltungsinnovationen nach sich zieht. „Ein auffälliges Beispiel dafür, daß eine wichtige Persönlichkeit in der Universitätsführung nicht notwendigerweise jemand sein mußte, der akribisch Buch führte“, erläuterte Matthias Nuding am Beispiel des Heidelberger Rektors Nikolaus Burgmann aus St. Goar. „Der Kanonist bekleidete das Rektorat fünf Mal (8,2 Prozent des untersuchten Zeitraumes), zeichnete jedoch nur für 4,2 Prozent der Einträge verantwortlich“[120]. Erst in den letzten beiden Amtszeiten in den Jahren 1399 und 1403 stellte er eine „wenn auch bescheidene“ Steigerung fest. Den Grund dafür sah er allerdings nicht in einer gesteigerten Modernisierung, sondern in einem konkreten Anlass. „Die Entführung des Theologen Konrad von Soltau auf dem Heimweg von einer Gesandtschaftsreise nach Rom im September 1394, die die Universität zu koordinierten Bemühungen um seine Freilassung, zu einer großen Zahl von Besprechungen und zu umfangreicher Korrespondenz zwang, scheint die Formalisierung der Verwaltungs-

---

[117] RPR, Bd. 2, Nr. 6256; dazu Heimpel, Die Vener von Gmünd, Bd. 1, S. 312 f. Zum Brauch vgl. Kittel, Siegel, S. 159. Vgl. ferner in dieser Arbeit das Kap. 4.13.2: Dr. Johannes Kirchen und Dr. Johann von Laudenburg. Kanzler pro Forma? – Zu den beteiligten Adeligen vgl. Hammes, Ritterlicher Fürst und Ritterschaft, S. 182–199.

[118] Vgl. die Auflistung bei Moraw, Kanzlei, S. 511–526.

[119] Vgl. 4.11.3: Der Verfasser des ältesten kurpfälzischen Lehenbuches.

[120] Nuding, Das Rektorbuch des Marsilius von Inghen, S. 623. Zu seinen Amtszeiten ebd., S. 650–652. Zu den Rektoren vgl. Weisert (†) u. a., Rektoren – Dekane – Prorektoren, S. 1 f.

praxis beeinflußt zu haben"[121]. Auch bei dem Buch, das der berühmte Marsilius von Inghen während seines Rektorats führte, handelte es sich um nichts anderes als eine Mischhandschrift, in die verschiedenartigste, die Universität tangierenden Angelegenheiten eingetragen wurden[122].

4.9.3 Rabans Nachkommen?

Es erscheint müßig, bei einem Geistlichen, zumal mit einem höheren Weihegrad, wie ihn Raban spätestens seit seiner Bischofserhebung besessen hat, nach einer Nachkommenschaft zu fragen. Im Sinne spätmittelalterlichen Nepotismus kann man allerdings auf seine Fürsorge für jüngere Verwandte hinweisen. Diese betrieb Raban – wie bereits behandelt – sehr erfolgreich, zumal wenn man seine Nachfolger auf dem Speyerer Bischofsstuhl betrachtet, wo ihm im Jahre 1438 sein Neffe Reinhard († 1456), Sohn seines Bruders Hans I. († 1422), folgte[123].

An dieser Stelle soll auf eine kleine Studie aufmerksam gemacht werden, die Tobias Daniels im Rahmen der Bearbeitung eine Artikels des Biographisch-Bibliographischen Kirchenlexikons vor wenigen Jahren über Hugo Dorre (* nach 1400, † vor Ende Juli 1439), Gelehrter Jurist und Prokurator Rabans von Helmstatt als Bischof von Speyer, publizierte[124]. Dieser hat „mit großer Wahrscheinlichkeit" als der illegitime Sohn eines der „nächsten Vertrauten Rabans", der „*licentiatus in decretis*, Speyerer Domherr und Pfarrer von Ingenheim Johannes Dorre aus Landau († 10. Februar 1429)", zu gelten[125]. Johannes Dorre war während der Kanzlerschaft Rabans von Helmstatt in der Zeit von August bis September 1401 bei König Ruprecht als Registrator in der königlichen Kanzlei eingesetzt und wurde 1406 in den Kreis der königlichen Kapläne aufgenommen. Er fungierte seit 1402 als Rabans Kaplan, seit 1425 als sein Generalvikar. In seinen Diensten hatte er auch am Konstanzer Konzil teilgenommen.

Hugo Dorres „Vita steht beispielhaft dafür, daß im Spätmittelalter auch illegitime, und somit de jure vom Genuß kirchlicher Benefizien ausgeschlossene Kinder ein-

---

[121] Zitat: Nuding, Das Rektorbuch des Marsilius von Inghen, S. 624; ferner Ders., Die Universität, der Hof, S. 218–220, 234.

[122] „Man erkennt den weiten Weg, den die rudimentäre Verwaltungspraxis der Anfangsjahre noch zurückzulegen hat, bis sie den Standard geordneter Aktenführung erreichen wird"; vgl. Nuding, Das Rektorbuch des Marsilius von Inghen, S. 626. Zur Anlage (ebd., S. 625) und Aufbau der Handschrift (ebd., S. 626–250); dazu auch Wagner, Universitätsstift, S. 205 f., Anm. 16.

[123] Vgl. Fouquet, Das Speyerer Domkapitel, Bd. 2, Nr. 202, S. 588–590; Ammerich, Das Bistum Speyer und seine Geschichte, Bd. 2, S. 27. – Zu seinem Großneffen und Günstling Peter von Helmstatt († 1457), vgl. Fouquet, a. a. O., Nr. 197, S. 579 f.

[124] Daniels, Dorre, Hugo. Die Zitation erfolgt nach Online-Version des Artikels.

[125] Ebd. – Zu Johann Dorre vgl. Moraw, Kanzlei, S. 511 f. Er immatrikulierte sich in Heidelberg im Wintersemester 1387 als *Johannes Dor de Landouwe Spir. dyoc. bachal. in art.*; Toepke, Matrikel Heidelberg, Bd. 1, S. 22.

flußreicher Eltern durch päpstlichen Dispens und Universitätsstudium beachtliche Karrieren absolvieren konnten. Dieser einflußreichen Stellung des Vaters hatte D[orre] wahrscheinlich die Möglichkeit zur Karriere trotz illegitimer Geburt zu verdanken. Den Weg zu kirchlichen Pfründen und politischen Ämtern ebnete ihm das Universitätsstudium." Seit 1414 studierte Hugo Dorre die Artes in Heidelberg, Erfurt und Leipzig, die er dort im Jahre 1420 mit dem Magister abschloss. Spätestens nach 1423 folgte ein teures Studium der Rechte an der „von deutschen Studenten zu jener Zeit viel frequentierten Universität Pavia", das er im Juni 1426 mit der Doktorpromotion *utriusque iuris* abschloss[126].

Vermutlich im Jahre 1430 kehrte Hugo Dorre nach Deutschland zurück; „seine folgende politische Karriere war, ebenso wie die seines Vaters, eng mit dem Speyerer Bischof Raban von Helmstatt verbunden, dessen Kaplan D[orre] wohl schon seit ungefähr 1418 war. Hauptsächlich in zwei sich teilweise überschneidenden Aufgabengebieten wurde D[orre] nun für seinen Herrn tätig: Einerseits im Rahmen des auf dem Basler Konzil prozessuell ausgefochtenen Trierer Bistumsstreites zwischen Raban und seinem durch Papst Martin V. und den Trierer Stiftsadel favorisierten Konkurrenten, Ulrich von Manderscheid," anderseits „auch im Konflikt um das Konzil selbst". Gemeinsam mit dem Speyerer Domvikar, Kaplan und Sekretär Rabans, Ernst Dufel, reiste Hugo Dorre 1430 an die Kurie und leistete die Servitienzahlungen für seinen Herrn; er blieb bis Sommer 1433 als ständiger Kurienprokurator Rabans in Rom, wohnte dort „im Haus des Rota-Auditors Hartung von Cappel (dessen jüngerer Sohn später in der Kanzlei Friedrichs III. Karriere machte)" und nahm dort im selben Jahr 1433 an der Kaiserkrönung Sigmunds teil. Die Konzilsangelegenheiten übernahm Job Vener[127].

Nach seiner Rückkehr aus Rom wurde Dorre im Herbst 1433 „für das Speyerer Domkapitel dem Konzil inkorporiert und ist dort bis Oktober 1435 nachgewiesen". Im Januar 1435 ist er als Konzilsrichter belegt, agierte erfolgreich in den kurtrierischen Angelegenheiten Rabans und entfaltete eine reiche Schrifttätigkeit. Diese verdeutlichen seine „hohe juristisch-theologische Kompetenz [...], die seiner Graduierung mit dem *doctor utriusque juris* entsprach". Ähnlich agierte er 1437 auf dem Frankfurter Kurfürstentag. „Dort brachte er nicht nur die gemeinsamen Vorschläge Rabans und der pfälzischen und sächsischen Gesandten zur Abänderung des Mainzer Planes vor, der eine Vermittlung zwischen Papst und Konzil durch eine kaiserliche und kurfürstliche Gesandtschaft vorsah."[128]

---

[126] Ebd. Der „kirchenrechtlich definierte[...] Geburtsmakel (‚defectus natalium') bestand in seiner Geburt als Sohn eines Priesters und einer Ledigen"; ebd.

[127] Zu den Netzwerken der gegnerischen Seite vgl. die Untersuchung von Theisen, Nikolaus von Prüm.

[128] „Auch auf dem Mainzer Kongreß (26.–28. März 1439), auf dem mit der ‚Mainzer Akzeptation' die deutschen Kurfürsten und Metropoliten einen Großteil der Dekrete des Basiliense für die deutsche Kirche annahmen, erscheint D. unter den Gesandten Rabans von Helmstatt"; Daniels, Dorre, Hugo.

Gegen Ende seines Lebens intensivierten sich Kontakte nach Straßburg, wo Dorre 1438 als Offizial der Stadt erscheint und – wohl als Entlohnung – Pfründenbesitz akkumulierte. Betrachtet man Dorres auf das Bistum Speyer konzentrierte Pfründenkarriere, dann sieht man dahinter die Förderung durch Raban von Helmstatt. „Häufige neuerliche Dispensierungen von seinem Geburtsmakel trotz gewährter Erlaubnis, auf dessen Erwähnung verzichten zu dürfen, deuten ebenso auf Schwierigkeiten bei der Inbesitznahme der Pfründen hin.“[129] Man darf sich die Frage stellen, ob hier lediglich der Sohn eines verdienten (und wohl auch befähigten) Amtsträgers gefördert wurde, oder ob sich hier der Bischof von Speyer selbst um seinen eigenen Nachwuchs gekümmert hat. Die immensen Kosten einer Doktorpromotion in Italien sprechen hier eine deutliche Sprache[130].

---

129 Ebd.

130 Vgl. dazu Schmugge, Kirche, Kinder, Karrieren; Widder, Konkubinen und Bastarde, S. 439–443. Online-Recherchemöglichkeiten unter: Romana Repertoria online (RRO).

4.10 Das Geschäftsschriftgut der königlichen Hofkanzlei

4.10.1 Die ‚Reichsregister'

Im Haus-, Hof- und Staatsarchiv in Wien, dem Bayerischen Hauptstaatsarchiv in München und dem Generallandesarchiv in Karlsruhe ist eine Reihe von Registern aus der Regierungszeit König Ruprechts erhalten[1]. Julius Weizsäcker behandelte im Jahre 1882 die Kodizes im Rahmen seiner Arbeiten an der Älteren Reihe der Deutschen Reichstagsakten[2]. Im Hinblick auf eine Gesamtbewertung des Materials und damit der „Kanzlei K[önig] Ruprechts" hielt er sich bewusst zurück, „weil das Untersuchungen erfordern würde, die dem Zweck und den Mitteln dieser Edition gleich fern liegen", und beschränkte sich auf eine kursorische Vorstellung der einzelnen Stücke[3]. Ihre bislang ausführlichste Beschreibung findet sich in der Untersuchung Gerhard Seeligers aus den frühen neunziger Jahren des 19. Jahrhunderts. Der Verfasser konstatierte, dass mit Herrschaftsantritt Ruprechts die königlichen Register gegenüber denen der Vorgänger „ein wesentlich anderes Gepräge" erhielten. Nicht nur die Qualität, sondern auch die Quantität legte für Seeliger ein vielsagendes Zeugnis „von der Verwaltung am deutschen Königshof ab"[4]. Die neueren Publikationen sprechen daher von einem Modernisierungsschub unter Ruprechts Königtum und deuten dies als Lichtblick in seiner ansonsten eher erfolglosen Königsherrschaft[5].

Allerdings mischen sich auch Töne dazwischen, die von einem handlungsleitenden Legitimationsdefizit Ruprechts sprechen[6] und ihm sogar einen Zwang zu „äußerster

---

1 Vgl. Seeliger, Registerführung, S. 245–267; Ders., Aus Ruprechts Registern, S. 236. Zu Ruprecht vgl. den neueren Überblick von Auge/Spiess, Ruprecht; ferner den Überblick und die Literaturangaben bei Moraw, Ruprecht von der Pfalz, S. 99, Anm. 8.

2 Weizsäcker, Vorwort.

3 Ebd., S. III.

4 Seeliger, Registerführung, S. 245. Wie für die vorangegangene Zeit konstatierte er aber auch hier noch starke Überlieferungsverluste. Vgl. dazu auch Kap. 3.1: Mittelalterliche Kanzlei und ihre moderne Konstruktion. Die königliche Hofkanzlei im frühen 15. Jahrhundert.

5 So u. a. Moraw, Ruprecht von der Pfalz, S. 104 f.: „Hoffnung gesetzt wurde auf die hohe, bis dahin beim deutschen Königtum unerreichte Qualität schriftlichen Verwaltungshandelns am Heidelberger Hof (nach 1410 konnte diese Qualität beim König nicht gehalten werden). Niemals sind bis dahin so viele Königsurkunden, auch in bereits fast standardisierter Form, ausgegeben worden und ist dieses Ausgeben so sorgfältig registriert und geordnet worden. Niemals bis dahin haben so viele Professoren (der Jurisprudenz und der Theologie) beim Regieren und Verwalten mitgeredet, auch war der Anteil ausgebildeter Verwaltungsjuristen noch nie so hoch. […] Jedenfalls war das alles nach zeitgenössischem Maßstab ziemlich perfekt". Ferner Auge, König Ruprecht, S. 180 f., 189. „Alles in allem keine prächtige Bilanz. Aber es fällt Licht auf diese Schattenseiten, indem unter Ruprecht in mancher Hinsicht vielversprechende Ansätze zur Rationalisierung und Modernisierung erfolgten, wobei es ihm wohlgemerkt oft versagt blieb, die Ernte seiner Bemühungen einzufahren"; ebd., S. 185.

6 Moraw, Ruprecht von der Pfalz, S. 105: „Das problematisch legitimierte neue Haupt sah sich veranlaßt, besonders königlich zu handeln – vor allem dort, wo der Gegenspieler Wenzel

Prinzipientreue" durch den Eidbruch gegenüber König Wenzel diagnostizieren[7]. Sonderbar ist nur, dass beide – die elaborierte Schriftgutproduktion samt Verwaltungshandeln und das bestehende Legitimationsdefizit – nie in einen direkten Zusammenhang gestellt werden. Die „geringere Verwaltungsqualität"[8] der Vorgänger und Nachfolger Ruprechts im Königtum jedoch dürfte darin begründet sein.

Seeliger konstatierte insgesamt 14 Kodizes als „Ueberreste der am Hofe Ruprechts vollzogenen Buchführung", von denen er vier als Abschriften aus dem Kreise der anderen bewertete[9]. Betrachtet man das Werk von Seeliger kritisch, dann muss man mehrere Dinge hinzufügen. Auch er ging vom Kanzleiparadigma aus und bewertete die Register und die Registerführung am deutschen Königshof des Spätmittelalters unter der Perspektive seiner Zeit, d.h. der frühen neunziger Jahre des 19. Jahrhunderts. Nicht nur die Qualität, sondern auch die Quantität legte für ihn trotz einiger Überlieferungsverluste gerade im Bereich der „Sonderregister" ein beredtes Zeugnis „von der Verwaltung am deutschen Königshof ab"[10].

Problematisch dabei ist nicht nur dies, sondern auch die Tatsache, dass Seeliger in der neueren Forschung zwar willig gefolgt wurde und bis heute Ruprechts erfolgreiches Verwaltungshandeln seine sonstige Erfolglosigkeit aufwiegt und ihm Modernität zuweist. Allerdings fällt es bereits sehr schwer, auch nur einen Zugang zu den von Seeliger zwar einzeln besprochenen, aber keineswegs als Ganzes gesichteten und untersuchten Bänden zu bekommen[11]. Grund dafür ist die Tatsache, dass bereits kurz nach dem Erscheinen seiner Studie alle im Karlsruher Generallandesarchiv lagernden Bände, die den Großteil des Materials ausmachten, umsigniert wurden. Seitdem stellt es einen immensen Aufwand dar, die entsprechenden Stücke anhand der Konkordanz überhaupt zu identifizieren und kritisch zu sichten[12]. Es wundert daher nicht, wenn sich auch noch die neuesten Studien einhellig auf die Arbeit von Seeliger berufen.

---

versagt zu haben schien oder vorsichtig geblieben war. Die Notwendigkeit, Legitimität zu gewinnen um jeden Preis, schuf abermals bequeme Gelegenheit, die Realitäten zu verkennen oder sie zumindest äußerst hoffnungsfroh auszulegen".

7 Ebd., S. 107.

8 Vgl. ebd., S. 108 (bezogen auf den Nachfolger Sigmund).

9 Seeliger, Registerführung, S. 263 f.

10 Ebd., S. 245. Zu den Überlieferungsverlusten ebd., S. 264.

11 Zur mangelnden Autopsie durch Gerhard Seeliger vgl. ebd., S. 261 f.

12 Eine Konkordanz bietet: Inventare des Grossherzoglich Badischen General-Landesarchivs, Bd. 1, S. 77–90; dazu auch Gesamtübersicht der Bestände des Generallandesarchivs, S. 185 f. – An dieser Stelle folgt eine Liste der hier relevanten Entsprechungen der Karlsruher Stücke: Der Nr. 459 bei Seeliger, Registerführung, entspricht neu: GLAK, 67/801; Nr. 460 = GLAK, 67/802; Nr. 467 = GLAK, 67/809; Nr. 512 = GLAK, 67/863; Nr. 520 = GLAK, 67/871; Nr. 538 = GLAK, 67/896; Nr. 540 = GLAK, 67/898; Nr. 548 = GLAK, 67/905; Nr. 549 = GLAK, 67/906; Nr. 582 = GLAK, 67/939; Nr. 592 = GLAK, 67/849; Nr. 593 = GLAK, 67/950. Weizsäcker, Vorwort, verwendete in seiner 1882, also zehn Jahre vor Seeliger publizierten Beschreibung der in Karlsuhe liegenden Register Ruprechts (ebd., S. VI–XIX) noch ältere Signaturen, lieferte aber dazu eine Konkordanz; a. a. O., S. IVf.

Für unsere Fragestellung von besonderem Interesse sind die verschiedenen Geschäftsbuchtypen, die im Folgenden näher betrachtet werden sollen. Bei dem im Österreichischen Haus-, Hof- und Staatsarchiv in Wien aufbewahrten Reichsregister, Band A, handelt es sich um eine zeitgenössische großformatige Papierhandschrift im Umfang von etwa 200 Blättern[13], die heute einen frühneuzeitlichen Einband trägt[14]. Sie wird vorne von einem zeitgenössischen unfoliierten Inhaltsverzeichnis erschlossen, das vier beidseitig beschriebene Blätter der ersten Lage umfasst. Es folgt in seiner Anlage dem Text, wobei als Ordnungskriterium die Blattzahlen des Bandes dienen[15]. Dabei werden lateinische Kurzregesten der einzelnen Urkunden jeweils verklammert und mit den entsprechenden Folioangaben versehen[16]. Betitelt ist das Inhaltsverzeichnis mit: *Sequ(u)nt(ur) rubrice l(itte)ra(rum) infrasc(ri)pta(rum)*. Es endet auf Folio [4v] mit der Angabe: *Item in fine huius registri rep(er)iuntur primarie preces clare registrate.*

Der eigentliche Text beginnt nach zwei freigelassenen Blättern mit der Überschrift: *In nomi(n)e d(omi)ni amen. Hic incipit registrum l(i)terarum regaliu(m) latinar(um) p(er) serenissimu(m) principem ac d(omi)n(u)m) d(omi)n(u)m Rupertum diuina fauente clementia Romanoru(um) regem semper augustum sub sigillis suis regijs pendentibus ex p(ar)te Romani regni datar(um) et concessar(um) post electionem de sua p(er)sona ad idem Romanu(m) regnu(m) f(ac)tam in anno a natiuitate d(omi)ni mill(esi)mo quadringe(ntesi)mo. Quar(um) quidem li(ter)ar(um) tenores de u(er)bo ad uerbum p(rese)nti registro sunt inscripte p(er) me Nicolaum Buman registratore(m) d(ic)ti graciosissimimi d(omi)ni mei regis prout michi hec sub iuramento eidem d(omi)no mei regi p(re)stito sunt mandata et iniu(n)cta.* Gefolgt von: *Et primo secunt(ur) l(ite)re regales sigillo maiestat(is) regie sigillate*[17].

Der Text ist sorgfältig gestaltet. Die knapp ersten 30 Seiten sind von einer Hand geschrieben und redigiert[18]; es folgt eine zweite Hand, dann wieder die erste. Später kommen verschiedene weitere hinzu. Die Urkundeneinträge erfolgen chronologisch, wie auch aus der Binnengliederung nach Regierungsjahren ersichtlich wird[19]. Von der

---

13 HHStAW, Reichsregister (Ruprecht), Bd. A. Dazu Lindner, Das Urkundenwesen Karls IV., S. 171–173; Weizsäcker, Vorwort, S. V; Seeliger, Registerführung, S. 248 f. (auf ihm fußend: Moraw, Kanzlei, S. 440–445). Weizsäcker, a. a. O., S. XIf., sah enge Verbindungen zu GLAK, 67/802 und 67/849. Er hielt 67/849 für eine Kopie des Wiener Reichsregisters A (ebd., S. XIf.), 67/802, jedoch für zeitgleich entstanden (ebd., S. IX).

14 Nach Autopsie im Magazin des Wiener Haus-, Hof- und Staatsarchivs sind alle Reichsregisterbände im 17. oder 18. Jahrhundert in Pappdeckel mit hellbraunen stabilen Lederrücken eingebunden worden.

15 Ein frühneuzeitliches, alphabetisch geordnetes Register findet sich im Anhang des Bandes beigebunden.

16 So heißt es beim ersten Mal: *folio I.*

17 HHStAW, Reichsregister (Ruprecht), Bd. A, f. 1r.

18 Ebd., f. 37r wurde der immer rechts unten gesondert angefügte zweizeilige Kanzleivermerk (*Ad mandat(um) d(omi)ni reg(is) Nycolaus Bůman*) mit vier Parallelstrichen durchgestrichen und stattdessen mit einer anderen markanten Schrift dem Urkundentext angefügt: *Ego Raban(us) regalis aule cancell(arius) vice reuer(rendissi)mi in (Christo) pri(ncipi)s d(omi)ni Joh(ann)is archiepi(scop)i Maguntini p(er) Germaniam archicancellari(us) recognoui.*

19 Ebd., f. 34v, oben links in Buchschrift: *Hic incipit annus secundus regni.*

Anlage und Größe ist der Band als durchaus repräsentativ zu bezeichnen, obwohl kein Pergament, sondern Papier verwendet wurde und rote oder gar farbige Gestaltungselemente fehlen. Dafür wurden die erste I-Initiale und viele Namens-Initialen, die in den Abschriften der Herrscherurkunden Ruprechts naheliegenderweise meist mit dem Anfangsbuchstaben *R* (für *Rupertus*) beginnen, kalligraphisch gestaltet.

Die Konstituierung des Textes muss man sich vermutlich so vorstellen, dass die Urkunden zunächst eingetragen, dann aus dem Urkundeninhalt ein Kurztitel gebildet und über dem Textblock auf einem dafür freigelassenen Zwischenraum geschrieben wurde. Anschließend foliierte man die Lagen oder den ganzen Buchblock und trug die Kurztitel, ergänzt um die Folioangaben, in das vorgeschaltete Inhaltsverzeichnis ein. Für dieses hatte man auf der ersten Lage sechs Blätter freigelassen, von denen aber im Endeffekt nur vier gebraucht wurden.

Auffallend ist, dass sich bereits bei der Anlage des Bandes Ansätze zu sachlichen Ergänzungen finden, wie z. B. an den Legitimierungsurkunden deutlich wird[20]. Für diese Nachträge reservierte man ebenfalls Platz, der aber nicht immer benötigt wurde. Dies belegen die nicht selten zu findenden, mit *vacat* versehenen und durchgestrichenen Seiten[21]. Die Handschrift bietet ein buntes Gemisch aus unterschiedlichen Rechtsmaterien wie Ernennungen zum Freigrafen, königlichen Familiaren, Gesandten an Könige oder den Papst, ferner wurden Doktoren zu Lateranensischen Pfalzgrafen erhoben, öffentliche Notare kreiert und an Personen das Bürgerrecht oder ein Wappen verliehen. Gegen Schluss häufen sich Kurzeinträge, die sich – wenig systematisch – immer auf bestimmte Formulare beziehen und nur noch Namen, Kurzangaben zur Rechtsmaterie, notwendigste weitere Informationen sowie das Datum angeben. Ab der Rückseite von Blatt 122 folgen weitere kurze, aber immer noch recht sorgfältig gehaltene Einträge von verschiedenen Händen, deren Rechtsmaterien vielfach mit *Consensus, Presentacio, Permutatio, Receptio* oder *Susceptio* überschrieben sind. Allen Stücken gemein war laut Ausweis der Überschrift offenbar die Tatsache, dass es sich um lateinischsprachige Urkunden gehandelt hat, die mit dem anhängenden Majestätssiegel beglaubigt worden waren.

Wenige Seiten danach endet die zeitgenössische Foliierung auf Blatt 125. Eine Überschrift signalisiert hier etwas sachlich Neues: *Hic secuntur littere regales latine minori*

---

20 Ebd., f. 42r: Nach einer Urkunde, in der Pfalzgraf Ludwig III. das Reichsvikariat übertragen wird (Augsburg, 3. Feria nach Mariae Geburt 1401) kommt ein Nachtrag: *Item in cm (Abkürzung = simile) forma sup(er) III° folio data e(st) li(tte)ra l(egitima)c(i)onis et habilitacio(n)is Petro nato Nicolai Pennig de Schornßheim Magunti(nensis) dioc(esis) sub dat(um) Alczey secundi die mensis octobr(is) Anno d(omin)ni m°cccc t(er)cio.* Sachlich haben beide Angaben auf den ersten Blick nichts miteinander zu tun. Allerdings spricht das Privileg für Ludwig III. von dessen Recht, illegitim Geborene (selbst solche von berühmten Fürsten, Herzögen, Grafen und Baronen sowie deren Kinder) zu legitimieren. Sehr wahrscheinlich knüpfte daran der Nachtrag an, der sich auf Blatt 3 der Handschrift bezieht. Dort findet sich eine Reihe von Einträgen zu Legitimationen. Interessanterweise ist auch nach f. 42r eine ganze Seite freigelassen (f. 42v), gedacht wohl für weitere Nachträge.

21 Ebd., f. 35v, 37r.

*sigillo regie sigillare *ac eciam l(itte)re sup(er) p(ri)marijs precibus concesse**, wobei die zwischen den Sternchen befindlichen Textteile von gleicher Hand aber mit dunklerer Tinte nachgetragen sind. Nach zwei Urkunden mit anderen Rechtsmaterien folgen bis Blatt 145 verso Einträge über die Ersten Bitten Ruprechts nach seiner Königskrönung. Nach mehr als zwanzig leeren Blättern folgt auf der Vorderseite von Blatt 168 abermals eine Urkundenabschrift mit dem Titel: *Alia forma p(ri)mar(um) p(re)cum* und auf den folgenden beiden Seiten weitere. In diesem Teil des Kodex war laut Titel zunächst geplant, lateinische Urkunden, die mit dem kleinen Majestätssiegel beglaubigt worden waren, abzuschreiben. Dieses Unterfangen wurde allerdings – möglicherweise mangels Masse – bald ergänzt bzw. im Endeffekt substituiert durch ein Verzeichnis von Ruprechts Urkunden über Erste Bitten.

Auf der Vorderseite von Blatt 173 sollte offensichtlich noch einmal mit etwas Neuem begonnen werden, worauf der Titel *Iuramentum p(rae)stitu(m) p(er) d(omin)um regem* und vier Urkundeneinträge hinweisen[22]. Damit endet der Kodex, der offenkundig verschiedene Inhalte in sich vereint, die vermutlich in einer Art Buchbindersynthese zusammengefasst wurden.

Bei dem in Wien aufbewahrten Reichsregister C handelt es sich ebenfalls um eine knapp 400 Blätter umfassende zeitgenössische Papierhandschrift in Großfolioformat[23]. Sie weist ebenfalls einen frühneuzeitlichen Einband auf. Auf der Innenseite des vorderen Deckels ist ein zeitgenössischer Zettel eingeklebt, der, mit schönen gotischen Buchstaben beginnend, in eine Bastardaschrift übergeht und mit einer Kanzleischrift endet: *No(ta)ndu(m) est q(uod) a(n)nus regni s(em)p(er) renouatur proxi(m)a die ante Thimothey et Symphoriani m(arty)r(u)m.*

Auch hier erfolgte die zeitgenössische Erschließung über ein vorne vorgeschaltetes Inhaltsverzeichnis, das elf unfoliierte, beidseitig beschriebene Blätter, diesmal auf einer separaten Lage, umfasste, deren letzte drei Blätter leer geblieben sind. Zur Erschließung des Bandes dienten diesmal deutsche Kurztitel, denen die Folioangaben mit Klammern für alle auf einem Blatt stehenden Stücke beigefügt waren. Betitelt war dieses Inhaltsverzeichnis mit: *Rubricke der Briefe die her nach geschrieben stent etc.* Es endet auf dem nicht foliierten Blatt [11] verso mit der sich auf Blatt 302 beziehenden Angabe: *Item do findet man nacheinand(er) clerlich wie alle quittanczen, stewre vnd zinse gelegen sind etc.* Der eigentliche Text wurde zeitgenössisch bis Blatt 302 recto foliiert.

Die Schrift ist sorgfältig, aber nicht sonderlich repräsentativ. Jedoch wurde auch hier Wert auf eine kalligraphische Ausgestaltung der Urkundeninitialen gelegt, wobei

---

22 Ebd., f. 173r–v. Zu den sogenannten Ersten Bitten vgl. Feine, Papst, Erste Bitten und Regierungsantritt.

23 HHStAW, Reichsregister (Ruprecht), Bd C. Handschriftenbeschreibungen bei Seeliger, Registerführung, S. 249–251; Weizsäcker, Vorwort, S. Vf.; Lindner, Das Urkundenwesen Karls IV., S. 173–176.

auch wieder das Anfangs-*R* des Namens Ruprecht ins Auge fällt. Doch sind auch weitere Initialen der Herrscherintitulationes berücksichtigt[24].

Der eigentliche Text beginnt mit der Überschrift auf Blatt 1 recto: *In gotes namen amen. Hie fahet an ein dutsche register darynn des allerdurchluchtigsten fursten vnd h(er)ren h(e)rn Ruprechts von gots gnaden Romischen kůniges zu allen zijten merer des richs brieffe, die er mit syne kuniglichen anhangenden maiestat ingesiegel verluhen vnd geben hat von der zijt an als er zu Romische kunige erwelet wart in dem jare da man zalte nach Cristi geburte dusent vnd vierhund(er)t jare von worte zu worte geschrieben sint als daz mir Niclaus Bůman von Luterburg canonicke(n) zu sant German ußwendig der muren zu Spire des eg(ena)nt(en) myns gnedigen h(e)ren registratore(n) uff den eyd, den ich yme gesworen han entpholn ist*[25]. Es handelt sich bei diesem Register demnach um das deutschsprachige Pendant zum oben behandelten Wiener Reichsregister A. Aufschlussreich für das Auseinandertreten von mittelalterlicher und moderner Lehre ist, dass das Unterscheidungskriterium, hier das anhängende Majestätssiegel, im Archivrepertorium überhaupt nicht genannt wird[26].

Nach einem etwa 15 Zentimeter breiten und leer gelassenen Abstand folgen die Einträge, beginnend mit der Privilegienbestätigung für Frankfurt am Main, gefolgt von weiteren Reichsstädten in der Wetterau und am Oberrhein[27]. Im Anschluss daran findet sich u. a. eine Reihe von Schirmprivilegien für jüdische Gemeinden. Auch hier sind unter den einzelnen Abschriften immer die Kanzleivermerke (*ad relationem, ad mandatum* etc.) unter der Urkunde rechts zweizeilig aufgeführt.

Von einer redaktionellen Überarbeitung zeugen Streichungen innerhalb eines Urkundentextes (z. B. f. 23r) oder ganzer Urkunden (z. B. f. 22v, 30r), Randbemerkungen (vgl. f. 22v), Ergänzungen von fehlendem Text (f. 42v, 71r) und Korrekturen (z. B. f. 70r, 94v). Ähnlich wie bei Register A wurde Raum, den man offenbar für Nachträge freigelassen hatte und der nicht genutzt worden war, x-förmig durchgestrichten und mit einem *vacat* versehen[28]. Auch die Kanzleivermerke wurden gründlich redigiert[29].

Grundsätzlich gilt, dass Überschrift und Urkundentext häufig nicht vom gleichen Schreiber stammen. An Rechtsmaterien erscheinen in den Überschriften: Bestätigun-

---

24 HHStAW, Reichsregister (Ruprecht), Bd. C, z. B. f. 35v, 36r. u. ö. f. 39r. Besonders aufwändig sind die Intitialen auf Ruprechts Bestätigung der Freiheiten, die Ludwig der Bayer Dekan und Domkapitel von Bamberg verliehen hat (Nürnberg, 1401 Montag nach Exaudi). Dem ‚W' wurden in diesem Fall noch vegetabile Ranken angefügt.

25 Ebd., f. 1r. SEELIGER, Registerführung, S. 250.

26 Bei SEELIGER, Registerführung, S. 251, heißt es: „Der Codex C bedeutet für die deutschen Königsurkunden Ruprechts das, was der erste Theil von A den lateinischen sein sollte. Die mit dem Majestätssiegel geschmückten und in deutscher Sprache verfassten Diplome wurden hier registrirt, anfangs in einer Reihe, dann seit Mai 1402 mit Ausscheidung der Quittungen, welche ein besonderes Verzeichnis bilden."

27 Ebd., f. 1r–5v: *Als myne h(e)re der konig den von Franckfurt ire p(ri)vilegia vnd fryheit bestetigt hat.* (Frankfurt, 1400 Dienstag vor St. Simon und Juda).

28 Ebd., z. B. f. 72r oder f. 153r – und direkt anschließend über mehrere Seiten: f. 153v–154v, von der die letzte Seite nur wieder oben halb frei blieb.

29 Ebd., z. B. f. 75r: Statt Nikolaus Bauman auf Befehls des Kanzlers, des Bischofs von Speyer, ersetzt durch Nikolaus Bauman auf Befehl des Herrn Königs.

gen, Verleihungen (u.a. an Klöster), Regalia, Friedensschlüsse und Offenhauserklärungen[30], ‚Verhängnis'[31], Überkommen[32], Gewalt- und Machtbriefe[33], Belehnungen und Freiheitsbestätigungen[34], Quittungen[35], Verpfändungen[36], Entzug von Gütern und Freiheiten[37], Leibgedinge[38], Landfrieden[39], Ladungen[40], Wappenbesserungen[41], Schiedssprüche, sogenannte Entscheidungen[42], und eine Gerichtsordnung[43].

Auch in dieser Handschrift finden sich Ansätze zur Rationalisierung, indem an Urkunden mit bestimmten Betreffen weitere vergleichbare in Regestenform angefügt wurden[44]. Zum Beispiel ist an die Vollabschrift einer Urkundenbestätigung für die Stadt Limburg mit gleicher Schrift und Farbe der Titel *Der von Anewilre bestetigunge* angefügt. Der nachfolgende Kurzeintrag zu der kleinen Reichsstadt Annweiler am Trifels stammt aber von anderer zeitgleicher Schrift in blasserer Tinte: *Item in disser obgeschr(rieben) forme hat man(n) geben eine bestetigunge den von Anwilre vnder dem date uff fritag nach sant Margarethen tag nach Cristi geburte dusent vierhundert vnd ein jare vnß(er)s richs inde(m) erste(n) jare*[45]. Im Prinzip wurden dafür immer Zwischenräume zwischen den einzelnen Stücken gelassen, diese wurden gegebenenfalls für Nachträge genutzt[46]. Dennoch wurde am chronologischen Aufbau festgehalten, wie ein Eintrag am oberen rechten Rand von Blatt 87 recto in Minuskel-Buchschrift belegt: *Hic incipit annus secundus regni.*

---

30 Ebd., f. 44v.

31 Ebd., f. 45r. Es ging offenbar darum, Reichslehen eines Nürnberger Bürgers im Kontext von Morgengaben zu verwenden.

32 Ebd., f. 47r. Es handelt sich offenbar um Übereinkünfte mit Fürsten, hier den Herzögen von Österreich.

33 Ebd., u.a. f. 50r, für die Markgrafen von Meißen u.a. Es handelt sich um Vollmachten für Friedensvereinbarungen mit Jobst von Mähren (ebd., f. 51r, f. 57r u. ö.); ferner ebd., f. 155v.

34 Ebd., f. 50v für Gf. Friedrich von Leiningen; f. 56v für Gf. Friedrich von Helfenstein; ferner f. 54r.

35 Ebd., u.a. f. 55v für die Kölner, die dem König 9000 Gulden für den Italienzug gegeben haben.

36 Vgl. ebd., f. 122rf.

37 Ebd., u.a. f. 122vf. für das Frankfurter Bartholomäusstift (Nürnberg, 1402 Montag nach St. Barbara).

38 Ebd., u.a. f. 123rf., f. 124rf.

39 Ebd., u.a. f. 140r–141v und f. 175r–177v für Franken; ferner f. 192r–194r; f. 105r–197r.

40 Ebd., u.a. f. 142v.

41 Ebd., f. 168v.

42 Z. B. zwischen Geistlichkeit und Stadt Wetzlar, ebd., f. 178v–179v.

43 Ebd., f. 222r–223r.

44 Vgl. z.B. ebd., f. 62r: *Ein gemeyne bestedunge de(r) stetten in Swaben.* Darunter direkt: Memmingen (*Mem(m)yngen*) mit diesem Titel nachfolgendem Urkundentext (Ulm, 1401 Dienstag nach St. Laurentius. *Ad mandatum d(omi)ni reg(is) Nicol(aus) Buman*). Es folgen Kurzangaben zu Reutlingen und Leutkirch: *Item in der obgen(annten) forme von worte zu worte ist geben ein gemeine bestetigunge den von Rutelingen. – Item in derselben forme ist geben ein bestetigunge den von Livtkirche.* Anschließend entsprechende Einträge für Kempten, Isny, Giengen und Biberach sowie weitere interessante Einzelheiten, die auf eine gründliche Redaktion schließen lassen.

45 Ebd., f. 22r.

46 Vgl. ebd., f. 79v, 91v, 93v, 98v, 100r.

Auf Folio 224 recto steht eine weitere Überschrift, die belegt, dass bei der Anlage des Bandes zwei verschiedene Teile zusammengefügt wurden: *Hie vahet an das ander teil diß registers daz auch zu dem vordern teil gebunden ist.* Nach dieser Überschrift folgt ein etwa sieben Zentimeter großer, unbeschriebener Freiraum, nach dem es mit Urkunden des Jahres 1407 und ähnlichen Betreffen wie zuvor bis zu Blatt 297 recto weiter geht[47]. Es folgen verschiedene Materien, so auf Folio 302 recto bis 309 verso ein zweispaltiges Verzeichnis über Quittierungen von gezahlten Reichssteuern. Der Text für Esslingen[48] ist vollständig abgeschrieben. Es folgt der Eintrag *In dieser forme sint quitancie geben den nachgeschr(ieben) steden fur ire jare sture uff sant Martins tag nehst kompt fallend auch dem hochgebor(e)n Ludewig pfalczg(ra)uen by Rin etc zu geben vnder der obg(enannten) date.* Genannt werden Memmingen, Biberach, Ravensburg, Sankt Gallen, Kaufbeuren und weitere, von denen einige durchgestrichen wurden. Dann folgen in eigenen Rubriken: Lindau, Nürnberg, Frankfurt usw., teils ebenfalls durchgestrichen.

Die mittelalterliche Foliierung endet auf der ersten Seite dieser Stadtsteuerliste, dann wird sie frühneuzeitlich. Noch in der gleichen Papierlage finden sich auf Folio 310 recto weitere Urkundenabschriften von Quittungen Ruprechts für Städte sowie auf Folio 313 verso ein Verzeichnis der Jahressteuern der Reichsstädte: *Jares stüre der nachgeschr(ieben) stette.* Ähnliches folgt Folio 314 recto, wobei es sich interessanterweise bei diesem Blatt um ein dickes Stück außen gebräunten Pergaments handelt. An seinen Außenrändern sind scharlachrote streifenförmige Lederreste erkennbar. Möglicherweise handelte es sich bei dem Pergament um das innere Vorsatzblatt eines scharlachrot bezogenen Holzdeckeleinbandes, von dem nur noch die Reste und die Farbe des einst vorhandenen äußeren Bezuges an diesen Spuren erkennbar sind.

Eine weitere Handschrift soll an dieser Stelle vorgestellt werden, die im Gegensatz zu den beiden vorgenannten heute nicht in Wien, sondern im Generallandesarchiv in Karlsruhe unter der Signatur 67/809 liegt. Es handelt sich wieder um eine Papierhandschrift, die anders als die Wiener Stücke ihren zeitgenössischen Einband behalten hat. In Karlsruhe hat man ihr den modernen Titel „Reichsregistraturbuch König Ruprechts" gegeben[49]. Der zeitgenössische Einband bestand ursprünglich aus einem Pergamentinterimseinband, der in den modernen Einband eingebunden ist. Auf der Pergamenteinband steht: *Registrum* [...] *regis Ruperti*, während sich auf der Einbandrückseite der Eintrag: *Diß sint myns h(er)ren zolle* mit sechs Angaben findet.

Die Papierhandschrift umfasst 164 Blätter, die neben einer modernen Foliierung eine aus der Entstehungszeit aufweist. Auf Blatt 1 recto bis 3 verso befindet sich ein

---

[47] Ebd., Es folgen nur zwei Einträge vom Jahre 1403.

[48] Amberg, 1402 Dienstag vor Pfingsten.

[49] GLAK, 67/809: Reichsregistraturbuch König Ruprechts. Dazu Gesamtübersicht der Bestände des Generallandesarchivs, S. 200; Inventare des Grossherzoglich Badischen General-Landesarchivs, Bd. 1, S. 145; Seeliger, Registerführung, S. 251 f.; Weizsäcker, Vorwort, S. IXf. Laut Weizsäcker, ebd., handelt es sich bei GLAK, 67/905, um einen nach 1407 „zu irgend welchem Zwecke" erfolgten Auszug aus ebd., 67/809.

nach Seiten geordnetes und durch Kurzregesten erschlossenes zeitgenössisches Inhaltsverzeichnis, dessen eine Hälfte durch Wasserschaden fehlt. Auf Blatt 4 recto findet sich der Eintrag: *Ein důtsche register darinne geschrieben sint des allerdurchlůchtigisten hochgeborn fürsten vnd herren h(er)n Ruprechts Romischen koniges zů allen zijten merer des riches důtsche brieffe, die er vnder sinem cleinen kůnigliche(n) anhangende(m) odir offgedrůcktem ingesigel nach der zijt als er zů Romischem konige gewelet ist worden in dem jare da man zalte nach Cristi gebůrte důsent vnd vierhůnd(er)t jare geben hat vnd die yn als einen Romischen konig vnd daz heilige Romische riche antreffende sin.* Hierin sollten also die mit dem Sekretsiegel beglaubigten Stücke eingetragen werden[50].

Es folgen bis Blatt 131 recto Urkundenabschriften meist von einer Hand. Sie wirken aber anders als in den beiden obigen Registern nicht unbedingt aus einem Guss. Es scheint sich aber weder um einen Kopie des Wiener Exemplars C noch um dessen Vorlage zu handeln[51]. Vielleicht lag es an der Rechtsmaterie, da nur das kleine Siegel laut Eintrag verwendet wurde. Es scheint sich lediglich um Sachen von begrenzter Dauer gehandelt zu haben. Die Seiten 131 verso bis 155 verso blieben leer, allerdings findet sich ein eingelegter Zettel mit verschiedenen Notizen[52]. Auf den letzten zehn Seiten (f. 156r–164r) folgen gemischte Einträge, die über eine Arztbestellung und weitere Urkundenabschriften über ein Verzeichnis der jährlichen Steuern der Städte im Elsass (f. 160r), dem Verzeichnis der Schuldurkunden für den Italienzug (f. 161r–162r) bis hin zu Eidformularen für Johannes, den Kammerschreiber, und solche der Fürsten und Grafen an den König reichen[53].

Ebenfalls in großen Teilen von einer Hand stammen die sogenannten „Miscellanea Ruperti regis“ im Karlsruher Generallandesarchiv[54]. Auch hierbei handelt es sich um eine Papierhandschrift, die 140 foliierte und mehrere Lagen unfoliierter Blätter umfasst. Auf dem Pergamenteinband wurde in zeitgenössischer Schrift folgender Eintrag angebracht *L(itte)re regales cu(m) mi(n)ori sigillo sigillate ex p(ar)te rom(ani) regni.* Als Einband diente ein Urkundenfragment, das in Art einer zeitgenössischen Ziehmappe am Rücken verstärkt ist und erweitert werden konnte. Nach dem Register findet sich folgender Eintrag: *Eyn dutsche register dor inne geschrieben(n) sint des allerdurchluchtigesten hochgepornen fursten vnd h(e)ren h(er)n Ruprechts romischen kungs zu aller-*

---

50 Zum Siegeltyp vgl. Stieldorf, Siegelkunde, S. 22 f.; Kittel, Siegel, S. 154–160.

51 Weizsäcker, Vorwort, S. VII, hielt es nicht für eine Kopie von C, „sondern selbständig daneben geführt, wenngleich die wörtlich in beiden übereinstimmenden gleichzeitigen Überschriften der einzelnen Stücke zeigen, daß beide nicht ohne Rücksicht aufeinander geführt sind“.

52 Die Notizen betreffen noch zu erledigende Dinge wie *botschafft* (offenbar Briefe/Mandate) sowie an Geldangelegenheiten (*brieffe*, gemeint sind in diesem Fall Schuldurkunden).

53 Vgl. dazu auch Seeliger, Aus Ruprechts Registern, S. 238–240; Weizsäcker, Vorwort, S. VII.

54 GLAK, 67/905: Miscellanea Ruperti regis (1400–1410). Dazu Gesamtübersicht der Bestände des Generallandesarchivs, S. 203; Inventare des Grossherzoglich Badischen General-Landesarchivs, Bd. 1, S. 145; Weizsäcker, Vorwort, S. XVIII. Er bezeichnete sie als einen nach 1407 erfolgten Auszug aus 67/809 (ebd.).

ziten merers des richs dutsche briefe, die er vnder sine(m) cleyne(n) kuniglichen anhangenden oder vffgedrucktem ingesigel nach der zyt als er zu romischem kunige gewelet ist worden in dem jare do man(n) zalte nach Cristi geburte 1400 geben hat vnd die yn als eynen romischen kunig vnd daz heilige romische riche antreffende sint[55]. Dieser Eintrag stimmt inhaltlich und formal mit dem im vorangehenden Kodex überein. Es folgen verschiedenartige Urkunden, die mit dem Jahr 1400 beginnen, getrennt von vielen leeren Blättern. Es scheint später zu einer Art Handbuch zum Königtum zusammengebunden worden zu sein. Auf einer gesonderten, unfoliierten Lage befindet sich ein Verzeichnis von Titulaturen, das mit dem *Titulus d(omin)i p(a)pe* beginnt. Darunter steht: *Sanctissimo in (Christo) ... ac d(omi)no d(omi)no Gregorio digna dei p(ro)uidentia sacrosancte ac vniversalis eccl(es)ie su(m)mo pontifici d(omi)no nostro p(rae)cipuo samt* Schlussformel und Unterschrift. Dann folgen die Anreden der Kardinäle, derjenigen auf dem Konzil von Pisa sowie der *Anticardinales*, ferner die des französischen, englischen, aragonesischen, kastilischen, polnischen und ungarischen Königs sowie des byzantinischen Kaisers, italienischer Großer und Städte, gegen Ende Schwurformeln.

Ganz anderes verhält es sich mit der ebenfalls als „Miscellanea Ruperti regis" bezeichneten Handschrift 906 aus der Serie der Kopialbücher des Karlsruher Generallandesarchivs[56]. Auch hierbei handelt es sich um eine Papierhandschrift, diesmal im Umfang von 338 foliierten Blättern samt einer unfolierten Lage mit zeitgenössischem Inhaltsverzeichnis. Dieses endet aber bereits mit der Beschreibung von Blatt 89. Es wurde in einem eingebundenen Quartheftchen von einer Hand des späten 15. Jahrhunderts weitergeführt. Der Band trägt einen Pappeinband des 18. Jahrhunderts. Die Handschrift diente ganz bestimmten Zwecken, wie ein Eintrag auf Blatt eins berichtet: *In gottes namen amen. Hie vahet an ein dutsche Register darynne des allerdurchluchtigisten hochgebornen fursten vnd h(er)ren h(er)n Ruprechts von gotes gnaden Romischen kuniges zu allen zyten merer des Richs briefe, die er mit sinen anhangenden ingesiegeln geben hat vnd sin eigin herscheffte vnd lande mit namen die Pfalntzgraffeschafft by Rine vnd sin hertzogtum in Beyern antreffend sin geschrieben stent von wort zu worte von der zyt an als* *eingefügt: *er * zu Romischem kunige gewelet wart indem jare, do man zalte nach Cristus geburte 1400 jare*[57].

Interessant ist, dass auf Blatt 68 recto ein Wechsel dahingehend erfolgt, dass es sich im folgenden unter dem Titel *Sequuntur acta p(er) d(omin)um ducem Ludovicu(m) vicar(iu)m imp(er)ii ad imper(iu)m concernentia* um ein Kopialbuch der Urkunden Ludwigs III. als Reichsvikar handelt. Wie Gerhard Seeliger bereits bemerkte, handelt es sich um Stücke, die während der Zeit von Ruprechts Italienzug entstanden, als sein Sohn als Reichsvikar fungierte. Auf Blatt 283 recto erfolgt noch einmal ein Eintrag *Hic sequnt(ur) l(itte)re latine registr(a)te […] d(omi)ni reg(is) c(on)cernentes*. Hier fin-

---

[55] GLAK, 67/905, f. 1r.

[56] GLAK, 67/906 Miscellanea Ruperti regis (1400–1410); Gesamtübersicht der Bestände des Generallandesarchivs, S. 203; Inventare des Grossherzoglich Badischen General-Landesarchivs, Bd. 1, S. 145; Seeliger, Registerführung, S. 252–254; Weizsäcker, Vorwort, S. XVIIIf.

[57] GLAK, 67/906, f. 1r.

den sich Präsentationen auf Benefizien sowie die Ehevertrags- und Mitgiftverhandlungen mit dem englischen König Heinrich IV. über die Heirat von dessen Tochter Blanca mit Ruprechts Sohn Ludwig III. Es folgen verschiedenartige Betreffe wie ein Verzeichnis von Kleinodien seiner 1401 verstorbenen Tochter Agnes, Ehefrau Graf Adolfs II. von Kleve-Mark[58], ferner ein Lehnsverzeichnis der bayerischen und Pfälzer Lehen[59]. Weitere Einträge betreffen das Verhalten der Amtleute sowie eine Liste der Burgmannen zu Alzey und zu Germersheim[60].

Eine ganz eigene Thematik hat das Karlsruher Kopialbuch 67/950[61]. Es handelt sich ebenfalls um eine Papierhandschrift, bestehend aus 145 Blättern. Die ersten sechs, die von der zeitgenössischen Blattzählung nicht erfasst wurden, waren für ein Inhaltsverzeichnis bestimmt, das aber bis auf bescheidene, die ersten elf Blätter umfassende Anfänge nicht erstellt wurde. Auch die Zählung des Bandes endet bei Blatt 39. Die Regesten sind in deutsche und lateinische Urkunden unterteilt und beginnen mit den deutschen. Eine Überschrift belehrt über den Zweck der Einträge: *Hie fahet an ein dutsche Register darynne geschrieben sint brieue und geschichte, als zu der abesetzunge konig Wentzlaws zu Beheim und herwelunge des allerdurchluchtigsten hochgebornen fursten und herren hern Ruprechts Romischen kunigs hergangen sint, und darnach treffelich sendebrieve und auch werbunge, die von demselben kunig Ruprecht nach siner erwelunge ußgschicket sint, und darzu manicherleye formen und zeichenungen, als mann hernach wol finden und sehen wirt. Und hant diese dinge angehaben in dem jare do man zalte nach Cristus geburte dusent und vierhundert jare oder nit lange darvor.*

Das lateinische Pendant findet sich auf Blatt 84 und lautet: *Hic sequuntur registrata in Latino plura deposicionem domini Wenceslai Bohemie regis a regno Romanorum ac electionem illustrissimi et invictissimi principis ac domini domini Ruperti regis moderni ad dictum regnum Romanorum concomitata, de Alimanico translata in Latinum, ac missive notabiles et ambaziate post electionem eiusdem domini regis per eum destinate, necnon diverse forme et signature, prout in sequentibus videri poterit*[62]. Hier war offenbar geplant, eine Art Dossier für die Angelegenheiten des Thronwechsels anzulegen[63]. Schaut man in den Inhalt, dann findet sich diese Annahme bestätigt. Neben Urkunden finden sich Gesandteninstruktionen und entsprechende Antworten. Die zweite, lateinischsprachige Abteilung bietet ähnliches, zum Teil aus dem Deutschen übersetztes Material.

---

58 Ebd., f. 314rf.: *Nota myn frauwen von Cleue kleynad.*

59 Ebd., f. 315r–119v und 324r–328r (dazwischen leer): *Feuda ad ducatu(m) Bauarie et comitatu(m) palatin(u)m Reni pertinencia etc.*

60 Ebd., f. 338r–v.

61 GLAK, 67/950. Dazu Gesamtübersicht der Bestände des Generallandesarchivs, S. 145; Inventare des Grossherzoglich Badischen General-Landesarchivs, Bd. 1, S. 145; Seeliger, Registerführung, S. 256f.; Weizsäcker, Vorwort, S. XII–XVIII.

62 Die Zitation folgt hier Seeliger, Registerführung, S. 256.

63 „[…] nicht nur ein Urkundenregister, sondern auch ein Kopial- und Sammelbuch der manigfachen die Thronumwälzung von 1400 illustrierenden Schriftstücke sollte dieser Codex bilden“; so Seeliger, Registerführung, S. 257.

4.10.2 Mischhandschriften

Das ganze dramatische Ausmaß der Schuldenpolitik Ruprechts wird am folgenden Geschäftsbuch erkennbar. Es handelt sich laut dem modernen Archivverzeichnis um „Pfandschaften und Forderungen unter König Ruprecht (1401–1410)“[64]. Auch hierbei handelt es sich um eine 384 Blätter starke Gebrauchshandschrift auf Papier, eingebunden in einen modernen Pappeinband. Sie wurde in einer schlichten, aber gleichmäßig ordentlichen Form von wechselnden Händen chronologisch geführt. Bereits Gerhard Seeliger bemerkte, dass sie keineswegs konsistent ist, sondern aus verschiedenen Einzelheften zusammengestellt wurde. Es beginnt mit einem Register der Soldzahlungen auf dem Zug in die Lombardei (*Registru(m) von des soldes wegen zu Lamparthen*)[65], gefolgt von verschiedenen Einträgen, deren gemeinsamen Nenner Finanzangelegenheiten bilden.

Im Generallandesarchiv in Karlsruhe befinden sich weitere Geschäftsbücher aus der königlichen Kanzlei, die bei näherer Betrachtung nicht annähernd dieselbe Sorgfalt in der Anlage und Durchführung aufweisen wie die hier vorgestellten Kanzleibücher. Hinzuweisen wäre auf das sogenannte Diarium Ruperti regis[66]. Es handelt sich dabei um eine kleine, 112 Seiten umfassende und von verschiedenen Händen geschriebene Kladde in Halbfolioformat, die in ein gotisches Neumenfragment aus dem frühen 13. Jahrhundert gebunden wurde. Die Paginierung erfolgte erst in der frühen Neuzeit. Auch hier ging es um verschiedene Angelegenheiten, die alle das Königtum Ruprechts betrafen wie Vereinbarungen mit verschiedenen Herren und Städten über die Lehnsnahme bzw. Huldigung, ferner eine Liste von Gläubigern Ruprechts, denen er Schuldbriefe gegeben hatte[67], Soldverträge, ein Verzeichnis der Reichsstädte und ihrer Steuerleitung[68] sowie weitere Unterlagen, die im Vorfeld des Italienzuges zusammengestellt wurden[69].

Auf der modern paginierten Seite 81 beginnen auf einer neuen Lage unter dem Titel *Registrum in quo signata est pecunia p(raese)ntata Johanni notario Cam(er)e d(o)mini reg(is) in anno 1401* Einträge von wechselnden Händen über die eingenommenen Gel-

---

64 GLAK, 67/871. Dazu Gesamtübersicht der Bestände des Generallandesarchivs, S. 202; Inventare des Grossherzoglich Badischen General-Landesarchivs, Bd. 1, S. 145; Seeliger, Registerführung, S. 258–260.

65 GLAK, 67/871, 1r–5r.

66 GLAK, 67/896 Diarium Ruperti regis (1401–1406); Gesamtübersicht der Bestände des Generallandesarchivs, S. 203; Inventare des Grossherzoglich Badischen General-Landesarchivs, Bd. 1, S. 145; Der Griff nach der Krone, Nr. 130, S. 271; Weizsäcker, Vorwort, S. Xf. (mit Hinweisen auf weitere Überlieferung); Seeliger, Registerführung, S. 260 f.

67 Wobei sich hier Verbindungen zu einem eingelegten Zettel im Kopialbuch GLAK, 67/809 Reichsregistraturbuch König Ruprechts, nach f. 155, ergeben.

68 GLAK, 67/896, S. 14 f.

69 Ebd., S. 15–80.

der für den Romzug und in der nachfolgenden Zeit bis 1407[70]. Auf Seite 95 findet man die Notiz, dass Ruprecht im Januar 1403 in Nürnberg für 150 Gulden seine Krone versetzt habe[71].

4.10.3 Nikolaus Bauman als Schreiber der ‚Reichsregister'

An dieser Stelle muss der Blick auf den einzigen in den Titeln der Auslaufregister erwähnten Schreiber Nikolaus Bauman (alias Buman) gerichtet werden. Er selbst bezeichnet sich in dem heute in Wien aufbewahrten Register der das Reich betreffenden lateinischen Urkunden als Schreiber und Registrator König Ruprechts ([…] *Nicolaum Buman registratore(m) d(ic)ti graciosissimi d(omi)ni mei regis*)[72]. Im Auslaufregister der deutschsprachigen Urkunden wird er noch ausführlicher, indem er sich als Nikolaus Bauman von L(a)uterburg, Kanoniker von St. German zu Speyer und Registrator seines gnädigen Herrn bezeichnet und auf den Eid hinweist, den er ihm darauf geschworen hat[73]. Es handelte sich bei ihm demnach um einen am benannten Kollegiatstift vor den Toren Speyers bepfründeten Kanoniker[74].

Nikolaus Buman stammte sehr wahrscheinlich aus der im unteren Elsass gelegenen, bischöflich speyrischen Stadt Lauterburg (frz. Lauterbourg)[75]. Er studierte zunächst in Prag und wurde dort im Jahre 1385 zum *Baccalaureus artium* promoviert. Aufschlussreich ist der soziale Kontext, in dem das Verfahren stattfand. Den Vorsitz hatten Nikolaus Burgmann und Nikolaus Prowin[76]. Wie Peter Moraw herausgestellt hat,

---

70 Ebd., S. 80–105.

71 Ebd., S. 95. Vgl. dazu Mittelalter. Der Griff nach der Krone, Nr. 130, S. 271. Zu Ruprechts Finanzlage vgl. Zorn, Anmerkungen; Nuding, Die Universität, der Hof, S. 221.

72 HHStAW, Reichsregister (Ruprecht), Bd. A, f. 1r; GLAK, 67/802, f. 1r. – In der Sekundärliteratur wird er m. W. fast durchgängig als Nikolaus Buman bezeichnet. Aus der späteren Überlieferung geht jedoch der Familienname Baumann (*buweman*) eindeutig hervor; vgl. GLAK, 67/1057, f. 272v, 273r, 369r.

73 […] *als daz mir Niclaus Bůman von Luterburg canonicke(n) zu sant German ußwendig der muren zu Spire des eg(ena)nt(en) myns gnedigen h(e)ren registratore(n) uff den eyd, den ich yme gesworen han entpholn ist;* HHStAW, Reichsregister (Ruprecht), Bd. C, f 1r. […] *als daz mir Niclaus Bůman von Luterburg canonicke(n) zu sant German ußwendig der muren zu Spire des eg(ena)nt(en) myns gnedigen h(e)ren registratore(n) uff den eyd, den ich yme gesworen han entpholn ist*; GLAK, 67/801, f. 1r.

74 Issle, Das Stift St. German, S. 121 (lediglich mit der Angabe seiner Wiener Immatrikulation 1399/1400). Peter Moraw hob die Kanzleitradition des Stiftes ausdrücklich hervor; Moraw, Kanzlei, S. 483, Anm. 75. Dazu auch Issle, Das Stift St. German, S. 112–114, 147f., 160f., 179f., 182.

75 Zu ihm vgl. Moraw, Kanzlei, S. 482–485; Ders., Gelehrte Juristen, S. 404; Lindner, Das Urkundenwesen Karls IV., S. 172.

76 Tříška, Repertorium biographicum universitatis Pragensis, S. 383: *Nicolaus Bu(e)man de Luterburg*. Zu ihnen auch Wagner, Universitätsstift, S. 217.

machten beide später unter König Ruprecht Karriere: Burgmann wurde als Speyerer Dompropst einer seiner Hauptdiplomaten[77], Prowin arbeitete in der Hofkanzlei[78].

„Nach einem Studienaufenthalt an der vornehmlich der Jurisprudenz gewidmeten päpstlichen Universität in Rom ließ er [= Nikolaus Bauman] sich 1389 als *pauper* in die Prager Juristenuniversität aufnehmen"[79], d. h. er kehrte zunächst einmal nach Prag zurück. Schon 1390 erscheint er als *Nycolaus Buman de Luterburg baccal. in art. Pragensis* in der Heidelberger Matrikel, wo er auch die Immatrikulationsgebühren entrichtete[80]. Es mag den Zeitumständen geschuldet sein, dass sich mit ihm eine Reihe weiterer Prager Absolventen inskribierte. So hört man wenige Einträge später von drei Prager Magistern der freien Künste namens Johannes Heimersheimer aus Alzey, Hermann Fleck aus Köln und Heinrich Lochner aus Hohenstadt, ferner von einem Prager Artistenbakkalaureus namens Johannes Beutler (oder Beutelmacher) von Weinheim (*Johannes Peratoris de Winheym*), der als Wormser Kleriker näher bezeichnet wurde[81]. Interessant daran ist, dass sowohl Johannes Peratoris von Weinheim einige Jahre später als öffentlicher Notar in kurpfälzischen Angelegenheiten nachweisbar ist wie auch ein Verwandter von Johannes Heimersheimer namens Jakob, ebenfalls ein öffentlicher Notar und „Schüler" des kurpfälzischen Protonotars Matthias von Sobernheim[82].

1399 suchte Nikolaus Bauman die Universität Wien auf, „zweifellos als Mentor des gleichzeitig immatrikulierten Heinrich von Helmstatt, eines Neffen des späteren Kanzlers" Raban von Helmstatt. Peter Moraw betrachtete ihn daher als dessen „Gefolgsmann", der von diesem „in die königliche Kanzlei berufen worden ist"[83]. Er

---

[77] Zu ihm Tříška, Repertorium biographicum universitatis Pragensis, S. 383; Moraw, Kanzlei, S. 483 f.; Fouquet, Das Speyerer Domkapitel, Bd. 2, Nr. 44, S. 367–369.

[78] Tříška, Repertorium biographicum universitatis Pragensis, S. 414; Moraw, Kanzlei, S. 482 f.; Wagner, Universitätsstift, S. 217 f.

[79] Moraw, Kanzlei, S. 483.

[80] Toepke, Matrikel Heidelberg, Bd. 1, S. 46.

[81] *Mag. Johannes Heymersheymer de Alczeia, magister arcium* [sic!] *Prag., d(edi)t; Mag. Hermannus Vleck de Colonia, magister arcium Prag. d(edi)t, Johannes Peratoris de Winheym cler. Wormac. dyoc. baccal. Prag, promisit* [...]*; Mag. Heinricus Lochner de Hoenstad, magister art. Prag. d(edi)t*; Toepke, Matrikel Heidelberg, Bd. 1, S. 46. Zu Heimersheimer, Vleck/Bleck und Hohenstadt vgl. auch ebd., S. 6, Anm. 2. Zu Hermann Vleck/Bleck, der sich 1390 in Köln immatrikulierte, vgl. auch Die Matrikel der Universität Köln, Bd. 1, Nr. 8,16, S. 59 (mit Anm. 16). Ansonsten Tříška, Repertorium biographicum universitatis Pragensis, S. 252 (Johannes Heimersheimer (*Heimersem de Altzeia*)); ebd., S. 191 (Hermannus Vleck(e) *de Colonia*); ebd., S. 325 (*Iohannes de Winheim (Wynheim), Peratoris*); ebd., S. 160 (*Henricus Lochner (Loe)- de Hoenstadt*).

[82] Zu Johannes Peratoris vgl. Moraw, Kanzlei, S. 473 (zum Jahr 1397. Zu Jakob Heimersheimer vgl. Brandenstein, Urkundenwesen und Kanzlei, S. 166 f. u. ö. Ferner für beide die Nachweise im Personenregister dieser Arbeit. Zum Lehrer-Schüler-Verhältnis vgl. Moraw, Kanzlei, S. 513.

[83] Moraw, Kanzlei, S. 483. – Die Matrikel bezeichnet Heinrich v. H. als *canonicus Spyrensis* (Die Matrikel der Universität Wien, Bd. 1, S. 55,6), während sein Begleiter als *Nicolaus Buman, canonicus ecclesie sancti Germani extra muros Spyrenses* eingetragen wurde (ebd., S. 56,1).

konnte ihn dort durch die Unterfertigung einer Urkunde erstmals am 26. Oktober 1400 nachweisen und sah ihn für zwei Aufgaben spezialisiert: „Unter der Oberleitung Rabans hat er die Reichsregister eingerichtet und im ersten Jahr geführt und danach das Amt einen Protonotars übernommen“[84]. Peter Moraw sah sowohl Registratur wie Unterfertigung parallel zueinander verlaufen. Vom Jahresbeginn bis zum Oktober 1401 erstreckte sich eine „intensive Unterfertigungstätigkeit; in dieser Spanne findet sich Baumans Name in knapp vierzig Prozent aller Vermerke“. Von April bis September 1402 hielt er immerhin noch einen Anteil von zwanzig Prozent. Dann verschwindet er aus der Überlieferung. Sein Pfründenbesitz gibt Auskunft darüber, dass er zwischen September 1402 und dem 8. Januar 1403 verstorben sein muss[85].

Nikolaus Bauman war Geistlicher; er verfügte über Pfründen, die ebenso wie sein Herkunftsname auf das Bistum Speyer verweisen. So besaß er bereits 1389 die Pfarre im elsässischen Soufflenheim östlich von Hagenau, die er bis zu seinem Tod behielt. Aus derselben vatikanischen Überlieferung geht hervor, dass er von Papst Bonifatius IX. mit einer der Kollation des Speyerer Bischofs unterworfenen Pfründe providiert wurde. Der Eintrag vermerkt auch, dass Nikolaus um dieselbe Zeit an der päpstlichen Kurienuniversität studierte[86]. Dies fiel in die Amtszeit Nikolaus' von Wiesbaden, der sich im Gegensatz zu seinem Konkurrenten Adolf von Nassau seit 1379 klar unter die römische Obödienz gestellt hatte. Man kann Nikolaus Bauman daher mit Berechtigung als Mitglied der Klientel Nikolaus' von Wiesbaden bezeichnen. Im Jahre 1399 ist er als Kanoniker von St. German in Speyer nachweisbar, womit er „den Höhepunkt seiner früh abgebrochenen Karriere erreicht“ hatte[87]. Der „schnelle Aufstieg Bumans und die Vielseitigkeit seiner Pflichten lassen annehmen, daß hier der Tod eine vielversprechende Karriere im Königsdienst jäh abgeschnitten hat“[88].

Allerdings stellt sich die berechtigte Frage, ob Nikolaus Bauman wirklich als Protonotar fungiert hat, wie zu lesen ist, und was das in seinem Fall eigentlich bedeutete? Peter Moraw wies darauf hin, dass dieser Titel ihm anlässlich einer diplomatischen

---

84 Moraw, Kanzlei, S. 483. Peter Moraw fußt hier auf Theodor Lindner: „Doch registrirt er nur bis in die zweite Hälfte des Januar 1401, da er zum Notar befördert wurde“; Lindner, Urkundenwesen, S. 32. – Er „ist der erste Registrator in der Geschichte der deutschen Königskanzlei, dessen Tätigkeit man bis ins einzelne verfolgen könnte“; Moraw, Kanzlei, S. 483.

85 Ebd., S. 484.

86 Ebd., S. 483. RepGerm, Bd. 2, Sp. 882f. (1389 November 15) mit dem Zusatz: *stud[ens] in curia*. – Zu der Mitte des 13. Jahrhunderts von Papst Innozenz IV. gegründeten Kurienuniversität vgl. Matheus, *Roma docta*, S. 130; Schwarz, Kurienuniversität.

87 Moraw, Kanzlei, S. 483; Issle, Das Stift St. German, S. 121.

88 Moraw, Kanzlei, S. 485. – Verwandte von ihm lassen sich noch drei Generationen später in kurpfälzischen Diensten nachweisen; vgl. GLAK, 67/1057, f. 272v (Johann Baumann (*Buweman*), Landschreiber von Oppenheim (1473 November 9); sein Wappen ebd., f. 273r (1468 Januar 28); ebd., f. 369r (Konrad Baumann von Lauterburg (*Contz Buwemann vo(n) Lute(r)burg*, 1474 Dezember 20)). Ein Nikolaus Baumann (*Buman*) der Junge war 1465 Kustos des Paulusstiftes zu Worms und hatte einen Bruder namens Hans; vgl. Heidelberg, Universitätsbibliothek, Urk. Barth 110 ([Worms?], 1465 Dezember 4).

Mission im Oktober 1401 beigegeben wurde; „seine Kanzleiarbeit läßt mit Sicherheit darauf schließen, daß er schon monatelang zuvor Protonotar war“[89]. Als „Nicolaus Buman, protonotar“ firmierte er auf deiner Zeugenliste einer Urkunde König Ruprechts aus dem Jahre 1401. Es handelte sich um die Ernennung des Benedictus Ser Landii de Celandinis aus Florenz zum Lateranensischen Pfalzgrafen[90]. Der Betreffende stammte offenbar aus einer Familie mit öffentlichen Notaren[91].

Betrachtet man die Überlieferung genauer, dann wird man sagen müssen, dass Nikolaus Bauman zwar in seinen diplomatischen Missionen vielfach namentlich genannt wird, doch ohne die Bezeichnung Protonotar. Gemeinsam mit dem Bischof von Verden, Konrad von Soltau, sowie Graf Philipp von Falkenstein reiste er zwischen Oktober 1401 und April 1402, d. h. während Ruprechts Italienzug und in dessen Auftrag, mehrmals an die päpstliche Kurie in Rom, um von Papst Bonifatius IX. – wenngleich vergeblich – die päpstliche Approbation des umstrittenen Königtums sowie das Plazet für die Kaiserkrönung zu erlangen[92]. Noch vor der Rückkehr Ruprechts aus Italien wurde Nikolaus Bauman von ihm an die Kurfürsten gesandt, um sie zu einem auf den 4. Juni 1402 anberaumten Hoftag in Mainz einzuladen[93]. Peter Moraw traf sicher die richtige Einschätzung, als er bemerkte, „ein Scheitern zu rechtfertigen und zu beschönigen ist nie eine leichte Aufgabe gewesen“[94].

Sicher war Nikolaus Bauman bei der Papst-Mission gemessen an Konrad von Soltau und Philipp von Falkenstein der Rangniedrigste. Doch übernahm er teils eigenständig Aufgaben, wie die Überbringung einer geheimen mündlichen Botschaft an den Pontifex[95] sowie Ruprechts Intervention diesem gegenüber zugunsten des Trierer Erzbischofs Werner von Falkenstein[96]. Man geht sicher recht in der Annahme, dass dies ein erhebliches Maß an Erfahrung, Kenntnissen, Fingerspitzengefühl und

---

89 Ebd., S. 484.

90 Sie wurde dem Betreffenden allerdings nicht ausgehändigt; vgl. RPR, Bd. 2, Nr. 1761 (Trient, 1401 Oktober 15). Auf Italienisch dürfte er wohl Benedetto di (Mes)-Ser Landi dei Celandini geheißen haben.

91 Vgl. RPR, Bd. 2, Nr. 6718 (Venedig, 1402 Januar 23).

92 Vgl. die Nachweise in RPR, Bd. 2, Nr. 1765 f. (Trient, 1401 Oktober 16); ebd., Nr. 1967 f. (Venedig, 1402 Januar 1); ebd., Nr. 1969 (Venedig, 1402 Januar 1–3); ebd., Nr. 1975 (Venedig, 1402 Januar 2); ebd., Nr. 2019 f. (Venedig, 1402 Januar 23); ebd., Nr. 2041 (Padua, 1402 Februar 2); ebd., Nr. 2147 (Padua, 1402 April 14). Ferner Löffler, Die Herren und Grafen von Falkenstein, Bd. 1, S. 60–62. – Die päpstliche Approbation erlangte erst der Hofkanzler Raban von Helmstatt im Jahre 1403; vgl. Schubert, Königsabsetzungen, S. 418–420. Zu der von Ruprecht erhofften Kaiserkrönung kam es nicht mehr.

93 RPR, Bd. 2, Nr. 2151 ([o. O., 1402 April 14–Mai 2); Deutsche Reichstagsakten, Ältere Reihe, Bd. 5, Nr. 207 f., S. 282–285.

94 Moraw, Kanzlei, S. 485.

95 RPR, Bd. 2, Nr. 2010 (Venedig, 1402 Januar 23).

96 RPR, Bd. 2, Nr. 2041 (Padua, 1402 Februar 2). Zu Erzbischof Werner von Trier (1388–1418) und den Problemen seiner Herrschaft; Seibrich, Werner von Falkenstein und Königstein. Er war ein naher Verwandter des o. g. Grafen Philipp von Falkenstein, der ebenfalls damals im Auftrag Ruprechts an die Kurie geschickt wurde; Löffler, Die Herren und Grafen von Falkenstein, Bd. 1, S. 60–63.

Eigenständigkeit sowie auch bereits bestehende Verbindungen zum Papsthof voraussetzte.

Sehr wahrscheinlich hängt Nikolaus' Einsatzbereich in Italien und an der päpstlichen Kurie mit seinen juristischen und sonstigen Kenntnissen sprachlicher und kultureller Art zusammen, die er dort in seinen Studienjahren erworben hatte. Peter Moraw betonte, dass Bauman „sowohl Urkunden geringerer Bedeutung als auch solche größeren Gewichts für nichtdeutsche Empfänger unterzeichnet" hat. Hierunter fiel auch ein Diplom für Francesco da Carrara, den Signoren von Padua, mit einer Urkundenarenga „mit programmatischen Erklärungen über Strenge und Milde des Herrschers und eine restaurative Politik"[97]. Allerdings bleibt methodisch die Frage bestehen, ob die Arenga wirklich aus der Feder des Nikolaus Bauman stammte oder ob hier ältere Herrscherurkunden für den Carraresen, die dieser reichlich besaß, als Vorlage gedient hatten.

Ob sich die dargestellten Qualifikationen nur auf das Studium bezogen oder ob noch andere hinzukamen, wäre zu diskutieren. Es wurde bereits oben erwähnt, dass sich 1390 gleichzeitig mit ihm der öffentliche Notar Johannes Peratoris von Weinheim in Heidelberg immatrikuliert hatte, der ebenfalls in der Kanzlei der Pfalzgrafen bei Rhein nachweisbar ist[98]. Angesichts des frühen Todes von Nikolaus Bauman fällt besonders auf, wie früh mit der Registerführung am Hofe Ruprechts begonnen worden war. Auch hier zeigen sich die starken Legitimationszwänge, unter denen der König stand, deutlich. Sie verstärkten sich noch, nachdem der Romzug katastrophal gescheitert war.

4.10.4 Resümee

Peter Moraw hat betont, dass sich Ruprechts Registerführung in starkem Maße von der seines Vorgängers bzw. Konkurrenten Wenzel wie auch von der seines Nachfolgers Sigmund unterschieden hat, indem sie sowohl eine reiche Gliederung als auch eine Trennung von Reichs- und Territorialangelegenheiten vornahm[99]. Er folgerte daraus, dass „Planung und Anlage der Register Rabans Werk gewesen sind", zumal „die beiden wichtigsten Registratoren, der spätere Protonotar Buman und Berthold Wachter, als Gefolgsleute des Kanzlers zu gelten haben. […] Damit sind sie weder der Pfälzer noch der Luxemburger Tradition zuzuordnen, sondern dem königlichen Kanzleramt."[100] Was man darunter zu verstehen hat, verriet Moraw allerdings nicht.

---

[97] Moraw, Kanzlei, S. 484, unter Bezug auf: Deutsche Reichstagsakten, Ältere Reihe, Bd. 5, Nr. 88, S. 143 f. (Innsbruck, 1401 September 25), und Fichtenau, Arenga, S. 276 f. (Zitat ebd., S. 176).

[98] Moraw, Kanzlei, S. 473. Er starb am 17. Dezember 1398.

[99] Ebd., S. 452 f.

[100] Moraw, Kanzlei, S. 453.

Betrachtet man das Ensemble dieser Kanzleiprodukte, zu denen die noch zu behandelnden Lehenbücher hinzuzunehmen sind, dann ergibt sich folgendes Ergebnis: Bei den Reichsregistern handelt es sich um Auslaufregister, die nach den verschiedenen Siegeltypen und nach den Urkundensprachen Lateinisch oder Deutsch gesondert geführt wurden. Ruprecht litt Zeit seines Lebens unter einem massiven Legitimationsproblem, das in der Form, wie er 1400 an das deutsche Königtum gekommen war, begründet lag[101]. Als Gegenkönig zu dem durch den Spruch der rheinischen Kurfürsten für abgesetzt erklärten Wenzel musste er sich nicht nur gegen diesen behaupten, sondern kämpfte in der Folgezeit auch noch mit gravierenden Finanzproblemen[102]. Diese verstärkten sich, als sein zum Zwecke seiner Legitimation durch die Kaiserkrönung betriebener Romzug an politischen Entwicklungen in Italien, vor allem aber an der nicht mehr beherrschbaren Finanznot scheiterte und bereits in der Lombardei abgebrochen werden musste[103]. Zumindest erhielt er mit der päpstlichen Approbation im Jahre 1403 einen Rechtstitel, der es ihm ermöglichte, seinem Königtum eine weitere Legitimation als nur die durch strittige Kurfürstenwahl zu verleihen[104].

Diese Probleme beim Königtum, bei den Finanzen und damit bei der Herrschaftslegitimation diktierten Form und Umfang der Kanzleiproduktion. Sie sorgten für eine differenzierte Registerführung, mit der unmittelbar nach Antritt des Königtums begonnen wurde und die dem Ziel diente, die Aktivitäten des frisch gekürten Gegenkönigs zu dokumentieren und damit zu legitimieren. Somit steht der These von der Modernität der Verwaltung Ruprechts die These vom übergroßen Legitimationsdefizit gegenüber; dessen Stillung diente die differenzierte Registerführung.

Es ist auffallend, wie reich die Übergabe der „Reichsregister" an den neuen König Sigmund in der älteren (und jüngeren) Forschung behandelt wurde[105]. Doch dürfte hierin, der Not des als Herrscher wenig erfolgreichen Gegenkönigs, der Schlüssel für die von Seeliger gelobte „Reichlichkeit, welche den archivalischen Nachlass Ruprechts auszeichnete"[106] und seiner von der neuen Forschung so hoch gelobten Modernität liegen. Betrachtet man dagegen die Kontexte, aus denen sich das Personal der Hofkanzlei rekrutierte, dann dürften auch hier ältere Strukturen und Personennetzwerke wirksam gewesen sein. Hinzuweisen wäre an dieser Stelle erneut auf die Mittlerfunktion Nikolaus' von Wiesbaden und seiner Klientel. Zu dieser zählte auch der Hofkanzler Raban von Helmstatt.

---

[101] Schubert, Königsabsetzung, S. 414–420. Vgl. dazu auch die Überlegungen bei Wagner, Universitätsstift, S. 217–219, hinsichtlich der Auswahl seiner Berater.

[102] Vgl. dazu Schubert, Königsabsetzung, S. 418; Ders., Probleme der Königsherrschaft, S. 179–184; Schaab, Geschichte der Kurpfalz, Bd. 1, S. 138–141

[103] Dazu vgl. Hammes, Ritterlicher Fürst und Ritterschaft, S. 74–76.

[104] Vgl. Schubert, Königsabsetzung, S. 418–420.

[105] Vgl. oben, Kap. 3.1: Mittelalterliche Kanzlei und ihre moderne Konstruktion. Die königliche Hofkanzlei im frühen 15. Jahrhundert.

[106] Seeliger, Registerführung, S. 265.

4.11 Das älteste Lehenbuch der Pfalzgrafen bei Rhein vom Jahr 1401

Angesichts der hier formulierten Thesen erscheint es sinnvoll, einen Blick auf das älteste Lehenbuch der Pfalzgrafen bei Rhein aus dem Jahr 1401 zu werfen. Es wurde 1981 von Karl-Heinz Spieß ediert; das Original liegt heute im Bayerischen Hauptstaatsarchiv zu München[1]. Sein wechselvolles Schicksal spiegelt die wechselvolle politische Geschichte der Kurpfalz in der frühen Neuzeit wider. Im Jahre 1688 wurde es dem kurpfälzischen Archiv durch Truppen Ludwigs XIV. entfremdet. Anlass war die Eroberung Heidelbergs im sogenannten Pfälzischen Erbfolgekrieg[2]. Bereits ein Jahrzehnt später gelangte es in die Kurpfalz zurück[3].

Der Kodex besitzt einen durchaus als repräsentativ zu bezeichnenden Charakter. Leider ist der Einband nicht zeitgenössisch, sondern entstammt dem 18. Jahrhundert. Das eigentliche Lehenbuch (ohne die beiden später entstandenen Register) umfasst 75 Blätter in Folioformat. Sie bestehen aus „feinem, beidseitig beschriebenen Pergament, das nur gelegentlich kleinere, vernähte Löcher aufweist“[4]. Der Text ist sehr sorgfältig in einer Bastarda-Buchschrift geschrieben. Majuskeln und Paragraphenzeichen wurden durch die Verwendung roter Tinte vom übrigen Text abgehoben[5].

Über den Entstehungszusammenhang hat sich Karl-Heinz Spieß ausführlich geäußert. Anlass war ganz offensichtlich der sogenannte Herrenfall; dieser war mit dem Tod Pfalzgraf Ruprechts II. am 6. Januar 1398 eingetreten. Im Gegensatz zu dessen Oheim und Vorgänger, Ruprecht I. († 1390), hatte Ruprecht II. nur die relativ kurze Zeitspanne von acht Jahren selbständig regiert. Nachfolger wurde sein gleichnamiger Sohn Ruprecht (III.). Der kometenhafte Aufstieg der Pfalzgrafen seit der Mitte des 14. Jahrhunderts bildete die Grundlage dafür, dass Ruprecht III. spätestens seit dem sogenannten Oppenheimer Vertrag im Jahre 1396 als potentieller Anwärter und aussichtsreichster Kandidat auf den deutschen Königsthron galt[6]. Von „daher sind seine Handlungen ab dem 6. Januar 1398 im Hinblick auf seine Thronambitionen zu beurteilen, die dann am 21. August 1400 zum Ziel führten“[7].

Neben den territorialen und finanziellen Grundlagen sprach Spieß „der pfalzgräflichen Vasallenschaft als einem Reservoir von Vertrauensleuten eine bedeutende Rolle“

---

1 HStAM, Abt. I, Oberster Lehenhof, Literalien, Nr. 1b; dazu Spiess, Das älteste Lehnsbuch, S. 1–3.

2 Vgl. ebd., S. 1, 6 f.; Neudegger, Geschichte der pfalz-bayerischen Archive der Wittelsbacher, Teil 1, S. 206. – Zum Pfälzischen oder Orléanschen Erfolgekrieg vgl. Schaab, Geschichte der Kurpfalz, Bd. 2, S. 149–153.

3 Spiess, Das älteste Lehnsbuch, S. 7.

4 Ebd., S. 1 f.; Zitat ebd., S. 2.

5 Ebd., S. 2 f.

6 Vgl. Moraw, Politik der Pfalzgrafschaft, S. 91 f.; Gerlich, Habsburg – Luxemburg – Wittelsbach, S. 171 f.; Schaab, Geschichte der Kurpfalz, Bd. 1, S. 123 f. Dazu auch Schubert, Königsabsetzung, S. 364–377.

7 Spiess, Das älteste Lehnsbuch, S. 3. Ferner Ders., Die Pfalzgrafen bei Rhein als Lehnsherren.

bei der Verwirklichung von Ruprechts Königtum zu. Als Problem wertete er dabei, dass die Pfalzgrafen über kein „ausreichendes Verzeichnis ihrer Lehnsmannen, auf die sie sich im Bedarfsfall stützen konnten", verfügten[8]. „Aus diesem Grund ließ Ruprecht III. offenbar sofort nach dem Tod seines Vaters mündlich oder schriftlich eine Aufforderung an alle pfalzgräflichen Vasallen zum baldigen Empfang ihrer Lehen von ihrem neuen Lehnsherrn verbreiten"[9]. Diese These wird indirekt durch den Text des Lehenbuches bestätigt; dort heißt es: *Daz ist eyn buche der lehen. Als die von dem důrchlůchtigten vnd mechtigen fůrsten h(er)n Růprecht pfaltzgrauen bij Ryne, des heiligen romischen riches erweler vnd hertzog zu Beyern, enpfangen vnd hie nach geschriben sint. Die selbe enpfahunge angangen ist off donrstag nach dem obirsten tage E(pi)ph(an)ia domini zu latin* [= 10. Januar] *nach Cristi geburte druzehenhundert vnd yn dem echt vnd nuntzigstem jare*[10].

Anders, als man vielleicht erwarten könnte, stellt das Lehenbuch jedoch kein unmittelbares Ergebnis dieser vier Tage nach dem Tod des Vorgängers einsetzenden Lehnserneuerungen dar. Denn in einem solchen Fall müsste man mit einer protokollartigen Mitschrift rechnen. Jener Lehenbuchtyp ist relativ häufig überliefert. Es handelt sich dabei im Allgemeinen um chronologisch strukturierte und meist von mehreren Händen verfasste Protokolle der Lehnsakte[11]. Im Gegensatz dazu weist das kurpfälzische Lehenbuch keine chronologische, sondern eine ständische Gliederung nach Grafen, Freiherren und Ritterbürtigen auf. Es stellt damit eine andere, fortgeschrittenere Redaktionsstufe dar. Nach Ausweis der Einträge haben in der Zeit zwischen dem vorausgegangenen Herrenfall durch den Tod Ruprechts II. und der Vollendung der Handschrift immerhin 438 Vasallen ihre Lehen von Ruprecht III. empfangen. Für ein Viertel dieser Belehnungen konnte Karl-Heinz Spieß entsprechende Lehnsreverse in der Überlieferung nachweisen[12]. Vereinzelte Hinweise deuten sogar darauf hin, dass man am Hofe Ruprechts III. generell mit Lehnsreversen, also Bestätigungsurkunden der Vasallen über den Empfang ihrer Lehen, rechnete[13]. Spieß nahm an, dass diese Lehnsreverse und demnach keine protokollartigen Mitschriften die eigentliche Grundlage für das Lehenbuch gebildet haben.

Dies leitet zu der Frage über, wann die Handschrift entstanden ist. Wie bereits erwähnt, begannen die Lehnsnahmen bereits wenige Tage nach dem Tod Ruprechts II. Mit der Reinschrift konnte aufgrund des ständischen Gliederungsprinzips jedoch erst begonnen werden, als zumindest der letzte Vertreter des hohen Adels seine Lehen

---

8 Spiess, Das älteste Lehnsbuch, S. 3.

9 Ebd; Wild, Lehenbücher

10 Ebd., S. 14 (die Korrekturen wurden anhand des Originals vorgenommen). Hiervor steht derselbe Text noch einmal auf Latein.

11 Ein entspechender Vertreter ist beispielsweise das älteste Lehenbuch der Markgrafen von Baden aus dem Jahr 1381; vgl. Theil, Das älteste Lehnbuch der Markgrafen von Baden, S. 179–215; ferner ebd., Anhang III: Abb. 1–3. Allg. Wild, Lehenbücher.

12 Spiess, Das älteste Lehnsbuch, S. 3 f. Zu den hier bestehenden Überlieferungsproblemen vgl. ebd., S. 4.

13 Vgl. ebd.

gemutet hatte. Aufgrund der Einträge ist „eine Abfassung in der zweiten Jahreshälfte 1401 höchst wahrscheinlich“[14], d.h. zu einem Zeitpunkt, als Ruprecht bereits über ein Jahr als römischer (Gegen)-König amtierte. Als Terminus ante quem dürfte der 15. Februar 1402 zu gelten haben[15]. Ähnlich wie im Jahre 1356 beanspruchte demnach auch hier die eigentliche Anfertigung der Handschrift kaum mehr als ein halbes Jahr.

4.11.1 Funktion des ältesten Lehenbuches

Betrachtet man das Lehenbuch unter funktionalen Aspekten[16], dann drängen sich einige Fragen geradezu auf. So wertete Karl-Heinz Spieß Ruprechts Italienzug, der zu jener Zeit stattfand, als eine Erleichterung für den Bearbeiter des Lehenbuches, „da ansonsten immer die Gefahr vorhanden gewesen wäre, dass mit der verspäteten Lehnserneuerung eines Grafen oder Freiherrn die ständische Anordnung der Vasallen durcheinander geraten“ wäre[17]. Verwunderlich ist allerdings, dass Ruprecht auf ein solches Hilfsmittel – wenn es denn ein solches war – beim Aufgebot seiner Vasallen für den Italienzug verzichtete, zumal sich ein erheblicher Teil derselben aus dem einheimischen Adel rekrutierte[18]. Jedenfalls stand das Lehenbuch zum damaligen Zeitpunkt noch nicht zur Verfügung.

Seiner Eignung als Kontrollinstrument, um verschwiegene Lehen aufzudecken, „scheint sich der Lehnsbuchbearbeiter erst allmählich klargeworden zu sein.“ Denn „anfangs begnügte er sich damit, bei einzelnen Einträgen über empfangene Lehen weitere nicht empfangene Lehen des betreffenden Vasallen anzugeben“. Erst nach der Verzeichnung aller empfangenen Lehen „begann offenbar die systematische Suche nach nicht gemuteten Lehen“[19]. Auf den letzten zehn Blättern der Handschrift folgen nämlich unter dem Titel *Nota diese nachgeschriben hant etwann diese nageschriben ire lehen beschriben geben und enpfa[n]gen und sie habent die nu von myme herren nyt enpfangen* zahlreiche Nachträge[20]. Diese betreffen, entsprechend der Ankündigung, nicht gemutete Lehen.

Ihre Ermittlung muss einen hohen Arbeitsaufwand erfordert haben, denn sie basierten offensichtlich auf umfangreichen Recherchen in den darüber vorhandenen Lehnsreversen. Verschiedentlich zu beobachtende Formulierungen wie [...] *die zu belegen*

---

14 Vgl. ebd., S. 5.

15 Ebd. Dieses Datum trägt – vermutlich – die einzige nachgetragene Lehnsnahme am Ende des Bandes; ebd., Nr. 545, S. 90; dazu ebd., S. 188.

16 Vgl. dazu auch das Kapitel über „Das Lehnsbuch als Kontrollinstrument“ ebd., S. 8f.

17 Ebd., S. 5. Ruprecht brach im August nach Italien auf.

18 Vgl. SCHAAB, Geschichte der Kurpfalz, Bd. 1, S. 127–129.

19 SPIESS, Das älteste Lehnsbuch, S. 8.

20 Ebd., S. 79, die Nachträge umfassen in der Edition die Nummern 442–545, S. 79–90. – Vgl. auch den Nachtrag unter Nr. 438: *Nota diese nachgeschriben sint etzwann der herschafft mann worden fur sich und ir erben und hat iglicher eynen brieff uber sich geben nach lute diß nachgeschriben briefs*. Dieser Titel umfasst die Nr. 438–441, S. 78f.; dazu ebd., S. 8.

nach sins briefes lude[21] oder *Diese lehin stent alle yn eym briefe*[22] oder *nach lute des briefes daruber*[23] oder *als sin brieff besaget*[24] bestätigen dies.

Wo die erwähnten Briefe lagerten, mag der folgende Hinweis verdeutlichen: *Nota han ich Conrad Rosengart heran gezeichent soliche lehen, als mich duncket, die nyt von myme herren enpfangen sin, daruber briefe in dem gewelbe sint*[25]. Berücksichtigt man, dass ein Konrad Rosengart[26] im Jahre 1390 durch Pfalzgraf Ruprecht II. für den Johannes-Altar in der Heidelberger Schlosskapelle präsentiert wurde[27] und König Ruprecht ihn am 1. März 1401 als seinen Kaplan bezeichnete[28], dann dürfte es sich, erstens, höchstwahrscheinlich um ein und dieselbe Person gehandelt haben, und, zweitens, als Aufbewahrungsort der Lehnsreverse das Briefgewölbe in der Burg zu Heidelberg gemeint sein. Mit anderen Worten, auch hier besteht – ähnlich wie bereits 1356 – der Hinweis auf ein Archiv.

Aufgrund der Ergebnisse der von Karl-Heinz Spieß unternommenen Recherchen entstammten entsprechende Urkunden, auf die hier offensichtlich rekurriert wurde, teilweise der ersten Hälfte 14. Jahrhunderts, teilweise waren sie vielleicht sogar älter[29]. Zumindestens verfügte man damals in der Kurpfalz über Dokumente, die es erlaubten, umfangreiche Recherchen über den Lehnshof und die ausgegebenen Lehnsgüter anzustellen. Dies leitet zu der einen Frage über, wozu das Lehenbuch von 1401/02 diente. Damit verbunden ist die Frage, welche Konsequenzen aus den durch aufwendige Recherchen im landesherrlichen Archiv ermittelten Mutungsversäumnissen gezogen wurden. Die für einen „an moderne Verwaltungstechniken gewöhnten Leser [...] überraschende Antwort lautet, dass sich aus diesem Verzeichnis – von drei Ausnahmen abgesehen – keine Folgen für die betroffenen Vasallen ergaben“[30]. Begründet sah Karl-Heinz Spieß dies darin, dass „die stürmischen Ereignisse im Gefolge des gescheiterten Romzuges derartige Überlegungen beiseite geschoben haben“ mögen[31], zumal er den praktischen Wert der Handschrift „spätestens seit der Vierteilung der Pfalzgrafschaft im Jahr 1410“ als weitgehend verloren ansah[32].

Merkwürdig mutet demgegenüber an, dass das Lehenbuch in der darauffolgenden Zeit in Gebrauch blieb, wie vereinzelte Nachträge belegen. In der zweiten Hälfte des 15. Jahrhunderts wurde es sogar erstmals mit einer Paginierung versehen sowie ein den Inhalt

---

21 Ebd., Nr. 444, S. 79 f., hier S. 80.
22 Ebd., Nr. 456, S. 81.
23 Ebd., Nr. 474, S. 82; ähnlich ebd., Nr. 480, S. 84; ebd., Nr. 494, S. 86.
24 Ebd., Nr. 484, S. 84; ebd., Nr. 503, S. 86; Nr. 508, S. 87.
25 Ebd., Nr. 451, S. 80.
26 Zu seiner Biographie vgl. ebd., S. 5 f. und unten Kap. 4.11.3: Der Verfasser des ältesten kurpfälzischen Lehenbuches.
27 RPR, Bd. 1, Nr. 5275; Spiess, Das älteste Lehnsbuch, S. 5.
28 Vgl. RPR, Bd. 2, Nr. 694; Spiess, Das älteste Lehnsbuch, S. 6.
29 Vgl. die entsprechenden Nachweise bei Spiess, Das älteste Lehnsbuch, S. 176–188.
30 Ebd., S. 8 f.
31 Ebd., S. 9.
32 Ebd.

erschließendes Register hinzugefügt[33]. Entweder kann man es nun bei der Annahme belassen, dass das Lehenbuch in den stürmischen Zeiten ab 1402 tatsächlich vergessen wurde[34], oder es wäre zu überlegen, ob es vielleicht ganz anderen Zwecken gedient hat als jenen der Verwaltung und Herrschaftsrationalisierung. Gegen beides spricht nämlich zum einen die Textanordnung, deren einziges Gliederungskriterium die ständische Zugehörigkeit bildet. Dieser Zustand wurde im Mittelalter nicht mehr behoben, wie das über ein halbes Jahrhundert jüngere Register dokumentiert[35]. Neben einem späteren aus dem 16. Jahrhundert wird die Handschrift nämlich von einem unfoliierten Register des späten 15. Jahrhunderts erschlossen. Es ist auf einer separaten Lage dem eigentlichen Text vorgebunden und trägt die Überschrift: *Register hertzog Ruprechts, der darnach zu Romische(n) konig erwelt ward ab anno M°CCC°XCVIII°*[36]. Seine Foliierung stammt von derselben Hand, die im 15. Jahrhundert das Register anlegte[37]. Ebenso spricht dagegen die Tatsache, dass die Einträge in der Regel nicht datiert sind. Dies betrifft auch die Abschnitte gegen Ende der Handschrift, in denen die verheimlichten bzw. nicht neu gemuteten Lehen nachgewiesen wurden. Es finden sich keinerlei Hinweise z. B. in Form von Signaturen o. ä., die es ermöglicht hätten, auf die zugrundeliegenden rechtsrelevanten Belegstücke in irgendeiner Form Bezug zu nehmen. Ohne größere Suchaktionen war deren abermalige Auffindung im Archiv damit schlicht unmöglich.

Die eingangs angesprochene repräsentative Ausstattung des Kodex verweist in einen ganz anderen Gebrauchszusammenhang. Es stellt aufgrund des bisher Gesagten meines Erachtens die Dinge auf den Kopf, wenn Spieß betont, „daß bei der Anlage des Lehnbuches neben dem dinglichen Element, d. h. der Zusammentragung der Lehnsobjekte, auch die personale Erfassung der Vasallenschaft eine wichtige Rolle spielte"[38]. Viel

---

33 Vgl. ebd., S. 1 f.

34 Schon Woldemar Lippert schob die „zeitweilige Nichtbenutzung" von Lehenbüchern auf die „Lässigkeit" der „Kanzleibeamten". Er beobachtete überdies, dass man „anderwärts ein bestehendes älteres Lehnbuch manchmal völlig vergessen zu haben [scheint], bis es gelegentlich einmal ein Menschenalter später einem Kanzleibeamten in die Hände fiel und der vorhandenen leeren Blätter wegen für einige Einträge benutzt wurde, um dann vielleicht abermals Jahrzehnte hindurch zu ruhen, ehe es nochmalige Verwendung fand"; Lippert, Die deutschen Lehnbücher, S. 97.

35 Vgl. dazu Spiess, Das älteste Lehnsbuch, S. 1: „Das zweite [das erste datiert Ende 16. Jh.] Register gibt zuerst die entsprechende Folienzahl des Lehnsbuches an und dann die auf diesem Blatt genannten Vasallen, wobei die originale Reihenfolge der Einträge beibehalten wird. Die zu den einzelnen Blättern gehörenden Vasallen sind durch Klammern zusammengefasst und somit von den folgenden Namen abgehoben. Hinter jedem Vasallen steht der Anfangsbuchstabe seines Familiennamens, offenbar als Vorbereitung [!] für ein nicht durchgeführtes oder nicht erhaltenes alphabetisches Verzeichnis der Lehnsmannen".

36 Vgl. ebd., S. 1 f.; ferner ebd., S. 14, Anm. a.

37 Ebd., S. 2.

38 Ebd., S. 8. Er begründet dies – basierend auf Lippert – damit, dass die Lehenbücher „in Anlehnung an die Urbare entstanden" sind. Von diesen unterscheiden sie sich nur dadurch, „daß sie auf die Namen der Vasallen ausgerichtet sind, während für die Anlage der Urbare der Name des Ortes, in dem der Besitz lag, maßgebend war"; Spiess, Lehnbuch, Lehnregister, Sp. 1687; Lippert, Die deutschen Lehnbücher, S. 14–23.

eher wird man behaupten dürfen, dass „die personale Erfassung der Vasallenschaft" ganz offensichtlich die Hauptrolle bei der Anlage der Handschrift gespielt hat. Nach Beschreibstoff, Ausstattung und Format zu urteilen, diente sie denn wohl auch vornehmlich der Repräsentation des fürstlichen Lehnsherrn und seiner Vasallität und eben nicht Verwaltungszwecken.

Nicht zuletzt die ständische Gliederung dieser Repräsentationshandschrift dokumentiert dies eindringlich, während – im Gegensatz hierzu – Indizes zur Erschließung der Lehnsgüter fehlen und solche später auch nicht mehr hinzugefügt worden sind. Das Lehenbuch fungierte damit als repräsentatives Abbild, als Spiegel des kurpfälzischen Lehnshofes[39]. Es verdient den Hinweis darauf, dass es dies in einer Form tat, die zweifellos eines Königs würdig war.

4.11.2 Das älteste Lehenbuch für die Kurpfalz und das Lehenbuch König Ruprechts

Das Lehenbuch, das Ruprecht in seiner Eigenschaft als deutscher König für die Reichsvasallen anfertigen ließ, ist eine 253 Blätter starke Papierhandschrift und befindet sich heute im Österreichischen Staatsarchiv in Wien, in der Abteilung Haus-, Hof- und Staatsarchiv. Die Überschrift auf der ersten Seite lautet: *In disem register sint geschriben alle die die yre lehen entphangen hant von dem aller durchluhtigisten fürsten vnd h(er)ren h(e)rn Rupreht von gots gnaden romischem konge zu allen zijten mer(er) deß rijchs alz von eine(m) römischen könge nach dem als er sine erste cröne entphangen hatte zu Colne off der heiligen drier kunge tag Epiphania d(omi)ni zu latine deß jaris do ma(n) zalt nach Cristus gebörte dusent vierhund(er)t vnd ein jare* [= 1401 Januar 6][40]. Ein weiteres Exemplar, offensichtlich eine Abschrift, befindet sich

---

39 Ähnliche Beobachtungen finden sich bei Theuerkauf, Land und Lehnswesen vom 14. bis zum 16. Jahrhundert, S. 62 f. – Die Miniatur des thronenden, den Lehnseid entgegennehmenden Pfalzgrafen Friedrich I. in seinem 1471 entstandenen Lehenbuch ist für diesen Anspruch evident; vgl. GLAK, 67/1057; Spätgotik am Oberrhein, Nr. 465, S. 369 (mit der älteren Literatur); Krimm, Ein königgleicher Lehenhof; Andermann, Lehnsbuch des Pfalzgrafen Friedrich I., S. 442–443; Wild, Lehenbücher; ferner Weech, Ueber die Lehenbuecher; Buchner, Innere Regierung, S. 121; Vaassen, Die Werkstatt der Mainzer Riesenbibel, Sp. 1360 f.; Frommberger-Weber, Spätgotische Buchmalerei am Oberrhein, S. 108–112, bes. S. 109 f.; Rehm, *allzyt dienen, gewarten, gehorsam und verbunden sin alz manne iren herren*, S. 43 f. Eine Abbildung findet sich im Anhang dieser Arbeit, Kap. 3: Verwaltungsbehelfe oder Zeugnisse symbolischer Kommunikation? – Zum Problemfeld ‚Lehnsrecht und Landesherren' vgl. auch Diestelkamp, Lehnrecht und spätmittelalterliche Territorien, S. 77–86.

40 Wien, Österreichisches Staatsarchiv, Haus-, Hof- und Staatsarchiv, Reichsregister (Ruprecht), Bd. B; dazu Moraw, Kanzlei, S. 440 f.; Seeliger, Die Registerführung am deutschen Königshof, S. 254 f.; Weizsäcker, Vorwort, S. V. Dazu auch Krieger, Die Lehnshoheit der deutschen Könige, S. 103 f.

heute in München[41]. Im Gegensatz zum oben behandelten ältesten Lehenbuch für die Kurpfalz kündigt es sich zwar ähnlich an, bewegte sich jedoch in ganz anderen Formen. Nach einem ca. 15 Zentimeter breiten Zwischenraum folgt unten auf der ersten Seite unter der Überschrift *Her Friderich erczbischoff zu Colne* die Mitteilung: *Zum ersten hat der erwurdige h(er) Friderich erczbischoff zu Colne sine lehen entphangen zu Colne off frijtag den nehsten dag nach Epiphania d(omi)ni in dem obgen(annten) jare. Vnd hat iem min h(er)re geluhen alles daz ein römisch konig eine(m) erczbischoff zu Colne vnd herczoge(n) in Westfalen etc. billich lihen sal. So hat er gesworn mine(m) h(er)ren in diser forme: Ich swere* *gestrichen: *daz ich** *mine(m) gnedige(n) h(er)ren h(er)n Rupreht romischem konge vnd zukünftigem kaiser getruwe vnd holt vnd gehor zu sin, sine(n) schaden zu warne(n) vnd bestis zu w(er)ben vnd ien vor mine(n) rehte(n) h(er)ren zu halten vnd iem alles daz zu tun daz ein erczbischoff zu Colne vnd kurfürste eine(m) romischen konge billich dun sal. Mit solicher schonheit vnd zirheit alz darzu gehorit vnd gewonlich ist.*

Hier wird also detailliert geschildert, wie und wann die jeweiligen Lehnsakte vor sich gingen. Sie begannen am Tag nach Ruprechts Königskrönung, die am Dreikönigstag in der Domstadt Köln erfolgt war. Der erste, der am 7. Januar die Lehen empfing und den Lehnseid schwor, war der Kölner Erzbischof für sein Erzstift und das Herzogtum Westfalen. Es folgte noch am gleichen Tag Graf Adolf von Kleve und Mark und einen Tag später Erzbischof Johann von Mainz, Herzog Stefan von Bayern, Herzog Karl von Lothringen und Erzbischof Werner von Trier. Auf den 18. Januar datiert der Eintrag zu Graf Adolf von Waldeck, während ein Hermann Perchtaler am 1. Februar 1401 auf der Kadolzburg seine Lehen empfing. So geht es nach den ersten prominenten Lehnsnehmern in ständisch nicht differenzierter bunter Folge weiter. Hohe Adelige und Geistliche stehen neben kleinen Rittern und Bürgern, Fürstentümer neben Kleinbesitz. Die Einträge entsprechen folgendem Schema. Nach einer Überschrift (z. B. *Hertzog Karle von Lotringen)* kommt ein Text folgenden Inhalts: *Item off die selben iare vnd dag hat der hochgeborn hertzog Karle vo(n) Lotringen entphangen waz er zu lehen hat von dem rijche vnd hat iem min h(e)re geluhen waz er iem von rehtis wege(n) lihen solte. So hat er auch mine(m) h(er)en daruber huldung getan mit glubde vnde eide alz gewonlich ist*[42]. Vereinzelt finden sich Nachträge wie der zum Würzburger Bischofselekten Johann, der am 4. Februar in Nürnberg seine Lehen empfing, ergänzt um den späteren Nachtrag:mit Hinweis auf einen gleichlautenden Lehnsrevers des Bischofs von Eichstätt (*vnd hat eine(n) Brieff als my(n) h(er)re vo(n) Eystet(e)n hat*)[43].

---

41 Auch hier findet sich folgende Überschrift: *In diesem register sint geschrieben alle die, die yre lehen enphangen hant von dem allerdurchluchtigsten fursten vnd he(r)en heren Ruprecht von gots gnaden romischen kunge zu allen zyten merer des richs als von einen romschen konge, nach dem er sine erste crone enphangen hatte zu Colne uff der heiligen dryer kunige tag Epyphania d(omi)ni zu latine des jaris do man zalte nach Cristi geborte dusent vierhund(er)t vnd ein jare*; HStAM, Abt. I, Oberster Lehenhof, Literalien Nr. 1a, hier f. 1r; vgl. auch Spiess, Das älteste Lehnsbuch, S. 10.

42 HHStAW, Königliches Lehnsregister B, f. 2r.

43 Ebd., f. 1r–2v.

Auf der Rückseite von Blatt 64 enden die Lehnseinträge mit Konrad Gewder aus Amberg und dem Datum 19. April 1410 zu Nürnberg. Es folgen leere Blätter, über die die Paginierung hinweg läuft. Erst auf Folio 97 recto findet sich einen neue Überschrift: *Secuntur feoda a d(omi)no n(ost)ro in Italia acceptata*. Die mit dem trentinischen Adeligen Azzone Francesco de Castelbarco (*Castrobarcho*[44]) neu einsetzenden Einträge reichen bis Folio 98 recto und enden mit Johannes Pezini. Dann folgen wieder leere Seiten bis Blatt 159. Auf dessen Vorderseite steht die Überschrift: *Als myn h(er)re der bischoff von Eysteten sin lehen vnd regalia enphangen hat von my(nem) h(er)ren*, gefolgt vom entsprechenden Urkundentext Ruprechts für Bischof Friedrich von Eichstätt[45] und weitere Königsurkunden für verschiedene Empfänger, die bis Folio 188 verso reichen.

Es folgen weiße Blätter und das Ende der zeitgenössischen Foliierung auf Blatt 192r; diese setzt erst auf f. 215r wieder ein. Dort finden sich Einträge mit folgendem Titel: *Nota diese nachgeschr(ieben) lehen hat my(n) h(er)re geluhen nach dez von Stralenb(er)gs dode. Also erfinde sich daz er die vo(n) rechtz wege(n) lihen solle daz dan(n) die lihunge crefftig v(er)libe. Ist dez nit so sal es gentzlich abesin*. Es schließen sich vier Abschriften oder Regesten von Urkunden an, die um das Fest Mariae Himmelfahrt 1408 ausgestellt wurden. Nach wenigen leeren Seiten folgt auf Blatt 217 verso unter der Überschrift *c(omu)nis forma* ein Formular für die Lehensurkunden Ruprechts: *Wir Rupr(echt) etc. bekenne(n) etc. daz fur vns kom(m)en ist unß(er) lieb(er) getruwer etc. vnd bat vns daz wir im diese nachgeschr(ieben) gute(r) mit namen etc. die von vns vnd dem heiligen riche zu lehen rurent* *gestrichen: *zu lehen rurent** *[...]*. Mit dieser Lage endet der zeitgenössische Text, gefolgt von einem frühneuzeitlichen Register auf einer gesonderten Lage.

Die Diskussion über diese Handschrift konzentrierte sich bislang weniger auf funktionale, sondern auf formal-typologische Aspekte[46]. Laut Karl-Heinz Spieß wurde darin „der Übergang zu einem echten Lehnsaktregister vollzogen", während das oben behandelte kurpfälzische Lehenbuch Ruprechts „in der Entwicklung der Quellengattung [lediglich] eine Zwischenstellung zwischen einem Lehnsbuch und einem Lehnsregister einnahm". Als den entscheidenden Unterschied wertete Spieß die Tatsache, dass die Einträge „N hat empfangen N", wie sie sich in beiden Lehenbüchern finden, im Gegensatz zum kurpfälzischen im Fall des Reichslehenbuchs „ausnahmslos mit dem Datum der Belehnung versehen" sind[47]. In diesem Zusammenhang von einer positiven Entwicklung des Handschriftentyps zu sprechen, mag der Anlehnung des Autors an die archivarische Terminologie zuzuschreiben sein[48]. Denn im Grunde wird damit implizit eine Art von Verwaltung vorausgesetzt, die fortschreitende Rationa-

---

44 Vgl. RPR, Bd. 2, Nr. 1756 (Trient, 1401 Oktober 14).
45 Ebd., Nr. 465 (Nürnberg, 1401 Februar 5).
46 Vgl. die Argumentation bei Krieger, Die Lehnshoheit der deutschen Könige, S. 103f.
47 Spiess, Das älteste Lehsbuch, S. 10.
48 Vgl. dazu auch Spiess, Lehnsbuch, Lehnsregister, Sp. 1687f.; Lippert, Die deutschen Lehnbücher, S. 118–123.

lisierung als Zweck ihres Handelns betreibt[49]. Es wäre damit eine Verwaltung, die, wie in diesem Beispiel, die Vorteile eines dem Lehnsakt zugefügten Datums entdeckt und für ihre (Verwaltungs)-Zwecke zu schätzen lernt und deshalb hinzuzufügen beginnt.

Es stellt sich allerdings die Frage, ob mit dem Fehlen oder mit dem Vorhandensein des Datums der wesentliche Unterschied zwischen beiden Handschriften markiert wird. Abstrahiert man einmal von dem Verwaltungszweck, der für das kurpfälzische Lehenbuch überhaupt nicht nachgewiesen werden konnte, dann fällt der Zugang zu den Unterscheidungsmomenten um einiges leichter. Der wesentliche Unterschied zwischen beiden liegt offensichtlich nicht im Datum, sondern in der Tatsache begründet, dass das Reichslehenbuch, neben einer grundsätzlichen Scheidung in deutsche und italienische Lehen[50], nicht ständisch, sondern chronologisch strukturiert war[51]. Es bot damit keinen kalligraphisch auf Pergament gebannten Lehnshof, sondern „eine fortlaufende Uebersicht der vom Könige thatsächlich vollzogenen Belehnungshandlungen“[52]. Die zeitgenössische Terminologie schied hier zwischen einem *buche*, wie das kurpfälzische Lehenbuch, und einem *register*, wie das Reichslehenbuch bezeichnet wurde.

Neben dem terminologischen soll an dieser Stelle noch einmal der funktionale Aspekt beleuchtet werden. Es stellt sich nämlich die berechtigte Frage, welcher der beiden Lehenbuchtypen nun tatsächlich der weniger entwickelte ist. Man wird wohl – trotz des hinzugefügten Datums – behaupten dürfen, dass die chronologische Abfolge die primitivere Entwicklungsstufe gegenüber der ständischen darstellt. Beide Typen besaßen ihre spezifischen Einsatzmöglichkeiten und Entstehungszusammenhänge.

Drei Fragen erscheinen daher an dieser Stelle reizvoll: Zum einen die nach dem Verfasser des kurpfälzischen Lehenbuches, zum zweiten, woher man in der Kurpfalz die Anregungen empfing, und zum dritten, die Frage nach der weiteren Entwicklung des kurpfälzischen Lehenbuchwesens. Zumindest zu den beiden letzten Fragen und vielleicht auch zur ersten lassen sich Antworten finden, die den inzwischen über drei Jahrzehnte alten Kenntnisstand von Karl-Heinz Spieß zu erweitern helfen.

---

49 Vgl. entsprechend dazu die Darstellung ebd.

50 Unter letzterer Rubrik sind allerdings nur sieben Belehnungen verzeichnet; vgl. Seeliger, Die Registerführung am deutschen Königshof, S. 254; allg. Lippert, Die deutschen Lehnbücher, S. 89.

51 Auf solche funktionalen Aspekte geht die Darstellung ein bei Lippert, Die deutschen Lehnbücher, S. 85–87, 90–96.

52 „In zwei gesonderten Abtheilungen wurden schrittweise auf Bl. 1–69 und 97–98 (70–96 blieben leer) die königlichen Verleihungen deutscher und italienischer Lehen vermerkt – die ersteren während aller Regierungsjahre, letztere unter der Ueberschrift *secuntur feoda a domino nostro in Italia acceptata* bloss in sieben Regesten vom Oktober und November 1401). Eine dritte Abtheilung bringt auf Bl. 159–188 (Bl. 98' bis 158 blieben unbeschrieben) eine Auswahl von Lehenbriefen aus allen Regierungsjahren, eine Auswahl, die theils mit Rücksicht auf die Verschiedenheit der Formulare, theils ohne ersichtlichen Grund getroffen wurde“; Seeliger, Die Registerführung am deutschen Königshof, S. 254 f.

4.11.3 Konrad Rosengart, Verfasser des ältesten kurpfälzischen Lehenbuches

Es bestehen gewichtige Anhaltspunkte dafür, in dem bereits erwähnten Konrad Rosengart, der sich mitten im Text des Werks selbst bezeichnet[53], den Autor zu erblicken[54]. Vermutlich derselbe ist 1389 als Kanoniker, 1397 als Thesaurar am Augustinerchorherrenstift St. Peter zu Wimpfen im Tal belegt. In dieser Eigenschaft pachtete er am 5. Mai 1397 von der Universität den früheren Judenfriedhof samt einem benachbarten Haus und Garten in der Stadt Heidelberg. Es sind die Abschriften von zwei in diesem Zusammenhang ausgestellten Urkunden in der universitären Überlieferung erhalten. Die eine enthielt die Pachtmodalitäten, und ihr Aussteller ist der Heidelberger Rektor Matthäus von Krakau in Stellvertretung für die Universität[55]. Die andere stammte von Konrad Rosengart selbst, der als Aussteller Folgendes bestätigte: *recognosco per infrascripta, quod venerabilis vir magister Matheus de Cracovia sacre theologie professor egregius rector studii Heydelbergensis matura deliberacione prehabita et consensu eiusdem mihi ad tempora vite mee locavit cymeterium olim Iudeorum* [...] *sub certis pactis, modis et formis, que bona fide omni fraude et dolo cessantibus servare promitto secundam formam inscriptam.* Es folgte der inserierte Urkundentext des Heidelberger Rektors, dem sich ein Eschatokoll folgenden Inhalts anschloss: *In cuius rei testimonium sigillum meum presentibus est appensum. Datum ut supra*[56]. Aufschlussreich ist, wie gekonnt beide Parteien mit der auf Lebenszeit des Pächters angelegten Rechtsmaterie umgingen und wie dieser die Vertragsmodalitäten kurzerhand in seine Bestätigungsurkunde inserierte und damit anerkannte[57].

1392 hatte sich Konrad Rosengart an der Universität Heidelberg als *dom. Conradus Rosengart presbiter Wormac. dioc.* immatrikuliert[58]. Er war vermutlich ab 1390 Kaplan auf der Heidelberger Burg[59] und dürfte mit der Betreuung des dortigen Gewölbes

---

[53] *No(ta) han ich Conrad Rosengart heran gezeichent soliche lehen, als mich duncket, die nyt von myme herren enpfangen sin, daruber briefe in dem gewelbe sint*; Spiess, Das älteste Lehnsbuch, Nr. 451, S. 80; ferner Abb. vor S. 17.

[54] Zu ihm ebd., S. 5 f.

[55] Die Rektorbücher der Universität Heidelberg, Bd. 1, Nr. 240, S. 273 f. ((1397) Mai 5). Dazu auch Nuding, Die Universität, der Hof, S. 223, Anm. 162.

[56] Die Rektorbücher der Universität Heidelberg, Bd. 1, Nr. 62, S. 126 (1397 Mai 5).

[57] So heißt es in der Universitätsüberlieferung auch entsprechend: *Dominus Conradus Rosengart sub sigillo suo universitati dedit litteram eiusdem tenoris, ut supra, in qua recognovit se bona fide sine dolo et fraude esse et fore obligatum ad contenta in eadem*; Die Rektorbücher der Universität Heidelberg, Bd. 1, Nr. 240, hier S. 274. – Der Garten war 1400 schon nicht mehr in seinem Besitz; vgl. ebd., Nr. 292, S. 312 f.

[58] Toepke, Matrikel Heidelberg, Bd. 1, S. 52.

[59] RPR, Bd. 1, Nr. 5275 (Heidelberg, 1390 November 13). Er wurde Nachfolger des kurze Zeit vorher verstorbenen Dyemar von Heidelberg. Dieser firmiert als erster Student (und unmittelbar vor zwei *de Nouo lapide*) in der Heidelberger Matrikel; vgl. Toepke, Matrikel Heidelberg, S. 9 und ebd., Anm. 8. – Ein Verwandter namens Johannes Rosengart wurde 1396 von Ruprecht II. († 1398) für den St. Johannesaltar auf der Heidelberger Burg präsentiert; vgl. Spiegel, Urkundenwesen, Bd. 1, S. 138.

(*gewelbe*), d. h. dem Lagerort der Urkunden und sonstiger Schätze, betraut gewesen sein[60]. Gestorben ist er bereits gegen Ende des Jahres 1403[61]. Die Wimpfener Pfründe, die er besaß, scheint im Besitz der Universität gewesen zu sein. Jedenfalls entspann sich um ihre Nachbesetzung ein Streit, in dem König Ruprecht 1405 eine Schiedskommission einsetzte, die aus dem Professor für Theologie Matthäus von Krakau, dem Doktor beider Rechte Job Vener, Ruprechts Protonotar Matthias (von Sobernheim) und dem Hofmeister bestand[62].

Spieß' Resümee zum ihm lautete, „dass Konrad Rosengart ein möglicherweise nicht akademisch geschulter, aber ein von seinen geistlichen Ämtern und von seiner praktischen Tätigkeit im pfalzgräflichen Archiv her kompetenter Bearbeiter [...] war"[63]. Hierzu ist zu sagen, dass der Archivar nicht nur für das Archiv zuständig war, sondern für das Gewölbe insgesamt. In diesem lagerten jedoch – nach dem, was wir zumindest knapp drei Jahrzehnte später erfahren – u. a. das Tafelsilber, auf welches der Gewölbewärter ebenfalls Acht haben sollte[64].

Wie wird man Konrad Rosengart über das Resümee von Spieß hinaus und vor dem hier erarbeiteten Hintergrund zu bewerten haben? Nach allem, was durch die Forschungen Peter Moraws bekannt ist, war er kein Mitglied der Hofkanzlei. Es wäre andererseits vermutlich ebenso anachronistisch, ihn ausschließlich auf die Tätigkeit als Archivar zu reduzieren. Ob die Familie in engeren Beziehungen zu den vom Stein stand, kann nur Vermutung bleiben. Immerhin immatrikulierte sich im Jahre 1400 Peter vom Stein im selben Semester wie *Johannes Rosengart de Heydelberg* und *Erhardus Rosengart (de Heidelberg)*[65]. Im darauffolgenden Oktober finden sich *Petr[us]*

---

60 Bei einer vom 1. August 1401 datierenden Urkunde wurde im Kopialbuch der Randhinweis angebracht, dass zwei gleichlautende Originale der Urkunde *her Cunr(ad) Rosengart in daz gewelbe geentw(er)t* wurden; Spiess, Das älteste Lehnsbuch, S. 6 (unter Bezug auf GLAK, 67/906, f. 199r; RPR, Bd. 2, Nr. 1244).

61 Vgl. die Rektorbücher der Universität Heidelberg, Bd. 1, Nr. 355, S. 356 f. ((1403) Dezember 2). – Ob es sich bei dem in den folgenden zwanziger Jahren als Vikar des St. German-Stiftes vor Speyer nachweisbaren Konrad Rossgart um einen Verwandten von ihm gehandelte hat, ist zu vermuten; vgl. zu ihm Issle, Das Stift St. German, S. 176.

62 Vgl. die Rektorbücher der Universität Heidelberg, Bd. 1, Nr. 371, S. 365–367.

63 Spiess, Das älteste Lehnsbuch, S. 6. Zu Rosengart ferner RPR, Bd. 2, Nr. 694. Ein Wirich Rosengart war 1400 Burgmann in Alzey; Spiess, Burg, Burgraf und Burgmannschaft, S. 111.

64 Vgl. GLAK, 67/810, f. 336r–343r (Heidelberg, 1427 Januar 17). Auch dort war die Rede von *vnserm gewelbe off vnser burge zu Heidelberg, da vnser vnd vns(er)er furstendumes vnd herreschafft brieffe inneligen* (f. 336r); allg. Moraw, Kanzlei, S. 525 f.; Brandenstein, Urkundenwesen und Kanzlei, S. 205; ferner Reitemeier, Archiv. – Pfalzgraf Ludwig III. verschrieb im Jahre 1423 dem Ulrich, Kaplan und Gewölberwärter auf unserer Burg zu Heidelberg, für treue Dienste, die dieser ihm, seinem Vater und seinem Sohn Ruprecht geleistet hat, seinen Lebtag 30 Gulden jährlich *vnd wann er daczu komet, das er vnser brieffe vnd gewelbes zu Heidelberg furbas nit gewarten kann oder wir yn des erlaßen werden*, soll ihm das Geld dennoch erhalten bleiben. Dazu bekam er jährlich die Hofkleider genau wie die anderen Kapläne; GLAK, 67/810, f. 93vf.

65 Toepke, Matrikel Heidelberg, Bd. 1, S. 77; Brandenstein, Urkundenwesen und Kanzlei, S. 384. Zu dem bereits 1396 erwähnten Johannes Rosengart; vgl. Spiegel, Urkundenwesen, Bd. 1, S. 138.

Ottonis de Lapide, cler. Wormac. dioc. u.a. mit Johannes Erbstat von Wonneck, Johannes Erbstat von Frankfurt, Johannes und Erhard Rosengart, beide Kleriker der Wormser Diözese, Emerich von Heimersheim und *Johann[es] Ottonis de Lapide, canon. Wormac.* in einem Universitätsrotulus verzeichnet[66].

Erhard Rosengart unterfertigte 1414, also 13 Jahre später, als öffentlicher Notar von päpstlicher Gewalt und gemeinsam mit dem bereits erwähnten Johannes Erbstat von Wonneck ein Notariatsinstrument, das ein unter der Leitung des Protonotars Johann Weinheim durchgeführtes, streng geheim gehaltenes Zeugenverhör am kurpfälzischen Hof festhielt[67]. Dass es sich bei Konrad Rosengart ebenfalls um einen im öffentlichen Notariat Ausgebildeten handelt, ist anzunehmen, jedoch nach derzeitigem Stand der Dinge nicht nachweisbar.

4.11.4 Vorbilder

Hilfreich ist die Frage danach, woher die Anregungen für das kurpfälzische Lehenbuch kamen. Spieß vermutete, dass der „endgültige Anstoß zur Anlage eines Lehnsbuches [...] durchaus auf ein *lehenbuchel* zurückgehen [kann], das mit dem Kauf der Herrschaften Otzberg und Groß-Umstadt vom Kloster Fulda am 24. August 1390 in die Hände der Pfalzgrafen gelangte"[68]. Es war bereits davon die Rede, dass Otto vom Stein an dieser Angelegenheit beteiligt war. Es besteht allerdings die Frage, ob der Einfluss tatsächlich so gradlinig und in dieser Form verlaufen ist, zumal sich das aus Fulda bezogene *lehenbuchel* nicht erhalten hat.

---

66 Sie supplizierten im ersten Rotulus der Universität Heidelberg vom Oktober 1401 auf eine Pfründe; vgl. Die Rektorbücher der Universität Heidelberg, Bd. 1, Nr. [180 f.], S. 545 (zu den o. g. Vom Stein ebd., Nr. [225], S. 550 und Nr. [373], S. 567; zu Johann Erbstat ebd., Nr. [295], S. 558); Winkelmann, Urkundenbuch Universität Heidelberg, Bd. 1, Nr. 54, S. 80–91, hier S. 84, 85, 86, 90. – Zu Johann vom Stein vgl. unten Kap. 2.9.2: Die Nachkommen Ottos vom Stein. – Zu Peter vom Stein Kap. 4.12.2.1: Peter vom Stein. – Zu Johannes Erbstat, öffentlicher Notar und als Schreiber E über 25 Jahre ‚Hauptpfeiler' der Kanzlei Pfalzgraf Ludwigs III. vgl. Moraw, Kanzlei, S. 512 f.; Brandenstein, Urkundenwesen und Kanzlei, S. 166 sowie oben, Kap. 3.5.2: Die kurpfälzische Kanzlei in der Zeit Pfalzgraf Ludwigs III. (1410–1436). – Zum Rotulus vgl. Zimmermann, Der Heidelberger Rotulus, S. 56–66. Zu den einzelnen Nachweisen vgl. ebd., Nr. 124, S. 96 f. (mit S. 319: Johannes Erbstat von Wonneck); ebd., Nr. 180, S. 105 (mit S. 341: Johannes Rosengart); ebd., Nr. 181, S. 105 (mit S. 352: Erhard Rosengart); ebd., Nr. 225, S. 112 (mit S. 207: Petrus, (Sohn) Ottos vom Stein (*Ottonis de Lapide*)); ebd., Nr. 286, S. 121 (mit S. 342: Johannes Stein (*Steyn*)); ebd., Nr. 295, S. 123 (mit S. 319: Johannes Erbstat von Frankfurt); ebd., Nr. 328, S. 127 (mit S. 222: Jakob Iwan (*Ywan clerico Missenis*); ebd., Nr. 362, S. 133 (mit S. 307: Emerich von Heimersheim); ebd., Nr. 373, S. 134 (mit S. 207: Johannes, (Sohn) Ottos vom Stein (*Ottonis de Lapide*)).

67 GLAK, 67/906, f. 310v–312r, hier f. 312r; dazu auch Brandenstein, Urkundenwesen und Kanzlei, S. 77.

68 Spiess, Das älteste Lehnsbuch, S. 9; Ders., Lehnsrecht, S. 81 f.

Eine andere Annahme liegt näher. Es wurde bereits in Zusammenhang mit der bischöflich speyrischen Kanzlei Nikolaus' von Wiesbaden darauf hingewiesen, dass dieser ebenfalls Anfang der neunziger Jahre des 14. Jahrhunderts das in den vierziger Jahren entstandene Lehenbuch seines Vorgängers Gerhard von Erenberg abschreiben ließ und für seine Zwecke aktualisierte[69]. Dieses speyrische Lehenbuch weist nun in der Tat eine erstaunliche Ähnlichkeit mit dem kurpfälzischen Exemplar auf. Sowohl von der ständischen Gliederung und der Struktur der Einträge, als auch vom Fehlen der Datierungen her sind beide miteinander vergleichbar[70]. Nur in der Sprache bestehen Unterschiede, das bischöflich speyrische Exemplar ist auf Latein, das kurpfälzische auf Deutsch geschrieben.

Die personalen Beziehungen zwischen Speyer und der Kurpfalz um dieselbe Zeit sind evident. Raban von Helmstatt[71], der königliche Hofkanzler, amtierte seit 1396 als Bischof von Speyer. Zuvor war er bischöflicher Kämmerer und Protegé seines verstorbenen Vorgängers auf dem Speyerer Stuhl, Nikolaus von Wiesbaden, gewesen[72]. Auf einer weniger prominenten Ebene waren sowohl der bereits 1396 verstorbene Otto vom Stein (und seine Familie) wie auch Emmerich von Moscheln potentielle Mittler zwischen bischöflich speyrischem und kurpfälzischem Hof. Wobei sich auch hier die Frage stellt, ob eine saubere Trennung zwischen beiden Höfen angesichts der Stellung der beiden Speyerer Oberhirten Nikolaus und Raban überhaupt möglich war.

---

69 Vgl. oben, Kap. 4.6.3: Das Lehenbuch.

70 Um dies zu verdeutlichen, sei als Beispiel der Graf von Nassau als Vasall gewählt, da er in beiden Lehenbüchern vorkommt: *Nassowe. Gerlacus comes de Nassowe tenet ab ecclesia Spirensi in feodum ius patronatus ecclesie parrochialis in Lonstein. Item duas partes decime tam vini quam bladi ibidem in Lonstein. Item advocatiam ibidem in Lonstein. Item decimam ville dicte Singenhouen prope Nassowe. Item decimam ville Burgsulms*; vgl. ANDERMANN, Das älteste Lehnbuch, S. 23. *Item Johan, grave zu Naßauwe, hat enpfangen zu manlehin mit namen ein vierteil an der vier herren gerichte off dem Eynrich myt allen rechten und zugehorungen. Item daz kirchspiel zu Heiger bij Dillenberg gelegen und daz dorff und gerichte zu Ebirspach auch by Dillenberg gelegen. Und ob er icht me erfure, daz er enpfahen solte, daz wil er enpfahen und dann auch beschriben geben*; SPIESS, Das älteste Lehnsbuch, Nr. 8, S. 15.

71 Vgl. FOUQUET, Reichskirche und Adel, bes. S. 212–218; DERS., Speyerer Domkapitel, Bd. 2, Nr. 198, S. 580–582; DERS., Domkapitel, Hof und Universität, S. 112f. u. ö.; MORAW, Kanzlei, S. 456f.; DUGGAN, Bishop and Chapter, S. 119–121, 127–133. Zu ihm vgl. auch oben, Kap. 3.1: Mittelalterliche Kanzlei und ihre moderne Konstruktion. Die königliche Hofkanzlei im frühen 15. Jahrhundert.

72 FOUQUET, Speyerer Domkapitel, Bd. 2, hier S. 580; DERS., Reichskirche und Adel, S. 214. Wahrscheinlich gehörte er zu Nikolaus' Hofstaat; vgl. GLAK, 67/288, f. 211rf. – Rabans Vater, Wiprecht d.A. von Helmstatt, ist bereits seit 1371 in kurpfälzischen Zusammenhängen nachweisbar; vgl. FOUQUET, Reichskirche und Adel, S. 208–211; MORAW, Beamtentum und Rat König Ruprechts, S. 92.

4.12 Die Kanzlei als Familienangelegenheit?

Wie aus dem bereits eingangs gebotenen Literaturüberblick hervorgeht, liegen einige Studien über die kurpfälzische Kanzlei des 15. Jahrhunderts vor. Die Hofkanzlei König Ruprechts behandelte Peter Moraw vornehmlich unter prosopographischen Gesichtspunkten[1]. Die Regierungszeit seines Sohnes und Nachfolgers Ludwig III. untersuchte Christoph Freiherr von Brandenstein vornehmlich in klassisch-diplomatischer Manier[2].

Für die Herrschaftszeiten von Ludwigs beiden Söhnen Ludwig IV. und Friedrich I. sind wir unterschiedlich gut informiert. Mit dem Tod Ludwigs III. im Jahre 1436 trat sein gleichnamiger Sohn als gerade Zwölfjähriger und zunächst noch unter Vormundschaft stehend die Herrschaft an. Er starb bereits 1449 und hinterließ einen einzigen Sohn namens Philipp im Kleinkindalter. Ludwigs Nachfolger wurde sein Bruder Friedrich I. Als ‚Friedrich der Siegreiche' ging er in die Geschichte ein und bestimmte bis zu seinem Tod im Jahre 1476 für knapp drei Jahrzehnte die politischen Geschicke der Kurpfalz[3]. Wie verhält es sich nun mit Kanzlern und Kanzlei? Die Kanzlerschaft Rabans von Helmstatt steht in unmittelbarem Zusammenhang mit dem Königtum Ruprechts und endete auch mit diesem. Damit endete vorläufig auch die Epoche, in der Bischöfe als Kanzleivorstände der Kurfürsten und Pfalzgrafen bei Rhein fungierten. Unter Ludwig III. findet sich für Johann (von) Weinheim die Bezeichnung Protonotar. Es wurde bereits erwähnt, dass Johann Weinheim bereits 1398 als Schreiber Pfalzgraf Ruprechts II. nachgewiesen werden konnte. Auch bei ihm handelte es sich um einen öffentlichen Notar[4]. Seine Hand kennen wir nur aus dieser Tätigkeit, in der Kanzlei Ludwigs III. konnte sie Christoph Freiherr von Brandenstein lediglich in einer Urkunde Ludwigs III. nachweisen[5]. Seit 1422 findet sich auch für Peter vom Stein die Bezeichnung Protonotar. Auf beide soll in eigenen Kapiteln eingegangen werden.

4.12.1 Johann(es von) Weinheim

4.12.1.1 Tätigkeit

„Während Johannes Winheim somit den Ausgangspunkt mit Matthias Sobernheim gemein hat, gestaltete sich sein Schicksal völlig anders. Er konnte sich nicht nur mit Erfolg in der königlichen Kanzlei behaupten, sondern wuchs in die Rolle des im

---

1 Moraw, Kanzlei.

2 Brandenstein, Urkundenwesen und Kanzlei.

3 Vgl. Fuchs, Friedrich der Siegreiche; Krieger, Friedrich I.; Schaab, Geschichte der Kurpfalz, S. 177–183; Rolf, Kurpfalz, Südwestdeutschland und das Reich; Kremer, Geschichte des Kurfürsten Friedrichs des Ersten; RFdS; Studt, Fürstenhof und Geschichte.

4 Vgl. Brandenstein, Urkundenwesen und Kanzlei, S. 160 f.; Moraw, Kanzlei, S. 472–476; Gerlich, Seelenheil und Territorium, Anhang, S. 412–414 (1398 im Testament Ruprechts II. ausdrücklich bezeichnet als *Johannes Winheim, sin schriber*; ebd., S. 412).

5 Brandenstein, Urkundenwesen und Kanzlei, S. 161.

Kanzleidienst am meisten beschäftigten Protonotars hinein“[6]. Peter Moraw attestierte ihm für die Kanzlei König Ruprechts immerhin knapp 60 Prozent aller bekannten Urkunden- und Briefunterfertigungen und diagnostizierte dabei einen „Aufstieg“ von bescheidenen Anfängen als Schreiber zur Zeit von Ruprechts Herrschaftsbeginn bis zum ersten Beleg als Protonotar vom 30. August 1402[7]. Über seine Aus- bzw. Vorbildung konnte er nichts in Erfahrung bringen, nahm aber ein vorausgegangenes Artes-Studium für ihn an[8], diagnostizierte eine Spezialisierung im Hinblick auf die in der Regel auf Deutsch abgefassten „anfallenden innenpolitischen Routinesachen“[9] und sah ihn auf die „Tradition territorialer Politik und Verwaltung“ als Nachfolger Matthias’ von Sobernheim ausgerichtet[10].

Dazu passt, dass er ebenso wie jener (und ein 1398 gestorbener „Doppelgänger“) schon in der kurpfälzischen Kanzlei vor 1400, d. h. vor Ruprechts Königtum, nachweisbar ist. Dabei handelte es sich um eine Tätigkeit für den 1398 gestorbenen Ruprecht II., den Vater des 1400 gewählten deutschen Gegenkönigs[11]. In dessen Testament, das am 6. Januar 1398 in Heidelberg ausgestellt wurde, wird *Johannes Winheim, sin schriber*, allerdings überhaupt erstmals explizit genannt[12]. 1401 freite König Ruprecht Johannes Weinheim, seinem Schreiber, und seiner Frau Elchin alle Güter als Dank für seine Dienste an ihm und seinem Vater Ruprecht II.[13] Dies wäre ein weiterer Hinweis auf eine vorausgehende Tätigkeit, deren Zeitrahmen allerdings kaum abzuschätzen ist.

In seiner Tätigkeit für den König war Johannes Weinheim (oder Winheim[14]) als Schreiber, später als Oberster Schreiber alles andere als auf die Kanzlei konzentriert. Wie auch andere Protonotare wurde er dem königlichen Rat zugerechnet und erfreute

---

6 Moraw, Kanzlei, S. 474. Zu ihm allg. vgl. ebd., S. 474–476; Brandenstein, Urkundenwesen und Kanzlei, bes. S. 391–395.

7 Moraw, Kanzlei, S. 474.

8 Vgl. ebd., S. 473; Brandenstein, Urkundenwesen und Kanzlei, S. 391.

9 Moraw, Kanzlei, S. 474.

10 „Man kann durchaus behaupten, Johannes Winheim habe die beiden eng verwandten ‚Ressorts‘ Inneres und Finanzen vertreten“; ebd., S. 474.

11 Ebd., S. 472 f. Zu seinem offenbar schon 1398 verstorbenen „Doppelgänger“ Johannes Peratoris von Weinheim, *baccalaureus Pragensis*, Wormser Kleriker und öffentlicher Notar; ebd., S. 473.

12 Gerlich, Seelenheil und Territorium, S. 396, ferner ebd., Edition im Anhang. S. 412. Das bei Brandenstein, Urkundenwesen und Kanzlei, S. 391, unter Bezug auf Moraw, Kanzlei, S. 473, angegebene Datum 1379 ist ein Abschreibefehler (bei Moraw steht 1397). Wobei es scheint, dass sich Peter Moraw hierbei auf ein von Johannes Peratoris *de Winheim* als öffentlicher Notar ausgefertigtes Notariatsinstrument (RPR, Bd. 1, Nr. 5698 (Oppenheim, 1397 Mai 30)) bezieht; vgl. Moraw, Kanzlei, ebd.

13 RPR, Bd. 2, Nr. 620 (Nürnberg, 1401 März 3).

14 Sowohl in den Quellen wie in der Sekundärliteratur finden sich verschiedene Namensformen. Da nicht nur die Etymologie (*Winheim* = Weinheim) dafür spricht, sondern auch eine persönliche Beziehung des Namenträgers zum Ort Weinheim nachweisbar ist, habe ich mich für die analoge Schreibweise entschieden.

sich hoher Wertschätzung, die ihren Ausdruck in zahlreichen Gunstbezeugungen fand. Dieser Rang zeigte sich gerade in der Zeit nach Ruprechts Tod, in der er zum engsten Kreis der Sachwalter gehörte, die „die Grundzüge der zukünftigen Politik" festsetzten[15]. Er gehörte „trotz seiner großen Arbeitslast in der Kanzlei auch zu den wichtigsten Diplomaten Ruprechts"[16]. In dieser Funktion verließ er den auf das Territorium bezogenen Rahmen. Sein Aktionsradius reichte dabei an die Höfe Herzog Leopolds (1401, 1404) und Friedrichs von Österreich (1404), Markgraf Jobsts von Mähren (1402), König Sigmunds von Ungarn (1404), König Wenzels (1405), der Herzöge von Mailand (1402), des Bischofs von Utrecht (1403) und des Herzogs von Jülich (1403), zu den Städten Florenz (1401), Venedig (1401), Trient (1402), Trier (1403), Udine (1409) und Frankfurt am Main (1409) bis hin nach Italien (1404, 1409) und dort speziell zum Konzil nach Pisa (1409)[17]. Daneben ist er gerade in Zusammenhang mit den auf das gesamte Reich bezogenen Finanzangelegenheiten König Ruprechts häufig belegt, wobei sich Aktivitäten gerade im Kontext des Italienzuges nachweisen lassen[18]. Von einer italienischen Quelle wurde er 1401 sogar als Schatzmeister (*tesoriere*) bezeichnet[19]. Ähnlich wie bereits am Testament von Pfalzgraf Ruprechts II. war Johann von Weinheim auch an dem des Königs beteiligt. Er verfasste es in seiner Eigenschaft als öffentlicher Notar am 16. Mai 1410, zwei Tage vor König Ruprechts Tod, zu Oppenheim in Form eines Notariatsinstruments[20].

Auch nach Ruprechts Ableben blieb Johann von Weinheim am kurpfälzischen Hof in Diensten von dessen Sohn, Kurfürst Ludwigs III. Mit anderen Worten, Johann verzichtete auf einen Übertritt in die Dienste des neuen Königs Sigmund; stattdessen war er bis zum Januar 1434 „ununterbrochen als Protonotar bzw. oberster Schreiber Ludwigs III. bezeugt"[21]. In Diensten Ludwigs war er ebenfalls überregional im Einsatz wie am Hof der Herzöge von Savoyen in Pinerolo in einer Heiratsangelegenheit (1417), in gleicher Sache am Hof Herzog Heinrichs XVI. des Reichen von Bayern-Landshut (1428), auf dem Basler Konzil (1419) sowie in Speyer (1419) und Frankfurt am Main (1428). Er korrespondierte mit verschiedenen prominenten Briefpartnern wie z. B. dem Frankfurter Stadtschreiber Heinrich (1411) und dem Straßburger Ammeister Claus Schanlit (1430)[22].

---

[15] Moraw, Kanzlei, S. 475. Zur Ratsmitgliedschaft auch Moraw, Beamtentum und Rat, S. 87, 111 (bezeichnet als Johannes Sartoris von Weinheim).

[16] Moraw, Kanzlei, S. 475.

[17] Nachweise ebd., S. 475 (auf der Basis von: Deutsche Reichstagsakten, Ältere Reihe, Bd. 4–6; RPR, Bd. 2).

[18] Belege bei Moraw, Kanzlei, S. 474 f. Vgl. z. B. das Verzeichnis von Einnahmen der königlichen Kammer in: Deutsche Reichstagsakten, Bd. 6, Nr. 435, S. 759–767, S. 760 u. ö. (1401 Juli 11 bis 1407 August 4).

[19] Deutsche Reichstagsakten, Ältere Reihe, Bd. 5, Nr. 27, S. 57–61, hier S. 58; Moraw, Kanzlei, S. 474 f. mit Anm. 24.

[20] RPR, Bd. 2, 6254; Brandenstein, Urkundenwesen und Kanzlei, S. 391.

[21] Ebd., S. 391.

[22] Belege ebd., S. 391–395.

Allerdings beziehen sich fast alle Belege dafür auf seine Tätigkeit als kurfürstlicher Rat, „während wir über die Aufgaben, die ihm als Protonotar oblagen, nur sehr mangelhaft informiert sind“[23]. Nur zwei Quellen konnte Christoph Freiherr von Brandenstein dafür beibringen. Eine war ein Eintrag in ein Notariatsinstrument aus dem Jahre 1414, das von Bischof Ulrich von Verden vidimiert worden war, und in dem stand, dass Johann von Weinheim als kurfürstlicher Protonotar zu ihm mit einer Königsurkunde Sigmunds gekommen sei und um eine notariell beglaubigte Abschrift gebeten habe[24]. Mit anderen Worten, Johann von Weinheim hatte Zugriff auf Königsurkunden im pfalzgräflichen Archiv und konnte über sie entsprechend verfügen.

Der zweite Hinweis stammt aus dem Jahre 1428 und „ist der einzige Beleg dafür, daß Johannes Winheim, der mindestens bis zum Jahr 1428 Vorstand der kurpfälzischen Kanzlei war, das kurfürstliche Siegel verwahrte und offenbar auch nach freiem Ermessen benützte“[25]. Aus der von Brandenstein konsultierten städtisch-nürnbergischen Reichsmatrikel geht nämlich hervor, dass „der Kanzlei des Pfälzer Kurfürsten darin die Aufgabe“ zufiel, „einer Anzahl namentlich genannter Städte nach einem vorgegebenen Formular die Mahnschreiben [zur Zahlung der Reichskriegssteuer] auszufertigen“. Laut Ausweis der Matrikel sollten die Urkundentexte in der Kanzlei geschrieben und anschließend durch Johannes Weinheim mit einem Schreiber sowie dem Siegeltypar nach Frankfurt geschickt werden, damit dort die Briefe und weitere von allen Kurfürsten besiegelt werden konnten[26]. Im Klartext bedeutete dies nicht nur, dass Johannes von Weinheim – wie bereits von Brandenstein angesprochen – über das Siegel nach freiem Ermessen verfügen konnte, sondern dass dieses auch über einen gewissen Zeitraum verschickt werden und eine Art ‚virtuellen Kurfürstentag‘ in Frankfurt entstehen lassen konnte.

Laut Brandenstein lässt sich nur eine im Original erhaltene Siegelurkunde, „zu deren Ausstellern der Pfälzer Kurfürst Ludwig III. gehörte“, nachweisen, die „von dessen Kanzleichef Johannes Winheim mundiert“ wurde. Es handelt sich um eine in zwei Ausfertigungen erhaltene Urkunde über eine Einung, die Ludwig gemeinsam mit den Erzbischöfen von Mainz, Köln und Trier sowie dem Herzog Reinald von Jülich und Geldern am 2. August 1417 in Koblenz schlossen. Die ausfertigende Hand beider Urkunden ist dieselbe und stimmt mit der des als Notariatsinstrument abgefassten Testaments König Ruprechts vom 16. Mai 1410 überein, das Johannes von Weinheim als öffentlichen Notar benennt[27].

---

23 Ebd., S. 392.

24 Beleg ebd. Vgl. dazu auch unten, Kap. 4.15.1: Die Kanzlei als Gebäude.

25 Beleg Brandenstein, Urkundenwesen und Kanzlei, S. 392.

26 *Disen nachgeschriben stetten sol Johann Weinheim von meins gnedigen herrn des pfalzgraven wegen bestellen zu schriben in der forme, die man im hiemit schickt, und im zu sagen: so dieselben brief geschriben sein, das er die mit ainem schriber gen Franckfurt schick, und meins herrn des pfalzgrafen insigel damit, das er die andern briefe, der gar vil ist, mitsampt anderen kurfusten versigel* (zitiert nach ebd.).

27 Beleg ebd., S. 393.

Für Brandenstein war dies ein Beleg dafür, dass Johannes Weinheim wahrscheinlich 1417 „seinen Dienstherrn zu dem wichtigen Koblenzer Tag als politischer Berater" begleitete und „auch die Einungsurkunde" konzipierte[28]. Vielleicht wäre auch hier eine andere Logik angemessener, eine Logik, die nicht von Johannes Weinheim als einem seinem Dienstherrn treu ergebenen Beamten ausgeht, sondern von einem in langjährigen Diensten Ludwigs III. wie seiner Vorgänger stehenden öffentlichen Notar. Dieser konnte selbstverständlich zu jeder Zeit auch andere Funktionen als eben diese übernehmen. Es sollte hier erwähnt werden, dass Johannes Weinheim nicht erst im Jahre 1410 als öffentlicher Notar erstmals nachweisbar ist, sondern bereits im Jahre 1401 im Kontext der Stellung von Prokuratoren für eine Gesandtschaft an den Hof des französischen Königs Karl VI. zum Zweck von Verhandlungen über eine Ehe von dessen Tochter Isabella mit Ruprechts Sohn Johann. Das entsprechende Legitimationsschreiben wurde von Johannes Weinheim notariell beglaubigt[29]. Am 1. Dezember 1420 fertigte Johannes Schneider von Weinheim, Keriker der Wormser Diöszese (*Sartoris de Winheim, clericus Worm. dioc.*), als öffentlicher Notar ein Notariatsinstrument darüber aus, dass Johannes von Steden, Dekan von St. Marien in Neustadt, als päpstlicher Konservator der Universitätsprivilegien zwei Stellvertreter gewählt hatte[30]. Noch am 23. Mai 1431 wurde Johann Weinheim in den Universitätsakten anlässlich eines Anschlages auf seinen Sohn Stefan als pfalzgräflicher Kanzler bezeichnet[31].

Johann von Weinheim scheint auch später zumindest noch gute Kontakte zum deutschen Königshof unterhalten zu haben. Am 5. Mai 1430 verlieh ihm König Sigmund während eines Aufenthaltes in dem heute in der südwestlichen Slowakei gelegenen Ort Šintava (dt. Schintau) ein Wappen[32]. Ein solches ist für seine Nachkommen bis zum Ende des 15. Jahrhunderts nachweisbar[33].

In diesen Kontext einer nach wie vor bestehenden Nähe zum Königshof bzw. zu den dort präsenten Gruppen würde passen, dass Johann mit dem gleichnamigen Schreiber eines 1434 entstandenen Abgabenverzeichnisses für Ruprechts einstigen

---

28 Ebd.

29 RPR, Bd. 2, Nr. 1327 (Heidelberg, 1401 August 5).

30 Winkelmann, Urkundenbuch der Universität Heidelberg, Bd 2, Nr. 206; Moraw, Kanzlei, S. 473.

31 Die Rektorbücher der Universität Heidelberg, Bd. 2, S. 251: […] *hostiliter invasus fuit magister Stephanus filus Iohannis Wynimmer cancellarii domini nostri* […].

32 RI, Bd. 11, Nr. 7684.

33 Es ist abgebildet im Anfang der siebziger Jahre des 15. Jahrhunderts entstandenen Lehenbuch des Pfalzgrafen Friedrich I. und enthält drei gefüllte rote Rosen in Silber; die Helmzier besteht aus zwei silbernen (Schwanen)-Flügeln (GLAK, 67/1057, f. 265r.; Wolfert, Die Wappen im Lehenbuch des Kurfürsten Friedrich I., hier S. 329 und ebd., Taf. 13). Es findet sich auch auf dem fast wie eine Ahnenprobe gestalteten Rand eines Heidelberger Grabsteins vom Ende des 15. Jahrhunderts (vgl. Drös, Heidelberger Wappenbuch, Nr. 367, S. 178 (mit der Beischrift *Wenheim*)). Die Familie stand in den sechziger und siebziger Jahren in Konnubium mit der Speyerer Patrizierfamilie zum Lamm; vgl. Stemma ebd., S. 177.

Hofrichter, Graf Johann II. von Wertheim, identisch ist[34]. Es liegt heute im Staatsarchiv Wertheim und besteht aus einer umschlaglosen, ursprünglich gehefteten Papierhandschrift im Schmalfolioformat (21,1 mal 14,7 Zentimeter) im Umfang von 24 Seiten[35]. Es wurde von einer einzigen Hand geschrieben und im späten 15. Jahrhundert auf jeder Seite durch eine summarische Zusammenfassung der Gefälle erschlossen. Die Ausstattung ist ungewöhnlich reich mit roter, blauer und schwarzer Tinte sowie Zierinitialen. Die Handschrift besteht aus zwei Teilen; die erste „enthält eine Aufstellung der von den Bauern zu entrichtenden Zinsen und Gülten", die zweite, das Bederegister, „erfaßt die Hintersassen, die als Einwohner oder als Ausmärker zur Boxtaler Gerichtsbarkeit der Grafen von Wertheim" gehörten[36]. Johannes' Kompetenz in Finanzangelegenheiten war bereits angeklungen. Auf Seite 17, d. h. am Ende des ersten Teiles des Registers, findet sich dazu noch ein fünfzeiliges Liebesgedicht, von denen die Wörter *lieb* und *mir* sowie die ganze letzte Zeile in einer Geheimschrift abgefasst sind. Es handelt sich laut Bernhard Bischoff um eine hebräische Schrift im rabbinischen Duktus[37].

Sollte Johann von Weinheim mit dem Verfasser der 1434 entstandenen Handschrift für Graf Johann II. von Wertheim identisch sein, dann könnten diese Verse und der Stil ihrer Abfassung mit eingestreuten hebräischen Elementen Aussagekraft beanspruchen. Die Bedeutung dieses Fundes muss die Literaturwissenschaft beurteilen. An dieser Stelle kann von historischer Seite nur auf den Hof in Weinheim hingewiesen werden, für den Johann am 3. März 1401 von König Ruprecht eine Reihe von Vergünstigungen erhielt. Er gehörte vorher einem Juden[38]. Ob und gegebenenfalls wie diese Dinge zusammenhängen, entzieht sich unserer Kenntnis.

Im Jahre 1445 scheint Johann von Weinheim verstorben zu sein. Er hinterließ seinen Buchbesitz der Universität Heidelberg[39].

---

[34] Zu diesem Moraw, Beamtentum und Rat, S. 77 f.; Friese, Des Johannes von Weinheim Zins- und Bederegister, S. 46; Voss, Dietrich von Erbach, S. 416; Sander, Adel am Hofe, S. 110 f. Brandenstein, Urkundenwesen und Kanzlei, S. 240; Hammes, Ritterlicher Fürst und Ritterschaft, S. 197. – Zur Handschrift Friese, a. a. O., S. 47. Edition ebd., S. 48–51. Es beginnt mit dem Eintrag: *Disse nachgeschr[iebenen] zins sint jerlichen gefellig von den guden zu Boxhol* (Boxtal Lkr. Tauberbischofsheim) *mit iren rechten. Und sint ernuwet worden nach Christi gebürt virczehenhundert jare und darnach in dem virundtriszigsten jare zu Martini* [XI 11] *von Johannes von Wynheim.*

[35] Wertheim, Staatsarchiv, Gemeinschaftliches Archiv. Die Seiten 18, 19, 22–24 blieben unbeschrieben; Friese, Des Johannes von Weinheim Zins- und Bederegister, S. 47, Anm. 10.

[36] Ebd., S. 47.

[37] *Lieb haben und myden/Dut mynem herczen groz lyden/Daz ich grosze lieb trag,/Das schadt mir nacht und tag./Das ist war ahn zweifel*; vgl. Friese, Des Johannes von Weinheim Zins- und Bederegister, S. 47. Die Transkription und Übersetzung besorgte damals Bernhard Bischoff (vgl. ebd., Anm. 12).

[38] Hiervon war bereits die Rede; vgl. RPR, Bd. 2, Nr. 2910. Mehr dazu im folgenden Kapitel.

[39] Vgl. Toepke, Matrikel Heidelberg, Bd. 1, S. 695; Die Rektorbücher der Universität Heidelberg, Bd. 2, S. 555. Zu ihm ferner ebd., S. 58, 64, 123, 202, 213, 251, 254, 424, 433, 631, 677.

4.12.1.2 Herkunft, Besitz, Familie und Nachkommen

Es lohnt an dieser Stelle, einen genaueren Blick auf seine Herkunft, Besitz- und Familienverhältnisse sowie seine Nachkommenschaft zu werfen. Es besteht dadurch zumindest die Chance, seinen etwas rätselhaft erscheinenden Status genauer zu fassen. Bereits Peter Moraw erwähnte, dass Johannes von Weinheim von seinem Dienstherrn König Ruprecht zahlreiche Gunsterweise erhielt[40]. Aus diesen werden zumindest in Ansätzen Teile eines Profils erkennbar. Wie bereits im letzten Kapitel erwähnt, befreite Ruprecht am 3. März 1401 auf einem Hoftag in Nürnberg seinen Schreiber Johannes Weinheim und dessen Frau Elchin mit allen ihren Gütern wegen des Ersteren hervorragender Dienste, die er Pfalzgraf Ruprecht II. und dem König selbst geleistet hat, von aller Bede und Steuer auf aller ihrer gegenwärtigen und künftigen liegenden und fahrenden Habe in Städten, Dörfern oder auf dem Lande[41]. Am 20. August 1402 präsentiert Ruprecht dem Mainzer Domdekan *ad collationem* den Johannes Schneider (Sartoris) von Weinheim, bezeichnet als Wormser Kleriker, Notar und Tischgenosse des Königs[42]. Johannes von Weinheim war – obwohl 1404 als Kleriker bezeichnet – verheiratet und hatte Kinder, wovon weiter unten noch die Rede sein wird[43]. Am 10. Januar 1403 kam es ebenfalls anlässlich eines Königsaufenthaltes in Nürnberg zu weiteren Gunsterweisen. Ruprecht gestattete seinem Schreiber Johannes von Weinheim als Kompensation für seine Dienste, steuerfreie und nicht der Bede unterliegende Güter zu Weinheim und anderswo anzukaufen und diese frei von Abgaben zu besitzen. Darunter genannt werden Beden, Steuern, Gastungen, Frondienste und andere Beschwernisse (*bete, sture, atzunge, fronedinst oder ander beswerniße*)[44]. Am 18. April desselben Jahres schenkte Ruprecht während eines Aufenthaltes in Alzey Johannes von Weinheim, diesmal bezeichnet als sein Protonotar, seinen Hof und Sitz (*gesesse*) zu Weinheim auf ewig zu freiem Eigen, das Elias dem Juden gehört hatte, unter Vorbehalt der Herberge für sich und seine Erben und des Rechtes, den kurfürstlichen Wein und das Getreide daselbst lagern zu dürfen[45].

---

40 Moraw, Kanzlei, S. 475.

41 RPR, Bd. 2, Nr. 620 (Nürnberg, 1401 März 3).

42 Ebd., Nr. 2456; Moraw, Kanzlei, S. 473.

43 Ebd., S. 473 f.

44 RPR, Bd. 2, Nr. 2721.

45 *...was wir vnd vns(er) erben pfaltzgraue(n) by Rine wines vnd früchte zu Winheim haben, das man(n) vns die allzijt an den obgen(ann)t(en) hoff finden vnd darinne behalten solle vnd das auch wir vnd die obgen(ann)t(en) vnser erben allzijt so wir gein Winheim kom(m)en vnser herberge in dem obgen(ann)t(en) hoff haben sulle(n)*; inseriert in eine spätere Urkunde: GLAK, 67/906, f. 301r–302r.; RPR, Bd. 2, Nr. 2910. – Vermutlich war das Geschenk an Johann Weinheim Ergebnis einer Vertreibung. Der Jude Elias von Weinheim hatte zwar nur kurze Zeit vorher Dienste für Ruprecht geleistet, wohnte aber in dieser Zeit im benachbarten, zu Kurmainz gehörenden Bensheim; vgl. RPR, Bd. 2, Nr. 120 f.; 3161; Weiss, Geschichte der Stadt Weinheim, S. 469 f. Die große Vertreibung der Juden aus Heidelberg fand im Jahre 1391 statt; vgl. Schaab, Geschichte der Kurpfalz, Bd. 1, S. 102 f.; Wolgast, Die kurpfälzische Universität, S. 5. Dazu auch den Überblick bei Heil, Juden unter kurpfälzischer Herrschaft (mit der weiteren Literatur).

Am darauffolgenden Tag, es war der Donnerstag nach Ostern, ließ sich Johann von Weinheim noch einmal alle Gnaden, die ihm Ruprecht gewährt hatte, von dessen Söhnen Ludwig und Johann bestätigen. Alle Urkundentexte waren in das Privileg inseriert[46].

Versucht man das Ganze zu bewerten, dann ergibt sich folgendes Bild: Johann von Weinheim, der spätestens ab 1414 den Titel Herr (*dominus*) führte[47], hatte offensichtlich nicht nur einen unspezifischen Herkunftsnamen, der sich höchstwahrscheinlich auf die Stadt Weinheim an der Bergstraße bezog, sondern scheint von dort vermutlich auch zu stammen[48]. Jedenfalls unterhielt er Beziehungen dorthin, die mit der Schenkung des Hofes weiter gefestigt wurden. Laut Überlieferung muss es sich um einen stattlichen Besitz gehandelt haben, der nicht nur als Hebestelle für landesherrliche Einnahmen vor Ort dienen sollte, sondern auch als Residenz für den Fall eines Aufenthaltes des Landesherrn. Allerdings bestehen Unklarheiten darüber, auf welches Bauwerk sich das Privileg bezieht. Im 14. Jahrhundert scheint das Schultheißenhaus in Weinheim noch als Aufenthaltsort bei herrschaftlichen Besuchen gedient zu haben[49].

Seit 1368 zählte Weinheim zum sogenannten Kurpräzipuum, d. h. zu den unveräußerlichen Teilen der Kurpfalz[50]. Die Stadt Weinheim hatte im 14. und 15. Jahrhundert für die Kurpfalz strategische Bedeutung wie u. a. aus einer Urkunde Pfalzgraf Ludwigs III. aus dem Jahr 1407 hervorgeht. Im Falle von Streitigkeiten zwischen Kurpfalz und Kurmainz in diesem Gebiet (*off dise syt Rynes, als Winheim und Heppenheim gelegen sint*) sollten die Schlichtungsverhandlungen unter Vorsitz eines Kurmainzischen Obmannes in Weinheim stattfinden[51]. 1454 wurden Alt- und Neustadt zu einer Gemeinde vereinigt. Das Weinheimer Schloss entstand im 15. Jahrhundert auf dem Areal einstiger Adelshöfe und wurde 1537 durch einen Renaissancebau ersetzt. Es könnte der Nachfolger des 1403 an Johann von Weinheim verliehenen Hofes gewesen sein[52].

Johannes Familienstand war offenbar der eines verheirateten Geistlichen. Aus der vatikanischen Überlieferung geht hervor, dass am 15. November 1404 *Johannes de*

---

46 RPR, Bd. 2, Nr. 2911. – Zu den Juden in Weinheim vgl. Zinkgräf, Weinheimer Bürgerbuch I, S. 19 f.

47 *dominus Johannes de Winheim*; Beleg bei Brandenstein, Urkundenwesen und Kanzlei, S. 392.

48 Der Familienname Winheim bzw. Wynheim ist in Weinheim selbst im 14. Jahrhundert belegt; Zinkgräf, Weinheimer Bürgerbuch I, S. 23.

49 Vgl. eine vermutlich dort ausgestellte Urkunde in RPR. Unter den genannten Zeugen findet sich ein Hans Schultheiß zu Winheim, Bd. 1, Nr. 2795 (Weinheim, 1354 März 6).

50 Das Land Baden-Württemberg, Bd. 5, S. 429 f. – Es existierte 1383 ein pfalzgräflicher Fruchtkasten zu Weinheim; Spiegel, Urkundenwesen, Bd. 1, S. 471.

51 RPR, Bd. 2, Nr. 4923 (Heidelberg, 1407 August 5). Zu der seit dem 13. Jahrhundert herrührenden Konkurrenz zwischen Kurmainz und Kurpfalz vgl, Weiss, Geschichte der Stadt Weinheim, S. 45–62; ferner Spiegel, Urkundenwesen, Bd. 1, S. 107.

52 Weiss, Geschichte der Stadt Weinheim, S. 62 f., der allerdings davon ausgeht, dass das Schloss auf dem Besitz des Geschlechts der Schwende von Weinheim erbaut wurde. Es hatte bereits vorher eine Burg mit einer seit 1358 in den Quellen greifbaren Burgmannschaft in Weinheim gegeben; vgl. Spiegel, Urkundenwesen, Bd. 1, S. 465.

Winheim, bezeichnet als Wormser Kleriker, und seine Ehefrau Elthin (*Eliche*) vom Papst einen vollkommenen Sündenablass erlangten[53]. Wie schon 1402 präsentierte der König am 24. Januar 1406 Johannes Schneiders/Sartoris de Winhein *notarium et fidelem nostrum dilectum* auf ein Kanonikat am Marienstift in Neustadt an der Haardt[54]; während am 30. April des darauffolgenden Jahres in Nürnberg Johann Weinheim von Ruprecht mit einem Burglehen zu Germersheim belehnt wurde[55]. Kurfürst Ludwig III. verkaufte am 17. März 1417 seinem Protonotarius Johannes von Weinheim und seiner Ehefrau Elthin 50 Gulden jährliche Gülte aus den Erträgen der Städte Bruchsal, Lauterburg und Udenheim[56].

Dies leitet bereits zu den Familienverhältnissen über. Aussagen hierüber – dies sei vorausgeschickt – müssen in hohem Grade hypothetisch bleiben. Wenngleich eine Herkunft aus dem Städtchen Weinheim aufgrund des bisher Gesagten nahe liegt, wissen wir über seine Vorfahren so gut wie nichts. Ein Konrad von Weinheim wird am 4. November 1262 als Vogt von Heidelberg bezeichnet[57]. Möglicherweise bestand eine Verwandschaft mit den Schwenden, der bedeutendsten Familie Weinheims im Spätmittelalter. Jedenfalls trat Johannes Weinheim, Protonotar, am 29. Januar 1434 als Intervenient in einer Urkunde Ludwigs III. für eine Metze Schwend (*Mecze Swendin*) von Winheim auf[58].

Bleibt man bei seinem – leider nicht gerade seltenen – Vornamen Johann(es) (alias Johannes bzw. Hans), dann könnte vielleicht eine Verwandtschaft mit den Schultheißen von Weinheim bestanden haben[59]. Das Haus von Hans Schultheiß zu Weinheim diente im März 1356 offenbar als Aufenthaltsort Pfalzgraf Ruprechts I. in Weinheim[60]. Ein Hans von Weinheim, genannt Schultheiß, wurde zusammen mit Albrecht von Erligheim am 15. Juli 1356 vom selben Ruprecht zum Schiedsrichter bei Streitigkeiten mit der Stadt Worms bestimmt und dabei als Freund bezeichnet[61]. 1359 fungierte ein

---

[53] *Johannes de Winheim cler. Wormat. et Eliche ux.: plen.*; RepGerm, Bd. 2, Nr. 08353, Sp. 1280.

[54] Moraw, Kanzlei, S. 473.

[55] *das yme von Heinrich von Ripelskirche ledig worden und verfallen ist*; GLAK, 67/906, f. 337r; RPR, Bd. 2, Nr. 4784.

[56] GLAK, 67/289, f. 217v–218v.

[57] Es dürfte vermutlich eher ein Zufall sein, unter den Zeugen ein Konrad von Stein (*de Steina*) firmiert; vgl. RPR, Bd. 1, Nr. 741.

[58] Hinweis auf die Urkunde ohne weitere Überlegungen bei Brandenstein, Urkundenwesen und Kanzlei, S. 395. – Zu den Schwenden vgl. Das Land Baden-Württemberg, Bd. 5, S. 429.

[59] Allerdings führten die im 14. Jahrhundert ein anderes Wappen (vgl. die Abb. bei Weiss, Geschichte der Stadt Weinheim, S. 461, 464) als es für die Nachfahren Johannes von Weinheim im späten 15. Jahrhundert nachweisbar ist (vgl. Drös, Heidelberger Wappenbuch, Nr. 367, S. 178).

[60] RPR, Bd. 1, Nr. 2795 (Weinheim, 1354 März 6). Zu einem 1356 nachgewiesenen Schultheißen Hans von Weinheim, bei dem es sich wohl um die gleiche Person wie oben handelt; vgl. Spiegel, Urkundenwesen, Bd. 1, S. 496.

[61] *daz wir unser frunde han gekorn zcwen*; Spiegel, Urkundenwesen, Bd. 1, S. 296 f. mit Anm. 534, und ebd., Bd. 2, U 1090 = RPR, Bd. 1, Nr. 2962, S. 178. Zu ihm ferner Spiegel, a. a. O., Bd. 1, S. 496.

Edelknecht Johann, Schultheiß von Weinheim, als Bürge für den Pfalzgrafen[62]. Eine Dyne von Weinheim wurde am 17. August 1374 in einer zu Weinheim ausgestellten Urkunde als Jungfrau von Ruprechts I. Gemahlin Elisabeth von Namur genannt[63]. Ohne dass man Dyne von Weinheim dem Geschlecht der Schultheißen von Weinheim zurechnen kann, waren auch noch unter König Ruprecht Mitglieder dieser Familie in seinen Diensten. Hanman Schultheiß von Weinheim leistete im Jahre 1400 Bürgschaft für ein Darlehen, das König Ruprecht (noch als Pfalzgraf Ruprecht III.) von seinem Marschall Diether von Handschuhsheim und dessen Tochter Else erhalten hatte[64]. Bei Hanman dürfte es sich um eine Form des Namens Hans bzw. Johannes handeln. Zwei Mitglieder aus der Familie der Schultheißen von Weinheim namens Bicker und Hanmann übernahmen eine Bürgschaft samt Zusage eines kostenintensiven Einlagers in der Stadt Frankfurt am Main für König Ruprecht für Forderungen aus Kosten, die Graf Philipp von Falkenstein-Münzenberg auf dem Italienzug entstanden waren[65]. Offenbar derselbe Hanman, Schultheiß von Weinheim, zählte zu den Räten Ruprechts, denen dieser aufgrund seiner erdrückenden Schuldenlast, die er von seinem Italienzug heimgebracht hatte, 1404 Stadt und Zoll Kaub verpfändete[66]. 1406 und 1409 fungierten Hanman und weitere hofnahe Personen abermals als Bürgen für Darlehen Ruprechts[67]. Hierzu könnte passen, dass ein Privileg König Ruprechts für die Stadt Weinheim vom 30. Juni 1404 von Johannes Weinheim mundiert wurde[68].

Es klang bereits mehrfach an, dass Johannes Weinheim in langjähriger Ehe mit einer Frau namens Elthin/Eltin, wohl eine Koseform von Adelheid, stand. Aus dieser Beziehung ging eine Reihe von Söhnen hervor, von denen wir aus unterschiedlichen Quellen erfahren. Ein Johannes und ein Matthias Weinheim von Heidelberg (*Winheym de Heydelberga)* immatrikulierten sich als Kleriker der Wormser Diözese zum Wintersemester 1414 an der Universität Heidelberg. Johannes machte 1416 sein Bakkalaureat

[62] Ebd., S. 496; ebd., Bd. 2, U 1390.

[63] Ebd., Bd. 1, S. 342, mit ebd., Bd. 2, U 2670 = RPR, Bd. 1, Nr. 4057. – Zu einem 1388 genannten Edelknecht namens Heinrich von Weinheim; ebd., Nr. 6760, S. 399. – Möglicherweise unterhielt die Familie auch einen Zweig im kurpfälzischen Alzey. Ein Emerich Weinheim von Alzey (*Emericus Winheim de Altzeya*) wurde von König Ruprecht 1401 in Nürnberg dem Präzeptor des Antoniterhauses in Alzey *ad collacionem* präsentiert; RPR, Bd. 2, Nr. 915 (1401 Mai 23). – Es gibt ein Dorf namens Weinheim etwa vier Kilometer westlich von Alzey; vgl. Nachrichtliches Verzeichnis der Kulturdenkmäler Kreis Alzey-Worms, S. 11 f. – Das bereits mehrfach erwähnte Gau-Weinheim liegt dagegen vierzehn Kilometer nördlich von Alzey; vgl. zu ihm das Ortsregister dieser Arbeit.

[64] RPR, Bd. 2, Nr. 146 (vor Frankfurt, 1400 Oktober 3).

[65] Ebd., Nr. 2138 (Venedig, 1402 April 12); Löffler, Die Herren und Grafen von Falkenstein, Bd. 1, S. 61.

[66] RPR, Bd. 2, Nr. 3565 (Heidelberg, 1404 Juni 21).

[67] Ebd., Nr. 4506 (Heidelberg, 1406 September 5); ebd., Nr. 4533 (Heidelberg, 1406 September 30); ebd., Nr. 5702 (o. O., 1409 Februar 13).

[68] Dieser Beleg fehlt in RPR, Bd. 2, Nr. 3590. Er findet sich aber in der archivalischen Überlieferung; vgl. HHStAW, Reichsregister (Ruprecht), Bd. C, f. 172r–173r.

in den Artes[69]. Wieder bezeichnet als Wormser Kleriker supplizierte Johannes 1417 und 1420 an der päpstlichen Kurie um Kanonikate und Präbenden an den Kanonikerstiften St. Andreas und St. Martin in Worms[70]. 1422 verwandte sich sogar Kurfürst Ludwig persönlich für den Sohn seines Protonotars, diesmal bezeichnet als Kanoniker von St. Andreas in Worms, in Bezug auf das erbetene Kanonikat an St. Martin[71]. 1423 und 1424 studierte Johannes in Padua beiderlei Rechte. Vermutlich sollten ihm die beiden Kanonikate die dafür benötigten Mittel erbringen, zumindest supplizierte er in diesen Jahren mehrfach um einen Dispens von der Unvereinbarkeit beider Pfründen[72]. 1430 erlangte er ein Kanonikat am Stift St. Cyriakus in Neuhausen bei Worms[73], 1442 wird er mit der gleichen Pfründe und als Lizentiat in Kanonischem Recht in den Paduaner Universitätsakten genannt[74]. 1446 war er schließlich Neuhäuser Stiftsdekan[75]. In den Jahren 1462 bis 1482 scheint er, bezeichnet als Lizentiat in geistlichen Rechten und Wormser Domkanoniker, als bischöflicher Offizial, also als höchster geistlicher Richter der Wormser Kirche fungiert zu haben[76]. Gestorben ist er im Jahre 1489[77].

Zwei weitere Brüder dieses jüngeren Johann (oder Hans) Weinheim namens Stefan und Heinrich immatrikulierten sich im Wintersemester 1426 an der Universität Heidelberg. Ihnen wurden aufgrund der Verdienste ihres Vaters die Gebühren erlassen. Stefan firmierte als Kanoniker des St. Cyriakusstiftes Neuhausen bei Worms[78]. Er ist

---

[69] Toepke, Matrikel Heidelberg, Bd. 1, S. 125. Zum Bakkalaureat ebd., Anm. 1. – Vgl. dazu auch die Nachkommensliste im Anhang dieser Arbeit, Kap. 6: Verwandtschaftsbeziehungen.

[70] RepGerm, Bd. 4, Sp. 2520 („Johannes Wynheim (Winheim; iun.) cler. Wormat."); ebd., Sp. 2071 („Johannes Johannis Winheim (Wynheim)"). Vgl. ferner die Angaben bei Schork, Die Stiftsangehörigen des Kollegialstifts St. Andreas in Worms, S. 186.

[71] RepGerm, Bd. 4, Sp. 2520 f. („Johannes Wynheim (Winheim; iun.) can. eccl. s. Andree Wormat. natus Johannis Wynheim prothon.").

[72] RepGerm, Bd. 4, Sp. 2520 f. („Johannes Johannis Winheim (Wynheim), cler. Wormat. Padue in utr. iure studens"); ferner ebd., Sp. 2521, 2490.

[73] Fabry, Das St. Cyriacusstift, S. 84.

[74] Acta Graduum Academicorum Gymnasii Patavini, Bd. 2, Nr. 1656, S. 151 (1442 September 4. Als Zeugen fungierten Heinrich Steinhöwel, Johann Scheltz de Heckpach und Kaspar Truchseß von Stetten).

[75] RepGerm, Bd. 5, Nr. 06018 (1446 Februar 23. „Johannes Winheim licent. in decr. de disp. ad 2 incompat. ad vitam; n. o. decan. et can. et preb. eccl. s. Ciriaci e.m. Wormat. 10 m. arg."). Fabry, Das St. Cyriacusstift, S. 43, bezeichnet ihn für 1449 als Propst und erst für die Jahre 1451/52 als Stiftsdekan (ebd., S. 49).

[76] Vgl. Monumenta Wormatiensia, Bd. 3, S. 336,33–35: […] *also ist der bischoff of den tag nit komen und hat solichs meister Johann Winhemmer sime officiale und dumhern etc. empfolhen* (zum Jahr 1462); ebd., S. 587,28 f.: *also hat das capitel meister Johannes Wynheym licenciat vicari und thumhern gekorn* (zu 1482).

[77] Vgl. das 1488 entstandene Stifterbild des Generalvikars Lic. in decr. Johannes von Weinheim († 1489) auf dem Auferstehungsrelief aus dem von Johann von Dalberg erneuerten Wormser Domkreuzgang (heute im nördlichen Seitenschiff); Abb. bei Keilmann, Johann von Dalberg und das Bistum Worms, S. 11, Abb. 4.

[78] *Stephanus Wiinheym can. Nůhusensis, Heynricus Wiinheym.* Rechts neben ihren Namen steht nach einer beide umfassenden geschweiften Klammer: *fratres. Nichil cepi ob reuerentiam patris eorum;* Toepke, Matrikel Heidelberg, Bd. 1, S. 172. – Zu dieser Form der Ehrerweisung vgl. Schwinges, Universität, soziale Netzwerke und Gelehrtendynastien, S. 54–56.

dort 1435 noch nachweisbar, ebenso wie sein Bruder Heinrich um das Jahr 1440[79]. Stefan, der 1429 sein Artes-Studium mit dem Bakkalaureat abschloss[80], gründete aber später offenbar eine Familie. Auf ihn wurde am Mittwoch nach Pfingsten des Jahres 1431 in Heidelberg ein nächtlicher Anschlag verübt, der in den Universitätsakten überliefert ist[81].

Für ihn lassen sich Beziehungen zur Familie vom Stein nachweisen. Mit Magister Stefan Weinheim (*Winhem)* verhandelte am 3. August 1440 der Heidelberger Universitätsrektor Johann von Risen über die von dessen Vater der Universität hinterlassenen Bücher. Stefan erbat sich einen Tag Bedenkzeit, um sich mit dem Heidelberger Professor, Magister und Doktor des Kirchenrechts, Otto vom Stein, zu beraten. Anschließend teilte er mit, er wolle sein Studium fortsetzen, die Doktorpromotion anstreben und daher die Bücher noch behalten. Im Jahre 1445 lieferte er sie gemeinsam mit zwei weiteren Erben, seinen Cousins Peter und Hieronymus de Lapide, der Universität aus[82]. Zu Stefans eigener Familie erfährt man Folgendes: In einer Urkunde Pfalzgraf Friedrichs I. vom 4. Mai 1453 wird ein Konrad Weinheim (*Winhemer)* erwähnt, in deren Kontext auch von Johann und Stefan als seinem Großvater und Vater die Rede ist[83].

Die Familie blieb im 15. Jahrhundert offensichtlich im Nahbereich des kurpfälzischen Hofes und der Universität Heidelberg. Im Hause des verstorbenen Protonotars Johannes Weinheim fand 1450 ein feierlicher Empfang des Bischofs von Augsburg und Kardinalpriesters Peter von Schaumberg statt, bei dem der Heidelberger Theologieprofessor Johann Wenck eine Predigt hielt[84]. Ein Dr. Peter von Weinheim fungierte 1453 als Zeuge und Vertreter Pfalzgraf Friedrichs I. am kaiserlichen Hofgericht in Wiener Neustadt[85]. Ein Hans von Weinheim (*Hanns von Weynheym)* wurde 1474 in Amberg in Zusammenhang mit den Vorbereitungen der dort stattfindenden Hochzeit zwischen dem jungen Pfalzgrafen Philipp und der Landshuter Herzogstochter Margarete erwähnt[86]. Wenn es sich um die gleiche Person handelt, dann starb diese kurz nach der Jahrhundertwende. Am 24. Juni 1501 ersuchte Philipp der Aufrichtige,

---

79 Fabry, Das St. Cyriacusstift, S. 84.

80 Toepke, Matrikel Heidelberg, Bd. 1, S. 172, Anm. 3.

81 Die Rektorbücher der Universität Heidelberg, Bd. 2, S. 251; dazu auch ebd., S. 253 f. – Ebenfalls in der Überlieferung der Universität Heidelberg finden sich Hinweise auf ein Ausschlussverfahren u. a. gegen einen Johannes und einen Ingelhardus Winheim (*Winheymer)*; ebd., S. 425 (1438 Februar 10).

82 Ebd., S. 449, 555. Weitere Informationen zum Testament finden sich ebd., S. 677 (sie rangierten dabei noch Anfang der fünfziger Jahre des 15. Jahrhunderts unter den erinnerungswürdigen Angelegenheiten der Universität).

83 GLAK, 67/1057, f. 265r–266r, hier f. 266r. – Im Jahre 1470 bestellte der Speyerer Bischof Matthias Ramung Konrad Weinheimer zum Burgvogt der neu errichteten Feste Marientraut; GLAK, 67/298, f. 79rff.

84 Die Rektorbücher der Universität Heidelberg, Bd. 2, S. 631: *in domo quondam Iohannis Winhem*. – Zwei Personen namens Erhardus und Johannes *de Winhem* fungierten etwa um die gleiche Zeit als Pedellen der Universität und der Artistenfakultät; ebd., S. 637.

85 Regesten Kaiser Friedrichs III. Heft 24, Nr. 185 (Wiener Neustadt, 1453 Dezember 5).

86 Vgl. Buchner, Quellen zur Amberger Hochzeit, S. 411.

inzwischen Pfälzer Kurfürst, die Universität Heidelberg, mit der Besetzung der Stelle, welche Dr. Hans von Weinheim (*Winheym*) gehabt hatte, zu warten, bis sich seine Räte mit ihr befasst haben würden[87].

Wie schon aus einer auf den 12. Oktober 1429 datierten Urkunde hervorgeht, bestand eine Verbindung zur Familie des kurpfälzischen Protonotars Meister Peter vom Stein, für dessen unmündige Söhne Peter und Hieronymus der kurpfälzische Protonotar Johannes Weinheim als Lehenträger fungierte. Sie waren seine Neffen und zählten zu seinen Erben, wie aus der oben angesprochenen Überlassung seines Buchbesitzes an die Universität Heidelberg eindeutig hervorgeht[88]. Wann diese Verbindung verwandtschaftliche Qualität annahm, ist nicht sicher zu sagen. Jedenfalls wurde in der oben bereits erwähnten Urkunde von 1453 gemeinsam mit Hieronymus vom Stein auch der junge Konrad Weinheim (*Winhemer*) belehnt[89].

4.12.2 Die Nachkommen Ottos vom Stein

Über die persönlichen Verhältnisse Ottos vom Stein, über dessen Herkunft und über den als Schreiber Pfalzgraf Ruprechts I. bereits oben gehandelt wurde, ist wenig bekannt. Im Jahre 1384 gewährte ihm Pfalzgraf Ruprecht I. die Freiheit, in Heidelberg und in dem südlich davon gelegenen Städtchen Wiesloch mit nicht mehr als 6 Gulden Bede auszukommen[90]. Besitz in beiden Orten dürfte von daher für ihn vorauszusetzen sein. Er muss ein größeres Haus in Heidelberg am Speyerer Tor besessen haben: Das *gehuse vnd geseße an der Spirer pforten in vns(erer) stat Heidelberg gelegen, das sines vaters seligen was, mit sinem begriffe vnd zugehorungen zu siner wonu(n)ge vnd seße* wurde seinem Sohn und späteren Nachfolger im Amt des Protonotars, Peter vom Stein, im Jahre 1422 durch Pfalzgraf Ludwig III. auf Lebenszeit von allen Abgaben befreit[91].

Besser unterrichtet sind wir über Ottos Familienverhältnisse. Allerdings wurden im Hinblick auf seine Nachkommenschaft bislang verschiedene Annahmen geäußert. Diese unterscheiden sich vornehmlich in der Frage, ob es sich bei den Brüdern vom Stein (*de Lapide*) um Ottos Söhne oder Enkel – Söhne eines gleichnamigen Sohnes Otto – gehandelt hat und ob mit genealogischen Zwischengliedern zu rechnen ist[92].

---

87 Winkelmann, Urkundenbuch der Universität Heidelberg, Bd. 2, Nr. 585.

88 Die Rektorbücher der Universität Heidelberg, Bd. 2, S. 555: *Magister Petrus et Ieronimus de Lapide nepotes et heredes spectabilis viri domini Iohannis Winhem bone memorie.*

89 GLAK, 67/1057, f. 265r–266r. Zu den betreffenden Lehnsgütern, Käsegülten im Dorf zu Sunthofen und Scharre, vgl. RPR, Bd. 1, 887, S. 51 (1273); ferner die in GLAK, 67/1057, f. 265r–266r inserierte Urkunde (Heidelberg, 1391 Juni 3).

90 RPR, Bd. 1, Nr. 4533 (Heidelberg, 1384 März 22).

91 GLAK, 67/810, f. 73rf. (Heidelberg, 1422 Mai 2 (Samstag nach den Aposteln Philipp und Jakob)).

92 Vgl. die kontroversen Standpunkte bei Moraw, Kanzlei, S. 515; Heimpel, Drei Inquisitionsverfahren, S. 151 f.; Brandenstein, Urkundenwesen und Kanzlei, S. 383 f.; Fouquet, Speyerer Domkapitel, Bd. 2, S. 811.

Unter Berücksichtigung neuerer Quellenfunde stellt sich der Familienzusammenhang wie folgt dar: Otto vom Stein, der Protonotar Ruprechts I. und Ruprechts II., hatte mehrere Söhne. In einem vor der römischen Kurie angestrengten Prozess um ein Kanonikat am St. Cyriakusstift zu Neuhausen bei Worms wurde der Vorbesitzer, Jodokus, Sohn Ottos vom Stein (*Iodoc[us] Ottonis de Lapide*), im Jahre 1400 als verstorben bezeichnet[93]. Neben diesem Jodokus sind mindestens vier weitere Söhne über Einträge in die Matrikel der Heidelberger Universität nachweisbar. Im Jahre 1389 schrieb sich dort Friedrich, Sohn des Herrn Otto vom Stein (*Fridericus de Lapide filius domini Otthonis*) ein. Ihm wurden die Einschreibegebühren erlassen *propter merita patris sui, prothonotarij domini ducis senioris*[94]. Es folgten ihm im Studium die Brüder Peter (1400)[95], Otto (1405[96]) und Marsilius (1410[97]) vom Stein.

Über das Schicksal des in der Matrikel erstgenannten Friedrich ist wenig in Erfahrung zu bringen. Für ihn ist eine geistliche Laufbahn mit dem Erwerb eines Kanonikats am Wormser Domstift nachweisbar. Im Januar 1406 schrieb er sich erneut an der Heidelberger Universität ein, *animo complendi biennium racione canonicatus etc. ecclesie Wormaciensis*[98]. Dort studierte er ab 1408 Theologie. Über den Besuch der Vorlesungen und das damit absolvierte Biennium ließ er sich am 26. März 1410 ein Zeugnis ausstellen[99].

Über Marsilius vom Stein, den akademisch jüngsten, lassen sich über seine Immatrikulation im Jahre 1410 hinaus ebenfalls nur spärliche Angaben machen. Möglicherweise war er aufgrund seines Namens ein Patenkind des Heidelberger Gründungsrektors Marsilius von Inghen (* 1335/40, † 1396)[100]. Der Matrikeleintrag von 1410 bezeichnete ihn bereits als Kleriker der Wormser Diözese. Er studierte die freien Künste, in denen er im Juli 1412 *sub hon. viro Ottoni (de L.) de Heydelberga fratre suo* zum Bakkalaureus und im Frühjahr 1414 zum Magister promoviert wurde[101]. Sein Bruder Otto vom Stein war ihm auch sonst behilflich. 1430 folgte Marsilius ihm nach dessen vorausgegangener Resignation als Stiftsscholaster von St. German zu Speyer[102].

---

93 Die Rektorbücher der Universität Heidelberg, Bd. 1, Nr. 65, S. 132–136, hier S. 134; Winkelmann, Urkundenbuch der Universität Heidelberg, Bd. 1, Nr. 49, S. 72–74, hier S. 72; Fabry, Das St. Cyriacusstift, S. 80. – Vgl. dazu auch die Nachkommensliste im Anhang dieser Arbeit, Kap. 6: Verwandtschaftsbeziehungen.

94 Toepke, Matrikel Heidelberg, Bd. 1, S. 40; Spiess, Lehnsrecht, S. 24, Anm. 178.

95 Toepke, Matrikel Heidelberg, Bd. 1, S. 77 (lediglich verzeichnet als *Petrus de Lapide*).

96 Ebd., S. 98 (Otto, (Sohn) Ottos vom Stein von Heidelberg (*Otto Ottonis de Lapide de Heidelberg*)).

97 Ebd., S. 113 (Marsilius, (Sohn Ottos) vom Stein (*Marsilius (Ottonis) de Lapide cler. Wormac. dioc.*). Zu ihm Drüll, Heidelberger Gelehrtenlexikon, S. 372.

98 Ebd., S. 100, Anm. 11.

99 Winkelmann, Urkundenbuch der Universität Heidelberg, Bd. 1, Nr. 66, S. 104; Regest ebd., Bd. 2, Nr. 175.

100 Vgl. Moraw, Kanzlei, S. 515, Anm. 35.

101 Zu 1412: Toepke, Matrikel Heidelberg, Bd. 1, S. 113, Anm. 5; zu 1414: ebd., Bd. 2, S. 371 (Marsilius (Sohn) Ottos von Heidelberg (*Mercilius Ottonis de Heidelberga*)).

102 Vgl. Issle, Das Stift St. German, S. 188. Weitere Angaben zu ihm bei Schork, Die Stiftsangehörigen des Kollegiatstifts St. Andreas in Worms, S. 163

Im Jahre 1435 erscheint er als dortiger Stiftsscholaster in der Heidelberger Universitätsüberlieferung[103].

Daneben scheint ein weiterer Bruder namens Johannes vom Stein existiert zu haben[104]. Ein auf Oktober 1401 datierbarer Rotulus, den König Ruprecht und die Heidelberger Universität dem römischen Papst Bonifatius IX. vorlegten[105], enthielt u. a. die Bitte, Inhaber von kirchlichen Benefizien das Studium des römischen Rechts und der Medizin sowie den Erwerb akademischer Grade in diesen Fakultäten zu gestatten. Der Rotulus enthielt eine lange Namensliste aller Betroffenen. Auf ihr steht neben dem Wormser Kleriker Peter, Sohn Ottos vom Stein (*Petr[us] Ottonis de Lapide, cler. Wormac. dioc.)* auch der ebenfalls als Sohn Ottos bezeichnete Wormser Kanoniker Johannes vom Stein (*Johann[es] Ottonis de Lapide, canon. Wormac.)*[106].

Die beiden mittleren Brüder Peter und Otto vom Stein sind sowohl hinsichtlich ihrer Studienabschlüsse als auch ihrer anschließenden Karrieren bemerkenswert und entsprechend besser dokumentiert. Einer erreichte ein juristisches Doktorat. Zunächst sei auf Otto, den akademisch jüngeren, eingegangen, da er – anders als sein Bruder – nur bis zu einem gewissen Grad in die Fußstapfen seines gleichnamigen Vaters trat. Vor seinem Studium ab 1405 war er zumindest einige Jahre mit dem Schreiben von Urkunden befasst gewesen. Peter Moraw zählte seinen Namen für den Zeitraum von Dezember 1400 bis September 1402 bei insgesamt 46 Unterfertigungen von

---

103 Die Rektorbücher der Universität Heidelberg, Bd. 2, S. 344 f.

104 Geht man davon aus, dass Otto einen Bruder namens Johannes gehabt hat (vgl. Knod, Deutsche Studenten in Bologna, Nr. 2590, S. 380), mit dem er sich gemeinsam 1386 in Heidelberg immatrikulierte, dann würde der Name für einen Sohn Ottos Sinn ergeben. – Ein Johann vom Stein (*Steyne*) der Junge erteilte seinem Schneider Hans und Hans Armbruster Vollmacht, ein Pfund Heller auf das Augustinerkloster zu übertragen; Sillib, Zur Geschichte des Augustinerklosters in Heidelberg, S. 40 (1414 Juni 24).

105 Zu ihm vgl. Zimmermann, Der Heidelberger Rotulus.

106 Winkelmann, Urkundenbuch der Universität Heidelberg, Bd. 1, Nr. 54, S. 80–91, hier S. 86 (Peter) und S. 90 (Johann); Die Rektorbücher der Universität Heidelberg, Bd. 1, Nr. [225], S. 550 und Nr. [373], S. 567; Zimmermann, Der Heidelberger Rotulus, Nr. 225, S. 112 (mit S. 207); ebd. Nr. 373, S. 134 (mit S. 207). Peter vom Stein bat um eine Präbende an der Dreifaltigkeitskirche in Speyer, Johann um ein Kanonikat an St. Thomas in Straßburg. – In diesem Rotulus finden sich auch aus der Kanzlei Ruprechts bekannte Personen wie Johannes Erbstat von Wonneck, bezeichnet als Kleriker der Mainzer Diözese (Winkelmann, a. a. O., S. 84; zu ihm Moraw, Kanzlei, S. 512 f.; Brandenstein, Urkundenwesen und Kanzlei, S. 166; Zimmermann, a. a. O., Nr. 124, S. 96 f.; ebd., S. 319) und zwei Verwandte des Bearbeiters des pfälzischen Lehenbuchs von 1401 Konrad Rosengart, Johann und Erhard Rosengart, beide als Kleriker der Wormser Diözese bezeichnet (Winkelmann, a. a. O., S. 85; Zimmermann, a. a. O., Nr. 180 f., S. 105; zum Konrad vgl. Spiess, Das älteste Lehnsbuch, S. 5 f.). – Ein Johann Stein aus Wesel (*Johann Steyn de Wesalia*) immatrikulierte sich im Jahr 1401 in Heidelberg; Toepke, Matrikel Heidelberg, Bd. 1, S. 81. Dieser stammte aufgrund seines Herkunftsnamens höchstwahrscheinlich aus dem mittelrheinischen Oberwesel, wo er 1405 Inhaber einer Vikarie am dortigen Liebfrauenstift war; vgl. Pauly, Die Stifte St. Severus in Boppard, S. 402. – Ein Johannes vom Stein (*Steyne*) fungierte 1412 als öffentlicher Notar in Frankfurt am Main. Seine Heimat ist unbekannt; vgl. Gerber, Die Notariatsurkunde in Frankfurt a. M., S. 3.

Urkunden König Ruprechts[107], wobei Otto vom Stein dabei ohne weiteren Titel firmierte[108].

Diese Beobachtung deckt sich mit dem bereits ermittelten Befund einer häufig zeitlich eng begrenzten Tätigkeit von Kanzleischreibern[109]. Betrachtet man Ottos Aktivität im Rahmen der gesamten Regierungszeit König Ruprechts, dann fällt sie in die ersten beiden Jahre seines Königtums. Betrachtet man das Itinerar Ruprechts, dann schloss sich der Wahl und Krönung eine Phase rastloser Reiseaktivität an, die der politischen Durchsetzung seiner umstrittenen Herrschaft galt. In diese Anfangszeit fiel aus strukturellen, bereits dargelegten Gründen naturgemäß ein hoher Urkundenausstoß. Nimmt man die Regesten Ruprechts als groben Anhaltspunkt, dann lässt sich sagen, dass 42 Prozent seiner Urkundentätigkeit in die zwei ersten seiner insgesamt zehn Jahre währenden Herrschaft fallen[110]. Dieser Zeitraum deckt sich seinerseits aber fast genau mit der Zeit, in der auch Otto vom Stein als Urkundenschreiber nachzuweisen ist. Das Amt des Kanzleischreibers war also auch für ihn nur ein zeitlich begrenztes, das in eine Phase großen Fachkräftebedarfs fiel[111].

Ottos Schreibertätigkeit, die möglicherweise auch Ausbildungsaspekte aufwies, folgte ab 1405 ein Studium der Artes, anschließend das des kanonischen Rechts. 1415 war er Bakkalaureus[112], 1421 *licenciatus [...] in iure canonico*[113]. Ab 1422 wurde er als *decr[etorum] doctor* bezeichnet[114]. Seit 1421 „lehrte er als Professor für Kirchenrecht an der Universität Heidelberg, deren Rektor er in den Jahren 1421, 1430 und 1435 war“[115]. Otto vom Stein war Kleriker. Über seinen reichen Pfründenbesitz informiert die Auf-

---

107 Moraw, Kanzlei, S. 515.

108 Deutsche Reichstagsakten, Ältere Reihe, Bd. 5, Nr. 328, S. 441 f., hier S. 442: *Per dominum R(abanum) episcopum Spirensem Otto de Lapide*; ebd., Nr. 330, S. 443–447, hier S. 447: *Ad mandatum domini regis Otto de Lapide*; dazu Heimpel, Drei Inquisitionsverfahren, S. 152.

109 Vgl. oben, Kap. 1.2.5.2: Die kurpfälzische Kanzlei in der Zeit Pfalzgraf Ludwigs III. (1410–1436).

110 Angaben auf der Basis der RPR, Bd. 2. Es kann sich dabei – wie schon gesagt – nur um einen groben Anhaltspunkt handeln, da auch andere Urkunden und historiographische Nachrichten unter der laufenden Nummer im diesem Regestenwerk verzeichnet sind. Auf eine detaillierte Auszählung wurde aus Gründen der Vertretbarkeit verzichtet.

111 Dies findet eine Parallele in der Ausübung des öffentlichen Notariats, da auch dies für die „zahlenmässig grösste Gruppe der Notare“ lediglich eine „Durchgangsstation“ bis zur Erlangung eines kirchlichen Benefiziums darstellte. Danach begegnen sie aufgrund der kirchlichen Gesetzgebung „nur noch in Ausnahmefällen in der Notarsfunktion“; Schuler, Fortleben des Notariats in Verwaltung und Urkundenwesen, S. 1249. So erlangte Otto vom Stein im Jahr seiner Heidelberger Immatrikulation an der römischen Kurie eine Provision auf eine Kanonikerstelle im St. Cyriakusstift bei Worms. Ein entsprechender Possess ist allerdings nicht nachweisbar; vgl. die entsprechenden Nachweise bei Fouquet, Speyerer Domkapitel, Bd. 2, S. 812; Fabry, Das St. Cyriakusstift, S. 80.

112 Toepke, Matrikel Heidelberg, Bd. 2, S. 329; Zitat ebd., S. 503 (1415 August 27).

113 Ebd., S. 525 (1421 April 18).

114 Ebd., S. 505.

115 Willoweit, Das juristische Studium, S. 106 f.; Zitat Brandenstein, Urkundenwesen und Kanzlei, S. 383; vgl. ferner Fouquet, Speyerer Domkapitel, S. 812; Schmidt/Heimpel, Winand von Steeg, S. 121; Heimpel, Drei Inquisitionsverfahren, S. 152; Moraw, Kanzlei, S. 515.

stellung bei Gerhard Fouquet[116], über seine politischen Aufgaben als Rat in Diensten Pfalzgraf Ludwigs III. der entsprechende Artikel bei Christoph Freiherr von Brandenstein[117]. Auch Ludwigs beiden Nachfolgern Ludwig IV. und Friedrich I. diente er als Ratgeber. Daneben ist er in Angelegenheiten Rabans von Helmstatt, des ehemaligen Kanzlers König Ruprechts und Bischofs von Speyer, nachzuweisen. 1435 war er an dessen Prozess um das Trierer Erzbistum, u. a. gemeinsam mit dem damaligen kurpfälzischen Kanzler Ludwig von Ast, beteiligt[118]. Er stand in engen Beziehungen zu den Nachkommen Johann Weinheims und beriet 1440 dessen Sohn Stefan in Erbschaftsfragen gegenüber der Universität[119]. Otto vom Stein resignierte seine Heidelberger Professur im Jahre 1442 und starb als Wormser Domherr am 29. April 1458[120].

Für unsere Fragestellung – und für das Fortleben der Familie – wesentlich bedeutender ist Peter vom Stein. Da er für die Jahre 1422 und 1428 als pfälzischer Protonotar bezeugt ist, soll ihm ein eigenes Kapitel gewidmet werden.

4.12.2.1 Peter vom Stein

Peter vom Stein hat der historischen Forschung bislang reichen Anlass zu Spekulationen gegeben[121]. Besonders sein geradezu biblisches Alter erregte Aufsehen. Immerhin erstreckte sich allein zwischen seiner 1401 durch König Ruprecht veranlassten Präsentation auf ein Basler Stiftskanonikat und seinem nächsten Nachweis als Rektor der Pfarrei von Bacharach im Jahre 1453 der bemerkenswerte Zeitraum von 52 Jahren. Nun könnte man dies für einen historischen Zufall halten, doch häufen sich in den fünfziger bis siebziger Jahren des 15. Jahrhunderts die für ihn nachweisbaren Kirchenpfründen[122]. Auf den 20. März 1471 datiert seine durch Pfalzgraf Friedrich I. ausgefertigte Bestallungsurkunde zum Rat[123]. Er starb – angeblich – erst am 31. Oktober 1480. Entsprechend ehrfurchtsvoll klingt es bei Gerhard Fouquet: „Als annähernd neunzigjähriger Greis ist [Peter vom] Stein schließlich noch im März/April 1480 in Gericht und Rat des Speyerer Bfs. Ludwig v. Helmstatt zu finden“[124].

In engem Zusammenhang hiermit steht die bislang ungeklärte Frage, ob Peter ein Sohn Ottos vom Stein, Protonotar der Pfalzgrafen Ruprecht I. und Ruprecht II., ge-

---

116 Vgl. FOUQUET, Speyerer Domkapitel, Nr. 360, S. 811–813; ferner WILLOWEIT, Das juristische Studium, S. 107.

117 BRANDENSTEIN, Urkundenwesen und Kanzlei, S. 383 f.

118 MEUTHEN, Das Trierer Schisma von 1430, S. 247 f.; vgl. ferner ebd., S. 174.

119 Vgl. das vorherige Kapitel.

120 FOUQUET, Speyerer Domkapitel, S. 812. – Zur Resignation vgl. Die Rektorbücher der Universität Heidelberg, Bd. 2, S. 490–493.

121 Vgl. BRANDENSTEIN, Urkundenwesen und Kanzlei, S. 165. – Zu weiteren akademisch gebildeten und diplomatisch tätigen Personen gleichen Namens KNOD, Deutsche Studenten in Bologna, Nr. 3659, S. 552. Vgl. auch DRÜLL, Heidelberger Gelehrtenlexikon, S. 441 f.

122 Vgl. die entsprechenden Nachweise bei FOUQUET, Speyerer Domkapitel, Bd. 2, Nr. 361, S. 813–816; DERS., Domkapitel, Hof und Universität, S. 126 f.

123 Sie findet sich abschriftlich in GLAK, 67/814, f. 83r: *Wie meister peter vom Stein licenciat zu ratt und diener uffgenomen ist* (Heidelberg, 1471 Mittwoch nach Oculi).

124 FOUQUET, Speyerer Domkapitel, S. 815.

wesen ist oder ob mit einem weiteren Otto als genealogisches Zwischenglied zu rechnen sei. Dieser wäre dann der Vater der Brüder Jodokus, Peter, Otto, Johannes und Marsilius vom Stein gewesen[125]. Diesen mittleren Otto erkannte Gerhard Fouquet in dem oben bereits behandelten, 1400 bis 1402 nachweisbaren Kanzleischreiber König Ruprechts, Otto *de Lapide*. „Die biologischen Lebensdaten Peters, der erst 1480 starb, sprechen ebenso dafür wie die Ottos, der erst 1405 mit dem Studium begann und damit schwerlich mit dem königlichen Kanzlisten, wie von P. Moraw angenommen, identisch ist"[126]. Problematisch daran ist, dass der Kanzleischreiber König Ruprechts nachher die kirchliche Laufbahn eingeschlagen hat und Universitätslehrer wurde[127]. Dies wurde im vorangegangenen Kapitel behandelt.

Ohne die Verdienste Peters vom Stein schmälern zu wollen, muss man aber einräumen, dass sie sich nicht auf eine, sondern auf zwei Personen dieses Namens verteilen. Des Rätsels Lösung findet sich in dem Anfang der siebziger Jahre des 15. Jahrhunderts entstandenen Lehenbuch des Pfalzgrafen Friedrich I. Es enthält die Abschrift einer Urkunde seines Vorgängers, Kurfürst Ludwigs III., vom 12. Oktober 1429. Da sie unter dem Namen des pfälzischen Protonotars Johann Weinheim verzeichnet ist, galt sie im Zusammenhang mit der Familie vom Stein bislang als unauffällig.

Es handelt sich dabei um die Vollabschrift eines Lehenreverses, den Johann Weinheim im Jahre 1429 seinem Lehnsherrn Ludwig III. über *vierczig malter korns korn gulte acht pfunt hell(e)r gult mynn(er) acht vncz hell(e)r vnd zehen kese kese gulte jerlichen vff dem dorffe zu Sonthofen vnd off dem hofe zu Scharre fallende* leistete[128]. In diese Urkunde inseriert findet sich das bereits in Zusammenhang mit dem kurpfälzischen Protonotar Otto vom Stein behandelte Privileg Pfalzgraf Ruprechts II. vom 6. Oktober 1391 über dasselbe Lehen. Der Text von 1429, dem das obige Zitat entnommen ist, rekurriert auf das Insert mit den Worten, dass Pfalzgraf Ludwig (III.) *wol vnderricht ist, das der vorg(enannte) Ott schriber selig(e) lang er gelebt vnd nach sine(m) tode sine(m) sone vnd nemlich meist(er) Peter syne(m) prothonotarie(n) selig(en) dasselbe lehen allczyt besess(e)n inne vnd herbracht vnd des auch gebruchet vnd genossen hat.* Johann Weinheim bestätigte nun, dass Pfalzgraf Ludwig ihm dasselbe Lehen *als eyne(m) treger Peters und Jeronimis, des vorg(enannten) meister Peters selig(en) sone*, nach Ausweis des Inserts verliehen habe[129]. Nach erreichter Volljährigkeit sollte der Älteste das Lehen selbst in Empfang nehmen[130]. Unmittelbar im Anschluss daran folgt dann der nur noch in Regestenform gehaltene Revers Peters vom Stein, Doktor in weltlichen Rechten, mit Datum vom 4. Mai 1453.

---

[125] Nur Friedrich (*Fridericus de Lapide*) wird anlässlich seiner Heidelberger Immatrikulation im Jahre 1389 dezidiert als Sohn des Protonotars von Pfalzgraf Ruprecht d. A. bezeichnet; vgl. Toepke, Matrikel Heidelberg, Bd. 1, S. 40; Spiess, Lehnsrecht, S. 24, Anm. 178.

[126] Fouquet, Speyerer Domkapitel, Bd. 2, S. 811.

[127] Vgl. ebd., Nr. 360, S. 811–813; ferner Willoweit, Das juristische Studium, S. 107.

[128] GLAK, 67/1057, f. 265r–266v, hier f. 265v.

[129] Ebd., hier f. 265v.

[130] Ebd., hier f. 266r.

Damit dürfte bewiesen sein, dass es sich bei dem seit Anfang der fünfziger Jahre in der Überlieferung erscheinenden Dr. Peter vom Stein nicht um den pfälzischen Protonotar, sondern um dessen ältesten Sohn handelt. Er besaß noch einem jüngeren Bruder namens Hieronymus. Aufschlussreich ist auch, dass Johann Weinheim 1429 als Vormund bzw. vormundschaftlicher Träger (*treger*) der Lehen von dessen minderjährigen Söhnen fungierte, d. h. dass hier innerhalb eines Personenverbandes auch Sorge für hinterlassene minderjährige Kinder getragen wurde[131]. Die Brüder Peter und Hieronymus vom Stein (*de Lapide*) zählten wiederum zu Johanns Erben, als sie im Jahre 1445 gemeinsam mit ihrem Cousin, Johanns Sohn Stefan Weinheim, der Universität Heidelberg seine hinterlassenen und der Universität vermachten Bücher aushändigten[132]. Vermutlich war der kurpfälzische Protonotar Johann Weinheim mit einer Tochter des Protonotars Otto vom Stein verheiratet gewesen und hatte mit ihr Kinder bekommen.

Natürlich ist damit noch nicht endgültig die Frage beantwortet, ob nicht doch noch die Existenz eines weiteren Otto vom Stein zu erwägen ist, der als Vater von Jodokus, Peter, Otto, Johannes und Marsilius zu gelten hätte. In dem um 1401 entstandenen pfälzischen Lehenbuch König Ruprechts findet sich *Otte Rynman vom Stein*, unter der Bezeichnung *Otten schribers seligen son*, als Inhaber der obigen Lehenrente[133]. Dieser Eintrag könnte sich aber auch auf den bereits behandelten Otto vom Stein beziehen, dessen Vater, der gleichnamige Protonotar, im Jahre 1396 gestorben war und dessen erste Provision auf ein Stiftskanonikat offenbar erst parallel zum Antritt seines Studiums erst im Jahre 1405 erfolgte[134].

Die Lebensdaten des Protonotars Peter vom Stein lassen sich also dahingehend vervollständigen, dass er vor dem 12. Oktober 1429 das Zeitliche gesegnet haben muss. Insgesamt fällt auf, wie stark sich die Familie vom Stein in der zweiten Hälfte des 14. und der ersten Hälfte des 15. Jahrhunderts im Kurpfälzischen vernetzte. Bedenkt man ihre starke Stellung sowohl im Kontext der Universität Heidelberg, wo Dr. Otto vom Stein über Jahre als Ordinarius für Kirchenrecht eine tragende Rolle spielte, und in der kurfürstlichen Verwaltung, wo nicht nur sein gleichnamiger Vater, sondern auch sein Bruder in Schaltstellen saßen und gleichzeitig eine enge Verwandt- bzw. Schwägerschaft zum anderen Protonotar Johann Weinheim aufgebaut wurde, dann ergibt dies einen signifikanten und in dieser Form einzigartigen Befund[135]. Insofern ist Gerhard Fouquet beizustimmen, wenn er konstatiert: „Diese soziale und funktionale Durchlässigkeit hing neben der institutionellen Offenheit damit zusammen, daß sich

---

[131] Ebd., f. 265v.; ferner oben, Kap. 4.7.1.1: Herkunft und Familie. Eine Spurensuche.

[132] Die Rektorbücher der Universität Heidelberg, Bd. 2, S. 555. In diesem Zusammenhang wurde nur Peter der Magistergrad beigefügt. Er verfügte damals über zwei ebenfalls genannte *famuli*.

[133] *Item Otte Rynman vom Stein, Otten schribers seligen son, hat enpfangen zu manlehen* [es folgt die Angabe des Lehens]; SPIESS, Das älteste Lehenbuch, Nr. 383, S. 69.

[134] Vgl. die entsprechenden Nachweise bei FOUQUET, Speyerer Domkapitel, Bd. 2, S. 812.

[135] Der vermutlich noch durch die Übernahme von Funktionen innerhalb der Stadt Heidelberg wie dem Bürgermeisteramt ab den vierziger Jahren des 15. Jahrhunderts ergänzt werden könnte.

seit dem Beginn des 15. Jahrhunderts ein durch Verwandtschaft und räumliche Nähe nach außen abgeschotteter Kreis von pfalzgräflichen Hoffamilien gebildet hatte."[136] Allerdings benötigt das von ihm gezeichnete Bild dieser in ihren Sozialbeziehungen regional begrenzten Beamtengeschlechter, die „nach dem sich bis in die 1430er Jahre vollziehenden Ausscheiden der ersten Pariser und Prager Exulantengeneration zur Trägergruppe der Universität" aufgerückten Elite doch einiger Modifikationen. Gerade die Familie vom Stein vermag dieses Bild zu erweitern, denn ihre Herkunft wie ihre überregionale Vernetzung, die weit über eine Generation hinaus über Mainz bis Köln und in die brabantischen (und später burgundischen) Niederlande reichte, zeigt, dass sie aus diesen kurpfälzischen Kontexten nicht hervorgegangen war, sondern weit komplexeren Verbindungen entstammte. Wie engmaschig sich das weit gespannte Netzwerk gestaltete, wird an dem im Folgenden zu behandelnden Ludwig von Ast sichtbar.

[136] Fouquet; Domkapitel, Hof und Universität, S. 126.

4.13 Prädikatsjuristen als Kanzler

4.13.1 Dr. Ludwig von Ast

4.13.1.1 Herkunft und Familie

Aufgrund der Forschungen Christoph Freiherr von Brandensteins über Urkundenwesen und Kanzlei des pfälzischen Kurfürsten Ludwig III. ist bekannt, dass Ludwig von Ast[1] spätestens ab 1433 den beiden in den vergangenen Kapiteln behandelten Protonotaren nachfolgte. Ebenso konnte Brandenstein ältere Forschungsmeinungen widerlegen, die den kurpfälzischen Kanzlertitel erst in die Zeit Friedrichs des Siegreichen datierten[2]. Vom Typus her ist Ludwig von Ast wahrscheinlich am ehesten mit Nikolaus von Wiesbaden vergleichbar. Auch er rückte in die Reihe der Bischofsanwärter auf, wurde 1445 in Konkurrenz zu einem Mitbewerber zum Bischof von Worms gewählt, resignierte in seinem Fall aber bereits nach vierzig Tagen[3]. Ebenso wie Nikolaus agierte er inter- bzw. überterritorial. Bei ihm lagen die Anfänge seines Pfründenbesitzes wohl nicht zufällig in der Erzdiözese Köln, denn von dort stammten Teile seiner Vorfahren. Sein Vater Antonius Vlegetus/Vlegeti (ital. Voglietti bzw. eingedeutscht Vegheler) war Abkömmling einer aus dem lombardischen Asti gebürtigen Bankiersfamilie und im Jahre 1387 Bürger der Domstadt geworden[4]. Anfang der neunziger Jahre zählte er zu den führenden Kölner Bankiers[5]. 1392 hatte er Stine (Christina) von der Kemnade geheiratet. Sie war die illegitim geborene Tochter eines Geistlichen; es handelte sich bei ihm um den einflussreichen kurkölnischen Prokurator Hermann von Goch. Stine entstammte einer konkubinären Beziehung Hermanns mit Irmgard von

---

1 Zu ihm vgl. Keilmann, Ludwig von Ast, S. 880 f. (mit der weiteren Literatur); Brandenstein, Urkundenwesen und Kanzlei, bes. S. 362–366; Ringel, Studien, S. 81–89; Fouquet, Domkapitel, Bd. 2, Nr. 9, S. 318–320; Willoweit, Das juristische Studium, Nr. 7, S. 110 f.; Voss, Dietrich von Erbach, S. 227 f.; Ritter, Die Heidelberger Universität, S. 516 u. ö. (vgl. ebd., Index, S. 521).

2 Brandenstein, Urkundenwesen und Kanzlei, S. 365. Zu den älteren Meinungen Moraw, Kanzlei, S. 443, Anm. 45, und S. 447, Anm. 510; Cohn, Government, S. 221.

3 Vgl. Keilmann, Ludwig von Ast, S. 880.

4 Vgl. Irsigler, Hermann von Goch, S. 69–71; Reichert, Lombarden, Bd. 2,2, S. 380. – Zum Familiennamen vgl. Regesten der Erzbischöfe von Köln, Bd. 10, Nr. 1049, S. 397 f. (1396 April 16); vgl. ebd., Nr. 1049, S. 398 (vom gleichen Tag). Zur väterlichen Familie Vlegeti (Vagleti, Valgletus) aus Asti (wo sie Voglietti heißen); Reichert, a. a. O., Bd. 2,3, S. 960; Schulte, Geschichte des mittelalterlichen Handels, Bd. 1, S. 295, 303 f., 306 f., 310 f., 313; ebd., Bd. 2, Nr. 430–435. Die Familie zählte zu den kleineren ghibellinischen Geschlechtern; einen Ausschlag für ihr Exil gab die Annexion der Stadt Asti durch die mailändischen Visconti 1342. Zur Schreibung „Vegheler“ vgl. Quellen zur Geschichte der Herrschaft Landskron, Nr. 702, S. 271 f. (1405 Februar 24). – Vgl. dazu auch die Nachkommensliste im Anhang dieser Arbeit, Kap. 6: Verwandtschaftsbeziehungen.

5 Irsigler, Kölner Wirtschaft im Spätmittelalter, S. 300. Allg. Ders., Juden und Lombarden.

der Kemnade († 1394)[6]. Als Siegler des Kölner Erzbischofs Friedrich von Saarwerden (reg. 1370–1414) stand er in engsten Beziehungen zum bischöflichen Offizialat[7]. Hermann war Rat und Vertrauter Kaiser Karls IV. († 1378) gewesen und Prokurator des Kölnischen Erzbischofs Friedrich von Saarwerden († 1414). Aufgrund des Vorwurfs lukrativer Finanzgeschäfte als Diener mehrerer Herren und einer zwielichtigen Rolle in der stadtkölnischen Innen- und Außenpolitik wurde er 1398 im Auftrage des Kölner Rates, der sich von seiner Machtposition massiv bedroht fühlte, hingerichtet[8].

Stine und ihre Geschwister nannten sich nach ihrer Familie mütterlicherseits von der Kemnade (*van der Keymenaden*)[9]. Die Heirat der Tochter mit dem lombardischen

---

6 Zur Legitimierung des Konkubinates und der Rückkehr Hermanns in den weltlichen Stand vgl. Irsigler, Hermann von Goch, S. 70. – Nichts spricht dagegen, in Ludwig von Ast einen Sohn aus der Verbindung zwischen Stine und Antonius Vlegeti zu sehen, zumal die beiden Gatten noch 1397 bei einer Verkaufsangelegenheit gemeinsam auftraten. Sie überließen damals das sogenannte Eckberts Haus gegenüber dem Hause zum Esel in der Breiten Straße an ihren Schwager Reimar von Glesch; aus den Kölner Schreinsbüchern nachgewiesen bei Kuske, Die Handelsbeziehungen zwischen Köln und Italien im späteren Mittelalter, S. 8 (ohne Hinweis auf die Schwägerschaft); Reichert, Lombarden, Bd., 2,2, S. 381. – Weitere Nachweise der fünf Kinder Hermanns von Goch mit ihren Ehegatten finden sich anlässlich des Todes ihrer gemeinsamen Mutter in: Quellen zur Geschichte der Stadt Köln, Bd. 6, Nr. 144 f., S. 226 f. (1394 Mai 11). Genannt werden dabei Hermann und Johann (beide Kanoniker an St. Severin zu Köln), Wilhelm, Bela (mit ihrem Ehemann Johannes *de Sambuco*), Elisabeth (*Lysa*) (dito mit Reimar von Glesch (*de Gles*) und Stina (dito mit Antonius Vlegeti *de Ast*). – Zu Antonius Vlegeti und seine Ehefrau Stine/Stina; ebd., Nr. 226, S. 331 f. (1395 August 9). Zu *Thoenis/Thoenys* (= Antonius) *Vlegetus* ebd., Nr. 181, S. 276 f. (1394 August 22); ebd., Nr. 192, S. 294 f. (1394 Oktober 31). – Zur Vernetzung von Hermann von Goch vgl. auch Kap. 4.8: Zwischenresümee: Kirchliche Netzwerke, Stiftsherren und Kollektoren, sowie das Personenregister dieser Arbeit.

7 Der Siegler fungierte neben seiner Aufgabe als Wahrer des kleinen und großen Offizialatssiegels als Vertreter des Offizials und benötigte in beiden Eigenschaften natürlich juristische Kenntnisse. Haupteinsatzbereich aber waren die Finanzangelegenheiten, da er die Einnahmen aus den Gerichtsgebühren verwaltete; vgl. Janssen, Das Erzbistum Köln im späten Mittelalter, Bd. 1, S. 343 f. – Zum „privaten ‚Archiv'" Hermanns von Goch mit Abschriften wichtiger Vertragsurkunden und weiterem Geschäftsschriftgut wie ein den Zeitraum 1381 bis 1387 umfassendes, eigenhändig von ihm angelegtes Kopiar geldrischer Schuldurkunden sowie einem weiteren Urkundenkopiar von 38 Stücken aus der Zeit zwischen 1229 und 1393; Irsigler, Hermann von Goch, S. 66. Beides gelangte 1398 in kölnischen Ratsbesitz (ebd.).

8 Vgl. Irsigler, Ein großbürgerlicher Kölner Haushalt, hier S. 639; Ders., Hermann von Goch, S. 73–79; Janssen, Das Erzbistum Köln im späten Mittelalter, Bd. 1, S. 343 f.

9 Irsigler, Hermann von Goch, S. 70 f. – Am 16. April 1396 verkaufte Hermann von Goch, Bürger zu Köln, mit Einwilligung seiner Kinder und aller rechten Erben (genannt werden: Hermann und Johann von der Kemnade (*van der Keymenaden*), Kanoniker zu St. Severin in Köln; Heinrich von der Kemnade (*van der Keymenaden*), Kanoniker zu Kaiserswerth, und seine Schwiegersöhne und Töchter Johann *van me Hoellenter* und Ehefrau Bela, Reimar von Glesch (*Glaessch*) und Ehefrau Elisabeth sowie Anton Vlegeti von Ast (*Goglocus van Aist*) und Ehefrau Stina) dem Erzbischof Friedrich von Saarwerden und dem Erzstift Köln eine Reihe von Erbgütern; vgl. Regesten der Erzbischöfe von Köln, Bd. 10, Nr. 1049, S. 397 f.; vgl. ebd., Nr. 1050, S. 398.

Bankier lehrt, dass Hermann von Goch bereits zu Lebzeiten gut für seine illegitimen Kinder gesorgt hatte. Dies gilt in gleicher Weise für die weiblichen wie männlichen Nachkommen[10]. Drei Söhne immatrikulierten sich im Wintersemester 1386 in Heidelberg und machten später als Gelehrte Räte und Graduierte Karriere[11]. In der Heidelberger Matrikel folgten ihnen unmittelbar zwei Mitglieder der Familie von Goch namens Hermann und Johannes[12]. Sie alle waren in Heidelberg Konsemester des späteren Hofkanzlers König Ruprechts, Raban von Helmstatt[13]. Johannes, einer von Ludwigs vier Oheimen, amtierte später als Rechtsprofessor an der Universität Köln und war 1426 am berühmten Rechtsgutachten Winands von Steeg über die Zollfreiheit des Bacharacher Pfarrweins beteiligt[14]. Der *dilectus magister* Heinrich (von der) Kemnade – sehr wahrscheinlich handelte es sich um einen dieser Onkel Ludwigs von Ast – fungierte als Prokurator Kurfürst Ludwigs III. am Königshof und wurde von diesem am 1. Oktober 1427 zum Hausgenossen (*familiaris*) ernannt[15].

Über diese auf Verwandtschaft, persönlichen Kontakten und weitreichenden Beziehungen beruhenden Verbindungen[16] dürfte die Karriere ihres gegen Ende der neun-

---

10 Dazu Irsigler, Hermann von Goch, S. 69–71. – Allgemein zum Phänomen vgl. Schmugge, Kirche, Kinder, Karrieren.

11 Hermann, Johannes und Heinrich von der Kemnade, Kölner Diözese (*Hermannus de Kamenata, Johannes de Kamenata, Henricus de Camenata, Colon. dioc.)*; Toepke, Matrikel Heidelberg, Bd. 1, S. 13. – Vgl. den biographischen Überblick zu Johannes von der Kemnade (*de Caminata, decretorum doctor pronunc ordinarius alme universitatis studii Coloniensis)* bei: Schmidt/Heimpel, Winand von Steeg, S. 116, sowie Schmidt-Bleibtreu, Das Stift St. Severin in Köln, S. 263 (zu Johann und Hermann von der Kemnade (*de Camenata (Caminata)*)). Zu den immensen Kosten für das Studium und die Promotion des Sohnes Johann vgl. Irsigler, Ein großbürgerlicher Kölner Haushalt, S. 663 f.

12 Sie wurden als Söhne des Thomas Iwan von Goch (*Thome Ywani de Gogh Colon. dioc.*) bezeichnet. Es folgten ihnen im Eintrag die ebenfalls aus der Kölner Diözese stammenden Gerlach von Erpel und Johannes von Gusten genannt *Reissen*; Toepke, Matrikel Heidelberg, Bd. 1, S. 13. Im Jahre 1387 folgten der Pariser *Artes*-Lizentiat Nikolaus *Jacobi de Goch* und Walter *Fabri de Goch* (ebd., S. 17) sowie ein Semester später Wilhelm Goch *Colon. dyoc.* (ebd., S. 18. Zu ihm auch Gramsch, Rheinländer in wettinischen Diensten, S. 79 f., Anm. 100, mit nicht ganz zutreffenden Angaben zur Frequenz des Heidelberger Studiums durch die Familie von Goch). Gerlach von Erpel immatrikulierte sich 1389 an der Universität Köln als Kanoniker am dortigen Stift St. Severin; vgl. Die Matrikel der Universität Köln, Bd. 1, Nr. 2,139, S. 20 (mit Anm. 139).

13 Toepke, Matrikel Heidelberg, Bd. 1, S. 13; Widder, Konkubinen und Bastarde, S. 475. Zu Raban vgl. Kap. 4.9: Raban von Helmstatt als Hofkanzler König Ruprechts von der Pfalz.

14 Zu den Verwandtschaftsverhältnissen vgl. Regesten der Erzbischöfe von Köln, Bd. 10, Nr. 1049, S. 397 f. (1396 April 16); vgl. ebd., Nr. 1049, S. 398 (vom gleichen Tag). Zum Professorat vgl. die biographische Skizze bei Schmidt/Heimpel, Winand von Steeg, S. 116 (Johannes von der Kemnade (*de Caminata*)).

15 GLAK, 67/810, f. 269vf.; Brandenstein, Urkundenwesen und Kanzlei, S. 31.

16 Vielleicht handelt es sich bei *Jacobus de Lombardia de Goch canonicus s. Poliani Fossensis Leod. dioc.* und dem Kanoniker von St. Aposteln in Köln, *Gotfridus de Lombardia de Goch,* die sich 1388 in Heidelberg immatrikulierten, um weitere Verwandte Ludwigs von Ast; vgl. Toepke, Matrikel Heidelberg, Bd. 1, S. 32.

ziger Jahre geborenen Neffen Ludwig von Ast ihre Dynamik bezogen haben[17], ebenso wie die seines jüngeren Bruders Johann von Ast[18]. Als Mitglied des Deutschen Ordens wurde Johann 1435 in Padua zum Doktor des Kanonischen Rechtes promoviert. Im Ordensdienst brachte er es in den darauffolgenden Jahren zum Diplomaten und hohen Amtsträger[19]. Beide Brüder nannten sich übrigens nicht nach der Familie des Vaters, sondern nach dessen Herkunftsstadt Asti. Höchstwahrscheinlich bezieht sich daher der Stern (lat. *aster* m.) als (sprechendes) Wappenbild, das Ludwig von Ast auf seinem Siegel führte[20], auf die im westlichen Oberitalien gelegene Stadt.

Wenig bekannt ist, dass auch die Familie von Goch, aus der Ludwig von Ast ebenso wie sein Bruder von mütterlicher Seite her stammten, in der ersten Hälfte des 15. Jahrhunderts reichsweit gut vernetzt war und interterritorial agierte, ohne ihre Herkunft aus dem Rheinland aus den Augen zu verlieren[21]. Ein Schwerpunkt lag in Mitteldeutschland, wo eine Reihe von Familienmitgliedern seit Mitte des 14. Jahrhunderts über mehrere Generationen hinweg wichtige geistliche Pfründen besetzten und bis gegen Ende der zwanziger Jahre des 15. Jahrhunderts als enge Ratgeber der Wettiner fungierten[22]. Mit den leiblichen Brüdern, dem Naumburger Bischof Gerhard von Goch († 1422[23]) und dem Meißener Elekten Dietrich von Goch († frühestens

---

17 Legt man das Datum der Erstimmatrikulation (1413) zugrunde, dann dürfte er um das Jahr 1499 (oder kurz davor) geboren sein. Weiteres dazu im folgenden Kapitel.

18 Er immatrikulierte sich an der Universität Köln im Jahre 1421 als *Joh. Ast de Colonia, Col. d.; art.* (Die Matrikel der Universität Köln, Bd. 1, Nr. 129,23, S. 218), studierte ab dem Frühjahr 1425 in Heidelberg (Toepke, Matrikel Heidelberg, Bd. 1, S. 165) und 1428/29 in Leipzig (Die Matrikel der Universität Köln, a. a. O., Anm. 23; ferner Reichert, Lombarden, Bd. 2,3, S. 337, 382, 414). — Anlässlich der Heidelberger Immatrikulation findet sich neun Einträge vorher ein Speyerer Kleriker namens Engelmann Guldenkopf von Speyer (*Engelmannus Guldenkopf de Spria cler. Spir. dyoc.*; ebd.), offenbar ein Verwandter (vielleicht ein Bruder?) des späteren kurpfälzischen Kanzlers und Heidelberger Professors Johann Guldenkopf. Dieser studierte um dieselbe Zeit in Heidelberg, er hatte sich im Herbst 1424 dort eingeschrieben; Toepke, a. a. O., S. 163. Zu ihm vgl. unten, Kap. 4.13.6: Dr. Johannes (Hans) Seiler, genannt Guldenkopf.

19 Acta graduum Patavini, Bd. 2, Nr. 1033, S. 3 f. (1435 Januar 19); ferner ebd., Bd. 1, Nr. 772, S. 246 (1430); ebd., Nr. 978, S. 313 f. (1434 Februar 20). Vgl. Hirschfelder, Die Kölner Handelsbeziehungen im Spätmittelalter, S. 225; Boockmann, Die Rechtsstudenten des Deutschen Ordens, S. 330 – 332; Militzer, Köln und Thorn, S. 158.

20 Vgl. das Bild seines Siegels an einer Urkunde (HStAM, Geheimes Hausarchiv, HU, Nr. 2697), bestehend aus einer Namenumschrift, im Mittelfeld der heilige Petrus mit Buch und Schlüssel, darunter ein Wappen mit einem großen achtstrahligen Stern.

21 Gramsch, Rheinländer in wettinischen Diensten, S. 54–56. Zu den verschiedenen Familienzweigen vgl. ebd., S. 70, 79 f. Zum Familienbewusstsein ebd., S. 92.

22 Gramsch, Rheinländer in wettinischen Diensten; Schlenker, Gerhard von Goch.

23 Er war Sohn des Bürgers Lambert Vaelbier aus Goch (jener immatrikulierte sich an der Universität Köln im Jahre 1390; vgl. Die Matrikel der Universität Köln, Bd. 1, Nr. 8,9, S. 59), studierte gemeinsam mit seinem Vetter Johannes in den achtziger Jahren des 14. Jahrhunderts in Prag und amtierte von 1408 bis zu seinem Tod 1422 als Bischof von Naumburg; vgl. Gramsch, Rheinländer in wettinischen Diensten, S. 73 f.; Schlenker, Gerhard von Goch. Zu weiteren Verwandten vgl. Kinne, Das (exemte) Bistum Meissen, B.1, S. 780 f., Anm. 158 u.ö.

1405)[24], stellten sie um 1400 zwei Kirchenfürsten. Zumindest bei Dietrich, dem ersten „Volljuristen" der Familie, ist auch eine Ratgebertätigkeit für den Mainzer Erzbischof in der zweiten Hälfte des 14. Jahrhunderts nachweisbar.[25] Die Familie unterhielt Anfang des 15. Jahrhunderts gute Kontakte zur römischen Kurie[26].

4.13.1.2 Tätigkeit

Ludwig von Ast selbst gilt als einer der erfolgreichsten spätmittelalterlichen Akademiker. Geboren wahrscheinlich um das Jahr 1400, studierte er ab dem Sommersemester 1413 zunächst noch minderjährig an der Universität Köln[27]. Bereits dort traf er auf illustre Konsemester. So findet sich drei Einträge vor ihm *d(ominus) Rutg(erus) de Dijk*, Pastor der Kirche St. Columba. Ihm wurden die Studiengebühren ehrenhalber erlassen (*gratis ob reverentiam persone*). Auch er stammte aus der niederrheinischen Stadt Goch und war seit 1411 päpstlicher Hausgenosse (*familiaris pape*). Er sollte im Jahre 1433 beim Basler Konzil eine wichtige Rolle spielen[28]. Im Jahre 1423 immatrikulierte sich Ludwig von Ast an der Universität in Heidelberg[29] (und vielleicht in Italien) und schloss im Jahre 1428 das Studium mit der Promotion in beiden Rechten ab[30]. Es handelte sich um die erste Promotion *in legibus* in Heidelberg überhaupt. Promotor in Zivilrecht war der hohe kurpfälzische Rat Johannes Kirchen der Jüngere, selbst Doktor des römischen Rechts. Johannes Kirchen war wie Ludwigs Onkel im

---

[24] Er war seit 1371 Domherr von Meißen und stand in dieser Zeit in Diensten der Markgrafen Friedrich und Wilhelm von Meißen sowie des Mainzer Erbbischofs. Als Elekt von Meißen amtierte er in den Jahren 1392/93; vgl. Gramsch, Rheinländer in wettinischen Diensten, S. 69–73; Seifert, Dietrich von Goch; Kinne, Das (exemte) Bistum Meissen, Bd. 1, S. 780-782. Ein Jakob Iwan (*Ywan* [von Goch?]) supplizierte als Kleriker der Diözese Meißen im Heidelberger Rotulus von 1401; vgl. Zimmermann, Der Heidelberger Rotulus, Nr. 328, S. 127; ferner ebd., S. 222. – Zur (möglichen) Herkunft der Familie aus dem niederrheinischen Goch vgl. Toepke, Matrikel Heidelberg, Bd. 1, S. 13.

[25] Seifert, Dietrich von Goch. Zum „Volljuristen" durch ein vor 1371 in Italien erworbenes Lizentiat *in legibus* vgl. Gramsch, Rheinländer in wettinischen Diensten, S. 69 f. Zu weiteren Verwandten, die in Italien die Rechte studierten ebd., S. 70 f., Anm. 59.

[26] Ebd., S. 74–79, unter Bezug auf den *camere apostolice clericus* und wettinischen Ratgeber Johannes von Goch († 1427). Zum Amt Schuchard, Die Deutschen an der päpstlichen Kurie, S. 77–82.

[27] *Ludov. Antonii de Ast, Col., s(olvit);* vgl. Die Matrikel der Universität Köln, Bd. 1, Nr. 98,8, S. 162 (mit den entsprechenden biographischen Angaben ebd., Anm. 8).

[28] Die Matrikel der Universität Köln, Bd. 1, Nr. 98,5, S. 161 (mit Anm. 5). – Zu dieser Form der Ehrerbietung bei der Immatrikulation vgl. Schwinges, Universität, soziale Netzwerke und Gelehrtendynastien, S. 54–56.

[29] Toepke, Matrikel Heidelberg, Bd. 1, S. 160; ebd., Bd. 2, S. 501 f., 527.

[30] Ritter, Die Heidelberger Universität, S. 438 f.; Ringel, Studien, S. 87 f.; Keilmann, Ludwig von Ast, S. 880; Fouquet, Das Speyerer Domkapitel, Bd. 2, S. 318–320. Zur Lizentiatsprüfung in beiden Rechten vgl. Die Rektorbücher der Universität Heidelberg, Bd. 1, Nr. 472, S. 518 (1428 Juli).

Jahre 1426 am Rechtsgutachten für Winand von Steeg beteiligt gewesen[31]. Für die Qualität seines Kontaktes zu Ludwig von Ast spricht, dass es sich 1428 um seine einzige nachweisbare Promotion gehandelt hat[32]. Als Ludwigs kirchenrechtlicher Promotor fungierte der bereits hinlänglich bekannte Heidelberger Professor für Kirchenrecht, der jüngere Otto vom Stein[33].

Der Aufstieg Ludwigs von Ast vollzog sich im Spannungsfeld der mittelrheinischen Mächtekonstellationen im zweiten Viertel des 15. Jahrhunderts. Seine politisch aktivste Zeit fällt in die Jahre zwischen Ende der zwanziger und Anfang der vierziger Jahre. Schon 1429, im Jahr nach seiner Doktorpromotion, wird er als Rat und oberster Notar Kurfürst Ludwigs III. bezeichnet[34]. Seine nachweisbaren Tätigkeitsbereiche erstreckten sich u. a. auf die Teilnahme in kurpfälzischen Hofgerichtssitzungen[35]. Ein erster längerer Einsatz erfolgte auf dem Basler Konzil, wo er in den Jahren von 1431 bis 1436 als Ludwigs Bevollmächtigter agierte[36].

Als Sprecher einer kurfürstlichen Gesandtschaft (*ex parte rev. dom. Maguntinensis et Coloniensis aliorunque ill. principum Romani imperii electorum*) hielt er dort Ende Januar 1433 eine mit humanistischer Rhetorik glänzende Rede vor Papst Eugen IV. mit dem Ziel, ihn zur Aussöhnung mit dem Konzil zu veranlassen. In der handschriftlichen Überlieferung liefert ein Vermerk am Ende des Redetextes ausdrücklich den Hinweis auf *magistrum Ludowicum de Ast cancellarium domini ducis Ludovici comitis palatini Reni etc. utriusque iuris doctorem excellentissimum*[37]. In gleicher Form wurde er im Januar des darauffolgenden Jahres tituliert, als er die Antwort Kaiser Sigmunds auf die päpstlichen Propositionen in Basel öffentlich verlas[38]. Für seine Kanz-

---

31 Vgl. Schmidt/Heimpel, Winand von Steeg, S. 116.

32 Ringel, Studien, S. 88. Zu Johannes Kirchen/Kirchheim vgl. Brandenstein, Urkundenwesen und Kanzlei, S. 373 f.; Ritter, Die Heidelberger Universität, S. 516–518. Ferner unten, 4.13.2: Dr. Johannes Kirchen und Dr. Johann von Laudenburg. Kanzler pro Forma?

33 Zu Otto vom Stein vgl. oben, Kap. 4.12.2: Die Nachkommen Ottos vom Stein; ferner Willoweit, Das juristische Studium, S. 106 f.; Brandenstein, Urkundenwesen und Kanzlei, S. 383; Schmidt/Heimpel, Winand von Steeg, S. 121.

34 Willoweit, Das juristische Studium, S. 110; Brandenstein, Urkundenwesen und Kanzlei, S. 363.

35 Brandenstein, Urkundenwesen und Kanzlei, S. 363.

36 Willoweit, Das juristische Studium, S. 110 f.; Ritter, Die Heidelberger Universität, S. 307–309. – In Basel amtierte ab 1434 am Konzilsgericht möglicherweise auch ein entfernter Verwandter namens Heinrich Stoube von Goch; Gramsch, Rheinländer in wettinischen Diensten, S. 86–88.

37 Zitiert nach Ritter, Die Heidelberger Universität, S. 307 mit Anm. 1 (unter Bezug auf: Città del Vaticano, Biblioteca Apostolica Vaticana, Cod. Pal. lat. 608, f. 128v–130r). Es handelt sich dabei „mit ihrer charakteristischen Mischung ciceronianischer und mittelalterlicher Stilelemente, ihrer Verzierung echt scholastischer Redekünste durch einzelne weltlich-humanistische Floskeln [um] eines der frühesten Beispiele für das Eindringen italienischer Stilmuster in die deutsche Schulrhetorik"; ebd., S. 307. Ferner Brandenstein, Urkundenwesen und Kanzlei, S. 364; Heimpel, Die Vener von Gmünd, Bd. 1, S. 615; Ringel, Studien, S. 81.

38 Hinweis im Regest bei Deutsche Reichstagsakten, Ältere Reihe, Bd. 11, Nr. 143, S. 274–277.

lerschaft können weitere urkundliche Belege herangeführt werden, doch stammen sie alle nicht vom kurpfälzischen Hof. Erst am 6. Mai 1435 wird er in einer Urkunde Mechthilds von Savoyen, der Ehefrau Pfalzgraf Ludwigs III., mit dem Kanzlertitel belegt[39].

Die Kanzleiaktivitäten Ludwigs von Ast sind diffus. So heißt es in der Ordnung, die Pfalzgräfin Mechthild, Pfalzgraf Otto I. von Mosbach und eine Reihe von Räten am 14. Juni 1435 für die vormundschaftliche Regierung während der Zeit der Erkrankung Ludwigs III. erließen, dass neben dem Archivar[40] lediglich *meister Ludewig* und der Präzeptor der jungen Prinzen, *meister Johann,* Zutritt zum Gewölbe (*gewelbe*), d. h. zum Aufbewahrungsort des landesherrlichen Schatzes und des Archivs, haben sollten[41]. Brandenstein hat sicher zu Recht den ersten der beiden *meister* als damaligen kurpfälzischen Kanzler Ludwig von Ast identifiziert[42]. Er konnte ihn für die Zeit vom 31. März 1433 bis zum 29. Februar 1436 als Schreiber von Urkunden und Briefen nachweisen[43]. Dass angesichts der vielfältigen und politisch wichtigen Aufgaben, die Ludwig von Ast übernahm, sogar klassische Kanzleiarbeiten für ihn nachweisbar sind, mag überlieferungsbedingt sein. Seine Schwerpunkte lagen auf einem anderen Gebiet. Er dürfte der ideale Repräsentant für die anstehenden Probleme, sprich Basler Konzil, Reichsreform und damit einhergehende Kommunikation auf Kurfürstenebene, gewesen sein. Ludwigs juristisches Expertentum muss herausragend gewesen sein, jedenfalls wusste noch die spätere Chronistik davon zu berichten[44].

Doch sollte auch bei Ludwig von Ast das Element persönlicher Verbindungen und verwandtschaftlicher Beziehungen sowie die damit verbundene Förderung nicht unterschätzt werden. Es wurde oben bereits erwähnt, dass Ludwigs Oheime mütterlicherseits 1386 Heidelberger Konsemester Rabans von Helmstatt gewesen waren. Auch Ludwigs Karriere kreuzte sich mit der des einstigen Hofkanzlers König Ruprechts. Im Dezember des Jahres 1435 gehörte er einem Neuner-Gremium an, das im Auftrag der Konzilsväter von Basel und auf Druck Kurfürst Ludwigs III. den seit 1430 bestehenden Streit um den Trierer Erzstuhl zwischen Raban von Helmstatt und

[39] Brandenstein, Urkundenwesen und Kanzlei, S. 365 f.

[40] Es handelte sich dabei um den Kaplan des Landesherrn, den Magister Artium Ulrich Zingerl aus Waldmünchen; vgl. ebd., S. 204.

[41] Vgl. ebd., S. 204–206, Zitat S. 204 f.

[42] Ebd., S. 205. – Zum ebenfalls genannten Meister Johann, gemeint war Hans Ernst, vgl. auch Widder, Karriere im Windschatten, S. 35 f.

[43] Brandenstein, Urkundenwesen und Kanzlei, S. 157 f.

[44] Noch 130 Jahre später pries der anonyme Verfasser der Chronik des Kirschgartener Mönches Ludwigs gelehrte Beredsamkeit: *Fuit namque vir maturus valde et prudens. Unde si quis pro consilio utendo ad illum venisset, audivit proponentis verba usque ad finem, et tunc praegnantibus atque brevibus verbis respondit: sic et sic secundum iura et leges faciendum est, et ita dimisit hominem. In principis autem consilio existens tantae fuit auctoritatis, ut interrogatis omnibus ipse concluderet et diceret: sic et sic in iure et in legibus conscriptum est et sic faciendum est*; Cronica civitatis Wormatiensis, S. 83. Das Kloster hatte ihm auch einiges zu verdanken gehabt; vgl. Keilmann, Johann von Dalberg und das Bistum Worms, S. 14 f.

Ulrich von Manderscheid beilegen sollte[45]. Mit von der Partie waren u. a. Otto vom Stein, Nikolaus von Kues und – auf der Ersatzliste – Friedrich vom Stein sowie Rabans Verwandter Wiprecht von Helmstatt, Amtmann am Bruhrain[46].

Anfang Januar 1436 erklärte das Gremium in einem Schiedsgericht zu St. Goar Raban zum rechtsmäßigen Trierer Erzbischof. Dass ihm trotz dieser Entscheidung und der bereits vorausgegangenen Regalienleihe durch König Sigmund selbst nach dem Tod des Widersachers im Sommer 1437 die Installation nicht gelang, muss hier nicht Gegenstand weiterer Ausführungen sein. Er blieb im Bistum Speyer, dessen Verwaltung er sich als Administrator im September 1436 hatte zusichern lassen, erst Ende 1437 resignierte er es zugunsten seines Neffen Reinhard von Helmstatt, verwaltete es aber weiter und übergab es erst wenige Monate vor seinem Tod im Oktober 1439[47].

Einigermaßen rätselhaft blieb bislang die Tätigkeit Ludwigs von Ast als Kanzler des Mainzer Erzbischofs Dietrich Schenk von Erbach (reg. 1434–1459). Ingrid Heike Ringel konnte ihn in der kurmainzischen Rechnungsüberlieferung im Zeitraum von knapp zwei Jahren nachweisen: Im Juni 1436 betitelte ihn der kurmainzische Zollschreiber in Lahnstein als *Meister Ludewig von Ast myns gnedigen herren canczeller*. Ludwig war damals gemeinsam mit dem Mainzer Domdechanten Peter Echter und dem Küchenmeister samt einer vierzehnköpfigen Dienerschar auf dem Weg zu einem Treffen mit *frunden* des Erzbischofs von Köln[48].

Es ist durchaus wahrscheinlich, dass die Entwicklungen in der Kurpfalz damals den Eintritt in kurmainzische Dienste motivierten[49]. Nach seiner Rückkehr von einer Wallfahrt ins Heilige Land war Kurfürst Ludwig III. 1427 dauerhaft erkrankt; er büßte bis Mitte der dreißiger Jahre sein Augenlicht völlig und seine Regierungsfähigkeit merklich ein[50]. Am 6. Juni 1435 beschlossen sein Bruder Otto von Pfalz-Mosbach, Ludwigs Ehefrau Mechthild von Savoyen, Bischof Friedrich von Worms samt 23 zusammengerufenen Adeligen und Räten, dass die kurpfälzischen Lehnsleute und Diener nicht mehr nur dem Kurfürsten, sondern auch der Herrschaft den Treueid zu leisten hätten. Die Geschäfte sollte ein aus vier Personen bestehender Regentschaftsrat führen, der auch den Gebrauch von Ludwigs III. Siegel durch den Kanzler zu überwachen hatte. Die Urkunden sollten weiter im Namen des Kurfürsten ausgestellt werden. Das gewählte Verfahren fand offenbar keine einhellige Zustimmung. Widerstand regte sich bei Pfalzgraf Johann von Neumarkt, dem jüngeren Bruder des Kurfürsten, sowie unter den altgedienten kurpfälzischen Räten. Zu ihnen gehörte möglicherweise

---

45 Ringel, Studien, S. 82, Anm. 4 (mit den übrigen Namen der Kommission und der weiteren Literatur). Zu den Hintergründen Ammerich, Raban von Helmstatt, S. 750; Voss, Dietrich von Erbach, S. 30–34.

46 Ringel, Studien, S. 82, Anm. 4.

47 Vgl. dazu Ammerich, Raban von Helmstatt, S. 750; Fouquet, Das Speyerer Domkapitel, Bd. 2, Nr. 198, S. 580; Remling, Geschichte der Bischöfe von Speyer, Bd. 2, S. 56–58.

48 Zitiert nach Ringel, Studien, S. 82 (archivalischer Nachweis ebd., Anm. 5).

49 So ebd., S. 83 f.; ferner Voss, Dietrich von Erbach, S. 33, 227 f.

50 Schaab, Geschichte der Kurpfalz, Bd. 1, S. 171, 174 f.; ferner Widder, Kirche, Dynastie und Landesherrschaft, S. 83 f.

auch Ludwig von Ast[51]. Unter Vermittlung Erzbischof Rabans und des Deutschmeisters kam Ende Februar 1436 ein Kompromiss zustande, dem der Kurfürst unter gewissen Bedingungen zustimmte[52].

Ingrid Heike Ringel konstatierte, dass an sich in dieser Zeit ein schneller und häufiger Wechsel des Dienstherrn bei landesherrlichen Kanzlern durchaus nicht ungewöhnlich war, „doch dass ein Kanzler seinen Herrn verließ, dem Rivalen diente und innerhalb von zwei Jahren zum früheren Herrn zurückkehrte, ist nicht ganz alltäglich"[53]. Sie sah hier die oppositionelle Haltung Ludwigs von Ast gegenüber den Entwicklungen in der Kurpfalz bestätigt. Eine Alternative dazu formulierte Gerhard Fouquet, der Ludwig von Ast „völlig auf die Kurpfalz fixiert" sah, aber den Mainzer Erzbischof Dietrich von Erbach ebenfalls zur kurpfälzischen Klientel zählte und hier neben der Opposition des Kanzlers auch den Wunsch der Pfalzgrafschaft zu erkennen glaubte, dem Mainzer Erzbischof „nach seinem Herrschaftsantritt (1434) einen hochqualifizierten Leiter der Kanzlei zur Verfügung zu stellen"[54]. Wolfgang Voss hielt den „zweifache[n] Wechsel" zwischen Kurmainz und Kurpfalz für „bemerkenswert" und sah darin „das deutlichste Zeichen für die enge Kooperation zwischen Dietrich von Erbach und [Pfalzgraf] Otto von Mosbach"[55].

Möglicherweise existiert auch noch eine weitere Alternative, die Ludwig von Ast primär als Mitglied der Klientel Rabans von Helmstatt interpretiert. Angesichts der Rolle, die Ludwig in dem sich bis 1437 hinziehenden Trierer Bistumsstreit spielte, muss man sich fragen, ob der Umstand, dass es sich bei den Gebietsnachbarn Kurpfalz und Kurmainz um „Rivalen" mit „jahrhundertelangen Spannungen" handelte[56], für sein damaliges Handeln irgendeine Relevanz beanspruchte. Es sei zudem daran erinnert, dass um diese Zeit ein noch unter Ludwig III. geschlossenes Bündnis beider Kurfürstentümer bestand[57]. Zunächst ist festzuhalten, dass um dieselbe Zeit ein Verwandter Rabans, Wiprecht (V.) d. J. von Helmstatt († vor 1469), als kurmainzischer Hofmeister fungierte[58]. Dieser könnte hier Vermittlerdienste geleistet haben[59]. Lud-

---

[51] Schaab, Geschichte der Kurpfalz, Bd. 1, S. 174 f.; Ritter, Die Heidelberger Universität, S. 517 f. Zu Ludwig von Ast vgl. Ringel, Studien, S. 84 f.

[52] Schaab, Geschichte der Kurpfalz, Bd. 1, S. 174 f. Der Geschichtsschreiber Andreas von Regensburg berichtet, dass Ludwig III. seine Frau Mechtild als treibende Kraft dieser *iniuria* ansah; vgl. Ringel, Studien, S. 84, Anm. 15.

[53] Ringel, Studien, S. 83.

[54] Fouquet, Das Speyerer Domkapitel, Bd. 2, S. 319.

[55] Voss, Dietrich von Erbach, S. 228. Vgl. auch Wackerfuss, Streitigkeiten, S. 156.

[56] Zitat Ringel, Studien, S. 83 (mit Anm. 13); Voss, Dietrich von Erbach, S. 28–34.

[57] Vgl. Häusser, Geschichte der Rheinischen Pfalz, Bd. 1, S. 298.

[58] Er stammte aus der Bischofsheimer Linie und unterhielt „enge Kontakte zu Kurpfalz und Speyer"; vgl. Voss, Dietrich von Erbach, S. 295–298 (Zitat ebd., S. 298); Ringel, Studien, S. 82. Zu der nicht ganz klaren Identifikation mit Wiprecht V. (und nicht Wiprecht III.) vgl. Voss, a. a. O., S. 298, Anm. 646.

[59] Er war ebenfalls mit dem Trierer Streit befasst; Voss, Dietrich von Erbach, S. 296. Zu seiner „Mittlerrolle" auch ebd., S. 298.

wigs Aufgabenbereich konzentrierte sich in dieser Zeit auf den Trierer Bistumsstreit[60]. Aufgrund der schwierigen innenpolitischen Situation und der Schwäche Pfalzgraf Ludwigs III. bot ihm sein Status als kurpfälzischer Kanzler hierfür vermutlich nicht den nötigen politischen Rückhalt. Diesen Rückhalt könnte ihm der Mainzer Erzbischof in dieser Zeit geboten haben. Es läge angesichts der Vorgeschichte nahe, dass die Beziehungen zu Raban von Helmstatt und die Verknüpfung mit dessen Interessen den Ausschlag für diese Handlungsweise gegeben haben.

Als Ludwig III. am 30. Dezember 1436 starb, normalisierte sich in der Kurpfalz die Situation wieder. Ludwig hinterließ mit seinem Sohn Ludwig IV. einen damals zwölfjährigen Erben, der zunächst unter der Vormundschaft seines Oheims Otto von Mosbach stand. Ludwig von Ast kehrte aber erst ein weiteres knappes Jahr später wieder zurück in kurpfälzische Dienste. Dies spräche dafür, dass nicht der Tod Ludwigs, sondern möglicherweise das Ende der Mission in Kurtrier, wo Raban im Sommer 1437 mit seinen stärksten Widersachern im Erzstift, den Grafen von Virneburg als Unterstützer Ulrichs von Manderscheid, ein Ausgleich gelang[61], den Ausschlag für die Rückkehr in die Kurpfalz gegeben hat.

In der nächsten Zeit vertrat Ludwig von Ast die Kurpfalz in wichtigen politischen Missionen. So hielt er im April 1438 bei Überreichung des Wahldekrets durch die kurfürstliche Gesandtschaft an den neuen römisch-deutschen König Albrecht II. eine in antikisch-klassischen Formen gehaltene Festrede[62]. Auch in der Rechtsprechung im Dienste des Pfalzgrafen kann man ihn in den folgenden Jahren nachweisen. Aus der Heilbronner Urkundenüberlieferung ist in den Jahren 1438 und 1439 seine Beteiligung an zwei Schiedsverfahren zwischen der Reichsstadt und Vertretern der Adelsgeschlechter von Venningen und von Neipperg nachgewiesen[63].

Ludwigs Suppliken wegen seines Pfründenbesitzes, die ihren Niederschlag in der kurialen Überlieferung gefunden haben, bieten einen vergleichsweise guten Überblick über seine weitere Karriere. Als Doktor beider Rechte und Kanzler des Pfalzgrafen und Herzogs von Bayern, Ludwig (IV.), Kurfürst des Heiligen Römischen Reiches, supplizierte er am 27. August 1439 um Pfründenbesitz an der Wormser Domkirche[64]. Anfang September desselben Jahres firmierte er in den päpstlichen Registern lediglich als *secretarius supradicti ducis*[65]. Wiederum als Kanzler (*cancellarius*) des genannten Herzogs findet man ihn im Jahre 1442[66]. Auch in der Überlieferung der Universität

---

[60] Ebd., S. 227, 490 f.

[61] Ammerich, Raban von Helmstatt, S. 750.

[62] Deutsche Reichstagsakten, Ältere Reihe, Bd. 13, Nr. 143, S. 102–107; Ritter, Die Heidelberger Universität, S. 298 f.; 452; Ringel, Studien, S. 87; Heimpel, Aus der Kanzlei Kaiser Sigismunds, S. 131.

[63] Urkundenbuch der Stadt Heilbronn, Bd. 1, Nr. 589, S. 297–299; ebd., Nr. 591, S. 300. – Zu den Adelsfamilien vgl. u. a. Hammes, Ritterlicher Fürst und Ritterschaft, S. 192, 196 f.

[64] RepGerm, Bd. 5, Nr. 6396, S. 1102.

[65] Die Angabe fehlt ebd., findet sich aber in der Originalüberlieferung.

[66] Ebd. – Nur als Dekan der Wormser Kirche firmiert er am 12. August 1441 in einer Streitsache um eine Pfründe am Wormser Martinsstift; RepGerm, Bd. 5, Nr. 773, S. 134.

Heidelberg wird er am 19. Dezember 1442 als *spectabilis vir magister magister Ludovicus de Ast utriusque iuris doctor ac prepositus ecclesie Wormaciensis cancellarius suus* (= Ludwigs IV.) bezeichnet[67]. Im Mai 1442 nannte ihn die Kurie Propst der Wormser Kirche, Doktor der Rechte, und einstiger Ratgeber und Amtsträger (*consiliarius et officialis*) des verstorbenen Pfalzgrafen und bayerischen und Heidelberger (!) Herzogs Ludwig, Kurfürsten des Heiligen Römischen Reichs, sowie dessen Sohn Ludwig und verschiedener anderer Fürsten[68]. Der aus der vatikanischen Überlieferung stammende Hinweis auf die Ratstätigkeit für andere Fürsten erhärtet sich auch aus dem sonstigen Quellenmaterial. Am 17. November 1440 wird Ludwig von Ast als kurmainzischer Rat erwähnt[69]. Im Bistumssprengel von Mainz lag ein weiterer Schwerpunkt seines reichen späteren Pfründenbesitzes. Hierzu gehörte ein 1436 nachweisbares Kanonikat am Mainzer Mariengredenstift (St. Mariae *ad gradus*) sowie ein 1439 nachweisbares an St. Marien in Erfurt[70].

Im Juni 1441 bestätigte der Mainzer Erzbischof Dietrich von Erbach als Metropolit Ludwig von Ast als Wormser Dompropst. In einer strittigen Wahl war er von Teilen des Wormser Domkapitels auf Bitten der Pfalzgrafen Otto und Ludwig IV. in dieses Amt gewählt worden[71]. Seit den Anfängen der Heidelberger Universität war der Dompropst qua Amt gleichzeitig Kanzler der Alma Mater[72]. Im Jahre 1445 wurde Ludwig von Ast schließlich in strittiger Wahl zum Bischof von Worms gewählt und vom Mainzer Erzbischof bestätigt. Allerdings resignierte er wohl auch aufgrund von politischen Unruhen in der Domstadt nach nur vierzig Tagen[73].

In den folgenden Jahren findet man ihn in der Überlieferung nicht mehr als Kanzler bezeichnet. Es stellt sich die Frage, worin dies begründet liegt. Dabei fällt auf, dass seine Aktivitäten in seinem letzten Lebensjahrzehnt in den Quellen nur verstreut aufzufinden sind und sich allem Anschein nach auf einige Teilbereiche konzentrieren. Als „Hausjurist" scheint er in Familienangelegenheiten der Pfalzgrafen mehrfach tätig geworden zu sein. Wobei sich die Frage stellt, ob es nur die juristische Fachkompetenz oder auch sein weitgespanntes Beziehungsnetz waren, die Ludwig von Ast dafür prädestinierten.

In die zweite Jahreshälfte 1445 fallen Anstrengungen, Ruprecht (* 1427, † 1480), dem jüngsten Bruder Ludwigs IV., die ersten Schritte in eine geistliche Laufbahn zu ebnen. Nach Absolvierung des dafür nötigen Bienniums, d. h. des zweijährigen Uni-

---

67 Die Rektorbücher der Universität Heidelberg, Bd, 2, S. 490.

68 Ebd.

69 Ringel, Studien, S. 87.

70 RepGerm, Bd. 7, Nr. 79, S. 9; ebd., Nr. 291, S. 33; Ringel, Studien, S. 88 f.; Fouquet, Das Speyerer Domkapitel, Bd. 2, S. 318–320

71 Daneben besaß er ein weiteres Benefizium an der Kirche St. Martin in Worms; RepGerm, Bd. 5, Nr. 773, S. 134; ebd., Bd. 7, Nr. 956, S. 108; ebd., Nr. 1275, S. 144. Weitere Präbenden wurden ihm 1450 in Speyer und Würzburg in Aussicht gestellt; vgl. Ringel, Studien, S. 86.

72 Winkelmann, Urkundenbuch der Universität Heidelberg, Bd. 1, Nr. 2,4 (1385 Oktober 23); Ringel, Studien, S. 86 f. und ebd., Anm. 32. – Zu von ihm vergeblich initiierten Reformen vgl. Ritter, Die Heidelberger Universität, S. 116 mit Anm. 2.

73 Ringel, Studien, S. 81, Anm. 1; Keilmann, Ludwig von Ast, S. 880. Zu den Hintergründen Schaab, Die Diözese Worms, S. 197, 214; Keilmann, Das Bistum Worms, S. 138 f.

versitätsstudiums, und dem einigermaßen kompliziert verlaufenden Nachweis der notwendigen Ahnenprobe war die Aufnahme in das hochadelige Kölner Domstift das anvisierte Ziel[74]. Der in Rom erbetene Dispens Papst Eugens IV. für Ruprechts nicht ausreichendes Lebensalter datiert vom 12. Februar 1446[75]. Der damit erreichte neue Status des Jüngsten führte zweieinhalb Monate später zu dessen formellem Erbverzicht. Um keinerlei Zweifel an dieser Zusage bestehen zu lassen, beglaubigte im Anschluss an den Urkundentext der öffentliche Notar Andreas Pellndorfer aus dem oberpfälzischen Hemau (*Bellendorffer von Hembauwer*), Kleriker der Regensburger Diözese, Ruprechts Eid, den dieser am frühen Morgen desselben Tages *off der burge zu Heydelberg in der kleynen ratstuben off den sulen* in Gegenwart ausgewählter Zeugen darauf geleistet hatte[76]. Unter diesen fand sich, direkt hinter dem Hofmeister Graf Hesso von Leiningen, Ludwig von Ast, bezeichnet als Lehrer in beiden Rechten und Dompropst von Worms, aufgeführt, gefolgt von dem Theologen und Präzeptor Meister Hans Ernst, Domkustos von Worms, und fünf weiteren Adeligen[77].

Im selben Jahr 1446 promovierte Ludwig von Ast den späteren pfälzischen Kanzler und Bischof von Speyer Matthias Ramung zum Lizentiaten *in iure canonico*. 1449 agierte er gemeinsam mit dem Deutschordensmeister und kurpfälzischen Rat Jost von Venningen als Vermittler in einem Streit zwischen der Stadt Nürnberg und dem Nürnberger Burggrafen, Markgraf Albrecht Achilles. Es ging dabei konkret um drei Burgen, die Albrecht für den Preis von 100 000 Gulden zu kaufen gedachte, wobei sich die Stadt angesichts der Transaktion offenbar bedroht fühlte[78]. Doch sind die Hintergründe dieser Mission schwer zu durchschauen.

Diese Aufgaben fielen in eine Zeit, in der sich in der Kurpfalz erneut eine Herrschaftskrise abzeichnete. Mitte August 1449 starb Ludwig IV. mit 25 Jahren relativ unerwartet in Worms. Er bestellte seinen jüngeren Bruder Friedrich zum Schirmer und Vormund für den eigentlichen Erben, seinen einzigen, damals erst einjährigen Sohn Philipp[79]. Unter den Beratern Friedrichs in dessen früher Regentschaft fand sich auch Ludwig von Ast als kurpfälzischer Rat. Gemeinsam mit Bischof Reinhard von Worms

---

74 Vgl. dazu Widder, Karriere im Windschatten, S. 41 f.

75 Vgl. Kisky, Domkapitel Köln, Nr. 15, S. 41; ferner „Rupertus filius quond. Ludovici com. Palatini Reni ac ducis Bavarie can. eccl. Colon. 30 m. arg., in 19 an. sue et. constit. disp. ad incompat. ad vitam et disp. sup. def. et. 12. Februar 1446 L 421 34rs.“, RepGerm, Bd. 5, Nr. 08099.

76 Genannt werden Graf Hesso von Leiningen, Hofmeister; Ludwig von Ast, Lehrer in beiden Rechten und Dompropst von Worms; [der ehemalige Pädagoge] Meister Hans Ernst, Lizentiat der heiligen Schrift und Domkustos von Worms; Friedrich von Flersheim; Schweicker von Sickingen; Siegfried von Oberkirch, (alle) Ritter; Karl Buser von Ingelheim; Hans von Gemmingen, Marschall; Widder, Karriere im Windschatten, S. 43 f. – Pellndorf, nach dem sich Andreas benannte, ist heute ein Teilort der oberpfälzischen Gemeinde Hemau.

77 HStAM, Geheimes Hausarchiv, HU, Nr. 2674 (Heidelberg, 1446 April 28); dazu Widder, Karriere im Windschatten, S. 43, Anm. 84.

78 Die Nürnberger Ratsverlässe, Bd. 1, S. 129, 142, 144 (1449 Juni 23 und 24). – Zu Matthias vgl. die betreffenden Kapitel dieser Arbeit.

79 Schaab, Geschichte der Kurpfalz, Bd. 1, S. 172, 175.

und drei adeligen Räten war er im Juni 1451 Zeuge des Vertrages, den Friedrich mit seiner Schwägerin Margarete von Savoyen, Witwe seines Bruders Ludwig IV., wegen der Vormundschaft über deren Sohn Philipp schloss[80]. Im September desselben Jahres nahm Ludwig von Ast an der Versammlung teil, in der pfälzische Lehnsleute und Räte die anstehende Arrogation des jungen Erben Philipp berieten. Hintergrund war Friedrichs Plan, mittels dieser aus dem römischen Recht entlehnten Rechtsfigur auf Lebenszeit die Herrschaft in der Kurpfalz zu übernehmen und diese erst nach seinem Tod an den rechtmäßigen Erben Philipp weiterzureichen. Auch in dem sogenannten „Anrath" der Prälaten, Grafen, Adeligen und Räten der Kurpfalz über die Arrogation Philipps vom 13. Januar 1452 ist Ludwig von Ast unter den zahlreichen Ausstellern genannt[81].

Inwiefern und in welchem Umfang das gesamte Unternehmen von seinen juristischen Kenntnissen profitierte, wäre eine naheliegende Überlegung. Das gewählte Verfahren setzte jedenfalls umfassende Kenntnisse des römischen Rechtes voraus[82]. Es überrascht daher nicht, sondern bestätigt eher diese Annahme, dass Ludwig von Ast einer der drei Gesandten war, die im Auftrage Pfalzgraf Friedrichs an den Königshof geschickt wurden. Sie sollten dort Friedrich III. die Angelegenheit unterbreiten und seine Billigung erlangen. Ludwig von Ast war der einzige Jurist in dieser Delegation; bei den beiden anderen handelte es sich um Graf Philipp von Nassau und Saarbrücken sowie den Hofmeister Peter von Talheim[83]. Die zu erwartende juristische Argumentation vor dem König lag somit allein in seinen Händen.

In die Jahre 1453 und 1454 fallen die letzten Nachweise seines Wirkens. Wieder innerfamiliäre Angelegenheiten der Pfalzgrafen betraf der Vertrag, den Friedrich mit seinem jüngeren Bruder Ruprecht am 4. Februar des Jahres 1453 schloss. Offenbar residierte Ruprecht in jenen Jahren trotz einer Würzburger Pfründe die meiste Zeit am Ort seines Domkanonikats in der Bischofsstadt Köln. Dies belegt die zweimalige Nennung der Stadt in Zusammenhang mit den pfalzgräflichen Zahlungen an Ruprecht[84]. Unter der lediglich vier Personen umfassenden Zeugenliste erscheint neben dem kurpfälzischen Hofmeister Peter von Talheim und dem Heidelberger Vogt Eberhard von Sickingen Ludwig von Ast, der hier als Wormser Dompropst firmierte. Beim zweiten geistlichen Zeugen stoßen wir auf dem späteren Kanzler Matthias Ramung (*Meister Mathias Ramung, Licenciat in geistlichen Rechten*)[85]. Man muss sich hier die

80 Vgl. RFdS, Nr. 8, S. 218–221, hier S. 221 (Heidelberg, 1451 Juni 9).

81 Urkunden zur Geschichte des Kurfürsten Friedrichs des Ersten, Nr. 16, S. 49–52, hier S. 49; Feeser, Friedrich der Siegreiche, S. 24; Fuchs, Friedrich der Siegreiche, S. 196–200.

82 Vgl. Schaab, Geschichte der Kurpfalz, Bd. 1, S. 175.

83 RFdS, Nr. 18, S. 229 f. (Heidelberg, 1451 Oktober 9).

84 HStAM, Geheimes Hausarchiv, HU, Nr. 2737, besiegeltes Pergament-Original. Unter dem Titel: *Verschribung zwuschen hertzog Ruprecht vnd hertzog Friderichen* findet sich eine zeitgenössische Abschrift in GLAK, 67/864, f. 168v–171v. Die hier verwendeten Zitate folgen des besseren Zugriffs halber der zuverlässigen Edition in: RFdS, Nr. 29, S. 242–245; vgl. dazu Widder, Karriere im Windschatten, S. 49.

85 RFdS, Nr. 29, hier S. 245.

Frage stellen, ob Ludwigs Verbindungen zu seiner Heimatstadt Köln hier eine entscheidende Rolle gespielt haben könnten.

Im Juni desselben Jahres war Ludwig von Ast unter den Anwesenden, als der Bischof von Speyer, Reinhard von Helmstatt, Pfalzgraf Friedrich I. mit Wolfsburg, Neustadt und der Vogtei Mußbach belehnte[86]. Am 26. Juli 1454 fungierte er in Heidelberg am Hofgericht im Kreise der versammelten höfischen Entourage als Beisitzer in einer für das Land wichtigen Rechtssache. Anwesend waren neben Pfalzgraf Friedrich u. a. sein damaliger Kanzler Johann Seiler, gen. Guldenkopf, ferner der spätere Kanzler Matthias Ramung und eine große Zahl weiterer gelehrter Räte und Adeliger[87]. Der politische Hintergrund war die Auseinandersetzung Pfalzgraf Friedrichs mit den Grafen von Hanau wegen Lichtenberg[88].

Ludwig von Ast starb am 24. August 1455[89]. Seine bewegliche Habe hinterließ er den Augustiner-Chorherren der Windesheimer Kongregation im Kloster Kirschgarten in Worms, die ihn in äußerst guter Erinnerung behielten[90]. Im Jahr darauf erwarb die Artistenfakultät der Universität Heidelberg eine größere Zahl klassischer Autoren, darunter Cicero, Quintilian, Seneca, Lucan, Terenz, Vergil, Sallust, Valerius Maximus und Boethius, die teilweise aus dem Nachlass des ehemaligen pfälzischen Kanzlers stammten[91].

Fasst man die in diesem Kapitel gewonnenen Ergebnisse noch einmal zusammen, dann handelte es sich bei Ludwig von Ast um einen reichsweit vernetzten Juristen, der aus einer Familie stammte, die bereits in der dritten Generation solche Spezialisten aufzuweisen hatte. Doch genügt diese Einsicht nicht, um ihm ganz gerecht zu werden. Väterlicherseits stammte er aus einer ehemals aus dem oberitalienischen Asti eingewanderten Lombardenfamilie, die sich um die Mitte des 14. Jahrhunderts in der Stadt Köln als reiche Kaufleute und Bankiers niedergelassen hatten. Noch interessanter ist

---

86 Remling, Geschichte der Bischöfe zu Speyer, Bd. 2, S. 93, Anm. 300.

87 Vgl. Kremer, Geschichte des Kurfürsten Friedrichs des Ersten, S. 61–63.

88 Vgl. ebd., S. 61–64; ferner Schaab, Geschichte Kurpfalz, Bd. 1, S. 177.

89 Ringel, Studien, S. 88, Anm. 47.

90 Keilmann, Johann von Dalberg und das Bistum Worms, S. 14 f.; Cronica civitatis Wormatiensis, S. 83.

91 Ritter, Die Heidelberger Universität, S. 398, 455; Kettemann, Lateinische Klassiker der Palatina, Nr. B. 11 und 12, S. 65 f. – Hermann Heimpel hat vermutet, dass Ludwig von Ast der Autor einiger juristische Belange tangierender Briefe gewesen sei, die sich in einem in Heidelberg überlieferten Briefbuch aus der Zeit König Sigmunds befinden. Es handelt sich um den Cod. Pal. lat. 701. Die Handschrift enthält die Summa casuum des Astesanus de Ast († ca. 1330) sowie die Promotionsurkunde eines Bartholomäus de Pelletis de Ast zum doctor legum (Ders., Aus der Kanzlei Kaiser Sigismunds, S. 130 f.). Die Summa casuum des Astesanus von Ast war ein Handbuch zum kanonischen und weltlichen Recht für den praktischen Gebrauch. Sie war durch Register erschlossen und mit einem Glossar im Anhang versehen, in dem juristische Termini offenbar für den Laiengebrauch verständlich erklärt waren; vgl. Schulte, Geschichte der Quellen und Literatur des canonischen Rechts, Bd. 2, S. 425–427. Dazu auch Brandenstein, Urkundenwesen und Kanzlei, S. 112.

die Herkunft mütterlicherseits, auf die bislang kaum geschaut wurde. Seine Mutter war eine Tochter des kurkölnischen Sieglers Hermann von Goch, der einerseits aus einer weit verzweigten Familie stammte mit Verbindungen bis in den sächsischen, meißnischen und brandenburgischen Raum. Seine Großmutter mütterlicherseits entstammte dem Kölner Großbürgertum und war mit Hermann eine konkubinäre Beziehung eingegangen. Dies führte in ein Milieu, dem wir bisher immer wieder begegnet sind, einem Milieu zwischen Adel und Nichtadel, zwischen Legitimität und Illegitimität und zwischen Geistlichkeit und Laientum. Vermutlich sind hier, wenn überhaupt, die spätmittelalterlichen Ursprünge des deutschen Professors zu suchen[92]. In jedem Fall war es ein Milieu, das Kanzler hervorbrachte. Warum für Ludwig der Kanzlertitel nach seiner nur kurze Zeit währenden Erhebung zum Bischof von Worms nicht mehr nachweisbar ist, mag verschiedene Gründe haben. Vielleicht war es seine Bischofserhebung, die, wenn auch nur kurzzeitig, eine Funktion als Kanzler eines Fürsten nicht mehr opportun erscheinen ließ. Vielleicht war es auch von der fürstlichen Seite nicht mehr so relevant, einen hochdekorierten Gelehrten als Kanzler zu führen. Die Konzilszeit war zu Ende gegangen, ein glänzender Redner und (Kirchen)-Politiker mit einem prestigeträchtigen akademischen Titel für den Auftritt auf einem Weltpodium nicht mehr erforderlich[93]. Vielleicht lagen die Gründe aber auch nur im Übergang der Herrschaft an den jungen Ludwig IV. begründet mit den ganz anders gelagerten politischen Aufgaben einer vormundschaftlichen Regierung.

4.13.2 Dr. Johannes Kirchen und Dr. Johann von Laudenburg. Kanzler pro Forma?

Bevor vom nächsten sicher nachweisbaren kurpfälzischen Kanzler zu sprechen sein wird, soll an dieser Stelle noch auf zwei Belege eingegangen werden. Am 30. Dezember 1436 starb Kurfürst Ludwig III. Bereits am darauffolgenden Tag wurde er in Heidelberg im Chor der Heiliggeistkirche zu Grabe getragen[94]. Mit dabei waren auch die vom Pedell benachrichtigten Mitglieder der Universität. Nach der Beisetzung präsentierte vor dem Grab Ludwigs Kanzler (*cancellarius*), der Doktor beider Rechte Johann Kirchen/Kirchheim, in Anwesenheit von Vertretern der Universität dessen Siegel(-typare). Er hatte sie in einem Papierbehältnis mitgebracht, das mit drei Siegeln verschlossen war (*presentata erant omnia sigilla domini prelibati in quadam bapiro clausa, que erat munita tribus sigillis*). Im Beisein des hinzu gebetenen Universitäts-

[92] Anders: Moraw, Improvisation und Ausgleich; Noflatscher, Migration von Intellektuellen, S. 18.

[93] Vgl. dazu den von Jürgen Dendorfer und Claudia Märtl herausgegebenen Sammelband: Nach dem Basler Konzil.

[94] Vgl. dazu Huthwelker, Tod und Grablege der Pfalzgrafen bei Rhein, S. 119 f. (mit einer nicht ganz zutreffenden Darstellung des Rituals). Allg. zum Begräbnisritual ebd., S. 25–29. – Zu den Siegeln Ludwigs III. vgl. Brandenstein, Urkundenwesen und Kanzlei, S. 121–131.

rektors, der Doktoren und Herren sowie in Anwesenheit von zwei Notaren und weiterer Zeugen wurden sie zerstört und anschließend den Notaren gezeigt, die darüber öffentliche Instrumente ausfertigten[95].

Bei Dr. Johannes Kirchen dem Jüngeren handelte es sich um einen hohen kurpfälzischen Rat, der seit 1419 für Ludwigs III. bezeugt ist[96]. Bereits sein gleichnamiger Vater hatte drei deutschen Königen, Wenzel, Ruprecht und Sigmund, und Pfalzgraf Ludwig III. gedient[97]. Der Sohn hatte ab 1414 in Bologna studiert und dort um das Jahr 1420 sein Bakkalaureat *in legibus* bestanden. 1428 wurde er in Heidelberg durch Dr. Ludwig von Ast zum *licentiatus in iure civili* promoviert[98]. Es war die einzige Promotion, bei der dieser laut Stand der Überlieferung überhaupt beteiligt war[99]. „Neben anderen Gelehrten gutachtet er als *doctor legum* wohl im Jahr 1426 in der Frage der Zollfreiheit des Bacharacher Zehntweins und im Jahr 1430 zum Problem des Rentenkaufs."[100] An dem Bacharacher Rechtsgutachten für Winand von Steeg waren neben anderen auch die Onkel Ludwigs von Ast beteiligt gewesen[101].

Man muss sich die Frage stellen, welche Funktionen der nur im Kontext der Exequien des Jahres 1436 genannte Kanzlertitel überhaupt besaß. Offensichtlich war es im Rahmen des Rituals der Siegelzerstörung nach dem Tod des Siegelführers Aufgabe des Kanzlers, die Siegel zu präsentieren. Diese Aufgabe erfüllte Johannes Kirchen. Möglicherweise erschöpfte sich darin seine Funktion als Kanzler, die sonst für ihn nicht nachweisbar ist[102].

Ähnliches gilt für den nächsten Fall: Als am 13. August 1449 Kurfürst Ludwig IV. in Worms starb, wiederholte sich am darauffolgenden Tag nach seiner Bestattung im Chor der Heiliggeistkirche im Beisein der hierzu berufenen Universitätsangehörigen das Ritual der Siegelzerstörung. Wieder waren sie vom Kanzler, als der diesmal der Doktor der Rechte Johann von Laudenburg fungierte, mitgebracht worden[103]. Auch

---

95 Die Rektorbücher der Universität Heidelberg, Bd. 2, S. 377 f., hier S. 378: *Et super isto prefatus cancellarius notarios requisivit, ut super istis sibi conficerent unum vel plura instrumenta.* Zu den Exequien vgl. auch ebd., S. 382.

96 Zu ihm vgl. Brandenstein, Urkundenwesen und Kanzlei, S. 373 f.; Ritter, Die Heidelberger Universität, S. 516–518.

97 Zu ihm Brandenstein, Urkundenwesen und Kanzlei, S. 372 f.; Moraw, Kanzlei, S. 488–497; Wendt, ... *mit wybe, kindern*, S. 11f, 21. – „Er war bis zum Tode Ruprechts der einzige verantwortliche Beamte des Reichshofgerichts, dessen Siegel er geführt hat"; Brandenstein, ebd., S. 372, unter Berufung auf Moraw, ebd., S. 495.

98 Toepke, Matrikel Heidelberg, Bd. 2, S. 527.

99 Ringel, Studien, S. 88; Brandenstein, Urkundenwesen und Kanzlei, S. 373 f.; Ritter, Die Heidelberger Universität, S. 516–518. Ferner oben, 4.13.1.2: Dr. Ludwig von Ast. Tätigkeit.

100 Brandenstein, Urkundenwesen und Kanzlei, S. 374.

101 Vgl. Schmidt/Heimpel, Winand von Steeg, S. 116 u. ö.

102 Vgl. Brandenstein, Urkundenwesen und Kanzlei, S. 373 f.

103 Die Rektorbücher der Universität Heidelberg, Bd. 2, S. 617: *presentatis per dominum cancellarium magistrum Iohannem de Laudenburg doctorem legum.* Zur Bestattung Ludwigs IV. vgl. auch Huthwelker, Tod und Grablege der Pfalzgrafen bei Rhein, S. 134–136.

für Johann von Laudenburg lassen sich keine weiteren Belege für dieses Amt anführen, obwohl er auch in der nachfolgenden Zeit als gelehrter Rat Friedrichs des Siegreichen nachweisbar ist[104].

4.13.3 Das Geschäftsschriftgut Ludwigs III. und Ludwigs IV.

Nach dem Tod König Ruprechts kam es in der Kurpfalz offenbar zu umfangreichen Sichtungs- und Ordnungsarbeiten von dessen hinterlassenem Geschäftsschriftgut. Es stellt sich die Frage, ob es die Auslieferung der Reichsregister an den Nachfolger auf dem Königsthron war, die dies veranlasste, oder ob bereits eine doppelte Anlage von vornherein intendiert gewesen war[105]. In Karlsruhe sind zwei Bände erhalten, die im Archivrepertorium als ‚Reichsregistraturbuch Ruprechts' bezeichnet werden[106]. Der Band 67/801 umfasst 390 Blätter, von denen 371 im Mittelalter von einer Hand in sorgfältiger gotischer Kanzleikursive beschrieben wurden. Es handelt sich um ein Pendant zum Wiener Reichsregister C, wobei im Gegensatz zu diesem ein zeitgenössisches Inhaltsverzeichnis fehlt[107]. Das heute vorgebundene stammt erst aus der frühen Neuzeit. Auch sonst gab man sich nach Ruprechts Tod offensichtlich keine Mühe,

[104] „Für die Teilnahme am Zeremoniell befähigte ihn wahrscheinlich seine Stellung in kurpfälzischen Diensten, in welcher er für die Jahre 1448 bis 1464 nachweisbar ist"; so HUTHWELKER, Tod und Grablege der Pfalzgrafen bei Rhein, S. 134, Anm. 611 (unter Bezug auf DRÜLL, Heidelberger Gelehrtenlexikon, S. 307). Zu Johann von Laudenburg vgl. u. a. WINKELMANN, Urkundenbuch Heidelberg, Bd. 1, Nr. 356 (zum Jahr 1450); Urkunden zur Geschichte des Kurfürsten Friedrichs des Ersten, Nr. 16, S. 49–52 (1452 Januar 13); RFdS, Nr. 30, S. 245 (Heidelberg, 1453 Februar 24) u. ö.

[105] So SEELIGER, Registerführung, S. 247: „Die zurückbehaltenen Reichsregister aber mußte Raban im Jahre 1422 an den Bischof Georg von Passau, den königlichen Hofkanzler, abliefern". Er vermutete, dass es sich dabei um die im HHStAW aufbewahrten Bände A, B und C gehandelt hat (ebd., S. 247, Anm. 1). WEIZSÄCKER, Vorwort, S. VII–IX, plädierte für eine zeitgleiche Anlage der Wiener und Karlsruher Stücke.

[106] GLAK, 67/801 f.: Reichsregistraturbuch Ruprechts (1400–1410). Dazu Gesamtübersicht der Bestände des Generallandesarchivs, S. 200; Inventare des Grossherzoglich Badischen General-Landesarchivs, Bd. 1, S. 145; WEIZSÄCKER, Vorwort, S. VI–IX; Mittelalter. Der Griff nach der Krone, Nr. 132 f., S. 272 (Nr. 132 mit Abb.). Laut einem vorne stehenden Eintrag von 1970 aus der Wasserzeichenkartei Piccard im Hauptstaatsarchiv Stuttgart geht hervor, dass die Wasserzeichen im Band für 1406 und 1407 belegt sind.

[107] HHStAW, Reichsregister (Ruprecht), Bd. C. Vgl. dazu oben, Kap. 4.10.1: Die ‚Reichsregister'. – Die Karlsruher Handschrift weist die gleiche Überschrift wie die Wiener auf: *In nom(i)ne d(o)m(ini) amen. Hye fahet an* *nachgetragen: *ein** *dutsche register dar ynn des allirdorchluchtigisten fursten vnd herren* *nachgetragen: *h(er)ren** *Ruprechts von gots gnaden romischen koniges zu allen zijten merer des riches bryeffe, dye er mit sym kuniglichen anhangenden maiestat ingesyegel verluhen vnd geben hat von der zijt als er zu(m) romischen kunige erwelet wart in dem jare da man zalte nach Cristi geburt dusent vnd vierhundert jare von wort zu wort geschriebin sint als daz mir Nyclas Buman von Luterborg canonik zu Sant German ußwendig der muren zu Spire des egenan(nten) myns gnedigen h(er)ren registratore off den eyt, den ich yme gesworen han enpholen ist* (GLAK, 67/801, f. 1r).

die chronologisch angelegte Handschrift weiter zu erschließen. Es folgen die kompletten Urkundenabschriften in chronologischer Folge. Sie werden durch kurze Kopfregesten erschlossen. Eingetragen sind auch die Kanzleivermerke.

Auch das Wiener Reichsregistraturbuch Ruprechts A hat einen Antagonisten in Karlsruhe[108]. Dieser Band wurde ebenfalls von einer Hand in sorgfältiger gotischer Kursivschrift geschrieben. Er umfasst insgesamt 161 Blätter, von denen nur 150 im Mittelalter beschrieben wurden. Interessant ist, dass die Texte korrekturgelesen und entsprechend verbessert wurden.[109] Während wieder ein zeitgenössisches Inhaltsverzeichnis fehlt, ist ein solches aus der frühen Neuzeit nachgebunden[110].

Für seine eigene Herrschaft wählte Ludwig III. schlichtere Formen von Geschäftsschriftgut als sein königlicher Vater und kehrte damit gewissermaßen in die Traditionen des ausgehenden 14. Jahrhunderts zurück. Ein Zeugnis dafür ist sein heute im Generallandesarchiv in Karlsruhe aufbewahrter *Liber ad vitam*[111]. Es handelt sich um eine in einen Pergamenteinband eingebundene Papierhandschrift im Format 31 mal 21,2 Zentimeter. Der Einband trägt auf der Vorderseite links oben den zeitgenössischen Eintrag *Liber ad vitam inceptus est anno d(omi)ni XIIII c XX° et finitus est anno d(omi)ni XIIII c vicesimonono*[112]. Der Band umfasste demnach Einträge aus den

---

[108] GLAK, 67/802 Reichsregistraturbuch Ruprechts (1400–1410). Dazu Gesamtübersicht der Bestände des Generallandesarchivs, S. 200; Inventare des Grossherzoglich Badischen General-Landesarchivs, Bd. 1, S. 145; Weizsäcker, Vorwort, S. VIIIf.; Mittelalter. Der Griff nach der Krone, Nr. 133, S. 272. Weizsäcker, a. a. O., verneinte aufgrund wechselnder Lesarten und unterschiedlicher Verweise auf Seitenzahlen, dass es sich bei 67/801 um eine Kopie des Wiener Reichsregisters C (ebd., S. VIIf.) und 67/802 um eine Kopie des Wiener Reichsregisters A handelt; „vielmehr müssen beide gleichzeitig neben einander geführt worden sein, wenngleich nicht ohne Berücksichtigung voneinander, wie die gleichlautenden regestartigen Überschriften beweisen" (ebd., S. IX. Das Zitat bezieht sich auf 67/802). Er sah ebenfalls enge Beziehungen von 67/802 zu GLAK, 67/849, hielt dieses aber für eine Kopie des Wiener Reichsregisters A (ebd., S. XIf.). – Entsprechend dem Wiener Exemplar (HHStAW, Reichsregister (Ruprecht), Bd. A) findet sich in 67/802, oben auf f. 1r folgender Eintrag: *In nomi(n)e d(o)m(ini) amen. Hic incipit registru(m) l(itte)ra(um) regaliu(um) latinar(um) p(er) serenissimu(m) principem ac dominu(m) dominu(m) Rup(er)tu(m) diuina fauente clemencia Romanor(um) regem semp(er) augustu(m) sub sigillis suis regiis pendentib(u)s ex p(ar)te Romani regni datar(um) et concessar(um) post electione(m) de sua p(er)sona ad idem Romanu(m) regnu(m) f(ac)tam in anno a natiuitate d(o)m(ini) mill(es)imo quadringentesimo. Quar(um) quidem l(itte)rar(um) tenores de verbo ad verbu(m) p(raesen)ti registro sunt insc(ri)pte p(er) me Niclaum Buman registratore(m) d(icti) graciosissimi d(o)m(ini) mei reg(is) prout m(ihi) hec sub iurame(n)to eide(m) d(omi)no meo regis p(rae)stato sunt mandata et injuncta. Et primo secuntur l(itte)re regales sigillo maiestat(is) regie sigillate.*

[109] GLAK, 67/802, u. a. f. 4v, 5r usw. –Im 18. Jahrhundert ist man noch einmal durch den Text gegangen.

[110] Ebd., f. 150v–160v.

[111] GLAK, 67/810 Ad vitam Ludovici III. (1422–1429); dazu Brandenstein, Urkundenwesen und Kanzlei, S. 93–99; Gesamtübersicht der Bestände des Generallandesarchivs, S. 200; Inventare des Grossherzoglich Badischen General-Landesarchivs, Bd. 1, S. 145.

[112] Die Transkription folgt dem Original GLAK, 67/810; leicht abweichend davon Brandenstein, Urkundenwesen und Kanzlei, S. 93.

Jahren 1420 bis 1429. Es handelt sich um ein fortlaufend geführtes Auslaufregister, das laut Ausweis seines Titels diejenigen Urkunden dokumentierte, deren Gültigkeit sich auf die Lebenszeit des Urkundenausstellers beschränkte. Der Text stammt auf den ersten 300 Blättern, die bis zum Jahr 1428 reichen, zum großen Teil aus der Hand eines Schreibers, den Brandenstein als Schreiber F und mit dem „Amt des Registrators“ versehen, bezeichnet hat[113]. Leider wissen wir wenig über diesen Anonymus, den Brandenstein in der Zeit von 1413 bis 1428 nachweisen konnte und der neben dem Kopieren von Urkunden ebenfalls 44 Originalurkunden mundiert hat[114].

Die einzelnen Stücke, die in den Liber ad vitam eingetragen wurden, haben Kopfregesten, die größtenteils von einer Hand stammen und erst sekundär hinzugefügt wurden. Dieselbe Hand nahm auch Randbemerkungen und Ergänzungen zu einigen der jüngeren Urkunden vor. Von gleicher Hand stammt auch ein auf einer separaten Lage vorgebundener, modern paginierter zeitgenössischer Index, der den Band erschließt[115]. Er ist dreispaltig angelegt: mit römischen Ziffern werden zunächst die Blätter bezeichnet, auf denen die Urkunden stehen, es folgt ein Kurzregest, das mit den oben genannten Kopfregesten korrespondiert, ihm folgen in der Spalte rechts daneben Ortsangaben oder Buchstaben.

Brandenstein konnte in seiner Untersuchung zur Kanzlei des Pfälzer Kurfürsten Ludwig III. paläographisch nachweisen, dass es sich bei der Hand, die diesen Index und einen Großteil der Kopfregesten verfasste, um den Schreiber E gehandelt hat[116]. Dieser Schreiber war in der Zeit zwischen 1411 und 1435 in der Kanzlei tätig und zählt mit 243 nachweisbaren Urkunden mit einem Anteil von etwas über 21 Prozent des im Original erhaltenen Kanzleiauslaufs zu den meistbeschäftigten überhaupt und „war maßgeblich an der Führung der Auslaufregister beteiligt“[117].

Im Gegensatz zum anonymen Schreiber F konnte dem Schreiber E eine Person zugeordnet werden. Es handelt sich um den öffentlichen Notar Johannes Erbstat von Wonneck. Ermöglicht wurde diese Identifikation durch die Tatsache, dass er in dieser Funktion im Zeitraum von 1414 bis 1428 zwölf Notariatsinstrumente im Auftrag Ludwigs III. verfasst hatte[118]. Johannes Erbstat benannte sich sehr wahrscheinlich nach dem gleichnamigen Dorf (heute Erbstadt)[119]. Dieses wurde 1398 als Zubehör der nahe gelegenen Burg Windecken bezeichnet. Windecken hieß im Spätmittelalter

---

113 Brandenstein, Urkundenwesen und Kanzlei, S. 144 f. Zu seiner Tätigkeit am hier besprochenen Band ebd., S. 191.

114 Vgl. ebd., S. 144. Zu Schreiber F vgl. auch oben, Kap. 3.5.2: Die kurpfälzische Kanzlei in der Zeit Pfalzgraf Ludwigs III. (1410–1436), die entsprechende Graphik mit seiner zeitlichen Aktivität und seinem Überlieferungsvolumen.

115 GLAK, 67/810, S. 5–15.

116 Brandenstein, Urkundenwesen und Kanzlei, S. 96 f. Zu Schreiber E vgl. auch oben, Kap. 3.5.2: Die kurpfälzische Kanzlei in der Zeit Pfalzgraf Ludwigs III. (1410–1436), die entsprechende Graphik mit seiner zeitlichen Aktivität und seinem Überlieferungsvolumen.

117 Brandenstein, Urkundenwesen und Kanzlei, S. 139–143, Zitat S. 142.

118 Ebd., S. 143 (mit Nachweisen ebd., Anm. 66). Zu ihm ferner den Artikel ebd., S. 166.

119 Vgl. Erbstadt, Main-Kinzig-Kreis.

Wonneck(en); dies ist sicher nicht zufällig der Herkunftsname des Notars. Die Burg Windecken/Wonneck(en) war ein Besitz der Herren (und ab 1429 Grafen) von Hanau und fungierte als „zentraler hanauischer Herrschaftssitz und Verwaltungssitz der Ämter Windecken, Nauheim, Münzenberg und Ortenberg". Erbstadt gehörte zu ihrer Grundherrschaft[120]. Auch die Hanauer standen in Beziehungen zu den Pfalzgrafen bei Rhein wie zu den Erzbischöfen von Mainz.

Die Heidelberger Universitätsmatrikel, in die sich Johannes Erbstat im Wintersemester 1399 als *Johannes Erbistat de Wonneckin* einschrieb, erwähnt nur seine Herkunft aus der Diözese Mainz[121]. Er supplizierte im Heidelberger Universitätsrotulus von 1401 als *cleric[us] Maguntinensis* um ein geistliches Benefizium am Stift St. Peter und Alexander in Aschaffenburg[122]. 1401 wurde er von König Ruprecht auf eine Pfründe im Frankfurter Marienstift präsentiert[123] und im Jahre 1409 erstmals als königlicher *notarius* benannt[124].

Neben diesem zeitgenössisch als *Liber ad vitam* bezeichneten Kanzleibuch ist eine Reihe weiterer Kodizes erhalten, die von Christoph Freiherr von Brandenstein in seine Untersuchung einbezogen wurden. Dabei handelt es sich aber wieder um die bereits bekannten Mischhandschriften mit unterschiedlichen Betreffen. Hierzu zählt im Generallandesarchiv Karlsruhe u. a. die Handschrift mit der Signatur 67/803, die „Urkunden, Akten, Weistümer zum Amt Bacharach im Zeitraum von 1356 bis 1417" enthält[125].

Es handelt sich um einen in rotes feines Glattleder mit diagonalen Streicheisenmarkierungen bezogenen Holzdeckeleinband mit – heute fehlenden – schlichten Messingschließen, deren Beschläge noch vorhanden sind. Er wurde wohl im 18. Jahrhundert restauriert, der Rücken mit weißem Leder überzogen und mit einem Papierschild versehen[126].

Das Amt Bacharach war wegen der Lehnsabhängigkeit von Kurköln problematisch, das Ringen um die Durchsetzung der Landesherrschaft ist deutlich spürbar. Es finden sich gemischte Einträge aus allen Sparten und Bereichen wie Kopien eines landesherr-

---

120 Vgl. ebd.; Windecken, Main-Kinzig-Kreis; Schloss Windecken, Main-Kinzig-Kreis (von dort auch das Zitat). Ferner Zimmermann, Der Heidelberger Rotulus, S. 319. Zu ihm vgl. auch das Personenregister im Anhang dieser Arbeit.

121 Toepke, Matrikel Heidelberg, Bd. 1, S. 72.

122 Zimmermann, Der Heidelberger Rotulus, Nr. 124, S. 96 f.; ferner ebd., S. 319.

123 Winkelmann, Urkundenbuch Heidelberg, Bd. 1, Nr. 54, hier S. 84 (ohne Angabe der Pfründe; vgl. ebd., S. 91). Die Installation auf der Pfründe war offenbar erfolgreich. 1407 firmierte er als *discretus vir Johannes Erbstat de Wonnecken* und Kanoniker der Marien- und Georgskirche zu Frankfurt am Main; vgl. Heidelberg, Universitätsbibliothek, Urk. Lehmann 320 (Heidelberg, 1407 Juli 18).

124 Zu ihm vgl. Moraw, Kanzlei, S. 512 f.; Brandenstein, Urkundenwesen und Kanzlei, S. 166, sowie oben, Kap. 3.5.2: Die kurpfälzische Kanzlei in der Zeit Pfalzgraf Ludwigs III. (1410–1436) und Kap. 4.11.3: Der Verfasser des ältesten kurpfälzischen Lehenbuches.

125 Vgl. Gesamtübersicht der Bestände des Generallandesarchivs, S. 200; Inventare des Grossherzoglich Badischen General-Landesarchivs, Bd. 1, S. 151.

126 Der Band muss eine Weile in Frankreich gewesen sein; vgl. den Eintrag auf f. 1r „Cartulaire du temps de Louis le barbu commencé en 1412" (vgl. ferner ebd., f. 1*r).

lichen Mandates im Kontext der Bedestreitigkeiten zwischen Klerus und Bürgern zu Bacharach[127] oder die Bestallung eines Zollknechtes durch Ludwig III.[128] Ab Blatt 2 recto erfolgen die Einträge von einer Hand und sind sorgfältig gestaltet mit ausgeführten Initialen. Die abgeschriebenen Urkunden betreffen die Jahre 1391, 1406, 1407, 1386 und haben verschiedene Betreffe wie eine Befragung durch den Schultheißen *nach der h(er)ren gedinge* und weitere Weistümer, Burglehen und Mannlehen an verschiedenen Orten (f. 12r–14r), die Schlichtung eines Streites zwischen Klerus und den Sentschöffen zu Bacharach durch Graf Friedrich von Oettingen, Hofmeister König Ruprechts, Johann Kämmerer und Meister Job Vener, Lehrer beider Rechte[129], ferner verschiedene Eidformulare (f. 18v), Zusagen der Gemeiner von Schönburg (1391), ein Einungsbrief der vier rheinischen Kurfürsten (1416) (f. 26r–27v) sowie Abschriften der Teilungsvereinbarungen zwischen den Söhnen König Ruprechts nach dessen Ableben (f. 29r–33v). Folio 35 recto bis 43 recto beinhaltet allerdings eine angebundene Lage, in der Abschriften aus der Herrschaftszeit Pfalzgraf Friedrichs I. folgen. Sie beginnen mit Urkunden aus dem Jahre 1461 und 1468 sowie spätere, bis 1472 reichende Stücke.

Auch die im Karlsruher Generallandesarchiv unter der Signatur 67/867 aufbewahrte, 160 Blätter starke Papierhandschrift mit Urkundenabschriften der Jahre 1214 bis 1428 dürfte in die Zeit Ludwigs III. gehören und wurde von verschiedenen Händen angefertigt[130].

4.13.4 Die Entwicklung der kurpfälzischen Lehenbücher in der ersten Hälfte des 15. Jahrhunderts

Zur weiteren Entwicklung des kurpfälzischen Lehenbuchwesens lässt sich Folgendes sagen: Anders als Karl-Heinz Spieß vermutete, war das 1471 fertiggestellte Lehenbuch Friedrichs I. keineswegs „das zweitälteste Lehnsverzeichnis der Pfalzgrafen bei Rhein“[131]. Auf das Lehenbuch Ludwigs III. (reg. 1410–1436) wies bereits Brandenstein hin[132]. Das Schicksal dieser Handschrift weist Parallelen zum ältesten Lehenbuch der Pfalzgrafschaft auf. Einträge belegen, dass auch sie in der frühen Neuzeit in Frankreich gewesen ist[133]. Sie gelangte aus Privatbesitz erst Ende der dreißiger Jahre in das

[127] GLAK, 67/803, f. 1*v; RPR, Bd. 2, Nr. 5118 (Alzey, 1407 Dezember 30).
[128] GLAK, 67/803, f. 1r (Heidelberg, 1416 Mai 29).
[129] Ebd., f. 15r (1409 Juli 30).
[130] GLAK, 67/867. Betr. Bacharach, Bretten, Germersheim, Heidelberg, Neustadt, Weinheim, Sponheim, Jülich, Württemberg, Bistum und Stadt Speyer, Heidelberg Universität und Hl. Geist-Stift, Deutschorden (1214–1428); dazu Gesamtübersicht der Bestände des Generallandesarchivs, S. 202; Inventare des Grossherzoglich Badischen General-Landesarchivs, Bd. 1, S. 142; Brandenstein, Urkundenwesen und Kanzlei, S. 99–102.
[131] Spiess, Das älteste Lehnsbuch, S. 10.
[132] GLAK, 67/1910; Gesamtübersicht der Bestände des Generallandesarchivs, S. 223; dazu Brandenstein, Urkundenwesen und Kanzlei, S. 112–120.
[133] Vgl. GLAK, Repertorium der Kopialbücher (Abt. 67), Bd. 5: Nachträge zu Nr. 1910.

Karlsruher Generallandesarchiv, nachdem sie 1937 in München öffentlich versteigert worden war[134].

Ähnlich wie das oben behandelte kurpfälzische Lehenbuch Ruprechts (III.) ist dieser Band sorgfältig und repräsentativ auf Pergament geschrieben. Zwei Hände arbeiteten sukzessive daran; sie „zeichnen sich durch eine besonders schöne Schrift und kunstvolle Initialen aus"[135]. „Die Einträge setzten sich in der Regel aus dem Namen des Lehensempfängers, dem Datum der Belehnung und einer kurzen Beschreibung der Lehen zusammen"[136]. Als Quellen dienten in diesem Fall nicht nur die offenbar obligatorischen Lehnsreverse[137] sowie – vom Pfalzgrafen besonders für den Hochadel teilweise ausgestellte – Lehnsurkunden[138], sondern auch ältere Lehenregister[139]. Auffällige Unterschiede bestehen allerdings zwischen den von beiden Schreibern jeweils zugrunde gelegten Gliederungskriterien. Schreiber I, von dem die Seiten 1 bis 180 stammen, folgte einer ständischen Anordnung, die allerdings nur zwischen reichsunmittelbaren Herren[140] und Angehörigen der Ritterschaft sowie des Bürgertums[141] differenzierte. Letztere sind in „streng chronologischer Reihenfolge gehalten" und umfassen ausschließlich Belehnungen des Zeitraumes vom 20. Mai 1410 bis zum 9. April 1415[142].

Schreiber II wiederum arbeitete im unmittelbar anschließenden Teil nicht chronologisch, sondern alphabetisch. Konzeptionelle Veränderungen lassen sich auch sonst nachweisen. Beabsichtigt war offenbar ursprünglich, „im Anschluß an die eigentlichen Einträge einen großen Teil der vom Kurfürsten ausgestellten Lehenbriefe in das Lehenbuch zu übertragen, doch kam dieser Plan nicht zur Ausführung"[143].

Der Band wird durch ein vorgebundenes Inhaltsverzeichnis erschlossen, „in welchem in alphabetischer Reihenfolge die Namen aller Personen aufgeführt sind, deren Belehnungen durch den Pfalzgrafen in den Kodex eingetragen sind"[144]. Es stammt ebenfalls von Schreiber II. Auch dieses wurde, analog zum ältesten Lehenbuch, auf eine separate Lage geschrieben und diese dem eigentlichen Text vorgebunden[145]. Die-

---

134 Vgl. Auktionskatalog Karl & Faber, München, Auktion XV, 1.–13. November 1937, München 1937, Nr. 29, S. 8. Die Auktion betraf die Bibliothek Dr. J. Häberlin, Frankfurt am Main. Aus dem Nachlass Häberlin ersteigerte sie E[rnst] Kyriß in Stuttgart. Von diesem wurde sie durch Vermittlung der Reichsstelle für Sippenforschung im Juli 1939 erworben; Hinweise in GLAK, Repertorium der Kopialbücher (Abt. 67), Bd. 5: Nachträge zu Nr. 1910. Vgl. dazu auch Krimm, Ein königgleicher Lehnshof, S. 63, Anm. 14. Bei dieser Auktion wurde als Nr. 32 auch die spätere Signatur GLAK, 67/1903 versteigert.

135 Brandenstein, Urkundenwesen und Kanzlei, S. 114.

136 Ebd., S. 115.

137 Ebd., S. 115–117.

138 Ebd., S. 118.

139 Ebd., S. 119f.

140 GLAK, 67/1910, S. 1–41; vgl. Brandenstein, Urkundenwesen und Kanzlei, S. 114f.

141 GLAK, 67/1910, S. 41–181; Brandenstein, Urkundenwesen und Kanzlei, S. 115.

142 Ebd., S. 155.

143 Ebd., S. 118.

144 Ebd., S. 114.

145 Vgl. ebd., S. 113f.

ses Inhaltsverzeichnis wirkt durch die kalligraphisch gestalteten und repräsentativ wirkenden Folio-Verweise wie ein Vorgänger des um 1471 entstandenen, bereits erwähnten und mit seinen zahlreichen Miniaturen äußerst prachtvollen Lehenbuch Pfalzgraf Friedrichs I.[146]

Der eigentliche Text beginnt auf der ersten Seite der zweiten Lage mit folgender Überschrift: *Anno domini millesimo quadringentesimo paulo post festum Assumpcionis Gloriose virginis Marie Electus fuit diue memorie Serenissimus dominus Rupertus tunc Comes palatinus Reni Sacri Romani Imperii archidapifer et Bauarie dux in Regem Romanorum. Anno autem domini millesimo quadringentesimo decimo decima octava die May que isto anno erat dominica trinitatis idem dominus Rupertus feliciter ab hoc seculo migrauit. Et sic usque ad decimum annum regnauit. Cui in Comitatu palatino Illustris et Excelsus princeps dominus Ludouicus senior filius eius paterna hereditate successit cuius Registrum feudorum scalatim subscriptorum et ab eo susceptorum hic incipit.*

Die Handschrift wurde demnach als Lehenregister (*registrum feudorum*) Ludwigs des Älteren bezeichnet, in Abgrenzung von seinem 1425 geborenen gleichnamigen Sohn und Nachfolger. Auffallend ist, dass der Herrschaftszeit von Ludwigs III. Vater und Vorgänger als Pfalzgraf und Kurfürst bei Rhein, König Ruprecht, auch auf der symbolischen Ebene in der Einleitung ein großer Raum eingeräumt wird[147]. Es wäre die Frage zu stellen, wann Schreiber II seinen Teil beendet hatte. Brandenstein ermittelte als Terminus post quem eine auf Seite 281 eingetragene Urkunde vom 10. Juni 1443[148]. Die Handschrift wurde demnach erst sieben Jahre nach dem Tod Ludwigs III. abgeschlossen.

Wie der Stempelschmuck des Einbandes nahelegt, wurde sie jedoch frühestens Mitte der sechziger Jahre des 15. Jahrhunderts in der heute vorliegenden Form eingebunden[149]. Es handelt sich um einen hellen Ledereinband auf Holzdeckel. Er ist mit reicher Blindprägung von verschiedenen Stempeln versehen und handelt sich um einen vorne und hinten signierten sogenannten *Alberthus*-Einband[150]. Die Einbände dieses

---

[146] GLAK, 67/1057, vorgebundene Lage.

[147] Vgl. dazu Krimm, Ein königgleicher Lehnshof, S. 73.

[148] Brandenstein, Urkundenwesen und Kanzlei, S. 113.

[149] Bis auf die Bemerkung „beachtenswerte Verzierungen in Blindprägung" keine weiteren Angaben dazu ebd., S. 112. – Die größte Ähnlichkeit besteht zum Einband des zwischen 1465 und 1467 entstandenen bischöflich speyrischen Lehenbuchs von Matthias Ramung, GLAK, 67/300; dazu Inventare des Grossherzoglich Badischen General-Landesarchivs, Bd. 1, S. 110f.; Gesamtübersicht der Bestände des Generallandesarchivs, S. 192; Weech, Ueber das Lehenbuch des Bischofs von Speyer, Matthias Ramung. Vergleichbar ist ferner der Einband des 1466 entstandenen ersten Heidelberger Bibliothekskatalogs: Heidelberg, Universitätsbibliothek, Heid. Hs. 47; dazu L[udwig] S[chuba], in: Bibliotheca Palatina, Textbd., Nr. A 3, S. 10f.

[150] Er zeigt einen ziemlich außergewöhnlichen Gebrauch des „Agnus dei"-Stempels und ähnelt darin noch am ehesten den Speyerer Registern von Bischof Matthias Ramung. Seine Messingbeschläge vorne und -knöpfe hinten sind noch vorhanden, während die Schnallen abgerissen sind. Sein Format beträgt 32,3 × 22 Zentimeter, das Kapital mit dem der Buchblock

Buchbinders können – wie noch zu zeigen sein wird – als Earmark, also als ausschlaggebendes Zuweisungskriterium zur Rekonstruktion der Kanzleibände in der Zeit Pfalzgraf Friedrichs des Siegreichen und seines Kanzlers Matthias Ramung, identifiziert werden[151]. Mit anderen Worten wurde das Lehenregister Ludwigs III. durch seine charakteristische Einbindung um diese Zeit auch formal in den Kreis der Kanzleihandschriften aufgenommen.

4.13.5 Die Herrschaftszeit Pfalzgraf Friedrichs I. des Siegreichen

Die Herrschaftszeit Friedrichs I., dem später aus dem Kreis seiner humanistisch gesonnenen Hofpoeten das Prädikat *victoriosus*, der Siegreiche, verliehen werden sollte, gilt als einer der Höhepunkte kurpfälzischer Geschichte des 15. Jahrhunderts. Neben einer Reihe von glänzenden Schlachtensiegen des Pfalzgrafen war sie allerdings auch von gravierenden politischen Problemen überschattet.

Friedrich war der 1425 geborene jüngere Bruder Kurfürst Ludwigs IV. Nach dessen frühem Tod im Jahre 1449 sollte Friedrich für fast drei Jahrzehnte die politischen Geschicke der Kurpfalz bestimmen[152]. Ludwig hinterließ einen unmündigen Sohn und Erben, Philipp, als dessen Vormund Friedrich zunächst an die Herrschaft gelangte. Aufgrund der damals schwierigen politischen Großwetterlage entschloss er sich im Jahre 1451, den damals Dreijährigen mittels der Rechtsfigur der Arrogation zum Sohne anzunehmen. Dieses juristisch ambitionierte Verfahren zwang Friedrich zu einer Reihe von Zugeständnissen, u. a. dem Verzicht auf eine Ehe und damit auf legitime Nachkommen, entband ihn jedoch von den Einschränkungen und Kontrollen einer reinen Vormundschaft.

Die Arrogation sollte Friedrichs politische Stellung im Lande und im Reich festigen und ihm die dauerhafte und vollgültige Herrschaft als regierender Pfalzgraf und Kur-

---

oben und unten umstochen ist, besteht aus hellen Schnüren. – Im oberen Teil des Mittelfeldes steht folgender Eintrag: *Feodorum ducis Ludovici senioris*, auf dem Kopfschnitt *Feodo(rum) d(omini) L(udovici) seni(oris)*. Als Vorsatz der beiden Buchdeckel dient eine kassierte, durchgetrennte und in ihrem unteren Teil radierte Pergamenturkunde, in der Dieter Ramung und seine Frau Katharina von Sobernheim dem Pfalzgrafen Ludwig 2000 Gulden gegen einen Jahreszins verpfänden. – Auf der Rückseite des Textes, der vom Deckel abgelöst ist, steht: *R(egistrum) feod(orum) ducis Ludovicis senioris. Inceptum Anno domini mcccc decimo.* Zu *Alberthus* vgl Einbanddatenbank EBDBs002521 (*Alberthus*).

151 Vgl. unten Kap. 4.15.2.1: *Alberthus*-Einbände als Earmarks zur Identifikation der Kanzleibücher. – Zum Begriff Earmark und seiner Verwendung in der mittelalterlichen Paläographie vgl. u. a. Ganz, Bernhard Bischoff on the Study of Medieval Script.

152 Grundlegend zu Politik, Hof und Hofkultur Friedrichs I.: Fuchs, Friedrich der Siegreiche; Probst, Machtpolitik und Mäzenatentum; Krieger, Friedrich I., Sp. 955; Studt, Fürstenhof und Geschichte; Schaab, Geschichte der Kurpfalz, Bd. 1, S. 177–183; Rolf, Kurpfalz, Südwestdeutschland und das Reich; Kremer, Geschichte des Kurfürsten Friedrichs des Ersten, Urkunden zur Geschichte des Kurfürsten Friedrichs des Ersten; RFdS.

fürst sichern[153]. Die Rechnung ging nicht auf, wie sein damals einsetzender Dauerkonflikt mit Kaiser Friedrich III. und die zahlreichen militärischen Operationen der darauffolgenden Jahre belegen[154]. Der Habsburger verweigerte ihm nicht nur die Anerkennung der Arrogation, obwohl die kurpfälzischen Landesvertreter, einige Kurfürsten und sogar der Papst ihr Einverständnis gegeben hatten. Die auch in den nächsten beiden Jahrzehnten ausbleibende Belehnung Friedrichs I. mit den Regalien und dem Kurfürstentum führte zu einer massiven Delegitimation und gleichzeitig zu einer starken Polarisierung der politischen Kräfte im Kernraum des Reiches. Dabei repräsentierte der Pfalzgraf den Kreis der Gegner des lange Zeit abwesenden Kaisers und war Ende der fünfziger Jahre des 15. Jahrhunderts sogar als Gegenkönigskandidat im Gespräch. In die frühen sechziger Jahre fielen mehrere von Gebietsnachbarn und Parteigängern des Kaisers unternommene Reichskriege gegen Friedrich, die er in den Schlachten von Pfeddersheim 1460 und Seckenheim 1462 siegreich für sich entscheiden konnte. Sein erfolgreiches Agieren in der Mainzer Stiftsfehde zeigte seine reichspolitische Position eindrucksvoll auf. 1463 wurde sein jüngerer Bruder Ruprecht vom Domkapitel zum Erzbischof von Köln gewählt. Hiermit war ein weiterer Machtzuwachs für Friedrich verbunden, da dieser in der Folgezeit die Schirmherrschaft über das Erzstift übernahm und damit die Macht über ein zweites Kurfürstentum[155].

Allerdings entwickelte sich das Verhältnis zwischen Friedrich und seinem inzwischen erwachsenen Neffen bzw. Adoptivsohn Philipp nicht spannungsfrei. Besonders krass zeigte sich dies im Jahre 1467, als der neunzehnjährige Philipp das von seinem Ziehvater für ihn in Aussicht genommene territorialpolitisch und finanziell äußerst lukrative Eheprojekt mit der Erbin der reichen Grafschaft Katzenelnbogen in aller Öffentlichkeit mit großer Entschiedenheit zurückwies[156].

1472 kam es schließlich zu einem Vertrag zwischen Friedrich und seinem Stiefsohn[157]. Hintergrund bildete einerseits Friedrichs spätes Eheprojekt, das eine Reihe von Regelungen veranlasste. Motiviert war es vom Bestreben des damals Einundfünfzigjährigen, seiner langjährigen Lebensgefährtin und zukünftigen Ehefrau Klara Tott sowie den beiden gemeinsamen, illegitim geborenen Söhnen (und eventuell noch weiteren Nachkommen) für die Zukunft mit einem rechtlich abgesicherten Status und

[153] Vgl. dazu Schaab, Geschichte der Kurpfalz, Bd. 1, S. 175 f. Zum Auseinanderklaffen von Aktenüberlieferung und kurpfälzischer historiographischer Propaganda vgl. Mitsch, Der Konflikt zwischen Kaiser Friedrich III. und Pfalzgraf Friedrich I., S. 216 f.; ferner die Ergebnisse ebd., S. 238 f.

[154] Dazu den Überblick bei Schaab, Geschichte der Kurpfalz, Bd. 1, S. 176–183; Mitsch, Der Konflikt zwischen Kaiser Friedrich III. und Pfalzgraf Friedrich I. – Sie trugen ihm bereits bei den Zeitgenossen – je nach politischem Standort – die Beinamen *victoriosus* (der Siegreiche) bzw. *Bößfritz* ein.

[155] Vgl. Widder, Karriere im Windschatten, S. 71 f.

[156] RFdS, S. 437 (1467 September 9); eine zeitgenössische Abschrift befindet sich in GLAK, 67/813, f. 224r–225v. Dazu Rolf, Kurpfalz, Südwestdeutschland und das Reich, S. 150; Schaab, Geschichte der Kurpfalz, Bd. 1, S. 189.

[157] RFdS, Nr. 332, S. 471–475 (Heidelberg, 1472 Januar 24).

einer materiellen Basis auszustatten[158]. Gleichzeitig ging es darum, Philipp als legitimen Erben der Kurpfalz nicht in seinen Rechten zu beschneiden und damit Friedrichs eigene Stellung auf der reichspolitischen Bühne nicht weiter zu verschlechtern bzw. die Kritik am eigenen Regiment nicht noch zu steigern[159].

Im Kontext dieser Vereinbarung und Philipps anstehender Heirat beabsichtigte Friedrich, ihn „nach Rath der pfälzischen Räthe anständig mit Landschaft, Herrschaft, Mannschaft, Schlössern, Städten, Nutzungen, Leuten und Gütern [zu] versehen". Dabei behielt er sich aber vor, Philipps „Staat ordnen und setzen [zu] können, wo es ihm gutdünkt"[160]. Dies erfolgte nach der Verheiratung des Jüngeren mit Margarete von Bayern-Landshut im April des Jahres 1474. Die nächsten Jahre residierte das junge Ehepaar unter Kontrolle des fernen Ziehvaters im oberpfälzischen Amberg bis zu dessen Tod im Jahre 1476[161].

Doch auch diese Rechnung Friedrichs, die er mit der Überlassung eines abgeteilten Nebenhofes an den Herrschaftsnachfolger Philipp aufgesetzt hatte, ging nicht auf. Nur einen Monat nach der Amberger Hochzeit kam es zum Eklat auf der reichspolitischen Bühne. Am 27. Mai 1474 verhängte Kaiser Friedrich III. auf dem Augsburger Reichstag über den Pfalzgrafen wegen „angemaßter Führung des Kurfürstentitels und Ausübung des Kurrechts und *sonnderlich der beleidigung und verletzung unnser keyserlichen maiestat zu latein crimen lese maiestatis genannt*" die Reichsacht[162].

Der Kompensation des starken Legitimationsbedarfs, unter dem Friedrich der Siegreiche quasi in seiner gesamten Herrschaftszeit litt, dienten nicht nur seine militärischen Maßnahmen und Erfolge. „Die aus Italien ‚importierte' humanistische Leistungsethik, welche die fürstliche Legitimation allein auf die persönliche Tüchtigkeit gründete, gestaltete der Pfalzgraf mit seinen Beratern zu einem willkommenen Instrument seiner Selbstdarstellung"[163]. Ähnlich verhielt es sich mit der Historiographie, in deren Dienste sein ‚Hofhistoriograph' Matthias von Kemnat[164], aber auch der Dichter Michel Beheim genommen wurden[165]. Natürlich stellt sich hierbei die Frage, welche Rolle Kanzler und Kanzlei Friedrichs des Siegreichen in dieser speziellen und dauerhaften Konstellation spielten. Hiervon wird im Folgenden die Rede sein.

---

158 RÖDEL, Pfalzgraf Friedrich und Klara Tott; MOERS-MESSMER, Schicksal und Identifikationsversuch, S. 205–208.

159 Zur Situation Anfang der siebziger Jahre vgl. SCHAAB, Geschichte der Kurpfalz, Bd. 1, S. 182 f.

160 RFdS, Nr. 332, hier S. 475.

161 Vgl. dazu auch WIDDER, Der Amberger Hof 1474.

162 CHMEL, Aktenstücke und Briefe, Bd. 1, S. 395–412, hier S. 412; SCHAAB, Geschichte der Kurpfalz, Bd. 1, S. 183; PROBST, Machtpolitik und Mäzenatentum, S. 157.

163 PROBST, Machtpolitik und Mäzenatentum, S. 173.

164 Vgl. dazu STUDT, Fürstenhof und Geschichte; PROBST, ebd., S. 171 f.

165 Zu Michel Beheim vgl. BACKES, Das literarische Leben, S. 121–124, 198–201 u. ö.; MITSCH, Der Konflikt zwischen Kaiser Friedrich III. und Pfalzgraf Friedrich I., S. 210 und S. 241, Anm. 11 f.; MÜLLER, Sprecher-Ich und Schreiber-Ich, S. 309–320; STUDT, Fürstenhof und Geschichte, S. 160–176

4.13.6 Dr. Johannes (Hans) Seiler, genannt Guldenkopf

Die Nachfolge Ludwigs von Ast trat wieder ein Jurist an; es handelt sich dabei um den Heidelberger Rechtsprofessor Johann Seiler (Seyler), genannt Guldenkopf[166]. Ob er nun dem gleichnamigen Speyerer Hausgenossengeschlecht entstammte[167] oder auch nicht, mit Stolz erfüllte ihn offenbar der Eintrag von Johannes und Peter, Söhne des Schultheißen Truder aus dem kleinen kurpfälzischen Ort Nußloch, in die Heidelberger Matrikel, der in das Jahr 1386 fällt: *Johannes [et] Petrus filij Truderi sculteti in Nosloch*. Diesen versah er, vermutlich im Jahre 1442, mit dem Zusatz, sie seien Brüder seines Großvaters Martin, d. h. seine Großonkel gewesen[168]. Es mag Zufall sein oder nicht, beide Großonkel waren damit Konsemester Rabans von Helmstatt, des späteren Hofkanzlers, sowie von Hermann, Johannes und Heinrich *de Kamenata*, den drei gelehrten Oheimen Ludwigs von Ast, gewesen[169].

Über Johann und Peter, Söhne des Schultheißen Truder in Nußloch, ist zumindest einiges Erfahrung zu bringen. Man findet beide im Supplikenrotulus, den König Ruprecht und die Heidelberger Universität dem römischen Papst Bonifatius im Oktober 1401 vorlegten[170]. Ein als Wormser Kleriker bezeichneter Johannes Truder aus Nußloch (*Druderi de Noszloch*) erbat darin ein Kanonikat an St. Guido in Speyer[171], ein Petrus Truder aus Nußloch (*Druderi de Noszloch*), Magister artium der Wormser Diözese, eine Pfründe im Bereich der Speyerer Kirche[172]. Er war 1399 Dekan der Heidelberger Artistenfakultät[173]. Im Jahr darauf immatrikulierte sich ein weiterer Verwandter, lediglich bezeichnet als Truder von Nußloch (*Truderus de Noesloch*)[174]. Auch

---

[166] Kurzbiographien finden sich bei WILLOWEIT, Das juristische Studium, Nr. 63, S. 114; FOUQUET, Das Speyerer Domkapitel, Bd. 2, Nr. 175, S. 549–551; DERS., Domkapitel, Hof und Universität, S. 119 f. „Mit der Karriere Guldenkopfs fassen wir die Prolongierung der Erscheinung, die ab den Zeiten König Ruprechts zu einem dauernden Element der Heidelberger Hofgesellschaft wurde: Hof und Universität waren auf personaler Ebene aufs engste und quasi bipolar miteinanderverbunden" (ebd., S. 126).

[167] Vgl. die Überlegungen bei FOUQUET, Das Speyerer Domkapitel, Bd. 2, hier S. 549 f.

[168] *Hij duo fuerunt fratres aui Martini mei Johani de Aureo cipho, Spirensis, decretorum doctoris etc.*; TOEPKE, Matrikel Heidelberg, Bd. 1, S. 13; ferner ebd., S. 696. Zur Autorenschaft ebd., Anm. 1 f. Der Ortsname bezieht sich wohl auf das zehn Kilometer südlich von Heidelberg gelegene Nußloch; vgl. Das Land Baden-Württemberg, Bd. 5, S. 387 f.; WIDDER, Versuch einer […] Beschreibung, Bd. 1, S. 171–175.

[169] Vgl TOEPKE, Matrikel Heidelberg, Bd. 1, S. 13. Vgl. dazu auch oben, Kap. 4.9.1: Raban von Helmstatt. Herkunft, Familie und Ausbildung, und das Personenregister im Anhang dieser Arbeit.

[170] Zu diesen Rotuli vgl. NUDING, Die Universität, der Hof, S. 226–231.

[171] Vgl. Die Rektorbücher der Universität Heidelberg, Bd. 1, Nr. [383], S. 568. Ebenso verhielt es sich mit dem als Wormser Kleriker bezeichneten Theobald Truder aus Nußloch (*Druderi de Nusloch*), der um eine Pfründe an St. German vor den Toren Speyers bat; ebd., Nr. [347], S. 564. Zu ihm vgl. auch ZIMMERMANN, Der Heidelberger Rotulus, Nr. 347, S. 130, ferner S. 217.

[172] Vgl. Die Rektorbücher der Universität Heidelberg, Bd. 1, Nr. [32], S. 527.

[173] *Petrus Truderi de Noßloch*; vgl. WEISERT, Die Rektoren der Ruperto Carola, S. 75.

[174] Vgl. TOEPKE, Matrikel Heidelberg, Bd. 1, S. 77.

dieser Jahrgang enthielt weitere bereits hinlänglich bekannte Vertreter aus der kurpfälzischen Verwaltung wie Petrus de Lapide sowie Johannes und Eberhard Rosengart *de Heidelberg*[175]. Die Bedeutung dieser im Studium geknüpften Kontakte belegen die Einträge von Johann Guldenkopf. Er fügte der Matrikel anlässlich seines ersten Universitätsrektorates in den frühen vierziger Jahren auch Bemerkungen über Raban von Helmstatt und dessen Speyerer und Trierer Episkopat hinzu[176].

Wie aus dem Matrikelzusatz von 1442 bereits hervorgeht, hatte Johann Seiler ebenfalls ein Universitätsstudium absolviert und war Kleriker. Am 21. September 1424 hatte er sich an der Universität Heidelberg immatrikuliert[177], wo er 1425 das Bakkalaureat und 1427 die *licentia in artibus* erwarb[178]. Danach wechselte er die Fakultät, erhielt am 21. Januar 1434 das Bakkalaureat und am 28. Oktober 1435 das Lizentiat in kanonischem Recht[179]. Sein Promotor war der Doktor *decretorum* Otto vom Stein (*de Lapide)*[180]. 1440/41 erscheint Guldenkopf in der Überlieferung als Speyerer Domvikar sowie 1442 ebendort als Domherr auf der der Universität Heidelberg inkorporierten Präbende. Diese resignierte er im darauffolgenden Jahr zugunsten von zwei anderen, ebenfalls inkorporierten, die sein Auskommen als Professor sicherten[181]. Vom 5. November 1443 bis zu seinem Tod im November 1456 war er Kanoniker in St. Peter zu Wimpfen im Tal und Vikar am Heilig Kreuz-Altar in der der Mutter Gottes geweihten Universitätskapelle[182].

Im Jahre 1442, noch als *licentiatus in decretis*, und 1447/48 bekleidete er das Amt des Heidelberger Universitätsrektors, wobei er 1447 als *doctor decretorum* firmierte[183]. In der Promotionsliste der juristischen Fakultät allerdings fehlt sein Name[184]. In seine

175 Ebd. – Ein Konrad *Heiden von Noßloch* war 1420 Knecht und Diener Pfalzgraf Ludwigs III., vgl. GLAK, 67/810, f. 13rf.

176 Toepke, Matrikel Heidelberg, Bd. 1, S. 13; Anm. 1 f. Vgl. dazu auch oben, Kap. 4.9.1: Raban von Helmstatt. Herkunft, Familie und Ausbildung, sowie das Personenregister im Anhang dieser Arbeit.

177 Toepke, Matrikel Heidelberg, Bd. 1, S. 163: *Johannes Guldencopph de Spira clericus*. Dies erfolgte zwei Einträge nach dem Wormser Domkanoniker Georg *de Lapide*; ebd.

178 Ebd., Bd. 2, S. 163, Anm. 4, und S. 377.

179 Ebd., S. 510 und 528.

180 Ebd., S. 528.

181 Busch/Glasschröder, Chorregel und jüngeres Seelbuch, Bd. 1, S. 602, Anm. 1; Fouquet, Das Speyerer Domkapitel, Bd. 2, hier S. 550.

182 In seinem letzten Lebensjahr verlieh ihm Papst Calixt III. eine jährliche Pension von 75 Gulden; vgl. Weisert, Universität und Heiliggeiststift, Teil 1, S. 66, 71 f.; RMB, Bd. 4, Nr. 7976, S. 38. Zu seinen sonstigen Pfründen vgl. RG Online, RG V 08378, URL: http://rg-online.dhi-roma.it/RG/5/8378 (Datum 28. 02. 2014).

183 Toepke, Matrikel Heidelberg, Bd. 1, S. 234 und 255. Im Wintersemester 1443/44 amtierte er als Universitätsrektor; ebd., S. 241, Anm. 9; dazu auch ebd., Bd. 2, S. 611 f.; vgl. Die Rektorbücher der Universität Heidelberg, Bd. 2, S. 479–493 (zum ersten Rektorat); ebd., S. 588–595 (zum zweiten).

184 Ob ein anderer Promotionsort in Frage kommt, ist unwahrscheinlich, da eine relativ kontinuierliche Präsenz in Heidelberg für ihn nachweisbar ist. Möglicherweise liegt hier eine Lücke im Verzeichnis der Promotionen vor; dazu allg. Willoweit, Das juristische Studium, S. 95.

erste Amtszeit als Rektor fällt die Pensionierung Dr. Ottos vom Stein. Sie erfolgte auf dessen eigenen Wunsch, war ihm aber noch ein Jahr zuvor von Seiten der Universität abgeschlagen worden. Offenbar erhielt Otto diesmal erhebliche Rückendeckung vom inzwischen volljährig gewordenen Pfalzgrafen Ludwig IV.[185] Auch sonst scheinen Guldenkopfs gute Beziehungen zum jungen Landesherrn Ludwig (* 1424) aufgefallen zu sein, jedenfalls rangierten sie unter den im Jahre 1452 festgehaltenen erinnerungswürdigen Angelegenheiten (*caus[ae] memoratu dign[ae]*)[186].

Johann Guldenkopf fungierte des Öfteren als Berater und Schiedsrichter[187] und vertrat besonders die Universität auch in auswärtigen Angelegenheiten wie 1442 auf dem Tag zu Nürnberg[188]. Neben seiner Tätigkeit für die Universität ist er als Rat Ludwigs IV. nachweisbar. So fungierte er im Beisein des Pfalzgrafen am 20. November 1447 als Beisitzer in einem Schiedsgericht über einen Streit zwischen Pfalzgraf Friedrich von Simmern und Markgraf Jakob von Baden auf der einen und Gerhard Wildgrafen von Dhaun und Kyrburg auf der anderen Seite[189]. Die nach einer Untersuchung festgesetzte Verkündung des Spruchs fand ebenfalls in Gegenwart Ludwigs IV. am 22. Oktober 1448 statt. Auch an ihr war *meister* Johann Guldenkopf beteiligt; gemeinsam mit dem ebenfalls anwesenden Bartholomäus Herkenrode von St. Trond wurden als *beide in geistlichen rechten lehrer* bezeichnet[190]. Im November 1449 bat Guldenkopf die Universität um Erlaubnis, sich bis zum nächsten 24. Juni auf sein Benefizium in Speyer zurückziehen zu dürfen, was ihm am 27. des Monats gewährt wurde[191].

Unter Ludwigs IV. Bruder und Nachfolger Friedrich I. wird Johann Guldenkopf ebenfalls unter den Ratgebern geführt. Als *cancellarius illustrissimi principi nostri* beriet er am 9. September 1450 gemeinsam mit dem Kanzler der Universität, dem Wormser Dompropst und Doktor beiderlei Rechte, Ludwig von Ast, sowie dem Wormser Domkustos Johann Ernst über eine universitäre Pfründenangelegenheit[192], d. h. bereits damals wurde er als Kanzler des Landesfürsten bezeichnet[193]. Als *meister Johanns Guldinkopff kanzler* agierte er in einem Kreis weiterer Rechtsgelehrter, zu denen auch Ludwig von Ast gehörte, bei einem Bittgesuch Pfalzgraf Friedrichs von Simmern und Markgraf Jakobs von Baden. Es ging dabei um die von Friedrich verweigerte und da-

---

[185] Die Rektorbücher der Universität Heidelberg, Bd. 2, S. 490–493 (1442 Dezember 19). Zum ersten Versuch vgl. ebd., S. 467.

[186] Ebd., S. 678. An gleicher Stelle sind weitere Verdienste von Johann Guldenkopf für die Universität verzeichnet.

[187] Vgl. Urkundenbuch der Stadt Heilbronn, Bd. 1, Nr. 623, S. 317–319 (1442 November 20).

[188] Winkelmann, Urkundenbuch der Universität Heidelberg, Bd. 2, Nr. 309, S. 36.

[189] Es ging dabei um eine Verschreibung der Wildgrafen gegen die Grafen von Sponheim, als deren Erben sich Friedrich von Simmern und Jakob von Baden verstanden; RMB, Bd. 4, Nr. 6806, S. 200.

[190] Ebd., Nr. 6891, S. 212 f.

[191] Die Rektorbücher der Universität Heidelberg, Bd. 2, S. 625.

[192] Ebd., S. 641 f.; ferner ebd., S. 662: *in domo domini cancellarii Guldenkopf* (zum Jahr 1451), ebd., S. 666: *cancellarii magistri Iohannis de Spira* (dito).

[193] Nicht erst im Jahre 1452 wie angegeben bei Willoweit, Das juristische Studium, S. 114.

mit politische Wellen schlagende Belehnung der beiden Fürsten mit der großen und kleinen Pellenz (*gross und klein pellentz*)[194]. Im gleichen Jahr 1450 wirkte Johann als Kanzler und Jurist an dem bereits angesprochenen berühmten ältesten Heidelberger Rechtsgutachten mit[195]. Eduard Winkelmann hielt im Jahre 1884 eine „Doppelfunktion" als Universitätslehrer und landesherrlicher Kanzler für kaum vorstellbar: „Die abfassungszeit [des Rechtsgutachtens] ist um 1450 anzunehmen, da der dr. Johann Güldenkopf schon 1452 (vielleicht auch noch früher) kurfürstlicher kanzler, mithin wohl kaum noch lehrer war"[196]. Als Friedrich I. im September 1451 die *trefflichen rete und merglichen gelieder des furstenthumbs* einberief, um die Arrogation beraten zu lassen, war der Kanzler ebenfalls anwesend[197].

Die Universität blieb ein spezielles Aufgabenfeld von Johann Guldenkopf. So war er an Friedrichs Universitätsreform als Sachwalter landesherrlicher Interessen maßgeblich beteiligt[198]. Am 17. Juli 1452 trat er vor die versammelte Universität und verlangte die Annahme der Reform, wie sie in der drei Tage später ausgestellten Urkunde Friedrichs formuliert und kodifiziert wurde[199]. Im September des Jahres bestätigte er auf Befehl des Kurfürsten die Privilegien der Universität[200]. Die Einrichtung eines legistischen Lehrstuhls in Heidelberg fällt in diesen zeitlichen Zusammenhang[201].

Blickt man noch einmal auf Johanns späten Pfründenbesitz, dann lassen sich einige Beobachtungen machen. Neben der für 1448 nachweisbaren Renovation einer Provision auf eine Kanonikerstelle in St. German zu Speyer, deren Possess unbekannt ist, prozessierte er als Kanzler des Pfalzgrafen Friedrich 1453 an der Kurie um eine Pfarrpfründe in dem in der Mainzer Diözese gelegenen Städtchen Kirchberg im Hunsrück[202]. Der Ausgang der Angelegenheit, die im Sommer 1456 eine Fortsetzung fand, ist unbekannt[203]. Für unsere Fragestellung interessant ist die am 26. Juni 1456 erfolgte

---

194 RMB, Bd. 4, Nr. 7160, S. 260. Zur Pellenz vgl. Schaab, Geschichte der Kurpfalz, Bd. 1, S. 32–35.

195 Winkelmann, Das älteste uns bekannte Heidelberger Rechtsgutachten, S. 159–161.

196 Ebd., S. 161.

197 RFdS, Nr. 17, S. 226–229. (Heidelberg, 1451 September 16); Namenliste bei Feeser, Friedrich der Siegreiche, S. 24.

198 Ritter, Die Heidelberger Universität, S. 384–390; Ders., Studien zur Spätscholastik, Bd. 2, S. 67 f.

199 Winkelmann, Urkundenbuch der Universität Heidelberg, Bd. 2, Nr. 369, S. 42.

200 Ebd., Nr. 370, S. 42.

201 Vgl. Ritter, Die Heidelberger Universität, S. 439.

202 Sein Konkurrent war Melchior Wittig aus Gelnhausen; RepGerm, Bd. 6, Nr. 1516, S. 171 (1453 Juli 26); ferner Fouquet, Das Speyerer Domkapitel, Bd. 2, S. 550.

203 Sein Kontrahent in der Streitsache könnte ein Günstling des Markgrafen Georg von Baden gewesen sein. Die Pfründe war durch den Tod (bzw. die Resignation) Peters von *Couppenstein* frei geworden; vgl. RepGerm Bd. 6, Nr. 661, S. 74 f., hier S. 75 (1456 Juni 1). Zu ihm Rademacher, Zur Frühgeschichte, S. 23 f., 39–41. Ein Verwandter namens Johann von Koppenstein war 1390 als Mainzer Kleriker Heidelberger Konsemester der Gruppe um Nikolaus Bauman gewesen; Toepke, Matrikel Heidelberg, Bd. 1, S. 46. Zu einem weiteren gleichnamigen (?) Verwandten, der sich 1401/02 dort immatrikulierte; ebd., S. 86. Zu einem Nikolaus von Koppenstein vgl. Zimmermann, Der Heidelberger Rotulus, Nr. 191, S. 106; ferner ebd.,

Provision auf eine Präbende am Stift St. Andreas zu Köln, die durch den Tod Ludwigs von Ast frei geworden war, am 7. August 1456 erfolgte die dortige Installation *motu proprio*[204].

Ein letztes Mal erscheint Johann Guldenkopf am 12. Juli 1453 in den Quellen, als Bischof Reinhard von Speyer Pfalzgraf Friedrich I. mit Wolfsburg, Neustadt und der Vogtei Mußbach belehnte[205]. Johann starb am 13. November 1456[206].

Unverkennbar lassen sich hier Strukturen wiedererkennen, wie sie sozialgeschichtlich für Kanzler beschrieben wurden: In gehäufter Form treten hier die gelehrten Juristen in Erscheinung. Unter Berücksichtigung der vorausgeschickten Untersuchungen muss jedoch der Rückfall in traditionelle Deutungsmuster vermieden werden. Es geht nicht an, bei diesem zunächst eindrucksvoll erscheinenden Befund endlich die lange erwartete Juridifizierung der Kanzlei und – dank ihrer – die fortschreitende Rationalisierung der Territorialverwaltung zu diagnostizieren. Dies wäre zu vordergründig gedacht. Ein Blick hinter die Kulissen deckt vielmehr typisch mittelalterliche Verhältnisse auf. Hervorzuheben sind die engen Kontakte zu Ludwig von Ast und vielleicht die Tatsache, dass seine Vorfahren Konsemester Rabans von Helmstatt gewesen waren.

Es stellt sich daher die Frage, ob das massive Auftreten von Juristen wirklich von Verwaltungsbedürfnissen ausgelöst wurde oder ob nicht andere Faktoren ausschlaggebend waren. In der Zeit der Konzilien, Kirchen- und Reichsreform sowie polarisierender politischer Ambitionen der Kurfürsten von der Pfalz verschoben sich die Vorstellungen, wie ein Kanzler für sein Amt qualifiziert sein müsse. Im Falle von Johann Guldenkopf dürften die rechtlichen Probleme, die die Regelung der Nachfolgefrage im Sinne Pfalzgraf Friedrichs durch die Arrogation seines Neffen Philipp aufwarf, die Notwendigkeit eines versierten und renommierten Juristen als Kanzler in entscheidendem Maße veranlasst haben.

S. 309. – Sie stammten vermutlich aus der illegitimen Sponheimer Seitenlinie der Herren von Koppenstein; vgl. VOGT, Sponheim, S. 360; RADEMACHER, a. a. O., S. 7–16. Verbindungen der Herren von Koppenstein zu Friedrich dem Siegreichen sind 1455 nachweisbar; ebd., S. 27.

204 RepGerm, Bd. 6, Nr. 1516, S. 171.

205 REMLING, Geschichte der Bischöfe zu Speyer, Bd. 2, S. 93, Anm. 300.

206 Der auf den November des Jahres 1463 datierbare Beleg, dass Johannes Stoll, genannt Guldenkopf, Lizentiat in Kirchenrecht und Stiftsherr von St. German zu Speyer (*Ioh. Stoll gen. Guldenkopf, lic. in decr. und domherr* [sic!] *von S. German in Speier*) am päpstlichen Hof gewesen sei, kann sich daher nicht auf den einstigen Kanzler beziehen; WINKELMANN, Urkundenbuch der Universität Heidelberg, Bd. 2, Nr. 424, S. 48. Auch die Registerangabe ist fehlerhaft, da sie den Kanzler Friedrichs I. als „Johannes Stoll dictus de Aureo Cipho, Guldenkopf de Spira“ bezeichnet; ebd., S. 371. Zu ihm ISSLE, Das Stift St. German, S. 192. – Wohl ein Verwandter namens Johannes *Guldinkopf de Spira* immatrikulierte sich im Sommersemester 1458 in Heidelberg; TOEPKE, Matrikel Heidelberg, Bd. 1, S. 293. – Sicher verwandt mit dem späteren Kanzler dürfte Petrus Seiler zum Guldenkopf von Speyer (*Guldenkopff de Spira*) sein, der sich im Sommersemester 1436 gemeinsam mit Heinrich Steinhauser aus

Im Folgenden soll das Augenmerk auf einen anderen bisher übersehenen Faktor gelenkt werden. Um den Siegeszug der gelehrten Juristen wissenschaftlich zu untermauern, braucht man lediglich einen akademischen Titel oder die Immatrikulation nachzuweisen. Schwieriger auszumachen sind die wesentlichen Kategorien der Zeit. Gemeint ist hier vor allem die Verwandtschaft[207]. Die Aufdeckung dieses Beziehungsgeflechtes lässt sich den Quellen sehr viel schwerer entlocken.

Speyer (*Steinhuser de Spira*) in Heidelberg immatrikulierte und die Einschreibegebühren bezahlte; ebd., S. 212. Beide folgten in der Matrikel unmittelbar hinter Nikolaus von Venningen *dioc. Spir.*; ebd. Möglicherweise gehörten sie zum Umkreis des Venningers.

207 Zur Bedeutung der Verwandtschaft grundlegend Spiess, Familie und Verwandtschaft.

4.14 Verwaltungsjurist oder illegitimer Fürstenspross? Matthias Ramung als Kanzler Friedrichs I.

Mit Matthias Ramung, der seit 1458 im Amt des Kanzlers nachweisbar ist, begegnet man einem der großen Verwaltungsspezialisten des 15. Jahrhunderts. Die Kombination aus der militärischen Fortüne Friedrichs I. und aus der umfassenden schriftlichen Dokumentation der kurpfälzischen und bischöflich speyrischen Herrschaft durch Matthias Ramung ist es zu verdanken, dass wir über die Geschichte der Kurpfalz und des Hochstifts Speyer im dritten Viertel des 15. Jahrhunderts im Gegensatz zu der Zeit Ludwigs IV. ungewöhnlich gut informiert sind.

Bis heute merkwürdig wirkt die Person des kurpfälzischen Kanzlers und Speyerer Bischofs. Er machte als Verwaltungsfachmann, gelehrter Rat und Kirchenmann Karriere[1]. Die dafür ausschlaggebenden Gründe fasste Gerhard Fouquet 1987 prägnant zusammen: Zum einen war es Matthias' sozialer Hintergrund, d.h. seine Herkunft aus einer Familie, „die um 1450/60 gruppenspezifisch eher zur unteren Schicht des pfälzischen Lehensadels zu rechnen" war. Da Erziehung und juristische Ausbildung „fast ausschließlich an der Landesuniversität Heidelberg" erfolgten, ergaben sich die „frühen Verbindungen zum Wittelsbacher Hof [...] hier zwangsläufig".

Damit verdeutlichte Matthias Ramungs Karriere „nicht nur die Möglichkeiten des sozialen Aufstiegs in den Funktionen der spätmittelalterlichen Territorien, sondern auch die Modalitäten der Personalrekrutierung für den gelehrten fürstlichen Dienst"[2].

Die Adelsqualität der Familie galt als „brüchig", trotz Konnubiums „mit Spitzenfamilien des Kraichgauer Ritteradels" und Matthias' Domkanonikaten in Speyer und Worms. Fouquet wertete beides „als indirekte bzw. direkte Reaktionen auf das Verhältnis der Familie zur Pfalz". Die Ramung galten damit als eine von der Kurpfalz herangezogene „Beamtenfamilie [...], deren Status loyalitätsgebunden war", Matthias Ramung selbst als „eine pfälzische Kreatur", die der über seine Gegner triumphie-

---

1 Neuere biographische Überblicke bei Fouquet, Das Speyerer Domkapitel, Bd. 2, S. 724–728 (Literatur ebd., S. 727f.); Ammerich, Rammung, Matthias, S. 565f. Vgl. ferner die älteren Arbeiten von: Böcher, Der Speyrer Bischof Matthias; Remling, Geschichte der Bischöfe zu Speyer, Bd. 2, S. 138–175; sowie eine Reihe von Aufsätzen von Maximilian Buchner, Die Stellung des Speierer Bischofs Mathias Ramung zur Reichsstadt Speier; Ders., Die Stellung des kurpfälzischen Kanzlers und Speierer Bischofs Mathias Ramung zum geistigen Leben seiner Zeit; Ders., Ein Jugendgedicht Jakob Wimpfelings auf Bischof Mathias Ramung; Ders., Die innere weltliche Regierung des Bischofs Mathias Ramung; Ders., Die Amberger Hochzeit (1474); Duggan, Bishop and Chapter, S. 136–142; Glasschröder, Die Speierer Bistums-Matrikel; Haffner, Die kirchlichen Reformbemühungen des Speyrer Bischofs Mathias von Ramung; Litzenburger, Papst Pius II. providiert 1464 die Speyerer Kirche mit Matthias von Rammung; Lossen, Staat und Kirche in der Pfalz, S. 44–96; Würth, Ein unbekannter Propst des Ritterstifts St. Peter zu Wimpfen im Tal; Vogelgesang, Kanzlei- und Ratswesen der pfälzischen Kurfürsten, S. 27f.; Cohn, Government, S. 222.

2 Fouquet, Das Speyerer Domkapitel, Bd. 2, Nr. 292, S. 724–728, hier S. 726f. (Literatur ebd., S. 727f.). Auf ihm fußend: Ammerich, Rammung, Matthias, S. 565f. (mit der wichtigsten neueren Literatur); ferner Widder, Konkubinen und Bastarde, S. 439–450.

rende Pfalzgraf Friedrich I. dem Speyerer Domkapitel als neuen Bischof „oktroyierte“[3]. Matthias’ Hirtenamt in Speyer bewertete Gerhard Fouquet sogar dahingehend, „Pfalzgraf Friedrich I. ha[b]e mit der Einsetzung des Matthias v. Rammung zum Bischof das Stift zur pfälzischen Quasi-Sekundogenitur gemacht“[4].

4.14.1 Die Nachkommen Matthias’ von Sobernheim

Die Aufmerksamkeit, die der familiären Herkunft von Matthias Ramung zuteil wurde, konzentrierte sich bislang vornehmlich auf seine Herkunft väterlicherseits. Dennoch ist es notwendig, sich zunächst mit seinen Vorfahren mütterlicherseits genauer zu befassen. Dank neuer Quellenfunde führt dies zurück zu einer bekannten Größe aus dem bereits dargestellten kurpfälzischen Kanzleizusammenhang, nämlich zu Matthias von Sobernheim, und lenkt den Blick auf dessen Nachkommen. Sie sind für die hier verfolgte Fragestellung genau so aufschlussreich wie die Ottos vom Stein. Lediglich der Nachweis gestaltet sich komplizierter. Zu Lebzeiten Matthias’ von Sobernheim erfährt man nicht, dass er überhaupt Kinder hatte. Durch einen Überlieferungszufall sind wir über diese informiert. Sie bieten eine echte Überraschung, soviel sei bereits vorweggenommen.

In diesem Zusammenhang muss auf den oben bereits angesprochenen und ‚Bremeneck‘ genannten Garten zu Heidelberg, den Matthias von Sobernheim im Jahre 1400 gekauft hatte, zurückgekommen werden[5]. Das Objekt wechselte nämlich 65 Jahre später erneut den Besitzer. Diesmal verkauften Lukas (Lutz) Resch von Waldeck, Landschreiber zu Amberg, und seine Frau Katharina Ramung (*Ramungyn*) ihren Garten, genannt Bremeneck zu Heidelberg, gelegen vor dem Marckbronnentor bei der Stadtmauer gegen die Burg und den Berg hinauf, an den Kurfürsten und Pfalzgrafen Friedrich I. zum Preis von hundert rheinischen Gulden. Sie behielten sich dabei das Recht vor, den Brunnen, der zu ihrem Hof am Burgweg in Heidelberg führte und der ihrem Vater, dem verstorbenen Dieter Ramung, gehörte, durch den Garten zu führen[6].

[3] Zitate: Fouquet, Das Speyerer Domkapitel, Bd. 2, S. 726 f.

[4] Ebd., Bd. 1, S. 272.

[5] Vgl. oben, Kap. 4.7.2.2: Herkunft und Familie.

[6] GLAK, 69/von Oberndorff, U 17 (1465 Juni 25 (Dienstag nach Johannes d. T.)). Pfalzgraf Friedrich I. der Siegreiche schenkte den nun gefreiten Garten seiner Konkubine Klara Tott (Dettin) und ihren Erben (*unser sengerin Clare(n) von Auspurg und ire(en) erben*) (Heidelberg, 1465 Juli 23); GLAK, 67/812, f. 17r–v. Klara Tott verkaufte den Garten Bremeneck, der vormals Dieter Ramung und seinen Erben gehört hat, wenige Jahre später (Germersheim, 1469 Dezember 27); GLAK, 67/814, f. 24r–25v (dazu Rödel, Pfalzgraf Friedrich und Klara Tott, S. 126). Derselbe „Garten, der früher dem Jungherrn Diether Ramung gehörte“, wird in einer Urkunde vom 10. Mai 1476 noch einmal erwähnt; Weech, Regesten über die Hofapotheke in Heidelberg, Nr. 9 f., S. 219 f. (Zitat ebd., S. 220). – Zur Lage der Immobilien Matthias’ von Sobernheim in Heidelberg vgl. Wendt, ... *mit wybe, kindern,* S. 20 (mit Anm. 48), 28 f.

Diese an sich unspektakuläre Grundstücksangelegenheit ist aufgrund ihrer Angaben zu den hier interessierenden Verwandtschaftsverhältnissen äußerst wertvoll. Daher sei das Wesentliche noch einmal zusammengefasst: Im Jahre 1465 verkauft eine Frau namens Katharina Ramung, Tochter des verstorbenen Dieter Ramung, gemeinsam mit ihrem Ehemann, dem Landschreiber zu Amberg, einen Garten. Hierzu muss ergänzt werden, dass an der Urkunde nicht das Siegel des Ehemannes, sondern das des Bischofs von Speyer hängt. Ein an sich ungewöhnlicher Vorgang, wenn man nicht berücksichtigt, dass dort damals seit einem Jahr Matthias Ramung, Kanzler des pfälzischen Kurfürsten Friedrich I. und Bruder der Katharina Ramung, amtierte. Dieser verwandtschaftliche Zusammenhang soll im folgenden Kapitel behandelt werden.

An dieser Stelle interessiert zunächst vornehmlich die Rolle, die Matthias von Sobernheim in genealogischer Hinsicht spielte. Sie geht aus den beiden Urkunden nicht hervor. Das hier fehlende Bindeglied liefert eine vermutlich aus dem Jahr 1437 stammende Pergamenturkunde, die, in zwei Teile zerschnitten, als Makulatur auf die Innenseiten der hölzernen Buchdeckel des heute in Karlsruhe aufbewahrten Lehenbuches Ludwigs III. geklebt wurde[7]. In ihr bestätigte Kurfürst Ludwig IV., dass Dieter Ramung und dessen Gemahlin Katharina von Sobernheim seinem Vater Ludwig III. *vor einem jare zu ettlichen nottlichen sachen* 2000 Gulden geliehen hatten[8].

Diese drei Urkunden vermitteln damit die nicht ganz unbedeutende Kenntnis von den Vorfahren des späteren kurpfälzischen Kanzlers Matthias Ramung mütterlicherseits. Von diesem war bislang lediglich bekannt, dass er der Bruder der oben als Verkäuferin des Gartens hervorgetretenen Katharina Ramung war. Beider Mutter war damit die Tochter des obersten Schreibers Matthias von Sobernheim. Ähnlich wie im Falle Ottos vom Stein erscheint hiermit also eine zweite Familie, die über mehrere Generationen im Umkreis der Pfalzgrafen bei Rhein und ihrer Kanzlei nachweisbar ist.

4.14.2 Aufstieg und Familie

„Aufgrund der fehlenden Aufbereitung des pfälzischen Urkunden- und Aktenmaterials nach 1410 gibt die Geschichte der Rammung, insbesondere was die geographische und soziale Herkunft der Familie angeht, noch etliche Rätsel auf [...]; denn das entscheidende Moment für die Entwicklung der Rammung ist trotz aller Unsicherheit evident: die wie immer geartete Beziehung zum pfalzgräflichen Haus in Heidelberg."[9]

---

7 GLAK, 67/1910. Zur Datierung der Urkunde vgl. Brandenstein, Urkundenwesen und Kanzlei, S. 113; vgl. oben, Kap. 4.13.4: Die Entwicklung der kurpfälzischen Lehenbücher in der ersten Hälfte des 15. Jahrhunderts.

8 Zitiert nach Brandenstein, Urkundenwesen und Kanzlei, S. 113 (mit falscher Angabe: 1000 Gulden (ebd.). Die Summe beträgt nach Autopsie 2000 Gulden (vgl. auch ebd., S. 297)).

9 Fouquet, Speyerer Domkapitel, Bd. 2, S. 724; ferner Böcher, Der Speyrer Bischof Matthias, S. 51.

Im Folgenden soll auf der Basis neuer Quellenfunde versucht werden, das Rätsel Matthias Ramung mit seinen Ungereimtheiten und Widersprüchen einer Lösung zuzuführen[10]. Matthias Ramung gilt bis in die neuesten Forschungen hinein als Sohn eines ihm gleichnamigen Vaters Matthias (von) Ramung und einer Mutter unbekannten Vornamens aus dem Kraichgauer Niederadelsgeschlecht derer von Venningen[11]. Die soziale Herkunft aus dem ritterbürtigen Niederadel wird aus neutraler zeitgenössischer Überlieferung bestätigt. In den päpstlichen Supplikenregistern der fünfziger Jahre des 15. Jahrhunderts findet er sich mehrere Male bezeichnet als *de militu genu*[12] bzw. *de militari genere*[13]. Dennoch war seine Adelsqualität so „brüchig", dass ihn das Basler Domkapitel 1458 nicht als Kanoniker akzeptierte[14].

Die Tatsache, dass sich die von Ramung in der zweiten Hälfte des 15. Jahrhunderts nach einem bei Waibstadt im Kraichgau gelegenen Dorf „Ramung zu Daisbach" nennen, hilft kaum weiter. Angeblich waren sie dort schon im 14. Jahrhundert begütert. Aus der Überlieferung geht dies allerdings nicht hervor. 1401 gestattete König Ruprecht dem Cuntz bzw. Konrad von Venningen, die kleine Burg mit dem Dorf Daisbach (*burglein mit dem dorffe zu Daspach*), ein Reichslehen, auch an seine weiblichen Nachkommen weiterzuvererben[15]. Nur ein Jahr darauf erhielt derselbe – immer noch ohne männliche Leibeserben – die Gnade, seine Schwester Anna mitsamt deren Gatten Ulrich Landschad (von Steinach), damals Viztum in Amberg, „zu sich in Gemeinschaft des *slozzes Daspach by Zutzenhausen* zu setzen"[16]. „Als daher Konrad der Faiste von Venningen zu Dasbach im J. 1446 ohne männliche Erben mit Tode abgieng, fiel ein Theil auf seine mit Matthes von Rammungen verehelichte Tochter, weshalben jener im J. 1488 noch unter dieser Benennung vorkommet", wusste 1786 Johann Goswin Widder, Nestor der pfälzischen Landesgeschichtsforschung, zu berichten[17]. Dies ist bis auf den heutigen Tag die Referenz für die familiäre und genealogische Zuordnung des Matthias Ramung geblieben[18]. Trotz anderslautender Belege aus der Sekundärliteratur gehen die Angaben letztendlich alle zurück auf Johann Goswin Widder,

---

[10] Vgl. dazu auch WIDDER, Konkubinen und Bastarde, S. 443–450.

[11] AMMERICH, Rammung, Matthias, S. 565 f., basierend auf FOUQUET, Das Speyerer Domkapitel, Bd. 2, Nr. 292, S. 724–728.

[12] Città del Vaticano, Archivio segreto Vaticano, Reg. Suppl. 455, f. 66v.

[13] Ebd., Reg. Suppl. 469, f. 76v; genauso in ebd., Reg. Suppl. 484, f. 290r; ebd., f. 270vf.: *de militarum genere*. Diese Zusätze sind nicht immer verzeichnet in: RepGerm, Bd. 8,1, Nr. 4260, S. 602 f.; WIDDER, Konkubinen und Bastarde, S. 447.

[14] FOUQUET, Das Speyerer Domkapitel, Bd. 2, S. 725 f.

[15] RPR, Bd. 2, Nr. 1592 (Regensburg, 1401 September 3).

[16] Ebd., Nr. 2421 (Heidelberg, 1402 August 6). Bei dem zweitgenannten Ort handelt es sich um das heutige Zuzenhausen, das nur wenige Kilometer von Daisbach entfernt liegt.

[17] WIDDER, Versuch einer [...] Beschreibung, Bd. 1, S. 398 f. Fast wörtlich auf ihm fußt: STEIDEL, Ortsgeschichte von Daisbach, S. 26.

[18] Vgl. BÖCHER, Der Speyrer Bischof Matthias, S. 49 f.; auf ihm fußend: FOUQUET, Das Speyerer Domkapitel, Bd. 2, S. 725, 727). Die genealogische Zuordnung findet sich auch beim Speyerer Bistumshistoriographen REMLING, Geschichte der Bischöfe von Speyer, Bd. 2, S. 138 f., Anm. 463.

bei dem aber zwischen dem Jahr 1446 und 1488 eine Lücke von über 40 Jahren klafft. Bei ihm heißt es weiter: „Der andere Theil [von Burglein und Dorf Daisbach] aber blieb bei dem Venningischen Mannsstamme aus den Nebenlinien. Ludwig von Venningen stattete damit seine an Philipp Kistel von Dürkheim verehelichte Tochter Helena aus“[19].

Die archivalische Überlieferung zeichnet hingegen ein anderes Bild. Bereits im Sommer 1428 wird Dieter (Diethel) Ramung mit dem Zusatz „zu Daisbach“ bezeichnet. Im Jahre 1464 führte der Ritter Hans Ramung, von Pfalzgraf Friedrich I. als lieber Getreuer bezeichnet, ebenfalls diesen Namenszusatz[20]. Hans Ramung hatte 1462 in der Schlacht von Seckenheim auf pfälzischer Seite gekämpft und den Ritterschlag erhalten[21]; er starb noch vor Ende des Jahres 1467[22]. Hans Ramung hinterließ drei Kinder: Hans, Matthias und Katharina. Die beiden Söhne und ihr Erbe, das Schloss Daisbach (*Daspach*) und das Dorf *Mudach*, nahm Friedrich der Siegreiche am 28. Dezember 1467 in seinen Schirm und bestellte am 29. April 1468 mit Einverständnis der beiden geistlichen Oheime Matthias und Dieter seinen Amtmann am Bruhrain, Hans von Gemmingen, genannt Giener (*Gyner*), allen drei Kindern zum Vormund[23]. 1475 war besagte Tochter Katharina die Gemahlin Albrechts Göler von Ravensburg zu Daisbach[24]. Der 1459, 1463 und 1464 als kurpfälzischer *secretarius* belegte Johannes Ramung ist wohl nicht mit dem gleichnamigen Ritter identisch, sondern stammt aufgrund seines unterschiedlichen Wappens aus einer anderen Familie[25].

Doch besitzen wir auch zu weiteren Familienmitgliedern aus der Generation des kurpfälzischen Kanzlers Matthias Ramung gesicherte Informationen. Neben der oben bereits erwähnten und mit dem Amberger Landschreiber Lukas Resch verheirateten Katharina Ramung existierte noch eine weitere Schwester Margarete, verheiratet mit Hans von Gemmingen. Bei ihm dürfte es sich um den oben erwähnten Vormund der Kinder seines verstorbenen Schwagers Hans Ramung gehandelt haben[26]. Ferner besaß

---

19 WIDDER, Versuch einer […] Beschreibung, Bd. 1, S. 399.

20 NISTAHL, Studien zur Geschichte des Klosters Schlüchtern, Nr. (1), S. 386 (1428 August 18). – Zum Jahre 1464 vgl. GLAK, 67/813, f. 75v, 186r.

21 Ebd., 67/812, f. 40v–41r.

22 Vgl. PROBST, Petrus Antonius de Clapis, S. 32, 33, Anm. 84 (mit nicht ganz zutreffenden Angaben), S. 40, 115 f. – Vgl. auch die Nachkommenliste im Anhang dieser Arbeit, Kap. 6: Verwandtschaftsbeziehungen.

23 GLAK, 67/813, f. 219v–220r und ebd., f. 237r.

24 Beleg bei REMLING, Geschichte der Bischöfe von Speyer, Bd. 2, S. 139, Anm. 462.

25 GLAK, 67/812, f. 43r–v, 52v–53r, 61r–v. Ferner den Artikel „Ramung“, in: SIEBMACHER/SEYLER: Großes und allgemeines Wappenbuch, Bd. 6,1, S. 29 (mit Tafel 18).

26 GLAK, 67/813, f. 75v. – Zu Margarete vgl. auch NISTAHL, Studien zur Geschichte des Klosters Schlüchtern, Nr. (12), S. 387: Kaspar, Melchior und Otto verpfänden Hans Ramung zu Daisbach und seiner Schwester Margarete für die Pfandsumme von 2500 Gulden die Orte Siegelsbach sowie Ober- und Untergimpern gegen jährlich 150 fl. Gülte (1364 März 15). – Zu Hans Giener von Gemmingen vgl. STOCKER, Familien-Chronik der Freiherren von Gemmingen, S. 23–25.

Matthias Ramung einen Bruder, den Geistlichen Dieter Ramung (* um 1420, † 1488). Dieser folgte ihm 1464 als Propst des Augustinerchorherrenstifts St. Peter zu Wimpfen im Tal[27].

Wie demnach aus der oben vorgestellten Quellenüberlieferung mit an Sicherheit grenzender Wahrscheinlichkeit hervorgeht, ist Matthias Ramung der eheliche Sohn des späteren kurpfälzischen Haushofmeisters Dieter Ramung aus dessen Verbindung mit einer Tochter des obersten Schreibers Matthias von Sobernheim[28]. Dieter Ramung ist 1426 als Amtmann zu Schwarzach (östlich von Heidelberg) und 1428 im Kreise enger Vertrauter Kurfürst Ludwigs III. von der Pfalz nachweisbar; 1433 amtierte er als dessen Hofmeister. Gemeinsam mit seiner Ehefrau Katharina lieh er ihm in dessen letztem Lebensjahr die bereits erwähnten 2000 Gulden[29].

Matthias selbst dürfte um 1419 geboren sein[30]. 1433 immatrikulierte er sich als Matthias Ramung von Heidelberg (*Mathias Ramung de Heydelberga)* an der dortigen Universität[31]. Nach dem 1436 abgeschlossenen Artes-Studium in Heidelberg erlangte er dort 1439 das Bakkalaureat und 1446 das Lizentiat in Kirchenrecht. Sein Promotor war 1446 Ludwig von Ast[32]. 1444 schwor er dem neuen Heidelberger Rektor Johannes Wenck von Herrenberg den Eid der Magister und Doktoren[33]. Im Jahr 1446 wurde er Kanoniker am St. Cyriakusstift in Neuhausen bei Worms[34]. Das Stift stand damals unter starkem Einfluss der Kurpfalz[35]. Damit deutet sich bereits an, dass Matthias Ramung nicht nur dem bedeutenden landesherrlichen Rat und kurpfälzischen Kanzler Ludwig von Ast nahe stand, zu dessen Nachfolgern er später zählte, sondern auch dem Landesherrn und seinen Geschwistern. Dies belegen seine bald darauf einsetzenden Missionen in deren Diensten.

Doch liefert Matthias' kirchliche Karriere weitere Hinweise auf schon früh bestehende enge Beziehungen zur pfalzgräflichen Familie. Dies betraf nahezu die gesamte Geschwistergeneration Ludwigs IV. Noch als Zufall mag man es werten, dass das dem Cyriakusstift in Neuhausen benachbarte und von diesem geistlich betreute Frauen-

---

27 Zu ihm vgl. Ludwigsburg, Staatsarchiv, Bestand B 503 I: Schöntal, Zisterzienserkloster: Urkunden, U 218 (Wimpfen im Tal, 1468 vor August 30).

28 Nur erwähnt werden sollte, dass ein 1435 in Heidelberg immatrikulierter Petrus Sobernheim die Pastorie im Daisbach benachbarten Waibstadt innehatte; Fuchs, *Dives, pauper, nobilis, magister, frater, clericus*, S. 401.

29 Vgl. Brandenstein, Urkundenwesen und Kanzlei, S. 113, 297.

30 Böcher, Der Speyrer Bischof Matthias, S. 49, nennt „um 1417". Setzt man die Erstimmatrikulation in das 14./15. Lebensjahr, dann ist das Jahr 1419 wahrscheinlicher.

31 Mit späterem Zusatz: *Modo episcopus Spirensis*; Toepke, Matrikel Heidelberg, Bd. 1, S. 197.

32 Toepke, Matrikel Heidelberg, Bd. 2, S. 529. Zu Ludwig als Hochschullehrer vgl. Willoweit, Das juristische Studium, hier Nr. 47, S. 110 f.

33 Die Rektorbücher der Universität Heidelberg, Bd. 2, S. 551: *Item in eodem rectoratu iuravit dominus licenciatus Mathias filius Dythelmi quondam magistri curie in castro.*

34 Er ist dort noch 1458 präbendiert; vgl. Toepke, Matrikel Heidelberg, Bd. 2, S. 511, 529; Fabry, Das St. Cyriacusstift, S. 80. Zum Verhältnis des Stiftes zur Kurpfalz vgl. Fabry, ebd., S. 22–25. – Zu weiteren Pfründen vgl. Fouquet, Das Speyerer Domkapitel, Bd. 2, S. 725.

35 Fabry, Das St. Cyriakusstift, S. 22–24.

kloster Liebenau als eine Art pfälzisches Hauskloster fungierte[36]. Dort lebten damals Margarete, eine 1421 geborene und 1466 gestorbene Schwester Ludwigs IV., Friedrichs I. und Ruprechts, sowie zwei Töchter Pfalzgraf Ottos von Mosbach[37].

Angeblich seit dem Jahr 1442, doch wohl erst seit 1450 war Matthias Ramung Rektor der Pfarre Böblingen[38]. Trotz des jahrelangen Fehlens höherer Weihen blieb er dort Kirchherr bis zur Übernahme des Speyerer Bischofsamtes im Jahre 1464[39]. Die Böblinger Pfarre „gehörte in finanzieller Hinsicht zwar nicht zu der kleinen Spitzengruppe im Bistum [Konstanz], war aber mit einer Taxe von 60 Gulden Annaten [...] durchaus eine höchst begehrenswerte Pfründe"[40]. Sie wirkt nur auf den ersten Blick wie eine unter vielen spätmittelalterlichen Pfarrpfründen, an denen Matthias, seit 1446 Stiftsherr an St. Cyriakus in Neuhausen, im Rahmen der Sicherung seiner materiellen Existenz Interesse zeigen musste. Betrachtet man die Situation in Böblingen genauer, dann stoßen wir auch hier auf die pfalzgräfliche Familie in Person Mechthilds, ebenfalls eine Schwester Ludwigs IV., Friedrichs I. und Ruprechts[41]. 1419 geboren und damit etwa gleich alt wie Matthias war sie seit 1436 mit Graf Ludwig I. von Württemberg verheiratet[42]. Anlässlich ihrer Hochzeit erhielt Mechthild als Wittum 30 000 Gulden, die auf die „Städte, Schlösser und Ämter Böblingen und Sindelfingen" sowie einige weitere Dörfer versichert waren[43]. Die Ausstattung blieb zwar zunächst in der Botmäßigkeit ihres Mannes, der aber Ende September 1450 starb.

In der Folgezeit zog sich Mechthild auf ihren Witwensitz in Böblingen zurück, nach ihrer neuerlichen Heirat mit Herzog Albrecht VI. von Österreich im Spätsommer 1452 wechselte sie nach Rottenburg am Neckar. Es blieb ihr bevorzugter Sitz bis zu ihrem Tod im Jahre 1482[44], doch oblag ihr bis 1468 das Patronatsrecht an der Böb-

---

36 Kleinjung, Frauenklöster, S. 106 f. mit Anm. 509; Kemper, Klosterreformen im Bistum Worms, S. 91 f.; Lehmann, Urkundliche Nachrichten, S. 447–450. – Zur Tradition und zu deren Wahrung in der 1470/71 entstandenen sogenannten „Kaiserchronik des Dominikanerordens" vgl., Kleinjung, Geistliche Töchter, S. 35–37, bes. S. 35 f.; Kemper, ebd., S. 93.

37 Vgl. Isenburg, Europäische Stammtafeln, Bd. 1, Taf. 31. Zu Liebenau vgl. Keilmann, Das Bistum Worms, S. 85, und bes. ebd., S. 134; Lossen, Staat und Kirche, S. 153 f.; Kemper, Klosterreformen im Bistum Worms, S. 91–98, 142–146; Studt, Martin V., S. 223, 226. – Zu einer in Liebenau als Nonne lebenden und 1398 erwähnten illegitimen Tochter Pfalzgraf Ruprechts II. vgl. Gerlich, Seelenheil und Territorium, Anlage, § 19, S. 413; Widder, Konkubinen und Bastarde, S. 437, 466.

38 Das Datum 1442 nennt Böcher, Der Speyrer Bischof Matthias, S. 50, auf der Grundlage des Artikels „Ramung zu Daspach", in: Siebmacher/Seyler, Großes und allgemeines Wappenbuch, Bd. 6,1, S. 29 (mit ebd., Tafel 18). – Ramungs Vorgänger Heinrich Tegen ist als Böblinger Kirchrektor letztmalig am 20. März 1450 belegt; Janssen, *Ad sanctum Dionysium*, S. 90.

39 Weihedispense datieren aus den Jahren 1451, 1453, 1455; Nachweise bei Fouquet, Das Speyerer Domkapitel, Bd. 2, S. 725; ferner Janssen, *Ad sanctum Dionysium*, S. 90.

40 Janssen, *Ad sanctum Dionysium*, S. 90.

41 Zum folgenden vgl. auch Widder, Konkubinen und Bastarde, S. 445 f.

42 Vgl. Fischer, Mechtild, S. 83–85; Deigendesch, Ludwig I., S. 80–83.

43 Fischer, Mechthild, S. 84.

44 Keitel, Böblingen im Spätmittelalter, S. 119–123; Speck, Rottenburg am Neckar, S. 500 f.

linger Pfarre[45]. Es ist kaum zu entscheiden, ob Matthias tatsächlich als Kirchrektor in diesen Jahren vor Ort präsent war, Kontakte bestanden aber mit Sicherheit. So besiegelte er 1458 als Propst zu Wimpfen und kurpfälzischer Kanzler Mechthilds Testament[46].

Die Kontakte zur Fürstenfamilie blieben aber nicht auf die bereits seit 1436 nach Württemberg verheiratete Mechthild beschränkt. 1450 wurden dem sich damals an der Kölner Universität immatrikulierenden Matthias Ramung die Studiengebühren *propt(er) rev(erentiam) ducis Robertis et pers.* erlassen. Die Matrikel verzeichnet seinen Namen gut niederdeutsch als *m(agister) Math(ias) Rammonck, can(onicus) s(ancti) Cyriaci Nuyhousensis extra muros Wormaciensis, decretum Licenciatus*[47]. Es stellt sich die Frage, was ihn veranlasste, die Kölner Hohe Schule aufzusuchen. Es ist nicht auszuschließen, dass Matthias Ramung im Jahre 1450 aufgrund einer Empfehlung seines Lehrers Ludwig von Ast das Studium (der weltlichen Rechte?) in Köln[48] aufnahm. Es sei noch einmal daran erinnert, dass Ludwigs Großvater mütterlicherseits, Hermann von Goch, im ausgehenden 14. Jahrhundert – als Geistlicher – zu den einflussreichsten Hofleuten und Verwaltungsspezialisten des Kölner Erzbischofs Friedrich von Saarwerden (1370–1414) zählte und in seinen Diensten ein Vermögen gemacht hatte[49]. Bereits das Beispiel Johann Seilers, gen. Guldenkopf lehrte, dass Ludwig von Ast noch in den fünfziger Jahren des 15. Jahrhunderts über gute Kontakte nach Köln verfügte[50].

Matthias' Kölner Aufenthalte standen in Zusammenhang mit dem Domkanonikat Pfalzgraf Ruprechts[51]. Es ist aber kaum anzunehmen, dass sich Matthias dort dauernd und schon gar nicht vorrangig zu Studienzwecken aufgehalten hat. So weilte er in der ersten Hälfte der fünfziger Jahre mehrere Male in Rom. Am 9. Oktober 1451 findet

45 1468 überließ sie es gegen Entschädigung dem Kloster Hirsau; Janssen, *Ad sanctum Dionysium*, S. 90. Zu den Böblinger Pfarrern im 15. Jahrhundert, ebd., S. 89–93.

46 Fischer, Das Testament der Erzherzogin Mechthild, S. 145. – Für seinen Böblinger Nachfolger Siegfried von Venningen sind sogar die Urlaubsgesuche erhalten; Janssen, *Ad sanctum Dionysium*, S. 90.

47 Die Matrikel der Universität Köln, Bd. 1, Nr. 245,11, S. 526. – Dass es sich um Pfalzgraf Ruprecht und nicht um seinen damals ebenfalls als Kölner Domherr nachweisbaren Cousin Ruprecht von Simmern-Zweibrücken-Veldenz gehandelt hat, geht aus dem weiteren Zusammenhang hervor; zu letzterem Kisky, Domkapitel, Nr. 14, S. 40. – Zum Folgenden vgl. auch Widder, Karriere im Windschatten.

48 Zur Legistik in Köln vgl. Meuthen, Die alte Universität, S. 127–129.

49 Vgl. Irsigler, Ein großbürgerlicher Kölner Haushalt, S. 634 f.; Ders., Hermann von Goch, S. 65 f., 68 f. Von den gelehrten Oheimen Ludwigs von Ast müttlerlicherseits, Hermann, Johann und Heinrich von Kemnade (*de Kamenata*) war bereits oben die Rede; Toepke, Matrikel Heidelberg, Bd. 1, S. 13; Schmidt/Heimpel, Winand von Steeg, S. 116; Schmidt-Bleibtreu, Das Stift St. Severin in Köln, S. 263.

50 Johann Guldenkopf, bezeichnet als Doktor des Kirchenrechts und Kanzler Pfalzgraf Friedrichs bei Rhein, übernahm nach Ludwigs Tod dessen Kanonikat am St. Andresasstift in Köln; RepGerm, Bd. 7, Nr. 1516, S. 171 (1456 Juni 26).

51 Vgl. Widder, Karriere im Windschatten, S. 41–48.

sich sein Eintrag in den Supplikenregistern Papst Nikolaus' V. als *consiliari(us) Frederic(i) com(itis) Palatin(i) Reni*. Friedrich I. erbat damals für ihn Dispens hinsichtlich seiner trotz einer Pfarrpfründe immer noch nicht vollzogenen Priesterweihe und erklärte, das Versäumnis sei eingetreten durch Matthias' Inanspruchnahme in seinen Diensten und in denen seines Bruders Ruprecht[52]. Die Rom-Aufenthalte von Matthias Ramung wiederholten sich in den Jahren 1453 und 1455/56[53]. Zumindest bei den Missionen der Jahre 1451 und 1453, dürfte es vornehmlich um die Arrogation des jungen Erben Philipp von der Pfalz durch seinen bislang in Vormundschaft regierenden Onkel Friedrich und ihre politischen wie rechtlichen Implikationen gegangen sein. Der Kirchenrechtler[54] Ramung war in dieser Angelegenheit wohl ein geeigneter Unterhändler.

Daneben liefen Bemühungen, Ruprecht die Würzburger Dompropstei zu verschaffen. Auch hieran war Matthias Ramung beteiligt[55]. Möglicherweise erklärt sich hieraus zum Teil auch seine Präsenz im kurpfälzisch-würzburgischen Grenzraum. Bezeichnet als Lizentiat und Kirchherr zu Böblingen beurkundete er im Jahre 1452 gemeinsam mit Hans Rüdt von Eubigheim Befragungen von Leuten aus Gochsen, Lampoldshausen, Siggingen und Züttlingen über den weinsbergischen Wildbann im Harthäuser Wald[56]. Das Gebiet an der Jagst lag im Durchdringungsraum hochstiftisch würzburgischer und kurpfälzischer Rechte[57]. Viel eher dürften diese Maßnahmen aber mit dem Anfall der weinsbergischen Liegenschaften an Kurpfalz in Zusammenhang stehen, wovon noch die Rede sein wird. Am 26. Juli 1454 fungierte er in Heidelberg am Hofgericht im Kreise der versammelten höfischen administrativen Prominenz als Beisitzer in einer für das Land wichtigen Rechtssache[58]. Wie aus dem Folgenden ersicht-

---

[52] [...] *Friderici seu eius germani Ruperti canonici Coloniensi obsequiis* [...], Città del Vaticano, Archivio Segreto Vaticano, Reg. Suppl. 455, f. 66v; vgl. auch den Eintrag in: RepGerm, Bd. 6, Nr. 4251, S. 431.

[53] Ebd.; ferner ebd., Bd. 7, Nr. 2113, S. 239.

[54] *Sed veterumque frequens monimenta salubria versas/Ergo ex canonibus es magnum flumen adeptus* ..., so pries Jakob Wimpfeling später seine juristischen Fähigkeiten; inseriert bei Matthias von Kemnat, Chronik Friedrich I. des Siegreichen, S. 78; dazu Buchner, Ein Jugendgedicht Jakob Wimpfelings.

[55] Zum Erwerb der Würzburger Dompropstei durch Ruprecht und der Rolle von Matthias Ramung vgl. Widder, Karriere im Windschatten, S. 44 f., 48 f.

[56] Vgl. Stuttgart, Hauptstaatsarchiv, Bestand A 602, Nr. 11319 f.; Württembergische Regesten, Bd. 1,2, Nr. 11319, S. 442; ebd., Nr. 11320, S. 442 (beide 1452 Februar 13). – Zum Verkauf der Herrschaft Weinsberg an die Kurpfalz 1350 vgl. Das Land Baden-Württemberg, Bd. 4, S. 144 f. und unten, Kap. 4.15.2.4: Die kurpfälzischen Lehenbücher. – Zum Verfahren vgl. allg. Teuscher, Erzähltes Recht, S. 58 f.

[57] Vgl. die Karte der hochstiftischen Lehnsburgen bei Leng, Würzburg.

[58] Anwesend waren neben Pfalzgraf Friedrich u. a. dessen damaliger Kanzler Johann Seiler gen. Guldenkopf, ferner dessen Vorgänger Ludwig von Ast, sowie der ehemalige Erzieher der Fürstensöhne, Magister Hans Ernst, Domkustos von Worms; vgl. Kremer, Geschichte des Kurfürsten Friedrichs des Ersten, S. 61–63. – Zum politischen Hintergrund, der Auseinandersetzung Pfalzgraf Friedrichs mit den Grafen von Hanau-Lichtenberg, vgl. ebd., S. 61–64; ferner Schaab, Geschichte der Kurpfalz, Bd. 1, S. 177.

lich wird, scheinen allerdings seine Aufgaben in Diensten von Friedrichs Bruder Ruprecht in diesen und den darauffolgenden Jahren vorrangig gewesen zu sein[59].

Die definitive Installation Ruprechts auf der Propstei am Würzburger Domstift sowie die durch den Tod des ältesten Bruders Ludwig IV. und die Arrogation von dessen Erben durch Friedrich I. einhergegangene veränderte Rechtsstellung des älteren Bruders dürften am 4. Februar 1453 den Ausschlag dazu gegeben haben, dass Friedrich als regierender Kurfürst und der kurz vor der Vollendung seines 26. Geburtstags stehende Ruprecht in Heidelberg noch einmal die Erbansprüche des jüngeren regelten[60]. Kern des Vertrages war Ruprechts Verzicht auf sein *vetterlich, müterlich und brüderlich erbe*. Dies ging einher mit einer Umwandlung seiner Ansprüche in eine Jahresrente[61].

Offenbar residierte Ruprecht in jenen Jahren die meiste Zeit am Ort seines Domkanonikats in der Stadt Köln. Matthias Ramung dürfte ihn in diesen Jahren auf der Würzburger Propstei offiziell vertreten haben. Geregelt wurde im Februar 1453 folgender Fall: Sollte sich Ruprecht entschließen, Residenz am Hofe seines Bruders Friedrich bzw. seines Neffen Philipp oder deren Erben zu nehmen, dann verpflichteten sich diese, ihn mitsamt eines vierzehnköpfigen Gefolges und acht Pferden angemessen zu versorgen[62]. Ruprecht sollte allerdings *zu eyner yeglichen zijt eynen hoiffmeyster und eynen gelerten geystlichen rate mit wissen des obgnanten unsers l(ieben) bruders h(ern) Fr(iderich) haben und mit derselben rate unser sachen handeln und furnemen*[63]. Zwar verzeichnet die Urkunde in dem Zusammenhang keine Namen, doch ist bereits die aus vier Personen bestehende Zeugenliste aufschlussreich. Neben dem kurpfälzischen Hofmeister Peter von Talheim und dem Heidelberger Vogt Eberhard von Sickingen hören wir von Ludwig von Ast, der als Wormser Dompropst firmierte. Beim zweiten geistlichen Zeugen stoßen wir auf *Meister Mathias Ramung, Licenciat in geistlichen Rechten*[64].

Vornehmlich in der vatikanischen Überlieferung lässt sich nachweisen, dass sich Kurfürst Friedrich I. seit 1455 an der römischen Kurie darum bemühte, seinem jüngeren Bruder in Straßburg eine weitere Dompropstei neben der in Würzburg zu verschaffen[65]. Zum 16. August 1455 findet sich in den Supplikenregistern Calixts III. ein Eintrag, aus dem hervorgeht, dass der Straßburger Dompropst Johann von Ochsenstein Kanonikat und Präbende an der dortigen Domkirche gegen eine jährliche Pen-

59 Vgl. dazu Widder, Karriere im Windschatten, S. 48.

60 HStAM, Geheimes Hausarchiv, HU, Nr. 2737, besiegeltes Pergament-Original; unter dem Titel: *Verschribung zwuschen hertzog Ruprecht vnd hertzog Friderichen* findet sich eine zeitgenössische Abschrift in GLAK, 67/864, f. 168v–171v. Die hier verwendeten Zitate folgen des besseren Zugriffs halber der zuverlässigen Edition bei RFdS, Nr. 29, S. 242–245. Zum Erwerb der Würzburger Dompropstei Widder, Karriere im Windschatten, S. 44 f., 48 f.

61 RFdS, Nr. 29, S. 244 f.; dazu auch Widder, Karriere im Windschatten, S. 48 f.

62 Dazu ebd., S. 49 f.

63 RFdS, Nr. 29, hier S. 244.

64 Ebd., S. 245.

65 Vgl. Hollmann, Das Mainzer Domkapitel, S. 423; ferner Repertorim Germanicum, Bd. 8, Nr. 5154, S. 715; Widder, Karriere im Windschatten, S. 50 f.

sion von 300 Gulden zugunsten Pfalzgraf Ruprechts zu resignieren beabsichtigte[66]. Als sein Prokurator fungierte niemand anderes als der *secretarius* Pfalzgraf Friedrichs und dessen Bruders Ruprecht, Matthias Ramung[67]. Noch am gleichen Tag wurde Ruprecht vom Papst auf die Straßburger Dompropstei providiert[68].

Vermutlich kehrte Ruprecht im Frühling des Jahres 1456 aus Köln an den Heidelberger Hof zurück, wie ein von ihm am 9. September 1456 ausgestelltes Diplom für seinen Bruder Kurfürst Friedrich I. nahelegt[69]. Darin ging es um die (zumindest zeitweilige) Integration des vierzehnköpfigen Hofstaates in den des Kurfürsten. Interesse verdient der Kreis adliger *diener*, die sich vom ebenfalls genannten *gemeyne(n) hoffgesinde* deutlich abheben. Ruprecht verpflichtete sich, bei Ausfall eines Mitgliedes seines vierzehnköpfigen Hofes als Ersatz nur jemanden zu nehmen, der seinem Bruder recht sei (*an der selben statt keynen andern (zu) nemen dann der dem selben vnserm bruder geneme vnd gefellig ist*). In der Reihenfolge der Diener erscheint als erster *meister Mathis Ramunge licenciat in geistlichen rechten salbander*, es folgen der Kaplan Heinrich sowie Konrad von Rosenberg, Engelhard von Neipperg und Philipp Wamboldt[70]. Geistlichen Standes dürften nur die beiden ersten gewesen sein, die übrigen stammten aus dem Kreis der hofnahen kurpfälzischen bzw. kraichgauischen Niederadelsgeschlechter.

Im Falle von Konrad von Rosenberg, Philipp Wamboldt und Matthias Ramung handelte es sich um Söhne von kurpfälzischen Hofmeistern[71]. Neben dem Kaplan Heinrich, auf dessen Funktion die Urkunde an anderer Stelle noch einmal eingeht[72], fällt das abermalige Erscheinen des Kirchenrechtlers Matthias Ramung im Ruprechtschen Umkreis auf. Es legt nahe, dass es sich bei ihm um den „gelehrten geistlichen Rat“, gehandelt haben dürfte, der Ruprecht neben einem Hofmeister bereits in der

---

[66] Archivio Segreto Vaticano, Reg. Suppl. 483, f. 280r–280v.

[67] Matthias' Prokuratorentätigkeit für Johannes von Ochsenstein geht hervor aus Archivio Segreto Vaticano, Reg. Lat. 503, f. 26r–27r; vgl. RepGerm, Bd. 7, Nr. 1697, S. 193 f. – Seine Funktion als *secretarius* Friedrichs und Ruprecht geht hervor aus ebd., Reg. Suppl. 484, f. 290r–291r (alle 1455 September 11) und ebd., f. 270v–271r (1455 September 18); vgl. dazu RepGerm, Bd. 7, Nr. 2113, S. 239. – Zu den Verbindungen zwischen dem Straßburger Dompropst Johann von Ochsenstein und den Pfalzgrafen vgl. Widder, Karriere im Windschatten, S. 51.

[68] RepGerm, Bd. 7, Nr. 2504, S. 280.

[69] Dazu Widder, Karriere im Windschatten, S. 52. Vgl. Tolner, Codex diplomaticus, Nr. 216, S. 161 f. Das von Ruprecht besiegelte Pergament-Original, eine klassische Empfängerausfertigung, befindet sich im HStAM, Geheimen Hausarchiv, unter der Signatur HU, Nr. 2744; eine zeitgenössische Abschrift in GLAK, 67/864, f. 166r–168r unter der Überschrift: *Wie sich hertzog Ruprecht mit sinem gesinde halten solle dwille er inn der Pfaltze costen ist*. Die Zitate erfolgen nach dem Original.

[70] HStAM, Geheimes Hausarchiv, HU, Nr. 2744; Tolner, Codex diplomaticus, Nr. 216, hier S. 261.

[71] Dazu Widder, Karriere im Windschatten, S. 54 f. Zum Amt des Hofmeisters und des Haushofmeisters vgl. Brandenstein, Urkundenwesen und Kanzlei, S. 414–417.

[72] [...] *wir sollen auch vnder den personen, die wir als vorsteet zu vns nemen werden, ein erbern caplane han, mit dem vnser zitte zu betten vnd zu sprechen vngeuerlich*; HStAM, Geheimes Hausarchiv, HU, Nr. 2744; Tolner, Codex diplomaticus, Nr. 216, hier S. 162.

Urkunde von 1453 von Friedrich zugewiesen worden war[73]. Auch hier ist seine Mittlerstellung zwischen den beiden Brüdern deutlich erkennbar[74]. Eine im Dezember 1458 erfolgte päpstliche Provision Ruprechts auf eine Domherrnstelle in Basel führte zu keinem positiven Ergebnis. Ruprecht resignierte sie bereits ein knappes Dreivierteljahr später im August 1459 an seinen Rat Matthias Ramung[75].

Auch in der Mainzer Stiftsfehde, in der Friedrich der Siegreiche eine entscheidende politische Rolle spielte, war Matthias Ramung involviert. Die Aussicht auf eine weitere verfügbare Kurstimme veranlasste Friedrich offenbar dazu, seinen damaligen Favoriten Dieter von Isenburg fallenzulassen, wie aus einem auf den 21. April 1463 datierten Mainzer Notariatsinstrument hervorgeht, das außerdem mit einer interessanten Zeugenliste aufwartet[76]. Neben Mainzer Stiftsprominenz und einer Reihe von Amtleuten stößt man auf eine Personengruppe, die augenscheinlich dem Kölner Elekten und seinem kurpfälzischen Bruder zuzuordnen ist. Darunter finden sich auch längst Bekannte wie der einstige pfalzgräfliche Präzeptor Johannes Ernst, unmittelbar gefolgt von Matthias Ramung *Wormatiensis*, dessen Doppelfunktion in Diensten Ruprechts und Friedrichs wieder ins Auge fällt[77]. In einem in einer Mainzer Domherrenkurie ausgestellten Notariatsinstrument vom 1. November 1463 firmierten als Räte Pfalzgraf Friedrichs I. der Reihe nach Götz von Adelsheim, Ritter und Hofmeister, Matthias Ramung, Kanzler, und Hans Ernst, Domkustos zu Worms. Als Räte Ruprechts erscheinen Graf Albrecht von Wertheim, Domherr in Köln, Wilhelm von Breitbach, Abt von Deutz, Georg Hessler, kurkölnischer Kanzler, und Heinrich Loirbecher, Priester und Domherr zu Köln[78].

Der Name des kurkölnischen Kanzlers Georg Hessler dürfte noch am ehesten aus seiner späteren Funktion als Vermittler in der Ehe zwischen dem Kaisersohn Maximilian, dem späteren Maximilian I. und der Erbtochter Maria von Burgund, bekannt sein. Er wurde später nicht nur Kanzler Erzbischof Ruprechts, sondern auch Kaiser Friedrichs III.[79] Bereits August Amrhein machte deutlich, dass die Verbindungen zwischen Ruprecht und Georg Hessler aus Ruprechts Tagen als Würzburger Dompropst herrührten[80]. So dürfte es kein Zufall gewesen sein, dass Hessler im Jahre 1451, nur kurze Zeit nach seiner fast zeitgleich mit Matthias Ramung erfolgenden Kölner Imma-

---

73 Für freundliche Hinweise danke ich Andrea Stühn, Köln, vormals Münster.

74 Auch an der päpstlichen Kurie firmierte er 1455/56 als *secretarius* der beiden Brüder; RepGerm, Bd. 7, Nr. 2113, S. 239.

75 RepGerm, Bd. 8, Nr. 5102, S. 709; ebd., Nr. 4260, S. 603; Hollmann, Das Mainzer Domkapitel, S. 423.

76 Edition bei Gudenus, Codex diplomaticus, Bd. 4, Nr. 146, S. 356–365. Dazu auch Brosius, Zum Mainzer Bistumsstreit, S. 135 f.; Widder, Karriere im Windschatten, S. 60.

77 Gudenus, Codex diplomaticus, Bd. 4, S. 363 f. Die Ortsbezeichnung bezieht sich auf Ramungs 1458/59 erlangtes Domkanonikat in Worms; vgl. Fouquet, Das Speyerer Domkapitel, Bd. 2, S. 725.

78 Urkunden zur Geschichte des Kurfürsten Friedrichs des Ersten, Nr. 108, S. 311–313.

79 Vgl. dazu Widder, Konkubinen und Bastarde, S. 439–443 (mit der weiteren Literatur); ferner Leidl, Georg Heßler; Georg Kardinal Hessler (GND: 120732890).

80 Amrhein, Gotfrid IV., Jg. 51, S. 123, 130 f.; Strnad, Dr. Georg Heßler, S. 44 f.

trikulation[81], wegen einer in der Rheinmetropole grassierenden Epidemie zu einem mehrjährigen Studienaufenthalt nach Heidelberg wechselte[82]. 1455/56 hielt er sich gleichzeitig mit Matthias Ramung an der Kurie in Rom auf, wo er 1456 zum päpstlichen Kubikular ernannt wurde[83]. Nimmt man hinzu, dass es keineswegs Ruprecht persönlich gewesen war, der die Würzburger Dompropstei über die Jahre verwaltet hatte, sondern sehr wahrscheinlich Matthias Ramung, dann führen hier direkte Verbindungen nach Heidelberg an den Hof des pfälzischen Kurfürsten[84].

Es ist hinlänglich bekannt, dass Pfalzgraf Friedrich der Siegreiche in den folgenden Jahren das Hochstift Köln, in dem sein jüngerer Bruder Ruprecht seit 1463 als Erzbischof waltetete, als eine Art Nebenland zu nutzen gewusst oder dies jedenfalls beabsichtigt hat[85]. Mehrere Male griff er direkt in die politischen Angelegenheiten seines Bruders ein, indem er auf dessen Bitten[86] Hilfe schickte bzw. persönlich am Niederrhein erschien[87]. Bereits im Sommer 1466 hatte sich Friedrich gemeinsam mit seinem Kanzler, dem Speyerer Bischof Matthias Ramung, in Köln bei Ruprecht aufgehalten und – offenbar öffentlichkeitswirksam – das Hochstift Speyer unter seinen Schutz gestellt[88].

In diesem Zusammenhang wäre zu erwägen, ob Ruprecht bereits in der zweiten Jahreshälfte 1462 als potentieller Kandidat für eine Kandidatur in Speyer im Gespräch gewesen sein könnte. Der damalige Amtsinhaber Johann Nix von Hoheneck war während der Mainzer Stiftsfehde in das Lager der kurpfälzischen Gegner übergewechselt und durch die Schlacht von Seckenheim am 30. Juni 1462 in die politische Isolation geraten[89]. Vom 11. August desselben Jahres datiert Friedrichs Schirm für das Hochstift

---

81 Zu Matthias Ramung vgl. Die Matrikel der Universität Köln, Bd. 1, Nr. 245,11, S. 526 (1450 Mai 3); zu Georg Hessler ebd., Nr. 247,57, S. 538 (1450 Dezember 2); zu Hesslers Brüdern Johannes und Nikolaus ebd., Nr. 246, 32 und 33, S. 532 (1450 [August 24]).

82 Toepke, Matrikel Heidelberg, Bd. 1, S. 267; Amrhein, Gotfrid IV., Jg. 51, S. 127.

83 Strnad, Dr. Georg Heßler, S. 42.

84 Friedrich suchte Hessler 1465 die einträgliche Pfarrei zu Bacharach zu verschaffen, u. a. *auch das er unns und dem – herrn Ruprechten erwelten und bestetigten zu Colen – vil getruwer dinste getan hat und furbass tun mag*; Regesten Friedrich's des Siegreichen, S. 422 f. (1465 September 9); Hollweg, Dr. Georg Heßler, S. 11–14; ferner Widder, Karriere im Windschatten, S. 64 f.

85 Zu Ruprechts Pontifikat vgl. Janssen, Das Erzbistum Köln im späten Mittelalter, Bd. 1, S. 277–287; Ders., Der Verzicht des Erzbischofs Ruprecht; Ders., Zwischen dynastischer Loyalität, S. 1099–1102; ferner Widder, Karriere im Windschatten, S. 52–69.

86 So der Tenor der kurpfälzischen Historiographie; vgl. Matthias von Kemnat, Chronik, S. 50; Michel Beheim, Reimchronik, S. 188, Vers 1077.

87 Vgl. Matthias von Kemnat, Chronik, S. 49–51; Janssen, Der Verzicht des Erzbischofs Ruprecht, S. 679–681 (zu 1368/69).

88 Vgl. Speierische Chronik, S. 491 f.; ferner Remling, Urkundenbuch zur Geschichte der Bischöfe zu Speyer, Bd. 2, Nr. 184, S. 346 f. (Köln, 1466 Juni 28); vgl. ferner ebd., Nr. 178, S. 337 f. (Heidelberg, 1464 Juni 25). Zu älteren Vorabsprachen vgl. Widder, Karriere im Windschatten, S. 68 f. – Beide Brüder waren anschließend nach Koblenz gezogen, wo Ruprecht in die Kurfürsteneinung aufgenommen wurde; RFdS, S. 429; ferner GLAK, 67/864, f. 177r–178r (1466 August 1); ebd., 67/813, f. 197r–197v (1466 August 2).

89 Vgl. RFdS, S. 383 f.; Fouquet, Das Speyerer Domkapitel, Bd. 2, Nr. 264, S. 686–688, hier S. 687.

Speyer, der weitreichende Zugeständnisse Bischof Johanns an den siegreichen Pfälzer vorausgegangen waren[90]. Ob bereits damals am Heidelberger Hof erwogen wurde, den diskreditierten Speyerer Bischof gegen einen politisch zuverlässigeren Kandidaten auszutauschen, wie dies 1464 tatsächlich geschah, muss unbeantwortet bleiben. Ein geeigneter Kandidat stand damals in der Person Ruprechts zur Verfügung. Dafür spräche die bereits zu 1459 bezeugte Kandidatur Ruprechts für den Speyerer Stuhl – und die Tatsache, dass der Amtsnachfolger, dem Johann das Bistum im Jahre 1464 resignierte, Matthias Ramung hieß.

Konsultiert man die Archivalien, dann fällt neben den Gunsterweisen, die Matthias Ramung Zeit seines Lebens durch die kurpfälzischen Wittelsbacher in reichem Maße erhielt und die er mit unbedingter Treue erwiderte[91], auf, dass seine Geschwister und deren Nachkommen ebenfalls profitierten. Nun könnte man dies allein dem Einfluss des späteren Kanzlers zuschreiben. Man darf sich aber fragen, ob nicht auch hier andere als die rein auf Patronage und Loyalität fußenden Mechanismen wirkten. Matthias' Berufung zum Speyerer Oberhirten führte zu Widerständen beim Diözesanklerus; zum Kreis der offenen Kritiker gehörte auch Peter zum Guldenkopf, Sexpräbendar am Speyerer Dom und Bruder des damals schon mehrere Jahre verstorbenen kurpfälzischen Kanzlers Johann Guldenkopf. Matthias ließ ihn „wegen schmählicher und höhnischer Reden gegen seine Person, wegen Stolzes und Ungehorsams" gefangen nehmen; er kam erst auf Fürsprache des Domkapitels wieder frei. Allerdings musste er dem Bischof 1465 Urfehde schwören, 400 Gulden Strafe zahlen und seine Güter in Hambach verpfänden[92]. In einer zeitgenössischen, offensichtlich aus der Feder eines ihm feindlich gesonnenen Klerikers stammenden Satire wurde Ramung seinen Vorgängern auf dem Speyerer Stuhl in negativer Weise gegenübergestellt. Dort ist die Rede *von allen vorfarn bischeffen, die von angebornem und nit angenomem adell auch frommem herkomen gewessen sint*[93]. Die unter der Herrschaft Friedrichs des Siegreichen aufblühende kurpfälzische hofnahe Gegenwartshistoriographie der sechziger und siebziger Jahre des 15. Jahrhunderts feierte ihn als *ein cantzler vast weiss vnd vernufftig, der was geheissen her Mathis Romung, von Beiern vom vater geborn*[94].

---

90 Vgl. Remling, Urkundenbuch zur Geschichte der Bischöfe zu Speyer, Bd. 2, Nr. 170, S. 317–319; ferner ebd., Nr. 168 f., S. 313–317.

91 In den Genuss dieser Treue kamen auch die illegitimen Söhne Friedrichs des Siegreichen, die von Matthias nach Friedrichs Heirat mit Klara Tott Anfang der siebziger Jahre nicht nur legitimiert, sondern auch mit einem Erbe bedacht wurden; vgl. dazu Berg/Bodemann, *Wie ludwigen von Beyern;* Rödel, Pfalzgraf Friedrich und Klara Tott, S. 105 und 106.

92 Vgl. Remling, Geschichte der Bischöfe zu Speyer, Bd. 2, S. 149 f.

93 Speierische Chronik, Kap. 263, hier S. 493.

94 Und fortfahrend: *der wart durch sein fursichtigkeit vnd weissheit zu einem bischoff zu Spier gemacht an her Johan Nix statt von Hohenneck, bei dem der stifft in grundt was verdorben, den bischoff Mathis obgenant widerbracht*; Matthias von Kemnat, Chronik Friedrich I. des Siegreichen, S. 139, S. 77. Zum Historiographen vgl. Studt, Fürstenhof und Geschichte, S. 15–45.

Man steht damit vor einer nicht unwesentlichen Frage, nämlich der, was die etwas kryptisch gehaltene Formulierung bedeuten könnte. Handelte es sich bei dem Zusatz „von Bayern vom Vater geboren“ um einen Herkunftsraum, wie die Studien zu Matthias Ramung gemeinhin annehmen[95], oder um den Namen eines Geschlechts? Den Namenszusatz „von Bayern“ führte eine Reihe von illegitimen Wittelsbachern. Auch das Wappen, das sowohl für Matthias wie für seinen Bruder Hans Ramung zu Daspach nachweisbar ist, könnte einen weiteren Hinweis liefern. Es ist silbern blau gespalten mit einer Spitze in gewechselten Farben und mit silbern blauer Decke, sowie einem wachsenden silbernen Widder. Die bayerischen und Pfälzer Wittelsbacher führten silbern blaue geschrägte Rauten im Wappen[96]. Bei den leiblichen Eltern von Matthias Ramung könnte demnach der Fall einer konkubinären Beziehung vorgelegen haben, und die Mutter mit einem Adeligen verheiratet worden sein, der in der Folge als Hofmeister Karriere machte. Solche Fälle sind keineswegs selten[97]. Sollte dies zutreffen, böte es eine Erklärung für Matthias' große Nähe zu nahezu sämtlichen Kindern und den illegitim geborenen Enkeln des Kurfürsten Ludwig III. und böte eine ganz eigene Bestätigung der These vom Bistum Speyer als einer „pfälzische[n] Quasi-Sekundogenitur“[98]. Nur über den ersten Bestandteil dieser Bezeichnung ließe sich damit streiten.

4.14.3 Exkurs: Illegitime Fürstensprosse als Kanzler

Für den Fall, dass diese Vorstellung zu abenteuerlich erscheint, sei darauf verwiesen, dass Matthias Ramung kein Einzelfall wäre. Illegitime Fürstensprosse als Kanzler sind bekannt und gar nicht einmal so selten, wenngleich dieses Thema meines Wissens nie vergleichend behandelt wurde. Ich möchte mich an dieser Stelle nur auf einige deutsche Beispiele beschränken[99].

---

95 Vgl. Ammerich, Rammung, Matthias, S. 564: „Die R. stammten aus einem gleichnamigen niederbayerischen Ritteradelsgeschlecht und dürften über die Oberpfalz nach Heidelberg gekommen sein“. Er fußt hier auf dem Artikel „Ramung zu Daspach“, in: Siebmacher/Seyler, Wappenbuch, S. 29 (mit Tafel 18), der aufgrund der Wappengleichheit eine Herkunft des Geschlechtes aus Niederbayern nahelegt. Vgl. auch Lieberich, Die bayerischen Landstände, S. 114. Die Selbstbezeichnung in der Kanzleikorrespondenz der bayerischen Herzöge lautete im 15. Jahrhundert „Haus Bayern“ (bzw. Haus von Bayern oder Haus zu Bayern); Holzapfl, Kanzleikorrespondenz, S. 346–349.

96 Vgl. Schmugge, Kirche, Kinder, Karrieren, S. 234–236; Rödel, Pfalzgraf Friedrich und Klara Tott, S. 106. – Das Wappen von Matthias Ramung findet sich bei Neuenstein, Wappen aus dem Lehnbuche des Bisthums Speier; Berchem, Die Wappenbücher, Nr. 38, S. 54. Zu demjenigen von Hans Ramung von Daspach vgl. GLAK, 67/1057, f. 134v (1461 März 30)); dazu Wolfert, Wappen, S. 308. Zum Wappen der Wittelbacher vgl. Wolfert, ebd., S. 296. Ich danke Kurt Andermann, Karlsruhe, für den freundlichen Hinweis auf die Heraldik.

97 Vgl. die Beispiele bei Widder, Konkubinen und Bastarde, S. 459, 461.

98 Fouquet, Das Speyerer Domkapitel, Bd. 1, S. 263, 272.

99 Weitere Beispiele dazu Widder, Konkubinen und Bastarde, hier bes. S. 469–474; ferner Dies., Skandalgeschichten, S. 53.

Das erste ist zwar nicht beweisbar, doch keineswegs unwahrscheinlich. Mitte des 13. Jahrhunderts hören wir im babenbergischen Herzogtum Österreich von einem Magister Leopold, der 1245 als *dilecti filii nobilis viri ducis Austrie protonotarius* bezeichnet wird. Er trat als Pfarrer von Wien auf und hatte einen *defectus natalis*[100]. Man darf sich hier fragen, wie niedrig die Herkunft des nichtadeligen Akademikers Leopold tatsächlich gewesen ist, der im Gegensatz zu seinen Vorgängern in wesentlich höherem Maß von der politischen Konstellation und der Gunst seines Arbeitgebers abhängig war[101]. Immerhin trug er sogar den Namen des babenbergischen Hausheiligen und dürfte ein illegitimer Babenbergerspross gewesen sein. Unklar ist auch der Fall des 1268 gestorbenen Erzbischofs Ulrich von Salzburg. Seine Herkunft liegt im Dunkeln, er gilt als „vermutlich erster Salzburger Erzbischof nichtadliger Abstammung“. Ulrich fungierte in den Jahren 1241 bis 1243 als Protonotar Herzog Friedrichs II. von Österreich. 1244 wurde er Bischof von Seckau, 1257 Erzbischof von Salzburg, verlor aber mit dem Tod seines babenbergischen Förderers gänzlich den Rückhalt im Erzbistum. Ein *defectus natalium* ist für Ulrich meines Wissens nicht nachweisbar[102]. Für die Grafschaft Tirol besitzen wir gesichertere Informationen. Hier amtierte ein illegitimer Sohn Meinhards II. (* 1228, † 1295) namens Friedrich im Jahr 1305 als Dompropst in Brixen und war bereits zuvor in prominenter Stellung in der Kanzlei seines Vaters tätig[103].

Im Königreich Böhmen fungierten die Pröpste von Vyšehrad als oberste Kanzler. Die Propstei erhob ihren Inhaber „in den Rang eines böhmischen Reichsfürsten“, er bekleidete nach dem (Erz)-Bischof von Prag „eine der einflußreichsten Stellungen“, die es im Königreich zu erringen gab. Das Patronatsrecht über die Propstei hatten die böhmischen Könige[104]. Mit der Propstei verbunden war das Amt des obersten Kanzlers, es „sicherte seinem Inhaber bedeutenden Einfluß auf weltliche und politische Angelegenheiten“. Was die eigentlichen Beurkundungsangelegenheiten betraf, handelte es sich beim *supremus cancellarius regni Bohemiae* um einen reinen Ehrentitel, doch war der Kanzler Mitglied des königlichen Rates, der seit Karl IV. „den Charakter

---

100 Dienst, Bemerkungen, S. 291.

101 Ebd., mit Anm. 51: „Dieses Beispiel von Aufstieg und Fall zeigt, dass im Gegensatz zu der Zeit, als ein schreibgewandter adeliger Angehöriger eines Klosters die herzoglichen Urkunden verfasste, nun diese Tätigkeit in den Händen nichtadeliger Akademiker lag, die in wesentlich höherem Maß von der politischen Konstellation und der Gunst ihres Arbeitgebers abhängig waren. Niedere Herkunft und uneheliche Geburt stellten solange keine Karrierehindernisse dar, als der Kleriker einen mächtigen Herrn hinter sich hatte. Uneheliche Geburt war bei Angehörigen dieser Schicht nicht selten, wie die zahlreichen päpstlichen Dispense zeigen“.

102 Ortner/Kronthaler, Ulrich, S. 664 f.

103 Heuberger, Das Urkunden- und Kanzleiwesen der Grafen von Tirol, S. 51–177, 265–394, hier S. 151–165; Granichstaedten, Uneheliche Kinder der Tiroler Landesfürsten, S. 33. – Eher in den Bereich der Spekulation dürfte die von Granichstaedten erhobene Behauptung gehören, dass Nikolaus von Brünn, 1336 Elekt, 1338–1347 Bischof von Trient, unter den Luxemburgern tirolischer Kanzler, angeblich ein illegitimer Sohn König Johanns von Böhmen war; ebd., S. 33; vgl. Vareschi, Nikolaus von Brünn, S. 779–781.

104 Veldtrup, Johann Propst von Vyšehrad, S. 70, 73 f.; Zitat ebd., S. 73.

eines ständigen Gremiums" hatte und unter seinem Sohn Wenzel noch an Bedeutung gewann[105].

Auch in dieser Position lassen sich mehrfach illegitime Mitglieder der böhmischen Königsgeschlechter nachweisen: Von 1291 bis zu seinem Tod fünf Jahre später besaß die Propstei Johann, ein Bastard König Ottokars II., ab 1310 Johann Wolko (Volek), illegitimer Sohn König Wenzels II.[106] Letzterer spielte in den Jahren der unglücklich verlaufenden Ehe zwischen seiner Halbschwester, der přmyslidischen Erbtochter Elisabeth, und dem Luxemburger Johann von Böhmen eine bedeutende politische Rolle[107]. Als Halbonkel des späteren Kaisers Karl IV. unterhielt er zu diesem bereits in dessen Jugend enge Beziehungen. 1334 wurde Johann Wolko von Papst Johannes XXII. zum Bischof von Olmütz bestellt und nahm erst aus diesem Anlass die höheren Weihen. Die Propstei von Vyšehrad trat er an einen Nachfolger ab, behielt aber „die Bezüge und das damit verbundene Kanzleramt"[108]. Er starb 1351 als letzter männlicher Přmyslide.

1368 übertrug Karl IV. während seines Italienzuges die Propstei von Vyšehrad an seinen damals dreiundzwanzigjährigen Neffen Johann von Mähren (*de Moravia*). Er war ein illegitimer Sohn seines Bruders Johann Heinrich, Markgrafen von Mähren. Johann von Mähren bekleidete das Amt bis zu seinem Tod um das Jahr 1380[109]. Auch für einen seiner Nachfolger, Wenzel Gerard von Burenitz, der seit 1397 die Propstei innehatte, ist eine illegitime Abkunft aus dem Luxemburgerhaus wahrscheinlich gemacht worden. Er fungierte seit 1394 als Rat, Kaplan und schließlich als Kanzler Wenzels IV. Der war ihm so zugetan, dass man den Propst auch „Králík", d. h. kleiner König, nannte. König Wenzel IV. plante bereits 1393, ihm ein neu zu gründendes eigenes Bistum zu verschaffen, woraus aber nichts wurde. Wenzel Gerard von Burenitz diente seinem König als Diplomat, gehörte der böhmischen Abordnung zum Konzil von Pisa an und ging im Auftrag des Konzils in Angelegenheiten des abgesetzten Papstes Gregor nach Venedig. Von 1413 bis 1415 fungierte er als Administrator des Bistums Olmütz und spielte im Rahmen der Auseinandersetzungen mit den Hussiten in Böhmen eine nicht unwichtige Rolle[110].

Für das wittelsbachische Bayern wäre auf Johann Neuhauser hinzuweisen. Er war ein illegitimer Sohn Herzog Albrechts III. und einer Münchener Großbürgerstochter aus dem Geschlecht der Ligsalz. Neuhauser fungierte in den Jahren 1488 bis 1514 als Kanzler von dessen Sohn Albrecht IV. sowie von dessen Nachfolger in München. Er starb im Jahre 1516[111].

---

105 Ebd., S. 75 f.; Zitat ebd., S. 76.

106 Ebd., S. 70 f., Anm. 128. – Zu ihm vgl. Bistřický, Johann das Öchslein (Volek), S. 511 f.

107 Veldtrup, Johann Propst von Vyšehrad, S. 74.

108 Zitat: Bistřický, Johann das Öchslein (Volek), S. 511.

109 Veldtrup, Johann Propst von Vyšehrad, S. 70–78. Zu seinem Namen ebd., S. 73.

110 Kohout, Wenzel Gerard von Burenitz, S. 517 f.; Hlaváček, Das Urkunden- und Kanzleiwesen König Wenzels, S. 187–190.

111 Lieberich, Die gelehrten Räte, S. 179; Ders., Klerus und Laienwelt, S. 244; Moeglin, Dynastisches Bewußtsein und Geschichtsschreibung, S. 602, Anm. 29; Bastert, Der Münchner Hof, S. 79 (Anm. 133), 116 mit (Anm. 87), 134, 137, 199.

Der oben bereits erwähnte Georg Hessler, Kanzler des Kölner Erzbischofs Ruprecht von der Pfalz, späterer Protonotar Kaiser Friedrichs III. und Kardinal[112], wurde von seinen Zeitgenossen der Vorwurf gemacht, er erfreue sich aufgrund seiner hohen illegitimen Abkunft einer unverhältnismäßig starken Förderung[113]. Von ihm wird auch weiter unten noch die Rede sein. Die steile Karriere des 1450 geborenen Marx Treitzsaurwein könnte ebenfalls einer solchen illegitimen Abkunft geschuldet sein. Bekannt ist er als Schreiber des berühmten „Weißkunig" Maximilians I. geworden[114]. Seit 1501 als dessen Geheimschreiber nachweisbar, hielt er sich meist in seiner unmittelbaren Umgebung auf. Seit 1511 verwaltete er die niederösterreichische Kanzlei und wurde 1520 zum Ritter von Ehrentreitz erhoben. Auch nach Maximilians Tod blieb er als Rat Karls V. in prominenter Stellung und starb 1527 als Kanzler von Niederösterreich. Marx Treitzsaurwein stammte aus einer Tiroler Plattnerfamilie, die bereits seit Generationen für den Innsbrucker Hof arbeitete[115]. Ein Jörg Treytz besaß eine Werkstatt im benachbarten Mühlau und war in der zweiten Hälfte des 15. Jahrhunderts kontinuierlich als Harnischmacher für den Hof tätig. Doch scheinen sich damit seine Dienste nicht erschöpft zu haben. Im Auftrag Sigmunds des Münzreichen von Tirol (* 1427, † 1496) reiste er nach Rom, lieh dem Herzog Geld – und erzog einen illegitimen Sohn seines Landesherrn. Aus der Rechnungsüberlieferung wissen wir, dass „Jörg Treytz (Saurwein), Plattner in Mühlau bei Innsbruck" dafür 1473 durch den landesfürstlichen Kammermeister fünf Mark Berner ausbezahlt wurden[116]. Es ist die Vermutung geäußert worden, dass es sich bei diesem Sohn um besagten Marx gehandelt haben muss[117]. Der steile Aufstieg unter Maximilian würde in dieses Bild passen.

Die hier vorgestellten Beispiele zeigen, dass auch illegitime Fürstensöhne die Möglichkeiten, die das Kanzleramt bot, nutzten oder – anders formuliert – dass ihre Halbgeschwister, Verwandten oder Herren anderer Höfe sie in dieses Amt beriefen[118]. Man sollte sich die Frage stellen, ob man den Faktor Illegitimität nicht stärker bei der Untersuchung von Fürstengunst in Kontext von Studium und Fürstendienst in Betracht ziehen sollte. Gerade angesichts neuerer Ergebnisse zu Karriereprofilen von spätmittelalterlichen Akademikern wurde darauf hingewiesen, dass allein durch das Studium keineswegs Traumkarrieren für besonders Begabte oder – im Sinne des bürgerlichen Tugendkataloges – für besonders Tüchtige winkten, sondern dass viel eher bereits

---

112 Vgl. zu ihm Leidl, Georg Heßler; Georg Kardinal Hessler (GND: 120732890), mit der weiteren Literatur.

113 Belege dazu bei Widder, Konkubinen und Bastarde, S. 439–443.

114 Vgl. Hispania – Austria, Nr. 122, S. 290–292; Müller, Kaiser Maximilian I., Sp. 215–218.

115 Müller, Treitzsaurwein, Marx, Sp. 1028–1032; Schönherr, Über Marx Geheimschreiber K. Maximilians I., S. 355–374.

116 Granichstaedten, Uneheliche Kinder, Nr. 31, S. 36.

117 Maderspacher: Künstler, S. 421 f.

118 Zu weiteren Beispielen aus dem spätmittelalterlichen Europa vgl. Widder, Konkubinen und Bastarde, S. 470 f.

vorhandene, durch Herkunft oder Vermögen definierte Positionen qua Studium vertieft und ausgebaut wurden[119].

Das Amt des Kanzlers bot einen klar definierten Rang bei Hofe und schuf damit einen Ort für Illegitime, denen ein solcher sonst fehlte.

4.14.4 Matthias Ramung als kurpfälzischer Kanzler

Nachdem oben auf die engen Verbindungen von Matthias Ramung zu den pfälzischen Wittelsbachern eingegangen worden ist, bleibt nun, seine Tätigkeit als Kanzler in Augenschein zu nehmen. Dazu wurde er 1457 von Friedrich dem Siegreichen ernannt[120]. Aktueller Anlass war offenbar der Tod des Vorgängers Johann Guldenkopf[121]. Matthias behielt das vom Rang her zweithöchste Amt am Hof bis zu seinem Tod und fungierte noch unter Pfalzgraf Philipp als Kanzler[122]. Als Matthias 1464 Bischof von Speyer wurde, traf er mit Friedrich dem Siegreichen eine Vereinbarung, dass dieser ihn als Kanzler für weitere zehn Jahre in Diensten halten und ihn mit acht reisigen Pferden sowie der gleichen Zahl an Dienern und Knechten an seinem Hof versorgen wolle[123]. Am 27. Dezember 1471 erwähnte Pfalzgraf Friedrich der Siegreiche in einer Urkunde, dass Matthias seit nahezu 22 Jahren in seinen Diensten stünde. Dafür und wohl für den glücklichen Ausgang der Weißenburger Fehde sowie statt der schuldigen jährlichen 200 Gulden Gehalt[124] verlieh ihm der Pfalzgraf die Hälfte des Schlosses Rothenburg[125].

Man darf sich fragen, warum Matthias nach seiner Bischofserhebung das Kanzleramt, nicht zuletzt aus Gründen der Dignität, resigniert hat. Das Argument, dies sei rein aus der finanziellen Not des neuen Kirchenfürsten erwachsen, sticht angesichts einer mittelalterlichen Ranggesellschaft nicht. Es gab zwar die bereits behandelte Tradition, dass der königliche Hofkanzler Bischof von Speyer war. Unterhalb der Königsebene war dies jedoch bislang nicht üblich gewesen. Ein Bischof von Speyer als

---

[119] Fuchs, *Dives, pauper, nobilis*, S. 110–118.

[120] Cohn, Palatinate, S. 222; Vogelgesang, Kanzlei, S. 28; Haffner, Reformbemühungen, S. 4, Anm. 21. Fouquet, Das Speyerer Domkapitel, Bd. 2, S. 724, nennt das Jahr 1461. Vgl. ferner Ders., Kaiser, Kurpfalz, Stift, S. 248.

[121] Buchner, Geistliches Leben, S. 85 f.; Ders., Die Stellung des Speierer Bischofs, S. 261.

[122] Vgl. Glasschröder, Urkunden zur Pfälzischen Kirchengeschichte, Nr. 649, S. 265 (1478 Januar 21); Buchner, Die Stellung des Speierer Bischofs, S. 292.

[123] RFdS, Nr. 234, S. 419 (1464 Juni 25); Edition Remling, Urkundenbuch der Bischöfe zu Speyer, Bd. 2, Nr. 178, S. 337 f., hier S. 338.

[124] Martin Mair erhielt 1457 als kumainzischer Kanzler einen Jahreslohn von 100 Gulden (fl.). Als Laie konnte er keine Benefizien erhalten, daher bezog er ein Gehalt. In Nürnberg hatte er 225 fl. Sowie zusätzlich 50 fl., falls er in den Rat gewählt werden sollte, plus gewisse Trinkgelder; Ringel, Studien, S. 165. – Auch der bayerische Kanzler Rösler erhielt 1468 100 Gulden; ebd., S. 165, Anm. 69.

[125] Dies bedeutete wohl den schrittweisen Wiedergewinn der Burg, die durch seinen Vorgänger an Kurpfalz gefallen war, vgl. Buchner, Die Stellung des Speierer Bischofs, S. 289.

Kanzler dürfte hingegen für die politischen Ambitionen Friedrichs des Siegreichen – oder vielleicht auch für seinen Legitimationsbedarf – symptomatisch sein. Hier könnte man als Parallele auf Nikolaus von Wiesbaden verweisen. Ob dieses Modell reichspolitisch Anstoß erregt hat, wäre zu untersuchen. In der Speyerer Kirche blieb Matthias' Erhebung umstritten, wovon bereits die Rede war.

Gerhard Fouquet klassifizierte ihn 1991 sicher nicht zu Unrecht als „auf dieser Position ein hochbegabter, umtriebiger ‚Macher'"[126]. Allerdings unterscheiden sich Matthias' politische und diplomatische Funktionen als kurpfälzischer Kanzler nicht sonderlich von dem, was er bereits vor seinem Amtsantritt für die Pfalzgrafen leistete[127]. Stattdessen sollen im Folgenden anhand der kanzleiinternen Schriftgutproduktion seine dortigen Aktivitäten näher geprüft und in einem eigenen Kapitel seine Eigenschaft als „Kanzleitheoretiker" in Augenschein genommen werden.

Matthias Ramung hatte als Bischof von Speyer auch einen eigenen *cantzler*. Als solcher wird im Jahre 1468 in den bischöflich Speyerer Rechnungen der Landschreiber von Udenheim, Johann [Hunschwirt] von Weißenburg, bezeichnet[128]. Er gilt als der Schreiber des Liber secretorum[129]. Als Ramungs *vicarius in spiritualibus* fungierte hingegen zur gleichen Zeit der *doctor decretorum* Peter vom Stein. Er war vermutlich als der Enkel des kurpfälzischen Protonotars und Nachfolgers Nikolaus' von Wiesbaden in diesem Amt, Otto vom Stein[130]. Vier Jahre zuvor, 1462, fungierte derselbe Peter vom Stein als Kanzler des Mainzer Erzbischofs Dieter von Isenburg[131].

---

[126] Fouquet, Domkapitel, Hof und Universität, S. 127.

[127] Vgl. dazu die bereits ältere, aber materialgesättigte umfangreiche Literatur zu seiner Tätigkeit als Bischof von Speyer und kurpfälzischer Kanzler bei Buchner, Die Stellung des Speierer Bischofs Mathias Ramung; Ders., Die Stellung des kurpfälzischen Kanzlers; Ders., Die innere Regierung; ferner Fouquet, Das Speyerer Domkapitel, Bd. 2, Nr. 292, S. 724–728.

[128] GLAK, 62/7909 (1468), f. 58r: *Item 10 gulden Hans Gugels dochterlin, mandato Johannis Wissemburg cantzler vnd lantschriber etc.* (ab *mandato* nachgetragen). Zum Landschreiber vgl. Andermann, Burgen und Residenzen des Hochstifts Speyer, S. 107.

[129] GLAK, 67/296; Buchner, Innere Regierung, S. 114, Anm. 5.

[130] Issle, Das Stift St. German, S. 88, identifizierte das Siegel des bischöflichen Generalvikars Peters vom Stein (1466–1479) an einer Urkunde aus dem Jahre 1468 mit dem thronenden heiligen Petrus und zu dessen Füssen der Wappenschild mit der fünfblättrigen Rose, dem „Stammwappen der Herren vom Stein an der Lahn zu Nassau" und der Umschrift *S[igillum]. Petri . de . Lapide.*

[131] Regesten der Grafen von Katzenelnbogen, Bd. 2, Nr. 5155, S. 1449 f. (Wiesbaden, 1462 Januar 7); RMB, Bd. 4, Nr. 8929, S. 154–156, hier S. 156 ((nach) 1462 Juni 30); vgl. Fouquet, Das Speyerer Domkapitel, Bd. 2, S. 815; Ders., Domkapitel, Hof und Universität, S. 126 f.; allg. Gerlich, Diet(h)er (II.) von Isenburg.

4.15 Kanzlei und Geschäftsschriftgut unter Pfalzgraf Friedrich I. dem Siegreichen

4.15.1 Die Kanzlei als Gebäude

Wie bereits weiter oben behandelt, sind die Informationen zur Kanzlei als einem Gebäude spärlich und setzen erst vergleichsweise spät ein. Raban von Helmstatt, Hofkanzler König Ruprechts und Bischof von Speyer, erwarb 1401 vom Heidelberger Landschreiber das sogenannte ‚Kleine Paradies'. Achim Wendt setzte es „mit einiger Sicherheit" mit dem bis 1588 „in nächster Nachbarschaft des herrschaftlichen Komplexes um den Marstall zwischen Ketten- und Heugasse" an der Westecke der Heidelberger Kettengasse erwähnten Speyerer Hof gleich[1].

In einem Protokoll vom 28. Juni 1410 über einen Bericht, den Vertreter der Universität Heidelberg dem Pfalzgrafen Ludwig III. und dessen Brüdern Stephan und Otto über den wirtschaftlichen Zustand der Heidelberger Alma Mater leisteten, heißt es, dies habe sich in der Kanzlei des verstorbenen Königs Ruprecht ereignet, die zur Zeit vom Speyerer Bischof und früheren Hofkanzler Raban von Helmstatt bewohnt wurde[2]. Wendt folgerte daraus, dass der Kanzler in seiner Eigenschaft als Bischof von Speyer „einen zentralen Teil des für die königlichen Regierungsanforderungen ausgebildeten Personals mit nach Heidelberg gebracht und sein Wohnhaus als Kanzlei eingerichtet hatte"[3]. Er sah hierin eine beabsichtigte räumliche Nähe zur Universität und „eine in der Topographie der Residenz hochbewertete Qualität dieses Bereiches am südwestlichen Rand der mittelalterlichen Stadt", betrachtete die Kanzlei als „ortsfeste Einrichtung", aber dennoch als eine auf das Königtum Ruprechts beschränkte Sonderentwicklung[4].

Wir besitzen aus einem Notariatsinstrument des Jahres 1414 einen Hinweis darauf, dass es auf der Heidelberger Burg ein Haus gab, das als Kanzlei diente und das über mindestens zwei Stuben verfügte. In der großen Stube vidimierte Bischof Ulrich von Verden am 16. März des Jahres das Transsumpt einer Urkunde König Sigmunds für Pfalzgraf Ludwig III., die ihm vom Protonotar Johannes Weinheim gebracht worden

---

[1] Wendt, … *mit wybe, kindern*, S. 21. Zum Marstall ebd., S. 31 f.

[2] Die Rektorbücher der Universtiät Heidelberg, Bd. 1, Nr. 446, S. 448–456, hier S. 455: *Hec relacio anno domini millesimo quadringentesimo decimo in vigilia apostolorum Petri et Pauli facta est domino Ludowico duci Bavarie et suis fratribus Stephano et Ottoni in cancellaria quondam dive memorie domini Ruperti Romanorum regis, quam pro tunc inhabitabat dominus Rabanus Spirensis episcopus regalis aule quondam cancellarius.*

[3] Wendt, … *mit wybe, kindern*, S. 21. – Zum Wohnsitz des Kanzlers, der als Kanzlei bezeichnet wurde vgl. auch die Befunde bei Lackner, Hof und Herrschaft, S. 289 f., 316.

[4] Wendt, … *mit wybe, kindern*, S. 21 f.

war[5]. 1436 heißt es in der Ordnung der vormundschaftlichen Regierung im letzten Lebensjahr Ludwigs III., dass sich dessen (Brief)-Gewölbe und Kanzlei auf seiner Burg Jettenbühl oberhalb Heidelbergs befanden[6].

Aus dem Jahr 1457 datiert der urkundliche Eintrag, dass Pfalzgraf Friedrich I. das Eckhaus, *darjnne unser kantzler selige meister Hans Guldenkoppff sesshaft gewest ist*, von der Artistenfakultät gekauft hatte. Zu Zeiten des Hans Guldenkopf gehörte das Haus *zu dem altar des heyligen crutze jn unser frauwen cappellen jn unser statt Heidelberg gelegen*, d.h. es war Bestandteil seines Pfründenbesitzes gewesen[7]. Die heute zerstörte Marienkapelle (*capella beatae virginis*, Liebfrauenkapelle) lag in der ehemaligen Judengasse/Untere Straße (heute Dreikönigstraße 6). Es handelt sich bei ihr um die ehemalige Synagoge, die nach den Judenvertreibungen aus Heidelberg im Jahre 1391 der Gemeinde enteignet und in eine Kapelle mit Marienpatrozinium umgewandelt worden war. Diese wurde der Universität übergeben, mit einem Heiligkreuzaltar bewidmet und diente ihr gleichzeitig als „großer Hörsaal“[8].

Nach Guldenkopfs Tod war das dem Dionysius-Kolleg benachbarte Haus samt dem dazugehörigen Garten zunächst Objekt eines Haus- und Gütertausches zwischen der Universität und dem dem Theologen Magister Heinrich von Schweinfurt, offenbar dem Pfründennachfolger Johann Guldenkopfs, gewesen. Dies verrät eine Urkunde Bischof Reinhards I. von Worms von 1456, in der er Matthias Ramung, bezeichnet als Lizentiat des Kirchenrechts und Propst des Petersstifts in Wimpfen im Tal, autorisierte, die Transaktion durchzuführen[9]. Im Jahr darauf war es von der Artistenfakultät erworben und Pfalzgraf Friedrich auf dessen Wunsch in Form eines Rentenkaufs überlassen worden. Dies geschah unter dem Vorbehalt, dass die Fakultät

---

[5] Brandenstein, Urkundenwesen und Kanzlei, S. 392: *In castro Heidelberg ... in domo pro cancellaria deputata, in stuba maiori comparuit coram nobis Ulrico dei gracia episcopo Verdensi ... testibusque ac notario subscripto providus et circumspectus vir, dominus Johannes de Winheim, illustris et excelsi principis et domini Ludwici comitis palatini Reni ... prothonotarius ... Et quandam literam excellentisimi et gloriosissimi principis et domini Sygismundi ... scriptam in pergameno ... exhibuit et produxit, petivitque instanter, quatenus dictam literam transcribi, exemplar transsumi et in publicam formam redigi mandaremus.* Vgl. dazu auch oben, Kap. 4.12.1.1: Johann(es von) Winheim. Tätigkeit.

[6] Brandenstein, Urkundenwesen und Kanzlei, S. 202: *Auch was brieve, gulden bullen, versigelt handvesten und register in des obgenanten herren, herczog Ludwigs gewelbe und canczlin sind, nemlichen uff siner burge Gettenbuhel über Heidelberg gelegen* [...].

[7] Vgl. den Wortlaut des Dokumentes in: RFdS, Nr. 70, S. 270 f., Zitat S. 270 (Heidelberg, 1457 Februar 9); Winkelmann, Urkundenbuch der Universität Heidelberg, Bd. 2, Nr. 393, S. 44 (1457 Oktober 12).

[8] Vgl. Seidenspinner/Benner, Heidelberg, S. 230 f. Zur Judenvertreibung vgl. Heidelberg, Universitätsbibliothek, Urk. Lehmann 45 ([Heidelberg?], 1391 Mai 21); Schaab, Geschichte der Kurpfalz, Bd. 1, S. 102 f.; Wolgast, Die kurpfälzische Universität, S. 5. Dazu auch den Überblick bei Heil, Juden unter kurpfälzischer Herrschaft (mit der weiteren Literatur). Zur Funktion der Kapelle als Hörsaal vgl. Zimmermann, Der Heidelberger Rotulus, S. 75 f.; Schaab, ebd., S. 121.

[9] Vgl. Heidelberg, Universitätsbibliothek, Urk. Lehmann 307 (Ladenburg, 1456 ohne Tagesdatum). Zur Urkunde auch Steiger, Urk. Lehmann 307.

das Recht haben solle, das Gebäude gegen die vereinbarte Summe von 300 Gulden wieder ablösen zu können, wenn Friedrich oder Philipp *das obegemelt hus zu unsser cantzelye oder anderm unserem gebruche nit mer notturftig werden oder han wolten*[9a].

Hier ist also wieder die Rede von einer Kanzlei oder einer so bezeichneten Baulichkeit außerhalb der landesherrlichen Burg. Zu erinnern ist daran, dass es sich ursprünglich um einen Pfründenbesitz des Heiligkreuzaltares in der Marienkapelle gehandelt hat, dessen Bewohner Johann Guldenkopf, gleichzeitig kurpflälzischer Kanzler gewesen war. Nun stellte sich aber offenbar das Interesse an einem Gebäude ein, das von seinem verstorbenen Besitzer hinterlassen und in andere Hände gekommen war. Interessant ist die topographische Lage des Hauses, die in der Urkunde hinreichend beschrieben wird. Das Eckhaus grenzte an einer Seite an das Haus Peters von Talheim, mit der anderen an das der *Slotkoppffin* und lag dem landesherrlichen Marstall direkt gegenüber[10]. Offensichtlich war es auch in diesem Fall die Wohnung des Kanzlers, die als Kanzlei bezeichnet wurde[11]. Vermutlich war es kein Zufall, dass Matthias Ramung an dem Immobilientausch nach dem Tod Johann Guldenkopfs unmittelbar beteiligt war. Es ist anzunehmen, dass es auch weiterhin als Wohnhaus des Kanzlers, also als Kanzlei, dienen sollte. Von daher liegt die Überlegung nahe, dass die Designation Matthias Ramungs als Kanzler Friedrichs zumindest absehbar, wenn nicht schon geschehen war.

Am 20. August 1462 brannte das als Kanzlei bezeichnete Gebäude ab, damit wurden auch die darin lagernden Schriftbestände zerstört. Kenntnis darüber haben wir aus den kurpfälzischen Kanzleibüchern, die dieses Ereignis mehrfach erwähnten und es als Anlass für eine Reorganisation der Kanzlei und für einen Neubau bezeichnen[12]. Dies führte aber in der darauffolgenden Zeit nicht zu einem Wiederaufbau am alten Ort. Aus dem Liber perpetuum Pfalzgraf Friedrichs I. geht hervor, dass er das Grundstück samt noch vorhandenen Gebäuden am 26. Oktober desselben Jahres an Herrn Hans Heiles gab[13]. Dieser scheint es in eigener Regie wieder errichtet zu haben, denn am 19. September 1464 schenkte Pfalzgraf Friedrich seiner Konkubine Klara Tott (Dettin), von ihm bezeichnet als *Sengerin Klara, solich gehuse, hoffstat, garten und stallunge mit allem begriff und zugehorungen zu Heidelberg gegen der alten Cantzlij*

9a RFdS, Nr. 70, hier S. 271.

10 Ebd., S. 270.

11 Ähnliche Beispiele bei Lackner, Hof und Herrschaft, S. 289 f., 316.

12 Vgl. u. a. GLAK, 67/1911: u. a. Eintrag von späterer (16. Jh.?) Hand auf der ersten Seite: *Anno 1462 den 21 August brandt die Cantzley zu Haidelberg zu grundt ab, mit vielen guten Büchern und hendeln.*

13 Kopie der Urkunde in GLAK, 67/812, f. 18r: ... *Haben wir dem selben Hannsen Heyleß vnd sinen erben gegeben die hoffstatt unser alten canzley, die abgebran(n)t ist mit kellern, gewelben, grunt vnd boden, so wyt die begriffen vnd wie wir die erkaufft han vnd was noch buwes darof vorhanden ist nichts vßgenommen* (Heidelberg, 1462 Oktober 26). Vgl. dazu auch Heidelberg, Universitätsbibliothek, Urk. Barth 109 ([Heidelberg?], 1464 Mai 15).

uber itzund Hans Heiles ist und neben des stieffts von Spire hoff gelegen, vortzyten unsers Bruders von Colne ist gewest[14].

Klara Tott hat in der darauffolgenden Zeit auch das Grundstück der ehemaligen Kanzlei nebst den von Hans Heiles darauf errichteten Gebäuden erworben. Jedenfalls befreite Pfalzgraf Friedrich am 14. Juni 1465 *das gehuse an der armen schuler huse und by unsers fauts hoff zu Heidelberg gelegen, das wir hievor zu einem Cantzlei kaufft und ettliche jare gebrucht hant und darnach abgebronnen ist und unser lieber getruwer Hans Heyles, dem wir dieselbe abgebrante hoffstat geben han, von nuwem uf widder gebuwet* von allen Abgaben[15]. Volker Rödel lokalisierte die „alte Kanzlei" an einem heute verschwundenen Teil der Heugasse, quasi Rücken an Rücken zum Speyerer Hof, der an der Kettengasse lag, „in zwei parallelen Straßen"[16]. Der Speyerer Hof befand sich „in der Kettengasse, die heute noch ihrem alten Verlauf folgt und damals durch das Markbronner Tor in Höhe der Einmündung der Zwingerstraße abgeschlossen wurde"[17]. Aufgrund der Informationen, die die Quellen uns bieten, dürfte es sich bei dem Haus für arme Schüler wohl um „ein Haus zur Unterbringung von Studenten der Artistenfakultät, zwingend im Bereich der sich erst im 16. Jahrhundert nach und nach formierenden großen Burse, die schließlich ein ganzes Quadrat zwischen Augustiner- und Heugasse einnahm", gehandelt haben[18]. Bei dem Haus für arme Schüler dürfte es sich um die 1396 getätigte Stiftung des Stiftsscholasters von St. Stephan in Mainz, Gerlach von Hohenberg, gehandelt haben[19].

Stattdessen schritt man zu einem Neubau am Heidelberger Burgberg[20] wie auch zu großen kanzleiinternen Restrukturierungsmaßnahmen, wovon weiter unten noch die Rede sein wird. In unmittelbarer Nähe zur neuen Kanzlei nahm auch Matthias Ra-

---

[14] Vgl. Rödel, Pfalzgraf Friedrich und Klara Tott, S. 123 (mit Q 2 = GLAK, 67/812, f. 74–75). Der Speyerer Hof war offenbar vorher im Besitz von Friedrichs jüngerem Bruder Ruprecht, Erzbischof von Köln, gewesen, der in der zweiten Hälfte des Jahres 1456 zeitweilig wieder nach Heidelberg zurückgekehrt war; vgl. Widder, Karriere im Windschatten, S. 152.

[15] Rödel, ebd., S. 124 (mit Q 3 = GLAK, 67/812, f. 75v–76v).

[16] Ebd.

[17] Ebd. Stadtpläne des historischen Heidelberg finden sich bei Schneider, Die Entwicklung des Städtewesens, S. 110; Wendt, ... *mit wybe, kindern*, S. 39.

[18] Rödel, Pfalzgraf Friedrich und Klara Tott, S. 125: „Seine Lage ist somit im Innengarten des Seminars, etwa östlich vom Chorhaupt der Jesuitenkirche anzunehmen".

[19] Zu ihm und seiner Stiftung vgl. das Personenregister dieser Arbeit.

[20] Vgl. dazu die Ausführengen der Herausgeber Albert Mays und Karl Christ in: Einwohnerverzeichnis, S. 119–121, Anm. *: „Letzerer [= Friedrich der Siegreiche] errichtete alsbald eine neue schöne und große Regierungskanzlei aus Stein unten am Burgweg, die 1466 vollendet war [...]. Da sie zudem schon auf der Ansicht Münsters von 1550 bezeichnet ist, kann sie weder erst 1561 [...] neu erbaut worden sein, [...] noch 1581–83". – „Als konsequenter Höhepunkt dieser Entwicklung wäre dann 1462 die Errichtung des großartigen Kanzleigebäudes Friedrichs I. zu werten, bei dem dann auch der Stadthof des Matthias Rammung (pfälz. Kanzler 1457–1478, Bischof von Speyer 1464–78) aufgebaut wird, der geradezu als Nebenresidenz des Speyerer Bischofs gilt"; Wendt, ... *mit wybe, kindern*, S. 20 f. (unter Bezug auf Andermann, Burgen und Residenzen des Hochstifts Speyer, S. 119).

mung seine Residenz[21]. Am 21. Februar 1465 empfing Pfalzgraf Friedrich in der fürstlichen Kanzlei durch Bischof Matthias die Speyerer Lehen[22].

Im Jahre 1488 gab es zudem eine Kanzleikapelle (*cantzlycapell*) am Heidelberger Heiliggeiststift, die von Pfalzgräfin Margarete, der Ehefrau Philipps des Aufrichtigen, in ihrem Testament bedacht wurde[23].

4.15.2 Das Geschäftsschriftgut unter Friedrich I. dem Siegreichen

Im Zuge dieser Strukturierungsmaßnahmen schuf man offenbar eine neue Konzeption von Kanzleibüchern. Jedenfalls findet man diese Nachricht in einer Reihe von Manuskripten, die für die Kanzlei bestimmt waren und in den nachfolgenden Jahren entstanden. Ob man diese Aussage auf die Goldwaage legen oder nach alternativen Gründen für diese Neukonzeption Ausschau halten sollte, wird noch zu diskutieren sein. Hinzu kommt, dass interne Kanzleiprodukte aus der Zeit davor überliefert sind, das heißt, nicht von einem Totalschaden auszugehen ist. Im Folgenden sollen Kriterien dafür aufgestellt werden, was man als Kanzleibücher aus der Zeit nach dem Brand bezeichnen kann. Hierfür liefert die Kodikologie, genauer gesagt, die Einbandkunde, wertvolle Bausteine.

4.15.2.1 Alberthus-*Einbände als Earmarks zur Identifikation der Kanzleibücher*

Die Erforschung mittelalterlicher Einbände hat sich in den letzten beiden Jahrzehnten u. a. mittels großer, online stehender Datenbanken zu einem dynamischen Bereich der Kodikologie entwickelt[24], wobei die archivisch überlieferten Einbände davon durchweg bis heute ausgespart blieben. Im Folgenden soll für die kurpfälzischen Geschäftsbücher des dritten Viertels des 15. Jahrhunderts aufgezeigt werden, dass neuere hilfswissenschaftliche Ansätze auch für die Kanzleiforschung fruchtbar gemacht werden können.

Die Entwicklung der Kodikologie vollzog sich entscheidend in der Zeit nach dem Zweiten Weltkrieg außerhalb des klassischen Kanons der Historischen Hilfswissenschaften. Sogar der Begriff wurde erst Ende der vierziger Jahre des 20. Jahrhunderts geprägt. Sie darf derzeit als lebendigster Forschungszweig der Historischen Hilfswis-

---

21 Vgl. Andermann, ebd.: „So ist es gewiß nicht übertrieben festzustellen, der Hof zu Heidelberg sei die eigentliche Nebenresidenz Matthias Ramungs gewesen, eine Nebenresidenz, die gar nicht in seinem Territorium, sondern im Territorium, in der Residenz der benachbarten Großmacht gelegen hat".

22 Vgl. GLAK, 67/300, f. 1v; Buchner, Die Stellung des Speierer Bischofs, S. 262 f.

23 Testament der Pfalzgräfin Margarete, S. 69; ferner Huthwelker, Katalog, Nr. 14, S. 64–66.

24 Lemaire, Introduction à la codicologie, S. 1. Ferner die an der Bayerischen Staatsbibliothek angesiedelte und durch die DFG geförderte Einbanddatenbank (EBDB) sowie die Zeitschrift „Einbandforschung".

senschaften gelten. Als reine Hilfswissenschaft ist die Lehre vom Buch natürlich älter, galt in dieser Einschränkung jedoch vornehmlich als Domäne von Philologen und besonders von Bibliothekswissenschaftlern[25]. Daher fehlt sie bei den Historikern, deren traditionell verfassungsgeschichtliche Ausrichtung in der Urkunde und der damit verbundenen Urkundenlehre, der Diplomatik, das fachliche Gegenstück fand[26].

„Der Schritt von der reinen Hilfswissenschaft zu einer Kulturgeschichte des mittelalterlichen Buches [vollzog] sich bereits in den 1950er Jahren, wobei zunächst der materiell-technische Aspekt, die „Archäologie" des mittelalterlichen Buches, besondere Beachtung fand. Die neueren Forschungen bemühen sich verstärkt um die Herausarbeitung von Gestaltungsnormen, die in verschiedenen Perioden und Regionen bei mittelalterlichen Kodizes beobachtet werden können, liefern also Regeln für die äußere Kritik, gehen aber insofern darüber hinaus, als sie das Erscheinungsbild von Handschriften – vom Layout bis hin zur Organisation des Textes – jeweils in Zusammenhang mit ihrer Verwendung sehen. Ähnlich, wie sich auch die Diplomatik in den letzten Jahrzehnten verstärkt mit der Arbeitsorganisation in den Kanzleien auseinandergesetzt hat, finden in der Kodikologie die Verhältnisse in den Skriptorien und in der professionellen Buchproduktion des Spätmittelalters besondere Beachtung. Der Übergang zur Bildungs-, Sozial- und Wirtschaftsgeschichte ist oft fließend und nichts deutet darauf hin, dass die Kodikologie gewillt wäre, sich in die engen Schranken einer ‚reinen' Hilfswissenschaft herkömmlicher Art verweisen zu lassen"[27]. Die dynamischen Zentren kodikologischer Forschung liegen heute nicht im hilfswissenschaftlich traditionsreichsten deutschsprachigen Raum, sondern im frankophonen Bereich. Zu nennen wäre hier besonders das Pariser *Institut de Recherche et d'Histoire des Textes*.

Im Folgenden soll hier ein Bereich der Kodikologie genauer interessieren, in dem sich lange Zeit wenig Dynamik feststellen ließ, nämlich die Einbandkunde. Die 1989 erschienene und über 205 Textseiten starke programmatische ‚Introduction à la codicologie' von Jacques Lemaire handelt dieses Kapitel auf gerade einmal sechs Seiten und im Rahmen des Herkömmlichen ab[28]. Auch dies hat sich inzwischen geändert wie Arbeiten über die ‚Archäologie mittelalterlicher Bucheinbände',[29] eine eigene Fachzeitschrift[30] sowie ein großes Datenbank-Projekt an der Bayerischen Staatsbi-

---

25 Vgl. das Standardwerk des Praktikers und Bibliothekswissenschaftlers Otto Mazal, Lehrbuch der Handschriftenkunde, hier bes. S. 1–26, zur Geschichte der Handschriftenkunde – mit enger Vermischung von Paläographie und derselben.

26 Vgl. Rück, Historische Hilfswissenschaft nach 1945, S. 8 f.: „Die Synthese des Diplomatikers heißt Rechtsgeschichte" (Zitat von Hans Hirsch aus dem Jahre 1922).

27 Bischoff, Unterwegs – Statistik und Datenverarbeitung in den Historischen Hilfswissenschaften, S. 31 f. Vgl. auch den Sonderforschungsbereich 933 „Materiale Textkulturen" an der Universität Heidelberg.

28 Lemaire, Introduction à la codicologie, S. 197–202.

29 Szirmai, The Archaeology of Medieval Bookbinding.

30 Vgl. das Informationsblatt des Arbeitskreises für die Erfassung, Erschließung und Erhaltung Historischer Bucheinbände (AEB) mit dem Titel „Einbandforschung".

bliothek und einer Reihe weiterer großer deutscher Bibliotheken mit wichtigen Altbeständen dokumentieren[31].

Bereits dieser Überblick zeigt, dass sich der Schwerpunkt der Einbandforschung neben der nicht zu vergessenden Bibliophilie[32] auf die Bibliotheken konzentriert. In diesem Bereich bietet sie vornehmlich zweierlei Erkenntnismöglichkeiten. Erstens: Aufgrund der stilistischen und technologischen Entwicklung ermöglicht sie die relative Datierung einzelner Einbände. Zweitens: Ausgehend von der Erkenntnis, dass im Mittelalter vor allem geistliche Institutionen ihren Handschriftenschatz teilweise recht einheitlich binden ließen, lassen sich aufgrund der erhaltenen mittelalterlichen Einbände Zuweisungen zu einzelnen mittelalterlichen Bibliotheksorten vornehmen.

Allerdings sollte nicht verschwiegen werden, dass der Anwendung dieser Methoden in der wissenschaftlichen Forschung Grenzen gesetzt sind. So fehlen in den von der Deutschen Forschungsgemeinschaft erlassenen Richtlinien für die Beschreibung mittelalterlicher Handschriften exakte Kriterien für die eindeutige Beschreibung von Bucheinbänden[33]. Die Angaben bleiben daher meist relativ vage, sofern nicht bestimmte eindeutige Kriterien eine Zuweisung ermöglichen.

Der Zusammenhang zwischen Kanzlei und Kodikologie wurde meines Wissens bislang noch nicht als Forschungsfeld entdeckt. Bereits am Beispiel von Kurmainz wurde in dieser Arbeit das einheitliche äußere Erscheinungsbild der Kanzleibücher, seine Funktion diskutiert und darüber die Entstehungszeit in das späte 14. Jahrhundert datiert. Waren es im Falle von Mainz vornehmlich große, gut sichtbare schwarze römische Zahlen, die auf die Vorderdeckel der weißen Einbände gemalt waren und diese damit bereits von weitem erkennbar machten[34], dann begegnen wir bei den kurpfälzischen und bischöflich speyrischen Einbänden einer anderen Form der äußeren Vereinheitlichung. Diese betrifft den Bucheinband selbst, der in diesem Fall von ein und demselben Buchbinder in gleichartiger Weise eingebunden wurde.

Bei der Beschäftigung mit dem kurpfälzischen Material aus der Zeit Pfalzgraf Friedrichs des Siegreichen ergab sich ein merkwürdiger, doch zunächst kaum weitere Aufmerksamkeit beanspruchender Befund. Ein großer Teil der in den Archiven lagernden und hier präsentierten Amtsbücher aus der kanzleiinternen Schriftproduktion war einheitlich eingebunden. Es handelte sich in allen Fällen um feste Buchdeckel aus Ei-

---

[31] Einbanddatenbank (EBDB). Dazu Bacher, Historische Einbände im Internet.

[32] Eine klassische Domäne der Beschäftigung mit mittelalterlichen Einbänden liegt außerhalb der Wissenschaft und betrifft kaufkräftige Bücher-Liebhaber und -Sammler. Für sie besitzt der ästhetisch ansprechende mittelalterliche Bucheinband eine hohe Attraktivität. So nimmt es kaum Wunder, dass das bis heute gültige Standardwerk über den spätgotischen deutschen Bucheinband, die in den fünfziger Jahren des 20. Jahrhunderts publizierte Studie von Ernst Kyriss über ‚Verzierte gotische Einbände im alten deutschen Sprachgebiet' aus der Feder eines solchen Sammlers stammt; vgl. Kyriss, Verzierte gotische Einbände.

[33] Dies hat sich zwar seit 2006 geändert (vgl. Einbanddatenbank. Zitierweise), doch nicht allgemeine Aufnahme in die bereits fertig gestellten Handschriftenkataloge gefunden.

[34] Vgl. die Abbildungen im Anhang dieser Arbeit, Kap. 2: Zeitgenössische Ansätze zu einer Systematik der Kanzleieinbände.

chen- oder Buchenholz, die mit weißem Schweinsleder bezogen waren. Diese lederbezogenen Deckel erwiesen sich als typische spätgotische, d. h. ungefähr zeitgenössische Blinddruckeinbände. Ihre Dekoration beschränkt sich auf Streicheisenlinien und Einzelstempel[35].

Das relativ homogene Erscheinungsbild fällt erst durch den systematischen Vergleich ins Auge. Die Dekoration der Buchdeckel erfolgte in sogenanntem Blinddruck (bzw. Blindprägung), d. h. die Zierelemente wurden nur geprägt, nicht gefärbt oder gar vergoldet[36]. Die Einbände zeichnen sich insgesamt durch einen Bestand von insgesamt circa 25 Einzelstempeln aus. Diese finden sich allerdings nicht alle jeweils auf einem Bucheinband, sondern variieren – übrigens ebenso wie die Streicheisenverzierungen – mit einer durchschnittlichen Verwendung von drei bis zu sechs verschiedenen Einzelstempeln pro Einband[37]. Als besonderes Kennzeichen zeigte sich in diesem Fall, dass viele dieser Einbände einen einheitlichen Meistervermerk aufwiesen. Ein Stempel trug nämlich die Bezeichnung *Alberthus*[38].

Über ihren ästhetischen Gehalt hinaus sind die Einbände deshalb so interessant, weil einer der wichtigsten Textzeugen eines hofnahen historiographischen Werkes, gemeint ist die Chronik des Matthias von Kemnat, ebenfalls einen *Alberthus*-Einband, jedoch aus rotem Leder trägt[39]. Auch eine Vergil-Handschrift aus dem persönlichen Besitz des Kanzlers Matthias Ramung, die dieser Friedrich und Ludwig von Bayern, den illegitim geborenen und später legitimierten Söhnen Friedrichs I. testamentarisch vermachte, besitzt bis heute einen roten *Alberthus*-Einband[40]. Und ein weiterer, bislang unbekannter Fundort solcher Einbände tut sich auf, wenn man ins Archiv geht: die Kanzleibücher der bischöflich speyrischen Kanzlei unter Matthias Ramung waren ebenfalls in rote Einbände des Albertus eingebunden.

---

35 Vgl. die entsprechenden Abbildungen ebd.

36 „Die Arbeit des Buchbinders besteht darin, auf dem angefeuchteten Deckelleder mit dem Streicheisen eine Anzahl von Flächen und Feldern aus Linien herzustellen und in diese oder an die Schnittpunkte der Linien mit Hilfe von erwärmten Metallstempeln Ornamente einzupressen"; Mazal, Lehrbuch der Handschriftenkunde, S. 216; ferner Zotter, Einbandkunde, S. 6–11.

37 Vgl. die Abbildungen der Außenseiten der vorderen Buchdeckel im Anhang dieser Arbeit, Kap. 2: Zeitgenössische Ansätze zu einer Systematik der Kanzleieinbände.

38 Zu ihm vgl. Einbanddatenbank EBDBs002521 (*Alberthus*). Dort auch die ältere Literatur.

39 Heidelberg, Universitätsbibliothek, Cod. Heid. N. F. 9: Matthias von Kemnat, Chronik Friedrichs I., Heidelberg, um 1476. Dazu auch Studt, Fürstenhof und Geschichte, S. 145 f.; Dies., Dynastien und Fürsten; Voetz, Vorstellung der neu erworbenen Handschrift, S. 19; ferner die Handschriftenbeschreibung in: Henkel/Bertelsmeier-Kierst, Heidelberg, Universitätsbibliothek, Cod. Heid. N. F. 9.

40 *Ex donatione reverendi domini domini Mathie Spirensis episcopi hic Virgilius a fratre domino Friderico canonico Spirensi et fratre eius Ludowico possidetur. In octava die sancti Stephani protomartyris (Mcccc)lxxii Fridericus et Ludowicus inscrips(erunt)*; Tübingen, Universitätsbibliothek, Mc 71, hinterer Spiegel recto. Handschriftenbeschreibung bei Röckelein, Die lateinischen Handschriften, S. 200 f. Dazu auch Berg/Bodemann, *Wie ludwigen von Beyern*, S. 26 f., 34.

So verhält es sich auch mit den Einbänden bedeutender kurpfälzischer Kanzleibücher wie dem Prachtexemplar des Lehenbuches Friedrichs I. vom Anfang der siebziger Jahre des 15. Jahrhunderts oder von einer ganzen Reihe der Kopialbücher. Doch wählte man hier nicht rotes, sondern weißes stabiles Schweinsleder[41]. Hiervon wird noch genauer die Rede sein. Daneben wurde der um 1466 entstandene mittelalterliche Bibliothekskatalog der Universität Heidelberg ebenfalls von Albertus eingebunden; auch in diesem Fall unter Verwendung von hellem, heute stark gebräuntem Leder[42].

Über diese signierten und mit einem charakteristischen Stempelschmuck versehenen Einbände hinaus wissen wir nichts Gesichertes über diesen Buchbinder. Man vermutet in ihm einen gewissen Albertus Schwab von Laufenburg (*Alberthus Schwab de Lofemburg*), der sich im Wintersemester 1447 an der Heidelberger Universität immatrikulierte[43]. Die am Hochrhein gelegene kleine Stadt Laufenburg gehörte im Spätmittelalter zu den vier vorderösterreichischen Waldstätten. Die Gleichsetzung der beiden Personen war bislang reine, wenngleich nicht ganz unbegründete Spekulation. Gestützt wurde sie durch die Mitteilung im Schreiberkolophon einer datierten Heidelberger Handschrift: *1465. Scriptum per me Albertum Schwab. Similiter et inligatum*. Dieses Kolophon steht in einer Handschrift, in der der Text der Goldenen Bulle sowie der Schwabenspiegel, also für die Herrschaft eines Kurfürsten relevante Texte, überliefert sind und von der noch zu sprechen sein wird[44]. Allerdings muss man hinzufügen, dass der Einband dieser Handschrift aufgrund ihres Schicksals in der frühen Neuzeit nicht erhalten ist[45]. Damit verfügte dieser Albertus über die merkwürdige Doppelfunktion eines kurpfälzischen Kanzleischreibers und eines – freischaffenden? – Buchbinders.

Diese Befunde zu seiner Person lassen sich noch ergänzen. Aus dem Jahr 1480 besitzen wir in einer heute in München aufbewahrten Handschrift über Reliquienfunde in einem Altar auf dem Heiligenberg bei Heidelberg weitere Angaben. Die Identifizierung der Reliquien erfolgte damals, wie man aus dem Text erfährt, mittels der ihnen beigefügten Zettel, d. h. es handelte sich dabei offenbar um Reliquienauthentiken. Diese finden sich als Liste in der Handschrift inseriert. Darunter folgt die Angabe,

---

41 Der moderne Befund zeigt, dass das verwendete rote Leder wesentlich empfindlicher auf Abrieb reagiert hat. Die roten Einbände sind daher zumeist schlechter erhalten.

42 Heidelberg, Universitätsbibliothek, Heid. Hs. 47: Katalog der Bibliotheken der Heidelberger Universität, entstanden Heidelberg 1466. Als Digitalisat online unter: http://digi.ub.uni-heidelberg.de/diglit/heidhs47/0001 (22. 01. 2014)); dazu L[udwig] S[CHUBA], in: Bibliotheca Palatina, Textbd., Nr. A 3, S. 10f.

43 Vgl. ZIMMERMANN, Wissenschaftliche Beschreibung: „Schwab ist von 1465–1482 als Buchbinder der Universität und des Hofes in Heidelberg belegt und war vermutlich auch als Notar und Kanzleischreiber tätig" (unter Verweis auf TOEPKE, Die Matrikel der Universität Heidelberg, Bd. 1, S. 254). Dort auch die weitere Literatur.

44 Vgl. unten Kap. 4.14.2.7: Andere Dossiers.

45 Heidelberg, Universitätsbibliothek, Cod. Pal. germ. 168: Kaiserliche Dekrete, Goldene Bulle, Schwabenspiegel u. a., Heidelberg 1465–1467. Vgl. dazu ZIMMERMANN, Handschriftenbeschreibung Cod. Pal. germ. 168.

dass Albertus Schwab diese Zettel als Notar abschrieb und damit gleichzeitig beglaubigte[46]. Diese Tätigkeit weist Albertus in diesem Zusammenhang ganz eindeutig der geistlichen Sphäre zu. Wir hören auch hier demnach nicht nur von einem multifunktional einsetzbaren Mitglied der kurpfälzischen Kanzlei, der in meisterhafter Weise Bücher einzubinden verstand, sondern auch von einer Tätigkeit als Notar im kirchlichen Kontext, der mit Transkriptions- und Beglaubigungstätigkeiten befasst war. Dieses Profil würde in das Kanzleimilieu passen. Auch hier würde sich wieder die Forderung nach Erschließung einer Schreiberlandschaft mit Berechtigung stellen.

Bislang war nicht bekannt, dass Albertus Schwab sich im Jahre 1447 im selben Semester wie ein gewisser *Mathias Widman de Kempnat*, Kleriker der Diözese Regensburg, in Heidelberg immatrikulierte; hinter diesem vermutet man Matthias von Kemnat, den späteren Autor des bereits erwähnten historiographischen Werkes zu Friedrich I. dem Siegreichen[47]. Matthias von Kemnat scheint damals nicht allein nach Heidelberg gekommen zu sein, sondern vermutlich im Gefolge eines Landsmannes namens Georg Sparrenberger von Kemnath (*Georius Sparnberger de Kempnat)* und mit einem weiteren Begleiter[48]. Diese Koinzidenz der Immatrikulation unterstützt die Annahme von der Personengleichheit unseres Buchbinders mit dem frischgebackenen Heidelberger Studenten aus dem Jahre 1447. Diese bis in die Studienzeit zurückreichende Bekanntschaft mit dem späteren Hofhistoriographen dürfte sehr wahrscheinlich auch den Ausschlag für Albertus spätere Hofnähe gegeben haben.

Die Zuordnung zeitigt Konsequenzen: Meister Albertus hat seine Einbände nicht nur recht typisch gestaltet, sondern auch verschiedenfarbiges Leder verwendet. Nun stellte sich bei der Recherche heraus, dass die Einbände der Speyerer Kanzlei mit einer einzigen Ausnahme rot eingebunden waren. In den Universitätsbibliotheken von

46 München, Bayerische Staatsbibliothek, clm 338, f. 199r–200r: Abschrift einer notariellen Notiz des Albertus Schwab über Reliquienfunde auf dem Heiligenberg bei Heidelberg vom 8. August 1480: Incipit: *Nota. Anno domini MCCCCLXXX° ipsa die sancti Cyriaci in monte omnium sanctorum et in ecclesia eiusdem in superiori altari, Reliquie in cista plumbea invente sunt. cum suis cedulis. Ordinem qui sequitur [...];* Explizit: *Albertus Schwab notarius scripsit ex antiquis inventis cedulis.* Kolophon: *H. S. Laus Deo.* Dazu Henkel/Bertelsmeier-Kierst, Heidelberg, Universitätsbibliothek, Cod. Heid. N. F. 9; Studt, Fürstenhof und Geschichte, S. S. 80–87. Die Handschrift stammt aus dem Besitz von Hartmann Schedel, auf den sich die Initialen im Kolophon beziehen.

47 Toepke, Die Matrikel der Universität Heidelberg, Bd. 1, S. 253. Vgl. dazu Studt, Fürstenhof und Geschichte, S. 15f.

48 Toepke, Die Matrikel der Universität Heidelberg, Bd. 1, S. 253. Diese Hierarchie wird anhand der Tatsache erkennbar, dass von den dreien allein Georg (*Georius*) Sparrenberger die Immatrikulationsgebühren bezahlte, während sich Matthias von Kemnat und sein Kommilitone *Paulus Wielant von Kempnat* als *pauperes* immatrikulierten (ebd.), genauso wie übrigens Albertus Schwab (ebd., S. 254). Die familiäre Herkunft des Sparrenbergers müsste in der regionalgeschichtlichen Forschung überprüft werden. Zu einer Ende des 12. Jahrhunderts in der Oberpfalz nachweisbaren Burg Sparrenberg und einem gleichnamigen Adelsgeschlecht vgl. Dobeneck, Geschichte, S. 15–17.

Tübingen und Heidelberg[49] fanden sich weitere rote *Alberthus*-Einbände. Der oben bereits angesprochene Tübinger Band, eine Vergil-Handschrift, ließ sich zweifelsfrei dem Besitz des Speyerer Bischofs und kurpfälzischen Kanzlers zuordnen[50]. Die übrigen roten *Alberthus*-Einbände tragen keinerlei Besitzvermerke; sie sind auch nicht besonders zahlreich. In dem für die Blindprägungen verwendeten Stempelensemble sowie den Beschlägen bilden diese eine klar umrissene Gruppe. Als einzige trugen sie Inschriften mit marianischen Versen. Und Matthias Ramung war bekanntlich nicht nur selbst Marienverehrer, sondern förderte gezielt diesen Kult.

Unter Vorbehalt lässt sich daher sagen, dass die übrigen rotgebundenen Einbände dem Umkreis von Matthias Ramung oder eher noch ihm persönlich zuzurechnen sind. Dies hat für die bereits erwähnte rotgebundene Heidelberger Historiographiehandschrift mit der Chronik des Matthias von Kemnat entscheidende Konsequenzen, gilt sie doch bislang nicht als Exemplar des Matthias Ramung, sondern als Dedikationsexemplar für den Pfalzgrafen Friedrich I.[51] Neben diesem Befund sollen im Folgenden die *Alberthus*-Einbände als Earmarks für die Zuordnung von hellem Schweinsleder zur kurpfälzischen Kanzlei und rotem zur bischöflich speyrischen dienen.

4.15.2.2 Die Kanzlei von Bischof Matthias Ramung

Die Anlage und Führung von Geschäftsschriftgut wird für die Amtszeit Matthias Ramungs von der Forschung einhellig lobend hervorgehoben. Es wurde bereits oben erwähnt, dass eine Reihe einheitlich in rotes Leder gebundene Kanzlei-Handschriften erhalten sind, die den Stempelschmuck des Albertus und ein einheitliches Format aufweisen. Dabei handelt es sich um die Karlsruher Kopialbücher 67/296, 300, 301 und 302[52]. Sie sind bereits mehrfach aufgrund ihres Inhaltes behandelt worden.

---

49 Heidelberg, Universitätsbibliothek, Cod. Heid. N.F. 9: Matthias von Kemnat, Chronik Friedrichs I., Heidelberg, um 1476. Dazu auch Studt, Fürstenhof und Geschichte, S. 145 f.; Voetz, Vorstellung der neu erworbenen Handschrift, S. 19.

50 Tübingen, Universitätsbibliothek, Mc 71; Handschriftenbeschreibung bei Röckelein, Die lateinischen Handschriften der Universitätsbibliothek Tübingen, S. 200 f., hier S. 200. Zum Besitzkontext Berg/Bodemann, *Wie ludwigen von Beyern etlich bucher verschriben sin*, S. 26 f., 34.

51 Heidelberg, Universitätsbibliothek, Cod. Heid. N.F. 9: Matthias von Kemnat, Chronik Friedrichs I., Heidelberg, um 1476. Dazu auch Studt, Fürstenhof und Geschichte, S. 145 f.; Dies., Dynastien und Fürsten; Voetz, Vorstellung der neu erworbenen Handschrift, S. 19; ferner die Handschriftenbeschreibung in: Henkel/Bertelsmeier-Kierst, Heidelberg, Universitätsbibliothek, Cod. Heid. N.F. 9.

52 GLAK, 67/296, 300–302. „Die wertvollsten der unter Ramungs Regierung angelegten Bände, so seine Specificatio vasallorum [= GLAK 67/300], der liber secretorum [= GLAK 67/296], liber redituum [= GLAK 67/301] und liber debitorum [= GLAK 67/302] weisen auch äußerlich dieselben Merkmale auf: sie bilden meist einen mit rotem Leder bezogenen Holzdeckeleinband, tragen auf der Vorder- wie Rückseite Beschläge aus Messing mit Ornamenten und Buchstaben verziert [die an 67/302 etwas einfacher] und zwar je ein Mittel- und 4 Eckstücke; die Schließen tragen oft das Wappen Ramungs [= 67/300, 301, 302]"; Buchner, Innere Regie-

Der sogenannte ‚Liber secretorum Matthiae'[53] gilt als besonders wertvoll für die Statistik des Bistums, weil er eine Art Gesamtaufnahme des geldwerten Vermögens bildet. Die Handschrift ist 394 Blätter stark und „fast vollständig von einer Hand, wenn auch mit mehreren Nachträgen (so z. B. fol. 184a, von einer anderen Hand u. a. fol. 336a-b), wohl vom bischöflichen Sekretär Johannes Hunschwirt geschrieben"[54]. Der Band war laut zeitgenössischer Datierung am 10. August 1470 fertig gestellt[55].

Der Inhalt des Kodex gliedert sich in vier Teile[56]. Der Text beginnt mit Informationen über seinen Inhalt: *Wir Mathis sin auch in Willen all Geistlichkeit, es sii von Stiefften, Clostern und eintzlichen Personen unsers Bistums anzeichen ze lassen*[57]. Es folgt auf den nächsten knapp 150 Blättern ein Verzeichnis sämtlicher Eigenleute und Pfründen des Hochstifts[58]. Geplant war, diese Aufnahme periodisch zu wiederholen, um zu erfahren, ob es an Leuten sich vermehre oder abnehme. Namentlich aufgeführt wurden die Amtleute, bischöflichen Diener, Geistlichen, Adligen sowie die männlichen und weiblichen Haushaltsvorstände, egal ob Eigenleute oder nicht. Genannt werden ferner die außerhalb des Stiftsgebietes wohnenden bischöflich Speyerer Eigenleute. Die Einwohner der Reichsstadt Speyer waren selbstverständlich nicht aufgeführt[59].

---

rung, S. 120. Der Autor weist ferner auf ihre sorgfältige Anlage hin, z. B. die teils farbigen (roten) Anfangsbuchstaben, ebd., S. 120 f.; ähnlich Ehmer, ... *obe sich der stiefft an luten mere oder mynner*, S. 82 f. – Vgl. auch die Auflistung der Bände bei Andermann, Burgen und Residenzen des Hochstifts Speyer, S. 106, Anm. 30. Zu weiteren einschlägigen Publikationen des Verfassers vgl. ebd., S. 56, Anm. 61.

53 GLAK, 67/296. Dazu Inventare des Grossherzoglich Badischen General-Landesarchivs, Bd. 1, S. 110; Gesamtübersicht der Bestände des Generallandesarchivs, S. 192; Ehmer, ... *obe sich der stiefft an luten mere oder mynner*, S. 81 f. Die Bezeichnung scheint zeitgenössisch und findet sich auf dem oberen Schnitt als *secretorum*. Das Format beträgt 31,7 × 21,7 cm. Die Messingbeschläge auf den Außenseiten der vorderen und hinteren Buchdeckel sind vollständig erhalten, während die Schließen fehlen. Auf dem Mittelknopf steht: *Maria in dem Him(m)el o Maria hilf.* – Der Innenspiegel besteht aus unbeschriebenem Pergament (hinten erneuert?). Bis auf die ersten drei aus Pergament bestehenden Blätter handelt es sich um eine reine Papierhandschrift.

54 So Buchner, Innere Regierung, S. 114, Anm. 5; ferner den Sammelband: Bevölkerungsstatistik an der Wende vom Mittelalter zur Neuzeit, besonders die Beiträge Ehmer, ... *obe sich der stiefft an luten mere oder mynner* und Andermann, Probleme einer statistischen Auswertung.

55 Ehmer, ... *obe sich der stiefft an luten mere oder mynner*, S. 81; Andermann, Probleme einer statistischen Auswertung, S. 100 f.

56 Dazu vgl. auch ebd.; Ders., Die Inventare der bischöflich speyerischen Burgen und Schlösser; Buchner, Innere Regierung, S. 109–117, 123–125, 134–139; Fouquet, *Wie die kuchenspise sin solle*, S. 12–27; Glasschröder, Die Speierer Bistums-Matrikel, S. 82–117; Ehmer, ... *obe sich der stiefft an luten mere oder mynner*, S. 81.

57 Vgl. Glasschröder, Die Speierer Bistums-Matrikel, S. 76 (und ebd., Anm. 3).

58 Vgl. zum Aufbau Andermann, Probleme einer statistischen Auswertung, S. 97–102 und zu seiner historischen Bedeutung. ebd., S. 96 f.

59 So Buchner, Innere Regierung, 115 f. (Zitat, S. 115). Auf S. 116, Anm. 2, liefert er eine grobe Aufschlüsselung der Ergebnisse. Ähnlich Andermann, Probleme einer statistischen Auswertung, S. 106–108.

„Das zweite große Stück nach der Volkszählung ist die wohlbekannte, von Glasschröder veröffentlichte Speyerer Bistumsmatrikel, die nach Archidiakonaten geordnete Aufzählung der Stiftskirchen Klöster, Pfarreien und anderen Pfründen im Bistum und Hochstift."[60] „Das dritte Stück ist mindestens ebenso bedeutend wie die Volkszählung, nämlich eine systematische Aufstellung der Geld- und Naturaleinkünfte des Hochstifts"; Hermann Ehmer bezeichnet sie sogar als einen „Staatshaushaltsplan" mit einer Veranschlagung sämtlicher Einnahmen, Ausgaben, Schulden etc.[61] „Die vierte große Aufzeichnung dieses Bandes ist eine systematische Aufstellung über die Herkunft der hochstiftischen Gerechtsame an den verschiedenen Orten"[62]. „Eingerahmt" sind diese „vier großen Statistiken" von „kleineren Stücken, die ähnliches Material enthalten" wie die Ergebnisse einer Viehzählung, Inventare, Ordnungen sowie eine Anzahl von Verträgen „insbesondere mit der Reichsstadt Speyer, deren Verhältnis zum Bischof ja recht diffizil war"[63].

Demgegenüber findet sich in der Karlsruher Handschrift 67/301 ein Verzeichnis der bischöflichen Einkünfte in den Ämtern Bruchsal, am Bruhrain, Kislau und Udenheim aus dem Jahre 1466. Es handelt sich um einen Kodex im Umfang von 271 Blättern[64]. Im Gegensatz zu den übrigen roten *Alberthus*-Einbänden ist dieser in dunkelbraunes Leder unter reicher Verwendung des von Albertus verwendeten Agnus-dei-Stempels eingebunden[65]. Offenbar war auch hier der obere Teil des Mittelfeldes beschriftet (*Liber Reddituum in Kisslauwe* […] *Udenheym* […]). Bis auf geringe Spuren ist aber nichts mehr davon zu erkennen. Im Gegensatz zu den kurpfälzischen Kopialbüchern fehlt eine Beschriftung des oberen Schnittes, dafür finden sich auf dem unteren Schnitt kleine zeitgenössische Aufschriften. Auf der Innenseite ist der Einband mit unbeschriebenem Pergament bezogen. Im Band selbst wechseln sich Lagen aus Papier- und Pergamentblättern ab. Möglicherweise spielte hier der Aspekt einer dadurch erreichten größeren Stabilität und Haltbarkeit des Gesamtbandes eine Rolle.

Der Text ist relativ sorgfältig gestaltet und mit roten Zierstrichen strukturiert. Allerdings fehlen rot geschriebene Initialen und Textteile. Eine zeitgenössische Foliierung ist ebenfalls nicht vorhanden. Er beginnt nach zehn leeren Blättern mit der Überschrift: *Wir Mathis von gots* […]. *Bischoff zu Spier, Cantzler etc. konden offentlich mit dieser schriefft als wir in den Stiefft Spier komen sint vnd gebreche vnd sumeniße an Registern funden vnd als wir in des Stieffts ampten nehst Rechenunge verhoret*

---

60 Vgl. Ehmer, … *obe sich der stiefft an luten mere oder mynner*, S. 81.

61 Ebd. (mit weiterern Erläuterungen).

62 Ebd.

63 Ebd., S. 81 f. Zitat ebd., S. 82.

64 GLAK, 67/301 (Liber reddituum). Dazu Inventare des Grossherzoglich Badischen General-Landesarchivs, Bd. 1, S. 110; Gesamtübersicht der Bestände des Generallandesarchivs, S. 192; Ehmer, … *obe sich der stiefft an luten mere oder mynner*, S. 82. Format 30,5 mal 21,2 Zentimeter auf sechs Bünden.

65 Die Beschläge und Schließen sind identisch mit denen des Lehenbuchs von Bischof Matthias Ramung (GLAK, 67/300).

haben wir die alten Zinß Registere in den ampten lassen ernuwern vnd die in diß Buche thun schriben als nachfolget. Actum tempore pascali Anno domini millesimo quadringentesimo sexagesimo sexto. Matthias, der sich selbst als Bischof und Kanzler bezeichnet, ließ demnach verlauten, dass er bei seiner Ankunft im Hochstift Mängel an den Registern festgestellt habe. Anlässlich der Rechnungslegung habe er die in den Ämtern liegenden Register erneuern und in dieses Buch schreiben lassen, so geschehen Ostern 1466. Es folgen die Auflistungen der Zinse, die zu bestimmten Terminen fällig sind, wobei, wie schon gesagt, eine zeitgenössische Foliierung fehlt. „In diesen neuen ‚Zinsregistern' sollten alle Zinsen, Renten, Gilten und Gefälle, die man zu beanspruchen hatte, aufgezeichnet werden; auch die Lage der hochstiftischen Besitzungen an Äckern, Wiesen, Höfen und dgl., wie die ‚Furchgenossen und Anstösser' derselben sollten angegeben werden." Matthias hatte bereits vorher die Anlage neuer Sal- oder Zinsregister für die einzelnen Ämter befohlen[66].

Dieser heute in Karlsruhe aufbewahrte Band wurde ergänzt durch einen weiteren, „in dem die Einkünfte in den linksrheinischen Ämtern verzeichnet waren". Er wurde „im 19. Jahrhundert von Baden an Bayern extradiert und zählt zu den Kriegsverlusten des Speyerer Archivs."[67] Im Findbuch des Archivs in Speyer finden sich dazu folgende Angaben: „Beschreibung der Hochstift Speierischen Mai-, Herbst-Beden, Zinsen, Weistümer, Wildbänne, Zölle usw."[68] Im Klartext würde dies bedeuten, dass Matthias alle Rechte in den hochstiftischen Ämtern dies- und jenseits des Rheins hatte sammeln und in zwei Kodizes zusammenfassen lassen. Ob diese die eigentliche Geburtsstunde dieser Ämter war, wäre eine naheliegende Überlegung.

Das im Karlsruher Generallandesarchiv nächstfolgende Kopialbuch 67/302 enthält laut Inventar ein Verzeichnis der Schulden, Aufzählung des Hausrats in den Schlössern des Bistums, verschiedene Rechnungsabschlüsse sowie u. a. die Testamente der Speyerer Bischöfe Raban von Helmstatt und Matthias Ramung. Es handelt sich eine Handschrift mit 179 foliierten Blättern neben mindestens noch einmal genau so vielen unfoliierten. Laut Archivinventar wird es auf das Jahre 1467 datiert[69]. Eingebunden ist der Band in einen *Alberthus*-Einband in rotem Leder im Format 31 mal 20,5 Zentimeter auf sechs Bünden. Sein Stempelschmuck ist fast identisch mit dem sogenannten Weinsbergischen Lehenbuch der kurpfälzischen Kanzlei[70]. Die zeitgenössische Bezeichnung lautet *Liber debitorum*, was sich auch auf dem unteren Schnitt (*debito-*

---

66 So BUCHNER, Innere Regierung, S. 113.

67 ANDERMANN, Burgen und Residenzen des Hochstifts Speyer, S. 106, Anm. 30 (mit dem entsprechenden Nachweis). Zu den politischen Hintergründen vgl. DERS., Kestenburg – Speyer – Bruchsal, S. 54 f.

68 Zitiert nach ebd.

69 GLAK, 67/302. Vgl. Inventare des Grossherzoglich Badischen General-Landesarchivs, Bd. 1, S. 110; Gesamtübersicht der Bestände des Generallandesarchivs, S. 193. Zur Handschrift vgl. auch ANDERMANN, Burgen und Residenzen des Hochstifts Speyer, S. 104–108.

70 GLAK, 67/1663. Dazu Gesamtübersicht der Bestände des Generallandesarchivs, S. 217.

rum) in zeitgenössischer Schrift wiederfindet. Im Liber secretorum Matthiae wird es als das ‚rote' Register erwähnt[71].

Auf Blatt 1 recto findet sich eine zeitgenössische Datierung *Actum et scriptum die Iovis infra octavam pentecostis* 1467 (= Mai 21). In dem Band wurden die Schulden, die „Hauptgelder", aufgezeichnet, „die unter den Regierungen der vier Vorgänger Ramungs sowie unter seiner eigenen aufgenommen worden waren, soweit man sie noch nicht getilgt hatte. Bei den unter Mathias aufgenommenen Summen findet sich, gleichsam als Rechenschaftsangabe, vermerkt, wofür man jene Gelder verwandt hatte."[72] *Uff unsere Gewyßheit mögen wir wol zu erkennen geben, [dass] uff den Tag, als wir in den Stifft kommen sin u. noch heutzutage, derselb unser Stifft zu Speir höher belestiget u. vast merer schuldig ist, järlich zu Gulte ußzurichten..., dann er järlichs an Renten u. Gulten herträgt*[73].

Der Band enthält an Einzelheiten u. a. eine Zusammenstellung der Ablösungen, die Matthias vorgenommen hat[74]. Ferner u. a. eine Aufstellung des Hausrats in den Schlössern des Hochstifts, die offenbar im Kontext der Huldigung aufgenommen wurde[75]. Schließlich folgt eine Abschrift des „politischen Testaments" des einstigen Bischofs von Speyer, Raban von Helmstatt, für seine Nachfolger[76].

4.15.2.3 Das Lehenbuch Bischof Matthias' Ramung

Das sogenannte Lehenbuch des Speyerer Bischofs und kurpfälzischen Kanzlers Matthias Ramung wird ebenso wie die anderen Kanzleibücher heute im Generallandesarchiv in Karlsruhe aufbewahrt[77]. Es trägt den zeitgenössischen Titel *Specificatio omnium vasallorum, item totius cleri episcopatus Spirensis, item diversi contractus, privilegia, concordia inter clerum, civitatem Spirensem et alios etc. sub Matthia et antecessoribus Spirensibus de anno 1465*[78]. Der Band trägt einen *Alberthus*-Einband und hat mit rotem Leder bezogene Holzdeckel im Format von 30 mal 20,7 Zentimetern, die starke

---

[71] GLAK, 67/296, f. 232r; Hinweis bei Buchner, Innere Regierung, S. 113, Anm. 6.

[72] Vgl. Buchner, Innere Regierung, S. 113 f.; GLAK, 67/302, f. 1r.

[73] Vgl. Buchner, Innere Regierung, S. 150 und ebd., Anm. 1 (Zitat).

[74] Vgl. ebd., S. 122, wo bemängelt wird, dass dies von der Systematik her nichts in diesem Band zu suchen habe. „Die dringende Notwendigkeit von Reformen in der Führung des Rechnungswesens zeigt schon der Umstand, daß man jährlich eine Reihe von Gilten für Kapitalien erlegen mußte, deren Anleihe sich in der Kanzlei nicht einmal registriert fand"; ebd., S. 114. Dasselbe gilt für die darin befindlichen testamentarischen Verfügungen.

[75] Ebd., S. 122, bewertete dies ebenfalls als nicht in die Systematik passend. Besonders die Inventare der Handschrift sind ausgewertet von Andermann, Burgen und Residenzen des Hochstifts Speyer.

[76] GLAK, 67/302, f. 173r–179v. Edition bei Mone, Politisches Testament des Bischofs Raban von Speier, S. 193–201. Auch diese Aufzeichnungen sah Buchner, Innere Regierung, S. 122, in diesem Band als unpassend an.

[77] GLAK, 67/300. Dazu Weech, Ueber das Lehenbuch des Bischofs von Speyer, Matthias Ramung; Konietzny, Das Lehenbuch.

[78] Zitiert nach Weech, Ueber das Lehenbuch des Bischofs von Speyer, Matthias Ramung, S. 131; dazu auch Konietzny, Das Lehenbuch, S. 216.

Abnutzungsspuren des Leders aufweisen[79]. Die Messingknöpfe in der Mitte und wohl auch an den Rändern sind identisch mit denen von 67/301; die Schließenbeschläge sind vorne und hinten noch vorhanden[80]. Der Spiegel vorne und hinten wurde später mit Papier überklebt. Der Buchblock besteht aus Papierlagen, die auch hier wohl aus Gründen der Haltbarkeit mit Pergamentdoppelblättern durchschossen sind[81].

Der Band wird eingeleitet von einem zeitgleichen Inhaltsverzeichnis auf einer vorgebundenen Lage, gefolgt von zwei künstlerisch meisterhaft gestalteten Eingangsminiaturen[82], die den vor der Gottesmutter knienden Bischof einerseits und sein Bischofswappen andererseits darstellen. Es folgt eine Art Narratio[83], die den eigentlichen Lehenbuchteil einleitet. In ihr erläutert der Auftraggeber, Bischof Matthias Ramung, seine Gründe, die ihn zur Anlage der Handschrift bewogen haben[84]. So hört man die Klage über säumige Vasallen, die ihrer Verpflichtung, binnen Jahresfrist ihre Lehen zu muten, nicht nachgekommen sind. Genauso verhielt es sich nach einer Mahnung, was dazu führte, dass einzelne Lehnsmannen über zwei bis drei Pontifikate hinweg

---

79 Vgl. die Abbildungen im Anhang dieser Arbeit, Kap. 2: Zeitgenössische Ansätze zu einer Systematik der Kanzleieinbände.

80 Vgl. dazu die ausführliche und mit Fotografien versehene Beschreibung bei Konietzny, Das Lehenbuch, S. 217–222.

81 Vgl. dazu die Lagen-Tabelle im Anhang ebd., S. 261.

82 Vgl. dazu ebd., S. 224–231. Abbildungen der Vollbilder und 72 Vasallenwappen u. a. bei Neuenstein, Wappen aus dem Lehnbuche des Bisthums Speier; Berchem, Die Wappenbücher, Nr. 38, S. 54.

83 Arenga (so Konietzny, Das Lehenbuch, S. 259 u. ö.) ist m. E. hier nicht der angemessene Ausdruck, vgl. dazu Lackner, Hof und Herrschaft, S. 242–247.

84 *[…] und nach dem alle des Stieffts Lehenmanne, in Jares friest pflichtig sint, die Lehen, sie von dem Stiefft Zuhaben Zu entphahe[n], und doch etliche Lehenman[n]e, der mertheill sollich Ire lehen, von uns in Jares friest nit empfang[e]n, etliche umb erstreckunge derzit, gebeten, auch etliche darin sumig gewest, und versessen sin, und wir unserer vorfaren Lehenbücher und Register auch ubersehen, und uberseh[e]n lassen, und vill sumeniße, unordentlichkeit, und Irrunge, an des Stieffts Lehenschafft, an Büchern und uffgezeichneten gütern, erfunden haben, und etwiemanig Lehen bißher, von zweien, ode[r] drien, unseren vorfaren, nit empfangen, doch die güte[r] dem Stiefft vorbehalt[e]n worden sint, darinen merglich abebruch und schaden dem Stiefft an der Lehenschafft und Manschafft entstanden sin mage, und das sollichs hinfur deste fuglicher vermitten werden moge, Han wir dem Stiefft zu gute, nutze, und fursichtickeit, uns geflyssen diß Buche, und Register mache[n] lass[e]n, Das wir wollen für uns, und unser nachkome[n] ein gruntlich, bewerete, und antentig Salebuch sii, und geheißen wirde[n], und haben sollichs fürgenom[m]en, nach Rate, Wissen und Willen unseres Dumcapittels, und all gelegenheit des Stieffts Lehenschafft, Han wir in diß Buche thun schreiben, der empfengniße der Lehen, bii uns gescheen, und auch etlich[e]r maße der gelege[n]heit, wie wir die warlich uß den forderigen Regist[er]n und versigelt[e]n brieffen, erfunde[n] haben, auch da tun machen der Lehenman[n]e Wappene, uff dis der undereschеit aller lehen destobaß vermerckt werden moge, auch obe die hinfur verfallen, od[e]r Irrunge von Erbschafft weg[e]n, entsteen würde, desto füglicher erkentniße gescheen möchte, wie die eigenschafft eines yeden Lehe[n]s und wem die zusteen solten, wie wir dan sollichs am grüntlichsten haben möge[n] erfaren, und undereicht worden sint*; GLAK, 67/300, f. VIIv; zitiert nach Konietzny, Das Lehenbuch, S. 238, Anm. 80.

die Lehen ganz verschwiegen hätten. Dies führte laut Matthias zu der Notwendigkeit, alle Lehen in den Lehenbüchern und Registern seiner Amtsvorgänger suchen zu lassen, wobei diese sich ebenfalls als fehlerhaft erwiesen hätten. So habe man ein nach Rat, Wissen und Willen des Domkapitels nicht nur aus den alten Registern, sondern auch aus den besiegelten Lehnsreversen ein neues ‚Salbuch' geschaffen und alle Lehen in dieses Buch eintragen sowie die jeweilige Belehnung für die Zukunft aufzeichnen lassen[85].

Allerdings macht dieses groß angekündigte und repräsentativ mit Eingangsminiaturen und Wappenmalerei[86] gestaltete ‚Salbuch' mit 78 Blättern nur etwa ein Drittel der Handschrift aus[87]. Es folgt die 1471 endlich vollzogene Regalienleihe Friedrichs III. an den damals bereits sieben Jahre amtierenden Speyerer Bischof[88]; ferner weitere kürzere Einträge wie ein Verzeichnis der (wenigen) Pfründen liberae collationis des Bischofs sowie verschiedene andere Rechtsmaterien[89]. Größeren Raum beanspruchen erst wieder Abschriften über das Verhältnis zwischen Bischöfen, Geistlichkeit und Stadt Speyer (f. 90r–100r, 155v–158v) sowie ein Kopialbuch mit Urkunden deutscher Könige und Kaiser für das Bistum und Hochstift (f. 101r–155r, 258r–263v), jeweils unterbrochen von weiteren Rechtsmaterien und einem mehrere Seiten langen Katalog der Bischöfe von Speyer (f. 214r–v, 215v–216v) mit eingestreuten historiographischen Einträgen[90].

Auch hiermit entstand eine Mischhandschrift in hoch repräsentativer Form. Sie griff in ihrer Anlage auf ältere Lehenbücher zurück, von denen bereits die Rede war. Interessant ist die Funktion der Wappen als Mittel der Zuordnung auch nach Erbgängen. Die Frage stellt sich, ob dies in einem größeren Zusammenhang als nur dem rein pragmatischen gesehen werden sollte. Mit den Wappen versammelte sich der Lehnshof des Bischofs auf symbolischer Ebene zwischen zwei Buchdeckeln. Ihm Dauer zu verleihen auch über eine Generation hinaus, bei gleichzeitiger Sicherung der Lehen durch den Lehnsherrn sowie der Identifikation ihrer Besitzer, allem dem diente das Salbuch.

4.15.2.4 Die kurpfälzischen Lehenbücher

Es ist kaum bekannt, dass bis zum berühmten und prachtvoll ausgestatteten Lehenbuch Pfalzgraf Friedrichs I. vom Jahre 1472 mindestens vier weitere Lehenbücher an

---

85 Die Tatsache, dass Pfalzgraf Friedrich am 21. Februar 1465 in der fürstlichen Kanzlei durch Bischof Matthias die Speyerer Lehen empfing, wertete dieser in seinem Lehenbuch als großen Erfolg gegenüber seinen beiden bischöflichen Vorgängern; GLAK, 67/300, f. 1v; Buchner, Die Stellung des Speierer Bischofs, S. 262f.

86 Dazu Berchem, Die Wappenbücher, Nr. 38, S. 54.

87 Vgl. die tabellarische Übersicht über den Inhalt des Lehenbuches bei Konietzny, Das Lehenbuch, S. 259f.

88 *Acceptatio et investitura regalium et feodorum ecclesiae Spirensis a et coram domino imperatore Romanorum Friderico per dominum Mathiam episcopum Spirensem Ratispone facte;* GLAK, 67/300, f. 80r. Eine Edition bei Buchner, Die Stellung des Speierer Bischofs, Beilage III, S. 300f.

89 Vgl. dazu Glasschröder, Die Pfründen liberae collationis, S. 156; ferner die Edition, ebd., S. 163–67.

90 Konietzny, Das Lehenbuch, S. 254f. Edition bei Mone, Quellensammlung der badischen Landesgeschichte, Bd. 1, S. 186–189.

seinem Hof entstanden[91]. Zwei davon datieren von Anfang der fünfziger Jahre, zwei weitere um die Mitte der sechziger Jahre des 15. Jahrhunderts.

Das früheste betraf die Pfalzgrafschaft nur mittelbar, denn es wurde in den Jahren 1450/51 in Zusammenhang mit dem Kauf der Herrschaft Weinsberg übernommen und weitergeführt[92]. Es handelt sich dabei um eine 171 Blätter starke Papier-Handschrift. Der Buchblock ist in einen mit hellem Leder bezogenen Holzdeckeleinband eingebunden; auch bei ihm handelt es sich um einen signierten *Alberthus*-Einband mit 3 Stempeln im Format 21,0 mal 31,5 Zentimetern[93]. Die vorderen Messingschließen und die hinteren Knöpfe (Durchmesser 1,7 Zentimeter) in Blumenform sind samt der Schnallen erhalten[94]. Da die Mitte des vorderen Buchdeckels später mit einem Papier überklebt worden ist, lassen sich keine Beschriftungsspuren o. ä. erkennen. Auf dem Kopfschnitt steht *Weinsperge(r) Lehen.*

Der Vorsatz des vorderen Buchdeckels ist offensichtlich mit dem ehemaligen pergamentenen Umschlag bezogen. Darauf steht mit großer repräsentativer Schrift: *Lehenbuch der herrschafft Winßperg,* darüber in verblasster Schrift *Lehenbuch gedenck an thumeneck mit Johannes Siglinger,* dazwischen in kleiner Kursive *Lehenbuch der Herrschaft Winsperg. Thumeneck* bezieht sich auf Burg und Herrschaft Domeneck (bei Möckmühl an der Jagst). Es handelt sich dabei um ein Lehen der Herren von Weinsberg, das diese mitsamt ihrer Herrschaft 1450 an die Kurpfalz verkauften[95]. Ein Hans von Siglingen war 1454 „pfälzischer Keller zum Steinsberg (BA. Sinsheim)“[96]. Der hintere Vorsatz ist teils mit Papier, teils ebenfalls offenbar mit einem ehemali-

---

[91] Vgl. GLAK, 67/1663, 1664, 1911, 1914; dazu Gesamtübersicht der Bestände des Generallandesarchivs, S. 217 und 223. Dazu auch Krimm, Ein königgleicher Lehnshof, S. 64 f.; sowie die Handschriftenbeschreibungen von Dems., in: Der Griff nach der Krone, Nr. 81, S. 240 (Weinsbergisches Lehnsbuch); ebd., Nr. 82, S. 240 f. (Lehnsbuch Pfalzgraf Friedrichs I. aus der Zeit der Vormundschaft (1450–1451); ebd., Nr. 83, S. 241 (Lehnsbuch des Kurfürsten und Pfalzgrafen Friedrich I. des Siegreichen); ebd., Nr. 84, S. 241 f. (Lehnsbuch des Kurfürsten und Pfalzgrafen Ludwig IV.).

[92] GLAK, 67/1663, sogenanntes Weinbergisches Lehenbuch (1341–1451); dazu Gesamtübersicht der Bestände des Generallandesarchivs, S. 217; Krimm, in: Der Griff nach der Krone, Nr. 81, S. 240 (Weinsbergisches Lehnsbuch). Die Herrschaft war im Jahr 1450 aufgrund der völligen Verarmung der Herren von Weinsberg von diesen an die Kurpfalz verkauft worden; vgl. Das Land Baden-Württemberg, Bd. 4, S. 144 f.

[93] Der vordere *Alberthus*-Stempel ist mit einem Papierschild überklebt. Der Stempelschmuck ist identisch mit dem Liber debitorum von Matthias Ramung; GLAK, 67/302.

[94] Vermutlich hängt der gute Erhaltungszustand mit den Überlieferungsverhältnissen der Handschrift zusammen. Bereits die hohe Zahl der Signatur deutet an, dass der Band erst spät in die Reihe der Kopialbücher aufgenommen wurde, entsprechend im älteren gedruckten Inventar fehlt und im neueren an entlegener Stelle zu finden ist; vgl. Gesamtübersicht der Bestände des Generallandesarchivs, S. 217.

[95] Vgl. Beschreibung des Oberamts Neckarsulm, S. 685. Der letzte legitime Erbe war Friedrich von Domneck, seit 1426 Bischof von Worms, gewesen, der 1445 in Heidelberg gestorben war; Keilmann, Friedrich von Domneck, S. 879f.

[96] Beschreibung des Oberamts Neckarsulm, S. 643.

gen Pergament-Buchdeckel beklebt. Man erkennt nur noch in großen Buchstaben: *Lehe* [...][97].

Was ihren Inhalt anbetrifft, so scheint es sich auf dem ersten Blick um eine Art Mischhandschrift verschiedenen Inhalts zu handeln, der sekundär eine Funktion als Lehenbuch zugewiesen wurde. Sie beginnt mit einer Lage leerer Blätter mit einem Ochsenkopf-Wasserzeichen mit Blume und Dreieck unten. Dann folgt ein ziemlich abgegriffenes Papierfaszikel von einer Lage mit einem Weintraubenwasserzeichen, auf dessen Deckblatt in Kursive steht: *Kauff und Reversbrieffe uber sloß und stat Winsperg und auch allerley schuldbrieff. Inchoatum Anno domini etc. quinquagesimo.* Es folgen Urkundenabschriften aus den Jahren 1450/51. Diese Lage endet mit fünf leeren Blättern.

Die nächste Lage weist die gleichen Hilfslinien (18 mal 10,8 Zentimeter) und das Wasserzeichen auf, enthält aber ein die Hilfszeilen kaum beachtendes, von späterer Hand verfasstes, dem Ablauf des Textes folgendes, aber nur Namen nennendes Inhaltsverzeichnis. Auf dessen letzter Seite steht *Nota was mit ein Ringelin gezeichent steet diesselben gutter sin von minem gnedigen herrn pfalczgraven empfangen oder geeygen nota was aber mit ein cruczlin gezeichent ist dieselben gutter sin von der pfalcze nit empfangen.* Auf der nächstfolgenden Seite hat eine spätere Hand das Inhaltsverzeichnis beendet[98]. An dieser Stelle wechseln auch im Text Hand und Tinte. Die Lage endet mit sieben leeren Seiten. Diese Lage leerer Blätter dürfte von vorne herein für ein Register oder andere Formen der Erschließung des Inhaltes der Handschrift gedacht und angelegt worden sein. Dieses ist für Bände aus der kurpfälzischen Kanzlei typisch, wie noch zu zeigen sein wird.

Erst danach folgt ein Lehenbuch, das Ende der vierziger Jahre des 15. Jahrhunderts entstanden ist[99]. Auf Folio 104 recto geschieht ein Wechsel hin zu einer moderneren Hand; aber bereits vorher ist der Text immer wieder mit Überschriften und Marginalien (und den Seitenzahlen) von der Hand des Schreibers durchsetzt, der auch das Inhaltsverzeichnis schrieb.

Erinnert sei daran, dass noch 1452 von kurpfälzischer Seite Erkundigungen eingezogen wurden, die den weinsbergischen Wildbann im Harthäuser Wald betrafen. Hieran war neben Hans Rüdt von Eubigheim auch Matthias Ramung beteiligt gewesen[100].

---

[97] Das Kapital ist mit dünnen Fäden in Grün, Hell-(grün) und Rot umwunden. Der Buchrücken ist am vorderen Falz etwas aufgebrochen, darunter kommt leuchtendrotes Leder hervor. Es stellt sich die Frage, ob der Band gleichzeitig mit den in leuchtend rotes Leder eingebundenen Speyerer Amtsbüchern gebunden worden ist.

[98] Am Schluss des Bandes folgt ein später Index des 18. Jahrhunderts; dazu Krimm, in: Der Griff nach der Krone, Nr. 81, S. 240.

[99] Zum Lehnsbuch des Reichserbkämmerers Konrad von Weinsberg († 1448) vgl. ebd.

[100] Vgl. Stuttgart, Hauptstaatsarchiv, Bestand A 602, Nr. 11319 f.; Württembergische Regesten, Bd. 1,2, Nr. 11319, S. 442; ebd., Nr. 11320, S. 442 (beide 1452 Februar 13). Ferner in dieser Arbeit das Kap. 4.14: Verwaltungsjurist oder illegitimer Fürstenspross? Matthias Ramung als Kanzler Friedrichs I.

Die kodikologische Analyse zeigt, dass das Lehenbuch zunächst in Pergament gebunden war und zu einem späteren Zeitpunkt nach den in der Kanzlei, wie wir sehen werden, üblichen Gepflogenheiten neu gebunden wurde, wobei eine intensivere Erschließung von vorne herein vorgesehen war.

Das zweite um dieselbe Zeit entstandene Lehenbuch ist ein Ergebnis der zunächst in Vormundschaft für seinen minderjährigen Neffen Philipp erfolgenden Regierung Pfalzgraf Friedrichs I. (1450–1451)[101]. Auch diese Handschrift wurde in einen mit hellem Leder bezogenen Holzdeckeleinband im Format 31,5 mal 22 Zentimeter eingebunden und trägt vorne und hinten den Namen-Stempel des Albertus neben weiteren Prägestempeln[102]. In der oberen Mitte des Vorderdeckels ist folgender Titel geschrieben: *Feodorum* [...] *domini friderici*, auf dem vorderen Vorsatz *Lehenregister der Vormundschaft*, auf dem Kopfschnitt *feodorum d(omini) F(riderici)*[103]. Als Spiegel dient u. a. eine Lehnsurkunde Pfalzgraf Friedrichs I. für Hans Tragher genant [Lindenlaub] vom 19. September 1464[104]. Wir dürfen demnach davon ausgehen, dass der Band mit hoher Wahrscheinlichkeit erst nach diesem Zeitpunkt eingebunden worden ist.

Bei dem Lehenbuch, der Text selbst spricht von ‚Lehenregister', handelt es sich um eine sorgfältig geschriebene, m. E. durchaus repräsentative Papierhandschrift im Umfang von 199 Blättern von der Hand eines einzigen Schreibers[105]. Die Namen der Lehnsnehmer sind in Großbuchstaben geschrieben[106] und werden durch ein vorgebundenes Register aufgeschlüsselt. Dieses Lehenbuch weist eine ständische Gliederung auf, differenziert nach Herzögen (f. 1r–3v), Grafen (f. 5r–13v)[107], Herren (f. 15r–25r) und allen sonstigen, bestehend aus Niederadel und Nichtadligen (f. 31r–199v). Letztere war die umfangreichste Gruppe und ihrerseits alphabetisch geordnet[108]. Auch in diesem Fall wurde der Text durch ein vorgebundenes alphabetisches Namenverzeichnis erschlossen.

---

[101] GLAK, 67/1914, sogenanntes Lehenbuch des Pfalzgrafen Friedrich aus der Zeit der vormundschaftlichen Regierung (1450–1451); dazu Gesamtübersicht der Bestände des Generallandesarchivs, S. 223; Krimm, in: Der Griff nach der Krone, Nr. 82, S. 240 f. – Zur Geschichte der Handschrift, die gemeinsam mit 67/1911 im Jahre 1952 aus dem Besitz der von Thüngen angekauft werden konnte, vgl. eBd. – Auf der Innenseite des vorderen Buchdeckels findet sich der Titel *Lehen register der vormundschaft*.

[102] Auch bei ihm haben sich die Messingschließen vorne und -knöpfe hinten erhalten.

[103] Das Kapital besteht aus roten, grünen und hellen Fäden.

[104] Angaben bei Krimm, in: Der Griff nach der Krone, Nr. 82, S. 241 (mit Hinweis auf 67/1911, f. 69v).

[105] Der Buchblock hat das Format 29 × 21,5 cm, der Schriftspiegel beträgt 20,5 × 13,5 cm. – Krimm, Ein königgleicher Lehnshof, S. 63, Anm. 15, ist in Bezug auf die geringere Repräsentativität dieser Papier-Handschrift (im Vergleich zu den pergamentenen Lehenbüchern) sicher zuzustimmen, doch ist der Kodex von seiner Aufmachung her immer noch weit von einer schlichten Gebrauchshandschrift entfernt.

[106] Auf f. 280 findet sich eine ausgemalte Initiale.

[107] Auf Folio 12r–14v findet sich ohne Seitenzählung ein *Verzeichnis der Burglehen der hiernach geschrieben Burgmannen*.

[108] Oben rechts in verblasstem Rot war jeweils der Buchstabe geschrieben. Am Rand der Urkunden finden sich jeweils ebenfalls mit verblasster roter Tinte Hinweis auf die Art des Lehens.

Zwei weitere Lehenbücher entstanden ein gutes Jahrzehnt später. Den Anlass lieferten vermutlich Rekonstruktions- und Erschließungsarbeiten nach den Verlusten durch den Brand des als Kanzlei bezeichneten Gebäudes am Heidelberger Burgberg am 20. August 1462. Es handelt sich um die beiden Karlsruher Kodizes 67/1911 und 67/1664.

Der erste mit der Signatur 67/1911 ist eine schlichte und schmucklose Papierhandschrift im Umfang von 379 Blättern[109]. Auch sie ist in einen gut erhaltenen und mit hellem Leder bezogenen Holzdeckel im Format 30 mal 21 Zentimeter eingebunden, der zwar nicht den Namen-, aber sieben verschiedene Prägestempel des Albertus trägt. Die Messingschließen vorne und -knöpfe hinten sind hinten vollständig erhalten. Am oberen Rand des Mittelfeldes steht: *Feodorum post Combustionem cancellarie ducis Friderici,* auf dem oberen Schnitt: *feudorum d(omini) (F(riderici) u. j.*[110]

Er enthält protokollartige Aufzeichnungen über die Neubelehnungen nach dem Brand der Kanzlei und ist ein Arbeits- und kein Repräsentationsexemplar. Auch dieses Lehenbuch wird erschlossen durch ein dem Text vorgebundenes, alphabetisches Personenverzeichnis (f. 6r–24r). Für jeden Buchstaben war eine eigene Seite reserviert, was den Vorteil hatte, dass man den Überblick behielt[111]. Die Einträge sind chronologisch, die erste Belehnung datiert auf den 6. September 1462 und galt einem gewissen Konrad von Lamersheim[112]. Erst mit ihr beginnt die zeitgenössische Foliierung. Der letzte Eintrag datiert auf Mittwoch, nach St. Elisabeth 1476, d. h. auf den 20. November 1476[113]. Am 12. Dezember desselben Jahres, also nur wenige Wochen später, starb Friedrich der Siegreiche. Wie aufgrund der chronologischen Anlage zu erwarten, wechseln die daran beteiligten Schreiberhände häufig. Es handelt sich demnach tatsächlich um ein Register, das unmittelbar nach dem Brand der Kanzlei am 20. August 1462 einsetzt und kontinuierlich geführt wurde.

---

[109] Seitenformat: 29 × 21 cm, Schriftspiegel: 20 × 13. Vgl. dazu GLAK, 67/1911, sogenanntes ‚Böß Fritzen Lehenbuch. Feodorum post combustionem cancellarie ducis Friderici 1463 (1463–1476)'; vgl. dazu Gesamtübersicht der Bestände des Generallandesarchivs, S. 223; Krimm, in: Der Griff nach der Krone, Nr. 83, S. 241: „Von vielen Bearbeitern bis zum Tod Pfalzgraf Friedrichs 1476 fortlaufend geführt, teils chronologisch nach Anfall, teils mit Nachträgen älterer Urkundentexte, ist der Band das Muster eines ‚Geschäftsbuchs' mit Namensindex, wie es die spätmittelalterliche Kanzlei für den internen Gebrauch entwickelt hatte". – Auch diese Handschrift gelangte erst 1952 in das Karlsruher Generallandesarchiv; vgl. die Hinweise in GLAK, Repertorium der Kopialbücher (Abt. 67), Bd. 5: Nachträge zu Nr. 1911; ferner Krimm, a. a. O., Nr. 82, S. 241.

[110] Teile des Innendeckels sind mit einer kassierten und makulierten Pergamenturkunde Friedrichs des Siegreichen bezogen, deren Datum nicht erkennbar ist.

[111] Auf der vorgebundenen Lage finden sich neben dem alphabetischen Personenverzeichnis weitere Einträge; GLAK, 67/1911, f. 1–4: leer (ohne Seitenzählung); f. 5r: *Wie die lehen zu beyden siten Rines underscheidlich verfallen* (Es folgen Verordnungen!); f. 5v: leer. Auf Folio 24r–v liest man auf der Mitte der Seite: *Dieß sint die Mannschafften von Burggrave Otten herrn zu Nuwen und Alten Beymburg grave zu Salme in Oßlingen die in myn gnedig herre der Pfalzgrave zu lihen hat.*

[112] Vgl. GLAK, 67/1911, f. 1r.

[113] Ebd., f. 339.

Demgegenüber belegt das Karlsruher Kopialbuch 67/1664, dass man nach dem Brand der Kanzlei sogar das Lehenbuch Pfalzgraf Ludwigs IV. (* 1424, † 1449, reg. 1442–1449), unmittelbarer Vorgänger des amtierenden Pfalzgrafen Friedrich I., aus den im Briefgewölbe auf der Heidelberger Burg vorgefundenen Lehnsreversen komplett neu rekonstruierte, wenn nicht gar insgesamt ganz neu verfasste[114]. Die Handschrift wurde genau wie die übrigen bislang besprochenen in einen hellen Ledereinband auf Holzdeckel gebunden[115]. Auch in diesem Fall handelt sich um einen vorne und hinten signierten *Alberthus*-Einband mit insgesamt nur drei Stempeln, der sich bis heute in einem makellosen Erhaltungszustand befindet[116]. Die vorderen Messingschließen sowie die hinteren, in schöner Blumenform gestalteten Messingknöpfe sind noch vorhanden ebenso wie die Schließen. Für das Vorsatzblatt wählte man unbeschriebenes Pergament. Ob sich auf dem Vorderdeckel ehemals eine Beschriftung befunden hat, ist nicht mehr zu erkennen. Dort wurde später ein Papierschild aufgeklebt, auf dem neben anderem groß das Jahr 1440 verzeichnet ist. Auf dem Kopfschnitt findet sich die stark gekürzte Aufschrift *feudo(rum) d(omini) L(udovici) iuniori.*

Es handelte sich im Gegensatz zu der vorher behandelten um eine Handschrift auf hochwertigem Papier[117]. Dem eigentlichen Text sind eine unbeschriebene Lage, ferner ein Pergamentblatt sowie ein unfoliiertes Register vorgebunden. Auf dem Pergament steht, beginnend mit einer schönen I-Initiale: *In nomine sancte et individue trinitatis patris et filii et* *bis hier Buchschrift, ab hier kursiv:* *spiritus sancti et feliciter Amen. Incipit registrum continens bona feodalia et nomina vasallorum principum comitum baronum aliorumque procerum et mobilium qui ab illustri principi et domino domino Ludovico comiti palatino Reni sacri Romani Imperii archidapifero principi electorum et Bavarie duci juniori tempore sui regiminis de infra scriptis fuerunt feodis investiti. Et prima parte nomina principum deinde comitum baronum (et) aliorum secundum ordine alphabeti.* Auf der Seite, auf der der Überblick über die Personennamen beginnt, folgt die Angabe *Register der Lehenmanne myns gnedigen herrn hertzog Ludwigs des Jungen empfangen in annis d(o)m(ini) m°cccc xl secundo, III, IIII, etc.* Auch dieses Lehenbuch war demnach ständisch gegliedert, wie im einleitenden Text angekündigt.

Der 1424 geborene Pfalzgraf Ludwig IV., älterer Bruder Friedrichs des Siegreichen, war noch nicht volljährig, als sein gleichnamiger Vater nach längerem Siechtum im

---

[114] GLAK, 67/1664, sogenanntes Lehenbuch Ludwigs IV. (1438–1449); vgl. dazu Gesamtübersicht der Bestände des Generallandesarchivs, S. 217; Krimm, in: Der Griff nach der Krone, Nr. 84, S. 241 f.

[115] Deckelformat: 31,2 × 22 cm. Das Kapital besteht aus dünnen Fäden in Grün, Hellgrün und Rot.

[116] Sehr wahrscheinlich liegt dies daran, dass die Bände im alten Archivinventar (= Inventare des Grossherzoglich Badischen General-Landesarchivs, Bd. 1), noch nicht verzeichnet waren und in der von Manfred Krebs bearbeiteten Gesamtübersicht der Bestände des Generallandesarchivs, S. 217, an entlegener Stelle stehen.

[117] Format 29 × 21 cm; Schriftspiegel 20 × 12 cm. Größtenteils mit Ochsenkopf-Wasserzeichen mit Blume und unterem Dreieck.

Jahre 1436 starb. Die Vormundschaft übernahm zunächst sein Onkel väterlicherseits, Pfalzgraf Otto von Mosbach; 1442 wurde Ludwig für mündig erklärt. Er starb bereits 1449 mit nicht ganz 25 Jahren und hinterließ mit Philipp dem Aufrichtigen einen noch im Kleinkindalter befindlichen unmündigen Sohn[118]. Die Einträge beginnen laut Titel mit dem Jahr 1442.

Die ursprüngliche Foliierung beginnt mit dem Text, d.h. mit den Urkundenabschriften. Auch hier war man um Repräsentativität bemüht, indem man bei wichtigen Persönlichkeiten die ersten zwei Zeilen, ansonsten die erste Zeile oder – falls der Name kürzer war – lediglich den Namen in repräsentativer Buchschrift gestaltete. Die meisten Reverse sind sehr kurz gehalten, am Rand befinden sich jeweils knappe Bemerkungen zur Art des Lehens.

Nach der ersten Lage wechselt zunächst die Hand, lediglich die Marginalien werden weiter von der ersten Hand geschrieben. Ab Blatt 49 recto ist es wieder die erste Hand. Offenbar beginnen neue Buchstaben bevorzugt am Anfang einer Lage; möglicherweise ist dies ein Hinweis darauf, dass man die Lagen zeitlich parallel beschrieb. Da man bei den zahlenmäßig umfangreichsten Niederrangigeren alphabetisch vorging, brauchte man bei ihnen auf keinerlei Rangunterschiede Rücksicht nehmen.

Es stellt sich die interessante Frage, wo dieses Lehenbuch geschrieben worden ist. Es selbst bezeichnet sich, wie bereits ausgeführt, als *registrum continens bona feodalia et nomina vasallorum.* Folgt man seinen Ausführungen, dann müsste es auf dem Heidelberger Schloss im Kontext des Archivs entstanden sein. Die Arbeit an mehreren Lagen bot die Möglichkeit, es rasch fertig zu stellen. Im Text auf der Vorderseite von Blatt 32 findet man einen Eintrag, der Auskunft über die Entstehung der Handschrift und ihre Datierung gibt. Dort heißt es, dass am 20. August des Jahres 1462 das „Haus der Kanzlei“ (*domus cancellarie*) Pfalzgraf Friedrichs in Heidelberg des Nachts abgebrannt sei. In diesem Gebäude seien viele würdige und bemerkenswerte Register der Lehen und anderer Fälle und Angelegenheiten (*quam plura fide digna et notabilia registra feodorum aliarumque causarum et negotiorum*) Friedrichs und seiner Vorgänger verbrannt. Daher habe man für die zukünftige Erinnerung und den täglichen Gebrauch aus den Urkunden über die Lehnsreverse, die aus Beweisgründen im Heidelberger Schloss gelagert worden seien, dieses Register gefertigt. In ihm seien die Lehen und die Namen der Vasallen verzeichnet worden, die Herr Ludwig belehnt habe. Dieses Register sei am 19. September 1463 unter Herrn Matthias Ramung, Kanzler und Propst von Wimpfen im Tal, fertig gestellt worden. Als Nachtrag folgt dann eine Ergänzung mit anderer Tinte, dass er danach Bischof von Speyer geworden sei[119]. Man war offenbar in der kurpfälzischen Kanzlei in der Lage, Brandverluste an

[118] Schaab, Geschichte der Kurpfalz, Bd. 1, S. 172–176.

[119] GLAK, 67/1664, f. 32r: *In nomine sancte et individue trinitatis patris et filii et spiritus sancti amen. Domo cancellarie illustris principis et domini domini etc. Friderici comiti palatini Reni sacri Romani imperii archidapiferi principis electoris ac ducis Bavarie in opido Heidelbergensi sita funditus igne corrupta die Veneris ante Bartholomei apostoli tempore nocturno. Inn anno domini etc. LX secundo* [= 1462 August 20]. *In qua quidem cancellarie domo perierunt et*

Registern rasch wieder auszugleichen. Vermutlich bildete der Kanzleibrand sogar den Impuls zu dieser Reorganisation der Kanzlei.

Dieses Lehenregister war laut Aussage des erläuternden Textes für das Gedächtnis der zukünftigen Generationen sowie für den täglichen Gebrauch bestimmt. Die originalen Lehnsreverse bewahrte man im Heidelberger Schloss und nicht in der Kanzlei auf. Interessant ist, dass dieser Text auf Pergament geschrieben ist, während die gesamte übrige Handschrift aus Papier besteht. Lediglich die erste und diese Lage haben ein Außenblatt aus Pergament. Offenbar sollte dies die Bedeutung der Notiz unterstreichen und deren Haltbarkeit sichern. Doch auch diese Total(re)konstruktion der Jahre 1462/63 bewegte sich, genau wie das ein knappes Jahrzehnt jüngere prachtvolle Lehenbuch Friedrichs I., in altbekannten Bahnen: *Et prima parte nomina principum deinde comitum, baronum et aliorum secundum ordine alphabeti*[120].

Alle diese Erfahrungen mit der Anfertigung dieser Handschriftengattung bildeten offenbar die Grundlage für die illuminierte Handschrift des Lehenbuches Friedrichs des Siegreichen vom Anfang der siebziger Jahre[121]. Es gilt als „eines der aufwändigsten Lehnsbücher des 15. Jahrhunderts"[122]. Neben dem Lehenbuch Pfalzgraf Ludwigs V. von 1538 ist es heute eines der beiden „heraldische[n] Prachtstücke" des Karlsruher Generallandesarchivs und ist nach seiner Entdeckung im Jahre 1886 im Rahmen der Fünfhundertjahrfeier der Universität Heidelberg verschiedene Male behandelt worden[123]. Allerdings gab es auch hierbei eine zeitpolitische Komponente, auf die gleich noch genauer eingegangen werden soll[124]. Was seine Funktion anbetrifft, beschränkte

---

igne consumpta fuerunt quam plura fide digna et notabilia registra feodorum aliarumque causarum et negotiorum tempore regiminis praefati principis et domini Friderici et progenitorum suorum felicium recordationum confecta. Itaque pro futurorum memoria et usu cottidiano ex litteris reversionum feodorum sitorum in testitudine castri Heidelbergensi praesens registrum est pro continuacione inceptum continens bona feodalia et nomina vasallorum eorundem de qui ab eodem domino Ludovico de hiis sue feodis investita. Et exordium habuit praesens registrum die lune XIX mensis Septembris anno domini etc. LX tercio [= 1463 September 19] *sub domino Mathie Ramung cancellario et praeposito vallis Wimpinensis etc.* [Tintenwechsel in dunklerer Tinte:] *ex post episcopi Spirensis.*

120 GLAK, 67/1664, f. 1* (= f. 1 des unfoliierten, dem Text vorgebundenen Inhaltsregisters).

121 GLAK, 67/1057. Zu ihm vgl. Inventare des Grossherzoglich Badischen General-Landesarchivs, Bd. 1, S. 154; Gesamtübersicht der Bestände des Generallandesarchivs, S. 206.

122 Krimm, Ein königgleicher Lehnshof, S. 64. Laut Konrad Krimm verzichtete Friedrichs Nachfolger, Pfalzgraf Philipp, auf eine eigene „Neuauflage" und seine Kanzlei legte „nur für sich selbst ein aktualisiertes Lehnsregister" an; ebd. Man muss sich dabei fragen, ob Philipp den hier getriebenen Aufwand überhaupt nötig gehabt hätte; vgl. dazu Kap. 4.15.3: Ausblick: Zur weiteren Entwicklung.

123 Weech, Ueber die Lehenbuecher; einige Jahre später erschien: Neuenstein, Wappen aus dem Lehenbuche; Berchem, Die Wappenbücher, Nr. 32, S. 44–46. Vgl. dazu auch Krimm, Ein königgleicher Lehnshof, S. 61; Konietzny, Das Lehenbuch; Andermann, Lehnsbuch des Pfalzgrafen Friedrich I. (zu möglichen Modellen und Nachahmern ebd., S. 442 f.); Rehm, *allzyt dienen, gewarten, gehorsam und verbunden sin alz manne iren herren*, S. 43 f. Farbabbildungen der Wappen bei Wolfert, Die Wappen.

124 Vgl. Krimm, Ein königgleicher Lehnshof, S. 61.

sich die ältere Forschung auf die lapidare Aussage: Die Lehenbücher sollten verhindern, „daß die Lehen ohne Wissen und Willen des Lehnsherrn ‚verändert', d.h. auf andere Personen übertragen wurden"[125].

Es handelt sich um einen großen Pergamentkodex mit den Maßen 44 mal 30 Zentimeter im Umfang von 373 Blättern. Auch er ist in einen hellen *Alberthus*-Einband in Blindprägung auf Holzdeckeln eingebunden. Dieses, auf den 26. April 1471 datierte Lehenbuch, es selbst spricht von sich als ‚Mannbuch' bzw. an anderer Stelle von ‚der Ordnung unseres Salbuchs'[126], folgte einer ständischen Gliederung[127], wobei zunächst die Passivlehen verzeichnet wurden, die Friedrich dem Siegreichen von den Erzbischöfen Köln und Trier sowie den Bischöfen von Bamberg, Worms, Speyer und Straßburg verliehen worden waren. Erst danach folgten [ab Seite 43] die Aktivlehen in der Reihenfolge Fürsten, Grafen, Herren, Ritter und andere, „durchweg geschmückt mit den kunstvoll gemalten Wappen (Schild, Helm, Helmzier und Decken) der jeweiligen Vasallen und von Fall zu Fall ergänzt um Notizen zur Geschichte der einzelnen Lehen"[128] mit den entsprechenden Nachweisen und Datierungen. „Der Band nennt also Grundlagen pfälzischer Herrschaft. Er ist auch inhaltlich mehr als ein Lehenregister: Er legitimiert seinen Auftraggeber"[129].

Die Handschrift hat auch von Seiten der Kunstgeschichte starke Beachtung gefunden[130]. Dies gilt besonders für die beiden ganzseitigen Eingangsminiaturen. Auf der linken Seite befindet sich eine Darstellung des thronenden Pfalzgrafen Friedrich, der „den Bildaufbau vollkommen" beherrscht. Die Identifikation seiner Person erfolgt nicht nur über Standesepitheta wie Herzogs- bzw. Kurhut, den Hermelinkragen und den prächtigen Brokatmantel, sondern auch über die an der Thronarchitektur angebrachten Wappen, die eine Art Ahnenprobe darstellen und damit sein Herkommen zu dokumentieren. Auf sie wird auch am Bildrand verwiesen bzw. die Wappen werden dort aufgelöst und namentlich benannt[131].

---

125 So BUCHNER, Innere Regierung, S. 119, 121, unter Hinweis auf WEECH, Ueber die Lehenbuecher.

126 Beide Bezeichnungen finden sich im Proömium; GLAK, 67/1057, f. 39r.

127 Dies wird ebenfalls im Proömium angesprochen: *So haben wir Friderich [...] solichs mit zittigen furrate und gutten wissen mit unsern trefflichen retten ernstlich bedacht, uns ein ordenung unsers salbuchs furgenomen, eins iglichen mans lehen guttere beschriben und desselben lehen mans wappen mit schilt und helme by die lehen guttere in solche mannbuche seczen lassen, als das alles eygentlich hernach beczeychent steet*; eBd. f. 39r. Die Transkiption folgt der Edition des gesamten Proömiums bei WEECH, Ueber die Lehenbuecher, S. 4.

128 ANDERMANN, Lehnsbuch des Pfalzgrafen Friedrich I., S. 442.

129 KRIMM, Ein königgleicher Lehnshof, S. 65.

130 Vgl. u. a. Spätgotik am Oberrhein, Nr. 465, S. 369; VAASSEN, Die Werkstatt der Mainzer Riesenbibel, Sp. 1360f.; FROMMBERGER-WEBER, Spätgotische Buchmalerei am Oberrhein, S. 108–112, bes. S. 109f.; KRIMM, Ein königgleicher Lehnshof, S. 61–64. Eine Beschreibung der Handschrift bei WEECH, Ueber die Lehenbuecher, S. 3–12. Abbildungen der Miniaturen finden sich auch im Anhang dieser Arbeit, Kap. 3: Verwaltungsbehelfe oder Zeugnisse symbolischer Kommunikation?

131 KRIMM, Ein königgleicher Lehnshof, S. 65.

Konrad Krimm sah in der Darstellung Anklänge bzw. die Übernahme „der kaiserlichen *maiestas*" im Sinne einer „typologische[n] Nähe" mit starken Anklängen an kaiserliche Thronsiegel seit der Zeit Karls IV. Nur dass bei den am Thron des Pfalzgrafen hängenden Wappen nicht die Herrschaft, sondern die Herkunft angezeigt wird. „Es liegt nahe, diese besondere Legitimierung der Person mit den Legitimationsproblemen der Herrschaft Friedrichs I. in Verbindung zu bringen". Es wurde bereits erwähnt, dass auf dem Regensburger Reichstag im Juni des Jahres 1471, also nur wenige Monate nach der Fertigstellung des Lehenbuches, die Person Friedrichs und die „pfälzische Frage" auf der Agenda standen[132].

Interesse verdient, wie Konrad Krimm die in zweifaches Grün gekleidete Person gedeutet hat, die von einem (?) der vier (oder drei) Kanzleiangehörigen dem thronenden Pfalzgrafen präsentiert wird. Vermutlich handelte es sich um ein Mitglied der sich damals in einer politisch kritischen Phase befindenden ritterlichen bzw. niederadeligen Eselsgesellschaft. Nahezu alle ihr angehörigen Familien „erscheinen 1471 unter den pfälzischen Lehnsleuten. [...] Als Vertreter der Leitfamilien in Kraichgau und Odenwald bildeten sie jedoch zweifellos den Kern des Adels, den die Pfalzgrafen auf vielerlei Weise an sich zu binden verstanden". Gerade das Hofgericht bildet hierbei eines „der wirksamsten Mittel". Krimm interpretierte daher die „merkwürdige typologische Ambivalenz" der Miniatur, „die den Lehnsakt nahezu als Gerichtsszene darstellt", als bewusst gewähltes und eingesetztes Mittel[133]. Von der Ikonographie her deutete er es eher als eine Gerichts- als eine Belehnungsszene[134].

Die ältere Forschung sah dies noch ganz anders. „Das Titelbild des pfälzischen Lehensbuches bildet die Darstellung des Vorganges der Belehnung: links (vom Beschauer) vor dem auf einem Throne sitzenden Kurfürsten stehen zunächst der Kanzler, wie er eben dem Lehensmann den Treueid vorspricht, der kurfürstliche Protonotar und der kurfürstliche Sekretär. Außer dem Lehensmann findet sich noch eine 6. Person vor, wohl der kurfürstliche Hofmeister. Die schlafenden Hunde wie der auf dem Bilde angebrachte Fasan haben wohl keine symbolische Bedeutung, sondern dürften aus der Freude des Künstlers am malerischen Detail zu erklären sein"[135]. Die neuere Forschung interpretiert (nicht nur) die Tiere anders[136]. „Lehnsbücher waren im späten Mittelalter nicht reines Verwaltungsschriftgut, vielmehr kam ihnen im Rahmen des regelmäßig wiederkehrenden Belehnungszeremoniells eine wichtige Funktion als Me-

---

[132] Ebd., S. 66 f. Zum Ereignis vgl. SCHAAB, Geschichte der Kurpfalz, Bd. 1, S. 183.

[133] KRIMM, Ein königgleicher Lehnshof, S. 68 f. Zitate ebd., S. 69. – Zur Gesellschaft vgl. HAMMES, Ritterlicher Fürst und Ritterschaft, S. 269–274.

[134] KRIMM, Ein königgleicher Lehnshof, S. 68 f. – Zur Deutung des Bildes als ein „Akt distanzierter Lehnsherrschaft"; ebd., S. 66.

[135] So BUCHNER, Innere Regierung, S. 121.

[136] Vgl. KRIMM, Ein königgleicher Lehnshof, S. 67–69. – Zur repräsentativen, symbolischen und allegorischen Funktion von Tieren im Mittelalter vgl. DITTRICH/DITTRICH, Lexikon der Tiersymbole; BELOZERSKAYA, Good Dog; WALKER-MEIKLE, Medieval Pets.

dium der höfischen Repräsentation zu."[137] Der Vasall leistete seinen Treueid auf das Lehenbuch, wie man erstmals in diesem Exemplar nachlesen kann[138].

Der hier besprochenen Miniatur mit dem thronenden Friedrich gegenüber sieht man die ebenfalls thronende Mutter Gottes mit dem Christuskind auf ihrem Schoß. Die Szene ähnelt der Darstellung, die Matthias Ramung in seinem eigenem Lehenbuch (GLAK, 67/300) gewählt hat, doch bestehen deutliche Unterschiede. Während der Bischof auf einer Kräuterwiese der Madonna im Strahlenkranz huldigt, vollzieht sich die Szene in Friedrichs Lehenbuch in einem palastartigen Innenraum. Dieser ist vergleichbar mit dem, in dem sich der thronende Friedrich auf dem Bild gegenüber befindet[139]. Maria sitzt zudem auf einem ähnlichen Thron, wie Friedrich auf der Miniatur zu ihrer Rechten.

Auf dem Marienbild huldigt ihr der Pfalzgraf in voller Rüstung, wobei er ihr von den beiden Heiligen Petrus und Philippus präsentiert wird. Alle drei sind in gleicher Größe dargestellt, d.h. es wurde auf eine, die Heiligen bevorzugende Bedeutungsperspektive zugunsten des damit zusätzlich in seinem hohen Rang betonten Pfalzgrafen verzichtet. Ihm zu Füßen liegt sein Wappen[140]. Der Fürst kniet demnach „als Gleicher neben den Heiligen" vor der Gottesmutter[141].

Folgt man den Ausführungen von Konrad Krimm, dann gibt es noch einen Subtext in dieser Darstellung; in ihm dominiert der heilige Petrus als Apostelfürst und damit als Idealfigur des Kurfürsten Friedrich, der sich der Christus-Jünger Philippus, gleichzeitig Namenpatron von Friedrichs Stiefsohn, hierarchisch unterordnet. „Das Bildprogramm ist so Summe und ‚Lehrstück' der Politik des Pfalzgrafen und Apologie

[137] Andermann, Lehnsbuch des Pfalzgrafen Friedrich I., S. 441.

[138] Dazu Krimm, Ein königgleicher Lehnshof, S. 64. In einem Diskussionsbeitrag vom 23. Juni 2000 ergänzte er dies: „Natürlich kann man auch die Verlagerung im Schwurvorgang von einem Reliquiar zu einem Lehenbuch als einen Weg vom religiösen hin zum Verwaltungsakt verstehen; man kann es aber auch andersherum beschreiben, als Überhöhung des Lehenbuchs mit religiöser Würde, mit einer Würde, die bis dahin nur dem Reliquiar oder dem Evangelium zukam. Aber die Frage, die sich daran anknüpft und auf die ich auch keine Antwort weiß, ist die, warum man das Buch dann nicht dargestellt hat – obwohl doch im Text auf der vorangehenden Seite steht, der Lehenmann solle aufs Mannbuch sprechen! In diesem Sinn widerspricht das Bild dem Text. Und man könnte daran zweifeln, ob das Berühren mit der Hand auch wirklich stattgefunden hat. Allerdings wiederholt das nächste Lehenbuch die Formel unverändert, so daß der Brauch 1538 also zumindest denkbar war. Aber beweisen läßt er sich nicht und auch die Farbe kann anders abgegangen sein als durch schweißige Hände"; vgl. Arbeitsgemeinschaft für geschichtliche Landeskunde, Protokoll Nr. 393.

[139] Dazu Krimm, Ein königgleicher Lehnshof, S. 71 f.

[140] Krimm, Ein königgleicher Lehnshof, S. 65: Eine „bayerisch-pfälzische Wappenkombination" mit rotem Kurfürstenschild. Zu den dargestellten Heiligen vgl. ebd., S. 69–71. Zu Petrus als Patron Friedrichs I. und ‚pfälzischem Hauptmann' sowie Philippus als ihm sich unterordnend; ebd., S. 71.

[141] Ebd., S. 72: „Die unmissverständliche mehrfache Rangordnung weist jedem seinen Platz zu, dem Vasallen, dem Thronfolger und dem Pfalzgrafen selbst, nicht zuletzt dem irdischen und dem himmlischen Hofstaat".

seiner Herrschaft zugleich". Auf beiden Titelminiaturen wird die Herrschaft Friedrichs durch himmlische Mächte legitimiert, während die rechtlichen Probleme, die aus der Verweigerung der Belehnung durch Kaiser Friedrich III. resultierten, komplett ausgeklammert werden. Konrad Krimm wies zudem darauf hin, dass auch die Reichslehen im Lehenbuch konsequent ignoriert und nur die kirchlichen Passivlehen eingetragen wurden[142]. Dennoch wurde auch das Reich als legitimierende Instanz in der Eingangsminiatur zitiert, denn „fürstliche Legitimität bekräftigt sich aus dem Zeichen des vornehmsten unter den weltlichen Kurfürsten und damit des kaiserlichen Stellvertreters und des Richters über den Kaiser". Konrad Krimm betonte dabei sicher sehr zu Recht die Kontingenz der reichspolitischen Situation um 1471, in der noch keineswegs entschieden war, „wie sich das Haus Habsburg letztlich gegenüber den Wittelsbachern behaupten würde"[143].

Interesse beansprucht in der Darstellung des thronenden Pfalzgrafen die Repräsentation der Kanzlei bzw. ihres Personals. Auf Blatt 39 recto der modernen Paginierung findet sich der Eintrag: *Und sind die zitt gewest in unsers gnedigen herren canczly: her Mathis Bischoff zu Spier, canczler, Heinrich Jeger, prothonotarius, und nach ime Alexander Pellendorfer, auch prothonotarius, und Balthassar vom Wiler secretarius* (letzteres von anderer Hand nachgetragen)[144]. Drei (oder vielleicht sogar vier) der genannten Personen finden sich offensichtlich auf der linken der beiden Eingangsminiaturen, drei zur Rechten und einer zur Linken des thronenden Friedrich abgebildet[145]. „Sowohl Lehnsszene wie Votivbild bewiesen dann die starke Stellung der Beamtenschaft, des Kanzlers und des Kanzleipersonals am Heidelberger Hof: ein selbstbewusstes Zeugnis des ‚modernen' Elements in der spätmittelalterlichen Verwaltung"[146]. Bereits Konrad Krimm, von dem dieses Zitat stammt, äußerte sich dennoch einigermaßen skeptisch über diese, von ihm getroffene Einschätzung und kam zumindest in Bezug auf den in Grün gekleideten vermeintlichen Hofmeister schließlich doch zu einer anderen Deutung[147]. Die Frage darf aber bestehen bleiben, warum die Kanzlei, die hier wohl erstmals persönlich im Bild dargestellt ist, dies in einer derart exklusiven Haltung gegenüber dem thronenden Fürsten tut.

Der Band enthält ständisch geordnete Lehnsreverse der Vasallen mit vollem Text und datierte Kurzregesten über frühere Belehnungen. Daneben finden sich Listen über die zu den einzelnen Burgen gehörenden Burgmannen. Die Zusammenstellung der überaus reichen Informationen, die der 13 Kilogramm schwere Band bietet, muss

142 Ebd. Zu den dahinter wirkenden Ansprüchen der Pfalzgrafen auf das Königtum vgl. ebd., S. 72 f.

143 Ebd., S. 73.

144 GLAK, 67/1057; hier zitiert nach Weech, Ueber die Lehenbuecher, S. 4.

145 Vgl. die Abbildungen im Anhang dieser Arbeit, Kap. 3: Verwaltungsbehelfe oder Zeugnisse symbolischer Kommunikation? Dazu Krimm, Ein königgleicher Lehnshof, S. 63 f. Zu ihnen in der Handschrift 67/1057, f. 263r–272v, „in der ständischen Rangordnung der Urkundeneinträge angesiedelt zwischen Niederadeligen und Bürgern"; Krimm, a. a. O., S. 64.

146 Ebd.

147 Ebd., S. 68 f.

eine ungeheure Arbeitsleistung gewesen sein. Die Zwecke dürften sich aus dem Analysen von Konrad Krimm klar ergeben: Mit ihm waren Bindungen, Ansprüche und Legitimation gleichzeitig formuliert.

Die Analyse der kurpfälzischen Lehenbücher des 15. Jahrhunderts ergibt, dass sie weder Produkte einer sich weiter ausbildenden und formalisierenden Verwaltungspraxis sind, noch deren Rationalisierung sich an ihnen in messbaren Schritten ablesen lässt. Vielmehr stehen hinter der Anfertigung dieser Kodizes stets besondere Situationen, Anforderungen und Ansprüche: Der sich stets verändernde und erneuernde Lehnshof, die Übernahme und Integration fremder Herrschaften, komplizierte Rechtsverhältnisse, die rechtliche Abwicklung von Vormundschaften[148], Herrschaftswechsel, die Vernichtung älterer Handschriften sowie der hohe Legitimationsbedarf besonders in der Herrschaftszeit Friedrichs des Siegreichen.

Die stolze Reihe der kurpfälzischen Lehenbücher ist somit weder Zeugnis kontinuierlichen Verwaltungshandelns, noch einer Institution Kanzlei. Sie als einheitlichen Archivkörper oder gar Registratur der Kanzlei zu betrachten, hieße, sie misszuverstehen. Vielmehr sind sie ein Reflex – und haben damit Quellenwert – für die jeweiligen politischen Umstände, in denen sich die Kurpfalz befand.

4.15.2.5 Der Liber perpetuum

Im Folgenden sollen die übrigen Kanzleibände in der Zeit Pfalzgraf Friedrichs des Siegreichen kodikologisch und typologisch vorgestellt und in ihrer Funktionalität besprochen werden. Bei dem sogenannten Liber perpetuum handelt es sich um ein 286 Blätter umfassendes Kopialbuch Pfalzgraf Friedrichs I. im Buchformat von 22 mal 29,5 Zentimetern[149]. Eingebunden wurde es in einen hellen Ledereinband auf Holzdeckeln, bei dem es sich um einen unsignierten *Alberthus*-Einband mit sieben bzw. acht (hinten) Stempeln (u. a. *agnus dei* auf Vorder- und Rückseite) handelt[150]. Die ehemals vorhandenen vorderen Messingbeschläge und hinteren -knöpfe fehlen vollständig. Auf dem Vordeckel im oberen Rand des Mittelfeldes sind Reste einer Beschriftung: *Liber perpetuum friderici* [?]. Eine ebensolche findet sich auf dem oberen Schnitt: *p(er)petu(um) d(omini) fri(derici) l(iber) p(rimus)* [?]. Auf dem unteren Schnitt steht ebenfalls ein verblasstes Wort[151].

---

148 Vergleichbare Dokumentationen der rechts- und kostenerheblichen Herrschaftsangelegenheiten während Vormundschaften finden sich auch anderswo; vgl. KINGHORST, Die Grafschaft Diepholz, S. 144 f. Die Reihe ließe sich fortsetzen.

149 GLAK, 67/812. Zu ihm vgl. Inventare des Grossherzoglich Badischen General-Landesarchivs, Bd. 1, S. 145; Gesamtübersicht der Bestände des Generallandesarchivs, S. 200.

150 Vgl. die Abbildung im Anhang dieser Arbeit, Kap. 2: Zeitgenössische Ansätze zu einer Systematik der Kanzleieinbände.

151 Das Kapital ist mit blau-weißen Fäden umwunden, während das Vorsatzpapier auf den Deckelinnenseiten später erneuert wurde, d. h. aus jüngerer Zeit stammt. Das Papierformat beträgt 28 × 22 cm, der Schriftspiegel 14 × 19 cm (allerdings mit verschiedentlichen Wechseln). Das Papier der Handschrift weist unterschiedliche Wasserzeichen auf, u. a. ein Ochsenkopf mit Kreuz 12 × 3,7 cm (im Register) sowie eine Schafschere 8 × 3,9 cm.

Darin eingetragen wurden die Texte von Urkunden mit unbegrenzter Gültigkeitsdauer, die der Pfalzgraf ausgestellt hatte. Die Einträge reichen von von 1449 bis 1475, also über fast dessen gesamte Regierungszeit. Konsultiert man das Inventar, dann finden sich darin allerdings auch weitere Stücke, so dass der Zeitraum von (1299) bis (1476) reicht[152], sich also keineswegs auf die Zeit Friedrichs beschränkt, sondern auch ältere Stücke beinhaltet[153].

In dem Band finden sich eine Vielzahl von Rechtsmaterien, deren bekanntesten die Heidelberger Apothekerordnung vom 20. Mai 1471 (f. 174r–175v), die Bibliotheksordnung für das Heidelberger Heilig Geist-Stift vom 10. Dezember 1472 (f. 192r–193v)[154], sowie das Büchervermächtnis Friedrichs I. an seinen illegitimen Sohn Ludwig von Bayern 1476 (f. 265r–266v) sind. Der Band folgt damit der zeitgenössischen Archivtheorie, die den Perpetua einen besonderen Stellenwert einräumte. Allerdings wurde in besonderen Fällen auch zusätzliches Material, was aufgrund seiner Rechtsmaterie oder -relevanz ergänzungswürdig war, mit ein- oder nachgetragen. Der Band steht in seiner Anlage in einer Tradition, die sich bereits lange vor Friedrich dem Siegreichen in der Kurpfalz ausgebildet hatte.

4.15.2.6 Die Libri ad vitam

Bei den beiden *Libri ad vitam* handelt sich um zwei heute im Badischen Generallandesarchiv unter den Signaturen 67/813 und 67/814 aufbewahrte Kodizes, die die auf Lebenszeit lautenden Urkunden und Briefe Pfalzgraf Friedrichs I. des Siegreichen in Abschrift versammeln. Es handelt sich dabei um diejenigen Stücke, deren Rechtsmaterie auf seine Lebenszeit begrenzt war. Beim ersten handelt es sich um einen 350 Blätter starken Band, der bis auf wenige Ausnahmen Material aus den Jahren 1462 bis 1472 enthält[155]. Er ist in einen Holzdeckeleinband gebunden, der mit hellem Schweinsleder bezogen ist. Es handelt sich um einen unsignierten *Alberthus*-Einband mit zwei Stempeln[156].

---

[152] Inventare des Grossherzoglich Badischen General-Landesarchivs, Bd. 1, S. 145; Gesamtübersicht der Bestände des Generallandesarchivs, S. 200.

[153] So findet sich im vorgebundenen Inhaltsverzeichnis unter (bzw. nach) dem Buchstaben Z: *Diese nachgeschrieben sind by [Pfalzgraf Friedrich] gewest in der Niederlage von Pfeddersheim als dem [Erzbischof zu Mainz] Herrn Diether von Isenburg die [...] Anno 1460 Udalrici episcopi.*

[154] Unter Rekurs auf die älteren Schenkungen Pfalzgraf Ludwigs III. vom 18. Dezember 1438 (ebd., f. 194r–202r).

[155] GLAK, 67/813. Zu ihm vgl. Inventare des Grossherzoglich Badischen General-Landesarchivs, Bd. 1, S. 145, mit folgender Laufzeitangabe: „(1397) 1462–1472 (1476)"; Gesamtübersicht der Bestände des Generallandesarchivs, S. 200.

[156] Vgl. das Foto im Anhang dieser Arbeit, Kap. 2: Zeitgenössische Ansätze zu einer Systematik der Kanzleieinbände.

Der Einband hat das Format 31,5 mal 21,5 Zentimeter und besitzt Messingbeschläge, hinten ursprünglich mit zwei Knöpfen versehen, von denen einer heute fehlt, ebenso wie die ehemals vorhandenen Schließen. Am oberen Rand des Buchdeckels finden sich in der Mitte Reste einer Beschriftung: *Ad vitam ducis* [?] *Friderici,* ebenso auf dem oberen Schnitt in verwischter bzw. abgestoßener Schrift *Ad vitam d(omini) Friderici*[157]. Auf der Innenseite des vorderen Deckels wurde vom Buchbinder eine zeitgenössische Pergamenturkunde gegengeklebt, deren Textseite die Klebeseite bildet. Auch der innere hintere Deckel wurde mit Pergament beklebt.

Der mit sechs Bünden versehene und aus Papier bestehende Buchblock ist oben und unten mit einem Kapital umstochen, dessen dünne Fäden aus grüner, blauer und roter Seide sind sowie aus einem mit Gold umwickelten Faden. Es wirkt so, als habe man hier Material für Siegelschnüre verwendet. Das Format des Buchblocks beträgt 28,8 mal 21, der Schriftspiegel 20,5 mal 13,5 Zentimeter[158].

Die ersten 23 Blätter sind ohne Seitenzählung, 332 mit alter Paginierung, daran anschließend folgen noch einmal sieben unpaginierte leere Blätter. Nach drei leeren Blättern folgt f. 4r–19r das unpaginierte Inhaltsverzeichnis. Auf der Vorderseite von Blatt 4 steht in zeitgenössischer Schrift Folgendes zum Gebrauch: *Wer in diesem Register suchen will der habe uffmerkung eins yglichen Briffs meynung was der Inhalten sy und nemlich uff das gemeyn wort wie der selbe Briff genant werde und such dann den selben buchstaben so find er den Briff*[159]. Die Gliederung des Registers ist alphabetisch und erfolgt nach sachlichen Gesichtspunkten, die unter dem Hauptbetreff abgelegt bzw. notiert wurden.

Einen weiteren *Liber ad vitam* stellt die Karlsruher Handschrift 67/814 dar[160]. Sie umfasst 285 Blätter samt einem vorgeschalteten Register und enthält Material aus den Jahren 1475 bis 1477, schließt also an den Vorgängerband mit einer chronologischen Lücke an. Wieder handelt es sich um einen hellen Schweinsledereinband auf Holzdeckeln mit sechs Bünden und einer Größe von 32 mal 22,5 Zentimetern und wieder um einen unsignierten *Alberthus*-Einband, diesmal mit *agnus dei*-Stempel neben acht weiteren Prägestempeln[161]. Messingbeschläge vorne sowie die hinteren Knöpfe sind noch vorhanden, die Schließen allerdings abgerissen. Das Mittelfeld des Einbandes ist durch einen spitzen Gegenstand pünktchenartig geprägt.

---

157 Oben rechts auf dem Deckel von späterer Hand: *No. XV.*

158 Bei den verschiedenen Wasserzeichen handelt es sich um eine Schafschere (f. 145), einen einfachen Ochsenkopf (f. 197), z. T. mit Blume und Dreieck unten (vgl. f. 229).

159 Darüber von späterer Hand: 26 1462.

160 GLAK, 67/814. Zu ihm vgl. Inventare des Grossherzoglich Badischen General-Landesarchivs, Bd. 1, S. 145 mit folgender Laufzeitangabe: „(1340) 1468–1477"; Gesamtübersicht der Bestände des Generallandesarchivs, S. 200. Im Archivrepertorium wird die Laufzeit auf die Jahre 1475–1477 präzisiert.

161 Vgl. das Foto im Anhang dieser Arbeit, Kap. 2: Zeitgenössische Ansätze zu einer Systematik der Kanzleieinbände.

Der vordere Innendeckel ist mit Papier (mit Ochsenkopfwasserzeichen) gefüttert, hinten wurde ebenfalls Papier verwendet. Zur Verstärkung wurde jedoch in der Mitte an den Falzungen Urkundenpergament eingelegt. Im vorderen Mittelfeld der Außenseite scheint es einmal eine zeitgenössische Beschriftung gegeben zu haben. Sie ist allerdings verwischt und mehr als *ad vitam* nicht mehr zu erkennen. Auf dem oberen Schnitt des Buchblocks steht: *Ad vitam d. Friderici* [?].

Das Kapital besteht oben wie unten aus dünnen blauen, roten und weißen Fäden, die um die eigentlichen, hellen Heftfäden herumgewunden sind. Das Format des aus Papier bestehenden Buchblocks beträgt 30,5 mal 21,5, der (wechselnde) Schriftspiegel etwa 21,5 mal 13,5 Zentimeter. Es finden sich verschiedene Ochsenkopf-Wasserzeichen (z. B. f. 208).

Der Text wird durch ein zeitnahes Inhaltsregister erschlossen[162], das alphabetisch nach zentralen Stichworten geordnet ist und Blattangaben aufweist. Der Band ist von verschiedenen Händen geführt.

Auch er enthält eine Fülle von verschiedenartigen Urkunden und Rechtsgeschäften, die alle eines gemeinsam haben: ihre auf das Leben Friedrichs des Siegreichen begrenzte Gültigkeit. So finden sich u. a. Bestallungen für Sänger (f. 119, 142) und Diener (f. 83r.) ebenso wie eine Prozessionsordnung des Jahres 1472 für Heidelberg (f. 143), eine Hubgerichtsordnung für Dossenheim (f. 209, 213) oder eine Messordnung für Langenlonsheim (f. 266).

4.15.2.7 Dossiers über politische Gegner

Symbolisierte das hoch repräsentative Lehenbuch Friedrichs des Siegreichen den kurpfälzischen Lehenhof und integrierte damit gleichzeitig die Vasallität aus dem Kreis des pfälzischen Niederadels in die kurpfälzische Herrschaft, so begegnete man den erklärten politischen Feinden weniger subtil und gleichzeitig auch weniger prachtvoll, dafür aber ebenso effektiv. Es wurde bereits davon gesprochen, dass Friedrich in den sechziger und frühen siebziger Jahren des 15. Jahrhunderts eine Reihe glanzvoller Siege über seine politischen Gegner errang[163]. Gegen sie ging er aber nicht nur mit Schwert und Schießpulver vor, sondern nach gewonnener Schlacht und Gefangennahme der Gegner wiederum mit Mitteln, die ihm die Kanzlei bereitstellte.

Schon Konrad Krimm wies darauf hin, dass „in der Polemik des Pfalzgrafen gegen seine politischen Widersacher“ der Treuebruch gegenüber dem Landesherrn „stets die beherrschende Rolle“ spielte. Das galt für die als „kaiserliche[..] Reichshauptleute“ auftretenden Gegner im Krieg gegen Baden und Württemberg im Jahre 1462 genauso wie auch für seinen Vetter, Pfalzgraf Ludwig von Veldenz, in der Weißenburger Fehde von 1470/71. Sie alle wurden als „eidbrüchige pfälzische Vasallen“ hart bestraft[164].

---

[162] Es findet sich vorne eine weitere Inhaltsübersicht des 19. Jahrhunderts.

[163] Dazu im einzelnen SCHAAB, Geschichte der Kurpfalz, Bd. 1, S. 177–183.

[164] Vgl. KRIMM, Ein königgleicher Lehnshof, S. 69. „Die Siege des Pfalzgrafen beruhten ja vor allem auf Niederlagen der Markgrafen von Baden. Wer genau hinsah, konnte im pfälzischen

In diesen Bereich fallen zwei Kanzleibücher, die ebenfalls typische *Alberthus*-Einbände tragen. Das heute im Generallandesarchiv in Karlsruhe aufbewahrte Kopialbuch 67/982 enthält laut Titel im Inventar die „Verhandlungen mit den in der Schlacht bei Seckenheim gefangenen Fürsten von Baden, Metz, Württemberg“[165]. Es handelt sich um eine 160 Blätter starke Papierhandschrift, die in einen hellen Lederbezug im Format 31 mal 21,5 Zentimeter mit drei für Albertus charakteristischen Stempeln eingebunden ist[166]. Die Messing-Beschläge der Schließen sind erhalten. Im oberen Teil des Mittelfeldes auf dem Vorderdeckel steht unter dem *agnus dei*-Stempel Folgendes geschrieben: *Metze. Baden. Wirtenberg*. Dasselbe steht auch auf dem oberen Schnitt des Buches[167].

Auf der unfoliierten ersten Lage findet sich ein alphabetisch geordnetes und in Regestenform angelegtes Register (f. 2r–7v). Es folgen z. T. ausführliche Inhaltsangaben mit knappen Randregesten und Datumsangaben im Text. Der Band enthält die Bündnis- und Verschreibungsbriefe Markgraf Karls von Baden (* 1427, † 1475), Graf Ulrichs von Württemberg (* 1413, † 1480) und Bischof Georgs von Metz (* 1433, † 1484), teilweise mit sehr genauen Angaben über Zahlungsmodalitäten. Bei Bischof Georg handelte es sich um einen leiblichen Bruder Markgraf Karls von Baden[168].

Lehenbuch von 1471 eine der Unterwerfungsurkunden des Markgrafen Karl finden, in der er seinen unrechtmäßigen Aufruhr gegen den pfälzischen Lehenherren, die Niederlage bei Seckenheim im Jahr 1462, die Gefangenschaft und die Herausgabe der badischen Residenz Pforzheim an den Pfalzgrafen wortreich zu bekennen hatte“; ebd., S. 61. Aufschlussreich sind seine Überlegungen zu den in der (Residenz)-Politik der Markgrafen von Baden sichtbar werdenden Konsequenzen: „Pforzheim als pfälzisches Lehen anzunehmen, war freilich für die Markgrafen von Baden sicher am bittersten, da es bis dahin die Kernresidenz der Badener gewesen war. Die Verlagerung der Residenz von Pforzheim nach Durlach hat wohl ihren Ausgangspunkt in diesem Unterwerfungsakt“; Arbeitsgemeinschaft für geschichtliche Landeskunde, Protokoll Nr. 393.

165 GLAK, 67/982. Zu ihm vgl. Inventare des Grossherzoglich Badischen General-Landesarchivs, Bd. 1, S. 158, unter dem Titel „Verhandlungen und Verträge mit den in der Schlacht bei Seckenheim gefangenen Fürsten von Baden, Metz und Württemberg; Aufzeichnungen über die Schlacht (1455) 1462–1483. Reg. 160 Bl.“ mit folgender Laufzeitangabe: „von 1464 an gleichzeitig“; Gesamtübersicht der Bestände des Generallandesarchivs, S. 205, sowie die Handschriftenbeschreibung von Konrad Krimm, in: Der Griff nach der Krone, Nr. 238, S. 346. – Vgl. dazu auch GLAK, 77/8073 Pfalz, Generalia: Entschädigungsurkunden des Grafen Ulrich von Württemberg gegen Kurfürst Friedrich I. von der Pfalz nach der Schlacht bei Seckenheim. 1463. Die Sammlung enthält lose zeitgenössische Konzepte, die trotz ihres schlechten Erhaltungszustandes die Zeiten überdauert haben.

166 Die Vorsätze hinten und vorne bestehen aus Pergament; das hintere ist beschrieben und enthält eine mit der Schriftseite aufgeklebte Urkunde.

167 Vgl. die Abbildungen im Anhang dieser Arbeit, Kap. 2: Zeitgenössische Ansätze zu einer Systematik der Kanzleieinbände. Es finden sich dort auch spätere Archivvermerke: *vol. 1 No. 16 Kast. 39.* In einer Teilkopie aus der Frühen Neuzeit wurde die Handschrift folgendermaßen beschrieben: *Auszug des Buchs mit weißem Leder und gelen clausurn gebunden, uff dem gelben Schnitt und sonsten. Metz Baden Wirtemberg intituliert*; GLAK, 67/915, f. 140r–158v.

168 Vgl. dazu Châtellier, Georg von Baden, S. 219 f.; Grüneisen, Georg, Markgraf von Baden.

Unter anderem findet sich in der Handschrift der *Buntnisse brieff der Ritterschafft die mit Bischoff Jorgen von Metz nyder gelegen sin* (f. 4v). Es ging um eine schriftliche Versicherung der von Friedrich I. gefangen gesetzten Ritter, dem Pfalzgrafen als Gegenleistung für ihre Freisetzung Gefolgschaft zu leisten [1462]. Wenige Seiten später findet sich unter dem Titel *Als bischoff Jorge von Metze sich verschribt zehen tusent gulden in jarsfrist fur zugefugten schaden uß zuriechten* die Schuldanerkennung Georgs hinsichtlich der durch ihn hervorgerufenen Schädigung des Landes, darunter eine kurze Notiz zu den vorgesehenen Zahlungsmodalitäten (f. 6r). Der Schuldbrief über 20 000 Gulden von *hern Jörgen bischoff zu metz* sah eine zwanzigjährige Tilgung vor. Die Zahlungsverpflichtung diente der Kompensation der Auslösung aus dem Gefängnis mit einer namentlichen Liste von Bürgen. Dabei findet sich auch eine Notiz über die Ersetzung zweier inzwischen verstorbener Bürgen (f. 9r). Es folgt unter anderem ein Bündnisbrief des Metzer Bischofs aus dem Jahre 1462 (f. 14r) sowie ein *Bunntniss brieff der metzischen reisigen knechte die sich minen gnedigen hern dem pfalzgrafen v(erb)intlich gemacht han 1462* (f. 15r.).

Später folgt der Eidestext, den der Bischof Georg von Metz und seine Mitgefangenen vor anwesenden Zeugen gelobten. Unter ihnen werden Pfalzgraf Friedrich I., sein Hofmeister Diether von Sickingen sowie die Herren Matthias Ramung, Kanzler, Bernhard von Bach, Marschall und Ritter, ferner die beiden Ritter Schweicker von Sickingen und Adam von *Anpeltzheim* sowie Simon von Balshofen, letzterer bezeichnet als Ritter und Vogt zu Heidelberg, sowie Albrecht von Berwangen genannt (f. 25r-v).

Zu Graf Ulrich von Württemberg findet sich u. a. der Lehenbrief, den Friedrich ihm über Schloss und Stadt Marbach (am Neckar) ausgestellt hatte (f. 109r) sowie dessen Revers darüber (f. 110v). Bei Ulrich handelte es sich um den zweiten Ehemann Margaretes von Savoyen, der Mutter von Friedrichs Neffen und Adoptivsohn Philipp. Immerhin betrug das Lösegeld, das Friedrich dem Mann der Witwe seines Bruders auferlegte, die nicht unwesentliche Summe von 100 000 Gulden[169]. Es folgen u. a. Gefangenenlisten u. ä. (um f. 124) und ab Blatt 146 verso lateinische Urkunden, unter anderem von Papst Pius II. Wichtig ist die Tatsache, dass man in der kurpfälzischen Kanzlei ganze Dossiers anlegte, um die Auseinandersetzungen mit den Gegnern seit Seckenheim zu dokumentieren sowie Material für das anstehende Strafgericht und die damit verbundene Kompensation des Schadens zu versammeln und bereitzustellen. „Politisch war den Unterlegenen des Pfalzgrafen für mindestens eine Generation jede Bewegungsfreiheit genommen. Die letzte Ratenzahlung des Bischofs von Metz, die das Kopialbuch in einer Notiz vermerkt, stammt von 1485"[170].

---

[169] Die Bürgen sollen den Pfalzgrafen antworten *gein Heydelberg in ir cantzly*. Datum: 1463 Montag nach Palmsonntag. Das zeitgenössische Papierkonzept mit vielen Namenangaben auf der Rückseite ist erhalten; vgl. GLAK, 77/8073 Pfalz, Generalia. – Zu Graf Ulrich V. von Württemberg vgl. Fritz, Ulrich der Vielgeliebte; Ders., Ulrich V.; Müller, Die politischen Beziehungen, S. 47–58. – Zu den Vorgängen vgl. Schaab, Geschichte der Kurpfalz, Bd. 1, S. 181.

[170] Krimm, in: Der Griff nach der Krone, Nr. 238, S. 346.

Ein vergleichbares Stück ist im Karlsruher Generallandesarchiv unter der Signatur 67/883 erhalten. Laut Inventar enthält es Akten und Urkunden über die Beziehungen zu Mainz, besonders die großen Rechtungsbriefe aus der Zeit Kurfürst Friedrichs I. und umfasst die Jahre „(1012) 1427–1473“. Unter Rachtung (oder Rechtung) versteht das Deutsche Rechtswörterbuch die „rechtliche Regelung oder Entscheidung, Schlichtung, Beilegung eines Streits, Vereinbarung, Vergleich“[171]. Entsprechende schriftlich fixierte Verträge oder Vereinbarungen der in diesen Jahren häufig konfliktreichen Beziehungen zu Kurmainz finden sich in diesem Band. Es handelt sich um eine Papierhandschrift im Umfang von 298 Blättern, die durch ein Register erschlossen wird. Ihre Entstehungszeit datiert das Inventar auf „ca. 1470“. Auch sie ist in zwei mit hellem Leder bezogene Holzdeckel im Format: 32,9 mal 21,9 Zentimeter eingebunden[172]; sie weisen drei verschiedene Prägestempel des Buchbinders Albertus auf, u. a. seinen eigenen Namenstempel. Die Messingbeschläge fehlen bzw. sind im Laufe der Zeit verloren gegangen. Im oberen Mittelfeld des Vorderdeckels steht: *Meintze*. Von späterer Hand wurden die Jahreszahl *1460* und einige heute verwischte Angaben ergänzt. Auf dem oberen Schnitt findet sich die Aufschrift: *Meintze Bergstraß*[173].

Das alphabetische Register mit Seitenangaben ist auf einer Extralage vorgeheftet. Es ist größtenteils von einer Hand verfasst mit teilweisen Nachträgen von gleichzeitigen und späteren Händen. Die alphabetische Ordnung bezieht sich immer auf ein zentrales Hauptwort im Regest. Ab Blatt 19 finden sich Urkunden über Gefangene Pfalzgraf Friedrichs in Zusammenhang mit der Mainzer Stiftsfehde und dem von ihm unterstützten Kandidaten Dieter von Isenburg. Es folgen weitere Abschriften wie Schiedsgerichtsverfahren Markgraf Karls von Baden gegenüber Pfalzgraf Friedrich und Erzbischof Adolf von Mainz, verschiedene Verschreibungen, Schuldbriefe und Quittungen (f. 72r–v) sowie ältere Dokumente aus dem Jahre 1430 (f. 75–90), ferner Rechtsentscheide zwischen dem Erzbischof von Mainz und Pfalzgraf Friedrich (f. 93–127). Die Handschrift bietet eine breite Dokumentation von Rechtstiteln, Schlichtungen, Ansprüchen, deren gemeinsamer Nenner der Bezug auf den zwischen Kurpfalz und Kurmainz umstrittenen Raum an der Bergstraße mit dem alten Kloster Lorsch ist. Die Angelegenheit bekam durch die Mainzer Stiftsfehde einen tagespolitischen Aspekt, da Friedrich der Siegreiche in der Schlacht bei Seckenheim die Koalition seiner Gegner besiegen und seine territorialpolitischen Interessen in diesem um-

---

171 DRW, Bd. 10, Sp. 1549 f.

172 GLAK, 67/883. Zu ihm vgl. Inventare des Grossherzoglich Badischen General-Landesarchivs, Bd. 1, S. 159 unter dem Titel „Akten und Urk. betr. die Beziehungen zu M., bes. die grossen Rechtungsbriefe aus der Zeit Kurf. Friedrichs I. (1012) 1427–1473. Reg., 298 Bl.“; Gesamtübersicht der Bestände des Generallandesarchivs, S. 202. Der vordere Deckel ist innen mit unbeschriebenem Pergament bezogen, der hintere mit beschriebenem zeitgenössischem Pergament, Teil einer nicht vollendeten Urkunde über Pfründen etc.

173 Vgl. Kap. 4.15.2.7: Dossiers über politische Gegner. – Ein Auszug aus der frühen Neuzeit findet sich in GLAK, 67/915, f. 99r–138r und beschreibt den Band folgendermaßen: *Extract deß Buchs in Weiß leder und Bretter mit Clausurn gebunden. Uff dem Leder ußwendig in Prima Fronte Meintz aber uff dem Schnitt oben Bergstraß intituliert und uberschrieben.*

kämpften Gebiet auch gegenüber dem von ihm unterstützten Mainzer Oberhirten forcieren konnte[174].

Ab Blatt 239 recto, offenbar beginnend mit einer neuen Lage, ändert sich der Duktus. Es kommen Urkundenabschriften, deren Regesten mit gotischer Buchschrift geschrieben sind. Der Band weist hier durchaus repräsentative Elemente auf; so wurden danach die Überschriften in großformatiger Schönschrift gestaltet.

Ähnlich wie das Karlsruher Kopialbuch 67/982, das die Schlacht bei Seckenheim und die dem Pfalzgrafen unterlegenen Widersacher betraf, enthält auch dieser Band Materialien zu den Auseinandersetzungen mit Mainz wie Urkunden, Einungen, Schuldverschreibungen, Rachtungen und Schiedssprüche; darunter fallen zweimal sogar Schriftstücke, die zwar zum Thema gehören, aber auf die Zeit der Vorgänger zurückgehen. Gerade dieses Phänomen kann sehr wahrscheinlich bedeuten, dass der Band unter dem Kriterium, Argumentationsmaterial zu sammeln und bereit zu stellen, angelegt wurde. Ob es sich dabei um Ansprüche, Anklage- oder Legitimationszwecke gehandelt hat, wäre zu diskutieren. Vermutlich diente es für alle drei Aufgaben.

4.15.2.8 Andere Dossiers

Auch für andere politische Betreffe, Räume oder Ziele legte man in den Zeiten Friedrichs des Siegreichen Dossiers in Kodexform an. In diesem Zusammenhang wäre das im Karlsruher Generallandesarchiv aufbewahrte Kopialbuch 67/893 zu nennen. Laut Archivinventar enthält es „Reichssachen", genauer spezifiziert als ‚Urkunden betreffend Privilegien, Pfandschaften (besonders die Ortenau betreffend), ferner Lehen vom Reich, Huldigungen, Burgfrieden etc. sowie Urkunden und Kundschaften über den Bau des Schlosses Ortenberg (1415–1419)'. Es umfasst den Zeitraum „1219–1474 (1496)"; der Zeitpunkt seiner Anlage wird mit „ca. 1470" veranschlagt[175].

Sein Umfang beträgt 315 Blätter, die von einem Register erschlossen werden. Auch hierbei handelt es sich wieder um einen typischen *Alberthus*-Einband mit dem Deckelformat 34 mal 23 Zentimeter; er ist mit hellem Schweinsleder bezogen und vorne mit dem Namenstempel des Meisters signiert. Daneben sind zwei weitere Prägestempel verwendet. Seine Messingschließen und -knöpfe sind erhalten.

Auf dem Vorderdeckel steht am oberen Rand des Mittelfeldes: *Friheit und pfantschafft vom riche,* auf dem oberen und unteren Schnitt: *Friheit und pfantschafft*. Als Spiegel wurde eine in Germersheim ausgestellte Hofgerichtsurkunde von 1468 (?) verwendet[176].

---

174 Vgl. dazu SCHAAB, Bergstrasse und Odenwald, S. 261; DERS.; Geschichte der Kurpfalz, Bd. 1, S. 178 f.; BROSIUS, Bistumsstreit, S. 124–136.

175 GLAK, 67/893. Zu ihm vgl. Inventare des Grossherzoglich Badischen General-Landesarchivs, Bd. 1, S. 142; Gesamtübersicht der Bestände des Generallandesarchivs, S. 203.

176 „Donnerstag nach St. Elisabethtag". Hofgerichts[r]achtung (*gutlich*). Als Beteiligte werden genannt: Dr. Johann *Vogelin*, Dr. Andreas Pellndorfer (*Endres Pellendorfer*), Hans von Walborn, Wendel von [Remchingen?], Balthasar von Nuwenhuse [?]. Die Urkunde scheint zerschnitten worden zu sein, ein Teil wurde für vorne, ein Teil für hinten verwendet. In der Mitte fehlt ein Stück.

Es handelt sich um eine sauber geschriebene Papierhandschrift. Ihr sind zwei (ehemals lose?) Zettel mit einer knappen Inhaltsübersicht ohne Seitenangaben vorgeheftet. Das eigentliche Inhaltsverzeichnis umfasst die ersten beiden [nicht foliierten] Lagen [f. 1r–22r]. Auf dem [unfoliierten] Blatt 1 beginnt der Text folgendermaßen: *Nota were in diesem register suchen will der merck uff ein nemlich wort woruff ein brieve zeige und such dann den Buchstaben der zu dem selben wort dient do wirt er abschriften desselben brieves finden will er dann wissen in welchem laden der selb brieff in dem gewelb lige so merck er denn buchstaben der hinden an eins iglichen brieves uberschrifft stet und sich dann in dem kleynen langen register den selben buchstaben so wirt er underricht wo brieve ligett.*

Über das darin erwähnte ‚kleine, lange Register' wurde demnach der Text der Urkundenkopien im Kopialbuch mit den in den Archivladen des Briefgewölbes ruhenden Originalen verknüpft. Die Herstellung und Anlage dieses Registers muss man sich folgendermaßen vorstellen: Man stellte zuerst den zu erschließenden Kanzleiband her, den man anschließend foliierte. Danach fertigte man das Inhaltsverzeichnis auf eine (oder mehrere) gesonderte Lagen Papier und band diese davor. Dieses Inhaltsverzeichnis wurde alphabetisch strukturiert und nach den oben dargelegten Kriterien geordnet, mit der Angabe der jeweiligen Seitenzahl (des Urkundenanfanges) und einem Buchstaben zur Auffindung des Originals im Archiv. Es richtete sich damit nur an Befugte, die Zutritt zu Kanzlei und Archiv hatten.

Hiermit wurde dem Benutzer nicht nur ein Erschließungsbehelf zum Inhalt der Handschrift, sondern auch ein Blick auf die Ordnung des Archivs im Briefgewölbe sowie eine Gebrauchsanweisung zu ihrer Benutzung geboten. Das Brückenglied zur Archivordnung bildete das in der Benutzungsanweisung der Handschrift angesprochene ‚kleine Register im Schmalformat'. Unter den Buchstaben, die am Ende der Überschriften zu den Urkundenkopien angefügt waren, konnte man in dem kleinen, schmalen Register den Lagerort der Originale, konkret die Lade im Briefgewölbe ermitteln.

Die erste Lage des Bandes 67/893 weist ebenfalls zwei unfoliierte Blätter auf, eines davon ist leer, auf dem anderen steht ein vierzehnzeiliges lateinisches Gedicht, das den Anfang der sogenannten Goldenen Bulle Karls IV. bildet[177]. Auf der Rückseite findet sich ein Verzeichnis der Kapitelüberschriften der Goldenen Bulle mit vorgestellten arabischen Zahlen, die sich aber nicht auf die Seiten des Bandes beziehen. Sicher war es kein Zufall, dass ausgerechnet die Goldene Bulle, die immerhin den Pfälzer Wittelsbachern den Kurfürstenstatus gesichert hatte, an den Anfang dieser Text-Sammlung gesetzt wurde.

Es folgen Privilegien König Wenzels (f. 14r–25r) und die Absetzungsurkunde aus dem Jahre 1400 (f. 25r–26r): *Wie die dry geystlichen kurfursten hertzog ruprecht zu eynem römischen konige gemacht und konige Wenzlauwe abgesetzt haben.* Es schließen sich weitere, in diesen Zusammenhang gehörende Stücke an sowie ab Blatt 170

177 *Omnipotens eterne Deus, spes unica mundi,/Qui celi fabricator ades, qui conditor orbis, [...];* vgl. Die Goldene Bulle, S. 43.

Königs-, Papst-, Bischofs- und Fürstenurkunden des 14. und 15. Jahrhunderts. Kaiser Friedrich III. wird dabei fast durchgehend als König (oder Kaiser) Friedrich von Österreich bezeichnet (vgl. u. a. Blatt 221r).

Es wäre zu überlegen, ob der heute in der Universitätsbibliothek zu Heidelberg aufbewahrte, und von Albertus Schwab geschriebene Codex Palatinus germanicus 168 ebenfalls in den kurpfälzischen Kanzleikontext gehört[178]. Es handelt sich um eine in großen Teilen von einer Hand sorgfältig kursiv geschriebene und teilweise rubrizierte Papierhandschrift, die eine Reihe von reichsrechtlich relevanten Texten versammelt. Neben der Frankfurter Reformation König Friedrichs III. vom 14. August 1442 (f. 1r–7r) enthält sie weitere reichspolitisch einschlägige Texte: das Dekret Kaiser Sigmunds über die Vorladung von Fürsten vom 15. März 1433 (f. 7rf.), das Kapitel 17 der Goldenen Bulle (f. 8r), den Reichslandfrieden Friedrichs III., ausgestellt in Wiener Neustadt am 20. August 1467 (f. 9r–10v), sowie die lateinische und die deutsche Fassung der Goldenen Bulle (1356) (f. 12r–33r bzw. 34r–60r). Hier findet sich das oben bereits behandelte Gedicht *Omnipotens eterne Deus, spes unica mundi* nach dem Explicit des lateinischen Textes. In dem mit roter Tinte geschriebenen Explicit selbst wird bezeugt, dass der Text nach dem in Heidelberg liegenden Original abgeschrieben und kollationiert wurde[179]. Den meisten Raum (f. 67r–193r) nimmt das durch ein vorgeschaltetes Register (f. 61r–66v) erschlossene Land- und Lehnrecht des Schwabenspiegels (Normalform) ein. Dieser Text endet mit dem oben in dem Kapitel zu ihm bereits behandelten Explicit von Albertus Schwab[180].

Für unsere Fragestellung aufschlussreich ist die Tatsache, dass im Karlsruher Kodex 67/893 neben dem Kapitelverzeichnis der Goldenen Bulle auf einem der ersten unfoliierten Blätter arabische Zahlen stehen, die sich nicht auf den Karlsruher Band selbst beziehen. Nun besitzt der Heidelberger Codex Palatinus germanicus 168 nicht nur eine zweifache Version der Goldenen Bulle lateinischer Sprache und deutscher Übersetzung, sondern auch zeitgenössische Folioangaben. Diese bestehen nicht aus römischen, sondern arabischen Zahlen. Es liegt von daher nahe, dass hier Beziehungen bestanden, mit anderen Worten, dass in einem Buch über Freiheit(en) und Pfandschaft(en) vom Reich (*Friiheit und pfantschafft vom riche*; GLAK, 67/893) ein Findmittel für die Erschließung einer anderen Handschrift mit einschlägigen Rechtstexten angelegt und bereit gestellt wurde.

---

178 Heidelberg, Universitätsbibliothek, Cod. Pal. germ., 168; dazu ZIMMERMANN, Wissenschaftliche Beschreibung Cod. Pal. germ. 168.

179 *Explicit Bulla aurea scripta ex vna bulla quae fu(er)at scripta et collacionata ex vera Bulla aurea sigillata etc. Heydelberge*; Heidelberg, Universitätsbibliothek, Cod. Pal. germ. 168, f. 33r. Die deutsche Übersetzung endet deutlich knapper mit der ebenfalls in roter Tinte geschriebenen Bemerkung: *Hye hat die dutsch guldin Bulle ein ende etc.* (ebd., 60r.).

180 Heidelberg, Universitätsbibliothek, Cod. Pal. germ. 168, f. 193r: *Gott durch alle syn güte der gebe vns genade Das wir das Rechte also liep haben Inn dyser welt vnd daz vnrecht krencken Inn dyser welt Das wir sin da geniessen Do sich lib vnd sele scheident Das verlyhe vns der vatter vnd der Sone vnd der heilige geiste Amen. Scriptum per Me Albertum Schwab.* [rot:] *Similiter et inligatum.* Zitiert nach ZIMMERMANN, Wissenschaftliche Beschreibung Cod. Pal. germ. 168.

Kehrt man noch einmal zurück zum Heidelberger Codex Palatinus germanicus 168, dann liefert uns diese Handschrift nicht nur den Hinweis auf Albertus Schwab als ihren Schreiber und Buchbinder. Auf der (ehemals leeren) Rückseite von Blatt 193 finden sich Einträge des Heidelberger Landschreibers Erasmus Münch über die Geburt seiner Töchter Agnes (27. April 1464) und Barbara (26. Februar 1467) und zum Tod (vielleicht) eines (Sohnes namens) Bernhard[181]. Ebenfalls nachgetragen wirken die anschließenden Teile. Es handelt sich dabei um die Bestätigung der ebenfalls auf Karl IV. zurückgehenden lateinischsprachigen Constitutio Carolina de libertate ecclesiae durch das Konstanzer Konzil vom 24. Januar 1416 (f. 194r–196v) und um ein Rezept (f. 199v).

Eine andere Thematik weist das im Generallandesarchiv in Karlsruhe liegende Kopialbuch 67/895 auf. Seine Entstehungszeit setzt das Archivinventar mit „c. 1477" an[182]. Es ist ebenfalls in zwei mit hellem Leder bezogene Holzdeckel im Format 33 mal 21,50 Zentimeter eingebunden und umfasst 495 Blätter. Auch dabei handelt es sich um einen von Albertus gefertigten, mit seinem Namenstempel signierten und unter Verwendung von zwei weiteren Prägestempeln verfertigten Einband. Insgesamt schlecht erhalten, verfügt er nur noch teilweise über erhaltene Beschläge. Auf dem Vorderdeckel steht am oberen Rand des Mittelfeldes: *Graveschafft und Herschafft.* Auch auf dem oberen Schnitt ist die Aufschrift *Graveschafft und Herschafft* zu erkennen. Im vorderen Innendeckel fehlt der ehemals vorhandene Pergamentbezug. Er bestand aus einer Urkunde Friedrichs des Siegreichen, deren Schriftabdruck erhalten ist. Sie betraf eine Rechtsangelegenheit, bei der Johann von Laudenburg, das Hochstift Worms und Graf Hesso von Leiningen vorkamen. Anscheinend ging es in ihr um die leiningischen Rechte[183].

Nicht uninteressant ist die Fertigungsart des Deckels, die man aufgrund des Fehlens des Vorsatzblattes hier gut erkennen kann. Auf ein Holzbrett wurde von außen stabiles, helles Leder gezogen, nach innen umgeklappt und festgeleimt. Die Bünde des Buchrückens verschwinden in eigens dafür ausgeschnitzten tiefen Kerben, in denen sie am inneren Rand der Kerbe mit Hölzchen festgedübelt sind. Darüber kam dann das innere Pergamentdeckblatt. Da man hierfür landesherrliche (und offenbar nicht mehr gebrauchte) Pergamenturkunden verwendete, könnte die Vermutung naheliegen, dass die Bücher in der Kanzlei gebunden wurden, d. h. – als rechtlich relevante und der Geheimhaltung unterliegende Schriftstücke – gar nicht aus ihr hinausgelangt sind.

Die ersten 17 Blätter der Handschrift sind unfoliiert und umfassen eine Lage. Davon belegt das in Regestenform gehaltene Inhaltsverzeichnis fast den gesamten Platz

---

[181] Zimmermann, Wissenschaftliche Beschreibung Cod. Pal. germ. 168.

[182] GLAK, 67/895. Zu ihm vgl. Inventare des Grossherzoglich Badischen General-Landesarchivs, Bd. 1, S. 157, unter dem Titel „Sammlung von Urk.n über die Beziehungen der Pfalz zu benachbarten Grafen und Herren 970–1477. Reg. unvollst. 495 Bll." mit folgender Entstehungsangabe: „ca. 1477"; Gesamtübersicht der Bestände des Generallandesarchivs, S. 203.

[183] Vgl. Glasschröder, Urkunden zur pfälzischen Kirchengeschichte, S. X; ferner ebd., Nr. 528, S. 218.

(f. 1r–17r). Die Ordnung erfolgt alphabetisch nach Stichwörtern (zumeist Ortsnamen), wobei der Buchstabe A fehlt und das Inhaltsverzeichnis erst mit B beginnt. Dies kann zwei Gründe haben, entweder es gab keine mit dem Buchstaben A beginnende Stichworte, oder – dies ist wahrscheinlicher – die ersten Blätter sind mitsamt ihren hinteren Gegenstücken verloren gegangen.

Der mit römischen Zahlen foliierte Teil geht von Blatt 1 bis 478, der beschriebene Teil endet auf Folio 478 recto. Sehr häufig finden sich kurze Randbemerkungen. Blatt 1 recto bis 234 verso folgen der üblichen Anlage mit Abschriften und etwas abgesetzten kurzen Regesten, die etwas größer und mit dunklerer Tinte geschrieben sind. Von Blatt 234 verso bis 267 verso bleibt die Hand (offenbar) die gleiche, die Regesten werden jedoch zu richtigen, in Buchschrift geschriebenen Überschriften, die teilweise einen Zentimeter Höhe erreichen. Auf Blatt 267v bis 273r wechselt die Hand; es erfolgt aber eine Rückkehr zu den sonst üblichen Regestenüberschriften in Kursive.

Auf Blatt 274r signalisiert eine sehr große Überschrift (ca. 13 mm): *Wie bůrghart grave zu lůtzelstein konig ruprechten und sinen erben ein viertel an lůtzelstein gegeben hat.* Von Blatt 275v bis 424v wird wieder die etwas kleinere Buchschrift bei den Überschriften (mit teilweise größeren Überschriften dazwischen) verwendet. Auf Blatt 431v signalisiert noch einmal eine Buchschrift *wie sich etlich verschrieben han um der pfrund wegen zum heyligen geist.* 1413 *uff den dornstag nach sant Jacobi des heylig zwolfboten tag.*

Keinen *Alberthus*-Einband trägt das Karlsruher Kopialbuch mit der Signatur 67/872, das aber sowohl von seiner Systematik wie von seiner zeitlichen Anlage in die kurpfälzische Kanzlei gehört. Laut Archivinventar enthält es „Verträge mit Böhmen, Frankreich, Sizilien, zahlreichen Reichsständen (1450–1474)“[184]. Sein Inhalt besteht im Wesentlichen aus Urkundenabschriften, die aus dem Zeitraum 1455 bis 1466 stammen. Daneben finden sich vereinzelt ältere Stücke vom Ende des 14. und der ersten Hälfte des 15. Jahrhunderts (z. B. f. 10, 20, 27, 28, 31, 130, 131, 169 etc.). Wenige Urkunden stammen aus siebziger Jahren; die jüngste datiert von 1476 (f. 153v) und wirkt nachgetragen. Auch in diesem Kodex gibt es ein Kriterium, das die Aufnahme der Stücke bestimmt hat. Es handelt sich beim überwiegenden Teil um sogenannte Einungen. Darunter verstand man Verträge unterschiedlicher Art, die vornehmlich mit Standesgenossen geschlossen wurden und verschiedene Rechtsmaterien betrafen. So hört man vom König von Böhmen (f. 5, 8), dem Bischof von Bamberg (f. 67), dem Herzog von Burgund (f. 230), dem französischen Dauphin (f. 1), dem König von Frankreich (f. 1), dem Landgrafen von Hessen (f. 92), den Kurfürsten (f. 10, 14, 20, 109) und anderen mehr. Der Text wurde von wenigen Händen geschrieben und wurde durch ein zeitgenössisches, alphabetisches Inhaltsverzeichnis erschlossen.

[184] GLAK, 67/872. Das Zitat stammt aus: Gesamtübersicht der Bestände des Generallandesarchivs, S. 202. Ferner Inventare des Grossherzoglich Badischen General-Landesarchivs, Bd. 1, S. 157.

4.15.2.9 Die Entstehung der Ämter in der Kanzlei?

„Unter Friedrich I. (1449–1476) erfolgte eine wichtige Neuorganisation der Ämter. Bisher nahmen die verschiedenen Verwaltungsorgane die Herrschaftsrechte in räumlich nicht genau festgelegten Gebieten wahr. Jetzt erhielt die Pfalzgrafschaft zum ersten Mal eine geographisch geschlossene Einteilung in 18 Ämter, die klar voneinander abgetrennt wurden. Außerdem nahm man eine Hierarchisierung in Ober- und Unterämter vor“[185]. Soweit die Aussage von Sigrid Schmitt in ihrer 1992 publizierten Studie zum kurpfälzischen Amt Alzey. Soweit dies auf den ersten Blick von der kurpfälzischen Verwaltungszentrale entfernt liegt, so eng laufen die Verbindungen zueinander.

Eine wesentliche Grundlage hierfür bilden vermutlich drei umfangreiche Kanzleibände, die heute im Karlsruher Generallandesarchiv unter den Signaturen 67/864 bis 67/866 liegen. Alle drei sind im formalen Aufbau und bis auf leicht differierende Stempeldekorationen in ihren von Albertus geschaffenen Einbänden vollkommen gleich.

Sie behandeln laut Archivinventar „Emtiones, Transactiones“ und bieten eine Sammlung von Urkunden verschieden Art, die vielfach Besitz- und Rechtsverhältnisse der Herrschaft wie der Untertanen, aber auch andere Rechtsmaterien wie Heiratsbriefe u. ä. betreffen. Sie wurden, so das Inventar, einheitlich und fast durchgehend von einer Hand gegen Ende des 15. Jahrhunderts angelegt[186]. Zunächst soll hier stellvertretend der erste Band dieser Reihe näher betrachtet werden. Es handelt sich um eine Papierhandschrift im Umfang von 359 Blättern, die in einen mit hellem Leder bezogenen zeitgenössischen Holzdeckeleinband im Format 33,8 mal 22 Zentimeter eingebunden sind. Dabei handelt es sich um einen signierten *Alberthus*-Einband mit vier vorne und hinten identisch angeordneten Prägestempeln. Seine Beschläge aus Messing sind vorne noch vorhanden, während von den hinteren beiden Knöpfen einer fehlt; die ehemals vorhandenen Schließen sind abgerissen.

Der mit einem Register erschlossene Band 67/864 enthält Material besonders die nördliche Pfalz (Alzey, Bacharach) und Sponheim betreffend. Die Ausstellungszeit der eingetragenen Urkunden wird mit 1189 bis 1482 angegeben[187]. Auf dem Vorderdeckel findet sich im oberen Teil des Mittelfeldes folgende zeitgenössische Bezeichnung: *Keuff rachtunge Anlaß* sowie auf der Mitte des Vorderdeckels: *Burgfriden uber Crutzenach*. Auf dem oberen Schnitt wird es konkreter. Dort steht geschrieben: *Keuffe anlaß Sponheim* sowie oben rechts eine jüngere *No. 10*. Es handelte sich also um eine Sammlung, die besonders die nicht immer spannungslosen Beziehungen zum

---

185 Schmitt, Territorialstaat und Gemeinde, S. 9 (unter Bezug auf Karst, Die Oberschultheißerei Oggersheim, S. 36).

186 GLAK, 67/864–866. Zu ihnen vgl. Inventare des Grossherzoglich Badischen General-Landesarchivs, Bd. 1, S. 142; Gesamtübersicht der Bestände des Generallandesarchivs, S. 202.

187 GLAK, 67/864. Zu ihm speziell vgl. Inventare des Grossherzoglich Badischen General-Landesarchivs, Bd. 1, S. 142: Emtiones, Transactiones [...]."Bes. die nördl. Pfalz (Alzey, Bacharach) und Sponheim betr. 1189–1482. 359 Bl.“.

nordwestlichen Nachbarn Sponheim betraf. Auf dem Buchrücken, jetzt abgerissen, aber beiliegend, steht unter *Pfaltz* eine große *No. 45.*

Die Innenseite des Vorderdeckels ist mit einer Pergamenturkunde bezogen, deren Text auf der Klebeseite steht. Auf deren Rückseite steht: Hans von Walborn, Amtmann zu Alzey (*hansen von Walbronne Amptmann zu Alczey).* Der hintere Vorsatz besteht ebenfalls aus – diesmal allerdings unbeschriebenem – Pergament. Das für die Handschrift verwendete Papier besitzt das Format 31 mal 21,3 Zentimeter, der Schriftspiegel 22,5 mal 13 Zentimeter (mit teilweise Wechseln zu 21,5 mal 12 Zentimeter u. ä.). Das Kapital ist mit rotem Leder umwunden.

Es finden sich im Grunde zwei zeitgenössische Inhaltsübersichten: Die erste besteht aus einer vorgehefteten Extralage aus zwei Bögen gröberen Papiers mit einfachem Ochsenkopfwasserzeichen (Format 11,5 mal 3,5 Zentimeter) und trägt folgende Bezeichnung: *Von diesen nachgeschrieben stücken findet man in diesem Buch.* Es folgt über dreieinhalb Seiten: *Die stat alczey, Das slos alczey, Die augustiner zu alczey, Den preceptor zu alczey, Den frienstull zu arnsperg, Anlas zwuschen der pfalcze meincze und baden, Anlas zwuschen der pfalcze und baden, Anlas zwuschen lyningen und bitsch, Anlas zwuschen der pfalcze und herzog Albrecht, Alten wolffstein, freinsheim, agerssheim.*

Diese Inhaltsübersicht fasst lediglich die im sich unmittelbar anschließenden zweiten Inhaltsverzeichnis aufgeführten Regesten noch einmal in einzelne Sachgruppen zusammen. Diese enthält Blattangaben und ist dem Text unmittelbar vorgeheftet. Auch sie hat ein eigenes Wasserzeichen[188] und beginnt mit einem Eintrag in sorgfältig geschriebener gotischer Buchschrift: *Nota wer in diesem register suchen wil der merck uff ein nemlich wort waruff ein brieff zeige und such dan den buchstaben der zu dem selben wort dient do wirt er abschrift desselben brieves finden wil er dan wissen in welcher laden der selb brieve in dem gewelb lige so merck er den buchstaben der hinden(n) an eins iglichen brieves uberschrift stet und such dan(n) in dem cleynen register dem langen den selben buchstaben so wirt er underricht wo der brieve liget.* Das ‚kleine, lange Register', das wir oben bereits kennen gelernt haben, fungierte auch hier als Findmittel und Kompendium in einem.

Es folgt in Kursive die alphabetische Liste der registrierten Urkunden in Regestenform mit Blattangaben. Die einzelnen Buchstaben [A, B, C ...] sind sorgfältig kalligraphisch gestaltet. Die Übersicht endet mit: *Amen I h S* (= IHS = Jesus). Die unpaginierten Seiten sind von einer Hand geschrieben (mit wenigen Nachträgen des 16. Jahrhunderts). Im eigentlichen Text sind die knappen Regesten wieder aufgenommen, aber offenbar von der gleichen Hand wie der Text geschrieben. Der Text zeigt eine durchgehende zeitgenössisch Foliierung, die bis Blatt 354 reicht.

Ganz ähnlich verhält es sich mit der 343 Blätter umfassenden Karlsruher Handschrift 67/865. Sie ist ebenfalls in einen mit hellem Leder bezogenen Holzdeckelein-

---

188 Format 13,3 × 3,5 cm. Vermutlich bei Piccard, Ochsenkopfwasserzeichen, die Nr. XV/231 (Datierungsbelege zwischen 1469 und 1476 im süddeutschen Raum, u. a. auch in Heilbronn).

band im Format 33,5 mal 21,5 Zentimeter eingebunden, der fünf verschiedene, für Albertus typische Blindprägestempel, darunter seinen Namenstempel, trägt. Die Messingbeschläge sind teilweise erhalten, die ehemals vorhandenen Schnallen sind abgerissen. Die zeitgenössische Beschriftung auf dem vorderen Buchdeckel ist bis die letzten beiden Worte (*und anders etc.*) nicht mehr zu entziffern[189]. Auf dem oberen Schnitt findet sich ebenfalls die zeitgenössische Beschriftung: *Keuffe anlaß etc.* Der vordere Deckel ist mit einer zeitgenössischen Pergamenturkunde bezogen, bei der die Textseite die Klebeseite bildet. Laut Archivinventar handelt es sich um „Emtiones, Transactiones“ besonders „die Oberpfalz, die südliche Pfalz, Weinheim und Veldenz“ und die Jahre 1153 bis 1471 betreffend[190].

Die Handschrift beginnt mit einer Lage von zwei Papierbögen, von grober Qualität und dunklerer Farbe. Auf ihr findet sich in zeitgenössischer Schrift eine Art kursorisches Inhaltsverzeichnis, das folgendermaßen beginnt: *Von diesen nachgeschriben stucken findt man in diesem buche.* Es folgt ein alphabetisch geordneter Kurzüberblick nach Stichworten und in knappen Sätzen.

Erst danach folgt das eigentliche Inhaltsverzeichnis, das sehr sorgfältig von einer Hand geschrieben ist. Es ist wie der gesamte Band auf sehr hellem, feinem Papier geschrieben. Das Register umfasst wieder eine unfoliierte Einzellage. Auf der ersten Seite findet sich in Buchschrift der gleiche Hinweis wie man ihn bereits bei 67/864 kennen gelernt hat[191]. Es folgt noch auf der gleichen Seite der Buchstabe A. Die alphabetisch nach Stichworten sortierten Kurzregesten des Inhaltsverzeichnisses sind innerhalb jedes Buchstabens wiederum kontinuierlich nach Folio geordnet, wobei die einzelnen Ordnungsbuchstaben mit einer breiten Feder kalligraphisch gestaltet sind. Am Rand finden sich vereinzelt Marginalien von anderer Hand. Auf der letzten Seite hat eine Hand Nachträge angebracht.

Auch im nachfolgenden Text sind die kurzen Kopfregesten durch größere Schrift und breitere Feder hervorgehoben. Ebenso die Initialen. Der Inhalt betrifft viele Oberpfälzer Belange, doch keineswegs ausschließlich. So finden sich die verschiedenen Testamentsfassungen Pfalzgraf Ludwigs III. von 1420 *als er gen Engelant gerittenn ist* (f. 66ff.), von 1421 *als er in Beheim gezogen ist* (f. 71rff.), seine Erbschaftsordnung für seine Söhne von 1426 (f. 74rff) sowie seinen letzten Willen vor seinem Ritt ins Heilige Land von 1426 (f. 76vff.) und weitere Inventare und Ordnungen aus der Zeit seiner Erkrankung nach seiner Rückkehr von der Wallfahrt (f. 99vff., 107vff.).

189 Ferner steht in einer etwas späteren Schrift: *Veldentz* sowie am rechten oberen Rand: *No. XV*. Auf dem Rücken findet sich die *Nr. 46*.

190 GLAK, 67/865; Inventare des Grossherzoglich Badischen General-Landesarchivs, Bd. 1, S. 142; Gesamtübersicht der Bestände des Generallandesarchivs, S. 202.

191 GLAK, 67/865: *Nota wer in diesem register suchen wil der merck uff ein nemlich wort waruf ein brief zeig und such dan den buchstaben der zu dem selben wort dient do wirt er abschrift desselben brieves finden will er dan wissen in welcher laden der selb brieff in dem gewelb lige so merck er den buchstaben der hinden an eins ieglichen brieues uberschrift stet und such dan in dem cleynen langen register denselben buchstaben so wirt er underricht wo der brieff liget.*

Die Handschrift gliedert sich in mehrere große Bereiche, die man mit folgenden Stichworten fassen kann: Oberpfalz, Nachlass und Testamente Pfalzgraf Ludwigs III., Territorialnachbarn (Mainz u. a.) im 14. Jahrhundert, Heidelsheim betreffende Urkunden, Markgrafen von Baden[192], Veldenz und Speyer[193].

Ganz ähnlich verhält es sich mit dem Kopialbuch 67/866 des Karlsruher Generallandesarchivs. Im formalen Aufbau und im Einband unterscheidet es sich bis auf die leicht variierende Stempeldekoration des Einbandes so gut wie nicht von den Kopialbüchern 67/864 und 67/865. Es handelt sich wieder um einen mit hellem Leder bezogenen Holzdeckeleinband (Format 33,5 mal 21,5 Zentimeter), der vier verschiedene Blindprägestempel mitsamt dem Namensstempel des Albertus trägt. Die Messingbeschläge vorn und hinten fehlen vollständig, es sind jedoch Abdrücke, ein Nagel und Grünspanspuren erhalten. Eine zeitgenössische Beschriftung auf der Außenseite des Vorderdeckels war wohl einmal vorhanden; mit bloßem Auge ist jedoch nur noch ein: *Kauff und* [...] zu erkennen. Auch die Beschriftung auf dem oberen Schnitt beginnt mit: *Kauff* [...]. Die Innenverkleidung der Deckel besteht vorne und hinten aus einer zeitgenössischen Pergamenturkunde, deren Textseite nach innen zeigt. Laut Inventar handelt es sich wieder um „Emtiones, Transactiones", hier jedoch besonders für die rechtsrheinischen Gebiete, das Elsass, den Hunsrück etc. im Zeitraum von 1230 bis 1472. Ihr Umfang beträgt 388 Blätter[194].

Der Text wird ebenfalls durch mehrere Register erschlossen, zuallererst auf einer vorgebundenen Extralage aus zwei Papierbögen durch alphabetisch geordnete Stichworte. Erst hiernach folgt das eigentliche, in Kurzregesten gehaltene Inhaltsverzeichnis, dem der schon aus 67/864 und 67/865 bekannte erklärende Text in sorgfältig gestalteter Buchschrift vorgeschaltet ist[195]. Auch hier zeigt sich also derselbe Befund: Der einleitenden Gebrauchsanweisung schließt sich direkt darunter das alphabetische Inhaltsregister mit sehr schön gestalteten Ordnungsbuchstaben an. Es ist in Regestenform gehalten, wobei innerhalb des Regests ein bestimmtes zentrales Stichwort das alphabetische Ordnungskriterium liefert. Ansonsten scheint man innerhalb der einzelnen Rubriken kontinuierlich nach Erscheinen der Urkunden im Register vorgegangen zu sein. Das Verzeichnis ist von einer Hand verfasst, wobei sich vereinzelt zeitgleiche Nachträge von anderer Hand finden. Wie üblich, ist das Verzeichnis, das zwei gesondert vorgebundene Lagen umfasst, nicht foliiert. Am Rande finden sich vereinzelt Marginalien, knappe Bemerkungen zum Text und nota-Abkürzungen.

Der Text ist bis Blatt 388 foliiert, dann folgen weitere sieben leere und unfoliierte Blätter. Die Foliierung der ersten Hand geht jedoch nur bis 379. Dann folgt eine zeitlich spätere Hand. Auch der dortige Text könnte einige Jahre jünger sein. Der größte

---

192 Vgl. dazu die ‚Regesten' ebd., f. 235rff.

193 Mit Regesten in Buchschrift, wobei Bischof Matthias Ramung sehr betont wird.

194 GLAK, 67/866; Inventare des Grossherzoglich Badischen General-Landesarchivs, Bd. 1, S. 142: „Bes. rechtsrhein. Gebiete, Elsass, Hunsrück etc. betr. 1230–1472. Register, 388 Bll."; Gesamtübersicht der Bestände des Generallandesarchivs, S. 202.

195 GLAK, 67/866.

Teil des Textes ist von einer Hand geschrieben. Zumeist sind die Kopfregesten in einer Art größerer kursivierter Buchschrift herausgehoben.

Auf Blatt 161r finden sich in den *Nota*-Bemerkungen Datierungshilfen und Verweise auf einen der Libri ad vitam sowie das Lehenbuch[196]. Inhaltlich ist der Text meistens nach Großgruppen geordnet, d. h. alle Urkunden zu einer Person, Familie, Kloster oder Ort folgen in engem Zusammenhang. Zum Schluss folgen u. a. Testamente.

4.15.2.10 Das Formelbuch

Unter den heute in der Universitätsbibliothek Heidelberg aufbewahrten Palatina-Handschriften befindet sich unter der Signatur Codex Palatinus germanicus 158 ein Formelbuch, das mit guten Gründen der kurpfälzischen Kanzlei zugeordnet werden kann. Es handelt sich um eine auf Papier geschriebene Gebrauchshandschrift im Umfang von 227 Seiten[197]. Aufgrund ihres Schicksals in der Frühen Neuzeit fehlt ihr der zeitgenössische Einband. Mittels der Wasserzeichen und der durch sie ermöglichten Datierungen wird ihre Entstehungszeit um 1455 bis 1460 angesetzt. Zu einem späteren Zeitpunkt wurde sie mit Nachträgen versehen, die von 1507 bis in die Zeit nach 1538 reichen[198].

Der ältere Teil mit Urkunden und Formularen aus der Zeit Pfalzgraf Friedrichs des Siegreichen reicht von Blatt 1 bis 194v. Er ist bis Blatt 176r von einer Haupthand geschrieben und von einer zweiten Hand mit Marginalien und Ergänzungen versehen worden[199]. Es folgen Nachträge, die aber ebenfalls die Zeit Friedrichs des Siegreichen betreffen (f. 176v–194r). Ein sich anschließender zweiter Teil betrifft Formulare von Urkunden aus dem frühen 16. Jahrhundert (f. 194r–208v). Die Rechtsmaterien sind in beiden Teilen bunt gemischt; im ersten finden sich neben Schuldverschreibungen (u. a. f. 7r, 20v), Verkaufsurkunden (f. 9r, 23r), Pfandbriefen (f. 27r, 36v), Einungen (f. 54r, 109r, 125v, 128v), Lehnssachen (f. 73v), Verschreibungen (f. 76r) weitere Formulare wie Urteile (f. 115v), Fehdebriefe (f. 158r), Vollmachten (f. 124v), Urfehden (f. 156r)

[196] *Nota im Vertrage zwischen der Pfalcze und den greuen von Hoenloe ist registriert In libro ad vitam numero […]* und bezieht sich auf Urkunde aus dem Jahre 1464.

[197] Cod. Pal. germ. 158, Format 30,9 × 22 cm.

[198] Heidelberg, Universitätsbibliothek, Cod. Pal. germ. 158. Vgl. dazu die Handschriftenbeschreibung in: Die Codices Palatini germanici, S. 356–367. Da der Band „in keinem der erhaltenen Bibliothekskataloge verzeichnet" ist, nimmt man an, „daß er zuletzt Bestandteil des pfalzgräflichen Archivs war, aus dem Allacci vor dem Abtransport der Palatina nach Rom ebenfalls Bände ausgewählt hat"; ebd., S. 357.

[199] Die Codices Palatini germanici, S. 356: „ Spätgotische Kursive (teils mit Übergang zur Konzeptschrift) der zweiten Hälfte des 15. Jhs. (1r–176r Haupthand; dazwischen gleichzeitige oder wenig spätere Nachträge von zwei Händen: 50v–53v; 101v–102v und 157r–163v), sowie Nachträge bis in die erste Hälfte des 16. Jhs. von sieben Händen (177r–180v; 181r–188r; 188v–194r; 194r–195v; 195v–196r; 196r–197v; 198r–208v). Überschriften zu den einzelnen Urkundenabschriften von gleicher Hand oder gleichzeitigen Händen nachgetragen. Zahlreiche gleichzeitige Marginalien (nota, schrib[en], letztere als Hinweis auf die erfolgte Abschrift, zum Teil abgehakt), Maniculae (12v, 15v, 16v, 26r, 49r, 123r, 124r), Monogramme (26v, 27v, 28r, 31v, 49r, 57r) und am Rand ausgeworfene Betreffe."

etc., aber auch Berechnungen zur Durchführung eines Kriegszuges (f. 166v) sowie eine Ungeldordnung für Heidelberg (f. 132r). Teils sind sie anonymisiert (f. 35v, 50v, 81r, 111r, 115v, 123v, 126r, 128v etc.), teils haben sie Pfalzgraf Friedrich I. als Aussteller (f. 17v, 20v, 27r, 36v, 45r, 54r, 58r, 66v etc.), teils andere (juristische) Personen (f. 7r, 9r, 11r, 13v, 73v, 75r, 76r, 79r, 109r, 115rf. etc.)[200]. Erschlossen wird der ältere Teil durch ein vorgeschaltetes, nach Einträgen geordnetes zeitgenössisches Inhaltsverzeichnis; es nennt die Kurztitel der Urkundenabschriften und ordnet ihnen jeweils eine römische Seitenzahl zu. „Die Benutzungsspuren lassen auf regen Gebrauch des Buches, vermutlich in der pfalzgräflichen Kanzlei schließen“[201].

Die Handschrift selbst zerfällt, wie oben bereits erwähnt wurde, in zwei unterschiedlich alte Teile. Von Blatt 1 bis 176 reicht der ursprüngliche Textbestand, wobei das oben schon angesprochene Inhaltsverzeichnis von der Vorderseite des zweiten Blattes bis zur Rückseite des sechsten reicht und nur diese älteren Teile berücksichtigt. Die restlichen, später eingetragenen und bis Folio 208 verso reichenden Urkundenformulare wurden dagegen nicht nachträglich im Inhaltsverzeichnis ergänzt und somit ebenfalls über dieses zu erschließen versucht. Zum Entstehungsprozess lässt sich sagen, dass der aus den älteren Urkundenabschriften bestehende ursprüngliche Textbestand mehr oder weniger von einer Hand gefertigt wurde. Auch nur dieser trägt eine ursprüngliche Foliierung in römischen Zahlen[202]. Eine zweite Hand scheint anschließend diese Texte redigiert bzw. korrigiert sowie die Überschriften angebracht zu haben[203].

Natürlich muss man sich fragen, welchen praktischen Zwecken die Handschrift gedient hat. Auf den ersten Blick scheint nur ein wesentliches Strukturmerkmal vorhanden zu sein, nämlich dass es sich bei den aufgenommenen Stücken allesamt um deutschsprachige Urkunden handelt, wie von der anonymen späteren Hand auch entsprechend zu Beginn des Buches vermerkt. Dies könnte darauf hindeuten, dass es daneben noch ein Formelbuch für die lateinischsprachigen Texte gegeben haben könnte.

Noch erheblicher ist die Frage nach der Gebrauchssituation des Bandes. Seine Anlage wirkt nicht sonderlich systematisch. Angesichts seines Seitenumfanges und seiner damit einhergehenden Unübersichtlichkeit liegt der Schlüssel zu seiner Erschließung im vorgebundenen Inhaltsverzeichnis. Dieses bietet aber lediglich kurze Angaben, die einzig und allein der Reihenfolge der aufgenommenen Stücke folgen wie die ihnen beigefügten sukzessiven Seitenzahlen nahelegen. Da dieses Inhaltsverzeichnis mit sei-

---

200 Einen guten Überblick bietet die detaillierte Handschriftenbeschreibung in: Codices Palatini germanici, S. 357–367.

201 Die Codices Palatini germanici, S. 357.

202 Heidelberg, Universitätsbibliothek, Cod. Pal. Germ. 158. Die moderne Zählung bezieht sich auf die arabischen Zahlen, die bereits das Inhaltsverzeichnis einschließen, aber jüngeren Datums sind.

203 Ebd. Auf f. 50v wechselt die Haupthand, ab f. 54r kehrt die ursprüngliche Hand wieder. Auch später wechseln noch einige Male die Hände (ab f. 66v, ebenso f. 101v).

nen zehn Seiten nicht sehr umfangreich ist, besteht darüber zumindest die Möglichkeit, den Überblick zu bewahren.

Gefördert wird dies dadurch, dass die Inhaltsangaben zum Teil auf einzelne Stichworte reduziert sind. Man bekommt sogar den Eindruck, dass der Vorteil, den kurze Angaben bieten, dem Schreiber des Inhaltsverzeichnisses selbst nach einigen Seiten aufgegangen ist. Denn die ersten zweieinhalb Seiten (f. 2r–3r) bieten noch relativ ausführliche Regesten. Dies ändert sich ab der Mitte von Blatt 3 recto; ab hier reduzieren sich die Angaben auf kurze Stichworte wie *eyn heyratsbrief, eyn appellacion,* [...] *eyn guttlich(er) anlas, eyn anlasse et(c.), eyn guttlich(er) entscheyd et(c.)* u. a[204]. Sie sorgten dafür, das der Überblick gewahrt blieb und sich das Suchen in Grenzen hielt. Dies Verfahren setzte allerdings zwingend voraus, dass der Benutzer eine gewisse Vorstellung davon hatte, welche Rechtsmaterie er überhaupt suchte. Auch dies verweist in die Sphäre der Rechtspraktiker, dass heißt in die der öffentlichen Notare.

Fasst man diese Überlegungen zusammen, dann ergeben sich verschiedene Deutungsansätze: Entweder handelte es sich bei dem Kodex um das persönliche Handexemplar eines Schreibers, der vertrauten Umgang mit Kanzleidokumenten, d. h. Urkunden, und der laut Ausweis der Stücke Zugang zum kurpfälzischen Archiv oder zum Ort der kurpfälzischen Urkundenproduktion, sprich zur Kanzlei, hatte. Die Frage stellt sich, wofür er das Formelbuch brauchte. Berücksichtigt man den Zeitansatz, in den die Stücke fallen, dann befindet man sich in dem Übergangszeitraum zwischen den Kanzlerschaften von Johann Guldenkopf und Matthias Ramung. Dies könnte darauf hindeuten, dass Material zusammengestellt wurde, um eine Kontinuität im Formular zu gewährleisten. Vielleicht geschah dies in der Annahme, dass mit dem neuen Kanzler auch neue Personen in die Kanzlei eintreten würden. Bedenkt man die starke Fluktuation von Kanzleischreibern, die aufgrund der paläographischen Untersuchungen der Arbeiten aus der Schule von Hans Rall nachgewiesen werden konnten, dann könnte mit dem Formelbuch ein Element der materiellen Kontinuität geschaffen worden sein.

Das Inhaltsverzeichnis der Handschrift mit seinen meist kurzen Titelangaben reichte für die Erschließung von Urkundenformularen offenbar vollkommen aus. Angesichts der Tatsache, dass auf eine Anonymisierung von Namen und konkreten Rechtsmaterien weitgehend verzichtet wurde, lässt sich ableiten, dass der Band offenbar auch nur in einem Bereich kursierte, in dem Geheimhaltung bzw. Vertraulichkeit möglich war, andererseits aber der Schreiber Zugang zu solchen Dokumenten hatte. Eine dritte Überlegung zielt auf Ausbildungsaspekte. Vielleicht diente er gleichzeitig als Grundlage für das Erlernen von Urkundenformularen. Dass es solche Ausbildungen gab, wissen wir aus den städtischen Kanzleien. Für die kurpfälzische Kanzlei zumindest in der Zeit von Matthias von Sobernheim konnte dies ebenfalls nahegelegt werden.

Der Kodex beginnt mit fünf leeren Seiten, von denen sich auf einer in frühneuzeitlicher humanistischer Kursive die Bezeichnung ‚Fomularia deutsch' findet (f. *4r). Es folgen bis zum Beginn des Inhaltsverzeichnisses weitere unbeschriebene Seiten. Auf

---

204 Ebd., f. 3r.

einer von ihnen steht in großer kalligraphisch gestalteter Auszeichnungsschrift die Devise *Amor amantem agitat*[205]. Mit einem gewissen Abstand findet sich darunter wieder in einer typischen Kanzleikursive der späten Mitte des 15. Jahrhunderts „kalligraphisch ausgeführte[.] und für Federproben an zu prominenter Stelle stehende[.] Einträge", die laut Handschriftenbeschreibung „auf den Schreiber der Haupthand hinweisen". Dort steht: *Item hans vom stein hans/Item Ich soll gelten*[206]. Ob der Name als Selbstbezeichnung des Schreibers zu reklamieren ist, ist fraglich. Eher auf Federproben weist trotz der kalligraphischen Ausgestaltung das zweimalige *Item* hin, das auf den Anfang einer Notiz hinweisen oder aus der Praxis der Rechnungslegung stammen könnte.

Forscht man nach der lateinischen Devise *Amor amantem agitat*, dann wird man interessanterweise nicht sehr weit von Heidelberg fündig. Man findet sie über ein halbes Jahrhundert später, im Jahre 1523, im Notarssignet des öffentlichen Notars Bernardus Boler von Offenburg[207]. „Das ‚Signum, Chyrographum, Symbolum, Merk, Piczetum, hantzeichen, mal, signetum, signetum publicum oder signetum notarile u. dgl.' setzten der päpstliche oder/und kaiserliche – vor allem in Italien auch der städtische Notar neben ihre Unterschrift. Das Notariatsinstrument galt damit als ebenso beweiskräftig wie die Siegelurkunde"[208]. Solche Signete sind häufig dreiteilig aufgebaut; die Basis wird von einem mehrstufigen Sockel gebildet, auf dem sich, getragen von einem schmalen Hals, im Allgemeinen Symbole, Architekturelemente und anderes mehr finden[209].

Im Falle von Bolers Notarssignet findet sich die Devise *Amor amantem agitat* eingeschrieben in den aus zwei Stufen bestehenden Sockel. Auf diesem steht eine große B-Initiale, in die zwei weitere Buchstaben eingeschrieben sind. Es handelt sich um ein kleines Majuskel-S mittig auf dem oberen Bogen des großen B und um ein kleines Majuskel-B, das die beiden, in der Mitte zusammenlaufenden Bögen des großen B gewissermaßen miteinander verklammert. Diese beiden Bögen laufen in der Buchstabenmitte auf den Schaft des großen B zu, berühren ihn aber nicht, sondern formen eine Art Stachel, der auf einen strahlenden Punkt auf der linken Seite des Schaftes zielt[210].

Die beiden unterschiedlich großen Buchstaben *B* beziehen sich offenbar auf die Nameninitialen des öffentlichen Notars Bernardus Boler, das darüber geschriebene *S*

---

205 Vgl. die Abbildung im Anhang dieser Arbeit, Kap. 5: Übernahmen, Traditionen, Kanzleiwissen, Zufall? Ob es sich bei den Verzierungen der zu einem großen Bogen ausgezogenen g-Schlinge des *agitat* wirklich um ein Schreibermonogramm handelt (*HIC*) (so Die Codices Palatini germanici, S. 357) wäre zu diskutieren.

206 Ebd.

207 Heidelberg, Universitätsbibliothek, Urk. Lehmann 388 (Kloster St. Georgenberg bei Pfeddersheim, 1523 Januar 14). Beschreibung bei: Steiger, Urk. Lehmann 388.

208 Vgl. Reckenzaun, Zur Kunstgeschichte des Notariatssignets, S. 120.

209 Vgl. ebd., S. 126.

210 Vgl. die Abbildung im Anhang dieser Arbeit, Kap. 5: Übernahmen, Traditionen, Kanzleiwissen, Zufall?

vermutlich auf das Signet selbst im Sinne von S(*ignum*)[211]. Boler stammte aus Offenburg, wie seine rechts vom Signet beigefügte Notarsunterschrift verrät. Die mittelalterlichen und frühneuzeitlichen Notare fertigten ihr Signet nach freiem Belieben, wobei hier noch erheblicher Forschungsbedarf besteht. So weiß man nicht, wie und ob die Notarssignete vererbt wurden[212]. Dies muss nicht zwangsläufig innerhalb einer Familie erfolgt sein, vorstellbar wären vielleicht auch Lehrer-Schüler-Beziehungen.

Das Signet mit der uns interessierenden Devise findet sich auf einem Notariatsinstrument vom 14. Januar 1523, ausgestellt und beglaubigt von besagtem Bernardus Boler im Kloster St. Georgenberg bei Pfeddersheim[213]. Das heute verschwundene Kloster lag vor den Toren der kleinen Stadt in der Nähe der Bischofsstadt Worms. Pfeddersheim ging 1465, d. h. fünf Jahre nach dem dort errungenen Sieg Pfalzgraf Friedrichs des Siegreichen über den Mainzer Erzbischof Dieter von Isenburg an die Kurpfalz[214]. Auch das benachbarte Kloster stand in engen Beziehungen zur Kurpfalz und leistete im Jahre 1500 Abgaben an das Heilig Geist-Stift in Heidelberg[215].

Es wird nicht mehr zu klären sein, wieso Bernhard Bolers im Jahre 1523 nachgewiesene Notarssignet die gleiche Devise trägt, wie sie sich auf dem kurpfälzischen Formelbuch aus den späten fünfziger Jahren des 15. Jahrhunderts findet. Möglicherweise besteht ein Zusammenhang mit den aus der ersten Hälfte des 16. Jahrhunderts stammenden Einträgen in das Formelbuch. Auch diese entstammen den kurpfälzischen Kanzleizusammenhängen[216]. Der hier aufscheinende Zusammenhang weist zumindest in die Sphäre des öffentlichen Notariats, in die wir immer wieder geraten sind, wenn wir uns mit landesherrlichen Kanzleien befassten. Interessant ist der Umstand, dass sich die Devise nach derzeitigem Stand der Dinge nur im kurpfälzischen Einflussbereich nachweisen lässt.

Kommt man von dem aus dem 16. Jahrhundert stammenden Notarssignet auf den Heidelberger Codex Palatinus Germanicus 158 zurück, dann sollte hier noch einmal der Blick auf den dort unterhalb der Devise genannten Hans vom Stein gerichtet werden. Ob man das in großer Schrift geschriebene *Amor amantem agitat* auf derselben Seite auf ihn beziehen möchte, wäre zu überlegen. Nach derzeitigem Stand der Forschung lässt sich nichts Weiteres dazu aussagen. Auch hier wäre die Untersuchung einer Schrift- und Schreiberlandschaft gewinnbringend und weiterführend; diese kann allerdings nur in einem größeren Rahmen durchgeführt werden, was hier nicht zu leisten ist.

Der Name Hans vom Stein selbst klingt keineswegs fremd, wenn man sich mit der kurpfälzischen Kanzlei beschäftigt. Wertet man Hans als Kurzform von Johannes

---

211 Vgl. die Abbildung unter Heidelberg, Universitätsbibliothek, Urk. Lehmann 388.

212 Reckenzaun, Zur Kunstgeschichte des Notariatssignets, S. 122 f.

213 Heidelberg, Universitätsbibliothek, Urk. Lehmann 388. Beschreibung bei: Steiger, Urk. Lehmann 388.

214 Vgl. Alter, Pfeddersheim, S. 292 f.

215 Vgl. Heidelberg, Universitätsbibliothek, Urk. Lehmann 69 (Heidelberg, 1500 Mai 2).

216 Vgl. Die Codices Palatini germanici, S. 366 f.

und betrachtet das Ensemble von kurpfälzischen Kanzlei-, Hof- und Universitätsangehörigen, die seit der zweiten Hälfte des 14. Jahrhunderts den Namen vom Stein trugen, dann führen Wege in den Verwandtenkreis der vom Stein, ohne dass eine eindeutige Zuordnung hier möglich ist. Auch unter ihnen fanden sich öffentliche Notare[217]. Doch auch über den kurpfälzischen Zusammenhang hinaus sind Vertreter dieses Namens im öffentlichen Notariat bekannt, wie ein 1412 in Frankfurt am Main nachgewiesener Johannes vom Stein (*Steyne*)[218]. Die Anlage des Formelbuches würde auf jeden Fall den Fähigkeiten und den Notwendigkeiten eines öffentlichen Notars mit (temporären?) Aufgaben im Kanzleidienst entsprechen. Es wäre die Überlegung wert, ob sich die Devise auch in seinem Fall auf ein Notarssignet beziehen könnte[219]. Weiteres ist beim derzeitigen Forschungsstand dazu nicht zu sagen.

4.15.2.11 Resümee

Betrachtet man das hier vorgestellte und diskutierte Ensemble der Kanzleihandschriften, dann lassen sich eine Reihe von Ergebnissen festhalten: Es gibt einen Bestand von Handschriften, die aufgrund ihrer einheitlichen Bindung in sogenannte *Alberthus*-Einbände als zusammengehörig angesehen werden können und die zum größten Teil im Generallandesarchiv in Karlsruhe überliefert sind. Diese beziehen sich zum überwiegenden Teil auf die kurpfälzische Kanzlei, aber nur zum überwiegenden Teil. Daneben existiert dort ein kleinerer Bestand von Kanzleihandschriften, die zwar ebenfalls einen *Alberthus*-Einband tragen, die sich aber von den übrigen sonst weißen Einbänden durch ihre rote Farbe unterscheiden. Diese roten Einbände gehörten durchweg zur bischöflich Speyerer Kanzlei in der Zeit von Bischof Matthias Ramung[220].

Dieser war, sicher nicht zufällig, auch kurpfälzischer Kanzler. Es fragt sich, ob diese einheitliche Bindung und die ebenfalls nachweisbare Verklammerung mit dem Archiv in einem Zug geplant und ausgeführt wurde, d. h. ob sie in einem oder mehreren Schüben erfolgte. Natürlich lag es nahe, den Brand der Kanzlei im Sommer des Jahres 1462 als Anlass oder Auslöser zu betrachten. Dies läge zwar grundsätzlich im Bereich des Möglichen; man sollte allerdings dabei darauf hinweisen, dass später noch eine ganze Reihe von Handschriften hinzu kamen.

So wurde Matthias Ramung erst im Jahre 1464 zum Bischof von Speyer erhoben und veranlasste daher auch erst danach die Anlage der bischöflich Speyerer Kanzleibände. Das illuminierte Lehenbuch Pfalzgraf Friedrichs des Siegreichen wurde erst

[217] Vgl. dazu das Personenregister dieser Arbeit.

[218] Seine Heimat ist unbekannt; vgl. Gerber, Die Notariatsurkunde in Frankfurt am Main, S. 3.

[219] Die Codices Palatini germanici, S. 357, hielten die Verzierungen (*HIC*) der zu einem großen Bogen ausgezogenen g-Schlinge des *agitat* für das Monogramm des Devisenträgers.

[220] Moderne Archivare trennen hier schärfer: „Der aufwändige Einband der vier speyerischen Amtsbücher beweist […], daß diese Bücher ausschließlich für den persönlichen Gebrauch des Bischofs bestimmt waren. Diese Bände stammen also zweifellos nicht aus der Kanzlei, sondern aus der Kammer des Bischofs, aus seinem Wohn- und Arbeitsraum"; Ehmer, *… obe sich der stiefft an luten mere oder mynner*, S. 83 f.

im Jahre 1471 fertig gestellt. Andererseits wurden ältere Kanzleihandschriften wie das Lehenbuch (*registrum feudorum*) Pfalzgraf Ludwigs III.[221] zwar bereits um das Jahr 1443 abgeschlossen[222], aber, wie der Stempelschmuck des Einbandes nahelegt, frühestens um die Mitte der sechziger Jahre des 15. Jahrhunderts von Albertus eingebunden[223]. Möglich wäre natürlich, dass alle Kanzleibücher Pfalzgraf Friedrichs des Siegreichen († 1476) und des Speyerer Bischofs Matthias Ramung († 1478) erst am Ende ihrer Herrschaftszeit ihren einheitlichen Einband erhalten haben. Dies ergibt allerdings, von der Gebrauchssituation her betrachtet, keinen rechten Sinn und würde voraussetzen, dass sie ihr einheitliches Aussehen nur für den Gebrauch durch eine wie auch immer geartete Nachwelt zu verdanken gehabt hätten. Friedrichs Nachfolger Philipp bevorzugte überdies einen anderen Einbandstil.

Bereits durch den Nachweis unterschiedlicher Entstehungskontexte und Entstehungsschichten wird deutlich, dass bei der Anlage von Kanzleibüchern mit mehreren Schüben zu rechnen ist. Ein sukzessives Entstehen ist an sich nichts Ungewöhnliches, da man sich auch die Führung der Auslaufregister wie des Liber perpetuum, der Libri ad vitam oder der (chronologisch geführten) Lehenbücher so vorstellen muss. Daneben könnten aber auch einige Ereignisse Anlaß für die Anlage von Kanzleibänden gegeben haben. Vom Brand des Jahres 1462 war bereits die Rede, ebenso von der Ernennung Matthias' Ramung zum kurpfälzischen Kanzler sowie seiner Erhebung zum Bischof von Speyer. Ähnliches wird man für die Schlachtensiege Friedrichs des Siegreichen behaupten dürfen, die Anlass für die Anlage der Dossiers zu Seckenheim (und vielleicht zu Pfeddersheim) gegeben haben. Die frühen siebziger Jahre mit den vertraglichen Abmachungen zwischen Friedrich I. und seinem Stiefsohn Philipp, der reichspolitischen Zuspitzung und dem damit noch einmal gesteigerten Legitimationsdefizit Friedrichs könnten weitere Anlässe geboten haben.

Dies lenkt über zu der Frage, warum die Kanzleibände nicht nur eine derartige Vielfalt und ein derartig einheitliches Aussehen, sondern auch eine derartige Erschließung und Durchdringung bzw. Verknüpfung mit anderen Kodizes aufweisen, wie immer wieder für sie nachgewiesen werden konnte. Eine Antwort könnte lauten, dass das Durchdringen und Erschließen eines vorhandenen Bestandes von Rechten und Ansprüchen und seine Verflechtung mit reichsrechtlich relevanten Texten in einer Situation, in der die Regalien fehlten, von hoher Relevanz waren und je länger die Si-

221 GLAK, 67/1910; Gesamtübersicht der Bestände des Generallandesarchivs, S. 223; dazu Brandenstein, Urkundenwesen und Kanzlei, S. 112–120.

222 Ebd., S. 113.

223 Die größte Ähnlichkeit besteht zum Einband des zwischen 1465 und 1467 entstandenen Lehenbuchs von Bischof Matthias Ramung, GLAK, 67/300; dazu Inventare des Grossherzoglich Badischen General-Landesarchivs, Bd. 1, S. 110 f.; Gesamtübersicht der Bestände des Generallandesarchivs, S. 192; Weech, Ueber das Lehenbuch des Bischofs von Speyer, Matthias Ramung. Vergleichbar ist ferner der Einband des 1466 entstandenen ersten Heidelberger Bibliothekskatalogs: Heidelberg, Universitätsbibliothek, Heid. Hs. 47; dazu L[udwig] S[chuba], in: Bibliotheca Palatina, Textbd., Nr. A 3, S. 10 f. Zur Handschrift vgl. Kap. 4.15.2.3: Das Lehenbuch Bischof Matthias' Ramung.

tuation andauerte, immer wichtiger wurden. Denn dadurch steigerten sich auch die damit einhergehenden Legitimationsdefizite.

Es handelt sich damit bei der Kanzleigeschichte Friedrichs des Siegreichen um keine reine Verwaltungsgeschichte, sondern im wahrsten Sinne um eine Kulturgeschichte von Verwaltung und Regierung im Angesicht eines eklatanten und permanenten Legitimationsdefizites. Friedrich der Siegreiche stillte sein Legitimationsbedürfnis durch Historiographie und Humanismus, doch wurde der rechtliche Bereich, und um diesen ging es nicht zuletzt sowohl bei der Arrogation wie bei der ausbleibenden Belehnung durch den Kaiser, auf einer ganz anderen Ebene gestaltet. Die Reichsrechte wurden in der Kanzlei gesammelt und erschlossen, das Territorium nach Ämtern geordnet und systematisiert, die Vasallen und ihre Lehen zwischen zwei Buchdeckeln versammelt, der Lehnshof in kostbar gestalteten Lehenbüchern symbolisch repräsentiert und unterlegene politische Gegner durch aufwändige Dossiers in die Enge getrieben. All dies war Teil einer ausgeklügelten Aggressions-, Einschüchterungs- und Legitimationsstrategie. Ihr Mittelpunkt war der Pfalzgraf, Adressaten waren Papst, Kaiser, Kurfürsten und das Reich, ebenso die Vasallen, die Hintersassen, aber auch der Stiefsohn und dessen Vormünder bzw. Fürsprecher.

4.15.3 Ausblick: Zur weiteren Entwicklung

Aus dem im letzten Kapitel Gesagten versteht es sich im Grunde von alleine, warum der von Pfalzgraf Friedrich und seinem Kanzler Matthias Ramung getriebene Verwaltungsaufwand Episode blieb, wenngleich Elemente fortdauerten. Es wurde oben bereits angesprochen, dass das System der Libri perpetuum und ad vitam bei Friedrichs Nachfolgern von Philipp dem Aufrichtigen bis einschließlich Karl Theodor, d.h. bis in die erste Hälfte des 18. Jahrhunderts, beibehalten wurde[224]. Ähnliches gilt für die Lehenbücher[225]. Um dies zu belegen genügt ein Blick in die Archivübersichten. Unter Friedrichs Stiefsohn und Nachfolger Philipp kamen die Dienerbücher hinzu; auch ihre Anlage wurde bis in das 17. Jahrhundert beibehalten[226].

Das Know-how, aus dem dies alles schöpfte, war allerdings keineswegs eine Erfindung Pfalzgraf Friedrichs des Siegreichen oder seines Kanzlers gewesen, sondern speiste sich aus Wissen, das in ihrer Zeit potentiell zur Verfügung stand und dies bereits seit langer Zeit. Es wurde aber – im Gegensatz zu den bisherigen Annahmen der Forschung – nicht an Universitäten gelehrt, sondern in den landesherrlichen und städtischen Kanzleien, an Offizialatsgerichten oder Stiftsschulen. Heraus kamen Schrei-

---

224 Vgl. Gesamtübersicht der Bestände des Generallandesarchivs, S. 201; Inventare des Grossherzoglich Badischen General-Landesarchivs, Bd. 1, S. 145–150. Rödel, Ämter und Kanzlei am kurpfälzischen Hof, S. 269 (mit ebd., Anm. 46).

225 Vgl. Inventare des Grossherzoglich Badischen General-Landesarchivs, Bd. 1, S. 154–157.

226 Die kurpfälzischen Dienerbücher 1476–1685.

ber, die ihr Handwerk beherrschten und die von diesem Handwerk im Zweifelsfall auch leben konnten. Dies kann man getrost wörtlich nehmen.

So besehen verwundert es eigentlich kaum, dass unter den Geistesgrößen, die Matthias Ramung als kurpfälzische Kanzler folgten, keine größeren Verwaltungsinnovationen feststellbar sind. Denn wesentlich größere Berühmtheit als er genießt gerade unter Literaturwissenschaftlern beispielsweise der Kanzler Philipps des Aufrichtigen, Dr. Johann von Dalberg (* 1455, † 1503); er gilt als einer der großen Humanisten im Südwestdeutschland des späten 15. Jahrhunderts[227]. Auch er entstammte familiär dem Umfeld des kurpfälzischen Hofes als Sohn des Hofmarschalls Pfalzgraf Friedrichs des Siegreichen, Wolf II., aus der Familie der Kämmerer von Dalberg (* 1426, † 1476). Johann studierte an den Universitäten in Erfurt, Padua und Pavia, wo er ein juristisches Doktorat erwarb. Daneben verlief die Installation auf verschiedenen Kirchenpfründen. 1480 wurde er Dompropst in Worms und damit Kanzler der Universität Heidelberg.

Der seit 1476 regierende Kurfürst Philipp von der Pfalz († 1508) ernannte ihn um den Jahreswechsel 1481/2 zu seinem Kanzler und engagierte sich für seine Wahl zum Bischof von Worms, die im August 1482 erfolgte. Johann von Dalberg blieb auch nach seiner Bischofswahl im Kanzleramt der Kurpfalz. Er förderte den Humanismus in Heidelberg und Worms, der durch ihn eine große Ausstrahlung entwickelte. Er lud Größen wie Rudolf Agricola an die Universität Heidelberg und reiste mit ihm 1485 nach Rom. Zu seinen Freunden und/oder Briefpartnern zählten die namhaftesten deutschen Gelehrten seiner Zeit wie Johann Reuchlin, Konrad Celtis, Jakob Wimpfeling, Johannes Trithemius, Sebastian Brandt und Willibald Pirckheimer. Unter ihm wurde Heidelberg zum Zentrum des deutschen Frühhumanismus.

Betrachtet man angesichts dieser glänzenden Karriere des kurpfälzischen Kanzlers dessen Kanzleiprodukte, dann ist das Ergebnis dagegen enttäuschend. Im Prinzip blieb alles beim Alten, allerdings wechselte man das Design der Kanzleieinbände; sie nahmen unter Philipps Herrschaft im Stempelschmuck Renaissance- Formen an. Friedrich der Siegreiche hatte seinem Erben und Nachfolger wenn schon kein bestelltes Haus, dann jedoch eine bestellte Kanzlei hinterlassen. Konrad Krimm stellte dazu fest, dass Philipp auf eine eigene „Neuauflage" des illuminierten Lehenbuches seines Ziehvaters und Vorgängers Friedrichs des Siegreichen verzichtete; stattdessen legte seine Kanzlei „nur für sich selbst ein aktualisiertes Lehnsregister" an[228]. Man muss sich dabei fragen, ob Philipp den von Friedrich getriebenen Aufwand überhaupt nötig gehabt hätte. Dieser hatte ihm zwar auch einen Berg von Schulden hinterlassen, aber kein Legitimationsdefizit. Dies führte offenbar zu einer deutlichen Reduktion der diesbezüglichen Kanzleiaktivitäten.

---

[227] Jaumann, Handbuch Gelehrtenkultur, Bd. 1, S. 214. Ferner die ältere Biographie von Morneweg, Johann von Dalberg, sowie den Sammelband: Der Wormser Bischof Johann von Dalberg (darin besonders der Beitrag von Walter, „Inter nostrae tempestatis Pontifices facile doctissimus"). – Zur Familie vgl. Breuer, Die räumliche Orientierung, S. 380–386.

[228] Krimm, Ein königgleicher Lehnshof, S. 64.

Die Frage stellt sich, welchem Modell Philipp der Aufrichtige bei der Wahl des Bischofs von Worms zu seinem Kanzler folgte. In Ansätzen vergleichbar wäre Johann von Dalberg vielleicht noch mit Ludwig von Ast; doch hinkt dieser Vergleich, da Ludwig nicht in seiner Eigenschaft als Wormser Bischof als kurpfälzischer Kanzler tätig wurde. Möglicherweise war es die Prestigeträchtigkeit, die das hohe Kirchenamt seines Kanzlers für den Kurfürsten Philipp mit sich brachte, die dieses Modell begründete. Er folgte aber nicht dem auf das Königtum zielende Vorbild einer Kombination von Bischof von Speyer und Hofkanzler. Angesichts dieser traditionellen Verbindung mit dem deutschen Königtum waren damit gleichzeitig auch immer Ansprüche verbunden bzw. konnten verbunden werden. Im Falle Johanns von Dalberg fällt dagegen die enge Verbindung zwischen kurpfälzischem Kanzler und Universität Heidelberg auf, die nicht zuletzt aus dem Amt des Wormser Bischofs resultierte. Diesem oblag als zuständigem Diözesanbischof die geistliche Aufsicht über die Heidelberger Alma mater[229]. Dieser scheint das Hauptaugenmerk des kurpfälzischen Kanzlers Dr. Johann von Dalberg gegolten zu haben.

[229] SCHAAB, Geschichte der Kurpfalz, Bd. 1, S. 120; RITTER, Die Heidelberger Universität, S. 49 f.

4.16 Finale oder „State of the Art"? Kanzleitheorie im Umkreis von Matthias Ramung

Überlieferte Kanzleiordnungen aus dem 15. Jahrhundert zählen zu den großen Seltenheiten. Dies verdeutlicht bereits ein Blick in das Deutsche Rechtswörterbuch, in dem sich nicht nur eine Definition, sondern auch eine Fülle von Nachweisen finden[1]. Das Gros der Überlieferung stammt aus der frühen Neuzeit und beginnt mit ganz wenigen Vorläufern im 16. Jahrhundert, „wobei die Ordnungen mehr oder weniger stark differenzieren und ins Einzelne gehen bei weitgehender Parallelität der Entwicklung in den einzelnen Territorien."[2] Lediglich für Passau (1438), (Kur)-Köln (1469), das Reich (undatiert, vermutlich 1482), Kurtrier (1489), die Reichshofkanzlei (1498) und Sachsen (1499) sind Kanzleiordnungen aus dem 15. Jahrhundert laut Deutschem Rechtswörterbuch erhalten. Sie finden sich allerdings allesamt nicht als eigenständige Texte, sondern in umfangreichere Hofordnungen integriert[3]. Allein dies könnte man als Zeichen für die geringe bürokratische Ausformung der Kanzlei werten, sollte aber dabei in Rechnung stellen, dass diese quantitativen Überlieferungsverhältnisse auch für andere Ordnungen und Ordnungstypen gelten.

Umso bemerkenswerter ist es, dass aus der Zeit von Matthias Ramung mehrere Kanzleiordnungen erhalten sind, die von ihm beeinflusst worden sein bzw. ihn beeinflusst haben können. Als Bischof von Speyer hat er augenscheinlich keine Kanzleiordnung für sein Hochstift erlassen. In Speyer beschritt man damals offenbar andere Wege, über die man zumindest indirekt doch auf Regelungen schließen kann. In Absprache mit den Dekanen des Speyerer Domkapitels und der Stiftskapitel wurde das geistliche Gericht reformiert. In einer vom 16. Januar 1466 datierenden Ordnung, der sogenannten Reformatio Antiqua[4], wurde auch dem *offici(um) notariorum* große

[1] Das DRW definiert den Begriff folgendermaßen: Unter Kanzleiordnung versteht man „schriftlich niedergelegte, gesetzliche Regelung der Organisation (personeller Aufbau, Funktion und Dienstpflichten der verschiedenen Arten von Kanzleiverwandten) und des Geschäftsgangs einer Kanzlei, unter Umständen zugleich oder allein in der Form einer Gerichtsordnung (II) Regelung des gerichtlichen Verfahrens einer Kanzlei (B II), mitunter auch inhaltliche Beschränkung auf eine Kanzleitaxordnung; ursprünglich in die Hofordnungen (II) einbezogen, begegnen Kanzleiordnungen als eigenständige Rechtsquellen (und wichtigste Erkenntnisquellen der Geschichte des Kanzleiwesens) vereinzelt im 15. Jahrhundert, in wachsender Zahl dann in fast allen deutschen Territorien seit dem 16. Jahrhundert [...]"; vgl. Kanzleiordnung, Sp. 139 f.

[2] Vgl. ebd., Sp. 140.

[3] Vgl. ebd., Sp. 149, Kap. IV.2: „Ordnungen, die sachlich Kanzleiordnungen darstellen, ohne sich selbst aber als solche zu bezeichnen" (mit den Quellennachweisen). Ein Beispiel ist Emminghaus, Die Hofraths-Ordnung. Ein gründliche Nachsuche auch in der älteren und jüngeren Literatur würde sich vermutlich lohnen; vgl. Widder, Hofordnungen (2007).

[4] Vgl. GLAK, 67/277, f. 32r–43v. Sie ist überliefert im sogenannten Eid- und Gerichtsbuch des Bistums Speyer (15.–18. Jh.); dazu Gesamtübersicht der Bestände des Generallandesarchivs, S. 192. Eine Edition findet sich bei Riedner, Die geistlichen Gerichtshöfe zu Speier, Bd. 2, Nr. 19, S. 73–91 (ebd., S. 73 der Nachweis weiterer Handschriften); vgl. dazu auch Haffner, Die kirchlichen Reformbemühungen des Speyerer Bischofs Matthias von Rammung, S. 55–57.

Aufmerksamkeit geschenkt[5]. Matthias verfügte tägliche Anwesenheitspflicht der Notare, von der nur der Offizial Urlaub erteilen konnte. Zur Registerführung hieß es u.a., dass *Item nullus notariorum conscribat acta cause per modum registri in causis prophanis nisi lite legitime contestata*[6].

Im Gegensatz zu diesem diffusen Bild, das den Befunden zur Verwaltungszentrale in den geistlichen Territorien entspricht, wie sie weiter oben bereits für Kurtrier, Speyer und Kurmainz im 14. Jahrhundert diskutiert wurden, ist bislang nicht zur Kenntnis genommen worden, dass eine Reihe weiterer Kanzleiordnungen mit Matthias Ramung in Zusammenhang zu bringen ist[7]. Von diesen ist nur die kurkölnische durch ihren Nachweis im Deutschen Rechtswörterbuch überhaupt breiter bekannt. Diese und weitere sollen in diesem Kapitel vorgestellt und diskutiert werden. Wesentliche Fragen, die sich dabei stellen, sind die nach Entstehungszusammenhängen, Abhängigkeiten bzw. Parallelen der Texte untereinander, aber auch inwiefern praktische Abläufe reflektiert und normiert wurden.

Die hier zu besprechenden Texte sind an unterschiedlichen Orten entstanden und entstammen verschiedenartigen Entstehungszusammenhängen. Sie bilden allesamt keine isolierten Texte, sondern stammen aus umfangreicheren Regelungskorpora in Gestalt von Hof- und Regimentsordnungen. Im Folgenden wären zu nennen: Erstens, die Münchener Hof- Regimentsordnung vom 16. Februar 1468[8], zweitens, die bereits angesprochene Kurkölnische Hof- und Regimentsordnung von 1469[9] und drittens, die Amberger Hofordnung von 1474[10].

Zunächst sollen die Texte näher vorgestellt werden. Die Münchener Regierungsordnung entstand aus Konflikten unter den Söhnen Herzog Albrechts III. von Bayern-München. Diese führten zu einer ganzen Serie von Ordnungen, die erste entstand um 1464, die beiden folgenden 1466 und 1468. Herzog Albrecht III. war im Jahre 1460 gestorben, sein erstgeborener Sohn Johann IV. (* 1437) folgte ihm gemeinsam mit seinem Bruder Sigmund in der Herrschaft nach, starb aber bereits 1463[11]. Für die vier hinterbliebenen Brüder Sigmund (* 1439, † 1501), Albrecht IV. (* 1447, † 1508), Christoph (* 1447, † 1493) und Wolfgang (* 1449, † 1515) schuf eine Gruppe von Räten

---

5 Riedner, Die geistlichen Gerichtshöfe in Speier, Bd. 2, Nr. 19, hier S. 76–78 (*De officio notariorum*); ebd., S. 78–80 (*De salario notariorum*). Vgl. ferner die vom Jahre 1475 datierende Ordnung *Wie sich vicarie, notarie, sigiler und fischal halten sollen etc.*; ebd., Nr. 24, S. 100–105.

6 Ebd., S. 76 f. [§14]. Ferner ebd., S. 77 [§17]: *Item notarii consistorium notas sentenciarum in registris consistorialibus conscribat, ne instrumentis forsan amissis, prout sepius visum est, partes dampnificentur*. Zu seiner Politik gegenüber den Geistlichen Gerichten vgl. auch Glasschröder, Archidiakonat, S. 131–134.

7 Vgl. dazu auch Widder, Kanzler und Kanzleien (2010).

8 Edition: Krenner, Baierische Landtags-Handlungen, Bd. 5, Nr. 7, S. 283–303; Teiledition in: Altbayern von 1180 bis 1550, Nr. 593, S. 619 f. (es fehlt der Passus über die Kanzlei).

9 Edition: Walter, Das alte Erzstift, Anhang, Nr. 3, S. 405–416

10 Edition: Widder, Der Amberger Hof 1474, Anhang, S. 296–305.

11 Vgl. dazu den Bearbeiter Karl-Ludwig Ay in: Altbayern von 1180 bis 1550, S. 595–598. Zur ursprünglich intendierten Nachfolgeregelung vgl. ebd., Nr. 127, S. 174.

um 1464 eine „Ordnung der Hofhaltung“[12]. Wie der Name andeutet, regelte sie vornehmlich finanzielle Belange und legte fest, welche Ämter mit wie vielen Personen zu besetzen seien. Nur am Rande erfährt man auch knappe Details zur Kanzlei und ihrem Personal[13].

Bereits wenige Jahre später entstand erneuter Regelungsbedarf. Er mündete in eine umfangreichere Ordnung, die in Form einer Urkunde laut Intitulation von Herzog Ludwig IX. dem Reichen von Bayern-Landshut und den „Prälaten, Herren Rittern, Knechten, Städten und Märkten der Landschaft in Ober- und Niederland zu Bayern“ am 14. März 1466 zu München ausgestellt wurde[14]. Anlass waren *etliche Irrung, Zwietracht und Spaenn*, die zwischen den beiden älteren, zur Herrschaft bestimmten Herzögen Sigmund und Albrecht IV. von Bayern-München einerseits, aber auch mit den beiden jüngeren „von des Regiments wegen“ entstanden waren[15]. In diesem Dokument, das sich selbst als ‚Ordnung und Bericht‘ bezeichnet, wurden auch für die Kanzlei detaillierte Regelungen erlassen. So sollten die beiden älteren Brüder einen gemeinsamen Kanzler haben, darüber hinaus Kanzleischreiber nach Wunsch. Der Kanzler sollte beiden Herren an Eides statt geloben, ihnen treu und hold zu sein, ihren Interessen zu dienen, sie vor Schaden zu bewahren und ihnen treu zu raten, auch Verschwiegenheit in vertraulichen Dingen sein Leben lang zu wahren[16]. Ferner sollte er dem, was durch beide Herren oder durch einen von ihnen oder die Hofmeister und sechs Räte oder der Mehrheit (*mehreren Theil*) nach Wortlaut dieser Ordnung beschlossen wird und ihm Kraft derselben von beiden Herren oder einem oder von dem gemeinen Hofmeister zu schreiben oder anzufertigen befohlen wird, nachkom-

---

[12] Edition: Neudegger, Die Hof- und Staats-Personaletats der Wittelsbacher (1889), S. 42–45, beigefügt sind im gleichen Zusammenhang entstandene sogenannte *Bedenken*. Sie enthalten konkrete Vorschläge für die weitere Ausgestaltung des Regimentes (ebd., S. 45–49); Auszüge aus beiden Texten in: Altbayern von 1180 bis 1550, Nr. 491, S. 615 f. Zu den Hintergründen vgl. Kraus, Sammlung der Kräfte, S. 289–321.

[13] Edition: Neudegger, Die Hof- und Staats-Personaletats der Wittelsbacher (1889), S. 42–49. So sollten unter der Rubrik *täglich Räth e*in Kanzler und drei Kanzleischreiber finanziert werden. Sie waren aber nicht exklusiv einem der Brüder zugeordnet (ebd., S. 43). Unter den der eigentlichen Ordnung beigefügten *Bedenken* findet sich die Bemerkung: *Item von irer Gnaden Secret wegen mit iren Gnaden zereden, die ir Gnad ausserhalb der Canzlei haben* (ebd.). Hier ging es offenbar darum, das Sekretsiegel nicht weiter unkontrolliert in den Händen der Herrschaft zu haben.

[14] Edition: Krenner, Baierische Landtags-Handlungen, Bd. 5, Nr. 5, S. 165–193 (mit Hinweis „Nach einer gleichzeitigen Abschrift bey den L.S.“, ebd., S. 165).

[15] Zu den Hintergründen vgl. den Bearbeiter Karl-Ludwig Ay in: Altbayern von 1180 bis 1550, S. 597; ferner die Quellenbelege ebd.

[16] *Es sollen auch beyde Herrn einen gemeinen Kanzler, und dazu etliche Kanzelschreiber, so viel sie deren wollen, haben; die sollen beyden Herrn mit Treuen an Eidesstatt geloben, mit Namen der Kanzler den Herrn treu und hold zu seyn, ihren Frommen zu fœrdern, Schaden zu warnen und getreulich zu rathen, auch ihren Rath und Heimlichkeit sein Lebtag verschweigen*, […]; Krenner, Baierische Landtags-Handlungen, Bd. 5, S. 183 f.

men wie es einem Kanzler gebührt[17]. Sollte ihm aber von einem der Herren ohne Einverständnis des anderen solches befohlen werden, so soll er das nicht tun, sondern im Rahmen der Ordnung verbleiben[18].

Im Fall, dass einer oder beide Herren Briefe, Register oder Schriften sehen oder hören wollen, die beider Angelegenheiten oder das gemeine Regiment über ihre Lande und Leute beträfen, so soll sie ihnen der Kanzler bringen und sie hören, lesen oder sehen lassen, so oft sie dies begehren. Anschließend soll er sie wieder in die Kanzlei oder das Gewölbe zurückbringen und an die Stelle zurücklegen, von wo er sie genommen hat. Und so sollen es die Kanzleischreiber auch tun[19].

Es sollen auch beide Herren ein eigenes Siegel haben und dasselbe verwahren. Ferner soll auch jeder ein eigenes Sekretsiegel haben, und diese sollen sie beide dem Kanzler übergeben. Der soll dann keinen Brief mit Sekretsiegel versehen, ausgenommen in der Form wie vorstehend geregelt wurde. Und darüber hinaus soll außerhalb der Kanzlei keiner der Herren ein Sekretsiegel besitzen, das den betreffenden Sekretsiegeln gleicht[20].

Insbesondere die Kanzleischreiber sollen treu und an Eidesstatt den Herren geloben und auch dem Kanzler, in den oben aufgeführten Sachen gehorsam und dienstbereit zu sein. Und für den Fall, dass etwas an sie gelangt oder mit ihnen geschieht, was den Interessen beider Herren und dieser Ordnung zuwider läuft, dann sollen sie das nicht tun, sondern ihrerseits aus eigenem Antrieb dem Inhalt dieser Ordnung nachkommen, treu und ohne Einschränkungen[21].

---

17 […] *und was durch die Herrn Beyde, oder ihrer einem, und die Hofmeister und sechs Raethe, oder den mehreren Theil nach Laut dieser Ordnung und Bericht beschlossen, und ihm in Kraft desselben von beyden Herrn, oder ihrer einem, oder von dem gemeinen Hofmeister zu schreiben, oder zu fertigen befohlen wird, dem also nachzukommen, als dann einem Kanzler gebůhrt, ohne Gefaehrde*; ebd., S. 184 (ebenso wie die folgenden Zitate).

18 *Und ob von der Herrn einem icht dawider ohne Verwilligung des andern Herrn mit ihm geschafft wůrde, dass er das nicht thun, sondern in dieser Ordnung und Bericht bleiben wolle.*

19 *Ob auch der Herrn einer oder sie Beyde Brief, Register oder Geschrifft zu sehen oder zu hœren an ihm begehren wůrde, von Sachen wegen beyder Herrn, oder das gemeine Regiment ihre Land und Leute antreffend, dieselben soll ihm der Kanzler zubringen, ihm die hœren lesen und sehen lassen, so oft er dessen begehrt, und so das beschehen ist, soll der Kanzler solche Briefe, Register oder Schriften wiederum in die Kanzley oder in das Gewœlbe an die Statt antworten, da dann es genommen ist. Und desgleichen sollen die Kanzelschreiber auch thun.*

20 *Und auch das sollen beyde Herrn jeglicher ein eigenes Insiegel haben, und dasselbe verwahren. Es soll auch ihr jeder ein eigenes Sekret haben, und dieselben Sekrete beyde sollen sie dem Kanzler befehlen. Der soll dann keinen Brief sekretiren, dann der als wie vorstehet ausgegangen ist. Und sonst ausserhalb der Kanzley soll der Herrn keiner kein Sekret haben, das denselben Sekreten gleich sey;* Krenner, Baierische Landtags-Handlungen, Bd. 5, S. 185 (ebenso das folgende Zitat).

21 *Die Kanzelschreiber sollen auch in Sonderheit mit Treuen an Eidesstatt den Herrn geloben ihnen und auch dem Kanzler in den obgemeldten Sachen gehorsam und gewaertig zu seyn, und ob etwas an sie gelangt, oder mit ihnen geschafft wuerde ausserhalb beyder Herrn Verwilligung, das dieser Ordnung und Bericht widerwaertig waere, dass sie das nicht thun, sondern ihres Theils den Sachen Innhalt dieser Ordnung auch nachkommen sollen, und wollen. Treulich ohne Gefaehrde.*

Direkt im Anschluss an diese Verfügungen fährt die Ordnung mit der Aufstellung der Schulden, die auf dem Land lasten, fort, sowie den Modalitäten ihrer Tilgung. Hierin lag sicher ein Hauptproblem, mit dem sich die Brüder konfrontiert sahen und für das Lösungen gefunden werden mussten[22]. Im gleichen Zusammenhang wurde geregelt, dass keiner der beiden regierenden Herren irgendetwas ohne Rücksprache verkaufen oder der Herrschaft auf andere Weise entfremden sollte[23].

In der nächstfolgenden Passage kam die Ordnung noch einmal auf die Kanzlei zurück. Dies geschah in Zusammenhang mit dem Lehnswesen. Herzog Sigmund als der älteste der beiden Fürsten und – so der Text – derjenige, der die Regalien (vom Kaiser) empfangen hatte, sollte die im vereinbarten Zeitraum frei werdenden weltlichen und geistlichen Lehen mitsamt dem Bann allein verleihen. Doch sollte er von den Lehnsleuten und denjenigen, denen die Blutgerichtsbarkeit verliehen wurde, die üblichen Lehens- oder sonstigen Verpflichtungen für beide Brüder entgegennehmen. Die Lehenbriefe sollten unter dem Sekretsiegel beider Herren in der Kanzlei ausgegeben werden[24].

Die Ordnung nennt im Rahmen der Siegelankündigung auch die Räte Ludwigs IX., *die bey den Dingen gewesen sind*. Genannt werden hier neben einer Reihe von Adeligen und Geistlichen Dr. Martin Mair sowie der Propst von Altötting, Michael Riederer, und Christoph Dorner, letztere bezeichnet als *beyde Kanzler*[25].

Wie sich in der folgenden Zeit zeigte, löste diese Ordnung von 1466 die Probleme nicht. Keine zwei Jahre später entstand neuer Regelungsbedarf. Dieser wurde durch Albrechts IV. Weigerung ausgelöst, den jüngeren Bruder Christoph am Regiment zu beteiligen, nachdem sich der ältere Bruder Sigmund anscheinend daraus zurückgezogen hatte[26]. Nach dem Bericht Veit Arnpecks fungierte auch bei diesem Disput Her-

---

[22] Krenner, Baierische Landtags-Handlungen, Bd. 5, S. 185–187.

[23] Ebd., S. 187 f.

[24] *Was auch geistlich oder weltlich Lehen in der genannten Zeit ledig werden, die solle Herzog Sigmund als der aelteste Fürst, und der die Regalia empfangen hat, mit sammt dem Bann allein verleihen, und doch von den Lehenmannen, und den, den er den Bann über das Blut leihet, gewœhnliche Lehens- und andere Pflicht von ihrer beyder Fürsten wegen empfangen, und sollen doch die Lehenbriefe unter beyder Herrn Sekret in der Kanzley ausgehen und gegeben werden;* ebd., S. 188 f.

[25] Ebd., S. 193 f. – Michael Riederer, Propst von Altötting, † 1470, war eigentlicher Kanzler Herzog Ludwigs des Reichen von Bayern-Landshut; vgl. Reinle, Ulrich Riederer, S. 111 f., 118; Lieberich, Landherren, S. 143, Anm. 792; Ders., Klerus und Laienwelt, S. 244; Ders., Gelehrte Räte, S. 176 f. (mit Todesjahr 1472). – Christoph Dorner war zwar Landshuter Kanzler, aber eigentlich nur Vizekanzler unter dem gerade erwähnten Michael Riederer (vgl. Ders., Landherren, S. 143, Anm. 792), Kanzleischreiber (1445), Mitglied der Hofkanzlei (1451), Kanzler (1459–1472), † 1474. Vielleicht war er ein Sohn des Hans Dorner, Landschreiber zu Neuburg a. D. (1436); Ders., Landherren, S. 142, Anm. 782; Ders., Klerus und Laienwelt, S. 244, 247 f.

[26] Vgl. dazu den Bearbeiter Karl-Ludwig Ay in: Altbayern von 1180 bis 1550, S. 597; ferner die Quellenbelege ebd., S. 174 f.

zog Ludwig (IX.) der Reiche von Bayern-Landshut erneut als Schlichter[27]. Diese neue Regimentsordnung wurde wieder in Form einer Urkunde erlassen, ausgestellt zu Landshut am 16. Februar 1468[28]. Aussteller waren diesmal Ludwig, Philipp und Otto, allesamt bezeichnet als Pfalzgrafen bei Rhein und Herzöge von Bayern. Es handelte sich dabei wieder um den oben genannten Ludwig IX. den Reichen von Bayern-Landshut. Die beiden anderen waren seine entfernten kurpfälzischen Verwandten Philipp der Aufrichtige (sein späterer Schwiegersohn) und dessen entfernter Cousin Otto II. von Pfalz-Mosbach. Im Ensemble der in der Intitulation als Fürsten bezeichneten Urkundenaussteller folgt als letzter Matthias, Bischof von Speyer.

Ihnen schließen sich die Namen von acht Räten an, die laut Text von den vier Fürsten in dieser Angelegenheit hinzugezogen wurden. Es handelt sich dabei um Graf Johann von Werdenberg, den damaligen Koadjutor des Bistums Augsburg, sowie Graf Philipp von Hanau, Dr. Martin Mair (Mayr), die Ritter Siegfried von Venningen, Lutz Schott, Ulrich Ratz, ferner Jakob von Helmstatt und Jakob Kratzl[29]. Als weitere Mitaussteller firmieren drei Räte Herzog Albrechts IV. sowie vier Herzog Christophs als *aus gemeiner ihrer beyder Gnaden oberer und niederer Landschafft Zugeordnete*.

Mustert man den Kreis der insgesamt 18 Aussteller, dann ist der Umstand interessant, dass lediglich eine Person als Gelehrter in Erscheinung tritt. Es ist der Doktor des Kirchenrechts Martin Mair (oder Mayr). Dieser wurde um 1420 in der Reichsstadt Wimpfen geboren, hatte in Heidelberg Kirchenrecht studiert, war nach Diensten für die Reichsstadt Nürnberg kurmainzischer Kanzler geworden und fungierte seit 1459 als Rat und Kanzler Herzog Ludwigs des Reichen von Bayern-Landshut. Es sollte erwähnt werden, dass er einer der Wortführer der Reformpartei im Reiche war, wie sein 1463 entwickeltes Reichsreformprojekt dokumentiert[30]. Von seinen Funktionen am Hof Herzog Ludwigs IX. hören wir in der Intitulation allerdings nichts. Auf den ersten Blick noch weniger auffällig ist die Tatsache, dass es sich bei dem hier in der Fürstenriege rangierenden Bischof von Speyer um den kurpfälzischen Kanzler Matthias Ramung handelte. Als regierender Bischof besaß er Fürstenrang, von seinen akademischen Graden oder seinen sonstigen Funktionen hören wir ebenfalls nichts. Matthias Ramung und Martin Mair waren nicht nur annähernd gleichaltrig, sondern hatten in den vierziger Jahren des 15. Jahrhunderts auch zur gleichen Zeit in Heidelberg Kirchenrecht studiert[31]. Es sei hier noch vermerkt, dass lediglich drei der vier genannten Fürsten als Siegelführer auftraten, nämlich die Herzöge Ludwig und Philipp sowie Bischof Matthias von Speyer[32].

---

27 Vgl. Altbayern von 1180 bis 1550, Nr. 128, S. 175.

28 Edition: KRENNER, Baierische Landtags-Handlungen, Bd. 5, Nr. 7, S. 283–303.

29 Ebd., S. 283. Siegfried von Venningen, Lutz Schott und Jakob von Helmstatt dürften zur kurpfälzischen Klientel gehören.

30 WATANABE, Imperial Reform in the Mid-Fifteenth Century; RINGEL, Studien, S. 154–165; THUMSER, Mayr, Sp. 430 (mit der älteren Literatur); ferner Mair, Martin.

31 Zu Mayr (oder Mair) vgl. die Angaben bei TOEPKE, Universität Heidelberg, Bd. 1, S. 221, 513, 530.

32 Vgl. die Corroboratio der Urkunde bei KRENNER, Baierische Landtagshandlungen, S. 303.

Betrachtet man die Passagen der Ordnung von 1468, die sich der Kanzlei widmen, genauer in der Hoffnung, hier innovative Elemente im Hinblick auf Organisation und Abläufe in der Kanzlei zu entdecken, so wird man enttäuscht. Bis auf geringe Varianten entsprechen die Formulierungen denen von 1466[33]. Das gleiche gilt für den Passus zur Lehnsvergabe. Auch dieser ähnelt dem von 1466, allerdings mit einigen Kürzungen und Anpassungen an die neue Situation. Ebenso wie zwei Jahre zuvor sollten die Lehenbriefe aus der gemeinsamen Kanzlei und unter dem Sekretsiegel der regierenden Fürsten ausgegeben werden[34].

Betrachtet man die nächste Ordnung, dann gelangt man mit ihr zwar in ein anderes, weit entfernt liegendes Territorium, doch verbleibt man in gewissen personellen Zusammenhängen. Dies erschließt sich allerdings erst auf den zweiten Blick. Am 3. März 1463 wurde Ruprecht von der Pfalz, jüngster Bruder des regierenden Pfalzgrafen Friedrich I., vom Kölner Domkapitel zum neuen Erzbischof gewählt. Unmittelbar nach der Wahl unterschrieb der Elektus die sogenannte Erblandesvereinigung; sie

---

33 *Es sollen auch die regierenden Herrn einen Kanzler, und dazu etliche Kanzelschreiber haben, so viel sie deren wollen, die sollen denselben Herrn mit Treuen an Eides Statt geloben, mit Namen der Kanzler den Herrn treu und hold zu seyn, ihren Frommen zu fœrdern, und Schaden zu warnen und getreulich zu rathen. Auch ihren Rath und Heimlichkeit sein Lebtag zu verschweigen und was durch die regierenden Fůrsten mit sammt dem Hofmeister und den sechs Raethen, oder den mehreren Theil nach Laut dieser Ordnung und Bericht beschlossen, und ihm in Krafft desselben zu schreiben und zu fertigen befohlen wird, dem also nachzukommen als einem Kanzler gebůhrt, ohne Gefaehrde. Und ob von der Herrn einem icht dawider ohne Verwilligung des andern Herrn mit ihm geschafft wůrde, dass er das nicht thun, sondern in dieser Ordnung bleiben wolle. Ob auch der regierenden Fůrsten einer oder mehr Briefe Register oder Schrifft zu sehen oder zu hœren an ihm begehren wůrde, von Sachen wegen ihr gemeines Regiment, Land und Leute antreffend, dieselben soll ihm der Kanzler zubringen, ihm und sie die hœren sehen und lesen lassen, so oft der oder die dies begehren. Und so das beschehen ist, soll der Kanzler solche Briefe Register oder Schrifften wiederum in die Kanzley oder in das Gewœlbe an die Staette antworten, da dann es genommen ist. Und desgleichen sollen die Kanzelschreiber auch thun. Und auf das sollen die regierenden Fůrsten jeder ein eigenes Insiegel haben, und das selbst bewahren. Es soll auch ein jeder ein eigenes Sekret haben, und dieselben sollen sie dem Kanzler befehlen, der soll dann keinen Brief versekretiren, dann der als hievorsteht befohlen und ausgegangen ist. Und sonst ausserhalb des Kanzlers soll der Herrn keiner kein Sekret haben, das denselben Sekreten gleich sey. Die Kanzelschreiber sollen auch mit Treuen an Eidesstatt der regierenden Herrn geloben, ihnen und auch dem Kanzler in den obgemeldten Sachen gehorsam und gewaertig zu seyn, und ob etwas von der regierenden Fůrsten ihrer einem oder mehr ohne ihrer aller Verwilligung, das dieser Ordnung widerwaertig oder nicht gemaeß waere, befohlen und geschafft wůrde, dass sie das nicht thun, sondern ihres Theils den Sachen Innhalt dieser Ordnung auch nachkommen sollen und wollen, treulich und ungefaehrlich*; ebd., S. 295–297.

34 *Was aber geistlich oder weltlich Lehen, wie die genannt oder wo die gelegen sind, soll unser lieber Vetter und gnaediger Herr Herzog Sigmund als der aelteste unter den vier Brůdern verleihen ohne der andern Brůder Irrung, doch so soll er von den Lehenmannen, und dem so er den Bann ůber das Blut leihet, gewœhnliche Lehen und andere Pflicht von ihrer aller wegen empfangen. Und sollen auch die Lehenbriefe aus ihrer Kanzley, und unter der regierenden Fůrsten Sekret ausgehen und gegeben werden*; ebd., S. 297.

räumte den kurkölnischen Landständen weitgehende Mitherrschaft im Erzstift ein. Hintergrund war die desolate finanzielle Situation durch die Expansionspolitik von Ruprechts Amtsvorgänger Dietrich von Moers[35]. Bereits lange vor seiner Wahl hatte Ruprecht überdies seinen Bruder Friedrich I. zu seinem Schirmherrn bestimmt und ihm damit faktisch weitgehende Zugeständnisse im Hinblick auf eine Herrschaftspartizipation in seinem geistlichen Territorium gemacht[36].

Der neue Kirchenfürst litt von Beginn seiner Herrschaft an unter massiven Finanzproblemen. Diese führten u. a. dazu, dass sein älterer Bruder ihm unter bestimmten Konditionen die 14500 Dukaten für die päpstliche Konfirmation vorschoss. Friedrich I. sorgte dafür, dass Ruprecht auch als regierender Erzbischof und Kurfürst unter seinem Einfluss blieb. 1466 war er gemeinsam mit seinem Kanzler, dem Speyerer Bischof Matthias Ramung, im Erzstift Köln bei ihm wegen dessen Schwierigkeiten mit seinen Ständen[37]. Diese Besuche wiederholten sich in den darauffolgenden Jahren. Hinzu kam, dass Ruprecht sein Gefolge zu einem großen Teil aus seinen Stammlanden rekrutierte, wobei auch hier sein älterer Bruder Friedrich wohl ein gewichtiges Wort mitzusprechen hatte[38].

Im Laufe des Jahres 1467 muss Ruprecht und seinen größtenteils aus dem Kurpfälzischen stammenden Ratgebern klar geworden sein, dass eine Gesundung der Finanzen so lange aussichtslos blieb, „als große Teile des Erzstifts gegen unerschwingliche Summen verpfändet waren". Grund dafür war, dass die Einkünfte des bischöflichen Tafelguts zu für ihn mehr als ungünstigen Pfandbedingungen in die Taschen der Pfandherren flossen. In der folgenden Zeit spitzte sich der Konflikt zu, da sich die um ihr Kapital besorgten Pfandherren an den Herzog von Kleve, den nördlichen Territorialnachbarn, wandten. Dieser war ein enger Parteigänger Herzog Karls des Kühnen von Burgund[39]. 1468 eskalierte die Situation im Kölner Erzstift, wobei Pfalzgraf Friedrich I. Truppen in das Land seines Bruders schickte. Im Februar des darauffolgenden Jahres zog er persönlich Ruprecht zur Hilfe. Es folgte die „Wiedereroberung" des Erzstiftes[40]. Die bedrängten Pfandherren wandten sich daraufhin u. a. an Karl den Kühnen selbst. Diesem ging der Ruf voraus, bei Konflikten nicht lange zu fackeln. Im Jahr davor hatte er im Rahmen einer Auseinandersetzung seines Halbbruders, Bischof von Lüttich, mit seiner Domstadt dieselbe dem Erdboden gleichgemacht. Als

---

35 Vgl. Militzer, Die kurkölnischen Hofordnungen, S. 301 f. Zu Ruprechts Pontifikat vgl. Janssen, Das Erzbistum Köln im späten Mittelalter, Bd. 1, S. 277–287; Ders., Der Verzicht des Erzbischofs Ruprecht; Ders., Zwischen dynastischer Loyalität, S. 1099–1102.

36 Widder, Karriere im Windschatten, S. 66–68; Militzer, Die kurkölnischen Hofordnungen, S. 302 f.

37 Vgl. dazu Janssen, Der Verzicht des Erzbischofs Ruprecht, S. 669 f.

38 Vgl. Militzer, Die kurkölnischen Hofordnungen, S. 304–306. Zur Vorgeschichte vgl. Widder, Karriere im Windschatten, S. 52–69.

39 Janssen, Der Verzicht des Erzbischofs Ruprecht, S. 678 f.

40 Regesten Pfalzgraf Friedrich's des Siegreichen, S. 443; Janssen, Der Verzicht des Erzbischofs Ruprecht, S. 679 f. (mit weiteren Angaben); Matthias von Kemnat, Chronik, S. 49–51.

Reaktion auf das Vorgehen der Pfandherren nahmen Ruprecht und sein Bruder, unterstützt vom Domkapitel, die bedeutendsten Pfandschaften des Hochstifts in ihre Gewalt[41].

In dieser Situation entstand am 24. Mai 1469 in dem kleinen kurkölnischen Amts- und Residenzort Brühl[42] eine Regimentsordnung für das Erzstift. Sie wurde als Urkunde Ruprechts ausgefertigt, doch hing nicht nur der Erzbischof und Landesherr, sondern auch dessen Bruder Pfalzgraf Friedrich I. sein Siegel daran[43]. Das Diplom wurde in dreifacher Form ausgefertigt, wobei ein Exemplar beim Aussteller verblieb, eines an das Domkapitel ging und eines an den Pfalzgrafen[44]. Allerdings beschränkte sich Friedrichs Beteiligung nicht nur auf die Mitbesiegelung und den Empfang einer Ausfertigung. Der Text spricht ausdrücklich davon, dass Ruprecht sie *in bewesen unsers lieben broiders hertzoch Friderichs des pfaltzgraven* erlassen habe[45]. „Schon aus der personellen Zusammensetzung ist abzulesen, dass das Domkapitel zurückstecken mußte“[46]. Die Dominanz Friedrichs zeigte sich aber nicht nur in den Formen und Formulierungen der Ordnung, sondern auch in ihren Regelungen sowie im vorgesehenen Personal. Es ist die Rede von vier Räten, die zukünftig allesamt Residenzpflicht am erzbischöflichen Hof haben sollten[47]. Diese waren Ritter Götz von Adelsheim als Ruprechts Hofmeister und Georg Hessler als sein Kanzler. Als dritter und vierter Rat werden Dr. Peter Schwan von Wimpfen sowie Wilhelm von Orssbeck benannt.

Hinter diesen Namen verbergen sich Personen mit einer jeweils eigenen Geschichte. Die ersten drei stammten aus dem kurpfälzischen Hofmilieu bzw. standen ihm nahe. Nur Wilhelm von Orssbeck war als Vertreter eines niederrheinischen Adelsgeschlechtes aus dem Erzstift gebürtig und stand bereits seit 1463 in kurkölnischen Diensten[48].

---

41 Janssen, Der Verzicht des Erzbischofs Ruprecht, S. 681.

42 Zum Ort und seiner Bedeutung vgl. Militzer, Brühl, S. 86 f.

43 Edition bei Walter, Das alte Erzstift, Anhang, Nr. 3, S. 405–416; dazu Janssen, Die Kanzlei der Erzbischöfe von Köln im Spätmittelalter, S. 166–168; Ders., Der Verzicht des Erzbischofs Ruprecht, S. 674; Penning, Die weltlichen Zentralbehörden, S. 47–53; Militzer, Die kurkölnischen Hofordnungen, S. 302–309.

44 So das Eschatokoll der Urkunde; vgl. Walter, Das alte Erzstift, S. 416.

45 *Zu wissen das wir Roprecht* [...] *in bewesen unsers lieben broiders hertzoch Friderichs des pfaltzgrauen und ouch mit wissen und willen Dechen und Cappittel unsers dœm Stifftz zo Colne und nach manichfeltiger underredde und raitslagen unser und des benanten unsers broider reede zyttigklich bedraicht und uns und unserm Stifft Colne, des lande und luten geystlich und werntlich zo nutz und guyt, ordenung und regiment furgenommen und dem ernstlich und flysslich nach zo komen uns begeben haben* [...]; ebd., Anhang, Nr. 3, hier S. 405; vgl. ferner ebd., § 46, S. 414.

46 Militzer, Die kurkölnischen Hofordnungen, S. 305.

47 *Item das die nach benanten vier unser Reete nemelich Goetz van Adelletzhen Ritter, der unser grosshoffmeister syn sall, doctor Jorge Heseler Canceller, Doctor Peter Swane van Wymphem und Wilhelm van Orssbeck in unsern hœff an den enden, da wir den haben werden, degelich und stetz wœnhafftig syn*; Walter, Das alte Erzstift, S. 405 f.

48 Vgl. Militzer, Die kurkölnischen Hofordnungen, S. 305.

Bei Götz von Adelsheim handelte es sich um den ehemaligen Hofmeister Friedrichs I.[49] Auch der gelehrte Rat Dr. Peter Schwan war zwar in der Reichsstadt Wimpfen am Neckar geboren, stammte aber vom Heidelberger Hof[50]. Bei Georg Hessler liegen die Dinge etwas komplizierter, da er als Priesterkanoniker Mitglied des Kölner Domkapitels war. Doch geht man nicht fehl in der Annahme, dass er damals in ebenso engen, wenn nicht engeren Beziehungen zum Heidelberger Hof und zu Friedrichs Kanzler Matthias Ramung stand[51].

Die auffällige Präsenz des Heidelberger Kurfürsten und prominenter Vertreter seines Hofes in der kurkölnischen Hof- und Regimentsordnung legen nahe, dass auch Matthias Ramung hier Einflussmöglichkeiten besessen haben dürfte, obwohl seine Präsenz 1469 in Köln nicht nachweisbar ist. Zumindest dürfte er den Text des Dokumentes gekannt bzw. kennengelernt haben, da ein Exemplar an Friedrich I. und damit in die Kurpfalz ging. Gemeinsam mit Friedrich I. hatte Matthias das Erzstift in den vorangegangenen Jahren mehrmals besucht, so geschehen im Sommer 1466[52] und in der Karwoche des Jahres 1467[53].

An dieser Stelle soll die kurkölnische Hof- und Regimentsordnung von 1469 nur in Hinblick auf die Kanzleiregelungen betrachtet werden[54]. Die betreffende Passage ist betitelt *Cancellarie* und insgesamt 17 Paragraphen lang. Ihr voraus gehen ausführliche Regelungen zu den oben erwähnten Räten und ihren Aufgaben sowie zu weiteren praktischen Aspekten. Es finden sich dort ferner Absichtserklärungen des Erzbischofs bezüglich der Organisation des Regiments sowie der Sanierung der Finanzen[55]. Der Kanzlei und ihren Regelungen folgt ein Abschnitt mit der Überschrift Steuer (*Stuer)*, in dem vornehmlich die Frage einer allgemeinen Landsteuer und deren Modalitäten behandelt werden[56].

Im ersten Paragraphen des Kanzleikapitels heißt es zum Standort, sie solle im Städtchen Brühl außerhalb des Schlosses eingerichtet werden. Der Kanzler Georg Hessler soll seinen Herrn stets auf der Kanzlei erwarten. Dr. Peter Schwan soll ihn vertreten,

---

49 Vgl. Weiss, Regesten der Freiherren (vormals Reichsritter) von Adelsheim, Nr. 153, S. 38; Nr. 166, S. 42; Militzer, Die kurkölnischen Hofordnungen, S. 304; ferner Remling, Urkundenbuch der Bischöfe zu Speyer, Bd. 2, Nr. 184, S. 346 f.

50 Zu ihm vgl. Fouquet, Das Speyerer Domkapitel, Bd. 2, Nr. 346, S. 796 f.; Drüll, Heidelberger Gelehrtenlexikon, S. 450 f.; ferner Militzer, Die kurkölnischen Hofordnungen, S. 304.

51 Dazu Widder, Karriere im Windschatten, S. 62–64; Dies., Konkubinen und Bastarde, S. 439–443; Militzer, Die kurkölnischen Hofordnungen, S. 304; ferner oben, Kap. 4.14.2: Aufstieg und Familie. Zu weiteren „Oberländern“ in Ruprechts Gefolge sowie ebensolchen Mitspracheberechtigten vgl. Militzer, Die kurkölnischen Hofordnungen, S. 305 f.

52 Vgl. Widder, Karriere im Windschatten, S. 66, Anm. 232; Buchner, Die Stellung des Speierer Bischofs, S. 45; Remling, Urkundenbuch zur Geschichte der Bischöfe zu Speyer, Bd. 2, Nr. 184, S. 346 f. (Köln, 1466 Juni 28).

53 Buchner, Die Stellung des Speierer Bischofs, S. 72, Anm. 3.

54 Es handelt sich dabei um die auf den Seiten 412–414 abgedruckten Paragraphen 30–46 der Ordnung; Walter, Das alte Erzstift.

55 Ebd., S. 405–410.

56 Ebd., S. 414–416.

sofern jener im Auftrag Ruprechts in Köln oder andernorts sein muss[57]. Die Kanzlei sollte demnach in Brühl ortsfest werden, wobei im Text ausdrücklich betont wird, dass sie in der Stadt und nicht im erzbischöflichen Schloss untergebracht werden solle. Brühl lag etwa eine halbe Tagesreise von Köln entfernt[58]. Dem Kanzler wurde hier eine höhere Mobilität eingeräumt, wobei die Domstadt und die dort mögliche Kommunikation mit dem Domkapitel bzw. mit den in der Stadt Köln anzusetzenden Gläubigern vermutlich das Hauptziel bildete[59].

Der Kanzlei soll eine eigene Ordnung gegeben werden, damit ein jeder Schreiber wisse, was er speziell an Aufgaben zu erledigen habe. In diesem Zusammenhang erwähnt die Ordnung speziell Abschreiben, Konzipieren, Registrieren und anderes[60]. Es sollen Präsenzzeiten festgesetzt werden, die regeln, wann die Schreiber morgens und nach dem Mittagessen in die Kanzlei gehen, wie lange sie dort verbleiben sollen, und dass sie sie innerhalb dieser Zeiten ohne Erlaubnis des Kanzlers nicht verlassen dürfen. Ebenso sollen die Zeiten geregelt werden, zu denen der Kanzler und andere Räte dorthin kommen, und welche Sachen darin für einen reibungslosen Ablauf vorhanden sein müssen[61]. So sollen alle [eingehenden] Briefe dem Kanzler und in dessen Abwesenheit Dr. Peter (Schwan) ausgehändigt werden und sie darum bemüht sein, die Boten angemessen abzufertigen, damit unnötige Unkosten für die Betroffenen vermieden werden[62].

Ferner soll ohne Wissen des Kanzlers (und in seiner Abwesenheit Dr. Peters) kein Brief die Kanzlei verlassen oder Abschriften aus ihr gegeben werden, damit kein dem anderen widersprechender Brief ausgehe oder durch Unkenntnis der ausgegangenen Stücke Schaden entstehe[63]. Es soll in der Kanzlei auf die Registratur, auf die Register und Briefe geachtet und sie getrennt so abgelegt werden, dass man sie bei Bedarf rasch

---

57 [§ 30] *Item es soll auch unser cancelly zom Bruele im stetlin usswendich des slossz syn und zo gericht werden vnd unser canceller stetz uff die cantzelly und uns warten und doctor Peter Swaen an syner stat, so dem canceller zo Colne oder an anderen enden van unsernt wegen zo syn gebueren wirt*; ebd., S. 412.

58 Vgl. Militzer, Brühl, S. 86 f.

59 Dazu Militzer, Die kurkölnischen Hofordnungen, S. 306 f.

60 [§ 31] *Item es soll auch eyn ordenung in der cancelly vurgenommen werden, dat eyn yeder schribere wisse, was er doyn ind waruff er in sunderheyt warten sull mit copieren, concipieren, registrieren und andern*; Walter, Das alte Erzstift, S. 412–414 (ebenso die folgenden Zitate)

61 [§ 32] *Item auch zo orden auch eyn stundt, welch zyt die schriber morgens und nach essens in die cantzelly geen und wie lange sie darinne ver(b)lieben sollen und aen laub eyn cantzellers dar uss nit zo kommen; desglichen uilch zyt der cantzeller und ander reete auch darinne kommen und was sachen vurhanden syn, zom besten und furderlichsten ussrichten.*

62 [§ 33] *Item es sollen auch alle brieff zo des cantzellers und (in) syme abwesen doctor Peters handen geantwert und sie darane syn, die botten furderlich ussgericht werden, den costen yren halben zu vermyden.*

63 [§ 34] *Item das auch keyn brieff uss der cantzelly gee oder copien dar uss gegeben werden, dan mit wissen eyn cancellers oder in synem abwesen doctor Peters, uff das eyn brieff nyt widder den andern uss gee und durch unwissenheit der ussgangen schade entstee.*

findet[64]. Der Großhofmeister, d. h. Götz von Adelsheim, soll eine besondere Aufsicht auf die Kanzlei und die Kanzlei wiederum auf ihn haben, auf dass beide die erzbischöflichen Angelegenheiten desto besser handhaben[65].

Aufschlussreich ist der Passus, dass die Kanzlei stets abgeschlossen sein soll, damit nicht jedermann hinaus- und hineinlaufe und niemand dort hineingelassen werde, der dort nicht hinein gehört. Dies sollte auch deshalb geschehen, damit ihre Geheimnisse gewahrt blieben, die Arbeit vertraulich geschehe, damit allgemeine *ussrichtung und dadinge* darin vermieden werde und sie so durch allgemeine Zugänglichkeit ihr Ansehen verliere[66]. Es soll sich bei der Kanzlei eine Ratsstube befinden, wo die Räte zusammenkommen, sich beraten und wo die Schreiber von ihnen darüber unterrichtet werden können, damit Entsprechendes in der Kanzlei ausgeführt werde[67].

Der Kanzler soll besonders dafür sorgen, dass ein Register gemacht und dieses stets in der Kanzlei aufbewahrt werde, worin aller Sold und Lohn der Amtleute und Knechte in und außerhalb des Hofs verzeichnet seien, ebenso wann ihr Dienstjahr anfängt und endet, damit man dann, wenn es angebracht erscheint, die Gehälter aufstocken oder mindern möge[68]. Ebenso soll man aus jedem (territorialen) Amt zwei besondere Register von allen Natural- und Geldeinkünften (Gefällen und Renten) anfertigen und eines davon in der Kanzlei und das andere im Amt hinterlegen. Nach diesen sollen sich die Räte bei der Rechnungsabnahme richten, um zu sehen, was ein Amtmann eingenommen habe und was nicht und wo sich die Renten vermehrt oder vermindert haben, um es zum Besten und Nützlichsten zu richten[69].

Der Kanzler und andere Schreiber, die dazu berechtigt sind, sollen sich denjenigen

---

64 [§ 35] *Item es soll auch sunderlich in der cantzelly uff die registratoir register und brieff acht gehabt haben und underscheydlich zo legen, das man die so man der bedarff, furderlich fynden moige.*

65 [§ 36] *Item soll auch unser groisshoiffmeister eyn sunder uff sehen haben uff die cantzely und die cantzelly widder uff yne, das sie unser sachen mit eyn ander desto baess ussrichten moigen.*

66 [§ 37] *Item es soll auch die cantzelly stetz beslossen syn, damit nit yederman uss und in lauff und nyeman darin gelaissen dann der darinne gehoirt, da mit die heymlicheyt darinne ver(b)lieben, die arbeyt mit truwen geschee und das gemeyn ussrichtung und dadinge darinne vermitten werde und die cantzelly nit zo gemeyn sy, do durch dye nit liechtfertig und veracht werde.*

67 [§ 38] *Item by der cantzelly ein raidt stube zo haben, da die reede zo samen komen und raidt halten und die schriber daselbs bescheydt van yne entfahen und den in der cancellyen ussrichten und nakommen.*

68 [§ 39] *Item sall der canceller in sunderheyt darane syn, eyn register furderlich gemacht werde, das stetz in der cantzelly lige, darinne alle soldt und lone der amptlude und knecht in und usswendig des hœffs und want yre jair uss und aen gaet geschriben syn, damit man etlichen wœs guytes guyt* [Anmerkung des Editors: Corrupt; zu lesen: *wo es guyt is*] *den yren mynnern oder bessern moigen.*

69 [§ 40] *Item desglichen das ussigklichen ampt tzwey sunder register van allen fellen und renten gemacht und in der cantzelly eyns und das ander imme ampte behalten werden, die reete uff den rechenungen sich wissen dar na zorichten, was eyn amptman inbraicht habe oder nyt und wo sich die renten bessern oder mynnern, darin zo sehen und zom besten und nutzlichsten anstellen moigen.*

gegenüber, die etwas mit der Kanzlei wollen, angemessen verhalten, ihnen nicht zu hohe Gebühren für die benötigten Dokumente abverlangen, sie nicht zu hoch taxieren und freundlich behandeln. Dies gilt besonders für die Stiftsangehörigen, damit kein Unwille bei den Eigen- und Außenleuten entstehe und der Herrschaft dadurch kein Nachteil entstünde[70].

Zum Siegelgebrauch wurde Folgendes geregelt: Es sollte nicht mehr als ein großes Siegel für Herrschafts- und Kanzleiangelegenheiten verwendet werden, welches der Kanzler in Ruprechts Namen verwahren solle, sowie zwei Sekretsiegel[71].

Über das bereits erwähnte Personal hinaus sollte auch ein einfacher Kanzleiknecht in der Kanzlei beschäftigt sein; dieser hatte dafür zu sorgen, dass die von ihr benötigten Dinge beschafft werden und nur Befugte Zutritt zu ihr haben. Er war gleichzeitig für den Empfang der Briefe zuständig, sollte sie von den Boten entgegen nehmen und in die Kanzlei bringen, ferner nachts auch dort schlafen, damit sie niemals unbewacht sei[72].

Die Kanzleiregelungen betrafen auch die geistlichen Amtleute wie Siegler, Vikar, Offizial und Fiskal. Ihre Amtsbereiche sollten ebenfalls registriert und geordnet werden. Jeder dieser leitenden Amtsträger sollte über sein Amt jährlich Rechnung legen. Sie sollten Ruprecht einen besonderen Eid leisten, ihm getreu zu seinem Besten zu dienen und sich nicht bestechen zu lassen, sondern empfangene Geschenke ebenfalls zu verrechnen[73].

Es sollen ferner alle Lehnsleute, ob hoch oder niedrig, angeschrieben und ihnen eine angemessene Zeit gesetzt werden, um die Lehen zu empfangen. Und wer dem aus Mutwilligkeit nicht nachkäme, dem solle Strafe angedroht und eine Frist gesetzt werden. Und die dadurch zu Recht heimgefallenen Lehen, die über 60 Gulden wert wären, sollten von Ruprecht nicht neu ausgegeben werden ohne Wissen und Willen seines Bruders und des Kölner Domkapitels[74].

---

70 [§ 41] *Item der canceller und andere schriber, des beuelle hant, sullen ouch die ghenen, in der cantzelly zo schaffen haben, guytlichen ussrichten und in dem, die vur die brieff geben sullen, nyt ubernemmen und fruntlich gehalden werden, und besunder gegen des stifftz angehoirigen, uff das die unsern und auch usslute uns desto williger syn, uff das uns auch dardurch nit abbruch geschehen moige.*

71 [§ 42] *Item wir wollen auch, das nyt dann eyn groiss sigell in unsern sachen und in der cantzelly gebruycht werden, das dann unser canceller van unsernt wegen haben sall und twey secret.*

72 [§ 43] *Item es soll auch eyn gemeyner cantzellyknecht in der cantzellyen syn, der stetz uff die cantzelly wart, das die versorgt sy und nyeman darinne gelaissen werde, dann die darin gehoiren, und derselbe knecht brieff, van den botten entfange, in die cantzelly antwert und nachtz darinne slaeff, das die nummer alleyn stee.*

73 [§ 44] *Item es sollen auch die geystlichen amptlude als siegeller, vicariait, officiail und fiscail ampte registriert und geordent werden und igklicher jerlich da van rechenung doyn und yne eyn besunder eydt begriffen werden, dem getruwelich vur zo syn zo unserm besten und das nyt zo laissen van keynerley myet schenck gabe wegen etc. und die auch zo verredden.*

74 [§ 45] *Item das auch alle leben man hohen und nyddern geschryben und eyn zemelich zyt benant werde, da in sie yre lehen entfahen; und welich das an orsach moitwilligklich nyt deden, wege vur zo nemmen, sie yren wert und geburlich straeff darumb nemmen und des flyss zo*

Zur Laufzeit wurde Folgendes geregelt. Diese Regimentsordnung sollte das nächstfolgende Jahr und solange, wie Ruprecht nichts daran änderte, in allen Stücken gehalten und angewandt werden. Sollte sie sich am Ende des Jahres als praktikabel herausstellen, sollte sie gültig bleiben, falls aber nicht, nach Rat seines Bruders Friedrich, des Domkapitels und seiner Räte angemessen geändert und verbessert werden, doch unbeschadet von Ruprechts „Ehre, Würde, Obrigkeit und Herrlichkeit"[75].

Hiermit endet das speziell die Kanzlei betreffende Kapitel. In den übrigen Text der Ordnung sind jedoch noch einige weitere Informationen zur Kanzlei und dem Urkundenwesen eingestreut. So heißt es in Paragraph 16: *Item wir wollen auch hinfur in unser camere oder sust keyn brieff ussgeen laissen, es weren dan sunder gesellschafft oder kurtzwyle oder der glich beroren, sunder alle brieff ussgeen und fertigen laissen, wie dann die ordnung der cantzelly nachgemelt das berurt*[76]. Der Abschnitt betraf die Kammer, d. h. den Bereich der landesherrlichen Finanzen. Ruprecht sagte zu, dass alle sie betreffenden Briefe in der Kanzlei ordungsgemäß angefertigt und von dort ausgehen sollten. Einzig Gesellschaft und Kurzweil sollten davon ausgespart bleiben, d. h. das, was man modern ausgedrückt vielleicht als Privatangelegenheiten bezeichnen könnte. Auch dies dokumentiert, wie stark das persönliche Regiment des Landesherrn eingeschränkt werden sollte. Doch behielt Ruprecht sich vor, den Bereich des geselligen Lebens und der Zerstreuung davon auszunehmen. Man sieht hier deutlich, wo die neuralgischen Punkte lagen und welche Anstrengungen es erforderte, dem Herrn diesen Bereich zu entwinden[77]. Es verdient Erwähnung, dass auch die Regimentsordnung laut Siegelankündigung sowohl mit den Sekretsiegel Ruprechts wie dem seines Bruders Friedrich beglaubigt wurde[78].

Die dritte hier zur Diskussion stehende Kanzleiordnung entstammt der Kurpfalz selbst. Auch sie ist in einen größeren Regelungszusammenhang eingebettet. Unter den deutschen Höfen des Spätmittelalters erfreute sich der kurpfälzische Hof in den letzten beiden Jahrzehnten besonderer Aufmerksamkeit. Die ältesten, lange Zeit bekannten Hof- und Regimentsordnungen stammen aus dem 16. Jahrhundert[79]. Noch

---

doyn; und ob etliche lehen verfielen, die wir mit redlicheyt behalten moigen, die uber sesstzich gulden ertragen moichten, wollen wir nyt enweg lyhen aen wyssen und willen unsers broiders und unsers cappittels.

75 [§ 46] *Item soll die ordenung und regiment des neist zokunfftig jair und darnach so lange wir das nyt andern in allen stucken ob und na gemelt gehalten und vollentzogen werden; befynden wir dann zo ussganck diss jairs solichs nutzlich erschossen, wollen wir desto ernsthafftiger und geflyssener syn, darinne zo harren; ob des nit were, aber nach raidt unsers broider, unsers dœm cappittels und unser reete vorter vur zo nemmen, wie hœffen nutz und gut syn, doch hierinne unsere eren, wirden, obirkeyt und herlicheyt unbenommen und unubergeben.*

76 Walter, Das alte Erzstift, S. 409.

77 „Die Kanzleibestimmungen der Ordnung machten allerdings nur dann Sinn, wenn der Erzbischof auf ein persönliches Regiment verzichtete und Entscheidungen weitgehend in das Ratskollegium verlagerte"; Militzer, Die kurkölnischen Hofordnungen, S. 307.

78 Walter, Das alte Erzstift, S. 416.

79 Die von Arthur Kern in seinen ‚Deutschen Hofordnungen' edierten kurpfälzischen Stücke beginnen mit dem Jahr 1526; Deutsche Hofordnungen, Bd. 2, S. 162–209: Hofordnung des

Johann Kolb bestätigte in seiner 1999 erschienenen Arbeit über Heidelberg als landesherrliche Residenz im 14. Jahrhundert diesen Befund[80]. Angesichts der Tatsache, dass zwei der insgesamt vier weltlichen Kurfürstentümer, nämlich das Herzogtum Sachsen[81] und die Markgrafschaft Brandenburg[82], spätmittelalterliche Hofordnungen aus der zweiten Hälfte des 15. Jahrhunderts besitzen, wurde in jüngeren Forschungen zu Hofordnungen auch die Kurpfalz erneut in den Blick genommen – doch wiederum ohne Erfolg. Sowohl Michail A. Boicov in seiner Studie über die Hofordnungen des Innsbrucker Hofes im 15. Jahrhundert[83] wie auch Christian Hesse in der über die Hofordnungen der Landgrafschaft Hessen im frühen 16. Jahrhundert[84] wiesen auf diesen Negativbefund unter Berufung auf neuere einschlägige Literatur hin. Zu nennen wären hier die Arbeiten von Martina Backes zum ‚Literarischen Leben am kurpfälzischen Hof des Spätmittelalters'[85] oder das Handbuch von Meinrad Schaab zur ‚Geschichte der Kurpfalz'[86]. Nach Schaab, einem intimen Kenner der kurpfälzischen Archiv-Überlieferung, ist eine heute im Badischen General-Landesarchiv zu Karlsruhe aufbewahrte, kopial überlieferte Haushofmeisterordnung von 1502 das älteste einschlägige Stück[87].

Im Geheimen Hausarchiv zu München lagert unter der Signatur Korrespondenzakt Nr. 959 ein umfangreicher Foliant. In einer Art Buchbindersynthese wurden hier einstmals verschiedene Schriftstücke zusammengebunden, deren gemeinsamer Betreff

---

Pfalzgrafen Ottheinrich (1526), ebd., S. 162–184; Hofordnung des Pfalzgrafen Johann I. von Zweibrücken (1581), ebd., S. 184–199; Hofordnung der verwitweten Pfalzgräfin Hedwig von Sulzbach (1636), ebd., S. 200–209. Die am 13. Februar 1525 ausgestellte Kanzleiordnung Kurfürst Friedrichs II. *im Fürstenthumb hieoben zu Baiern etc.* ist ediert bei Neudegger, Kanzlei-, Raths- und Gerichtsordnung des Kurfürsten Friedrich II. des Weisen von der Pfalz, S. 17–60.

80 Kolb, Heidelberg, S. 98: „Eine Hofordnung ist für die Kurpfalz nicht überliefert".

81 Vgl. Butz, Die Stellung des wettinischen Hofes, S. 326–330.

82 Vgl. Schapper, Die Hofordnung von 1470.

83 Bojcov, Sitten und Verhaltensnormen am Innsbrucker Hof, S. 243, Anm. 2, unter Bezug auf Backes, Das literarische Leben, S. 30.

84 Hesse, Zwischen Reform und Beschränkung, S. 352, Anm. 78, unter Bezug auf Schaab, Geschichte der Kurpfalz, Bd. 1, S. 208 f.

85 Backes, Das literarische Leben, S. 30: „Wieviele Personen der kurfürstliche Hof selbst im 15. Jahrhundert umfasste, ist schwer zu ermitteln, da Hofordnungen und Rechnungsbücher aus der frühen Zeit fehlen".

86 Schaab, Geschichte der Kurpfalz, Bd. 1, S. 208 f.: „Neben der Landesbeamtenschaft und den zentralen Regierungsstellen war der Hof Wirkungsfeld dieses Beamtenadels, an ihm spielten aber die Adligen mit dem Haushofmeister an der Spitze doch die dominierende Rolle. Auch hier sorgten die Haushofmeisterordnungen für eine ordnungsgemäße Verwendung der Mittel [...]" (Zitat ebd., S. 208).

87 Ebd., S. 209 (mit S. 242, Anm. 67) (unter Verweis auf GLAK, 67/819 f., f. 499 ff.). – Auf eine Amberger Kanzleiordnung von 1502 verweist Karl-Otto Ambronn, Archiv, Registratur, Kanzlei, S. 4 (unter Bezug auf GLAK, 67/819, f. 241 ff.). Zur Kanzleiordnung Kurfürst Ludwigs V. von der Pfalz für die Amberger Kanzlei von 1516 vgl. Ders., Das Briefgewölbe des kurpfälzischen Viztumsamtes Amberg, Nr. 6, S. 19 f. (Heidelberg, 1516 August 1).

den inneren Zusammenhang herstellt. Laut Repertorium handelt es sich dabei um Akten über die Vermählung des kurpfälzischen Erbprinzen Philipp des Aufrichtigen (* 1448, † 1508), mit Margarete (* 1456, † 1501), einer Tochter Herzog Ludwigs des Reichen von Bayern-Landshut, und ihr im Februar des Jahres 1474 abgehaltenes Beilager in der oberpfälzischen Stadt Amberg[88]. Anders als vielleicht zu erwarten wäre, wurde der Band nicht erst im Zuge neuerer archivischer Ordnungsarbeiten zusammengestellt. Der Pergamentumschlag der im Übrigen aus Papier bestehenden Handschrift weist mit zeitgenössischer Schrift folgenden Titel auf: *Myns gnedige herrn hertzog Philips heyradsbrief etc. vnd ordenunge*. In diesem Band findet sich die älteste kurpfälzische Hofordnung. Sie trägt keinen Titel, wohl aber im Text eine Art Selbstbezeichnung, wenn der regierende Kurfürst in einer inserierten Urkunde von *all ordnu(n)g* spricht, die er *vns(er)m sone geben han vnd geben werden zu anschickunge siner person, sines hoffs vnd siner ampt*[89].

Auch in ihr begegnen einem wieder die zwei bereits bekannten Elemente: Kostenkontrolle und -reduktion sowie Kontrolle und Regulierung eines Herrschaftsträgers und seines Hofes. Im Gegensatz zu den bayerischen Ordnungen und der kurkölnischen waren die Landstände hier jedoch nicht involviert. In dieser ging es vornehmlich um den kurpfälzischen Herrschaftsnachfolger, der nach seiner Vermählung einen eigenen, abgeteilten Nebenhof in der oberpfälzischen Stadt Amberg von seinem im fernen Heidelberg sitzenden Ziehvater Friedrich I. eingerichtet bekam[90].

Die Amberger Hofordnung spiegelt keineswegs den gesamten Hof wider. In der Reihenfolge des Textes werden behandelt: 1) Marschall; 2) Räte, die ein Amt bei Hofe haben; 3) Kanzleisekretär (mit Unterschreiber); 4) Kammer- und 5) Haushofmeister (in Personalunion, aber mit separat ausgewiesenen Aufgaben- und Kompetenzbereichen); 6) Frauenhof- und -kammermeister (in Personalunion, aber ohne separat ausgewiesene Aufgaben- und Kompetenzbereiche); 7) Frauenhofmeisterin; 8) Gesellen, die nicht Rat sind und ein Amt haben, sowie 9) Frauendiener[91].

Bei genauerer Untersuchung des Textes wird deutlich, dass in der Ordnung vor allem Philipp und Margaretes adeliges Hof- und Verwaltungspersonal auf Loyalität gegenüber dem herrschenden Pfalzgrafen und Ziehvater Friedrich I. eingeschworen wurde. Die einzige Ausnahme bildet das Kapitel über die Kanzlei. Man darf sich fragen, warum gerade die Kanzlei, wenngleich ihr doch – wie in den protokollarischen Anweisungen der Ordnung zum Ausdruck kommt – die adligen Angehörigen fehlen[92], dennoch an dritter Stelle in der Hofordnung erscheint. Schaut man auf den Inhalt des Abschnittes,

---

88 Zum Datum vgl. Buchner, Die Amberger Hochzeit, S. 96 f., Anm. 1.

89 HStAM, Geheimes Hausarchiv, Korrespondenzakt 959, unfoliiert [= Lage 4, f. 1r–10v]; vgl. dazu Widder, Der Amberger Hof 1474; eine Edition des Textes ebd. im Anhang, S. 296–305; ferner Widder/Ohlenschläger, Hofordnungen.

90 Dazu Widder, Der Amberger Hof 1474, S. 276–282.

91 Vgl. ebd., S. 296–305.

92 Dazu ebd., S. 288 f.

dann ergibt sich daraus die Antwort fast von selbst. Die Kanzlei war neben der (von ihr abgetrennten) Finanzverwaltung der sensible Bereich des Hofes und musste ebenfalls sorgfältig kontrolliert werden. Mit den Regelungen zur Kanzlei tritt uns die früheste Kanzleiordnung nicht nur der Oberpfalz[93], sondern der gesamten Kurpfalz entgegen.

Doch bevor hierauf näher einzugehen ist, soll die Ordnung in gleicher Form wie die beiden übrigen vorgestellt und erläutert werden. Sie beginnt ebenso wie die kurkölnische mit einer eigenen Überschrift: *Cantzly antreffen Johannes secreta(r)i(us).* In ihr wird der Sekretär Johannes (oder Hans) bereits als der für die Kanzlei zuständige Amtsträger eingeführt[94]. Weiteres zu seiner Person ist im gesamten Text nicht zu erfahren. Der Überschrift folgen die einzelnen Regelungen zur Kanzlei, die mit der grundsätzlichen Frage nach ihrem Ort beginnen. Dazu heißt es, der Sekretär solle im Schloss oder wo auch immer es dem gnädigen Herrn gefällt, Kanzlei halten und täglich rechtzeitig dorthin gehen und warten. Mit dem Schloss dürfte dasjenige in Amberg gemeint sein[95], die Ortsfestigkeit der Kanzlei ist damit aber keineswegs bindend festgelegt.

Zu den Aufgaben des Sekretärs erfährt man Folgendes: Was in den an den gnädigen Herrn gerichteten Sendbriefen, Klagezetteln und anderem steht, soll er lesen, sie an den Herrn, seinen Hofmeister und seine Räte bringen, darauf achten, dass sie auch bearbeitet, d. h. beraten, beschlossen und an ihn zur Erledigung zurückgegeben werden. Das soll in einer Weise geschehen, dass die Bescheide und Ratschlüsse nicht verändert werden. Der Sekretär sollte in den anhängigen Sachen die dazu vorhandenen Unterlagen verfügbar haben und konsultieren, damit nichts Widersprüchliches ausgehe[96]. Briefe, die zu Händen des gnädigen Herrn, d. h. an ihn persönlich gerichtet sind, sollte er nicht öffnen, sondern diese ihm übergeben, damit dieser selbst sie (am Verschlusssiegel) aufbreche[97].

---

93 Karl-Otto Ambronn erwähnt dieses hochinteressante Stück in keiner seiner zahlreichen Untersuchungen zur oberpfälzischen Kanzlei; vgl. AMBRONN, Archiv, Registratur, Kanzlei; DERS.: Ein *Registrum der Juden verschribungen*, S. 37–55; DERS., Die Archive und Registraturen der Amberger Regierungsbehörde, S. 78–101; DERS., Das Briefgewölbe des kurpfälzischen Viztumsamtes Amberg.

94 WIDDER, Der Amberger Hof 1474, S. 298 (ebenso die folgenden Zitate).

95 Vgl. ebd., S. 280–282, 292 f. mit ebd., Anm. 132.

96 *Item er soll im slos oder wo myne gnedig(e)n herr(e)n gefellt cantzly halten vnd teglichs zu rechten zijten darinn gen vnd warten vnd was von sendebrieffen, clagezetteln vnd anderm an vns(er)n gnedigen h(e)rn stett, soll er lesen, die an myne(n) gnedigen h(e)rn, sin hoffmeist(er) vnd rette bringen, an die vßrichtunge einßiclich mane(n), daruber rat zuhan, vnd wie man beslußt, daruff antwurt zugeben vnd vßrichtunge zuthun, das soll er begriffen vnd horen lassen, das der bescheit vnd rat nit geandert werde, vnd sich flißen in hangenden sachen, das er die ersten schrifften behalt, vnd alwege zuuor ansehe, das nit eyns widder das ander vßgee.*

97 *It(em) was brieffe in vnsers gnedigen h(e)rn hant steen, soll er nit vffen, sunder sinen gnaden zuuor antwerten selbs vff zubrechen.*

Zum Siegelgebrauch erfährt man im nächsten Abschnitt, dass der Sekretär ein Sekretsiegel haben und dieses verwahren, aber nichts damit versiegeln sollte, was er nicht vorher auf seine Richtigkeit geprüft habe[98].

Neben der Schriftform gab es offenbar auch mündliche Kommunikation mit Außenstehenden, denn dazu heißt es: Der Sekretär solle Arme wie Reiche gütlich anhören und sich ihnen gegenüber angemessen und gerecht verhalten, als ob er Gott darüber auskunftspflichtig sei[99]. Ebenso sollte er in keinen Streit geraten, ihn weder an sich ziehen oder sich daran beteiligen, der vor dem gnädigen Herrn oder durch sein Zutun ausgetragen werden soll[100]. Auch soll er den Leuten gegenüber, die Briefe aus der Kanzlei empfangen, seien es Urteile, Förderungen, Entscheide oder anderes, bei denen Kanzleigebühren anfallen, nicht hartherzig sein und sie angemessen und nicht überhöht taxieren. Von den anfallenden Kanzleigebühren soll er anteilig zwei Drittel und der Unterschreiber Jakob ein Drittel haben[101].

Zum internen Kanzleibetrieb heißt es: Der Sekretär solle Urteile, Entscheide, Schuldbriefe, Kaufbriefe, Lehenbriefe, Ordnungen und anderes, das Handfesten heißt, registrieren, die Register gut aufbewahren, niemanden daran lassen und auch in der Kanzlei niemanden dulden, außer den gnädigen Herrn, dessen Hofmeister und diejenigen, denen es der Herr erlaubt, sowie die, die dazugehören. Auch soll er niemandem Kopien von Briefen oder anderen Schriftstücken geben ohne Anweisung der oben Genannten[102]. Diejenigen Dokumente, die mit dem großen Siegel versiegelt werden, das Herzog Philipp in seiner Gewalt hat, sollten wortwörtlich registriert und der Tag, an dem sie besiegelt wurden, notiert werden[103].

Alle Lehenbriefe, Landgerichts- oder Hofgerichtsurteilsbriefe sollten jedoch auch weiterhin unter dem Namen des Pfalzgrafen und Kurfürsten Friedrich ausgehen wie es auch bisher geschehen ist[104].

---

98 *Item er soll ein secret han vnd das beware(n) vnd nicht damit versiegeln, er habe es dan vberlesen vnd wisse, das es recht stehe.*

99 *Item er soll den armen als den ruchen gutlich v(er)horen vnd glich vnd gemeyn sich halten vnd zur gerechtikeit geneygt sin, als er gott darumb antworten soll.*

100 *Item er soll sich keyns hadders vnderwinden, an sich zu keuffen, teil oder gemeyn daran zuhaben, die vor vns(er)m gnedigen h(e)rn oder durch sin furderniß soll ußgetrage(n) werden.*

101 *Item er soll den luten, die brieffe uß der cantzely neme(n), es sy vrtel, furdernis, entscheit oder anders, das gelt der cantzly pflicht zugeben, nit hart sin vnd die lut by eym zemlichen bliben lassen vnd nit vberschetze(n). Vnd das in die cantzly gefelt, [soll] er die zweytel vnd Jacob den dritteil haben.*

102 *Item er soll vrtel, entscheit, schuldbrieff, kauffbriefe, lehenbriefe, ordenu(n)ge vnd anders, das hantfesten heißen, registreren vnd die register wol beware(n), nit eyn(en) igklichen daruber lassen vnd auch in der cantzly nyma(n)t lyden dan mynen gnedigen h(e)rn, sinen hoffmeister vnd die sine gnade darin bescheit vnd darin gehoren, auch nyema(n)t abeschrifft geben eyncher briefe oder schrifften one iren bescheit;* ebd., S. 298 f.

103 *Item was mit dem grossen siegel versiegelt wirt, das vnser gnediger herre hertzog Philips in sym gewalt hat, das sol eigentlich von wort zuworte registriert vnd der tag, wan es versiegelt wirt, vffgezeichent werden;* ebd., S. 299 (ebenso die folgenden Zitate).

104 *Item alle verschribonge als lehenbriefe, lantgeriechts oder hoffgeriechts vrtel brieffe sollen vßgeen von wegen vnsers gnedige(n) h(e)rn pffaltzgraue(n) Friederichs als pffaltzgrauen vnd curfursten wie dan bißher die ußgangen sint.*

Ebenso sollte der Sekretär Johannes stets anbringen, was ihm zum Nutzen und Frommen des gnädigen Herrn erschiene. Allerdings sollte er besonders mit Geld, das dem Herrn an Einkünften oder Ausgaben zusteht, nichts zu tun haben, sondern dies zur Einnahme an einen Kammermeister verweisen[105].

Auch die Besoldung des Sekretärs wurde in der Ordnung geregelt. Er sollte über die Kanzleigebühren hinaus jährlich aus der Kammer 15 Gulden, ein Hofkleid wie das übrige Hofgesinde, Kost bei Hofe sowie Futter für ein Pferd bekommen. Darüber hinaus konnte er einen ebenfalls bei Hofe zu beköstigenden (Stall)-Jungen einstellen, der sich um das Pferd kümmerte. Diesen musste er jedoch selbst kleiden und entlohnen[106].

Zum ebenfalls namentlich genannten Unterschreiber Jakob erfährt man noch einige besondere Dinge. Auch er sollte (vermutlich wie der Sekretär auch) den allgemeinen Eid schwören und darüber hinaus, dass er fleißig sei und den Sekretär treulich unterstütze in Angelegenheiten und zum Nutzen des gnädigen Herrn. Er solle dem Sekretär in jeder Hinsicht gehorsam sein wie es einem guten Schreiber gebührt. Genau wie dieser habe er über die geheimen Angelegenheiten des Herrn, wie auch immer er sie erführe, sei es im Rat, in Schriften oder durch Lesen, Stillschweigen zu bewahren und sein Leben lang niemandem darüber Auskunft zu geben. Auch durfte er niemandem Abschriften aus Registern oder anderen Schriften machen ohne Auftrag des gnädigen Herrn, des Hofmeisters oder des Sekretärs und sich auch hierin verhalten, wie ein getreuer Schreiber seinem Herrn gegenüber schuldig und verpflichtet sei[107]. Sein Lohn sollte zehn Gulden betragen und von den Kanzleigefällen ein Drittel, darüber hinaus erhielt er ein Hofkleid wie auch das andere Hofgesinde sowie Kost vom Hof und Futter für ein Pferd[108].

Vergleicht man den die Kanzlei betreffenden Abschnitt mit den übrigen; dann weist er einen leicht variierenden Aufbau auf. Zwar finden sich ähnlich wie in den anderen verschiedene Punkte zur Amtsführung, hier aber ohne Hinweis auf einen unmittelbaren Zusammenhang mit einer Eidesleistung. Wie viele der übrigen wird der Ab-

---

105 *Item was ine duchte, myns gnedig(e)n h(e)rn nutz vnd fro(m)men(n) sin, soll er alwege anbringen vnd soll auch sunderlich mit gelt, das myne h(e)rn zustett in(-) oder vßzugeben(n), nit zuthun han, sunder das an eyne(n) ca(m)mermeist(er) wisen inzuneme(n).*

106 *Item vber sin cantzlyfelle sollen ime werden jars vß vnsers gnedigen h(e)rn ca(m)mer xv guld(en), ein kleit, so man ander hoffgesinde cleydet, kost zu hoffe vnd zu eynem pferde futer geben an der rören vnd eynen knaben soll man kost geben, den er bestelt, der ime sins pferts wart, den soll er selbs cleyden vnd verlonen(n).*

107 *Item Jacob vnderschriber soll auch den gemeyne(n) eydt sweren vnd darzu das er flißig vnd dem secretarien(n) truwlich wolle beholffen sin in my(n)s gnedig(en) herr(e)n sach vnd sin(er) gnad(en) nüttz, das er auch dem secretarie(n) von vns(er)s gnedigen h(e)rn wegen wolle gehorsam sin, eins igklichen bescheits wes dan eynem fro(m)men schrib(er) zustett, vnd das er vns(er)s gnedige(n) h(e)rn heymlichkeit wie er die erfert in ratt, in schrifften oder lesen v(er)swige vnd nyema(n)t vffenbare dwile er lebt. Auch nyema(n)t abeschriffte vß registern oder andern schrifften gebe sunder bescheit vnsers gnedig(en) h(e)rn, des hoffmeisters oder secretarien vnd sich herin halt(e)n als ein getruw(er) schriber gein sinem h(e)rn schuldig und pflichtig ist.*

108 *Vnd sin lone soll sin zehen gulden vnd an der cantzly fell soll er han den drittenteil, ein kleit, so man ander hoffgesinde cleydet, kost vom hoffe vnd futer vff ein pfert an der rören.*

schnitt beschlossen durch Angaben zur Besoldung und Verpflegung, doch fehlt zum Eid des *secretarius* Johannes im Text wie in den Nachträgen jeder direkte Hinweis.

Der Bezug des Unterschreibers auf den allgemeinen Eid und der dezidierte Hinweis, er solle ihn auch schwören, dürfte nahelegen, das Johannes denselben ohne die nur für Jakob geltenden zusätzlichen Einschränkungen genau wie dieser zu leisten hatte. Dies deutet darauf hin, dass es für das gemeine, d. h. nicht-adelige Hofgesinde eigene Eidesformeln gab, die in der Hofordnung aber nicht auftauchen. Damit regelte die Hofordnung mit Ausnahme der beiden in der Kanzlei Beschäftigten ausschließlich die Rechte und Pflichten der dem Adel angehörigen höfischen Amtsträger und Chargen. Nur um ihre Belange, die Kanzlei ausgenommen, dreht sich der gesamte Text. Man darf daraus aber auch ableiten, dass die ständische Zugehörigkeit des Amberger Kanzleipersonals 1474 weit unter dem der sonstigen, von der Hofordnung erfassten engeren (adeligen) Entourage des jungen Fürsten lag.

Für die beiden übrigen hier besprochenen Ordnungen fehlen derartig dezidierte Unterschiede bei der Eidesleistung. Was aber nicht besagt, dass nicht auch in Bayern und Kurköln Treueide geleistet wurden[109].

---

[109] In der oberbayerischen Ordnung lautete die Formulierung 1468 zu Kanzler und Kanzleischreibern, sie sollen *denselben Herrn mit Treuen an Eides Statt geloben, mit Namen der Kanzler den Herrn treu und hold zu seyn, ihren Frommen zu fœrdern, und Schaden zu warnen und getreulich zu rathen. Auch ihren Rath und Heimlichkeit sein Lebtag zu verschweigen und was durch die regierende Fůrsten mit sammt dem Hofmeister und den sechs Råthen, oder den mehreren Theil nach Laut dieser Ordnung und Bericht beschlossen, und ihm in Krafft desselben zu schreiben und zu fertigen befohlen wird, dem also nachzukommen als einem Kanzler gebůhrt, ohne Gefæhrde*; Krenner, Baierische Landtagshandlungen, Bd. 5, S. 295. Der Eid, den der oberbayerische Kanzler Hans Rösler und drei genannte Kanzleischreiber am 25. September 1467 Herzog Albrecht IV. leisteten, ist erhalten. Er lautete: *Item an vritag nach sannd Matheus tag app(osto)li et ewangeliste/anno lxviimo* [= 1467 September 25] *zu München haben vns, hertzog Albrechten von Bairn et(cetera) als ainigem regirennden fürsten von vnns selbs vnd vnns(er) brüder wegen, Hanns Rösler, canntzler,/Thoman Rosstaler, Vlrich Hallder vnd Conrat Ermreicher, canntzl(ei)schreiber, auch gesworn den vorgeschrib(e)n rat aide von rats wegen. Vnd auch dartzue des mer Hanns Rösler als ain canntzler, auch der Thoman, Hallder vnd Conrade als canntzl(ei)schreiber zu dem ambt der canntzlei, das sy dar inn treülich vnd vngeuärlich nach irer pesten verstantnüß zu vnnes(er)n ern, nutz vnd notturfft hannd(e)ln vnd ausricht(e)n. Auch vns vnns(er) secret insig(el) vnd secret treulich behallten vnd verwarn söllen vnd wellen vnd aus der gehaim der canntzlei, dauon schad kombt oder das sy versweigen soll(e)n, nicht offennbarn, sunder treulich versweigen. Vnd die hofgericht vnd hofgerichts brief treulich gleich dem armen als dem reichen, dem gast als dem lanntman(n) ainem yeden vngeuerlich beschreiben vnd ververtig(e)n. Dann als sy sunst kainen sundern sold haben dann was in von der canntzlei geuellt, mugen sy vmb ir brief vnd arbeit iren lon vnd auch erung was in also von des ambts der canntzlei oder sunst von irer dinst wegen als in den canntzleyen gewonheit ist zuesteet vnd wirdet wol nemen, das in das an irn aiden vnnergriffen sol sein alles treulich vnd vngeu(er)lich;* vgl. HStAM, Kurbayern, Äußeres Archiv, 1178, f. 237 (Eine Abbildung in: Wild, Fürstenkanzlei, S. 112, mit Erläuterungen ebd., S. 111). Edition einer anderen, auf den 29. September 1467 datierten Überlieferung bei:Neudegger, Die Hof- und Staats-Personaletats (1889), S. 68–70. (aus Bd. 48 der bayerischen Kanzleibücher). Ein Nachtrag ergänzte den Eintrag vom 25. Septemberg 1467: *It(e)m*

Unternimmt man einen resümierenden Vergleich, dann lassen sich dazu folgende Aussagen machen. Alle Kanzleiordnungen waren in größere Ordnungszusammenhänge eingebettet. Bei letzteren handelte es sich in allen Fällen um Hof- und Regimentsordnungen. Diese entstanden in unterschiedlichen Kontexten, schränkten aber das persönliche Regiment des Fürsten in allen Fällen merklich, wenn nicht gar vollständig ein. Die Oberbayerische Ordnung entstand aus dem Unvermögen, angesichts mehrerer Aspiranten auf die Landesherrschaft, deren Anspruch auf Mitherrschaft und damit einhergehender finanzieller Belastungen eine informelle Regelung zu finden. In diesem Fall agierte ein Schlichtergremium, das einen Kompromiss ausarbeitete. Dieser fand seine Form in einer Urkunde, die allerdings nicht die Betroffenen selbst als Aussteller hatte, sondern die Schlichter. In der zweiten, der kurkölnischen Ordnung von 1469 ging es vornehmlich um finanzielle Probleme, die der in diesem Fall geistliche Landesherr nicht allein zu lösen im Stande war. Hieraus ergaben sich konkrete Formen von Mitherrschaft in Gestalt eines mächtigen Bruders und der Landstände, vornehmlich vertreten durch das Domkapitel. Die letzte dieser Ordnungen, diejenige für den Amberger Hof Philipps des Aufrichtigen von der Pfalz von 1474, resultierte aus der Notwendigkeit, einem erwachsenen Herrschaftsnachfolger Möglichkeiten zu eröffnen, ein eigenständiges, wenngleich eingeschränktes Regiment zu führen.

Man sollte diese Befunde im Auge behalten, denn sie haben Konsequenzen. In allen Fällen handelte es sich um kritische Situationen, zumindest wurden sie von den federführenden Akteuren als solche empfunden. Die Ordnungen repräsentieren von daher auch kein modernes Qualitätsmanagement mittels der Dokumentation von Arbeitsabläufen, Ausformulierung von Zielvereinbarungen und begleitendem Controlling. Sie waren auch durchaus nicht auf Dauer gestellt, sondern normative Ad-hoc-Verfügungen in einer schwierigen Situation. Daher regeln sie auch nicht alles, sondern jeweils sehr spezifische Dinge. Vor allem ging es um die Einschränkung des fürstlichen Regimentes, Kontrolle der höheren Amtsträger und die Klärung der wichtigen Frage, wem letztere weisungsgebunden waren. Selbstverständlich spielten daneben auch Fragen der Kostendämpfung und -kontrolle eine Rolle, doch es hat den Anschein, als sei dies in den Kanzleikapiteln nicht das wesentliche Moment gewesen.

Bleibt man bei diesen, dann bestätigt sich der Befund. Die Kanzleiabläufe scheinen hindurch, sind aber meist nicht spezieller Gegenstand des Interesses. Dieses Interesse

---

doctor Johanns Newnhaws(er), thumbdechannt, als canntzler, Hanns Täsching(er), Wolfganng Prugler, Vlrich Steg(er) vnd Pet(er) Vngspeck haben new pflicht vnd ayd getan wie man in dem newen regist(er) geschrib(e)n vindet etc. an vritag nach sonntags Judica anno etc. lxxxxvi. [= 1496 März 25]; Wild, Fürstenkanzlei, S. 112. – In Kurköln hieß es 1467 zu den Räten: [§ 17] *Item die benanten unser vier reete sollen auch geloben und sweren, uns und unserm stifft getruwe und holt zo syn, unser ere, wirde und bestes zo forderen und schaden zo warnen, unser und unsers stifftz sachen, an sie langen werden, zom nutzlichsten und fruchtbarlichsten nach yrer besten verstenteniss zo handeln und darinne zo raiden unser und unsers stifftz heymlicheyt ewiglich zo verswygen und disser ordenung, so verre an uns ist und uns berurt, getruwelich zo halten und vollenfuren, der nach zo kommen und schaffen nach gekommen werde, alles ungeuerlich*; Walter, Das alte Erzstift Köln, S. 409.

richtet sich auf andere Bereiche, als da wären: Definition des Ortes der Kanzlei bzw. der Kanzleiarbeit. Hierbei war Ortsfestigkeit (Brühl, Amberg) durchaus eine Option[110], sie war aber nicht zwingend. In Amberg waren Pferde für Sekretär und Kanzleischreiber sowie Kost für einen Stallknecht des Kanzleileiters Bestandteil der Entlohnung. Auch dies unterstreicht die Mobilität der Kanzlei. Zur weiteren Kanzleitopographie erfährt man Unterschiedliches. Bei den Münchener Herzögen konnten Briefe, Register oder Schriften aus der Kanzlei, aber auch aus dem Briefgewölbe geholt werden. Sie hatten dort jeweils einen festen Platz, an den sie nach Gebrauch zurückgebracht werden sollten. Im kurkölnischen Brühl sollte eine Ratsstube an die Kanzlei angeschlossen sein. Die Kanzlei selbst diente auch als Schlafstube für den Kanzleiknecht, der sie außerhalb der Arbeitszeiten bewachen sollte. Außerdem sollte sie stets abgeschlossen sein, damit sich niemand unerlaubt darin aufhalten konnte und Geheimnisse und Ansehen gewahrt blieben.

Zu dem damit bereits angesprochenen Personal machen die Ordnungen unterschiedliche Angaben. Die Münchener Herzöge hatten einen Kanzler und ettliche Kanzleischreiber, in Kurköln sah man einen Kanzler, einen promovierten Vizekanzler und mehrere Schreiber vor, plus den oben erwähnten gemeinen Kanzleiknecht. Im Gegensatz dazu verfügte man in Amberg nur über einen *secretarius* und einen Unterschreiber. Letzteres dürfte daran liegen, dass es bereits einen kurpfälzischen Kanzler gab, nur saß der beim regierenden Fürsten im fernen Heidelberg. Auch die bayerischen Herzogsbrüder sollten nicht über zwei oder mehr, sondern nur über einen, nämlich einen gemeinsamen Kanzler verfügen, wie ihre Regimentsordnung ausdrücklich betonte. Zu ihrer Bezahlung ist in den Ordnungen nur teilweise etwas ausgesagt. In der oberbayerischen und der kurkölnischen Ordnung findet sich hierzu nichts verzeichnet, wohl aber in der oberpfälzischen. Der Sekretär sollte 15 Gulden jährlich bekommen, daneben das übliche Hofkleid, Kost bei Hofe sowie Futter für ein Pferd, ferner Kost für einen Stalljungen, den er aber zu bekleiden und zu entlohnen hatte. Von den Kanzleigebühren fielen ihm darüber hinaus zwei Drittel zu. Der Unterschreiber Jakob bekam neben Hofkleid, Kost und Futter für ein Pferd das restliche Drittel der Gebühren. In Oberbayern erfährt man aus dem erhaltenen Kanzlei-Eid von 1467, dass sich das Kanzleipersonal komplett aus den Gebühren finanzierte[111].

---

110 Die Münchener Regimentsordnung von 1468 lässt das Problem möglicherweise aufgrund der Spannungen zwischen den Brüdern und der noch unklaren Verhältnisse hinsichtlich der zukünftig am Regiment Beteiligten offen.

111 *Dann als sy sunst kainen sundern sold haben dann was in von der canntzlei geuellt, mugen sy vmb ir brief vnd arbeit iren lon vnd auch erung was in also von des ambts der canntzlei oder sunst von irer dinst wegen als in den canntzleyen gewonheit ist zuesteet vnd wirdet wol nemen, das in das an irn aiden vnnergriffen sol sein alles treulich vnd vngeu(er)lich;* HStAM, Kurbayern, Äußeres Archiv, 1178, f. 237; Wild, Fürstenkanzlei, Nr. 15, S. 111; Abb., ebd., S. 112. – Ganz anders verhielt es sich bei Bernhard Schöfferlin, dem Kanzler Herzogin Mechthilds, Schwester Pfalzgraf Friedrichs I. und Erzbischof Ruprecht, im Jahre 1478. Die Fürstin legte fest: *Item doctor Bernhart Schoferlin ist bestelt zu eym cantzler funff jar, die nehsten nacheinander komend, und gitt im min gnedige fraw alle jar funffzig guldin, V malder*

Auch zur Organisation der Kanzleien erfährt man etwas aus den Ordnungen. In der oberbayerischen ist über interne Abläufe oder gar Dienstzeiten nichts ausgesagt. Dies ist in der kurkölnischen anders, wo sogar dezidiert davon gesprochen wird, dass für die Kanzlei eine eigene Ordnung erlassen werden solle, damit ein jeder Schreiber wisse, was er speziell zu tun habe. Eigens als solche Tätigkeiten genannt werden Abschreiben, Konzipieren, Registrieren, allerdings unspezifische andere eingeschlossen. Die kurkölnische Ordnung drängte sogar auf feste Arbeits- und Präsenzzeiten, nicht zuletzt aufgrund der Notwendigkeit, Kanzlei und Ratsgremium zu koordinieren. Der Kanzleiknecht hatte dort neben seinen Wächteraufgaben und seiner Funktion als Überbringer eingehender Briefe dafür zu sorgen, dass der Betrieb mit allem Nötigen versorgt werde.

Es gab sogar einen speziellen Geschäftsgang. Von ihm hören wir in der oberbayerischen Ordnung wenig, um so mehr in der kurkölnischen und der oberpfälzischen. In Kurköln ging man davon aus, dass der Kanzleiknecht die eingehenden Briefe in Empfang nimmt und dem Kanzler oder in dessen Abwesenheit dem Vizekanzler aushändigt. Diese hatten für die schleunige Bearbeitung Sorge zu tragen, damit den Boten durch zu langes Warten keine übergroßen Kosten entstünden. Auch der Sekretär Johannes hatte in der oberpfälzischen Ordnung alles an einkommenden Sendebriefen, Klagezetteln und Ähnlichem zu lesen und dann an den Herrn, die Hofmeister und die Räte zur Erledigung weiterzuleiten, danach die Dinge wieder zu übernehmen und in Schriftform zu fassen. Dabei bestand eine weitere Aufgabe darin, mittels Konsultation der Aktenlage dafür zu sorgen, dass keine widersprüchlichen Bescheide ergingen.

Allein in der oberpfälzischen Ordnung erfährt man etwas zu unterschiedlichen Urkundentypen. Hier ist die Rede von sogenannten Urteilen, Förderungen, Entscheiden u. a., doch werden sie zunächst nur deshalb erwähnt, weil für ihre Ausstellung Kanzleigebühren anfallen. Etwas anderes wurde in dieser Ordnung dafür explizit erwähnt: Alle Verschreibungen wie Lehenbriefe sowie Urkunden von Landgerichts- oder Hofgerichtsurteilen sollten wie auch bisher unter dem Namen des regierenden Fürsten, des Pfalzgrafen Friedrich, ausgehen. Im unten noch zu besprechenden Zusammenhang mit der Registerführung ist die Rede von Urteilen, Entscheiden, Schuldbriefen, Kaufbriefen, Lehenbriefen, Ordnungen und anderem, das Handfesten heißt, als Urkundentypen.

Zur Registerführung hört man in der oberbayerischen Ordnung lediglich, dass es solche Register gab, weil die Herren zu jeder Zeit in sie Einblick nehmen können sollten, wenn sie wollten. In der kurkölnischen wurde Wert darauf gelegt, dass Register und Briefe so aufbewahrt werden sollten, dass man sie auch fände, wenn man sie benötigte. Lediglich in der kurkölnischen und der oberpfälzischen Ordnung finden

---

roken, V malder dinckels, IIII Esslinger aymer wins, und sol alle ander fäll, wie ander cantzler gehept hand innhan. Doch der pfrundenhalb sol er uber die begriffen som nüt vordern; vgl. Martin, Mechtild, Nr. 7, S. 255–265, hier S. 255 f. (Stuttgart, Hauptstaatsarchiv, Hofsachen, 2. B., I).

wir konkrete Anweisungen für ihre Anlage. So sollte in Brühl ein Register speziell für die Entlohnung sowie Anfang und Ende der Dienstjahre aller Amtleute und Knechte des Erzstifts erstellt werden. Es sollte zur Kontrolle des Personals dienen und in der Kanzlei deponiert werden. Ferner sollten zwei jeweils gleichlautende Register über Gefälle und Renten aller territorialen Ämter angefertigt werden. Man muss sich darunter wohl Urbare vorstellen. Eines sollte in der Kanzlei und eines im jeweiligen Amt deponiert werden. Auch sie dienten dem Überblick über die eigenen Ansprüche und der Kontrolle bei der Rechnungslegung. Darüber hinaus findet sich in der kurkölnischen Ordnung ein aufschlussreicher Passus darüber, dass auch die geistlichen Amtsträger wie Siegler, Vikar (*in spiritualibus*), Offizial und Fiskal registriert und geordnet werden sollten. Jeder dieser Amtsträger hatte über sein Amt auf dieser Basis jährlich Rechnung zu legen. Darüber hinaus sollten auch alle hohen und niederen Lehen aufgeschrieben werden. Dies sollte, wie die Ordnung beschreibt, die Vasallen dazu bringen, ihre Lehen überhaupt in Empfang zu nehmen und gleichzeitig säumige Lehnsleute ihrer Rechtstitel zu entkleiden. Man wird sich hierunter wohl ein Lehenbuch mit Eintrag der Termine vorzustellen haben.

In der oberpfälzischen Ordnung sollte der Sekretär Johannes Urteile, Entscheide, Schuldbriefe, Kaufbriefe, Lehenbriefe, Ordnungen und anderes, das ‚Handfesten' heißt, registrieren und die Register gut aufbewahren. Ferner sollten alle Texte von Urkunden, die der Jungherzog Philipp mit seinem großen Siegel unterfertigte, über das er im übrigen selbst verfügen sollte, mitsamt dem Besiegelungsdatum in ein eigenes Register eingetragen werden. Aufbewahrungsort für diese Register war in diesem Fall offenbar die Kanzlei, denn der Paragraph fährt damit fort, dass keiner dort Zutritt haben und unautorisiert Einblick nehmen sollte. Folgt man dem kurkölnischen und dem oberpfälzischen Text, dann wurden von Briefen und aus Registern wiederum bei Bedarf Abschriften gefertigt. Dies sollte aber ebenfalls nur für Berechtigte gelten.

Zur Kommunikation zwischen Kanzleiangehörigen und ihrer Klientel erfährt man Folgendes: Fast schon im Sinne moderner Behördenhandbücher heißt es in der kurkölnischen Ordnung, Kanzler und Schreiber sollten sich denjenigen gegenüber, die etwas mit der Kanzlei zu tun haben, angemessen verhalten, sie freundlich behandeln und vor allem die gewünschten Urkunden nicht zu hoch zu taxieren. Dies galt insbesondere für die Stiftsangehörigen. Auch in der oberpfälzischen Ordnung findet sich Vergleichbares. Hier sollte der Sekretär bei den Kanzleigebühren nicht hartherzig sein und angemessen, vor allem nicht überhöht taxieren. Dies war vor allem deshalb von Belang, weil die Kanzleigebühren einerseits offenbar nicht festgeschrieben waren und andererseits einen nicht unwesentlichen Teil der Besoldung des Personals ausmachten. Von daher bestand hier ein willkürliches Element, das die Ordnung offen ansprach.

In der oberbayerischen Ordnung wird die Weisungsbefugnis geregelt, wobei das dazu befugte Gremium aus den regierenden Fürsten, dem Hofmeister und sechs Räten bestand. Aber auch eine größere Teilmenge von ihnen konnte der Kanzlei Befehle geben; dass einzig harte Ausschlusskriterium war bezeichnenderweise, wenn einer der beiden Herzogsbrüder einsame Entscheidungen ohne Wissen und Einverständnis des anderen traf. Vergleichbare Verhaltensregeln galten für die Schreiber. In der kurkölnischen Ordnung ist vom persönlichen Regiment des Erzbischofs in den Kanzleikapiteln überhaupt nicht die Rede, sondern ausschließlich vom bereits erwähnten, aus vier Mitgliedern bestehenden Rat. Einzig für Gesellschaft und Kurzweil sollte der Herr selbst aktiv werden, d. h. Geld anweisen dürfen. Dieser Passus findet sich in der Ordnung unter Verweis auf die Kanzlei aber an gänzlich anderer Stelle, da sie vornehmlich die Kammer betraf. In der oberpfälzischen Ordnung wurde sauber geschieden zwischen Briefen an den Jungherzog und anderen. Einzig erstere sollten an ihn persönlich gehen, der Rest an ihn, seinen Hofmeister und seine Räte.

Durchgehend in allen Ordnungen fällt die Bedeutung der Siegel auf. Diese erstreckt sich sowohl auf die verschiedenen Siegeltypen, genannt werden das sogenannte große Siegel (oder in moderner Terminologie: das Hauptsiegel) sowie sehr viel häufiger das Sekretsiegel[112]. So hören wir in der oberbayerischen Ordnung, dass jeder der Fürsten ein eigenes Siegel hatte und in seiner Obhut behielt. Die kurkölnische legte fest, dass Erzbischof und Kanzlei nur ein großes Siegel gebrauchen sollten, das sich in der Obhut des Kanzlers befand. In der oberpfälzischen Ordnung heißt es, der Jungherzog Philipp sollte sein großes Siegel in seiner Gewalt haben, die damit besiegelten Stücke sollten aber mitsamt dem Besiegelungsdatum in ein Register eingetragen werden. Im Gegensatz zu den relativ großzügigen Regelungen zu den großen Siegeln waren die für die Sekretsiegel wesentlich rigider. Sie waren für die Herrschaftspraxis offenbar bedeutend wichtiger als die auf den ersten Blick viel auffälligeren und repräsentativen großen Siegel. Von den Sekreten handeln alle Ordnungen ausführlicher. In der oberbayerischen heißt es, dass jeder der regierenden Fürsten ein eigenes Sekretsiegel haben, diese aber der Obhut des Kanzlers übergeben werden sollten. Der sollte aber nur Briefe und Urkunden im Sinne der Regelungen der Ordnung damit besiegeln. Weitere Sekretsiegel waren untersagt, ein unspezifisch und damit sehr diplomatisch formulierter Passus, der sich offenkundig auf die beteiligten Fürsten und die Einschränkung ihres Regimentes bezog.

In der kurkölnischen Ordnung ist die Rede von zwei Sekretsiegeln. Mehr hört man nicht, doch scheinen auch diese beiden, wie auch das bereits erwähnte große Siegel, in der Obhut des Kanzlers gewesen zu sein. In der oberpfälzischen Ordnung heißt es, der Sekretär Johannes solle auch das Sekretsiegel in Gewahrsam haben. Er war aber gleichzeitig für die Kontrolle der ausgehenden Briefe zuständig, durfte damit aber nichts versiegeln, was er nicht zuvor auf seine Richtigkeit überprüft hatte. Es fragt sich, warum auf die Sekretsiegel so genaues Augenmerk gelegt wurde. Man geht wohl recht in der Annahme, dass dies im Normalfall die Beglaubigungsmittel waren, mit denen die Mandate, in Sonderheit die Anweisungen an die Amtleute, gesiegelt wurden[113]. Besonders problematisch war dies, da es sich im Normalfall um Geldforde-

---

[112] Zur Terminologie vgl. Stieldorf, Siegelkunde, S. 22 f.; Kittel, Siegel, S. 147–160.

[113] Ebd., S. 148–152. Die kleineren Siegel (sigilla minora) waren waren „für die einfachen Geschäftsurkunden vorgesehen", nämlich „ad causas (für laufende Geschäfte), ad contractus (Verträge), ad missivas (Korrespondenzen)"; ebd, S. 144. Zum Sekretsiegel als Briefsiegel auch ebd., S. 148–152.

rungen bzw. Anweisungen an Amtleute zwecks Bezahlung von Leistungen handelte. Dies war aber besonders im Falle des persönlichen Regimentes in Zeiten leerer Kassen fatal.

Aufschlussreich ist, dass lediglich die oberpfälzische Ordnung die Finanzen komplett aus der Kanzlei hinaushalten wollte. Doch sollte man nicht verkennen, dass der Siegeltyp des Sekrets auch für andere Rechtsdokumente gebraucht wurde. Dies zeigt sich nicht zuletzt daran, dass die kurkölnische Hof- und Regimentsordnung von 1469 laut Siegelankündigung mit den Sekretsiegeln von Erzbischof Ruprecht und seinem Bruder, Pfalzgraf Friedrich, besiegelt wurde.

Zum Schluss sollten noch einmal die Laufzeiten und die praktische Umsetzung der Ordnungen angesprochen werden. Die oberbayerische Ordnung von 1468 bezog sich allein auf das nächstfolgende Jahr 1469[114]. Auch die kurkölnische Ordnung war auf ein Jahr Gültigkeit beschränkt[115]. Bereits Klaus Militzer fasste die von ihm ermittelten Befunde zur Wirkungsgeschichte der kurkölnischen Ordnung prägnant zusammen, indem er feststellte, dass der in der Ordnung genannte Kanzler Georg Hessler bereits von Anfang an fehlte und seine Stelle schon 1469 von seinem Stellvertreter Dr. Peter Schwan eingenommen worden war. Dieser stieg sogar zum Kanzler auf, seine „Kompetenzen wurden jedoch zugunsten der erzbischöflichen Prärogative beschränkt. Ein Kanzleigebäude wurde in der Stadt Brühl, getrennt vom Schloss, nicht errichtet. Kanzler und Rentmeister wanderten mit dem Erzbischof, der sich nach 1469 vorwiegend in Bonn und Poppelsdorf […] aufhielt." Archiv und Registratur waren schon vor 1469 im Wesentlichen im Poppelsdorfer Schloss untergebracht und blieben dort auch nach 1469. Daneben gab es ein Archiv auf der Godesburg[116]. Ruprecht hat sich mit der weitgehenden Einschränkung seines persönlichen Regimentes demnach nicht abgefunden. Erst in den frühen achtziger Jahren erhielten Hof und Kanzlei unter Ruprechts Nachfolger Hermann von Hessen wieder eine Ordnung. Doch auch hier blieb der Befund typisch mittelalterlich. Die Kanzlei sollte zwar in Brühl oder Poppelsdorf ihren festen Sitz haben, tatsächlich aber blieben Registratur und Archiv in Poppelsdorf und auf der Godesburg. „Im Brühler Schloß befand sich freilich auch ein Archiv, und zwar im Burgturm im Nordwesten"[117].

Auch die oberpfälzische Ordnung von 1474 ist in der dargestellten Form kaum umgesetzt worden. Die Gebrauchsspuren im Text sind gering und die datierbaren Nachträge enden bereits um die Mitte des Jahres[118]. Eine Fortschreibung oder eine Neuauflage ist nicht feststellbar[119].

---

114 Vgl. Krenner, Baierische Landtags-Handlungen, Bd. 5, Nr. 7, S. 285 (und öfter).

115 Walter, Das alte Erzstift, S. 414.

116 Militzer, Die kurkölnischen Hofordnungen, S. 308 f., Zitate ebd., S. 309.

117 Ebd., S. 309 f.; Zitat ebd., S. 309. Zur kurkölnischen Kanzleiordnung von 1498 vgl. ebd., S. 310 f. In ihr pochte Hermann von Hessen dezidiert auf sein persönliches Regiment und behielt sich „die Ausfertigung aller Urkunden und Briefe selbst vor, es sei denn, er habe das Recht seinen Räten ausdrücklich delegiert" (ebd., S. 310).

118 Widder, Der Amberger Hof 1474, S. 283, 292 f.

119 Zu den möglichen Gründen vgl. ebd., S. 293.

Fragt man nach den Urhebern oder Verfassern der drei hier näher vorgestellten Kanzleiordnungen, dann ist man auf Vermutungen angewiesen. Keine von ihnen wartet mit einem Autorenvermerk auf. Max Joseph Neudegger sah in Martin Mair den Schöpfer der oberbayerischen Hof- und Regimentsordnung von 1466[120]. Da die Kanzleipassagen bis auf wenige Varianten dieselben wie in der Ordnung von 1468 sind, müsste dies demnach auch für die von 1468 gelten. Tatsächlich firmiert Martin Mair in beiden Ordnungen als Rat Herzog Ludwigs IX. von Bayern-Landshut[121]. Doch sollte man nicht verkennen, dass bereits in der älteren Ordnung von 1466 neben Mair, der lediglich als Doktor ohne weitere Ergänzungen bezeichnet wird, zwei ausdrücklich als Kanzler bezeichnete Personen vorkommen. Es handelte sich dabei um den Propst von Altötting, Michael Riederer, sowie um Christoph Dorner. Von ihnen war oben bereits die Rede.

Die Entstehungszusammenhänge der kurkölnischen Ordnung sind oben bereits dargestellt worden. Auch bei ihr dürfte es sich um ein Kompromissprodukt nach zähen Verhandlungen handeln. Die von Klaus Militzer herausgestellte starke Position der kurpfälzischen Seite könnte eine starke Beteiligung derselben erwarten lassen. Über die Amberger Ordnung wissen wir kaum etwas, doch ist hier ein Einfluss der Heidelberger Zentrale in vollem Umfang anzunehmen.

Damit ergibt sich ein Bild, das in den bereits erarbeiteten Ergebniskontext passt. Normative Regelungen werden besonders in Situationen erlassen, in denen Handlungsbedarf bestand. Sobald der Druck nachließ, kehrte auch die Kanzlei in einen Normalzustand zurück, der von Routinen geprägt war, die sich aber auch in anderen Kontexten nachweisen lassen und die von öffentlichen Notaren beherrscht wurden bzw. von ihnen beherrschbar waren.

---

120 Neudegger, Geschichte des Geheimen Rats, S. 50 f.

121 Vgl. Krenner, Baierische Landtags-Handlungen, Bd. 5, Nr. 5, hier S. 193, und ebd., Nr. 7, hier S. 283.

5. Resümee: Landesherrliche Kanzleien und fürstliche Administration im Spätmittelalter. Eine Annäherung

Das primäre Ziel dieser Arbeit war zu klären, was man unter der Fürstenkanzlei im Spätmittelalter eigentlich zu verstehen hat und wie sie funktionierte. In der Forschung besteht darüber kein Einvernehmen. Dieses Diktum bezieht sich nicht nur auf die deutsche Forschung, wenngleich für sie der deutsche Territorialstaat des Spätmittelalters schon immer eine Sonderrolle gespielt hat bzw. ihm eine solche Sonderrolle, der in Europa nichts an die Seite zu stellen sei, zugewiesen wurde.

Doch es sind nicht nur nationale Traditionen, die bei der Erforschung der spätmittelalterlichen Fürstenkanzleien eine wesentliche Rolle spielen. Jede Zeit betrachtet die Vergangenheit durch ihre eigene Brille. Dieser Allgemeinplatz gilt selbstverständlich auch für die Beschäftigung mit diesem Untersuchungsgegenstand. Allerdings scheint die Sicht darauf bisher in besonderem Maße getrübt gewesen zu sein. Die klassische Diplomatik, ausgerichtet an den Verhältnissen des Früh- und Hochmittelalters, stieß mit ihren Methoden an ihre Grenzen. Der auf die Kanzleiprodukte begrenzte Schreibervergleich brachte keine neuen Erkenntnisse zum Funktionieren der spätmittelalterlichen Kanzleien. Entsprechend hart fiel das Urteil dazu aus.

Dagegen wurde durch die im Zuge der archivalischen Erschließung und damit aus dem Material der Neuzeit, als dessen Vorläufer die mittelalterlichen Bestände in den Fonds lagen, erarbeiteten verwaltungsgeschichtlichen Studien ein bürokratisches Modell entworfen, das sich weniger durch die Nähe zu den mittelalterlichen Verhältnissen als vielmehr durch die zu den gängigen Verwaltungsmustern der Zeit auszeichnete. Die politische Bedeutung solcher Studien brachte eine weitgefächerte Literatur hervor, von deren Erträgen die späteren Zeiten bis auf den heutigen Tag zehren.

Für die spätmittelalterliche Kanzlei muss daher Folgendes konstatiert werden: Den Defiziten, die das Versagen diplomatischer Methoden aufwarf, wurde durch Ausrichtung an einem sich schnell als untauglich erweisenden Modell begegnet. Eine Verzerrung des Bildes von der Kanzlei war vorprogrammiert für ein Spätmittelalter, das ein ‚nicht mehr' (bezogen auf das Früh- und Hochmittelalter) und gleichzeitig ein ‚noch nicht' (bezogen auf die frühe Neuzeit) war.

Ebenso wirkmächtig erwies sich die durch die Erfahrung mit dem Juristenmonopol in der Verwaltung gelenkte oder vieleicht sogar eingeschränkte Wahrnehmung. Durchaus vorhandenen Befunden über die wachsende Bedeutung gelehrter Juristen im Zuge des Spätmittelalters wurde eine Dimension beigemessen, die wahrscheinlich erst für das 19. Jahrhundert zutrifft. Ein Blick in das europäische Ausland lehrte, dass dort vergleichbare Phänomene, allerdings unter anderen Vorzeichen, feststellbar sind. Anders als die deutsche, vom Juristenmonopol geprägte Verwaltung erzeugte das französische Modell einer einheitlich ausgebildeten und sich über ihre gemeinsame

Kultur definierenden Elite in Politik und Verwaltung eine implizite Vorstellung von den Faktoren, die bei der Verwaltung wirksam waren. Genauso wenig wie die deutsche Betrachtungsweise wurde dieses Modell den mittelalterlichen Verhältnissen gerecht.

Natürlich wurde dieses Dilemma von der Verfassungs- und Verwaltungsgeschichte wie von der Urkundenlehre wahrgenommen. Allein gab es bisher weder eine umfassende Diagnose noch methodische Neuansätze, die die Überlieferung in den Blick genommen hätten. Man darf sogar kritisch konstatieren, dass sich seit den neunziger Jahren des 20. Jahrhunderts die historische Mittelalterforschung von den Bereichen Recht und Verwaltung abgewandt hat und stattdessen Fragen der Legitimation von Herrschaft durch Repräsentation, Rang und symbolische bzw. rituelle Kommunikation diskutiert. So wichtig, spannend und weiterführend diese Ansätze sind, fragt man sich doch, ob man damit nicht über das Ziel hinaus geschossen ist.

Im Rahmen einer neuen Kulturgeschichte des Politischen ist inzwischen das Interesse an einer (vornehmlich auf die frühe Neuzeit bezogenen) Kulturgeschichte der Verwaltung erwacht. Dagegen schien zumindest in Deutschland bisher kein besonderes Interesse an der Fürstenkanzlei des Spätmittelalters zu bestehen. Impulse kamen in neuerer Zeit für das Mittelalter – wenn überhaupt – aus Frankreich und Italien. Gravierend kommt hinzu, dass auch die Lehrstühle für Historische Hilfswissenschaften in Deutschland aufgrund einer angeblichen Dauerkrise des Faches inzwischen mehr oder weniger abgewickelt wurden und die Vermittlung der Methodik dieser für die Geschichtswissenschaft fundamentalen Grundwissenschaften zum reinen Proseminarstoff degeneriert ist. Immerhin spielt im Rahmen des *material turn* in den Kulturwissenschaften die Materialität der Kanzleiprodukte inzwischen wieder eine gewisse Rolle.

Es wurde daher hier versucht, sich dem Thema mit neuen Methoden und ungewohnten Zugangsweisen zu nähern. Zunächst ging es darum, die angesprochenen Komponenten des traditionellen Bildes von der spätmittelalterlichen Fürstenkanzlei zu isolieren, zu historisieren, zu analysieren und zu kategorisieren. Dazu bediente sie sich eines multiperspektivischen Ansatzes, der von der französischen Sozialwissenschaft um das Jahr 2000 als theoretisches Konzept der sogenannten *histoire croisée* formuliert und von der Geschichtswissenschaft inzwischen rezipiert wurde. Allerdings konzentriert sich der Ansatz auf die Überwindung nationaler Begrenztheiten im Bereich der Wahrnehmung historischer und rezenter Phänomene, versteht sich von daher als transnational und wird derzeit vor allem im Bereich der Globalgeschichte diskutiert.

Der verschlossene Zugang zum fremden Anderen muss aber keineswegs auf den jeweils anderen Nationalstaat beschränkt sein; dies wird umso deutlicher, wenn man das Zeitalter der Nationalstaaten, d. h. die Zeit vom 19. Jahrhundert an bis heute als Untersuchungszeitraum verlässt. Denn auch das Mittelalter ist uns fremd, denn der Zugang wird nicht allein durch seine andere Kultur erschwert, sondern vermutlich genauso stark durch die wiederum bis heute im nationalen Rahmen verlaufenden Fachtraditionen und sehr wahrscheinlich auch durch weitere Gründe wie die Entwicklung der Forschungsansätze und ihrer Methoden im Laufe des 19. Jahrhunderts.

Ihrer Überwindung dienten in dieser Studie zunächst zwei Untersuchungsteile, die sich zum einen mit der wissenschaftlichen Genese der Themenfelder fürstliche Administration bzw. landesherrliche Kanzlei im Fach Geschichte und ihrer Einbettung in verschiedene Forschungsrichtungen beschäftigten. Dies geschah nicht nur auf Deutschland beschränkt, sondern unter Berücksichtigung weiterer für die Entwicklung des Themas wichtiger nationaler Forschungstraditionen. Allein hierdurch ergaben sich Aufschlüsse über national gebundene und vermittelte Forschungsnarrative, die (nicht nur) die deutschen Ansätze einerseits in starkem Maße in ihrer zeitlichen und fachlichen Gebundenheit hinterfragbar machten und andererseits in ihrer Genese historisch kontextualisierten.

Vor diesem Hintergrund konnte erstmals die die Kanzleien betreffende Forschung umfassend eingeschätzt und so für neue und dem Gegenstand angemessene Fragestellungen und Forschungsansätze im eigentlichen Sinne nutzbar gemacht werden. Mit anderen Worten: Vor der Folie aufgedeckter zeitgebundener Deutungsmuster gelingt es, den Wert und die Tragweite der bisherigen Forschungsarbeiten auszumachen und zu beurteilen. Erst diese Revision schafft eine tragfähige Basis, auf der sich eine neue Sicht der Kanzlei gründen kann.

Ein Blick auf die Forschungsentwicklung und die jüngeren Forschungsansätze erbrachte den an sich naheliegenden Befund, dass gerade Kanzleiforschung relativ anfällig dafür ist, jeweils aktuelle (oder bereits schon wieder selbst historisch gewordene) Vorstellungen vom Staat und seiner Verwaltung auf die Vergangenheit zu übertragen. Die Gründe dafür liegen auf der Hand. Die geringe Zahl einschlägiger Quelleninformationen, die es erst aus einer Fülle von Material auszusieben gilt, zwingt dazu, sich zu ihrer Interpretation in großem Maße auf vorgeformte Denkmodelle zu stützen, zumal, wenn wenig aussagekräftige methodische Zugriffe wie der nur auf eine einzelne Kanzlei beschränkte Schreibervergleich im Vordergrund stehen.

Der unreflektierte Gebrauch der älteren diplomatischen und verwaltungsgeschichtlichen Literatur führte zu einem Nebeneinander von Erklärungsansätzen aus ganz unterschiedlicher Wurzel und unterschiedlichen Alters. Da die Forschung zudem auf Abgleich und Harmonisierung dieser Ansätze bedacht war und bedacht ist, bildete sich ein undurchdringbares Dickicht untauglicher Deutungsmuster. Hinzu kamen unterschiedliche Fachtraditionen und -interessen. Während sich Frankreich bereits in den frühen neunziger Jahren dem Thema ‚Kanzlei und Kultur' öffnete, dominiert in Deutschland bis heute das Paradigma der Gelehrten Räte als Motoren der Modernisierung und Weiterentwicklung der spätmittelalterlichen Fürstenkanzlei als Zentrum einer sich in Verwaltung manifestierenden Fürstenherrschaft.

In beiden Ländern interessiert damit gleichermaßen die Rolle der Kanzlei und ihres Personals bei der „Entstehung des modernen Staates" (*la genèse de l'état moderne*). Erzählt wird hiermit in beiden Fällen eine Erfolgsgeschichte, oder besser: eine Modernisierungsgeschichte, allerdings mit unterschiedlichen und wohl eher unbewusst wirkenden Narrativen. Während in Deutschland das Juristenmonopol in Staat und Verwaltung historisch hergeleitet wird, ist es in Frankreich das von Pierre Bourdieu beschriebene und von den Grandes Écoles vermittelte Ideal des kulturell interessierten und rhetorisch brillanten (französischen) Akademikers oder – bei den betreffenden Absolventen – der Anspruch, Mitglied einer exklusiven und staatstragenden Vereinigung von ehemaligen Eliteschülern, mithin „die Elite" zu sein.

Dieser Befund führte zu der Überlegung, der hier vorgelegten Studie eine besondere, den spezifischen Problemen und Herausforderungen angepasste Methodik zugrunde zu legen. Die Gründe dafür lagen nicht nur in den nationalen Forschungstraditionen und -paradigmen, sondern auch in dem Problem, dass die landesherrliche Kanzlei als Institution im Sinne einer ausgeformten Behörde ausgesprochen schlecht, wenn nicht sogar überhaupt nicht greifbar ist. Dies führte zu epistemologischen Leerräumen, die wiederum durch Forschungstraditionen und zeitlich gebundene Vorstellungsmodelle gefüllt wurden. Hierbei spielte in Deutschland die archivische und archivarische Tradition mit ihren in einer Fülle von Lehrbüchern bis heute vermitteltem Wissen eine entscheidende Rolle.

Für die Erkenntnis der spätmittelalterlichen Kanzlei erwiesen sich Prosopographie und Analyse des Geschäftsschriftgutes, ergänzt um weitere methodische Ansätze, als angemessen. Am Beispiel der Kurpfalz wurde dieser Ansatz diachron erprobt. Dieses Herrschaftsgebilde ist deshalb so reizvoll, weil sich an ihm die Entwicklung von einem wittelsbachischen Nebenland im 13. Jahrhundert zu einem jungen Kurfürstentum um die Mittel des 14. Jahrhunderts und bis zum Königtum um die Wende zum 15. Jahrhundert mitsamt seinen weiteren Ausformungen im 15. Jahrhundert nachvollziehen lässt.

Zur methodischen Kontrolle wurden die Verhältnisse in den Erzbistümern bzw. Erzstiften Trier und Mainz sowie dem Bistum und Hochstift Speyer mit Seitenblicken auf weitere Territorien (u. a. Bayern, Kurköln) beleuchtet. Die Bandbreite vom weltlichen über das geistliche Kurfürstentum hin zum weltlichen und geistlichen Fürstentum garantierte zumindest einen gewissen Grad an Repräsentativität der gewonnenen Ergebnisse. Die Befunde glichen sich auffallend. Sie zeigten zunächst, dass bürokratische Modelle nicht zum Verständnis der spätmittelalterlichen Kanzlei beitragen. Weder feste Ressorts noch klare Hierarchien und damit keine geregelten Kompetenzen und Aufstiegswege im Sinne eines *cursus officiorum* waren zu erkennen.

Es ließen sich stattdessen eine Reihe von Faktoren für spätmittelalterliche Verwaltung im Bereich der Zentrale isolieren. Diese Faktoren sind sehr verschiedenartig. Verwaltung im Spätmittelalter ist multifunktional. Die Amtsträger, ihre Tätigkeiten und ihre Titel wechseln. Es hat wenig Sinn, mit Begriffen wie Karriereprofile, Behördenschemata, Laufbahnen oder gar Geschäftsgang zu arbeiten. Will man dem Funktionieren spätmittelalterlichen Verwaltens auf die Spur kommen, gilt es, unfeste oder in ihrer Existenz bislang unbekannte Beziehungsnetze zu analysieren und sie im Kontext politischer Ambitionen, dynastischer Zwänge und Traditionen verschiedener Art zu interpretieren. Der Blick nur auf eine Generation bzw. die Herrschaftszeit nur eines Fürsten ist dafür unzureichend.

Die spätmittelalterliche Kanzlei war keine Behörde, sondern ein unfestes personales Gefüge, das auf den Herrn und seine Bedürfnisse ausgerichtet war. Sie reagierte flexibel auf die Anforderungen, die der Herr stellte. Ein agiler, politisch engagierter Fürst verfügte über eine tatkräftige Kanzlei, die seine Ambitionen mit den notwendigen Hilfsmitteln wie Rechtstitelnachweisen versorgte. Sie vermochte zu informieren, zu legitimieren und bildete ein Herrschaftsinstrument, das etwa zur Kontrolle der lokalen Amtsträger und damit zur Sicherung der Finanzen effektiv beitragen konnte. Probleme bei der Herrschaft schufen andererseits Legitimationsnotwendigkeiten. Solche Probleme konnten Geldmangel, Vormundschaft, Defizite bei der eigenen Machtposition oder beim erstrebten oder reklamierten Rang sein. Auch für die Bewältigung solcher Herausforderungen schuf die Kanzlei Grundlagen.

Die Kanzlei griff dabei auf bewährte Mittel zurück. Sie rekrutierte sich aus dem öffentlichen Notariat, den geistlichen Gerichten und den lokalen Verwaltungseliten wie Zoll- und Landschreibern oder Stiftsökonomen. Die vielbeschworene Juridifizierung spielte für die Verwaltungspraxis augenscheinlich keine Rolle. Gelehrte Juristen zog man zu anderen Aufgaben heran. Bei Königsambitionen, reichs- und kirchenpolitischem Engagement, der Kirchenreform im eigenen Land, auf dem glatten Parkett der hohen Diplomatie benötigte der Fürst juristisch geschulte Spezialisten, kaum hingegen in seiner Schreibstube.

Im Amt des Kanzlers existierte bei Hofe eine Position, die eine spezifische Fürstennähe institutionell wie personell gewährleistete und die nicht nur Adeligen offenstand. Kanzler sind im Gegensatz zur traditionellen Anschauung damit keineswegs vornehmlich als qua Studium verwaltungstechnisch qualifizierte Leiter der fürstlichen Schreibstube hervorgetreten. Die häufig auftretende Assoziation mit einem modernen, akademisch gebildeten Behördenchef geht hier fehl.

Es handelte sich um ein Amt, dessen Inhaber innerhalb der Adelsgesellschaft zwar nicht den Rang beanspruchen konnte, den ein Adeliger von Geburt her bereits bekleidete. Es brachte jedoch institutionell ein hohes Maß an Einfluss und Dignität mit sich und allein die Verleihung des Titels stellte einen hohen Gunsterweis dar. Mit anderen Worten: Kanzler war zunächst einmal ein klar definierter Rang. In einer Adelsgesellschaft (und als solche muss man den Hof klar definieren) war dies für Nichtadelige die einzige Chance, einen solchen Rang unangefochten einzunehmen. Inwieweit damit auch illegitimen (und/oder klandestinen) Fürstensprossen eine angemessene Position bei Hofe eröffnet wurde, wäre zu diskutieren, liegt aber nahe. Beispiele dafür existieren.

Da die Kanzlei keine feste Institution war, sondern ein flexibler personaler Verband, kann es nicht verwundern, dass auch in ihr ein grundsätzliches Beziehungsschema des Mittelalters maßgeblich wirksam war: die Verwandtschaft. Anhand der Kurpfalz konnte diese Entwicklung über acht Generationen verfolgt werden. Verwandtschaft konnte sich zum einen darin manifestieren, dass die Angehörigen der Kanzlei miteinander versippt, d. h. verwandt oder verschwägert waren, aber auch in der Form, dass sich regelrechte Dynastien herausbildeten[1].

---

[1] Zu Kanzlistendynastien im städtischen Bereich vgl. ZAHND, Studium und Kanzlei, S. 470 (mit Anm. 96).

Diese agierten nicht erst – wie allgemein angenommen – im 16. Jahrhundert inter- bzw. überterritorial. Mikrohistorische Studien ermöglichten hier bislang kaum gebotene Einblicke. Gerade für das 14. Jahrhundert konnten, mit entsprechend hohem Arbeitsaufwand, europaweit agierende Personennetzwerke nachgewiesen werden. Natürlich stößt man dabei an die Grenzen der Überlieferung und damit auch an die Grenzen der Aussagemöglichkeiten, zumal es sich dabei um Personengruppen handelt, die nicht so dicht überliefert sind wie die Großen der Zeit auf den Königs-, Papst- und Fürstenthronen. Doch bei gründlicher Sammlung und Autopsie der Quellen (und beim Blick über das einzelne Territorium hinaus) kommt man zu durchaus belastbaren Ergebnissen, wenngleich große weiße Flecken bestehen bleiben. Allerdings wäre es auch hier verfehlt, von einer stringenten Entwicklungsgeschichte zu sprechen und diese in Richtung Moderne weiter zu erzählen.

Ein wichtiges Ergebnis der Untersuchung ist, dass es sich bei den leitenden Kanzleiangehörigen sozialgeschichtlich um einen relativ klar zu umreißenden Personenkreis gehandelt hat. Ihm sollte in der Zukunft von der Forschung breitere Aufmerksamkeit geschenkt werden. Es handelt sich um ein Milieu zwischen Adel und Nichtadel[2], zwischen Klerus und Laienwelt und vermutlich auch zwischen Legitimität und Illegitimität. Es ist die Welt der geistlichen Gerichte, des öffentlichen Notariats, der städtischen und fürstlichen Kanzleien. Meines Erachtens treffen die bisherigen Forschungen zu den Gelehrten des Spätmittelalters und ihrer Rolle bei der Entstehung des modernen Staats nur die eine Hälfte der Wahrheit. Für die erfolgreiche Bewältigung der Kanzlei- und Verwaltungsaufgaben benötigte man weder ein Studium noch eine Graduierung.

Die dafür erforderliche Kompetenz speiste sich aus einem Wissen, das bereits im 13. Jahrhundert potentiell zur Verfügung stand. Es wurde aber – im Gegensatz zu den bisherigen Annahmen – nicht an Universitäten gelehrt, sondern in den landesherrlichen und städtischen Kanzleien, an Offizialatsgerichten oder Stiftsschulen. Heraus kamen Schreiber, die ihr Handwerk, denn um ein solches handelte es sich, dort gelernt hatten, die es beherrschten und die sich von ihm auch ernähren konnten. Hier boten einfache Schreiberdienste oder das öffentliche Notariat Lebensformen, die ein materielles Auskommen sicherten.

Je nach Lebensplanung konnte man ein Studium anschließen, graduiert werden und/oder die kirchliche Laufbahn einschlagen, verbunden mit dem Erwerb von Benefizien, Pfründen oder sonstigen Formen des Lebensunterhalts, den diese geistliche Welt bot. Man konnte im Studium Kontakte knüpfen, nützliche Verbindungen aufbauen, sich attraktive und mächtige Patrone suchen oder einfach nur von den mit der Immatrikulation verbundenen Privilegien profitieren. Wollte man heiraten, war dies

[2] In dem 1471 fertig gestellten hochrepräsentativen Lehenbuch Pfalzgraf Friedrichs I. mit seinen zahlreichen Wappenbildern verläuft die Grenze zwischen adeligen Vasallen (dargestellt mit einem Spangenhelm) und nichtadeligen (mit Stechhelm) genau durch das Kanzleipersonal; vgl. GLAK, 67/1057, f. 264v und f. 265r.

unter Beibehaltung der niederen Weihen möglich, nur der Erwerb von Kirchenpfründen gestaltete sich danach problematisch.

Den Forschungsanstößen von Ludwig Schmugge ist es zu verdanken, dass wir heute wissen, wie stark daher Konkubinate für diesen Personenkreis eine Rolle gespielt haben. Ihre wegen des *defectus natalium*, des Makels der (illegitimen) Geburt, supplizierenden Kinder, vornehmlich handelt es sich dabei um die Söhne, finden sich noch heute in den vatikanischen Pönitentiarie-Registern eindrucksvoll dokumentiert[3]. Die Söhne vornehmerer und/oder wohlhabenderer Eltern ersparten sich diese Prozedur durch die rechtzeitige Legitimation ihres Nachwuchses (auch hierfür waren öffentliche Notare die nächste Anlaufstelle) oder durch die Verheiratung der Konkubinen mit Untergebenen. Den Söhnen entstand so ein Startvorteil, sie blieben aber, falls sie sich für die geistliche Laufbahn entschieden, in diesem Milieu. Ein kostspieliger Doktorgrad sicherte die Zukunft und eröffnete, neben dem nicht zu unterschätzenden Aspekt der Förderung durch die legitime Verwandtschaft, den Zugang zum gehobenen Fürstendienst. Auch hier bot das Kanzleramt Chancen und Rang.

Stellt man sich dies über mehrere Generationen praktiziert vor, dann entstand auf diese Weise ein Milieu oder Netzwerk von Rechts- und Verwaltungsexperten, bei denen Universitätsimmatrikulation und Graduierung nur eine soziale Markierung und eine mögliche Grundlage, aber nicht das entscheidende Kriterium für den Aufstieg bildeten. Die Hintergründe erschließen sich auch durch aufwändige Mikrostudien kurpfälzischer Kanzler und Kanzleivorstände, die in ihrer Gesamtschau über mehrere Generationen ein aussagefähiges Bild ergeben und Aussagen zur Sozialgeschichte dieses Personenkreises erlauben[4]. Ludwig von Ast, seine Vorfahren und sein weiter Verwandtenkreis bieten Beispiele dafür, sehr wahrscheinlich auch Matthias Ramung und Georg Hessler.

Blickt man in die Zeit vor der Entstehung der Universitäten, dann richtet sich das Augenmerk auf die damals bereits vorhandenen wenigen Studienorte wie Bologna. Der Kreis der dort durch die Immatrikulation Nachweisbaren ist überschaubar, die Gründe für ihr Studium und ihre späteren Karrieren dagegen nicht. Eine direkte Kausalität zwischen Studium und Karriere anzunehmen, gilt in der Forschung als gesichert, greift aber m. E. zu kurz. Es handelt sich dabei häufig um Personen, die bereits vor ihrem Studium in wichtige Netzwerke eingebunden waren. Ihre Funktion war

---

3 Vgl. Schmugge, Kirche, Kinder, Karrieren; ferner dem von ihm herausgegebenen Sammelband: Illegitimität im Spätmittelalter; sowie die Online-Recherchemöglichkeiten unter: Romana Repertoria online (RRO).

4 Dies wäre eine Antwort auf die Forderung von Robert Gramsch: »Der zweifelsfreie Nachweis von solchen primär an der Universität geknüpften, karriererelevanten Kontakten, die später etwa zur Rekrutierung für die Kurientätigkeit führte[n], ist jedoch im allgemeinen schwierig, da näherliegende Faktoren, insbesondere die Landsmannschaft, vieles überdecken. Das pauschal optimistische Urteil der Forschung, die Universität hätte in großem Stil kontaktstiftend gewirkt, ist jedenfalls, soweit ich sehe, noch nie systematisch und in der erforderlichen Untersuchungstiefe auf den Prüfstand gestellt worden«; Gramsch, Erfurter Juristen, S. 550; ferner ebd., S. 565f.

dabei die von Präzeptoren, Dienern oder sie waren auf anderen Ebenen mit höherrangigeren Studierenden verbunden und machten später in deren Umfeld Karriere.

Nikolaus von Wiesbaden scheint zu diesem Personenkreis gehört zu haben, ohne dass ein Studium für ihn nachweisbar ist. Ähnliches gilt für die verschiedenen Vertreter der Familie Vom Stein alias *de Novo Lapide*, von denen zumindest zwei studienhalber in Bologna waren. Bezugspunkt bildete in allen diesen Fällen Gerlach von Nassau (* 1322, † 1371), nachgeborener Grafensohn und Erzbischof von Mainz.

Hinzu kamen weitere Orte der Vernetzung. Das Kollegiatstift Mariengreden in Mainz zählte dazu. Hier kreuzten sich um die Mitte des 14. Jahrhunderts die Wege von Personen, die sich später in der kurpfälzischen Kanzlei nachweisen ließen. Doch damit nicht genug. Gute Verbindungen zum Papst- und Kaiserhof taten das Übrige. Diese Komponenten sollten nicht unterschätzt werden. So ist auffallend, dass sich der Kreis der päpstlichen Kollektoren, die die dringend von der avignonesischen Kurie für ihre Kirchen- und Italienpolitik benötigten großen Finanzmittel in den deutschen Diözesen sammelten, auch aus dem Milieu rekrutierte, das oben bereits umrissen wurde. Wir stoßen wieder auf die Offiziale, Siegler und bischöflichen, päpstlichen, königlichen bzw. kaiserlichen Räte und deren Helfer und Helfershelfer. Diese fanden als ganzer Klientelverband Eingang in die kurpfälzische Kanzlei; ihre Beziehungen zu Kaiser, Kurie und Kurfürsten erleichterten und förderten den Aufstieg der Pfalzgrafen bei Rhein in das deutsche Königtum.

Es stellt sich die Frage, ob gerade das 1378 ausgebrochene Große Abendländische Schisma bei diesem Personenkreis Bewegungen und Verwerfungen ausgelöst hat. Gemeint ist hier nicht nur seine Beteiligung an der Gründung neuer Universitäten wie die in Heidelberg 1385/86, sondern auch die Erfahrung des Verlustes von Kirchenpfründen bei gleichzeitiger Verdopplung des Pfründenmarktes unter Halbierung der Chancen, sich ein solches Benefizium erfolgreich zu sichern. Hierdurch entstand ein Bedürfnis nach neuen Beschützern und neuen Wirkungsstätten. Die aufstrebende Pfalzgrafschaft dürfte nach dem Tod Erzbischof Gerlachs von Mainz und den nachfolgenden, durch das Schisma verstärkten Unruhen ein solches Auffangbecken gebildet haben. Nikolaus von Wiesbaden, Matthias von Sobernheim, Otto vom Stein und weitere nutzten diese Chance und dienten ihren neuen Herren mit ihrem Rat, ihrem (Herrschafts)-Wissen und ihren Kontakten.

Es verwundert daher auch nicht, dass Raban von Helmstatt zum engeren Kreis Nikolaus' von Wiesbaden gehört hat. Ihn als den großen Innovator der Königskanzlei zu feiern dürfte übertrieben sein. Der 1400 zum deutschen Gegenkönig gekürte Ruprecht stand unter massivem Erfolgsdruck, ohne dass sich der von ihm dringend benötigte Erfolg einstellte. Hinzu kam, dass der abgewählte König Wenzel von seinem hohem Amt nicht lassen wollte und seinen glücklosen Gegenspieler sogar überlebte. Angesichtes dieser ergebnisoffenen Situation, von der keiner ahnen konnte, wie sie im Endeffekt ausgehen würde, verwundert es nicht, dass Ruprecht sein herrscherliches Handeln aufwändig dokumentierte und damit zu legitimieren suchte.

Dafür war allerdings kein graduierter Eliteabsolvent nötig, der der königliche Hofkanzler Raban von Helmstatt, für den sich kein Studienabschluss nachweisen lässt, ohnehin nicht war. Das erforderliche Know-how wurde auch nicht an Universitäten vermittelt, sondern an den Orten, an denen öffentliche Notare ausgebildet wurden. Wie die wenigen Zeugnisse, die wir über deren Fähigkeiten und Fertigkeiten besitzen, eindrücklich dokumentieren, stand ihnen dieses Wissen qua Ausbildung und Praxis zur Verfügung, es musste nur abgerufen werden.

Dies leitet noch einmal über zu den Tätigkeiten der Kanzleischreiber. Wie die kritische Aufarbeitung und Auswertung des Materials der Kanzleistudien, die mit der traditionellen Methode des Schreibervergleichs arbeiten, zeigt, waren Schreiber häufig nur kurzzeitig in der Kanzlei tätig. Man kann dies unterschiedlich interpretieren. Eine Möglichkeit wäre ein Ad Hoc-Einsatz bei vorhandenem und meist kurzzeitigem Bedarf. Eine andere Interpretationsmöglichkeit wäre die einer biographisch kurzzeitigen Lebensabschnittstätigkeit. Möglicherweise schloss sich ihr ein Studium an, wovon wir oben bereits gehört haben. Ihre lebenslangen Aktivitäten ließen sich nur die die Erforschung einer sozial, institutionell, zeitlich und geographisch großdimensionierten Schreiberlandschaft fassen. Lediglich das Leitungspersonal sorgte daher in der Kanzlei für Kontinuität, war aber gleichzeitig in starkem Maße mit anderen Dingen befasst wie Diplomatie, Rechnungskontrolle und sonstige Finanzangelegenheiten.

Die Kanzleischreiber dürften von ihrer eigenen Tätigkeit in vielfältiger Form profitiert haben, nicht nur durch die Zahlung eines Jahreslohnes und sonstiger Vergünstigungen. Bereits in den wenigen erhaltenen Dienstverträgen wird nicht davon ausgegangen, dass ihre Tätigkeit auf Dauer angelegt war, wie es für moderne Beamte gilt. Andere Aufgaben im Dienst des Herrn waren ausdrücklich möglich, allerdings nicht zwangsläufig mit dem gleichen Gehalt verbunden. Stattdessen liegt die Annahme nahe, die Schreiber über Klientelverhältnisse mit einzelnen Patronen zu definieren. Letztere dürften in den Kanzlern und Protonotaren zu finden sein.

Die für das 15. Jahrhundert gehäuft nachweisbare Graduierung von leitendem Kanzleipersonal hat ebenfalls ihre Gründe und zielte auf konkrete Funktionsbereiche. Im Zeitalter der Konzilien unter hoher Beteiligung von kirchlichen Würdenträgern und weltlichen Autoritäten dürfte der Bedarf nach einem großräumlichen und großformatigen Austausch in Wort und Schrift stark angewachsen sein. Damit wuchs gleichzeitig die Nachfrage nach Experten, die genügend Erfahrung besaßen auf den Bühnen einer ‚international' kommunizierenden und agierenden Welt zwischen hoher Kirche und hoher Politik. Latinität, Jurisprudenz und Rhetorik dürften hier eine ganz eigene Hybridisierung durchlaufen haben; ihre Vertreter bildeten einen gefragten Spezialistenkreis.

Dr. Ludwig von Ast war einer von ihnen, er stammte von beiden Eltern her aus Familien, die eine generationenlang gewachsene Erfahrung auf solchen Bühnen ausgebildet hatten und nicht nur über das symbolische, sondern – im Bourdieuschen Sinne – auch über das dafür notwendige materielle, soziale und kulturelle Kapital verfügten. Der Aspekt seiner großräumigen Vernetzung darf nicht unterbewertet werden, doch galt dies bereits für das 14. Jahrhundert.

Der allgemeine Trend in der landesherrlichen Kanzlei geht demnach nicht vom regionalen zum überregionalen oder gar zum universalen Horizont, um in der Terminologie von Peter Moraw zu bleiben, sondern, wenn überhaupt, verhält es sich eher umgekehrt. Gegen Mitte des 15. Jahrhunderts beobachtet man in der Kurpfalz beim Amt des Kanzlers einen Rückgriff auf Personal regionaler Herkunft. Über die Gründe ließe sich diskutieren. Vielleicht lag es an den Problemen, unter denen die Herrschaftszeiten Ludwigs III. (Krankheit), Ludwigs IV. (Vormundschaft und früher Tod) und Friedrichs I. (Legitimationsprobleme durch Arrogation des legitimen Erben, Aspirationen auf den Königsthron und Verweigerung der Regalienleihe durch den Kaiser) zu leiden hatten.

In solchen Situationen war es u. U. hilfreich, auf lokale Netzwerke und deren Exponenten zurückzugreifen. Hierfür stehen Johann Guldenkopf und Matthias Ramung; wobei bei Johann Guldenkopf, einem promovierten Juristen, die Kompetenz in Sachen Arrogation ins Auge fällt, während Matthias Ramung bei nahezu allen kurpfälzischen Fürstensprösslingen als Diener und Helfer nachweisbar ist. Selbst der berühmte Humanistenkanzler Dr. Johann von Dalberg stammte aus dem Heidelberger Hofmilieu, geboren im Jahre 1455 als Sohn eines kurpfälzischen Marschalls.

Dies leitet über zur Anlage von Kanzleibüchern, die für die Zeit von Matthias Ramung besonders gut und zahlreich nachweisbar sind. Aus dem Brand der Kanzlei im Jahre 1462 ist erkennbar, dass das kanzleiinterne Schriftgut im Notfall regenerierbar gewesen ist. Totalschäden, wenn es sich überhaupt um einen solchen gehandelt hat, waren über das im Heidelberger Schloss liegende Archiv, das Briefgewölbe, offenbar kurzfristig rekonstruierbar. Die Fülle und Vielfalt der Kanzleibücher nahmen unter Friedrich dem Siegreichen beeindruckende Formen an. Hier erneut die Moderne anbrechen zu sehen, geht ebenso fehl wie für die Zeit König Ruprechts.

Solche Schübe, die im Falle von Ruprecht mit seinem Königtum in Zusammenhang gebracht wurden, konnten insgesamt dreimal über den Untersuchungszeitraum dieser Arbeit verteilt nachgewiesen werden: Das erste Mal ab Mitte der fünfziger Jahre des 14. Jahrhunderts, dann in der Herrschaftszeit König Ruprechts (1400–1410) und in der Regentschaft des ‚verhinderten Kurfürsten' Friedrich des Siegreichen (1449–1476).

Allein diese drei Episoden geben zu denken. Nicht unbedingt durch die Tatsache, dass hier ungefähr alle 50 Jahre Innovationen feststellbar sind, sondern durch die Umstände, unter denen diese Verwaltungsintensivierungen erfolgten. Es waren in allen Fällen Sondersituationen mit einem signifikant erhöhten Legitimationsbedarf. Ab 1355/56 war es der durch die Goldene Bulle verbriefte Aufstieg der Pfalzgrafen aus dem Kreis der Reichsfürsten in den prestigeträchtigen Kreis der sieben Kurfürsten. Hieraus ergab sich ganz offensichtlich ein Bedarf, Rechtstitel und Privilegien zwischen jeweils zwei Buchdeckeln zu versammeln und zu präsentieren, verbunden mit der Schaffung von verbindlichen rechtlichen Regelungen wie sie die Definition des sogenannten Kurpräzipuums darstellte. Man kann dies als Modernisierungsschub begreifen, allerdings ist der Auslöser greifbar und die Vorbilder (Kurmainz) ebenfalls.

Über die Probleme Pfalzgraf Ruprechts III. mit seinem nur sehr unzureichend legitimierten Gegenkönigtum, die den nächsten Schub auslösten, wurde oben bereits ausführlich gesprochen. Ähnlich verhält es sich mit seinem Enkel Friedrich dem Siegreichen, der mit Hilfe der rechtlich anfechtbaren und damit umstrittenen Arrogation seines Neffen (und des eigentlichen Erben) Philipp die Grundlage für seine lebenslange Herrschaft in der Kurpfalz legte und sich damit gleichzeitig ein lebenslanges Legitimationsdefizit aufgrund der ausbleibenden Anerkennung durch das Reichsoberhaupt einhandelte.

Kanzleischriftlichkeit war für die Herrschaft ganz offensichtlich von hoher Bedeutung, besonders wenn man Wert darauf legte bzw. darauf legen musste. Die Kanzlei konnte Reichsrechte sammeln und erschließen, das Territorium nach Amtsbezirken gliedern und alle vorhandenen Rechte zusammenstellen, systematisieren und in eigenen Handschriften versammeln; sie konnte die Vasallen und ihre Lehen förmlich zwischen zwei Buchdeckeln pressen, den Lehnshof in aufwändig illuminierten Lehenbüchern hierarchisieren und symbolisch repräsentieren; sie konnte Feinde und politische Gegner durch umfangreiche Dossiers argumentativ in die Enge treiben oder gleich kriminalisieren[5].

All dies konnte Teil oder Basis von ausgeklügelten Aggressions-, Einschüchterungs-, Legitimations- und Repräsentationsstrategien sein. Ihr gemeinsamer Mittelpunkt war dabei immer der Pfalzgraf, sei es als aufstrebender Kurfürst, sei es als König, sei es als gefürchteter Exponent einer Fürstenopposition oder als geächteter Reichsfeind. Zielobjekte waren Papst, Kaiser, Kurfürsten und das Reich, ebenso die Vasallen, die Hintersassen, aber auch der Stiefsohn sowie dessen Vormünder, Verwandte mütterlicherseits und Fürsprecher im Reich.

Zur Anwendung dieser Mittel diente auch ein ganz praktischer Aspekt: Die Kanzleibücher waren transportabel, sie konnten damit direkt vor Ort gebracht werden. Wenngleich ihr eigentlicher Ort woanders zu suchen ist, wie die spezifische Form ihrer Einbindung, ihre Beschläge und die Aufschriften auf den vorderen Buchdeckeln verraten: Die Bände müssen auf Pulten gelegen haben. Damit ergeben sich aber auch noch ganz andere Rückschlüsse:

Wenn sich die kurpfälzischen und bischöflich speyrischen Bände in der Zeit von Matthias Ramung, Kanzler der Kurpfalz und Bischof von Speyer, in nichts außer der Farbe ihrer Einbände voneinander unterscheiden, dann liegt es nahe, dass sie schon in ihrer Entstehungs- und Nutzungszeit an ein und demselben Ort aufbewahrt wurden. Nimmt man hinzu, dass es sich bei der als Kanzlei bezeichneten Räumlichkeit nicht um ein Büro, sondern erst einal um den Wohnort des Kanzlers gehandelt hat, dann ist der Befund auch in dieser Hinsicht mehr als einleuchtend und aufschlussreich.

Es lässt sich also festhalten, dass spezifische politische Situationen Verwaltungsschübe in der Kurpfalz auslösten; es lässt sich aber ebenso konstatieren, dass, wenn diese kritischen Phasen vorüber waren, auch die Verwaltungsintensität signifikant nachließ. Verwaltung war damals wie heute kein Selbstzweck. Blickt man auf die von Max Weber

---

[5] Vgl. dazu auch Claude Gauvard in seiner Zusammenfassung des Sammelbandes Écrit et pouvoir: „L'écriture joue alors son rôle pleinement opératoire qui impose à la fois la décision et la sujétion. Elle n'innove pas, elle ne décide pas, elle n'impose pas: elle crée"; Gauvard, Conclusion, S. 342.

im Jahre 1922 formulierten Idealtypen legitimer Herrschaft, dann könnte man die kurpfälzische Kanzleientwicklung im 14. und 15. Jahrhundert sogar darin abbilden[6]. Die kanzleigestützte Herrschaft in Zeiten der politischen Krise wäre dann „rationalen Charakters", beruhend „auf dem Glauben an die Legalität gesatzter Ordnungen und des Anweisungsrechts der durch sie zur Ausübung der Herrschaft Berufenen". In den Hochzeiten kurpfälzischer Kanzleiaktivität dürfen die über die Urkunden hinaus von ihr geschaffenen Schriftprodukte diesem Anspruch nahe gekommen sein.

Allerdings war nach dem Ende der Krise und der damit einhergehenden Lösung der Probleme wieder ein Rückfall in den anderen legitimen Herrschaftstypus „traditionalen Charakters" erkennbar, beruhend „auf dem Alltagsglauben an die Heiligkeit von jeher geltender Traditionen und die Legitimität der durch sie zur Autorität Berufenen." So gut sich die Weberschen Kriterien als Beschreibungsmodelle eignen, so wenig kann man mit ihnen eine Modernisierungsgeschichte erzählen, auch wenn der Verfasser dies sehr wahrscheinlich in seinem Modell (mit der ihm inhärenten Dichotomie ‚traditional – rational') mitgedacht hat. Dies ist sicher eines der wichtigeren Ergebnisse dieser Studie.

Die neue Sicht auf die Kanzlei hat Konsequenzen für die methodischen Zugriffe auf das Geschäftsschriftgut. Die Schriftproduktion sollte nicht in erster Linie aus der internen Kanzleientwicklung erklärt werden. Anders als die genetische Aktenkunde der Frühen Neuzeit muss bei der Betrachtung spätmittelalterlichen Kanzleischriftgutes zunächst dessen konkreter politischer Hintergrund gesichtet werden. Die Kanzleiprodukte dürfen nicht als Marksteine eines sich rationalisierenden Verwaltungshandelns aufgefasst werden, sondern als Reaktionen auf ganz bestimmte Anforderungen wie beispielsweise Übernahme eines Territoriums, Legitimationszwänge, Erbfolge, Vormundschaft, Koadjutorentätigkeit oder einfach Brand des Kanzleigebäudes.

In diesem Zusammenhang erwiesen sich auch die vergleichend diskutierten und analysierten Kanzleiordnungen der Zeit als aussagefähig. Sie hatten zudem den Vorteil, dass sie alle mit der Person von Matthias Ramung in Zusammenhang gebracht werden konnten. Auch bei ihnen zeigte sich ein Befund, der in den bereits erarbeiteten Ergebniszusammenhang passt. Normative Regelungen wurden besonders in Situationen erlassen, in denen Handlungsbedarf bestand. Sobald der Druck nachließ, kehrte auch die Kanzlei in einen Normalzustand zurück, der von Routinen geprägt war.

---

[6] „Es gibt drei reine Typen legitimer Herrschaft. Ihre Legitimitätsgeltung kann nämlich primär sein: 1. rationalen Charakters: auf dem Glauben an die Legalität gesatzter Ordnungen und des Anweisungsrechts der durch sie zur Ausübung der Herrschaft Berufenen ruhen (legale Herrschaft), – oder 2. traditionalen Charakters: auf dem Alltagsglauben an die Heiligkeit von jeher geltender Traditionen und die Legitimität der durch sie zur Autorität Berufenen ruhen (traditionale Herrschaft), – oder endlich 3. charismatischen Charakters: auf der außeralltäglichen Hingabe an die Heiligkeit oder die Heldenkraft oder die Vorbildlichkeit einer Person und der durch sie offenbarten oder geschaffenen Ordnungen (charismatische Herrschaft)"; Weber, Wirtschaft und Gesellschaft, Teil 1, Kap. 3, § 2.

Diese konnten sich auch in anderen Kontexten nachweisen lassen und entsprachen den Fähigkeiten und dem Aufgabenspektrum von öffentlichen Notaren[7].

Bei näherer Analyse des Kanzleischriftguts verliert dieses viel von seinem Nimbus. Die Rätselhaftigkeit spätmittelalterlichen Geschäftsschriftgutes lag bislang zu einem guten Teil darin begründet, dass man es in der Forschung mit untauglichen Methoden zu klassifizieren suchte. Unter dem Paradigma der Aktenführung, auf die ja zwangsläufig – so die herrschende Lehre – jede rationale Verwaltung kommen muss, konnte es nicht gelingen, adäquate Zugangsweisen zu finden. Aus der Praxis öffentlicher Notare und den bloßen Notwendigkeiten der Politik lassen sich die doch recht einfachen Prinzipien zwanglos erklären: etwa die Scheidung in Perpetua und Temporalia. Eine Scheidung in ‚Utilia' und ‚Inutilia' war eine einfache, den Bedürfnissen der Zeit angemessene Form der Schriftgutverwaltung – mit fatalen Folgen für die Überlieferung.

Die spätmittelalterliche Kanzlei verliert unter dieser Betrachtungsweise vielleicht ihre fast als teleologisch zu bezeichnende Sinngerichtetheit hin auf die Moderne. Sie wirkt damit auch nicht sehr viel anders als etwa die Papstkanzlei, der man doch sonst eher einen Sonderweg zuzusprechen geneigt war. Auch die Rolle des öffentlichen Notariats für die landesherrlichen Kanzleien lässt – trotz einer ganz anderen Ausgangssituation – die Verhältnisse in Italien, Frankreich und im Alpenraum nicht mehr so grundsätzlich anders erscheinen.

Der Sonderweg der Kanzlei des deutschen Territorialstaats im Spätmittelalter stellt sich am Ende vielleicht gar nicht als ein solcher heraus.

---

[7] Auch die Hofkanzlei Karls IV. bediente sich ihrer; vgl. Lindner, Das Urkundenwesen Karls IV., S. 18f.

Anhang

1. Edition eines Schreibervertrages (1423)

Der pfälzische Kurfürst Ludwig III. regelt die Einkünfte seines Schreibers Johannes von Meisenheim[1].

Heidelberg, 1423 Dezember 14 (Dienstag nach St. Lucientag)

Zeitgenössische Abschrift in GLAK 67/810, f. 128v: Unter der Überschrift: *Als my(n) herre Johannes Meisenhey(m) zwentzig gulden uff dem zolle zu Cube verschr(iben) hat.*

Wir Ludewig von gotts gnaden pfaltzgraue bij Rine des heiligen romischen richs ertztruchses vnd hertzug in Bey(er)n bekennen offinbar mit diesem brieue:

Als sich Johannes von Meisenheim vns(er) schriber vns vnd vnse(er)n erben pfaltzgraue(n) bij Rine verbunden vnd verschr(iben) hat bij vns zu uerliben vnd zu dienen als dar(u)m der brieff besaget, den wir von ym han. Des sollen vnd wollen wir vnd die vorgen(ann)t vns(er) erben demselben Johannes von Meisenheim vnserm schriber uff sand Martyns dag nehst kompt zwentzig gulden vnd darnach eyns iglichen jares uff sand Martins alslange er da(n)n vns(er) vnd der vorgeschr(iben) uns(er) erben pfaltzgrauen bij Rine schriber in vns(er) cancelly ist zwentzig gulden geben vnd gefallen lassen uff vns(er)m zolle zu Cube als von sines dinstes wege(n).

Vnd er sal auch vns vnd uns(er)n erben pfaltzgraue(n) bij Rine alslange er gelebet getruwelichen gewarten vnd dienen nach ußwisunge sines brieues, den er vns geben hat. Were auch das wir od(er) uns(er) erben pfaltzgraue(n) bij Rine den obg(enannten) Johannes uß uns(er) canzelly nemen vnd yme etwas anders beuelhen worden, dauon er sinen jerlichen lone hette, alsdar(u)m sollen wir od(er) vns(er) erben pfaltzgraue(n) bij Rine ym der vorg(enannten) zwentzig gulden auch furbas nit me schuldig sin zu geben alles vngeuerliche.

Urkunde diß brieffs vers(igelt) mit vns(er)m anhangende(m) inges(igel). Geben zu Heidelberg in dem jare als man schreib nach (Christi) geburte viertzehenhund(er)t zwentzig vnd dru jare uff den dinstag nach sand Lucien der heilige(n) jungfrauwe(n) dage.

---

[1] Es dürfte sich nicht um eine Personengleichheit mit dem ebenfalls aus Meisenheim (bei Bad Kreuznach) gebürtigen Bischof von Agram (reg. 1421–1433) und Hofkanzler König Sigmunds, Johann von Alben, handeln, doch ist der gleiche Herkunftsraum von Interesse. Zu ihm vgl. ERKENS, Kanzlei und Kanzler König Sigmunds, S. 447f.; SÜTTÖ/ENGEL, Beiträge, S. 28, 30, 34f. – Zu einem 1447 belegten Heinrich von Meisenheim; DEBUS, St. Guido, Nr. 368, S. 129. – Ein Johannes von Meisenheim war 1493 Kanzleischreiber in Pfalz-Zweibrücken; EID, Hof- und Staatsdienst, S. 190; ferner S. 187. Kein Nachweis bei BRANDENSTEIN, Urkundenwesen und Kanzlei.

2. Zeitgenössische Ansätze zu einer Systematik der Kanzleieinbände

Abb. 1: Aufgemalte römische Ordnungszahlen (I-VI) auf kurmainzischen Kanzleibüchern Ende 14. Jh.; StAWü, Mainzer Bücher verschiedenen Inhalts, Nr. 17–22:

Alberthus-Einbände kurpfälzischer und bischöflich Speyerer Kanzleibücher (1460-frühe 1470er Jahre); GLAK, 67/296, **67/300**, 67/301, **67/302**, **67/812**, **67/813**, **67/814**, 67/864, 67/865, 67/866, **67/881**, **67/883**, **67/893**, **67/895**, **67/982**, 67/1057, 67/1663, 67/1664, **67/1903**, 67/1910, **67/1911**, **67/1914** (die hier gezeigten sind fett markiert)

Abb. 2: GLAK, 67/302.

Abb. 3: GLAK, 67/300.

Abb. 4: GLAK, 67/813.

Abb. 5: GLAK, 67/812.

Abb. 6: GLAK, 67/881.

Abb. 7: GLAK, 67/814.

Abb. 8: GLAK, 67/893.

Abb. 9: GLAK, 67/883.

Abb. 10: GLAK, 67/982.

Abb. 11: GLAK, 67/895.

Abb. 12: GLAK, 67/1911.

Abb. 13: GLAK, 67/1903.

Abb. 14: GLAK, 67/1914.

3. Verwaltungsbehelfe oder Zeugnisse symbolischer Kommunikation?

Die sogenannten Balduineen Erzbischof Balduins von Trier. Hier der Beginn der Papsturkundenkopien in allen drei Handschriften.

Abb. 15: Aus Balduineum III (Koblenz, Landeshauptarchiv, Best. 1 C Nr. 3, fol. 41r)

Abb. 16: Aus Balduineum II (Koblenz, Landeshauptarchiv, Best. 1 C, Nr. 2, fol. 47r).

Abb. 17: Aus Balduineum I (Koblenz, Landeshauptarchiv, Best. 1 C Nr. 1, fol. 117r.

Die sogenannten Balduineen Erzbischof Balduins von Trier. Beginn des Teils mit den Kopien der Königsurkunden:

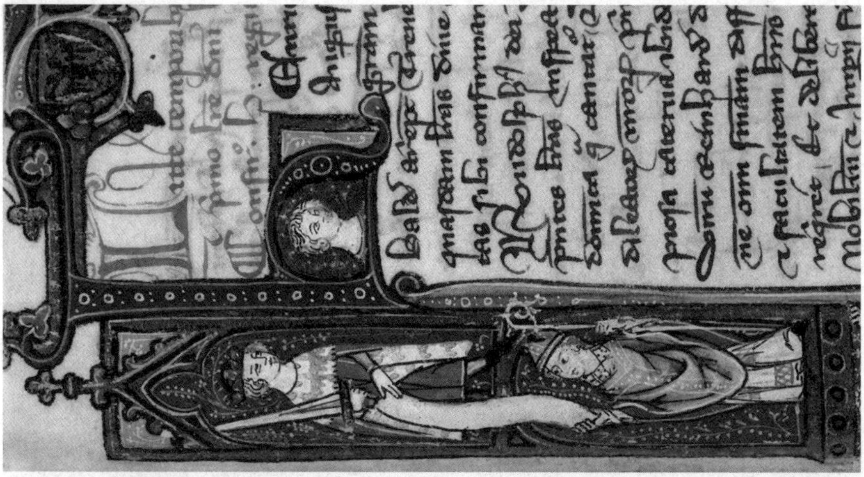

Abb. 18: Aus Balduineum III (Koblenz, Landeshauptarchiv, Best. 1 C Nr. 3, fol. 187).

Abb. 19: Aus Balduineum I (Koblenz, Landeshauptarchiv, Best. 1 C Nr. 1, fol. 235).

4. Kanzler und Kanzlei am Werk

Abb. 20: Eingangsminiatur im Lehenbuch Pfalzgraf Friedrichs I. des Siegreichen, 1471 (GLAK, 67/1057, fol. 40v).

5. Übernahmen, Traditionen, Kanzleiwissen, Zufall?

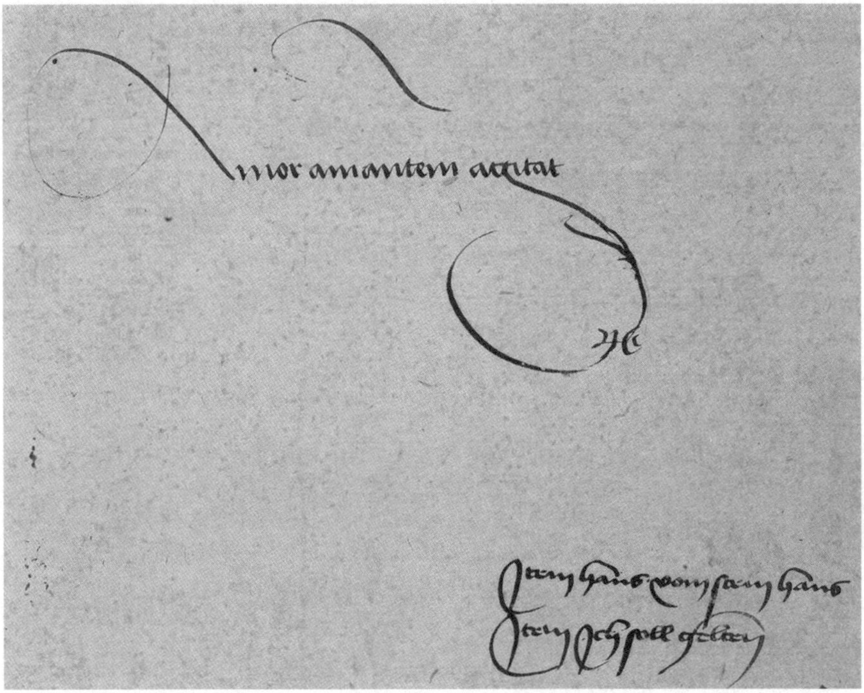

Abb. 21: Die Devise Amor amantem agitat in einem kurpfälzischen Formelbuch um 1460; Heidelberg, Universitätsbibliothek, Cod. Pal. Germ. 158, fol. 1r (http://digi.ub.uni-heidelberg.de/diglit/cpg158, 23. 09. 2015) CC- BY-SA 3.0 DE, http://creativecommons.org/licenses/by-sa/3.0/de/.

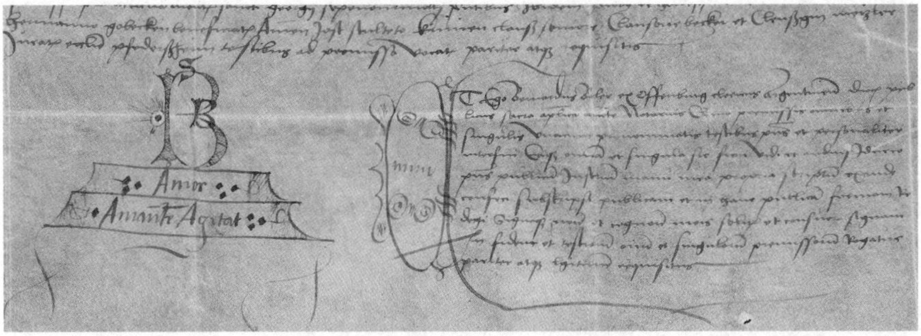

Abb. 22: Die Devise Amor amantem agitat im Notarssignet des öffentlichen Notars Bernardus Boler aus Offenburg auf einem Notariatsinstrument (Kloster St. Georgenberg bei Pfeddersheim, 1523 Januar 14); Heidelberg, Universitätsbibliothek, Urk. Lehmann 388 (http://digi.ub.uni- heidelberg.de/diglit/lehm388, 23.09.2015) CC-BY-SA 3.0 DE, http://creativecommons.org/licenses/by-sa/3.0/de/.

6. Verwandtschaftsbeziehungen

Vorbemerkung: Angesichts des Überlieferungsproblems bei Personen und Familien aus dem Kanzleimilieu im Untersuchungszeitraum besteht teilweise eine hohe Aussageunsicherheit. Die folgenden Nachkommenlisten sind daher in ihren Verwandtschaftsbeziehungen teilweise hypothetischer Natur (bes. Kap. 6.1 und 6.2). Die erforderlichen vollständigen Nachweise finden sich im Text (erschließbar über das Personenregister). Die Einzelangaben zur Biographie sind nur soweit für die Argumentation notwendig aufgeführt.

6.1 De Novo Lapide/Von Neuenstein/Van Niuwensteen (Brabant)

1. **De Lapide**, Nikolaus, * vor 1268
1268 Herr von Het Steen bei Elewijt, Brabant (B)

3 Kinder von Nr. 1:

2. **De Novo Lapide**, Olivier
1325 Herr von Het Steen bei Elewijt, Brabant (B)
1326 Schöffe in Mecheln (B)

3. **De Novo Lapide**, Matthias
1321, 1328 Schöffe in Mecheln (B)

4. **De Novo Lapide**, Jacques
1339 Schöffe in Mecheln (B)

2 Kinder von Nr. 2:

5. **De Novo Lapide**, Siger, † 1383
1335 Kanoniker an St. Rombout/Rumold, Mecheln (B)
1344 imm. Universität Bologna als Kanoniker von Mecheln (B), Diöz. Cambrai
1345 Wahl zum Prokurator und Rektor der Ultramontanen, Bologna (I)
1346/7 Beteiligt an Revision der Universitätsstatuten, Bologna
1350 Stiftsscholaster an St. Rombout/Rumold, Mecheln (B)
1350 suppliziert als M.A. *et in iure peritus* erfolgreich für ein Kanonikat an St. Servatius, Maastricht (NL)
(vor) 1363 Stiftsdekan an St. Servatius, Maastricht (NL)
1362–1365, 1367 päpstlicher Kollektor in den Diözesen Köln, Lüttich, Utrecht
1370 vidimiert Urkunden für Deutschordensballei Biesen (B)
1371, 1377 Ratgeber des Herzogs von Brabant, Wenzel I. von Luxemburg
1372 Domkanoniker an St. Lambertus, Lüttich (B)

1372–76 Ratgeber des Lütticher Bf. Johann von Arkel
1378 Stiftspropst an St. Rombout/Rumold, Mecheln (B)
1381 stiftet dort sein Jahresgedächtnis und das Fest des Heiligen

6. **De Novo Lapide**, Matthias, † 1405
Vor 1344 Kanoniker an St. Peter, Hilvarenbeek (Brabant, heute NL)
1344 imm. Universität Bologna als Kanoniker von Hilvarenbeek (Brabant, heute NL)
1362 Stiftspropst von Mariengreden, Mainz
[vor 1363] Kanoniker an St. Servatius, Maastricht (1375 gesichert nachweisbar)
1363 schenkt als Propst dem Stift Mariengreden, Mainz, das Patronatsrecht der Pfarre in (Gau-)Weinheim bei Alzey (Zeugen: u. a. Siger de N. L. *[Anhang 6.1, Nr. 5]*, Konrad von Gelnhausen)
1363 unterstützt (gemeinsam mit Siger de N. L. *[Anhang 6.1, Nr. 5]*) Konrad von Gelnhausen an der Kurie für ein Kanonikat an St. Johannes, Lüttich (B)
1398 vidimiert Urkunden für Deutschordensballei Biesen (B)
Für 1398 ist sein Siegel erhalten

2 Kinder von Nr. 4:

7. **De Novo Lapide**, Dr. Johannes, † 1447
1386 imm. Universität Heidelberg, bezeichnet als von dort gebürtiger Kanoniker an St. Andreas, Worms
1387 imm. Universität Bologna als Aachener Kanoniker, Scholar in Zivilrecht und Prokurator
1389 noch in Bologna
1392 Dr. leg. und Dekan der juristischen Fakultät der Universität Köln
1394 Syndikus der Stadt Köln
1395 Rektor der Universität Köln
1400 Gemeinsam mit Matthias de Novo Lapide *[Anhang 6.1, Nr. 6]* beteiligt an einem Pfründentausch am Mariengredenstift, Mainz
1406 Kanoniker an Mariengreden, Mainz
1405–1445 Ratgeber der Herzöge von Geldern (Rainald IV. († 1423) und Arnold († 1465)).
1414 Verfasst *Collatio in coronatione Sigismundi regis*
1415 auf dem Konstanzer Konzil im Auftrag der Stadt Köln
1423, 1426 Siegel erhalten
1428 Ratgeber des Herzogs von Brabant, Philippe de Saint-Pol († 1430)
1429 Verhandlungen mit dem Herzog von Geldern im Auftrag der Stadt Köln
1436 Stiftsdekan an St. Servatius, Maastricht (Siegel)
Weitere Pfründen: Kollegiatstift St. Martin, Lüttich; Pfarrei Kitzingen
[Zu ihm vgl. auch Anhang 6.2, Nr. 2]

8. **De Novo Lapide**, Otto
1386 imm. Universität Heidelberg, bezeichnet als aus Heidelberg gebürtiger Kanoniker an St. Andreas, Worms
[Weiteres zu ihm unter Anhang 6.2, Nr. 3]

Nicht zuweisbar:

9. **De Novo Lapide**, Hugo
1404 imm. Universität Köln als Legist aus der Diözese Cambrai

10. **De Novo Lapide**, Dr. Dieter (*Th*[*eodericus*])
1417 imm. Universität Köln als Kleriker der Kölner Diözese und Bastard
1432 Promotion zum Dr. legum
1439/49 Rektor der Universität Köln
1461 Stiftsdekan von St. Paulus, Lüttich

11. **Novus Lapis**, Nikolaus
1417 imm. Universität Köln als Priester der Diözese Trier und Student des Kirchenrechts

12. **Von Neuenstein**, O. Cist., Johannes
1450/51 Mönch in Schöntal an der Jagst, Kollektor im Auftrag des Ordens

6.2 De (Novo) Lapide/(Rinman/Riemann/Ryman) vom Stein (Heidelberg)

1. **De (Novo) Lapide**, [N. N.]

5 Kinder von Nr. 1:

2. **De (Novo) Lapide**, Johannes
1386 imm. Universität Heidelberg als von dort gebürtiger Kanoniker an St. Andreas, Worms
[weiteres zu ihm unter Anhang 6.1, Nr. 7]

3. **De (Novo) Lapide/(Rinman) vom Stein**, Otto, † 1396
1379 Schreiber/Protonotar der Pfgfn. Ruprecht I. und II.
1384 erhält Privileg Pfgf. Ruprechts I. über Bede in Heidelberg und Wiesloch
1386 imm. Universität Heidelberg als von dort gebürtiger Kanoniker an St. Andreas, Worms
1386 verschafft der Universität ihre Siegel
1391 Bf. Nikolaus von Speyer stellt seinem lieben Getreuen Otto Rinman von Stein einen Lehenbrief aus

1391 erhält ein Lehen Pfgf. Ruprechts II.
[Zu ihm vgl. auch Anhang 6.1, Nr. 8]

4. **vom Stein**, Friedrich
[1378, 1384] Friedrich Landschreiber [zu Heidelberg]
1387 Landschreiber zu Heidelberg
1389 gemeinsam mit Ehefrau Katharina bezeichnet als vormaliger Landschreiber
1393 Eheleute stiften Seelgerät bei der Bruderschaft auf der Heidelberger Burg
1400 bezeichnet als ehemaliger Landschreiber zu Heidelberg in einer Immobilienangelegenheit
⚭ vor 1389 Katharina **[N. N.]**

5. **Riemann vom Stein**, Heinrich
1375 Pfarrer in Burglengenfeld (Oberpfalz)

6 Kinder von Nr. 3:

6. **De (Novo) Lapide,** Jodok, † 1400
Kanoniker an St. Cyriakus zu Neuhausen bei Worms

7. **De Lapide/vom Stein**, Johannes
1400 in Heidelberger Universitätsrotulus als Wormser Kleriker verzeichnet (u. a. mit Peter (Sohn Ottos) vom Stein (*Petrus Ottonis de Lapide*), Kleriker der Diözese Worms)

8. **De (Novo) Lapide**, Friedrich
1389 imm. Universität Heidelberg. Als Sohn des Herrn Otto, pfgfl. Protonotar, werden ihm die Gebühren erlassen.
1406 imm. Universität Heidelberg, Biennium zum Erwerb eines Wormser Domkanonikats
1408 Studium der Theologie an der Universität Heidelberg
1410 Biennium beendet
1435 steht auf der Ersatzliste der Beteiligten beim Prozess Rabans von Helmstatt um Erzbistum Trier

9. **Vom Stein**, Peter, † vor 1429
1400 imm. Universität Heidelberg
1400 in Heidelberger Universitätsrotulus verzeichnet (u. a. mit Johannes (Sohn Ottos) (*Ottonis de Lapide*), Wormser Kleriker)
1401 von Kg. Ruprecht auf ein Basler Stiftskanonikat präsentiert
1422 als kurpfälzischer Protonotar bezeichnet
1422 Pfgf. Ludwig III. freit ihm das von seinem Vater Otto geerbte Haus am Speyerer Tor

10. **De (Novo) Lapide**, Dr. Otto, † 1458
1401 Otto Ryman vom Stein, Sohn des verstorbenen Schreibers Otto (*Otten schreibers seligen son*)
1400/02 Urkundenschreiber Kg. Ruprechts
ab 1405 imm. Universität Heidelberg, Studium der Artes, anschließend kanon. Recht
1414 B. in iur. can.
1421 Lic. in iur. can.
ab 1421 Lehrer für Kirchenrecht an der Universität Heidelberg
1421, 1430, 1435 Rektor der Universität Heidelberg
1422 Dr. decr.
1435 gemeinsam mit Dr. Ludwig von Ast *[Anhang 6.4, Nr. 9]* am Prozess Rabans von Helmstatt um das Erzbistum Trier beteiligt
Ratgeber der Pfgfn. Ludwig III., IV. und Friedrich I.
1442 resigniert Professur an der Universität Heidelberg
1458 stirbt als Wormser Domherr

11. **De (Novo) Lapide**, Marsilius * vor 1396, † 1454
vielleicht Taufkind des Marsilius von Inghen (*1335/40, †1396)
1410 imm. Universität Heidelberg als Kleriker der Diözese Worms
1412 B. A.
1414 M. A.
1430 Stiftsscholaster an St. German, Speyer
1435 erscheint als solcher in der Überlieferung
1445–1454 Stiftsdekan an St. Andreas, Worms

12. **De (Novo) Lapide**, Elthin
⚭ Johann **von Weinheim**
[gemeinsame Nachkommen; Weiteres unter Anhang 6.3, Nr. 1]

2 Kinder von Nr. 4:

13. **Vom Stein**, Dieter
1446 einer der beiden Bürgermeister von Heidelberg
1453 als Sohn des verstorbenen Friedrich, Landschreiber zu Heidelberg, bezeichnet

14. **Vom Stein**, Peter
1453 als Sohn des verstorbenen Friedrich, Landschreiber zu Heidelberg, bezeichnet

2 Kinder von Nr. 9:

15. **Vom Stein**, Dr. Peter, †1480
1429 noch unmündig
1445 übergibt gemeinsam mit seinem Bruder Hieronymus und seinem Vetter Stefan

Weinheimer *[Anhang 6.3, Nr. 4]* die Bücher von dessen verstorbenem Vater *[Anhang 6.3, Nr. 1]* an die Universität Heidelberg
1453 firmiert als Dr. legum und Enkel Ottos vom Stein [Anhang 6.2, Nr. 3] in einer Erbschaftsangelegenheit
1453 Rektor der Pfarrei von Bacharach
1471 Pfgf. Friedrich I. ernennt ihn zum Ratgeber
1480 im Gericht und Rat des Speyerer Bischofs Ludwig von Helmstatt

16. **Vom Stein**, Hieronymus
1429 noch unmündig
1445 übergibt gemeinsam mit seinem Bruder Peter und seinem Vetter Stefan Weinheimer *[Anhang 6.3, Nr. 4]* die Bücher von dessen verstorbenem Vater *[Anhang 6.3, Nr. 1]* an die Universität Heidelberg
1453 wird gemeinsam mit Konrad Weinheim(er) *[Anhang 6.3, Nr. 8]* von Pfgf. Friedrich I. belehnt

6.3 Weinheim

1. **((Sartoris) von) Weinheim**, Hans/Johann, † 1445
1398 als Schreiber Pfgf. Ruprechts II. nachgewiesen
1401 Kg. Ruprecht freit ihm und seiner Frau Elchin alle Güter
1401 als öffentlicher Notar bezeugt
1402 wird von Kg. Ruprecht als Wormser Kleriker, Notar und kgl. Tischgenosse bezeichnet
1403 kgl. Privileg, steuerfreie Güter in Weinheim u. a. zu kaufen und zu besitzen
1403 Kg. Ruprecht schenkt ihm seinen Hof in Weinheim, der dem Juden Elias gehört hat
1404 vollständiger päpstl. Sündenablass
1406 Kg. Ruprecht präsentiert seinen Notar Johannes Sartoris von Winheim auf ein Kanonikat in Neustadt
1407 erhält Burglehen in Germersheim
1410 verfasst als öffentlicher Notar das Testament Kg. Ruprechts
1414 führt den Titel Herr (dominus)
1417 Pfgf. Ludwig III. verkauft seinem Protonotar Johann und seiner Frau Elthin 50 Gulden Rente
1430 Wappenverleihung durch König Sigmund
1431 als pfgfl. Kanzler bezeichnet
bis 1434 in Diensten Pfgf. Ludwigs III. bezeugt
1434 erstellt ein Abgabenverzeichnis für Gf. Johann II. von Wertheim
1445 hinterlässt seinen Buchbesitz der Universität Heidelberg
⚭ Elchin **de Novo Lapide** *[Anhang 6.2, Nr. 12]*

4 Kinder von Nr. 1:

2. **Weinheim**, Johannes, * um 1400, † 1489
1414 imm. Universität Heidelberg als Kleriker der Diözese Worms
1416 B. A.
1417 und 1420 suppliziert als Kleriker der Diözese Worms für Kanonikate an den Stiften St. Andreas und St. Martin, Worms
1422 Pfgf. Ludwig III. verwendet sich für den Sohn seines Protonotars bezüglich des Kanonikats an St. Martin, Worms
1423/1424 Studium utr. iur. in Padua
1430 Kanoniker an St. Cyriakus in Neuhausen, Worms
1442 mit gleicher Pfründe und als Lic. iur. can. in den Paduaner Universitätsakten
1446 Stiftsdekan von St. Cyriakus in Neuhausen, Worms
1462 bis 1482 Wormser Domkanoniker und bischöflicher Offizial

3. **Weinheim**, Matthias, * 1400
1414 imm. Universität Heidelberg als Kleriker der Diözese Worms

4. **Weinheim**, Stefan, * um 1412
1426 imm. Universität Heidelberg als Kanoniker an St. Cyriakus Neuhausen bei Worms unter Erlass der Gebühren wegen der Verdienste des Vaters
1429 B. A.
1431 Opfer eines nächtlichen Anschlags in Heidelberg
1434 nachweisbar als Kanoniker an St. Cyriakus Neuhausen bei Worms
1440 verhandelt als Magister mit dem Rektor der Universität Heidelberg über die hinterlassenen Bücher seines verstorbenen Vaters
1445 übergibt diese gemeinsam mit seinen Vettern Peter und Hieronymus de Lapide *[Anhang 6.2, Nr. 15 und 16]* an die Universität Heidelberg

5. **Weinheim**, Heinrich, * um 1412
1426 imm. Universität Heidelberg als Kanoniker von St. Cyriakus Neuhausen bei Worms unter Erlass der Gebühren wegen der Verdienste des Vaters
1440 nachweisbar als Kanoniker von St. Cyriakus Neuhausen bei Worms

3 Kinder von Nr. 4:

8. **Weinheim(er)**, Konrad
1453 wird gemeinsam mit Hieronymus von Stein *[Anhang 6.2, Nr. 16]* von Pfgf. Friedrich I. belehnt
1470 wird von Matthias Ramung, Bf. von Speyer *[Anhang 6.5, Nr. 5]*, zum Burgvogt der neu errichteten Feste Marientraut bestellt

9. **Weinheim**, Dr. Peter
1453 als Vertreter Pfgf. Friedrichs I. am kaiserlichen Hofgericht

10. **Weinheim**, Dr. Hans, † 1501
1474 ein Hans von Weinheim wird im Kontext der Amberger Hochzeit erwähnt
1501 Pfgf. Philipp schreibt der Universität wg. der Stelle des verstorbenen Dr. Hans von Weinheim.

6.4 Von Goch — Von der Kemnade — Von Ast

1. **Von Goch**, Hermann, † 1398
Rat und Vertrauter Karls IV. († 1378)
Siegler und Prokurator des Kölner Erzbischofs Friedrich von Saarwerden († 1414)
⚭ (Konkubinat/später Ehe mit) Irmgard **von der Kemnade,** † 1394

7 Kinder von Nr. 1:

2. **Von der Kemnade**, Hermann
1386 imm. Universität Heidelberg als Kleriker der Diözese Köln
1391 imm. Universität Wien
1393/94 Kanoniker an St. Severin, Köln

3. **Von der Kemnade,** Johannes
1386 imm. Universität Heidelberg als Kleriker der Diözese Köln
1394 Kanoniker an St. Severin, Köln
1426 gutachtet als Rechtsprofessor über den Pfarrwein zu Bacharach

4. **Von der Kemnade,** Bela
⚭ vor 1394 Johannes **von Holenter** ***(de Sambuco)***

5. **Von der Kemnade,** Stine (Christina)
⚭ 1392 Antonius **Vlegeti/*Voglietti*** (dt. **Vegheler**)
1387 erwirbt Bürgerrecht der Stadt Köln
Anfang 1390er Jahre einer der führenden Kölner Bankiers

6. **Von der Kemnade,** Heinrich
1386 imm. Universität Heidelberg als Kleriker der Diözese Köln
1396 Kanoniker zu Kaiserswerth
1427 wird von Pfgf. Ludwig III. zum Hausgenossen ernannt und fungiert als dessen Prokurator am Königshof

7. **Von der Kemnade**, Wilhelm

8. **Von der Kemnade**, Lysa (Elisabeth)
⚭ vor 1394 Reimar **von Glesch** (***de Gles***)

[zwei weitere Töchter als Nonnen im St. Klara-Kloster, Köln]

2 Kinder von Nr. 5:

9. **Von Ast**, Dr. Ludwig, * vor 1400, † 1455
1413 imm. Universität Köln
1423 imm. Universität Heidelberg
1428 Promotion zum Dr. utr. iur. in Heidelberg
1429 bezeichnet als Rat und oberster Notar Pfgf. Ludwigs III.
1431/36 als Bevollmächtigter Ludwigs III. auf dem Basler Konzil
1433/1436 nachweisbar als Schreiber von Urkunden und Briefen
1435 gemeinsam mit Dr. Otto vom Stein *[Anhang 6.2, Nr. 10]* am Prozess Rabans von Helmstatt um Erzbistum Trier beteiligt
1435 mit Kanzlertitel belegt und in der vormundschaftlichen Regierung für den kranken Pfgf. Ludwig III.
1436 als kurmainzischer Kanzler bezeichnet
1436 Kanoniker am Stift Mariengreden, Mainz
1438 hält im Auftrag der Kurpfalz eine Festrede vor Kg. Albrecht II.
1439 Kanoniker an St. Marien, Erfurt
1439 suppliziert um Pfründe an der Wormser Domkirche
1440 als kurmainzischer Rat erwähnt
1441/42 als Wormser Dompropst bestätigt
1445 in strittiger Wahl Bischof von Worms
1452 an der Arrogation Pfgf. Philipps beteiligt
1456 die Artistenfakultät Heidelberg erwirbt seinen Buchbesitz

10. **Von Ast,** Dr. Johann
1421 imm. Universität Köln
1425 Studium Universität Heidelberg
1435 Dr. iur. can. Universität Padua als Mitglied des Deutschen Ordens

6.5 Von Sobernheim — Ramung

1. **Von Sobernheim**, Voltz

2 Kinder von Nr. 1:

2. **Von Sobernheim**, Matthias, † nach 1406
1375 als öffentlicher Notar nachweisbar

1377 mundiert als (ungenannter) Schreiber Urkunden Pfgf. Ruprechts I.
1379/80 beglaubigt Angelegenheiten der Pfalzgrafen
1381 als Notar Pfgf. Ruprechts I. genannt
1382 als Domvikar von Speyer bezeichnet
1385 imm. Universität Wien
1389 Vikar am St. Michaelsaltar im Stift Mariengreden, Mainz
1390 bekommt von Pfgf. Ruprecht II. zur Nutznießung ein Haus in der Burggasse in Heidelberg
1391 als oberster Schreiber/Protonotar des Pfalzgrafen bezeichnet.
1393 Tausch eines Kanonikats an St. Stefan, Mainz, gegen die Kapelle am Hl. Geist-Hospital, Bingen
1394 bekommt von Ruprecht II. zwei Weinberge in der Rohrbacher Gemarkung
um 1396 verzichtet auf die Pfarre Bischwiller (*Bischofeswiler*) und verlässt offenbar den geistlichen Stand
1400 kauft gemeinsam mit seiner Ehefrau Elthin von Alzey von Friedrich vom Stein, ehem. Landschreiber in Heidelberg *[Anhang 6.2, Nr. 4]*, den Garten Bremeneck in Heidelberg
⚭ vor 1400 Elthin **von Alzey**

3. **Von Sobernheim**, Johannes
1393 Stiftskanoniker an St. Paul, Worms, suppliziert wegen des Tauschs eines Kanonikates an Mariengreden, Mainz, und der Pfründe am Marienaltar der Heidelberger Peterskirche mit Matthias von Sobernheim *[Anhang 6.5, Nr. 2]*
1401 von König Ruprecht auf ein Kanonikat an St. Maria *in campis extra muros*, Mainz, präsentiert

1 Kind von Nr. 2:

4. **Von Sobernheim**, Katharina
⚭ Dieter **Ramung**
1426 Amtmann zu Schwarzach (östl. Heidelberg)
1428 im Kreise enger Vertrauter Pfgf. Ludwigs III.
1428 mit dem Namenzusatz „von Daisbach“
1433 kurpfälzischer Hofmeister

5 Kinder von Nr. 4:

5. **Ramung**, Matthias, * um 1419, † 1478
1433 imm. Universität Heidelberg als aus Heidelberg gebürtig
1436 M. A.
1439 B. in decr.
1446 Lic. in decr.
1446 Kanoniker an St. Cyriakus in Neuhausen bei Worms

1450 imm. Universität Köln
1454 Beisitzer im kurpfälz. Hofgericht
1456 Ernennung zum päpstl. Kubikular
1456 Stiftspropst an St. Peter zu Wimpfen im Tal
1457 von Pfgf. Friedrich I. zum Kanzler ernannt
1464 Bischof von Speyer

6. **Ramung,** Dieter, * um 1420, † 1488
1464 folgt seinem Bruder Matthias im Amt des Stiftspropstes von St. Peter zu Wimpfen im Tal

7. **Ramung,** Hans, Ritter, † 1467
1462 kämpft auf der kurpfälz. Seite in der Schlacht von Seckenheim und erhält den Ritterschlag
1464 mit dem Namenzusatz „von Daisbach" von Pfgf. Friedrich I. als lieber Getreuer bezeichnet

8. **Ramung,** Katharina
⚭ vor 1465 Lutz (Lukas) **Resch von Waldeck,** Landschreiber von Amberg

9. **Ramung,** Margarete
⚭ Hans Giener **von Venningen**

3 Kinder von Nr. 7:

10. **Ramung,** Hans
1467 Pfgf. Friedrich I. nimmt sein Erbe, das Schloss Daisbach und das Dorf Mudach, in seinen Schutz
1468 sein Onkel Hans Giener von Venningen wird von Pfgf. Friedrich I. zum Vormund bestellt

11. **Ramung,** Matthias
1467 Pfgf. Friedrich I. nimmt sein Erbe, das Schloss Daisbach und das Dorf Mudach, in seinen Schutz
1468 sein Onkel Hans Giener von Venningen wird von Pfgf. Friedrich I. zum Vormund bestellt

12. **Ramung,** Katharina
1468 ihr Onkel Hans Giener von Venningen wird von Pfgf. Friedrich I. zum Vormund bestellt
⚭ vor 1475 Albrecht **Göler von Ravensberg**

Register der ungedruckten Quellen

Unter Mitarbeit von Katharina Moser

Personen- und Ortsregister

Das Register führt alle im Text vorkommenden Orts- und Personennamen auf. Familien und Mitglieder aus Adelsgeschlechtern werden unter ihrem jeweiligen Familien- bzw. Geschlechternamen zusammengefasst. Geistliche und weltliche Amtsträger wurden ihren Territorien bzw. ihrer jeweiligen Stadt, Könige und Kaiser ihrem Herrschaftsgebiet zugeordnet und die Päpste zusammengefasst. Aufgrund der wissenschaftsgeschichtlichen Ausrichtung wurden auch moderne Historikerinnen und Historiker berücksichtigt, sofern sie im Text und den Fußnoten eigens genannt werden. Erscheint eine Nennung lediglich in den Anmerkungen, wird dies mit einem Asterisk (*) gekennzeichnet. Systematische Verweise erfolgen mit „s.", allgemeinere mit „vgl.". Quellenbegriffe, Alternativschreibungen aus dem Text und allgemeinere Zuweisungen sind in runden Klammern dem Schlagwort angefügt. Eckige Klammern enthalten Erläuterungen zu Personen und Orten. An der Erstellung waren meine studentischen Hilfskräfte Adrian Kammerer, Wilko Kugler, Johannes Ladwig, Katharina Moser, Heiko Schaller und Richard Winkler beteiligt.

Verwendete Abkürzungen:

A	–	Österreich
B	–	Belgien
Bf./Bfe.	–	Bischof/Bischöfe
Bgf./Bgfn.	–	Burggraf(en), Burggräfin(nen)
Bm.	–	Bistum
CH	–	Schweiz
CZ	–	Tschechien.
Ebf./Ebfe.	–	Erzbischof/Erzbischöfe
Ebm.	–	Erzbistum
Ehzg./Ehzge.	–	Erzherzog/Erzherzöge
F	–	Frankreich
f.	–	folgend
frz.	–	französisch
Gf./Gfn.	–	Graf(en), Gräfin(nen)
Gft.	–	Grafschaft
Ghzm.	–	Großherzogtum
H	–	Ungarn
Hl.	–	Heilige(r)
HRR	–	Heiliges Römisches Reich
Hzg./Hzge.	–	Herzog/Herzöge, Herzogin(nen).
Hzm.	–	Herzogtum
I	–	Italien.
illeg.	–	illegitim
Kg./Kge.	–	König(e), Königin(nen)
Kgr.	–	Königreich
Ks.	–	Kaiser
Ksr.	–	Kaiserreich
Lkr.	–	Landkreis
Mgf./Mgfn.	–	Markgraf(en), Markgräfin(nen)
Mgft.	–	Markgrafschaft
NL	–	Niederlande
OCist	–	Zisterzienser
Pfgf./Pfgfn.	–	Pfalzgraf(en), Pfalzgräfin(nen).
pfgfl.	–	pfalzgräflich
röm.-dt.	–	römisch-deutsch
s.	–	siehe
SK	–	Slowakei
St.	–	Sankt
u.	–	und
versch.	–	verschieden(e)
vgl.	–	vergleiche.

C

D

K

L

N

T

W

Sachregister

Das Sachregister ist folgendermaßen aufgebaut: Begriffe mit gleichlautenden Präfixen sind unter dem jeweiligen Stichwort verzeichnet, auf einschlägige Suffixe und verwandte Begriffe wird jeweils mit „s. auch“ verwiesen. Wenn Begriffe sowohl im Text wie in den Fußnoten derselben Seite vorkommen, wurde auf den Asterisk verzichtet.
An der Erstellung des Sachregisters waren meine studentischen Hilfskräfte Wilko Kugler, Johannes Ladwig, Katharina Moser, Heiko Schaller und Richard Winkler beteiligt. Besonderer Dank gilt Johannes Ladwig für die sorgfältige und mühsame Zusammenführung der Dateien und Konzipierung des Registers.

B

H

I

M

P

T

V

W

Z